이 책을 집필해 주신 선생님들

고창균 낙생고 교사 / EBS 교재 검토위원, 전국연합학력평가 검토위원, 고등 국어 지도서(천재교육), 문학 지도서(천재교육)

김기훈 덕성여고 교사

김덕곤 성일여고 교사 / EBS 집필위원, 전국연합학력평가 출제위원, 문학 교과서(동아)

김미정 신한고 교사 / EBS 교재 검토위원, 올리드 중학 국어(미래엔)

김성언 소래고 교사

김수학 중동고 교사 / EBS 집필위원, 문학 교과서(천재교육)

김익규 한빛고 교사 / 전국연합학력평가 출제위원, 고등 국어 자습서·평가문제집(천재교육), 중등 국어 자습서·평가문제집(천재교육, 미래엔)

김태현 순심여고 교사 / 중등 국어 평가문제집(천재교육)

박인규 인천포스코고 교사 / 중등 국어 교과서(천재교과서, 금성), 수능 Q&Q 특강 문법(천재교육)

박인태 홍대부여고 교사 / 떠먹는 국어문법, 떠먹는 문학(쏠티북스), 정직한 모의고사(병아리북스)

박정준 오산고 교사 / 前 EBS 논술·구술·면접·학생부 종합전형 강사, 논술 교과서(천재교육), 고전 교과서(해냄), 논술 지도서·자습서(천재교육), 고전 자습서&평가문제집(해냄)

배현진 대구고 교사 / 고등 국어 자습서(천재교육), 수능셀파 문학편(천재교육)

부경필 충암고 교사 / EBS 교재 검토위원, 이화여대 논술 검토위원, 고등 국어 자습서·평가문제집(천재교육)

신해연 자유기고가 / 중등 국어 교과서(천재교육)

유성주 보성고 교사 / 전국연합학력평가 출제위원, 고등 국어 자습서(천재교육), 문학 자습서(천재교육)

윤여정 백석고 교사 / 문학 평가문제집(천재교육), 중등 국어 자습서(천재교육)

이강휘 무학여고 교사 / 고등 국어 지도서·자습서·평가문제집(천재교육), 문학 지도서·자습서·평가문제집(천재교육), 국어는 꿈틀 문학·독서 비문학(꿈을담는틀), 국어는 훈련이다(지상사), 에고, Ego! 시쓰기 프로젝트(이담북스)

이경호 중동고 교사 / EBS 집필위원, 전국연합학력평가 출제위원

이기만 고대사대부고 교사 / 전국연합학력평가 출제위원, 개벽 국어(천재교육)

이세영 운암고 교사 / 고등 국어 교과서(천재교육), 화법과 작문 교과서(천재교육)

이윤복 교하고 교사 / 전국연합학력평가 출제위원, 중등 국어 교과서(비상)

이호형 서라벌고 교사 / EBS 분석노트 수능특강(메가스터디)

임인규 교하고 교사 / EBS 교재 검토위원

임호원 동탄국제고 교사 / 전국연합학력평가 출제위원, 고등 국어 교과서(천재교육, 금성), 고등 국어 자습서(천재교육, 금성)

임호인 대구 예담학교 교사 / EBS 집필 및 검토위원, 전국연합학력평가 출제위원, 고등 국어 지도서·자습서(천재교육), 문학 지도서(천재교육), 수능 셀파 국어영역(천재교육)

조은영 세명컴퓨터고 교사 / 문학 교과서 검토(천재교육), 고등 국어 교사용 평가자료(천재교육)

조형주 한성고 / EBS 집필위원, 문학 교과서(지학사)

주진택 영남중 교사 / 중등 국어 교과서(천재교육)

지범식 계성고 교사 / EBS 교재 검토위원, 고등 국어 자습서(천재교육), 수능셀파 국어영역(천재교육), 문학 교과서(해냄)

최덕수 대구서부고 교사 / EBS 집필위원, 전국연합학력평가 출제위원

최성조 인천국제고 교사 / 전국연합학력평가 출제위원, 고등 국어 자습서(천재교육, 비상), 자이스토리 국어영역(수경출판사)

내 용 을 검 토 해 주 신 선 생 님 들

학교

서울
강예림(한국삼육고), 김동규(대원고), 김동기(한서고), 김수진(상명고), 김수호(남감고), 김자령(동명여고), 박지민(양재고), 배용수(영락고), 이동근(동대부고), 이세주(광성고), 이유미(대원고), 이희찬(삼성고), 임광선(광문고), 임은정(대일관광고), 최연주(신광여고)

인천/경기
고재현(광주중앙고), 고종열(경기창조고), 국응상(인천영종고), 김관우(한민고), 김명희(영덕고), 김소라(도당고), 김숙경(인천원당고), 김영길(유신고), 김영대(수성고), 김윤정(서도고), 김지선(중원고), 박선영(도당고), 박엄지(분당경영고), 박영민(광탄고), 박준영(정왕고), 오은혜(행신고), 윤정현(안성고), 윤형철(솔터고), 우지현(소래고), 이동미(보정고), 이민정(화성반월고), 이선영(의정부중), 이섭(대신고), 이원재(분당영덕여고), 장동준(인천포스코고), 장종호(대부고), 정미혜(동두천외고), 정민영(율천고), 조선주(행신고), 조혜령(양주백석고), 한상진(백령고)

대구/경북
곽미소(이서중고), 김영식(대구과학고), 박진형(금오고), 이광현(상주공업고), 정수진(상모고), 정지성(문창고), 지상훈(정화여고), 최상원(근화여고), 허정동(달서중)

부산/경남
강경태(사상고), 안다희(브니엘여고), 임성범(해동고), 전예지(부산장안고)

전북
고영빈(해리고), 류가진(전주해성고), 배희라(고창여고), 윤성민(전북사대부고)

광주/전남
김지연(여남고), 박영우(광주서석고), 박지연(장흥관산고), 박해영(전남기술과학고), 최윤정(수완고)

강원
강민주(여량고), 김종호(원주고), 전광표(대성고), 최민경(홍천여고)

대전/세종/충청
고영훈(두루고), 김두식(서대전고), 김보연(청석고), 김태호(중일고), 김현지(대전여고), 김홍호(서대전고), 박수용(대전만년고), 반세현(오성고), 양진희(한솔고), 윤장원(청석고), 최경일(동방고), 한정민(충남삼성고)

학원

서울
강영훈, 강현정, 권태경, 김우진, 김주욱, 김주현, 김진선, 김진홍, 노병곤, 박수영, 박은영, 박정민, 박정범, 변효지, 성은주, 오성민, 오승현, 이동규, 이세람, 이정복, 이철웅, 이효정, 정선애, 정현성, 진순희, 최선호, 한기연, 한상덕, 허연

인천/경기
강찬, 곽기범, 김문기, 김민정, 김부경, 김선철, 김수영, 김신혜, 김윤정, 김정욱, 김정일, 김훍, 문선희, 문성국, 박종욱, 백수미, 서대영, 오성기, 이성훈, 이수진, 장영욱, 조성오, 최성철, 홍승억, 황의선, 황재준

대구/경북
김형주, 이승구, 이진주, 제갈민

부산/울산/경남
김병수, 김혜정, 남한나, 노경임, 박수진, 백승재, 성미화, 성부경, 손영재, 이유림, 전정배, 정영수, 차승훈, 최정인, 한지담, 홍성훈, 황양규

광주/전라
차효순, 하선희

강원
최수남

대전/세종/충청
김영미, 문효상, 박대권, 박진영, 손인배, 오승영, 조승연, 조훈, 천은경

제주
김선미, 김은정

해법문학
고전 시가

구성과 특징

- **2015 교육과정 10종 문학, 11종 국어 및 기타 교과서 수록 문학 작품 완전 분석**
  10종 문학 교과서, 11종 국어 교과서 및 독서, 화법과 작문, 언어와 매체 교과서에 수록된 문학 작품들을 망라하여 수록하였습니다.

- **교과서 수록 작품의 핵심을 모아 공부할 수 있는 자율 학습의 기본서**
  교과서에서 중요하게 다루는 학습 활동 내용을 중심으로 각 작품의 상세한 분석과 함께 핵심 내용을 한눈에 볼 수 있도록 구조화하여 쉽고 재미있게 학습할 수 있도록 하였습니다.

- **출제 가능성이 높은 문제로 내신과 수능에 철저한 대비**
  각 작품의 핵심 내용을 문제화하고, 교과서의 학습 활동을 응용한 문제와 수능 및 평가원, 교육청 기출문제, 비중이 높아지고 있는 서술형 문제 등을 제시하여 내신과 수능에 효율적으로 대비하도록 하였습니다.

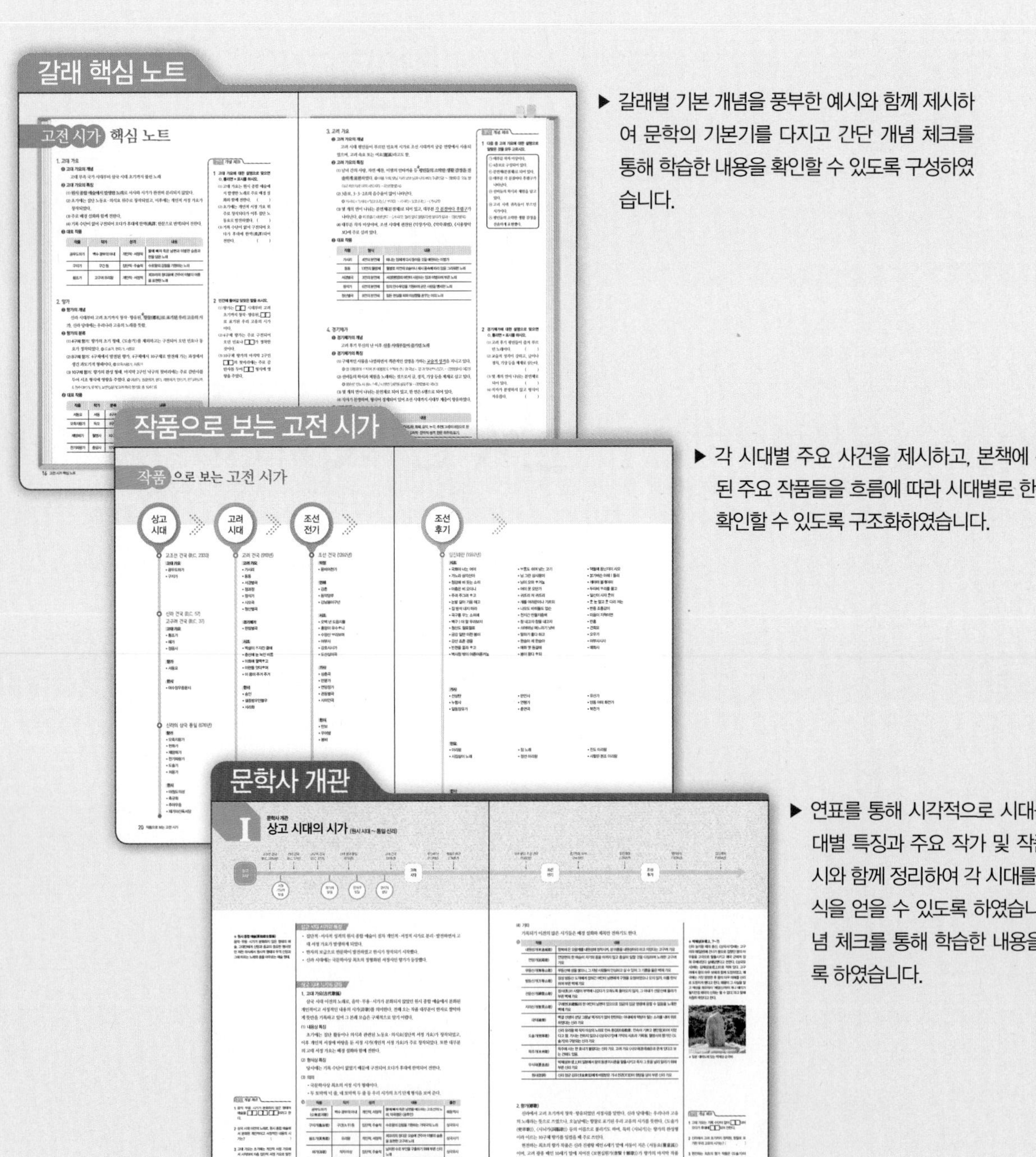

▶ 갈래별 기본 개념을 풍부한 예시와 함께 제시하여 문학의 기본기를 다지고 간단 개념 체크를 통해 학습한 내용을 확인할 수 있도록 구성하였습니다.

▶ 각 시대별 주요 사건을 제시하고, 본책에 수록된 주요 작품들을 흐름에 따라 시대별로 한눈에 확인할 수 있도록 구조화하였습니다.

▶ 연표를 통해 시각적으로 시대를 개관하면서 시대별 특징과 주요 작가 및 작품들을 풍부한 예시와 함께 정리하여 각 시대를 이해하는 배경지식을 얻을 수 있도록 하였습니다. 또한 간단 개념 체크를 통해 학습한 내용을 확인할 수 있도록 하였습니다.

본문 학습

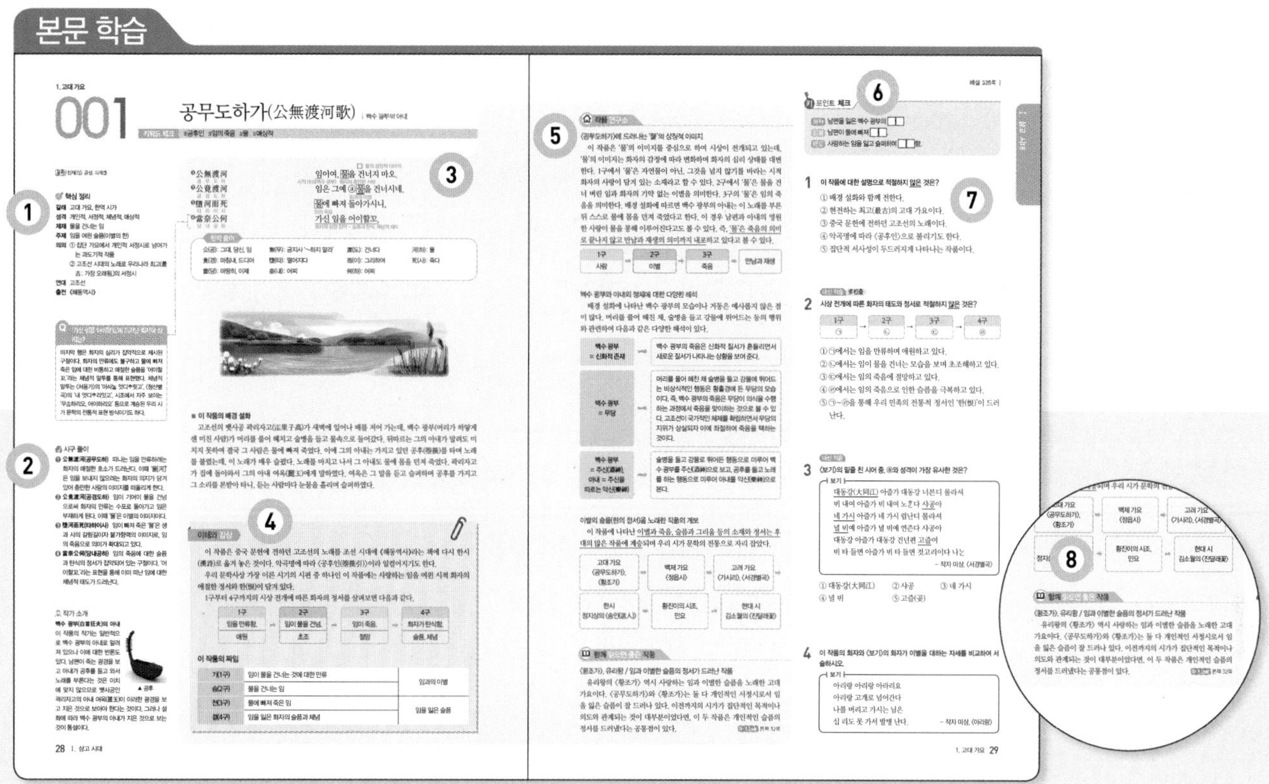

❶ **핵심 정리** 작품의 갈래, 성격, 주제, 특징 등 작품과 관련된 핵심적인 내용을 한눈에 살펴볼 수 있도록 정리하였습니다.

❷ **시어·시구 풀이** 작품의 내용을 이해하기 쉽도록 어려운 시어나 주요 시구를 상세하게 풀이하여 제시하였습니다.

❸ **본문 분석** 교과서 수록 작품 중 문학사적으로 중요하고 출제 가능성이 높은 작품을 선정하였습니다. 또한 행간주 등의 주석을 활용하여 작품에 대한 이해의 폭을 넓힐 수 있도록 하였습니다.

❹ **이해와 감상** 작품에 대한 체계적인 분석과 해설을 통해 작품의 내용을 바르게 이해하고 감상할 수 있도록 하였습니다.

❺ **작품 연구소** 시험에 자주 출제되고 중요한 작품의 핵심 내용을 이해하기 쉬운 도식과 알기 쉬운 해설로 제시하였습니다.

❻ **키포인트 체크** 작품의 주요 구성 요소를 파악하고, 빈칸에 알맞은 답을 넣어 봄으로써 작품을 한눈에 정리할 수 있도록 하였습니다.

❼ **확인 문제** 학습 활동에서 다루는 내용을 문제화하고 수능 및 평가원, 교육청 기출문제를 제시하였습니다.

❽ **함께 읽으면 좋은 작품** 본문에 수록된 작품과 함께 읽으면 좋은 작품을 소개하여 감상의 폭을 넓힐 수 있도록 하였습니다.

더 읽을 작품

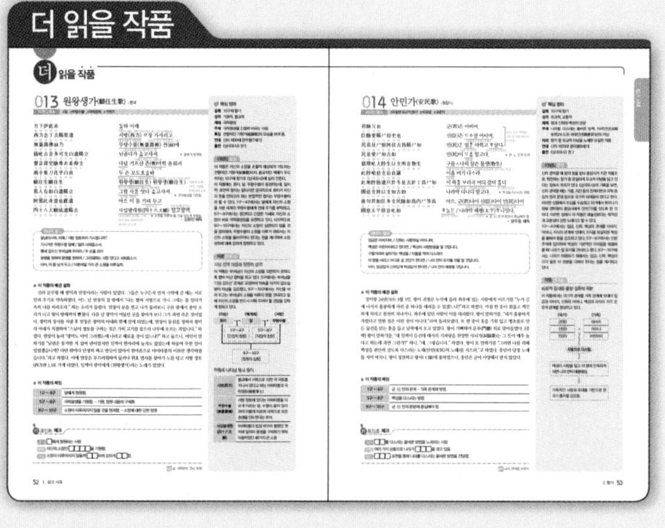

▶ 본문에서 다루지 않은 작품들을 핵심 정리, 이해와 감상, 작품 연구소 등의 충실한 자료와 키포인트 체크를 통해 학습할 수 있도록 구성하였습니다.

차례

차례

차례

IV. 조선 후기

차례

작품 찾아보기

작가 찾아보기

고전 시가 핵심 노트

1. 고대 가요

❶ 고대 가요의 개념

고대 부족 국가 시대부터 삼국 시대 초기까지 불린 노래

❷ 고대 가요의 특징

(1) 원시 종합 예술에서 발생한 노래로 서사와 시가가 완전히 분리되지 않았다.

(2) 초기에는 집단 노동요·의식요 위주로 창작되었고, 이후에는 개인적 서정 가요가 창작되었다.

(3) 주로 배경 설화와 함께 전한다.

(4) 기록 수단이 없어 구전되어 오다가 후대에 한역(漢譯; 한문으로 번역)되어 전한다.

❸ 대표 작품

작품	작가	성격	내용
공무도하가	백수 광부의 아내	개인적·서정적	물에 빠져 죽은 남편과 이별한 슬픔과 한을 담은 노래
구지가	구간 등	집단적·주술적	수로왕의 강림을 기원하는 노래
황조가	고구려 유리왕	개인적·서정적	꾀꼬리의 정다움에 견주어 이별의 아픔을 표현한 노래

간단 개념 체크

1 고대 가요에 대한 설명으로 맞으면 ○, 틀리면 × 표시를 하시오.

(1) 고대 가요는 원시 종합 예술에서 발생한 노래로 주로 배경 설화와 함께 전한다. (　　)

(2) 초기에는 개인적 서정 가요 위주로 창작되다가 이후 집단 노동요로 발전하였다. (　　)

(3) 기록 수단이 없어 구전되어 오다가 후대에 한역(漢譯)되어 전한다. (　　)

2. 향가

❶ 향가의 개념

신라 시대부터 고려 초기까지 창작·향유된, 향찰(鄕札)로 표기된 우리 고유의 시가. 신라 당대에는 우리나라 고유의 노래를 뜻함.

❷ 향가의 분류

(1) 4구체 향가: 향가의 초기 형태. 〈도솔가〉를 제외하고는 구전되어 오던 민요나 동요가 정착되었다. 예 도솔가, 헌화가, 서동요

(2) 8구체 향가: 4구체에서 발전된 향가. 4구체에서 10구체로 발전해 가는 과정에서 생긴 과도기적 형태이다. 예 모죽지랑가, 처용가

(3) 10구체 향가: 향가의 완성 형태. 마지막 2구인 낙구의 첫머리에는 주로 감탄사를 두어 시조 형식에 영향을 주었다. 예 혜성가, 원왕생가, 원가, 제망매가, 안민가, 찬기파랑가, 도천수대비가, 우적가, 보현십원가(고려 때의 향가로 총 10수) 등

❸ 대표 작품

작품	작가	분류	내용
서동요	서동	4구체	서동이 선화 공주를 얻기 위해 아이들에게 부르게 한 노래
모죽지랑가	득오	8구체	화랑 죽지랑을 추모하는 노래
제망매가	월명사	10구체	요절한 누이의 명복을 빌며 극락 세상에서 재회할 것을 기약하는 노래
찬기파랑가	충담사	10구체	기파랑의 인품을 예찬하는 노래

2 빈칸에 들어갈 알맞은 말을 쓰시오.

(1) 향가는 □□ 시대부터 고려 초기까지 창작·향유된, □□로 표기된 우리 고유의 시가이다.

(2) 4구체 향가는 주로 구전되어 오던 민요나 □□가 정착한 것이다.

(3) 10구체 향가의 마지막 2구인 □□의 첫머리에는 주로 감탄사를 두어 □□ 형식에 영향을 주었다.

답 1 (1) ○ (2) × (3) ○ 2 (1) 신라, 향찰 (2) 동요 (3) 낙구, 시조

3. 고려 가요

❶ 고려 가요의 개념

고려 시대 평민들이 부르던 민요적 시가로 조선 시대까지 궁중 연향에서 사용되었으며, 고려 속요 또는 여요(麗謠)라고도 함.

❷ 고려 가요의 특징

(1) 남녀 간의 사랑, 자연 예찬, 이별의 안타까움 등 평민들의 소박한 생활 감정을 진솔하게 표현하였다. 예 어름 우희 댓닙 자리 보와 님과 나와 어러 주글만뎡 ~ 정(情) 둔 오늜 밤 더듸 새오시라 더듸 새오시라 – 〈만전춘별사〉

(2) 3음보, 3·3·2조의 음수율이 많이 나타난다.
예 가시리∨가시리∨잇고 (나는) / 부리고 ∨가시리∨잇고 (나는) – 〈가시리〉

(3) 몇 개의 연이 나뉘는 분연체(분절체)로 되어 있고, 대부분 각 분절마다 후렴구가 나타난다. 예 위 증즐가 대평셩디 – 〈가시리〉, 얄리 얄리 얄랑(라)셩 얄라리 얄라 – 〈청산별곡〉

(4) 대부분 작자 미상이며, 조선 시대에 편찬된 《악장가사》, 《악학궤범》, 《시용향악보》에 주로 실려 있다.

❸ 대표 작품

작품	형식	내용
가시리	4연의 분연체	떠나는 임에게 다시 돌아올 것을 애원하는 이별가
동동	13연의 월령체	월별로 자연의 모습이나 세시 풍속에 따라 임을 그리워한 노래
서경별곡	3연의 분연체	서경(평양)의 여인이 사랑하는 임과 이별하며 부른 노래
정석가	6연의 분연체	임의 만수무강을 기원하며 굳은 사랑을 맹세한 노래
청산별곡	8연의 분연체	힘든 현실을 피해 이상향을 꿈꾸는 이의 노래

간단 개념 체크

1 다음 중 고려 가요에 대한 설명으로 알맞은 것을 모두 고르시오.

㉠ 대부분 작자 미상이다.
㉡ 4음보로 구성되어 있다.
㉢ 분연체(분절체)로 되어 있다.
㉣ 대부분 각 분절마다 후렴구가 나타난다.
㉤ 선비들의 학식과 체험을 담고 있다.
㉥ 고려 시대 귀족들이 부르던 시가이다.
㉦ 평민들의 소박한 생활 감정을 진솔하게 표현했다.

4. 경기체가

❶ 경기체가의 개념

고려 후기 무신의 난 이후 신흥 사대부들이 즐기던 노래

❷ 경기체가의 특징

(1) 구체적인 사물을 나열하면서 객관적인 설명을 가하는 교술적 성격을 지니고 있다.
예 엽 대평광긔 ᄉᆞᄇᆡᆨ여 권 대평광긔 ᄉᆞᄇᆡᆨ여 권 / 위 력남ㅅ 경 긔 엇더ᄒᆞ니잇고. – 〈한림별곡〉 제2장

(2) 선비들의 학식과 체험을 노래하는 것으로서 글, 경치, 기상 등을 제재로 삼고 있다.
예 원슌문 인노시 공노ᄉᆞ륙 / 니정언 딘한림 솽운주필 – 〈한림별곡〉 제1장

(3) 몇 개의 연이 나뉘는 분연체로 되어 있고, 한 연은 6행으로 되어 있다.

(4) 작자가 분명하며, 형식이 정제되어 있어 조선 시대까지 사대부 계층이 향유하였다.

❸ 대표 작품

작품	작가	내용
한림별곡	한림 제유	시부, 서적, 명필, 명주(名酒), 화훼, 음악, 누각, 추천(그네)의 8장으로 된 최초의 경기체가로 현실 도피적·향락적 성격. 한문 위주의 표기.
관동별곡	안축	강원도 순무사로 있다가 돌아오는 길에 관동의 절경을 노래함. 전 8연이며 이두문이 많이 쓰임.

2 경기체가에 대한 설명으로 맞으면 ○, 틀리면 × 표시를 하시오.

(1) 고려 후기 평민들이 즐겨 부르던 노래이다. ( )
(2) 교술적 성격이 강하고, 글이나 경치, 기상 등을 제재로 삼는다. ( )
(3) 몇 개의 연이 나뉘는 분연체로 되어 있다. ( )
(4) 작자가 분명하지 않고 형식이 자유롭다. ( )

답 1 ㉠, ㉢, ㉣, ㉦ 2 (1) × (2) ○ (3) ○ (4) ×

고전 시가 핵심 노트

5. 한시

❶ 한시의 개념

중국을 비롯한 주변 국가에서 발달한, 한자로 된 정형시

❷ 한시의 전개 양상

(1) 삼국 시대의 한시: 삼국의 국가 체제가 정비되면서 한자가 보급되고 7세기경 한문학이 본격 창작되었다.

예 을지문덕의 한시(고구려), 최치원의 한시(신라)

(2) 고려 시대의 한시: 과거 제도 실시, 국자감 설치, 불교의 융성으로 한시가 발달했다. 예 이규보, 이색, 정지상의 한시

(3) 조선 시대의 한시: 사대부 계층이 꾸준히 창작했으며, 특히 정약용은 우리말식의 한자어를 사용해 우리말과 우리 민족의 정서를 담아냈다.

예 '높새바람'을 '高鳥風(고조풍)'으로, '마파람'을 '馬兒風(마아풍)'으로 표기

❸ 대표 작품

작품	작가	시대	내용
제가야산독서당	최치원	신라	세상을 멀리하고 산중에 은둔하고 싶어 하는 지식인의 노래
송인	정지상	고려	대동강을 배경으로 임과 이별한 슬픔을 표현한 노래
보리타작	정약용	조선	보리타작하는 농부들을 보며 노동의 건강함을 예찬한 노래

6. 시조

❶ 시조의 개념

고려 말부터 발달해 온 우리 고유의 정형시

❷ 시조의 특징

(1) 고려 중엽 사대부 문학으로 발생하여 이후 귀족 문학과 평민 문학을 아우르는 국민 문학이 되었다.

(2) 3·4조 또는 4·4조의 4음보, 3장 6구 45자 내외의 기본형, 종장의 첫 음보는 3음절로 고정된다.

❸ 시조의 전개 양상

(1) 고려 후기의 시조: 유교적 충의 사상을 노래한 시조가 주를 이룬다.

예 이 몸이 주거 주거(정몽주)

(2) 조선 전기의 시조

① 사대부들의 충의 사상과 자연관을 노래한 시조가 주를 이루며, 기녀들의 시조도 등장했다.

예 이 몸이 주거 가셔(성삼문), 십 년을 경영ᄒᆞ여(송순), 동지ㅅ돌 기나긴 밤을(황진이)

② 단시조를 중첩한 형태인 연시조가 등장했다.

예 강호사시가(전 4수, 맹사성), 어부사(전 5수, 이현보), 도산십이곡(전 12수, 이황), 고산구곡가(전 10수, 이이)

간단 개념 체크

1 한시에 대한 설명으로 맞으면 ○, 틀리면 × 표시를 하시오.

(1) 한자로 된 정형시이다. ( )

(2) 고려의 국가 체제가 정비되면서 한문학이 본격 창작되었다. ( )

(3) 조선 시대에 이르러 한시가 발달했다. ( )

(4) 조선 시대에 사대부 계층이 주로 창작했다. ( )

2 빈칸에 들어갈 알맞은 말을 쓰시오.

(1) 시조는 3·4조 또는 4·4조의 4음보, □장 □구 □□자 내외를 기본형으로 하며, 종장의 첫 음보는 □음절로 고정된다.

(2) 조선 전기에는 사대부들의 충의 사상과 □□□을 노래한 시조가 주를 이루었다.

(3) 조선 전기에는 단시조를 중첩한 형태의 □□□가 등장했다.

답 1 (1) ○ (2) × (3) × (4) ○ 2 (1) 3, 6, 45, 3 (2) 자연관 (3) 연시조

(3) 조선 후기의 시조

① 충의가, 안빈낙도, 연정, 현실 비판 및 풍자 등 다양한 내용이 등장했다.

예 가노라 삼각산아(김상헌), 초암이 적료훈듸(김수장), 댁들에 동난지이 사오(작자 미상)

② 산문화와 서민 의식의 영향으로 사설시조가 등장했다.

예 싀어마님 며느라기 낫바(작자 미상), 나모도 바히 돌도 업슨(작자 미상)

③ 시조창, 시조집, 가객이 등장했다.

7. 가사

❶ 가사의 개념

경기체가가 쇠퇴하면서 발생한 시가와 산문의 중간 형태의 문학

❷ 가사의 특징

(1) 형식은 운문 문학에 속하나 개인의 정서 표현뿐만 아니라 교훈, 여행의 감상 등을 담는 교술 시가에 속한다.

(2) 3(4)·4조 4음보의 연속체 시가로 행수(行數)에 제한이 없다. 마지막 행이 시조의 종장과 같은 형식인 것을 정격(正格), 그렇지 않은 것을 변격(變格)이라고 한다. 예 명월이 천산만낙의 아니 비친 듸 업다. – 정철, 〈관동별곡〉

❸ 가사의 전개 양상

(1) 조선 전기의 가사

① 임금의 은총을 노래하거나 자연에서 유유자적하는 심회를 노래한 가사가 주를 이룬다. 예 면앙정가(송순), 상춘곡(정극인), 관동별곡(정철)

② 임금에 대한 충성심을 남녀의 애정에 빗대어 노래한 가사가 등장했다.

예 사미인곡·속미인곡(정철)

(2) 조선 후기의 가사

① 현실 생활을 사실적으로 그린 가사가 등장했다. 예 선상탄·누항사(박인로)

② 내방 가사, 유배 가사가 등장하고 서사적 장편 가사로 산문화 경향이 뚜렷해졌다.

예 규원가(허난설헌), 만언사(안조환)

8. 민요

❶ 민요의 개념

민중 속에서 자연 발생하여 오랫동안 전해 오는 구전 가요

❷ 민요의 특징

(1) 서민들의 생활 감정과 삶이 함축되어 있고, 노동·의식·놀이 등을 위해 불렸다.

예 논매기 노래, 타작 노래(노동요), 상여 노래(의식요), 강강술래(유희요), 아리랑, 시집살이 노래(하소연 등)

(2) 3음보와 4음보의 연속체의 긴 노래가 많고, 대개 후렴구가 붙어 있다.

예 아리랑 아리랑 아라리요 아리랑 고개로 넘어간다(〈아리랑〉의 후렴구)

(3) 다양한 가창 방식으로 불렸다. 예 선후창, 교환창, 독창, 제창 등

(4) 스스로 완결성을 지니기도 하나 다른 양식(갈래)에 이용되거나 결합하여 독특한 양식을 창출하기도 했다.

간단 개념 체크

1 다음 중 가사에 대한 설명으로 알맞은 것을 모두 고르시오.

㉠ 행수에 제한이 있다.
㉡ 정격 가사와 변격 가사로 나뉜다.
㉢ 3(4)·4조, 3음보의 연속체 시가이다.
㉣ 시가와 산문의 중간 형태의 문학이다.
㉤ 조선 전기에는 현실 생활을 사실적으로 그린 가사가 등장했다.
㉥ 조선 후기에 내방 가사, 유배 가사가 등장했다.

2 민요에 대한 설명으로 맞으면 ○, 틀리면 × 표시를 하시오.

(1) 민중 속에서 자연 발생하여 오랫동안 전해 오는 구전 가요이다. ( )
(2) 긴 노래가 많고 대개 후렴구가 붙어 있다. ( )
(3) 주로 궁중의 무대 향연을 위해 불렸다. ( )
(4) 사대부들의 생활 감정과 삶이 함축되어 있다. ( )

답 1 ㉡, ㉣, ㉥ 2 (1) ○ (2) ○ (3) × (4) ×

작품으로 보는 고전 시가

상고 시대

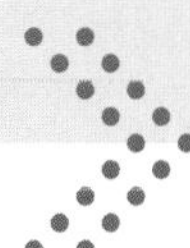

고조선 건국 (B.C. 2333)

고대 가요
- 공무도하가
- 구지가

신라 건국 (B.C. 57) 고구려 건국 (B.C. 37)

고대 가요
- 황조가
- 해가
- 정읍사

향가
- 서동요

한시
- 여수장우중문시

신라의 삼국 통일 (676년)

향가
- 모죽지랑가
- 헌화가
- 제망매가
- 찬기파랑가
- 도솔가
- 처용가

한시
- 야청도의성
- 촉규화
- 추야우중
- 제가야산독서당

고려 시대

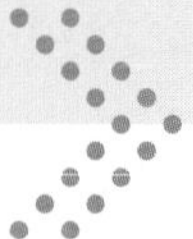

고려 건국 (918년)

고려 가요
- 가시리
- 동동
- 서경별곡
- 정과정
- 정석가
- 사모곡
- 청산별곡

경기체가
- 한림별곡

시조
- 백설이 ᄌᆞ자진 골에
- 춘산에 눈 녹인 바ᄅᆞᆷ
- 이화에 월백ᄒᆞ고
- 이런들 엇더ᄒᆞ며
- 이 몸이 주거 주거

한시
- 송인
- 설중방우인불우
- 사리화

조선 전기

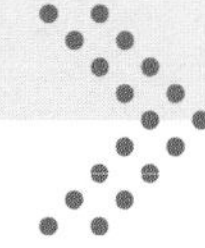

조선 건국 (1392년)

악장
- 용비어천가

언해
- 강촌
- 등악양루
- 강남봉이구년

시조
- 오백 년 도읍지를
- 흥망이 유수ᄒᆞ니
- 수양산 ᄇᆞ라보며
- 어부사
- 강호사시가
- 도산십이곡

가사
- 상춘곡
- 만분가
- 면앙정가
- 관동별곡
- 사미인곡

한시
- 만보
- 무어별
- 봄비

조선 후기

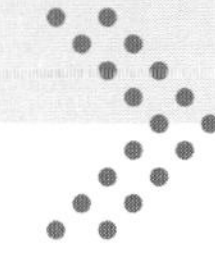

임진왜란 (1592년)

시조

- 국화야 너ᄂᆞᆫ 어이
- 가노라 삼각산아
- 청강에 비 듯는 소ᄅᆡ
- 아츰은 비 오더니
- 주려 주그려 ᄒᆞ고
- 논밭 갈아 기음 매고
- 집 방석 내지 마라
- 곡구롱 우ᄂᆞᆫ 소ᄅᆡ에
- 백구ㅣ야 말 무러보쟈
- 청산도 절로절로
- 금강 일만 이천 봉이
- 강산 죠흔 경을
- 빈천을 ᄑᆞᆯ랴 ᄒᆞ고
- 벽사창 밖이 어른어른커ᄂᆞᆯ
- ᄇᆞ롬도 쉬여 넘ᄂᆞᆫ 고ᄀᆡ
- 님 그린 상사몽이
- 님이 오마 ᄒᆞ거ᄂᆞᆯ
- 어이 못 오던가
- 귀뚜리 져 귀뚜리
- 개를 여라믄이나 기르되
- 나모도 바히돌도 업슨
- 천지간 만물지중에
- 창 내고쟈 창을 내고쟈
- 싀어마님 며느라기 낫바
- 말하기 좋다 하고
- 한숨아 세 한숨아
- 매화 옛 등걸에
- 봄이 왔다 ᄒᆞ되
- 댁들에 동난지이 사오
- ᄇᆞᆰ가버슨 아해ㅣ들리
- 개야미 불개야미
- 두터비 ᄑᆞ리를 물고
- 일신이 사쟈 ᄒᆞᆫ이
- ᄒᆞᆫ 눈 멀고 ᄒᆞᆫ 다리 저는
- 반중 조홍감이
- 마음이 지척이면
- 만흥
- 견회요
- 오우가
- 어부사시사
- 매화사

가사

- 선상탄
- 누항사
- 일동장유가
- 만언사
- 연행가
- 춘면곡
- 유산가
- 덴동 어미 화전가
- 북찬가

민요

- 아리랑
- 시집살이 노래
- 잠 노래
- 정선 아리랑
- 진도 아리랑
- 사할린 본조 아리랑

한시

- 요양의 달
- 보리타작
- 유배지에서 처의 죽음을 슬퍼하며
- 자술
- 화왕가
- 사유악부
- 송파에서 시를 주고받으며
- 절명시

공무도하가 구지가 황조가 해가 정읍사 서동요 모죽지랑가 헌화가 제망매가
찬기파랑가 도솔가 처용가 여수장우중문시 야청도의성 촉규화 추야우중 제가야산독서당

I

상고 시대

I

문학사 개관

상고 시대의 시가 (원시 시대 ~ 통일 신라)

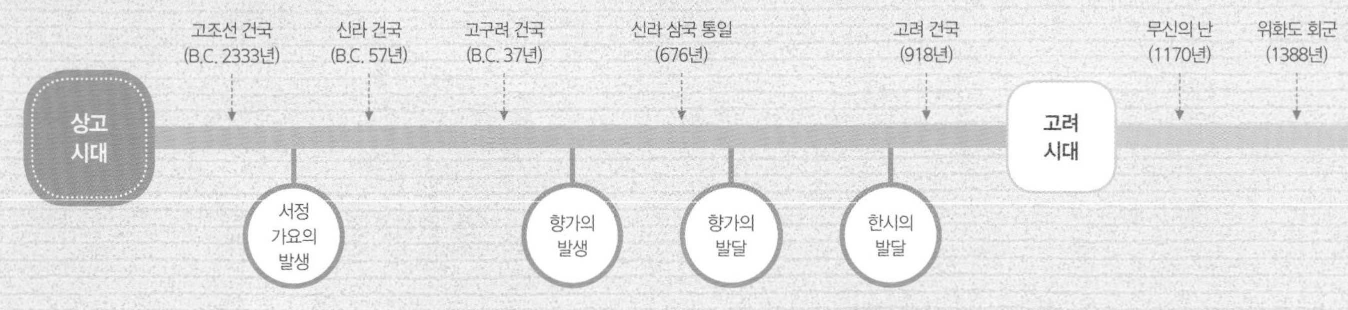

상고 시대 시가의 특징

◆ **원시 종합 예술(原始綜合藝術)**
음악·무용·시가가 분화하지 않은 형태의 예술. 고대인에게 신앙과 종교의 중요한 행사였던 제천 의식에서 원시적 형태의 무격 신앙과 그에 따르는 노래와 춤을 아우르는 예술 형태.

- 집단적·서사적 성격의 원시 종합 예술이 점차 개인적·서정적 시가로 분리·발전하면서 고대 서정 가요가 발생하게 되었다.
- 한자의 보급으로 한문학이 발전하였고 한시가 창작되기 시작했다.
- 신라 시대에는 국문학사상 최초의 정형화된 서정시인 향가가 등장했다.

상고 시대 시가의 갈래

1. 고대 가요(古代歌謠)

삼국 시대 이전의 노래로, 음악·무용·시가가 분화되지 않았던 원시 종합 예술에서 분화된 개인적이고 서정적인 내용의 시가(詩歌)를 의미한다. 전해 오는 작품 대부분이 한자로 짤막하게 뜻만을 기록하고 있어 그 본래 모습은 구체적으로 알기 어렵다.

(1) 내용상 특징

초기에는 집단 활동이나 의식과 관련된 노동요·의식요(집단적 서정 가요)가 창작되었고, 이후 개인적 서정에 바탕을 둔 서정 시가(개인적 서정 가요)가 주로 창작되었다. 또한 대부분의 고대 서정 가요는 배경 설화와 함께 전한다.

(2) 형식상 특징

당시에는 기록 수단이 없었기 때문에 구전되어 오다가 후대에 한역되어 전한다.

(3) 의의

- 국문학사상 최초의 서정 시가 형태이다.
- 두 토막씩 넉 줄, 네 토막씩 두 줄 등 우리 시가의 초기 단계 형식을 보여 준다.

예

작품	작가	성격	내용	출전
공무도하가(公無渡河歌)	백수 광부의 아내	개인적, 서정적	물에 빠져 죽은 남편을 애도하는 고조선의 노래. 악곡명은 〈공후인〉	해동역사
구지가(龜旨歌)	구간(九干) 등	집단적, 주술적	수로왕의 강림을 기원하는 가락국의 노래	삼국유사
황조가(黃鳥歌)	유리왕	개인적, 서정적	꾀꼬리의 정다운 모습에 견주어 이별의 슬픔을 표현한 고구려 노래	삼국사기
해가(海歌)	작자 미상	집단적, 주술적	납치된 수로 부인을 구출하기 위해 부른 신라 노래	삼국유사
정읍사(井邑詞)	어느 행상인의 아내	개인적, 서정적	행상 나간 남편을 염려하는 아내가 부른 백제 노래	악학궤범

간단 개념 체크

1 음악·무용·시가가 분화하지 않은 형태의 예술을 □□ □□ □□이라고 한다.

2 삼국 시대 이전의 노래로, 원시 종합 예술에서 분화된 개인적이고 서정적인 내용의 시가는? (　　　)

3 고대 가요는 초기에는 개인적 서정 가요에서 시작하여 차츰 집단적 서정 가요로 발전하였다. (○ / ×)

답 1 원시 종합 예술 2 고대 가요 3 ×

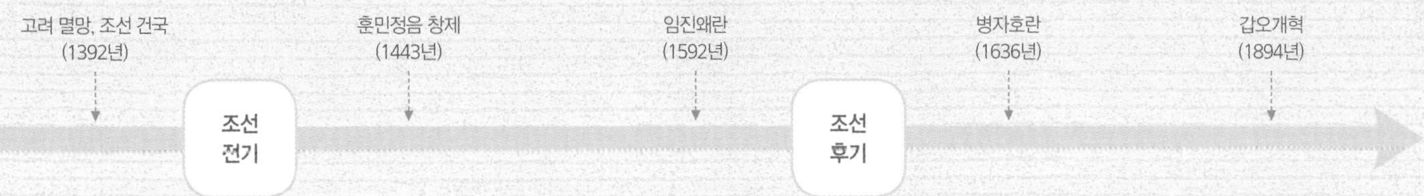

(4) 기타

기록되기 이전의 많은 시가들은 배경 설화와 제목만 전하기도 한다.

예

작품	내용
내원성가(來遠城歌)	항복해 온 오랑캐를 내원성에 정착시켜, 성 이름을 내원성이라 하고 지었다는 고구려 가요
연양가(延陽歌)	연양현의 한 머슴이 자기의 몸을 아끼지 않고 충실히 일할 것을 다짐하며 노래한 고구려 가요
무등산가(無等山歌)	무등산에 성을 쌓으니, 그 지방 사람들이 안심하고 살 수 있어 그 기쁨을 읊은 백제 가요
방등산가(方等山歌)	장성 방등산 도적에게 잡혀간 여인이 남편에게 구원을 요청하였으나 오지 않자, 이를 탄식하며 부른 백제 가요
선운산가(禪雲山歌)	장사(長沙) 사람이 부역에 나갔다가 오래도록 돌아오지 않자, 그 아내가 선운산에 올라가 부른 백제 가요
지리산가(智異山歌)	구례현(求禮縣)의 한 여인이 남편이 있으므로 임금의 입궁 명령에 응할 수 없음을 노래한 백제 가요
대악(碓樂)	백결 선생이 섣달 그믐날 떡거리가 없어 한탄하는 아내에게 떡방아 찧는 소리를 내어 위로하였다는 신라 가요
도솔가(兜率歌)	신라 유리왕 때 작자 미상의 노래로 민속 환강(民俗歡康: 민속이 기쁘고 평안함.)하여 지었다고 함. 가사는 전하지 않으나 《삼국사기》에 가악의 시초라 기록됨. 월명사의 향가인 〈도솔가〉와 구분되는 신라 가요
목주가(木州歌)	목주에 사는 한 효녀가 불렀다는 신라 가요. 고려 가요 〈사모곡(思母曲)〉과 관계 있다고 보는 견해도 있음.
우식곡(憂息曲)	박제상(朴堤上)이 일본에서 왕의 동생 미사흔을 탈출시키고 죽자 그 뜻을 널리 알리기 위해 부른 신라 가요
원사(怨詞)	신라 장군 김유신(金庾信)에게 버림받은 기녀 천관(天官)이 원망을 담아 부른 신라 가요

◆ **박제상(朴堤上, ?~?)**
신라 눌지왕 때의 충신. 《삼국사기》에는 고구려와 왜(일본)에 건너가 볼모로 잡혔던 왕의 아우들을 고국으로 탈출시키고 왜국 군에게 잡혀 유배되었다 살해당했다고 전한다. 《삼국유사》에는 김제상(金堤上)으로 적혀 있다. 고구려에서 왕의 아우 보해와 함께 도망하였고, 왜국에는 거짓 망명한 후 왕의 아우 미해를 신라로 도망치게 했다고 한다. 왜왕이 그 사실을 알고 제상을 회유하자 '계림(신라)의 개나 돼지가 될지언정 왜국의 신하는 될 수 없다.'라고 말해 처참히 죽었다고 한다.

▲ 일본 대마도에 있는 박제상 순국비

2. 향가(鄕歌)

신라에서 고려 초기까지 창작·향유되었던 서정시를 말한다. 신라 당대에는 우리나라 고유의 노래라는 뜻으로 쓰였으나, 오늘날에는 향찰로 표기된 우리 고유의 시가를 뜻한다. 〈도솔가(兜率歌)〉, 〈사뇌가(詞腦歌)〉 등의 이름으로 불리기도 하며, 특히 〈사뇌가〉는 향가의 완성형이라 이르는 10구체 향가를 일컬을 때 주로 쓰인다.

현전하는 최초의 향가 작품은 신라 진평왕 때인 6세기 말에 서동이 지은 〈서동요(薯童謠)〉이며, 고려 광종 때인 10세기 말에 지어진 〈보현십원가(普賢十願歌)〉가 향가의 마지막 작품이다. 향가를 집대성한 《삼대목》이 진성 여왕(9세기 말) 때 간행된 것으로 보아, 이 시기에 향가가 상당히 융성했으리라 추정하고 있다.

간단 개념 체크

1 고대 가요는 기록 수단이 없어 ☐☐되어 오다가 후대에 ☐☐되어 전한다.

2 신라에서 고려 초기까지 창작된, 향찰로 표기된 우리 고유의 시가는? (   )

3 현전하는 최초의 향가 작품은 〈도솔가〉이다. (○ / ×)

답 1 구전, 한역 2 향가 3 ×

상고 시대의 시가 (원시 시대 ~ 통일 신라)

간단 개념 체크

1 4구체 향가에서 10구체 향가로 발전해 가는 과정에서 생긴 과도기적 형태는? (　　　)

2 10구체 향가는 3단 구성으로, □□라고 불리는 마지막 2구의 첫머리에는 감탄사가 나타난다. 이는 후대의 □□ 형식에 영향을 주었다.

3 향가의 작가는 주로 승려나 화랑 등의 귀족 계층이 주류를 이루었다. (○ / ×)

답 1 8구체 2 낙구, 시조 3 ○

◆ **향찰, 이두, 구결의 표기 방식**

향찰(鄕札)	한자의 음과 뜻을 빌려 국어 문장 전체를 적은 표기법. 특히 향가의 표기에 쓴 것을 이름.
이두(吏讀)	한자의 음과 뜻을 빌려 우리말을 적은 표기법. 일반적으로 한자를 국어의 문장 구성법에 따라 고치고 이에 토를 붙인 것을 이름.
구결(口訣)	한문을 읽을 때 각 구절 아래에 달아 쓰던 문법적 요소를 통틀어 이름.

◆ **참요**
시대적 상황이나 정치적 징후 등을 암시하는 민요.

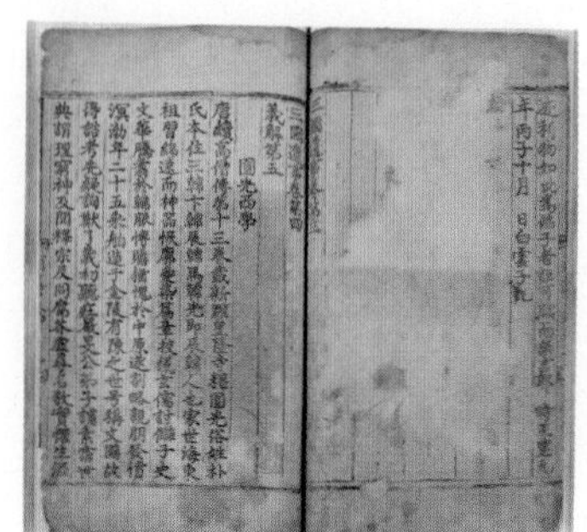
▲《삼국유사》- 14수의 향가가 실려 있음.

(1) 내용상 특징

민요, 동요, 토속 신앙에 대한 것, 임금을 그리워하는 노래, 나라를 다스리는 노래 등 다양하나 주술적 내용과 불교적 기원 및 신앙심을 노래한 것이 가장 많다.

① 주술적 내용: 혜성가(彗星歌), 도솔가(兜率歌), 처용가(處容歌)

② 불교적 내용: 원왕생가(願往生歌), 도천수관음가(禱千手觀音歌), 제망매가(祭亡妹歌)

(2) 형식상 특징

향가의 형식에는 4구체, 8구체, 10구체가 있다.

① 4구체: 향가의 초기 형태. 〈도솔가〉를 제외하고는 구전되어 오던 민요나 동요가 정착된 것으로 보인다.

② 8구체: 4구체에서 발전된 형태. 4구체에서 10구체로 발전해 가는 과정에서 생긴 과도기적 형태이다.

③ 10구체: 가장 정제되고 세련된 형태. 향가의 가장 완성된 형태로, '4구+4구+2구'의 세 부분으로 이루어져 있다. 낙구(落句)라고 불리는 마지막 2구의 첫머리에는 감탄사 '아으'를 두고 있는데, 이러한 형식상의 특징은 후대의 시조 형식에 영향을 주었다.

(3) 의의

- 국문학사상 최초의 정형화된 서정시이다.
- 향가의 가사와 표기 형식은 신라어 연구에 귀중한 자료가 된다.
- 향가를 표기한 표기법인 '향찰'은 외래 문화를 주체적으로 수용·발전시킨 것이다.

(4) 전승 방식

각각의 향가 작품은 그 배경이 되는 설화와 함께 전승되는 것이 특징이며, 향찰로 표기된 노랫말의 앞이나 뒤에 그 노래와 관련된 배경 설화가 서술되어 있다. 배경 설화는 설화적 성격의 이야기가 대부분이나 노래가 창작될 당시의 역사적 사실이 기술되기도 하였다.

(5) 작가

승려, 화랑 등 귀족 계층이 주류를 이루고 있으나, 여성 일반인 등도 있었다.

(6) 수록 문헌

《삼국유사》(14수가 전함.), 《균여전》(11수가 전함.), 《삼대목》(전하지 않음.)

예

형식	작품	작가	연대	내용
4구체	서동요(薯童謠)	서동(백제 무왕)	진평왕(6세기)	서동이 선화 공주를 얻기 위해 신라 서라벌의 아이들에게 부르게 한 노래. 현존하는 가장 오래된 향가. 참요적 성격의 동요
	풍요(風謠)	백성들	선덕 여왕(7세기)	양지(良志)가 영묘사의 장육존상을 만들 때 부역을 왔던 백성들에게 부르게 한 노래. 노동요
	헌화가(獻花歌)	견우 노인	성덕왕(8세기)	소를 몰고 가던 노인이 수로 부인에게 꽃을 꺾어 바치며 부른 노래
	도솔가(兜率歌)	월명사	경덕왕(8세기)	해가 둘이 나타나자 하나의 해를 없애기 위해 부른 노래. 산화공덕(散花功德)의 노래. 국가의 변괴를 막는 목적을 지님.
8구체	모죽지랑가(慕竹旨郎歌)	득오	효소왕(7세기 말)	화랑 죽지랑의 고매한 인품을 따르던 낭도가 그를 추모하여 부른 노래. 추모가
	처용가(處容歌)	처용	헌강왕(9세기)	처용이 자기 아내를 범한 역신(疫神)에게 이 노래를 지어 불렀더니 역신이 물러갔다는 노래. 현전하는 마지막 신라 향가. 주술가

10구체	혜성가(彗星歌)	융천사	진평왕(6~7세기)	심대성(心大星)을 침범한 혜성을 물리치기 위해 부른 노래. 사뇌가의 효시. 주술가
	원왕생가(願往生歌)	광덕	문무왕(7세기)	극락왕생하기를 바라는 광덕의 불교적인 신앙심을 읊은 노래
	원가(怨歌)	신충	효성왕(8세기)	효성왕이 나중에 다시 부르겠다는 약속을 지키지 않자, 신충이 지어 잣나무에 붙였다는 노래. 주술가
	제망매가(祭亡妹歌)	월명사	경덕왕(8세기)	죽은 누이의 명복을 빌며 부른 노래. 가장 예술성이 뛰어난 향가. 추모가
	안민가(安民歌)	충담사	경덕왕(8세기)	경덕왕의 요청에 의해 임금과 신하와 백성의 도리를 노래한 치국안민(治國安民)의 노래. 유교적 이념이 드러남.
	찬기파랑가(讚耆婆郎歌)	충담사	경덕왕(8세기)	충담사가 화랑인 기파랑의 높은 인품을 추모하여 부른 노래. 가장 완성된 형태의 향가. 추모가
	도천수대비가(禱千手大悲歌)	희명	경덕왕(8세기)	희명이 눈먼 자식의 눈을 뜨게 하기 위해 부른 불교적 신앙의 노래
	우적가(遇賊歌)	영재	원성왕(8세기)	화랑 영재가 도적의 무리를 만나 이 노래를 지어 부르자, 도둑들이 감동하여 승려가 되었다는 설도(說道)의 노래

3. 한시(漢詩)

기원전 2세기경 우리나라에 한문화(漢文化)가 수입되고, 4세기경 지배 계층에 보편화되었던 것으로 보인다. 삼국 시대가 전개되면서 국가 체제가 정비되고, 한자의 보급으로 한문학이 발전하기 시작했다. 7세기경에는 한시문이 본격적으로 창작되어 한문학의 기원을 이룩하였다. 특히 신라 사람 최치원이 중국의 과거 제도인 빈공과(貧貢科)에 급제하여 벼슬을 했다는 사실로 미루어 볼 때, 당시의 한문학 수준이 상당했음을 알 수 있다.

현전하는 가장 오래된 한시는 고구려 을지문덕이 지은 〈여수장우중문시(與隨將于仲文詩)〉로, 이를 통해 삼국 시대에 한시가 완전히 정착되었음을 알 수 있다.

한시는 그 음률(音律)의 아름다움을 특히 중요하게 여겨 일정한 형식과 규칙에 따라 짓게 되어 있는데, 대표적인 것으로 고체시와 근체시가 있다.

(1) **고체시** – 근체시에 비해 형식이 자유로운 한시
① 고시(古詩): 사언 고시, 오언 고시, 칠언 고시
② 악부(樂府): 장구(長句)

(2) **근체시** – 형식에 엄격한 규칙이 있는 한시
① 절구(絶句): 4행시 – 오언 절구, 칠언 절구
② 율시(律詩): 8행시 – 오언 율시, 칠언 율시
③ 배율(排律): 12행 이상 – 오언 배율, 칠언 배율

예

작품	작가	연대	형식	내용	출전
여수장우중문시(與隨將于仲文詩)	을지문덕	고구려 영양왕	5언 고시	• 을지문덕이 수나라 적장 우중문에게 퇴각을 종용하며 조롱조로 지어 보낸 시 • 을지문덕의 여유와 기개가 드러남.	삼국사기
추야우중(秋夜雨中)	최치원	통일 신라 말기	5언 절구	자신을 알아주지 않는 세상에 대한 괴로움을 노래함.	동문선
제가야산독서당(題伽倻山讀書堂)	최치원	통일 신라 말기	7언 절구	세상을 멀리하고 산중에 은둔하고 싶은 심정을 노래함.	동문선
야청도의성(夜聽擣衣聲)	양태사	발해 문왕	7언 배율	타국에서 가을 달밤에 고국을 그리워하는 마음을 노래함.	경국집

▲ 한시의 대가, 최치원

◆ **한시의 규칙**
① 음수율(音數律): 각 구(句)는 일정한 낱말 수를 갖추어야 함.
② 음위율(音位律): 정해진 구의 끝 글자는 같은 운(韻)에 딸리는 글자를 넣어야 함.
③ 음성률(音聲律): 구 속의 각 글자는 평측(음운의 높낮이)에 맞게 배정되어야 함.
④ 시행률(詩行律): 한 수(首)의 시는 일정한 구수를 따라야 함.

간단 개념 체크

1 7세기경 신라 사람 □□□이 중국의 빈공과에 급제하여 벼슬을 했다는 사실을 통해 당시 한문학이 매우 발달했음을 알 수 있다.

2 한시는 일정한 형식과 규칙에 얽매이지 않고 지어졌다. (○ / ×)

3 근체시에서 4행시를 □□, 8행시를 □□, 12행 이상의 시를 배율이라고 한다.

답 1 최치원 2 × 3 절구, 율시

001 공무도하가(公無渡河歌) | 백수 광부의 아내

키워드 체크 #공후인 #임의 죽음 #물 #애상적

문학 천재(정), 금성, 미래엔

핵심 정리

갈래 고대 가요, 한역 시가
성격 개인적, 서정적, 체념적, 애상적
제재 물을 건너는 임
주제 임을 여읜 슬픔(이별의 한)
의의 ① 집단 가요에서 개인적 서정시로 넘어가는 과도기적 작품
② 고조선 시대의 노래로 우리나라 최고(最古; 가장 오래됨.)의 서정시
연대 고조선
출전 《해동역사》

Q '가신 임을 어이할꼬.'에 드러난 화자의 심리는?

마지막 행은 화자의 심리가 집약적으로 제시된 구절이다. 화자의 만류에도 불구하고 물에 빠져 죽은 임에 대한 비통하고 애절한 슬픔을 '어이할꼬.'라는 체념적 말투를 통해 표현했다. 체념적 말투는 〈처용가〉의 '아사놀 엇디ᄒᆞ릿고', 〈청산별곡〉의 '내 엇디ᄒᆞ리잇고', 시조에서 자주 보이는 '무슴하리오, 어이하리오' 등으로 계승된 우리 시가 문학의 전통적 표현 방식이기도 하다.

시구 풀이

❶ **公無渡河(공무도하)** 떠나는 임을 만류하려는 화자의 애절한 호소가 드러난다. 이때 '물[河]'은 임을 보내지 않으려는 화자의 의지가 담겨 있어 충만한 사랑의 이미지를 떠올리게 한다.
❷ **公竟渡河(공경도하)** 임이 기어이 물을 건넘으로써 화자의 만류는 수포로 돌아가고 임은 부재하게 된다. 이때 '물'은 이별의 이미지이다.
❸ **墮河而死(타하이사)** 임이 빠져 죽은 '물'은 생과 사의 갈림길이자 불가항력의 이미지로, 임의 죽음으로 의미가 확대되고 있다.
❹ **當奈公何(당내공하)** 임의 죽음에 대한 슬픔과 탄식의 정서가 집약되어 있는 구절이다. '어이할꼬.'라는 표현을 통해 이미 떠난 임에 대한 체념적 태도가 드러난다.

작가 소개

백수 광부(白首狂夫)의 아내
이 작품의 작가는 일반적으로 백수 광부의 아내로 알려져 있으나 이에 대한 반론도 있다. 남편이 죽는 광경을 보고 아내가 공후를 들고 와서 노래를 부른다는 것은 이치에 맞지 않으므로 뱃사공인 곽리자고의 아내 여옥(麗玉)이 이러한 광경을 보고 지은 것으로 보아야 한다는 것이다. 그러나 설화에 따라 백수 광부의 아내가 지은 것으로 보는 것이 통설이다.

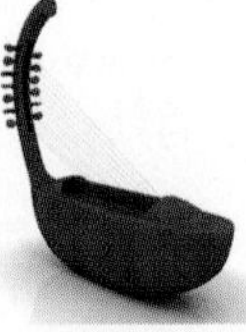
▲ 공후

□: 물의 상징적 이미지

❶公無渡河 (공 무 도 하)	임이여, [물]을 건너지 마오. (임: 시적 대상(백수 광부) / 물: 화자의 충만한 사랑)
❷公竟渡河 (공 경 도 하)	임은 그예 ⓐ[물]을 건너시네. (임과의 이별)
❸墮河而死 (타 하 이 사)	[물]에 빠져 돌아가시니, (임의 죽음)
❹當奈公何 (당 내 공 하)	가신 임을 어이할꼬. (화자의 심정 집약 – 슬픔과 탄식, 체념적 태도)

한자 풀이

公(공): 그대, 당신, 임 / 無(무): 금지사 '~하지 말라' / 渡(도): 건너다 / 河(하): 물
竟(경): 마침내, 드디어 / 墮(타): 떨어지다 / 而(이): 그리하여 / 死(사): 죽다
當(당): 마땅히, 이제 / 奈(내): 어찌 / 何(하): 어찌

■ **이 작품의 배경 설화**

고조선의 뱃사공 곽리자고(霍里子高)가 새벽에 일어나 배를 저어 가는데, 백수 광부(머리가 하얗게 센 미친 사람)가 머리를 풀어 헤치고 술병을 들고 물속으로 들어갔다. 뒤따르는 그의 아내가 말려도 미치지 못하여 결국 그 사람은 물에 빠져 죽었다. 이에 그의 아내는 가지고 있던 공후(箜篌)를 타며 노래를 불렀는데, 이 노래가 매우 슬펐다. 노래를 마치고 나서 그 아내도 물에 몸을 던져 죽었다. 곽리자고가 집에 돌아와서 그의 아내 여옥(麗玉)에게 말하였다. 여옥은 그 말을 듣고 슬퍼하며 공후를 가지고 그 소리를 본받아 타니, 듣는 사람마다 눈물을 흘리며 슬퍼하였다.

이해와 감상

이 작품은 중국 문헌에 전하던 고조선의 노래를 조선 시대에 《해동역사》라는 책에 다시 한시(漢詩)로 옮겨 놓은 것이다. 악곡명에 따라 〈공후인(箜篌引)〉이라 일컬어지기도 한다.

우리 문학사상 가장 이른 시기의 시편 중 하나인 이 작품에는 사랑하는 임을 여읜 시적 화자의 애절한 정서와 한(恨)이 담겨 있다.

1구부터 4구까지의 시상 전개에 따른 화자의 정서를 살펴보면 다음과 같다.

1구	2구	3구	4구
임을 만류함.	임이 물을 건넘.	임이 죽음.	화자가 탄식함.
애원	초조	절망	슬픔, 체념

이 작품의 짜임

기(1구)	임이 물을 건너는 것에 대한 만류	임과의 이별
승(2구)	물을 건너는 임	
전(3구)	물에 빠져 죽은 임	임을 잃은 슬픔
결(4구)	임을 잃은 화자의 슬픔과 체념	

작품 연구소

〈공무도하가〉에 드러나는 '물'의 상징적 이미지

이 작품은 '물'의 이미지를 중심으로 하여 시상이 전개되고 있는데, '물'의 이미지는 화자의 감정에 따라 변화하며 화자의 심리 상태를 대변한다. 1구에서 '물'은 자연물이 아닌, 그것을 넘지 않기를 바라는 시적 화자의 사랑이 담겨 있는 소재라고 할 수 있다. 2구에서 '물'은 물을 건너 버린 임과 화자의 기약 없는 이별을 의미한다. 3구의 '물'은 임의 죽음을 의미한다. 배경 설화에 따르면 백수 광부의 아내는 이 노래를 부른 뒤 스스로 물에 몸을 던져 죽었다고 한다. 이 경우 남편과 아내의 영원한 사랑이 물을 통해 이루어진다고도 볼 수 있다. 즉, '물'은 죽음의 의미로 끝나지 않고 만남과 재생의 의미까지 내포하고 있다고 볼 수 있다.

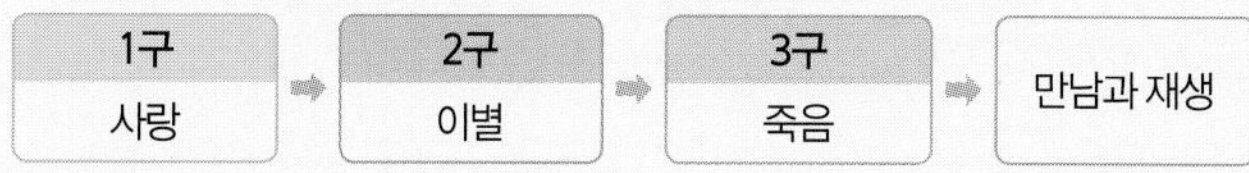

백수 광부와 아내의 정체에 대한 다양한 해석

배경 설화에 나타난 백수 광부의 모습이나 거동은 예사롭지 않은 점이 많다. 머리를 풀어 헤친 채, 술병을 들고 강물에 뛰어드는 등의 행위와 관련하여 다음과 같은 다양한 해석이 있다.

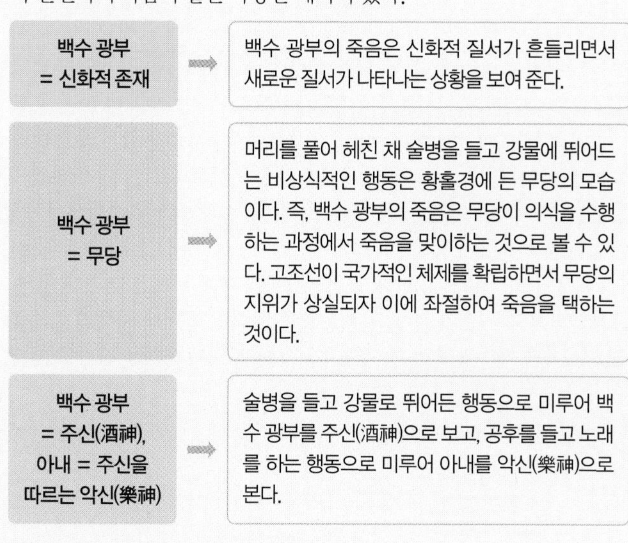

이별의 슬픔(한의 정서)을 노래한 작품의 계보

이 작품에 나타난 이별과 죽음, 슬픔과 그리움 등의 소재와 정서는 후대의 많은 작품에 계승되며 우리 시가 문학의 전통으로 자리 잡았다.

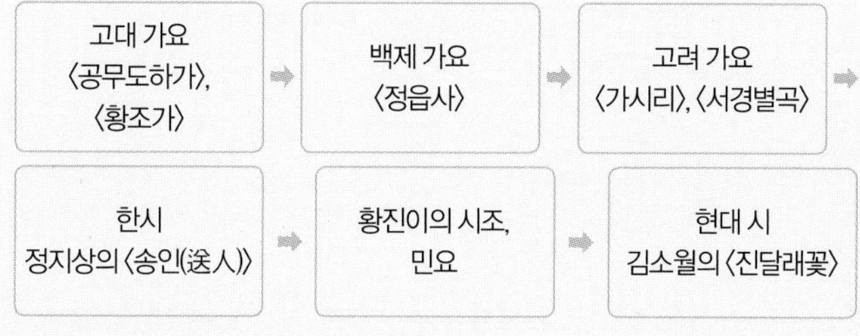

함께 읽으면 좋은 작품

〈황조가〉, 유리왕 / 임과 이별한 슬픔의 정서가 드러난 작품

유리왕의 〈황조가〉 역시 사랑하는 임과 이별한 슬픔을 노래한 고대 가요이다. 〈공무도하가〉와 〈황조가〉는 둘 다 개인적인 서정시로서 임을 잃은 슬픔이 잘 드러나 있다. 이전까지의 시가가 집단적인 목적이나 의도와 관계되는 것이 대부분이었다면, 이 두 작품은 개인적인 슬픔의 정서를 드러냈다는 공통점이 있다.

Link 본책 32쪽

키 포인트 체크

화자 남편을 잃은 백수 광부의 ☐☐

상황 남편이 물에 빠져 ☐☐.

태도 사랑하는 임을 잃고 슬퍼하며 ☐☐함.

1 이 작품에 대한 설명으로 적절하지 않은 것은?

① 배경 설화와 함께 전한다.
② 현전하는 최고(最古)의 고대 가요이다.
③ 중국 문헌에 전하던 고조선의 노래이다.
④ 악곡명에 따라 〈공후인〉으로 불리기도 한다.
⑤ 집단적 서사성이 두드러지게 나타나는 작품이다.

내신 적중 多빈출

2 시상 전개에 따른 화자의 태도와 정서로 적절하지 않은 것은?

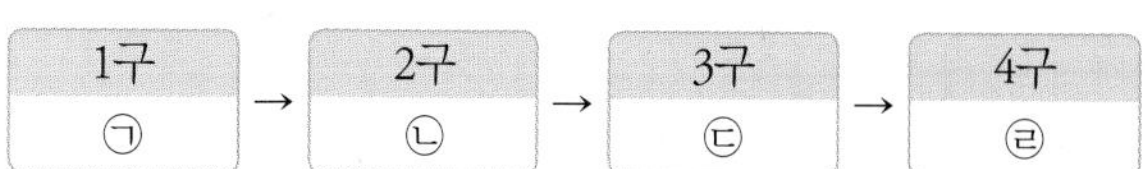

① ㉠에서는 임을 만류하며 애원하고 있다.
② ㉡에서는 임이 물을 건너는 모습을 보며 초조해하고 있다.
③ ㉢에서는 임의 죽음에 절망하고 있다.
④ ㉣에서는 임의 죽음으로 인한 슬픔을 극복하고 있다.
⑤ ㉠~㉣을 통해 우리 민족의 전통적 정서인 '한(恨)'이 드러난다.

내신 적중

3 〈보기〉의 밑줄 친 시어 중, ⓐ와 성격이 가장 유사한 것은?

보기

대동강(大同江) 아즐가 대동강 너븐디 몰라셔
빅 내여 아즐가 빅 내여 노흔다 샤공아
네 가시 아즐가 네 가시 럼난디 몰라셔
녈 빅예 아즐가 녈 빅예 연즌다 샤공아
대동강 아즐가 대동강 건너편 고즐여
빅 타 들면 아즐가 빅 타 들면 것고리이다 나는
- 작자 미상, 〈서경별곡〉

① 대동강(大同江) ② 샤공 ③ 네 가시
④ 녈 빅 ⑤ 고즐(꽂)

4 이 작품의 화자와 〈보기〉의 화자가 이별을 대하는 자세를 비교하여 서술하시오.

보기

아리랑 아리랑 아라리요
아리랑 고개로 넘어간다
나를 버리고 가시는 님은
십 리도 못 가서 발병 난다.
- 작자 미상, 〈아리랑〉

구지가(龜旨歌) | 구간(九干) 등

키워드 체크 #수로왕 강림 #집단적 #주술적 #무요 #노동요

문학 동아, 신사고

핵심 정리

갈래 고대 가요, 한역 시가
성격 주술적, 집단적
제재 거북
주제 수로왕(지도자)의 강림 기원
의의 ① 현전하는 최고(最古)의 집단 무요(巫謠)
② 주술성을 지닌 노동요
출전 《삼국유사》 권 2

❶ 龜何龜何 (구하구하) — 거북아, 거북아, (호명)
❷ 首其現也 (수기현야) — ㉠머리를 내어라. → 주술의 핵심 내용 (명령)
❸ 若不現也 (약불현야) — 내어놓지 않으면 (가정)
❹ 燔灼而喫也 (번작이끽야) — 구워 먹으리. (위협)

(거북아: 신령스러운 존재, 주술의 대상 / 머리: 우두머리, 임금, 새로운 생명)

한자 풀이

龜(구): 거북 首(수): 머리 現(현): 나타나다 若(약): 만약
燔(번): 굽다 灼(작): 굽다 喫(끽): 먹다

Q '구워 먹으리.'에 사용된 위협의 의미는?

구워 먹겠다는 거북에 대한 위협에는 '불'의 이미지가 내포되어 있다. '불'은 인간의 문명을 일으킨 수단이자, 파괴와 위협의 도구로 사용되어 왔다. 그러므로 신령스러운 존재인 거북을 위협한 것은 머리, 즉 '왕'의 출현에 대한 소망이 강력하다는 의지의 표명이다.

■ 이 작품의 배경 설화

후한(後漢) 세조 광무제 건무 18년 임인(壬寅) 3월 계욕일(禊浴日; 액(厄)을 없애기 위해 물가에서 목욕하며 노는 날)에 마을 북쪽에 있는 구지봉에서 이상한 소리가 났다. 이에 마을 사람들 수백 명이 그곳에 모이니 사람의 모습은 보이지 않고 소리만 들리기를 "여기에 사람이 있느냐?"라고 하였다. 구간들이 "우리가 여기 있습니다." 하고 대답하자, "이곳이 어디냐?"라고 물으매, "구지봉입니다."라고 답하였다. 이에 다시 "옥황상제께서 내게 명하시기를 이곳에 와서 나라를 새롭게 세워 임금이 되라 하였으니, 너희들은 구지봉의 흙을 파면서, '거북아, 거북아, 머리를 내어라. 내어놓지 않으면 구워 먹으리.' 하고 노래를 부르며 춤을 추어라. 그러면 곧 하늘에서 내려 주는 대왕을 맞이하여 기뻐서 춤추게 될 것이다."라고 하였다. 이에 구간들이 그 말을 따라 사람들과 함께 빌면서 노래를 부르며 춤을 추었다. 10여 일 후에 하늘에서 황금 알 여섯이 내려와 각각 사람으로 변했는데, 그중 맨 처음 태어난 사람의 이름을 수로 또는 수릉이라 하여, 그가 세운 나라를 대가락 또는 가야국이라고 했고, 나머지 다섯 사람도 각각 다섯 가야의 왕이 되었다.

시어 풀이

龜何(구하) 거북아. '何(하)'는 호격 조사로 이두식 표기.
首(수) 거북의 머리 또는 부족의 우두머리.

시구 풀이

❶ **龜何龜何(구하구하)** 거북아, 거북아. 무당이 대상을 부르는 것처럼 어떤 주술적인 힘을 발휘하여 대상을 불러내고 있다. 즉, 기원의 대상을 제의의 마당으로 불러내는 것이다. 주술적 노래에서는 이처럼 대부분 '신격의 호명'이 첫머리에 놓인다. 따라서 여기서 '龜(구)'는 신령스러운 존재를 의미한다.
❷ **首其現也(수기현야)** 왕이 현신하기를 기원하는 구간들의 마음을 명령형으로 표현하였다. 인간이 신에게 소원을 말하는 부분으로 이 노래의 중심 구절이다.
❸ **若不現也(약불현야)** '若(약)'이라는 가정과 '不(불)'이라는 부정을 통해 이후에 강한 제재가 있을 것임을 암시하고 있다.
❹ **燔灼而喫也(번작이끽야)** 불이라는 위협적인 소재를 통해 대상의 저항을 막고 자신의 소원을 이루려는 고대인의 주술적 의도가 나타나 있다.

작가 소개

구간(九干) 등 구간은 금관가야 형성 이전에 김해 지역을 다스린 9명의 우두머리를 가리킨다. 이들이 김해 지역을 각각 나누어 다스리다가 하늘에서 내려온 수로왕을 추대하여 금관가야를 건국했다고 한다. 《삼국유사》에 따르면, 구간을 비롯한 많은 사람이 하늘에서 들려오는 소리를 듣고 노랫말을 그대로 따라 불렀다고 한다.

이해와 감상

이 작품은 《삼국유사》 가락국 건국 신화 속에 삽입되어 전하는 고대 가요이다. 가락국의 군중이 임금을 맞이하기 위해 불렀던 주술적인 노래로 영신군가(迎神君歌; 임금을 맞이하는 노래)에 해당하며, 〈구지봉영신가〉라고도 한다. 본래는 우리말로 불렸으리라 추측되나 현재는 4구체의 한역 시가 형태로 전한다.

수백 명의 사람들이 모여 흙을 두드리며 노래를 불렀다는 점에서 집단적이고 제의적 성격이 짙은 노동요로 분류할 수 있으며, 땅을 파는 연극적 행위와 춤, 노래가 함께 이루어진 장면을 통해 원시 종합 예술의 형태를 짐작하게 한다. 특히 위협을 통해 목적을 이루려는 주술 문학의 성격을 보여 주며, 이러한 성격은 〈해가〉나 〈처용가〉 등으로 면면히 이어져 우리 시가의 중요한 흐름을 형성하게 되었다.

이 작품의 짜임

구	내용	의미
1구	기원의 대상인 거북을 부름.	왕의 출현을 기원함.
2구	대상에게 소망을 명령조로 요구함.	
3구	소망이 이루어지지 않은 상황을 가정함.	소원 성취의 의지를 보임.
4구	대상을 위협하여 소망을 갈구함.	

작품 연구소

명령, 위협의 표현 방식과 주술성

〈구지가〉에서 명령과 위협의 표현 방식을 사용한 것은 주술성을 드러내기 위해서이다. 주술에서는 초자연적인 존재에 대해 일방적인 찬미와 순종만을 보이지 않고 때로는 회유나 투쟁을 하거나 혹은 강한 위협을 가하기도 하는 것이다.

이처럼 고대인들은 실제 행동이 아닌 집단적 염원을 담은 언어로써 문제를 해결할 수 있다는 믿음을 지니고 있었고, 머리를 내어놓으라는 주술적 명령을 통해 결국 수로 임금을 맞이하게 되었으므로 주술이 효과를 거두었다고 볼 수 있다.

1구		2구		3구		4구
호명	➡	명령	➡	가정	➡	위협

'거북'과 '머리'의 상징적 의미

고대인들에게 있어 주술은 원하는 바를 가장 소박하고 직접적인 언어를 통해 표현하는 것이다. 따라서 '머리를 내어라.'는 현군의 출현과 풍년을 기원하는 고대인들의 열망이 나타난 것이며, 여기에서 '거북'은 가락국 백성들이 섬기는 신령스러운 존재, 즉 토템(totem; 신성하게 여기는 동식물 또는 자연물)으로 볼 수 있다.

거북	신령스러운 존재이자, 인간의 집단적 의지에 복종하는 존재
머리	① 생명: 새로운 생명, 즉 임금의 탄생을 의미함. ② 우두머리: '머리'는 '최고, 으뜸'을 가리키므로 지도자, 임금을 의미함. ③ 음경: 외형이 음경과 유사하다는 점에서 생명력의 근원을 상징함.

〈구지가〉의 성격

이 작품은 주술요로 보는 견해, 노동요로 보는 견해, 영신제(迎神祭)의 절차 중 희생 무용(犧牲舞踊)에서 불려진 노래로 보는 견해 등 다양한 견해가 있다. 〈구지가〉를 부른 배경을 단서로 삼아 노래의 성격을 다음과 같이 규정지을 수 있다.

단서		성격
무엇인가를 염원하면서 불렀고, 그 염원이 이루어졌다.	➡	주술요
3월 계욕일(禊浴日)에 여럿이 흙을 파면서 불렀다.	➡	노동요
임금을 맞이하는 행사에서 불렀다.	➡	영신군가

〈구지가〉와 〈해가〉

신라 성덕왕 때 해룡에게 끌려간 수로 부인(水路夫人)을 구출하기 위해 불렀다는 〈해가(海歌)〉는 가사의 뜻과 표현 형식이 〈구지가〉와 매우 유사하다. 〈구지가〉가 40~50년경의 작품이라 본다면 〈해가〉는 그로부터 약 700년 후의 작품인데도 형식과 내용이 상당히 유사하다. 이는 이 노래가 오랫동안 구전되었음을 의미한다.

함께 읽으면 좋은 작품

〈원왕생가〉, 광덕 / 위협을 통해 소망을 드러낸 작품

〈원왕생가〉는 극락왕생하기를 간절히 소망하는 내용을 담은 신라 시대의 향가이다. 시적 화자는 기원의 대상인 무량수불(부처)에게 자신의 소원(요구)을 들어주지 않으면 부처의 사십팔대원을 이룰 수 없을 것이라는 부정적인 결과를 제시함으로써 소원의 간절함을 드러냈다. 이러한 점은 신령스러운 존재인 거북에게 명령하고 위협하는 〈구지가〉와 유사하다고 볼 수 있다.

Link 본책 52쪽

키 포인트 체크

화자 □□의 출현을 기원하는 가락국의 군중들
상황 많은 사람이 함께 모여 흙을 두드리며 □□를 부르고 있음.
태도 임금의 출현에 대한 강한 □□을 드러냄.

1 이 작품에 대한 설명으로 적절하지 않은 것은?

① 직설적인 어법을 통해 소망을 드러내고 있다.
② 대조의 방식으로 소망하는 바를 강조하고 있다.
③ 대상이 소망을 들어주는 존재라고 가정하고 있다.
④ 청자에게 말을 건네는 방식으로 의도를 드러내고 있다.
⑤ '호명 – 명령 – 가정 – 위협'의 구조로 시상을 전개하고 있다.

내신 적중

2 〈보기〉를 참고할 때 ㉠의 원형적 상징으로 적절하지 않은 것은?

보기
원형적 상징이란 동서고금(東西古今)을 통해 수많은 사람들에 의해 수없이 되풀이되고 공통적으로 인식되는 이미지로서의 상징을 말한다.

① ㉠은 '최고, 으뜸'을 가리키므로 '임금'을 뜻한다고 볼 수 있다.
② ㉠은 외형이 음경과 유사하므로 '생명력의 근원'으로 해석할 수 있다.
③ ㉠은 경계의 기준이 되므로 '한쪽 옆이나 가장자리'의 의미로 해석할 수 있다.
④ 아기가 태어날 때 '머리'부터 나오므로 ㉠은 '새로운 생명'으로 해석할 수 있다.
⑤ '나는 머리가 되기에는 부족하다'라는 쓰임과 같이 ㉠은 '우두머리'로 해석할 수 있다.

내신 적중 多빈출

3 이 작품과 〈보기〉를 비교한 내용으로 적절하지 않은 것은?

보기
펄펄 나는 저 꾀꼬리 / 암수 서로 정답구나.
외로워라 이내 몸은 / 뉘와 함께 돌아갈꼬.
– 유리왕, 〈황조가〉

	구지가	황조가
공통점	• 개인적 서정시 ········ ① • 자연물이 핵심 소재로 등장함. ········ ②	
차이점	• 대화체 ········ ③ • 특정 집단에게만 향유될 수 있는 내용을 노래함. ········ ④	• 독백체 • 인간의 보편적인 감정을 노래함. ········ ⑤

4 노래의 기능 측면에서 이 작품과 〈보기〉의 유사점을 10자 내외로 쓰시오.

보기
잘하고 자로 하네 우리야 일꾼들 자로 한다.
잘하고 자로 하네 에히요 산이가 자로 하네.
– 작자 미상, 〈논매기 노래〉

003 황조가(黃鳥歌) | 유리왕

키워드 체크 #임을 잃은 외로움 #꾀꼬리 #객관적 상관물 #애상적

문학 미래엔, 해냄

핵심 정리

갈래 고대 가요, 한역 시가
성격 서정적, 애상적
제재 꾀꼬리
주제 사랑하는 임을 잃은 슬픔과 외로움
의의 ① 작가가 구체적으로 알려진 고대 가요
② 집단 가요에서 개인적 서정시로 넘어가는 과도기적 작품
③ 사랑을 주제로 한 최초의 개인적 서정시
연대 고구려 제2대 유리왕
출전 《삼국사기》 권 13 고구려 본기

Q 객관적 상관물로서 '꾀꼬리'의 역할은?

화자의 주관적인 감정을 직접 드러내지 않고 객관적인 대상을 동원하여 화자의 심리를 표현할 때 사용되는 소재를 '객관적 상관물'이라고 한다. 즉, 객관적 상관물이란 화자의 심리를 강조하거나 전이하여 드러내는 역할을 하는 소재이다. 이 작품에서 화자의 처지와는 다르게 암수가 정답게 날고 있는 꾀꼬리는 임을 잃은 화자의 외로운 마음을 효과적으로 강조하는 객관적 상관물의 역할을 하고 있다.

한시	풀이	
翩翩黃鳥 (편 편 황 조)	펄펄 나는 저 ㉠꾀꼬리 (화자의 처지와 대조적인 존재, 객관적 상관물)	선경(先景)
❶雌雄相依 (자 웅 상 의)	암수 서로 정답구나.	
❷念我之獨 (염 아 지 독)	외로워라 이내 몸은 (화자의 심리 직접 제시)	후정(後情)
❸誰其與歸 (수 기 여 귀)	뉘와 함께 돌아갈꼬. (함께 돌아갈 사람이 없음을 탄식함.(설의법) → 화자의 심리: 외로움)	

한자 풀이

翩(편): 가볍게 날다, 오락가락하다 / 黃(황): 누른빛 / 鳥(조): 새
雌(자): 암컷 / 雄(웅): 수컷 / 相(상): 서로 / 依(의): 의지하다
念(념): 생각 / 我(아): 나 / 獨(독): 홀로
誰(수): 누구 / 與(여): 더불어 / 歸(귀): 돌아가다

시어 풀이

翩翩(편편) 가볍게 훨훨 나는 모양의 의태어.
黃鳥(황조) 꾀꼬리. 화자의 외로움을 유발하는 소재.
誰其與歸(수기여귀) 누구와 함께 돌아갈까(여기서 '其(기)'는 번역하지 않아도 됨.).

시구 풀이

❶ **雌雄相依(자웅상의)** 암수 서로 정다운 꾀꼬리의 모습을 묘사하여 화자의 외로움을 더욱 부각하고 있다.
❷ **念我之獨(염아지독)** 외적 대상에서 화자의 내적 심리로 시상이 전환되었다. 임을 잃은 외로운 마음을 '獨(독)'이라는 단어로 직접 표현했다.
❸ **誰其與歸(수기여귀)** 함께 돌아갈 사람이 없는 외로움을 설의적 표현을 통해 나타냈다. 화자의 외로움이 최고조에 이른 부분이다.

작가 소개

유리왕(瑠璃王, ?~A.D. 18) 고구려 제2대 왕(재위 B.C. 19~A.D. 18). 아버지 동명 성왕을 찾아 부여에서 고구려로 와 태자에 봉해졌다. 동명 성왕에 이어 즉위한 후, 도읍을 졸본에서 국내성으로 옮겨 고구려의 기틀을 확립했다.

■ 이 작품의 배경 설화

고구려 제2대 유리왕 3년 10월에 왕비 송 씨가 죽자 왕은 다시 두 여자를 후실로 맞아들였는데, 한 사람은 화희(禾姬)라는 골천 사람의 딸이고, 또 한 사람은 치희(雉姬)라는 한(漢)나라 사람의 딸이었다. 두 여자가 사랑 다툼으로 서로 화목하지 못하므로 왕은 양곡(凉谷)에 동궁과 서궁을 짓고 따로 머물게 했다. 그 후 왕이 기산에 사냥을 가서 7일 동안 돌아오지 않은 사이에 두 여자가 다툼을 벌였다. 화희가 치희에게 "너는 한나라 집안의 천한 계집으로 어찌 이리 무례한가?"라고 하면서 꾸짖으니 치희는 부끄럽고 분하여 집으로 돌아가 버렸다. 왕은 이 사실을 듣고 말을 채찍질하여 치희를 쫓아갔으나 치희는 노하여 돌아오지 않았다. 왕이 일찍이 나무 그늘에서 쉬고 있는데 마침 나뭇가지에 꾀꼬리들이 모여 놀고 있는 것을 보고 느끼는 바가 있어 노래를 지어 불렀다.

이해와 감상

B.C. 17년(유리왕 3년)에 유리왕이 지었다고 전해지는 서정시로, 《삼국사기》 고구려 본기에 4언 4구의 한시로 번역되어 전해진다. 매우 짧은 노래임에도 완벽하게 대칭적인 균형과 탄탄한 시상 전개를 갖추고 있다.

사랑하던 짝을 잃은 고독감과 슬픔을 자연물인 '꾀꼬리'를 매개로 하여 우의적(寓意-; 다른 사물에 빗대어 비유하거나 풍자함.)으로 형상화했는데, 짝을 이루어 노니는 꾀꼬리와 홀로 있는 사내, 정다움과 외로움, 가벼움과 무거움이 대립되고 중첩되면서 화자의 정서가 효과적으로 부각된다. 또한 자연물에 의지하여 시상을 일으킨 후 나중에 자신의 감회를 펴는 선경 후정(先景後情)의 표현 방식은 남녀 간의 사랑이라는 인류 보편의 주제를 다루고 있는 이 작품의 문학성을 한층 높여 준다. 이를 통해 이 작품은 우리 시가 사상 가장 이른 시기에 지어진 순수 서정시로 이해할 수 있다.

이 작품의 짜임

기(1구)	하늘을 가볍게 나는 꾀꼬리	선경(先景)
승(2구)	암수 서로 정답게 노는 꾀꼬리	
전(3구)	홀로 외로운 화자의 모습	후정(後情)
결(4구)	화자의 슬픔과 고독	

작품 연구소

〈황조가〉의 성격에 대한 논의

〈황조가〉의 성격에 대해서는 크게 서정시로 보는 입장과 서사시로 보는 입장으로 나뉜다. 서정시로 보는 견해는 다시 유리왕이 지은 개인 서정시로 보는 경우와 구비 전승되는 서정 민요로 보는 경우로 나누어진다. 서사시로 보는 견해에서는 이 작품을 부족 간의 통합 과정에서 나타난 집단의 갈등을 표현한 노래로 본다.

서정시	개인 서정시	치희가 떠난 뒤 유리왕이 그 슬픔을 노래했다고 보는 견해
	서정 민요	오래전부터 전승되어 오던 남녀 연정에 관한 민요가 나중에 유리왕 설화 속에 삽입된 것으로 보는 견해
서사시		화희('禾'는 '벼 화' 자임.)로 대표되는 농경족과 치희('雉'는 '꿩 치' 자임.)로 대표되는 수렵족의 분쟁을 중재하지 못한 왕의 탄식을 읊은 노래로 보는 견해

시가 문학의 발전 양상과 〈황조가〉의 위치

기록으로 보면 〈구지가〉가 창작된 시기보다 〈황조가〉가 창작된 시기가 앞서지만, 시가 문학이 집단적 의식요를 거쳐서 개인적 서정요로 발전해 간다는 일반적인 흐름을 바탕으로 보았을 때 〈구지가〉 형식의 노래가 더 앞선 시기의 노래로 추정된다.

〈공무도하가〉, 〈구지가〉, 〈황조가〉의 성격 차이

〈황조가〉의 작가로 알려진 유리왕은 신화적 성격을 지닌 인물이라기보다는 현실적인 고난을 겪는 평범한 인간에 불과하다. 따라서 그의 배경 설화에는 화희와 치희의 갈등을 해결하지 못한다거나, 부자간의 갈등 때문에 태자를 죽게 하는 등 인간적인 모습이 드러난다. 이는 신화적 영웅이 그 능력을 상실하고 의심받는 사회 상황을 짐작하게 한다. 신화적 질서와 그 숭고함을 표현하던 주술성과 제의가 권위를 상실하기 시작하면서 유대감을 얻지 못하자, 그로 인해 자기 감정에 충실한 연민과 외로움 등을 노래로 표현한 것이라 할 수 있다.

따라서 〈구지가〉는 고대 사회의 질서였던 주술성, 제의성이 강한 집단적 의식요로 보고, 〈공무도하가〉와 〈황조가〉는 신성성, 주술성이 무너지면서 드러나는 개인적 갈등과 좌절을 노래한 개인적 서정 시가로 보는 것이다.

집단적 의식요		개인적 서정시
〈구지가〉	➡	〈공무도하가〉, 〈황조가〉

함께 읽으면 좋은 작품

〈동동〉, 작자 미상 / '꾀꼬리'가 등장하는 연모의 노래

임을 사랑하는 마음을 열두 달의 순서에 따라 노래하는 월령체 형식으로 표현한 고려 가요이다. 〈동동〉의 4월령에는 '사월(四月) 아니 니저 아으 오실셔 곳고리 새여 / 므슴다 녹사(錄事)니믄 녯나를 닛고 신뎌'라는 구절이 나오는데 여기에 〈황조가〉와 동일하게 꾀꼬리(곳고리 새)가 등장한다. 〈동동〉의 꾀꼬리는 기다려도 돌아오지 않는 임과 대비되는 소재로 화자의 외로움과 원망의 마음을 부각한다는 점에서 〈황조가〉의 꾀꼬리와 그 기능이 유사하다.

Link 본책 72쪽

키 포인트 체크

화자 사랑하는 사람을 잃은 ☐☐☐

상황 암수가 서로 정다운 ☐☐☐를 바라보며 고독감을 노래함.

태도 함께 돌아갈 사람이 없음을 ☐☐함.

1 이 작품에 대한 설명으로 적절한 것은?

① 대상에 대한 원망을 직접적으로 표현하고 있다.
② 가까운 곳에서 먼 곳으로 시선이 이동하고 있다.
③ 음성 상징어를 사용하여 주제를 형상화하고 있다.
④ 내면 심리를 표현한 후 외부 대상을 묘사하고 있다.
⑤ 자연물을 빌려 화자의 처지를 우의적으로 드러내고 있다.

내신 적중 多빈출

2 ㉠과 〈보기〉의 '꾀꼬리'가 지닌 공통점과 차이점으로 적절하지 않은 것은?

보기

바람은 넘실 천 이랑 만 이랑
이랑 이랑 햇빛이 갈라지고
보리도 허리통이 부끄럽게 드러났다
꾀꼬리는 여태 혼자 날아 볼 줄 모르나니
암컷이라 쫓길 뿐
수놈이라 쫓을 뿐
황금 빛난 길이 어지럴 뿐 — 김영랑, 〈오월〉

① 공통점: 의인화를 통해 표현되었다.
② 공통점: 생동감 있는 자연의 일부로 묘사되었다.
③ 공통점: 서로 짝을 지어 다정하게 노는 모습이 묘사되었다.
④ 차이점: ㉠은 화자로 하여금 외로움을 느끼게 한다.
⑤ 차이점: 〈보기〉의 '꾀꼬리'는 화자의 흥취를 북돋는다.

3 〈보기〉의 빈칸에 들어갈 알맞은 말을 쓰시오.

보기

〈황조가〉의 '꾀꼬리'와 같이 화자의 감정을 직접 드러내지 않고 객관적인 대상을 동원하여 화자의 심리를 표현할 때 사용되는 소재를 (　　　　)(이)라 한다. 이는 화자의 심리와 처지를 강조하거나 암시적으로 드러내는 역할을 한다.

내신 적중

4 이 작품과 〈보기〉의 창작 목적을 비교하여 서술하시오.

보기

군(君)은 어비여, / 신(臣)은 ᄃᆞᅀᆞ샬 어ᅀᅵ여,
민(民)ᄋᆞᆫ 얼ᄒᆞᆫ 아히고 ᄒᆞ샬디 / 민(民)이 ᄃᆞᅀᆞᆯ 알고다.
구믈ㅅ다히 살손 물생(物生) / 이흘 머기 다ᄉᆞ라
이 ᄯᅡᄒᆞᆯ ᄇᆞ리곡 어듸 갈뎌 ᄒᆞᆯ디 / 나라악 디니디 알고다.
아으, 군(君)다이 신(臣)다이 민(民)다이 ᄒᆞ놀ᄃᆞᆫ
나라악 태평(太平)ᄒᆞ니잇다. — 충담사, 〈안민가〉

004 해가(海歌) | 작자 미상

키워드 체크 #수로 부인 #귀환 요구 #해가사 #주술적

핵심 정리

갈래 고대 가요, 한역 시가
성격 주술적, 집단적
제재 수로 부인의 납치
주제 수로 부인의 귀환을 요구함.
의의 〈구지가〉가 후대로 계승되었음을 알 수 있는 주술 시가
연대 신라 제33대 성덕왕(8세기)
출전 《삼국유사》 권 2

❶龜乎龜乎出水路 (구 호 구 호 출 수 로)
❷掠人婦女罪何極 (약 인 부 녀 죄 하 극)
❸汝若悖逆不出獻 (여 약 패 역 불 출 헌)
❹入網捕掠燔之喫 (입 망 포 략 번 지 끽)

거북아 거북아, 수로를 내놓아라. → 호명과 명령
(수로 부인을 납치해 간 용)
남의 부녀를 약탈했으니 그 죄가 얼마나 큰가. → 명령의 당위성 부여
(명령의 근거)
네 만약 거역하고 내어 바치지 않으면 → 가정
그물을 넣어 사로잡아 구워서 먹으리라. → 위협
(위협을 통해 주술적인 효과를 극대화함.)

한자 풀이

龜(구): 거북	乎(호): 호격 조사	掠(략): 노략질하다	婦(부): 아내, 여자
罪(죄): 허물	何(하): 어찌	極(극): 다하다	汝(여): 너
若(약): 만일	悖(패): 어그러지다	逆(역): 거스르다	獻(헌): 바치다
網(망): 그물	捕(포): 사로잡다	燔(번): 굽다	喫(끽): 먹다, 마시다

Q 1구와 2구의 관계는?

1구에서 대상을 호명하고 대상에게 명령을 내린 후, 2구에서는 명령의 구체적 근거를 제시하고 있다. 여기서 '거북'은 수로 부인을 납치해 간 용을 상징하는 존재로, 거북이 지은 죄가 매우 크다는 점을 제시하여 요구를 들어주어야만 하는 당위성을 부여하고 있다. 이는 다음 구절에서 요구를 무시할 경우 징벌을 내릴 수 있다는 위협으로 이어진다.

■ **이 작품의 배경 설화**

신라 성덕왕(702~737) 때 순정공이 강릉 태수로 부임하던 도중 바닷가의 한 정자에서 점심을 먹고 있는데, 갑자기 해룡(海龍)이 나타나 그의 아내 수로(水路) 부인을 바닷속으로 끌고 들어갔다. 공이 땅을 치며 분통해했지만 방법이 없었다. 이때 한 노인이 나타나 말하기를, "옛말에 여러 사람의 입은 쇠도 녹인다 했으니, 바닷속의 생물인들 어찌 이를 두려워하지 않겠소? 이 지역의 백성을 모아 노래를 지어 부르며 막대기로 언덕을 치면 부인을 찾을 것이오."라고 하였다. 공이 그 말대로 하니, 과연 용이 부인을 받들고 나와 공에게 도로 바쳤다. 공이 부인에게 바닷속의 사정을 물었더니 부인은, "칠보로 된 궁전에 음식은 달고 부드러우며 향기가 있고 깨끗하여 속세의 요리는 아니더라."라고 하였다. 수로 부인의 옷에는 일찍이 맡아 보지 못한 향기가 배어 있었다. 수로 부인은 절세가인이라 깊은 산속이나 커다란 못을 지날 때마다 매번 신에게 잡혀 갔다고 한다. 이때 사람들이 부른 노래를 〈해가(海歌)〉라고 한다.

시어 풀이

龜乎(구호) 거북아. '乎(호)'는 호격 조사. '龜(구)'는 수로 부인을 납치해 간 용을 뜻함.
婦女(부녀) 아내. 수로 부인을 뜻함.
若(약) 만약. 요구를 거역하는 상황을 가정함.

이해와 감상

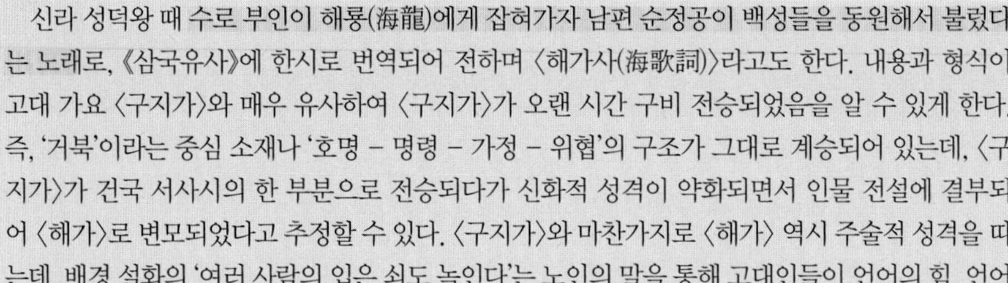
신라 성덕왕 때 수로 부인이 해룡(海龍)에게 잡혀가자 남편 순정공이 백성들을 동원해서 불렀다는 노래로, 《삼국유사》에 한시로 번역되어 전하며 〈해가사(海歌詞)〉라고도 한다. 내용과 형식이 고대 가요 〈구지가〉와 매우 유사하여 〈구지가〉가 오랜 시간 구비 전승되었음을 알 수 있게 한다. 즉, '거북'이라는 중심 소재나 '호명 – 명령 – 가정 – 위협'의 구조가 그대로 계승되어 있는데, 〈구지가〉가 건국 서사시의 한 부분으로 전승되다가 신화적 성격이 약화되면서 인물 전설에 결부되어 〈해가〉로 변모되었다고 추정할 수 있다. 〈구지가〉와 마찬가지로 〈해가〉 역시 주술적 성격을 띠는데, 배경 설화의 '여러 사람의 입은 쇠도 녹인다'는 노인의 말을 통해 고대인들이 언어의 힘, 언어의 주술성을 믿었음을 알 수 있다.

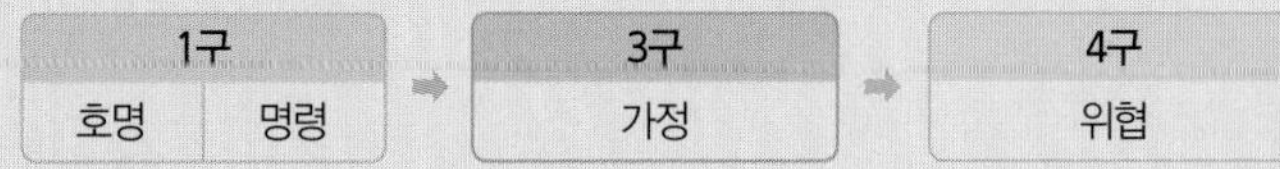

시구 풀이

❶ **龜乎龜乎出水路(구호구호출수로)** 주술의 대상을 호명한 뒤 명령을 내리고 있다. '수로 부인을 내놓아라.'라는 이 작품 전체의 핵심 내용을 담고 있다.
❷ **掠人婦女罪何極(약인부녀죄하극)** 남의 아내를 훔쳐 간 죄라는, 대상이 지은 죄를 상기시켜 요구를 들어주어야만 하는 당위성을 부여하고 있다.
❸ **汝若悖逆不出獻(여약패역불출헌)** 주술의 대상이 명령을 거부하는 상황을 가정하고 있다.
❹ **入網捕掠燔之喫(입망포략번지끽)** 소망을 실현하기 위해 대상에 위협을 가함으로써 주술적 효과를 극대화하고 있다.

이 작품의 짜임

1구	수로 부인의 귀환 요구	부름과 명령
2구	요구의 구체적 근거 제시	
3구	요구를 거역하는 상황 가정	가정과 위협
4구	소망 성취를 위한 위협	

작품 연구소

〈해가〉와 〈구지가〉의 비교

〈해가〉는 〈구지가〉보다 700여 년 이후에 불린 집단 가요인데, 〈구지가〉와 매우 비슷한 형식과 내용을 지니고 있다. 하지만 목적과 가창자의 태도 면에서는 뚜렷한 차이가 난다. 〈구지가〉는 한 집단의 우두머리를 맞이하기 위해 부른 노래인 반면, 〈해가〉는 수로 부인을 구출하기 위해 부른 노래이다. 즉, 구비 전승되는 과정에서 표현이 바뀌고 내용이 달라진 것이다.

	항목	〈구지가〉	〈해가〉
공통점	중심 소재	거북	
	성격	• 주술요: 노래를 불러 소원 혹은 목적을 달성함. • 노동요: 노동을 상징하는 몸동작을 수반함.	
	어조	상대를 위협하는 말하기 방식	
	구조	'호명 – 명령 – 가정 – 위협'의 구조	
차이점	요구 내용과 목적	지도자(수로왕)의 출현 → 공적인 목적 → 영신군가(迎神君歌)	수로 부인의 구출 → 사적인 목적 → 축사가(逐邪歌)
	형태	4언 4구	7언 4구
	'거북'의 역할	소망을 들어주는 신령스러운 존재 → 경외의 대상	수로 부인 납치라는 부정적 행위를 한 존재 → 공격의 대상
	요청의 근거 제시 여부	없음.	있음 (남의 아내를 빼앗은 죄가 큼.)

주술 시가의 흐름

이 작품은 신령스러운 존재로 상징되는 거북으로 하여금 어떠한 행동을 하도록 위협하는 행위에서 주술적 성격이 나타난다. 즉, 고대 가요 〈구지가〉의 형식과 내용을 계승하고 있으며, 〈구지가〉와 신라 향가 〈처용가〉 및 고려 가요 〈처용가〉로 이어지는 주술 시가의 맥을 잇는 작품이라는 점에서 문학사적 의의가 있다.

고대 가요 구지가 → 고대 가요 해가 → 향가 처용가 → 고려 가요 처용가

자료실

수로 부인과 고대인의 미(美)의식

신라 시대에 창작된 4구체 향가인 〈헌화가〉의 배경 설화에도 수로 부인이 등장한다. 〈헌화가〉의 배경 설화에서는 소를 모는 노인이 아름다운 수로 부인을 위해 절벽 위에 있는 꽃을 꺾어 바쳤다고 한다. 수로 부인을 통해 아름다움을 중시했던 고대인들의 미의식을 엿볼 수 있다.

함께 읽으면 좋은 작품

〈처용가〉, 처용 / 아내를 빼앗긴 상황과 그에 대한 대응이 담긴 작품

〈처용가〉는 역신이 처용의 아내를 범한 상황에서, 처용이 체념과 관용의 자세로 갈등을 해소하는 내용의 향가이다. 〈처용가〉와 〈해가〉는 아내를 빼앗겼다는 상황이 유사할 뿐만 아니라, 아내를 빼앗은 대상이 초월적 존재인 '역신'과 '용'이라는 점도 유사하다. 하지만 상황에 대한 대응 방식은 대조적인데, 〈해가〉에서는 대상을 위협하고 있고 〈처용가〉에서는 대상에 대한 체념과 관용의 자세를 보이고 있다는 점에서 차이가 있다.

Link 본책 50쪽

키 포인트 체크

화자 □□ □□의 구출을 바라는 백성들
상황 □□에게 납치된 수로 부인의 귀환을 요구함.
태도 수로 부인을 돌려줄 것을 명령하며 상대를 □□함.

1 이 작품에 대한 설명으로 적절하지 않은 것은?

① 대상을 의인화하여 부르고 있다.
② 공적인 목적을 달성하기 위해 노래하고 있다.
③ 대상이 명령을 거부하는 상황을 가정하고 있다.
④ 소망을 실현하기 위해 대상에게 위협을 가하고 있다.
⑤ 호명, 명령, 가정, 위협 등 다양한 말하기 방식을 취하고 있다.

내신 적중 多빈출

2 〈보기〉는 이 작품의 배경 설화이다. 〈보기〉를 참고하여 이 작품을 감상한 내용으로 적절하지 않은 것은?

보기

신라 성덕왕 때 순정공이 강릉 태수로 부임하던 도중 바닷가의 한 정자에서 점심을 먹고 있는데, 갑자기 해룡(海龍)이 나타나 그의 아내 수로(水路) 부인을 바닷속으로 끌고 들어갔다. 이때 한 노인이 나타나 말하기를, "옛말에 여러 사람의 입은 쇠도 녹인다 했으니, 바닷속의 생물인들 어찌 이를 두려워하지 않겠소? 이 지역의 백성을 모아 노래를 지어 부르며 막대기로 언덕을 치면 부인을 찾을 것이오."라고 하였다. 공이 그 말대로 하니, 과연 용이 부인을 받들고 나와 공에게 도로 바쳤다.

① '거북'이 훔쳐 간 '남의 부녀'는 '수로 부인'이라 할 수 있군.
② '거북'은 '수로 부인'을 납치해 간 해룡으로 볼 수 있겠군.
③ '여러 사람의 입은 쇠도 녹인다'는 생각은 이 작품의 주술적 성격과 연결되는군.
④ '노인'의 말대로 노래를 불러 뜻이 이루어진 것으로 보아 '노인'은 절대자라고 할 수 있겠군.
⑤ 백성들이 막대기로 언덕을 치며 부른 것으로 보아 이 작품은 집단적 노동요로 볼 수 있겠군.

내신 적중 高난도

3 〈보기〉를 바탕으로 이 작품을 창작했다고 가정할 때, 고려했을 내용으로 적절하지 않은 것은?

보기

거북아, 거북아, / 머리를 내어라.
내어놓지 않으면 / 구워 먹으리. – 구간 등, 〈구지가〉

① 대상을 위협하기 위한 도구를 추가해야겠어.
② 어조는 대상을 위협하는 느낌으로 바꿔야겠어.
③ 주술의 대상이 되는 소재는 그대로 사용해야겠어.
④ 명령하기 전에 호명부터 하는 방식을 유지해야겠어.
⑤ 대상의 부정적인 행위를 강조하는 내용을 넣어야겠어.

4 이 작품의 주제가 집약적으로 제시된 시구를 찾아 2어절로 쓰시오.

005 정읍사(井邑詞) | 어느 행상인의 아내

키워드 체크 #현전 유일의 백제 노래 #여인의 간절한 마음 #달 #기원적

문학 비상, 신사고
국어 창비

핵심 정리

갈래 고대 가요, 서정시
성격 서정적, 여성적, 기원적
제재 남편에 대한 염려
주제 남편의 안전을 바라는 여인의 간절한 마음
특징 후렴구를 사용함.
의의 ① 현전하는 유일한 백제 노래
② 한글로 기록되어 전하는 고대 가요 중 가장 오래된 작품
③ 시조 형식의 기원이 되는 작품
연대 백제
출전 《악학궤범》 권 5

Q 종결 어미에 드러난 화자의 태도는?

'비취오시라', '녀러신고요', '노코시라'에서는 존칭형 종결 어미를 사용하여 달과 남편에 대해 공손한 태도를 보이고 있으며, '드듸욜셰라', '졈그룰셰라'에서는 '~할까 두렵다'는 의미의 의구(疑懼; 의심하고 두려워함.)형 어미를 사용하여 남편을 걱정하는 아내의 간절한 마음을 드러낸다.

시어 풀이

전강, 소엽, 후강전, 과편, 금선조, 소엽 궁중 무용 반주에 사용된 음악 곡조 이름.
돌하 달님이시여. '하'는 존칭. 높임의 호격 조사.
노피곰 높이높이. '-곰'은 강조의 접미사.
머리곰 멀리멀리.
져재 저자에, 시장에. 곡조 명칭 '후강전(後腔全)'의 마지막 글자 '전(全)'과 '져재'를 붙여 '전 져재'로 읽는다면 '전주 시장에'로 해석될 수도 있음.
녀러신고요 가 계신가요? 다니고 있으신가요?
즌 디 진 곳, 위험한 곳.
드듸욜셰라 디딜까 두렵다. '-ㄹ셰라'는 '~할까 두렵다.'의 뜻을 지님.
어느이다 어느 곳에나, 어느 것이나, 어느 누구(여자)에게나.
졈그룰셰라 저물까 두렵습니다.

시구 풀이

❶ **돌하 ~ 비취오시라** 달은 어둠을 물리치는 광명의 상징으로 남편의 안전을 바라는 여인의 소망이 투영된 대상이다.
❷ **즌 디롤 드듸욜셰라** 진 곳을 디딜까 두렵습니다. '즌 디'는 진 곳 또는 위험한 곳을 의미하는 시어로, 행상 나간 남편이 밤중에 위험에 처하지는 않을까 염려하는 화자의 마음이 드러난 구절이다.
❸ **내 가논 디 졈그룰셰라** '내'는 화자일 수도 있고, 남편일 수도 있고, 남편과 화자 둘 다를 가리킬 수도 있다. 이때 '가논 디'는 '내가 살아갈 길', '내가 임을 마중 가는 길', '임이 행상을 다니는 길', '임과 내 앞에 놓인 앞으로의 인생길' 등으로 해석할 수 있는데, '졈그룰셰라'는 이러한 길들이 저물어 어두워지거나 순탄하지 않을까 봐 두려워하는 마음을 담고 있다.

前腔(전강) ㉠❶돌하 노피곰 도드샤 (소망, 기원의 대상(↔ 즌 디))
어긔야 ⓐ머리곰 비취오시라
어긔야 어강됴리
小葉(소엽) 아으 다롱디리 (음악에 맞추기 위한 뜻 없는 여음구, 조음구) ▶ 기(起): 달에게 남편의 무사함을 기원함.
後腔全(후강전) ⓑ져재 녀러신고요 (남편의 신분을 짐작할 수 있음.(행상인))
어긔야 ⓒ❷즌 디롤 드듸욜셰라 (위험한 곳, 진 곳(↔ 달))
어긔야 어강됴리 ▶ 서(敍): 남편에게 나쁜 일이 생길까 염려함.
過篇(과편) ⓓ어느이다 노코시라 (놓으십시오)
金善調(금선조) 어긔야 ❸내 가논 디 ⓔ졈그룰셰라 (① 임 ② 내(화자) ③ 임과 나)
어긔야 어강됴리
小葉(소엽) 아으 다롱디리 ▶ 결(結): 남편의 무사한 귀가를 바람.

○ ↔ △
소망, 기원의 대상 / 위험한 곳, 진 곳

현대어 풀이

달님이시여, 높이높이 돋으시어
아! 멀리멀리 비치시라.
시장에 가 계신가요?
아! 진 곳을 디딜까 두려워라.
어느 것이나 다 놓아 버리십시오.
아! 내(임) 가는 그 길 저물까 두려워라.

■ 이 작품의 배경 설화

정읍은 당시 전주에 속해 있던 마을이다. 이 고을 사람이 행상을 떠나 오래도록 돌아오지 않으므로 그 아내가 산 위의 바위에 올라 남편이 간 곳을 바라보며, 남편이 밤길을 오다가 해를 입지나 않을까 염려하며 달에 의탁하여 이 노래를 불렀다. 세상이 전하기를, 오른 고개에 아내의 망부석(望夫石)이 있다고 한다.

이해와 감상

이 작품은 현전하는 유일한 백제 노래로, 《고려사 악지》에 배경 설화가, 《악학궤범》에 가사가 전한다. 《악학궤범》에 고려 가요와 함께 실려 있고, 고려 가요의 특징인 후렴구가 있어 이 작품을 고려 가요로 보기도 하나 《고려사 악지》에 백제의 노래로 소개되어 있으므로 구비 전승되던 백제 노래가 후대에 기록된 것으로 보는 것이 타당하다.

이 작품의 화자는 행상을 나가 오랫동안 돌아오지 않는 남편을 기다리며 남편이 무사하길 간절히 소망하고 있는데, 그러한 소망을 달에 의탁하여 표현했다. 여기서 달은 높이 돋아 먼 곳까지 비출 수 있는 광명의 상징으로 임을 어둠으로부터 지켜 주는 천지신명과 같은 존재이자, 멀리 떨어져 있는 화자와 임 사이의 거리감을 좁혀 주는 매개물이다. 또한 임이 무사히 돌아오도록 지켜 줌으로써 결국 화자와 임과의 사랑을 유지해 주고 화자의 인생을 밝혀 주는 존재라고 볼 수 있다.

이 작품의 짜임

기(1구 ~ 4구)	'달'에게 남편의 무사함을 기원함.
서(5구 ~ 7구)	남편에게 나쁜 일이 생길까 염려함.
결(8구 ~ 11구)	남편이 무사히 귀가하기를 바람.

작품 연구소

'빛'과 '어둠'의 대립 구조와 '달'의 상징적 의미

이 작품에서 '돌'과 '즌 딕'는 빛과 어둠의 대립 구조를 보이고 있다. 화자는 날이 저물자 임이 행상을 다니다가 혹은 집으로 돌아오다가 '즌 딕'를 디디게 될 것을 두려워하고 있다. 그래서 화자는 밤에 임을 지켜 줄 수 있는 대상이자 광명의 상징인 '돌'에게 '비취오시라'라는 소망을 빌게 된다. 환한 달빛이 있다면 임이 밤에도 '즌 딕'를 디디지 않고 무사히 집으로 돌아올 수 있을 것이기 때문이다.

빛		어둠
'돌'	⟷	'즌 딕'
'비취오시라'		'졈그롤셰라'

'즌 딕'의 상징적 의미에 따른 화자의 성격

'즌 딕'의 의미		화자의 성격
남편에게 닥칠 수 있는 위험한 요소	➡	남편을 걱정하며 기다리는 순종적 여인
다른 여성, 남편을 유혹하는 것	➡	남편이 다른 여자를 만날까 의심하고 질투하는 여인

'즌 딕'는 의미에 따라 위와 같이 두 가지로 해석할 수 있는데, 배경 설화나 전후 문맥, 분위기를 살펴볼 때 첫 번째 해석이 좀 더 자연스러운 것으로 보인다.

가부장적 이데올로기 속에서 전통적 여인상은 희생, 순종, 인고 등의 덕목을 지닌 여인이었다. 이 작품의 화자 역시 행상을 나가 돌아오지 않는 남편을 걱정하고, 그가 무사히 귀가하기를 기원하고 있다는 점에서 전통적 여인상의 모습을 보여 준다. 이러한 전통적 여인상은 고려 가요 〈가시리〉, 김소월의 〈진달래꽃〉 등에서도 엿볼 수 있다.

〈정읍사〉와 시조 형식과의 관련성

이 작품의 후렴구를 제외한 구절들을 다음과 같이 정리하면 평시조의 3장 6구 형식과 유사한 형태가 드러난다.

> 돌하 노피곰 도도샤 / 머리곰 비취오시라 →초장
> 져재 녀러신고요 / 즌 디롤 드디욜셰라 →중장
> 어느이다 노코시라 / 내 가논 디 졈그롤셰라 →종장

이러한 형식적 유사성으로 인해 이 작품을 시조 형식의 기원이 되는 작품으로 보기도 한다. 이와 같은 형식은 우리 노래의 기본적인 형식으로 오랫동안 전승되어 왔다.

함께 읽으면 좋은 작품

〈초혼〉, 김소월 / 망부석 설화를 바탕으로 한 작품

초혼(招魂; 사람이 죽었을 때 그 혼을 소리쳐 부르는 일)이라는 전통 의식을 통해 사랑하는 사람을 잃은 슬픔을 노래한 시이다. 〈초혼〉에서는 임과 이별한 화자가 임을 애타게 기다리고 임을 다시 만나고자 하는 소망이 '돌'로 응축되어 나타나는데, 이는 〈정읍사〉의 화자가 임을 기다리다가 돌이 되고야 말았다는 망부석 모티프와 연결된다. 또한 두 작품의 여성 화자 모두 임의 부재로 인한 그리움과 두려움의 정서를 간절하게 드러내고 있다는 점에서 공통점을 지닌다. Link 〈현대 시〉 54쪽

키 포인트 체크

- 화자 □□의 안전을 기원하는 여인
- 상황 □에게 행상을 나간 남편의 안전을 빌고 있음.
- 태도 남편이 무사히 □□하기를 바람.

1 이 작품에 대한 설명으로 적절하지 않은 것은?

① 시어의 대립 구조가 나타나 있다.
② 후렴구를 제외한 구절을 배열하면 시조와 유사한 형식이 드러난다.
③ 후렴구의 감탄사 '아으'에는 시적 화자의 고통스러운 마음이 압축되어 있다.
④ '-ㄹ셰라'라는 어미를 사용하여 남편에 대한 걱정과 의구심을 표현하고 있다.
⑤ 접미사 '-곰'을 사용하여 남편이 있는 곳까지 달빛이 비치기를 바라는 시적 화자의 마음을 강조하고 있다.

내신 적중 多빈출

2 ㉠에 대한 화자의 인식으로 적절하지 않은 것은?

① 자신의 소망을 의탁하는 숭고한 대상으로 여기고 있다.
② 자신과 남편의 심리적 거리를 좁혀 주는 매개물로 여기고 있다.
③ 남편을 지켜 줄 수 있는 대상이자 광명의 상징으로 여기고 있다.
④ 기원의 대상이면서 성찰의 대상이라는 양면성을 가진 존재로 여기고 있다.
⑤ 남편에게 일어날 부정적인 상황을 제거하고 두 사람의 사랑을 지켜 주는 존재로 여기고 있다.

중요 기출

3 〈보기〉를 바탕으로 ⓐ~ⓔ를 이해할 때 적절하지 않은 것은?

> **보기**
> 정읍은 전주에 소속된 현(縣)이다. 이 고을 사람이 행상을 떠나 오래도록 돌아오지 않았다. 그 아내는 산 위 바위에 올라가 남편이 있을 먼 곳을 바라보면서 남편이 밤길에 오다가 해를 입지나 않을까 염려하였다. 고개에 올라 남편을 기다리던 아내는 언덕에 망부석으로 변해 남아 있다고 한다.
> -《고려사 악지》, 〈삼국 속악 백제조〉

① ⓐ에는 남편을 걱정하는 아내의 간절한 마음이 담겨 있다.
② ⓑ에서 남편의 직업이 상인임을 알 수 있다.
③ ⓒ는 남편에게 일어날 수 있는 모든 부정적인 상황을 의미한다.
④ ⓓ에는 남편 자신의 안전을 먼저 생각하라는 아내의 당부가 나타난다.
⑤ ⓔ에는 남편을 위한 아내의 희생 의지가 드러난다.

4 이 작품에서 서로 대조적인 이미지를 갖는 시어 두 가지를 찾아 쓰시오.

서동요(薯童謠) | 서동

키워드 체크 #서동 #선화 공주의 사랑 #참요 #민요적 #4구체 향가 #가장 오래된 향가

언매 미래엔

핵심 정리

갈래 4구체 향가
성격 민요적, 참요적, 모함적, 주술적
제재 선화 공주와 서동의 사랑
주제 • 표면적: 선화 공주와 서동의 은밀한 사랑
• 이면적: 선화 공주에 대한 서동의 사랑(선화 공주를 아내로 맞이하기 위한 계략)
의의 ① 현전하는 향가 중 가장 오래된 작품
② 민요가 4구체로 정착한 작품
③ 향가 중 유일하게 동요의 성격을 지닌 작품
출전 《삼국유사》 권 2

善化公主主隱 (선 화 공 주 주 은)
他密只嫁良置古 (타 밀 지 가 량 치 고)
薯童房乙 (서 동 방 을)
夜矣卯乙抱遣去如 (야 의 묘 을 포 견 거 여)

❶선화 공주(善化公主)니믄 — 시적 대상
놈 그스지 얼어 두고 — 선화 공주의 은밀한 사랑
❷맛둥바올 — 마 파는 아이, 서동
바미 몰 안고 가다. — 실현되지 않은 일을 마치 실현된 것처럼 표현함.

(1~2구: 선화 공주의 사랑 / 3~4구: 선화 공주와 서동의 밀애)

– 양주동 해독

현대어 풀이

선화 공주님은
남몰래 정을 통해 두고
맛둥 (서동) 도련님을
밤에 몰래 안고 간다.

Q '놈 그스지 얼어 두고'라고 표현한 의도는?

선화 공주가 남몰래 결혼했다는 것은 시적 대상인 선화 공주를 음해하는 내용이다. 배경 설화를 참고할 때 이 노래의 작자인 서동이 이러한 구절을 담아 퍼뜨린 것은 선화 공주를 자신의 아내로 삼기 위한 계략임을 알 수 있다.

■ 이 작품의 배경 설화

백제 무왕의 이름은 장(璋)이다. 그의 어머니는 과부였는데, 못의 용과 관계하여 장을 낳았다. 그 아이는 어려서부터 도량이 크고 재주가 뛰어났다. 늘 마를 캐어 팔아 생업으로 삼았으므로 서동이라고 불렸다. 서동은 신라 진평왕의 셋째 공주 선화가 아름답다는 말을 듣고 서라벌로 갔다. 그는 동네 아이들에게 마를 먹여 친해진 뒤 동요를 지어 여러 아이가 부르게 했는데, 그 노래가 바로 〈서동요〉이다. 동요가 퍼져 대궐에까지 들리니 왕이 노하여 공주를 귀양 보냈다. 왕후는 공주에게 순금 한 말을 노자로 주었다. 공주가 귀양지로 가는 도중에 서동이 나타나 모시고 가겠다고 하자 공주가 허락하였다. 이로 말미암아 둘이 혼인하게 되었다. 그 후에야 공주는 서동의 이름을 알고 동요의 영험을 알았다. 둘이 함께 백제로 와서 왕후가 준 순금으로 생계를 도모하려 하니 서동이 자신이 마를 캐던 곳에 황금을 많이 쌓아 놓았다고 했다. 공주는 크게 놀라며 금을 신라의 궁궐에 보내자고 하고, 서동은 용화산 사자사의 지명 법사의 신력을 빌려 하룻밤 사이에 금을 신라의 궁중으로 보냈다. 이로 말미암아 서동은 인심을 얻어 왕위에 올랐다.

시어 풀이

그스지 은밀히, 몰래.
얼어 정을 통하여. '얼다'는 '혼인하다, 시집가다, 정을 통하다'라는 뜻.
맛둥바올 맛둥 도련님, '맛둥'은 '마 파는 소년'이므로 이는 곧 '서동'을 의미함.
몰 몰래.

시구 풀이

❶ **선화 공주(善化公主)니믄 ~ 얼어 두고** 선화 공주가 남몰래 정을 통했다는 것으로 선화 공주의 사랑을 표현한 부분이다. 이는 선화 공주에 대한 서동의 마음을 선화 공주에게 전가하여 표현한 것으로 볼 수 있다.
❷ **맛둥바올 ~ 안고 가다.** 선화 공주와 서동이 밤에 몰래 안고 가는 일은 아직 일어나지 않았지만, 실제로 일어난 것처럼 표현했다.

이해와 감상

이 작품은 현전하는 향가 중 가장 오래된 노래로, 《삼국유사》에 실려 전한다. 내용과 형식이 소박하고 단순한 4구체 향가에 해당하는데, 일반적으로 4구체 향가는 민요에서 정착되었다고 보고 민요체 향가라고 일컫는다. 또한 서동이 아이들에게 부르게 했다는 점에서 동요의 성격을 띠지만, 구애의 목적과 작가가 분명하여 개인 서정시의 성격을 지니기도 한다.

이 작품은 매우 단순하지만, 내용에는 아직 일어나지 않은 일을 실제로 일어나게 만들고자 하는 의도가 숨어 있다. 또한 배경 설화를 참고하면 이 노래의 힘은 실제로 그 일이 이루어지도록 만든 것이라고 할 수 있다. 이러한 점에서 이 작품은 주술적 성격과 참요(讖謠)의 성격도 지니고 있다고 할 수 있다.

이 작품은 무왕 관련 설화 속에 끼어들었다는 견해도 있으나, 배경 설화를 참고하면 서동의 구애라는 목적이 뚜렷하므로 일반적으로 서동이 창작한 것으로 보고 있다.

이 작품의 짜임

1구 ~ 2구	선화 공주의 사랑	원인
3구 ~ 4구	선화 공주와 서동의 밀애	결과

작가 소개

서동(薯童, 600~641) 백제 제30대 무왕(武王). 이름은 장(璋), 아명(兒名)은 서동(薯童). 관륵 등을 일본에 보내어 천문, 지리 등의 서적과 불교를 전하는 등 많은 업적을 남겼으나, 말년에는 사치와 유흥에 빠져 백제 멸망의 원인이 되었다.

작품 연구소

〈서동요〉의 독특한 표현 방식

일반적으로 서정시는 시적 화자가 직접 자신의 마음이나 정서를 표현하는 1인칭 형식을 취하지만 〈서동요〉는 그렇지 않다. 배경 설화를 참고하면 이 작품은 본래 서동이 선화 공주와 혼인하기 위해 부른 노래이지만, 서동이 직접 나서서 말하지 않고 제삼자(아이들)가 서동과 선화 공주의 이야기를 전달하는 3인칭 형식을 취하고 있다. 또한 이 작품에는 표면적으로는 선화 공주가 서동을 사랑하여 구애하고 있지만 이면적으로는 선화 공주에 대한 서동의 사랑을 담은, 주객을 뒤바꾼 애정 표현이 나타난다. 이와 같은 3인칭 표현과 주객전도의 표현은 결국 선화 공주를 아내로 맞으려는 서동의 계략을 구현하는 요소라고 할 수 있다.

〈서동요〉의 구애(求愛)적 성격

이 작품은 서동 설화에 삽입된 것으로, 서동 설화는 서동이 용의 아들로 태어나서 고난을 극복하고 왕위에 오른다는 영웅 설화의 구조를 갖고 있다. 그러나 〈서동요〉는 자신의 마음을 상대방과 주변에 알리는 공개적 구애(求愛)의 성격이 강하며, 특히 남녀 간의 사랑을 드러내 놓고 표현한 점에서 구애시(求愛詩)라고 할 수 있다.

민요 · 동요로서의 〈서동요〉

민요(民謠)		〈서동요〉의 민요적·동요적 성격
민중 사이에 구전되어 내려온, 민중들의 사상, 생활, 감정이 담긴 노래	➡	이 작품은 사람들 사이에 구전되어 내려온 노래로, 내용이 소박하고 2구가 기본을 이루는 전형적 민요의 모습을 띤다. 또한 아이들이 불러 퍼뜨렸다는 점에서 동요라고 할 수 있다.
동요(童謠)		
어린이를 위하여 동심(童心)을 바탕으로 지은 노래		

참요(讖謠)로서의 〈서동요〉

참요(讖謠)		〈서동요〉의 참요적 성격
시대적 상황이나 정치적 징후 등을 암시하는 민요 예 신라의 멸망과 고려의 건국을 암시한 〈계림요〉, 미나리와 장다리로 인현 왕후와 장희빈을 표현한 〈미나리요〉	➡	이 작품은 아직 일어나지 않은 일을 이미 일어난 것처럼 노래했고 결국 그 일이 사실로 이루어졌으므로 참요라고 할 수 있다.

자료실

4구체 향가의 민요성

민요는 두 줄 혹은 네 줄로 된 것이 많다. 〈황조가〉, 〈구지가〉 등의 고대 가요 또한 4줄 형식으로 되어 있다. 4구체 향가는 일반적으로 구전되어 오던 민요가 정착된 것으로 보며, 〈서동요〉 역시 소박하고 단순한 형태와 표현으로 보아 민요라고 할 수 있다. 다만 일반적인 민요와 달리 〈서동요〉는 작가가 비교적 분명하다는 점에서 개인 서정시의 성격도 아울러 지니고 있다.

함께 읽으면 좋은 작품

〈구지가〉, 작자 미상 / 언어의 주술적 힘을 보여 주는 작품

〈구지가〉는 가락국 건국 신화에 삽입되어 전하는 노래로, 수로왕의 강림을 기원하는 집단적이고 제의적인 성격의 노래이다. 〈구지가〉와 〈서동요〉 모두 삽입 가요이며, 언어의 주술적 힘을 보여 주는 작품이다. 다만 〈서동요〉는 단정적인 말투를 사용하여 바라는 일이 이미 실현된 것처럼 표현했지만, 〈구지가〉에서는 명령형을 사용했으며 바라는 일이 아직 실현되지 않은 미래의 일이라는 점에서 차이가 있다. Link 본책 30쪽

키 포인트 체크

화자 실제로 노래를 부른 표면적 화자: □□□ / 노래를 만들어 부르도록 시킨 이면적 화자: □□

상황 □□□□가 서동을 밤에 몰래 만남.

태도 서동이 선화 공주를 아내로 삼기 위해 선화 공주를 □□함.

내신 적중 多빈출

1 이 작품의 성격으로 적절하지 않은 것은?

① 앞으로 일어날 일을 암시하는 참요의 성격을 띤다.
② 실제와 다르게 소문을 퍼뜨려 대상을 모함하고 있다.
③ 사람들의 입을 통해 널리 퍼진 노래이므로 민요적이다.
④ 부재하는 대상에 대해 그리워하고 있으므로 애상적이다.
⑤ 실제로 그 일이 일어나게 하려는 의도가 담겨 있으므로 주술적이다.

내신 적중 高난도

2 이 작품과 〈보기〉를 비교하여 감상한 내용으로 적절하지 않은 것은?

보기

거북아, 거북아, / 머리를 내어라.
내어놓지 않으면 / 구워 먹으리. - 구간 등, 〈구지가〉

① 이 작품과 〈보기〉 모두 4구 형식의 짧은 노래이다.
② 이 작품은 상황을 구체적으로 묘사하고 있고, 〈보기〉는 상대를 위협하는 내용을 담고 있다.
③ 이 작품은 소망이 이루어지지 않은 상황을 가정한 반면, 〈보기〉는 소망이 이루어진 상황을 가정하고 있다.
④ 이 작품은 실현되지 않은 일을 이미 일어난 것처럼 표현한 반면, 〈보기〉는 아직 일어나지 않은 일을 가정하고 있다.
⑤ 이 작품은 제삼자를 통해 이야기를 전달하고 있고, 〈보기〉는 청자에게 말을 건네는 방식으로 목적을 이루려고 하고 있다.

3 이 작품과 〈보기〉의 밑줄 친 부분에 공통적으로 나타나는 표현 방법으로 적절한 것은?

보기

까닭 없이 마음 외로울 때는 / 노오란 민들레꽃 한 송이도 / 애처롭게 그리워지는데, // 아, 얼마나한 위로이랴. / 소리쳐 부를 수도 없는 이 아득한 거리에 / 그대 조용히 나를 찾아오느니. - 조지훈, 〈민들레꽃〉

① 사물에 인격을 부여하여 표현하고 있다.
② 주체와 객체가 전도된 표현을 하고 있다.
③ 시적 화자를 시의 표면에 드러내어 표현하고 있다.
④ 실제로 표현하려는 뜻과 반대되는 말로 표현하고 있다.
⑤ 겉으로는 논리적 모순을 보이나 그 속에 진실이 내포되어 있다.

4 서동이 이 작품을 창작한 의도를 한 문장으로 서술하시오.

007 모죽지랑가(慕竹旨郞歌) | 득오

키워드 체크 #8구체 향가 #죽지랑 #추모 #인생무상

문학 비상

핵심 정리

갈래 8구체 향가
성격 추모적, 예찬적, 서정적
제재 죽지랑의 인품
주제 죽지랑의 인품에 대한 사모와 그에 대한 추모의 정
특징 ① 화랑의 세계를 보여 줌.
② 주술성이나 종교적 색채가 없는 순수한 정서를 드러냄.
연대 신라 제32대 효소왕(7세기 말)
출전 《삼국유사》 권 2

去隱春皆理米 (거은춘개리미)
毛冬居叱沙哭屋尸以憂音 (모동거질사곡옥시이우음)
阿冬音乃叱好支賜烏隱 (아동음내질호지사오은)
皃史年數就音墮支行齊 (모사년수취음타지행제)
目煙廻於尸七史伊衣 (목연회어시칠사이의)
逢烏支惡知作乎下是 (봉오지오지작호하시)
郎也慕理尸心未行乎尸道尸 (랑야모리시심미행호시도시)
蓬次叱巷中宿尸夜音有叱下是 (봉차질항중숙시야음유질하시)

ⓐ❶간 봄(지나간 봄) 그리매
모든 것사 우리 ⓑ시름 ▶ 기(起): 죽지랑과 함께했던 과거를 그리워함.
ⓒ❷아름 나토샤온(아름다움을 나타내신)
즈ᅀᅵ(용모가, 모습이) ⓓ살쯈 디니져(지니려 하는구나) ▶ 승(承): 생전의 죽지랑을 회상함.
ⓔ눈 돌칠 ᄉᆞ이예(눈 깜짝할 사이에)
맛보ᄋᆞᆸ디 지ᅀᅩ리(지으리, 되오리) ▶ 전(轉): 죽지랑과 다시 만나기를 바람.
낭(郞)('죽지랑'을 가리킴)이여 그릴 ᄆᆞᅀᆞᄆᆡ 녀올 길
❸다봊 ᄆᆞᅀᆞᆯ히 잘 밤 이시리(저세상에서의 만남을 확신함. / 이 세상에서 만날 수 없음을 한탄함.)
▶ 결(結): 죽지랑을 만나지 못함에 대한 한탄과 저세상에서 만날 것을 확신함.

– 양주동 해독

현대어 풀이

지나간 봄을 그리워하니 / 모든 것이 울게 하는 시름
아름다움을 나타내신 / 모습이 주름살 지는구나.
눈 돌릴(깜짝할) 사이라도 / 만나 보기 이루리.
낭이여 그리는 마음에 가는 길 / 다북쑥 (우거진) 마을에서 잘 밤이 있으리.

시어 풀이

그리매 그리워하매, 그리우므로.
우리 시름 울어 시름에 잠김.
살쯈 주름살.
돌칠 돌릴, (눈) 깜짝할. 아주 짧은 시간을 뜻함.
맛보ᄋᆞᆸ디 만나 보기를. 만나 뵙게.
녀올 길 가는 길.
다봊 ᄆᆞᅀᆞᆯ히 다북쑥 우거진 마을에.

시구 풀이

❶ **간 봄 그리매 ~ 우리 시름** '간 봄(지나간 봄)'은 '죽지랑이 살아 있을 때' 또는 '죽지랑과 함께했던 지난 세월'을 의미한다. 시적 화자는 죽지랑을 그리는 마음에 세상의 모든 것이 그의 죽음을 울면서 슬퍼한다고 표현하고 있다.
❷ **아롬 나토샤온 ~ 살쯈 디니져** 죽지랑의 인품에 대해 회상하고 있는 부분으로, 늙음에 대한 한탄으로 해석하여 인생의 무상함을 표현한 것으로도 본다.
❸ **다봊 ᄆᆞᅀᆞᆯ히 잘 밤 이시리** '다봊 ᄆᆞᅀᆞᆯ'은 '저세상' 또는 '험하고 삭막한 이승'을 의미하는 것으로, 이 세상에서 죽지랑과 다시 만날 수 없음에 대한 한탄과 저세상에서의 재회에 대한 확신을 드러내는 구절이다.

작가 소개

득오(得烏, ?~?) 신라의 화랑. 효소왕(재위 692~702) 때 죽지랑의 낭도였으며, 급간(級干; 신라의 아홉 번째 관등)으로서 부산성(富山城)에 창직(倉直)으로 부역할 때 죽지랑이 구해 주었다. 이에 깊이 감동한 득오가 죽지랑을 사모하여 〈모죽지랑가〉를 지었다고 한다.

■ **이 작품의 배경 설화**

신라 32대 효소왕 때 죽지랑의 무리 가운데 '득오'라는 급간(級干)이 있었다. 화랑도의 명부에 이름을 올려 놓고 매일 출근하더니 한 열흘 동안 보이지 않아, 죽지랑이 그의 어미를 불러 아들이 어디에 갔느냐고 묻자, "당전(幢典; 오늘날의 부대장에 해당하는 신라 때의 군직) 모량부(牟梁部)의 익선 아간(阿干; 신라 관등 제6위)이 내 아들을 부산성(富山城)의 창직(倉直)으로 임명하여 급히 가느라고 낭께 알리지 못하였습니다."라고 했다. 죽지랑은 "그대의 아들이 만일 사사로이 그곳에 갔다면 찾아볼 필요가 없겠지만, 공사(公事)로 갔다니 마땅히 가서 위로하고 대접해야겠소." 하고는 익선의 밭으로 가서 떡과 술을 득오에게 먹인 다음, 익선에게 휴가를 청했으나 허락하지 않았다. 그때 마침 간진(侃珍)이라는 사람이 추화군(推火郡; 지금의 밀양) 능절(能節)의 조(租) 30석을 거두어 성안으로 싣고 가다가 선비를 존대하는 죽지랑의 풍도를 아름답게 여기고 익선의 막히고 융통성이 없는 것을 비루하게 생각하여, 가지고 가던 벼 30석을 익선에게 주면서 휴가를 청했으나 역시 허락하지 않았다. 이에 진절사지(珍節舍知)가 쓰는 말안장을 더 주었더니 드디어 허락했다. 조정의 화주(花主; 화랑의 우두머리)가 이 이야기를 듣고 익선을 잡아다가 그의 더럽고 추한 마음을 씻어 주고자 했으나 도망쳤으므로 아들을 대신 잡아갔다. 때는 동짓달 몹시 추운 날인데 성안의 못에서 목욕을 시키니 얼어 죽었다. 대왕이 이 말을 듣고 모량리 사람은 모두 벼슬에서 몰아내게 하였고, 그 지방 사람들에게 심각한 불이익을 주었다.

해설 322쪽

이해와 감상

이 작품은 죽지랑의 낭도(郎徒)인 득오(得烏)가 지은 8구체 향가로, 죽지랑이 죽자 그를 추모하며 지은 노래이다. 주술성이 없는 개인 창작의 순수 서정시라는 점이 특징이다.

배경 설화를 보면, 삼국 통일에 공헌한 죽지랑의 낭도 득오를 창직(倉直)으로 임명한 점이나 노화랑(老花郎)의 쇠잔한 모습을 사모하여 이 노래를 지었다는 점으로 미루어 화랑도가 쇠퇴해 가는 과정을 암시하는 작품이라고 할 수도 있다.

이 작품의 짜임

기(1, 2구)	죽지랑과 함께했던 과거를 그리워함.	죽지랑을 회상함.
승(3, 4구)	생전의 죽지랑을 회상하며 인생의 무상감을 표현함.	
전(5, 6구)	죽지랑과 다시 만나기를 바람.	죽어서 다시 만나기를 기원함.
결(7, 8구)	죽지랑을 만나지 못함에 대한 한탄과 저세상에서 만날 것을 확신함.	

작품 연구소

대상에 대한 화자의 태도와 표현 방식

화자는 죽지랑과 함께했던 과거를 추억하며 다시 만나기를 소망하고 있다. 죽지랑과 함께 지내던 '간 봄'을 그리워하며, 죽지랑이 죽고 없는 현재의 '시름'을 말하고, 죽지랑을 그리워한다. 죽지랑을 다시 만나기 위해 '녀올 길'을 노래하여 '과거 → 현재 → 미래'의 시간적 순서에 따라 시상을 전개하면서 죽지랑에 대한 화자의 감정을 점차 극대화하고 있다. 또한 '지나간 봄', '다북쑥 마을'과 같은 비유적 표현으로 화자의 무상감을 잘 드러내고 있다.

〈모죽지랑가〉에 대한 이설(異說)

이 작품의 창작 시기와 관련하여 죽지랑이 죽은 후에 그를 추모하여 지은 노래라는 설과 죽지랑이 살아 있을 때 지어진 노래라는 설이 있다. 전자에 따르면 이 작품은 죽지랑이 죽은 뒤 그의 덕을 사모하여 추모하고 찬송한 노래가 되고, 후자를 따르면 득오가 앞서 익선에게 끌려가서 죽지랑에게 은혜를 입은 뒤 낭을 사모하여 지은 노래가 된다.

'추모시(追慕詩)'로 보는 경우	죽지랑은 이미 죽어 세상에 없으므로 그와 함께 보낸 봄은 다시 돌아오지 못하는 것이 된다.
'사모시(思慕詩)'로 보는 경우	함께 지낸 봄을 그리워하고, 그러한 그리움 때문에 모든 것을 슬프게 바라보게 된다고 해석할 수 있다.

함께 읽으면 좋은 작품

〈제망매가〉, 월명사 / 대상을 추모하는 마음을 노래한 작품

신라 35대 경덕왕 때의 승려인 월명사가 죽은 누이를 추모하여 지은 10구체 향가이다. 혈육의 죽음으로 인한 슬픔을 표현했다는 점에서 〈모죽지랑가〉와 같이 순수 서정시로 볼 수 있다. 두 작품 모두 대상을 추모하는 데 그치지 않고, 비유적인 표현을 사용하여 뛰어난 문학성을 보이고 있다.

Link 본책 44쪽

키 포인트 체크

화자 죽지랑을 따르던 □□ 득오
상황 죽지랑의 죽음을 □□함.
태도 □□□과 저세상에서 다시 만나기를 바람.

1 이 작품에 나타난 화자의 태도로 적절한 것은?

① 죽지랑의 죽음에 대해 분노하고 있다.
② 죽지랑의 죽음에 죄책감을 느끼고 있다.
③ 이별의 슬픔을 종교적으로 승화하여 극복하고자 한다.
④ 주술적인 의식을 통해 죽지랑에게 지은 죄를 씻고자 한다.
⑤ 죽지랑이 살아 있을 때의 모습을 그리며 잊지 못하고 있다.

2 이 작품의 표현상 특징으로 적절하지 않은 것은?

① '그리매'에서 화자의 정서를 표출하고 있다.
② 과거, 현재, 미래의 시간적 순서에 따라 시상을 전개하고 있다.
③ 세상 모든 것이 죽지랑의 죽음을 울면서 슬퍼한다고 표현하고 있다.
④ '낭(郞)이여'라는 의미 없는 감탄사를 통해 탄식하는 심정을 표현하고 있다.
⑤ '다봊 ᄆᆞᅀᆞᆯ히'라는 비유적 표현으로 죽지랑과의 재회에 대한 믿음을 드러내고 있다.

내신 적중 高난도

3 이 작품과 〈보기〉에 대한 설명으로 적절하지 않은 것은?

보기

늣겨곰 ᄇᆞ라매 / 이슬 볼갼 ᄃᆞ라리
힌 구룸 조초 떠간 언저레
몰이 가ᄅᆞᆫ 믈서리여히
기랑(耆郞)ᄋᆡ 즈ᅀᅵ올시 수프리야
일오(逸烏) 나릿 ᄌᆡ벽긔 / 낭(郞)이여 디니더시온
ᄆᆞᅀᆞ미 ᄀᆞᆯ 좃ᄂᆞ라져 / 아야 자싯가지 노포
누니 모ᄃᆞᆯ 두폴 곳가리여 – 충담사, 〈찬기파랑가〉

① 이 작품은 8구체 향가이고, 〈보기〉는 10구체 향가이다.
② 이 작품과 〈보기〉 모두 시적 대상이 구체적으로 드러나 있다.
③ 이 작품과 〈보기〉의 'ᄆᆞᅀᆞᆷ'는 〈보기〉 모두 시적 대상의 마음을 가리킨다.
④ 이 작품은 대상에 대한 화자의 정서를, 〈보기〉는 대상이 지닌 인품을 주로 드러내고 있다.
⑤ 이 작품에서는 대상의 모습을 묘사하고 있으며, 〈보기〉에서는 대상을 비유적으로 표현하고 있다.

4 ⓐ~ⓔ에 대한 설명으로 적절하지 않은 것은?

① ⓐ: 죽지랑과 함께했던 시절을 의미한다.
② ⓑ: 죽지랑과 다시 함께할 수 없는 상황과 관련된다.
③ ⓒ: 시름에 젖은 화자의 모습을 나타낸다.
④ ⓓ: 죽지랑의 쇠잔해진 모습을 나타낸다.
⑤ ⓔ: 짧은 시간을 의미한다.

008 헌화가(獻花歌) | 견우 노인

키워드 체크 #견우 노인 #수로 부인 #절벽 위의 꽃 #꽃을 꺾어 바침 #사랑의 고백

문학 천재(정), 미래엔

핵심 정리

갈래 4구체 향가
성격 민요적, 서정적
제재 바위 위의 꽃
주제 꽃을 바치며 사랑을 고백함.
특징 ① 가정법을 활용하여 화자의 심리를 드러냄.
② 연모의 정을 담은 소재를 활용하여 화자의 정서를 드러냄.
③ 주술성이나 종교적 색채 없이 개인의 정서를 드러냄.
연대 신라 제33대 성덕왕(8세기)
출전 《삼국유사》 권 2

紫布岩乎邊希
자 포 암 호 변 희
執音乎手母牛放敎遣
집 음 호 수 모 우 방 교 견
吾肹不喩慚肹伊賜等
오 힐 불 유 참 힐 이 사 등
花肹折叱可獻乎理音如
화 힐 절 질 가 헌 호 리 음 여

자줏빛 – 수로 부인에 대한 견우 노인의 강렬한 사랑을 간접적으로 드러냄.
지뵈 ㉠바회 ᄀᆞᅀᅢ
높은 절벽(벼랑) – 화자의 비범성을 부각하는 소재
자ᄇᆞ몬손 암쇼 노히시고, ▶ 끌고 가던 암소를 놓음.
화자의 직업 – 소를 키움. 주체 – 수로 부인
❶나ᄅᆞᆯ 안디 븟그리샤ᄃᆞᆫ
시적 화자 부끄러워하신다면(가정법)
❷㉡고ᄌᆞᆯ 것거 바도림다. ▶ 수로 부인에게 꽃을 바침.
곶 ① 아름다움을 상징하는 소재 ② 수로 부인에 대한 화자의 마음이 담긴 소재

– 김완진 해독

현대어 풀이

자줏빛 바위 가에
잡고 있는 암소 놓게 하시고,
나를 아니 부끄러워하시면
꽃을 꺾어 바치오리다.

Q '고ᄌᆞᆯ 것거 바도림다.'에 나타난 미의식은?

꽃을 꺾어 바치겠다는 것에는 수로 부인의 아름다움에 대한 예찬과 아름다운 여인에 대한 구애가 담겨 있다. 소를 모는 노인의 이러한 고백을 통해 신라인의 낭만적 애정 표현과 미의식이 드러난다.

시어 풀이

지뵈 자줏빛.
자ᄇᆞ몬손 잡은.
노히시고 놓게 하시고.
븟그리샤ᄃᆞᆫ 부끄러워하신다면.
바도림다 바치겠습니다.

시구 풀이

❶ **나ᄅᆞᆯ 안디 븟그리샤ᄃᆞᆫ** '나를 부끄러워하지 않으신다면'이라는 가정법을 사용하여 여인에게 구애하는 화자의 심리를 간결하게 드러냈다.
❷ **고ᄌᆞᆯ 것거 바도림다.** '꽃을 꺾어 바치겠습니다.'라는 의미로, 여기에서 '꽃'은 수로 부인에 대한 연모의 정을 드러내는 소재이자 수로 부인의 아름다움을 상징하는 소재이다. 이러한 꽃을 꺾어 바치겠다는 것을 통해 화자는 수로 부인에게 사랑을 고백하고 있다.

■ 이 작품의 배경 설화

신라 성덕왕 때에 순정공이 강릉 태수로 부임하는 도중에 바닷가에서 점심을 먹었다. 곁에는 높이가 천 길이나 되는 바위 봉우리가 병풍과 같이 바다를 두르고 있는데, 그 위에 철쭉꽃이 만발하여 있었다. 공의 부인인 수로 부인이 이것을 보더니 좌우 사람들에게 말했다. "내게 꽃을 꺾어다 줄 사람은 없는가?" 그러나 수행하던 사람들은 "거기는 사람이 갈 수 없는 곳입니다."라고 하며 아무도 나서지 못했다. 이때 암소를 끌고 곁을 지나가던 늙은이 하나가 있었는데 부인의 말을 듣고는 그 꽃을 꺾어 노래까지 지어서 바쳤다. 그러나 그 늙은이가 어떤 사람인지 알 수가 없었다. 그때 지어 부른 노래가 〈헌화가〉이다.

이해와 감상

이 작품은 《삼국유사》에 신라 33대 왕인 성덕왕 때에 한 노인이 수로 부인에게 꽃을 바치며 불렀다고 전해지는 노래이다. 수로 부인은 절세미인이어서 때때로 신령한 존재에게 잡혀가기도 하는 인물이었다. 이 작품에서 노인이 벼랑 위에 핀 꽃을 꺾어 주는 것은 수로 부인의 아름다움에 대한 큰 감동, 사랑을 표현한 것으로 볼 수 있다. 또한 이 작품은 주술성이나 종교적 색채 없이 아름다움의 상징적 인물인 수로 부인에 대한 순수한 예찬과 구애(求愛)를 담고 있어 신라인의 미의식을 전형적으로 보여 주는 노래라고 할 수 있다.

이 작품의 짜임

구	내용	기능
1구 ~ 2구	절벽에 피어 있는 꽃과 암소를 끌고 가던 화자	배경과 상황 제시
3구 ~ 4구	꽃을 꺾어 수로 부인에게 바침.	화자의 소망(사랑을 고백함.)

작가 소개

견우 노인(? ~ ?) 이 작품의 작가는 암소를 끌고 가던 노인으로, 수로 부인을 위해 아무도 오르지 못하는 높은 절벽에 올라가서 꽃을 꺾어 왔다는 점에서 비범한 인물이라고 추측할 수 있다.

작품 연구소

구애(求愛)와 예찬(禮讚)의 노래

〈헌화가〉는 표면상 남성 화자인 한 노인이 미모의 여인인 수로 부인에게 꽃을 꺾어 바치며 부르는 소박한 구애의 노래라고 할 수 있다. 배경 설화에 따르면 수로 부인은 용모가 빼어나게 아름다워 여러 번 신물(神物)에게 붙잡혀 갔다고 한다. 또한 노인은 아무도 오르지 못하는 높은 벼랑을 기어올라 꽃을 꺾어 바침으로써 비범성을 보여 주고 있다. 따라서 〈헌화가〉에 설정된 상황은 빼어난 아름다움을 지닌 수로 부인과 비범한 존재인 견우 노인의 초월적 만남이라고 할 수 있고, 아울러 이 작품은 신화적 인물이 여성의 아름다움에 바치는 예찬의 노래라고도 볼 수 있다.

문학 작품 창작의 모티프가 되는 '여성의 아름다움'

고전 문학 작품 중에는 여성의 빼어난 아름다움을 모티프로 하여 지어진 노래나 그것과 결부되어 발생한 사건을 다룬 작품들을 종종 찾아볼 수 있다. 수로 부인과 관련하여 지어진 노래인 고대 가요 〈해가〉와 향가 〈헌화가〉, 향가 〈처용가〉 등은 빼어난 아름다움이 초자연적 경계를 넘나든 상황을 담고 있다.

〈해가〉	아름다운 수로 부인이 해룡에게 납치되자 부인을 구출하기 위해 남편 순정공과 마을 사람들이 지어 불렀다는 주술적 노래이다.
〈헌화가〉	수로 부인이 높은 벼랑 위에 핀 꽃을 꺾어 줄 것을 요청하자 지나던 노인(신화적 인물)이 꽃을 꺾어 바치며 부른 노래로, 수로 부인의 아름다움에 대한 예찬을 담고 있다.
〈처용가〉	역신(疫神)이 밤에 몰래 처용의 아내와 동침한 상황에서 처용이 부른 갈등과 체념의 노래로, 역신이 처용 아내의 아름다움에 매료된 것이 모티프가 된다.

〈헌화가〉에 드러난 인간 중심의 미의식

견우 노인	➡	수로 부인
비범성을 지닌 신화적 인물		빼어난 아름다움을 지닌 현실적 인간

⬇

이 작품은 신화적 인물인 견우 노인이 현실의 인물인 수로 부인에게 바치는 노래라는 점에서 인간의 아름다움이 초자연적 존재까지도 감동시킬 수 있다는 인식을 엿볼 수 있다. 즉, 이를 통해 신라인들은 인간의 아름다움이 신물(神物)까지도 감동시킬 수 있다고 생각하는 인간 중심적 미의식을 지녔음을 알 수 있다.

'꽃'의 전통성과 상징성

이 작품의 중심 소재인 '꽃'은 배경 설화를 통해 철쭉꽃임을 알 수 있는데, 철쭉꽃은 진달래꽃과의 유사성을 지니고 있어 고전 문학 작품에서 동질적 소재로 나타난다. 즉, 진달래꽃과 철쭉꽃은 우리나라 꽃을 대표하여 〈헌화가〉, 여러 시조 작품, 정철의 〈관동별곡〉, 김소월의 〈진달래꽃〉 등으로 이어지는 한국 서정시의 소재적 전통을 형성하고 있다.

이 작품에는 벼랑의 꽃을 향한 수로 부인의 지향이 나타나는 한편, 수로 부인의 아름다움에 대한 노인의 정서가 '꽃'을 통해 드러나고 있다. 따라서 〈헌화가〉의 '꽃'은 아름다움의 상징이라 할 수 있다.

키 포인트 체크

화자 암소를 몰고 가던 ☐☐
상황 노인이 ☐☐ ☐☐에게 꽃을 꺾어 바치겠다고 함.
태도 수로 부인에 대해 ☐☐의 정을 드러냄.

1 이 작품에 대한 설명으로 적절하지 않은 것은?

① 개인의 서정을 드러낸 4구체 향가이다.
② 주술성과 종교적 색채를 담고 있는 작품이다.
③ 시적 화자가 시의 표면에 구체적으로 드러나 있다.
④ 아름다움을 추구하는 신라인의 미의식을 엿볼 수 있다.
⑤ 시적 화자가 시적 대상에게 연모의 정을 드러낸 노래이다.

2 배경 설화를 고려할 때 ㉠의 기능으로 가장 적절한 것은?

① 시적 화자의 비범성을 부각하고 있다.
② 시적 화자의 부끄러움을 비유하고 있다.
③ 수로 부인의 미모를 돋보이게 하고 있다.
④ 시적 화자와 수로 부인을 대비시키고 있다.
⑤ 시적 화자의 지조와 절개를 상징하고 있다.

중요 기출

3 ㉡의 기능과 유사한 것을 〈보기〉에서 고르면?

| 보기 |

인도의 신 '부랴마'의 아들 '비시누'는 어려움에 빠진 사람들을 돕기 위해 인간 세상에 내려왔다. 늙은 모습으로 변장한 '비시누'는 '나쟈나' 공주가 문지기와 사랑에 빠졌지만, 신분의 차이 때문에 결혼할 수 없는 상황에 놓여 있는 것을 보고 도움을 주기로 결정했다. '비시누'는 문지기 청년을 찾아가 산속 느티나무 아래에 핀 꽃을 따다가 임금에게 바치면 공주와 결혼할 수 있을 것이라는 점을 말했다. 청년이 꽃을 찾아 나선 후 공주는 이름 모를 병에 걸려 서서히 죽어가고 있었다. 임금은 딸의 병을 고치는 사람의 소원을 들어주겠다고 약속을 했으며, 문지기 청년은 자신이 따온 꽃으로 공주의 병을 고치고 결혼을 할 수 있었다. 문지기가 따온 꽃은 '순수한 사랑'의 꽃말을 지닌 난초였다.

① 비시누 ② 느티나무 ③ 이름 모를 병
④ 결혼 ⑤ 난초

4 수로 부인에 대한 견우 노인의 강렬한 사랑의 마음과 관련된 색채어를 찾아 쓰시오.

제망매가(祭亡妹歌) | 월명사

키워드 체크 #누이의죽음 #슬픔의종교적승화 #추모적 #애상적

문학 천재(김), 동아, 비상, 지학, 창비, 해냄
국어 동아, 미래엔, 비상(박안), 비상(박영), 신사고

핵심 정리

갈래 10구체 향가
성격 추모적, 애상적, 비유적, 종교적
제재 누이의 죽음
주제 죽은 누이에 대한 추모
의의 정제된 형식미와 고도의 서정성을 담은 작품으로 현전하는 향가의 백미로 꼽힘.
연대 신라 제35대 경덕왕(8세기)
출전 《삼국유사》 권 5

Q '나'가 가리키는 대상은?

'미타찰에서 만날 나'에서 '나'를 죽은 누이로 볼 여지도 있으나, 도를 닦으며 기다리겠다는 주체는 화자로 보는 것이 타당하다. 그런데 미타찰에서 만나게 될 대상이 '너'가 아닌 '나'라고 하여 문맥상 어색함이 느껴지기도 한다. 그러므로 이 구절은 '(죽은 누이 네가) 미타찰에서 만날 나(화자)는 도를 닦으며 기다리겠노라.' 정도로 해석하는 것이 가장 자연스럽다.

시어 풀이

생사(生死) 길 삶과 죽음의 갈림길을 이르는 말.
ᄀᆞᄉᆞᆯ 가을.
ᄠᅥ러딜 떨어질.
ᄒᆞᄃᆞᆫ 가지 한 가지.
미타찰(彌陀刹) 아미타불(부처)이 있는 서방 정토(西方淨土). 아미타불을 외면 죽은 뒤 극락에 간다고 함.

시구 풀이

❶ **생사(生死) 길흔 ~ 머믓그리고,** 삶과 죽음의 갈림길이 멀리 있지 않고 가까이 있다는 인식과 함께 죽음에 대한 두려움이 드러난 부분이다.
❷ **나ᄂᆞᆫ 가ᄂᆞ다 ~ 가ᄂᆞ닛고.** 여기서 '나'는 죽은 누이를 의미하는 것으로, '나는 간다'는 말도 하지 못한 채 갑자기 죽은 누이에 대한 안타까움이 드러난다.
❸ **어느 ᄀᆞᄉᆞᆯ ~ ᄠᅥ러딜 닙곤.** 죽은 누이를 가을의 이른 바람에 떨어지는 잎에 비유했다. '이른 바람'은 누이가 요절했음을 암시한다.
❹ **ᄒᆞᄃᆞᆫ 가지 ~ 모ᄃᆞ론뎌.** '한 가지'는 같은 부모를 비유적으로 표현한 것으로, 한 어버이 아래 태어났지만 헤어지고 가는 곳을 모른다는 점에서 안타까움, 인생무상의 정서가 드러난다.
❺ **아야 미타찰(彌陀刹)아 ~ 기드리고다.** '나'는 불교적 믿음을 가지고 죽은 누이와 재회할 것을 다짐하고 있다. 혈육의 죽음으로 인한 슬픔을 종교적으로 승화한 것이다.

작가 소개

월명사(月明師, ?~?) 신라 35대 경덕왕 때의 승려. 학덕이 높은 이름난 승려였으며 향가를 잘 지었다고 한다. 〈도솔가〉와 함께 누이의 죽음으로 인한 슬픔을 종교적으로 승화한 10구체 향가 〈제망매가〉가 전한다.

生死路隱
생 사 로 은
此矣有阿米次肹伊遣
차 의 유 아 미 차 힐 이 견
吾隱去內如辭叱都
오 은 거 내 여 사 질 도
毛如云遣去內尼叱古
모 여 운 견 거 내 니 질 고
於內秋察早隱風未
어 내 추 찰 조 은 풍 미
此矣彼矣浮良落尸葉如
차 의 피 의 부 량 락 시 엽 여
一等隱枝良出古
일 등 은 지 량 출 고
去奴隱處毛冬乎丁
거 노 은 처 모 동 호 정
阿也彌陀刹良逢乎吾
아 야 미 타 찰 량 봉 호 오
道修良待是古如
도 수 량 대 시 고 여

❶생사(生死) 길흔
이에 이샤매 머믓그리고, (이에: 여기에(이승) / 머믓그리고: 머뭇거리고 – 죽음에 대한 두려움)
ⓐ❷나ᄂᆞᆫ 가ᄂᆞ다 말ㅅ도 (나: 누이동생을 의미함.)
몯다 니르고 가ᄂᆞ닛고. (갑작스러운 죽음에 대한 안타까움)
▶ 누이의 죽음에 대한 안타까움
❸어느 ᄀᆞᄉᆞᆯ 이른 ㉠ᄇᆞᄅᆞ매 (누이동생이 젊은 나이에 죽음(요절)을 암시함.)
이에 뎌에 ᄠᅥ러딜 ㉡닙곤. (닙: 잎같이)
❹ᄒᆞᄃᆞᆫ 가지라 나고 (같은 부모에)
가논 곧 모ᄃᆞ론뎌. (안타까움, 허무함)
▶ 누이의 죽음에서 느끼는 무상감
❺아야 미타찰(彌陀刹)아 맛보올 ⓑ나 (미타찰: 재회에 대한 믿음 / 나: 화자를 의미함.)
도(道) 닷가 기드리고다.
▶ 슬픔의 종교적 승화

– 김완진 해독

현대어 풀이

생사 길은 / 여기 있으매 머뭇거리고,
나(죽은 누이)는 간다는 말도 / 못다 이르고 어찌 갑니까.
어느 가을 이른 바람에 / 이에 저에 떨어질 잎처럼,
한 가지(같은 부모)에 나고 / (네가) 가는 곳 모르는구나.
아아, 미타찰에서 만날 나 / 도 닦아 기다리겠노라.

■ **이 작품의 배경 설화**

월명이 일찍이 죽은 누이동생을 위해서 재를 올릴 때 향가를 지어 제사를 지냈더니 갑자기 광풍이 일어나 종이돈이 서쪽으로 날려 사라졌다. 월명은 늘 사천왕사(四天王寺)에 살았는데 피리를 잘 불었다. 일찍이 달밤에 피리를 불면서 문 앞의 큰길을 지나가니 달이 그를 위해 가는 것을 멈추었다. 이로 말미암아 그 길을 월명리(月明里)라 했고, 월명사 또한 이로써 이름이 났다. 신라 사람들이 향가를 숭상함은 오래되었는데 대개 시송(詩頌)과 같은 것이었다. 그러므로 자주 천지와 귀신을 감동시킨 것이 한두 가지가 아니었다.

이해와 감상

월명사가 죽은 누이를 추모하여 지은 10구체 향가로 〈위망매영재가(爲亡妹營齋歌)〉라고도 한다. 《삼국유사》의 기록에 따르면 월명사가 재를 올리며 이 노래를 불렀더니 갑자기 회오리바람이 일어 지전(紙錢: 종이돈)이 서쪽으로 날아갔다고 한다. 배경 설화에는 이러한 주술적인 요소가 있지만 이 노래의 근본적 지향은 혈육의 죽음으로 인한 정서의 표출이므로 순수 서정시의 단계에 이른 작품으로 볼 수 있다. 이 작품은 단순히 죽음을 감상적으로 표현하는 데 그치지 않고 삶과 죽음의 문제를 깊이 성찰하고 뛰어난 비유로 그려 내고 있으며, 향가 가운데서도 특히 뛰어난 문학성과 고도의 서정성을 지니고 있다는 평가를 받고 있다.

이 작품의 짜임

1구 ~ 4구	죽음에 대한 두려움과 안타까움, 혈육의 정
5구 ~ 8구	혈육의 죽음에서 느끼는 인생무상
9구 ~ 10구	불교적 믿음을 통한 재회 다짐(슬픔의 종교적 승화)

작품 연구소

시구의 비유적 의미

〈제망매가〉가 문학성이 뛰어난 서정 시가로 꼽히는 것은 삶과 죽음의 문제를 자연의 섭리에 비유하여 형상화하고 있기 때문이다. '이른 ᄇᆞᄅᆞᆷ'은 젊은 나이에 요절한 누이의 죽음을, '뜨러딜 닙'은 죽은 누이를, 'ᄒᆞᄃᆞᆫ 가지'는 누이와 화자를 낳아 준 어버이를 뜻한다. 가지에 붙었던 잎이 일찍 불어온 바람에 떨어지는 현상에 빗대어, 한 부모에게서 태어나 혈연 관계로 맺어졌던 이승의 인연도 죽음 앞에서는 어쩔 수 없이 헤어지게 된다는 인식론적 깨달음을 드러내고 있다.

시구	비유적 의미
이른 ᄇᆞᄅᆞᆷ	• 이른: 일찍 찾아온, 예기치 못한 • ᄇᆞᄅᆞᆷ: 시련, 가혹한 운명 → 젊은 나이에 죽음.
뜨러딜 닙	• 뜨러딜: 죽음 • 닙: 한 부모에게서 태어난 존재 → 죽은 누이
ᄒᆞᄃᆞᆫ 가지	한 부모, 같은 핏줄

'이에'와 '미타찰'의 대비를 통해 본 화자의 태도

이 작품의 화자는 누이의 갑작스러운 죽음으로 인해 안타까움과 인생의 허무함과 같은 인간적인 정서를 느끼지만, 이러한 감정을 감상적으로 표출하지 않고 삶과 죽음의 문제에 대한 진지한 성찰의 자세를 보인다. 그리하여 낙구에서 화자는 혈육의 죽음으로 인한 슬픔을 불교적 믿음으로 극복하고 승화하며 수용하고 있다.

'이에'		'미타찰'
이승	슬픔을 종교적으로 승화 →	극락세계
누이와의 이별		누이와의 재회

'죽음'을 다룬 시에 드러난 화자의 태도

문학 작품은 인간의 삶과 죽음을 다양하게 형상화한다. 죽음을 형상화한 대표적인 시가 작품 속에서 시적 화자가 보이는 태도를 정리하면 다음과 같다.

작품	이별의 대상	시적 화자의 태도
〈공무도하가〉	임(남편)	'가신 임을 어이할꼬.'라며 체념함.
정지용, 〈유리창〉	자식	비유를 통해 감정을 절제하여 표현함.
김소월, 〈초혼〉	사랑하는 임	절규하는 목소리로 슬픔을 표출함.
박목월, 〈하관〉	아우	경건하고 담담한 목소리로 그리움을 표현함.
천상병, 〈귀천〉	화자 자신	죽음을 필연적인 것으로 인식하고 수용함.

함께 읽으면 좋은 작품

〈님의 침묵〉, 한용운 / 이별의 상황에서 재회를 기약하는 작품

임과 이별한 화자가 임과의 재회를 기약하고 영원한 사랑을 다짐하는 작품이다. 〈제망매가〉와 〈님의 침묵〉에는 이별을 영원한 단절로 이해하는 것이 아니라, 이별 뒤에 새로운 만남이 예정되어 있다고 보는 일종의 낙관론과 종교적 신념이 잘 드러난다. 즉, 두 작품 모두 만남과 이별이 대립적인 자질이 아니라, 만남 뒤에 이별, 이별 뒤에 만남이 지속됨으로써 결국 그 둘이 나누어지지 않고 하나일 수 있다는 가치관을 잘 보여 준다. Link 〈현대 시〉 58쪽

키 포인트 체크

화자 죽은 ☐☐를 추모하는 '나'
상황 죽은 누이를 위해 ☐☐를 지어 재를 올림.
태도 혈육의 죽음으로 인한 슬픔을 ☐☐☐으로 승화함.

1 이 작품에 대한 설명으로 적절하지 않은 것은?

① 대상과의 재회에 대한 화자의 믿음이 드러난다.
② 시구를 반복하여 화자의 정서를 심화하고 있다.
③ 비유를 통해 화자가 처한 상황을 나타내고 있다.
④ 삶과 죽음의 문제를 종교적 관점에서 다루고 있다.
⑤ 대상의 부재로 인한 슬픔을 기다림으로 극복하고 있다.

중요 기출

2 이 작품의 ㉠, ㉡과 〈보기〉의 밑줄 친 시어들을 비교하여 이해한 내용으로 적절하지 않은 것은?

보기

A. 간밤에 부던 바람 만정 도화(桃花) 다 지겠다
아이는 비를 들어 쓸려고 하는구나
낙화인들 꽃이 아니랴 쓸어 무엇 하리오

B. 바람 불어 쓰러진 나무 비 온다 싹이 나며
임 그려 든 병이 약 먹다 나을쏘냐
저 임아 널로 든 병이니 네 고칠까 하노라

① ㉠과는 달리 A의 '바람'은 화자의 시련을 상징하고 있다.
② ㉠과 B의 '바람'은 어떤 결과를 가져오는 원인으로 작용하고 있다.
③ ㉡과는 달리 A의 '도화'는 화자의 감회와 흥취를 부각시키고 있다.
④ ㉡과는 달리 B의 '나무'는 화자 자신을 비유하고 있다.
⑤ ㉡, A의 '도화', B의 '나무'는 수동성을 함축하고 있다.

내신 적중 다빈출

3 ⓐ와 ⓑ에 대한 설명으로 적절하지 않은 것은?

① ⓐ와 ⓑ는 같은 부모에게서 태어난 혈육 관계이다.
② ⓐ는 누이동생을 가리키고, ⓑ는 시적 화자를 가리킨다.
③ ⓐ의 죽음은 ⓑ에게 삶과 죽음에 대해 생각하게 만드는 계기가 되었다.
④ ⓐ가 지병으로 죽은 것에 대해 ⓑ는 회한에 빠져 있다.
⑤ ⓑ는 ⓐ의 죽음을 안타까워하지만 재회를 믿음으로써 슬픔을 이겨 내고 있다.

4 시적 대상의 갑작스러운 죽음과 그로 인한 화자의 안타까움이 드러나는 시구를 찾아 쓰시오.

010 찬기파랑가(讚耆婆郎歌) | 충담사

키워드 체크 #기파랑 찬양 #비유 #상징 #서정적

문학 금성, 미래엔, 신사고

핵심 정리

갈래 10구체 향가
성격 추모적, 예찬적, 서정적
제재 기파랑의 인품
주제 기파랑의 고매한 인품에 대한 찬양
의의 〈제망매가〉와 함께 서정성이 가장 높은 향가로 평가됨.
연대 신라 제35대 경덕왕(8세기)
출전 《삼국유사》 권 2

Q 감탄사 '아야'의 역할은?

10구체 향가에서는 대개 9행의 첫머리에 '아아', '아으' 등의 감탄사를 넣어 시상을 집약한다. 이 작품에서도 '아야'라는 감탄사를 통해 시상을 전환한 후, 기파랑의 인품을 예찬하며 마무리하고 있다. 이러한 향가의 감탄사를 시조 종장 첫 부분에 주로 등장하는 영탄구의 연원으로 보아, 향가를 시조 형식의 기원으로 보는 근거로 삼기도 한다.

□: 기파랑의 숭고한 인격을 표현한 시어

咽嗚爾處米
열 오 이 처 미
露曉邪隱月羅理
로 효 사 은 월 라 리
白雲音逐于浮去隱安支下
백 운 음 축 우 부 거 은 안 지 하
沙是八陵隱汀理也中
사 시 팔 릉 은 정 리 야 중
耆郎矣皃史是史藪邪
기 랑 의 모 사 시 사 수 사
逸烏川理叱磧惡希
일 오 천 리 질 적 오 희
郎也持以支如賜烏隱
낭 야 지 이 지 여 사 오 은
心未際叱肹逐內良齊
심 미 제 질 힐 축 내 량 제
阿耶栢史叱枝次高支好
아 야 백 사 질 지 차 고 지 호
雪是毛冬乃乎尸花判也
설 시 모 동 내 호 시 화 판 야

❶ 늣겨곰 ᄇᆞ라매
(더 이상 기파랑을 볼 수 없게 된 것에 대한 화자의 슬픔)
이슬 ᄇᆞᆯ갼 ᄃᆞ라리
(광명과 염원의 대상, 달 = 만인이 우러르고 싶은 대상 상징)
힌 구룸 조초 떠간 언저레

몰이 가ᄅᆞᆫ 믈서리여ᄒᆡ
(물 = 기파랑의 맑고 깨끗한 성품)
❷ 기랑(耆郞)이 즈ᅀᅵ올시 수프리야 ▶ 기파랑의 부재에 대한 안타까움
(수풀을 보고 기파랑의 모습인 줄 착각함.)
일오(逸烏) 나릿 지벽긔
(화자가 현재 위치하고 있는 공간)
낭(郞)이여 디니더시온

ᄆᆞᄉᆞ미 ᄀᆞᅀᆞᆯ 좃ᄂᆞ라져 ▶ 기파랑의 인품을 따르고 싶은 마음
(기파랑의 뜻을 따르겠다는 마음)
ⓐ ❸ 아야 자싯가지 노포 (잣나무 = 기파랑의 지조와 절개)
(낙구의 감탄사(10구체 향가의 특징))
누니 모ᄃᆞᆯ 두폴 곳가리여 ▶ 기파랑의 고고한 절개 예찬
(누니: 시련, 역경)
(눈(흰색) ↔ 잣가지(푸른색): 색채 대비)

– 김완진 해독

현대어 풀이

흐느끼며 바라보매 / 이슬 밝힌 달이 / 흰 구름 따라 떠간 언저리에
모래 가른 물가에 / 기랑의 모습이올시(모습과 같은) 수풀이여.
일오내 자갈 벌에서 / 낭이 지니시던 / 마음의 갓(끝)을 좇고 있노라.
아아, 잣나무 가지가 높아 / 눈이라도 덮지 못할 고깔(화랑의 우두머리)이여.

시어 풀이

늣겨곰 흐느끼며.
ᄇᆞ라매 바라보매.
ᄇᆞᆯ갼 밝힌.
ᄃᆞ라리 달이.
몰이 모래.
믈서리여ᄒᆡ 물가에.
즈ᅀᅵ올시 모습과도 같은.
일오(逸烏) 나릿 냇물의 이름.
지벽긔 자갈 벌에서.
ᄀᆞᇫ 끝을.
곳가리여 고깔(화랑의 우두머리)이여.

시구 풀이

❶ **늣겨곰 ᄇᆞ라매** 시름에 잠겨 있는 화자의 모습이 드러난다. 화자는 신성한 가치가 사라져 가고 세속적인 현실의 논리가 퍼져 나가 기파랑의 고결한 인품을 볼 수 없는 현실을 안타깝게 바라보고, 기파랑을 그리워한다.
❷ **기랑(耆郞)이 즈ᅀᅵ올시 수프리야** '기파랑의 모습이로구나.' 하고 생각했는데 실은 어슴푸레한 저녁 강변의 수풀이었음을 의미한다.
❸ **아야 자싯가지 ~ 두폴 곳가리여** 화자의 추모의 정이 집약된 구절로, 기파랑의 인격을 잣나무에 비유하여 그의 정신적인 숭고함을 찬양하고 있다.

작가 소개

충담사(忠談師, ?~?) 신라 35대 경덕왕 때의 승려. 《삼국유사》의 기록에 의하면, 경주 남산에 있는 미륵 세존에게 차 공양을 하고 돌아오는 길에 왕명을 받들어 즉석에서 〈안민가〉를 지어 바쳤으며, 왕이 찬탄하여 그를 왕사(王師; 왕의 스승)로 봉하였으나 받지 않았다고 한다.

이해와 감상

기파랑을 찬양하는 노래라는 뜻의 제목을 지닌 이 작품은 신라 경덕왕 때에 승려 충담사가 화랑인 기파랑을 찬양하며 지은 10구체 향가로, 《삼국유사》의 〈경덕왕 충담사 표훈대덕(表訓大德)〉 조에 전한다. 이 작품의 화자는 달이 이슬을 밝히고 떠나간 모습을 흐느끼며 바라본다. 또 모래 언덕 깊숙이 냇물이 갈라 들어간 강변에서 기파랑의 모습을 보지만 실은 착각이었고 화자는 다시 '일오내' 자갈 벌에서 기파랑이 지녔던 숭고한 마음의 끝을 찾아 헤맨다. 그리하여 기파랑의 정신은 하늘 높이 솟은 잣나무 가지와 같아서 눈도 덮을 수 없는 모습이라고 찬양한다.

이처럼 이 작품은 기파랑의 인품을 열거하거나 그 모습을 직접 묘사하는 대신 고도의 비유와 상징을 사용하여 세련되게 표현했다. 흰색(눈)과 푸른색(잣나무)의 색채 대비를 통해 기파랑의 인품을 강조했으며, 'ᄃᆞᆯ(달), 믈서리(시냇물), 자싯가지(잣나무 가지)' 등의 비유를 통해 기파랑의 모습과 인격을 형상화했다. 이러한 점에서 이 작품은 당대에는 그 뜻이 매우 고상하다는 평을 얻었고 지금까지도 문학성이 뛰어난 향가로 손꼽힌다.

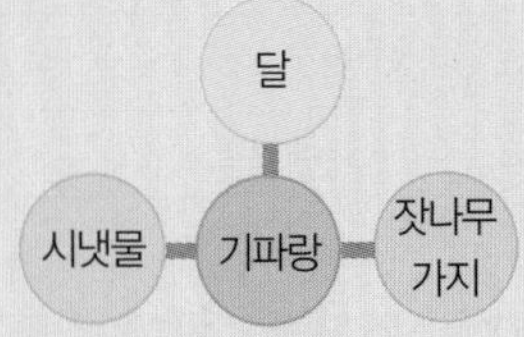

이 작품의 짜임

구분	내용
1구 ~ 5구	기파랑의 부재에 대한 안타까움
6구 ~ 8구	기파랑의 고매한 인품을 따르고 싶은 마음
9구 ~ 10구	기파랑의 고고한 절개 예찬

작품 연구소

기파랑을 나타내는 상징적인 시어

시어	의미	
돌	광명과 염원, 높이 우러러보는 존재인 기파랑의 고결한 모습	기파랑의 인품 예찬
물서리	기파랑의 맑고 깨끗한 성품	
자싯가지	기파랑의 고고한 절개, 드높은 기상	

↕ 대조

눈	시련, 역경, 불의

이 외에 '수플(수풀)'도 기파랑의 고매한 인품을 상징하는 시어로 보기도 한다.

해독에 따른 의미상 차이

열치매	(구름을) 열어 젖히며
나토얀 ᄃᆞ리	나타난 달이
힌 구룸 조초 떠가는 안디하	흰 구름 좇아 (서쪽으로) 떠가는 것 아니냐? / 새파란 냇물에
새파른 나리여히	기파랑의 모습이 있구나.
기랑(耆郞)이 즈ᅀᅵ 이슈라.	이로부터 냇가 조약돌에
일로 나리ㅅ 지벽히	기파랑이 지니시던
랑(郎)이 디니다샤온	마음의 끝을 따르고자.
ᄆᆞᅀᆞᄆᆡ ᄀᆞᄅᆞᆯ 좇누아져	아아, 잣나무 가지 높아
아으 잣ㅅ가지 노파	서리 모를 화랑의 우두머리여.
서리 몯누올 화판(花判)이여.	
- 양주동 해독	

이 작품에 대한 해석은 크게 두 가지로 나뉜다. 김완진 해독에 따르면 이 작품은 화자의 독백 형식으로 이루어져 있다. 1구~5구는 기파랑을 생각하며 그의 부재에 대한 안타까움을, 6구~8구는 기파랑의 고매한 인격을 본받으려는 화자의 의지를, 9구~10구는 기파랑의 인품을 찬양하면서 흠모의 정을 표현했다고 해석한다. 그러나 양주동 해독에 따르면 이 작품은 화자와 달의 문답 형식으로 이루어져 있다고 볼 수 있다. 1구~3구는 화자가 기파랑의 모습을 생각하면서 달에게 묻고, 4구~8구는 화자의 물음에 대한 달의 대답으로 기파랑의 고매한 인품을 찬양하고 있으며, 9구~10구는 화자의 독백으로 기파랑의 높은 절개를 예찬한 것으로 본다. 두 해독에 나타난 차이점을 정리하면 다음과 같다.

	김완진 해독	양주동 해독
구성	5-3-2	3-5-2
어조	화자의 독백	화자와 달의 문답
분위기	애상적, 안타까움	미래 지향적, 진취적
시적 상황	화자는 달(기파랑)을 보지 못함.	화자는 달을 보며 대화함.

함께 읽으면 좋은 작품

〈모죽지랑가〉, 득오 / 화랑을 그리워하는 마음을 담은 작품

〈모죽지랑가〉는 신라 효소왕 때 낭도인 득오가 죽지랑이라는 화랑을 사모하여 지었다는 향가이다. 두 작품 모두 화랑을 기리고 그리워하는 노래라는 점에서 공통점을 지닌다. 그러나 〈찬기파랑가〉는 10구체 향가로 기파랑의 고결한 인품을 예찬하는 것이 중심이지만 〈모죽지랑가〉는 8구체 향가이며 인생무상의 정감이 주를 이룬다는 점에서 차이가 있다. Link 본책 40쪽

키 포인트 체크

화자 화랑인 □□□을 찬양하는 사람
상황 기파랑을 여러 □□□에 비유하여 찬양함.
태도 기파랑의 높은 기상을 □□함.

1 이 작품에 나타난 화자의 태도로 가장 적절한 것은?

① 자신의 신세를 한탄하고 있다.
② 자신의 정치적 포부를 밝히고 있다.
③ 대상의 높은 경지를 예찬하고 있다.
④ 자연 친화적 태도를 드러내고 있다.
⑤ 다가올 미래에 대해 불안해하고 있다.

내신 적중

2 이 작품의 표현상 특징과 가장 거리가 먼 것은?

① 독백체의 어조
② 적절한 비유의 활용
③ 상징성을 지닌 시어 사용
④ 설의적 표현을 통한 의미 강조
⑤ 색채 대비를 통한 이미지 형성

중요 기출

3 이 작품과 〈보기〉를 비교하여 감상한 내용으로 가장 적절한 것은?

보기

풍상(風霜)이 섯거 친 날에 ᄀᆞᆺ 픠온 황국화(黃菊花)를
금분(金盆)에 ᄀᆞ득 담아 옥당(玉堂)에 보ᄂᆡ오니,
도리(桃李)야, 곳이온 양 마라, 님의 뜻을 알괘라.
- 송순

① 이 작품의 '자싯가지-눈'은 〈보기〉의 '황국화-풍상'과 대응된다.
② 이 작품과 〈보기〉는 시간의 변화에 따라 시상이 전개되고 있다.
③ 이 작품과 〈보기〉의 화자는 모두 대상과의 관계 개선을 희망하고 있다.
④ 이 작품과 〈보기〉에서 대상의 부재는 화자에게 갈등의 원인이 되고 있다.
⑤ 이 작품의 '낭'은 그리움의 대상이고, 〈보기〉의 '님'은 원망(怨望)의 대상이다.

4 ⓐ와 〈보기〉의 밑줄 친 '어즈버'의 공통된 기능을 20자 내외의 한 문장으로 서술하시오.

보기

오백 년(五百年) 도읍지(都邑地)를 필마(匹馬)로 도라드니,
산천(山川)은 의구(依舊)ᄒᆞ되 인걸(人傑)은 간 ᄃᆡ 업다.
어즈버, 태평연월(太平烟月)이 ᄭᅮᆷ이런가 ᄒᆞ노라.
- 길재

011 도솔가(兜率歌) | 월명사

키워드 체크 #두 개의 태양 #산화공덕 #주술적 #불교적

언매 지학

핵심 정리

갈래 4구체 향가
성격 주술적, 불교적
제재 산화공덕(散花功德)
주제 산화공덕으로 국가의 괴변을 물리치고자 함.
특징 ① 국태민안(國泰民安; 나라가 태평하고 백성이 편안함.)을 기원하는 뜻에서 부른 노래임.
② 명령법을 사용하여 소망을 제시함.
③ 꽃을 인격화하여 화자의 염원을 알림.
연대 신라 제35대 경덕왕(8세기)
출전 《삼국유사》 권 5

Q '산화'란?

산화는 꽃을 뿌려 부처에게 공양하는 의식이다. 꽃이 피면 부처가 와서 앉는데, 귀신은 향내 맡는 것과 꽃 보는 것을 싫어하므로 꽃을 뿌리는 것은 악귀(惡鬼)를 쫓고 부처를 맞는 의식을 일컫기도 한다. 여기서는 산화가를 부르며 꽃을 뿌리는 제의를 일컫는다.

시어 풀이

산화(散花) 불교 의식에서 꽃을 뿌리며 부처를 모시는 일.
부리워져 부림을 당하여.
미륵좌주(彌勒座主) 미륵보살. 도솔천에 사는 미륵보살이 56억 7천만 년 후에 미륵불로 나타나 중생을 건진다고 함.
나립(羅立) 나란히 벌여 늘어섬.

▲ 돌에 새긴 미륵불의 모습

시구 풀이

❶ **곧은 마음의 명(命)에 부리워져** 산화(散花)의 의식은 곧은 마음이 시키는 것이라는 뜻으로, 마음과 정성을 다해 의식을 치르고 있음을 나타낸 말이다.

작가 소개

월명사(본책 44쪽 참고)

今日此矣散花唱良
금 일 차 의 산 화 창 량
巴寶白乎隱花良汝隱
파 보 백 호 은 화 량 여 은
直等隱心音矣命叱使以惡只
직 등 은 심 음 의 명 질 사 이 악 지
彌勒座主陪立羅良
미 륵 좌 주 배 립 나 량

오늘 ㉠이에 ㉡산화(散花) 불러 (㉠ 두 개의 해가 나타남 / ㉡ 산화가(散花歌; 불교 예식가의 일종)의 준말로 문제 해결을 위한 제의의 의미를 지님.)
솟아나게 한 꽃아 ㉢너는, (인격화(꽃))
㉣❶곧은 마음의 명(命)에 부리워져
㉤미륵좌주(彌勒座主) 뫼셔 나립(羅立)하라. (명령형을 통한 소망 제시)

– 김완진 해독

현대어 풀이

오늘 이에 산화의 노래 불러
뿌리온 꽃아, 너는
곧은 마음의 명에 부리워져
미륵 좌주 뫼셔 벌여 늘어서라.

■ **이 작품의 배경 설화**

신라 경덕왕 19년(760년) 4월 초하루에 해가 둘이 나란히 나타나서 열흘 동안이나 없어지지 않으니 일관(日官; 고대에 왕실에서 천체의 변이를 보고 길흉을 점치는 일을 맡은 관직)이 아뢰었다. "인연 있는 중을 청하여 산화공덕(散花功德)을 지으면 재앙을 물리칠 수 있을 것입니다." 이에 왕이 조원전(朝元殿)에 단을 정결히 모시고 친히 나가 인연 있는 중이 오기를 기다렸다. 이때 월명사가 길을 가고 있었는데 왕이 그를 불러 단을 열고 기도하는 글을 짓게 하였다. 그러자 월명사는 "저는 다만 국선(國仙; 화랑)의 무리에 속해 있기 때문에 겨우 향가만 알 뿐이고 범성(梵聲)에는 서투릅니다."라고 대답하였는데, 왕은 향가라도 좋으니 노래를 짓도록 청하였다. 이에 월명사가 〈도솔가〉를 지어 바치니 곧 해의 변괴가 사라졌다. 왕이 이것을 가상하게 여겨 좋은 차 한 봉과 수정 염주 108개를 하사했다. 그런데 갑자기 외양이 곱고 깨끗한 동자가 공손히 차와 염주를 받들고 대궐 서쪽 작은 문으로 나갔다. 월명사는 그 동자를 궁의 사자로 알고, 왕은 월명사의 종으로 알았으니 자세히 알고 보니 모두 틀린 추측이었다. 왕은 몹시 이상히 여겨 사람을 시켜 동자의 뒤를 쫓으니, 동자는 내원의 탑 속으로 숨고 차와 염주는 남쪽의 벽화 미륵상 앞에 있었다. 월명사의 지극한 덕과 정성이 미륵보살을 감동시킨 것을 알고 왕은 그를 더욱 공경하여 다시 비단 100필을 주어 큰 정성을 표했다.

이해와 감상

이 작품은 하늘에 해가 두 개 나타난 괴이한 사건을 해결하기 위한 의식에서 불린 노래이다. 해가 두 개 나타났다는 것은 국가의 지도자가 두 명이 나타난 것을 상징적으로 표현한 것으로, 현재의 왕권에 도전하는 세력이 출현했음을 암시하는 것이다. 이로 인한 사회적 혼란을 막기 위해 행해진 의식이 산화공덕(散花功德)이고, 그 의식으로 불린 노래가 〈도솔가〉이다.

또한 이 작품에는 미륵 신앙의 모습이 나타난다. 이에 따라 이 작품을 국가적 의식에서 미륵보살의 하강을 기원한 노래로 보기도 하는데, 신라인들은 미래불인 미륵불을 현세에 모심으로써 자신들의 소망을 이루고자 하는, 실제적이고 효용적인 관점에서 미륵 신앙을 받아들였음을 알 수 있다.

아울러 이 작품에는 국가의 안녕을 기원하는 제의에 필수적으로 등장하는 '신을 불러내는 말'이 재래 양식 그대로 쓰이고 있다. 고대 가요 〈구지가〉에서처럼 위협적 언사가 나타나지는 않지만, 그 위협적 모습이 완곡한 표현으로 변하여 명령 형태인 '나립(羅立)하라.'로 남아 있어 고대 제의에서 사용되던 주가(呪歌)의 흔적을 엿볼 수 있다.

이 작품의 짜임

1구~2구	꽃을 뿌림.
3구~4구	꽃을 뿌려 부처를 모심.

작품 연구소

〈도솔가〉의 형식상 특징

형식	4구체 향가
특징	• 향가의 초기 형태 • 민요 형식 계승
의의	〈도솔가〉와 같은 4구체 향가가 2연으로 이어져 8구체 향가로, 8구체 향가에 2구(낙구)가 덧붙어 10구체 향가로 발전함.
〈도솔가〉와 같은 형식의 작품	〈서동요〉, 〈풍요〉, 〈헌화가〉

〈도솔가〉의 주술적(呪術的) 성격

동서양을 막론하고 고대인들은 모든 삼라만상이 보이지 않는 초인적인 힘에 의해 지배되고 운행되는 것으로 믿었고 그 초인적인 힘을 인간의 편으로 유도하고 조작하여 닥쳐올 불행을 예방하고 평안을 유지할 수 있을 것으로 생각했다. 이에 그러한 힘을 인간 편으로 유도하고 조작하기 위한 여러 가지 수단이 등장했는데 이것이 곧 주술이다.

국문학의 초기에 나타난 주술요들은 대체로 주술의 대상을 호명하고 주술의 핵심 내용을 명령형으로 제시한 뒤 그 명령을 이행하지 않았을 경우를 가정하여 위협을 가하는 '호명 → 명령 → 가정 → 위협'의 형태를 보였다. 그러나 시간이 지날수록 그 위협의 형태가 순화되어 〈도솔가〉에서는 '호명과 명령'의 형태만으로 소망을 실현하고자 했고, 〈도솔가〉 이후에 나타난 〈처용가〉에서는 좀 더 완곡한 형태인 '관용적인 모습'으로 주술성을 발휘하고자 했다.

〈상고 시대 주술요에 나타난 화자의 태도〉

작품	주술적 상황	화자의 태도
〈구지가〉	수로왕의 강림(降臨)	요구와 위협
〈해가〉	수로 부인의 귀환(歸還)	요구와 위협
〈도솔가〉	해의 변괴(變怪)를 물리침.	명령
〈처용가〉	역신의 퇴치(退治)	관용

자료실

또 하나의 〈도솔가〉

신라 유리왕 때 지은 작자 미상의 가악으로 〈도솔가〉가 있다. 가사는 전하지 않으나 《삼국사기》 신라 본기와 《삼국유사》에 작품명과 짧은 설명이 전한다. 《삼국사기》에는 "이 해에 민속이 환강하여 〈도솔가〉를 처음 지으니, 이것이 가악의 시초였다."라고 기록되어 있다. '가악'이란 '중세적인 지배 질서를 상징하면서 국가의 통치에 백성이 감복하도록 특별히 만든 공연의 노래'를 뜻한다. 유리왕 때의 〈도솔가〉는 '나라를 편안하게 하자는 주술 또는 기원이 곁들여진, 국가적인 질서를 상징하는 노래'였을 것으로 추정된다.

함께 읽으면 좋은 작품

〈진달래꽃〉, 김소월 / 산화(散花) 모티프가 전승된 작품

우리 민족의 보편적, 전통적 정서라고 할 수 있는 이별의 정한을 민요적 율격과 애절한 어조로 형상화한 작품이다. 〈진달래꽃〉에 나타난 '진달래꽃을 뿌리는 행위'는 떠나가는 임을 축복하기 위한 것으로, 이는 〈도솔가〉에 나타난 '산화' 모티프가 전승된 것으로 볼 수 있다.

Link 〈현대 시〉 52쪽

키 포인트 체크

화자 괴이한 문제를 □□하려는 사람
상황 하늘에 두 개의 □가 나타난 괴이한 사건이 발생함.
태도 □□□□으로 재앙을 물리치려는 소망을 드러냄.

1 이 작품에 대한 설명으로 적절한 것은?

① 노동을 하며 부른 노래이다.
② 불교적 의식을 언급한 구절이 나온다.
③ 상황을 가정하여 소망을 실현하고자 한다.
④ 4구체 향가 중 유일하게 전승되는 작품이다.
⑤ 간결한 형태로 개인적 서정 시가의 맥을 잇고 있다.

내신 적중 高난도

2 이 작품과 〈보기〉의 (가), (나)를 비교하여 향가의 형식적 특징에 대해 나눈 대화로 적절하지 않은 것은?

| 보기 |

(가) 동경 밝은 달에
밤들이 노니다가
들어 자리를 보니
다리가 넷이러라.
둘은 내 것이었고
둘은 누구 것인고.
본디 내 것이다마는
빼앗긴 것을 어찌하리오.
- 처용, 〈처용가〉

(나) 생사 길은
여기 있으매 머뭇거리고,
나는 간다는 말도
못다 이르고 어찌 갑니까.
어느 가을 이른 바람에
이에 저에 떨어질 잎처럼,
한 가지에 나고
가는 곳 모르는구나.
아아, 미타찰에서 만날 나
도 닦아 기다리겠노라.
- 월명사, 〈제망매가〉

① 향가는 행수에 따라 4구체, 8구체, 10구체의 세 가지 형식이 존재하는군.
② (가)와 같은 8구체 향가는 이 작품과 같은 4구체 향가가 형식적으로 발전하여 이루어진 것이겠군.
③ (나)의 아홉 번째 구를 보니 감탄사 '아아'는 시조에서 종장의 첫머리에 나오는 감탄사와 유사하군.
④ (나)와 같은 10구체 향가는 4구체, 8구체 향가의 영향을 받지 않고 민요에서 발전한 독립적인 형태였겠군.
⑤ (나)는 (가)처럼 4구체 향가의 배수가 아닌 것으로 미루어 형식적 정제미를 갖춘 형태가 완성된 것으로 볼 수 있겠군.

3 ㉠~㉤에 대한 설명으로 적절하지 않은 것은?

① ㉠: '두 개의 해가 나타난 상황'을 의미한다.
② ㉡: 문제 상황을 해결하기 위한 제의적 의식을 뜻한다.
③ ㉢: '꽃'을 인격화하여 나타낸 표현이다.
④ ㉣: 화자의 감상이 집약적으로 드러난 서정적 표현이다.
⑤ ㉤: '미륵보살'을 의미하며 현세의 소망을 이루고자 하는 신라인의 미륵 신앙이 반영되어 있다.

4 이 작품에서 주술적 특징이 드러난 시구를 쓰고 그 근거를 서술하시오.

012 처용가(處容歌) | 처용

키워드 체크 #향가의 마지막 작품 #주술적 #역신 #처용의 관용

문학 미래엔
언매 미래엔

핵심 정리

갈래 8구체 향가
성격 주술적, 무가(巫歌)
제재 아내를 범한 역신(질병을 일으키는 신)
주제 아내를 범한 역신을 물러나게 함.
의의 ① 현재 전해지는 신라 향가의 마지막 작품
② 향가 해독의 시금석(試金石; 가치 등을 알아볼 수 있는 기준이나 기회가 되는 사물) 역할을 함.
③ 고려 가요 〈처용가〉의 모태가 됨.
연대 신라 제49대 헌강왕(9세기 후반)
출전 《삼국유사》 권 2 〈처용랑 망해사〉

東京明期月良
동 경 명 기 월 량
夜入伊遊行如可
야 입 이 유 행 여 가
入良沙寢矣見昆
입 량 사 침 의 견 곤
脚烏伊四是良羅
각 오 이 사 시 량 라
二肹隱吾下於叱古
이 힐 은 오 하 어 질 고
二肹隱誰支下焉古
이 힐 은 수 지 하 언 고
本矣吾下是如馬於隱
본 의 오 하 시 여 마 어 은
奪叱良乙何如爲理古
탈 질 량 을 하 여 위 리 고

㉠ᄉᆡᄫᆞᆯ ᄇᆞᆯ기 ᄃᆞ래
(서울 밝은 달에 – 공간적·시간적 배경)
밤 드리 노니다가
❶드러ᅀᅡ 자리 보곤
㉡가ᄅᆞ리 네히어라. ▶ 역신이 침범한 상황
(역신이 아내를 범한 상황을 표현함.)
㉢둘흔 내해엇고
(아내의 다리)
㉣둘흔 뉘해언고.
(역신의 다리)
본ᄃᆡ 내해다마ᄅᆞᆫ
(본래, 원래)
㉤❷아ᅀᅡᄂᆞᆯ 엇디ᄒᆞ릿고. ▶ 화자의 관용
(빼앗긴 것을 어찌하겠는가(영탄적 어조) → 관용, 체념, 달관의 경지)

– 양주동 해독

현대어 풀이

동경 밝은 달에 / 밤들이 노니다가
들어 자리를 보니 / 다리가 넷이러라.
둘은 내 것이었고 / 둘은 누구 것인고.
본디 내 것이다마는 / 빼앗긴 것을 어찌하리오.

Q '가ᄅᆞ리 네히어라.'에 나타난 표현법은?

다리가 넷이라는 것은 두 사람이 있다는 의미이다. 아내와 역신의 동침 장면을 '다리 넷'으로 표현한 것은 신체의 일부분으로 전체인 사람을 나타내는 대유(제유)적 표현 방식이다. 이러한 표현법을 통해 대상을 비속화하는 효과를 거두고 있다.

■ 이 작품의 배경 설화

신라 제49대 헌강왕 때, 대왕이 개운포에 놀러 나갔는데 갑자기 짙은 구름과 안개가 끼어 사방을 분간하기 어려웠다. 왕이 이를 괴이하게 여겨 물으니, 옆에 있던 일관(日官)이 "이는 동해 용왕의 조화이므로 마땅히 용왕을 위하여 좋은 일을 하여 그 마음을 풀어 주셔야 합니다."라고 하였다. 이에 왕이 용왕을 위하여 근처에 절을 세우도록 명하자, 곧 안개가 걷히고 구름이 개었으므로 그곳을 개운포(開雲浦)라 하였다. 동해 용왕이 기뻐하여 아들 일곱을 데리고 나타나 왕에게 사례하고는 아들 하나를 보내어 정사를 보좌하게 하였는데, 이름을 '처용'이라 하였다. 왕은 미녀를 골라 아내로 삼게 하고 급간 벼슬을 주어 머물게 하였다. 어느 날 밤 처용이 밖에 나갔다가 밤늦게 돌아와 보니 아내에게 역신(疫神)이 침범해 있었다. 처용은 그 광경을 보고 노래를 부르고 춤을 추며 물러났다. 그러자 역신이 감복하여 "내가 공의 아내를 흠모하여 지금 잘못을 범하였는데, 오히려 노하지 않으시니 감격하여 아름답게 여기는 바입니다. 이후로는 맹세코 공의 그림만 보아도 그 집에는 들어가지 않겠습니다."라고 하였다. 이후 사람들은 처용의 형상을 문에 붙여서 벽사진경(辟邪進慶; 사악한 귀신을 물리치고 경사를 맞아들임.)의 상징으로 삼았다. 이때 처용이 처음 부른 노래를 '처용가'라 하고 그 춤을 '처용무'라 한다.

시어 풀이

ᄉᆡᄫᆞᆯ 서울(신라의 서라벌, 경주).
ᄇᆞᆯ기 ᄃᆞ래 밝은 달에.
밤 드리 밤이 깊도록.
드러ᅀᅡ (집에) 들어와.
자리 보곤 잠자리를 보니.
가ᄅᆞ리 다리가.
네히어라 네 개로구나.
내해엇고 내 것이고. '해'는 사람을 나타내는 대명사 뒤에 붙어 '것'이라는 의미를 지님.
뉘해언고 누구 것인가.
아ᅀᅡᄂᆞᆯ 빼앗긴 것을.

이해와 감상

《삼국유사》 권 2 〈처용랑 망해사〉에 실려 전하는 8구체 향가로, 현전하는 신라 향가 중 마지막 작품이다. 〈구지가〉에서 〈해가〉로 이어지는 주술 시가의 맥을 계승하고 있으며, 고려 가요 〈처용가〉의 모태가 된 작품이라는 점에서 문학사적 의의가 있다.

역신이 처용의 태도에 감동받아 이후로는 처용의 형상을 그린 것만 보아도 그 문에 들어가지 않겠다고 하였다. 이러한 점에서 이 작품을 축사(逐邪; 귀신이나 요사스러운 기운을 물리쳐 내쫓음.) 및 벽사진경의 노래로 본다.

이 작품은 향가 해독의 시금석 역할을 하기도 했다. 향가 〈처용가〉의 여섯 구절이 고려 가요 〈처용가〉에 그대로 들어가 있는데, 이것이 《악학궤범》에 훈민정음으로 기록되어 있어 향찰 표기의 기본 원리를 찾아낼 수 있었던 것이다.

이 작품의 짜임

구분	내용	주제
1구 ~ 4구	화자가 본 현장의 상황	역신의 침범
5구 ~ 8구	상황에 대한 화자의 입장과 해석	처용의 관용

시구 풀이

❶ **드러ᅀᅡ ~ 네히어라.** 역신이 아내를 범하고 있음을 나타낸 것이다.
❷ **아ᅀᅡᄂᆞᆯ 엇디ᄒᆞ릿고.** 아내가 이미 다른 사람의 여인이 되어 버린 상황에 대한 체념으로 보기도 하며, 자신의 아내까지도 대상에게 바치는 관용적 표현으로 해석하기도 한다.

작가 소개

처용(處容, ?~?) 《삼국유사》의 기록에 의하면 동해 용왕의 일곱 아들 가운데 하나이다. 그러나 이는 그가 동해 용왕을 모시는 무당 가운데 한 사람이었다는 뜻으로 해석되기도 한다.

작품 연구소

처용의 관용적 태도

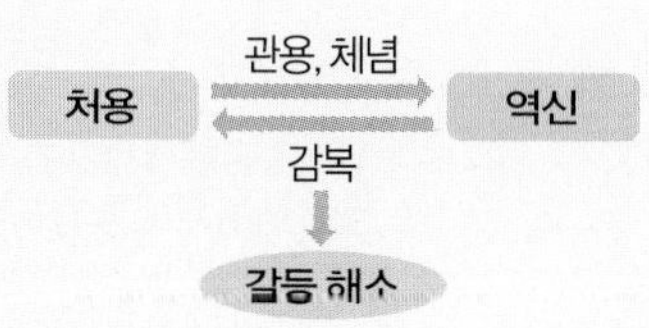

처용의 관용적 태도는 대상에 대한 부정과 공격이 아닌 자기 절제와 초극을 통한 갈등 해결을 가져왔다. 이러한 절제와 초극은 아내와 역신에 대한 처용의 윤리적 우월성을 입증하는 것이며, 설화 내에서 역신이 처용에게 감복한 이유도 이러한 윤리적 우월성에 감화받았기 때문이다.

처용의 정체와 작품의 성격

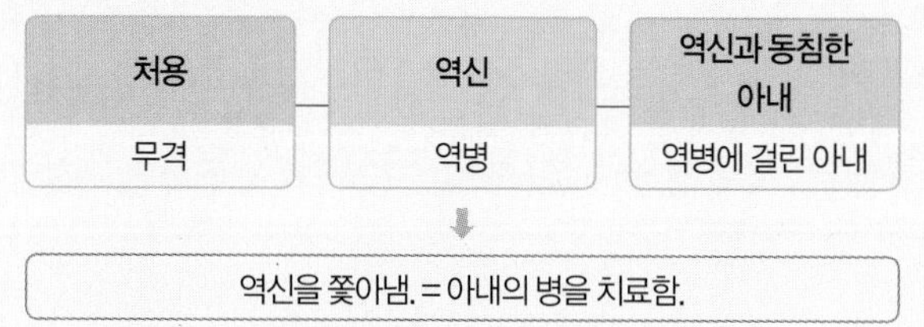

처용의 정체에 대해 무격(巫覡; 여자 무당과 남자 무당(박수)을 아울러 이르는 말), 지방 호족의 아들, 아랍 상인 등 다양한 견해가 있는데 이 중 무격으로 보는 견해가 가장 일반적이다. 그렇게 볼 때 이 작품은 처용의 아내가 병이 들었다가 처용이 그 병을 치료한 것을 비유적으로 표현한 노래로 볼 수 있다. 역신은 역병을 의미하는 것이고, 동해 용왕의 아들인 처용은 동해 용왕을 모시던 무격이었다는 것이다. 역신과 동침한 아내를 보고도 노래를 부르고 춤을 추며 물러났다는 것은 상식의 범주를 벗어난 무격 사회에만 있는 풍습이다. 무가에서는 악신(惡神; 나쁜 귀신)이라도 즐겁게 하여 보내는 것이 통례이기 때문이다. 이 작품을 무가(巫歌)로 보는 것은 바로 이러한 이유에서이다.

자료실

고려 가요 〈처용가〉, 작자 미상

고려 가요 〈처용가〉는 향가 〈처용가〉를 계승한 작품으로, 향가 〈처용가〉와 마찬가지로 처용이 역신을 몰아낸다는 내용이다. 그러나 계승과 동시에 변용도 이루어져 향가 〈처용가〉보다 희곡적 분위기가 강하게 나타나며, 향가 〈처용가〉와는 달리 역신에 대한 분노, 처용의 위엄 있는 모습, 역신의 두려움 등이 자세히 묘사되어 있다.

함께 읽으면 좋은 작품

〈도미 설화〉, 작자 미상 / 아내를 빼앗으려는 자가 등장하는 작품

《삼국사기》에 실려 있는 이야기이다. 백제 사람 도미에게는 예쁜 아내가 있었는데 개루왕이 그녀를 욕심내어 도미를 죄인으로 만들어 눈을 멀게 하고 배에 실어 멀리 보냈다. 그러나 도미의 아내는 왕을 피해 달아났고, 마침내 도미를 만나 고구려에서 함께 일생을 마쳤다. 사악한 세력이 아내를 빼앗는다는 설정은 〈처용가〉와 유사하나 〈도미 설화〉는 도미 아내의 정절과 의지에 초점이 맞추어져 있다는 점이 다르다.

Link 〈고전 산문〉 38쪽

키 포인트 체크

화자 아내를 침범한 ☐☐을 본 처용
상황 역신이 침범한 광경을 보고 ☐☐를 부르고 춤을 추며 물러남.
태도 역신에게 ☐☐을 베풂으로써 갈등을 해소함.

1 이 작품에 대한 설명으로 적절하지 않은 것은?

① 현재 전해지는 신라 향가의 마지막 작품이다.
② 시적 화자 및 시적 대상의 정체가 다양하게 해석된다.
③ 한역되어 전해지다가 고려 가요 〈처용가〉의 모태가 되었다.
④ 축사(逐邪) 또는 벽사진경(辟邪進慶)이 주제라고 할 수 있다.
⑤ 〈구지가〉에서 〈해가〉로 이어지는 주술 시가의 맥을 계승한다.

내신 적중

2 이 작품과 〈보기〉를 비교하여 감상한 내용으로 적절하지 않은 것은?

| 보기 |

신라 서울 밝은 달밤에 새도록 놀다가 / 돌아와 내 자리를 보니 다리가 넷이로구나. / 아아 둘은 내 것이거니와 둘은 누구의 것인가? / 이런 때에 처용 아비 곧 보시면 / 열병신(熱病神) 따위야 횟(膾)감이로다. / 천금(千金)을 줄까? 처용 아비여, / 칠보(七寶)를 줄까? 처용 아비여, / 천금도 칠보도 다 말고 / 열병신을 나에게 잡아다 주소서. / 산이나 들이나 천 리 먼 곳으로 / 처용 아비를 피해 가고 싶다. / 아아, 열병 대신의 소망이로다. - 고려 가요 〈처용가〉

① 이 작품과 〈보기〉 모두 갈등의 원인이 되는 상황이 동일하게 제시되어 있다.
② 이 작품과는 달리 〈보기〉에서는 처용을 두려워하는 역신의 심리가 표현되어 있다.
③ 이 작품과는 달리 〈보기〉에서는 역신을 물리칠 수 있는 위엄 있는 처용의 힘이 강조되어 있다.
④ 이 작품의 시적 화자는 처용 자신이지만, 〈보기〉의 시적 화자는 처용이나 역신이 아닌 제삼자이다.
⑤ 〈보기〉는 역신에 대한 처용의 분노가 드러나지만 역신에게 관용을 베푼 점은 이 작품과 동일하다.

내신 적중 다빈출

3 ㉠~㉤에 대한 설명으로 적절하지 않은 것은?

① ㉠: 작품의 공간적·시간적 배경이 나타나 있다.
② ㉡: 역신이 아내를 범한 상황, 또는 아내가 병이 든 상황을 표현하고 있다.
③ ㉢: 처용의 아내가 자신의 상황을 하소연하고 있다.
④ ㉣: 축사(逐邪) 대상의 정체에 대한 의문을 제기하고 있다.
⑤ ㉤: 자기 절제와 관용을 통한 달관의 경지를 보여 주고 있다.

4 이 작품에서 〈보기〉의 밑줄 친 부분과 같은 표현 방법이 사용된 구절을 찾아 쓰시오.

| 보기 |

지금은 남의 땅 - <u>빼앗긴 들</u>에도 봄은 오는가?

더 읽을 작품

013 원왕생가(願往生歌) | 광덕

키워드 체크 #달 #무량수불 #극락왕생 #기원가

月下伊底亦
월 하 이 저 역
西方念丁去賜里遣
서 방 염 정 거 사 리 견
無量壽佛前乃
무 량 수 불 전 내
惱叱古音多可支白遣賜立
뇌 질 고 음 다 가 지 백 견 사 립
誓音深史隱尊衣希仰支
서 음 심 사 은 존 의 희 앙 지
兩手集刀花乎白良
양 수 집 도 화 호 백 량
願往生願往生
원 왕 생 원 왕 생
慕人有如白遣賜立
모 인 유 여 백 견 사 립
阿邪此身遺也置遣
아 사 차 신 유 야 치 견
四十八大願成遣賜去
사 십 팔 대 원 성 견 사 거

ᄃᆞ래 이뎨
(기원의 대상, 서방 정토(西方淨土)의 사자(使者))
서방(西方)ᄭᆞ장 가샤리고.
(아미타불의 극락정토 / 가셔서, 또는 가시겠습니까?)
무량수불(無量壽佛) 전(前)에
(아미타불을 다르게 이르는 말)
닏곰다가 ᄉᆞᆲ고샤셔. ▶ 달에게 청원함.
(사뢰소서(ᄉᆞᆲ다: 사뢰다))
다딤 기프샨 존(尊)어히 울워러
(다짐 / 부처님께)
두 손 모도호ᄉᆞᆯᄫᅡ
(합장하는 모습 → 아미타불에 대한 경배심, 소망의 간절함 표현)
원왕생(願往生) 원왕생(願往生) → 작품의 주제 의식, 소망을 반복하여 강조
(죽어서 극락세계에 태어나기를 바람.)
그릴 사롬 잇다 ᄉᆞᆲ고샤셔. ▶ 극락왕생을 기원함.
(화자를 가리킴.)
아으 이 몸 기텨 두고
(버려 두고)
사십팔대원(四十八大願) 일고샬까. ▶ 소원을 이루어 줄 것을 강하게 청원함.
(아미타불이 중생을 구제하기 위해 마음먹었던 48가지 큰 소원 / 이루실까(설의법))

– 김완진 해독

현대어 풀이

달님이시여, 이제 / 서방 정토까지 가시렵니까?
가시거든 무량수불 앞에 / 일러 사뢰옵소서.
맹세 깊으신 부처님께 우러러 / 두 손을 모아
왕생을 원하여 왕생을 원하여 / 그리워하는 사람 있다고 사뢰옵소서.
아아, 이 몸 남겨 두고 / 마흔여덟 가지 큰 소원을 이루실까.

■ **이 작품의 배경 설화**

신라 문무왕 때 광덕과 엄장이라는 사람이 있었다. 그들은 누구든지 먼저 극락에 갈 때는 서로 알려 주기로 약속하였다. 어느 날 엄장의 집 밖에서 "나는 벌써 서방으로 가니 그대는 잘 있다가 속히 나를 따라오라." 하는 소리가 들렸다. 엄장이 문을 열고 나가 둘러보니 구름 밖에서 풍악 소리가 나고 빛이 땅에까지 뻗쳤다. 다음 날 광덕이 머물던 곳을 찾아가 보니 그가 과연 죽은 것이었다. 광덕의 장사를 지낸 후 엄장은 광덕의 아내와 함께 살게 되었는데, 엄장이 동침을 청하자 광덕의 아내가 거절하며 "스님이 정토를 구하는 것은 가히 고기를 잡으러 나무에 오르는 격입니다." 하였다. 엄장이 놀라 "광덕도 이미 그러했는데 나라고 해로울 것이 있느냐?" 하고 물으니, 여인이 말하기를 "남편은 동거한 지 십여 년이었지만 일찍이 한자리에 눕지도 않았는데 하물며 추한 일이 있었겠습니까? 다만 밤마다 단정히 하고 반듯이 앉아서 한마음으로 아미타불의 이름만 생각하였습니다."라고 하였다. 이에 엄장은 부끄러워하며 물러나 원효 법사를 찾아가 도를 닦고 서방 정토(西方淨土)로 가게 되었다. 일찍이 광덕에게 〈원왕생가〉라는 노래가 있었다.

■ **이 작품의 짜임**

1구 ~ 4구	달에게 청원함.
5구 ~ 8구	극락왕생을 기원함. – 기원, 청원 내용의 구체화
9구 ~ 10구	소원이 이루어지지 않을 것을 염려함. – 소망에 대한 강한 청원

키 포인트 체크

화자 □에게 청원하는 사람
상황 자신의 소망인 □□□□을 기원함.
태도 소망이 이루어지지 않을까 □□하며 강하게 □□함.

답 달, 극락왕생, 염려, 청원

핵심 정리

갈래 10구체 향가
성격 기원적, 불교적
제재 극락왕생
주제 극락왕생을 간절히 바라는 마음
특징 전형적인 기원가(祇願歌)의 모습을 보여 줌.
연대 신라 제30대 문무왕(7세기)
출전 《삼국유사》 권 5

이해와 감상

이 작품은 자신의 소망을 초월적 대상에게 기도하는 전형적인 기원가(祈願歌)이자, 종교적인 색채가 두드러지는 10구체 향가로 《삼국유사》에 실려 전한다.
이 작품에는 화자, 달, 무량수불이 등장하는데, 일차적·표면적 청자는 달이지만 궁극적으로 화자가 자신의 뜻을 전하고자 하는 본질적인 청자는 무량수불이라 할 수 있다. 1구~4구에서는 달에게 자신의 소원을 서방 세계의 무량수불에게 전해 주기를 부탁하고, 5구~8구에서는 경건하고 간절한 자세로 자신의 소망이 바로 극락왕생임을 표현하고 있다. 마지막으로 9구~10구에서는 자신의 소망이 실현되지 않을 것을 염려하여, 무량수불이 소원을 이루기 위해서는 자신의 소망을 들어주어야 한다는 점을 제시하며 소망 성취에 대해 강하게 청원하고 있다.

작품 연구소

시상 전개 과정과 청원의 성격

이 작품은 부처님이 자신의 소망을 외면하지 못하도록 협박 아닌 협박을 하고 있다. 5구에서는 부처님을 '다짐 깊으신' 존재로 규정하여 약속을 지키지 않으실 분이 아님을 강조했고, 9구~10구에서는 자신을 버려 두고는 부처님의 소원을 이루지 못할 것이라고 말해 자신의 소망을 반드시 이뤄 주어야 할 것임을 강하게 청하고 있다.

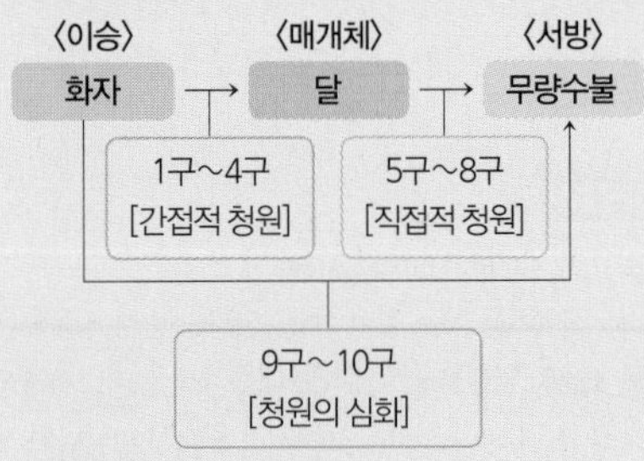

작품에 나타난 불교 용어

서방(西方)	불교에서 서쪽으로 10만 억 국토를 지나서 있다고 하는 아미타불의 극락정토(極樂淨土)
무량수불(無量壽佛)	서방 정토에 있다는 아미타불을 다르게 이르는 말. 수명이 끝이 없다 하여 이렇게 이르며 극락으로 모든 중생을 인도한다는 부처
사십팔대원(四十八大願)	아미타불이 법장 비구라 불렸던 옛적에 일체의 중생을 구제하기 위해 마음먹었던 48가지 큰 소원

014 안민가(安民歌) | 충담사

키워드 체크 #유일한 유교적 향가 #비유법 #교훈적

君隱父也
군 은 부 야
臣隱愛賜尸母史也
신 은 애 사 시 모 사 야
民焉狂尸恨阿孩古爲賜尸知
민 언 광 시 한 아 해 고 위 사 시 지
民是愛尸知古如
민 시 애 시 지 고 여
窟理叱大肹生以支所音物生
굴 리 질 대 힐 생 이 지 소 음 물 생
此肹喰惡支治良羅
차 힐 식 악 지 치 량 라
此地肹捨遣只於冬是去於丁爲尸知
차 지 힐 사 견 지 어 동 시 거 어 정 위 시 지
國惡支持以支知古如
국 악 지 지 이 지 지 고 여
後句君如臣多支民隱如爲內尸等焉
후 구 군 여 신 다 지 민 은 여 위 내 시 등 언
國惡太平恨音叱如
국 악 태 평 한 음 질 여

군(君)은 어비여,
신(臣)은 ᄃᆞᄉᆞ샬 어ᄉᆡ여, (사랑하실 어머니이며)
민(民)ᄋᆞᆫ 얼ᄒᆞᆫ 아ᄒᆡ고 ᄒᆞ샬디 (어린, 어리석은 / 하신다면(가정법))
민(民)이 ᄃᆞᄉᆞᆯ 알고다. (사랑을)
— 임금, 신하, 백성을 가족 관계에 비유함. (은유법) ▶ 군, 신, 민의 관계

구믈ㅅ다히 살손 물생(物生) (구물거리며 사는 백성 – 현실에 순응하며 살아가는 백성)
이흘 머기 다ᄉᆞ라 (백성을)
이 ᄯᅡ흘 ᄇᆞ리곡 어듸 갈뎌 ᄒᆞᆯ디 (백성의 말 – 현실에 만족함. / 한다면(가정법))
나라악 디니디 알고다. ▶ 백성을 다스리는 방법

아으, 군(君)다이 신(臣)다이 민(民)다이 (국태민안의 방도 – 각자 본분에 충실한 자세)
ᄒᆞᄂᆞᆯ ᄃᆞᆫ / 나라악 태평(太平)ᄒᆞ니잇다. (할지면(가정법) / 궁극적 지향점) ▶ 군, 신, 민의 본분에 충실해야 함.

– 양주동 해독

현대어 풀이

임금은 아버지며, / 신하는 사랑하실 어머니며,
백성은 어린아이라고 한다면, / 백성이 사랑받음을 알 것입니다.
구물거리며 살아가는 백성들 / 이들을 먹여 다스리어
이 땅을 버리고 어디로 갈 것인가 한다면 / 나라 안이 유지될 것을 알 것입니다.
아아, 임금답게 신하답게 백성답게 한다면 / 나라 안이 태평할 것입니다.

■ 이 작품의 배경 설화

경덕왕 24년(765) 3월 3일, 왕이 귀정문 누각에 올라 좌우에 있는 사람에게 이르기를 "누가 길에 나서서 훌륭하게 차린 중 하나를 데려올 수 있겠느냐?"라고 하였다. 마침 한 중이 점잖고 깨끗하게 차리고 천천히 지나가니, 좌우에 있던 사람이 이를 데려왔다. 왕이 말하기를, "내가 훌륭하게 차렸다고 말한 것은 이런 것이 아니다."라며 돌려보냈다. 또 한 중이 옷을 기워 입고 앵초풀로 만든 물건을 담는 통을 들고 남쪽에서 오고 있었다. 왕이 기뻐하며 문루(門樓) 위로 맞아들였다. [중략] 왕이 말하기를, "내 일찍이 듣건대 대사의 기파랑을 찬양한 사뇌가(詞腦歌)는 그 뜻이 매우 높다고 하는데 과연 그런가?" 하니, "네, 그렇습니다." 하였다. 왕이 또 말하기를 "그러면 나를 위해 백성을 편안히 살도록 다스리는 노래(안민(安民)의 노래)를 지으라."고 하였다. 충담이 당장 노래를 지어 바치니, 왕이 칭찬하고 왕사(王師)에 봉하였으나, 충담은 굳이 사양해서 받지 않았다.

■ 이 작품의 짜임

1구~4구	군, 신, 민의 관계 – 가족 관계에 빗댐.
5구~8구	백성을 다스리는 방법
9구~10구	군, 신, 민의 본분에 충실해야 함.

키 포인트 체크

화자 □□를 다스리는 올바른 방법을 노래하는 사람
상황 여러 가지 상황으로 나라가 □□□을 겪고 있음.
태도 □□□ 표현을 통해 나라를 다스리는 올바른 방법을 전달함.

답 나라, 어려움, 비유적

핵심 정리

갈래 10구체 향가
성격 유교적, 교훈적
제재 왕과 신하와 백성의 본분
주제 나라를 다스리는 올바른 방책, 치국안민(治國安民)의 도와 국태민안(國泰民安)의 이상
의의 향가 중 유교적 이념을 노래한 유일한 작품
연대 신라 제35대 경덕왕(8세기)
출전 《삼국유사》 권 2

이해와 감상

신라 경덕왕 때 왕의 명을 받아 충담사가 지은 작품으로, 현전하는 향가 중 유일하게 유교적 이념을 담고 있다는 점에서 의의가 있다. 《삼국유사》의 기록을 보면, 신라 경덕왕 때는 가뭄, 지진 등의 천재지변과 외척 중심의 정국 운영 등으로 국가적 어려움이 컸다고 한다. 이러한 상황에서 민심을 수습하고 위기에서 벗어나기 위해 경덕왕이 충담사에게 〈안민가〉를 짓도록 한 것이다. 이러한 점에서 이 작품은 예술성보다는 목적성과 교훈성이 강한 노래라고 할 수 있다.

1구~4구에서는 임금, 신하, 백성의 관계를 아버지, 어머니, 자식의 관계에 빗대어, 자식을 보살피듯 백성을 돌봐야 함을 강조하고 있다. 5구~8구에서는 민본주의에 입각하여 백성의 기본적인 어려움을 해결해 줄 때 나라가 잘 유지될 것이라고 했다. 9구~10구에서는 나라가 태평하기 위해서는 임금, 신하, 백성이 각각 맡은 바 본분을 다해야 한다는 점을 제시하고 있다.

작품 연구소

비유적 관계를 통한 설득력 확보

이 작품에서는 국가적 관계를 가족 관계에 빗대어 임금과 아버지, 신하와 어머니, 백성과 자식이 각각 은유적 관계를 형성하고 있다.

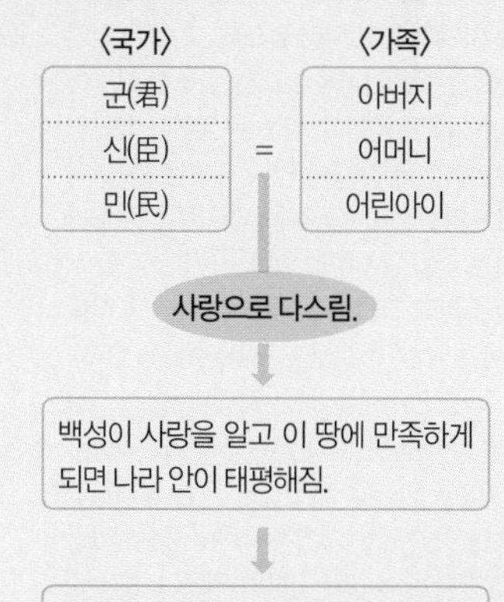

015 여수장우중문시(與隨將于仲文詩) | 을지문덕

키워드 체크 #가장 오래된 한시 #살수 대첩 #을지문덕의 전략 #항복 종용 #전술적 성격 #반어적

문학 신사고

핵심 정리

갈래 한시, 5언 고시
성격 풍자적, 반어적
제재 우중문
주제 적장 우중문에 대한 야유와 조롱
특징 반어법, 억양법, 대구법을 사용함.
의의 현전하는 우리나라 최고(最古)의 한시
연대 고구려 제26대 영양왕(7세기)
출전 《삼국사기》

神策究天文 (신 책 구 천 문)
妙算窮地[理] (묘 산 궁 지 리)
戰勝功旣[高] (전 승 공 기 고)
知足願云[止] (지 족 원 운 지)

1, 2구의 대구법

신책	구	천문
묘산	궁	지리

❶신기한 책략은 하늘의 이치에 통달했고
오묘한 계략은 땅의 이치를 꿰뚫었네. (대구)
❷싸움에 이기어 공이 이미 높으니 (이제 더 이상 이기지 못한다는 의미(조롱, 경고))
㉠❸만족함을 알고 그만두기를 바라노라. (적장에 대한 위협 – 주제문)

□: 압운(운율을 형성하는 글자) – 한시에서는 일정한 곳에 같은 운(韻)의 글자를 사용하여 운율을 형성하는데 이를 압운(押韻)이라고 한다. 운(韻)은 동일 계통의 음으로 중성과 종성으로 구성된다.

한자 풀이

神(신): 귀신, 불가사의한 것	策(책): 꾀	究(구): 궁구하다, 끝	天(천): 하늘
文(문): 글월, 무늬	妙(묘): 묘하다	算(산): 세다	窮(궁): 다하다
地(지): 땅	理(리): 이치	戰(전): 싸우다	勝(승): 이기다
功(공): 공, 일	旣(기): 이미	高(고): 높다	知(지): 알다
足(족): 족하다	願(원): 바라다	云(운): 이르다	止(지): 그치다

시어 풀이

神策(신책) 신기하고 기묘한 책략.
究天文(구천문) 하늘의 운수를 꿰뚫어 앎. 천문을 궁구함.
妙算(묘산) 오묘한 헤아림과 꾀.
功旣高(공기고) 공적이 이미 높음.
願云止(원운지) 그만두자고 하기를 바람.

시구 풀이

❶ **신기한 책략은 ~ 이치를 꿰뚫었네.** 1구와 2구가 서로 대구를 이루고 있다. 겉으로는 적장이 천문과 지리에 능통한 훌륭한 장수라고 칭찬하고 있는 듯하지만, 실은 그 정도의 계책은 간파하고 있다는 자신감의 표현이자 상대를 조롱하는 반어적 표현이다.

❷ **싸움에 이기어 공이 이미 높으니** 싸움에 이겨 공이 높다는 점을 높여 주고 있는 듯하지만 이 또한 상대를 조롱하고 있는 구절이다. '旣[이미]'라는 말을 통해 그동안의 패배는 유도 작전이었으며, 더 이상의 공을 세우는 것은 불가능하다는 것을 암시하고 있다.

❸ **만족함을 알고 그만두기를 바라노라.** 이 작품의 주제가 담긴 구절이다. 노자(老子)의 《도덕경》에 있는 '만족함을 알면 욕되지 않고, 그칠 줄 알면 위태롭지 않다[知足不辱知止不殆].'라는 구절을 인용했다. 전쟁을 그만 끝내자고 권유하는 듯하지만, 그만두지 않을 경우 가만두지 않겠다는 경고와 위협의 의도가 숨어 있다.

작가 소개

을지문덕(乙支文德, ?~?) 고구려의 명장. 지략과 무용, 시문에 뛰어났다. 고구려 영양왕 23년(612년), 수나라군이 고구려를 침범하자 적진에 가 형세를 정탐하였으며, 후퇴 작전을 이용하여 적군을 지치게 만들고 거짓 항복을 한 뒤 후퇴하는 수나라군을 살수에서 공격하여 물리쳤다.

■ **이 작품의 배경 설화**

영양왕 23년(612)에 수나라는 30만의 군사로 고구려의 평양성을 공격하였다. 이에 을지문덕은 압록강에서 대치하고 있다가, 거짓으로 항복하여 적군의 허실을 정탐한 뒤 적진에서 탈출하였다. 적군이 추격하자, 을지문덕은 하루에 일곱 번 싸워 일곱 번 패하는 유도 작전으로 적의 군사력을 소모시키면서 적을 평양성 30리 밖까지 유인하였다. 이때 수나라 장수 우중문에게 조롱하는 내용을 담은 5언 고시를 보내니, 우중문은 그제서야 속은 것을 깨닫고 때마침 군사들이 피로하고 굶주려 싸울 기력을 잃었으므로 회군하였다. 을지문덕은 이를 추격하여 살수에서 대승을 거두니 이를 '살수 대첩'이라 한다.

이해와 감상

이 작품은 고구려의 장수 을지문덕이 612년 살수 대첩 때 지은 5언 고시로 《삼국사기》에 수록되어 전한다. 지금까지 전해 오는 우리 문학 작품 가운데 지은 시기와 작품의 본모습을 정확하게 알 수 있는 가장 오래된 작품이라는 점에서 문학사적 의의를 지닌다. 그뿐만 아니라 민족이 웅비했던 역사와 함께 당시 고구려인의 자주적 기상을 기개에 찬 표현으로 보여 주는 작품이라는 점에서 가치가 있다.

이 작품의 내용은 전쟁의 긴박한 상황에서 적장에게 항복을 종용하는 전술적 성격을 띠고 있다. 표면적으로는 을지문덕이 패배를 스스로 인정하고 우중문의 지혜와 계책을 칭찬하고 있지만, 그 이면에는 상대방을 조롱하는 내용이 포함되어 있다. 지치고 굶주린 병사들을 이끌고 평양성을 공격할 수도 없고 후퇴할 명분도 없는 상황에 처한 우중문에게 이 시를 보냄으로써 상대의 심리적 평정심을 잃게 하려는 것이 을지문덕의 전략이었던 것이다. 이처럼 이 작품에는 30만 대군을 무찌른 을지문덕의 기개와 자신감이 드러나 있으며, 이를 통해 당시 고구려인의 씩씩한 기상을 엿볼 수 있다.

적장의 책략과 계획에 대한 칭송 → 반어법 억양법 → 퇴각할 것을 요구

이 작품의 짜임

기(1구)	적장의 신기한 계책 예찬
승(2구)	적장의 기묘한 헤아림 예찬
전(3구)	적장의 전승 예찬
결(4구)	항복 권유, 경고

작품 연구소

짧은 내용에 담긴 무인의 기개

이 작품은 5언 4구의 고시(古詩)로서, 짧지만 많은 의미를 내포하고 있다. 1구와 2구는 대구를 이루며, 적장의 책략을 과장되게 칭찬하고 있다. 그러나 사실은 그 책략이 을지문덕의 의도에 의한 것임을 내세워 적장을 조롱하고 있다. 3구에서는 상대방의 책략이 '이미' 높다는 표현을 쓰고 있는데, 바꾸어 말하면 적장은 더 이상 공을 세우기 어려울 것이라는 경고가 된다. 이러한 경고는 4구에서 위협으로 변한다. 이 경고를 듣고도 싸움을 그치지 않으면 가만두지 않겠다는 위협이 점잖은 권유형의 말투 속에 숨어 있는 것이다.

	표면적 의미	내면적 의도
기(1구) 승(2구)	신책(神策), 묘산(妙算) 찬양	그 정도의 계책은 간파하고 있다는 조롱
전(3구)	전쟁에서 승리한 공을 찬양	더 이상의 공을 세우지 못할 것이라는 경고
결(4구)	전쟁을 그만두자는 권유	항복하지 않으면 가만두지 않겠다는 위협

반어법과 억양법의 사용

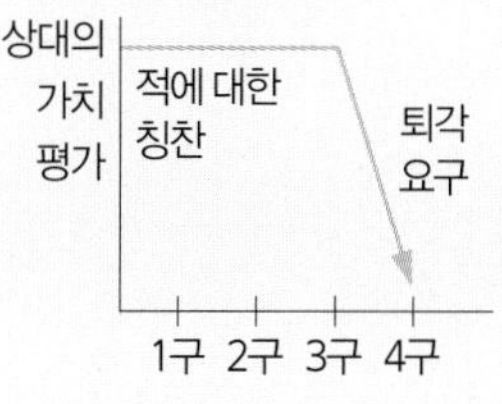

억양법이란 강조법의 하나로서, 처음에는 올렸다가 뒤에서 내리거나, 먼저 낮추었다가 나중에 올리는 수사법이다. 두 사실을 명백하게 대조해서 말하고자 하는 내용을 더욱 강조하는 효과가 있다.

마지막 4구에서 그만 항복하라고 권한 것은 앞부분의 내용이 모두 반어적 표현이며 상대에 대한 조롱이라는 것을 드러낸다. 이처럼 이 작품에서는 먼저 상대를 추켜세웠다가(반어법) 뒤에서 깎아내리는(억양법) 반전을 통해 실제 전달하고자 하는 내용, 즉 항복하라는 위협의 말을 강조한다.

자료실

〈여수장우중문시〉에 대한 평가

- 이규보의 《백운소설》
  "글 지은 법이 기이하고 고고하며, 화려하게 아로새기거나 꾸미는 버릇이 없으니, 어찌 후세의 졸렬한 문체로서 미칠 수 있겠는가."
- 서거정의 《필원잡기》
  "일찍이 신라에서 당나라에 바친 비단에 수놓은 오언 고시와 을지문덕이 우중문에게 준 오언 사구는 다 절묘한 경지에 이르렀다. 당시에 글이 능한 선비가 적지 않았으나 지금 만 분의 일도 전하는 것이 없으니 애석하도다."

함께 읽으면 좋은 작품

〈선상탄〉, 박인로 / 적의 항복을 권하는 무인의 기백이 담긴 작품

임진왜란의 비애를 딛고 태평성대를 염원하는 내용의 조선 후기 가사이다. 〈선상탄〉의 작가인 박인로 역시 무인으로, 〈여수장우중문시〉와 마찬가지로 무인의 당당한 기백과 자신감을 표현하고 있다. 특히 〈선상탄〉의 '준피 도이(蠢彼島夷)들아 수이 걸항(乞降)ᄒᆞ야ᄉᆞ라.'라는 구절은 적에게 항복을 종용하고 있다는 점에서 두 작품의 내용상 공통점을 찾아볼 수 있다.

Link 본책 242쪽

키 포인트 체크

- 화자: 전략적으로 적장에게 한시를 보낸 □□□□
- 상황: 전쟁 중에 적장에게 □□을 종용하는 한시를 지어 보냄.
- 태도: 표면적으로는 적장을 칭찬하지만, 이면적으로는 □□함.

1 이 작품에 대한 설명으로 적절하지 않은 것은?

① 대구법을 사용하여 리듬감을 살리고 있다.
② 전쟁이라는 구체적 상황을 바탕으로 하고 있다.
③ 모순되어 보이나 진리가 함축된 표현을 사용하고 있다.
④ 청자에게 말을 건네는 대화체의 방식을 사용하고 있다.
⑤ 상대방의 심리를 이용한 고도의 전술적 성격을 띠고 있다.

2 이 작품의 시상 전개 방식을 이해한 내용으로 적절하지 않은 것은?

① 1구~3구에서는 상대방을 치켜세우고 있군.
② 마지막 4구에서는 상대방을 깎아내리고 있군.
③ 1구~3구는 결국 반어적으로 상대방을 예찬한 것이군.
④ 상대방을 처음에는 올렸다가 뒤에는 내리는 억양법을 사용하고 있군.
⑤ 상대방의 능력에 대한 칭찬과 경고를 명백하게 대조하여 항복하라는 위협을 강조하고 있군.

3 다음 중 대상을 대하는 태도가 이 작품과 가장 유사한 것은?

① 놉프락 나즈락ᄒᆞ며 멀기와 갓갑기와 / 모지락 둥그락ᄒᆞ며 길기와 져르기와 / 평생을 이리 ᄒᆞ엿시니 무삼 근심 잇시리.
② 대쵸 볼 불근 골에 밤은 어이 ᄠᅳ드르며, / 벼 뷘 그르헤 게ᄂᆞᆫ 어이 ᄂᆞ리ᄂᆞᆫ고. / 술 닉쟈 체 쟝ᄉᆞ 도라가니 아니 먹고 어이리.
③ 재 우희 우뚝 션 소나모 ᄇᆞ람 불 적마다 흔들흔들 / 개올에 셧는 버들 므스 일 조ᄎᆞ셔 흔들흔들 / 님그려 우는 눈물은 올커니와 입ᄒᆞ고 코ᄂᆞᆫ 어이 므스 일 조차셔 후루룩 빗죽ᄒᆞᄂᆞ니.
④ ᄇᆞ람도 쉬여 넘ᄂᆞᆫ 고기, 구름이라도 쉬여 넘ᄂᆞᆫ 고기 / 산진(山眞)이 수진(水眞)이 해동청(海東靑) 보ᄅᆞ미도 다 쉬여 넘ᄂᆞᆫ 고봉(高峰) 장성령(長城嶺) 고기, / 그 너머 님이 왓다 ᄒᆞ면 나ᄂᆞᆫ 아니 ᄒᆞᆫ 번도 쉬여 넘어 가리라.
⑤ 댁(宅)들에 동난지이 사오. 저 장사야 네 황화 그 무엇이라 웨는다 사자. / 외골내육(外骨內肉) 양목(兩目)이 상천(上天) 전행(前行) 후행(後行) 소(小)아리 팔족(八足) 대(大)아리 이족(二足) 청장(淸醬) 아스슥하는 동난지이 사오. / 장사야 하 거북이 웨지 말고 게젓이라 하렴은.

4 이 작품의 ㉠과 의미가 통하는 구절을 〈보기〉에서 찾고, 이 작품과 〈보기〉의 공통점을 쓰시오.

보기

준피 도이(蠢彼島夷)*들아 수이 걸항(乞降)ᄒᆞ야ᄉᆞ라. 항자불살(降者不殺)*이니 너를 구틔 섬멸(殲滅)ᄒᆞ랴.

– 박인로, 〈선상탄〉

* **준피 도이(蠢彼島夷)** 꾸물거리는 섬나라 오랑캐. 왜적.
* **항자불살(降者不殺)** 항복하는 자는 죽이지 않음.

016 야청도의성(夜聽擣衣聲) | 양태사

키워드 체크 #객수 #다듬이 소리 #고국 #그리움 #애상적

핵심 정리

갈래 한시, 7언 배율
성격 애상적
제재 다듬이 소리
주제 고국을 그리워하는 나그네의 마음
의의 발해 시인의 작품 중 가장 장편이며, 감정이 풍부하게 드러난 작품
연대 발해 제3대 문왕(8세기)
출전 《경국집》

시어 풀이

霜天(상천) 서리 내린 하늘, 즉 가을 하늘을 의미하며, 작품의 계절적 배경이 제시된 표현.
擣衣聲(도의성) 다듬이 소리. 이 작품의 중심 소재이자 고향에 대한 그리움을 심화하는 소재로, 청각적 이미지를 지님.

시구 풀이

❶ **가을 하늘에 ~ 심정이 간절해지네.** 가을 밤 밝은 달과 은하수는 시적 화자에게 쓸쓸함을 느끼게 하여 고향 생각을 하게 하는 배경으로 작용하고 있다.
❷ **홀연 들리는 이웃집 ~ 소리 서로 비슷하네.** 고향 생각을 하는 중에 갑자기 들리는 다듬이 소리는 고향에 대한 화자의 그리움을 더욱 증폭시킨다. 화자가 현재 있는 일본에는 다듬이질하는 풍습이 없으므로 다듬이 소리가 들린다는 것은 이웃 어딘가에 우리 민족이 있다는 것이다. 화자는 이에 위안을 받는 동시에 그리움을 느끼게 된다.
❸ **그대 든 방망이는 ~ 시름 잊자 함인가** 다듬이 소리를 들으며 다듬이질하는 여인의 모습과 마음을 상상해 보는 구절이다. 현재 화자가 이국땅에서 쓸쓸해하고 있는 것처럼, 다듬이질하는 여인도 고향을 떠나 홀로 외로워하고 있을 것이라며 자신의 마음과 여인의 마음을 동일시하고 있다.
❹ **그대 모습 그려 ~ 끝없이 깊어 가네.** 화자는 다듬이질하는 여인에 대해 상상해 보지만, 그 여인이 어떤 상황인지 정확하게 알 길도 없고, 알더라도 위로해 줄 방법이 없어 상심하고 있다.
❺ **먼 이국땅 ~ 긴 탄식만 하네.** 먼 이국땅 낯선 고장이라는 화자가 있는 공간을 제시하고 있다. 다듬이질하는 여인을 생각하느라 탄식한다는 것은 고향 생각으로 인해 한숨이 나온다는 것을 의미한다.
❻ **꿈속에서라도 저 소리 ~ 잠도 이루지 못한다네.** 시름을 잊고 꿈속에서라도 여인을 만나 서로를 위로하고, 고국으로 돌아가고 싶지만 잠들지 못하는 화자의 괴로운 마음을 표현하고 있다.

작가 소개

양태사(楊泰師, ?~?) 8세기 중엽 발해 3대 문왕 때의 사람이다. 외교에 능하여 일본 사신으로 활동하였다. 일본에 건너가 여러 편의 시를 남기기도 하였다.

霜天月照夜河明
상 천 월 조 야 하 명
客子思歸別有情
객 자 사 귀 별 유 정
厭坐長宵愁欲死
염 좌 장 소 수 욕 사
忽聞隣女擣衣聲
홀 문 린 여 도 의 성
聲來斷續因風至
성 래 단 속 인 풍 지
夜久星低無暫止
야 구 성 저 무 잠 지
自從別國不相聞
자 종 별 국 불 상 문
今在他鄕聽相似
금 재 타 향 청 상 사
不知綵杵重將輕
부 지 채 저 중 장 경
不悉靑砧平不平
불 실 청 침 평 불 평
遙憐體弱多香汗
요 련 체 약 다 향 오
預識更深勞玉腕
예 식 경 심 노 옥 완
爲當欲救客衣單
위 당 욕 구 객 의 단
爲復先愁閨閣寒
위 복 선 수 규 각 한
雖忘容儀難可問
수 망 용 의 난 가 문
不知遙意怨無端
부 지 요 의 원 무 단
寄異土兮無新識
기 이 토 분 무 신 식
想同心兮長嘆息
상 동 심 혜 장 탄 식
此時獨自閨中聞
차 시 독 자 규 중 문
此夜誰知明眸縮
차 야 수 지 명 모 출
憶憶兮心已懸
억 억 혜 심 이 현
重聞兮不可穿
중 문 혜 불 가 천
卽將因夢尋聲去
즉 장 인 몽 심 성 거
只爲愁多不得眠
지 위 수 다 불 득 안

❶「가을 하늘에 달 비치고 은하수 환하니」
(화자 자신을 '나그네'로 표현함. / 「 」: 시각적 심상)
나그네는 돌아가고픈 심정이 간절해지네.
(작품 전체의 핵심적인 정서 – 객수(客愁), 향수(鄕愁))
긴긴 밤 근심에 겨워 오래 앉았노라니
(이유: 고향에 대한 그리움)
❷홀연 들리는 이웃집 여인의 다듬이 소리
(중심 소재 – 고향에 대한 그리움을 심화하는 매개체, 청각적 심상)
바람에 실려 오는 소리 끊어질 듯 이어지며
(다듬이 소리를 전해 주는 매개체)
밤 깊고 별이 낮도록 잠시도 멈추지 않네.
(시간의 경과를 드러냄.)
고국을 떠나온 뒤로는 듣지를 못하였건만
(일본에는 다듬이질을 하는 풍습이 없기 때문에)
지금 타향에서 들으니 소리 서로 비슷하네.
(고국에서 들었던 다듬이 소리를 떠올림. – 그리움)
❸그대 든 방망이는 무거운가 가벼운가
푸른 다듬잇돌 고른가 거칠은가
약한 체질 온통 구슬 땀에 젖으리
(촉각적 심상)
옥 같은 두 팔도 힘이 부쳐 지쳤으리
(다듬이질하고 있는 여인의 모습을 상상함.)
홑옷으로 떠난 나그네 구하자 함인가
(여인의 남편도 자신처럼 집을 떠난 나그네일 것이라고 추측함.)
규방에 외로이 있는 시름 잊자 함인가
(여인의 마음을 추측해 봄.)
(자신처럼 여인도 외로울 것이라고 생각함.(동일시))
❹그대 모습 그려 보나 물어볼 도리 없고
부질없는 먼 원망만 끝없이 깊어 가네.
(이국땅에서 쓸쓸히 살아가는 자신의 상황에 대한 심정)
❺먼 이국땅 낯선 고장에서
(시적 화자가 있는 공간)
그대 생각 하노라 긴 탄식만 하네.
(표면: 다듬이질하는 여인에 대한 생각, 이면: 고국에 대한 그리움)
이런 때 들려오는 규방의 다듬이 소리
그 누가 알랴, 시름 깊은 저 설움을
(여인이 품고 있을 설움, 곧 화자의 설움을 뜻함.)
그리운 생각에 마음 높이 달렸건만
(다듬이질하는 여인이 같은 민족일 것이라는 생각에 친근감을 느끼고 그리워함. – 고국에 대한 그리움)
듣고 또 들어도 뚫어 알 길이 없네.
❻꿈속에라도 저 소리 찾아보려 하지만
나그네 수심 많아 잠도 이루지 못한다네.

이해와 감상

'밤에 다듬이 소리를 듣다'라는 제목의 이 작품은 양태사가 일본에 사신으로 가 머물 때 지은 7언 고시의 24행 장편 시가로 기록이 부실하여 뒷부분은 표기가 혼란스럽게 되어 있다. 낯선 이국땅에 있는 쓸쓸한 나그네가 고향을 그리워하는 애절한 감정을 표현하여 감동을 자아내는 작품이다. 특히 '다듬이 소리'라는 청각적 심상이 주제로 승화되는 고도의 표현 기법이 돋보인다.

▲ 다듬이

이 작품의 짜임

구분	내용
1행~2행	가을밤 나그네의 쓸쓸함
3행~8행	다듬이 소리를 듣고 고국을 생각함.
9행~16행	다듬이질하는 여인의 모습과 심정을 상상함.
17행~24행	다듬이 소리를 듣고 수심에 잠기는 나그네

작품 연구소

시상 전개 과정

화자인 나그네는 홀로 가을밤을 지새우다가 어디선가 들려오는 다듬이 소리를 듣게 된다. 다듬이질은 일본에는 없는 풍습이므로, 다듬이 소리의 주인공은 발해 사람은 아닐지라도 동족 이주민일 것이다. 이에 화자는 다듬이 소리를 듣고 친근감과 그리움을 느끼는 한편 바라는 공간에 있지 못하는 안타까운 심정을 느낀다. 다듬이질하는 여인도 자신과 마찬가지로 고국을 떠나와 있으므로 외로움과 시름을 느끼고 있을 것이라며 동질감을 느끼는 것이다.

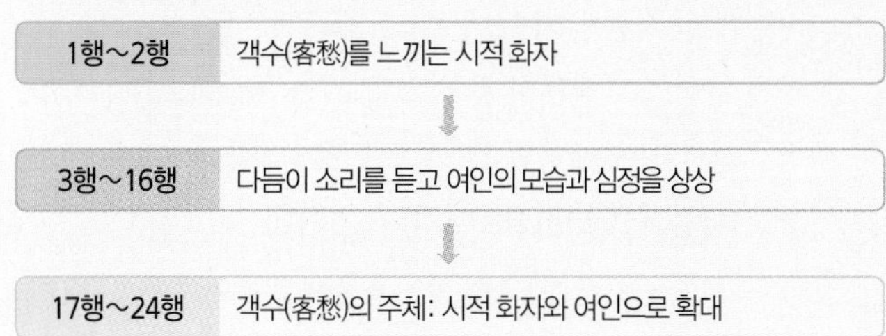

1행~2행	객수(客愁)를 느끼는 시적 화자
3행~16행	다듬이 소리를 듣고 여인의 모습과 심정을 상상
17행~24행	객수(客愁)의 주체: 시적 화자와 여인으로 확대

배경 및 소재의 역할

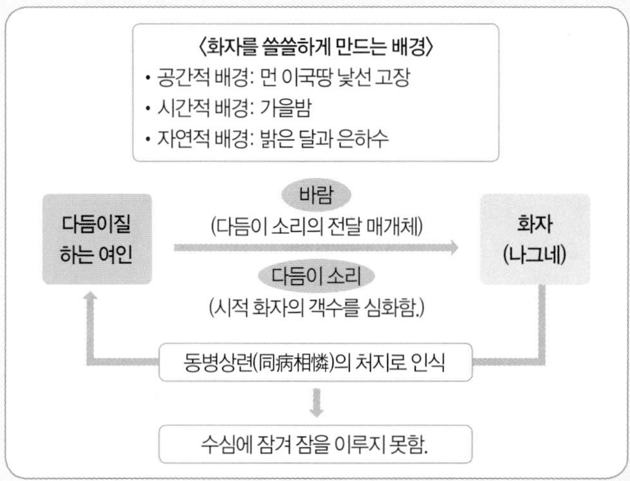

이 작품의 시간적 배경은 '가을 하늘', '달', '은하수' 등의 시어를 통해 드러나는데, 이러한 배경은 화자의 객수(客愁; 객지에서 느끼는 쓸쓸함)를 불러일으키는 분위기를 형성한다.

다듬이질하고 있는 여인은 이국땅에 왔지만 남편, 자식들과 행복하게 살아가는 여인일 수도 있다. 하지만 화자는 자신이 쓸쓸하고 고국이 너무 그립기 때문에 다듬이 소리의 주인공인 여인도 자신처럼 외로워 시름에 잠겨 있을 것이라고 생각하며 동병상련의 처지라고 여기고 있다. 화자는 다듬이 소리를 듣고 자신만 이국땅에 와 있는 것이 아니라는 위안을 받고 여인을 그리워하게 된다. 동시에 고국을 그리는 마음이 더욱 증폭되어 큰 수심에 잠기게 된다. 이를 통해 이웃 여인의 다듬이 소리는 홀로 외로움을 느끼고 있던 화자에게 위안을 주는 역할을 함과 동시에 고향에 대한 그리움을 심화하는 역할을 함을 알 수 있다.

함께 읽으면 좋은 작품

〈귀안〉, 두보 / 고향을 그리워하는 간절한 마음을 노래한 작품

전쟁으로 인해 고향을 떠나 피란지에서 머물던 두보가 고향에 가고 싶은 마음을 '기러기'라는 객관적 상관물을 통해 표현한 작품이다. 이 작품과 〈귀안〉 모두 화자 자신을 나그네라고 표현하고 있는 점, 고향에 돌아가고 싶은 간절하고 애상적인 마음을 노래했다는 점에서 유사함을 보인다. Link 본책 125쪽

키포인트 체크

화자 객수(客愁)를 느끼는 □□□
상황 먼 이국땅 낯선 고장에서 □□□ 소리를 들음.
태도 고국에 대한 □□□이 커져 수심에 잠김.

1 이 작품에 대한 설명으로 적절하지 않은 것은?

① 부재하는 임에 대한 그리움을 드러내고 있다.
② 이웃집 여인의 모습과 심정을 상상하여 드러내고 있다.
③ 다양한 심상을 통해 시적 정황을 구체적으로 드러내고 있다.
④ 시간적 배경을 통해 시적 분위기를 효과적으로 드러내고 있다.
⑤ 바라는 공간에 있지 못하는 화자의 안타까운 심정을 드러내고 있다.

중요 기출

2 이 작품의 시어에 대한 감상으로 적절하지 않은 것은?

① '달'과 '은하수'는 시흥을 불러일으키는 배경이다.
② '다듬이 소리'는 화자의 정서를 심화한다.
③ '바람'은 구속에서 벗어나려는 화자의 의지를 드러낸다.
④ '별이 낮도록'은 시간이 많이 흘렀음을 보여 준다.
⑤ '서로 비슷하네'는 과거와 현재의 경험이 중첩됨을 드러낸다.

3 이 작품과 〈보기〉에서 애상적 분위기를 형성하기 위해 공통적으로 사용된 소재 두 가지를 쓰시오.

> **보기**
>
> 이화(梨花)에 월백(月白)ᄒᆞ고 은한(銀漢)이 삼경(三更)인 제
> 일지 춘심(一枝春心)을 자규(子規)ㅣ야 아랴마ᄂᆞᆫ
> 다정(多情)도 병(病)인 냥ᄒᆞ여 ᄌᆞᆷ 못 드러 ᄒᆞ노라
>
> – 이조년

4 이 작품에서 객관화된 화자를 표현한 시어를 찾아 쓰고, 작품에 사용된 시어와 시구를 활용하여 화자의 처지를 한 문장으로 서술하시오.

017 촉규화(蜀葵花) | 최치원

키워드 체크 #당나라 유학 #나를 몰라주는 세상 #신분의 한계 #한탄 #체념적

문학 천재(정)

핵심 정리

갈래 한시, 5언 율시
성격 애상적, 체념적
제재 촉규화(접시꽃)
주제 자신의 재능을 알아주지 않는 세상에 대한 한탄
특징 ① 자신의 처지와 상황을 자연물을 통해 비유적으로 드러냄.
② 선경 후정의 대칭 구조를 보임.
연대 통일 신라 말(9세기)
출전 《동문선》 권 4 〈심한사귀감〉

▲ 촉규화(접시꽃)

시어 풀이

梅雨(매우) 매실이 익을 무렵에 내리는 비라는 뜻으로, 해마다 초여름인 6월 상순부터 7월 상순에 걸쳐 계속되는 장마를 이르는 말.

麥風(맥풍) 보리 위를 스치는 바람이라는 뜻으로, 초여름의 훈훈한 바람.

시구 풀이

❶ **거친 밭 언덕 쓸쓸한 곳에** 촉규화가 피어 있는 장소를 적막한 황무지 한 모퉁이로 제시하고 있다.

❷ **탐스러운 꽃송이 가지 눌렀네.** 완숙한 학문적 경지를 '(흐드러지게 핀) 꽃'에 비유함으로써 화자의 자부심을 드러내고 있다.

❸ **매화 비 그쳐 ~ 그림자 흔들리네.** 화자가 이룬 학문적 경지에 대한 자부심을 배경 묘사를 통해 드러내고 있다.

❹ **수레 탄 사람 누가 보아 주리** 고귀한 신분을 가진 사람들이 자신을 알아주지 않음을 안타까워하고 있다.

❺ **벌 나비만 부질없이 찾아드네.** 하찮은 사람들만 기웃거리는 현실을 보여 주고 있다.

❻ **천한 땅에 ~ 참고 견디네.** 먼 이국땅에서 변방 소국 출신이라는 이유로 인정받지 못하는 자신의 처지를 한탄하고 있다.

작가 소개

최치원(崔致遠, 857~?) 통일 신라 말기의 학자, 문장가. 자는 고운(孤雲). 12세에 당나라에 유학하여 빈공과에 급제하였다. 황소(黃巢)의 난이 일어나자 〈토황소격문(討黃巢檄文)〉을 지어 이름을 높였다. 후에 신라에 돌아왔으나 신분의 한계를 극복하지 못하고 가야산에 은거한 후 종적을 감추었다. 저서에는 《계원필경》, 《사륙집》 등이 있으며, 주요 작품에는 〈제가야산독서당〉, 〈추야우중〉 등이 있다.

□: 압운

寂寞荒田側 (적막황전측)
繁花壓柔枝 (번화압유지)
香經梅雨歇 (향경매우헐)
影帶麥風欹 (영대맥풍의)
車馬誰見賞 (거마수견상)
蜂蝶徒相窺 (봉접도상규)
自慚生地賤 (자참생지천)
堪恨人棄遺 (감한인기유)

❶거친 밭 언덕 쓸쓸한 곳에
(공간적 배경 – 촉규화가 피어 있는 곳)
❷탐스러운 꽃송이 가지 눌렀네.
(화자의 완숙한 학문적 경지(상징))
▶ 적막한 곳에 피어 있는 접시꽃

❸매화 비 그쳐 향기 날리고
('장맛비'를 이름. / 완숙한 학문적 경지(상징))
보리 바람에 그림자 흔들리네.
(초여름의 훈훈한 바람)
▶ 화자의 완숙한 학문적 경지

❹수레 탄 사람 누가 보아 주리
(왕 또는 고관대작)
❺벌 나비만 부질없이 찾아드네.
(하찮은 사람들)
▶ 세상이 자신을 알아주지 않음.

❻㉠천한 땅에 태어난 것 스스로 부끄러워
(신라 / 자조)
㉡사람들에게 버림받아도 참고 견디네.
(체념, 한탄)
▶ 자신의 재능을 알아주지 않는 세상 한탄

이해와 감상

이 작품은 통일 신라 말기의 문장가 최치원이 당나라 유학 시절에 읊은 것이다. 화자는 '거친 밭 언덕 쓸쓸한 곳'이라는 배경에 빗대어 자신의 처지를 드러내고 있다. 그리고 그곳에 핀 꽃송이의 모습을 자세히 관찰한 후 자신의 심정을 토로한다. 자신의 학문은 '탐스러운 꽃송이', '향기'처럼 완숙한 경지에 이르렀건만, 이를 알아주지 않는 척박한 시대의 풍토가 한스럽기만 하다. 그래서 꽃송이에 인격을 부여하여 자신의 정서를 드러내고 있다. '부끄러워'와 '참고 견디네.'는 꽃송이의 정서이자 화자 자신의 정서라고 할 수 있다.

이 작품의 짜임

수련(首聯)	1, 2구	거친 밭 언덕에 피어 있는 접시꽃	선경(先景)
함련(含聯)	3, 4구	화자의 완숙한 학문적 경지	
경련(頸聯)	5, 6구	세상이 자신을 알아주지 않음.	후정(後情)
미련(尾聯)	7, 8구	자신의 재능을 알아주지 않는 세상에 대한 한탄	

작품 연구소

시어의 비유적 의미

'촉규화(접시꽃)'는 화자 자신을 비유한 소재이다. 그리고 화자는 자신의 완숙한 학문적 경지를 '탐스러운 꽃송이', '향기'로 표현하고 있는데, 그 접시꽃은 눈여겨보는 이 없이 아무도 찾아 주지 않는 척박한 땅에 쓸쓸히 피어 있다. '수레 탄 사람'은 임금을 비롯한 고관대작, '벌 나비'는 하찮은 사람으로 볼 수 있다.

시어	의미
꽃(촉규화)	화자 자신
거친 밭 언덕 쓸쓸한 곳	당나라(화자가 처해 있는 공간)
(탐스러운) 꽃송이, 향기	화자의 학문적 경지
수레 탄 사람	임금을 비롯한 고관대작
벌 나비	하찮은 사람들

화자의 현실 인식 태도와 정서

이 작품의 화자는 자신이 인정받지 못하는 현실을 스스로 천한 땅에 태어난 것 때문이라고 생각하여 자신을 알아주지 않는 시대에 대한 한스러움을 노래하고 있다. 이는 주어진 운명에 대결하지 않고 순응함으로써 슬픔을 승화하려는 체념적 태도로 이어진다.

이러한 '한(恨)'의 정서는 한국 문학의 특질 중 '우아미(優雅美)' 혹은 '비장미(悲壯美)'에 해당하며 향가, 고려 가요, 민요, 현대 시에 이르기까지 면면히 계승되어 오고 있다.

〈촉규화〉의 창작 배경

최치원은 어려서부터 신동이라 불릴 정도로 뛰어난 능력을 지녔던 만큼 이상과 포부도 남달리 컸다. 그러나 그가 태어난 신라는 골품 제도라는 엄격한 신분제가 있어 성골이나 진골이 아닌 육두품 출신의 최치원에게는 꿈을 펼칠 만한 곳이 아니었다. 그래서 그는 현실적 한계를 극복하고자 큰 포부를 갖고 당나라로 유학을 떠나게 된다. 하지만 당나라에서도 그는 변방 소국 출신의 이방인에 불과했다. 이러한 상황에서 수레 탄(높은 지위의) 사람들은 접시꽃(최치원)에게 눈길조차 주지 않고, 부질없는 벌, 나비 떼만이 돌아보는 이국에서의 처지와 절망감을 이 작품에 담은 것이다.

자료실

영물시(詠物詩)

영물시란 한시의 한 종류로서 자연계 또는 구체적인 사물을 대상으로 삼아 집중적으로 묘사한 시로, 〈촉규화〉도 이에 속한다. 좋은 영물시란 단순히 사물에 대한 묘사에 그치는 것이 아니라 사물이 지니고 있는 생태나 형상, 특징 등에 대해 다양한 시각으로 접근하여 사물에 대한 새로운 의미를 창조하는 수준에 이른 것을 의미한다.

함께 읽으면 좋은 작품

〈추야우중〉, 최치원 / 자신을 알아주지 않는 세상을 한탄한 작품

5언 절구의 한시로 자신을 알아주지 않는 세상에 대한 한탄을 주제로 하고 있다. 시간적 배경이 비 내리는 가을 밤이라는 점은 다르지만 백아와 종자기의 고사를 인용하여 '세상 어디에도 (나를) 알아주는 이 없네.'라고 표현한 내용은 〈촉규화〉와 유사하다. 능력이 뛰어나지만 현실적 한계에 가로막혀 그것을 제대로 펼치지 못한 지식인의 고뇌가 느껴지는 작품이다.

Link 본책 60쪽

키 포인트 체크

화자 당나라에서 □□ 중인 최치원
상황 □□□의 처지와 같이 세상이 자신을 돌아봐 주지 않음.
태도 자신의 능력을 알아주지 않는 세상을 □□함.

1 이 작품에 대한 설명으로 적절한 것은?

① 계절의 순환에 따라 시상을 전개하고 있다.
② 반어적 표현을 통해 화자의 정서를 강조하고 있다.
③ 과거와 현재를 대비하여 화자의 처지를 부각하고 있다.
④ 현실을 변화시키기 위한 적극적 의지를 드러내고 있다.
⑤ 자신의 처지를 체념하며 받아들이는 태도가 나타나 있다.

내신 적중 多빈출

2 이 작품의 시어와 시구에 대한 이해로 적절하지 않은 것은?

① '거친 밭 언덕 쓸쓸한 곳'은 '꽃송이'가 피어 있는 장소로군.
② '꽃송이'에 인격을 부여하여 '참고 견디'는 모습을 형상화했군.
③ '향기'와 '그림자'는 모두 꽃이 덜 성장한 상태를 보여 주고 있군.
④ '수레 탄 사람'과 '벌 나비'는 의미상 서로 대조를 이루고 있군.
⑤ '천한 땅에 태어난 것' 때문에 꽃은 '사람들에게 버림받'고 있는 상황이군.

3 〈보기〉의 화자가 이 작품의 화자에게 할 수 있는 말로 가장 적절한 것은?

보기

보리밥 픗ᄂᆞ물을 알마초 머근 후(後)에
바횟긋 믉ᄀᆞ의 슬ᄏᆞ지 노니노라.
그 나믄 녀나믄 일이야 부롤 줄이 이시랴.

– 윤선도, 〈만흥〉 제2수

① 세상을 탓하지 말고 자신을 겸허히 돌아보세요.
② 묵묵하게 노력하다 보면 언젠가 남들이 알아줄 거예요.
③ 남이 알아주지 않아도 학문 수양에 대한 의지는 잃지 마세요.
④ 빈곤 속에서도 만족할 수 있어야 참된 삶의 기쁨을 맛볼 수 있는 법이지요.
⑤ 세상에서 인정받는 것이 주는 만족보다 자연에서 여유롭게 살아가는 삶의 즐거움이 더 크지요.

4 이 작품이 작가가 당나라에서 유학하던 시기에 창작되었음을 고려할 때, ㉠과 ㉡이 각각 무엇을 가리키는지 쓰시오.

018 추야우중(秋夜雨中) | 최치원

키워드 체크 #세상에 대한 한탄 #지식인의 고뇌 #고국에 대한 그리움 #애상적

문학 동아

□: 압운

秋風唯苦吟
추 풍 유 고 음
世路少知音
세 로 소 지 음
窓外三更雨
창 외 삼 경 우
燈前萬里心
등 전 만 리 심

❶가을바람에 이렇게 힘들여 읊고 있건만
화자의 정서
❷세상 어디에도 알아주는 이 없네.
화자가 외로움을 느끼는 이유(자신을 알아주지 않는 세상에 대한 한탄), '백아와 종자기'의 고사 인용
❸창밖엔 깊은 밤 비 내리는데
화자의 고독을 심화함.
❹등불 앞에선 ㉠만 리 밖으로 마음 향하네.
① 현재 화자가 있는 공간과 세상 사이의 심리적 거리감
② 타국에서 멀리 떨어져 있는 고국에 대한 그리움

한자 풀이

秋(추): 가을	唯(유): 오직	苦(고): 괴롭다
吟(음): 읊다	路(로): 길	窓(창): 창
更(경): 시각	燈(등): 등불	萬(만): 일만

핵심 정리

갈래 한시, 5언 절구
성격 서정적, 애상적
제재 비 내리는 가을밤
주제 • 자신의 뜻을 펴지 못하는 지식인의 고뇌
• 고국에 대한 그리움
특징 ① 자연물을 통해 화자의 정서를 부각함.
② 제목에서 가을과 밤, 비의 조합으로 시의 전체적인 분위기를 조성함.
연대 통일 신라 말(9세기)
출전 《동문선》 권 19

Q 3구와 4구에 나타난 표현상 특징은?

3구와 4구에서는 한자어의 위치와 내용이 완벽한 대구를 이루면서 작품의 형식미를 완성시키고 있다. 이를 통해 문장가로 이름을 떨쳤던 최치원의 면모를 엿볼 수 있다.

窓 外 三 更 雨
창 외 삼 경 우
↕ ↕ ↕ ↕ ↕
燈 前 萬 里 心
등 전 만 리 심

시어 풀이

秋風(추풍) 가을바람.
苦吟(고음) 괴로이 시를 읊조림.
少(소) 적다, 드물다. 여기서는 '없다'의 뜻으로 이해할 수 있음.
知音(지음) 마음이 서로 통하는 친한 벗을 비유적으로 이르는 말. 거문고의 명인 백아가 자기의 소리를 잘 이해해 준 벗 종자기가 죽자 자신의 거문고 소리를 아는 자가 없다고 하여 거문고 줄을 끊었다는 데서 유래한 말.
三更(삼경) 밤 11시부터 새벽 1시 사이의 시간.
萬里心(만리심) 여기서 '만리(萬里)'는 심리적 거리감으로 '만리심(萬里心)'은 멀리 떨어져 있는 고국을 그리워하는 마음 또는 세상으로부터 단절되어 있는 마음을 의미함.

시구 풀이

❶ **가을바람에 이렇게 힘들여 읊고 있건만** 가을에 외로움을 달래기 위해 시를 읊고 있는 화자의 처지가 제시되었으며, 이 작품의 창작 동기가 드러나는 부분이다.
❷ **세상 어디에도 알아주는 이 없네.** 1구에서 제시된 외로움의 이유를 밝히고 있는 부분으로 자신을 알아주지 않는 세상에 대한 한탄이 드러난다.
❸ **창밖엔 깊은 밤 비 내리는데** 늦은 밤에 비까지 내리자 화자의 고독과 고뇌가 심화된다.
❹ **등불 앞에선 만 리 밖으로 마음 향하네.** 세상 또는 고국에 대한 거리감을 드러내고 있다.

작가 소개

최치원(본책 58쪽 참고)

이해와 감상

이 작품은 통일 신라 말기의 문장가 최치원이 쓴 5언 절구의 한시이다. 최치원은 육두품 출신으로 당나라에서 유학하고 고국으로 돌아와 신라의 정치 개혁을 위해 의견을 제시했으나, 그것이 받아들여지지 않자 가야산에서 은거하다가 생을 마쳤다고 한다.

이러한 최치원의 생애를 고려해 볼 때 이 작품의 주제는 창작 시기에 따라 두 가지로 해석될 수 있다. 창작 시기는 최치원이 당나라에 머무는 동안으로 보기도 하고 신라로 돌아온 이후로 보기도 하는데, 전자로 본다면 타국에서 소외받는 이방인으로 쓸쓸하게 지내던 최치원이 고국을 그리워하는 마음을 표현한 것으로 볼 수 있다. 반면 후자로 본다면 고국에 돌아왔지만 자신의 탁월한 능력을 발휘할 수 없어 좌절한 지식인이 세상에 대해 느끼는 거리감을 표현한 것으로 파악된다. 육두품이라는 신분적 한계를 가지고 있었던 작가의 처지나 방랑 생활을 하며 가야산에서 은거했던 말년을 고려하면, 후자의 관점에 따라 지식인으로서의 좌절감을 문학적으로 형상화한 작품이라는 해석이 타당해 보인다.

창작 시기	4구에 대한 해석
당나라 유학 시절로 볼 때	• '만 리': 화자와 고국 사이의 거리 • '만리심': 고국을 그리워하는 마음 → '등불 아래 내 마음 만 리를 달려가네.'
당나라에서 귀국한 이후로 볼 때	• '만 리': 세상과 자신의 뜻이 어긋난 데서 세상에 대해 느끼는 거리감 • '만리심': 세상으로부터 멀어진, 단절된 마음 → '등불 아래 천만 리 떠나간 마음.'

이 작품의 짜임

기(1구)	외로움을 달래기 위해 시를 읊음.
승(2구)	세상이 자신을 알아주지 않음을 탄식함.
전(3구)	창밖의 비가 고독을 깊어지게 함.
결(4구)	세상일과 어긋나 있는 마음

작품 연구소

사상의 전개 과정

화자는 시를 짓는 것도 괴롭지만 무엇보다 고통스러운 것은 세상이 자신을 알아주지 않는 것이기에 등불 아래에서 밤늦도록 잠을 이루지 못하고 마음은 만 리 밖을 떠돌고 있다고 읊고 있다. '가을바람', '밤', '비', '등불'을 통해 화자의 암울한 처지와 현실을 암시했으며, 이러한 상황에서 벗어나고자 하는 절실한 마음을 '만리심(萬里心)'으로 표현했다.

1구 창작 동기	→	2구 현재 상황	→	3구 감정 이입	→	4구 심리 상태 토로
외로움을 달래고자 함.		소외감		'비' – 화자의 고독감 심화		'만리심' – 고독에서 벗어나고픔.

소재의 의미

시어	기능	
가을바람, 등불	외롭고 우울한 분위기 조성	화자의 고독을 심화함.
깊은 밤, 비	화자와 세상 사이의 단절 암시	

이 작품에서는 '가을바람'과 '등불', '밤', '비' 등 화자의 외로움과 고뇌를 심화하는 다양한 소재가 배경으로 나타나고 있다. 특히 '비'는 화자의 고독을 심화하는 소재일 뿐만 아니라, 화자가 창문을 열고 세상 밖으로 나가지 못하게 하는 소재라는 점에서 화자가 세상으로 나가는 길이 차단되어 있음을 암시하기도 한다.

자료실

최치원의 생애와 작품 세계

최치원은 당나라에 유학하여 빈공과에 급제하고 뛰어난 문장가로 이름을 떨친 신라의 지식인이다. 하지만 당나라에서는 외국인이기 때문에 재능을 발휘하는 데 한계가 있었고, 소외와 고독감을 피할 수 없었다. 이때의 심정을 잘 표현한 작품이 〈촉규화〉와 〈추야우중〉이다. 이후 최치원은 신라로 귀국한 후 기울어 가는 신라를 살리기 위해 자신의 문집인 《계원필경》을 임금에게 올리고, 내정 개혁을 촉구하는 글을 짓기도 하는 등 많은 노력을 했다. 그러나 육두품이라는 신분적 한계와 당시의 혼란한 정치적 상황에 부딪혀, 많은 비난과 냉대를 받을 뿐 자신의 뜻을 실현시킬 수 없어 좌절한다. 결국 최치원은 세상을 버리고 가야산에서 은둔하며 살게 되는데 이때 〈제가야산독서당〉이라는 작품을 지었다. 그 후 어느 날 그는 아침 일찍 숲속에 신을 벗어 놓은 채 가야산으로 들어가 영영 돌아오지 않았다고 한다.

최치원의 〈우정야우(郵亭夜雨)〉

비 오는 가을밤의 쓸쓸함을 그려 낸 최치원의 또 다른 작품으로, 비 내리는 가을밤 등불 아래에서 시름하고 있는 모습은 〈추야우중〉과 유사하나 외로움을 선승(禪僧)의 고행처럼 여기며 쓸쓸한 분위기를 초극하는 의지를 보인다는 점은 차이가 있다.

旅館窮秋雨(여관궁추우) 여관에 깊은 가을비 내리고
寒窓靜夜燈(한창정야등) 차가운 창에는 고요한 밤 등불 비치네
自憐愁裏坐(자련수리좌) 가엾게도 시름 속에 앉아 있노라니
眞箇定中僧(진개정중승) 이야말로 진정 참선에 든 중이로구나.

함께 읽으면 좋은 작품

〈울음이 타는 가을 강〉, 박재삼 / 가을날 느끼는 한과 고독이 드러난 작품

해 질 녘 가을 강을 바라보며 삶의 유한함에서 느끼는 애상감을 노래한 작품이다. 가을의 정취를 보며 자신의 고독함을 깨닫고 한을 느끼는 시상의 흐름이 〈추야우중〉과 유사하다. 1연에서는 제삿날 등성이에서 느끼는 서러움, 2연에서는 해 질 녘 가을 강을 보며 느끼는 슬픔, 3연에서는 삶의 유한성에 대한 자각과 한(恨)을 노래하고 있다.

Link 〈현대 시〉 250쪽

키 포인트 체크

화자 □□□을 느끼며 시를 읊고 있는 사람
상황 세상이 자신을 알아주지 않는 것에 □□□□.
태도 괴로운 □□에서 벗어나고 싶어 함.

1 이 작품에 대한 설명으로 적절하지 않은 것은?

① 자연물을 통해 화자의 주된 정서를 표현하고 있다.
② 화자는 '비'와 '등불'을 통해 외로움을 달래고 있다.
③ 3구와 4구에서는 대구를 통해 시상이 전개되고 있다.
④ 제목에 작품 전체의 쓸쓸한 분위기가 암시되어 있다.
⑤ 고사에서 유래한 단어를 바탕으로 화자의 상황을 한탄하고 있다.

2 이 작품의 시상 전개 과정을 다음과 같이 나타낼 때, ⓐ~ⓓ에 대한 설명으로 적절하지 않은 것은?

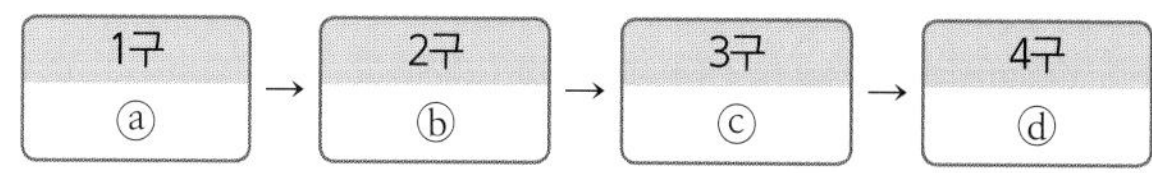

① ⓐ에는 창작 동기가 드러나 있다.
② ⓑ에는 화자의 현재 상황이 드러나 있다.
③ ⓑ에서는 인용을 통해 화자의 마음을 효과적으로 드러내고 있다.
④ ⓒ에서는 객관적 상관물을 통해 정서를 표현하고 있다.
⑤ ⓓ에는 화자가 지닌 지식의 깊이가 제시되어 있다.

3 〈보기〉를 참고하여 ㉠의 함축적 의미를 파악한 내용으로 적절한 것은?

보기

최치원은 당나라에서 〈토황소격문〉을 작성하여 문장가로 이름을 날렸지만, 이방인의 한계를 절감하고 28세에 신라로 귀국한다. 한림학사의 벼슬을 받은 그는 경세*의 뜻을 펼치려고 하였지만 894년 올린 개혁 정책인 '시무책'은 시행되지 않았다. 결국 자신의 뜻을 펼칠 수 없다고 생각한 최치원은 마흔 살이 채 되기도 전에 난세를 비관하여 관직을 내놓고 가야산에 은거하였다.

* 경세(警世) 세상 사람들을 깨우침.

① 가야산에서 은거했다고 하니 자연 친화적 삶을 누리고 싶었던 마음을 표현한 것이로군.
② 벼슬길에 오르지 않기로 했다고 말했지만 실은 높은 관직에 오르고 싶은 마음을 표현한 것이 아닐까?
③ 자신의 포부를 펼치고 싶었지만 세상이 자신의 뜻을 알아주지 않자 이로부터 멀어져 버린 마음을 표현한 것이지.
④ 벼슬에 오르지 않고 자연을 벗 삼아 살아갔다는 점에서 화자는 안분지족의 마음을 드러냈다고 볼 수 있어.
⑤ 중국에서 유학했다는 점으로 볼 때, 고국에서 느낀 좌절감으로 다시 중국에 돌아가고 싶은 마음을 표현한 것 같아.

4 이 작품의 창작 시기를 작가가 당나라에 머물 때와 귀국했을 때로 추측할 때, 각각 주제가 어떻게 달라지는지 서술하시오.

019 제가야산독서당(題伽倻山讀書堂) | 최치원

키워드 체크 #산속 은둔 #세상과의 단절 #고뇌와 좌절 #상징적

문학 미래엔
국어 천재(이)

□: 압운

狂奔疊石吼重巒
광 분 첩 석 후 중 만
人語難分咫尺間
인 어 난 분 지 척 간
常恐是非聲到耳
상 공 시 비 성 도 이
故敎流水盡籠山
고 교 류 수 진 롱 산

1·4구 물소리 ↔(대조) 인간의 소리 2·3구

❶첩첩한 돌 사이로 미친 듯 내뿜어 겹겹 봉우리에 ㉠울리니 (물을 생명이 있는 것처럼 표현(활유법) / 청각적 이미지)
❷사람 ㉡말소리야 지척에서도 분간하기 어렵네.
❸항상 ㉢시비하는 소리 귀에 들릴까 두려워하기에
❹일부러 흐르는 물로 하여금 온 산을 둘러싸게 했네.
물을 이용해 세상과 단절하겠다는 의지 표현
자연물의 주관적 해석

말소리를 차단하는 강렬한 물소리 (외적 상황) → 물소리를 이용하여 세상과 단절하고 싶은 마음 (내면세계)

한자 풀이

狂(광): 미치다	奔(분): 달리다	疊(첩): 겹쳐지다	吼(후): 울다
重(중): 겹치다	巒(만): 산	難(난): 어렵다	分(분): 구별하다
咫(지): 짧은 거리	尺(척): 길이	間(간): 사이	常(상): 항상
恐(공): 두려워하다	是(시): 옳다	非(비): 아니다	聲(성): 소리
故(고): 짐짓	敎(교): 하여금	盡(진): 맡기다, 다하다	籠(롱): 싸다

핵심 정리

갈래 한시, 7언 절구
성격 서정적, 상징적
제재 물소리
주제 세상과 단절하고 산속에 은거하고 싶은 마음
특징 ① 물의 이미지를 사용하여 시상을 전개함.
② 대조를 통해 주제를 형상화함.
연대 통일 신라 말기(9세기)
출전 《동문선》 권 19

Q 대조법을 활용한 효과는?

이 작품의 1구와 4구에서는 자연의 물소리를, 2구와 3구에서는 세상 사람들의 시비하는 소리를 제시하여 자연 속의 삶과 세상 속의 삶을 대비하고 있다. 이러한 대조는 시비하는 소리가 난무하는 혼란스러운 세태에서 벗어나 자연에 은둔하고자 하는 화자의 의지를 극명하게 보여 준다.

▲ 최치원이 말년에 은거한 것으로 알려진 가야산

시어 풀이

疊石(첩석) 첩첩이 쌓인 바위.
重巒(중만) 겹겹이 들어선 산봉우리.
人語(인어) 사람들의 말소리.
是非聲(시비성) 옳고 그름을 따지는 말다툼 소리.
故(고) 짐짓, 일부러.
流水(류수) 흐르는 물.

시구 풀이

❶ **첩첩한 돌 ~ 봉우리에 울리니** 바위 사이를 빠르게 흐르는 물소리가 강렬하게 들리는 상황을 제시했다.
❷ **사람 말소리야 ~ 분간하기 어렵네.** 자연의 소리(물소리)로 인해 사람의 말소리가 들리지 않는 외부 상황을 제시했다.
❸ **항상 시비하는 ~ 들릴까 두려워하기에** 화자가 세상을 멀리하려는 이유가 '서로 시비를 다투는 소리'임이 제시되었으며 그러한 세상을 부정적으로 바라보는 화자의 태도가 드러난다.
❹ **일부러 흐르는 ~ 둘러싸게 했네.** 물소리로 인해 인간의 소리가 들리지 않는 것이 화자 자신의 의도인 것처럼 표현함으로써 세상과 단절하여 자연에 은둔하고자 하는 화자의 의지를 드러내고 있다.

작가 소개

최치원(본책 58쪽 참고)

이해와 감상

이 작품은 통일 신라 말기의 문장가 최치원이 지은 7언 절구의 한시이다. 가야산의 독서당에서 지었다는 의미를 지닌 제목에서 드러나듯, 신라 말기의 혼란한 시대 상황 속에서 육두품 지식인으로서 한계를 경험한 작가가 가야산 해인사에 은거하면서 지은 작품이다.

화자는 거센 물소리로 인해 가까운 곳의 말소리도 들리지 않는 깊은 산속에 은거하고 있는데, 이곳에서 혹시 세상의 시비하는 소리가 들릴까 걱정하며 물로 온 산을 둘러 버렸다고 말한다. 세상의 시비하는 소리와 물소리를 대조하여, 물소리로 세속의 소리를 차단함으로써 세상과 격리되어 자연에 은둔하고자 하는 화자의 의지를 드러내고 있는 것이다. 이처럼 세상으로부터 단절되고 싶어 하는 마음의 밑바탕에는 신라 말기 어지러운 현실 속에서 절망할 수밖에 없었던 작가의 지식인으로서의 고뇌와 좌절이 깔려 있다고 볼 수 있다.

이 작품의 짜임

기(1구)	산골을 흐르는 냇물의 모습과 소리	외적 상황
승(2구)	인간의 말소리를 막아 버리는 물소리	
전(3구)	세상의 소리를 멀리하고 싶은 마음	내면세계
결(4구)	세상과 단절하고자 하는 화자의 의지	

작품 연구소

'물'의 함축적 의미

흐르는 물	대조	말소리 시비하는 소리
물소리(자연)		인간의 소리

물은 여러 가지 원형적 이미지를 지닌 소재이다. 만물의 생명을 키운다는 점에서 '생명' 또는 '모성(母性)'을 뜻하기도 하며, 사람은 물속에 들어가서 살 수 없다는 점에서 '죽음'을 의미하기도 한다. 그리고 이쪽과 저쪽으로 두 세계를 나누는 '단절'을 의미하기도 하며, 대상을 깨끗하게 씻어 주는 존재라는 점에서 '재생'과 '정화'의 이미지를 지니기도 한다.

이 작품에서 물은 먼저 화자와 속세 사이를 가로막는 단절을 의미한다. 또한 화자가 은거하고 있는 자연 공간을 의미하며, 세상의 시비하는 소리를 막아 화자의 내면적 갈등을 해소해 주는 존재로 볼 수도 있다.

시어의 의미

이 작품에서 '인어(人語)'란 단순히 사람들의 말소리를 뜻하는 것이 아니라 사람 사이의 분쟁과 시비, 어지러움 등을 가리킨다. '공(恐)'은 그러한 사람들의 시비 소리가 들려올까 두려워하는 화자의 마음이라고 할 수 있다. '롱(籠)'은 둘러싼다는 뜻으로 흐르는 물이 산을 감싸므로 얼핏 보면 물이 주체인 것 같지만, 사실은 흐르는 물로 산을 감싸라고 한 주체는 화자이다. 이는 물소리를 이용하여 세상과 단절하고 싶은 의지를 표현한 것이다.

시어	의미
인어(人語)	사람 사이의 시비와 어지러움
공(恐)	사람들의 시비 소리가 들릴까 두려워함.
롱(籠)	흐르는 물에게 산을 감싸라고 함.(주체: 화자)

자료실

자연물의 주관적 해석

이 작품에서는 본래 물이 산 주위를 흐르고 있는 것을 화자 자신이 물로 산을 둘렀다고 표현하여 자연물을 주관적으로 변용(變容: 용모가 바뀜)하여 해석하고 있다. 이러한 발상은 다른 작품에서도 종종 발견할 수 있는데, 예를 들어 송순의 시조 〈십 년을 경영ᄒᆞ여〉에서 화자가 달, 바람에게 초가삼간의 방 한 칸씩을 내어 주고, 강과 산은 들일 방이 없어 집 주위에 병풍처럼 둘러 두고 보겠다고 한 것에서 찾아볼 수 있다. 또한 황진이의 시조 〈동지ㅅ달 기나긴 밤을〉에서도 '밤'이라는 추상적 시간을 '허리'라는 구체적인 사물로 표현하여 화자의 소망과 의지를 드러내고 있다. 이러한 재치 있는 발상은 시적 화자의 주체적인 의지를 드러내는 효과를 지닌다.

함께 읽으면 좋은 작품

〈산촌에 눈이 오니〉, 신흠 / 세상과 단절된 상황에서 지어진 작품

세상과 단절된 채 자연에 묻혀 밤하늘에 뜬 달을 벗으로 삼고 살아가겠다는 마음을 노래한 작품이다. 최치원은 '물소리'를, 신흠은 '시비(柴扉)', 즉 사립문을 이용하여 자신과 세상을 단절시키고 있다. 이처럼 두 작품은 속세와 자신을 단절하고 자연 속에 묻혀 사는 마음을 노래했다는 점과 두 작가가 모두 불우한 처지에서 창작한 노래라는 점이 유사하다. 신흠은 유배지에서 이 작품을 지었으며, 최치원은 자신을 알아주지 않는 세상을 외면하고 스스로 자연에 은거하는 상황에서 〈제가야산독서당〉을 지은 것이다.

Link 본책 238쪽

키 포인트 체크

- 화자 산속에 은거하는 □□□
- 상황 □□의 한계를 경험하고 자연에 은거함.
- 태도 어지러운 현실 속에서 □□하고 □□함.

1 이 작품에 대한 설명으로 적절하지 않은 것은?

① 자연물을 주관적으로 변용하여 해석하고 있다.
② 자연과 조화를 이루며 살겠다는 의지를 드러내고 있다.
③ 현실 세계에 대한 화자의 부정적인 태도를 엿볼 수 있다.
④ 활유법을 사용하여 물의 역동적 이미지를 드러내고 있다.
⑤ 외부 상황을 제시한 후, 화자의 내면세계를 드러내고 있다.

중요 기출 高난도

2 이 작품을 시조로 바꿔 쓰는 활동을 해 보았다. 〈보기〉의 조건을 가장 잘 지켜 쓴 것은?

보기
- 이 시의 주제 의식이 달라지지 않도록 할 것.
- 초장에서 시상을 일으키고 중장에서 이를 이어받은 다음 종장에서 마무리하는 시조의 일반적인 시상 전개 방식에 맞추어 쓸 것.

① 첩첩산중 바위 사이로 말소리 들려오네. / 시비를 분간하여 바르게 듣자더니, / 물소리 산에 두르고 안 들린다 하노라.
② 아무리 들으려 해도 귀에 닿지 않으리. / 말소리 시비 소리 분간하고 싶은데, / 바위틈 흐르는 물이 온 산을 뒤흔드네.
③ 인세를 잊을 만하니 이 아니 좋을쏘냐. / 바위 사이 광분하는 물소리로 산을 둘러 / 지척의 말소리조차 분간키 어려워라.
④ 바위 사이 광분하는 물소리 굉장하니, / 지척의 말소리도 분간키 어려워라. / 온 산에 시비성(是非聲)은 둘러 두고 듣고저.
⑤ 첩첩 바위 사이 광분하는 물소리에 / 지척의 말소리도 분간키 어려워라. / 저 물로 산을 둘러서 시비성(是非聲)을 막으리.

3 ㉠~㉢에 대한 설명으로 적절하지 않은 것은?

① ㉠을 통해 ㉡과 ㉢을 차단하고 있다.
② ㉠의 주체는 '흐르는 물'이라고 할 수 있다.
③ ㉠, ㉡, ㉢은 모두 청각적 이미지에 해당한다.
④ ㉠이 자연의 소리라면, ㉡과 ㉢은 인간의 소리이다.
⑤ ㉠, ㉡은 긍정적 소리, ㉢은 부정적 소리로 인식되고 있다.

高난도

4 〈보기〉는 이 작품의 창작 과정을 도식화하여 정리한 것이다. ⓐ에 해당하는 내용을 추측하여 한 문장으로 서술하시오.

보기

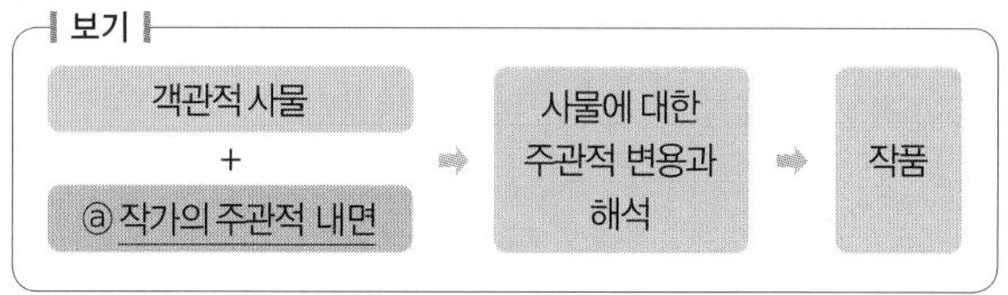

가시리　동동　서경별곡　정과정　정석가　사모곡　청산별곡　한림별곡

백설이 ᄌᆞ자진 골에　춘산에 눈 녹인 바ᄅᆞᆷ　이화에 월백ᄒᆞ고　이런들 엇더ᄒᆞ며

이 몸이 주거 주거　송인　설중방우인불우　사리화

Ⅱ

고려 시대

문학사 개관

Ⅱ 고려 시대의 시가

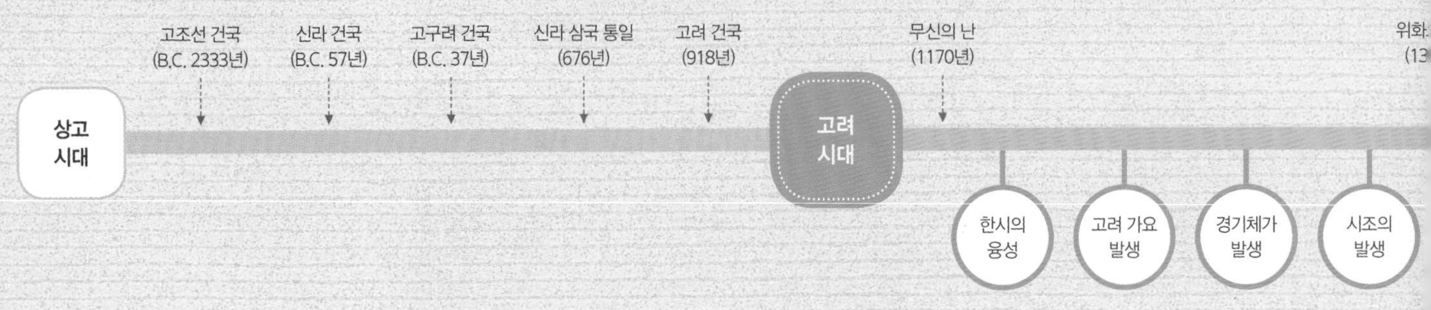

◆ **향가 소멸의 원인**
① 고려 시대에 시행된 과거 제도의 영향 → 지식인들의 한문학 숭상
② 향찰 사용 부진

◆ **속악**
우리 고유의 전통 궁중 음악을 중국계의 아악이나 당악에 상대하여 이르는 말. 고려 이후에는 향악(鄕樂)과 같은 뜻으로 쓰임.

고려 시대 시가의 특징

- 중국 문화와의 교류, 과거 제도의 실시 등으로 향가와 같은 국문 문학이 위축·쇠퇴하고 한문 문학이 융성하게 되었다.
- 평민들의 생활 감정을 진솔하게 표현한 고려 가요가 민간에서 유포·전승되다가, 《소악부(小樂府)》에 한시로 번역되어 궁중의 속악(俗樂) 가사로 수용되고 개편되었다.
- 고려 말 새로운 문학 담당층으로 등장한 신흥 사대부들이 자신들의 득의에 찬 삶과 향락적인 여흥을 위해 경기체가를 창작·향유했다.
- 귀족 문학과 평민 문학으로 양분되어 있던 당시의 문학적 풍토에서 시조가 발생하여 이 둘을 아우름으로써 새로운 국민 문학의 기틀을 형성했다.

고려 시대 시가의 갈래

1. 향가계 고려 가요

신라의 향가가 고려 가요로 넘어가는 과정에서 발생한 과도기적 형태의 시가로, 향찰(鄕札)로 표기되었거나 향가의 형태를 유지한 고려 가요(한글 표기)를 총칭하는 말이다.

신라 시대에 전성기를 누렸던 향가는 고려 전기에도 계속 창작되었으나 시대적 여건과 한문학의 압력으로 서정시 본래의 서정성을 상실하고 쇠퇴하기 시작했다. 향가의 전통은 고려 시대 균여 대사의 〈보현십원가(普賢十願歌)〉를 거쳐 향가계 고려 가요인 예종의 〈도이장가(悼二將歌)〉, 정서의 〈정과정(鄭瓜亭)〉에 이어졌으나 더 이상의 진전은 없었다.

예

작품	작가	연대	내용	특징	출전
도이장가(悼二將歌)	예종	예종(1120년)	당시 서경에서 행해진 팔관회(八關會)라는 행사에서 왕이 개국 공신 '김락', '신숭겸' 두 장군의 덕을 찬양한 노래	8구체 향찰 표기	평산 신씨 고려태사 장절공유사
정과정(鄭瓜亭)	정서	의종	의종 때 동래에 귀양 가 있던 정서가 억울함을 하소연하고 임금에 대한 그리움을 호소한 노래. 악곡명은 〈삼진작〉	10구체 한글 표기	악학궤범

2. 한시(漢詩)

고려 시대에는 과거 제도의 실시, 국가 교육 기관인 국자감 설치, 불교의 융성 등으로 한문학이 발달하게 되어 한시가 발달했다. 또한 거듭된 외부의 침입으로 민족 의식이 고양되면서 이규보의 〈동명왕편(東明王篇)〉, 이승휴의 〈제왕운기(帝王韻紀)〉 등의 민족 서사시가 창작되었다.

간단 개념 체크

1 향가와 같은 국문 문학이 쇠퇴하고 한문학을 융성하게 한 고려의 제도는? (   )

2 고려에 들어서면서 향가의 전통은 예종의 〈도이장가〉, 정서의 〈□□□〉으로 이어졌다.

3 고구려 시조인 동명왕의 영웅적 행적을 노래한 우리나라 최초의 건국 서사시는? (   )

답 1 과거 제도 2 정과정 3 〈동명왕편〉

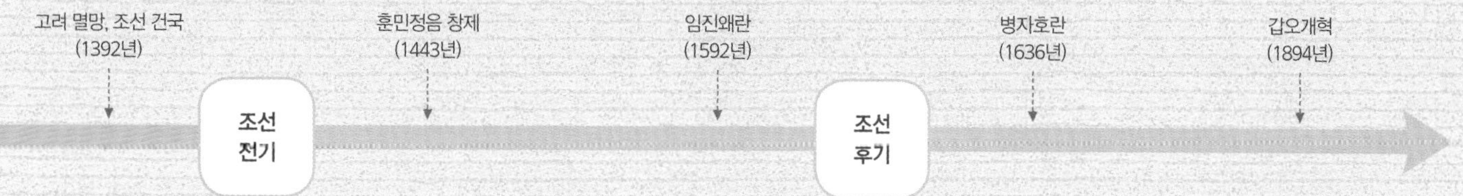

예

작품	작가	연대	형식	내용
동명왕편(東明王篇)	이규보	명종 (1193년)	5언 282구	고구려 시조인 동명왕의 영웅적 행적을 노래함. 우리나라 최초의 건국 서사시
부벽루(浮碧樓)	이색	고려 말	5언 율시	고려 국운 회복의 소망을 노래함.
송인(送人)	정지상	인종	7언 절구	임과 이별한 슬픔을 노래함.
사리화(沙里花)	이제현	고려 말	7언 절구	탐관오리의 수탈과 횡포에 대한 고발을 노래함.

◆ **한문학 발달의 요인**

① 중국 문물의 수입과 우리글의 부재로 인한 국문학의 위축
② 신라의 육두품 계층이 고려의 귀족으로 전환되면서 한문학을 익혔던 이들이 문학 담당층으로 등장
③ 한문학적 소양을 갖춘 승려들의 시작(詩作)

3. 고려 가요(高麗歌謠)

고려 시대 평민들이 부르던 민요적 시가로 '고려 속요(高麗俗謠)', '여요(麗謠)', '장가(長歌)'라고도 한다. 넓은 의미로는 고려 시가 전체를 포함하며, 좁은 의미로는 귀족층이 향유하던 '경기체가'를 제외한 고려 가요를 일컫는데, 향가계 고려 가요까지 포함하여 이른다.

고려 가요는 민요에 바탕을 두고 형성된 것으로, 귀족층의 한문학이 융성하던 시기에 평민층에서 새로이 나타난 노래이다. 당시에는 우리 글자가 없어 구전되다가 훈민정음 창제 이후 문자로 정착되기 시작했다. 문자로 정착되는 과정에서 조선 시대 유학자들이 "남녀상열지사(男女相悅之詞)는 사리부재(詞俚不載)"라 하여 개작 또는 삭제한 작품이 많아 일부만 전해진다.

(1) 내용상 특징

남녀 간의 사랑, 자연 예찬, 이별의 슬픔 등 평민들의 다양한 감정을 진솔하게 표현했다.

(2) 형식상 특징

3음보를 기본으로 하며 3·3·2조의 음수율이 많이 나타난다.

예 살어리(3) / 살어리(3) / 랏다(2) // 청산애(3) / 살어리(3) / 랏다(2) // －〈청산별곡〉

대부분이 몇 개의 연이 연속되는 분연체(分聯體, 분절체, 연장체)로 구성되어 있으며, 각 연마다 후렴구가 붙는 것이 보통이다.(분연체가 아닌 고려 가요 －〈정과정〉, 〈사모곡〉 등)

(3) 의의

아름다운 우리말 표현, 유려한 율조, 표현의 소박성과 함축성, 꾸밈없는 생활 감정의 표출, 경쾌한 리듬을 살리는 기교 등의 사용으로 고려 문학의 진수, 국문학사상 백미로 평가된다.

(4) 작가

대부분이 작자 미상이다.

(5) 수록 문헌

조선 시대 때 《악학궤범》, 《악장가사》, 《시용향악보》 등에 수록되어 궁중 음악으로 향유되었다.

◆ **"남녀상열지사(男女相悅之詞)는 사리부재(詞俚不載)"**

남녀가 서로 사랑하면서 즐거워하는 노랫말은 저속하여 문헌에 싣지 못한다는 말

◆ **고려 가요가 기록된 문헌**

① 《악학궤범》
조선 성종 때 성현, 유자광 등이 왕명에 따라 펴낸 음악책으로 음악의 이론, 악기 배열, 무용 절차, 무대 장치 등에 대해 서술함. 궁중 의식에서 연주하던 음악이 그림으로 풀이되어 있음.
② 《악장가사》
고려 시대부터 조선 초기까지의 속악(俗樂)과 가곡(歌曲)을 수록한 책으로, 조선 중종과 명종 사이에 일설에 박준이 엮었다고 전해짐.
③ 《시용향악보》
작가와 연대를 알 수 없는 조선 시대의 가곡집으로, 26수의 가사와 악보가 실려 있음.

간단 개념 체크

1 고려 가요는 구전되다가 □□□□ 창제 이후 문자로 정착되기 시작했다.

2 고려 가요는 《악학궤범》, 《시용향악보》, 《□□□□》에 수록되어 조선의 궁중 음악으로 향유되었다.

3 고려 가요는 4음보를 기본으로 3·3·2조의 음수율을 보인다. (○ / ×)

답 1 훈민정음 2 악장가사 3 ×

예

작품	형식	내용	출전
가시리	4연 분연체	떠나는 임에게 곧 다시 돌아오라고 애원하는 이별가. 일명 〈귀호곡(歸乎曲)〉	악장가사 시용향악보
동동(動動)	13연 월령체	월별로 자연 경물이나 절기에 따라 남녀의 애정을 읊은 달거리 노래	악학궤범
만전춘별사(滿殿春別詞)	5(6)연 분연체	남녀의 애정을 대담·솔직하게 노래한 남녀상열지사. 형식상 시조와 가장 비슷함.	악장가사
서경별곡(西京別曲)	3연 분연체	서경(평양)의 여인이 사랑하는 사람을 떠나보내며 이별의 정한을 읊은 노래	악장가사 시용향악보
정석가(鄭石歌)	6연 분연체	임의 만수무강(萬壽無疆)을 기원하며 사랑을 굳게 맹세한 연주가(戀主歌)	악장가사 시용향악보
청산별곡(靑山別曲)	8연 분연체	현실 도피적인 생활상을 읊은 노래	악장가사
사모곡(思母曲)	비연시	어머니의 극진한 사랑을 낫에 비유하여 예찬함. 효심가. 신라 〈목주가(木州歌)〉의 후신이라고도 함. 일명 〈엇노리〉	악장가사 시용향악보
쌍화점(雙化店)	4연 분연체	남녀의 사랑을 적나라하게 노래한 유녀(遊女)의 남녀상열지사	악장가사

◆ **신흥 사대부**
고려 후기에 무신이 집권하게 되자 대부분의 문벌 귀족(門閥貴族)들은 몰락하여 초야에 은둔했지만, 일부 문신(文臣)들은 집권층들의 문하를 드나들며 신흥 사대부 계층을 형성하게 되었다. 이들이 사회 전면에 등장하면서, 성리학을 자신들의 이념으로 받아들이고 한문학에 현실 인식의 과제를 부여하며 새로운 문학을 성립해 나갔다.

◆ **별곡체(別曲體)**
경기체가를 민요체인 고려 속요와 구분하기 위해 이르는 말

4. 경기체가(景幾體歌)

고려 중엽 무신의 난 이후 새롭게 등장한 신흥 사대부들이 자신들의 득의에 찬 삶과 유흥적이고 향락적인 생활을 드러내기 위해 즐기던 노래이다. 구체적 사물을 나열하면서 객관적인 설명을 가하는 교술적 성격을 지니고 있다. 고려 고종 때 발생하여 조선 선조 때까지 약 350년간 이어진 별곡체 형태의 시가를 이르는데, 13세기 초에 한림학사들이 지은 〈한림별곡(翰林別曲)〉을 시작으로 출현했다. 경기체가라는 명칭은 이 노래에 '~경(景) 긔 엇더ᄒᆞ니잇고' 혹은 '경기하여(景幾何如)'라는 구절이 되풀이되는 것을 줄여서 붙인 것이다.

(1) 내용상 특징

글, 경치, 기상 등을 제재로 삼아 선비들의 학식과 체험을 노래했고, 사물이나 경치를 나열함으로써 신흥 사대부의 호탕한 기상과 자부심을 드러냈다.

(2) 형식상 특징

몇 개의 연이 중첩되어 한 작품을 이루는 연장(聯章) 형식을 취하고 있다.

- 한 연은 6행으로 되어 있으며 제5행과 제6행에서 두 개의 구조적 단위, 즉 전대절과 후소절로 양분되는 분절 형식이다.
- 제1행~제3행까지는 각각 3음보, 제5행은 4음보인 것이 원칙이고, 제5행의 4음보 가운데 뒷부분 2음보는 앞 2음보의 가사를 반복한다.
- 음수율은 제1, 2행이 3·3·4, 제3행이 4·4·4, 제5행이 4·4·4·4의 음절로 되어 있다.

예 당한셔(唐漢書) 장로ᄌᆞ(莊老子) 한류문집(韓柳文集) 3·3·4
니두집(李杜集) 난ᄃᆡ집(蘭臺集) ᄇᆡᆨ락텬집(白樂天集) 3·3·4
모시샹셔(毛詩尙書) 주역츈츄(周易春秋) 주ᄃᆡ례긔(周戴禮記) 4·4·4 — 3음보
위 주(註)조쳐 내 외온 경(景) 긔 엇더ᄒᆞ니잇고.
엽(葉) 대평광긔(大平廣記) ᄉᆞᄇᆡᆨ여 권(四百餘卷) 대평광긔(大平廣記) ᄉᆞᄇᆡᆨ여 권(四百餘卷) → 전대절(4음보, 4·4·4·4)
위 력남(歷覽)ㅅ 경(景) 긔 엇더ᄒᆞ니잇고. → 후소절

–〈한림별곡〉

간단 개념 체크

1 고려 말 경기체가를 창작하는 등 새로운 문학 담당층으로 □□ □□□가 등장했다.

2 경기체가라는 명칭은 〈한림별곡〉의 후렴구 '경(景)긔 엇더ᄒᆞ니잇고'의 반복에서 유래하였다. (○ / ×)

3 경기체가는 몇 개의 □이 중첩되어 한 작품을 이루는 연장(聯章) 형식을 취하고 있다.

답 1 신흥 사대부 2 ○ 3 연

(3) 의의

운율적으로는 음악적 성격이 강하게 드러나지만 내용은 문학성을 거의 갖추고 있지 않으며, 한시(漢詩)도 우리나라 시도 아닌 중간적 성격을 띤 문학이다. 그러나 정제된 형식미를 갖추고 있어 조선 시대까지 사대부 계층이 주로 창작했다.

예

작품	작가	연대	내용	출전
한림별곡(翰林別曲)	한림 제유	고종	시부, 서적, 명필, 명주(名酒), 화훼, 음악, 누각, 추천의 전 8장으로 되어 있음. 현실 도피적·향락적 성격. 한문 위주의 표기. 최초의 경기체가	악장가사
관동별곡(關東別曲)	안축	충숙왕	강원도 순무사로 있다가 돌아오는 길에 관동의 절경을 노래함. 전 8장으로 되어 있음. 이두문이 많이 쓰임.	근재집
죽계별곡(竹溪別曲)	안축	충숙왕	작가의 고향인 풍기에 있는 죽계(竹溪)의 경치를 노래함.	근재집

5. 시조(時調)

주로 사대부의 서정을 간결한 형식 속에 담아낸 우리 고유의 정형시로, 고려 후기 역사적 전환기를 맞아 신흥 사대부들이 경기체가만으로는 감당할 수 없는 유교적 이념을 표출하기 위해 또 다른 표현 영역을 개척하는 과정에서 생겨난 국문학의 대표적 양식이다.

일반적으로 향가에서 기원하여 고려 가요의 분장(分章) 과정을 거치면서 형성된 것으로 추측된다. 고려 중엽에 발생하고 고려 말기에 완성되어 오늘날에까지 이르고 있는데, 귀족 문학과 평민 문학으로 양분되어 있던 당시의 문학적 풍토에서 이 둘을 아우름으로써 새로운 국민 문학의 기틀을 형성했다.

(1) 내용상 특징

유교적 충의(忠義) 사상을 노래한 시조들이 주류를 이루며, 고려의 유신(遺臣)들이 지은 회고가나 정몽주의 〈단심가〉 등이 대표적이다.

(2) 형식상 특징

일반적으로 3장 6구 45자 내외를 기본형으로 하여 3·4조 또는 4·4조의 4음보로 이루어지며, 종장의 첫 음보는 3음절로 고정되어 있다.

(3) 의의

처음에는 단아하고 간결한 형식이 사대부 계층의 취향에 맞아서 발달했지만, 점차 향유층이 확대되어 국민 문학으로 승화되었다.

(4) 작가

이방원, 정몽주, 우탁, 원천석, 이색, 이조년 등의 사대부 계층이 주를 이룬다.

예

작품	작가	내용
ᄒᆞᆫ 손에 막ᄃᆡ 잡고 춘산에 눈 녹인 바ᄅᆞᆷ	우탁	늙음을 한탄하는 노래. 탄로가(嘆老歌)
이화에 월백ᄒᆞ고	이조년	봄밤의 애상적인 정한을 노래. 다정가(多情歌)
이런들 엇더ᄒᆞ며	이방원	정몽주에게 자신과 뜻을 함께할 것을 회유한 노래. 〈하여가(何如歌)〉
이 몸이 주거 주거	정몽주	이방원의 〈하여가〉에 답하여 고려 왕조에 대한 지조를 노래. 〈단심가(丹心歌)〉
구름이 무심ᄐᆞᆫ 말이	이존오	간신 신돈의 횡포를 풍자한 노래
백설이 ᄌᆞ자진 골에	이색	나라에 대한 근심과 임금에 대한 충정을 노래

◆ **시조의 기원설**

① 고대 민요의 영향설
② 향가(10구체 향가의 낙구) 기원설
③ 〈정읍사〉와 같은 6구체 기원설
④ 한시 번역 과정에서 생성되었다는 설
⑤ 고려 가요(분장체) 기원설(특히 〈만전춘별사〉에 보이는 3장 형식이라는 주장)
→ 고려 가요의 형태상 특징이 허물어지면서 단형화되어 새로운 시조형이 만들어졌다는 설이 유력함.

◆ **시조의 형식상 갈래**

① 평시조: 초·중·종장이 각 15자 내외, 총 45자 내외인 단시조
② 엇시조: 초·중장 가운데 어느 한 장이 평시조보다 1음보 정도 길어진 시조
③ 사설시조: 초·중장이 제한 없이 길고 종장도 어느 정도 길어진 시조
④ 연시조: 2수 이상의 시조를 나열하여 한 편의 작품을 이룬 시조
⑤ 단시조: 연시조에 대응하여 쓰는 말로 평시조와 같은 의미

간단 개념 체크

1 고려 말의 시조는 유교적 ☐☐, 고려에 대한 회고 등을 주된 내용으로 다루고 있다.

2 시조는 일반적으로 3장 6구 45자 내외를 기본형으로 하며, 종장의 첫 음보는 4음절로 고정되어 있다. (○ / ×)

3 이방원의 〈하여가〉에 대한 답가로, 고려 왕조에 대한 지조를 담은 정몽주의 시조는? ( )

답 1 충의 2 × 3 〈단심가〉

020 가시리 | 작자 미상

키워드 체크 #이별의 정한 #여성적 정조 #원망 #체념

문학 비상
국어 천재(박), 천재(이), 비상(박안), 신사고, 지학, 해냄

핵심 정리

갈래 고려 가요
성격 서정적, 민요적, 애상적
제재 임과의 이별
주제 이별의 정한(情恨)
특징 간결한 형식과 소박한 시어를 사용하여 이별의 감정을 절묘하게 표현함.
의의 ① 우리 민족의 전통적인 정서인 이별의 정한을 노래한 대표 작품
② 여성적 정조의 원류가 되는 작품
출전 《악장가사》, 《시용향악보》

Q 〈가시리〉에 드러난 화자의 태도는?

- '잡ᄉᆞ와 두어리마ᄂᆞᄂᆞᆫ / 선ᄒᆞ면 아니 올셰라': 떠나는 임을 붙잡지 못하는 순종적이고 체념적인 태도
- '가시ᄂᆞᆫ ᄃᆞᆺ 도셔 오쇼셔 나ᄂᆞᆫ': 임이 돌아오기를 간절히 기다리는 소극적인 태도
→ 화자는 임에 대한 자신의 감정을 직설적으로 표현하지만, 임을 붙잡으며 매달리지는 않는다. 그저 임이 돌아오기만을 소망하며 이별의 슬픔을 참아 내고 있다.

시어 풀이

ᄇᆞ리고 버리고.
잡ᄉᆞ와 잡아서, 붙잡아.
선ᄒᆞ면 서운하면.
셜온 서러운.
도셔 돌아서서. 기본형은 '도셔다'로 '돌다[廻]'와 '셔다[立]'의 합성어.

시구 풀이

❶ **가시리 가시리잇고 나ᄂᆞᆫ / ᄇᆞ리고 가시리잇고 나ᄂᆞᆫ** 반복을 통해 자신을 떠나겠다는 임의 말이 믿기지 않는 화자의 정서를 극명하게 드러내고 있다. 'a-a-b-a' 구조에서 민요적 특징을 계승하고 있음을 확인할 수 있다.
❷ **날러는 엇디 살라 ᄒᆞ고 / ᄇᆞ리고 가시리잇고 나ᄂᆞᆫ** 떠나는 임에 대한 원망과 화자의 슬픔이 고조되는 부분으로, 임을 보내고 싶지 않은 화자의 심정이 드러나 있다.
❸ **선ᄒᆞ면 아니 올셰라** 떠나는 임을 붙잡으면 마음이 토라져서 돌아오지 않을까 봐 걱정하는 화자의 모습이 나타나 있다. 또한 임을 보내는 서러움을 절제하는 모습도 드러난다.
❹ **가시ᄂᆞᆫ ᄃᆞᆺ 도셔 오쇼셔 나ᄂᆞᆫ** 임을 떠나보낼 수밖에 없는 상황에서 임을 기다리는 시간이 최소화되기를 바라는 마음과 언제까지나 임을 기다리겠다는 간절한 기다림의 정서가 드러나 있다.

ⓐ❶가시리 가시리잇고 나ᄂᆞᆫ (나ᄂᆞᆫ: 특별한 의미 없이 악률을 맞추기 위한 여음)
ᄇᆞ리고 가시리잇고 나ᄂᆞᆫ (3 3 2 → 3·3·2조, 3음보)
위 증즐가 대평셩ᄃᆡ(大平盛代) (후렴구(의미 없는 여음구), 노래 내용과 관계가 없음.)

▶ 기(起): 뜻밖의 이별에 대한 안타까움과 하소연

현대어 풀이 가시겠습니까, (진정으로 떠나) 가시겠습니까? / (나를) 버리고 가시겠습니까?

ⓑ❷날러는 엇디 살라 ᄒᆞ고 (날러는: 나는, 엇디: 어찌)
ᄇᆞ리고 가시리잇고 나ᄂᆞᆫ
위 증즐가 대평셩ᄃᆡ(大平盛代)

▶ 승(承): 하소연(원망)의 고조

현대어 풀이 나는 어찌 살라 하고 / (나를) 버리고 가시겠습니까?

ⓒ잡ᄉᆞ와 두어리마ᄂᆞᄂᆞᆫ
ⓓ❸선ᄒᆞ면 아니 올셰라 → 화자가 임을 보내는 이유 ('ㄹ셰라': ~할까 두렵다, 염려스럽다)
위 증즐가 대평셩ᄃᆡ(大平盛代)

▶ 전(轉): 감정의 절제와 체념

현대어 풀이 (생각 같아서는) 붙잡아 두고 싶지만, / (혹시나 임께서) 서운하면 (다시는) 아니 올까 두렵습니다.

「셜온 님 보내ᄋᆞᆸ노니 나ᄂᆞᆫ (셜온: ① 주체 = 임: 이별을 서러워하는 임 ② 주체 = 화자: 나를 서럽게 하는 임)
ⓔ❹가시ᄂᆞᆫ ᄃᆞᆺ 도셔 오쇼셔 나ᄂᆞᆫ」 (가시ᄂᆞᆫ ᄃᆞᆺ: 가시는 즉시, 가시자마자) 「 」: 소극적이고 자기희생적인 화자의 태도
위 증즐가 대평셩ᄃᆡ(大平盛代)

▶ 결(結): 이별 후의 소망과 기원

현대어 풀이 서러운 임을 (어쩔 수 없이) 보내옵나니, / 가자마자 곧 돌아오십시오.

이해와 감상

이 작품은 사랑하는 사람을 떠나보내는 화자의 슬프고도 애절한 마음과 애이불비(哀而不悲; 슬프지만 겉으로 슬픔을 나타내지 아니함.)의 태도가 잘 형상화되어 있는 작품으로, 우리 민족의 보편적 정서인 이별의 정한을 계승하고 있다는 평가를 받는다. 1연에서는 임에게 진정 자신을 떠날 것인지 애달프게 묻고 있으며, 2연에서는 질문을 되풀이하여 고조된 슬픔을 절실하게 드러내고 있다. 3연에서는 임을 붙잡지 못하는 이유를 제시하며 수동적이고 전통적인 여인상을 드러내고, 4연에서는 임이 돌아오기를 바라는 간절한 소망을 제시하며 시상을 마무리하고 있다.

1연		2연		3연		4연
원망	➡	좌절	➡	체념	➡	기원

이 작품의 짜임

기(1연)	뜻밖의 이별에 대한 안타까움과 하소연	제발 가지 말라는 애원의 심리가 드러남.
승(2연)	허탈감과 좌절	떠나는 임에 대한 원망이 고조됨.
전(3연)	감정의 절제와 체념	체념의 고백과 후일을 기약하는 이유가 드러남.
결(4연)	임이 돌아오기를 바라는 소망과 기원	떠나더라도 바로 돌아오라는 간절한 염원이 드러남.

작품 연구소

'이별의 정한'이 나타나는 작품의 계보

'정한(情恨)'은 자신에게 닥친 부당한 상황을 어쩔 수 없이 수용하는 데서 발생하는 정서이다. 〈가시리〉의 화자도 이별의 상황을 어쩔 수 없이 받아들이고 있는데, 이로 인해 한(恨)의 정서가 발생한다. 이러한 '이별의 정한(情恨)'은 한국 문학 속에서 면면히 이어져 오고 있으며, 그 내용은 작품별로 조금씩 상이하다.

	작품명	화자	화자의 정서와 태도
고대 가요	〈공무도하가〉	여성(백수 광부의 처)	체념과 안타까움
	〈황조가〉	남성(유리왕)	체념과 허탈감
	〈정읍사〉	여성	걱정과 기원, 소망
고려 가요	〈가시리〉	여성	체념과 기원, 소망
	〈서경별곡〉	여성	하소연과 원망
한시	〈송인〉	여성	애절함과 슬픔
현대 시	〈진달래꽃〉	여성	체념과 자기희생적 초월

'위 증즐가 대평성딕'라는 후렴구가 사용된 이유

이 작품에는 '위 증즐가 대평셩딕(大平盛代)'라는 후렴구가 반복적으로 사용되고 있다. 이 구절에서 '위'는 감탄사, '증즐가'는 악기 소리를 흉내 낸 의성어로 악률을 맞추기 위한 여음구(餘音句)에 해당한다. 일반적으로 여음구는 반복적으로 사용되어 리듬감을 느낄 수 있게 하며 시에 통일성을 부여하여 형태적 안정감을 주고, 분연(分聯)의 기능을 하기도 한다. 이별의 노래임에도 분위기와 맞지 않는 후렴구가 사용된 것은 이 작품이 궁중 속악으로 채택되어 국왕 앞에서 불리면서 태평성대의 즐거움을 노래한 정치적 내용이 첨가되었기 때문으로 볼 수 있다.

후렴구 위 증즐가 대평셩딕

↓

형식적인 기능		의미상의 기능
• 운율의 형성 • 청각적인 즐거움 • 연(聯)이나 장(章)을 구분	+	• 의미의 전환 • 다양하게 전개된 시상을 통합

함께 읽으면 좋은 작품

〈서경별곡〉, 작자 미상 / 이별의 정한을 노래한 작품

〈가시리〉와 〈서경별곡〉은 이별을 대하는 여성 화자의 정서를 노래한 고려 가요라는 데 공통점이 있다. 그러나 〈가시리〉의 화자가 이별의 상황을 받아들이고 체념하는 모습을 보이는 데 반해, 〈서경별곡〉의 화자는 떠나는 임을 따라가겠다고 하고, 사공을 원망하는 등 이별의 상황을 거부하는 적극적인 모습을 보이는 등 차이가 있다. Link 본책 76쪽

키 포인트 체크

화자 임을 떠나보내는 □□

상황 임을 붙잡지 못한 채 다시 □□□□를 바람.

태도 이별의 상황을 받아들이고 □□함.

1 이 작품에 대한 설명으로 적절하지 않은 것은?

① 특별한 의미가 없는 여음구를 사용하고 있다.
② 특정 시구를 거듭 사용하여 리듬감을 형성하고 있다.
③ 각 연을 유사한 형태로 구성하여 안정감을 주고 있다.
④ 다양한 비유를 활용하여 시상 전개에 변화를 주고 있다.
⑤ 여성적 어조를 통해 화자의 정서를 효과적으로 전달하고 있다.

내신 적중 多빈출

2 ⓐ~ⓔ에 대한 설명으로 적절하지 않은 것은?

① ⓐ: 임과 이별하게 된 화자의 안타까움이 드러난다.
② ⓑ: 임에 대한 원망과 화자의 고조된 감정이 드러난다.
③ ⓒ: 임과 다시 만날 수 있다는 화자의 믿음이 드러난다.
④ ⓓ: 화자가 임과의 이별을 받아들이는 이유가 드러난다.
⑤ ⓔ: 임이 돌아오기를 바라는 화자의 간절함이 드러난다.

3 작가가 이 작품을 쓰고 시간이 흐른 뒤 〈보기〉를 썼다고 가정할 때, 두 작품을 비교하여 감상한 내용으로 적절하지 않은 것은?

보기

이화우(梨花雨) 흣뿌릴 제 울며 잡고 이별(離別)ᄒᆞᆫ 님
추풍낙엽(秋風落葉)에 저도 날 싱각ᄂᆞᆫ가
천 리(千里)에 외로운 쑴만 오락가락 ᄒᆞ노매 - 계랑

① 이 작품에 나타난 이별 상황은 〈보기〉의 초장에 나타나고 있다.
② 이 작품에 나타난 임에 대한 사랑은 〈보기〉에서도 변함없음을 알 수 있다.
③ 〈보기〉의 초장과 중장을 통해 이 작품의 상황 이후에 시간이 흘렀음을 나타내고 있다.
④ 이 작품에 나타난 염원과는 달리 〈보기〉에서 임이 아직 돌아오지 않았음을 알 수 있다.
⑤ 이 작품과 〈보기〉 모두 청자로 설정된 임에게 직접 호소하는 방식으로 노래하고 있다.

4 이 작품의 화자와 〈보기〉의 화자가 이별을 대하는 태도의 차이점을 서술하시오.

보기

여히므론 아즐가 여히므론 질삼뵈 ᄇᆞ리시고
위 두어렁셩 두어렁셩 다링디리
괴시란딕 아즐가 괴시란딕 우러곰 좃니노이다
위 두어렁셩 두어렁셩 다링디리 - 작자 미상, 〈서경별곡〉

021 동동(動動) | 작자 미상

키워드 체크 #월령체 노래 #민요적 #계절 변화 #임을 떠나보낸 여인 #애절한 그리움

문학 비상, 신사고

핵심 정리

갈래 고려 가요
성격 연가(戀歌)적, 민요적, 서정적
제재 달마다 행하는 세시 풍속
주제 임에 대한 송도(頌禱)와 연모(戀慕)의 정
특징 ① 분절체 형식으로 서사인 1연과 본사인 12개 연으로 구성됨.
② 영탄법, 직유법, 은유법을 사용함.
③ 세시 풍속에 따라 사랑의 감정을 읊음.
의의 현전하는 최고(最古)의 월령체(달거리) 노래
연대 고려 시대(12~14세기 경)
출전 《악학궤범》

Q 〈동동〉의 '서사'의 성격은?

이 작품의 '서사'는 '임'이 덕이 있고, 복되기를 기원하고 있다. 이 작품이 궁중에서 불렸다는 사실과 연결 지어 볼 때 후대에 궁중 속악의 가사로 수용되면서 궁중의 의식 절차를 갖추기 위해 서사가 첨가된 것으로 보인다. 서사에서의 '임'은 개인적 정서와 관계된 임이라기보다는 '임금'과 같은 공적인 존재로서의 '임'으로 해석될 수 있다.

시어 풀이

곰비예 뒷 잔에, 다음 잔에, 신령에게.
림비예 앞 잔에, 임(임금)께.
나ᅀᆞ라 드리러, 진상(眞上)하러.
어져 녹져 얼려 하고 녹으려 하고.
녈셔 살아가는구나, 지내는구나.
즈ᅀᅴ샷다 모습이시도다, 모습 같구나.
닛고 신뎌 잊고 계신지요.
별해 벼랑에.

시구 풀이

❶ **복(福)으란 림비예 받잡고** 임에 대한 해석이 분분하나, 이때의 임은 '임금'과 같은 공적인 임으로 보는 것이 적절하다.
❷ **아으 동동(動動)다리** 고려 가요의 대표적 특징인 후렴구에 해당하는 부분으로, '동동'은 북소리, '다리'는 악기 소리를 흉내 낸 의성어로 보인다.
❸ **정월(正月)ㅅ 나릿므른 ~ ᄒᆞ올로 녈셔** 정월의 냇물이 얼었다가 녹았다가 한다는 것으로, 얼어붙은 자신의 외로운 마음을 임에 의해 녹게 하고 싶다는 의미와 마음을 녹여 줄 사람도 없이 홀로 살아간다는 의미의 중의적, 또는 우의적 표현이다. 자연 현상과 대비되는 화자의 처지를 드러낸 표현으로 보기도 한다.
❹ **사월(四月) 아니 니저 ~ 녯나ᄅᆞᆯ 닛고 신뎌** 꾀꼬리와 녹사님의 대조를 통해 여인의 원망과 한탄을 드러내고 있다.
❺ **칠월(七月)ㅅ 보로매 ~ 원(願)을 비ᅀᆞᆸ노이다** 온갖 음식과 과일을 차려 놓고 기원하는 화자의 모습을 통해 임과 함께 살고 싶다는 애절한 소망이 드러나는 부분이라고 볼 수 있다.

덕(德)으란 ⓐ곰비예 받잡고 ❶복(福)으란 림비예 받잡고
(곰비예: 뒷 잔에, 신령님께 / 림비예: 앞 잔에, 임에게)
덕(德)이여 福(복)이라 호ᄂᆞᆯ 나ᅀᆞ라 오소이다 / ❷아으 동동(動動)다리 ▶ 송도(頌禱) – 덕과 복을 빎.
(나ᅀᆞ라 오소이다: 진상하러 오십시오)

현대어 풀이: 덕은 뒤에(신령님께) 바치옵고, 복은 앞에(임에게) 바치오니 / 덕이며 복이라 하는 것을 진상하러 오십시오.

❸정월(正月)ㅅ 나릿므른 아으 어져 녹져 ᄒᆞ논ᄃᆡ
(중의적, 우의적 표현)
누릿 가온ᄃᆡ 나곤 ⓑ몸하 ᄒᆞ올로 녈셔 / 아으 동동(動動)다리 ▶ 고독(孤獨) – 홀로 살아가야 하는 외로움
(누릿 가온ᄃᆡ: 세상에)

현대어 풀이: 정월 냇물은 아아, 얼었다가 녹았다가 하는데 / 세상에 태어나서 이 몸이여, 홀로 살아가는구나.

이월(二月)ㅅ 보로매 아으 노피 현 등(燈)ㅅ블 다호라
(보로매: 보름에 / 노피 현 등ㅅ블: 훌륭한 인격을 가진 임의 모습을 비유 / 다호라: 같구나)
만인(萬人) 비취실 즈ᅀᅵ샷다 / 아으 동동(動動)다리 ▶ 송축(頌祝) – 임의 인품 찬양

현대어 풀이: 2월 보름에 아아, 높이 켜 놓은 등불 같구나. / 만인을 비추실 모습이시도다.

삼월(三月) 나며 개(開)ᄒᆞᆫ 아으 만춘(滿春) ᄃᆞᆯ욋고지여
(ᄃᆞᆯ욋고지여: 진달래꽃 혹은 오얏꽃 – 임의 아름다운 모습 비유)
ᄂᆞᄆᆡ 브롤 ⓒ즈슬 디녀 나샷다 / 아으 동동(動動)다리 ▶ 송축(頌祝) – 임의 아름다움 찬양
(브롤: 부러워할)

현대어 풀이: 3월 지나며 핀 아아, 봄의 진달래꽃이여. / 남이 부러워할 모습을 지니고 태어나셨구나.

❹사월(四月) 아니 니저 아으 오실셔 ⓓ곳고리 새여 ○↔□: 대조 – 꾀꼬리는 잊지 않고 찾아왔으나 임은 소식이 없음.
(아니 니저: 잊지 않고)
므슴다 녹사(錄事)니믄 ⓔ녯나ᄅᆞᆯ 닛고 신뎌 / 아으 동동(動動)다리 ▶ 애련(哀戀) – 무심한 임에 대한 애끓는 정
(므슴다: 무엇 때문에 / 녹사(錄事): 고려 때의 벼슬 이름으로 임의 신분을 나타냄.)

현대어 풀이: 4월을 잊지 않고 아아, 오는구나 꾀꼬리여. / 무엇 때문에 녹사님은 옛날을 잊고 계신지요.

오월(五月) 오일(五日)애 아으 수릿날 아ᄎᆞᆷ ㉠약(藥)은
(수릿날: 음력 5월 5일, 단오 / 약(藥): 임에게 바치는 사랑을 의미함.)
즈믄 ᄒᆡᆯ 장존(長存)ᄒᆞ샬 약(藥)이라 받잡노이다 / 아으 동동(動動)다리 ▶ 기원(祈願) – 임의 만수무강을 빎.
(즈믄: 천(千) / 장존(長存)ᄒᆞ샬: 오래 사실)

현대어 풀이: 5월 5일(단오)에 아아, 단옷날 아침 약은 / 천년을 사실 약이기에 바치옵니다.

유월(六月)ㅅ 보로매 아으 별해 ᄇᆞ룐 빗 다호라 ▭: 화자의 처지 비유
(유월ㅅ 보로매: 유두일에 / ᄇᆞ룐 빗: 버림받은 화자의 처지 비유)
도라보실 니믈 젹곰 좃니노이다 / 아으 동동(動動)다리 ▶ 애련(哀戀) – 임에게 버림받은 슬픔
(젹곰: 잠시나마 / 좃니노이다: 따르겠나이다)

현대어 풀이: 6월 보름(유두일)에 아아, 벼랑에 버린 빗 같구나. / 돌아보실 임을 잠시나마 따르겠나이다.

❺칠월(七月)ㅅ 보로매 아으 백종(百種) 배(排)ᄒᆞ야 두고
(칠월ㅅ 보로매: 백중에 / 백종(百種): 온갖 음식(제물) / 배(排)ᄒᆞ야: 차려, 벌여)
니믈 ᄒᆞᆫ ᄃᆡ 녀가져 원(願)을 비ᅀᆞᆸ노이다 / 아으 동동(動動)다리 ▶ 연모(戀慕) – 임을 영원히 따르고 싶어 하는 마음
(ᄒᆞᆫ ᄃᆡ: 함께 / 녀가져: 살고자 / 원(願): 소원)

현대어 풀이: 7월 보름(백중)에 아아, 여러 가지 제물을 벌여 놓고 / 임과 함께 살고자 소원을 비옵니다.

이해와 감상

이 작품은 현전하는 국문학 작품 중 가장 오래된 월령체 노래로, 송도(頌禱)의 성격을 지닌 서사 부분과 임에 대한 사랑을 노래하는 12개의 연으로 구성되어 있다. 분연체 형식과 후렴구 사용 등 형태적인 면에서 고려 가요의 일반적인 특성을 보여 주며, 각 달의 특성과 세시 풍속을 중심으로 송축과 찬양, 떠나 버린 임에 대한 원망과 한스러움, 그리움 등 화자의 애절한 정서를 노래하고 있다. 또한 화자와 시적 대상을 다양한 사물에 비유한 표현도 특징 중 하나이다.

시적 화자	별해 ᄇᆞ룐 빗(6월령)	임에게서 버림받은 자신의 처지를 '벼랑에 버린 빗'과 '잘게 썬 보리수나무'에 비유함.
	져미연 ᄇᆞᄅᆞᆺ(10월령)	
	반(盤)잇 져(12월령)	임에게서 버림받고 다른 사람에게 시집간 자신의 처지를 '소반 위의 젓가락'에 비유함.
시적 대상(임)	등(燈)ㅅ블(2월령)	만인을 비출 임의 모습을 '등불'에 비유함.
	돌욋곶(3월령)	임의 아름다운 모습을 '진달래꽃'에 비유함.

작품 연구소

〈동동〉의 형식상 특징

- 율격: 우리 민요에서 흔히 볼 수 있는 3음보의 율격이 나타난다.
- 연장체: 하나의 작품이 몇 개의 연으로 이루어지는 시가의 한 양식으로, 고려 가요에서 일반적으로 나타나는 형식이다. 이 작품도 서사와 12개의 연으로 구성된 본사, 총 13연으로 구성된 연장체의 성격을 띤다.
- 후렴구: '아으 동동(動動)다리'는 각 연을 분절하는 기능을 하면서 음악적 흥취를 고조하는 역할도 한다. '동동'은 북소리를 본뜬 의성어로 보는 의견이 일반적이다.

〈동동〉에 나타난 시상의 흐름

이 작품은 시상의 흐름이 일관되지 않고 각 연의 주제도 통일되어 있지 않아 한 작가의 일관된 정서의 표출이라고 보기 힘들다. 서사와 2, 3, 5월령은 임을 향한 순수한 송도(頌禱)의 내용으로, 이때의 '임'은 임금 혹은 임금처럼 높이 추앙된 공적인 인물이라고 볼 수 있다. 그러나 정월, 4월령은 개인적 정서, 즉 '임'에 대한 화자의 원망적 호소를 담고 있다. 또한 6, 7, 8월령은 공적 정서와 개인적 정서가 융합된 정감의 노래이고, 11, 12월령에는 임에 대한 그리움과 자신의 신세에 대한 한탄이 드러나 있다. 이는 이 작품이 원래 연가적 성격의 민요였으나, 궁중 연악(宴樂; 궁중 의식이나 잔치 때 연주하던 음악)으로 쓰이면서 변형되었기 때문으로 추측된다.

월령체(月令體)

정의	1년을 열두 달로 나누어 구성한 시가 형식으로, 그 노래를 가리켜 '월령체가(月令體歌)', 또는 '달거리요'라고도 함.
형식	작품에 따라 12개 혹은 13개로 분절하며 각 연은 흔히 그 달의 자연, 기후, 명절놀이, 민속 행사를 반영함. 서정적으로 노래하며 다양하고 풍부한 생활 감정을 자유분방하게 표현하는 것이 특징임.
효과	읊고 있는 내용을 더욱 절실히 전달해 주고, 인생에서의 문제가 자연의 변화에 비유되어 화자의 정서를 효과적으로 전달함.
대표적 작품	〈농가월령가(農家月令歌)〉, 〈12월가〉, 〈사친가(思親歌)〉, 〈관등가(觀燈歌)〉 등

키 포인트 체크

화자 □에게 버림받은 여인
상황 각 달의 □□ □□을 통해 임을 송축하고 연모의 정을 드러냄.
태도 떠나간 임을 □□하고 그리워함.

1 이 작품에 대한 설명으로 적절하지 않은 것은?

① 임에 대한 그리움의 정서가 바탕에 깔려 있다.
② 영탄법을 사용하여 화자의 감정을 드러내고 있다.
③ 시구 가운데 임의 신분을 짐작할 수 있는 구절이 있다.
④ 과거와 현재를 대비하여 화자의 소망을 강조하고 있다.
⑤ 직유법을 사용하여 임과 자신의 모습을 형상화하고 있다.

2 이 작품을 감상한 내용으로 적절하지 않은 것은?

① '아으 동동(動動)다리'는 작품 전체에 통일성을 부여하는 기능을 한다.
② 〈서사〉에서 '아으 동동(動動)다리'를 제외한 나머지 부분은 송축의 내용이다.
③ 〈정월령〉에는 남녀 간의 사랑으로 인한 외로움이 드러나 있다.
④ 〈2월령〉의 '등(燈)ㅅ블'은 이별의 상황과 동떨어진 시어이다.
⑤ 〈3월령〉의 '돌욋곶'은 화자의 외로움을 부각하는 시어이다.

3 다음 밑줄 친 시어 중에서 ㉠과 시적 의미가 가장 유사한 것은?

① 거북아, 거북아, / 머리를 내어라. / 내밀지 않으면 / 구워 먹으리.
② 살어리 살어리랏다 청산(靑山)애 살어리랏다 / 멀위랑 ᄃᆞ래랑 먹고, 청산(靑山)애 살어리랏다
③ 삼동(三冬)에 뵈옷 닙고 암혈(巖穴)에 눈비 마자 / 구름 낀 볏뉘도 쬔 적이 업건마는, / 서산(西山)에 히지다 ᄒᆞ니 눈물겨워ᄒᆞ노라.
④ 뫼흔 길고 길고 물은 멀고 멀고, / 어버이 그린 뜻은 많고 많고 하고 하고, / 어디서 외기러기는 울고 울고 가느니.
⑤ 원앙금(鴛鴦錦) 버혀 노코 오식션(五色線) 플텨내여 금자히 견화이셔 님의 옷 지어 내니, 수품(手品)은ᄏᆞ니와 제도(制度)도 ᄀᆞᄌᆞᆯ시고.

내신 적중 多빈출

4 ⓐ~ⓔ 중, 발상 및 표현이 〈보기〉의 밑줄 친 시어와 가장 유사한 것은?

> 보기
>
> 펄펄 나는 저 꾀꼬리 / 암수 서로 정답구나.
> 외로울사 이내 몸은 / 뉘와 함께 돌아갈꼬.
>
> – 유리왕, 〈황조가〉

① ⓐ ② ⓑ ③ ⓒ ④ ⓓ ⑤ ⓔ

5 화자가 임에게 버림받았음에도 임과 함께하고자 하는 강한 의지를 드러낸 구절을 찾아 4어절로 쓰시오.

시어 풀이

뫼셔 녀곤 모시어 지내야만.
ᄇᆞᄅᆞᆺ 보리수나무.
ᄇᆞ리신 버리신.
봉당 안방과 건넌방 사이의 토방. 안방과 건넌방 사이에 있는 마루를 놓을 자리에 있는 땅바닥.
한삼(汗衫) 속적삼.
고우닐 사랑하는 임을, 애인(愛人)을.
갓곤 깎은.
나ᄉᆞᆯ 진상할, 차려 올릴.
반(盤)잇 소반에 있는.
얼이노니 합치노니, 가지런히 놓으니.

▲ 〈동동〉이 실려 있는 《악학궤범》

시구 풀이

❶ **니믈 뫼셔 녀곤 오ᄂᆞᆳ날 가배(嘉俳)샷다** 8월 보름은 민족의 대명절이라고 할 수 있는 한가위로, 조상에게 여러 가지 과일이나 곡식을 올리는 가장 즐거운 명절이라고 할 수 있다. 그러나 화자는 사랑하는 임과 함께여야만 진정한 한가위라고 말하며, 임이 없는 쓸쓸함과 임을 그리는 마음을 간절하게 노래하고 있다.

❷ **구월(九月) 구일(九日)애 아으 약(藥)이라 먹논 / 황화(黃花)고지** 9월의 중양절에는 황화전, 즉 국화꽃을 전으로 부쳐 먹는 풍습이 있다. 화자는 국화꽃이 가득 핀 집 안을 돌아보며 임이 없는 상황을 더욱 외롭게 느끼고 있다. 따라서 국화꽃은 화자의 정서를 부각하는 객관적 상관물이라 할 수 있다.

❸ **시월(十月)애 아으 져미연 ᄇᆞᄅᆞᆺ 다호라** 잘게 썬 보리수나무는 임에게 버림받은 화자 자신을 상징한다. 버림받은 가련한 신세인 화자가 체념과 애상(哀想)이 한데 얽힌 슬픔을 노래하고 있다.

❹ **분디남ᄀᆞ로 갓곤 아으 나ᄉᆞᆯ 반(盤)잇 져 다호라** 12월령에 등장하는 젓가락 역시 화자를 비유하는 소재로 귀한 손님, 즉 임께 드릴 잔칫상에 올리겠다는 표현으로 미루어 보아 임에 대한 화자의 사랑을 담고 있는 표현이라고 볼 수 있다.

❺ **니믜 알피 드러 얼이노니 소니 가재다 므ᄅᆞᅀᆞᆸ노이다** 임에 대한 사랑이자 화자를 상징하는 젓가락을 손님이 가져다 입에 문다는 의미로, 사랑하는 사람을 두고 뜻하지 않은 인물에게 시집을 가게 되는 화자의 기구한 운명을 나타낸 부분이다.

팔월(八月)ㅅ 보로ᄆᆞᆫ 아으 가배(嘉俳) 나리마ᄅᆞᆫ
(음력 8월 15일은 / 한가위)
❶니믈 뫼셔 녀곤 오ᄂᆞᆳ날 가배(嘉俳)샷다 / 아으 동동(動動)다리
(임과 함께 있어야만 / 오늘이 진정 한가위입니다.)
▶ 연모(戀慕) – 임 없이 쓸쓸하게 맞이하는 한가위

현대어 풀이
8월 보름(한가위)은 아아, 한가윗날이지마는 / 임을 모시고 지내야만 오늘이 뜻있는 한가윗날입니다.

❷구월(九月) 구일(九日)애 아으 약(藥)이라 먹논
((집) 안에)
황화(黃花)고지 안해 드니 새셔 가만ᄒᆞ얘라 / 아으 동동(動動)다리
(노란 국화꽃 – 객관적 상관물 / 초가가 조용하구나 – 임이 없는 적막한 집을 묘사)
▶ 적요(寂寥) – 임의 부재로 인한 고독

현대어 풀이
9월 9일(중양절)에 아아 약이라고 먹는 / 노란 국화꽃이 집 안에 피니 초가집이 고요하구나.

❸시월(十月)애 아으 져미연 ᄇᆞᄅᆞᆺ 다호라 : 화자의 처지 비유
(잘게 썬)
것거 ᄇᆞ리신 후(後)에 디니실 ᄒᆞᆫ 부니 업스샷다 / 아으 동동(動動)다리
((나무를) 지니실)
▶ 애련(哀戀) – 버림받은 후의 회한과 고독

현대어 풀이
10월에 아아, 잘게 썬 보리수나무 같구나. / 꺾어 버리신 후에 (나무를) 지니실 한 분이 없으시도다.

십일월(十一月)ㅅ 봉당 자리예 아으 한삼(汗衫) 두퍼 누워
(덮어)
슬ᄒᆞᆯᄉᆞ라온뎌 고우닐 스싀옴 녈셔 / 아으 동동(動動)다리
(슬픈 일이구나 / 제각기)
▶ 비련(悲戀) – 독수공방의 외로움

현대어 풀이
11월에 봉당 자리에 아아, 속적삼을 덮고 누워 / 슬픈 일이구나. 사랑하는 임과 갈라져 각기 살아가는구나.

십이월(十二月)ㅅ ❹분디남ᄀᆞ로 갓곤 아으 나ᄉᆞᆯ 반(盤)잇 져 다호라
(분디나무로 / 젓가락 = 화자)
❺니믜 알피 드러 얼이노니 소니 가재다 므ᄅᆞᅀᆞᆸ노이다 / 아으 동동(動動)다리
(손님이 / 무옵니다 – 이루어지지 않는 사랑)
▶ 애련(哀戀) – 임과 인연을 맺지 못한 한(恨)

현대어 풀이
12월에 분디나무로 깎은 아아, (임께 드릴) 소반 위의 젓가락 같구나. / 임의 앞에 들어 가지런히 놓으니 손님이 가져다가 뭅니다.

이 작품의 짜임

구분	연	중심 소재	내용
서사	1연	덕(德), 복(福)	임에 대해 덕과 복을 비는 송도(頌祝)
본사	2연(정월령)	나릿믈	홀로 살아가야 하는 외로움
	3연(2월령)	등(燈)ㅅ블	임의 빼어난 인품 찬양
	4연(3월령)	돌욋곶(= 진달래꽃)	임의 아름다운 모습 찬양
	5연(4월령)	곳고리 새	무심한 임에 대한 애끓는 정
	6연(5월령)	아ᄎᆞᆷ 약(藥)	임의 만수무강에 대한 기원
	7연(6월령)	별해 ᄇᆞ룐 빗	임에게 버림받은 슬픔
	8연(7월령)	백종(百種)	임을 영원히 따르고 싶어 하는 마음
	9연(8월령)	가배(嘉俳)	임 없는 한가위의 쓸쓸함
	10연(9월령)	황화(黃花)	임의 부재로 인한 고독
	11연(10월령)	ᄇᆞᄅᆞᆺ	버림받은 후의 회한과 고독
	12연(11월령)	한삼(汗衫)	독수공방의 외로움
	13연(12월령)	져	임과 인연을 맺지 못한 한(恨)

작품 연구소

〈동동〉의 각 월령에 나오는 세시 풍속

2월	연등제	정월 보름에 등에 불을 켜고 복을 비는 풍습으로, 고려 현종 때에 2월 보름날로 바뀌었다.
5월	단오 (음력 5월 5일)	여자들은 창포를 삶은 물로 머리를 감고 얼굴을 씻고, 남자들은 창포 뿌리를 허리춤에 차고 다녔는데, 이는 모두 액을 물리치기 위해서였다. 수리취떡과 쑥떡 등을 먹고, 그네뛰기·씨름·탈춤·사자춤·가면극 등을 즐겼다.
6월	유두 (음력 6월 15일)	동쪽으로 흐르는 물에 머리를 감고, 새로 나온 과일과 국수, 떡 등으로 제사를 지냈으며, 유두면(국수의 일종)·편수(만두의 일종) 등을 먹었다.
7월	백중 (음력 7월 15일)	남녀가 모여 온갖 음식을 갖춰 놓고 노래하고 춤추며 즐겁게 놀았다. 승려들은 이날 각 사찰에서 재를 올렸다.
8월	한가위 (음력 8월 15일)	가을에 거둔 풍성한 곡식으로 음식을 장만하여 조상에게 차례를 지냈다.
9월	중양절 (음력 9월 9일)	이날 서울의 선비들은 교외로 나가서 풍국(楓菊) 놀이를 하는데, 시인, 묵객들은 주식(酒食)을 마련하여 황국(黃菊)을 술잔에 띄워 마시며 시를 읊거나 그림을 그렸다. 각 가정에서는 국화전을 부쳐 먹었다.

〈동동〉에 드러난 '임'의 성격

공적인 송도의 대상	연모의 대상
송도, 송축의 대상: 서사, 2월령, 3월령, 5월령	화자의 고독을 유발하는 그리움, 원망의 대상: 정월령, 4월령

'임'과 화자를 비유한 소재

	비유한 소재와 의미	대조되는 소재
시적 화자	벼랑에 버린 빗 (6월령) 잘게 썬 보리수나무 (10월령) 소반 위의 젓가락 (12월령) → 임에게 버림받은 처지	냇물 (정월령) → 화자와 달리 녹아 흐름.
임	등불 (2월령) 진달래꽃 (3월령) → 임의 아름다운 모습	꾀꼬리 (4월령) → 임과 달리 잊지 않고 찾아옴.

화자가 여성임을 알 수 있는 근거

소재	'빗', '젓가락', '한삼' 등은 여성의 주변에서 흔히 볼 수 있는 사물임.
어조	'~소이다', '~노이다' 등의 경어체를 사용하여 부드럽게 표현함.
분위기	임에 대한 그리움, 신세 한탄 등이 여성적 어조와 정감으로 드러남.
임의 상황	'녹사(綠事)'라는 벼슬을 하고 있으며, 화자를 버리고 화자와 떨어져 있음.

함께 읽으면 좋은 작품

〈농가월령가〉, 정학유 / 월령체 형식의 작품

농가의 1년 행사와 세시 풍속을 때에 맞추어 하도록 읊은 교훈적 내용의 가사로, 〈동동〉과 마찬가지로 월령체 시가이다. 농가의 1년 행사와 세시 풍속을 달에 따라 읊으면서도 철마다 다가오는 풍속과 지켜야 할 예의범절을 가르치고 있는 교훈적인 가사라는 점에서 〈동동〉과 차이가 있다.

Link 본책 270쪽

내신 적중 多빈출

6 이 작품의 형식적 특징을 〈보기〉에서 모두 골라 바르게 묶은 것은?

보기
ㄱ. 후렴구를 통해 주제를 강조하고 있다. ㄴ. 악기 소리를 본뜬 의성어를 이용해 흥취를 고조하고 있다. ㄷ. 고려 가요에서 일반적으로 나타나는 분연체로 되어 있다. ㄹ. 궁중 의식의 절차를 갖추기 위해 4음보로 변형되어 기록되었다. ㅁ. 1년을 열두 달로 나누어 구성한 월령체(달거리) 형식을 취하고 있다.

① ㄱ, ㄴ ② ㄱ, ㄷ ③ ㄴ, ㄹ
④ ㄴ, ㄷ, ㅁ ⑤ ㄷ, ㄹ, ㅁ

7 이 작품의 화자를 여성으로 볼 때, 그 근거를 〈보기〉에서 모두 골라 바르게 묶은 것은?

보기
ㄱ. 임이 '녹사(綠事)'로 그려지고 있다. ㄴ. 주로 청유형 어미를 사용하여 부드럽게 표현했다. ㄷ. 화자를 빗대고 있는 사물이 여성 주변에서 쉽게 볼 수 있는 것들이다. ㄹ. 화자가 임에게 버림받은 자신의 신세를 한탄하는 감정이 두드러지게 나타난다.

① ㄱ, ㄴ ② ㄱ, ㄷ ③ ㄴ, ㄷ
④ ㄱ, ㄴ, ㄹ ⑤ ㄱ, ㄷ, ㄹ

중요 기출

8 이 작품에 대한 이해로 적절하지 않은 것은?

① 〈정월령〉의 '나릿믈'과 〈11월령〉의 '봉당 자리'는 화자의 처지와 대비되는 대상이다.
② 〈5월령〉의 '받좁노이다'와 〈7월령〉의 '비솝노이다'에는 정성과 기원이 담겨 있다.
③ 〈6월령〉의 '좃니노이다'와 〈7월령〉의 '흔 듸 녀가져'에는 소망이 직접적으로 표출되고 있다.
④ 〈6월령〉의 '빗'과 〈10월령〉의 'ㅂ룻'은 버림받은 화자의 신세를 비유한 사물이다.
⑤ 〈10월령〉의 '업스샷다'와 〈11월령〉의 '스싀옴 녈셔'에는 고독하게 지내는 삶이 드러나 있다.

내신 적중 多빈출

9 이 작품과 〈보기〉의 형식상 공통점 두 가지를 쓰시오.

보기
정월(正月)이라 대보름날 / 액매기가 떴단다 에라디어 에헤요 / 방애흥애로다 // 이월(二月)이라 한식(寒食)날은 / 춘추절이 떴단다 에라디어 에헤요 / 방애흥애로다 // 삼월(三月)이라 삼진(三振)날은 / 제비 새끼가 떴단다 에라디어 에헤요 / 방애흥애로다 // 사월(四月)이라 팔일(八日)날은 / 관등(觀燈)놀이가 떴단다 에라디어 에헤요 / 방애흥애로다 – 작자 미상, 〈자진방아 타령〉

022 서경별곡(西京別曲) | 작자 미상

키워드 체크 #이별의 정한 #사랑의 맹세 #이별을 거부 #적극적인 태도

문학 천재(김), 천재(정), 동아, 신사고, 해냄

핵심 정리

갈래 고려 가요
성격 서정적, 애상적
제재 임과의 이별
주제 이별의 정한(情恨)
특징 ① 설의적 표현을 통해 임과의 사랑을 맹세하는 화자의 정서를 효과적으로 드러냄.
② 상징적 시어를 통해 화자가 처한 이별의 상황을 드러냄.
의의 고려 가요 〈가시리〉와 함께 이별의 정한을 노래한 작품
출전 《악장가사》, 《시용향악보》

Q 〈서경별곡〉의 2연이 〈정석가〉의 6연과 유사한 이유는?

〈서경별곡〉의 2연은 고려 가요 〈정석가〉의 6연과 유사하다. 이는 당대에 이와 같은 구절이 유행했음을 보여 주기도 하고, 또는 구전되는 과정에서 후대 사람들에 의해 첨삭·중복되었을 가능성을 시사하기도 한다.

시어 풀이

우러곰 울면서. '-곰'은 강세 접미사.
좃니노이다 따르겠습니다.
네 가시 네 각시, 네 아내.
럼난디 음란한 마음이 난지.
연즌다 얹었느냐, 태웠느냐.
것고리이다 꺾을 것입니다.

시구 풀이

❶ **위 두어렁셩 두어렁셩 다링디리** 반복적으로 나타나는 후렴구이다. 북소리의 의성어로서 작품 전체에 경쾌한 리듬감을 더해 주는 요소이다.

❷ **구스리 아즐가 ~ 신잇단 그츠리잇가 나난** 구슬과 끈의 비유를 통해 오랜 세월을 헤어져 있어도 임에 대한 화자의 신뢰는 변하지 않을 것임을 다짐하는 내용이다. 굳은 다짐을 통해 자신의 마음을 재확인하는 이성적인 태도가 드러난다.

❸ **네 가시 아즐가 네 가시 럼난디 몰라셔** '네가 시름이 큰 줄 몰라서'로 보는 견해도 있고, '네 각시가 음란한지 몰라서'로 해석하기도 한다. 후자로 읽는 것이 일반적인데, 이는 화자가 임을 실은 배의 사공에게 애꿎은 원망을 하는 것으로 볼 수 있다.

❹ **대동강 아즐가 ~ 빅 타 들면 것고리이다 나난** '꽃'은 임이 만날 새로운 여인을 비유한 표현으로, 임이 배를 타고 강 건너편에 있는 새로운 여인과 사랑을 나눌 것이라고 하며 임을 떠나보내는 안타까움을 표현하고 있다.

서경(西京)이 아즐가 서경이 셔울히마르는 / ❶위 두어렁셩 두어렁셩 다링디리
(평양 / 악률을 맞추기 위한 여음 / 후렴구 – 북소리의 의성어)
닷곤 딕 아즐가 닷곤 딕 쇼셩경 고외마른 / 위 두어렁셩 두어렁셩 다링디리
(닦은 곳, 중수(重修)한 곳 / 평양 / 사랑하지마는)
여히므론 아즐가 여히므론 질삼뵈 ㅂ리시고 / 위 두어렁셩 두어렁셩 다링디리
((임을) 여의기보다는 / 길쌈하던 베 – 여인의 모든 것, 생업)
괴시란딕 아즐가 괴시란딕 우러곰 좃니노이다 / 위 두어렁셩 두어렁셩 다링디리
(사랑만 해 주신다면 / 울면서 이별을 거부하는 여성 화자의 적극적인 태도가 보임.)

▶ 이별을 거부하는 연모의 정

현대어 풀이
서경(평양)이 서울이지마는 / 새로 닦은 곳인 소성경(평양)을 사랑합니다마는 / 임과 이별할 것이라면 차라리 길쌈하던 베를 버리고서라도 / 사랑만 해 주신다면 울면서 따라가겠습니다.

❷구스리 아즐가 구스리 바회예 디신둘 / 위 두어렁셩 두어렁셩 다링디리
(바위에 / 떨어진들)
긴히뚠 아즐가 긴힛뚠 그츠리잇가 나난 / 위 두어렁셩 두어렁셩 다링디리
(끈이야 / 끊어지겠습니까(설의적 표현))
즈믄 히롤 아즐가 즈믄 히롤 외오곰 녀신둘 / 위 두어렁셩 두어렁셩 다링디리
(천(千) / 외로이 / 살아간들)
신(信)잇둔 아즐가 신잇둔 그츠리잇가 나난 / 위 두어렁셩 두어렁셩 다링디리
(믿음이야)

[A] 대구법

▶ 임에 대한 사랑과 믿음의 맹세

현대어 풀이
구슬이 바위에 떨어진들 / 끈이야 끊어지겠습니까? / (임과 헤어져) 천 년을 홀로 살아간들 / 사랑하는 임에 대한 믿음이야 끊기고 변할 리가 있겠습니까?

대동강(大同江) 아즐가 대동강 너븐디 몰라셔 / 위 두어렁셩 두어렁셩 다링디리
(넓은 줄 / 공간적 배경 – 임과 이별한 공간, 임과의 단절감을 드러내는 공간)
빅 내여 아즐가 빅 내여 노혼다 사공아 / 위 두어렁셩 두어렁셩 다링디리
(배 / 놓았느냐)
❸네 가시 아즐가 네 가시 럼난디 몰라셔 / 위 두어렁셩 두어렁셩 다링디리
녈 빅예 아즐가 녈 빅예 연즌다 사공아 / 위 두어렁셩 두어렁셩 다링디리
(가는 배에 / 이별을 매개함. – 원망의 대상)
❹대동강 아즐가 대동강 건넌편 고즐여 / 위 두어렁셩 두어렁셩 다링디리
(다른 여인, 임이 만날 새로운 여인)
빅 타 들면 아즐가 빅 타 들면 것고리이다 나난 / 위 두어렁셩 두어렁셩 다링디리
(배를 타고 들어가면 / 화자의 안타까움 표출)

▶ 떠나는 임에 대한 불안감과 사공에 대한 원망

현대어 풀이
대동강이 넓은 줄을 몰라서 / 배를 내어놓았느냐 사공아. / 네 아내가 음란한 줄도 몰라서 / 가는 배에 몸을 실었느냐 사공아. / (나의 임은) 대동강 건너편 꽃을 / 배를 타고 (건너편에) 들어가면 꺾을 것입니다.

이해와 감상

이 작품은 애절한 사랑과 이별의 정한(情恨)을 노래하고 있는 고려 가요이다. 이러한 특징은 우리 문학의 전통으로, 고려 가요 〈가시리〉와 함께 김소월의 〈진달래꽃〉으로 이어지는 계보의 한 축을 담당하고 있다. 화자가 불안과 질투의 감정을 숨기지 않고 드러내는 등 사랑을 쟁취하려는 적극적인 태도와 현실적 감정을 표현했다는 점에서 다른 작품과 구별되는 독특한 면을 보이기도 한다.

이 작품은 이별을 슬퍼하며 임의 뒤를 따르겠다는 애절한 연모(戀慕)의 정을 노래한 1연, 사랑의 정(情)은 끊어지지 않으리라는 다짐을 노래한 2연, 임을 배에 싣고 떠나는 사공을 원망하는 내용이 담긴 3연으로 구성되어 있고, 이 중 2연은 고려 가요 〈정석가〉의 6연과 유사하다. 이는 구전되는 과정에서 덧붙여진 것이 그대로 채록된 것으로 보인다.

이 작품의 짜임

1연	서경과 길쌈하던 베를 모두 버릴지언정 임과는 이별할 수 없음.	적극적 거부
2연	구슬과 끈에 빗대어 임에 대한 사랑과 믿음을 맹세함.	영원한 사랑 다짐
3연	떠나는 임에 대한 불안감과 사공에 대한 원망	임의 행동 경계

작품 연구소

〈서경별곡〉과 〈가시리〉에 드러난 여성 화자의 성격

〈서경별곡〉과 〈가시리〉의 여성 화자는 둘 다 이별의 정한(情恨)을 노래하지만 이별에 대처하는 자세에서는 차이점을 보인다.

	〈서경별곡〉	〈가시리〉
공통점	여성 화자의 이별의 정한(情恨)	
차이점	생활 터전을 버리고서라도 임을 따르겠다는 열정을 보이며 원망과 애원을 표출하는 적극적인 여성	인고(忍苦)와 순정을 간직하고 있는 순종적인 여성

하지만 〈서경별곡〉의 화자도 원망의 대상이 임이 아니라 임이 떠날 수 있도록 배를 제공하는 사공에게 향하는 것으로 보아 전통적인 여인상을 보여 준다고 할 수 있다.

〈서경별곡〉의 내용과 형식에서 드러나는 고려 가요의 특징

형식상	후렴구의 사용, 3음보, 분연체 구성
내용상	지배 계층이 향유한 노래에 비해 표현이 자유롭고, '남녀상열지사'라고 지칭한, 자유로운 연애 감정이 드러나는 부분도 많음.

'대동강'의 의미와 '물'의 이미지

이 작품에서 '물'은 대동강이라는 구체적인 공간적 배경과 연관되어 있다. 대동강을 경계로 서경은 임과 화자가 사랑했던 공간이고 그 건너편은 이별의 공간이다.

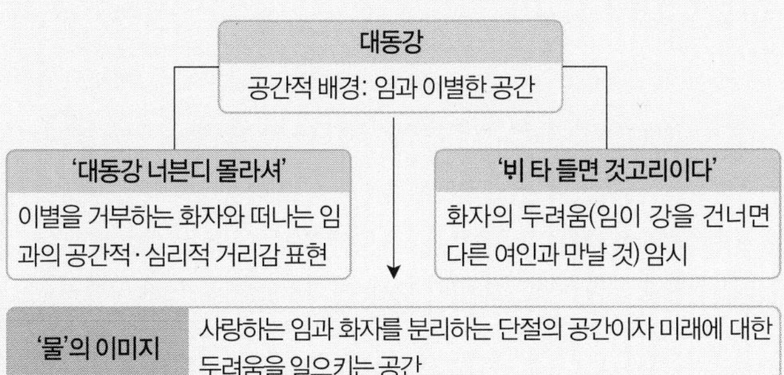

'물'의 이미지	사랑하는 임과 화자를 분리하는 단절의 공간이자 미래에 대한 두려움을 일으키는 공간

함께 읽으면 좋은 작품

〈송인〉, 정지상 / 임을 보내는 심경이 담긴 작품

대동강을 배경으로 임을 떠나보내는 이별의 슬픔을 노래한 한시이다. 〈서경별곡〉과 〈송인〉 모두 강을 배경으로 이별의 상황을 노래하고 있다는 공통점이 있다. 그러나 〈서경별곡〉의 강이 이별과 단절의 공간이라면, 〈송인〉의 강은 이별의 공간인 동시에 화자의 깊은 슬픔이 투영되어 배가되는 공간적 배경이라고 할 수 있다. Link 본책 98쪽

키 포인트 체크

화자 임과의 □□을 슬퍼하는 여인
상황 임에 대한 사랑을 맹세하고 임을 떠나게 한 □□을 원망함.
태도 임과의 이별을 □□하며 임을 따르겠다는 적극적인 모습을 보임.

1 이 작품에 대한 설명으로 적절하지 않은 것은?

① 1연에는 임과의 이별을 거부하는 태도가 드러난다.
② 2연에서는 임에 대한 변함없는 사랑을 다짐하고 있다.
③ 2연에서는 상황 변화에 따라 임에 대한 태도가 바뀌고 있다.
④ 3연에는 임과의 단절감을 드러내는 공간이 나타난다.
⑤ 3연에서는 임에 대한 원망을 다른 대상에게 돌리고 있다.

내신 적중 多빈출

2 〈보기〉는 고려 가요의 갈래상 특징을 정리한 메모이다. ㉮~㉲ 중, 이 작품과 거리가 먼 것은?

| 보기 |

〈고려 가요〉
- 내용: ㉮남녀 간의 사랑, 농경 생활을 바탕으로 한 효심, 이별의 안타까움, ㉯자연에 대한 동경 등 다양
- 형식: 3음보의 율격, ㉰분연체 구성, ㉱여음 또는 후렴구 사용
- 표현: ㉲아름다운 우리말 사용, 꾸밈없는 생활 감정 표출
- 작자: 평민층, 대부분 작자 미상

① ㉮　② ㉯　③ ㉰　④ ㉱　⑤ ㉲

중요 기출

3 〈보기〉를 참고할 때, 이 작품의 [A]와 〈보기〉의 [B]를 비교하여 이해한 내용으로 적절하지 않은 것은?

| 보기 |

〈서경별곡〉의 제2연에서 여음구를 제외한 부분은 당시 유행하던 민요의 모티프를 수용한 것으로, 〈정석가〉에도 동일한 모티프가 나타난다. 고려 시대의 문인 이제현도 당시에 유행하던 민요를 다음과 같이 한시로 옮긴 적이 있다.

비록 구슬이 바위에 떨어져도	縱然巖石落珠璣
끈은 진실로 끊어질 때 없으리.	纓縷固應無斷時
낭군과 천 년을 이별한다고 해도	與郎千載相離別
한 점 붉은 마음이야 어찌 바뀌리오?	一點丹心何改移

[B]

① [A]와 [B]에서 '구슬'은 변할 수 있는 것을, '긴'이나 '끈'은 변하지 않는 것을 비유하는 소재로 활용하였군.
② [A]에서는 '신(信)'을, [B]에서는 '붉은 마음'을 굳건한 '바위'로 형상화하였군.
③ [A]와 [B] 모두에서 변하지 않는 마음을 소중한 가치로 여기는 화자의 태도가 나타나는군.
④ [A]와 [B]를 보니 동일한 모티프가 서로 다른 형식의 작품으로 수용되었군.
⑤ [A]와 [B]를 보니 여음구의 사용 여부에 차이가 있군.

4 이 작품에서 '대동강'의 의미를 주제와 관련지어 한 문장으로 서술하시오.

023 정과정(鄭瓜亭) | 정서

키워드 체크 #유배 문학 #충신연주지사 #소망의 표출 #접동새 #자연물에 감정 이입

문학 동아

핵심 정리

갈래 고려 가요, 향가계 고려 가요
성격 애상적
제재 임과의 이별
주제 임금을 향한 변함없는 충절
특징 ① 형식 면에서 향가의 전통을 이음.
② 내용 면에서 신충의 〈원가(怨歌)〉와 통함.
③ 감정 이입을 통해 정서를 표현함.
의의 ① 고려 가요 중 작가가 밝혀진 유일한 작품
② 유배 문학의 효시
③ 향가의 잔영이 엿보임.
연대 고려 제18대 의종
출전 《악학궤범》

Q 〈만전춘별사〉와 가사가 유사한 이유는?

고려 가요의 율격은 3음보라는 점에서 민요의 특성을 지니고 있다. 이는 당시 서민 계층이 고려 가요를 즐겨 불렀다는 사실을 반증하는 것이다. 3음보의 율격을 따르는 〈정과정〉의 일부분은 또 다른 고려 가요인 〈만전춘별사〉와 매우 유사하다. 이는 고려 가요가 민요를 기반으로 한다는 점을 고려할 때, 정서가 당시 사람들 사이에 구전(口傳)되어 유행하던 민요의 곡이나 노랫말을 자신의 창작물에 첨가한 것이라 볼 수 있다.

시어 풀이

이슷ᄒᆞ요이다 비슷합니다.
녀져라 있고 싶어라.
ᄉᆞᆯ웃븐뎌 슬프도다.
아소 금기의 뜻을 지닌 감탄사.
도람 (마음을) 돌려, 도로, 돌이켜.
괴오쇼셔 사랑해 주소서.

시구 풀이

❶ **산(山) 졉동새 난 이슷ᄒᆞ요이다.** '접동새'는 한(恨)과 고독함의 표상으로 화자는 접동새와 자신의 처지가 비슷하다고 말하고 있다. 여기서 접동새는 화자의 감정을 대상에 이입하여 마치 대상이 그렇게 느끼고 생각하는 것처럼 표현하는 감정 이입의 대상이다.
❷ **넉시라도 님은 ᄒᆞᆫᄃᆡ 녀져라 아으** 비록 몸은 떨어져 있으나 영혼만은 임과 함께하고 싶다는 의미로, 신하로서의 충정이 잘 드러난다.
❸ **벼기더시니 뉘러시니잇가.** '벼기다'를 '헐뜯다'의 의미로 해석하면 그 주체는 자신을 모함한 존재이다. 이러한 존재에 대한 원망과 시적 화자의 결백이 드러난 부분이다.

작가 소개

정서(鄭敍, ?~?) 고려 중기의 문인. 호는 과정(瓜亭). 의종의 모친인 공예 태후(恭睿太后) 동생의 남편으로 왕의 총애를 받았으며 문장이 뛰어났다. 1151년 김존중의 참소로 귀양을 떠날 때 왕(의종)으로부터 곧 다시 부르겠다는 약속을 받았으나 정중부의 난으로 의종이 쫓겨난 20년 뒤에야 다시 관직에 등용되었다.

내 님믈 그리ᅀᆞ와 우니다니
(임 = 고려 의종 / 울며 지내더니)
❶산(山) ㉠졉동새 난 이슷ᄒᆞ요이다.
(화자의 감정이 투영됨. – 감정 이입의 대상)
아니시며 거츠르신 ᄃᆞᆯ 아으
(거짓되고 허황한 줄을)
㉡잔월효성(殘月曉星)이 아ᄅᆞ시리이다. ▶ 기(起): 자신의 고독한 처지와 결백 토로
(지는 달, 새벽 별 – 결백함을 알고 있는 초월적 존재, 천지신명)
❷넉시라도 님은 ᄒᆞᆫᄃᆡ 녀져라 아으
❸벼기더시니 뉘러시니잇가.
(〈만전춘별사〉의 3연과 유사한 부분)
(우기던 이(자신을 모함한 자) – 원망의 대상)
과(過)도 허믈도 천만(千萬) 업소이다.
ᄆᆞᆯ힛 마리신뎌
(뭇사람들의 참소하던 말)
ᄉᆞᆯ웃븐뎌 아으
니미 나ᄅᆞᆯ ᄒᆞ마 니ᄌᆞ시니잇가. ▶ 서(敍): 결백의 해명
(자신을 잊은 듯한 임에 대한 원망)
아소 님하, 도람 드르샤 괴오쇼셔. → 임이 자신을 다시 사랑해 주기를 간절히 바람. ▶ 결(結): 임에 대한 애원
(향가의 흔적 – 10구체 향가의 감탄사)

현대어 풀이

내가 임을 그리워 울고 지내더니
산 접동새와 난 (처지가) 비슷합니다.
(역모에 가담했다는 나에 대한 참소가) 옳지 않으며 거짓이라는 것을
잔월효성(지는 달 새벽 별)만이 알고 있을 것입니다.
넋이라도 임을 함께 모시고(지내고) 싶어라.
내 죄를 우기던 이, 그 누구입니까?
(나는) 잘못도 허물도 전혀 없습니다.
뭇사람들의 참소하던 말입니다.
슬프구나!
임께서 벌써 나를 잊으셨나이까.
(그렇게 하지) 마십시오. (아!) 임이여, 내 사연 들으시고 다시 사랑해 주소서.

이해와 감상

이 작품은 국문으로 전하는 고려 가요 중 작가를 알 수 있는 유일한 노래로, 고려 의종 때 문인 정서가 귀양지인 동래에서 임금의 소환을 기다리다가 소식이 없자, 자신의 결백을 밝히고 선처를 청하기 위해 지었다고 한다.

이 작품에서 화자는 자신에 대한 참소가 거짓임을 말하면서 억울하고 원통한 심정과 임을 모시고 싶다는 충절의 심정을 드러내고 있는데, 임을 그리워하며 울고 있는 자신의 처지를 '접동새'라는 자연물에 빗대어 표현했다.

이 작품은 충신연주지사로 사람들에게 널리 애송되었으며, 궁중에서도 모두 익히도록 할 만큼 귀하게 여긴 고려 가요이다. 고려 가요 중 향가의 흔적을 찾아볼 수 있는 대표적 작품으로 마지막 행의 '아소 님하'를 통해 형식 면에서 10구체 향가의 전통을 잇고 있음을 확인할 수 있다. 그러나 감탄사의 위치가 바뀌고, 내용상의 격조가 떨어지는 등 향가 해체기의 특징도 반영되어 있다.

이 작품의 짜임

3단 구성	기(1~4행)	자신의 고독한 처지와 결백함 토로	자연물에 빗대어 간접적 표현
	서(5~10행)	결백의 해명	직접적 진술
	결(11행)	임에 대한 간절한 애원	소망의 표출

작품 연구소

자연물에 대한 감정 이입

'접동새'는 고전 시가에서 흔히 자규, 소쩍새, 귀촉도, 두견새 등과 비슷한 의미로 등장하는데, 밤새 우는 소리로 인해 한(恨)과 고독함의 정서를 드러내는 상징물로 쓰인다.

화자		대상
한(恨), 그리움, 고독감	감정 이입 →	접동새

자신의 감정을 대상에 이입하여 마치 대상이 자신과 동일하게 느끼고 생각하는 것처럼 표현하는 방법

10구체 향가의 전통을 잇는 향가계 여요로서의 특성

'아소 님하'와 같은 여음구나 3단 구성은 이 작품이 향가계 여요임을 보여 준다. 낙구에 감탄사가 있는 점이 10구체 향가와 같고, 형태상으로는 11행이지만 8행과 9행을 묶어 3단 구성으로 보면 10구체 향가로 볼 수 있다. 이와 같은 특성으로 미루어 볼 때 이 작품은 향가에서 고려 가요로 넘어가는 과도기적 형식의 노래라고 할 수 있다.

'충신연주지사(忠臣戀主之詞)'의 시초

이 작품은 오랫동안 귀양살이에서 풀려나지 못하는 자신의 억울한 심정과 왕에 대한 충정을 사랑하는 이와 헤어진 여성 화자의 마음에 빗대어 표현한 '충신연주지사'이다. 이처럼 외로운 신하의 처지가 된 남성 작가가 연인에게 버림받은 여성 화자의 목소리를 빌려 자신의 정한을 드러내는 '충신연주지사'의 전통은 〈정과정〉을 시작으로 정철, 한용운 등의 작품으로 이어진다.

버림받은 신하와 버림받은 여인의 처지가 유사할 뿐만 아니라, 이별의 아픔이나 슬픔, 그로 인한 기다림의 정서를 드러내는 데에는 남성의 목소리보다는 여성의 목소리가 더 효과적이라고 생각했기 때문에 이러한 작품들이 생겨난 것이다.

〈'충신연주지사'의 계보〉

고려 가요	정서의 〈정과정〉
↓	
조선 시대 가사	정철의 〈사미인곡〉, 〈속미인곡〉, 김만중 등의 한시

자료실

〈정과정〉의 창작 배경

정서는 역모에 가담했다는 죄명으로 동래(지금의 부산)로 귀양을 가게 되었다. 이런 정서에게 의종은 유배 가 있으면 곧 다시 부르겠다는 약속을 했다. 그러나 유배지에서 아무리 자신을 부르기를 기다려도 임금의 소식이 없었으므로, 정서는 임금에게 자신의 억울함과 결백을 밝히고자 이 작품을 지었다고 한다. 정서가 스스로 호를 과정(瓜亭)이라 했기 때문에 후세 사람들이 이 노래를 〈정과정〉이라 이름 붙였다. 또 이 노래를 불렀던 곡조의 이름을 따서 〈삼진작(三眞勺)〉이라고도 한다.

함께 읽으면 좋은 작품

〈만분가〉, 조위 / 귀양살이의 원통함을 하소연한 작품

조선 전기 때 당쟁에 의해 유배당한 작가가 자신의 억울함을 하소연한 가사이다. 〈정과정〉과 〈만분가〉 모두 유배 문학으로, 죄 없이 유배당한 억울함과 임금에 대한 그리움을 담고 있다는 점에서 공통적이다.

Link 본책 158쪽

키 포인트 체크

화자 다른 사람들에게 □□을 받았다고 여기는 사람
상황 임에게 고독한 자신의 처지와 □□을 호소함.
태도 임금에 대한 변함없는 □□을 드러냄.

1 이 작품에 대한 설명으로 적절하지 않은 것은?

① 대상에 대한 원망의 정서가 드러나 있다.
② 후렴구의 반복으로 리듬감을 살리고 있다.
③ 화자의 감정을 직접적으로 표현한 구절이 있다.
④ 형식적인 면에서 신라 향가의 전통을 잇고 있다.
⑤ 고려 가요의 특징 중 하나인 3음보의 율격이 나타난다.

2 ㉠과 ㉡에 대한 설명으로 알맞지 않은 것은?

① ㉠은 화자가 자신의 결백을 토로하는 대상이다.
② ㉠으로 미루어 화자의 상황과 정서를 짐작할 수 있다.
③ ㉡은 초월적 존재를 상징한다.
④ ㉡은 화자가 자신의 진심을 알고 있을 것이라고 생각하는 존재이다.
⑤ ㉡은 '지는 달과 새벽 별'이라는 뜻으로, ㉡을 통해 잠 못 이루는 화자의 모습을 짐작할 수 있다.

중요 기출

3 이 작품의 화자와 정서나 태도가 가장 유사한 것은?

① 추강(秋江)에 밤이 드니 물결이 차노매라
낚시 드리우니 고기 아니 무노매라
무심(無心)한 달빛만 싣고 빈 배 저어 오노라 - 월산 대군
② 내 일 망녕된 줄 나라 하여 모랄 손가.
이 마음 어리기도 님 위한 탓이로세.
아뫼 아무리 일러도 임이 혜여 보소서. - 윤선도
③ 천만 리(千萬里) 머나먼 길히 고은 님 여희웁고
닉 ᄆᆞᄋᆞᆷ 둘 듸 업서 냇ᄀᆞ에 안쟈시니,
져 믈도 내 ᄋᆞᆫ 곳ᄒᆞ여 우러 밤길 녜놋다. - 왕방연
④ 수양산(首陽山) ᄇᆞ라보며 이제(夷齊)를 한(恨)ᄒᆞ노라
주려 주글진들 채미(採薇)도 ᄒᆞᄂᆞᆫ 것가
비록애 푸새엣 거신들 긔 뉘 짜헤 낫ᄃᆞ니 - 성삼문
⑤ 흥망(興亡)이 유수(有數)ᄒᆞ니 만월대(滿月臺)도 추초(秋草)ㅣ로다.
오백 년(五百年) 왕업(王業)이 목적(牧笛)에 부쳐시니,
석양(夕陽)에 지나는 객(客)이 눈물계워ᄒᆞ노라. - 원천석

4 〈보기〉의 빈칸에 들어갈 알맞은 말을 각각 쓰시오.

| 보기 |

〈정과정〉은 국문학사적인 면에서 여러 가지 의의를 지닌다. 작가를 알 수 있는 유일한 고려 가요이며, 유배지에서 창작한 유배 문학의 효시이다. 또한 왕에 대한 충정을 사랑하는 이와 헤어진 여성 화자의 마음에 빗대어 표현한 (　　　　)의 효시이기도 하다. 형식 면에서는 3단 구성과 '아소 님하'와 같은 낙구의 감탄사를 사용한 점으로 보아 (　　　　)(이)라고 할 수 있다.

024 정석가(鄭石歌) | 작자 미상

키워드 체크 #태평성대 기원 #임과의 영원한 사랑 #강한 의지 #실현 불가능한 상황 설정 #역설적 표현

문학 천재(김), 천재(정), 금성, 해냄

핵심 정리

갈래 고려 가요
성격 서정적, 민요적
제재 임에 대한 사랑
주제 태평성대 기원, 임에 대한 영원한 사랑
특징 ① 대부분의 고려 가요가 이별이나 향락의 정서를 노래한 데 반해, 임에 대한 영원한 사랑을 노래함.
② 불가능한 상황을 전제하는 역설적 표현으로 임과의 영원한 사랑을 소망하는 시적 화자의 정서가 효과적으로 드러남.
③ 시구를 반복하여 리듬감을 살리면서 상황과 정서를 강조함.
출전 《악장가사》, 《시용향악보》

Q 1연이 다른 연들과 다른 이유는?

1연은 3행으로 1행만 한 번 반복하고 있어 2연과 형식적인 차이를 보이고 있다. 또 '션왕셩딗예 노니ᄋᆞ와지이다.'는 태평성대를 기원한 것으로 임과의 사랑을 갈구하는 작품 전반의 내용과 무관해 보인다. 조선 건국 이후 고려 가요 작품 중 상당수는 '남녀상열지사'라 하여 불타 없어지고 그나마 남은 작품들은 궁중 연회에서 불려졌는데, 민요로 구전되던 이 노래 또한 궁중 음악으로 수용되면서 1연이 덧붙여진 것이라 볼 수 있다.

시어 풀이

셰몰애 가는 모래에.
삭나거시아 싹이 나야만.
졉듀(接柱)ᄒᆞ요이다 접합니다, 붙입니다.
퓌거시아 피어야만.
몰아 마름질하여, 재단하여.
한 쇼 큰 소, 황소. '한'은 '크다, 많다'의 뜻.

시구 풀이

❶ **딩아 돌하 당금(當今)에 계샹이다.** 작품의 제목과 연관된 행으로, '딩'은 '정(鉦)', '돌'은 '석(石)'이고 이 두 글자를 합치면 경(磬)이므로 금속 악기인 '정경(鉦磬; 정과 경쇠라는 악기)'에 은유한 것이다. 이는 연정의 대상인 임금을 상징하는 것으로 해석되거나 악기 소리의 의성어로 보기도 한다.

❷ **구은 밤 닷 되를 ~ 우미 도다 삭나거시아** 구운 밤에 싹이 나는 불가능한 일을 가능한 사실처럼 역설적으로 표현한 것은 임과의 사랑이 끝나지 않기를 바라는 화자의 심정을 표현한 것이라 볼 수 있다. 이와 같은 불가능한 상황은 본사에서 반복적으로 나타나고 있다.

❸ **유덕(有德)ᄒᆞ신 님믈 여히ᄋᆞ와지이다.** 표면적으로는 임과 이별하고 싶다는 뜻을 나타내지만 앞에서 가정한 불가능한 상황이 실현되어야만 이별하겠다는 의미이므로 절대로 이별하지 않겠다는 화자의 강한 의지를 반어적으로 표현한 것으로 볼 수 있다.

---

❶딩아 돌하 당금(當今)에 계샹이다. / 딩아 돌하 당금(當今)에 계샹이다.
(딩아 돌하: 징이여, 돌이여 / 계샹이다: 계십니다)
션왕셩딕(先王聖代)예 노니ᄋᆞ와지이다.
(전체 연의 내용과 관련 없음. – 의식요의 기능 수행)
▶ 서사: 태평성대를 소망함.

「삭삭기 •셰몰애 별헤 나눈 / 삭삭기 셰몰애 별헤 나눈
(삭삭기: 바삭바삭 소리가 나는 – 청각적 이미지 / 나눈: 악률을 맞추기 위한 무의미한 부분)
❷구은 밤 닷 되를 심고이다.
그 바미 우미 도다 •삭나거시아 / 그 바미 우미 도다 삭나거시아」
(「 」: 불가능한 상황을 통한 과장 ① – 역설적 표현)
❸유덕(有德)ᄒᆞ신 님믈 여히ᄋᆞ와지이다.
(유덕ᄒᆞ신: 덕이 있는 / □: 후렴구, 반어적 표현)
▶ 본사 ①: 임과의 영원한 사랑

「옥(玉)으로 련(蓮)ㅅ고즐 사교이다. / 옥(玉)으로 련(蓮)ㅅ고즐 사교이다.
(사교이다: 새깁니다)
바회 우희 •졉듀(接柱)ᄒᆞ요이다.
그 고지 삼동(三同)이 •퓌거시아 / 그 고지 삼동(三同)이 퓌거시아」
(삼동: 세 묶음 혹은 추운 겨울 / 「 」: 불가능한 상황을 통한 과장 ② – 역설적 표현)
유덕(有德)ᄒᆞ신 님 여히ᄋᆞ와지이다.
▶ 본사 ②: 임과의 영원한 사랑

「므쇠로 텰릭을 •몰아 나눈 / 므쇠로 텰릭을 몰아 나눈
(텰릭: 융복, 옛날 군복의 일종)
텰ᄉᆞ(鐵絲)로 주롬 바고이다.
(텰ᄉᆞ: 철사)
그 오시 다 헐어시아 / 그 오시 다 헐어시아」
(「 」: 불가능한 상황을 통한 과장 ③ – 역설적 표현)
유덕(有德)ᄒᆞ신 님 여히ᄋᆞ와지이다.
▶ 본사 ③: 임과의 영원한 사랑

「므쇠로 •한 쇼를 디여다가 / 므쇠로 한 쇼를 디여다가
(디여다가: 지어다가, 만들어다가)
텰슈산(鐵樹山)애 노호이다.
(텰슈산: 쇠로 된 나무가 있는 산)
그 쇠 텰초(鐵草)를 머거아 / 그 쇠 텰초(鐵草)를 머거아」
(텰초: 쇠로 된 풀 / 「 」: 불가능한 상황을 통한 과장 ④ – 역설적 표현)
유덕(有德)ᄒᆞ신 님 여히ᄋᆞ와지이다.
▶ 본사 ④: 임과의 영원한 사랑

구스리 ㉠바회예 디신돌 / 구스리 바회예 ㉡디신돌
(디신돌: 떨어진들)
㉢긴힛둔 그츠리잇가.
(긴힛둔: 끈 / 그츠리잇가: 끊어지겠습니까)
㉣즈믄 히룰 ㉤외오곰 녀신돌 / 즈믄 히룰 외오곰 녀신돌
(즈믄: 천(千) / 외오곰 녀신돌: 외롭게 살아간들)
신(信)잇둔 그츠리잇가.
(신잇둔: 믿음이야)
〈서경별곡〉의 2연과 유사
▶ 결사: 임에 대한 영원한 사랑과 믿음

현대어 풀이

징이여, 돌이여, 지금에 계시옵니다. / 징이여, 돌이여, 지금에 계시옵니다.
이 좋은 태평성대에 놀고 싶사옵니다.

사각사각 가는 모래 벼랑에 / 사각사각 가는 모래 벼랑에 / 구운 밤 닷 되를 심습니다.
그 밤이 움이 돋아 싹이 나야만 / 그 밤이 움이 돋아 싹이 나야만 / 유덕하신 임을 이별하고 싶습니다.

옥으로 연꽃을 새기옵니다. / 옥으로 연꽃을 새기옵니다. / 바위 위에 접을 붙이옵니다.
그 꽃이 세 묶음(추운 겨울에) 피어야만 / 그 꽃이 세 묶음(추운 겨울에) 피어야만
유덕하신 임을 이별하고 싶습니다.

무쇠로 철릭을 마름질해 / 무쇠로 철릭을 마름질해 / 철사로 주름을 박습니다.
그 옷이 다 헐어야만 / 그 옷이 다 헐어야만 / 유덕하신 임을 이별하고 싶습니다.

무쇠로 큰 소를 만들어다가 / 무쇠로 큰 소를 만들어다가 / 쇠로 된 나무가 있는 산에 놓습니다.
그 소가 쇠로 된 풀을 먹어야 / 그 소가 쇠로 된 풀을 먹어야 / 유덕하신 임을 이별하고 싶습니다.

구슬이 바위에 떨어진들 / 구슬이 바위에 떨어진들 / 끈이야 끊어지겠습니까?
천 년을 외로이 떨어져 살아간들 / 천 년을 외로이 떨어져 살아간들 / 믿음이야 끊어지겠습니까?

이해와 감상

이 작품은 임과의 영원한 사랑을 꿈꾸는 화자의 애절한 정서를 역설법, 반어법을 사용하여 효과적으로 표현하고 있는 고려 가요이다.

서사에서는 작품 전반의 내용과 관련 없이 태평성대를 구가하기를 바라고 있다. 그리고 2연~5연은 역설적 표현 속에 기원의 의미를 담고 있는데, 소재만 달리한 불가능한 상황을 설정하여 영원한 사랑을 바라고 있다. 즉, 2연에서는 '구운 밤', 3연에서는 '옥 연꽃', 4연에서는 '무쇠 옷', 5연에서는 '무쇠 소'라는 소재를 등장시켜 임과 영원히 헤어질 수 없다고 노래하고 있는 것이다. 6연에는 〈서경별곡〉의 2연과 유사한 구절이 첨가되어 있는데 이를 통해 당시 이와 같은 구절이 널리 유행했으리라고 추측할 수 있다.

이 작품은 가사 이외에 어떠한 배경적 기록도 문헌에 보이지 않아 고려 가요로 단정할 증거는 없으나, 형식과 내용, 표현상의 특징이 고려 가요와 일치하므로 고려 가요로 보고 있다.

이 작품의 짜임

서사(1연)	태평성대(太平聖代)를 소망함.
본사(2~5연)	불가능한 상황을 설정하여 임과의 영원한 사랑을 바람.
결사(6연)	임에 대한 영원한 사랑을 다짐함.

작품 연구소

〈정석가〉의 역설적 상황과 표현 효과

이 작품의 본사에 해당하는 2~5연에서는 각기 다른 불가능한 상황을 설정하여 시상을 전개하고 있다. 화자는 이와 같이 현실적으로 절대 발생할 수 없는 일을 가능한 사실처럼 역설적으로 표현함으로써 임과 이별하지 않겠다는 강한 소망과 의지를 드러내고 있는 것이다. 이러한 표현법을 통해 현세적이고 유한한 사랑을 초극하고자 하는 숭고함까지 엿볼 수 있다.

연	제재	가정	행위
2연	구운 밤	구운 밤에 움이 돋아 싹이 나면	임과 이별하겠다.
3연	옥 연꽃	옥 연꽃에 꽃이 피면	
4연	무쇠 옷	무쇠로 된 철릭이 헐면	
5연	무쇠 소	무쇠로 된 큰 소가 쇠 풀을 먹으면	

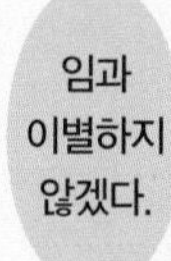

➡ 임과 이별하지 않겠다.

'임'의 의미와 〈정석가〉의 성격

'임'의 의미	〈정석가〉의 성격
'임금'으로 볼 때	태평성대를 기원하는 신하나 백성이 임금에게 바치는 축수(祝壽)의 송축가로 볼 수 있음.
'연인'으로 볼 때	사랑하는 사람과의 영원한 사랑을 꿈꾸는 연정가로 볼 수 있음.

〈서경별곡(西京別曲)〉과의 유사성

이 작품의 6연은 〈서경별곡〉의 2연과 유사하다. 이는 고려 가요가 구전되어 왔으며, 민요적 특징을 지닌 노래라는 것을 알려 주는 부분이다. 즉, 당시 사람들 사이에서 유행했던 구절이 고려 가요가 입에서 입으로 전해지는 과정에서 작품 속에 추가·첨삭되어 다른 작품 간에 서로 유사한 부분이 등장하게 된 것이다.

키 포인트 체크

화자 임과의 영원한 ☐☐을 꿈꾸는 사람
상황 ☐☐☐☐한 상황을 설정하여 영원한 사랑을 소망함.
태도 임과 이별하지 않겠다는 강한 ☐☐를 드러냄.

1 이 작품에 대한 설명으로 적절한 것끼리 모두 골라 바르게 묶은 것은?

| 보기 |
ㄱ. 의미 없는 후렴구를 반복적으로 사용하고 있다.
ㄴ. 궁중 연회에서 불렸음을 짐작할 수 있는 부분이 있다.
ㄷ. 감각의 전이를 통해 시상을 효과적으로 전개하고 있다.
ㄹ. 반어적 표현으로 임과의 영원한 사랑에 대한 소망을 나타내고 있다.

① ㄱ, ㄴ ② ㄱ, ㄷ ③ ㄴ, ㄷ ④ ㄴ, ㄹ ⑤ ㄷ, ㄹ

2 다음 밑줄 친 시어 중, 그 기능이 다른 하나는?

① 딩아 돌하 당금(當今)에 계샹이다.
② 구은 밤 닷 되를 심고이다.
③ 옥으로 련(蓮)ㅅ고즐 사교이다.
④ 므쇠로 텰릭을 몰아 나는
⑤ 므쇠로 한 쇼를 디여다가

중요 기출

3 ㉠~㉤ 중, 〈보기〉의 ⓐ의 의미와 가장 가까운 것은?

| 보기 |
궁중 연회에서 사랑 노래가 많이 불린 것은 사랑 노래가 잔치 분위기와 잘 어울리면서도 남녀 간의 사랑을 ⓐ군신 간의 충의로 그 의미를 확장하여 수용할 수 있었기 때문이다. 민간에서 널리 불린 〈정석가〉가 궁중 연회의 노래로 정착된 것 역시 이런 맥락에서 볼 수 있다.

① ㉠ ② ㉡ ③ ㉢ ④ ㉣ ⑤ ㉤

내신 적중 다빈출

4 다음 중 발상과 표현이 이 작품과 가장 유사한 것은?

① 병풍(屛風)에 그린 황계(黃鷄) 수탉이 두 나래 둥덩 치고 / 짜른 목을 길게 빼어 긴 목을 에후리어 / 사경(四更) 일 점(一 點)에 날 새라고 꼬꾀요 울거든 오랴는가
② 어져 내 일이야 그릴 줄을 모로ᄃᆞ냐. / 이시라 ᄒᆞ더면 가랴마는 제 구틔야 / 보내고 그리는 정(情)은 나도 몰라 ᄒᆞ노라.
③ ᄒᆞᄅᆞ도 열두 ᄢᅢ 흔 ᄃᆞᆯ도 셜흔 날 져근덧 싱각 마라 이 시롬 닛쟈 ᄒᆞ니, ᄆᆞ음의 ᄆᆡ쳐 이셔 골슈(骨髓)의 ᄢᅦ텨시니, 편작(扁鵲)이 열히 오나 이 병을 엇디ᄒᆞ리. 어와, 내 병이야 이 님의 타시로다.
④ 국화(菊花)야 너는 어이 삼월 동풍(東風) 다 지니고 / 낙목한천(落木寒天)에 네 홀로 퓌엿ᄂᆞ다. / 아마도 오상고절(傲霜孤節)은 너뿐인가 ᄒᆞ노라.
⑤ 시아버니 호랑새요 시어머니 꾸중새요, / 동세 하나 할림새요 시누 하나 뾰죽새요, / 시아지비 뾰중새요 남편 하나 미련새요, / 자식 하난 우는 새요 나 하나만 썩는 샐세.

025 사모곡(思母曲) | 작자 미상

키워드 체크 #호미 #낫 #비교와 대조 #어머니의 절대적인 사랑 #예찬

국어 동아

핵심 정리

갈래 고려 가요
성격 예찬적, 유교적
제재 효(孝), 어머니의 사랑
주제 어머니의 절대적인 사랑 예찬
특징 ① 비교와 대조를 통해 어머니의 사랑을 강조함.
② 어머니의 사랑을 농기구에 빗대어 표현함.
③ 직유법, 영탄법 등을 사용하여 어머니의 사랑을 진솔하게 풀어냄.
출전 《악장가사》, 《시용향악보》

❶ⓐ호미도 놀히언마ᄅᆞᄂᆞᆫ (아버지의 사랑(은유법))
ⓑ낟ᄀᆞ티 들 리도 업스니이다. (어머니의 사랑(은유법))
아바님도 어이어신마ᄅᆞᄂᆞᆫ
❷위 덩더둥셩 (의미 없는 여음구)
어마님ᄀᆞ티 괴시리 업세라.
아소 님하 (감탄사 – 10구체 향가의 낙구와 유사함.)
어마님ᄀᆞ티 괴시리 업세라.

현대어 풀이

호미도 날이 있지만
낫같이 잘 들 리가 없습니다.
아버님도 어버이시지마는
어머님같이 나를 사랑하실 분이 없도다.
아서라 사람들이여.
어머님같이 나를 사랑하실 분이 없도다.

Q '호미'와 '낟'에 나타난 문화는?

'호미'와 '낟'과 같은 농기구를 활용하여 아버지의 사랑과 어머니의 사랑을 비유하여 표현한 것에서 농경 생활의 체험과 그것에서 우러나온 지혜를 엿볼 수 있다. 즉, 호미와 낫이 모두 농기구이지만 낫이 더 잘 든다는 사실을 통해 어머니의 사랑을 강조하고 예찬하고 있는 것이다.

시어 풀이

호미 호미(농기구).
놀히언마ᄅᆞᄂᆞᆫ 날이지만(날이 있지만).
낟 낫(농기구).
어이어신마ᄅᆞᄂᆞᆫ 어버이시건만, 어버이이시지만.
괴시리 사랑하실 분이.

시구 풀이

❶ **호미도 놀히언마ᄅᆞᄂᆞᆫ / 낟ᄀᆞ티 들 리도 업스니이다.** 같은 연장이라도 그 예리함의 정도가 다름을 말하며 아버지와 어머니의 사랑이 다름을 나타냈다.
❷ **위 덩더둥셩** '위'는 감탄사이고, '덩더둥셩'은 북소리를 의성화한 것이다. 이는 뜻이 없이 흥을 돋우기 위한 조흥구에 해당한다.

이해와 감상

이 작품은 농경 생활 체험에서 우러나온 지혜를 바탕으로 한 비유적 표현과 비교, 대조를 통해 어머니의 사랑을 예찬한 고려 가요로, 〈엇노리〉라고도 한다. 고려 가요의 특징인 3음보 율격, 여음구가 나타나지만 고려 가요의 일반적인 형태와 달리 한 연으로 되어 있다. 또한 4구의 여음구를 제외하면 6구의 형태가 되어 평시조의 3장 6구와 형식이 유사하며, '기·서·결'의 3단 구성으로 나눌 때 결구의 첫 구절이 '아소 님하'라는 감탄의 구절로 시작된 것은 10구체 향가의 낙구와 유사하다.

이 작품은 남녀 간의 사랑과 이별을 노래한 여타의 고려 가요와 달리 부모님의 사랑을 예찬한 유일한 고려 가요로, 어머니의 사랑을 '낫'에, 아버지의 사랑을 '호미'에 비유하여 비교함으로써 자식에 대한 어머니의 사랑이 아버지의 사랑보다 더 지극함을 강조하고 있다.

이 작품의 짜임

구분	내용	표현
기(1, 2행)	호미와 낫의 비교	비유적 표현
서(3, (4), 5행)	아버지와 어머니의 사랑 비교	직설적 표현
결(6, 7행)	어머니의 사랑 강조(예찬)	주제의 반복과 강조

이 작품의 구조에는 작품의 전승 과정이 반영되어 있다. 원래 이 작품은 1·2행, 3·5행의 병렬 구조로 되어 있는 4구체의 소박한 민요였을 것으로 추측할 수 있다. 그러다가 이 작품이 궁중의 속악 가사로 채택되면서 4행에 '위 덩더둥셩'이라는 여음구가 삽입되었고, 다시 6·7행에 서정시의 완결부가 첨가된 것으로 추정된다.

작품 연구소

다양한 표현 기법을 통한 주제 강조

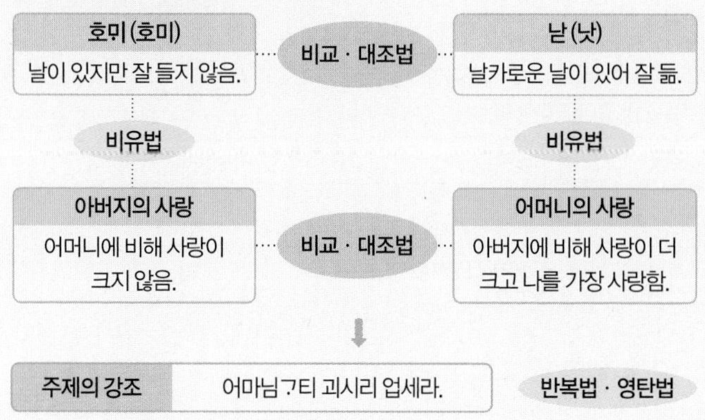

주제의 강조	어마님ᄀᆞ티 괴시리 업세라.

반복법 · 영탄법

〈사모곡〉의 배경 – 농경 문화 · 효(孝) 사상

이 작품은 김을 매거나 감자, 고구마 등을 캘 때 사용하는 '호미'와 곡식, 나무, 풀 등을 베는 데 사용하는 '낫'에 아버지의 사랑과 어머니의 사랑을 각각 비유하고 있어 참신하면서도 소박한 느낌을 준다. 많은 문학 작품이 부모님의 사랑을 바다나 하늘, 태산 등에 빗대어 표현한 것에 비하면 이처럼 농기구에 빗댄 표현은 특이하다고 할 만하다. 화자는 호미도 날이 있지만 낫같이 잘 들 리가 없다고 하며 낫 같은 어머니의 사랑이 더 깊다고 말한다. 이러한 농경 생활의 체험이 드러난 것에서 이 작품의 작가가 농경 문화에 익숙한 인물이라는 점도 짐작해 볼 수 있다.

또한 이 작품은 다른 고려 가요에 남녀 간의 사랑이나 이별 등의 주제가 주로 등장하는 것과 달리 드물게 부모님의 사랑을 노래하고 있어 그 바탕에 유교적 효(孝) 사상이 깔려 있다고 볼 수 있다.

〈사모곡〉의 유래

〈사모곡〉을 일명 〈엇노리〉라고도 하는데, 〈엇노리〉란 〈엇노래〉에서 유래한 것으로, 〈엇노래〉는 '어머니의 노래(사모곡)'를 뜻한다. 〈사모곡〉은 소박한 생활 속에서 느껴지는 어머니의 사랑을 꾸밈없이 노래한 작품으로, 원래 신라의 목주(木州, 지금의 천안)라는 지역에서 불리던 제목도 없는 노래였다. 그런데 이 노래가 점차 전국적으로 확산되고 여러 사람의 입을 통해 전해지면서 〈엇노래(엇노리)〉라는 제목으로 불리게 되었고, 마침내 궁중 음악인 속악으로 채택되어 오늘날까지 전해지게 되었다.

자료실

고려 시대의 궁중 음악

고려 시대에 국가에서 관장하며 궁중에서 전승되던 음악에는 아악(雅樂), 당악(唐樂), 속악(俗樂)의 세 가지가 있다. 아악은 국가의 공식적인 행사, 천지신명이나 왕가의 제사에 쓰이던 음악으로 매우 엄격하고 까다로운 절차에 의해 연주되었다. 반면에 당악과 속악은 공식적이지 않은 행사 때 쓰이던 음악으로, 당악은 중국에서 들어온 음악을, 속악(속요)은 국내에서 불리다가 궁중에 들어온 음악을 말한다.

키 포인트 체크

화자 □□□의 절대적인 사랑을 노래하는 사람
상황 부모님의 사랑을 □□□에 빗대어 표현함.
태도 유교적인 □ 사상을 바탕으로 자식에 대한 어머니의 절대적인 사랑을 □□함.

내신 적중 多빈출

1 이 작품에 대한 설명으로 적절하지 않은 것은?

① 농경 사회를 배경으로 한 소재를 사용했다.
② 불교적 윤회 사상이 작품의 바탕에 깔려 있다.
③ 노래의 내용과 관계없는 여음구가 삽입되어 있다.
④ 고려 가요의 일반적인 형태와 달리 한 연으로 되어 있다.
⑤ 소박한 내용으로 민요적 성격을 띠며 〈엇노리〉라고도 한다.

2 이 작품에 사용된 표현 기법으로 적절하지 않은 것은?

① 반복법을 사용하여 주제를 강조하고 있다.
② 비유법을 사용하여 시상을 구체화하고 있다.
③ 대조법을 사용하여 대상의 차이점을 부각하고 있다.
④ 과장법을 사용하여 대상의 특징을 두드러지게 드러내고 있다.
⑤ 영탄적 어조를 사용하여 화자의 고조된 정서를 나타내고 있다.

내신 적중

3 다음 중 대상을 대하는 화자의 태도가 이 작품과 가장 유사한 것은?

① 가마귀 검다ᄒᆞ고 백로(白鷺)야 웃지 마라
것치 거믄들 속조차 거믈소냐
아마도 것 희고 속 거믈손 너뿐인가 ᄒᆞ노라 – 이직
② 가노라 삼각산(三角山)아 다시 보자 한강수(漢江水)야
고국 산천(故國山川)을 떠나고자 하랴마는
시절(時節)이 하 수상(殊常)하니 올 동 말 동ᄒᆞ여라. – 김상헌
③ 냇가에 해오라비 므스 일 셔 잇는다.
무심(無心)한 저 고기를 여어 무슴 하려는다.
두어라 ᄒᆞᆫ믈에 잇거니 니저신들 엇더리. – 신흠
④ 집 방석(方席) 내지 마라 낙엽(落葉)인들 못 안즈랴.
솔불 혀지 마라 어제 진 달 도다 온다.
아희야 박주산채(薄酒山菜)ㄹ만정 업다 말고 내여라. – 한호
⑤ 어리고 성긴 매화 너를 믿지 않았더니,
눈 기약 능히 지켜 두세 송이 피었구나.
촉(燭) 잡고 가까이 사랑할 제 암향(暗香)조차 부동(浮動)터라. – 안민영

4 ⓐ와 ⓑ의 함축적 의미를 각각 쓰시오.

026 청산별곡(靑山別曲) | 작자 미상

키워드 체크 #삶의 애환 #이상향 #음악적 효과 #감각적 언어 사용 #상징성

문학 미래엔, 지학, 창비
국어 금성, 비상(박영)

핵심 정리

갈래 고려 가요
성격 현실 도피적, 애상적
제재 청산, 바다
주제 • 삶의 고뇌와 비애 • 실연의 슬픔 • 삶의 터전을 잃은 유랑민의 슬픔
특징 ① 'ㄹ, ㅇ' 음의 어울림에서 빚어내는 음악성이 돋보임.
② 반복과 상징을 통해 화자의 정서를 드러냄.
의의 적절한 비유, 고도의 상징성, 빼어난 운율미와 정제된 형태미로 문학성을 인정받음.
출전 《악장가사》

시어 풀이

자고 니러 자고 일어나.
가던 새 ① 날아가던 새. ② 갈던 새(사래, 밭고랑 사이).
이링공 뎌링공 이럭저럭.
오리도 가리도 올 사람도 갈 사람도.
ᄂᆞᄆᆞ자기 바다에서 나는 해초의 일종인 나문재.

시구 풀이

❶ 살어리 살어리랏다 청산(靑山)애 살어리랏다 '살어리랏다'는 화자의 위치에 따라 해석이 달라진다. 화자가 청산에 살고 있지 않다면 청산에 살고 싶다는 강력한 소망과 의지의 표현이라고 볼 수 있는 반면, 청산에 살고 있다면 청산에 사는 것이 괴롭지만 어쩔 수 없다는 한탄의 표현으로 볼 수 있다.

❷ 우러라 우러라 ~ 우러라 새여 화자를 유랑민 혹은 실연한 여인으로 보면 '우러라'는 '우는구나'로, 좌절한 지식인으로 보면 '노래를 부르는구나'로 해석할 수 있다.

❸ 가던 새 가던 새 본다 화자를 유랑민으로 보면 '가던 새'는 '갈던 사래(밭)'로 해석할 수 있고, 실연한 여인으로 보면 '나를 버리고 떠난 임'을 의인화한 것이라고 볼 수 있다. 또 좌절한 지식인의 노래로 보면 '날아가는 새'는 벗(友)이라고 볼 수 있다.

❹ 잉 무든 장글란 가지고 '잉 무든 장글란'은 화자를 유랑민으로 보면 '이끼 묻은 쟁기', 실연한 여인으로 보면 '이끼 묻은 은장도', 좌절한 지식인으로 보면 '날이 무딘 병기(兵器)'로 해석할 수 있다.

❺ 에정지 가다가 드로라 '에정지'는 외딴 부엌이나 마당을 의미하며 '속세를 멀리 피하여 가다가 듣노라.'라는 뜻으로 볼 수 있다.

❻ 사ᄉᆞ미 짒대예 올아셔 히금(奚琴)을 혀거를 드로라 사슴이 장대 위에서 해금을 켜는 것을 듣는 것과 같은 기적이 일어나길 바라는 화자의 절박한 심정이 드러나 있다고 보거나, 혹은 산대잡희를 하는 광대 중 사슴으로 분장한 사람이 장대에 올라 해금을 연주하는 모습을 나타낸 것으로 보기도 한다.

(3 3 2 3 3 2 → 3·3·2조 3음보)
❶살어리 살어리랏다 청산(靑山)애 살어리랏다 → 'a-a-b-a' 구조
멀위랑 ᄃᆞ래랑 먹고, 청산(靑山)애 살어리랏다 / ㉠얄리얄리 얄랑셩 얄라리 얄라
(멀위랑 ᄃᆞ래랑: 소박한 음식 / 청산: 이상향, 현실 도피처≠바다 / ㉠: 후렴구(여음))
▶ 청산에 대한 동경

현대어 풀이
살겠노라 살겠노라. 청산에 살겠노라. / 머루와 다래를 먹고 청산에 살겠노라.

❷우러라 우러라 ⓐ새여 자고 니러 우러라 새여
널라와 시름 한 나도 •자고 니러 우니노라 / 얄리얄리 얄라셩 얄라리 얄라
(우러라: 우는구나(감탄), 울어라(명령) / 새: 동병상련(同病相憐)의 대상 / 널라와: 너보다 / 한: 많은)
▶ 삶의 고독과 비애

현대어 풀이
우는구나 우는구나 새여, 자고 일어나 우는구나 새여. / 너보다 시름 많은 나도 자고 일어나 울고 있노라.

❸•가던 새 가던 새 본다 믈 아래 가던 새 본다
❹잉 무든 장글란 가지고 믈 아래 가던 새 본다 / 얄리얄리 얄라셩 얄라리 얄라
(믈 아래: 속세(↔ 청산, 바다) / 잉 무든: 이끼 묻은 / 장글란: 쟁기를 / 믈 아래 가던 새 본다: 속세에 대한 미련)
▶ 속세에 대한 미련과 번민

현대어 풀이
가는 새 가는 새 본다. 물 아래로 날아가는 새 본다. / 이끼 묻은 쟁기를 가지고, 물 아래로 날아가는 새 본다.

•이링공 뎌링공 ᄒᆞ야 나즈란 디내와손뎌
•오리도 가리도 업슨 바므란 ᄯᅩ 엇디 호리라 / 얄리얄리 얄라셩 얄라리 얄라
(나즈란 디내와손뎌: 낮은 지내 왔건만 / 바므란: 밤 – 절망적 고독의 시간)
▶ 절망적인 고독과 비탄

현대어 풀이
이럭저럭하여 낮은 지내 왔건만, / 올 사람도 갈 사람도 없는 밤은 또 어찌할 것인가.

『어듸라 더디던 ⓑ돌코 누리라 마치던 돌코
믜리도 괴리도 업시 마자셔 우니노라』/ 얄리얄리 얄라셩 얄라리 얄라
(돌: ① 화자의 의지와 무관한 운명적 삶 ② 화자의 비애를 야기하는 매개체 / 믜리도 괴리도: 미워할 이도 사랑할 이도 / 마자셔 우니노라: 운명적 체념 / 『 』: 비애의 원인이 외부에 있음.)
▶ 삶의 운명에 대한 체념

현대어 풀이
어디다 던지는 돌인가, 누구를 맞히려는 돌인가. / 미워할 이도 사랑할 이도 없이 맞아서 울고 있노라.

살어리 살어리랏다 바ᄅᆞ래 살어리랏다
•ᄂᆞᄆᆞ자기 구조개랑 먹고, 바ᄅᆞ래 살어리랏다 / 얄리얄리 얄라셩 얄라리 얄라
(바ᄅᆞ래: 늑청산(↔ 믈 아래) / ᄂᆞᄆᆞ자기 구조개랑: 소박한 음식)
▶ 바다(자연)에 대한 동경

현대어 풀이
살겠노라 살겠노라. 바다에 살겠노라. / 나문재, 굴, 조개를 먹고, 바다에 살겠노라.

가다가 가다가 드로라 ❺에정지 가다가 드로라
❻사ᄉᆞ미 짒대예 올아셔 히금(奚琴)을 혀거를 드로라 / 얄리얄리 얄라셩 얄라리 얄라
(에정지: 외딴 부엌 또는 마당 / 혀거를: 켜는 것을)
▶ 기적을 바라는 절박한 삶

현대어 풀이
가다가 가다가 듣노라. 외딴 부엌을 지나가다가 듣노라. / 사슴이 장대에 올라가서 해금을 켜는 것을 듣노라.

가다니 ᄇᆡ브른 도긔 설진 강수를 비조라
조롱곳 누로기 ᄆᆡ와 잡ᄉᆞ와니 내 엇디 ᄒᆞ리잇고 / 얄리얄리 얄라셩 얄라리 얄라
(ᄇᆡ브른: 살찐 / 설진 강수: 술의 농도가 짙은 강술, 독한 술 – 현실의 괴로움을 잊기 위한 매개체 / 조롱곳: 조롱박꽃 / 누로기: 누룩이 / 내 엇디 ᄒᆞ리잇고: 체념적 심정)
▶ 술을 통한 고뇌 해소

현대어 풀이
가더니 불룩한 술독에 진한 술을 빚는구나. / 조롱박꽃 모양의 누룩이 매워 (나를) 붙잡으니, 나는 어찌하리.

이해와 감상

이 작품은 〈서경별곡〉, 〈만전춘별사〉와 더불어 고려 가요 중에서도 문학성이 뛰어난 작품으로 손꼽힌다. 《악장가사》에 전문이 실려 있고, 《시용향악보》에는 1연과 곡조가 실려 있으나 옛 문헌에서 제목이나 해설은 찾아볼 수 없다. 따라서 고려 시대의 노래라고 확신할 수는 없지만, 〈서경별곡〉, 〈쌍화점〉과 형식이 비슷하고 언어 구사나 정조가 조선 초기의 노래와는 전혀 다르므로 고려 가요로 보는 것이 일반적이다.

형식은 전편이 8연이고, 매 연이 4구씩이며 후렴구가 붙어 있고, 매 구 3·3·3(2)조의 정형으로 되어 있다. 또한 시구의 반복과 'ㄹ, ㅇ' 음의 사용으로 음악성이 두드러진다.

현실적·세속적 공간으로부터의 도피처인 '청산', '바다'를 동경하나 현실의 문제에 부딪혀 결국은 술로 시름을 달래거나 체념할 수밖에 없었던 당시 고려인의 삶의 고뇌와 비애가 드러나 있는 작품이다.

작품 연구소

'청산'과 '바다'를 중심으로 한 대칭성

'청산'과 '바다'는 화자가 바라는 이상향 또는 안식처라고 할 수 있는데, 5연과 6연의 위치를 바꾸어 각 연에서 드러나는 화자의 정서를 정리해 보면 '청산'과 '바다'를 중심으로 한 대칭 구조가 드러난다.

	청산			바다
1연	청산 – 자연에 대한 동경	···········	6연	바다 – 자연에 대한 동경
2연	새 – 삶의 비애와 고독	···········	5연	돌 – 운명적 고독
3연	새 – 속세에 대한 미련	···········	7연	사슴 – 생의 절박함과 고독
4연	밤 – 절망적 고독과 외로움	···········	8연	술 – 고뇌의 해소

문학적 아름다움을 형성하는 요소

이 작품은 3·3·2조의 3음보 율격과 'a–a–b–a' 구조, 후렴구를 통해 음악성을 살리고 있다. 또한 화자의 비애와 같은 심리를 '새' 등의 구체적인 형상으로 전달하는 한편 '이상향, 도피처'를 '청산, ᄇᆞᄅᆞᆯ'로, '운명적 삶, 삶의 비애'를 '돌'로 표현하여 함축성을 높이고 있다.

시적 화자에 따른 다양한 해석

시적 화자	해석
유랑민	난리로 인해 삶의 터전을 잃고 떠도는 유랑민들의 고통과 비애를 읊은 민요
실연한 사람	실연 또는 이별의 상황에서 슬픔을 이기지 못하고 속세를 떠나 살고자 하는 마음을 나타낸 노래
좌절한 지식인	무신 정권의 횡포나 외세의 침략 등으로 속세를 떠나 사는 지식인의 염세적 노래

함께 읽으면 좋은 작품

〈강호사시가〉, 맹사성 / 강호 한정을 노래한 작품

〈청산별곡〉과 맹사성의 〈강호사시가〉는 모두 자연을 이상향으로 표현하고 있다는 데 공통점이 있다. 그러나 〈청산별곡〉에서는 자연이 현실과 상반되는 공간인 데 반해, 〈강호사시가〉에서는 자연에 묻혀 사는 즐거움이 임금의 은혜라고 밝히며 자연과 현실을 일치되는 공간으로 보고 있다.

Link 본책 144쪽

키 포인트 체크

화자 삶의 비애와 고독을 느끼는 '나'

상황 현실을 도피하여 □□ 또는 □□에 살고 싶어 함.

태도 삶의 고뇌와 비애에 절망하며 □□함.

내신 적중 多빈출

1 다음은 이 작품의 시어에 대한 해석과 그에 따른 화자의 태도를 정리한 것이다. 적절하지 않은 것은?

	시어	해석	화자의 태도
①	살어리랏다	살고 싶구나	청산에 대한 동경
②		살아야만 하는구나	현실에 대한 한탄
③	우러라	우는구나	현실에 대한 한탄
④		노래하는구나	현실에 대한 만족
⑤	가던 새	갈던 사래(밭)	옛 생활에 대한 미련

2 이 작품에 나타난 표현상의 특징으로 적절하지 않은 것은?

① 화자의 감정을 사물에 이입하여 나타내고 있다.
② 유사한 시구를 반복하여 화자의 정서를 강조하고 있다.
③ 과거와 현재를 대비하여 화자의 처지를 부각하고 있다.
④ 말을 건네는 방식을 사용하여 친근감을 드러내고 있다.
⑤ 3음보의 율격과 'a–a–b–a' 구조를 통해 리듬감을 살리고 있다.

중요 기출 多빈출

3 이 작품을 〈보기〉와 같이 해석할 때, 시구의 대응이 적절하지 않은 것은?

보기

이 작품은 5연과 6연의 위치를 바꾸면 1~4연은 '청산 노래', 5~8연은 '바다 노래'로 나뉜다.

① 멀위랑 ᄃᆞ래랑 먹고 — ᄂᆞᄆᆞ자기 구조개랑 먹고
② 가던 새 가던 새 본다 — 가다가 가다가 드로라
③ 우러라 우러라 새여 — 믜리도 괴리도 업시
④ 자고 니러 우니노라 — 마자셔 우니노라
⑤ 쪼엇디 호리라 — 내 엇디ᄒᆞ리잇고

4 ㉠에서 음악성을 살리기 위해 사용한 방법과 그 효과를 음운 측면에서 서술하시오.

5 이 작품의 내용을 바탕으로 ⓐ와 ⓑ의 의미를 각각 10자 이내로 쓰시오.

읽을 작품

027 만전춘별사(滿殿春別詞) | 작자 미상

키워드 체크 #열정적 #극한 상황 설정 #남녀의 사랑 #시조의 기원

어름 우희 댓닙 자리 보와 님과 나와 어러 주글만뎡
(얼음 위에 / 좋지 않은 잠자리 / 죽을망정)
어름 우희 댓닙 자리 보와 님과 나와 어러 주글만뎡
「경(情) 둔 오ᄂᆞᆳ 밤 더듸 새오시라 더듸 새오시라」 ▶ 죽음보다 강한 사랑의 열정
(임과 정을 맺은, 사랑을 나눈 / 「 」: 임과 함께하는 시간이 더디게 가기를 바람.)

현대어 풀이
얼음 위에 댓잎 자리를 보아 임과 나와 얼어 죽을망정 / 얼음 위에 댓잎 자리를 보아 임과 나와 얼어 죽을망정 / 정 둔 오늘 밤 더디 새오시라, 더디 새오시라.

경경(耿耿) 고침샹(孤枕上)애 어느 ᄌᆞ미 오리오
(근심 때문에 잠을 이루지 못함. – 전전반측(輾轉反側))
셔창(西窓)을 여러ᄒᆞ니 도화(桃花)ㅣ 발(發)ᄒᆞ두다
(객관적 상관물 – 화자와 대비되는 존재로 화자의 마음을 더욱 아프게 함.)
도화(桃花)ᄂᆞᆫ 시름업서 쇼츈풍(笑春風)ᄒᆞᄂᆞ다 쇼츈풍(笑春風)ᄒᆞᄂᆞ다 ▶ 임 생각에 밤을 지새움.
(걱정이 없어 / 의인법, 반복법)

현대어 풀이
뒤척뒤척 외로운 침상에서 어찌 잠이 올까나 / 서쪽 창문을 열어 보니 복숭아꽃이 피고 있네. / 복숭아꽃은 시름없어 봄바람에 웃네, 봄바람에 웃네.

넉시라도 님을 ᄒᆞᆫᄃᆡ 녀닛 경(景) 너기더니 / 넉시라도 님을 ᄒᆞᆫᄃᆡ 녀닛 경(景) 너기더니
(남의 상황(남의 이야기)이라고만 여겼는데)
벼기더시니 뉘러시니잇가 뉘러시니잇가 → 정서의 〈정과정〉과 유사한 연 ▶ 배신한 임에 대한 원망
((영원히 함께하자는 약속을) 어긴 사람이 누구였습니까)

현대어 풀이
넋이라도 임과 한곳에 남의 일로 알았더니(넋이라도 임과 함께 가는 것으로 여겼더니) / 넋이라도 임과 한곳에 남의 일로 알았더니(넋이라도 임과 함께 가는 것으로 여겼더니) / 우기시던(고집하시던) 사람이 누구였습니까, 누구였습니까?

「 」: 다른 여인에게 마음을 빼앗겨 방탕한 생활을 하는 임의 모습 풍자
「올하 올하 아련 비올하 / 여흘란 어듸 두고 소해 자라 온다」
(화자가 사랑하는 임 / 화자 / 다른 여자, 연적)
소콧 얼면 여흘도 됴ᄒᆞ니 여흘도 됴ᄒᆞ니 ▶ 임의 방탕한 생활 풍자
(소마저 / 좋으니)

현대어 풀이
오리야 오리야 어리고 아름다운 비오리야 / 여울은 어디 두고 소(늪)에 자러 오느냐. / 소(늪)마저 얼면 여울도 좋으니. 여울도 좋으니.

◯: 임과 함께 거처할 따뜻한 보금자리(과장법)
남산(南山)애 자리 보와 옥산(玉山)을 벼여 누어
(따뜻한 온돌 / 옥 베개)
금슈산(錦繡山) 니블 안해 샤향(麝香) 각시를 아나 누어
(비단 이불 / 사향이 든 주머니, 아름다운 여인)
남산(南山)애 자리 보와 옥산(玉山)을 벼여 누어
금슈산(錦繡山) 니블 안해 샤향(麝香) 각시를 아나 누어
약(藥) 든 가ᄉᆞᆷ을 맛초ᄋᆞᆸ사이다 맛초ᄋᆞᆸ사이다 ▶ 임에 대한 욕망과 상상
(사향이 든 / 상상으로 임과 함께하기를 소망함.)

현대어 풀이
남산에 자리를 보아 옥산을 베고 누워 / 금수산 이불 안에 사향 각시(아름다운 여인)를 안고 누워 / 남산에 자리를 보아 옥산을 베고 누워 / 금수산 이불 안에 사향 각시(아름다운 여인)를 안고 누워 / 약(사향) 든 가슴을 맞춥시다, 맞춥시다.

아소 님하 / 원ᄃᆡ평싱(遠代平生)애 여힐 ᄉᆞᆯ 모ᄅᆞᄋᆞᆸ새 ▶ 영원한 사랑에 대한 소망
(이 세상 영원히(과장법) → 화자는 이별 없이 지내는 세상을 동경함.)

현대어 풀이
아소 임아 / 평생토록 이별할 줄 모르고 지내소서.

핵심 정리

갈래 고려 가요
성격 서정적, 열정적
제재 남녀 간의 사랑
주제 변치 않는 사랑에 대한 소망
특징 ① 연과 연 사이에 고려 가요의 특징인 후렴구가 삽입되지 않음.
② 남녀의 강렬한 사랑을 비유와 상징, 역설, 감각적인 언어를 사용하여 표현함.
③ 시조 형식의 기본 특징이 유사하게 나타나 있어 시조의 기원으로 보기도 함.
출전 《악장가사》

이해와 감상

이 작품은 궁중에서 잔치를 벌일 때 불렸던 것으로, 임과 이별하지 않고 계속 사랑하고자 하는 소망을 노래하고 있다. 따로 구분된 채 1~5연을 아우르면서 종결짓는 6연을 독립된 장으로 보면, 이 작품은 모두 6연으로 이루어져 있다고 볼 수 있다.

1연은 얼어 죽더라도 정을 나눈 오늘밤이 더디게 가기를 바라는 소망을 노래한 부분으로 극한 상황을 통해 임에 대한 뜨거운 사랑을 부각했다. 2연에서는 자신의 처지를 복숭아꽃과 대비하여 한탄하고 있고, 3연에서는 넋이라도 함께하자고 맹세하던 임을 원망하고 있다. 4연에서는 임의 방탕한 생활을 풍자하고, 5연에서는 임과의 해후를 그리며 변치 않는 사랑을 다짐하여 여인의 끈질긴 사랑을 보여 주고 있다. 이처럼 각 연은 순차적으로 되어 있지 않으며, 사랑의 여러 모습을 보여 주고 있다.

이 작품은 시조의 기원이라는 평가를 받는데, 작품의 2연과 5연이 시조 양식에 접근하는 형태를 보여 주고 있기 때문이다. 2연과 5연은 3장이라는 분장 형태, 4음보 율격, 호흡의 완급, 수사 방법까지 시조에 근접해 있다. 따라서 이는 고려 가요가 붕괴되면서 시조의 형식이 형성된 것으로 보는 근거가 된다.

작품 연구소

극한 상황의 설정 효과

1연에서는 죽음을 불사할 정도의 극한 상황을 설정함으로써 얼음과 댓잎 자리의 차가운 이미지와 대비되는 임에 대한 뜨거운 사랑과 열망을 효과적으로 드러내고 있다.

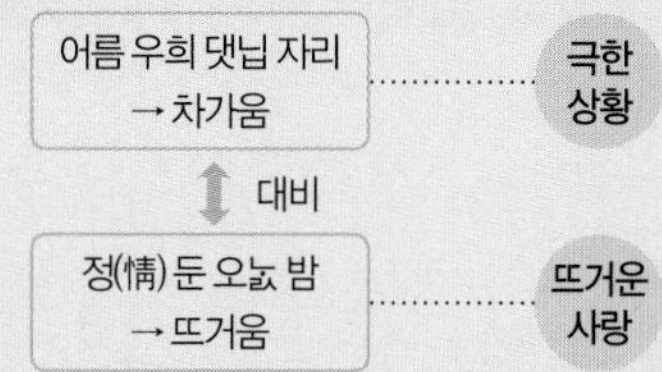

키 포인트 체크

화자 임과 ☐☐하지 않고 사랑하길 바라는 '나'
상황 임에 대한 뜨거운 사랑을 보여 줌.
태도 임과의 변치 않는 영원한 ☐☐을 소망함.

답 이별, 사랑

028 쌍화점(雙花店) | 작자 미상

키워드 체크 #자유로운 애정 행각 #희화화 #노골적 #상징과 은유 #풍자

〈제1연〉

: 적극적인 구애의 표현

쌍화점(雙花店)에 쌍화(雙花) 사라 가고신딘 / 회회(回回) 아비 내 손모글 주여이다
(공간적 배경 – 만두 가게 / 만두를 뜻하는 음차(音借)의 말 / 서남아시아의 이슬람 교도를 부르던 호칭 / 쥐더이다)
이 말ᄉᆞ미 이 점(店) 밧긔 나명들명 / 다로러거디러 죠고맛감 삿기 광대 네 마리라 호리라
(쌍화점 = 만두 가게 / (소문이) 퍼지면)
더러둥셩 다리러디러 다리러디러 다로러거디러 다로러
(답답한 곳 없다 = 난잡한 곳 없다)
긔 자리예 나도 자라 가리라 / 위 위 다로러거디러 다로러 / 긔 잔 ᄃᆡᄀᆞ티 덦거츠니 업다

▶ 회회 아비와의 밀애

〈제2연〉

삼장사(三藏寺)에 브를 혀라 가고신딘 / 그 뎔 사쥬(社主) ㅣ 내 손모글 주여이다
(공간적 배경 – 절 / 불을 밝히러)
이 말ᄉᆞ미 이 뎔 밧긔 나명들명
다로러거디러 죠고맛간 삿기 상좌(上座) ㅣ 네 마리라 호리라
(어린 중, 행자)
더러둥셩 다리러디러 다리러디러 다로러거디러 다로러
긔 자리예 나도 자라 가리라 / 위 위 다로러거디러 다로러 / 긔 잔 ᄃᆡᄀᆞ티 덦거츠니 업다

▶ 절의 지주와의 밀애

현대어 풀이

〈제1연〉 만두 가게에 만두 사러 갔더니만 / 회회 아비 내 손목을 쥐더이다. / 이 소문이 가게 밖에 나며 들며 하면 / 다로러거디러 조그마한 새끼 광대 네 말이라 하리라. / 그 잠자리에 나도 자러 가리라. / 그 잔 데같이 난잡한 곳 없다.

〈제2연〉 삼장사에 불을 켜러 갔더니만 / 그 절 지주 내 손목을 쥐더이다. / 이 소문이 이 절 밖에 나며 들며 하면 / 다로러거디러 조그마한 새끼 상좌 네 말이라 하리라. / 그 잠자리에 나도 자러 가리라. / 그 잔 데같이 난잡한 곳 없다.

키 포인트 체크

화자 성적으로 자유분방한 □□ 　 상황 자유로운 □□ □□을 함.
태도 당시의 자유로운 성(性) 윤리를 □□□함.

답 여인, 애정 행각, 희화화

핵심 정리

갈래 고려 가요
성격 직설적, 향락적
제재 성적으로 자유분방한 여인의 밀애
주제 남녀 간의 자유로운 애정 행각
특징 은유적 표현과 풍자적 표현을 사용하여 여인의 자유분방한 사랑의 모습을 드러냄.
출전 《악장가사》

이해와 감상

이 작품은 당시의 자유로운 성(性) 윤리를 노골적으로 희화화하여 표현한 전 4연의 노래로, 상징과 은유, 풍자적 수법으로 차원 높은 문학성을 지니고 있다. 노골적인 표현 때문에 조선 시대에 남녀상열지사(男女相悅之詞)라고 지목되기도 했다. 후렴구인 '그 잔 ᄃᆡᄀᆞ티 덦거츠니 업다'는 우울하고 답답하다는 의미로 화자의 심리 상태를 나타내거나 거칠고 지저분하다는 의미로 동침한 자리를 표현한 것으로 해석할 수 있다.

1연	회회 아비와의 밀애
2연	절의 지주와의 밀애
3연	우물 속 용과의 밀애
4연	술집 아비와의 밀애

029 상저가(相杵歌) | 작자 미상

키워드 체크 #노동요 #소박한 생활 모습 #농촌 풍속 #부모에 대한 효 #유교적

: ① 민요의 후렴 연상 → 노동요의 성격 ② 동일한 구절의 반복으로 운율감 형성

듦기동 방해나 디히 히얘, / 게우즌 바비나 지서 히얘,
(덜커덩 – 방아 찧는 소리를 나타내는 의성어 / 밥이나)
아바님 어마님ᄭᅴ 받ᄌᆞᆸ고 히야해, / 남거시든 내 머고리, 히야해 히야해.
(먹으리(영탄법))

현대어 풀이

덜커덩 방아나 찧어, / 거친 밥이나 지어서,
아버님 어머님께 드리옵고 / 남거든 내가 먹으리.

키 포인트 체크

화자 □□를 위해 방아를 찧는 사람 　 상황 □□를 찧으며 노래하고 있음.
태도 부모에 대한 □□을 드러냄.

답 부모, 방아, 효심

핵심 정리

갈래 고려 가요, 노동요
성격 유교적, 서민적
제재 방아 찧는 촌부
주제 촌부의 소박한 효심
특징 ① 방아 타령의 일종으로 농촌 풍속과 부녀자의 소박한 생활 감정이 나타남.
② 반복법과 영탄법을 사용하여 시상을 전개함.
의의 현전하는 고려 가요 중 유일한 노동요
출전 《시용향악보》

이해와 감상

이 작품은 부모를 위해 방아를 찧는 고려 시대 여성의 모습이 떠오르게 하는 노래로, 두 사람 이상이 절구통으로 방아를 찧을 때 부르는 일종의 노동요이다. 방아 찧는 소리를 나타내는 의성어로 시작하고 있으며 '히얘'라는 메김소리의 반복으로 노동의 분위기를 고조하고 있다.

030 한림별곡(翰林別曲) | 한림 제유

키워드 체크 #가장 오래된 경기체가 #고려 귀족 문학 #풍류적 #향락적

문학 천재(김), 미래엔, 지학

핵심 정리

갈래 경기체가
성격 풍류적, 향락적, 귀족적
제재 상류층의 향락과 풍류
주제 • 신진 사대부들의 학문적 자부심과 의욕적 기개
• 귀족들의 향락적 풍류 생활과 퇴폐적인 기풍
특징 ① 열거법, 영탄법, 설의법, 반복법을 사용함.
② 전 8장의 분절체임.
③ 3·3·4조, 3음보의 율격을 보임.
의의 ① 최초의 경기체가로 귀족의 생활 감정을 표현함.
② 후대 가사 문학에 영향을 미침.
연대 고려 제23대 고종
출전 《악장가사》

Q 〈제8장〉이 다른 장과 다른 점은?

〈제1장〉~〈제7장〉은 대상의 명칭을 나열하고 감흥을 표현한 형태이다. 이에 비해 〈제8장〉은 그네를 타는 즐거움과 귀족의 풍류를 과시하며, 감각적이고 동적인 묘사가 돋보인다. 그리고 우리말의 아름다움을 살려 쓰고 있어 문학성이 높다고 평가받는다.

시어 풀이

시당(試場)ㅅ 경(景) 과거 시험을 보는 곳의 모습.
금혹ᄉ(琴學士) 금의(琴儀). 당시 무인 정권하에서 문인들의 우두머리 역할을 한 사람.
옥슌문싱(玉笋門生) 옥으로 된 죽순처럼 뛰어난 문하생이란 뜻. 학사 금의의 제자들을 미화한 말.
대평광긔(大平廣記) 중국 송나라 시대에 간행된 총서.
샥옥셤셤(削玉纖纖) 옥을 깎아 만든 듯이 곱고 보드라운 (여자의 손).
휴슈동유(携手同遊)ㅅ 경(景) 손에 손을 잡고 함께 노는 광경.

시구 풀이

❶ **위 시당(試場)ㅅ 경(景) 긔 엇더ᄒᆞ니잇고.** 일종의 후렴구로 '경기체가'라는 갈래의 이름이 붙여진 연유라고 볼 수 있다. 사대부들이 자신의 학문적 실력을 뽐내는 광경이 매우 굉장하다는 내용을 담고 있는 설의적 표현이다.

❷ **당당당(唐唐唐) 당츄ᄌᆞ(唐楸子) 조협(皂莢) 남긔** '당당당'은 3·3·4조의 율격을 맞추기 위해서 '당츄ᄌᆞ'의 '당'을 세 번 반복한 것으로, 운율미와 율동감을 살리는 표현이다.

작가 소개

한림 제유(翰林諸儒) 한림 제유란 당시 왕명을 받들어 문서를 꾸미는 관청이었던 한림원의 모든 선비라는 뜻이다. 따라서 작가가 누구인지는 확실하지 않으나, 대체로 〈제1장〉에 나오는 유원순, 이인로, 이공로, 이규보, 진화, 유충기, 민광균, 김양경 등을 작가로 보고 있다.

가 〈제1장〉

원순문(元淳文) 인노시(仁老詩) 공노ᄉᆞ륙(公老四六)
('사륙(四六)'은 사륙변려문(4자 또는 6자의 대구로 된 문장)을 이르는 것으로, 한문체의 하나)
니졍언(李正言) 딘한림(陳翰林) 솽운주필(雙韻走筆)
(쌍운으로 운자를 내어 빨리 시를 짓는 일)
튱긔디칙(冲基對策) 광균경의(光鈞經義) 량경시부(良鏡詩賦)
(유충기의 대책문(높은 사람의 물음에 답하는 글) / 김양경의 시부(시와 부는 모두 한시의 체(體)))
→ 문인들의 명문장 나열
❶위 시당(試場)ㅅ 경(景) 긔 엇더ᄒᆞ니잇고.
: 당시 신흥 사대부들이 자신들의 능력과 삶의 방식에 대한 자부심을 강조한 표현 (반복법, 설의법)
엽(葉) 금혹ᄉᆞ(琴學士)의 옥슌문싱(玉笋門生) 금혹ᄉᆞ(琴學士)의 옥슌문싱(玉笋門生)
(엽: 전통 음악의 한 형식을 뜻하는 말. / 금의가 배출한 죽순같이 많은 제자들 – 금의는 당시 시험관으로 임용되어 새로운 문벌을 형성했음.)
위 날조차 몃 부니잇고.
(신흥 문벌의 자만에 찬 의욕과 권세를 나타냄.(설의법))

▶ 옛 문장 예찬과 과거 시험장의 풍경

나 〈제2장〉

당한셔(唐漢書) 장로ᄌᆞ(莊老子) 한류문집(韓柳文集)
니두집(李杜集) 난딕집(蘭臺集) 빅락텬집(白樂天集)
모시샹셔(毛詩尙書) 주역츈츄(周易春秋) 주딕례긔(周戴禮記)
→ 명저, 명서의 나열
「위 주(註)조쳐 내 외욼 경(景) 긔 엇더ᄒᆞ니잇고.」 / 엽(葉) 대평광긔(大平廣記) ᄉᆞ빅여 권(四百餘卷) 대평광긔(大平廣記) ᄉᆞ빅여 권(四百餘卷) / 위 력남(歷覽)ㅅ 경(景) 긔 엇더ᄒᆞ니잇고.
(주(註): 주석(註釋) / 「 」: 많은 서적을 읽고 소화하는 유생들의 학식 자랑 / 력남: 열람하는)

▶ 학문과 독서에 대한 긍지

다 〈제8장〉

❷당당당(唐唐唐) 당츄ᄌᆞ(唐楸子) 조협(皂莢) 남긔 / 홍(紅)실로 홍(紅)글위 ᄆᆡ요이다.
(당당당: 음수율을 맞추기 위해 넣은 음 / 당츄ᄌᆞ: 호두나무 / 조협 남긔: 쥐엄나무에 / 글위: 그네)
혀고시라 밀오시라 뎡쇼년(鄭少年)하. / 「위 내 가논 딕 놈 갈셰라.」
(혀고시라: 당기시라 / 하: 호격 조사 / 가논 딕: 가는 곳에)
「 」: 중의적 표현 – ① 내가 가는 데 남이 갈까 두렵다는 경계의 뜻 ② 그네 뛰며 노는 광경을 사실적으로 표현
엽(葉) 샥옥셤셤(削玉纖纖) 솽슈(雙手)ㅅ길헤 샥옥셤셤(削玉纖纖) 솽슈(雙手)ㅅ길헤
(솽슈ㅅ길헤: 두 손길에)
위 휴슈동유(携手同遊)ㅅ 경(景) 긔 엇더ᄒᆞ니잇고.
(귀족들의 풍류 생활을 찬양함.(설의법))

▶ 그네 뛰는 흥겨운 정경과 풍류 생활

현대어 풀이

(가) 유원순의 문장, 이인로의 시, 이공로의 사륙변려문 / 이규보와 진화의 쌍운을 내어 빨리 짓는 시 / 유충기의 대책문, 민광균의 경서 풀이, 김양경의 시와 부 / 아, 시험장의 광경, 그것이 어떠합니까? / 금의의 문하생들 금의의 문하생들 / 아, 나까지 모두 몇 분입니까?

(나) 사서인 《당서》와 《한서》, 장주가 지은 《장자》, 노담이 쓴 《노자》, 한유와 유종원의 문집들 / 이백과 두보의 시집, 난대 영사들의 시문집, 백거이의 문집 / 모형의 《시경》, 상서인 《서경》, 《주역》과 《춘추》, 대덕의 《대대례》와 대성의 《소대례》 / 아, 주를 아울러 내리 외우는 광경, 그것이야말로 어떻습니까? / 이방 등이 편찬한 방대한 《태평광기》 사백여 권 / 아! 열람하는 광경 그것이야말로 어떻습니까?

(다) 당당당 당추자 쥐엄나무에 / 붉은 실로 붉은 그네를 맵니다. / 당기어라 밀어라 정 소년아. / 아! 내 가는 곳에 남이 갈까 두렵구나. / 옥을 깎은 듯 고운 두 손길에 옥을 깎은 듯 고운 두 손길에 / 아! 손을 잡고 함께 노는 모습, 그것이 어떠합니까?

이해와 감상

이 작품은 현전하는 최고(最古)의 경기체가 작품으로, 고려 시대 사대부들의 정서를 표현한 대표적인 귀족 문학이라 할 수 있다. 전체 8장의 분장체로, 각 장은 전대절(前大節) 4행과 후소절(後小節) 2행의 총 6행으로 구성되어 있다. 〈제1장〉에서 〈제7장〉까지는 한문 어구의 나열과 현토(懸吐; 한문에 토를 닮.)한 듯한 문장을 보이고 있는 데 반해, 〈제8장〉은 우리말의 아름다움을 살려 표현함으로써 문학성을 인정받고 있다. 또 한자를 연결하여 우리말 율격인 3음보에 맞추어 음보율을 형성했으며, 각 연의 규칙적 반복, 후렴구 등에서 음악적 효과가 드러난다.

신진 사대부들의 문학적 경지와 자긍심, 귀족 문인들의 풍류적 삶의 태도가 드러나며, 관념적이고 추상적인 대상을 노래했던 문학적 관습에서 벗어나 구체적이고 실제적인 사물에 화자의 정서를 결부하여 노래한 새로운 문학 양식이라는 점에서 그 의의가 크다.

작품 연구소

각 장의 중심 소재와 내용

〈제1장〉~〈제3장〉에서는 시부, 서적, 명필과 관련된 사물들을 나열함으로써 문사들의 학문에 대한 의욕적 기개와 의식 세계를 영탄하며, 〈제4장〉~〈제8장〉에서는 명주, 화훼, 음악, 누각, 추천을 소재로 하여 신흥 사대부의 향락적 생활과 풍류를 과시한다.

장	소재	비유적 의미
1	시부(時賦)	시인과 문장 예찬 / 명문장과 금의의 문하생 찬양
2	서적(書籍)	학문 수련과 독서에 대한 자긍심 찬양
3	명필(名筆)	유명한 서체와 기구 등 명필 찬양
4	명주(名酒)	귀족 계급의 주흥과 풍류를 노래
5	화훼(花卉)	화원의 서경(경치)을 노래
6	음악(音樂)	흥겨운 주악에 대한 취향을 노래
7	누각(樓閣)	후원의 서경(경치)을 노래
8	추천(鞦韆)	그네 뛰는 흥겨운 정경과 풍류 생활 찬양

'경기체가'의 특징과 '고려 가요'와의 차이점

'경기체가'는 〈한림별곡〉의 '~ 경(景) 긔 엇더ᄒᆞ니잇고.'에서 유래되어 '경기하여가(景幾何如歌)', 또는 '경기체가(景幾體歌)'라고 불리게 되었다. 분장체(각 장은 2단 구성)이며, 3·3·4조의 3음보 율격을 지니고 있다. 내용상 귀족 문학이고, 작가의 감정을 직설적으로 나타내지 않고 묘사적으로 나타내는 점에서 교술시이다. 즉, 주위의 사물의 이름을 열거하는 방법을 통해 자신의 감정을 표현하는 기법을 사용하고 있다. 향가와 시조나 가사를 이어 주는 과도기적 형태라는 점에서 문학사적 의의가 있다. 고종 때 한림 제유가 지은 〈한림별곡〉이 최초의 작품이고, 안축의 〈죽계별곡(竹溪別曲)〉, 〈관동별곡(關東別曲)〉을 거쳐 조선 시대에도 사대부들에 의해 계속 창작되었으나 선조 이후에는 그 명맥이 끊어졌고, 철종 11년 민규의 〈충효가〉를 최후의 작품으로 보기도 한다.

		경기체가	고려 가요
공통점		• 3·3·4의 음수율 • 분연체	• 3음보의 율격 • 후렴구
차이점	향유 계층	한문학에 능한 귀족	평민
	표현 수단	한자 및 이두 표현	우리말 표현
	종결 어미	의문형 종결 어미를 확신과 단정의 기능으로 활용함.	평서형 종결 어미를 사용하여 대상이나 정서, 상황을 드러냄.
	내용	• 관념적이고 교술적임. • 내면보다는 외부에 치중하여 귀족층이던 한림만이 경험할 수 있는 생활상과 그 흥취를 노래함.	• 하층민의 경험에서 형성되는 보편적 정서를 다룸. • 일반 백성들이 누구나 공감할 수 있는 상황이나 대상을 노래함.

함께 읽으면 좋은 작품

〈청산별곡〉, 작자 미상 / 삶의 고뇌와 비애를 노래한 작품

경기체가의 문학 담당층은 주로 귀족이었기에 〈한림별곡〉에는 사대부들의 자긍심과 지적 허영심을 소재로 하며, 확신에 찬 단정적 표현이 다수 등장한다. 이에 비해 고려 가요의 대표작이라고 할 수 있는 〈청산별곡〉은 고려 시대 때 잦은 외적의 침입 속에 생활고를 겪었던 평민 계층의 애환을 소재로 하고 있어 비교하여 읽어 볼 만하다.

Link 본책 84쪽

키 포인트 체크

화자 고려 시대 □□□□□

상황 학문적 □□□과 향락적 생활을 과시함.

태도 신진 사대부의 문학적 경지와 □□ 생활을 찬양함.

1 이 작품에 대한 설명으로 적절하지 않은 것은?

① 3·3·4조, 3음보의 율격을 지니고 있다.
② 대상을 나열하고 정형화된 감탄구를 사용하고 있다.
③ 개인의 창작이라기보다는 집단 의식이 반영된 노래이다.
④ 일정하게 반복되는 구문으로 갈래의 특성을 확인할 수 있다.
⑤ 대체로 순우리말을 사용하여 형식적인 아름다움을 살리고 있다.

내신 적중 多빈출

2 이 작품과 〈보기〉에 대한 설명으로 적절한 것은?

| 보기 |

살어리 살어리랏다 청산(靑山)애 살어리랏다
멀위랑 ᄃᆞ래랑 먹고, 청산(靑山)애 살어리랏다
얄리얄리 얄랑셩 얄라리 얄라 - 작자 미상, 〈청산별곡〉

① 이 작품은 미래 지향적인 데 반해, 〈보기〉는 과거를 회상하고 있다.
② 이 작품과 〈보기〉 모두 3음보 율격이 나타나며 후렴구가 존재한다.
③ 이 작품은 주로 서정적인 내용을, 〈보기〉는 주로 교술적인 내용을 다루고 있다.
④ 이 작품은 민중들의 구체적 상황을, 〈보기〉는 사대부층의 관념적 이상을 노래하고 있다.
⑤ 이 작품과 〈보기〉 모두 평서형 종결 어미를 주로 사용하여 확신과 단정을 드러내고 있다.

3 이 작품의 〈제8장〉과 〈보기〉의 공통점으로 적절하지 않은 것은?

| 보기 |

향단아 그넷줄을 밀어라. / 머언 바다로 / 배를 내어 밀듯이, 향단아. // 이 다소곳이 흔들리는 수양버들나무와 / 베갯모에 뇌이듯한 풀꽃뎀이로부터, / 자잘한 나비 새끼 꾀꼬리들로부터, / 아주 내어 밀 듯이, 향단아. // 산호도 섬도 없는 저 하늘로 / 나를 밀어 올려 다오. / 채색한 구름같이 나를 밀어 올려 다오. / 이 울렁이는 가슴을 밀어 올려 다오! // 서(西)으로 가는 달같이는 / 나는 아무래도 갈 수가 없다. - 서정주, 〈추천사〉

① 동일한 제재를 사용하고 있다.
② 화자가 청자에게 말을 건네고 있다.
③ 화자의 고조된 정서를 나타내고 있다.
④ 시적 화자가 시의 표면에 드러나 있다.
⑤ 이상향에 대한 동경과 좌절을 나타내고 있다.

4 이 작품의 〈제8장〉이 문학적으로 높이 평가받는 이유를 시어 사용과 표현 면에서 서술하시오.

더 읽을 작품

031 한림별곡(翰林別曲) 3, 4, 6, 7장 | 한림 제유

키워드 체크 #가장 오래된 경기체가 #고려 귀족 문학 #풍류적 #향락적

〈제3장〉

(표시): 당시 신흥 사대부들이 자신들의 능력과 삶의 방식에 대한 자부심을 강조한 표현 (반복법, 설의법)

진경셔(眞卿書) 비빅셔(飛白書) 힝셔초셔(行書草書)
뎐류셔(篆籒書) 과두셔(蝌蚪書) 우셔남셔(虞書南書) — 다양한 서체를 열거함.
양슈필(羊鬚筆) 셔슈필(鼠鬚筆) 빗기 드러 / 위 딕논ㅅ 경(景) 긔 엇더ᄒᆞ니잇고.
(양 수염으로 만든 붓 / 쥐 수염으로 만든 붓 / 비스듬히 / 찍는)
오싱류싱(吳生劉生) 량션싱(兩先生)의 오싱류싱(吳生劉生) 량션싱(兩先生)의
위 주필(走筆)ㅅ 경(景) 긔 엇더ᄒᆞ니잇고.
(달리듯이 빨리 써 내려가는 글이나 글씨)

▶ 유명한 서체와 필기구 등 명필 찬양

〈제4장〉

황금쥬(黃金酒) 빅ᄌᆞ주(柏子酒) 숑쥬례쥬(松酒醴酒)
듁엽쥬(竹葉酒) 리화쥬(梨花酒) 오가피쥬(五加皮酒) — 여러 가지 술의 종류를 열거함.
잉무잔(鸚鵡盞) 호박비(琥珀盃)예 ᄀᆞ득 브어 / 위 권상(勸上)ㅅ 경(景) 긔 엇더ᄒᆞ니잇고.
(술잔에 술을 가득 부어 권하는 모습 – 향락적, 풍류적)
유령도좀(劉伶陶潛) 량션옹(兩仙翁)의 유령도좀(劉伶陶潛) 량션옹(兩仙翁)의
위 취혼ㅅ 경(景) 긔 엇더ᄒᆞ니잇고.

▶ 귀족 계급의 주흥과 풍류

〈제6장〉

아양금(阿陽琴) 문탁뎍(文卓笛) 종무듕금(宗武中岑)
딕어향(帶御香) 옥긔향(玉肌香) 솽개야(雙伽倻)ㅅ고
(당시 이름난 기생)
금션비파(金善琵琶) 종지히금(宗智奚琴) 셜원장고(薛原杖鼓)
위 과야(過夜)ㅅ 경(景) 긔 엇더ᄒᆞ니잇고.
일지홍(一枝紅)의 빗근 뎍취(笛吹) 일지홍(一枝紅)의 빗근 뎍취(笛吹)
위 듣고야 좀드러지라.

▶ 좋은 음악이 주는 흥취

〈제7장〉

봉릭산(蓬萊山) 방댱산(方丈山) 영쥬삼산(瀛洲三山)
(신선들이 살고 있다는 상상 속의 산)
차삼산(此三山) 홍류각(紅樓閣) 쟉약션ᄌᆞ(婥約仙子)
(봉래산, 방장산, 영주산 / 붉게 칠한 누각, 부잣집 여인이 거처하는 집)
록발익ᄌᆞ(綠髮額子) 금슈댱리(錦繡帳裏) 쥬렴반권(珠簾半捲)
(미인을 나타내는 말)
위 등망오호(登望五湖)ㅅ 경(景) 긔 엇더ᄒᆞ니잇고.
(높은 곳에 올라 오호(五湖)를 바라보는 광경)
록양녹듁(綠楊綠竹) 직뎡반(栽亭畔)애 록양녹듁(綠楊綠竹) 직뎡반(栽亭畔)애
(푸른 버들과 대나무를 정자 주위에 심음.)
위 전황잉(囀黃鶯) 반갑두셰라.
(반가워라)

▶ 경기 좋은 곳에 지은 멋진 누각

현대어 풀이

〈제3장〉 당나라 안진경의 서체, 후한 채옹에서 비롯한 비백의 서체, 후한 유득승에서 시작한 행서체, 뒷날 성행한 초서체 / 진나라 이사의 소전과 주나라 태사주의 대전의 서체, 올챙이 모양의 과두의 서체, 당나라 우세남의 서체 / 양 수염으로 맨 붓, 쥐 수염으로 맨 붓들을 비스듬히 들고 / 아! 한 점을 찍는 광경, 그것이야말로 어떻습니까? / 오생과 유생 두 분 선생님께서 / 아! 붓을 거침없이 휘달려 그려 나가는 광경, 그것이야말로 어떻습니까?

〈제4장〉 황금빛 도는 술, 잣으로 빚은 술, 솔잎으로 빚은 술, 그리고 단술 / 댓잎으로 빚은 술, 배꽃 필 무렵 빚은 술, 오가피로 담근 술 / 앵무새 부리 모양의 자개 껍질로 된 앵무잔과 호박빛 도는 호박잔에 술을 가득 부어 / 권하여 올리는 광경, 그것이야말로 어떻습니까? / 진나라 죽림칠현의 한 분인 유령과 도잠이야 신선 같은 늙은이로 / 아! 거나하게 취한 광경, 그것이야말로 어떻습니까?

〈제6장〉 아양의 거문고, 문탁의 피리, 종무의 중금 / 대어향, 옥기향이 타는 쌍가얏고 / 김선의 비파, 종지의 해금, 설원의 장고로 / 아, 밤새워 노는 모습, 그것이 어떠합니까? / 일지홍의 빗긴 피리 소리, 일지홍의 빗긴 피리 소리 / 아, 듣고서야 잠 들고 싶어라.

핵심 정리

갈래 경기체가
성격 과시적, 풍류적, 향락적, 귀족적
제재
- 〈제3장〉 – 명필(名筆)
- 〈제4장〉 – 명주(名酒)
- 〈제6장〉 – 음악(音樂)
- 〈제7장〉 – 누각(樓閣)

주제
- 신진 사대부들의 학문적 자부심과 의욕적 기개
- 귀족들의 향락적 풍류 생활과 퇴폐적 기풍

특징 ① 전 8장의 분절체임.
② 3·3·4조, 3음보의 율격을 보임.
③ 객관적 사물들을 나열함으로써 귀족 계층의 집단적 감흥을 추구함.

의의 최초의 경기체가
연대 고려 제23대 고종
출전 《악장가사》

이해와 감상

여기에 소개된 〈한림별곡〉 3, 4, 6, 7장은 명필(名筆), 명주(名酒), 음악(音樂), 누각(樓閣)을 소재로 하여 귀족들의 풍류 생활과 유생들의 학문적 자부심을 노래하고 있다.

작품 연구소

〈제7장〉 후렴구의 특징

〈제7장〉은 '경(景) 긔 엇더ᄒᆞ니잇고.'라는 설의적 표현에서 벗어나 '위 전황잉(囀黃鶯) 반갑두셰라.'라고 하여 감탄 어구로 시상을 종결하고 있다. 이는 '황잉(노랑 꾀꼬리)'이 제시되는 상황을 과시하는 대상이 될 수 없기 때문이다.

〈제7장〉 신선들이 산다는 봉래산, 방장산, 영주산들은 삼신산이오. / 이 삼신산 가운데 있는 홍루각 속에는 몸이 가냘픈 맵씨도 아리따운 가인이 / 윤이 흐르는 검은 머릿결을 가체수식한 가인이 금수휘장 속에서 구슬발을 반쯤 걷고는 / 아! 높은 대를 올라 멀리 오호를 바라보는 광경, 그것이야말로 어떻습니까? / 푸른 버드나무와 푸른 대나무가 심어진 정자가의 둔덕에서 / 아! 노랑 꾀꼬리 반갑기도 하구려.

키포인트 체크

화자 고려 시대 사대부
상황 □□, 명주, 음악, 누각을 소재로 학문적 자부심과 □□□인 생활을 보여 줌.
태도 신진 사대부의 능력과 생활에 대한 □□□을 드러냄.

답 명필, 향락적, 자부심

032 관동별곡(關東別曲) | 안축

키워드 체크 #관동 팔경 #뛰어난 경치 #찬양 #여정에 따른 전개

〈제1장〉

海千重山萬疊關東別境
해 천 중 산 만 루 관 동 별 경
碧油幢紅蓮幕兵馬營主
벽 유 당 홍 련 막 병 마 영 주
玉帶傾盖黑槊紅旗鳴沙路
옥 대 경 개 흑 삭 홍 기 명 사 로
爲巡察景幾何如
위 순 찰 경 기 하 여
朔方民物慕義趨風
삭 방 민 물 모 의 추 풍
爲王化中興景幾何如
위 왕 화 중 흥 경 기 하 여

▶ 관동 팔경을 순찰함.

〈제2장〉

鶴城東元帥臺穿島國島
학 성 동 원 수 대 천 도 국 도
轉三山移十州金鼇頂上
전 삼 산 이 십 주 금 오 정 상
收紫霧卷紅嵐風恬浪靜
수 자 무 권 홍 람 풍 념 랑 정
爲登望滄溟景幾何如
위 등 망 창 명 경 기 하 여
桂棹蘭舟紅粉歌吹
계 도 란 주 홍 분 가 취
爲歷訪景幾何如
위 역 방 경 기 하 여

▶ 학성의 경치를 둘러봄.

〈제6장〉

雪嶽東洛山西襄陽風景
설 악 동 낙 산 서 양 양 풍 경
降仙亭祥雲亭南北相望
강 선 정 상 운 정 남 북 상 망
騎紫鳳駕紅鸞佳麗神仙
기 자 봉 가 홍 란 가 려 신 선
爲爭弄朱絃景幾何如
위 쟁 롱 주 현 경 기 하 여
高陽酒徒習家池館
고 양 주 도 습 가 지 관
爲四節遊伊沙伊多
위 사 절 유 이 사 이 다

▶ 양양의 경치를 둘러봄.

현대어 풀이

〈제1장〉 바다 겹겹 산 첩첩인 관동의 절경에서 / 푸른 휘장 붉은 장막에 둘러싸인 병마영주가 / 옥대 매고 일산 받고, 검은 창 붉은 깃발 앞세우며 모래사장으로 / 아, 순찰하는 그 모습 어떠합니까? / 이 지방의 백성들 의를 기리는 풍속을 좇네. / 아, 임금의 교화 중흥하는 모습 그 어떠합니까?

〈제2장〉 학성 동쪽(안변)의 원수대와 천도섬 국도섬 / 삼산 돌아, 십주 지나, 금자라가 이고 있는 삼신산 / 안개 거두고, 붉은 노을 사라져, 바람은 조용하고 물결은 잔잔한데 / 아, 높이 올라 바라보는 창해의 모습 그 어떠합니까? / 계수 돛대 화려한 배에 기녀들의 노래 소리 / 아, 경승지를 둘러보는 모습 그 어떠합니까?

〈제6장〉 설악 동쪽, 낙산 서쪽, 양양의 풍경 / 강선정, 상운정, 남북으로 마주 섰고 / 자색 봉황 타고, 붉은 난새 탄, 아름다운 신선 같은 사람들이 / 아, 다투어 주현을 켜는 모습 그 어떠합니까? / 풍류로운 술꾼들, 습욱의 지관(池館) 같은 좋은 경치 속에서 / 아, 사철 놀아 보세 그려.

키포인트 체크

화자 □□□에서 임무를 마치고 서울로 돌아가는 사람 상황 □□ 지방의 절경을 감상하며 찬양함.
태도 □□□□하며 자연을 즐기는 여유로운 모습이 드러남.

답 강원도, 관동, 유유자적

핵심 정리

갈래 경기체가
성격 의욕적, 풍류적
제재 관동 팔경(안변, 통천, 고성, 간성, 양양, 강릉, 삼척, 정선의 고을들)
주제 관동 팔경의 절경 찬양
특징 ① 이두문으로 표기되었으며 각 장의 3구는 4·4·3조로 3·3·4조의 정격을 벗어남.
② 공간의 이동(여정)에 따라 시상을 전개함.
연대 고려 제27대 충숙왕
출전 《근재집》 권 2

이해와 감상

이 작품은 안축이 강원도 순무사로 있다가 돌아오는 길에 관동 지방의 뛰어난 경치와 유적 및 명산물을 보고 지은 것이다. 자연을 주관적 흥취로 여과하고 관념화하여 나열하며, 그 미감을 절도 있게 표출함으로써 사대부 특유의 세계관을 작품으로 승화했다. 경기체가의 정격이라고 할 수 있는 3·3·4조를 지키지 않는 부분은 경기체가 갈래의 형성 과정을 보여 준다.

작품 연구소

〈관동별곡〉의 창작 의도

안축의 《관동와주》에 실린 한시는 강원도 순무사의 임무로 강원도를 기행하면서 목격한 백성의 고통에 대한 고뇌와 이들을 구제해야겠다는 의지를 담고 있다. 그러나 경기체가 〈관동별곡〉은 자연을 유유자적하는 여유와 풍류가 작품의 중심이 되고 있다. 이는 신진 사대부로서의 과시욕이 창작 동기에 영향을 미쳤기 때문으로 볼 수 있다.

여정에 따른 시상 전개 – 각 장의 여정

장	여정
제1장	서사(序詞)로서 순찰경(巡察景)
제2장	학성(鶴城)
제3장	총석정(叢石亭)
제4장	삼일포(三日浦)
제5장	영랑호(永郎湖)
제6장	양양(襄陽)
제7장	임영(臨瀛)
제8장	죽서루(竹西樓)
제9장	정선(旌善)의 절경

033 ~ 035 한탄과 애상

키워드 체크 #고려의 국운 쇠퇴 #고뇌 #늙음에 대한 한탄 #달관적 #봄날의 애상 #다정가

문학 금성, 미래엔, 창비
국어 천재(박), 금성

핵심 정리

(가) 갈래 평시조, 서정시
성격 비유적, 풍자적, 우의적, 우국적
제재 백설, 구름, 매화, 석양
주제 고려의 국운 쇠퇴에 대한 한탄과 우국 충정
특징 나라를 걱정하는 마음을 상징적으로 드러냄.
출전 《청구영언》

(나) 갈래 평시조, 서정시
성격 낙천적, 달관적, 탄로가
제재 봄바람, 흰 머리
주제 탄로(嘆老; 늙음을 한탄함.)
특징 색채 이미지를 활용한 참신한 비유가 돋보임.
출전 《청구영언》, 《병와가곡집》

(다) 갈래 평시조, 서정시
성격 애상적, 감각적, 다정가(多情歌)
제재 배꽃, 달, 은하수, 자규
주제 봄날 밤에 느끼는 애상적인 정서
특징 시각적 심상과 청각적 심상의 조화를 통한 감각적 표현이 뛰어남.
출전 《청구영언》, 《병와가곡집》

시구 풀이

❶ 백설(白雪)이 ᄌᆞ자진 ~ 구루미 머흐레라. '백설이 ᄌᆞ자진 골'은 쇠락해 가는 고려 왕조를 상징한다. 이러한 상황에서 구름이 험하게 일고 있다는 것은 새로운 왕조인 조선을 건국하려는 신흥 세력이 점차 득세하는 상황을 나타낸 것으로 이해할 수 있다.

❷ 귀 밋틔 ~ 볼가 ᄒᆞ노라 봄 산에 쌓인 눈을 녹인 바람이 자신의 백설 같은 흰머리도 녹여 주길 바라는 마음을 비유적으로 표현한 부분이다. 늙음을 한탄하면서도 인생을 달관하는 여유와 관조의 자세를 느낄 수 있다.

❸ 일지 춘심(一枝春心)을 자규(子規)ㅣ야 아랴마는 나뭇가지를 의인화하여 봄날 밤의 애상적 정서를 '일지 춘심'이라 표현했다. 또한 잠을 이루지 못하는 화자의 심정을 '자규(소쩍새)'를 끌어들여 표현하고 있다.

작가 소개

(가) 이색(李穡, 1328~1396) 고려 말기의 학자. 학문에 큰 발자취를 남겼으며 조선 개국 후 태조가 여러 번 불렀으나 절개를 지키고 나가지 않았다.

(나) 우탁(禹倬, 1263~1342) 고려 말의 유학자. 과거에 급제하여 벼슬살이를 하다가 물러난 뒤 학문에 정진하면서 후진 교육에 전념하였다.

(다) 이조년(李兆年, 1269~1343) 고려 말의 학자이자 문인. 한때 귀양살이를 하는 등 시련을 겪었으나 후에 벼슬이 예문관 대제학에 이르렀다.

○↔△: 대조

가
❶백설(白雪)이 ᄌᆞ자진 골에 ㉠구루미 머흐레라. → 고려 말의 혼란스러운 정권 교체 상황 암시
(흰 눈 – 고려 유신을 비유함. / 구름 – 조선의 신흥 세력을 상징함.)
반가온 매화(梅花)는 어ᄂᆡ 곳에 픠엿ᄂᆞᆫ고. → 매화(우국지사)가 나타나지 않음을 한탄함.
(고려의 국운을 되살릴 우국지사)
석양(夕陽)에 홀로 셔 이셔 갈 곳 몰라 ᄒᆞ노라. → 석양에 서서 고뇌와 회한을 드러냄.
(해 질 무렵 – 고려의 쇠락한 국운을 의미함. / 나라 잃은 지식인의 고뇌와 안타까움)

현대어 풀이
백설이 잦아진 골짜기에 구름이 험하게 일고 있구나.
(나를) 반겨 줄 매화는 어느 곳에 피어 있는가?
석양에 홀로 서서 갈 곳을 몰라 하노라.

나
춘산(春山)에 눈 녹인 바ᄅᆞᆷ 건듯 불고 간 ᄃᆡ 업다 → 청춘이 지나감.
(봄 동산 – '청춘'을 상징함. / 문득, 잠깐, 얼핏)
져근덧 비러다가 마리 우희 불니고져
(잠깐, 잠시 동안 / 머리 / 불게 하고 싶구나)
❷귀 밋틔 ᄒᆡ묵은 서리ᄅᆞᆯ 녹여 볼가 ᄒᆞ노라
(밑에 / 백발)
→ 다시 젊어지고 싶은 의욕

현대어 풀이
봄 산에 눈 녹인 바람이 잠깐 불고 간 데 없다.
잠시 동안 빌려다가 머리 위에 불게 하고 싶구나.
귀 밑의 해 묵은 서리(백발)를 녹여 볼까 하노라.

○: 흰색(시각적 이미지)

다
이화(梨花)에 월백(月白)ᄒᆞ고 은한(銀漢)이 삼경(三更)인 제
(배꽃 / 은하수 / 시간적 배경(밤 11시~새벽 1시 사이))
❸일지 춘심(一枝春心)을 자규(子規)ㅣ야 아랴마ᄂᆞᆫ
(한 나뭇가지에 어려 있는 봄 기운 / 소쩍새)
→ 봄밤의 애상적 분위기
다정(多情)도 병(病)인 냥ᄒᆞ여 좀 못 드러 ᄒᆞ노라 → 정한의 정서를 표출함.
(애상적인 정한)

현대어 풀이
하얀 배꽃에 달이 환하게 비치고 은하수는 자정을 알리는 때에,
배나무 한 가지에 어려 있는 봄날의 정서를 소쩍새가 알고서 우는 것이랴마는,
정이 많은 것도 병인 듯싶어 잠을 이루지 못하노라.

이해와 감상

(가) 고려의 국운(國運)이 쇠퇴해 가는 시기를 배경으로, 고려의 유신(遺臣; 왕조가 망한 뒤 남아 있는 신하)인 작가가 자신이 충성을 다했던 고려 왕조가 무너지고 조선 왕조가 들어서려 하는 것에 대한 안타까움과 고뇌, 우국충정(憂國衷情)을 노래한 작품이다. '백설', '매화'와 '구름'이라는 상징적 소재의 대비를 통해 당시의 혼란스러운 상황과 우국지사를 애타게 찾는 심정을 드러내고 있다.

(나) 이 작품은 늙음을 한탄하면서도 안타까움보다는 인생을 달관하는 여유와 관조의 자세를 드러내고 있다. 초장에서는 눈을 녹인 바람이 잠깐 불고 사라졌다고 표현함으로써 봄의 짧음을 탄식하고 있고, 중장과 종장에서는 하얀 백발을 녹임으로써 젊음을 되찾기 위해 잠깐 동안이라도 바람을 빌려다가 머리 위에 불게 하고 싶다는 소망을 드러내고 있다.

(다) 봄밤에 느끼는 애상적 정서를 시각적 심상과 청각적 심상을 활용하여 형상화한 작품이다. '하얀 배꽃'과 '환하게 비추는 달빛', '은하수' 등 고독과 애상의 정서를 시각적으로 형상화하고 있으며, 소쩍새의 울음을 통해 화자가 느끼는 한의 정서를 청각적으로 형상화하고 있다.

작품 연구소

(가)에 나타난 시어의 대조적 의미

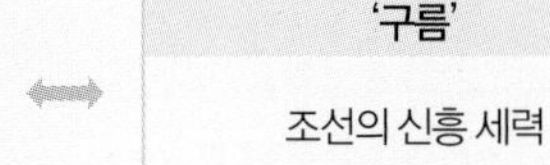

'백설', '매화'		'구름'
고려의 유신(遺臣), 우국지사(憂國之士)	⟷	조선의 신흥 세력

(가)가 고려의 국운이 쇠락해 가는 시기에 창작된 작품임을 고려하면, '백설'이 사라져 가고 '구름'이 일고 있는 것은 고려의 유신이 사라져 가고 조선의 신흥 세력이 나타난 상황을 표현한 것으로 이해할 수 있다. 그리고 이 상황에서 지조와 절개를 상징하는 '매화'를 찾아보기 어렵다는 것은 고려에 충절을 다할 우국지사를 애타게 기다리는 심정을 드러낸 것이다.

(나)에 나타난 화자의 태도

(나)에서는 어쩔 수 없이 늙을 수밖에 없는 인생의 무상함에 대해 탄식하면서도 한편으로는 달관적인 자세를 통해 낙천적이고 여유 있는 정서를 드러내고 있다. 눈을 녹이는 따뜻한 바람을 자신의 머리 위에도 불게 하여 해묵은 서리 같은 자신의 백발을 녹게 하고 싶다는 표현에서 여유와 관조의 태도가 잘 드러난다.

(나)에 쓰인 시어의 상징적 의미

'춘산'		'눈', '서리'
• 녹색 이미지 → 눈이 녹고 새순이 돋아난 산 • '젊음'을 상징	⟷	• 흰색 이미지 → 귀 밑의 흰머리 • '늙음'을 상징

(다)에 나타난 시간적 배경

(다)에서 시간적 배경을 나타내는 시어는 '이화', '월백', '삼경'이다. '이화'는 배꽃이 피는 시기(5월경)인 봄과 관계가 있고, '월백'은 달빛이 한창 비추는 밤과 관계가 있다. '삼경'은 밤 11시에서 1시 사이, 즉 자정을 가리키는 시어로 한밤중이라는 시간적 배경을 직접 나타내고 있다. 이를 종합해 볼 때, 이 작품의 시간적 배경은 '달빛이 밝은 봄날 밤의 한밤중'임을 알 수 있다. 실제 자연 현상에서도 자정을 전후한 시간에 보름달이 중천에 떠올라 달빛을 쏟아 낸다. 또 배꽃이 피는 5월경에는 자정을 전후하여 은하수가 남북으로 길게 하늘을 가로지른다. 따라서 이 작품은 자연 현상을 피상적으로 묘사하지 않고, 작가가 직접 관찰한 것을 사실적으로 표현하고 있음을 알 수 있다.

(다)에 나타난 시어의 이미지

'이화', '월백', '은한'		'자규'
• 흰색 이미지 → 순수, 애상 • 시각적 이미지		• 처절한 울음소리 → 고독, 한(恨) • 청각적 이미지

함께 읽으면 좋은 작품

〈ᄒᆞᆫ 손에 막더 잡고〉, 우탁 / 늙음에 대한 깨달음을 담은 작품

늙는 것을 피하고 싶지만 흐르는 세월 앞에 어찌할 수 없는 인간의 마음을 해학적으로 노래한 작품이다. 인생무상의 서글픔을 여유롭게 받아들이는 달관의 경지를 엿볼 수 있다는 점에서 (나)와 공통적이다.

Link 본책 96쪽

키 포인트 체크

화자 (가) – 고려에 충성을 바쳤던 □□ (나) – □□이 성성한 노인 (다) – 깊은 밤 □□□ 소리에 잠 못 드는 사람

상황 (가) – 고려 왕조가 쇠락하고 조선 왕조를 건국하려는 □□ □□이 득세함. (나) – 봄 산에 쌓인 눈을 녹인 바람이 자신의 □□도 녹여 주기를 바람. (다) – 하얀 달이 □□에 비치고 밤이 깊음.

태도 (가) – 쇠락한 왕조를 바라보며 고뇌하고 □□함. (나) – □□을 거부하고자 함. (나) – □□□인 성서를 느끼며 성한을 표출함.

1 (가)~(다)에 대한 설명으로 적절하지 않은 것은?

① (가)는 사회적 현실에 대한 한탄을, (나)는 개인적 삶 속에서의 한탄을 드러내고 있다.
② (가)와 (나)는 자연물을 비유적 소재로 활용하여 시상을 전개하고 있다.
③ (나)는 세월의 흐름에 따른 자신의 처지를, (다)는 특정 계절을 바탕으로 한 애상감을 드러내고 있다.
④ (나)는 인생무상을 절감하며 체념과 비관의 정서를, (다)는 봄밤에 잠 못 이루는 심경을 드러내고 있다.
⑤ (가)와 (다)는 자신을 둘러싼 상황을 언급한 뒤 그 상황 속에서의 자신의 정서를 드러내고 있다.

내신 적중 多빈출

2 〈보기〉를 참고하여 (가)를 감상한 내용으로 적절하지 않은 것은?

> **보기**
> 고려 후기의 유신(遺臣)인 (가)의 작가는 자신이 충성을 다했던 고려 왕조가 쇠락한 가운데 신진 세력이 득세하자 이에 대한 안타까움을 드러내고 있다.

① '백설(白雪)이 ᄌᆞ자진 골'은 고려가 쇠락한 상황을 상징하는군.
② '구루미 머흐레라'는 새로운 세력이 득세하는 상황을 상징하는군.
③ '반가온 매화(梅花)'는 신진 세력의 편에 선 일부 고려 유신을 상징하는군.
④ '석양(夕陽)'은 작가의 애상적 정서를 심화하는 시간적 배경으로 작용하는군.
⑤ '갈 곳 몰라 ᄒᆞ'는 화자의 모습은 고려 유신으로서 작가의 고뇌를 단적으로 드러내는군.

3 (다)에 대한 설명으로 적절한 것을 〈보기〉에서 모두 고른 것은?

> **보기**
> ㄱ. 초장에서 시간적 배경을 짐작하게 하는 시어가 사용되었다.
> ㄴ. 초장에서 색채의 대비를 통해 선명한 이미지를 부각하고 있다.
> ㄷ. 초장과 중장에 봄밤의 애상적 분위기가 드러나 있다.
> ㄹ. 중장에서 자연물에 자신의 감정을 이입하여 표현하고 있다.

① ㄱ, ㄴ ② ㄱ, ㄷ ③ ㄱ, ㄹ ④ ㄴ, ㄹ ⑤ ㄷ, ㄹ

4 (가)에서 ㉠과 대비되는 시어 두 가지를 찾아 쓰시오.

036~037 명분과 현실의 대립

키워드 체크 #왕조 교체 #역사적 전환기 #회유 #일편단심 #비유적 #직설적

국어 비상(박안)
언매 비상

핵심 정리

(가) 갈래 평시조, 서정시
성격 회유적, 설득적, 우의적, 하여가(何如歌)
제재 칡덩굴
주제 정적(政敵)에 대한 회유
특징 현실에 대한 영합을 권유하고자 하는 자신의 의도를 직설적인 말로 내비치지 않고 칡덩굴에 비유하여 우회적으로 표출함.
연대 고려 말
출전 《청구영언》, 《병와가곡집》

(나) 갈래 평시조, 서정시
성격 직설적, 의지적, 단심가(丹心歌)
제재 일편단심(一片丹心), 절개
주제 고려의 왕에 대한 변함없는 충절
특징 직설적인 언어와 반복법, 점층법, 설의법 등의 표현 기교를 통해 자신의 굳은 의지를 강하게 드러냄.
연대 고려 말
출전 《청구영언》

▲ 정몽주의 혼이 서린 선죽교

시구 풀이

❶ **우리도 이ᄀᆞ치 얼거져 백 년(百年)ᄭᆞ지 누리리라** 칡덩굴이 얽혀져 있는 것처럼 우리도 얽혀져서 한평생을 누려 보자는 권유(회유)로, 화자인 이방원이 시적 대상인 정몽주에게 말하고자 하는 핵심 내용이다.

❷ **백골(白骨)이 진토(塵土)되여 넉시라도 잇고 업고** 죽어서 백골이 먼지와 흙이 되고, 또 넋이 있건 없건 간에 그러한 것은 아무 문제가 되지 않는다는 뜻이다. 한번 굳힌 마음에는 조금도 흔들림이 있을 수 없다는 것을 점층적인 전개를 통해 강하게 드러내고 있다.

작가 소개

(가) 이방원(李芳遠, 1367~1422) 조선 태조 이성계의 5남. 아버지와 함께 역성혁명(易姓革命)을 일으켜 고려를 멸망시키고 조선을 건국하는 데 주도적 역할을 하였다. 후에 조선 제3대 왕인 태종(太宗)으로 즉위하였다.

(나) 정몽주(鄭夢周, 1337~1392) 고려 말의 학자이자 문인. 호는 포은(圃隱)으로 고려에 끝까지 충성한 고려 말의 삼은(三隱) 중의 한 사람이다. 공양왕 때 이성계 일파의 세력이 날로 커지자 그들을 제거하려 하다가 이방원에 의해 선죽교(善竹橋)에서 피살되었다. 학문적으로도 성리학에 뛰어나 동방 이학(理學)의 시조로 추앙받고 있다. 저서로 《포은집》이 있다.

가

이런들 엇더ᄒᆞ며 져런들 엇더하료(어떠하리)
만수산(萬壽山)(개성 서쪽 교외에 있는 고려 왕실의 일곱 능이 있는 산) 드렁츩(칡덩굴)이 얼거진들(얽혀진들) 엇더ᄒᆞ리
❶우리도 이ᄀᆞ치 얼거져(얽혀) 백 년(百年)ᄭᆞ지 누리리라

현대어 풀이

이렇게 산들 어떠하며 저렇게 산들 어떠하리.
만수산의 칡덩굴이 서로 얽혀진 것처럼 살아간들 어떠하리.
우리도 이처럼 얽혀서 한평생을 누리리라.

나

이 몸이 주거 주거 일백 번(一百番) 고쳐(다시) 주거
❷백골(白骨)이 진토(塵土)(티끌과 흙)되여 넉시라도 잇고 업고
님 향ᄒᆞᆫ ㉠일편단심(一片丹心)(임금에 대한 충성심)이야 가실 줄이 이시랴

현대어 풀이

이 몸이 죽고 죽어 일백 번이나 다시 죽어,
백골이 흙과 먼지가 되어 넋이라도 있든지 없든지 간에,
임을 향한 일편단심이야 없어질 수가 있으랴?

이해와 감상

(가) 이방원이 고려의 충신 정몽주의 속셈을 떠보고, 그를 회유하기 위해 지었다고 전해지는 시조로 일명 〈하여가(何如歌)〉라고도 한다. 정치적 복선(伏線)을 깔고 있으면서도 부드러운 어조를 바탕으로 우회적으로 설득하고 있다. 즉, 직설적인 말은 내비치지 않고 비유를 동원해 가며 상대방에게 시세에 영합하라고 은근하게 회유하는 것이다. 이 작품에 대해 정몽주는 〈단심가(丹心歌)〉로 응답했다.

(나) 고려 말 혁명을 일으키려는 계획을 세우고 있던 이방원이 정몽주의 속셈을 떠보려고 〈하여가〉를 지어 회유하자, 이에 답해 불렀던 시조로서 일명 〈단심가(丹心歌)〉라고도 한다. 〈하여가〉가 암시적인 표현을 사용한 데 비해, 이 작품은 직설적인 표현을 사용하여 충절에 대한 단호한 의지를 드러내고 있다. 초장에서는 반복법과 점층법을 통해 죽음이라는 극단적인 상황을 제시하고 중장에서는 점층법을 통해 이를 더욱 강화하고 있다. 끝으로 종장에서는 '님 향ᄒᆞᆫ 일편단심'이라고 하여 주제를 분명하게 제시한 후, 설의법을 통해 화자의 변함없는 충성심을 비장하게 드러내고 있다.

작품 연구소

(가), (나)에 드러난 시적 화자의 상반된 삶의 자세

(가)는 초장에서 현실 추구의 삶과 명분 추구의 삶, 두 가지를 모두 포용하는 것처럼 보이지만, 종장의 내용으로 볼 때 사실은 명분보다는 현실의 이익에 따르고자 하는 자세를 은연중에 드러낸 것이다. 반면에 (나)는 고려 왕을 향한 일편단심을 다짐하고 있는데, 이는 충신은 두 임금을 섬길 수 없다는 원칙을 지키고자 하는 명분론에 바탕을 두고 있다. 고려를 멸망시키고 새 왕국을 건설하려 했던 이방원의 현실 추구의 삶과, 고려 왕조를 끝까지 지키고자 했던 정몽주의 명분 추구의 삶 사이의 대립은 오늘날에도 여전히 존재하는 인간 세상의 한 단면이라 할 수 있다.

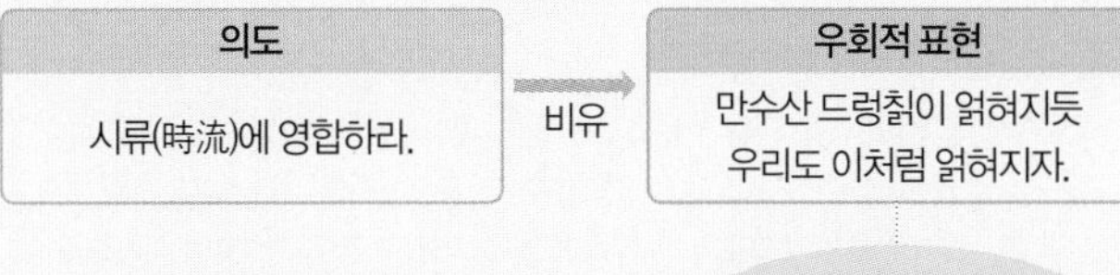

(가)의 표현 방식

(가)는 비유를 통해 상대방에게 시류에 영합하라고 은근히 회유하고 있다.

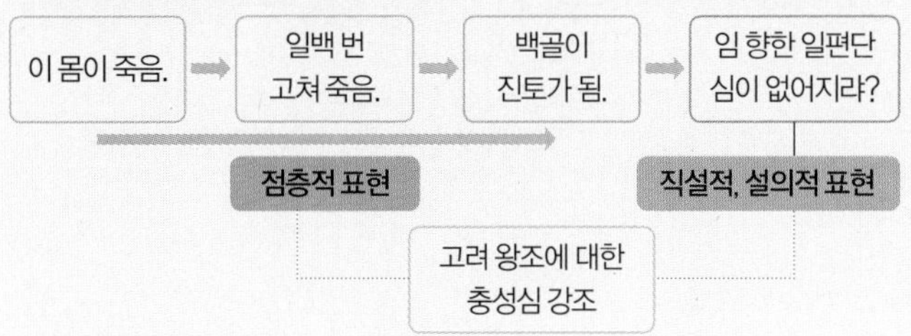

(나)의 표현 방식

(나)는 직설적인 언어와 반복적인 표현을 사용하여 고려 왕조에 대한 충성심을 극명하게 표현하고 있다.

이 몸이 죽음. → 일백 번 고쳐 죽음. → 백골이 진토가 됨. → 임 향한 일편단심이 없어지랴?

점층적 표현 / 직설적, 설의적 표현 → 고려 왕조에 대한 충성심 강조

자료실

(가)의 초장과 유사한 작품 – 〈도산십이곡〉

이황의 〈도산십이곡〉 중에 (가)의 초장과 거의 유사한 작품이 있는데 이 두 시조의 초장은 모두 '이쪽이든 저쪽이든 상관하지 말고 잘 살아보자.'라는 내용을 담고 있다. (가)에서는 시대가 바뀌면 그 시대에 맞게 살아야 함을 말하고 있으며, 이황의 시조에서는 시골에 묻혀 사는 어리석은 자나 고질병처럼 자연을 사랑하며 사는 자나 서로 상관하여 고치려 하지 말라고 말하고 있다. (가)가 지어진 지 150여 년이 지나서 이황은 (가)의 초장을 변용하여 자연에 묻혀 사는 즐거움을 노래한 것이다. 이를 통해 시조는 먼저 지어진 작품이 뒤에 지어진 작품에 영향을 주면서 변화·발전해 왔음을 알 수 있다. 이러한 영향 관계는 (나) 정몽주의 〈단심가〉와 조선 초기 세조 때 성삼문이 지은 〈이 몸이 주거 가셔〉의 관계에서도 확인할 수 있다.

이런들 엇더ᄒᆞ며 뎌런들 엇더ᄒᆞ료
초야 우생(草野愚生)이 이러타 엇더ᄒᆞ료
ᄒᆞ물며 천석고황(泉石膏肓)을 고텨 므슴ᄒᆞ료
– 이황, 〈도산십이곡〉

키 포인트 체크

화자 (가) – 조선을 건국하는 데 주도적인 역할을 한 ☐☐☐
(나) – 고려의 충신인 정몽주

상황 (가) – 정몽주를 자신의 편으로 만들기 위해 ☐☐함.
(나) – 이방원의 회유를 단호하게 ☐☐함.

태도 (가) – 시대의 흐름에 따르기를 ☐☐적으로 권유함.
(나) – 고려의 임금을 향한 변함없는 ☐☐☐☐을 드러냄.

내신 적중 多빈출

1 (가)와 (나)의 표현 방식에 대한 설명으로 적절하지 않은 것은?

① (가)는 자연물을 통해 주제를 드러내고 있다.
② (가)는 권유의 방식으로 청자를 설득하고 있다.
③ (나)는 설의적 표현으로 주제를 강조하고 있다.
④ (나)는 점층적인 표현으로 시상을 점점 고조하고 있다.
⑤ (가)와 (나) 모두 직설적인 화법으로 화자의 굳은 의지를 강조하고 있다.

2 (나)에 대한 감상으로 적절한 것을 〈보기〉에서 모두 골라 바르게 묶은 것은?

| 보기 |

ㄱ. 무너져 가는 왕조에 충성을 다하려는 신하의 강직함이 느껴져.
ㄴ. 죽음을 두려워하지 않고 자신의 충절을 지키겠다는 의지가 놀라워.
ㄷ. 새로운 시대에 적응하려는 유연한 사고가 필요할 듯해.
ㄹ. 어지러운 세속을 등지고 자연으로 돌아가고자 하는 태도에 공감이 가.

① ㄱ, ㄴ　② ㄱ, ㄷ　③ ㄱ, ㄹ
④ ㄴ, ㄷ　⑤ ㄴ, ㄹ

3 〈보기〉는 (가)를 배운 후 정리한 내용이다. (가)의 표현 방식을 고려하여 빈칸에 들어갈 시구를 두 어절로 쓰시오.

| 보기 |

오늘 배운 〈하여가〉는 이방원이 정몽주를 회유하기 위해 지은 시조이다. 변화하는 세상에 맞추어 살아가야 한다는 의도를 (　　　　)에 비유하여 표현함으로써 자신의 의도를 전달하고 있는 말하기 방식을 파악할 필요가 있다.

4 ㉠과 의미가 유사한 시어를 〈보기〉에서 찾아 쓰시오.

| 보기 |

국화(菊花)야 너ᄂᆞᆫ 어이 삼월 동풍(東風) 다 지내고
낙목한천(落木寒天)에 네 홀로 퓌엿ᄂᆞ다.
아마도 오상고절(傲霜孤節)은 너ᄲᅮᆫ인가 ᄒᆞ노라.
– 이정보

더 읽을 작품

038 ᄒᆞᆫ 손에 막ᄃᆡ 잡고 | 우탁

키워드 체크 #해학적 #늙음에 대한 한탄 #인생무상 #참신한 발상

ᄒᆞᆫ 손에 막ᄃᆡ(막대) 잡고 ᄯᅩ ᄒᆞᆫ 손에 가싀(가시) 쥐고
늙는 길 가싀로 막고 오는 백발(白髮) 막ᄃᆡ로 치려터니(치려고 하였더니) — 백발(늙음)을 막으려 함.
(추상적인 관념인 '늙음'을 구체적인 '길'로 표현함.)
백발(白髮)이 제 몬져(먼저) 알고 즈럼길(지름길)노 오더라 → 백발(늙음)을 막지 못함. – 세월을 의인화하여 익살스럽게 표현함.

현대어 풀이

한 손에 막대기를 잡고 또 한 손에는 가시를 쥐고,
늙는 길은 가시로 막고 오는 백발은 막대기로 치려고 하였더니
백발이 제가 먼저 알고 지름길로 오더라.

키 포인트 체크

화자 □□을 피해 보려는 인간
상황 흐르는 세월을 어찌할 수 없는 인간의 마음을 □□□으로 노래함.
태도 □□□□의 서글픔을 여유롭게 받아들임.

답 늙음, 해학적, 인생무상

핵심 정리

갈래 평시조, 서정시
성격 직설적, 해학적, 탄로가(嘆老歌)
제재 막대기, 가시, 백발
주제 탄로(嘆老; 늙음을 한탄함.)
특징 ① 대구법과 의인법을 사용함.
② 추상적인 대상을 구체화·시각화한 참신한 발상이 드러남.
출전 《청구영언》

이해와 감상

늙는 것을 피하고자 하지만 흐르는 세월 앞에 어찌할 수 없는 인간의 마음을 해학적으로 노래하여 인생무상의 서글픔을 여유롭게 받아들이는 달관의 경지를 드러낸 작품이다. 초장과 중장에서는 늙음을 피해 보려고 노력하는 인간의 마음을 대구로 표현했고, 종장에서는 백발을 의인화하여 빠르게 흘러가는 세월의 무정함과 인간의 한계를 노래했다.

작품 연구소

표현의 참신성

이 작품에서는 '세월'을 '길'로, '늙음'을 '백발'로 구체적이고 시각적으로 형상화했다. 화자는 이에 대해 '막ᄃᆡ'와 '가싀'로 대응하려 했으나 결국 백발이 지름길로 와 버렸다는 의인법을 사용해 참신하고 해학적인 느낌을 더하고 있다.

039 구룸이 무심ᄐᆞᆫ 말이 | 이존오

키워드 체크 #우의적 #비판적 #간신의 횡포 풍자 #공민왕에 대한 충정

구룸이(간신, 소인배를 비유 – 고려 말 '신돈'을 지칭함.) 무심(無心)ᄐᆞᆫ 말이 아마도 허랑(虛浪)ᄒᆞ다(거짓말 같아 믿기 어렵다.). — 간신들의 횡포를 풍자함.
중천(中天)(임금의 권세를 지닌 높은 직책)에 ᄯᅥ 이셔 임의(任意)로 ᄃᆞᆫ니면셔(신돈의 횡포)
구ᄐᆡ야 광명(光明)ᄒᆞᆫ 날빗ᄎᆞᆯ(햇빛을 – 임금의 총명) ᄯᅡ라가며 덥ᄂᆞ니. → 임금의 총명을 가리는 간신의 횡포를 비판함.

현대어 풀이

구름이 사심(邪心)이 없다는 것은 허무맹랑한 거짓말이다.
하늘에 높이 떠 있어 마음대로 다니면서
구태여 밝은 햇빛을 따라가며 덮는구나.

키 포인트 체크

화자 □□을 걱정하는 고려의 신하
상황 간신의 횡포를 □□함.
태도 □□이 임금의 총명을 가리는 것을 통탄하며 간신의 횡포를 비판함.

답 임금, 풍자, 간신

핵심 정리

갈래 평시조, 서정시
성격 비판적, 풍자적, 우의적, 우국적
제재 구름(간신 신돈)
주제 간신 신돈의 횡포 풍자
특징 간신 신돈과 왕의 관계를 우의적으로 표현함.
출전 《청구영언》

이해와 감상

이 작품은 고려 말 승려 신돈이 공민왕의 총애에 힘입어 진평후라는 관직을 받고서 나라를 어지럽게 하는 것에 통탄하여 이를 풍자한 시조이다. 작가인 이존오는 신돈의 횡포를 보고 이를 탄핵하다가 왕의 노여움을 사서 좌천되었고, 고향인 공주에 내려가 은둔 생활을 하며 울분 속에서 지내다 울화병으로 사망했다. 이존오가 죽은 지 석 달 만에 신돈이 주살(誅殺; 죄를 물어 죽임.)되자 왕은 이존오의 충성심을 기려 대사성으로 추증(追贈; 나라에 공로가 있는 벼슬아치가 죽은 뒤에 품계를 높여 주던 일)했다.

작품 연구소

우의적 표현

우의적 표현이란 어떤 의도를 직접 말하지 않고 동물이나 식물, 사물 등에 빗대어 넌지시 일깨우는 표현 방법이다. 이 작품에서는 임금인 공민왕의 총명을 '광명(光明)ᄒᆞᆫ 날빗(밝은 햇빛)'에, 그 햇빛을 가리는, 즉 임금의 총명을 흐리게 하는 간신 신돈을 '구룸'에 빗대어 우의적으로 표현하고 있다.

040 가마귀 빠호는 골에 | 정몽주의 어머니

키워드 체크 #교훈적 #어머니의 염려 #까마귀와 백로

가마귀 빠호는 골에 백로(白鷺)야 가지 마라. → 나쁜 무리에 가까이 가지 말 것을 권고함.
(가마귀: 나쁜 무리 / 백로: 군자, 아는 성봉수)

셩낸 가마귀 흰빗출 새오나니 → 소인배들이 청렴한 이를 시기함을 빗댐.
(흰빗출: 결백한 마음 / 새오나니: 시기하나니)

청강(淸江)에 좋이 시슨 몸을 더러일까 ᄒᆞ노라. → 군자의 지조와 절개가 더럽혀질 것을 경계함.
(좋이: 깨끗이)

현대어 풀이

까마귀 모여 다투는 곳에 백로야 가지 마라.
성이 난 까마귀들이 새하얀 너의 몸빛을 보고 시기하고 미워할 것이니
청강에서 기껏 깨끗이 씻은 너의 결백한 심신(心身)이 더럽혀질까 걱정이 되는구나.

키 포인트 체크

화자 아들을 걱정하는 □□□
상황 동물에 빗대어 아들에게 □□의 의미를 전달함.
태도 아들이 나쁜 무리에 휩쓸릴까 □□함.

답 어머니, 경계, 염려

핵심 정리

갈래 평시조, 서정시
성격 교훈적, 우의적, 경세적(警世的)
제재 까마귀, 백로
주제 나쁜 무리와 어울리는 것에 대한 경계
특징 ① 까마귀와 백로를 각각 소인과 대인에 비유하여 대조함.
② 교훈을 담고 있는 경계가임.
출전 《청구영언》

이해와 감상

이 작품은 정몽주의 어머니가 아들이 새로운 지배 세력과 변절자들 사이에서 자칫 시류에 휩쓸리지는 않을까 염려하는 마음을 노래한 시조로, 대상의 특성에 빗대어 경계(警戒)의 의도를 효과적으로 드러내고 있다. 정몽주가 정적이었던 이성계를 문병 가던 날, 팔순의 노모(老母)가 간밤의 꿈이 흉하니 가지 말라고 문밖까지 따라 나와 아들을 말리며 이 노래를 불렀다고 한다. 정몽주는 결국 노모의 말을 듣지 않고 문병을 갔다가, 돌아오는 길에 선죽교에서 이방원이 보낸 자객 조영규에게 피살되고 말았다. 정몽주의 노모가 타계한 후 선죽교 옆에 노모의 비석을 세웠는데, 그 비석은 항상 물기에 젖어 있었다고 한다.

작품 연구소

이미지의 대조

까마귀	흑백의 색채 대비	백로
• 나쁜 무리 • 간신배, 변절자 • 이성계 무리	⟷	• 착한 무리 • 군자, 충절자 • 충신 정몽주

041 가마귀 검다 ᄒᆞ고 | 이직

키워드 체크 #풍자적 #시류를 따른 고려 유신 #정당성 주장

가마귀 검다 ᄒᆞ고 백로(白鷺)야 웃지 마라 → 까마귀(화자 자신)를 탓하는 백로(고려 유신)에 대해 따져 물음.
(가마귀: 조선의 개국 공신 / 백로: 고려의 유신)

것치 거믄들 속조차 거믈소냐 → 백로처럼 위선적이지 않은 자신이 낫다는 것을 표명함.
(거믈소냐: 설의법)

아마도 것 희고 속 거믈손 너뿐인가 ᄒᆞ노라 → 겉과 속이 다른 백로를 질책하고 훈계함.
(것 희고 속 거믈손: 겉과 속이 다른 고려 유신)

현대어 풀이

까마귀 겉모습이 검다고 해서 백로야 비웃지 마라.
겉이 검다고 해서 속까지 검겠느냐?
아마도 겉이 희고 속이 검은 것은 너밖에 없을 것이다.

키 포인트 체크

화자 □□ 개국에 참여한 고려 유신
상황 자신을 비난하는 다른 고려 유신을 □□함.
태도 자신의 행위를 정당화하며 자신의 □□을 드러냄.

답 조선, 훈계, 결백

핵심 정리

갈래 평시조, 서정시
성격 풍자적, 교훈적
제재 까마귀, 백로
주제 표리부동에 대한 경계와 자신의 결백 표명
특징 설의와 풍자를 통해 화자의 결백을 드러냄.
출전 《청구영언》

이해와 감상

이 작품은 고려 유신의 한 사람으로 조선의 개국에 참여한 작가가 자신의 행위를 정당화하기 위해 지은 시조이다. 검은 까마귀와 하얀 백로를 대조하여 겉과 속이 다른 소인배(유교 이념에 얽매여 도량이 좁고 겉과 속이 다른 고려 유신)를 비난하고 있다.

작품 연구소

창조적 표현으로서 '까마귀'와 '백로'

흔히 우리 문학 작품 속에서 '까마귀'는 불운을 가져다 주는 새, 불길한 징조를 가져오는 대상으로 그려졌다. 반면 '백로'는 '고고함, 고귀함'을 상징하는 대상으로, 긍정적인 시어로 사용되어 왔다. 그러나 이 작품에서는 '백로'를 위선적인 대상으로, '까마귀'를 그와 대비되는 대상으로 그려 화자가 자신의 행동을 정당화하고 있다는 점에서 참신하다고 할 수 있다.

042 송인(送人) | 정지상

키워드 체크 #7언 절구 #자연사와 인간사의 대조 #서경과 서정의 조화 #이별가의 백미

문학 동아, 비상, 지학, 창비
국어 금성

핵심 정리

갈래 한시, 7언 절구
성격 서정적, 애상적
제재 임과의 이별
주제 이별의 슬픔
특징 ① 인간사와 자연사를 대비하여 주제를 효과적으로 드러냄.
② 도치법, 과장법, 설의법을 활용함.
③ 감각적 이미지가 사용되었으며, '물'의 원형적 이미지를 활용하여 정서를 표현함.
의의 우리나라 한시 중 이별가의 백미(白眉)
연대 고려 제17대 인종
출전 《동문선》

시어 풀이

우헐(雨歇) 비가 그침.
초색다(草色多) 풀빛이 짙음, 풀빛이 선명함.
송군(送君) 그대를 보냄. '君(군)'은 2인칭 대명사.
남포(南浦) 대동강 하구에 있는 진남포(鎭南浦). 이별의 장소를 가리키는 관용적 표현.
별루(別淚) 이별의 눈물.

시구 풀이

❶ **비 갠 둑에 풀빛이 고운데,** 만물이 소생하는 계절인 봄날의 싱그러움을 풀빛이 짙어지는 것으로 표현하고 있는 부분이다. 푸른 풀빛이 더해짐으로써 화자의 슬픔은 더욱 심화된다.
❷ **남포에서 임 보내며 슬픈 노래 부르네.** 풀빛이 푸른 둑에서 임을 떠나보내는 화자의 슬픔을 드러내고 있는 부분이다. 자연과 대비되어 화자가 느끼는 이별의 정한이 더욱 강조된다.
❸ **대동강 물이야 언제야 마르려나.** 비가 온 뒤라 대동강 물이 더욱 불어난 데다 해마다 보내고 떠나는 이들의 애절한 정한의 눈물이 더해져, 대동강 물이 마를 날이 없을 것이라는 의미를 담은 표현이다.
❹ **이별 눈물 해마다 푸른 물결 보태나니.** 사람들이 흘리는 이별의 눈물이 대동강 물을 보탠다는 뜻과 내가 임을 그리워하여 흘리는 눈물이 대동강 물을 보탠다는 뜻의 중의적 의미를 지닌다. 이별의 눈물이 일반화되고 대동강 물결이 이별의 눈물과 동일시되면서 슬픔의 깊이가 확대되고 있으며, 과장법을 사용하여 이별의 정한을 표현하고 있다.

작가 소개

정지상(鄭知常, ?~1135) 고려 인종 때의 문인. 인종 때 좌정언, 좌사간 등의 벼슬을 지냈다. 시(詩)로 이름을 떨쳤으며 고려 시대를 대표하는 12인의 한 사람으로 꼽힌다. 저서로는 《정사간집》이 있다.

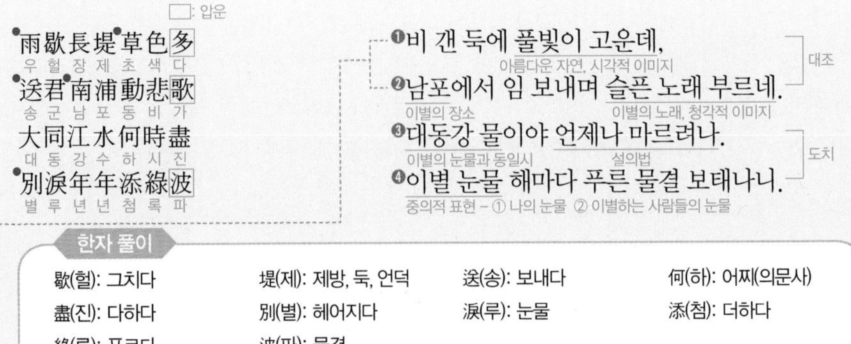
□: 압운

雨歇長堤草色多 (우 헐 장 제 초 색 다)
送君南浦動悲歌 (송 군 남 포 동 비 가)
大同江水何時盡 (대 동 강 수 하 시 진)
別淚年年添綠波 (별 루 년 년 첨 록 파)

❶비 갠 둑에 풀빛이 고운데, (아름다운 자연, 시각적 이미지)
❷남포에서 임 보내며 슬픈 노래 부르네. (이별의 장소 / 이별의 노래, 청각적 이미지) — 대조
❸대동강 물이야 언제나 마르려나. (설의법)
❹이별 눈물 해마다 푸른 물결 보태나니. (이별의 눈물과 동일시 / 중의적 표현 - ① 나의 눈물 ② 이별하는 사람들의 눈물) — 도치

한자 풀이

歇(헐): 그치다 堤(제): 제방, 둑, 언덕 送(송): 보내다 何(하): 어찌(의문사)
盡(진): 다하다 別(별): 헤어지다 淚(루): 눈물 添(첨): 더하다
綠(록): 푸르다 波(파): 물결

Q 자연사와 인간사를 대비한 효과는?

비가 그친 뒤 더욱 짙어진 풀빛은 이별의 슬픔과 대비되어 이별의 정한을 더욱 심화하고 있다. 영원한 자연의 아름다움과 유한한 인간의 이별을 대조함으로써 이별의 애달픔을 더욱 고조하는 효과를 얻고 있다.

이해와 감상

이 작품은 우리나라 한시 중 이별가의 백미(白眉)로 평가되는 7언 절구의 한시로, 서경(敍景)과 서정(敍情)이 절묘하게 조화를 이루고 있다. 항구의 긴 둑에 비에 씻긴 풀들의 푸른빛이 더욱 짙어지고, 아름다운 자연의 풍경은 시적 화자의 슬픈 이별과 대조되어 이별의 애달픔을 더욱 고조시킨다. 자연사와 인간사의 대조를 통해 이별의 정한(情恨)을 심화·확대하고 있는 것이다. 또한 임이 그리워 흘리는 눈물 때문에 대동강 물이 마르지 않을 것이라는 과장된 표현은 이별의 정한을 효과적으로 표현하고 있다.

이 작품에서는 대동강 물결이 이별의 눈물과 동일시되어 슬픔의 깊이를 확대하는 시상 전개 방식을 사용하고 있는데, 이때의 눈물은 중의적 표현으로 이별하는 사람들이 흘리는 눈물이기도 하고 내가 임과의 이별을 슬퍼하며 흘린 눈물이기도 하다. 이를 통해 이 작품은 화자의 개인적인 슬픔의 토로에서 나아가 인간 보편의 이별 노래로 확장되고 있다.

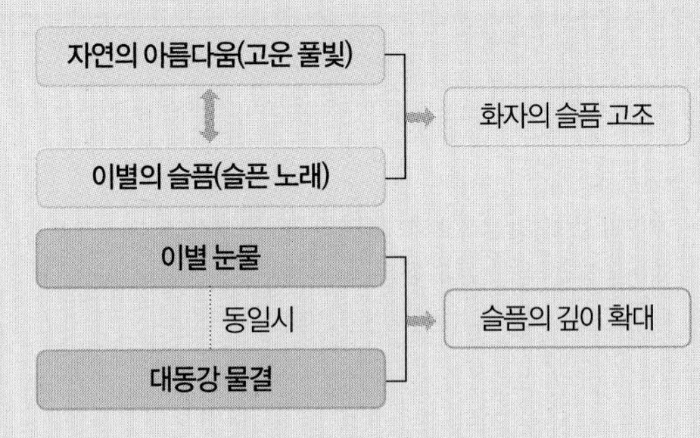

이 작품의 짜임

기(1구)	강변의 서경	비 온 뒤 강변의 싱싱한 풀빛	자연사	서경
승(2구)	이별의 슬픔	임을 보내는 애절한 슬픔	인간사	서경
전(3구)	무정한 대동강변	대동강 물에 대한 원망	자연사	서정
결(4구)	이별의 한(恨) 고조	눈물이 강에 더해짐.	인간사	서정

작품 연구소

'물[水]'을 통한 화자의 정서 표현

이 작품의 1·2구에서는 비극적인 정서를 자아내던 비가 그친 뒤 소생한 자연의 싱그러움과 화자의 슬픈 이별을 대조하여 이별의 정한을 더하고 있다. 또한 3·4구에서는 임이 그리워 흘리는 눈물로 대동강 물이 마르지 않을 것이라는 과장된 표현을 통해 이별의 정한을 표현하고 있다. '눈물'은 이별하는 사람들이 흘린 눈물이자 화자가 임과의 이별을 슬퍼하여 흘린 눈물을 나타내는 중의적 표현으로, 대동강 물을 이별의 눈물과 동일시하여 슬픔의 깊이를 확대하고 있다. 이는 물의 원형적 이미지를 활용하여 한(恨)으로 충만한 화자의 정서를 표현한 것이라 할 수 있다.

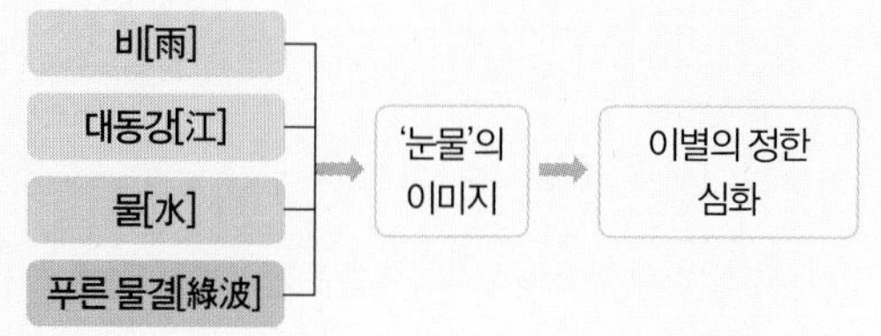

자료실

원형적 이미지

원형적 이미지란 민족과 문화를 초월하여 신화, 전설, 문예, 의식 등의 주제나 모티프로 되풀이되어 나타나는 보편적 상징을 뜻한다. '물'의 원형적 이미지에는 '죽음, 이별, 상실, 재생, 정화' 등이 있다.

공간적 배경과 그에 따른 정서의 심화

이 작품에는 세 개의 공간이 나타나는데, 즉 풀빛이 짙은 비 갠 둑과 임을 보내는 남포, 그리고 임이 떠나가는 대동강이다. 비가 올 때는 배가 뜨지 못하다가 비가 그치자 임은 배를 타고 떠나게 된다. 비가 갠 후 둑의 풀들이 푸르러진 가운데 화자의 이별은 성큼 다가오고, 자연의 푸름과 싱그러움은 이별의 슬픔을 더욱 고조한다. 이별 장소는 남포로, 화자는 '임 보내며 슬픈 노래 부르네.'라고 하여 이별과 그로 인한 슬픔을 직접 언급한다. 임을 실어 가는 배는 대동강 물을 타고 흘러가는데, 화자는 과장법을 통해 이별하는 이들의 눈물 때문에 대동강 물이 마르지 않을 것임을 강조하고 있다.

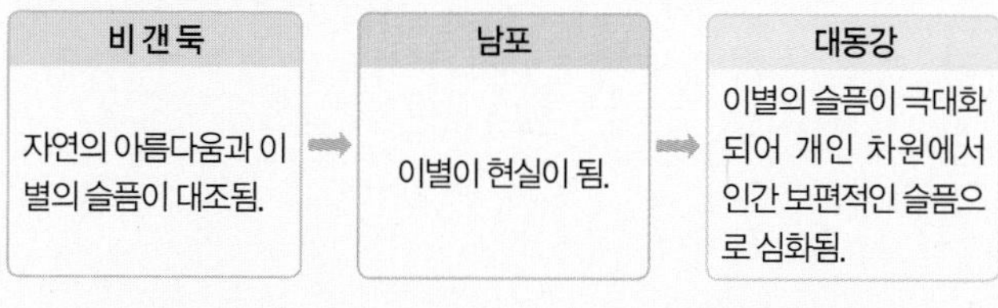

함께 읽으면 좋은 작품

〈봄비〉, 이수복 / 이별의 슬픔을 심화하는 자연의 모습이 담긴 노래

머지않아 다가올 아름다운 봄날의 모습을 상상하면서 사별한 임에 대한 슬픔과 그리움을 노래한 시이다. 비가 내린 후 싱그러운 봄날의 풍경을 배경으로 하고 있으며 생명력 넘치는 봄날의 묘사는 임이 부재하는 상황을 두드러지게 한다. 싱그러운 자연에 대비하여 임의 부재로 인한 슬픔을 나타내는 시적 모티프가 〈송인〉과 동일하므로 비교하여 읽어 볼 만하다.

키포인트 체크

화자 임과 이별한 사람

상황 임과 이별한 □□이 고조됨.

태도 □□□와 □□□를 대비하며 이별의 슬픔을 노래함.

1 이 작품에 대한 설명으로 적절한 것은?

① 지난 삶에 대한 성찰의 자세가 드러나 있다.
② 현실을 극복하려는 초극 의지가 드러나 있다.
③ 공간의 이동에 따라 화자의 정서가 변하고 있다.
④ 자연과 인간을 대비하여 주제 의식을 강조하고 있다.
⑤ 공감각적 이미지를 활용하여 시적 의미를 강조하고 있다.

중요 기출

2 이 작품의 결구(結句)에 대한 설명으로 적절하지 않은 것은?

① 기구(起句)의 '풀빛'과 시각적으로 어울린다.
② 과장된 표현으로 이별의 슬픔을 강조하고 있다.
③ 전구(轉句)의 '언제나 마르려나'와 의미가 호응한다.
④ 이별의 정한(情恨)이 깊은 강물의 흐름과 어우러진다.
⑤ 해마다 더해 가는 현실에 대한 무상감이 푸른 물결과 대응한다.

내신 적중 多빈출

3 다음 중 시적 상황이 이 작품의 화자가 처한 상황과 거리가 먼 것은?

① 가시리 가시리잇고 나는 / ᄇᆞ리고 가시리잇고 나는 // 날러는 엇디 살라 ᄒᆞ고 / ᄇᆞ리고 가시리잇고 나는
– 작자 미상, 〈가시리〉

② 어져 내 일이야 그릴 줄을 모로ᄃᆞ냐. / 이시라 ᄒᆞ더면 가랴마는 제 구ᄐᆡ야 / 보내고 그리는 정(情)은 나도 몰라 ᄒᆞ노라.
– 황진이

③ 이 비 그치면 / 내 마음 강나루 긴 언덕에 / 서러운 풀빛이 짙어 오것다. [중략] 임 앞에 타오르는 / 향연과 같이 / 땅에선 또 아지랑이 타오르것다.
– 이수복, 〈봄비〉

④ 강나루 건너서 / 밀밭 길을 // 구름에 달 가듯이 / 가는 나그네. // 길은 외줄기 / 남도 삼백 리 // 술 익는 마을마다 / 타는 저녁놀 // 구름에 달 가듯이 / 가는 나그네.
– 박목월, 〈나그네〉

⑤ 대동강(大同江) 아즐가 대동강 너븐디 몰라셔 / ᄇᆡ 내여 아즐가 ᄇᆡ 내여 노ᄒᆞᆫ다 샤공아 / 네 가시 아즐가 네 가시 럼난디 몰라셔 / 녈 ᄇᆡ예 아즐가 녈 ᄇᆡ예 연즌다 샤공아
– 작자 미상, 〈서경별곡〉

4 이 작품의 '대동강'과 〈보기〉의 '물'의 공통적인 시적 의미를 서술하시오.

보기

임이여, 물을 건너지 마오.
임은 그예 물을 건너시네.
물에 빠져 돌아가시니,
가신 임을 어이할꼬.
– 백수 광부의 아내, 〈공무도하가〉

043 설중방우인불우(雪中訪友人不遇) | 이규보

키워드 체크 #풍류적 #방우불우 #눈 내리는 날 #벗에게 쓰는 편지

문학 금성

핵심 정리

갈래 한시, 5언 절구
성격 서정적, 풍류적, 애상적
제재 눈 속에 벗을 찾아감.
주제 친구를 만나지 못한 아쉬움과 그리움
특징 돈호법을 사용하여 주의를 환기함.
출전 《동국이상국집》

Q 제목 '설중방우인불우(雪中訪友人不遇)'의 의미는?

이 작품의 제목 '설중방우인불우(雪中訪友人不遇)'는 '눈 속에 벗을 찾아갔다 만나지 못함.'이라는 의미이다.

시어 풀이

성자(姓字) 성(姓)과 자(字). 과거에는 성명(姓名)을 소중히 여겨 평소에 명(名) 대신 호(號)나 자(字)를 썼다.
주인 손님을 맞아 상대하는 사람.

시구 풀이

❶ **눈빛이 종이보다 더욱 희길래** 눈밭의 빛이 종이와 비교하여 더욱 희다고 하여, 눈밭을 종이 삼아 벗에게 편지를 남기는 화자의 상황을 나타내고 있다.
❷ **채찍 들어 내 이름을 그 위에 썼지.** 채찍을 지니고 있는 것으로 보아 화자는 친구를 만나기 위해 말을 타고 먼 길을 왔다. 그런데 친구를 만나지 못하자 그 아쉬움을 달래고, 친구에게 자신이 다녀갔음을 알리기 위해 눈밭에 자신의 이름을 쓴 것이다.
❸ **바람아 불어서 ~ 기다려 주렴.** 바람에게 주인, 즉 벗이 돌아올 때까지 땅을 쓸지 말라고 말하며 벗이 돌아왔을 때 자신이 눈 위에 남긴 이름을 볼 수 있기를 바라는 마음을 표현한 부분이다. 만나지 못한 친구에 대한 그리움을 엿볼 수 있다.

작가 소개

이규보(李奎報, 1168~1241) 고려 시대의 문인. 자는 춘경(春卿), 호는 백운거사(白雲居士). 걸출한 시호(詩號)로서 호탕·활달한 시풍으로 당대를 풍미했으며, 초기에는 도연명의 영향을 받았으나 개성을 살려 독자적인 시격을 이룩하였다. 시와 술, 거문고를 즐겨 삼혹호(三酷好) 선생이라 자처하였다. 저서로는 《동국이상국집》, 《백운소설》 등이 있다.

雪色白於紙(설색백어지)
擧鞭書姓字(거편서성자)
莫敎風掃地(막교풍소지)
好待主人至(호대주인지)

❶눈빛이 종이보다 더욱 희길래
❷채찍 들어 내 이름을 그 위에 썼지.
(화자가 말을 타고 먼 길을 왔음을 암시함. 시적 화자 / 그: 눈)
❸바람아 불어서 땅 쓸지 마라
(돈호법, 의인법)
주인이 올 때까지 기다려 주렴.
(주인: 화자가 찾아온 대상)

이해와 감상

이 작품은 고려의 문호 이규보가 30세를 전후하여 지은 5언 절구의 한시이다. 눈이 가득 내린 겨울날, 화자는 말을 타고 벗을 찾아갔지만 벗이 외출하고 집에 없어서 만나지 못한다. 화자는 친구에게 자신이 다녀갔음을 알리기 위해 마당에 쌓인 하얀 눈을 종이 삼아 편지를 남기고, 친구가 돌아올 때까지는 바람이 불어 눈 위의 이름을 지우는 일이 없기를 바라며 집으로 돌아온다. 친구에 대한 애틋한 그리움과 작가의 풍류가 담긴 작품이다.

이 작품의 짜임

기(1구)	눈의 빛깔이 종이보다 흼.
승(2구)	눈밭에 자신의 이름을 씀.
전(3구)	바람이 불어 자신이 쓴 이름이 지워질까 걱정함.
결(4구)	친구를 그리워하는 마음

작품 연구소

화자의 상황과 정서

화자의 상황	화자가 있는 공간	친구의 집 앞
	화자의 처지	말을 타고 먼 길을 달려왔으나 친구를 만나지 못함.
화자의 정서	정서를 알 수 있는 단서	눈 위에 이름을 씀.
	화자의 주된 정서	친구를 만나지 못한 아쉬움과 그리움

시어의 함축적 의미

시어 및 시구	의미
눈	화자의 감흥을 불러일으키는 존재
바람	화자의 소망을 방해하는 존재

《동국이상국집(東國李相國集)》

이 작품이 실린 이규보의 시문집 《동국이상국집》에는 2천여 수의 시와 왕명을 받아 지은 표전(表箋), 교서(教書) 등 다양한 문체의 작품이 수록되어 있다. 대표적인 작품으로는 서사시 〈동명왕편〉, 가전체 〈국선생전〉과 〈청강사자현부전〉 등이 있다.

1241년 완성되어 8월에 간행에 착수했으나, 이규보는 문집의 완성을 보지 못하고 9월에 74세로 세상을 떠났다. 아들 이함(李涵)이 시문을 추가하고 〈연보〉, 〈묘지명〉 등을 더하여 같은 해 12월에 53권 14책으로 간행했고, 1251년에는 손자 이익배(李益培)가 잘못된 것을 바로잡아 증간했다. 조선 시대에도 몇 차례 간행된 것으로 추정되는데, 현전하는 본은 영조 때 간행된 것으로 추정된다.

자료실

〈방우불우(訪友不遇)〉, 이상수

農家四月麥如雲(농가사월맥여운) 농가의 사월은 보리가 구름 같아
躑躅花前不見君(척촉화전불견군) 철쭉꽃은 피었는데 그대는 보이지 않아
小婢留人沽酒去(소비류인고주거) 작은 계집종 손님 모셔 놓고 술 사러 가고
滿園芳草蝶紛紛(만원방초접분분) 화원의 녹음방초에 나비 훨훨 날아다닌다

4월의 어느 날 철쭉꽃이 피어 있는 벗의 집에 방문했지만, 벗은 집에 없고 계집종이 자신을 맞이하며 술을 사러 가는 상황이 드러난 한시이다. 〈설중방우인불우〉의 화자는 벗의 부재에 눈 위에 편지를 쓰는 행위로 아쉬움을 달래 보지만, 〈방우불우〉의 화자는 벗을 기다리며 동산 가득한 풀과 나비들을 정답게 바라보고 있다.

함께 읽으면 좋은 작품

〈재 너머 성권롱 집에〉, 정철 / 작가의 풍류가 드러난 작품

술과 벗을 좋아하는 작가의 풍류와 멋스러움이 토속적인 농촌의 정취와 조화를 잘 이루는 작품이다. 작품 속에서 정 좌수로 나타나는 화자가 맛있는 술이 있다는 성 권농(성혼)의 집에 도달하기까지의 과정을 압축과 생략을 통해 경쾌하게 드러내고 있다. 흥에 젖어 벗을 찾아갔다는 점은 〈설중방우인불우〉와 비슷하지만, '술'이 주요 소재라는 점에서 차이가 있다.

Link 본책 140쪽

키 포인트 체크

화자 눈이 내린 날 ☐을 만나러 간 '나'
상황 벗이 집에 없어 만나지 못하고 쌓인 눈 위에 자신의 ☐☐을 씀.
태도 벗을 만나지 못해 아쉬워하며 ☐☐☐을 드러냄.

1 이 작품의 화자에 대한 설명으로 가장 적절한 것은?

① 자신의 삶에 대한 성찰의 태도를 보여 주고 있다.
② 자연 속에서 풍류를 즐기며 만족감을 느끼고 있다.
③ 냉소적인 태도로 현실에 대한 비판 의식을 드러내고 있다.
④ 친구가 집에 없어서 허탈해하며 바로 발걸음을 돌리고 있다.
⑤ 자신의 흔적을 눈 위에 남기는 모습에서 낭만적인 성격의 소유자임을 알 수 있다.

2 이 작품의 내용을 토대로 영화를 제작할 때 들어갈 수 있는 장면으로 적절하지 않은 것은?

① 주인공이 눈 속을 헤치며 벗을 만나러 가는 장면
② 주인공이 채찍으로 눈 위에 자신의 이름을 쓰는 장면
③ 주인공이 눈 위에 쓴 글자가 바람이 불어서 지워지는 장면
④ 주인공이 벗의 집 앞에 도착하여 벗을 애타게 부르지만 아무 소리도 들리지 않는 장면
⑤ 주인공이 자신이 눈 위에 쓴 글자를 바라보며 벗이 돌아오기 전에 글자가 지워질까 봐 걱정하는 장면

3 이 작품과 〈보기〉를 비교하여 감상한 내용으로 가장 적절한 것은?

보기

農家四月麥如雲 농가의 사월은 보리가 구름 같아
躑躅花前不見君 철쭉꽃은 피었는데 그대는 보이지 않아
小婢留人沽酒去 작은 계집종 손님 모셔 놓고 술 사러 가고
滿園芳草蝶紛紛 화원의 녹음방초에 나비 훨훨 날아다닌다

– 이상수, 〈방우불우〉

① 이 작품과 〈보기〉는 계절적 배경이 동일하다.
② 이 작품은 그리움이, 〈보기〉는 안타까움이 주된 정서이다.
③ 이 작품과 〈보기〉의 화자는 모두 친구의 집에 찾아가서 아무도 만나지 못했다.
④ 〈보기〉의 벗은 술을 사러 간 상태이고, 이 작품의 벗은 술을 마시러 간 상태이다.
⑤ 〈보기〉의 화자는 친구의 부재 상황에서 친구를 기다리지만, 이 작품의 화자는 편지를 남기고 돌아온다.

4 화자가 눈 위에 자신의 이름을 쓴 이유를 35자 내외의 한 문장으로 서술하시오.

Ⅱ. 고려 시대

044 사리화(沙里花) | 이제현

키워드 체크 #풍자적 #우의적 #현실 비판 #탐관오리의 횡포 #농민들의 피폐한 삶 #가렴주구

문학 비상

핵심 정리

갈래 한시, 7언 절구
성격 풍자적, 상징적, 현실 비판적
제재 참새의 횡포(탐관오리의 농민 수탈)
주제 • 권력자들의 농민 수탈에 대한 비판
• 가혹한 수탈로 인한 농민의 피폐한 삶
특징 ① 권력자들의 수탈과 횡포를 비유적으로 고발함.
② 당시 민족적 현실을 풍자하여 나타냄.
연대 고려 말
출전 《익재난고》

黃雀何方來去飛 (황 작 하 방 래 거 비)
一年農事不曾知 (일 년 농 사 부 증 지)
鰥翁獨自耕耘了 (환 옹 독 자 경 운 료)
耗盡田中禾黍爲 (모 진 전 중 화 서 위)

㉠❶참새야 어디서 오가며 나느냐,
(참새: 탐관오리, 권력층(비판과 풍자의 대상))
❷일 년 농사는 아랑곳하지 않고, ▶ 농민을 수탈하는 탐관오리
(농민의 마음을 생각하지 않는 탐관오리 비판)
㉡늙은 홀아비 홀로 갈고 맸는데,
(힘없고 순박한 농민(수탈의 대상))
❸밭의 벼며 기장을 다 없애다니 → 가렴주구(苛斂誅求: 세금을 가혹하게 거두어들이고, 무리하게 재물을 빼앗음.)
(농민들의 땀의 결실(수확물))
▶ 수탈을 당하는 농민들의 원망의 목소리

시어 풀이

황작(黃雀) 참새.
환옹(鰥翁) 늙은 홀아비.
모진(耗盡) 해지거나 닳아서 없어짐.
화서(禾黍) 벼와 기장.

시구 풀이

❶ **참새야 어디서 오가며 나느냐,** 참새는 가을 들판에 자유롭게 드나들며 곡식을 먹는 존재이다. 이 작품에서는 참새의 이러한 특징에 농민을 수탈하는 권력층을 비유하고 있다.
❷ **일 년 농사는 아랑곳하지 않고,** 일 년 동안 땀 흘려 농사지은 농민들의 수고와 노고를 생각하지 않는 탐관오리의 이기적인 모습이 나타난다.
❸ **밭의 벼며 기장을 다 없애다니** 힘없는 농민을 상대로 착취를 일삼는 관리들의 가혹함을 비판하고 있다.

작가 소개

이제현(李齊賢, 1287~1367) 고려 말기의 문신, 학자. 호는 역옹(櫟翁)·익재(益齋). 벼슬은 문하시중에 이르렀으며 당대의 명문장가로 정주학의 기초를 닦았다. 왕명으로 실록을 편찬하였고, 원나라 조맹부의 서체를 고려에 도입하여 유행시켰으며 고려의 민간 가요 17수를 한시로 번역하였다. 주요 저서로는 《익재집》, 《역옹패설》, 《익재난고》 등이 있다.

이해와 감상

이 작품은 고려 시대 때 작자 미상의 구전 민요(口傳民謠)를 한역한 시이다. 본래의 가사는 전하지 않고, 이제현 때의 《익재난고(益齋亂藁)》 소악부(小樂府)와 《고려사》 악지에 노래의 내력과 이제현의 한역 시가 수록되어 그 내용을 짐작해 볼 수 있다. 《고려사》 악지에 따르면, 권력자들의 무분별한 수탈과 세금 부과로 백성들이 겪는 어려움을 참새가 곡식을 쪼아 먹고 달아나는 것에 비유하여 이 작품을 지었다고 한다. 이 작품에서 '참새'는 농사지은 것을 무참하게 빼앗아 가는 수탈자를 가리킨다. 참새는 일 년 농사는 아랑곳하지도 않고 자기 뱃속을 채우기 위해 농민들의 땀의 결실을 빼앗아 가는 존재인 것이다. 이에 힘없고 순박한 농민인 '늙은 홀아비'는 참새가 애써 지은 밭곡식을 먹어 치웠다며 답답한 심정을 토로한다. 이처럼 이 작품에는 권력층의 가혹한 수탈로 농민들의 생활이 피폐해진 시대상이 나타난다. 백성들의 고혈(膏血)을 착취하는 당시 권력층을 참새에 빗대어 비판하고, 참새에 대한 원망을 통해 부당한 현실에 대한 백성들의 목소리를 드러내고 있다.

이 작품의 짜임

구분	내용
기·승	농민의 처지는 아랑곳하지 않는 몰인정한 참새의 모습
전	농민들이 고생하며 경작하는 모습
결	탐관오리들의 수탈과 횡포에 대한 원망의 목소리

→ 권력자들의 수탈을 참새가 농민이 애써 지은 농작물을 빼앗아 가는 것에 빗대어 우의적으로 비판함.

작품 연구소

제목 '사리화(沙里花)'의 의미

사(沙): 목이 쉬다	+	리(里): 근심하다	+	화(花): 꽃

↓

농부들이 목이 쉬고, 근심하며 얻은 꽃 = 곡식을 의미함.

〈사리화〉의 풍자성

풍자란 현실의 부정적 현상이나 모순 등을 다른 것에 빗대어 우회적으로 공격하는 표현 방법이다. 이 작품에서는 가혹하게 수탈하고 빼앗아 가는 관리들을 온갖 작물을 쪼아 먹어 버리는 '참새'에, 수탈당하는 농민을 '늙은 홀아비'에 빗대어 농민들의 마음은 헤아리지도 않고 권력을 마음대로 휘두르며 수탈을 일삼는 탐관오리의 횡포를 고발하고 있다.

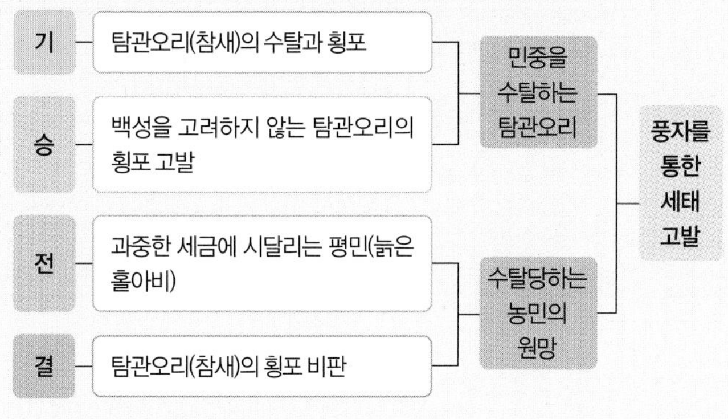

〈사리화〉에 반영된 당대의 시대적 상황

고려 말은 명나라가 위세를 떨친 시기로 명나라의 간섭과 북으로는 홍건적, 남으로는 왜구의 침입으로 나라가 혼란스러웠다. 국내적으로는 권문세족의 발호로 왕권이 약화되었고, 궁핍한 나라 살림과 외적의 침입에 따라 백성들의 생활이 어려움에 시달렸다. 백성들은 부역을 해야 했고 애써 농사지은 곡식을 권력층에 빼앗겼으며, 어떤 지방관을 만나느냐에 따라 그 생활은 희비가 더욱 엇갈렸다. 당시에 구전되던 민요를 한역한 이 작품에는 이처럼 가혹한 수탈로 농민 생활이 피폐해진 시대상이 반영되어 있다.

함께 읽으면 좋은 작품

〈탐진촌요〉, 정약용 / 탐관오리의 수탈로 고통받는 백성들의 모습이 드러난 작품

세금을 걷는다는 핑계로 지방의 하급 관리들에게 수탈당하는 백성들의 현실을 고발·비판하고 있는 작품이다. 〈사리화〉와 〈탐진촌요〉는 당시 탐관오리의 수탈로 어려운 삶을 살고 있는 농민들의 모습을 나타낸다는 점에서 유사하다. 하지만 〈사리화〉는 당시 민간에서 백성들 사이에 불리던 노래이고, 〈탐진촌요〉는 양반인 작가가 수탈당하는 백성의 현실을 그려 낸 작품이라는 차이가 있다. Link 본책 303쪽

키 포인트 체크

화자 □□□□의 횡포를 비판하는 사람

상황 권력자들의 가혹한 수탈로 농민들이 □□한 삶을 살고 있음.

태도 힘없는 농민들을 상대로 가혹한 □□를 일삼는 탐관오리들을 □□함.

내신 적중 多빈출

1 이 작품에 대한 설명으로 적절하지 않은 것은?

① 다양한 상징적 소재를 사용하고 있다.
② 당시의 부당한 현실을 고발하고 있다.
③ 부정적 대상에 대한 풍자가 담겨 있다.
④ 자신에 대한 성찰의 태도를 보여 주고 있다.
⑤ 힘없는 농민들의 피폐한 상황을 반영하고 있다.

내신 적중 多빈출

2 이 작품과 〈보기〉를 비교하여 감상한 내용으로 적절하지 않은 것은?

> 보기
>
> 새로 짜낸 무명이 눈결같이 고왔는데
> 이방 줄 돈이라고 황두가 뺏어 가네
> 누전 세금 독촉이 성화같이 급하구나
> 삼월 중순 세곡선(稅穀船)이 서울로 떠난다고
>
> – 정약용, 〈탐진촌요〉

① 두 작품 모두 가렴주구(苛斂誅求)의 상황이 드러나고 있다.
② 두 작품 모두 농민에 대한 탐관오리의 횡포가 나타나고 있다.
③ 두 작품의 화자는 모두 관리로서 백성의 생활고를 걱정하고 있다.
④ 이 작품의 '참새'와 〈보기〉의 '황두'는 유사한 의미를 나타내고 있다.
⑤ 이 작품의 '벼며 기장'과 〈보기〉의 '무명'은 모두 농민들의 땀의 결실이다.

3 〈보기〉에서 ㉠, ㉡과 상징적 의미가 유사한 시어를 찾아 알맞게 짝지은 것은?

> 보기
>
> 두터비 푸리를 물고 두험 우희 치ᄃᆞ라 안자
> 것넌 산(山) ᄇᆞ라보니 백송골(白松骨)이 떠 잇거ᄂᆞᆯ 가슴이 금즉ᄒᆞ여 풀덕 뛰여 내ᄃᆞᆺ다가 두험 아래 잣바지거고
> 모쳐라 ᄂᆞᆯ낸 낼싀만졍 에헐질 번ᄒᆞ괘라. – 작자 미상

	㉠	㉡
①	푸리	백송골
②	푸리	두험
③	두터비	푸리
④	두터비	백송골
⑤	백송골	두터비

4 이 작품의 제목인 '사리화(沙里花)'의 의미를 25자 내외의 한 문장으로 서술하시오.

045 동명왕편(東明王篇) | 이규보

키워드 체크 #최초의 건국 서사시 #민족의식 고취 #민족의 자주성 #고구려의 건국 신화 재창조 #자부심

원문	해석
王知慕漱妃 / 仍以別室寘 왕지모수비 / 잉이별실치	왕이 해모수의 왕비인 것을 알고 / 이내 별궁에 두었다 (왕: 동부여의 금와왕 / 해모수: 천제의 아들 – 북부여의 시조 / 왕비: 유화 – 하백(물의 신)의 딸)
懷日生朱蒙 / 是歲歲在癸 회일생주몽 / 시세세재계	해를 품고 주몽을 낳았으니 / 이 해가 계해년이었다 (주몽: 주인공 – 천상(天上)에서 내려온 신적 존재임을 암시 / 계해년: 기원전 58년)
骨表諒最奇 / 啼聲亦甚偉 골표량최기 / 제성역심위	「골상이 참으로 기이하고 / 우는 소리가 또한 심히 컸다」 (골상: 주로 얼굴이나 머리뼈의 겉으로 드러나 보이는 생김새 / 「 」: 비범한 용모 – 영웅적 인물의 전형성)
初生卵如升 초생란여승	처음에 되만 한 알을 낳으니 (알: 난생 설화, 새로운 세계를 잉태한 존재 / □: 알로 상징되는 세계는 깨트려짐으로써 또 다른 세계를 창조함. → 동명왕은 알을 깨고 태어나 훗날 새로운 국가의 시조로서 새로운 질서를 정립함.)
觀者皆驚悸 관자개경계	보는 사람들이 깜짝 놀랐다 ▶ 고귀한 혈통과 신이하고 비정상적인 출생
王以爲不祥 왕이위불상	왕이 상서롭지 못하다 (상서롭지: 복되고 길한 일이 일어날 조짐이 있음.)
比豈人之類 비기인지류	이것이 어찌 사람의 종류인가 하고
置之馬牧中 / 群馬皆不履 치지마목중 / 군마개불리	「마구간 속에 두었더니 / 여러 말들이 모두 밟지 않고 (「 」: 천지신명(天地神明)에 의한 보호 – 신성한 존재임을 상징)
棄之深山中 / 百獸皆擁衛 기지심산중 / 백수개옹위	깊은 산속에 버렸더니 / 온갖 짐승이 모두 옹위하였다」 (옹위: 부축하여 지키고 보호함.) ▶ 알로 태어나 버려짐.
母姑擧而養 모고거이양	어미가 우선 받아서 기르니
經月言語始 경월언어시	한 달이 되면서 말하기 시작하였다 (비범함)
自言蠅噆目 자언승참목	스스로 말하되 파리가 눈을 빨아서
臥不能安睡 와불능안수	누워도 편안히 잘 수 없다 하였다
母爲作弓矢 모위작궁시	어머니가 활과 화살을 만들어 주니
其弓不虛掎 기궁불허기	그 활이 빗나가는 법이 없었다 (비범한 능력 – 활을 잘 쏘아 '주몽'이라고 불림, 무예를 숭상하는 당시의 사회상을 보여 줌.) ▶ 주몽이라는 이름의 유래
年至漸長大 / 才能日漸備 연지점장대 / 재능일점비	나이가 점점 많아지매 / 재능도 날로 갖추어졌다. [중략]
天孫河伯甥 천손하백생	천제의 손자 하백의 외손이 (하늘의 신과 강의 신의 손자 – 고귀한 혈통)
避難至於此 피난지어차	난을 피하여 이곳에 이르렀소
哀哀孤子心 애애고자심	불쌍한 고자(孤子)의 마음을 (고자: 외로운 사람)
天地其忍棄 천지기인기	황천 후토가 차마 버리시리까 (황천 후토: 하늘의 신과 땅의 신)
操弓打河水 조궁타하수	활을 잡아 하수를 치니
魚鼈騈首尾 어별병수미	「고기와 자라가 머리와 꼬리를 나란히 하여
屹然成橋梯 / 始乃得渡矣 흘연성교제 / 시내득도의	높직이 다리를 이루어 / 비로소 건널 수 있었다」 (「 」: 천우신조(天佑神助))
俄爾追兵至 아이추병지	조금 뒤에 쫓는 군사 이르러
上橋橋旋圮 상교교선비	다리에 오르니 다리가 곧 무너졌다 ▶ 주몽의 뛰어난 재주와 시련, 조력자의 도움으로 위기에서 벗어남.
雙鳩含麥飛 쌍구함맥비	한 쌍 비둘기 보리 물고 날아 (농경 사회의 성격을 엿볼 수 있음.(유화는 하백의 딸로 곡식의 신이기도 함.))
來作神母使 래작신모사	신모의 사자(使者)가 되어 왔다 (사자: 심부름하는 사람)
形勝開王都 형승개왕도	「형세 좋은 땅에 왕도를 개설하니 (「 」: 고구려 건국의 위업 달성 – 민족적 긍지 고취, 우리 역사의 자주성을 알리는 역할)
山川鬱嵂巋 산천울줄규	산천이 울창하고 높고 컸다
自坐茀蕝上 자좌불절상	스스로 띠자리 위에 앉아서 (주몽이 독자적으로 나라를 세움.)
略定君臣位 략정군신위	대강 군신의 위치를 정하였다」 [후략] ▶ 왕도의 개설 – 위업의 달성

키 포인트 체크

- **화자** 민족에게 긍지와 □□□을 심어 주려는 작가(이규보)
- **상황** 고구려 시조 □□□의 일생을 찬양함.
- **태도** 역사와 전통을 지닌 민족임을 재인식하려는 □□□을 드러냄.

답 자부심, 동명왕, 주체성

핵심 정리

- **갈래** 장편 영웅 서사시
- **성격** 서사적, 신화적, 진취적, 교훈적
- **형식** 5언 연속체, 전 282구
- **구성** 영웅의 일대기 구조
- **제재** 고구려 건국 신화인 〈주몽 신화〉
- **주제** 동명왕의 탄생과 고구려 건국
- **특징** ① 북방계 난생(卵生) 설화에 해당하며 천손 하강 모티프를 지님.
② 오랜 역사와 전통을 지닌 민족임을 재인식하려는 주체성이 드러남.
- **의의** ① 우리나라 최초의 건국 서사시
② 중화(中華)사상에서 벗어나 우리 민족의 우월성을 드높임.
- **연대** 고려 제19대 명종
- **출전** 《동국이상국집》

이해와 감상

이 작품은 고구려 시조 동명왕의 영웅적인 일생을 찬양함으로써 고구려를 계승한 고려인의 긍지를 드러내고 있다. 5언 282구로 이루어진 장편 영웅 서사시로 서장, 본장, 종장의 총 3부로 구성되어 있는데, 서장에서는 동명왕 탄생 이전의 계보를 밝히고 본장에서는 동명왕의 고구려 건국 과정을 서술했으며, 종장에서는 유리왕의 후계 계승 과정을 그리고 있다. 이 작품에 나타난 동명왕의 영웅적 위업은 영웅 서사 구조의 전형적인 모습을 보여 주며, 중화사상과 허상적 관념론에서 벗어나 우리 역사에 대한 주체적인 인식과 민족적 자부심을 드러낸다는 점에서도 그 의의를 찾을 수 있다.

작품 연구소

소재의 상징성

소재	상징
해	하늘(해모수)과의 연관성, 숭배의 대상
알	세계, 새로운 세계를 잉태한 존재 상징
난생	기존의 세계를 깨고 새로운 질서를 창조
활, 화살	제왕(帝王)의 상징, 천상과 지상을 연결하는 매개체
활 잘 쏘는 사람	해를 거느려 제압하는 존재, 왕의 상징

〈동명왕편〉의 창작 의도

이규보는 〈동명왕편〉의 '서(序)'에서 "동명왕의 일은 신이한 변화로 여겨 사람의 눈을 현혹한 것이 아니라 참으로 나라를 새로 세운 신기한 사적(史跡)이다. 이 것을 기록하지 않으면 후손들이 장차 어떻게 볼 수 있겠는가? 그래서 시를 지어 남겨서 우리나라가 성인(聖人)의 나라라는 것을 천하에 알리고자 한다."라고 저작 동기를 밝히고 있다.

당시 고려는 몽고의 침입에 맞선 전 민족적 항쟁의 시기였는데, 이러한 상황에서 이규보는 우리나라가 신성한 영웅이 세운 독자적인 나라이며, 중국과 대등한 역사를 지닌 나라라는 점을 강조하여 민족의 긍지와 자부심을 갖게 하고자 한 것이다.

046 시벽(詩癖) | 이규보

키워드 체크 #창작의 고통 #시를 좋아하는 마음 #반어적 표현

70세. 《논어》의 위정(爲政) 편에서 공자가 '칠십이종심소욕불유구(七十而從心所欲不踰矩)'라고 한 것에서 유래함.

年已涉從心 (연 이 섭 종 심) — 나이 이미 칠십을 넘었고
位亦登台司 (위 역 등 태 사) — 지위 또한 정승에 올랐네. (시 짓는 일을 그만두어도 될 만한 화자의 상황)
始可放雕篆 (시 가 방 조 전) — 이제는 시 짓는 일 벗을 만하건만
胡爲不能辭 (호 위 불 능 사) — 어찌해서 그만두지 못하는가.
朝吟類蜻蛚 (조 음 류 청 렬) — 『아침에 귀뚜라미처럼 읊조리고
暮嘯如鳶鴟 (모 소 여 연 치) — 저녁엔 올빼미인 양 노래하네.』 (『 』: 화자의 모습을 빗대어 표현함. / 한시도 그치지 않는 시 창작 활동)
無奈有魔者 (무 내 유 마 자) — 어찌할 수 없는 시마(詩魔)란 놈 (시마: 시를 짓고 싶은 마음을 불러일으키는 마력)
夙夜潛相隨 (숙 야 잠 상 수) — 아침저녁으로 몰래 따라다니며
一着不暫捨 (일 착 불 잠 사) — 한 번 붙으면 잠시도 놓아 주지 않아
使我至於斯 (사 아 지 어 사) — 나를 이 지경에 이르게 했네. ▶ 시 짓기를 그만두지 못함.

[중략]

生死必由是 (생 사 필 유 시) — 살고 죽는 것이 여기에 달렸으니 (시 짓기의 간절함)
此病醫難醫 (차 병 의 난 의) — 『이 병은 의원도 고치기 어려워라.』 ▶ 시 짓기를 계속할 것임.
(이 병: 시를 짓는 고약한 습관 / 『 』: 시 짓기를 그치지 않을 것임.)

키 포인트 체크

화자 □□□를 지나치게 좋아하는 사람('나')
상황 창작의 □□ 속에서도 시 짓기를 그만둘 수 없음을 노래함.
태도 시를 짓는 활동에 대한 □□을 드러냄.

답 시 짓기, 고통, 애정

핵심 정리

갈래 한시, 5언 고시
성격 반어적, 고백적, 반성적, 사색적
제재 시벽(詩癖; 시 짓기를 지나치게 좋아하는 버릇)
주제 창작의 고통 속에서도 시 짓기를 그만둘 수 없는 마음
특징 ① 반어적 표현을 통해 시 짓기를 좋아하는 마음을 강조함.
② 솔직하고 반성적인 어조로 자신의 심정을 표현함.
출전 《동국이상국집》 제1권

이해와 감상

이 작품은 창작의 고통 속에서도 시 짓기를 그만둘 수 없는, 시를 좋아하는 마음을 반어적 표현을 사용하여 노래한 5언 배율의 한시이다. 작가는 이미 칠십을 넘긴 나이와 정승에 이르는 벼슬 등을 이유로 시 쓰는 일을 그만둘 때가 되었다고 말하지만 시마(詩魔)가 아침저녁으로 따라다니면서 놓아 주지 않아 힘들게 시를 계속 쓰고 있다고 말한다. 즉, 시 짓기를 좋아하는 성향을 '병'으로, 시 짓기를 그만두지 못하는 것을 '시마(詩魔)'가 괴롭히기 때문이라고 반어적으로 표현하여 시 짓기에 대한 애정을 드러내고 있는 것이다. 그리고 '살고 죽는 것이 여기에 달렸으니'라고 하여 간절함을 드러내며 시 짓기를 그치지 않을 것임을 노래하고 있다.

047 부벽루(浮碧樓) | 이색

키워드 체크 #지난 역사 회상 #국운 회복 소망 #자연의 의구함 #인간 역사의 유한성 #무상감 #쓸쓸함

□: 압운

昨過永明寺 (작 과 영 명 사) — 어제 영명사를 지나다가 (영명사: 평양 근교 금수산에 위치한 절. 고구려 광개토 대왕이 지은 아홉 개의 절 중에 하나라고 전해짐.)
暫登浮碧樓 (잠 등 부 벽 루) — 잠깐 부벽루에 올랐어라. ▶ 부벽루에 오름. (부벽루: 시적 공간 – 대동강변에 위치한 누각)
城空月一片 (성 공 월 일 편) — 성은 비었는데 달은 한 조각이요, (평양성의 퇴락한 모습 – 고려의 쇠락한 국운 상징, 적막감과 애상적 분위기)
石老雲千秋 (석 로 운 천 추) — 돌은 늙었는데 구름은 천추로다. ▶ 부벽루 주변의 쓸쓸한 풍경 (덧없는 세월의 흐름과 인간사의 무상함)
(1~4구: 고구려 옛 유적지와 주변 풍경 노래: 선경(先景))
麟馬去不返 (인 마 거 불 반) — 기린마는 가서 돌아오지 않고, → 역사의 단절 (기린마: 고구려 동명왕이 타고 하늘로 올라갔다는 말)
天孫何處遊 (천 손 하 처 유) — 천손은 어느 곳에 노니는고. ▶ 지난 역사에 대한 회고 (천손: 동명왕 같은 영웅의 등장을 소망함. 우국지정(憂國之情))
長嘯倚風磴 (장 소 의 풍 등) — 길게 휘파람 불고 바람 부는 언덕에 서니, (무상감의 표현(구체적 행위를 통한 심리 제시))
山青江自流 (산 청 강 자 류) — 산은 푸르고 강은 저대로 흐르더라. ▶ 인간의 허망한 역사와 유구한 자연에 대한 감회 (허망한 인간의 역사와 대조되는 변함없는 자연의 모습)
(5~8구: 유적지와 주변 풍경에서 느끼는 작가의 심회: 후정(後情))

키 포인트 체크

화자 지난 역사를 회상하는 사람
상황 □□□에 올라 영화롭던 지난날을 회상함.
태도 인간 역사의 유한성에 대해 □□□을 느끼며 쓸쓸해함.

답 부벽루, 무상감

핵심 정리

갈래 한시, 5언 율시
성격 회고적, 애상적
제재 부벽루 주변의 풍경과 감상
주제 지난 역사의 회고와 고려 국운(國運) 회복의 소망
특징 ① 자연의 영원함과 인간 역사의 유한함을 대조하여 표현함.
② 시간의 흐름을 시각적으로 표현함.
연대 고려 말
출전 《목은집》

이해와 감상

이 작품은 고려 말의 문신이었던 작가가 부벽루에서 고구려의 영화롭던 지난날을 회상하며 그 심회를 읊은 5언 율시의 한시이다. 작가는 번성했던 고구려의 평양성이 지금은 텅 비어 황폐해진 모습을 바라보며 자연의 유구함과 대비되는 인간 역사의 유한성을 느끼고 그로 인한 무상감을 표현하고 있다.

용비어천가　강촌　등악양루　강남봉이구년　오백 년 도읍지를　흥망이 유수ᄒᆞ니

선인교 나린 물이　수양산 ᄇᆞ라보며　이 몸이 주거 가셔　눈 마ᄌᆞ 휘여진 뒤를　가마귀 눈비 마ᄌᆞ

간밤의 부던 ᄇᆞ람에　풍상이 섯거 친 날에　방 안에 혓는 촛불　내 ᄆᆞ옴 버혀 내여　천만 리 머나먼 길히

추강에 밤이 드니　십 년을 경영ᄒᆞ여　대쵸 볼 불근 골에　묏버들 갈히 것거　동지ㅅ돌 기나긴 밤을

청산은 내 뜻이오　어져 내 일이야　어부사　강호사시가　도산십이곡　고산구곡가　한거십팔곡

상춘곡　만분가　면앙정가　관동별곡　사미인곡　속미인곡　규원가　만보　무어별　봄비

III

조선 전기

문학사 개관

III 조선 전기의 시가(조선 건국 ~ 임진왜란)

조선 전기 시가의 특징

- 조선 전기는 훈민정음이 창제되어 구비 문학이 우리 고유의 문자로 정착되고 한글로 된 국문 문학이 활발히 창작된 본격적인 우리 문학의 형성기이다.
- 조선의 창업과 왕실의 무궁한 번영을 기리기 위해 악장 문학이 창작되었고 한문으로만 전해 오던 수많은 문헌을 한글로 번역한 언해 작품이 존재했다.
- 고려 말기에 이미 형태가 갖추어져 있던 시조가 더욱 발달하고, 평시조뿐 아니라 연시조로 형태가 다양해지면서 국문 문학의 대표 갈래로 자리 잡게 되었다.
- 사대부들이 자신들의 이념과 정서를 길이와 관계없이 자유로운 형식 속에 표현하기 위해 고안해 낸 가사가 시조와 쌍벽을 이루면서 시가 문학의 전성기를 맞이하게 되었다.

조선 전기 시가의 갈래

1. 악장(樂章)

왕의 행차나 종묘 제향(宗廟祭享) 등 궁중의 여러 의식과 행사 및 연례(宴禮)에 사용하던 음악의 가사로, 조선의 창업과 문물 제도를 송축하거나 왕덕(王德)을 기리는 조선 초기의 송축가(頌祝歌)를 이른다.

왕조가 교체된 조선 초기에만 나타나는 독특한 문학 양식으로, 새로운 왕조의 이념과 문화적 지향을 펼치는 데 적합한 노래 양식을 갖추고 있다. 그러나 지나친 목적성과 향유 계층의 제한 등의 이유로 일반화되지 못하고 성종 때 소멸하게 되었다.

(1) 내용상 특징

신흥 왕조에 대한 과장된 찬양과 송축, 임금의 만수무강(萬壽無疆)과 자손의 번창 축원, 후대 임금에 대한 권계(勸戒)가 주를 이루었다.

(2) 형식상 특징

2절 4구(2줄 네 토막) 형식이 기본적이나, 변조형이 많다. 한시체(漢詩體), 경기체가체(景幾體歌體), 속요체(俗謠體), 신체(新體; 일명 악장체) 등의 형식이 있다.

(3) 성격

주로 궁중에서 향유되던 귀족 문학의 성격을 지니고 있다.

예

형식	작품	작가	연대	내용	출전
신체 (악장체)	용비어천가 (龍飛御天歌)	정인지 등	세종 27년	건국의 정당성 주장, 육조의 업적 찬양, 후왕에 대한 권계	단행본
	월인천강지곡 (月印千江之曲)	세종	세종 31년	석가모니의 공덕을 기림.	단행본

간단 개념 체크

1 악장은 조선의 창업과 문물 제도를 ☐☐하거나 임금의 덕을 기리는 노래를 이른다.

2 악장은 일정한 형식을 갖추고 있지 않지만, ☐절 ☐구 형식이 기본적이다.

3 악장은 지나친 목적성으로 인해 널리 일반화되지는 못했다. (○ / ×)

답 1 송축 2 2, 4 3 ○

◆ 〈용비어천가〉의 갈래상 특징
① 국문학상: 악장
② 문학상: 서사시
③ 내용상: 송축가

◆ 〈용비어천가〉의 창작 동기
① 내적 동기: 조선 건국의 합리화, 이씨 왕조 시조(始祖)의 포부를 널리 알림, 후대 왕에 대한 권계
② 외적 동기: 훈민정음의 실용성 검토, 훈민정음의 국자(國字)로서의 권위 부여

속요체	신도가(新都歌)	정도전	미상	태조의 성덕과 건국, 신도(新都) 한양의 형승(形勝) 찬양	악장가사
	감군은(感君恩)	미상	미상	임금의 은덕 칭송	악장가사 고금가곡
경기체가체	상대별곡(霜臺別曲)	권근	태종	사헌부 소개를 통해 조선 창업의 위대성 예찬	악장가사
한시체	납씨가(納氏歌)	정도전	태조 2년	태조의 무공(武功) 예찬	악학궤범 악장가사
	정동방곡(靖東方曲)	정도전	태조 2년	태조의 위화도 회군 찬양	악학궤범 악장가사

2. 언해(諺解)

훈민정음 창제를 계기로 한문으로만 전해 오던 수많은 문헌을 나라에서 직접 관장하여 번역 사업을 추진했는데, 이때 번역하는 일 또는 그 번역한 작품을 '언해(諺解; 언문으로 해석함.)'라고 한다.

운서(韻書), 불경(佛經), 경서(經書), 문학서 등을 활발하게 번역했는데, 특히 〈두시언해[원제(原題) – 분류두공부시언해(分類杜工部詩諺解)]〉는 국문학사상 최초의 번역 시집으로서 당대의 한시 창작에도 많은 영향을 끼쳤다.

(1) 의의

언해는 우리말 문학을 발전시키는 중요한 계기가 되었으며, 중국 문학의 소개는 물론 우리 문학과의 비교·연구 등에 크게 이바지했다.

예

종류	작품	연대
문학서 언해	두시언해(杜詩諺解) 초간본	성종 12년(1481)
	백련초해(百聯抄解)	명종 때
	두시언해(杜詩諺解) 중간본	인조 10년(1632)
불교 관련 서적 언해	석보상절(釋譜詳節)	세종 28년(1446)
	월인석보(月印釋譜)	세조 5년(1459)
유교 관련 서적 언해	삼강행실도(三綱行實圖)	성종 12년(1481)
	내훈(內訓)	성종 6년(1475)
	소학언해(小學諺解)	선조 19년(1586)

◆《두시언해》
《두시언해》는 다분히 유교적·교훈적·우국적인 정서를 담고 있어 조선의 국가적 사상 확립에 모범이 되었으며, 초간본과 중간본 사이에 150여 년의 시차를 두고 있기 때문에 중세 국어의 변천사를 연구하는 데 소중한 자료가 되고 있다.

◆ 국어학사상 중요 언해 자료
근세 전기 국어 연구에 귀중한 자료가 되는 언해는 다음과 같다.
①《월인석보》(1459년 간행)
②《두시언해》 초간본 (1481년 간행)
③《두시언해》 중간본 (1632년 간행)

간단 개념 체크

1 언해란 한문으로 된 원전을 ☐☐로 번역하는 일, 혹은 그렇게 번역한 작품을 이른다.

2 언해 작업은 주로 유교 경전을 번역하는 데 집중되었다. (○ / ×)

3 국문학상 최초의 번역 시집으로 당대의 한시 창작에도 많은 영향을 미친 책은? (　　　　)

답 1 한글 2 × 3《두시언해》

3. 시조(時調)

고려 말기에 이미 형태가 갖추어져 있던 시조는 조선 시대에 들어와 훈민정음이 창제되면서 더욱 발달하여, 국문학의 대표적인 문학 양식으로 확고한 위치를 가지게 되었다.

(1) 내용상 특징

주된 향유층인 사대부의 충의 사상과 자연관을 노래한 것이 많다.

① 유교적 충의 사상을 노래한 시조: 정국이 안정되고 왕조의 기틀이 잡힌 뒤로는 유교 사상의 영향을 받아 다수 창작되었다. 예 사육신들의 절의가(節義歌)

② 강호 한정가(江湖閑情歌): 노장(老壯)의 무위자연(無爲自然)에 영향을 받아 자연 속에서의 한가로움과 평화로움을 추구하는 작품이 지어졌다. 자연을 유교적 충의(忠義) 이념과 결부하여 표현한 작품이 주로 창작되었다.

③ 기녀들의 시조: 기녀들은 인간의 정서를 진솔하고 아름답게 표현하였다. 예 황진이의 시조

④ 교화 목적의 시조: 교화를 목적으로 한 작품도 지어졌다. 예 정철의 〈훈민가(訓民歌)〉

(2) 형식상 특징

3장 6구 45자 내외의 단형 시조가 주류를 이루었으나, 점차 단형 시조가 중첩된 연시조도 발전하게 되었다.

(3) 작가

학자들 사이에도 시조를 짓는 사람이 많아지고, 시조가 일반으로 널리 확산하면서 기녀 등 작자층이 확대되었다.

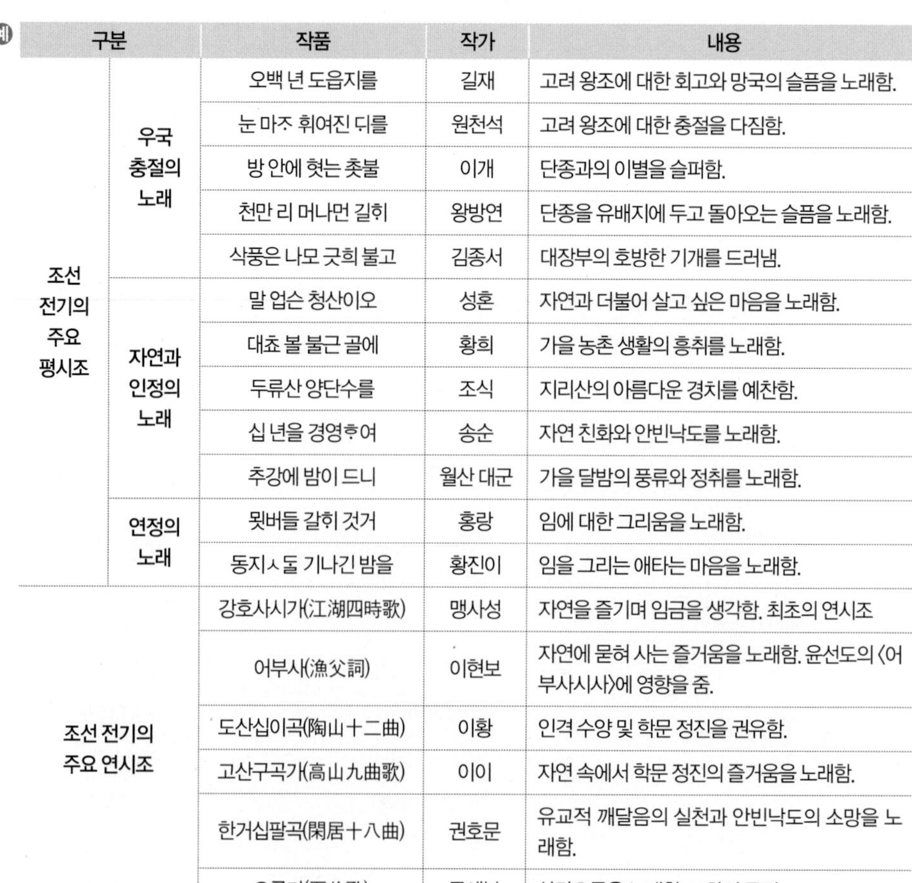
예

구분		작품	작가	내용
조선 전기의 주요 평시조	우국 충절의 노래	오백 년 도읍지를	길재	고려 왕조에 대한 회고와 망국의 슬픔을 노래함.
		눈 마ᄌᆞ 휘여진 ᄃᆡ를	원천석	고려 왕조에 대한 충절을 다짐함.
		방 안에 혓는 촛불	이개	단종과의 이별을 슬퍼함.
		천만 리 머나먼 길ᄒᆡ	왕방연	단종을 유배지에 두고 돌아오는 슬픔을 노래함.
		삭풍은 나모 긋희 불고	김종서	대장부의 호방한 기개를 드러냄.
	자연과 인정의 노래	말 업슨 청산이오	성혼	자연과 더불어 살고 싶은 마음을 노래함.
		대쵸 볼 불근 골에	황희	가을 농촌 생활의 흥취를 노래함.
		두류산 양단수를	조식	지리산의 아름다운 경치를 예찬함.
		십 년을 경영ᄒᆞ여	송순	자연 친화와 안빈낙도를 노래함.
		추강에 밤이 드니	월산 대군	가을 달밤의 풍류와 정취를 노래함.
	연정의 노래	묏버들 갈ᄒᆡ 것거	홍랑	임에 대한 그리움을 노래함.
		동지ㅅᄃᆞᆯ 기나긴 밤을	황진이	임을 그리는 애타는 마음을 노래함.
조선 전기의 주요 연시조		강호사시가(江湖四時歌)	맹사성	자연을 즐기며 임금을 생각함. 최초의 연시조
		어부사(漁父詞)	이현보	자연에 묻혀 사는 즐거움을 노래함. 윤선도의 〈어부사시사〉에 영향을 줌.
		도산십이곡(陶山十二曲)	이황	인격 수양 및 학문 정진을 권유함.
		고산구곡가(高山九曲歌)	이이	자연 속에서 학문 정진의 즐거움을 노래함.
		한거십팔곡(閑居十八曲)	권호문	유교적 깨달음의 실천과 안빈낙도의 소망을 노래함.
		오륜가(五倫歌)	주세붕	삼강오륜을 노래함. 교화의 목적

◆ **시조의 시기별 작품 경향**

① 조선 초: 고려 유신들의 회고가, 충절가, 조선 개국 공신들의 송축가
예 길재, 원천석, 김종서 등

② 세조 즉위 직후: 사육신 중심의 충절가
예 성삼문, 이개 등

③ 성종 이후: 자연 속에서 유유자적(悠悠自適)하는 낙천적인 인생관을 노래함, 기녀(妓女)들의 참여로 작자 계층이 넓어짐.
예 이현보, 송순, 이황, 이이, 정철, 임제, 황진이 등

◆ **강호가도(江湖歌道)**

- 조선 시대 시가 문학에 널리 나타난 자연 예찬의 문학 사조로 자연에 도학적인 의미를 부여하여 그것과의 일치를 추구했다.
- 세종~성종 조의 융성한 시대를 지나 점차 정계가 혼란스러워지며 고향으로 돌아가 산천과 벗하려는 경향이 대두하면서, 관직을 떠난 가객(歌客)들이 산천에 파묻혀 강호의 아름다움을 노래하고 임금의 은혜를 생각하는 작품을 창작했다. 시조의 영역이 확대되는 과정에서 뚜렷한 흐름을 형성했으며, 영남 가단과 호남 가단이 성립되었다.

▲ 황희

간단 개념 체크

1 시조는 고려 말에 이미 형태가 갖추어져 있었는데, 훈민정음이 창제된 이후 더욱 발달했다. (○ / ×)

2 시조는 주요 작자층인 □□□의 충의 사상과 자연관을 노래한 것이 많다.

3 단형 시조가 중첩된 형식의 시조는? (　　　)

답 1 ○ 2 사대부 3 연시조

4. 가사(歌辭)

3(4)·4조, 4음보의 연속체 시가로서 그 율격이 우리 민족의 호흡에 자연스럽게 일치할 뿐만 아니라, 현실적이고 유교적·교훈적 이념을 표현하는 데 알맞은 형태여서 시조와 더불어 조선의 시가 문학을 대표하는 국문 시가로 일컬어진다.

(1) 발생

고려 말 나옹 화상 혜근(惠勤)의 〈승원가(僧元歌)〉, 〈서왕가(西往歌)〉 등에서 비롯된 가사는 경기체가가 쇠퇴하면서 발생했는데, 사대부들이 자신들의 이념과 정서를 시조보다는 좀 더 긴 형식 속에 자유롭게 표현하기 위해 고안한 갈래로 볼 수 있다.

(2) 내용상 특징

임금의 은총에 대한 감사 및 충성, 벼슬을 버리고 자연 속에서 유유자적하는 심회 등을 읊었다.

① 안빈낙도(安貧樂道)의 삶: 벼슬길에서 물러나 자연 속에 묻혀 살아가는 군자의 미덕을 노래한 가사가 많았다.

예 정극인의 〈상춘곡〉, 송순의 〈면앙정가〉, 정철의 〈관동별곡〉 등

② 충신연주지사(忠臣戀主之詞): 임금의 은혜에 대한 감사를 남녀 간의 연정에 빗대어 노래한 가사가 지어졌다.

예 정철의 〈사미인곡〉, 〈속미인곡〉 등

(3) 형식상 특징

3(4)·4조를 기본으로 한 4음보의 연속체 시가이며 행수에 제한이 없고, '서사 – 본사 – 결사'의 짜임을 갖추었다.

(4) 의의

시조와 더불어 조선 시대의 대표적인 문학 양식으로, 형식은 운문 문학에 속하지만 내용은 개인적인 정서의 표현만이 아니라 교훈적인 훈계나 여행의 견문과 감상 등 이야기 구조를 담고 있는 경우가 많다. 운문 문학과 산문 문학의 중간 형태를 띠고 있는 교술 시가로 볼 수 있다.

예

구분	작품	작가	연대	내용
자연 친화와 안빈낙도 및 군자의 덕을 노래한 작품	상춘곡(賞春曲)	정극인	성종	자연에 파묻힌 생활 속에서 봄날의 경치를 예찬한 작품으로, 안빈낙도의 삶을 노래함.
	면앙정가(俛仰亭歌)	송순	중종	작가가 만년에 고향인 전라남도 담양에 면앙정이라는 정자를 짓고 은거하면서 주위 산수의 아름다움과 정취를 노래함.
	성산별곡(星山別曲)	정철	명종	전라남도 담양군 남면 지곡리에 있는 성산의 풍경과 서하당과 식영정을 중심으로 한 사계절의 변화를 읊으면서 그 누각을 세운 김성원의 풍류를 칭송함.
충의 및 연군의 정을 남녀의 애정에 비유하여 표현한 작품	사미인곡(思美人曲)	정철	선조	작가가 관직에서 물러나 전라남도 창평에서 지내면서 충의·연모의 뜻을 노래함.
	속미인곡(續美人曲)	정철	선조	〈사미인곡〉의 후속편으로, 두 여인의 대화 형식을 통해 연군의 정을 노래함.
자연 친화와 함께 정치적 욕구를 표현한 작품	관동별곡(關東別曲)	정철	선조	작가가 강원도 관찰사로 부임하여 관동 팔경을 돌아보면서 선정을 베풀고자 하는 포부를 노래함.

◆ **최초의 사대부 가사 작품**
정극인의 〈상춘곡(賞春曲)〉으로, 산림 처사(山林處士)의 생활을 다룬 은일 가사(隱逸歌辭)의 전통을 마련했다.

◆ **조선 전기 가사의 유형**
① 은일 가사(隱逸歌辭): 정극인의 〈상춘곡〉, 송순의 〈면앙정가〉 등
② 유배 가사(流配歌辭): 조위의 〈만분가〉, 정철의 〈사미인곡〉, 〈속미인곡〉 등
③ 기행 가사(紀行歌辭): 백광홍의 〈관서별곡〉, 정철의 〈관동별곡〉 등
④ 도학 가사(道學歌辭): 이이의 〈자경별곡〉 등
⑤ 내방 가사(內房歌辭): 허난설헌의 〈규원가〉 등

◆ **정격 가사와 변격 가사**
① 정격 가사: 마지막 행이 시조 종장의 음수율(3·5·4·3)과 유사하게 끝나는 가사
② 변격 가사: 마지막 행이 음수율의 제한을 받지 않는 가사

간단 개념 체크

1 가사는 3(4)·4조, 4음보의 연속체 시가로, □□의 형식에 □□의 내용을 담고 있다.

2 가사 작품에는 □□에서 물러나 자연 속에서 살아가는 군자의 미덕을 노래한 것이 많다.

3 일반적으로 가사의 형태는 고려 말에 이미 완성되었다고 본다. (○ / ×)

답 1 운문, 산문 2 벼슬 3 ×

048 용비어천가(龍飛御天歌) | 정인지, 권제, 안지 등

키워드 체크 #서사시 #조선 건국 #천명성 #당위성 #송축

문학 비상
국어 천재(이), 미래엔, 비상(박안), 창비
언매 천재, 미래엔

핵심 정리

갈래 악장, 영웅 서사시, 송축가
성격 서사적, 송축적, 설득적, 권계적
제재 새 왕조의 창업
주제 새 왕조 창업의 정당성
특징 ① 서사, 본사, 결사의 구조 속에 작품의 창작 동기가 유기적으로 서술됨.
② 2절 4구의 형식에서 1절은 중국 제왕(帝王)의 사적을, 2절은 조선 왕조의 사적을 찬양함.
의의 ① 훈민정음으로 기록된 최초의 작품
② 우리나라 최초의 장편 영웅 서사시
연대 조선 세종

시어 풀이

해동(海東) '발해의 동쪽'이라는 말로 근역(槿域), 청구(靑丘) 등과 함께 우리나라의 별칭.
육룡(六龍) 여섯 마리의 용. 조선 창업의 주역인 6조(목조, 익조, 도조, 환조, 태조, 태종)를 용에 비유한 것으로, 왕의 상징인 용을 내세워 위엄과 권위를 드러내고, 조선의 건국이 천명에 따른 것임을 나타냄.
고성(古聖) 중국 역대의 성군을 일컬으며, 〈용비어천가〉 3장에서 109장까지의 앞 절에서 사적의 주인공으로 등장하는 인물들이 이에 해당함.
동부(同符) 짝이 되어 똑같이 들어맞음. 부(符)는 부절(符節)의 준말로, 예전에 돌이나 대나무, 옥 등으로 만들어 신표로 삼던 물건임. 주로 사신들이 가지고 다녔으며 둘로 갈라서 하나는 조정에 보관하고 하나는 본인이 가지고 다니면서 신분의 증거로 사용했음.
제업(帝業) 왕의 업적.

시구 풀이

❶ **해동(海東) 육룡(六龍)이 ᄂᆞᄅᆞ샤** 조선 왕조 건국의 정당성을 서술하는 부분이다. 용은 성군(聖君)의 상징으로 용이 하늘로 날아올랐다는 것은 조선 왕조의 창업이 하늘로부터 그 정당성을 인정받았다는 것을 의미한다.
❷ **불휘 기픈 남ᄀᆞᆫ ᄇᆞᄅᆞ매 아니 뮐ᄊᆡ** 상징적·비유적 표현을 사용하여 기초가 튼튼한 나라는 어떤 풍파에도 흔들리지 않음을 나타냈다.
❸ **시미 기픈 므른 ᄀᆞᄆᆞ래 아니 그츨ᄊᆡ** 가뭄에도 물이 마르지 않는다는 것은 어떤 시련에도 국가의 존립이 위협받는 일이 없음을 의미한다. 즉, 왕조가 영원히 지속될 것임을 말하고 있다.
❹ **우리 시조(始祖)ㅣ 경흥(慶興)에 사ᄅᆞ샤 왕업(王業)을 여르시니** 이씨의 왕업이 경흥에서 시작했음을 나타내는 부분이다. 태조의 고조부 목조는 원래 전주에 살다 삼척 등지로 이사 갔다가 원나라에 귀화했는데, 그 후 다시 경흥 동쪽으로 거처를 옮겼다.

가 〈제1장〉

❶해동(海東)[우리나라의 별칭] 육룡(六龍)[조선 창업 주역인 6조]이 ᄂᆞᄅᆞ샤[나시어] 일[조선의 건국]마다 천복(天福)[하늘이 내린 복]이시니
고성(古聖)[중국 역대 성군]이 동부(同符)ᄒᆞ시니

▶ 조선 건국의 정당성과 천명성

현대어 풀이
우리나라의 여섯 용(임금)이 나시어 하신 일(개국 창업)마다 하늘이 내리신 복이시니
(그래서) 옛날 (중국의) 성인이 하신 일들과 부절을 합친 것처럼 꼭 맞으시니

나 〈제2장〉

❷불휘[뿌리] 기픈 남ᄀᆞᆫ[나무는] ᄇᆞᄅᆞ매[바람에] 아니 뮐ᄊᆡ[흔들리므로] 곶 됴코[좋고] 여름[열매] 하ᄂᆞ니[많으니] → 기초가 튼튼한 나라의 비유
❸시미[샘이] 기픈 므른 ᄀᆞᄆᆞ래[가뭄에] 아니 그츨ᄊᆡ 내히 이러 바ᄅᆞ래 가ᄂᆞ니 → 유서 깊은 나라의 비유

▶ 조선 왕조의 번성과 무궁한 발전 기원

현대어 풀이
뿌리가 깊은 나무는 바람에도 흔들리지 아니하므로 꽃이 좋고 열매도 많으니
샘이 깊은 물은 가뭄에도 그치지 않고 솟아나므로 내가 되어서 바다에 이르니

다 〈제3장〉

주국대왕(周國大王)[(중국의) 주나라 시조 고공단보]이 빈곡(豳谷)애 사ᄅᆞ샤[사시어] 제업(帝業)[→ 왕의 업적, 대구법]을 여르시니
❹우리 시조(始祖)ㅣ 경흥(慶興)에 사ᄅᆞ샤 왕업(王業)을 여르시니

▶ 조선 왕업의 기초

현대어 풀이
주국(주나라) 대왕이 빈곡에 사시어 제업을 여시니
우리 시조가 경흥에 사시어 왕업을 여시니

■ 내용 분석

	형식	성격	주제	특징
제1장	1절 3구	서사적, 송축적	조선 건국의 천명성	• 작품 전체의 주제를 포괄함. • 형식적 파격을 보임.
제2장	2절 4구	비유적, 송축적	조선의 무궁한 발전 송축 및 기원	• 대칭 구조(대구법)를 보임. • 비유적 표현을 사용함. • 한자어가 아닌 순수한 우리말을 사용함.
제3장	2절 4구	서사적, 송축적	여러 대 전에 이루어진 조선 왕업의 기초	• 대칭 구조(대구법)를 보임. • 고공단보와 목조의 비교를 통해 왕업의 기초가 여러 대 전에 이루어졌음을 밝힘.

■ 내용 연구

〈제1장〉 작품 전체의 서사에 해당되는 장으로, 조선 건국의 천명성과 당위성을 드러낸다. 이성계가 역성혁명(易姓革命; 중국에 있었던 유교 정치사상의 기본 관념의 하나로, 제왕이 부덕하여 민심을 잃으면 덕이 있는 다른 사람이 천명을 받아 왕조를 바꾸고 새로운 왕조를 세워도 좋다고 하는 사상)을 일으키기 전부터 새 왕조를 세우는 것은 이미 하늘의 뜻에 의해 정해진 것이었다고 밝히며 조선 건국이 천명에 따른 것임을 강조했다.

〈제2장〉 〈용비어천가〉는 대체로 서사적 성격이 강한 노래이지만 조선의 유구한 전통이 무궁하기를 기원하는 이 장은 서사적 성격이 배제되었다. 비유와 상징적 수법이 돋보이는, 문학적 예술성이 가장 높은 장이라고 할 수 있다. 훈민정음으로 번역한 시어 또한 순우리말만 사용했다.

〈제3장〉 중국의 사적과 태조 선대의 사적을 비교하여 노래하고 있다. 이 장에서는 천명을 받들고 은나라를 대신하여 천하를 얻었다고 하는 주나라 선대의 사실(史實)과 태조 선대의 사실을 비교하면서 후자 역시 천명을 받은 것임을 밝히고 있다.

이해와 감상

악장의 효시에 해당하는 작품으로 조선을 건국한 육조(六祖)의 업적을 찬양하고, 후대의 왕에게 왕권의 확립과 수호를 권계(勸戒)하는 송축가이다. 조선 건국 과정에서의 역성혁명이 '천명(天命)'과 '천복(天福)'에 의한 정당한 것임을 널리 알려 민심을 수습하고 왕권을 공고히 하려는 의도에서 창작되었다.

전체 125장으로 제1장이 3구, 제125장이 9구로 된 것을 제외하면 각 장이 대체로 2절(전절·후절) 4구의 형식으로 이루어져 있다. 제3장~제109장에서는 전절에서 중국 역대 제왕들의 사적(事績)을, 후절에서 거기에 비견할 만한 육조(六祖)의 사적을 언급함으로써 조선 건국의 정당성을 강조했다. 훈민정음으로 된 최초의 작품이라는 점에서 문학사적으로 의의가 있으며, 15세기 중세 국어를 연구할 수 있는 귀중한 자료로서 그 가치가 높다.

작품 연구소

〈용비어천가〉의 전체 구성

내용 구성		주제
서사 개국송(開國頌)	제1장	조선 창업의 정당성을 밝힘.
	제2장	조선의 무궁한 발전을 송축함.
본사 사적찬(事績讚)	제3장 ~ 제8장	태조의 선조인 사조(四祖)의 사적을 노래함.
	제9장 ~ 제89장	태조의 인품과 업적을 노래함.
	제90장 ~ 제109장	태종의 위업을 찬양함.
결사 계왕훈(戒王訓)	제110장 ~ 제125장	후대 왕에게 권계함.

〈용비어천가〉의 창작 동기

조선 건국의 정당성 부각	역성혁명을 통한 조선 왕조의 창업이 하늘의 뜻에 의한 것임을 밝히고 육조의 사적을 언급함으로써 새로운 왕조 창업의 정당성을 부각하고자 했다.
후대 왕에 대한 권계	선조의 행적을 통해 정사에 임하거나 백성을 대하는 바른 자세와 경천근민(敬天勤民)의 통치 방안을 제시함으로써 후대 왕들에게 왕권 계승의 자세를 일깨우고자 했다.
훈민정음의 시험과 국자(國字)의 권위 부여	세종은 훈민정음을 창제하는 과정에서 한문을 사용하는 사대부들의 거센 저항과 반발을 받았기 때문에 국자(國字)의 실용성을 실험하여 자신의 판단이 잘못된 것이 아님을 밝히고자 했다. 〈용비어천가〉와 같은 국가적 편찬 사업에 훈민정음을 사용함으로써 훈민정음에 국자의 권위를 부여하고, 이를 통해 훈민정음 반포의 효과를 기대한 것이다.

〈용비어천가〉의 표현상 특징

- 총 125장 중 대부분이 2절 4구체로 되어 있으며, 대구법을 사용했다.
- 주로 전절에 중국 고사를 인용하여 조선 건국의 정당성을 강조했다.
- 역사적 사실을 바탕으로 주관적 해석을 덧붙였다.
- 표현이 압축적이어서 배경지식(한역 시와 주해)을 통해 이해해야 한다.
- 민간에 전해지는 육조(六祖)의 찬양할 만한 일화들을 채집하여 주요 제재로 삼았기 때문에 전승적·서사적 성격이 강하게 나타난다.

키 포인트 체크

화자 조선의 □□을 송축하는 사람

상황 조선의 건국이 □□□을 지닌 것임을 밝히고 후대 임금들에게 왕권의 확립과 수호를 □□함.

태도 조선의 건국이 □□에 따른 것임을 강조하고 조선 왕조의 번성과 무궁한 발전을 □□함.

1 (가)~(다)에 대한 설명으로 적절하지 않은 것은?

① (가)는 조선의 건국이 하늘의 뜻이었음을 드러낸다.
② (가)는 일정한 음보율을 활용하여 음악적 효과를 거두고 있다.
③ (나)는 고도의 함축적 표현을 사용했다는 점에서 문학적으로 가치가 있다.
④ (나)는 순우리말의 어휘 구사가 돋보이는 장으로 국어사적으로 가치가 있다.
⑤ (다)는 대구를 사용하여 조선 왕업의 기초가 여러 대 전부터 이루어졌음을 드러내고 있다.

내신 적중 多빈출

2 〈보기〉를 참고하여 (가)~(다)를 이해한 내용으로 적절하지 않은 것은?

보기

〈용비어천가〉는 총 125장으로, 대부분이 2절 4구체의 대구 형식으로 되어 있다. 전절은 중국 제왕의 사적을, 후절은 조선 육조(六祖)의 일화와 사적을 찬양하는 구조로 되어 있어 전승적·서사적 성격이 강하다.

① (가)는 (나), (다)와 달리 2절 4구체의 형식에서 벗어났군.
② (가)의 '해동(海東) 육룡(六龍)'은 조선의 육조(六祖)를 가리키는군.
③ (나)는 (가), (다)와 달리 서사적 성격이 드러나지 않는군.
④ (나)는 (가), (다)와 달리 중국의 제왕을 언급하지 않는군.
⑤ (가), (나)는 (다)와 달리 후대 왕에 대한 권계를 담고 있군.

3 〈보기〉의 밑줄 친 부분과 함축적 의미가 유사한 구절을 (나)에서 찾아 쓰시오.

보기

천세(千世) 우희 미리 정(定)ᄒᆞ샨 한수(漢水) 북(北)에, 누인개국(累仁開國)ᄒᆞ샤 복년(卜年)이 ᄀᆞᆺ업스시니 / 성신(聖神)이 니ᅀᆞ샤도 경천근민(敬天勤民)ᄒᆞ샤ᅀᅡ 더욱 구드시리이다 / 님금하 아ᄅᆞ쇼셔 낙수(洛水)예 산행(山行) 가이셔 하나빌 미드니잇가 －〈용비어천가〉 제125장

4 〈보기〉의 설명을 바탕으로 이 작품의 의의를 35자 내외로 서술하시오.

보기

- 〈용비어천가〉의 창작 동기 중 하나는 훈민정음의 실용성을 시험하고 국자(國字)의 권위를 부여하는 것이다.
- 악장은 조선 초기에만 나타난 독특한 문학 갈래로, 왕의 행차나 종묘 제향 등 궁중의 여러 의식(儀式)과 행사, 연례(宴禮)에 사용되던 음악의 가사이다.

Q 주나라 왕의 사적과 비교한 이유는?

주나라는 공자가 유가 정치의 이상으로 흠모한 나라이다. 유가 이념에 투철한 조선의 사대부들은 공자의 가르침을 철저하게 따르고자 했다. 따라서 천명론에 입각한 왕조 건국의 대표격인 주나라의 사적이 주된 비교의 대상이 된 것이다.

시어 풀이

적인(狄人) 북쪽 오랑캐. 중원의 중국 왕조가 문화 수준이 낮은 주변 국가(민족)를 부를 때 사용한 말.
기산(岐山) 중국 산시성(陝西省)에 있는 산. 주나라의 시조 고공단보가 이곳의 남쪽 주원(周原)으로 옮겨 가 살았기에 국호를 주(周)라 하게 됨.
성자(聖子) 성스러운 아들. 여기서는 주나라 문왕의 아들 무왕을 가리킴.
제호(帝祜) 상제(하느님)의 복. 천명에 따른 혁명임을 드러냄.
도ᄌᆞ기 도적이.
년기 누가, 어떤 사람이.
올이샤 올라가게 하여.
오ᄅᆞ리잇가 오를 수 있겠습니까? '-잇가'는 의문형으로 사용됨.

가 〈제4장〉

•적인(狄人)ㅅ 서리예 가샤 적인(狄人)이 ᄀᆞᆯ외어늘 •기산(岐山) 올ᄆᆞ샴도 하ᄂᆞᇗ ᄠᅳ디시니
(북쪽 오랑캐 / 무리 사이에 / 침범하거늘 / 천명이시니)
❶야인(野人)ㅅ 서리예 가샤 야인(野人)이 ᄀᆞᆯ외어늘, 덕원(德源) 올ᄆᆞ샴도 하ᄂᆞᇗ ᄠᅳ디시니
(여진족)

▶ 익조에게 내린 천명

현대어 풀이

(주나라 고공단보께서) 적인들이 모여 사는 가운데(빈곡)에 가시어 (살 때), 적인들이 침범하거늘 기산으로 옮기신 것도 하늘의 뜻이시니
(익조께서) 야인들이 모여 사는 데에 가시어 (살 때), 야인이 침범하거늘 덕원으로 옮기신 것도 하늘의 뜻이시니

나 〈제7장〉

❷블근 새 그를 므러 침실(寢室) 이페 안ᄌᆞ니 •성자 혁명(聖子革命)에 •제호(帝祜)ᄅᆞᆯ 뵈ᅀᆞᄫᆞ니
(길조 / 글을 물어다 / 지겟문에 / 상제가 주시는 복)
❸ᄇᆞ야미 가칠 므러 즘겟 가재 연ᄌᆞ니 성손 장흥(聖孫將興)에 가상(嘉祥)이 몬졔시니
(까치를 / 큰 나뭇가지에 / 얹으니 / 먼저이시니)

▶ 이성계가 임금이 될 상서로운 징조

현대어 풀이

붉은 새가 글을 물어 (문왕) 침실의 지겟문에 앉으니 이것은 그 성자(무왕)가 혁명을 일으키려 하매 하늘이 내리신 복을 보인 것이니
뱀이 까치를 물어 큰 나뭇가지에 얹으니 이것은 성손(태조)이 장차 일어나려 하매 그 아름다운 징조가 먼저 나타난 것이니

다 〈제48장〉

굴허에 ᄆᆞᄅᆞᆯ 디내샤 •도ᄌᆞ기 다 도라가니 반(半) 길 노ᄑᆞᆫ돌 •년기 디나리잇가
(구렁에, 좁은 골목에 / 지나가게 하시어 / 돌아가니)
❹석벽(石壁)에 ᄆᆞᄅᆞᆯ •올이샤 도ᄌᆞᄀᆞᆯ 다 자ᄇᆞ시니 현 번 ᄠᅱ운ᄃᆞᆯ ᄂᆞ미 •오ᄅᆞ리잇가
(몇 / 뛰게 한들)

▶ 이성계의 초인적인 능력과 비범함

현대어 풀이

(금나라 태조가) 골목에 말을 지나게 하시어 도둑이 다 돌아가니 반 길 높이인들 누가 지나갈 수 있었겠습니까?
(이 태조가) 석벽에 말을 올리시어 도적을 다 잡으시니 몇 번을 뛰어오르게 한들 남이 오를 수 있었겠습니까?

시구 풀이

❶ **야인(野人)ㅅ 서리예 ~ 하ᄂᆞᇗ ᄠᅳ디시니** 익조가 (경흥에서) 여진족들과 살던 시기, 익조의 덕을 시기한 여진족들이 익조를 죽이려고 하여 익조가 적도에서 덕원으로 옮겨 갈 때, 그의 덕을 흠모한 백성들이 따라간 것이 모두 하늘의 뜻이라는 내용이다. 이는 새 왕조를 창업하는 과정에서 선조가 얻은 민심이 새로운 왕조를 열게 된 기반이 되었음을 밝혀 조선 왕조 건국이 천명에 따른 것임을 드러낸 것이다.
❷ **블근 새 그를 ~ 제호(帝祜)ᄅᆞᆯ 뵈ᅀᆞᄫᆞ니** 무왕이 역성혁명을 이루기 전에 그의 아버지 문왕의 지겟문 앞에서 임금이 되어 백성을 다스릴 때 마음에 새겨 두어야 할 구절을 새가 전해 주었다는 것은 무왕의 역성혁명이 하늘의 계시에 의한 것임을 강조하는 것이다.
❸ **ᄇᆞ야미 가칠 므러 ~ 가상(嘉祥)이 몬졔시니** 도조가 화살로 새를 쐈는데 뱀이 죽은 새를 먹지 않고 나뭇가지에 올려 놓은 것은 후손에게 좋은 일이 생길 것을 미리 알려 준 것이라는 내용이다. 이는 도조의 손자 이성계가 훗날 왕의 자리에 오를 것을 하늘이 계시했다는 것으로, 조선 왕조 건국이 천명에 따른 정당한 것임을 알려 준다.
❹ **석벽(石壁)에 ᄆᆞᄅᆞᆯ ~ ᄂᆞ미 오ᄅᆞ리잇가** 태조 이성계의 영웅적 면모를 드러낸 구절이다. 이성계의 초인적 능력이 백성들의 어려움을 해결해 주고(왜적의 침입 격퇴), 일상에서 안정적인 삶을 영위해 줄 수 있는 왕의 자질이라고 하며, 왕으로서 이성계의 정통성을 부각하고 있다.

■ **내용 분석**

	형식	성격	주제	특징
제4장	2절 4구	서사적, 예찬적	익조에게 내린 천명	고공단보와 익조의 비교를 통해 건국의 기초를 밝힘.
제7장			이성계가 임금이 될 상서로운 징조	주 무왕과 이성계(건국 주체)의 비교를 통해 역성혁명이 천명의 계시임을 보임.
제48장			이성계의 초인적인 능력과 비범함	금나라 태조와 이성계의 비교를 통해 이성계의 영웅성을 부각함.

■ **내용 연구**

〈제4장〉 주나라 태왕 고공단보의 사적과 익조의 사적에서 건국 이전에 선조(先祖)가 옮겨 갈 때 그의 덕을 흠모하던 백성들이 자발적으로 따라갔다. 이는 '민심이 곧 천심'이라는 유가의 이념에 비추어 볼 때, 태조의 선조 때부터 이미 천명이 있어 민심이 따른 것이므로 결국 조선의 건국을 정당화한다.
〈제7장〉 주나라 무왕이 나라를 세우기 전에 하늘이 아버지 문왕에게 계시를 내려 주었듯이, 이성계가 나라를 세우기 전에 그의 할아버지인 도조에게 상서로운 징조를 보인 것은 역성혁명이 천명에 따른 정당한 것이었음을 드러낸다.
〈제48장〉 금나라 태조가 좁은 길에서 적을 피하기 위해 한 길이 넘는 언덕을 단숨에 뛰어넘는 초인적 능력을 발휘했듯이, 이성계 또한 가파른 석벽을 단숨에 뛰어올라 적을 섬멸했다고 한다. 이성계의 초인적 능력은 그가 새로운 나라를 이끌어 갈 수 있는 영웅적인 역량이 있음을 역설하는 것으로, 영웅 서사시의 구조를 통해 조선 건국의 정당성을 부여한 것으로 볼 수 있다.

작품 연구소

배경 고사

〈제4장〉

- 전절: 주나라 태왕 고공단보가 빈곡에서 살 때 적인의 침범이 끊이지 않았다. 이에 칠수와 저수 두 강을 건너 기산 밑에 옮겨 살게 되었다. 그의 인덕을 사모하는 사람들이 그 덕을 사모하여 모두 따라가니 기산이 마치 시장처럼 붐볐다. 이는 후손에게 나라를 세울 기반을 조성하는 기회를 주고자 하는 하늘의 뜻이었다.
- 후절: 이성계의 고조부인 목조가 오동에서 원의 벼슬을 하였는데, 그의 아들 익조가 계승하여 인심을 얻고 위덕이 날로 성하였다. 야인들이 이러한 익조를 시기하여 죽이려 하므로 익조는 경흥부 동쪽 60여 리에 있는 적도(赤島)로 가 움을 파고 살았다. 그 뒤에 다시 덕원으로 돌아와 살게 되었는데 경흥 백성이 모두 그를 따랐다. 이 역시 후손이 나라를 세우게 하기 위한 하늘의 뜻이다.

〈제7장〉

- 전절: 주나라 문왕 때 천명을 받은 표시로 붉은 새가 글을 물고 문왕 침실 출입문에 와 앉았다. 그 글에는 '부지런한 자는 길하고 게으른 자는 망한다. 의리를 지키는 자는 흥하고 사욕을 탐하는 자는 흉한다. 무릇 모든 일이 억지로 하지 않으면 잘못된 일이 생기지 않고, 굳세지 않으면 바르지 못하게 된다. 일을 바르게 처리하지 못하면 망할 것이고, 공명하게 처리하면 만세를 누린다. 인으로써 얻고 인으로써 지키면 백세를 누릴 것이고, 불인으로써 얻고 불인으로써 다스리면 당세를 마치지 못하리라.'라고 쓰여 있었다. 그 후 문왕이 죽고 아들 무왕이 은나라 주(紂)왕을 쳐서 주(周)나라를 일으켰으니, 아버지 대에 미리 하늘에서 복을 보인 것이다.
- 후절: 도조가 행영(야영하는 곳)에 있을 때, 수백 보 밖의 큰 나뭇가지에 까치 두 마리가 앉아 있었는데 도조가 활을 쏘아 두 마리의 까치를 모두 땅에 떨어뜨렸다. 마침 그때 큰 뱀이 나와서 물어다가 나무 위에 가져다 놓고 먹지 않아 사람들이 신기하게 여기며 모두 칭송하였다. 이는 손자 이성계가 나라를 여는 데 상서로운 조짐을 하늘에서 미리 보이신 것이다.

〈제48장〉

- 전절: 금나라 태조가 군영을 나와 적을 죽이고 돌아올 때 많은 적이 뒤쫓아 왔다. 태조는 혼자 좁은 골목에서 길을 잃었다. 쫓아오는 적은 매우 다급히 다가오는데 앞에는 한 길이나 되는 언덕이었다. 이때 태조가 말을 채찍질하여 언덕을 무사히 뛰어넘으니 적은 더 이상 쫓아오지 못하고 돌아가 버렸다.
- 후절: 고려 우왕 때 왜적이 남쪽 해안선을 침범하므로 이성계가 화살을 쏘아 넘어뜨렸다. 기세가 꺾인 왜적은 산으로 올라가 절벽 위에서 칼을 뽑고 창을 세우니 그 모습이 마치 고슴도치 같았다. 이성계는 비장과 방원을 보내어 보았으나 도무지 올라갈 수 없다 하므로 자신이 칼등으로 말을 쳐서 한달음에 절벽 위를 올라가 적을 섬멸하였다.

〈용비어천가〉의 대구 형식

〈용비어천가〉의 본사(제3장~제109장)는 전절(前節)과 후절(後節)의 대구 형식으로 이루어져 있으며, 이를 통해 조선 건국의 정당성과 천명성을 효과적으로 강조하였다.

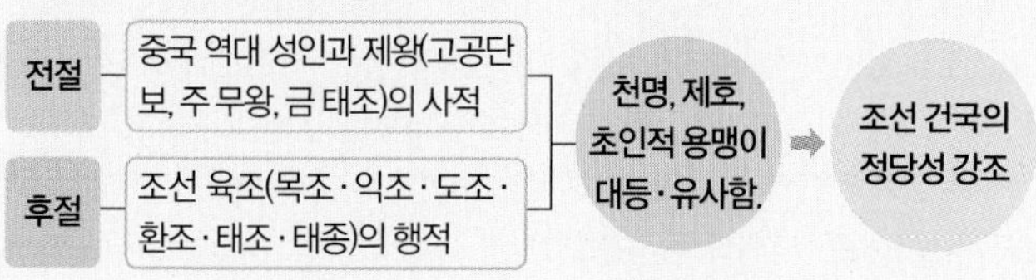

내신 적중 多빈출

5 (가)~(다)에 대한 설명으로 가장 적절한 것은?

① 영웅의 일대기 형식을 취했다.
② 현실 상황을 운명적 관점에서 수용했다.
③ 대조법을 사용하여 상반되는 내용을 배열했다.
④ 우리 문화에 대한 자부심을 우회적으로 드러냈다.
⑤ 중국의 고사가 조선 건국을 정당화하는 근거로 사용되었다.

6 이 작품의 창작 의도를 드러내기 위해 (가)와 (나)에서 공통적으로 강조하고 있는 것은?

① 모든 사건이 우연히 이루어졌다는 점
② 사건의 주인공들이 시련에 봉착했다는 점
③ 모든 사건에 하늘의 계시가 담겨 있다는 점
④ 조선의 왕이 중국의 왕보다 더 뛰어나다는 점
⑤ 주인공을 위한 조력자로 동물이 등장했다는 점

7 (가)~(다)와 〈보기〉의 ⓐ의 관계를 가장 바르게 정리한 것은?

보기

해동(海東) 육룡(六龍)이 ᄂᆞᄅᆞ샤 일마다 천복(天福)이시니
ⓐ고성(古聖)이 동부(同符)ᄒᆞ시니 －〈용비어천가〉 제1장

	(가)~(다)	ⓐ
①	실천	계획
②	추정	사실
③	목적	수단
④	근거	주장
⑤	가정	단정

8 (나)에서 천명의 전달자 역할을 하는 소재를 모두 찾아 쓰시오.

9 (다)와 〈보기〉의 화자가 대상을 대하는 태도 면에서 어떤 공통점이 있는지 한 문장으로 서술하시오.

보기

이러한 고귀한 순간의 단풍 또는 낙엽송을 보라. 그것이 드물다 하면, 이 즈음의 도토리, 버들, 또는 임산에 있는 이름 없는 이 풀 저 풀을 보라. 그의 청신한 자색, 그의 보드라운 감촉, 그리고 그의 그윽하고 아담한 향훈, 참으로 놀랄 만한 자연 극치의 하나가 아니며, 또 우리가 충심으로 찬미하고 감사를 드릴 만한 자연의 아름다운 혜택의 하나가 아닌가? － 이양하, 〈신록 예찬〉

Q 후왕에게 권고하는 내용은?

왕업의 기초가 각고의 노력 끝에 닦아졌으므로 선조들의 고난을 잊지 말고 경건한 마음으로 나라를 다스려야만 선조들이 어렵게 이룩한 나라를 유지할 수 있다고 권계하고 있다.

가 〈제110장〉

❶•사조(四祖)ㅣ 편안(便安)히 몯 겨샤 현 고ᄃᆞᆯ(몇 곳을) 올마시뇨. 몃 간(間)ㄷ 지븨(집에) 사ᄅᆞ시리잇고

•구중(九重)(궁궐)에 드르샤 ❷태평(太平)을 누리싫 제 이 ᄠᅳ들 닛디(잊지) 마ᄅᆞ쇼셔

▶ 후왕에 대한 권계 – 왕조 창업의 어려움

현대어 풀이

네 분의 할아버지가 편안히 못 계시어 몇 곳을 옮기셨습니까? 몇 간 집에 사셨습니까?

구중궁궐 깊은 곳에 드시어서 태평을 누리실 적에 이 뜻(개국 과정에서 조상들이 겪었던 고초)을 잊지 마십시오.

나 〈제125장〉

❸천세(千世) •우희 미리 정(定)ᄒᆞ샨(주체: 하늘) •한수(漢水) 북(北)에, •누인개국(累仁開國)ᄒᆞ샤 •복년(卜年)이 ᄀᆞᇫ업스시니(끝없으시니)

❹•성신(聖神)(훌륭한 후대의 임금)이 니ᅀᆞ샤도 •경천근민(敬天勤民)ᄒᆞ샤ᅀᅡ 더욱 구드시리이다(더욱 굳건해질 것입니다)

㉠님금하(임금이시여) 아ᄅᆞ쇼셔 ❺낙수(洛水)예 •산행(山行) 가 이셔 •하나빌 미드니잇가

▶ 후왕에 대한 권계 – 경천근민(敬天勤民)

현대어 풀이

천 년 전에 미리 정하신 한강 북쪽 땅에 (여러 대에 걸쳐) 어진 일을 쌓고 나라를 여시어 점지받은 나라의 운수가 끝이 없으시니

(그렇지만) 성스럽고 신령스런 임금이 왕위를 이으셔도 하늘을 공경하고 백성을 위하여 힘쓰셔야 나라가 더욱 굳건할 것입니다.

임금이시여 아소서. (하나라 태강처럼) 낙수에 사냥 가서 할아버지(우왕)의 공덕만을 믿었던 것입니까?

시어 풀이

사조(四祖) 태조 이성계의 네 조상. 고조부(목조), 증조부(익조), 조부(도조), 부(환조)를 가리킴.
구중(九重) 겹겹이 문으로 막은 깊은 궁궐이라는 뜻으로, 임금이 있는 대궐 안을 이르는 말.
우희 위에. 의미상 (시기적으로) '이전에'의 뜻.
한수(漢水) 북(北) 한강의 북쪽. 곧 조선이 도읍한 한양 땅을 가리킴.
누인개국(累仁開國) 여러 대에 걸쳐 인(仁)을 쌓아 나라를 엶.
복년(卜年) 하늘이 점지해 준 운수.
성신(聖神) '성자신손'의 준말로 성스럽고 신령스런 임금.
경천근민(敬天勤民) 하늘을 공경하고 백성을 다스리는 데 부지런히 함.
산행(山行) 사냥. 고유어 '산힝'의 한자어 표기.
하나빌 할아버지를. 태강왕의 할아버지는 문맥상 하나라 우왕임.

시구 풀이

❶ **사조(四祖)ㅣ 편안(便安)히 ~ 사ᄅᆞ시리잇고** 태조 이성계의 선조들이 조선을 건국하는 과정에서 겪은 고생을 환기하고 있다.

❷ **태평(太平)을 누리싫 제 이 ᄠᅳ들 닛디 마ᄅᆞ쇼셔** 후왕들에게 지금의 태평성세를 이룬 근간이 선조들의 고행에 의한 것임을 상기해 경건한 마음으로 통치에 임할 것을 당부하고 있다.

❸ **천세(千世) 우희 미리 정(定)ᄒᆞ샨** 한양에 새 나라가 건국될 것은 이미 천 년 전에 하늘이 정한 것이라고 하며 조선 왕조 건국의 정당성을 다시 일깨우고 있다.

❹ **성신(聖神)이 니ᅀᆞ샤도 경천근민(敬天勤民)ᄒᆞ샤ᅀᅡ 더욱 구드시리이다** 아무리 훌륭한 임금이 나타나도 나라를 다스리는 기본 태도가 잘못되었다면 결코 지금의 태평한 상황이 오래갈 수 없다고 하며 주마가편(走馬加鞭)의 마음으로 더욱 경건하게 나라를 다스릴 것을 당부하고 있다. 이 구절은 작품 전체의 핵심이 되는 부분으로 후왕에 대한 권계(勸戒)가 집약되어 있다고 할 수 있다.

❺ **낙수(洛水)예 산행(山行) 가 이셔 하나빌 미드니잇가** 우왕의 치수 사업은 인류 문명의 시작에 비견되는 위대한 업적이다. 공자를 비롯한 후세 사람들이 그를 성인이라 부르는 이유가 이 때문인데, 그의 손자인 태강왕은 할아버지의 공만 믿고 정사를 게을리하다 왕위에서 쫓겨나게 된다. 작품 마지막 구절에 타산지석으로 삼을 수 있는 고사를 제시함으로써 후왕에 대한 권계의 효과를 극대화하고 있다.

■ **내용 분석**

	형식	성격	주제	특징
제110장	2절 6구	서사적, 권계적	후왕에 대한 권계	중국 고사 인용이 드러나지 않음.
제125장	3절 12구 파격장	서사적, 권계적	후왕에 대한 권계	• 후절에 중국 고사를 인용함. • 형식적 파격을 보임.

■ **내용 연구**

〈제110장〉 조선 왕조의 창업이 여러 대에 걸친 고난 끝에 천명을 받아 이루어진 것이며, 지금의 태평성세가 선조의 각고(刻苦)의 노력에 의한 것임을 잊지 말고 경건한 마음으로 나라를 다스릴 것을 훈계하고 있다.

〈제125장〉 작품 전체의 주제를 포괄하는 장으로, 형식적 파격을 보여 주며 조선 건국의 과정과 앞으로 후왕들이 어떤 자세로 나라를 다스려야 하는가를 말하고 있다. 중국 고사를 전반부에 배치하고 그와 같은 선조의 사적을 대비하여 영웅적 면모와 건국의 정당성을 부각한 다른 장과 달리, 이 장은 후반부에 타산지석(他山之石)의 경계를 제시하여 경천근민의 당위성을 강조하고 있다.

작품 연구소

배경 고사

〈제110장〉

- 전절: 목조가 전주에 살 때 지주와의 사이가 나빠져서 강원도 삼척으로 옮겨 가 살게 되었다. 그러나 거기에서도 못 살게 되어 바다를 건너 함길도로 옮겼다가 원나라에 귀화하여, 뒤에 다시 경흥부 동쪽 오동 땅으로 옮겨 와서 살게 되었다. 원나라에서는 목조에게 오천 호소(五千戶所) 다루하치의 벼슬을 주었는데, 우리나라 동북면의 민심이 모두 목조에게로 돌아갔다. 익조가 목조의 뒤를 이어 명망이 날로 높아지니 야인들이 익조를 시기하여 죽이려 하므로, 익조는 경흥부 동쪽 60여 리에 있는 적도로 피신하여 움을 파고 살다가, 후에 다시 덕원으로 돌아와 살게 되었는데 경흥 백성들이 좇아와서 마치 저잣거리를 이루듯 사람들이 넘쳐 났다.

〈제125장〉

- 전절: 신라 때의 승려 도선의 비결서에 의하면 삼각산의 남쪽, 곧 한수(漢水)의 북쪽에 도읍을 정하면 나라가 흥하리라고 하였다. 도선의 풍수지리설에 의한 길지(吉地)가 바로 조선이 도읍지로 정한 한양이다.
- 후절: 하나라 태강(太康)이 임금으로 있으면서 놀음에 빠져 정사를 돌보지 않으니 백성이 모두 다른 마음을 먹었다. 그런데도 할아버지인 우왕(禹王)의 덕만 믿고 그 버릇을 고치지 못하더니, 나중에는 사냥을 절도(節度) 없이 해서 낙수(洛水) 밖으로 사냥 간 지 백 날이 넘어도 돌아오지 않았다. 이에 궁(窮)의 제후인 예(羿)가 백성을 위하여 참을 수 없다 하여 태강왕을 폐위해 버렸다.

후대의 임금들에 대한 진술한 권계(勸戒)

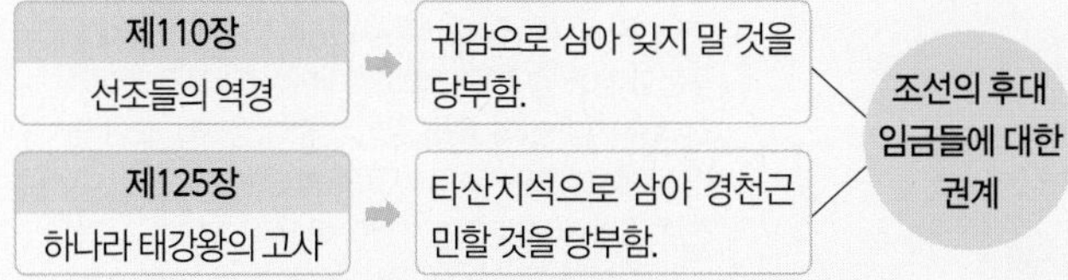

〈용비어천가〉 제110장부터 제124장까지는 '이 뜨들 닛디 마르쇼셔'로 끝나는 형식상의 특징을 보여 이를 '물망장(勿忘章)' 또는 '무망장(毋忘章)'이라고 한다. 여기에서는 후대 왕들이 통치자로서 지켜야 할 내용을 노래하고 있다. 즉, 조선 왕조가 선조들이 고생해서 왕업의 기초를 닦은 나라임을 잊지 말라는 당부를 한 것이다.

〈용비어천가〉 제125장은 중국 태강왕의 고사를 타산지석으로 삼아 경천근민(敬天勤民)의 자세로 올바른 정치를 펼 것을 당부하는 내용이다.

함께 읽으면 좋은 작품

〈신도가〉, 정도전 / 새 왕조의 번영을 송축한 작품

정도전의 〈신도가〉는 조선의 개국과 새로 만든 도읍을 찬양하기 위해 지은 작품으로, 새 왕조를 세우는 데 혁혁한 공을 세운 작가가 왕조의 번영과 만수무강을 기원한 송축 악장이다. 〈신도가〉와 〈용비어천가〉 모두 조선의 건국을 송축하고 영원한 지속을 기원하고 있다는 공통점이 있다.

Link 본책 118쪽

내신 적중 多빈출

10 이 작품의 창작 동기로 적절하지 않은 것은?

① 중국의 일방적인 간섭을 비판하고자 했다.
② 육조가 이루어 놓은 업적을 예찬하고자 했다.
③ 후대의 왕들에게 권계의 뜻을 전하고자 했다.
④ 창제된 훈민정음의 실용 가능성을 시험하고자 했다.
⑤ 역성(易姓)혁명에 따른 조선의 건국을 합리화하고자 했다.

11 (가)와 (나)의 공통점을 〈보기〉에서 모두 고른 것은?

보기
ㄱ. 중국의 고사를 인용했다. ㄴ. 비유를 통해 주제를 부각했다. ㄷ. 시적 청자는 후대의 왕들이다. ㄹ. 간곡한 당부의 어조가 나타난다.

① ㄱ, ㄴ ② ㄱ, ㄷ ③ ㄴ, ㄷ ④ ㄴ, ㄹ ⑤ ㄷ, ㄹ

12 (가)의 화자와 (가)를 들은 청자가 나눈 대화의 내용으로 적절하지 않은 것은?

① 화자: 태평한 세상에서 안락한 삶을 누릴지라도 선조들이 겪은 고생을 잊지 마십시오.
② 청자: 선조들의 '간난신고(艱難辛苦)' 덕분에 왕조가 세워졌다는 것을 잘 알고 있습니다.
③ 화자: '공든 탑이 무너지랴.'라는 속담을 기억하셔야 합니다.
④ 청자: '로마는 하루아침에 이루어지지 않았다.'라는 격언도 잊지 않겠습니다.
⑤ 화자: '부자는 망해도 삼 년 먹을 것이 있다.'라고 하니 너무 염려하지 않으셔도 됩니다.

13 ㉠의 상황에서 후대 왕이 지녀야 할 태도를 나타낸 사자성어로 가장 적절한 것은?

① 타산지석(他山之石) ② 결초보은(結草報恩)
③ 새옹지마(塞翁之馬) ④ 백년하청(百年河淸)
⑤ 태평성대(太平聖代)

14 (나)와 〈보기〉의 내용상의 차이점을 50자 내외로 서술하시오.

보기
녜는 양쥬(楊州)ㅣ 고올히여 디위예 신도형승(新都形勝)이샷다. 기국셩왕(開國聖王)이 셩디(聖代)를 니르어샷다. 잣다온뎌 당금경(當今景) 잣다온뎌 셩슈만년(聖壽萬年)ᄒᆞ샤 만민(萬民)의 함락(咸樂)이샷다. 아으 다롱다리 알픈 한강슈(漢江水)여 뒤흔 삼각산(三角山)이여 덕듕(德重)ᄒᆞ신 강산(江山) 즈으메 만셰(萬歲)를 누리쇼셔. – 정도전, 〈신도가〉

더 읽을 작품

049 신도가(新都歌) | 정도전

키워드 체크 #조선 개국 #새 도읍 #송축 #정당성

『녜는 양쥬(楊州)ㅣ ᄀᆞ올히여
(양쥬: 한양의 옛날 명칭 / ᄀᆞ올: 고을)
디위예 신도형승(新都形勝)이샷다.』 『』: 제목과 관련된 창작 동기가 드러난 부분
(디위예: 이곳에 / 신도형승: 새 도읍의 아름다운 경치)
ᄀᆡ국셩왕(開國聖王)이 셩ᄃᆡ(聖代)를 니르어샷다.
(ᄀᆡ국셩왕: 태조 이성계 / 셩ᄃᆡ: 태평성대)
잣다온뎌 당금경(當今景) 잣다온뎌
(잣다온뎌: 도성답구나 / 당금경: 지금의 경치)
셩슈만년(聖壽萬年)ᄒᆞ샤 만민(萬民)의 함락(咸樂)이샷다.
(셩슈만년: 임금이 만년을 삶. / 함락: 모두가 즐거워함.)
아으 다롱다리
(여음구 – 밝고 흥겨운 느낌을 줌.(고려 가요의 흔적))
알ᄑᆞᆫ 한강슈(漢江水)여 뒤ᄒᆞᆫ 삼각산(三角山)이여
(한양이 배산임수(背山臨水)의 명당 터임을 밝힘.)
덕듕(德重)ᄒᆞ신 강산(江山) ᄌᆞ으메 만셰(萬歲)를 누리쇼셔.
(덕듕ᄒᆞ신: 덕을 쌓으신 / ᄌᆞ으메: 사이에)

현대어 풀이

옛날에는 양주 고을이었도다.
이 자리에 새 도읍이 아름다운 경치를 갖추었구나.
나라를 여신 거룩한 임금께서 태평성대를 이루셨도다.
도성답구나, 지금의 경치, (과연) 도성답구나.
임금께서 만수무강하시어 온 백성도 함께 즐거움을 누리는구나.
아으 다롱다리
앞에는 한강물이여, 뒤에는 삼각산이여,
덕을 쌓으신 강산 사이에서 영원한 생명을 누리소서.

키포인트 체크

화자 조선의 건국과 새 도읍을 □□하는 사람
상황 한양의 빼어난 모습과 새로운 왕조를 연 임금의 성덕을 노래하며 임금의 □□□□을 빎.
태도 새 도읍의 아름다움을 칭송하고, 임금의 □□을 기림.

답 찬양, 만수무강, 공덕

핵심 정리

갈래 악장
성격 예찬적, 송축가
제재 태조의 공덕, 새 도읍 건설
주제 새 도읍(한양)의 승경(勝景)과 태조의 덕 예찬
특징 ① 고려 가요의 3음보 율격과 후렴구를 사용함.
② 조선 개국에 대한 긍지와 낙관적 전망을 예찬적인 어조로 노래함.
출전 《악장가사》

이해와 감상

조선 초기에 정도전이 조선의 개국과 새로 만든 도읍을 찬양하기 위해 지은 작품이다. 전반부에서는 한양의 빼어난 모습, 새로운 왕조를 연 태조의 성덕과 한양의 도성다움을 칭송하고, 후반부에서는 배산임수의 명당 터에서 태조의 공덕을 기리며 만수무강을 빌고 있다.

조선 왕조 창업 초기의 민심을 수습하고 건국의 정당성을 홍보하려는 목적 의식이 뚜렷하여 문학적 가치는 높게 평가되지 않는다. 이러한 천편일률적인 내용의 개국 송축은 악장 문학이 문학 갈래로 정착하지 못하고 맥이 끊긴 이유가 되었다.

전대절 (1행~5행)	새 도읍의 아름다운 경치와 임금의 공덕 찬양
후소절 (7행~8행)	새 도읍의 지세 예찬 및 태조의 만수무강 기원

작품 연구소

〈신도가〉의 형식과 표현

〈신도가〉의 형식은 고려 가요와 비슷한 3음보로 되어 있다. '아으 다롱다리'라는 여음구를 중심으로 전대절(前大節)과 후소절(後小節)로 구분하는데, 전후절로 구분한 점은 경기체가와 비슷하며 앞의 절은 길이가 길고(총 5행) 뒤의 절은 길이가 짧다(총2행). 표현 방법 및 후렴에서는 고려 가요의 형식을 취한 한편, 조선 초기의 시가에 흔히 쓰인 '-이샷다', '-이여', '-뎌', '-쇼셔' 등의 감탄형 어미를 사용하여 속요체 악장으로 분류되며, 조선 초 대표적인 송축가의 하나로 꼽힌다.

'달이 천 개의 강을 비춘다'는 말로, 석가모니가 중생을 교화함을 말함.

050 월인천강지곡(月印千江之曲) | 세종

키워드 체크 #불교 문학 #석가모니 #공덕 #칭송

〈끠其 힗一〉

외巍외巍 셕釋가迦뿛佛 무無량量무無변邊 공功득德을 겁劫겁劫에 어느 다 ᄉᆞᆯᄫᆞ리.

(높고 높은 / 헤아릴 수 없고 끝도 없는 / 무한한 세월 / 아뢰겠습니까?)

현대어 풀이

높고 높은 석가모니 부처의 헤아릴 수 없고 끝없는 공덕을 이 세상 다할 때까지 어찌 다 아뢸 수 있겠습니까?

〈끠其 ᅀᅵᆼ二〉

셰世존尊ㅅ 일 ᄉᆞᆯᄫᆞ리니 먼萬리里 외外ㅅ 일이시나 눈에 보논가 너기ᅀᆞᄫᆞ쇼셔.

(석가 세존이 하신 일(행적) / 여기십시오)

셰世존尊ㅅ 말 ᄉᆞᆯᄫᆞ리니 쳔千ᄌᆡ載 썅上ㅅ 말이시나 귀예 듣논가 너기ᅀᆞᄫᆞ쇼셔.

(천 년 전의)

현대어 풀이

석가 세존이 하신 일을 아뢸 것이니, 만 리나 떨어진 곳에서의 일이지만 (지금) 눈으로 보는 듯이 여기십시오.
석가 세존이 하신 말씀을 아뢸 것이니, 천 년 전에 하신 말씀이지만 (지금) 귀로 듣는 듯이 여기십시오.

〈끠其 삼三〉

아阿승僧끼祇 젼前셰世겁劫에 님금 위位ㄹ ᄇᆞ리샤 졍精샤舍애 안잿더시니.

(무한히 긴 시간 / 이전 세상의 끝없는 세월 / 수도하는 집)

오五ᄇᆡᆨ百 젼前셰世 원怨쓯讐ㅣ 나랏쳔 일버ᅀᅡ 졍精샤舍ᄅᆞᆯ 디나아가니.

(원수가 / 나라의 돈(공물) / 훔쳐서 / 지나가니)

현대어 풀이

이 우주가 몇 번째 개벽하기 전이었는지 헤아릴 수 없는 아득히 먼 저 세상 시절에 (보살 소구담이: 전생의 석가모니가) 임금의 자리를 버리시고 정사에 앉아 계시더니.
오백 명의 전세의 원수들이 (도둑으로 태어나) 나라의 재물을 훔쳐 가지고 정사 앞으로 지나갔습니다.

〈끠其 ᄉᆞ四〉

ᅘᅧᆼ兄님을 모ᄅᆞᆯᄊᆡ 발자ᄎᆞᆯ 바다 남기 ᄢᅦ여 셩性명命을 ᄆᆞᄎᆞ시니.

(밟아 가서 / 나무에 / 꿰어 / 마치시니)

ᄌᆞ子식息 업스실ᄊᆡ 몸앳필 뫼화 그르세 담아 남男녀女를 내ᅀᆞᄫᆞ니.

(몸에 있는 피를 / 모아 / 그릇에 / 내시었습니다)

현대어 풀이

(왕은 정사에 앉아 있는 보살이 자신의) 형님인 줄을 모르므로, (도둑의) 발자취를 밟아 갔다가 (정사에 앉아 있는 보살을 도둑인 줄 알고 잡아다가) 나무에 몸을 꿰어 목숨을 마치게 하시니 / (보살 소구담의) 자식이 없으므로 (대구담이) 보살의 몸에 있는 피를 모아 그릇에 담아서 남자와 여자를 만들어 내셨습니다.

〈끠其 오五〉

어엿브신 명命죵終에 감甘쟈蔗씨氏 니ᅀᆞ샤ᄆᆞᆯ 때大구瞿땀曇이 일우니이다.

(불쌍하신 / 석가모니 전세 조상의 성 / 이루었습니다)

아ᄃᆞᆨᄒᆞᆫ 흫後셰世예 셕釋가迦뿛佛 ᄃᆞ외싫돌 포普광光뿛佛이 니ᄅᆞ시니이다.

(광명이 등불처럼 빛난다는 부처)

현대어 풀이

(보살 소구담이) 가엾게 목숨을 마침에, (그 피로 인해 태어난) 감자씨가 (소구담의 대를) 이으셔 대구담을 만들었습니다. / (선혜라는 선인이) 아득한 후세에 석가모니 부처가 되실 것을 보광불이 말씀하셨습니다.

키 포인트 체크

화자 □□□□의 공덕을 기리는 사람 상황 석가모니의 전생에서부터 열반하여 신중들이 신앙하기까지 □□□를 노래함. 태도 석가모니의 교화가 모든 중생에게 미침을 □□함.

답 석가모니, 일대기, 칭송

핵심 정리

갈래 악장, 서사시
성격 서사적, 예찬적
제재 석가모니의 일대기
주제 석가불의 무량무변한 공덕과 석가모니 탄생 이전의 일
특징 석가모니의 일대기를 서사시의 형식으로 표현함.
의의 ① 〈용비어천가〉와 함께 악장의 대표적 작품
② 최대의 서사시(敍事詩)이자 15세기 국어 연구의 귀중한 자료
③ 한글을 위주로 하고 한자를 협주로 표기한 것으로 한글 전용이 행해진 최초의 문헌
연대 조선 세종
출전 《월인천강지곡》

이해와 감상

이 작품은 석가모니의 공덕을 기린 불교 문학의 정수로, 조선 시대 세종이 지은 악장체의 찬불가(讚佛歌)이다. 석가의 전생부터 석가가 도솔천에서 하강하여 왕자로 성장하고 화려한 결혼 생활 가운데에서 인생에 대한 번민으로 출가, 수도하여 불도를 깨치고, 장엄한 권능으로 중생을 교화하다가 열반하여 그 전신 사리를 신중들이 봉안, 신앙하기까지 석가의 전 생애를 서사적 구조로 노래했다. 즉, 석가모니의 전생에서부터 열반에 이르기까지 종교적 의미가 있는 여러 가지 사건을 순차적으로 구성한 것이다.
한글로 표기된 운문(韻文)으로는 〈용비어천가〉 다음가는 최고(最古)의 자료로, 장편 서사시의 선구적인 작품이다. 특히 한글을 위주로 하고 한자를 협주로 표기한 최초의 문헌이다.
작품 제목인 〈월인천강〉은 부처의 공덕을 칭송한 것으로, 《월인석보》 권 1 첫머리의 주석에 "부처의 본체는 하나이지만, 백억 세계에 화신으로 나타나서 중생을 교화하시는 것이 마치 달이 하나이지만 시공(時空)을 초월해서 수많은 강에 비치는 것과 같다."라고 기록된 데서 그 의미를 알 수 있다. 즉, '월(月)'은 '석가불', '천강(千江)'은 '중생'을 비유한 것으로, 석가모니의 교화(敎化)가 모든 중생에게 미침을 칭송한 것이다.

작품 연구소

〈월인천강지곡〉의 배경 고사

〈其一 ~ 其三〉 석가모니가 현세에 태어나기 수십만 겁 이전 세상에 한 보살이 아우에게 나라를 맡기고 구담 바라문의 제자가 되어 소구담(小瞿曇)이라 불렸다. 소구담이 성 밖에서 좌선(坐禪)하고 있을 때, 오백 명의 도적이 나라의 재물을 훔쳐 그 앞으로 지나가니 이들은 보살의 오백 전세(前世) 원수였다.
〈其四〉 나라에서 도둑들의 발자취를 밟아 정사에 있던 소구담을 도둑으로 오인하고 잡아 나무에 꿰어 두었다. 왕은 소구담이 형인 줄 모르고서 신하를 시켜 죽였다. 이때 소구담의 스승인 대구담이 소구담의 피를 모아 남녀를 태어나게 하고 그 성(姓)을 구담씨라 하니 이는 석가모니 전세의 성이다.
〈其五〉 소구담의 피로 인해 남녀가 태어나 감자씨(구담씨)의 자손이 이어져 번창하게 되었다. 감자씨의 자손 중에 부처님께 정성이 지극한 선혜(善慧)라는 사람이 있었는데 보광불이 그를 보고 먼 후세(後世)에 석가모니 부처가 될 것이라 예언하였다.

051 강촌(江村) | 두보

키워드 체크 #자연 #한가로움 #안분지족 #조화

핵심 정리

갈래 한시, 7언 율시
성격 서정적, 한정적
제재 강촌의 여름 정경
주제 한가로운 자연에서 누리는 삶에 대한 만족감
특징 ① 선경 후정의 방식으로 시상을 전개함.
② 원근법, 대구법 등이 사용됨.
연대 760년(두보 49세)
출전 《분류두공부시언해》 초간본 권 7

清江一曲抱村流 (청 강 일 곡 포 촌 류)
長夏江村事事幽 (장 하 강 촌 사 사 유)
自去自來堂上燕 (자 거 자 래 당 상 연)
相親相近水中鷗 (상 친 상 근 수 중 구)
老妻畵紙爲碁局 (노 처 화 지 위 기 국)
稚子敲針作釣鉤 (치 자 고 침 작 조 구)
多病所須唯藥物 (다 병 소 수 유 약 물)
微軀此外更何求 (미 구 차 외 갱 하 구)

❶ᄆᆞᆯᄀᆞᆫ ᄀᆞᄅᆞᆷ ᄒᆞᆫ 고비 ᄆᆞᅀᆞᆯᄒᆞᆯ 아나 흐르ᄂᆞ니
긴 녀ᄅᆞᆷ 강촌(江村)애 일마다 유심(幽深)ᄒᆞ도다.
[A] ❷절로 가며 절로 오ᄂᆞ닌 집 우흿 져비오
서르 친(親)ᄒᆞ며 서르 갓갑ᄂᆞ닌 믈 가온ᄃᆡᆺ ㉠ᄀᆞᆯ며기로다.
[B] ❸늘근 겨지븐 죠ᄒᆡ롤 그려 쟝긔파ᄂᆞᆯ ᄆᆡᆼᄀᆞᆯ어ᄂᆞᆯ
져믄 아ᄃᆞᄅᆞᆫ 바ᄂᆞᄅᆞᆯ 두드려 고기 낫ᄀᆞᆯ 낙ᄉᆞᆯ ᄆᆡᆼᄀᆞᄂᆞ다.
한 병(病)에 얻고져 ᄒᆞᄂᆞᆫ 바ᄂᆞᆫ 오직 약물(藥物)이니
❹져구맛 모미 이 밧긔 다시 므스글 구(求)ᄒᆞ리오.

(주석: ᄆᆞᅀᆞᆯᄒᆞᆯ 아나 – 자연과 인간의 조화 암시 / 녀ᄅᆞᆷ – 여름 / 유심(幽深)ᄒᆞ도다 – 전체적인 시 분위기를 나타냄. / 집 우흿 져비오, ᄀᆞᆯ며기로다 – 유유자적한 모습 / 믈 가온ᄃᆡᆺ – 물 가운데의 / 겨지븐 – 아내는 / 죠ᄒᆡ롤 – 종이 / ᄆᆡᆼᄀᆞᆯ어ᄂᆞᆯ – 만들거늘 / 져믄 – 어린 / 한 병(病)에 ~ 약물(藥物)이니 – 당시 두보의 건강이 좋지 않았음을 알 수 있음. / 므스글 – 무엇을 / 1~4행: 유유자적한 자연 / 5~8행: 안분지족의 태도)

현대어 풀이

맑은 강 한 굽이가 마을을 안아 흐르니
긴 여름 강촌은 일마다 그윽하도다.
절로 가며 절로 오는 것은 집 위의 제비요
서로 친하며 서로 가까운 것은 물 가운데의 갈매기로다.
늙은 아내는 종이에 그려 장기판을 만들거늘
어린 아들은 바늘을 두드려 고기 낚을 낚시를 만든다.
많은 병에 얻고자 하는 것은 오직 약물이니
하찮은 몸이 이것밖에 다시 무엇을 구하리오?

시어 풀이

ᄆᆞᅀᆞᆯ 마을. 'ᄆᆞᅀᆞᆯ>마ᄋᆞᆯ>마을'로 표기상의 변화가 일어남.
유심(幽深)ᄒᆞ도다 그윽하고 깊다. 세상이나 사람들과 떨어져 지내는 데서 오는 한가로운 평화로움.
져구맛 작은. 여기에서는 '미천한', '하찮은'의 뜻으로 쓰임.

시구 풀이

❶ **ᄆᆞᆯᄀᆞᆫ ᄀᆞᄅᆞᆷ ~ 일마다 유심(幽深)ᄒᆞ도다.** 한여름의 한가하고 그윽한 강촌 마을의 모습을 한 폭의 수채화처럼 그려 낸 부분이다. 이러한 평화롭고 한가로운 정경 묘사는 두보의 시에서 매우 이례적인 것이다.
❷ **절로 가며 ~ 믈 가온ᄃᆡᆺ ᄀᆞᆯ며기로다.** 자연물을 통해 한가로운 정서를 드러내고 있다. 작가가 모처럼 가족과의 단란한 생활로 정서적 안정을 느끼며 여유롭게 지내고 있음을 알 수 있는 구절이다.
❸ **늘근 겨지븐 ~ 낙ᄉᆞᆯ ᄆᆡᆼᄀᆞᄂᆞ다.** 강촌 마을에서의 한가로운 삶의 모습이 마치 그림처럼 사실적으로 제시되어 있다. 두보의 무료함을 달래기 위해 장기판을 만드는 아내와 낚시 바늘을 만드는 아들을 통해 화목한 가정의 모습을 연상할 수 있다.
❹ **져구맛 모미 이 밧긔 다시 므스글 구(求)ᄒᆞ리오.** 작가는 가족과 평화롭고 한가롭게 보내는 생활에 만족하며 이를 오랫동안 누리고 싶어 한다. 두보의 소박한 자족적 태도가 잘 나타나 있다.

작가 소개

두보(杜甫, 712~770) 중국 성당 시대(盛唐時代)의 시인. 자는 자미(子美), 호는 소릉(少陵). 중국 최고의 시인으로서 시성(詩聖)이라 불렸다. 소년 시절부터 시를 잘 지었으나 과거에는 급제하지 못해 각지를 방랑하며 지냈고 그 과정에서 이백, 고적(高適) 등과 교유(交游)하였다. 그의 시는 사회 부정에 대한 격렬한 분노와 인간에 대한 한결같은 애정이 잘 나타나 있다. 이러한 까닭에 냉철한 사실주의자요, 위대한 인도주의자인 동시에 열렬한 충군애민(忠君愛民)의 애국자로 평가된다.

이해와 감상

작가가 성도(成都) 인근에 정착하여 살던 시절(49세)에 지은 작품이다. 이 무렵 두보는 여러 사람의 도움으로 가족과 함께 안정적인 삶을 살며 그의 인생에서는 드물게 안락한 생활을 누렸다. 주로 전란으로 인한 아픔과 고향에 대한 그리움이 묻어났던 그의 시 세계와는 다르게 한가롭고 평화로운 정서가 지배적인 이 작품은 그가 이러한 삶을 얼마나 간절히 원했는지 알려 준다.

수련과 함련에는 여름날 강촌의 한가롭고 정겨운 풍경이 한 폭의 수채화처럼 그려져 있다. 맑은 강이 마을을 안아 흐르고, 제비와 갈매기가 한가로이 날아다니는 정경은 평화로움 그 자체이다. 경련에는 한가로운 자연의 모습과 어울리는 집 안의 한가로운 정경이 묘사되어 있다. 아내는 종이에다 장기판을 그리고 아들은 고기 잡을 낚시를 만들고 있다. 이런 삶에 만족하는 화자는 미련(7~8구)에서 병을 다스릴 약만 있다면 더 이상 바랄 것이 없다고 하며 이 생활을 오랫동안 누리고 싶다는 바람을 노래하고 있다.

이 작품의 짜임

수련(1, 2구)	긴 여름 강촌의 한적한 모습	선경(先景)
함련(3, 4구)	유유자적 노니는 제비와 갈매기의 모습	
경련(5, 6구)	한가로운 초당에서의 모습	후정(後情)
미련(7, 8구)	안분지족의 태도	

작품 연구소

자연과 인간의 조응을 통한 만족감 제시

자연		인간
한가하고 고요한 강촌	+	소박하고 여유로운 생활

↓ 현재의 삶에 대한 만족감

한적하고 평화로운 강촌의 여름 정경과 그 속에서 욕심 없이 살아가는 화자의 모습이 조화를 이루고 있다. 화자는 세속적 부귀를 추구하는 것이 아니라 건강을 돌볼 수 있는 약물만 있다면 더 바랄 것이 없다고 토로하는데, 이를 통해 현재의 소박한 삶에 만족하는 안분지족(安分知足)의 삶의 자세를 엿볼 수 있다.

〈강촌〉의 표현상 특징

원근법	수련과 함련에서 여름 강촌의 한가로운 정경을 먼 곳에서 가까운 곳으로 시선을 이동하며 그리고 있다.
대구법	자연과 인간의 한가로운 모습을 그려 내기 위해 함련과 경련에 각각 대구법이 쓰였다.
선경 후정	시의 전반부에서는 강촌의 경치 묘사를, 후반부에서는 강촌에서의 생활과 이에 대한 화자의 심정을 드러냈다.

두보의 생애와 강촌에서의 삶

두보는 평생을 두고 임금을 보좌하여 백성을 안락하게 해 줄 수 있는 정치 참여를 갈망했다. 이는 수기치인(修己治人)과 충군애민(忠君愛民)의 유가 정신에 바탕을 둔 것이다. 이를 바탕으로 두보는 시를 통해 위정 계급의 부패와 무능, 역적들의 무질서와 포악, 그로 인한 국민 생활의 파탄과 가정의 파괴를 고발했다. 두보가 44세 되던 해에 안녹산(安祿山)의 난이 일어나 그는 반란군의 포로가 되기도 하고 지방으로 좌천되기도 했다. 두보는 48세에 관직을 버리고 성도(成都) 인근에 정착하여 가족과 함께 살았는데, 이 시기가 두보의 일생에서 가장 평화로운 때였다.

함께 읽으면 좋은 작품

〈말 업슨 청산이오〉, 성혼 / 자연과 더불어 사는 삶을 노래한 작품

〈강촌〉과 성혼의 시조 모두 대구법을 써서 자연의 모습을 그려 내고, 자연 속에서 병 없이 오랫동안 평화로운 삶을 누리고자 하는 바람을 나타낸 점이 유사하다. 하지만 〈강촌〉의 정경 묘사가 한가로운 자연의 모습을 그려 내는 데 치중한 반면, 성혼의 시조는 자연물에 추상적 가치(의연하고 꾸밈없는 자연의 모습)를 부여했다. 또한 〈강촌〉이 가족과 함께하는 단란한 생활을 노래하며 가족과 더불어 살아가는 삶에 큰 의미를 부여한 반면, 성혼의 시조는 화자 자신의 풍류적 삶에 의미를 부여했다.

Link 본책 154쪽

키 포인트 체크

- 화자: □□ 속에서 욕심 없이 살아가는 사람
- 상황: 한적하고 평화로운 □□에서 소박하게 생활하고 있음.
- 태도: 현재의 소박한 삶에 만족하는 □□□□의 자세를 보임.

1 이 작품에 대한 설명으로 적절하지 않은 것은?

① 수채화를 그리듯 정경을 묘사하고 있다.
② 시간의 흐름에 따라 시상을 전개하고 있다.
③ 먼 곳에서 가까운 곳으로 시선이 이동하고 있다.
④ 자연 속에 한거(閑居)하는 화자의 만족감이 드러나 있다.
⑤ 계절적 배경과 공간적 배경을 제시하여 화자의 정서를 형상화하고 있다.

2 이 작품의 [A]와 [B]에 대한 이해로 적절하지 않은 것은?

① [A]는 2구의 '일'이 구체화된 내용으로 볼 수 있다.
② [A]와 [B] 모두 앞 구와 뒤 구가 대구를 이루고 있다.
③ [A]와 [B] 모두 시각적 이미지를 활용하여 표현했다.
④ [A]는 자연, [B]는 인간의 삶으로 서로 대응하는 구조이다.
⑤ [B]의 '늘근 겨집'과 '져믄 아들'은 7~8구의 화자의 처지와 대조적이다.

3 이 작품은 작가가 〈보기〉를 지은 지 3년 뒤에 지은 것으로 알려져 있다. 〈보기〉와 이 작품을 읽은 독자의 반응으로 적절하지 않은 것은?

보기

나라히 파망(破亡)ᄒᆞ니 뫼콰 ᄀᆞᄅᆞᆷ뿐 잇고
잣 안 보ᄆᆡ 플와 나모뿐 기펫도다.
시절(時節)을 감탄(感歎)호니 고지 눖믈를 ᄡᅳ리게코
여희여슈믈 슬호니 새 ᄆᆞᅀᆞ믈 놀래노라.
봉화(烽火)ㅣ 석ᄃᆞᆯ롤 니어시니
지븻 음서(音書)ᄂᆞᆫ 만금(萬金)이 ᄉᆞ도다.
셴 머리롤 글구니 또 뎌르니
다 빈혀롤 이긔디 몯홀 ᄃᆞᆺᄒᆞ도다. – 두보, 〈춘망〉

① 화자가 가족을 애타게 그리워하더니 결국 상봉했군.
② 두 작품 모두 계절적 배경이 직접적으로 드러나 있군.
③ 부유하던 화자가 전쟁 때문에 곤궁한 생활을 하게 되었군.
④ 〈보기〉와 달리 이 작품에서는 자연물이 화자의 처지와 어울리는군.
⑤ 폐허가 된 성에서 강촌으로 공간이 바뀌어 다른 분위기가 느껴지는군.

4 ㉠과 〈보기〉의 '새'의 의미상 차이점을 50자 내외로 서술하시오.

보기

온 산에 새는 날지 않고
모든 길엔 사람 발길이 끊어졌구나.
외로운 배에 삿갓 쓴 노인
눈 내려 차가운 강에 홀로 낚시질한다.
– 유종원, 〈강설(江雪)〉

052~053 등악양루 · 강남봉이구년 | 두보

키워드 체크 #인생무상 #회상 #자연과 인간 #인생의 황혼기 #애상

문학 금성

핵심 정리

(가) **갈래** 한시, 5언 율시
성격 우국적, 애상적
제재 악양루에서 바라본 경치
주제 우국과 향수
특징 ① 대구법을 사용하여 자신의 외로운 처지를 효과적으로 보여 줌.
② '배'에 감정을 이입하여 표현함.
연대 768년(두보 57세)
출전 《분류두공부시언해》

(나) **갈래** 한시, 7언 절구
성격 애상적, 회고적
제재 이구년(당 현종 때의 명창)과의 만남
주제 옛 지인을 만난 감회와 인생무상
특징 ① 대구법을 통해 화려했던 시절을 회상함.
② 대조법을 통해 과거와 현재를 대비함.
연대 770년(두보 59세)
출전 《분류두공부시언해》

시어 풀이

일야(日夜) 밤낮.
글월 편지.
헌함(軒檻) 건넌방, 누각 등의 대청 기둥 밖으로 돌아가며 깐 난간이 있는 좁은 마루.
기왕(岐王) 당 현종의 아우로 이름은 이범(李範).
최구(崔九) 당 현종의 총애를 받았던 인물.
강남(江南) 양자강 이남 지역을 가리키는 말로 예로부터 물산이 풍부한 지역으로 꼽혔음.

시구 풀이

❶ **친(親)흔 버디 ~ 외ᄅᆞ왼 비옷 잇도다.** 친구와 편지를 주고받지도 못하는 외로운 신세를 한탄한 말로, 자신의 감정을 '배'에 의탁하여 표현하고 있다.

❷ **기왕(岐王)ㅅ 집 안해 상녜 보다니,** 기왕은 당 현종의 아우로 세도가 당당했던 풍류남이다. 그의 집에서 이구년을 늘 보았다는 것은 당대 최고의 명창으로 명성이 자자했던 이구년의 화려했던 과거 시절을 떠올리게 한다.

❸ **정(正)히 이 강남(江南)애 풍경(風景)이 됴ᄒᆞ니,** 봄의 아름다운 풍경을 제시하여 결구의 시적 화자의 내면적인 애상을 돋보이게 하는 구절이다. 즉, 인생의 황혼기를 맞이한 옛 지인, 자신과 대비되는 아름답고 생동감 넘치는 강남의 봄 풍경을 드러내어 삶의 무상감을 효과적으로 강조하고 있다.

❹ **곳 디는 시절(時節)에 또 너를 맛보과라.** '꽃이 지는 시절'은 현실적 배경을 의미하기도 하고 인생의 영락과 황혼기를 맞이한 두 사람의 처지를 비유하기도 하여 중의적 표현으로 볼 수 있다.

작가 소개

두보(본책 120쪽 참고)

가 등악양루(登岳陽樓)

昔聞洞庭水 (석 문 동 정 수)
네 동정(洞庭)ㅅ 믈를 듣다니, [네: 옛날에]

今上岳陽樓 (금 상 악 양 루)
오ᄂᆞᆯ 악양루(岳陽樓)의 올오라.

吳楚東南坼 (오 초 동 남 탁)
오(吳)와 초(楚)왜 동남(東南)녀키 ᄠᅥ뎟고, [ᄠᅥ뎟고: 갈라졌고] — 대구

乾坤日夜浮 (건 곤 일 야 부)
하ᄂᆞᆯ과 ᄯᅡ콰ᄂᆞᆫ •일야(日夜)애 ᄠᅥ도다. [일야(日夜)애: 밤낮으로, 항상]

親朋無一字 (친 붕 무 일 자)
❶친(親)ᄒᆞᆫ 버디 ᄒᆞᆫ 자(字)ㅅ •글월도 업스니, — 대구

老去有孤舟 (노 거 유 고 주)
늘거 가매 외ᄅᆞ왼 비옷 잇도다. [외ᄅᆞ왼 비: 외로운 배 – 감정 이입(객관적 상관물)]

戎馬關山北 (융 마 관 산 북)
사호맷 ᄆᆞ리 관산(關山)ㅅ 북(北)녀긔 잇ᄂᆞ니, [사호맷: 싸움터에 있는]

憑軒涕泗流 (빙 헌 체 사 류)
•헌함(軒檻)올 비겨서 눉므를 흘리노라. [헌함: 난간 / 비겨서: 기대어서, 의지하여]

현대어 풀이
옛날에 동정호의 물에 대해 들었더니, / 오늘에야 악양루에 오르는구나.
오나라와 초나라가 동남쪽에 갈라졌고, / 하늘과 땅이 밤낮으로 떠 있도다.
가까운 친구의 편지도 없으니, / 늙어 감에 외로운 배뿐이로다.
싸움터의 말이 관산 북쪽에 있으니, / (악양루의) 난간에 의지해 눈물을 흘리노라.

나 강남봉이구년(江南逢李龜年)

岐王宅裏尋常見 (기 왕 택 리 심 상 견)
❷•기왕(岐王)ㅅ 집 안해 상녜 보다니, [상녜: 늘, 항상]

崔九堂前幾度聞 (최 구 당 전 기 도 문)
•최구(崔九)의 집 알ᄑᆡ 몃 디윌 드러뇨. [몃 디윌: 몇 번을]

正是江南好風景 (정 시 강 남 호 풍 경)
❸정(正)히 이 •강남(江南)애 풍경(風景)이 됴ᄒᆞ니, [화자의 처지와 대조]

落花時節又逢君 (낙 화 시 절 우 봉 군)
❹곳 디는 시절(時節)에 또 너를 맛보과라. [너: 이구년]

현대어 풀이
기왕의 집 안에서 (이구년을) 늘 보더니, / 최구의 집 앞에서 (이구년의 노래를) 몇 번을 들었던가?
참으로 이 강남의 풍경이 좋으니, / 꽃 지는 시절에 또 너를 만나 보는구나.

이해와 감상

(가) 두보가 유랑 중이던 57세 때, 악양루에 올라 동정호를 바라본 감회를 읊은 5언 율시이다. 작가가 마주한 동정호의 모습은 두 나라를 구분하고 밤낮 해와 달이 떠 있는 실로 광대하고 장려한 모습이다. 그러나 이와 달리 자신은 친구와 연락도 제대로 되지 않는 외로운 방랑객이고 더구나 전쟁까지 벌어지고 있어 근심으로 하염없이 눈물이 흐른다. 선경 후정의 구성 속에 자연과 인간, 기쁨과 슬픔이 선명하게 대비되고, 향수와 우국지심(憂國之心)이 잘 표현되어 한시의 전범으로 평가받는 걸작이다. 특히 함련의 경관 묘사는 절창(絶唱)으로 손꼽힌다.

(나) 이 작품은 두보가 59세 때 지은 7언 절구의 한시이다. 그는 방랑 도중 강남의 담주(潭州)에서 옛날 태평한 시절 장안에서 자주 만났던 명창 이구년을 만났다. 그러나 강남의 좋은 풍경 속에서 다시 만난 풍류객은 화려했던 지난날의 그 명창이 아니라 작가와 마찬가지로 늙고 초라한 유랑자의 신세였다. 과거 영화로웠던 날들과 활발한 강남의 풍경, 늙고 쇠락한 모습과 지는 꽃을 대비하여 인생의 무상감을 느끼게 하는 작품이다.

현재 (꽃이 지는 시절)	➡	과거 회상 (화려했던 젊은 날)	➡	현재 (인생의 노년기)	➡	세월의 무상함
이구년과의 뜻밖의 해후		명창 이구년과 풍류를 즐기던 기억		늙고 초라해져 유랑하는 처지		인생무상

작품 연구소

풍경과 화자의 대비

(가)에서는 악양루에 올라 바라본 광활한 풍경과 전란 속에서 고향을 떠나 있는 자신의 외로운 처지를 대비하고 있고, (나)에서는 강남(江南; 양쯔강 이남)의 좋은 풍경과 인생의 황혼기를 맞이한 자신의 초라한 처지를 대비하고 있다. 두 작품 모두 빼어난 풍경과 작가의 애상적 정서가 대비되어 드러나 있다.

(가)

풍경		정서
악양루에 올라 오나라와 초나라가 동남쪽에 갈라져 있고 하늘과 땅이 밤낮으로 떠 있는 광활한 풍경을 접하게 됨.	↔	가까운 친구의 편지도 없이 늙어 가는 자신의 외로운 처지를 느낌.

(나)

풍경		정서
강남(양쯔강 이남)의 풍경이 좋음.	↔	늙고 초라한 자신의 처지를 느낌.

(가)에 드러난 선경 후정(先景後情)의 기법

시에서 앞부분에 자연 경관이나 사물에 대한 묘사를 먼저 한 뒤 뒷부분에 자기의 감정이나 정서를 그려 내는 구성을 선경 후정(先景後情)이라 한다. (가)에는 전반부에 악양루에 올라 바라본 광활한 경치(오나라와 초나라가 동남쪽에 갈라졌고 하늘과 땅이 밤낮으로 떠 있는 경치)가 나타나고 후반부에 외로이 늙어 가는 화자의 처지가 그려진 선경 후정의 기법이 드러난다. 이를 통해 싸움터의 말이 관산 북쪽에 있는, 전란이 계속되는 상황에서 비애에 잠겨 탄식하는 화자의 모습이 효과적으로 드러나고 있다.

(나)에 담긴 과거 회상과 중의적 표현

(나)의 화자는 기왕의 집에서 이구년을 자주 보았고 최구의 집 앞에서 이구년의 노래를 자주 들었던, 화려했던 옛 시절을 이구년을 만난 현재의 시점에서 회상하고 있다. 즉, 화자가 이구년을 다시 만난 현재는 꽃 지는 시절로 초라한 처지에 놓여 있는 현재와 이구년과 함께 풍류를 즐겼던 과거가 대비를 이루고 있는데, 이를 통해 인생무상(人生無常)의 정서가 드러나고 있다. 여기서 '곳 디는 시절(時節)'(꽃 지는 시절)은 낙화하는 때, 즉 계절적 배경을 의미하기도 하고 다 저물어 가는 인생의 시기를 맞이한 두보와 이구년의 처지와 상황을 비유하기도 한다.

자료실

두보의 생애와 〈등악양루〉, 〈강남봉이구년〉

두보는 중국 당나라의 시인으로, 746년부터 약 10년 동안 과거 시험에 급제하지 못하고 관직도 얻지 못한 채 곤궁한 생활을 계속하며 차츰 사회의 모순에 눈뜨게 되었고, 시를 통해 불합리한 사회의 실상을 그려 내기에 이른다.

두보는 44세가 되던 해에 안녹산의 난을 맞이하는데, 이 전란 때문에 백성들의 삶은 도탄에 빠지고 만다. 그는 757년 관직에 임명되기도 하지만, 불안한 시국 아래에서 그의 의견은 무시되기 일쑤였고 곧 지방 관직으로 좌천되고 만다. 이후 그는 관직에서 사퇴하고 유랑 생활을 계속하는데, 이때 쓴 시에는 사회 비판 대신 무거운 우수(憂愁)와 인간에 대한 따뜻한 애정이 담겨 있다. 〈등악양루〉와 〈강남봉이구년〉은 이 시기에 쓰여진 작품으로, 이들 시에는 인생의 황혼기에 놓인 두보의 모습이 담겨 있다.

키 포인트 체크

- 화자 (가) – 친구와 연락도 제대로 되지 않는 □□□
  (나) – 화려했던 옛 시절을 □□하는 사람
- 상황 (가) – □□□에서 광활한 경치를 바라봄.
  (나) – 강남에서 □□□을 다시 만남.
- 태도 (가) – 전란이 계속되는 현실과 방랑 생활 속에서 □□□을 느낌.
  (나) – 현재의 초라한 모습에서 인생의 □□□을 느낌.

1 (가)와 (나)의 공통점으로 적절한 것은?

① 자연과 인간을 대비하여 정서를 부각하고 있다.
② 청각적 이미지를 사용하여 과거를 회상하고 있다.
③ 과거와 현재를 대조하여 주제 의식을 이끌어 내고 있다.
④ 화자가 특정 청자에게 말을 건네는 기법을 사용하고 있다.
⑤ 색채 이미지의 대비를 통해 장면을 선명하게 부각하고 있다.

2 (가)의 화자에 대한 설명으로 적절하지 않은 것은?

① 삶의 애상감을 느껴 눈물을 흘리고 있다.
② 친한 벗에게서 서신을 받고 슬퍼하고 있다.
③ 드넓고도 광활한 동정호의 모습을 그려 내고 있다.
④ 방랑의 고뇌와 우국지심(憂國之心)을 드러내고 있다.
⑤ 전란이 계속되는 시국에 동정호의 악양루에 올라 있다.

3 〈보기〉를 참고하여 (나)를 감상한 내용으로 적절하지 않은 것은?

보기

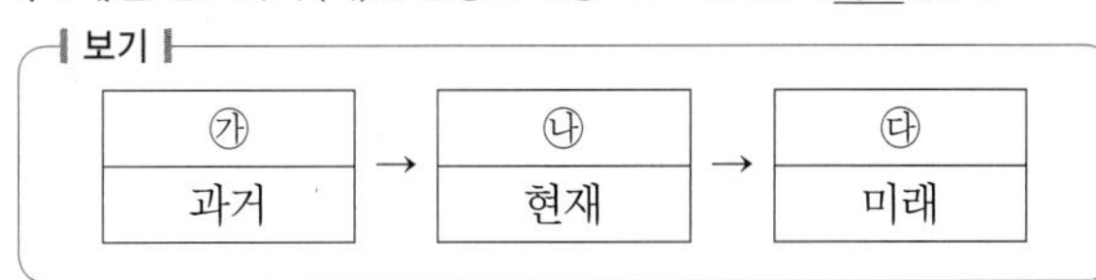

① ㉮에 해당하는 시행은 1구와 2구이군.
② ㉮의 상황을 ㉯의 시점에서 회상하고 있군.
③ 시적 대상은 ㉮에서 인생의 전성기를 누렸군.
④ ㉯의 공간적 배경은 '강남'으로 볼 수 있겠군.
⑤ ㉯에서 화자와 시적 대상은 ㉰에서의 만남을 기약하고 있군.

4 〈보기〉를 참고하여 (가)에서 객관적 상관물에 해당하는 두 어절의 시어를 찾아 쓰시오.

보기

화자가 자신의 감정을 직접적으로 서술하는 것이 아니라 어떤 사물의 특징이나 모양, 행동 등에 의미를 부여해서 자신의 감정을 간접적으로 담아낼 때 그 사물을 객관적 상관물이라고 한다.

더 읽을 작품

054 절구(絶句) | 두보

키워드 체크 #봄 #고향 #그리움 #한탄

□↔○: 색채의 대비

江碧鳥逾白 (강 벽 조 유 백)
山青花欲然 (산 청 화 욕 연)
今春看又過 (금 춘 간 우 과)
何日是歸年 (하 일 시 귀 년)

선경
ᄀᆞᄅᆞ미 프ᄅᆞ니 새 더욱 히오,
뫼히 퍼러ᄒᆞ니 곳 비치 블 븓ᄂᆞᆫ ᄃᆞᆺ도다.
(꽃이 불의 붉은 이미지와 결합하여 화자가 고향을 그리는 뜨거운 마음을 표현함.(직유법))

후정
옰보미 본ᄃᆡᆫ ᄯᅩ 디나가ᄂᆞ니, (보건대는 / 세월의 경과 – 세월의 덧없음과 고향에 돌아가지 못하는 안타까움)
어느 나리 이 도라갈 ᄒᆡ오.
(고향으로 돌아가지 못하는 초조함과 안타까움이 나타남.)

현대어 풀이

강물이 푸르니 새가 더욱 희게 보이고, / 산이 푸르니 꽃 빛이 불붙는 듯하구나.
금년 봄에도 보건대 또 (헛되이) 지나가나니, / 어느 날이 바로 고향으로 돌아갈 해인가?

키 포인트 체크

화자 봄의 아름다운 □□를 바라보고 있는 사람
상황 고향에 돌아가지 못하고 기약 없이 □□만 보냄.
태도 고향에 돌아가지 못하는 자신의 □□를 안타까워하며 슬퍼함.

답 경치, 세월, 처지

핵심 정리

갈래 한시, 5언 절구
성격 애상적
제재 봄 경치
주제 고향에 대한 그리움
특징 ① 색채 대비를 통해 봄날의 아름다운 경치를 묘사함.
② 선경 후정의 방식으로 화사한 자연과 대비되는 망향의 정을 부각함.
연대 764년(두보 53세)

이해와 감상

작가가 피난지 성도에서 지은 무제(無題)의 절구 2수 중 두 번째 작품으로, 눈앞에 펼쳐진 화려한 봄의 정경과 그 봄이 지나감을 아쉬워하며 향수를 노래한 걸작이다. 앞의 두 구에서는 화려한 봄 경치를, 뒤의 두 구에서는 고향에 대한 그리움을 노래하는 전형적인 선경 후정의 방식을 취하고 있다. 기구와 승구는 대구를 이루고 있는데, 색채 대비를 통해 선명한 시각적 심상을 제시했다. 결구에서는 강조의 의미를 지닌 '이'를 사용하여 고향에 돌아가고 싶은 마음을 절실하게 표현했다. 그러나 그의 바람과 달리 두보는 끝내 고향으로 돌아가지 못한 채 생을 마감했다.

055 추흥(秋興) | 두보

키워드 체크 #가을 #전란 #고향 #한탄

聞道長安似奕碁 (문 도 장 안 사 혁 기) — 니ᄅᆞ거늘 드로니 장안(長安)이 바독 쟝긔 ᄀᆞᆮᄒᆞ니, (들으니 / 전란으로 어수선한 시국 비유)
百年世事不勝悲 (백 년 세 사 불 승 비) — 백 년(百年)에 세간(世間)ㅅ 이레 슬후믈 이긔디 몯ᄒᆞ노라. (슬픔을)
王侯第宅皆新主 (왕 후 제 택 개 신 주) — 왕후(王侯)의 지븨ᄂᆞᆫ 다 새 님자히오, (새로운 주인 – 반란군)
文武衣冠異昔時 (문 무 의 관 이 석 시) — 선비와 호반과이 의관(衣冠)이 녯 시절(時節)와 다ᄅᆞ도다.
直北關山金鼓振 (직 북 관 산 금 고 진) — 바ᄅᆞ 북(北)녁 관산(關山)엔 쟁(錚)과 붑 소리 진동(振動)ᄒᆞ얫고, (북)
征西車馬羽書遲 (정 서 차 마 우 서 지) — 서(西)ㅅ녀그로 정벌(征伐)ᄒᆞᄂᆞᆫ 차마(車馬)ᄂᆞᆫ 『우서(羽書)ㅣ 더듸도다.』 (전쟁을 상징 / 『 』: 전쟁이 끝날 기미가 보이지 않음.)
魚龍寂寞秋江冷 (어 룡 적 막 추 강 냉) — 어룡(魚龍)이 괴외ᄒᆞ고 ᄀᆞᅀᆞᆳ ᄀᆞᄅᆞ미 서늘ᄒᆞ니, (고요하고 / 물속에 사는 동물, 또는 '어룡천'이라는 지명)
故國平居有所思 (고 국 평 거 유 소 사) — 고국(故國)에 평시(平時)에 사던 ᄯᅡ흘 ᄉᆞ랑ᄒᆞᄂᆞᆫ 배 이쇼리. (고향 / 생각하는)

현대어 풀이

사람들 하는 말을 들으니 장안(長安)의 일이 바둑, 장기 같다고 하니
한평생 (사는 동안 겪는) 세상의 일에 슬픔을 이기지 못하겠구나.
왕과 제후의 저택에는 다 새로운 주인이 들었고 / 문관과 무관의 의관(衣冠)도 옛 시절과 다르도다.
바로 북쪽의 관문에는 전쟁의 꽹과리와 북소리가 진동하고
서쪽으로 정벌 간 군대에서는 승전보가 빨리 오지 않는구나.
어룡(魚龍)이 적막하고 가을 강이 차니 / 고향에서 평화로이 살던 땅을 생각하는 바 있으리.

키 포인트 체크

화자 □□으로 혼란스러운 상황에서 떠돌아다니는 사람
상황 쓸쓸하고 적막한 □□ □□를 바라보며 고향을 그리워함.
태도 나라의 상황을 안타까워하며 고향에 돌아가지 못하는 자신의 처지를 □□함.

답 전란, 가을 경치, 한탄

핵심 정리

갈래 한시, 7언 율시
성격 애상적, 우국적
제재 쓸쓸한 가을 경치와 전란으로 인한 소란스러운 세상
주제 우국과 향수
특징 ① 청각적 이미지를 활용하여 전란 상황을 부각함.
② 자신이 있는 곳(어룡천)의 정경을 통해 고향에 대한 그리움을 촉발함.
연대 764년(두보 53세)

이해와 감상

두보가 전쟁으로 혼란스러운 상황을 개탄하고 고향에 돌아갈 수 없는 자신의 처지를 한탄하며 지은 작품이다. 이 작품의 제목 〈추흥(秋興)〉에서 '흥(興)'은 기쁘고 흥겨운 감정의 발로가 아니라, 전란으로 인한 화자의 비애와 망향의 정을 애절하게 나타낸 것으로 볼 수 있다. 끝나지 않는 전쟁은 작가의 우국지정을 강화하며, 차가운 가을 날씨는 고향에 대한 그리움을 심화한다. 표현 면에서는 전쟁을 바둑과 장기판에 빗대어 안타까운 심정을 드러내고, 청각적 심상을 통해 전쟁 상황을 형상화한 점이 돋보인다.

작품 연구소

미련(尾聯)에 드러난 화자의 정서

전란으로 인해 고향을 떠나 유랑 생활을 하는 화자는 전쟁이 끝나기만을 기다리나 승전 소식은 더디기만 하다. 전란 중에 떠도는 화자에게 어룡천은 고향이 아니기에 더욱 적막하고 차갑게 느껴지며 이로 인해 고향에 대한 그리움은 더욱 사무치게 된다. 즉, 이 작품의 미련에서는 적막하기만 한 가을 강의 서늘함이 고향에 대한 화자의 그리움을 촉발하는 역할을 한다.

056 귀안(歸雁) | 두보

키워드 체크 #봄 #나그네 #기러기 #그리움

한시	언해
春來萬里客 춘 래 만 리 객	보ᄆᆡ 왯ᄂᆞᆫ 만 리(萬里)옛 나그내ᄂᆞᆫ (만 리(萬里): 정서적 거리감 / 나그내: 화자 자신, 유랑 생활)
亂定幾年歸 난 정 기 년 귀	난(亂)이 긋거든 어느 ᄒᆡ예 도라가려뇨. (긋거든: 그치거든)
腸斷江城雁 장 단 강 성 안	강성(江城)에 그려기 (그려기: 화자의 정서가 투영된 대상, 고향에 가고 싶은 화자의 소망이 응결된 매개물)
高高正北飛 고 고 정 북 비	노피 정(正)히 북(北)으로 ᄂᆞ라가매 애ᄅᆞᆯ 긋노라. (북(北): 고향이 있는 방향)

현대어 풀이

봄에 와 있는 만 리 밖의 나그네는 / 난이 그치거든 어느 해에 돌아갈까?
강성의 기러기 / 똑바로 높이 북쪽으로 날아가니 애를 끊는구나.

키 포인트 체크

- 화자 □□을 그리워하는 나그네
- 상황 전란으로 인해 가족과 헤어져 □□ 생활을 함.
- 태도 자유롭게 날아가는 □□□를 부러워하며 마음 아파함.

답 고향, 방랑, 기러기

핵심 정리

갈래 한시, 5언 절구
성격 애상적
제재 기러기
주제 향수, 망향의 슬픔
특징 자신의 심정을 대조적 처지의 기러기에 의탁하여 노래함.
연대 764년(두보 53세)

이해와 감상

두보가 유랑 중이던 때의 봄에 피란지인 성도(成都)에서 지은 작품으로, 고향 쪽으로 날아가는 기러기를 바라보며 나그네의 고독과 향수를 읊은 시이다. 이 작품의 묘미는 기구와 승구의 직서적 심경 표출보다 자연물과 대조해 작가의 심정을 토로한 전구와 결구의 우회적 서술에 있다.

057 등고(登高) | 두보

키워드 체크 #가을 #쓸쓸함 #외로움 #인생무상

한시	언해
風急天高猿嘯哀 풍 급 천 고 원 소 애	ᄇᆞᄅᆞ미 ᄲᆞᄅᆞ며 하ᄂᆞᆯ히 놉고 나ᄇᆡ 됫ᄑᆞ라미 슬프니, (나ᄇᆡ: 잔나비, 원숭이 / 됫ᄑᆞ라미: 휘파람)
渚淸沙白鳥飛廻 저 청 사 백 조 비 회	믌ᄀᆞᅀᅵ ᄆᆞᆯᄀᆞ며 몰애 ᄒᆡᆫ ᄃᆡ 새 ᄂᆞ라 도라오놋다. (몰애: 모래)
無邊落木蕭蕭下 무 변 락 목 소 소 하	ᄀᆞᆺ 업슨 디ᄂᆞᆫ 나못니ᄑᆞᆫ 소소(蕭蕭)히 ᄂᆞ리고,
不盡長江滾滾來 부 진 장 강 곤 곤 래	다ᄋᆞᇝ 업슨 긴 ᄀᆞᄅᆞᄆᆞᆫ 니ᅀᅥᆷ니ᅀᅥ 오놋다. (니ᅀᅥᆷ니ᅀᅥ: 잇달아)
萬里悲秋常作客 만 리 비 추 상 작 객	만 리(萬里)예 ᄀᆞᅀᆞᆯᄒᆞᆯ 슬허셔 샹녜 나그내 ᄃᆞ외요니, (만 리(萬里): 고향과의 거리감 / 나그내: 외롭고 쓸쓸한 화자의 처지)
百年多病獨登臺 백 년 다 병 독 등 대	백 년(百年)ㅅ 한 병(病)에 ᄒᆞ올로 대(臺)예 올오라. (한 병(病): 육체적 병, 정신적 고통 / 대(臺)예 올오라: 중양절의 풍습)
艱難苦恨繁霜鬢 간 난 고 한 번 상 빈	간난(艱難)애 서리 ᄀᆞᆮᄒᆞᆫ 귀믿터리 어즈러우믈 심히 슬허ᄒᆞ노니, (서리 ᄀᆞᆮᄒᆞᆫ 귀믿터리: 흰머리)
潦倒新停濁酒杯 요 도 신 정 탁 주 배	늙고 사오나오매 흐린 숤 잔(盞)ᄋᆞᆯ 새려 머믈웻노라.

현대어 풀이

바람이 빠르며 하늘이 높고 원숭이의 휘파람이 슬프니
물가가 맑으며 모래 흰 곳에 새가 날아 돌아오는구나.
끝없이 지는 나뭇잎은 쓸쓸히 떨어지고 / 다함이 없는 긴 강은 잇달아 흐르는구나.
만 리(타향)에 가을을 슬퍼하여 늘 나그네가 되니 / 한평생 많은 병에 혼자 대에 오른다.
온갖 고통에 서리 같은 귀밑머리가 많음을 슬퍼하니 / 늙고 초췌함이 흐린 술잔을 새로 멈추었노라.

키 포인트 체크

- 화자 중양절에 높은 대에 오른 외로운 □□□
- 상황 홀로 □□에 앉아 쓸쓸한 가을 경치를 바라봄.
- 태도 늙고 병든 자신의 처지를 한스러워하며 □□함.

답 나그네, 언덕, 탄식

핵심 정리

갈래 한시, 7언 율시
성격 애상적, 영탄적
제재 중양절의 등고
주제 인생무상(人生無常)과 처량한 심회
특징 ① 자연과 인간을 대조함.
② 선경 후정의 수법을 사용함.
연대 767년(두보 56세)

이해와 감상

중양절을 맞이하여 싸늘한 가을바람에 낙엽이 우수수 떨어지는 높은 언덕에 앉아, 늙고 병든 몸으로 쌓인 슬픔을 한 잔의 술로 푸는 작가의 독백을 담은 작품이다. 선경 후정의 시상 전개 방식으로 조락(凋落)의 가을 풍경에 조응(照應)된 인간의 무상함을 선명하게 드러내고 있다. 자연의 유구함과 대비된 인생의 무상함과 오랜 유랑 세월로 인해 지병이 악화된 작가의 처량한 처지가 잘 드러나 있다.

작품 연구소

〈등고〉의 시상 전개

수련	가을의 적막한 정경
함련	강가의 쓸쓸한 모습
경련	외로운 나그네의 슬픔
미련	노경의 처량한 탄식

058~060 망국의 슬픔과 무상함

키워드 체크 #고려 왕조 #회고 #충의 #절개 #무상함 #새로운 왕조 건립의 정당성

문학 미래엔, 지학

가

오백 년(五百年) 도읍지(都邑地)를 필마(匹馬)로 도라드니
(도읍지: 고려의 옛 도읍지 / 필마: 혼자서 말을 탐. – 벼슬을 하지 않은 신세 비유)
❶산천(山川)은 의구(依舊)ᄒᆞ되 인걸(人傑)은 간 ᄃᆡ 업다.
(산천: 무한한 자연 / 의구: 옛날과 같이 변함이 없음. / 인걸: 고려의 인재)
어즈버 태평연월(太平烟月)이 ᄭᅮᆷ이런가 ᄒᆞ노라.
(어즈버: 아아(감탄사) / 태평연월: 고려의 전성기 / ᄭᅮᆷ이런가: 무상감의 비유적 표현)

현대어 풀이
오백 년 이어 온 고려의 옛 서울에 한 필의 말을 타고 들어가니,
산천의 모습은 예나 다름이 없지만 인걸은 간 데 없다.
아아, 고려의 태평했던 시절이 한낱 꿈처럼 허무하도다.

나

흥망(興亡)이 유수(有數)ᄒᆞ니 만월대(滿月臺)도 추초(秋草)ㅣ로다.
(유수: 운수가 정해져 있으니 / 만월대: 고려 왕조의 궁터 / 추초: 쇠락한 고려 왕조를 비유함.)
오백 년(五百年) 왕업(王業)이 목적(牧笛)에 부쳐시니,
(부쳐시니: 깃들어 있으니)
❷석양(夕陽)에 지나는 객(客)이 눈물계워ᄒᆞ노라.
(석양: 중의적 표현 / 객: 화자)

현대어 풀이
나라가 흥하고 망하는 것이 운수에 달렸으니 고려의 궁터인 만월대도 가을 풀만이 우거져 있구나.
오백 년 고려 왕조의 업적이 목동의 피리 소리에 담겨 있으니,
석양에 지나는 나그네가 눈물겨워하는구나.

다

선인교(仙人橋) 나린 물이 자하동(紫霞洞)에 흘너 드러,
(선인교, 자하동: 흥성했던 고려 왕조의 표상)
반천 년(半千年) 왕업(王業)이 물소리ᄲᅮᆫ이로다.
(반천 년 왕업: 고려 왕조 오백 년의 업적 / 물소리: 무상감의 상징, 청각적 이미지)
❸아희야, 고국 흥망(故國興亡)을 무러 무엇ᄒᆞ리오.
(아희야: 영탄법 / 고국 흥망: 고려 왕조의 흥함과 망함)

현대어 풀이
선인교 아래로 흘러내리는 물이 자하동으로 흘러들어,
오백 년 동안 화려했던 고려 왕조가 물소리밖에 남기지 않았구나.
아이야, 이미 망해 버린 나라의 흥망을 물어봐야 무엇하겠느냐.

이해와 감상

(가) 고려의 옛 도읍지를 돌아보면서 느끼는 감회를 노래한 회고가(懷古歌)의 대표작으로, 망국의 한과 안타까움이 잘 드러나 있다. 초장에서는 고려의 옛 서울에 필부(匹夫: 신분이 낮고 보잘것없는 사내)의 신분으로 돌아온 화자의 모습이 나타나고, 중장에서는 유구한 자연과 무상한 인간사를 대조하여 문학적 효과를 높였으며, 종장에서는 고려 왕조의 융성했던 옛 시절이 한바탕 꿈에 지나지 않는다는 허무함을 영탄법을 사용하여 드러냈다.

(나) 잡초가 우거진 옛 궁궐터를 바라보며 지은 작품으로, 고려의 멸망에서 느끼는 무상감이 탄식의 어조로 잘 표현되어 있다. 초장의 '추초'와 중장의 '목적'은 흥망성쇠의 무상함을 시각적·청각적으로 형상화한 시어이다. 그리고 종장에서는 자신을 '객'으로 표현함으로써 주관적 정서를 객관화하여 드러내는 표현의 묘미를 보여 주고 있다.

(다) 고려 왕업의 무상함을 노래한 조선 개국 공신의 회고가로, 망국의 슬픔에 빠져들지 않고 오히려 그것을 잊으려는 태도를 보이고 있다. '선인교', '자하동'이 흥성했던 고려 왕조의 업적을 표상한 것이라면, 그 속을 흐르는 '물소리'는 고려 왕업의 무상함(덧없음)을 상징한 것이라 할 수 있다. 중장에서 '물소리ᄲᅮᆫ이로다.'라고 하며 무상감을 나타내지만, 종장에서 '무러 무엇ᄒᆞ리오.'라고 하여 무상감을 극복하려는 개국 공신의 면모를 보여 주고 있다.

핵심 정리

(가) 갈래 평시조, 서정시
성격 회고적, 감상적
제재 고려의 옛 도읍지
주제 망국의 한과 인생무상
특징 비유적 표현과 대구법, 영탄법을 사용하여 고려 왕조 멸망의 한을 노래함.
출전 《청구영언》, 《병와가곡집》

(나) 갈래 평시조, 서정시
성격 회고적, 감상적
제재 만월대
주제 고려 왕조의 멸망에 대한 탄식과 무상감
특징 ① 시각적·청각적 이미지로 인생무상의 정서를 표현함.
② 비유적 표현과 중의적 표현을 통해 주제를 형상화함.
출전 《청구영언》, 《병와가곡집》

(다) 갈래 평시조, 서정시
성격 회고적, 감상적, 권유적
제재 물소리
주제 고려 왕업의 무상함
특징 ① 고려 왕조를 회고하면서도 시세에 따라야 함을 은근히 드러냄.
② 청각적 이미지, 영탄법, 설의법을 통해 화자의 감정을 드러냄.
출전 《청구영언》, 《화원악보》

시구 풀이

❶ 산천(山川)은 의구(依舊)ᄒᆞ되 ~ 간 ᄃᆡ 업다. 산천의 모습은 예나 지금이나 변함이 없으나 인걸(옛 고려의 신하들)은 사라지고 없음을 한탄하고 있다. 자연(산천)과 인간을 대조하여 역사의 무상감을 느끼게 하며 맥수지탄(麥秀之嘆)의 고사를 떠올리게 한다.

❷ 석양(夕陽)에 지나는 객(客)이 눈물계워ᄒᆞ노라. '객'은 작가 자신을 가리키고, '석양'은 하루 해가 저문다는 표면적 의미와 함께 고려 왕조의 몰락이라는 상징적 의미를 내포하는 중의적 표현이다. 화자가 느끼는 망국의 슬픔이 드러나 있다.

❸ 아희야, ~ 무엇ᄒᆞ리오. 고려 왕조의 멸망과 조선 왕조의 개국은 이미 돌이킬 수 없는 역사적 흐름이라는 작가의 태도가 드러나 있다.

작가 소개

(가) 길재(吉再, 1353~1419) 고려 말의 학자이자 고려의 유신(儒臣). 호는 야은(冶隱). 조선 개국 후 태상 박사에 임명을 받았으나 고려에 대한 충절을 지키기 위해 거절하고 고향에 내려가 후진 교육에 전력하였다.

(나) 원천석(元天錫, 1330~?) 고려 말의 학자이자 고려의 유신(儒臣). 고려가 멸망하자 벼슬을 버리고 원주 치악산에 숨어 살았으며 태종이 간곡히 불렀으나 끝내 나가지 않았다.

(다) 정도전(鄭道傳, 1342~1398) 고려 말 조선 초의 문신이자 학자. 신흥 사대부의 중심인물로 조선의 개국 공신이다.

작품 연구소

(가)의 감탄사, '어즈버'

10구체 향가와 시조는 3단 구성이며 10구체 향가 낙구(落句)의 첫머리와 시조 종장의 첫머리에 감탄사가 들어간다는 공통점이 있다. (가)의 종장에 나타난 '어즈버'는 시상을 전환하고 화자의 정서를 집약하는 기능을 하는 감탄사로, 10구체 향가의 낙구 첫머리에 나타나는 감탄사의 영향을 받았다고 볼 수 있다. 10구체 향가인 〈찬기파랑가〉 9행 첫머리의 '아야'와 〈제망매가〉 9행 첫머리의 '아아'와 같은 감탄사가 시조 종장 첫머리의 감탄사에 영향을 주었다고 보는 것이다. 이처럼 10구체 향가와 시조 모두 3단 구성이며 같은 기능을 하는 감탄사가 존재한다는 점으로 볼 때, 10구체 향가는 시조의 형식적 근원이라고 할 수 있다.

(가)와 (나)에 쓰인 비유적 표현의 의미

(가)	필마	벼슬하지 않고 홀로 지내는 외로운 신세
	태평연월	고려 왕조의 융성기
	꿈(꿈)	인간 역사의 무상함
(나)	추초	황폐해진(쇠락한) 고려 왕조
	목적	세월의 무상함
	석양	고려 왕조의 몰락
	객	작가(화자) 자신

(다)에 나타난 화자의 태도

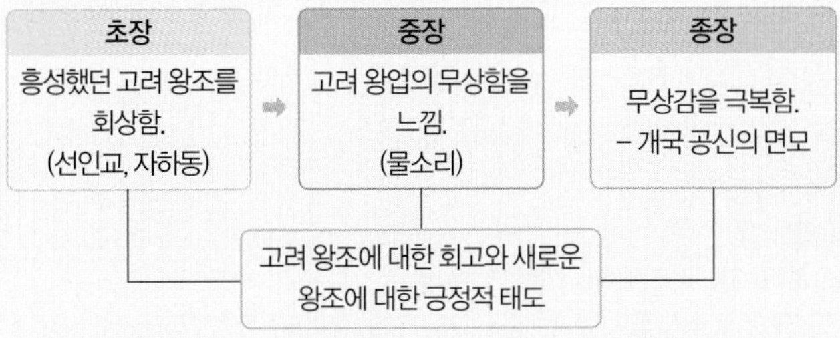

작가가 처한 입장에 따른 관점의 차이

(가)의 작가인 길재와 (나)의 작가인 원천석은 고려의 유신(儒臣)이고, (다)의 작가인 정도전은 조선의 개국 공신이다. 조선 건국 과정에 깊숙이 개입하여 공을 세운 정도전과 비교할 때, 고려의 유신이었던 길재와 원천석은 고려의 멸망을 보는 관점이 다를 수밖에 없었다. 길재와 원천석은 망해 버린 고려 왕조를 회상하며 망국의 슬픔과 역사의 무상감을 느끼며 회한에 잠긴다. 반면에 정도전은 고려 왕조에 대한 회고에 잠깐 잠기지만, 이미 망한 나라의 흥망을 물어 무엇하겠느냐고 마무리하며 고려의 멸망을 돌이킬 수 없는 역사의 흐름으로 보고, 무상감에서 벗어나 현실에 충실해야 함을 은근히 드러내고 있다. 즉, (가), (나)의 작가는 고려의 멸망과 조선의 건국을 부정적인 관점으로 바라보는 데 비해, (다)의 작가는 그것을 긍정적인 관점으로 바라보는 것이다.

왕조 교체기 사대부들의 고뇌와 갈등

고려 말에서 조선 초에 이르는 시기는 정치적 격변기였다. 고려가 망하고 새로운 왕조인 조선이 건국하면서 '군신유의(君臣有義)'라는 유교적 덕목이 흔들릴 수밖에 없었다. 이러한 유학자나 선비들의 갈등은 옛 왕조의 멸망에 대한 한탄과 회고, 고려 왕조에 대한 변함없는 충절, 새로운 왕조에 대한 긍정적 태도 등의 형태로 다양하게 시조에 반영되었다.

키 포인트 체크

화자 (가) - ☐☐하지 않고 외로이 지내는 사람 (나) - 왕조의 멸망을 안타까워하는 ☐☐☐ (다) - 고려 왕조를 ☐☐하는 사람

상황 (가) - ☐을 타고 고려의 옛 도읍지를 돌아봄. (나) - 잡초가 우거진 옛 ☐☐☐를 바라봄. (다) - 흥성했던 ☐☐ 왕조를 회상함.

태도 (가) - ☐☐의 한과 안타까움을 드러냄. (나) - 고려의 멸망에서 ☐☐☐을 느낌. (다) - 망국의 슬픔을 ☐☐하려고 함.

1 (가)~(다)의 화자가 대화를 나눈다고 할 때, 적절하지 않은 것은?

① (가): 나라가 융성했던 지난 세월의 일들이 꿈만 같아.
② (나): 황폐한 궁궐터를 보니 왕조의 멸망이 실감 나는군.
③ (다): 오백 년을 이어 온 왕업이었는데 이제는 물소리밖에 남지 않았으니 무상감이 드는군.
④ (나): 나라가 흥하고 망하는 것은 다 운수가 있으니 어쩔 수 없는 일이지만 눈물이 앞을 가리는군.
⑤ (다): 그렇게 슬퍼만 하지 말고 나라가 다시 부흥하도록 우리 함께 노력하세.

내신 적중 多빈출

2 (나)~(다)의 공통점으로 적절하지 않은 것은?

① 자연물을 통해 화자의 정서를 드러내고 있다.
② 과거의 사건이 시상 전개의 바탕이 되고 있다.
③ 설의적 표현을 사용하여 의미를 강조하고 있다.
④ 변화된 상황에 대한 화자의 인식이 나타나 있다.
⑤ 청각적 이미지를 사용하여 무상감을 표현하고 있다.

중요 기출 高난도

3 (나)와 〈보기〉를 비교하여 감상한 내용으로 적절하지 않은 것은?

> 보기
>
> 홍진(紅塵)에 뭇친 분네 이내 생애(生涯) 엇더ᄒᆞᆫ고. 녯 사름 풍류(風流)를 미ᄎᆞᆯ가 뭇 미ᄎᆞᆯ가. 천지간(天地間) 남자(男子) 몸이 날만ᄒᆞᆫ 이 하건마는 산림(山林)에 뭇쳐 이셔 지락(至樂)을 ᄆᆞ를 것가. [중략]
>
> 엇그제 겨을 지나 새봄이 도라오니, 도화 행화(桃花杏花)ᄂᆞᆫ 석양리(夕陽裏)예 퓌여 잇고, 녹양방초(綠楊芳草)ᄂᆞᆫ 세우 중(細雨中)에 프르도다. 칼로 ᄆᆞᆯ아 낸가 붓으로 그려 낸가. 조화신공(造化神功)이 물물(物物)마다 헌ᄉᆞ롭다.
>
> – 정극인, 〈상춘곡〉

① (나)와 〈보기〉는 동일한 음보율을 사용하여 리듬감을 살렸군.
② (나)는 〈보기〉와 달리 이질적 공간을 대비하여 주제를 드러냈군.
③ (나)에서는 침울한 분위기를, 〈보기〉에서는 들뜬 분위기를 느낄 수 있군.
④ (나)의 '석양'은 화자의 정서를 심화하는 배경으로, 〈보기〉의 '석양'은 경치를 돋보이게 하는 배경으로 기능하는군.
⑤ (나)는 화자가 혼잣말을 하는 방식으로, 〈보기〉는 화자가 청자에게 말을 건네는 방식으로 자신의 내면을 드러내는군.

4 (가)에서 화자의 처지를 암시적으로 표현한 시어를 찾아 쓰시오.

061 ~ 063 지조와 충절 ①

키워드 체크 #절의가 #절개 #지조 #충정 #백이숙제 고사 #소나무 #대나무

문학 금성, 미래엔, 비상, 해냄
국어 미래엔, 비상(박영), 지학

핵심 정리

(가) 갈래 평시조, 서정시
성격 지사적, 풍자적, 비판적
제재 백이숙제의 고사
주제 죽음을 각오한 굳은 지조와 절의
특징 ① 백이숙제의 태도를 새로운 시각으로 평가하고 자신의 절의를 강조함.
② 중의법, 설의법을 사용하여 자신의 지조를 부각함.
출전 《청구영언》

(나) 갈래 평시조, 서정시
성격 의지적, 지사적, 절의적
제재 낙락장송
주제 죽어서도 변할 수 없는 굳은 절개
특징 충절을 상징하는 소나무의 이미지를 활용해 자신의 지조를 부각함.
출전 《청구영언》

(다) 갈래 평시조, 서정시
성격 절의적, 의지적, 회고적
제재 대나무
주제 고려 왕조에 대한 굳은 지조
특징 상징법, 설의법, 의인법을 통해 작가의 굳은 의지를 표현함.
출전 《청구영언》, 《병와가곡집》

시어 풀이

푸새 푸성귀. 산과 들에 저절로 나서 자란 풀의 총칭.
봉래산(蓬萊山) 신선의 땅. 세속에 물들지 않은 순수한 공간.
독야청청(獨也靑靑) 모두 절개를 꺾는 상황에서도 홀로 절개를 굳세게 지킴.
세한 고절(歲寒孤節) 한겨울의 추위도 이겨 내는 높은 절개.

시구 풀이

❶ **비록애 푸새엣 ~ 싸헤 낫ᄃᆞ니** 백이와 숙제는 주나라의 녹을 받지 않으려고 수양산에 들어가 고사리를 캐 먹으며 연명했는데, 그 고사리도 결국은 주나라의 것이 아니냐는 뜻이다. 같은 상황이었다면 자신은 굶어 죽을지라도 고사리마저 거부했을 것이라고 말함으로써 자신의 굳은 절개를 강조하고 있다.

❷ **백설(白雪)이 ~ 독야청청(獨也靑靑)ᄒᆞ리라** 온 세상이 세조를 섬기더라도 자신만은 지조를 지키겠다는 뜻이다. '백설'은 부정적인 이미지로, 부당하게 왕위를 찬탈한 세조의 세력을 의미하며 '낙랑장송'과 '독야청청'은 작가의 굳은 절의와 지조를 상징한다.

작가 소개

(가), (나) 성삼문(成三問, 1418~1456) 사육신의 한 사람. 수양 대군이 단종을 몰아내고 왕위에 오르자, 단종 복위를 계획하였으나 실패하였다.
(다) 원천석(본책 126쪽 참고)

가

수양산(首陽山) ᄇᆞ라보며 이제(夷齊)를 한(恨)ᄒᆞ노라
주려 주글진들 채미(採薇)도 ᄒᆞᄂᆞᆫ 것가
❶비록애 •푸새엣 거신들 긔 뉘 싸헤 낫ᄃᆞ니

(이제(夷齊): 백이와 숙제 / 수양산(首陽山): 중의적 표현 - ① 백이와 숙제가 숨어 살던 산 ② 수양 대군 / 채미(採薇): 고사리를 캠. / 하찮은 풀이라도 주나라의 땅에서 났으므로 먹지 말아야 함. - 이제에 대한 질책)

현대어 풀이
수양산을 바라보면서 지조를 끝까지 지키지 못한 백이와 숙제를 원망하며 한탄하노라.
차라리 굶주려 죽을망정 고사리는 왜 캐어 먹었는가?
비록 산에서 아무렇게나 자라는 풀이라 하더라도 그것이 누구의 땅에서 났단 말인가?

나

이 몸이 주거 가셔 무어시 될고 ᄒᆞ니
•봉래산(蓬萊山) 제일봉(第一峯)에 낙락장송(落落長松) 되야 이셔
❷백설(白雪)이 만건곤(滿乾坤)ᄒᆞᆯ 제 •독야청청(獨也靑靑)ᄒᆞ리라

(이 몸이 ~ ᄒᆞ니: 절개를 지키다 죽은 후의 자신의 모습을 가정함. / 낙락장송(落落長松): 가지가 길게 축축 늘어진 큰 소나무 - 화자 / 백설(白雪): 세조의 세력 / 만건곤(滿乾坤): 하늘과 땅에 가득 참. / 독야청청(獨也靑靑): 지조와 절개를 지키겠다는 굳은 의지)

현대어 풀이
이 몸이 죽은 뒤에 무엇이 될까 생각해 보니
봉래산 제일 높은 봉우리에 우뚝 솟은 소나무가 되어서
흰 눈이 온 세상을 뒤덮을 때 홀로라도 푸른빛을 발하리라.

다

눈 마ᄌᆞ 휘여진 ᄃᆡ를 뉘라셔 굽다턴고
「구블 절(節)이면 눈 속의 프를소냐」
아마도 •세한 고절(歲寒孤節)은 너ᄲᅮᆫ인가 ᄒᆞ노라

(휘여진: 새 왕조의 압박을 견디는 고통 / 눈: 압력과 회유(시련을 상징) / ᄃᆡ: 충신의 지조와 절개 상징 / 「」: 절개를 굽히지 않겠다는 지조를 설의법으로 드러냄. / 구블 절(節): 굽힐 절개 / 프를소냐: 푸르겠는가 / 너: 대나무(의인화))

현대어 풀이
눈 맞아 휘어진 대나무를 누가 굽었다고 했던가?
굽힐 절개라면 눈 속에서 어찌 푸르겠는가?
아마도 한겨울의 추위를 이겨 내는 절개를 지닌 것은 너(대나무)뿐인가 하노라.

이해와 감상

(가) 세조의 단종 폐위에 항거한 작가의 의지를 은유적으로 드러낸 작품으로, 은(殷)나라의 충신 백이(伯夷), 숙제(叔齊)와 자신을 비교하면서 자신의 굳은 의지를 강조하고 있다. 일반적으로 유교 사회에서 백이, 숙제는 절의(節義)를 대표하는 충신이다. 그러나 작가는 그들이 수양산에 들어가 캐 먹은 고사리 역시 주나라 땅에서 난 것임을 상기시킴으로써 그들의 절의가 부족했음을 비판하고, 이를 통해 자신의 절의를 부각하고 있다.

(나) 사육신(死六臣)의 한 사람인 작가가 단종의 복위를 꾀하다가 발각되어 처형당할 때 자신의 충정을 노래한 작품이다. 세상이 아무리 어지럽다고 해도 자신은 끝까지 지조를 지키겠다는 의지를 비유적으로 나타냈다. '낙락장송'은 굳은 절개를, '백설이 만건곤ᄒᆞᆯ 제'는 수양 대군이 왕권을 장악한 상황을, '독야청청ᄒᆞ리라'는 시류에 영합하지 않고 홀로 지조를 지키겠다는 결의를 상징한다.

(다) 눈 속에서도 푸르름을 잃지 않는 대나무를 통해 두 왕조를 섬길 수 없다는 작가의 굳은 의지를 드러낸 작품이다. 고려의 유신(遺臣)인 작가는 시류에 영합하는 무리들의 회유에 동요되지 않고 끝까지 지조를 지키고자 하는 충절을 비유와 상징을 통해 표현했는데, 초장의 '눈 마ᄌᆞ 휘여진 ᄃᆡ'에서 '눈'은 새 왕조에 협력할 것을 강요하는 무리를, '휘여진'은 그 속에서 절개를 지키며 견디는 고충을 의미한다. 중장에서는 설의적 표현을 통해 결코 절개를 굽히지 않겠다는 의지를 표현하고 종장에서는 대나무를 높은 절개를 지닌 존재로 형상화하여 자신과 동일시했다. 즉, 자신도 대나무와 같이 끝까지 절개를 지키겠다는 의지를 강하게 드러낸 것이다.

작품 연구소

(가)에 드러난 화자의 태도

백이숙제의 태도	< 화자의 주관적 비교	화자의 태도
주나라 무왕의 은나라 정벌을 반대하고 수양산에 은거하여 고사리를 캐 먹다가 죽음.		세조(수양 대군)의 왕위 찬탈을 부당하게 여겨 그의 녹을 먹지 않고 쌓아 둠.

화자의 굳은 절개 강조

(나)의 대조적인 시어와 화자의 태도

(나)는 단종을 옹호하다가 죽음을 맞이한 성삼문의 작품으로, 신하로서의 지조를 지키겠다는 불굴의 의지가 색채 대비를 통해 효과적으로 드러나 있다. 화자는 죽어서도 '낙락장송'이 되어 '백설'로 뒤덮인 세상, 즉 잘못된 세상에 저항하겠다는 태도를 보인다.

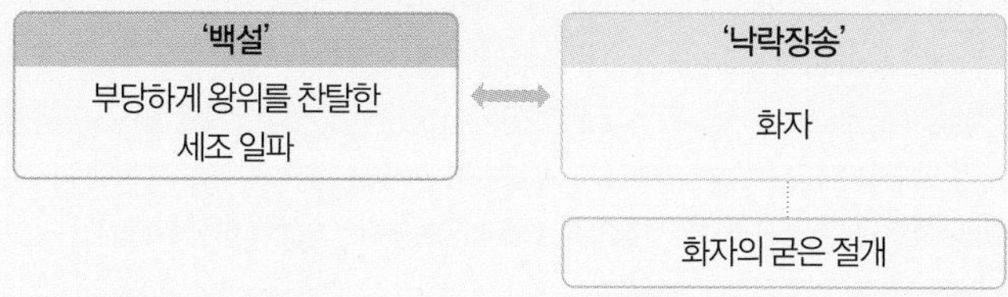

화자의 굳은 절개

절의(節義)의 표현 방식

(가)~(다)는 모두 충신은 두 임금을 섬길 수 없다는 지조와 충절을 담고 있는 절의가(節義歌)에 해당한다. 이 중에서 (나), (다)는 서로 다른 사람이 지었고 창작 시기도 다르지만 절의를 표현하는 방식은 서로 유사하고, (가), (나)는 같은 사람이 지은 작품이지만 절의를 표현하는 방식은 서로 다르다.

구분	내용
(가) 상식 뒤집기를 통한 의미의 강화	전통적으로 지조의 대명사로 알려진 백이숙제를 비판함으로써 자신의 굳은 절의를 강조함.
(나), (다) 이미지 활용	전통적으로 충신의 지조와 절개를 상징하는 '소나무', '대나무'의 이미지를 활용하여 자신의 절의를 효과적으로 표현함.

조선 전기의 절의가(節義歌)

유교적 이념을 통치 사상으로 한 조선 왕조에는 개국 후 수십 년이 지나지 않아 수양 대군이 단종을 몰아내고 왕위를 찬탈한 계유정난이 발생한다. 유교적 충의 사상을 자연스럽게 습득한 사대부들은 이러한 정변을 용납할 수 없었으며, 이 과정에서 단종 복위 운동을 벌이다가 희생된 사육신이 나타나게 된다. 사육신 가운데 처형을 앞두고 시조를 지은 사람이 성삼문을 포함해 넷이나 되는데, 불의한 정치 상황에 맞서 자신의 충절과 우국의 정을 노래한 이들의 시조가 조선 전기 절의가의 주된 유형이다.

자료실

백이숙제(伯夷叔齊)의 고사(故事)

백이(伯夷)와 숙제(叔齊) 형제는 은(殷)나라 말기의 충신이다. 당시 천자(天子)인 은나라 주왕이 폭정을 거듭하자 그 신하였던 주(周)나라 무왕이 혁명을 일으키게 된다. 이때, 백이와 숙제는 무왕의 말고삐를 붙잡고 신하로서 임금을 치는 것은 옳지 못하다고 간했다. 하지만 결국 무왕이 듣지 않고 혁명을 일으켜 주왕을 제거하고 천자가 되자 '주나라의 곡식은 먹지 않으리라.' 하고 수양산에 들어가 고사리를 뜯어 먹다가 결국 굶어 죽고 만다.

키 포인트 체크

화자 (가)~(다) - □□에 대한 지조를 지키는 충신

상황 (가) - 은나라의 충신인 □□와 □□를 비판함. (나) - 세조의 세력이 세상을 어지럽게 함. (다) - □□□의 높은 절개를 예찬함.

태도 (가) - 자신의 굳은 □□를 강조함. (나) - 죽어서도 □□를 지키겠다고 다짐함. (다) - 끝까지 절개를 지키겠다는 의지를 드러냄.

내신 적중

1 (가)~(다)의 공통점으로 가장 적절한 것은?

① 자연의 아름다움을 노래했다.
② 대상을 희화화하여 풍자와 해학을 드러냈다.
③ 유교적 충의 사상을 바탕으로 지조와 충절을 노래했다.
④ 자연물에 화자의 감정을 이입하여 애절한 정서를 표현했다.
⑤ 새로운 시각으로 대상에 접근하는 창의적 발상이 나타나 있다.

2 (가)와 〈보기〉를 비교하여 감상한 내용으로 적절하지 않은 것은?

보기

주려 주그려 ᄒᆞ고 수양산(首陽山)에 드럿거니
현마 고사리를 머그려 ᄏᆡ야시랴
물성(物性)이 구븐 줄 애다라 펴 보려고 ᄏᆡ미라. - 주의식

① (가)와 〈보기〉는 동일한 고사를 소재로 삼았군.
② 〈보기〉는 (가)에 대한 반박으로 볼 수 있겠군.
③ 〈보기〉와 달리 (가)에서는 중의적 표현을 사용했군.
④ (가)와 달리 〈보기〉에서는 고사리의 특성을 통해 화자의 의도를 드러내고 있군.
⑤ (가)와 달리 〈보기〉의 화자는 절개를 지키는 삶을 부정적으로 평가하고 있군.

3 (나)와 (다)를 읽고 난 후의 반응으로 적절하지 않은 것은?

① 유교적 충의를 표현하기 위해 상징적 소재를 사용했군.
② 자연물에 빗대어 화자의 절의를 더욱 절절하게 표현했군.
③ 시의 의미를 강조하기 위해 다양한 표현 방법을 사용했군.
④ 동일한 사건을 다루더라도 작가에 따라 화자의 태도가 달라질 수 있군.
⑤ 군신유의(君臣有義)라는 유교적 덕목은 당시 사대부에게 두루 퍼져 있는 이념이었군.

4 (가)에서 중의적인 표현을 찾고, 그 의미를 쓰시오.

내신 적중 高난도

5 (나)의 '백설'과 (다)의 '눈'이 공통적으로 상징하는 의미를 화자의 태도와 연관 지어 10자 내외로 쓰시오.

064 ~ 066 지조와 충절 ②

키워드 체크 #수양대군의 횡포 #계유정난 #시련과 역경 #절개 #지조 #절의 #일편단심 #충성심

핵심 정리

(가) 갈래 평시조, 서정시
성격 절의적, 의지적
제재 까마귀
주제 변하지 않는 절의와 지조
특징 색채 대비를 통해 주제를 강조함.
출전 《청구영언》, 《해동가요》

(나) 갈래 평시조, 서정시
성격 우국적, 풍자적
제재 바람(계유정난), 소나무, 꽃
주제 수양 대군의 횡포에 대한 비판과 인재 희생에 대한 걱정
특징 대조적인 소재를 사용하여 주제를 드러냄.
출전 《청구영언》, 《화원악보》

(다) 갈래 평시조, 서정시
성격 의지적, 비판적, 유교적
제재 바람과 서리 속에서 피어난 국화
주제 임금에 대한 변함없는 절개를 맹세함.
특징 국화를 복숭아꽃, 오얏꽃과 대조하여 화자의 강한 의지를 나타냄.
출전 《해동가요》, 《병와가곡집》

시어 풀이

야광명월(夜光明月) 밤에 밝게 빛나는 달.
낙락장송(落落長松) 가지가 길게 축축 늘어진 키가 큰 소나무.
풍상(風霜) 바람과 서리.
황국화(黃菊花) 누런색의 국화.
금분(金盆) 금으로 만들거나 금빛이 나도록 칠한 화분.

시구 풀이

❶ **가마귀 눈비 마ᄌᆞ 희ᄂᆞᆫ 듯 검노ᄆᆡ라.** 눈비를 맞아서 흰 듯하면서도 검은 까마귀의 속성을 언급하면서 까마귀로 상징되는 간신배의 위선적인 모습을 그려 내고 있다.

❷ **낙락장송(落落長松)이 ~ 가노ᄆᆡ라.** 수양 대군이 일으킨 계유정난으로 조정의 신하들이 화를 당한 상황을 상징적으로 드러내고 있다.

❸ **도리(桃李)야, ~ 님의 뜻을 알괘라.** 쉽게 변절하는 신하를 상징하는 '도리'에게 말을 건네는 기법을 사용하면서, 자신의 지조와 절개를 꿋꿋이 지키는 신하가 되라는 임금의 의중을 파악했음을 드러내고 있다.

작가 소개

(가) 박팽년(朴彭年, 1417~1456) 조선 세종 때의 집현전 학자. 호는 취금헌(醉琴軒). 사육신의 한 사람으로, 수양 대군이 단종을 내쫓고 왕위를 빼앗자 단종의 복위를 꾀하다 처형되었다.

(나) 유응부(兪應孚, ?~1456) 조선 초기의 장군. 호는 벽량(碧梁). 사육신의 한 사람으로 유학(儒學)에 조예가 깊었으며 숙종 때 병조 판서에 추증되었다.

(다) 송순(宋純, 1493~1583) 조선 명종 때의 문신이자 시인. 호는 면앙정(俛仰亭)·기촌(企村). 우참찬을 지냈으며 작품에 〈면앙정가〉, 저서에 《기촌집(企村集)》 등이 있다.

가

❶가마귀 눈비 마ᄌᆞ 희ᄂᆞᆫ 듯 검노ᄆᆡ라.
야광명월(夜光明月)이 밤인들 어두오랴.
님 향(向)ᄒᆞᆫ 일편단심(一片丹心)이야 고칠 줄이 이시랴.

(가마귀: 혼란한 시대 상황 / 간신 / 수양 대군이 왕위를 빼앗은 당시의 시대 상황 암시 △↔□ 대조 / 야광명월: 한밤중에 빛나는 밝은 달 – 변함없는 충성(충신)을 상징 / 어두오랴: 설의적 표현 / 님: 단종 / 일편단심: 한 조각의 붉은 마음(진심에서 우러나오는 변하지 않는 마음))

현대어 풀이
까마귀가 눈비를 맞아서 흰 듯하면서도 검구나. / 한밤중에도 빛나는 밝은 달이 밤이라고 해서 그 빛을 잃겠는가? / 임금(단종)을 향한 굳은 충성심이야 변할 까닭이 있겠는가?

나

간밤의 부던 ᄇᆞ람에 ㉠눈서리 치단말가.
❷낙락장송(落落長松)이 다 기우러 가노ᄆᆡ라.
ᄒᆞ믈며 못다 핀 곳이야 닐러 므슴 ᄒᆞ리오.

(△: 계유정난, 수양 대군의 포악함 – 정치적 시련을 암시 / △↔□ 대조 / 낙락장송: 단종에게 충성을 다하는 조정의 중신 / 못다 핀 곳: 젊은 인재 / 닐러 므슴 ᄒᆞ리오: 설의적 표현)

현대어 풀이
지난밤에 불던 바람에 눈서리가 쳤단 말인가? / 아름드리 소나무들이 다 기울어 가는구나. / 하물며 아직 피지도 못한 꽃이야 말해 무엇하겠는가?

다

㉡풍상(風霜)이 섯거 친 날에 ᄀᆞᆺ 픠온 황국화(黃菊花)를
금분(金盆)에 ᄀᆞ득 담아 옥당(玉堂)에 보내오니,
❸도리(桃李)야, 곳이온 양 마라, 님의 뜻을 알괘라.

(풍상: 바람과 서리 – 시련을 상징 / 황국화: 지조와 절개를 지키는 신하를 비유 / △↔□ 대조 / 옥당: 홍문관의 별칭, 화자가 현재 있는 곳 / 도리: 복숭아꽃과 오얏꽃 – 쉽게 변절하는 신하를 비유 / 님의 뜻: 역경 속에서도 절개를 지키는 충성된 신하가 되라는 임금의 뜻)

현대어 풀이
바람과 서리가 뒤섞이어 내린 날에 막 피어난 황국화를 / 좋은 화분에 가득 담아 홍문관에 보내 주시니 / 복숭아꽃과 오얏꽃아! 꽃인 척도 하지 마라. 임금의 뜻을 알겠구나.

이해와 감상

(가) 세상이 어지러워 충신과 간신의 경계가 불분명하고 간신이 충신 노릇을 하기도 하나, 자신의 충절은 언제나 늘 빛나는 야광명월(夜光明月)처럼 한결같다고 하며 단종에 대한 절의를 분명하게 드러낸 작품이다. 초중과 중장에서 '가마귀'와 '야광명월'의 대조로 간신과 충신의 이미지를 뚜렷하게 드러낸 뒤 종장에서 자신의 충절을 부각한 절의가(節義歌)라 할 수 있다.

가마귀		야광명월(夜光明月)
눈비를 맞아 겉모양이 하얗게 보이는 듯하나 원래 검음. – 이중성과 위선성	대조	한밤중에도 빛남. – 변치 않는 심성

(나) 수양 대군이 왕위 찬탈을 위해 중신들을 죽이고 단종을 폐위한 계유정난을 풍자한 작품으로, 수양 대군의 횡포와 인재들의 희생을 한탄하고 있다. 여기서 'ᄇᆞ람', '눈서리'는 수양 대군이 일으킨 정변과 그의 포악함을, '낙락장송'은 김종서, 황보인과 같이 단종에게 충성을 다하는 중신(重臣)들을, '못다 핀 곳'은 이제 막 벼슬길에 나간 젊은 유생들을 의미한다.

(다) 국화를 하사한 임금의 뜻에 따라 지조와 절개를 지키겠다는 작가의 다짐을 담은 작품이다. '풍상'은 시련과 역경을 상징하고, 금분에 담은 '황국화'는 정성스럽게 지켜 나가야 할 지조를 상징하며, '도리'는 한때 피었다 쉽게 지는 꽃으로 변절자를 상징한다. 결국 종장의 '도리'와 대조를 이루는 초장의 '황국화'는 역경 속에서도 절개를 지키는 충성스러운 신하가 되라는 뜻으로 임금이 보낸 것이라 할 수 있다.

황국화(黃菊花)		도리(桃李)
지조와 절개를 지닌 충신	대조	쉽게 변절하는 간신

작품 연구소

'사육신'에 속하는 (가)와 (나)의 작가

(가)의 작가 박팽년과 (나)의 작가 유응부는 사육신에 속하는 인물들이다. '사육신'이란 조선 세조 2년(1456)에 단종의 복위를 꾀하다가 처형된 여섯 명의 충신으로 박팽년과 유응부 외에 이개, 하위지, 유성원, 성삼문을 이른다. 이러한 시대적 배경을 고려하면 (가)의 '님 향(向)ᄒᆞᆫ 일편단심(一片丹心)'이란 단종을 향한 일편단심을 의미하며, (나)의 '간밤의 부던 ᄇᆞ람'은 단종을 폐위한 것과 같은 수양 대군(세조)의 횡포를 상징한다고 할 수 있다.

(가)~(다)에 나타난 충신의 이미지

(가)의 '가마귀'와 대조되며 밤에도 어둡지 않은 '야광명월(夜光明月)'과 (나)의 'ᄇᆞ람'과 '눈서리' 때문에 기울어 가는 '낙락장송(落落長松)', (다)의 '풍상(바람과 서리)' 속에서도 핀 '황국화(黃菊花)'는 지조와 절개를 지키는 충신의 이미지를 나타내는 시어들이다.

(가)	(나)	(다)
야광명월(夜光明月)	낙락장송(落落長松)	황국화(黃菊花)

⬇

'충성스러운 신하'라는 긍정적 이미지

(나)의 풍자적 속성

(나)는 수양 대군의 왕위 찬탈을 풍자한 작품으로, 당시의 상황을 자연물에 비유하여 우의적으로 표현하고 있다.

시어	비유적 의미
ᄇᆞ람, 눈서리	수양 대군의 왕위 찬탈, 포악함
낙락장송	수양 대군의 야욕에 희생된 조정의 충신
못다 핀 곳	장차 국가의 기둥이 될 젊은 인재

자료실

단종의 폐위와 복위 운동

(가)와 (나)가 창작된 당시의 역사적 배경은 단종의 폐위와 밀접한 관련이 있다. 1453년에 수양 대군이 왕위를 찬탈하기 위해 계유정난을 일으키고 결국 1455년에 왕위에 오르자 성삼문, 박팽년을 비롯한 집현전 학자들은 이를 엄연한 왕위 찬탈이라 여기고 단종의 복위를 계획하였다. 하지만 김질과 정창손의 고변으로 단종 복위 계획에 가담한 사람은 모두 붙잡혀 목숨을 잃고 말았다. 이 사건으로 단종은 노산군으로 강등되고 영월에 유배되었다.

함께 읽으면 좋은 작품

〈금생여수라 한들〉, 박팽년 / 단종에 대한 굳은 충절을 노래한 작품

박팽년의 또 다른 시조로, '금생여수'란 금은 여수에서 난다는 뜻이다. 여기서 여수는 좋은 금이 나는 곳으로 유명한 중국의 실제 지명이다. 작가는 여수의 모든 금이 다 좋은 것은 아니듯 나 역시 아무 임이나 따를 수는 없다고 말하고 있다. 이는 곧 단종과 세조 모두 임금이기는 하나 자신은 단종을 따를 뿐 세조를 따를 수는 없다는 강한 지조를 드러낸 것이라 할 수 있다.

키 포인트 체크

화자 (가), (나) - 단종에게 ☐☐하는 신하 (다) - 임금에게서 ☐☐☐를 받은 신하

상황 (가), (나) - 수양 대군이 ☐☐으로부터 왕위를 찬탈함. (다) - 자신에게 국화를 보낸 임금의 ☐☐을 헤아림.

태도 (가), (나) - 임금을 향한 변함없는 ☐☐☐☐을 드러냄. (다) - 임금에 대해 변함없이 지조와 ☐☐를 지킬 것을 다짐함.

1 (가)~(다)의 표현 방식에 대한 설명으로 가장 적절한 것은?

① (가)와 (다)는 설의법을 사용하여 화자의 가치관을 강조했다.
② (나)는 (가)와 달리 4음보를 규칙적으로 사용하여 안정된 리듬감을 형성했다.
③ (나)와 (다)는 색채어를 사용하여 대상의 속성을 선명하게 드러냈다.
④ (다)는 (나)와 달리 감정 이입을 통해 화자의 내면을 표현했다.
⑤ (가)~(다)는 대조적인 소재를 사용하여 주제를 드러냈다.

2 〈보기〉를 참고하여 (가)와 (나)를 감상한 뒤의 반응으로 적절하지 않은 것은?

보기
(가)와 (나)는 각각 단종 복위 운동이 실패하여 고초를 당한 사육신인 박팽년과 유응부의 작품으로, 수양 대군의 왕위 찬탈을 고도의 비유적 표현을 사용하여 풍자하고 있다.

① (가)의 '야광명월(夜光明月)'과 (나)의 '낙락장송(落落長松)'은 충신의 이미지를 형상화한 것이로군.
② (나)의 '못다 핀 곳'은 결국 수양 대군의 왕위 찬탈에 따른 화를 모면한 것이로군.
③ (나)의 'ᄇᆞ람'과 '눈서리'는 왕위 찬탈과 같은 수양 대군의 횡포를 빗댄 것이로군.
④ (가)와 (나)는 모두 단종을 향한 일편단심을 바탕으로 창작된 작품이로군.
⑤ (가)와 (나)는 모두 자연 현상에 빗대어 당시의 시대 상황을 드러내고 있군.

3 〈보기〉를 참고하여 (다)를 감상한 내용으로 적절하지 않은 것은?

보기
(다)의 작가는 임금이 하사한 황국화분을 보고 풍상을 견뎌 내고 꿋꿋하게 노란 꽃을 피워 내는 국화처럼 선비의 고고한 기품과 지조를 간직하라는 임금의 뜻을 읽어 내는 감격적인 상황을 노래하고 있다.

① '풍상'은 '황국화'가 견뎌 냈던 시련과 고난을 상징하는군.
② '황국화'는 작가가 본받아야 할 대상에 해당하는군.
③ '옥당'은 작가가 거처하는 곳이겠군.
④ '도리'는 '황국화'와 더불어 작가의 정신적 지향점을 표상하는군.
⑤ '님의 뜻'은 고고한 기품과 지조를 간직하라는 것이로군.

4 ㉠과 ㉡이 공통적으로 나타내는 상징적 의미를 쓰시오.

067 ~ 069 사대부의 연군

키워드 체크 #단종 #유배 #이별 #사대부 #충정 #그리움 #안타까움 #감정 이입

문학 비상

핵심 정리

(가) 갈래 평시조, 서정시
성격 여성적, 애상적, 감상적, 연군가
제재 촛불
주제 임(단종)과 이별한 슬픔
특징 ① 여성적 어조의 완곡한 표현으로 자신의 절의를 드러냄.
② 의인법을 사용하여 시적 화자의 감정을 특정한 대상(촛불)에 이입함.
출전 《청구영언》, 《해동가요》

(나) 갈래 평시조, 서정시
성격 애상적, 감상적, 연군가
제재 별, 달
주제 연군의 정
특징 추상적 개념인 '마음'을 구체적인 대상인 '별'과 '달'로 형상화하여 표현함.
출전 《송강가사》

(다) 갈래 평시조, 서정시
성격 애상적, 감상적, 연군가
제재 시냇물
주제 임금(유배된 단종)과 이별한 애절한 마음
특징 냇물에 감정을 이입하여 단종과 이별하는 슬픔과 단종을 호송한 죄책감을 진술하게 드러냄.
출전 《청구영언》, 《해동가요》

시구 풀이

❶ **방(房) 안에 ~ 눌과 이별(離別)ᄒᆞ엿관ᄃᆡ** 촛불을 인격화하여 누군가와 이별한 것으로 표현한 부분이다. 화자 자신이 단종과 이별한 상황에서 그 심정을 무생물인 촛불에 빗대어 표현했다.

❷ **것츠로 눈물 ~ 쥴 모로는고** 촛농이 흘러내리는 것을 화자의 눈물에, 초 심지가 타는 것을 화자의 속 타는 심정에 비유하여 표현했다.

❸ **천만 리(千萬里) ~ 고은 님 여희ᄋᆸ고** 임과 다시 만나기 어려운 정서적 거리감과 슬픔을 '천만 리'라는 시어로 극대화했다.

❹ **져 믈도 ~ 밤길 녜놋다.** 자연물인 시냇물을 인격화하고 화자의 비통한 심정을 시냇물에 이입함으로써 감정을 객관화하여 표현했다.

작가 소개

(가) 이개(李塏, 1417~1456) 조선 단종 때의 문신. 사육신(死六臣)의 한 사람. 성삼문, 박팽년 등과 단종의 복위를 꾀하다가 발각되어 처형당하였다.

(나) 정철(鄭澈, 1536~1593) 조선 시대 우의정, 좌의정 등을 역임한 문신이며 시인. 호는 송강. 탄핵으로 사직한 뒤 4년간 은거 생활을 했다. 작품에는 〈관동별곡〉, 〈사미인곡〉, 〈속미인곡〉 등의 가사와 80여 수의 시조 등이 있다.

(다) 왕방연(王邦衍, ?~?) 세조 때의 의금부 도사로, 사육신(死六臣) 사건 후 폐위되어 귀양 가는 단종을 호송하였다.

가

❶방(房) 안에 혓는 촛(燭)불 눌과 이별(離別)ᄒᆞ엿관ᄃᆡ
(촛(燭)불: 감정 이입의 대상)
❷것츠로 눈물 디고 속 타는 쥴 모로는고
뎌 촛불 날과 갓트여 속 타는 쥴 모로도다
(뎌 촛불 날과 갓트여: 촛불 = 화자 / 속: ① 초의 심지 ② 화자의 애타는 마음)

현대어 풀이

방 안에 켜 있는 촛불, 누구와 이별하였기에
겉으로 눈물을 흘리며 속이 타들어 가는 줄 모르는가?
저 촛불도 나와 같이 속이 타는 줄 모르는구나.

나

내 ᄆᆞᄋᆞᆷ 버혀 내여 별 ᄃᆞᆯ을 ᄆᆡᆼ글고져
(내 ᄆᆞᄋᆞᆷ: 임에 대한 사랑, 그리움 / 별 ᄃᆞᆯ: 중심 소재 – 임에 대한 화자의 마음)
구만리 댱텬의 번드시 걸려 이셔
(구만리 댱텬: 임금이 계신 한양)
고은 님 계신 고ᄃᆡ 가 비최여나 보리라
(고은 님: 임금 / 비최여나 보리라: 임에 대한 사랑)

현대어 풀이

내 마음을 베어 내어 별과 달을 만들고 싶구나.
구만리나 되는 먼 하늘에 번듯하게 걸려 있어서
임(임금)이 계신 곳에 가서 비추어나 보리라.

다

❸천만리(千萬里) 머나먼 길히 고은 님 여희ᄋᆸ고
(천만리(千萬里): 정서적 거리감, 슬픔의 깊이 / 고은 님: 단종 / 여희ᄋᆸ고: 이별하고)
ᄂᆡ ᄆᆞᄋᆞᆷ 둘 ᄃᆡ 업서 냇ᄀᆞ에 안쟈시니,
(ᄂᆡ ᄆᆞᄋᆞᆷ: 슬픔, 안타까움, 죄책감 등 충절과 연군의 정 / 밤: 캄캄함. → 화자의 암담한 심경)
❹져 믈도 내 ᄋᆞᆫ ᄀᆞᆺᄒᆞ여 우러 밤길 녜놋다.
(믈: 감정 이입의 대상 / ᄋᆞᆫ: 마음 / 우러 밤길 녜놋다: 울면서 밤길을 흘러가는구나(의인법))

현대어 풀이

천만리 머나먼 곳(영월)에 고운 임(단종)을 두고 돌아오다가
내 슬픈 마음을 둘 데가 없어 냇가에 앉았더니,
저 물도 내 마음 같아서 울면서 밤길을 흘러가는구나.

이해와 감상

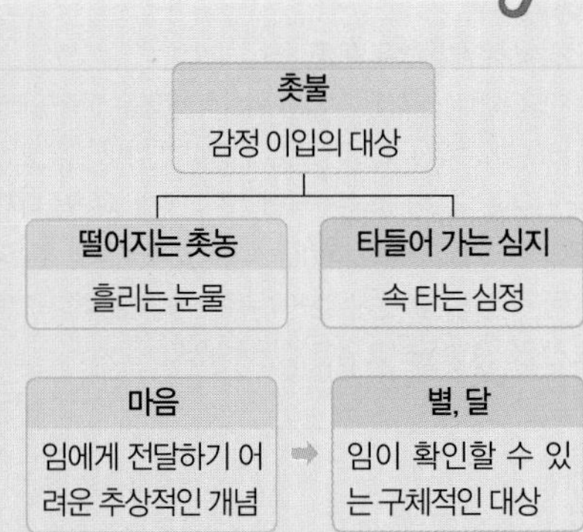

(가) 수양 대군에게 왕위를 찬탈당해 강원도 영월로 유배 가는 단종과 이별하는 안타까운 마음을 타는 촛불에 비유하여 형상화한 작품이다. 겉으로 보이는 것은 눈물뿐이지만 속에서는 더 뜨거운 충정(忠情)이 타고 있음을 여성적 어조를 활용하여 완곡하게 표현했다.

(나) 임금을 그리워하는 안타까운 마음을 우회적으로 형상화한 작품이다. 화자는 자신의 마음을 칼로 베어 별과 달을 만들어서 임금이 계신 궁궐에 가 비춤으로써 자신의 충정(忠情)을 임금께 전하고 싶다고 노래한다. 추상적인 대상인 '마음'을 구체적 사물인 '별, 달'로 형상화한 시적 상상력이 돋보인다.

(다) 단종이 영월로 유배될 때 호송 책임을 맡았던 작가가 호송을 마치고 돌아오면서 안타까움과 죄책감 등의 괴로운 심정을 시냇물에 이입하여 읊은 작품이다. 화자의 슬픔의 깊이를 '천만 리'로 수량화하고 흐르는 시냇물과 자신을 동일시함으로써 애절한 마음을 드러냈다.

'나' – 고운 임과 이별함. – 슬픔, 울음소리
⬇ 감정 이입
물 – '나'와 같음. – 슬픔, 냇물 소리

작품 연구소

(가)~(다)의 주된 표현 기법

① 정서의 감각화

(가) – 시각적 이미지	촛불이 타는 모습	화자의 애타는 모습	정서의 감각적 형상화
(나) – 시각적 이미지	환하게 비치는 별과 달	임에 대한 그리움, 사랑	
(다) – 청각적 이미지	시냇물 흐르는 소리	화자의 울음소리	

② 감정 이입

감정 이입은 화자의 감정을 특정 대상(자연물)으로 투사하거나 대상의 감정을 자신에게 이입하여 대상과 화자가 같은 처지에서 동일한 감정을 가지고 있는 듯이 표현하는 기법을 말한다. 감정의 직접적인 표출을 자제했던 조선 시대 사대부들은 자신의 감정을 객관화하면서 효과적으로 표현하기 위한 방법으로 감정 이입의 방법을 사용했는데 (가)는 촛농을 흘리며 심지를 태우는 촛불에, (다)는 무심히 흘러가는 시냇물에 자신의 감정을 이입하여 표현했다.

사대부의 서정성을 표현한 시조

사대부들은 조선의 시가 문학을 대표하는 국문 시가로 일컬어지는 시조를 통해 자신의 서정을 표현했다. 이개, 정철, 왕방연의 시조들을 통해 알 수 있듯이, 시조는 '충의(忠義)', '연군(戀君)' 등 사대부가 추구하는 가치나 태도에서 비롯되는 정서를 간결하고 소박하게 표현하기에 적합했다.

충신연주지사(忠臣戀主之詞)

임금을 향한 신하의 변치 않는 충정과 절개를 형상화한 시가를 '연군가(戀君歌)' 또는 '충신연주지사(忠臣戀主之詞)'라고 한다. 충신연주지사의 원류는 고려 의종 때 동래로 유배되었던 정서가 유배지에서 임금을 그리워하는 정을 노래한 〈정과정(鄭瓜亭)〉에서 찾을 수 있다. 정서가 〈정과정〉에서 여성 화자를 내세워 임금을 향한 충절을 노래한 것처럼 앞의 시조들도 임금과 신하의 관계를 남녀의 연인 관계로 바꾸어 노래했다. '충신연주지사'를 대표하는 작품인 정철의 〈사미인곡〉, 〈속미인곡〉도 이러한 방법을 사용했는데, 이렇게 군신(君臣) 관계를 연인 관계로 치환하여 노래하는 수법은 이후 연군가 계열의 작품에 커다란 영향을 주었다.

자료실

절의(節義)와 연군(戀君)을 노래한 시조

① 원호의 시조

간밤의 우던 여흘 슬피 우러 지내여다.
이제야 싱각ᄒᆞ니 님이 우러 보내도다.
져 물이 거스리 흐르고져 나도 우러 녜리라

→ 이 작품은 생육신의 한 사람인 작가가 영월로 유배 간 단종을 모시지 못하는 자신의 처지를 개탄하며 지은 시조이다. 여기서 '여흘(여울물)'은 화자의 슬픈 심정이 투영된 소재로, 화자와 임 사이를 연결해 주는 역할을 한다.

② 서익의 시조

녹초(綠草) 청강상(晴江上)에 굴레 버슨 몰이 되여
때때로 멀이 들어 북향(北向)ᄒᆞ야 우는 뜻은
석양(夕陽)이 재 넘어 감애 님자 글여 우노라.

→ 이 작품은 작가가 벼슬을 내려놓고 고향에 내려가 있을 때 중종이 승하했다는 소식을 듣고 슬픈 심정을 노래한 시조이다. '굴레 버슨 몰'은 한가로운 화자의 처지를 비유한 것이고, '석양이 재 넘어 감애'는 중종의 승하를 의미한다.

키포인트 체크

화자 (가) – 임과 ☐☐한 사람 (나) – 임을 그리워하는 사람 (다) – 임과 이별한 사람

상황 (가) – ☐☐에 자신의 감정을 이입함. (나) – 자신의 마음으로 별과 달을 만들고 싶어 함. (다) – ☐☐☐을 보며 슬퍼함.

태도 (가) – 임과의 이별을 안타까워함. (나) – 임에 대한 ☐☐과 ☐☐☐을 드러냄. (다) – 임과의 이별을 슬퍼하고 안타까워함.

1 (가)~(다)에 대한 이해로 적절하지 않은 것은?

① (가)의 '속'은 초의 심지이면서 화자의 애타는 마음을 의미한다.
② (나)는 추상적인 개념을 구체적인 대상으로 형상화했다.
③ (나)는 대상을 의인화하여 임에 대한 원망을 표현했다.
④ (다)는 과장된 표현을 통해 임과 이별한 상황을 강조했다.
⑤ (다)는 '밤길'의 어두운 이미지를 통해 화자의 암담한 심경을 표현했다.

2 (가)~(다)와 〈보기〉의 갈래상 특징을 비교하여 이해한 내용으로 적절하지 않은 것은?

보기

ᄆᆞ옴의 머근 말솜 슬ᄏᆞ장 ᄉᆞᆲ쟈 ᄒᆞ니 눈믈이 바라 나니 말숨인들 어이ᄒᆞ며 졍(情)을 못다 ᄒᆞ야 목이조차 몌여ᄒᆞ니 오뎐된 계셩(鷄聲)의 좀은 엇디 ᄭᆡ돗던고.
어와, 허ᄉᆞ(虛事)로다. 이 님이 어디 간고. 결의 니러 안자 창(窓)을 열고 ᄇᆞ라보니 어엿븐 그림재 날 조ᄎᆞᆯ 뿐이로다. ᄎᆞᆯ하리 싀여디여 낙월(落月)이나 되야이셔 님 겨신 창(窓) 안히 번드시 비최리라.
각시님 ᄃᆞᆯ이야ᄏᆞ니와 구즌비나 되쇼셔.
– 정철, 〈속미인곡〉

① 두 갈래 모두 음보율이 느껴지는군.
② 두 갈래 모두 종결부의 음수율이 비슷하군.
③ 서정성을 간결하게 표현하는 데는 (가)~(다)가 더 적절하겠군.
④ (가)~(다)보다 길이가 긴 〈보기〉가 좀 더 자유로운 표현이 가능하겠군.
⑤ 〈보기〉는 (가)~(다)에 비해 창작과 향유 계층이 엄격하게 제한되어 생명력이 약했겠군.

내신 적중

3 (가)와 (다)에 나타난 표현상의 공통점을 〈조건〉에 맞게 서술하시오.

조건

각 작품의 종장에 나타난 표현을 언급할 것.

4 (다)와 〈보기〉에 나타난 '물'의 이미지를 시적 상황과 관련지어 비교하여 서술하시오.

보기

비 갠 둑에 풀빛이 고운데, / 남포에서 임 보내며 슬픈 노래 부르네. / 대동강 물이야 언제나 마르려나. / 이별 눈물 해마다 푸른 물결 보태나니. – 정지상, 〈송인〉

070 ~ 072 자연을 누리는 삶

키워드 체크 #강호 한정 #물아일체 #전원생활 #초탈 #여유 #멋 #자연 #풍류

문학 금성, 동아
국어 비상(박안), 신사고, 창비

핵심 정리

(가) 갈래 평시조, 서정시
성격 풍류적, 낭만적, 탈속적, 한정가
제재 추강(秋江), 가을 달밤, 낚시
주제 가을 달밤의 풍류와 정취
특징 한적한 가을밤의 풍취를 드러내어 물욕과 명리를 벗어난 탈속의 정서를 표출함.
연대 조선 성종
출전 《청구영언》

(나) 갈래 평시조, 서정시
성격 풍류적, 낭만적, 전원적, 한정가
제재 전원생활
주제 자연에 대한 사랑과 안빈낙도
특징 의인법과 비유적 표현을 사용하여 물아일체의 삶을 드러냄.
연대 조선 중종
출전 《청구영언》, 《병와가곡집》

(다) 갈래 평시조, 서정시
성격 풍류적, 낭만적, 전원적, 한정가
제재 늦가을의 농촌 생활
주제 농촌 생활의 풍요로움과 흥겨움
특징 순우리말로 농촌의 가을 풍경을 구체적으로 묘사함.
연대 조선 세종
출전 《청구영언》

시어 풀이

초려 삼간(草廬三間) 세 칸밖에 안 되는 작은 초가.

시구 풀이

❶ **무심(無心)한 ~ 저어 오노라** 낚시보다는 자연의 정취를 만끽하면서 몰아(沒我)의 경지를 지향하고 있다. 세속의 물욕과 명리를 초월한 유유자적한 삶의 자세를 '무심한 달빛'과 '빈 배'를 통해 형상화했다.

❷ **나 ᄒᆞᆫ 간 ~ ᄒᆞᆫ 간 맛져 두고** 자연을 자신의 집에 들여놓고 함께 살아간다는 표현으로 물아일체의 삶을 나타낸 것이다. '달'과 '청풍'을 화자인 '나'와 동일한 인격체로 대우하면서, 방을 한 칸씩 맡는다고 표현한 발상이 돋보인다.

❸ **술 닉쟈 ~ 아니 먹고 어이리.** 술이 익자마자 때마침 체 장수가 술을 걸러 먹는 체를 팔고 돌아간다고 하여, 모든 조건이 딱 맞아떨어져 자신의 풍류를 돕는다는 뜻이다.

작가 소개

(가) 월산 대군(月山大君, 1454~1488) 본명은 이정(李婷). 성종의 친형으로 서책과 산수를 가까이하고 풍류를 즐겼다.

(나) 송순(본책 130쪽 참고)

(다) 황희(黃喜, 1363~1452) 자는 구부(懼夫), 호는 방촌(厖村). 세종 때에 18년간 영의정을 지냈으며, 어질고 깨끗한 관리의 표본이 되었다. 저서에 《방촌집》이 있다.

가

추강(秋江)에 밤이 드니 물결이 차노매라
(추강: 가을의 강 – 계절적·공간적 배경 / 차노매라: 차구나)
낚시 드리우니 고기 아니 무노매라
㉠❶무심(無心)한 달빛만 싣고 빈 배 저어 오노라
(무심한 달빛: 욕심이 없는 자연 / 빈 배 저어 오노라: 세속적 욕망을 버린 화자의 무욕의 심리)

현대어 풀이

가을 강에 밤이 찾아오니 물결이 차갑구나.
낚시를 드리우니 물고기가 물지 않는구나.
욕심이 없는 달빛만 가득 싣고 빈 배를 저어 오는구나.

나

십 년(十年)을 경영(經營)ᄒᆞ여 *초려 삼간(草廬三間) 지여 내니
(경영: 준비하여 / 초려 삼간: 안분지족하는 삶의 모습)
「❷나 ᄒᆞᆫ 간 ᄃᆞᆯ ᄒᆞᆫ 간에 청풍(淸風) ᄒᆞᆫ 간 맛져 두고」 근경
(「」: 자연과 하나 되는 물아일체의 경지(의인법))
강산(江山)은 들일 듸 업스니 둘러 두고 보리라 원경

현대어 풀이

십 년을 계획하여 초가 삼간을 지어 내니
나 한 칸, 달 한 칸에, 청풍 한 칸 맡겨 두고
강과 산은 들여놓을 곳이 없으니 병풍처럼 둘러 두고 보리라.

다

대쵸 볼 불근 골에 밤은 어이 ᄠᅳᆺ드르며,
(대쵸 볼 불근: 대추의 볼 – 붉게 익은 통통한 대추를 의인화함. / ᄠᅳᆺ드르며: 떨어지며)
벼 뷘 그르헤 게는 어이 ᄂᆞ리ᄂᆞᆫ고.
(벼 뷘 그르헤: 벤, 베어 낸 그루터기에 / ᄂᆞ리ᄂᆞᆫ고: 내려오는가)
(1~2행: 가을 농촌의 풍요로운 모습)
❸술 닉쟈 쳬 쟝ᄉᆞ 도라가니 아니 먹고 어이리.
(어이리: 어찌하리오)

현대어 풀이

대추가 발갛게 익은 골짜기에 밤은 어찌 뚝뚝 떨어지며,
벼를 베고 난 그루터기에 게는 어찌 내려와 기어 다니는가?
술이 익자마자 체 장수가 체를 팔고 돌아가니 (이렇게 술 먹기 좋은 여건에서) 아니 먹고 어찌하겠는가?

이해와 감상

(가) 물욕(物慾)과 명리(名利)를 벗어나 자연 속에서 유유자적하는 삶의 모습을 그린 작품이다. 가을 달밤에 배를 띄워 낚시로 풍류를 즐기는 한가하고 여유로운 삶을 한 폭의 동양화처럼 선명하게 제시한 대표적인 '강호 한정가(江湖閑情歌)'로서 여유로움 속에 멋을 즐기는 옛 선비들의 면모를 그대로 보여 주고 있다. 중장의 '아니 무노매라'와 종장의 '무심', 그리고 '빈 배'의 표현에서 화자가 마음을 비우고 여유롭게 자연의 풍취를 즐기고 있음을 알 수 있다. 빈 배에 고기 대신 달빛만 가득 싣고 돌아오는 풍류는 바로 욕심을 버린 작가의 마음을 반영하는 것이다.

(나) 이 작품은 자연과 하나가 되어 풍류를 즐기는 작가의 삶을 노래하고 있다. '달', '청풍'과 '나'가 초가 삼간 속에서 일체를 이루는 물아일체(物我一體)적 삶과 안분지족의 생활 태도에서 산수의 아름다움에 몰입한 참신한 멋을 느끼게 한다.

(다) 풍요로운 가을 농촌의 흥겨움과 풍류를 노래한 작품이다. 대추와 밤이 익어 저절로 떨어지고, 벼를 베고 난 논에 게가 기어 다녀 안주가 풍부한데, 술이 익을 때에 맞추어 체 장수까지 지나가니 어찌 술을 마시지 않겠느냐고 하면서 농촌 생활의 흥겨움을 노래했다.

선경		후정
시선의 이동에 따른 가을 농촌의 풍요로운 모습 묘사	➡	금상첨화의 흥취

작품 연구소

조선 시대 사대부들의 자연관

조선 시대의 사대부들은 자연에서 정신적인 안식을 찾고자 했다. 그들에게 자연은 멋과 풍류를 즐길 수 있는 공간이고, 속세의 어지러움과 대비되는 탈속적 공간이며, 전원의 구체적 생활 공간이었다. 이처럼 그들은 자연 속에서 자연의 일부로 살아가며 자연과의 조화로운 삶을 추구했다. 또한 그들의 작품에 자주 등장하는 소재는 '술'이다. '술'은 세속적 명리를 떠난 지식인들의 낙천적 풍류를 상징한다. 그들은 세속적 풍요보다는 자연의 풍요로움에 기대어 한가롭게 술을 마심으로써 근심 없는 삶의 멋을 추구했던 것이다.

(가)에 나타난 화자의 태도

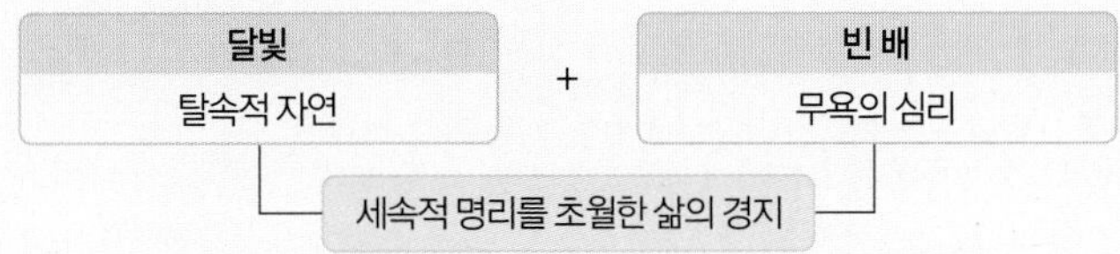

(나)에 드러난 화자의 자연관

송순은 1533년에 고향인 담양으로 내려가 정자 '면앙정'을 짓고 시를 지으며 지냈다. 그는 주변의 자연과 어울려 유유자적하면서 정신을 수양하는 삶을 노래한 가사, 시조, 한시 등을 지었다. 〈십 년을 경영ᄒᆞ여〉에서는 '나'와 '둘', '청풍'이 각각 '초려 삼간'의 한 칸씩 차지한다고 하여 자연과 인간을 나누는 경계를 벗어나 자연과 친화하고자 하는 화자의 자연관을 잘 드러내고 있다.

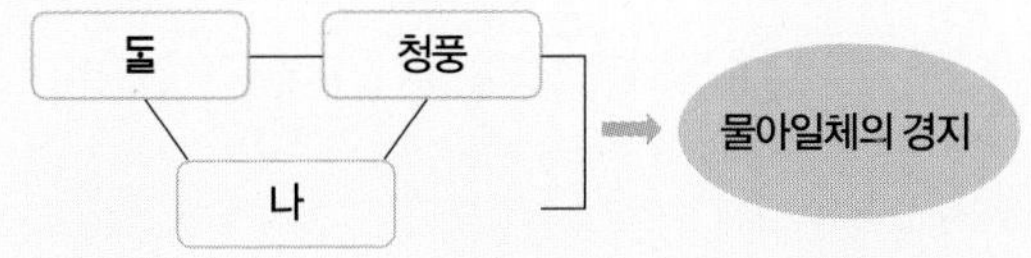

(다)의 표현상 특징

(다)는 '대쵸, 밤, 벼, 게, 술' 등의 시어의 나열을 통해 농촌의 풍요로움을 효과적으로 표현했다. 또한 관념적인 자연이 아닌 현실적이고 구체적인 자연의 모습을 그린 것이 특징이며, 감각적인 표현을 효과적으로 사용했다.

감각적 표현	시각(대쵸 볼 불근), 청각(뜻드르며), 후각(술 닉쟈)
시어의 나열	대쵸·밤 → 벼·게 → 술·체 장ᄉ
사실적 표현	관념적 표현과 한자어를 배제하고 순우리말을 사용하여 농촌의 가을 풍경을 구체적으로 묘사함.

강호가도(江湖歌道)와 정치 현실

조선 시대에 자연에 귀의하여 자연 친화적 삶을 살고자 하는 사대부의 소망을 노래한 경향을 '강호가도'라고 한다. 사대부가 현실 정치에 참여하여 자신의 뜻을 펼치지 않고 강호로 돌아와 자신의 심성을 수양하며 물아일체의 유유자적한 삶을 추구한다는 것은 당시의 정치 현실이 그들이 참여할 수 없는 상황이었음을 역설적으로 말해 준다. 사대부들은 당대 정치 상황이 자신과 맞지 않을 때면 자연에 은둔하면서 수양도 하고, 정계 복귀를 위한 준비를 하기도 했다. 따라서 당대 사대부들은 표면적으로는 자연을 물아일체의 탈속적 공간으로 노래했지만, 심층적으로 분석하면 자연은 그 이상의 다양한 의미를 지니는 곳이었다.

키포인트 체크

화자 (가)~(다) - □□에 묻혀 살아가는 사람

상황 (가) - 달밤에 배를 띄워 □□를 하고 있음. (나) - 산속에 □□□□을 지어 자연과 함께 생활함. (다) - 가을 농촌의 □□□□을 노래함.

태도 (가) - 여유 있게 자연의 풍취를 즐김. (나) - 자연과 □□□□를 이루어 살고자 함. (다) - □□ 생활의 풍요로움과 흥겨움을 즐김.

1 (가)~(다)의 공통점으로 가장 적절한 것은?

① 자연과 속세를 대비하며 자연을 예찬하고 있다.
② 자연에 묻혀 살아가는 즐거움을 노래하고 있다.
③ 자연을 동경하며 현실에서의 삶을 안타까워하고 있다.
④ 자연과 하나가 되는 물아일체의 경지를 노래하고 있다.
⑤ 자연을 현실 복귀를 위한 일시적 거처로 생각하고 있다.

내신 적중 多빈출

2 (가)~(다)의 시어에 대한 이해로 적절하지 않은 것은?

① (가)의 '낚시'는 실제 고기를 잡으려는 행위는 아니다.
② (가)의 '빈 배'는 욕심이 없는 화자를 형상화한 것이다.
③ (나)의 '초려 삼간'은 화자의 소박한 삶의 태도를 보여 준다.
④ (나)의 '둘'과 '청풍'은 '강산'과 대비되어 세속적인 풍요로움을 나타낸다.
⑤ (다)의 '술'은 풍요로움과 함께 화자의 흥취를 환기한다.

3 (나)에 나타난 시선 이동의 방향으로 적절한 것은?

① 위 → 아래
② 아래 → 위
③ 뒤쪽 → 앞쪽
④ 먼 곳 → 가까운 곳
⑤ 가까운 곳 → 먼 곳

4 (다)에 대한 설명으로 적절하지 않은 것은?

① 가을이라는 계절감을 드러내고 있다.
② 전원적이고 향토적인 소재를 나열하고 있다.
③ 대상에 인격을 부여하여 친근감을 드러내고 있다.
④ 의문형을 활용하여 농촌의 현실에 대한 탄식을 나타내고 있다.
⑤ 다양한 감각적 이미지를 사용하여 농촌의 분위기를 전달하고 있다.

내신 적중

5 ㉠의 문맥적 의미를 쓰시오.

073 ~ 075 사랑과 그리움 ①

키워드 체크 #기녀 시조 #사랑 #이별 #그리움 #묏버들 #추상적 개념을 시각화 #청산과 녹수

문학 천재(김), 천재(정), 미래엔
국어 천재(이), 금성, 미래엔, 비상(박안), 비상(박영), 신사고, 지학

핵심 정리

(가) 갈래 평시조, 서정시
성격 감상적, 애상적, 여성적, 연정가, 이별가
제재 묏버들, 이별
주제 임에게 보내는 사랑
특징 떠나는 임에 대한 사랑을 소박한 자연물을 통해 드러냄.
연대 조선 선조
출전 《오씨장전사본》

(나) 갈래 평시조, 서정시
성격 감상적, 낭만적, 연정가
제재 연모의 정, 동짓달 기나긴 밤
주제 임을 기다리는 애타는 마음
특징 ① 추상적 개념을 구체적 사물로 표현했고, 우리말의 우수성을 잘 살려 냄.
② 음성 상징어를 사용하여 표현 효과를 높임.
연대 조선 중종 ~ 선조
출전 《청구영언》

(다) 갈래 평시조, 서정시
성격 감상적, 상징적, 은유적, 연정가
제재 청산, 녹수
주제 임을 향한 변함없는 사랑
특징 불변성을 상징하는 청산과 가변성을 상징하는 녹수를 대조하여 표현함.
연대 조선 중종
출전 《청구영언》, 《대동풍아》

시구 풀이

❶ **동지(冬至)ㅅ 돌 기나긴 ~ 버혀 내여** 자를 수 없는 추상적인 대상인 시간을 베어 낸다고 표현함으로써 구체적인 사물로 형상화했다. 임과 함께할 수 없는 기나긴 동짓달 밤의 외로움과 임에 대한 그리움이 담겨 있는 표현이다.

❷ **춘풍(春風) 니불 ~ 구뷔구뷔 펴리라** 잘라 둔 시간을 따뜻한 이불 아래 넣어 보관해 두었다가 임이 오신 밤에 펼쳐서 임과 함께 보내는 밤을 더 길게 하고 싶다는 뜻으로, 임에 대한 간절한 그리움을 표현한 것이다.

❸ **녹수(綠水) ~ 변(變)홀손가.** '녹수'의 여러 속성 중 '흘러간다'는 가변성에 주목하여 '청산'의 불변성과 대조한 표현이다. '나'는 늘 변하지 않는 고정적 주체이고, '님'은 늘 떠나는 유동적 존재로 형상화하고 있다.

작가 소개

(가) 홍랑(洪娘, ?~?) 조선 선조 때 함경도 경성의 기생으로 삼당 시인 중 하나인 최경창과 가까이 사귀다가 그와 이별할 때 이 시조를 지었다.

(나), (다) 황진이(黃眞伊, ?~?) 조선 시대의 명기(名妓). 한시와 시조에 뛰어났으며 작품에 한시 4수가 있고 시조 6수가 《청구영언》에 전한다.

가

㉠묏버들 갈히 것거 보내노라 님의손딕 (화자의 정성을 함축함. / 도치법)
자시는 창(窓)밧긔 심거 두고 보쇼셔 (화자의 분신, 화자의 사랑을 전하는 매개체 / 주무시는)
밤비예 새닙곳 나거든 날인가도 너기쇼셔 (새잎이 / 자신을 잊지 말아 달라는 간절한 당부)

현대어 풀이
산에 있는 버들을 예쁜 것으로 골라 꺾어 보내노라 임에게.
주무시는 방의 창문 밖에 심어 놓고 보소서.
밤비에 새잎이 나면 마치 나를 본 것처럼 여기소서.

나

❶동지(冬至)ㅅ 돌 기나긴 밤을 한 허리를 버혀 내여 (부정적 시간(임의 부재) / 허리의 한가운데)
❷춘풍(春風) 니불 아릭 서리서리 너헛다가 (봄바람처럼 따뜻하고 포근한 이불)
어론 님 오신 날 밤이여든 구뷔구뷔 펴리라 (정분(情分)을 맺은 임 / 긍정적 시간(임과 함께함.) / 굽이굽이)
□: 우리말의 묘미를 살린 음성 상징어

현대어 풀이
동짓달 긴 밤의 한가운데를 베어 내어
봄바람처럼 따뜻한 이불 아래에 서리서리 넣어 두었다가,
정든 임이 오시는 날 밤이면 굽이굽이 펴리라(그 밤을 임과 함께 오래도록 보내리라.).

다

청산(靑山)은 내 뜻이오 녹수(綠水)는 님의 정(情)이 (화자의 변함없는 마음 / 변화무쌍한 임 / 임의 정과 같구나.)
❸녹수(綠水) 흘러간들 청산(靑山)이야 변(變)홀손가.
녹수(綠水)도 청산(靑山)을 못 니져 우러 예어 가는고. (울면서)

현대어 풀이
청산은 변함없는 내 마음과 같고 쉬지 않고 흘러가는 푸른 시냇물은 임의 정과 같다.
푸른 시냇물이야 흘러가 버리지만 청산이야 변할 수 있겠는가?
하지만 흐르는 시냇물도 청산을 잊지 못해 울면서 흘러가는구나.

이해와 감상

(가) 임과 이별하게 된 화자가 자신을 잊지 말아 달라고 호소하는 작품이다. 화자는 임에게 자신의 분신이라 할 수 있는 '묏버들'을 보내면서 부디 자신을 기억해 달라는 안타까운 당부와 항상 임의 곁에 있겠다는 간절한 의지를 표현했다.

(나) 임을 기다리는 여인의 간절한 마음을 참신한 비유로 호소력 있게 형상화한 작품이다. 추상적 개념인 시간을 구체적 사물로 형상화한 표현 기법이 매우 참신하고 생생한 인상을 주어 작품 전체에 신선한 느낌을 불어넣고 있다. 초장에는 동짓달 기나긴 밤의 외로운 여심이 '한 허리를 버혀 내여' 속에 깊이 간직되어 있으며, 중장과 종장의 '서리서리 너헛다가'와 '구뷔구뷔 펴리라'와 같은 음성 상징어의 활용과 대조적 표현은 우리말의 아름다움을 살린 표현으로, 여성 특유의 섬세한 감각이 돋보인다.

(다) 임에 대한 변함없는 사랑과 지조를 자연물에 비유하여 형상화한 작품이다. 초장에서 변치 않는 존재인 '청산'은 화자인 '나'의 보조 관념으로 임에 대한 화자의 영원한 사랑을 상징하며, 변화하는 존재인 '녹수'는 '임'의 보조 관념으로 순간적이고 유동적인 존재, 변해 버린 임의 정을 상징한다. 중장에서는 '녹수'에 대해 부연하면서 '녹수(임)'가 흘러가도 '청산(나)'은 변하지 않을 것임을 노래했다. 종장에서는 '녹수(임)'도 '청산(나)'을 잊지 않았으면 하는 소망을 드러내고 있다.

작품 연구소

(가)의 '묏버들'의 역할

화자는 청순가련한 여인의 이미지인 '묏버들'을 임에게 보내며 헤어져 있어도 그것을 가까운 곳에 두고 마치 자신을 보듯 해 달라고 부탁하고 있다. 이는 곧 자신 또한 임과 떨어져 있어도 항상 임의 곁에 있겠다는 마음을 표현한 것이다. 즉, 묏버들은 화자의 심경을 말해 주는 대상이면서 임을 그리워하는 화자의 분신이다. 화자는 그러한 묏버들을 통해 서로에 대한 사랑이 끝나지 않고 이어지기를 바라고 있다.

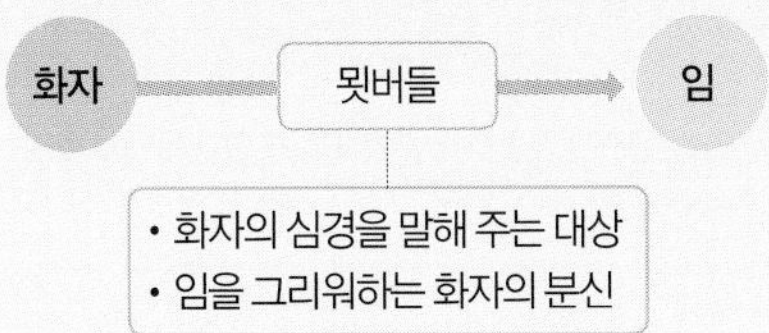

(나)의 참신한 발상과 표현

(나)는 추상적 개념을 구체적으로 시각화한 발상과 표현이 특징인 작품이다. 추상적 개념인 시간을 구체적 사물로 형상화하여 그 한가운데를 잘라서 이불 아래 넣고 편다고 한 발상이 돋보이며, '서리서리'와 '구뷔구뷔' 같은 우리말 의태어를 절묘하게 구사하여 여류 시조의 섬세함을 드러낸 대표 작품이라 할 수 있다.

동짓달 긴 밤의 한 허리를 베어 냄.
임이 없는 시간을 단축

↓

임이 오면 베어 놓은 것을 펼침.
임과 함께하는 시간을 연장

기녀 시조의 문학사적 의미

기녀 시조는 자신들의 애정과 이별 문제를 노래한다는 점에서 동시대의 시조 담당층인 사대부의 시조와 비교된다. 사대부들의 시조가 흔히 관념의 표출에 그치는 데 반해, 기녀들의 시조는 인간의 정서를 숨김없이 표출했다. 또한 그들의 시조는 우리말의 아름다움을 잘 살려 시적 언어로 발전시켰다는 점에서도 그 특징을 살펴볼 수 있다.

기녀 시조는 세련된 표현 기교를 갖추었을 뿐만 아니라 순수 국어를 잘 구사했다는 데 그 의의가 있으며, 내용 면에서는 남녀 간의 애정 및 인간의 정서를 솔직하고 담대하게 표현했다는 특징이 있다. 또한 기녀들이 시조를 짓고 향유했던 문화는 시조 작가층의 확대와 더불어 시조가 새로운 모습으로 탈바꿈하는 계기를 마련했다. 상류 계층의 전유물이었던 시조를 조선 중기에 이르러 기녀들도 짓고 읊었다는 점은 후기의 가객 및 평민층으로까지 시조 작가층이 확대될 수 있었던 계기를 마련한 것이며, 이런 점으로 미루어 보아 기녀 시조는 시조 문학 변모에 큰 역할을 했다고 할 수 있다.

황진이의 시조관

황진이의 시조 중 지금까지 전해지는 것은 모두 6수로 대부분이 남녀 간의 사랑과 이별을 다루고 있다. 그녀의 시조는 여성 특유의 섬세한 정서를 진솔하게 드러내며, 우리말의 아름다움을 시적 언어로 잘 형상화했다. 특히 현세적 삶에 대한 애착과 쾌락의 시간을 소중히 여기는 작가의 시 의식은 당대 규범의 틀에 갇혀 자신의 감정을 절제한 사대부의 그것과는 달리 자유롭고 거침없는 감정의 발산으로 이어져 기녀 시조를 대표하게 된다.

키 포인트 체크

화자 (가)~(다) - □을 그리워하는 여인
상황 (가) - 떠난 임에게 □□□을 꺾어 보냄. (나) - 임 없이 홀로 □□□을 지내고 있음. (다) - 임이 자신을 잊지 않기를 바람.
태도 (가) - 임이 자신을 □□해 주기를 바람. (나) - 긴 겨울밤을 임과 함께 지내고 싶어 함. (다) - 임을 향한 변함없는 □□을 드러냄.

1 (가)~(다)에 대한 설명으로 적절하지 않은 것은?

① 인간의 보편적 정서를 진솔하게 표현했다.
② 우리말을 구사하여 시적 언어로 발전시켰다.
③ 사대부 계층의 전유물이었던 시조 문학의 작자층 확대에 기여했다.
④ 세련된 표현 기교를 사용하여 조선 시대 시조 문학의 전형을 이루었다.
⑤ 유교적 가치 체계에 얽매이지 않은 자유로운 창작을 통해 시조가 새로운 모습으로 탈바꿈하는 계기를 마련했다.

내신 적중 高난도

2 다음 중 (나)와 발상 및 표현이 가장 유사한 것은?

① 오동(梧桐)에 듯는 빗발 무심(無心)히 듯건마는 / ᄂᆡ 시름 ᄒᆞ니 닙닙히 수성(愁聲)이로다. / 이 후(後)야 입 넓은 남기야 시물 줄이 이시랴. - 김상용
② 대붕(大鵬)을 손으로 잡아 번갯불에 구워 먹고 / 곤륜산(崑崙山) 옆에 끼고 북해를 건너 뛰니 / 태산이 발끝에 차이어 왜각데각 하더라. - 작자 미상
③ 전원(田園)에 나믄 흥(興)을 전나귀에 모도 싯고 / 계산(溪山) 니근 길로 흥치며 도라와셔 / 아희 금서(琴書)를 다스려라 나믄 ᄒᆡ를 보내리라. - 김천택
④ 두류산(頭流山) 양단수(兩端水)를 녜 듯고 이제 보니 / 도화(桃花) 뜬 ᄆᆞᆰ은 물에 산영(山影)조ᄎᆞ 잠겻셰라. / 아희야 무릉(武陵)이 어듸오 나는 옌가 ᄒᆞ노라. - 조식
⑤ 어리고 성긴 매화 너를 믿지 않았더니, / 눈 기약 능히 지켜 두세 송이 피었구나. / 촉(燭) 잡고 가까이 사랑할 제 암향(暗香)조차 부동(浮動)터라. - 안민영

3 (다)의 작가가 (다)를 창작한 뒤 〈보기〉를 창작했다고 가정할 때, 이에 대한 반응으로 적절하지 않은 것은?

보기
산(山)은 녯 산(山)이로되 물은 녯 물이 안이로다. 주야(晝夜)에 흘은이 녯 물이 이실쏜야. 인걸(人傑)도 물과 ᄀᆞᆺᄋᆞ야 가고 안이 오노ᄆᆡ라.

① 화자를 '산', 임을 '물'에 빗댄 것은 달라지지 않았어.
② 그러니까 '산'과 '물'의 속성을 대조한 표현도 그대로지.
③ 시간이 갈수록 임에 대한 화자의 사랑이 더욱 깊어진 거야.
④ 화자는 임이 떠나지 않기를 바랐지만, 결국 임이 떠나갔군.
⑤ 화자는 세월이 흘러도 돌아오지 않는 임을 생각하며 인생의 무상감마저 느끼고 있어.

4 ㉠의 상징적 의미를 한 문장으로 쓰시오.

076 ~ 078 사랑과 그리움 ②

키워드 체크 #여성 #사랑 #이별의 정한 #그리움 #하강 이미지 #황진이의 죽음 애도

문학 동아, 비상, 신사고, 해냄

핵심 정리

(가) 갈래 평시조, 서정시
성격 감상적, 애상적, 여성적, 연정가, 이별가
제재 이별과 그리움(보내고 그리는 정)
주제 임을 그리워하는 마음, 이별의 정한
특징 도치법 혹은 행간 걸침의 수법을 통해 화자의 심리를 표현함.
연대 조선 선조
출전 《청구영언》

(나) 갈래 평시조, 서정시
성격 애상적, 감상적, 연정가
제재 이화, 낙엽
주제 이별의 슬픔과 임에 대한 그리움
특징 ① 임과 헤어진 뒤의 시간적 거리감과 임과 떨어져 있는 공간적 거리감이 조화를 이룸.
② 시간의 흐름과 하강의 이미지를 통해 시적 화자의 정서를 심화함.
연대 조선 선조
출전 《청구영언》

(다) 갈래 평시조, 서정시
성격 애상적, 연정가
제재 황진이의 무덤
주제 황진이의 죽음을 애도(哀悼)함.
특징 시각적 이미지를 통한 대조적 표현과 의문의 형식을 통해 화자의 무상감을 강조함.
출전 《청구영언》, 《해동가요》

시어 풀이

홍안(紅顔) 붉은 얼굴이라는 뜻으로, 젊어서 혈색이 좋은 얼굴을 이르는 말.

시구 풀이

❶ 이화우(梨花雨) 흣ᄲᅮ릴 제 ~ 날 ᄉᆡᆼ각ᄂᆞᆫ가 봄에 헤어진 임이 가을인 지금도 화자를 생각하고 있는지 궁금해하는 모습으로, 이화우가 흩뿌리고 나뭇잎이 떨어지는 하강의 이미지를 사용하고 있다.

❷ 청초(靑草) 우거진 ~ 백골(白骨)만 무쳣ᄂᆞᆫ이. 화자가 황진이의 무덤을 찾아가 묻는 말로, 황진이에 대한 그리움과 안타까움을 드러내고 있다. '청초'와 '홍안', '홍안'과 '백골' 사이에 각각 색채의 대비가 나타난다.

작가 소개

(가) 황진이(본책 136쪽 참고)
(나) 계랑(桂娘, 1573~1610) 조선 선조 때의 시인. 호는 매창(梅窓). 부안(扶安)의 명기(名妓)로 시, 노래, 거문고에 뛰어났다.
(다) 임제(林悌, 1549~1587) 조선 선조 때의 시인. 당대의 명문장가로 호방하고 쾌활한 시풍을 보였으며, 문집에 《백호집》, 작품에 〈수성지〉 등이 있다.

가

어져 내 일이야 그릴 줄을 모로ᄃᆞ냐
(감탄사 / 내가 한 일 / 이별의 회한)
이시라 ᄒᆞ더면 가랴마는 ㉠제 구ᄐᆡ야
보내고 그리ᄂᆞᆫ 정(情)은 나도 몰라 ᄒᆞ노라
(자존심과 연정 사이의 갈등)

현대어 풀이
아아! 내가 한 일이 참으로 후회스럽구나. 그리워할 줄을 몰랐단 말인가? / 있으라고 말했다면 가셨으랴마는 제가 구태여 / 보내고 나서 그리워하는 내 마음을 나도 모르겠구나.

나

❶이화우(梨花雨) 흣ᄲᅮ릴 제 울며 잡고 이별(離別)ᄒᆞᆫ 님
(비처럼 흩날리는 배꽃, 계절적 배경 – 봄)
추풍낙엽(秋風落葉)에 저도 날 ᄉᆡᆼ각ᄂᆞᆫ가
(계절적 배경 – 가을 / 이별한 님)
천 리(千里)에 외로온 ᄭᅮᆷ만 오락가락 ᄒᆞ노매
(임과의 정서적 거리)

현대어 풀이
배꽃이 비처럼 흩날리던 때 울며 (손을) 잡고 이별한 임, / 가을바람에 나뭇잎 떨어지는 이때에 임도 나를 생각하고 계실까. / 천 리나 되는 머나먼 길에 외로운 꿈만 오락가락하는구나.

다

❷청초(靑草) 우거진 골에 자ᄂᆞᆫ다 누엇ᄂᆞᆫ다.
(푸른 풀 – 불변의 상징)
홍안(紅顔)을 어듸 두고 백골(白骨)만 무쳣ᄂᆞᆫ이.
(젊은 여인의 얼굴)
잔(盞) 자바 권(勸)ᄒᆞ리 업스니 ⓐ그를 슬허ᄒᆞ노라.
(황진이가 이미 죽었기 때문에 / 잔 잡아 권할 이가 없는 것(황진이가 이 세상에 없는 것)을 슬퍼함.)

현대어 풀이
푸른 풀이 우거진 골짜기에 자느냐 누웠느냐. / 그 곱고 아름다운 얼굴은 어디 가고 백골만 묻혔느냐. / 잔 잡아 권할 이 없으니 그것을 슬퍼하노라.

이해와 감상

(가) 임을 떠나보낸 후의 회한(悔恨)을 우리말의 절묘한 구사를 통해 진솔하게 나타낸 작품이다. 자존심과 연정 사이에서 겪는 오묘한 심리적 갈등을 드러내며, 겉으로는 강한 척하지만 속으로는 외롭고 약한 화자의 마음이 깊은 공감을 불러일으킨다. 초장에서 '어져'라는 감탄사로 시작하며 그리움의 정서를 집약적으로 표현했고, 중장과 종장의 행간에 걸쳐진 '제 구ᄐᆡ야'라는 도치법(또는 행간 걸침)의 표현이 돋보인다. 고려 가요 〈가시리〉, 〈서경별곡〉과 함께 현대 시 〈진달래꽃〉을 매개하는 이별가의 절창으로 평가받는다.

(나) 작가가 자신과 정이 깊었던 유희경이 서울로 간 뒤 소식이 없자 그를 그리워하며 지은 작품으로, 섬세한 여성의 감성이 돋보이며 하강의 이미지로 정서를 심화하는 기법이 인상적이다. '이화우'와 '추풍낙엽'을 대비하여 계절의 변화로 시간적 거리감을 나타내고 있으며 '천 리에 외로온 ᄭᅮᆷ'의 공간적 거리감을 통해 임에 대한 간절한 그리움을 드러내고 있다.

이화우(봄) → 추풍낙엽(가을)	시간적 거리감	그리움의 심화
+		
천 리(임과의 정서적 거리)	공간적 거리감	

(다) 작가가 평안도 평사(評事; 정6품의 무관)로 부임해 가는 길에, 이미 세상을 떠난 황진이의 무덤을 찾아가 인생의 허무함을 읊은 작품이다. 초장의 '자ᄂᆞᆫ다 누엇ᄂᆞᆫ다.'와 중장의 '무쳣ᄂᆞᆫ이.'는 저세상으로 가 버린 황진이의 무덤을 향해 허탈하게 묻는 말로 황진이를 그리워하고 그의 죽음을 안타까워하는 심정을 나타내며, '청초'와 '홍안', '홍안'과 '백골'은 색채 대비를 이루어 시어 배열의 묘미를 살리고 있다.

작품 연구소

(가)의 '제 구틔야'의 중의성

'제 구틔야 가랴마는'으로 보는 경우	'임'을 주어로, '임'의 행위를 강조하는 역할의 도치로 봄.
'가랴마는 / 제 구틔야 보내고'로 보는 경우	화자 '나'를 주어로, '행간 걸침'으로 볼 수 있음.

이렇게 중의적으로 해석될 수 있도록 이 시구를 배치한 것은, 이별은 어쩔 수 없는 일이었는데 자존심 상하게 굳이 그 책임을 따져서 무엇하겠느냐는 의미를 함축한다고 볼 수 있다.

(나)에 드러난 하강 이미지

(나)의 초장은 배꽃이 비처럼 흩날릴 때 임과 이별하는 과거의 모습을, 중장은 가을인 현재 임도 나를 생각하는지 궁금해하는 심정을 그리고 있다. 초장의 '이화우'와 중장의 '추풍낙엽'은 공통적으로 하강 이미지를 표상한다는 점이 특징이다. 이별할 때 배꽃이 떨어진 것처럼 현재는 나뭇잎이 떨어지고 있다는 상황적 유사성을 바탕으로 시상을 전개하고 있는 것이다.

초장	이화우	➡	하강 이미지
중장	추풍낙엽		

(다)에 드러난 비애의 정서

황진이는 진정으로 풍류를 즐길 줄 알았던 조선 시대의 이름난 기생이었다. (다)의 화자는 황진이가 더 이상 이 세상에 없기에 더불어 풍류를 즐길 사람이 없다는 데 따른 공허감을 '잔(盞) 자바 권(勸)ᄒᆞ리 업스니'라는 말로 표현하며 '슬허ᄒᆞ노라'를 통해 그로 인한 비애감을 극대화하고 있다.

잔(盞) 자바 권(勸)ᄒᆞ리 업스니	➡	슬허ᄒᆞ노라
황진이의 부재에 따른 공허한 마음		황진이가 없는 데 따른 슬픔

자료실

사랑과 이별의 감정을 진솔하게 노래한 기녀(妓女)의 시조

(가)와 (나) 각각은 기녀인 황진이와 계랑의 작품이고, (다)는 기녀인 황진이의 죽음을 애도하는 마음을 담은 작품이다. 조선 시대 사대부들과 달리 기녀들은 엄격한 유교적 덕목으로부터 비교적 자유로웠기 때문에 사랑이나 이별과 같은 자신들의 내면적 감정을 진솔하게 표현하기도 했다. 조선 전기에 사랑과 이별의 감정을 노래한 시조 대부분이 기녀에 의해 창작된 것은 이와 무관하지 않다. 기녀들이 시조를 다수 창작함으로써 문학 담당층의 확대와 아울러 문학이 추구해야 할 본연적 가치가 실현되는 바탕을 이루었다는 것은 크나큰 문학사적 의의라고 볼 수 있다.

키 포인트 체크

- 화자 (가)~(다) – 임과 ☐☐한 사람
- 상황 (가) – 임을 보내고 ☐☐함. (나) – 임이 자신을 생각하고 있는지 궁금해함. (다) – 황진이의 무덤을 찾아감.
- 태도 (가), (나) – 이별한 임을 ☐☐☐함. (다) – 황진이의 ☐☐을 슬퍼함.

내신 적중

1 (가)~(다)의 공통점으로 적절한 것은?

① 특정 대상을 다른 대상에 빗대어 그 속성을 예찬하고 있다.
② 대상의 부재라는 상황을 바탕으로 그리움을 드러내고 있다.
③ 과거와 현재의 모습을 대비하면서 안타까움을 토로하고 있다.
④ 부정적인 상황을 초래한 자신에 대한 자책감을 드러내고 있다.
⑤ 특정 대상과의 공간적 거리감을 드러내면서 못내 아쉬워하고 있다.

2 (나)의 화자와 관련된 설명으로 적절하지 <u>않은</u> 것은?

① 이별한 임을 원망하고 있다.
② 임의 심정을 궁금해하고 있다.
③ 화자의 정서가 직접적으로 나타나 있다.
④ 화자가 처한 계절적 배경이 드러나 있다.
⑤ 화자가 이별 당시의 상황을 떠올리고 있다.

내신 적중 高난도

3 〈보기〉의 A~D에 들어갈 내용이 바르게 짝지어진 것은?

| 보기 |

㉠은 '제 구틔야 가랴마는'의 도치로 볼 수도 있고, '제 구틔야 보내고 그리는 정(情)은 나도 몰라 ᄒᆞ노라'의 행간 걸침으로 볼 수도 있다. '제'가 지시하는 대상은 도치로 볼 경우 [A]이고, 행간 걸침으로 볼 경우 [B]이다. 그러나 어느 경우로 보든지 이별의 책임은 [C]에게 있다. 그리고 [D](으)로 볼 경우 화자의 자존심과 연모의 감정 사이에서의 내적 고뇌가 더욱 부각된다.

	A	B	C	D
①	임	화자	임	도치
②	임	화자	임	행간 걸침
③	임	화자	화자	행간 걸침
④	화자	임	임	행간 걸침
⑤	화자	임	화자	도치

4 (나)에서 하강의 이미지를 지니는 소재 두 가지를 찾아 쓰시오.

5 ⓐ가 가리키는 내용을 구체적으로 서술하시오.

079~080 풍류와 취락

키워드 체크 #전원생활 #삶의 멋 #권주가 #풍류적 #낭만적

핵심 정리

(가) 갈래 평시조, 서정시
성격 풍류적, 전원적, 목가적, 한정가
제재 성 권농 집의 술과 벗
주제 전원생활의 멋과 풍류
특징 압축과 생략을 통해 경쾌하게 서술했으며, 우리말을 자유자재로 멋스럽게 구사함.
연대 조선 선조
출전 《송강가사》

(나) 갈래 사설시조
성격 풍류적, 권주가
제재 술
주제 술로 인생의 무상감을 해소함.
특징 ① 인생무상의 허무적 태도와 술을 권하는 퇴폐적 정조가 동시에 나타남.
② 초장에 'a-a-b-a' 형식이 사용되고, 중장은 제한 없이 길어지는 사설시조의 구조를 지님.
연대 조선 선조
출전 《송강가사》

가

재 너머 성권롱(成勸農) 집에 술 익닷 말 어제 듣고
('성혼'을 가리킴. '권농(勸農)'은 지방 관아에서 농사를 장려하던 직책을 가진 사람)
ⓐ❶누운 소 발로 박차 •언치 놓아 지즐 타고
(술친구를 찾아가는 화자의 급한 모습을 해학적으로 제시함.)
ⓑ❷아이야 네 권롱(勸農) 계시냐 ⓒ정좌수 왔다 하여라.
(정좌수: 작가(정철))
(중장과 종장 사이 시상 전개의 생략)

현대어 풀이

고개 너머 사는 성 권농 집에 술이 익었다는 말을 어제 듣고
누워 있는 소를 발로 차서 일으켜 깔개를 얹어서 눌러 타고
아이야, 네 권농 계시냐? 정 좌수 왔다고 아뢰어라.

나

ᄒᆞᆫ 잔(盞) 먹새 그려. ᄯᅩ ᄒᆞᆫ 잔(盞) 먹새 그려. ❸곳 것거 산(算) 노코(수를 세면서) 무진무진(無盡無盡) 먹새 그려. → a-a-b-a 구조

이 몸 주근 후면 ⓓ지게 우희 거적 더퍼 주리혀 ᄆᆡ여 가나(초라한 죽음), •유소 보장(流蘇寶帳)의 만인이 우러 녜나(화려한 죽음), (대조 ↔) •어욱새 •속새 •덥가나무 백양(白楊) 수페 가기곳 가면(삭막한 무덤 주변의 모습(열거법)), ⓔ누른 ᄒᆡ 흰 ᄃᆞᆯ ᄀᆞᄂᆞᆫ 비 굴근 눈 •쇼쇼리ᄇᆞ람 불 제, 뉘 한 잔 먹쟈 ᄒᆞᆯ고

❹ᄒᆞ믈며 무덤 우ᄒᆡ 진나비(원숭이) ᄑᆞ람(휘파람) 불 제 뉘우ᄎᆞᆫ ᄃᆞᆯ 엇더리(술을 즐기는 태도의 합리화).

현대어 풀이

한잔 먹세 그려. 또 한잔 먹세 그려. 꽃을 꺾어 수를 세면서 한없이 먹세 그려.
이 몸이 죽은 후에는 지게 위에 거적을 덮어 꽁꽁 졸라매어 (무덤으로) 실려 가거나, 곱게 꾸민 상여를 타고 수많은 사람이 울며 따라가거나, 억새, 속새, 떡갈나무, 백양 숲에 가기만 하면 누런 해와 흰 달이 뜨고, 가랑비와 함박눈이 내리며, 차고 매서운 바람이 불 때 그 누가 한잔 먹자고 하겠는가?
하물며 무덤 위에 원숭이들이 놀러와 휘파람 불 때 (아무리 지난날을) 뉘우친들 무슨 소용이 있겠는가?

시어 풀이

언치 말이나 소의 안장이나 길마에 까는 담요나 방석.
유소 보장(流蘇寶帳) 술이 달려 있는 비단 장막. 주로 상여 위에 친다.
어욱새 억새.
속새 '억새'의 방언.
덥가나무 떡갈나무.
쇼쇼리ᄇᆞ람 이른 봄에 살 속으로 스며드는 듯한 차고 매서운 바람. 또는 회오리바람의 방언.

시구 풀이

❶ **누운 소 발로 ~ 놓아 지즐 타고** 술친구를 찾아가는 화자의 급한 마음이 해학적으로 표현된 부분이다. '발로 박차'나 '지즐 타고'는 흥겨움과 생동감이 넘치는 표현이다.
❷ **아이야 네 ~ 왔다 하여라.** 중장과 종장 사이에는 시간과 공간의 생략과 비약이 나타나 있다. 이러한 생략과 비약은 시적 템포를 빠르게 하여 생동감 있고 경쾌한 분위기를 형성한다.
❸ **곳 것거 ~ 먹새 그려.** 꽃을 꺾어 수를 세면서 술을 먹자고 권유하는 풍류적이고 낭만적인 모습이 나타난다.
❹ **ᄒᆞ믈며 무덤 우ᄒᆡ ~ 뉘우ᄎᆞᆫ ᄃᆞᆯ 엇더리.** 화자가 술을 마실 수밖에 없는 근거를 들어 태도를 합리화하고 있다.

이해와 감상

(가) 술과 벗을 좋아하는 작가의 풍류와 멋스러움이 토속적인 농촌의 정취와 조화를 잘 이루는 작품이다. 작품 속에서 정 좌수로 나타나는 화자가 맛있는 술이 있다는 성 권농(성혼)의 집에 도달하기까지의 과정을 압축과 생략을 통해 경쾌하게 서술하고 있다. 전편을 통해 생동감이 넘쳐흐르며, 우리말을 멋스럽게 구사하는 정철의 언어 능력이 유감없이 발휘되어 있다. 중장에서 잠에 취해 한가로이 누워 있는 소를 억지로 깨워 걸음을 바삐 재촉하는 모습에서 작가의 익살과 해학을 느낄 수 있다.

(나) 이 작품은 우리나라 최초의 사설시조로, 이백(李白)의 〈장진주(將進酒)〉를 연상하게 하는 권주가(勸酒歌)이다. 초장에서는 주로 반복법을 사용하여 꽃을 꺾어서 술잔 수를 셈하는 낭만적인 태도를 드러냈고, 중장에서는 대조법과 열거법을 사용하여 죽음과 무덤 주변의 삭막한 분위기를 표현했으며, 전체적으로는 암울한 분위기에 걸맞은 소재를 선택해서 삶의 허무함(인생무상)이라는 주제를 드러내어 술을 마시는 행위를 합리화하고 있다.

작가 소개

(가), (나) **정철**(본책 132쪽 참고)

작품 연구소

(가)의 표현상 특징

(가)는 중장과 종장 사이에 화자가 성 권농의 집에 도착하기까지의 과정을 생략하여 작품 전체에 생동감을 주고 있다.

중장		종장
소를 일으켜 눌러 탐.	→ 성 권농의 집으로 가는 과정 생략	성 권농이 집에 도착해 방문을 알림.

생동감을 높임.

(나)의 '권주가'로서의 성격

(나)는 권주가(勸酒歌) 형식의 사설시조이다. 권주가의 소재와 착상은 당나라 이백의 고시 〈장진주(將進酒)〉에서 비롯되었다고 볼 수 있으나 형식과 내용은 그것으로부터 완전히 탈피한 독창적인 작품이다. 화자는 인생은 허무하여 죽으면 모든 것이 헛될 것이니 후회하지 말고 술을 마실 수 있을 때 마음껏 마시고 취하여 즐거움을 누리자고 권유하고 있다.

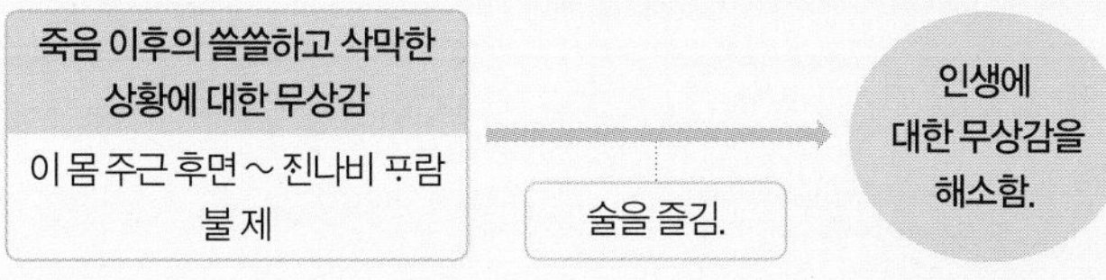

정철의 시조에 나타난 풍류적 성격

80여 수에 달하는 정철의 시조 가운데 음주를 내용으로 하는 작품은 14수로, 호방하고 풍류적 성격의 내용이 주를 이룬다. 정철은 당쟁이 한창이던 조선 중기 서인(西人)의 영수(領袖; 우두머리)로, 그 누구보다 정치적 부침(浮沈; 성하고 쇠함.)이 심했다. 그런 까닭에 군주와 호의적 관계를 바탕으로 관직에 나아갔을 때에는 음주를 통한 흥취와 여유를 노래했고, 벼슬에서 물러나거나 유배를 당했을 때에는 술을 통한 현실적 고뇌의 해소를 노래하기도 했다. 이렇게 음주를 노래한 시가 많다는 것은 백성을 상대로 교화를 펼치는 공인(公人)의 모습보다는 자신의 감정에 충실한 개인의 면모가 부각되는 것으로, 문학을 교화의 수단으로 삼던 사대부들의 문학관과는 사뭇 다른 작가 의식을 엿볼 수 있다.

자료실

정철이 생각하는 '술'의 기능

술을 소재로 한 고전 작품에는 고려 시대의 가전체인 임춘의 〈국순전〉과 이규보의 〈국선생전〉이 있다. 정철의 '술'에 대한 관점은 이규보의 생각에 닿아 있다고 볼 수 있다. 정철 역시 '술'의 긍정적 측면을 부각하여 그의 문학 작품 곳곳에 나타냈다. 〈관동별곡〉에서 정철은 위정자(관리)로서의 모습과 인간 본래의 모습 사이에서 갈등하는데, 이러한 갈등은 결사에서 꿈에 신선을 만나 술을 마시는 것으로 해소된다. 만약 정철이 '술'을 해로운 것, 부정적인 것으로 인식했다면 위정자로서 백성들에게 술을 나누어 줄 리가 없다. '술'을 긍정적으로 인식했기 때문에 백성들을 사랑하는 마음에서 술을 나누어 주겠다고 한 것이다. 이처럼 '술'에 대한 정철의 인식은 매우 긍정적이고, 술과 정철의 삶은 뗄 수 없는 관계인 것을 그의 작품 곳곳에서 확인할 수 있다.

함께 읽으면 좋은 작품

〈관동별곡〉, 정철 / 술을 통해 갈등을 해소한 작품

작가가 45세 때 강원도 관찰사로 임명된 후 금강산과 관동 팔경을 유람하며 그 경치에 대한 감탄과 정감을 노래한 가사이다. 관리로서의 현실 인식을 바탕으로 한 우국, 연군, 애민의 정과 개인으로서 풍류 사이에서의 갈등을 술과 꿈을 통해 해소하고 있다. Link 본책 166쪽

키 포인트 체크

화자 (가) – □과 벗을 좋아하는 정 좌수 (나) – 삶의 허무함을 느끼는 사람
상황 (가) – □□□의 집에 술이 익었다는 말을 듣고 놀러 감.
(나) – □을 꺾어 수를 세며 술을 마시고 있음.
태도 (가) – 전원생활의 멋과 풍류를 즐김.
(나) – 술을 즐기며 인생의 무상감을 □□함.

1 (가)와 (나)에 대한 설명으로 가장 적절한 것은?

① (가)와 (나)의 화자에게 '술'은 긍정적 대상이다.
② (가)와 (나)는 모두 4음보의 정형성을 지키고 있다.
③ (가)와 (나)는 모두 전원에 묻혀 사는 즐거움을 노래했다.
④ (가)와 달리 (나)에는 미래에 대한 낙관적 태도가 드러난다.
⑤ (나)와 달리 (가)에는 농촌 생활의 어려움이 나타나 있다.

2 (가)의 표현상 특징으로 적절하지 않은 것은?

① 우리말을 멋스럽게 구사하여 예술성을 높였다.
② 형식적 파격으로 시조의 새로운 형식을 모색했다.
③ 화자가 성 권농의 집에 가는 과정을 압축해서 제시했다.
④ 흥겨움과 생동감 있는 표현에서 익살과 해학이 느껴진다.
⑤ 중장과 종장 사이에 시상을 생략한 경쾌한 서술이 돋보인다.

3 ⓐ~ⓔ에 대한 설명으로 적절하지 않은 것은?

① ⓐ: 화자의 급한 마음을 해학적으로 제시하고 있다.
② ⓑ: 화자가 누군가에게 말을 건넴을 알 수 있다.
③ ⓒ: 성 권농의 집을 함께 찾아간 화자의 친구이다.
④ ⓓ: 초라한 장례와 화려한 장례를 대조하고 있다.
⑤ ⓔ: 자연 현상을 열거하여 쓸쓸한 분위기를 제시하고 있다.

4 〈보기 1〉을 읽고 ㉠에 해당하는 부분을 〈보기 2〉에서 찾아 첫 두 어절과 끝 두 어절을 쓰시오.

보기 1

정철의 시조 가운데 (가), (나)와 같이 음주를 내용으로 하는 작품이 약 18퍼센트에 이른다. 이는 자신의 감정에 충실하고자 하는 정철의 인간적 모습을 엿볼 수 있는 부분이기도 하다. 정철은 공인(公人)으로서의 현실 인식과 개인의 풍류 사이에서 오는 갈등을 해소하고자 노력했고 ㉠그런 내용을 문학 작품으로 형상화하기도 했다.

보기 2

숑근(松根)을 볘여 누어 픗줌을 얼픗 드니, 꿈애 ᄒᆞᆫ 사ᄅᆞᆷ이 날ᄃᆞ려 닐온 말이, 그디를 내 모ᄅᆞ랴 상계(上界)예 진션(眞仙)이라. 황뎡경(黃庭經) 일ᄌᆞ(一字)를 엇디 그릇 닐거 두고, 인간(人間)의 내려와셔 우리를 ᄯᆞ로ᄂᆞᆫ다. 져근덧 가디 마오 이 술 ᄒᆞᆫ 잔 머거 보오. 븍두셩(北斗星) 기우려 창희슈(滄海水) 부어 내여, 저 먹고 날 머겨ᄂᆞᆯ 서너 잔 거후로니, 화풍(和風)이 습습(習習)ᄒᆞ야 냥익(兩腋)을 추혀드니, 구만(九萬) 리(里) 댱공(長空)애 져기면 ᄂᆞᆯ리로다. 이 술 가져다가 ᄉᆞ힉(四海)예 고로 ᄂᆞᆫ화, 억만창싱(億萬蒼生)을 다 취(醉)케 밍근 후(後)의, 그제야 고텨 맛나 ᄯᅩ ᄒᆞᆫ 잔 ᄒᆞ잣고야.

– 정철, 〈관동별곡〉

081 어부사(漁父詞) | 이현보

키워드 체크 #어부단가 #자연 #풍류 #고기잡이 #어부 생활 #강호가도

핵심 정리

갈래 연시조(전 5수), 강호 한정가
성격 풍류적, 낭만적, 자연 친화적
제재 어부의 생활
주제 자연을 벗하는 풍류적인 생활, 자연에 은거하는 어부의 생활
특징 상투적 표현을 사용하여 정경 묘사가 추상적이고 관념적임.
의의 ① 고려 때부터 전해 오는 〈어부가〉를 개작한 강호가도의 맥을 잇는 작품임.
② 윤선도의 〈어부사시사〉에 영향을 줌.
연대 조선 명종
출전 《농암집》

Q 속세에 대한 화자의 인식 변화는?

- 〈제1수〉: 속세에 대한 부정적 인식이 드러남.
- 〈제2수〉: 속세로부터 벗어나고자 함.
- 〈제5수〉: 속세를 잊지 못하고 미련을 보임.

→ 화자는 속세를 떠나 자연을 벗 삼아 지내는 삶에 만족감을 드러낸다. 속세를 부정적으로 인식하거나 정서적으로 멀리 떨어진 공간으로 인식하는 것이 그 근거인데, 〈제5수〉의 중장을 보면 그런 중에도 속세에 대한 미련을 버리지 못하고 나라를 걱정하는 모습이 나타나 있다.

시구 풀이

❶ **구버ᄂᆞᆫ 천심 녹수(千尋綠水) 도라보니 만첩청산(萬疊靑山)** 자연물을 통해 속세와의 단절 의지를 형상화한 구절로, '천(千)', '만(萬)'은 대상에 대한 화자의 심리적 거리를 의미한다.

❷ **강호(江湖)애 월백(月白)ᄒᆞ거든 더옥 무심(無心)하얘라.** 무심의 대상은 세상일(벼슬)이라고 할 수 있으며, '강호'는 대유법이 사용된 표현으로 자연을 의미한다. 세상일을 잊고 자연에서 욕심 없이 지내고자 하는 화자의 심정이 드러나 있다.

❸ **어주(漁舟)에 누어신돌 니즌 스치 이시랴.** 세속에 관심을 드러내며 〈제1수〉의 종장과 상충된 모습을 보인다. 화자는 사대부로서 나라에 대한 걱정을 완전히 떨쳐 버리지 못하고 있는데, 이는 단지 현실 세계와 자연 친화 사이의 내적 갈등을 넘어 사대부로서의 도리를 표출한 것으로 볼 수 있다.

작가 소개

이현보(李賢輔, 1467~1555) 조선 중기의 문신·문인. 호는 농암(聾巖)·설빈옹(雪鬢翁). 연산군 4년(1498) 문과에 급제, 76세 때 병을 핑계로 벼슬을 그만둘 때까지 내외 요직을 두루 역임하였다. 조선 전기 자연을 노래한 대표적인 문인으로, 《농암집》 외에 고려 가요 〈어부가〉를 장가 9수, 단가 5수로 고쳐 지은 것과 〈효빈가〉, 〈농암가〉 등의 시조 작품 8수가 전한다.

가 〈제1수〉

이 듕에 시름업스니 어부(漁父)의 생애이로다.
일엽편주(一葉扁舟)를 만경파(萬頃波)에 띄워 두고 (□: 화자의 시선 이동 / 일엽편주: 한 척의 조그마한 배 / 만경파: 넓은 바다 물결)
인세(人世)를 다 니젯거니 날 가는 줄를 안가. → 5수 종장과 대비 (인세: 인간 세상의 일 = 십장 홍진)

▶ 세상사를 잊은 어부의 한가로운 생활

현대어 풀이

이런 속에(인간 세상 중에) 걱정할 것 없는 것은 어부의 생활이로다.
한 척의 조그마한 배를 끝없이 넓은 바다 위에 띄워 놓고
인간 세상의 일을 다 잊었으니 세월 가는 줄을 알겠는가?

나 〈제2수〉

❶「구버ᄂᆞᆫ 천심 녹수(千尋綠水) ⓐ도라보니 만첩청산(萬疊靑山) (천심 녹수: 천 길이나 되는 푸른 물 / 만첩청산: 겹겹이 둘러싸인 푸른 산)
십장 홍진(十丈紅塵)이 언매나 ᄀᆞ렛ᄂᆞ고.」 「」: 속세와의 정서적 거리감, 대상(속세)과의 단절 강조 (십장 홍진: 열 길이나 되는 속세의 티끌, 번거로운 세상)
❷강호(江湖)애 ㉠월백(月白)ᄒᆞ거든 더옥 무심(無心)하얘라. (무심: 세속적 욕망이 없음.)

▶ 속세를 떠나 자연과 더불어 사는 유유자적한 삶

현대어 풀이

(아래로) 굽어보니 천 길이나 되는 푸른 물, 돌아보니 겹겹이 둘러싸인 푸른 산
열 길이나 되는 속세의 티끌(어수선한 세상사)이 얼마나 가려졌는가.
강호에 밝은 달이 밝게 비치니 더욱 무심하구나.

다 〈제5수〉

장안(長安)을 ⓑ도라보니 북궐(北闕)이 천 리(千里)로다. (장안: 한양 / 천 리: 정서적 거리감)
❸「어주(漁舟)에 누어신돌 니즌 스치 이시랴.」 → 1수 종장과 대비 (「」: 내적 갈등 / 니즌 스치: 잊은 적이)
두어라 내 시롬 아니라 제세현(濟世賢)이 업스랴. (두어라: 감탄사 / 시롬: 걱정 / 제세현: 세상을 구제할 현인(우국지정))

▶ 세상에 대한 근심과 염려

현대어 풀이

서울을 돌아보니 궁궐(임금님 계신 곳)이 천 리로구나.
고기잡이배에 누워 있은들 (나랏일을) 잊은 적이 있으랴.
두어라, 내가 걱정할 일 아니다. 세상을 구제할 현인이 없겠느냐?

이해와 감상

이 작품은 고려 때부터 전해 내려오는 〈어부가〉를 개작한 것으로 〈어부단가〉라고도 불린다. 선인들의 운치 있는 생활과 함께 자연을 벗하며 고기잡이를 하는 한가한 삶에서 당시 양반 계급의 풍류 생활을 엿볼 수 있다. 이 작품에서는 화자의 시선 이동에 따른 시상 전개를 통해 자연 속에 있으면서 현실을 지향하는 내면 의식을 확인할 수 있다. 또한 이 작품은 상대적으로 한자어가 많아 노래로 부르기에 적합하지 않고, 상투적 한자어를 많이 쓴 정경 묘사도 관념적이라고 평가된다.

제1수		제2수		제3수		제4수		제5수
자연에 묻혀 한가롭게 살기를 소망함.	⇒	자연에 몰입하는 화자의 심정이 그려짐.	⇒	자연의 참된 의미를 아는 사람이 적음을 탄식함.	⇒	자연에 몰입하는 즐거움을 추구함.	⇒	세상에 대한 근심과 염려(우국지정)를 버리지 못함.

작품 연구소

화자의 내적 갈등

〈제1수〉에서 화자는 인세, 즉 세속의 일을 잊고 자연을 벗 삼아 한가로운 삶을 누리고자 한다. 〈제2수〉에서도 '십장 홍진'으로 대표되는 속세를 잊고자 '천심 녹수', '만첩청산'이라는 화자를 둘러싼 자연물을 제시하는데, 이는 속세와의 단절 의지를 드러낸 소재라 할 수 있다. 그러나 〈제5수〉에서 '장안'과 '북궐'을 의식하며 속세에 대한 미련과 함께 임금에 대한 걱정을 드러내면서 화자가 속세에서 완전히 벗어나지 못했음을 암시하고 있다.

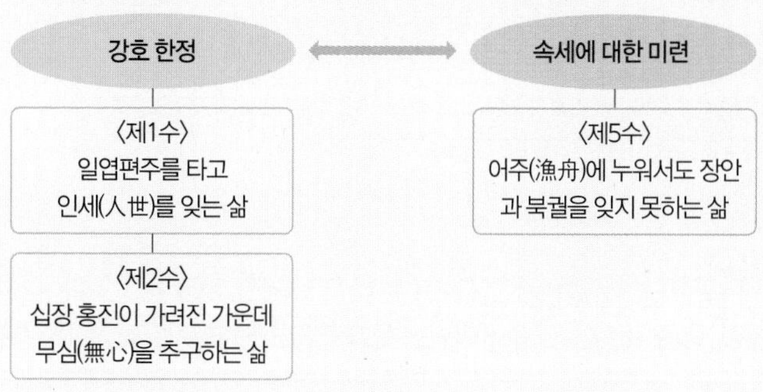

'어부(漁父)'의 의미

'어부'는 굴원의 〈어부사(漁父辭)〉 이래로 우리 문학 작품에 자주 등장하는 은자(隱者; 벼슬하지 않고 숨어 사는 사람)의 상징이 되어 왔다. 즉, 작품 속 어부는 고기잡이를 생업으로 하는 어부가 아니라, 세속과 정치 현실에서 벗어나 자연 속에서 풍류를 즐기며 사는 가어옹(假漁翁; 가짜 어부라는 뜻으로, 속세를 떠나 강호에서 낚시하면서 시나 읊고 술잔을 기울이던 양반)일 뿐이다. 따라서 이 작품은 실제 어부로서 생활을 하면서 지은 것이 아니라 관념적인 어부의 이미지를 빌려 세속에서 벗어나 한가로운 삶을 살고 싶어 하는 작가의 소망을 노래한 것으로 볼 수 있다.

작가의 정치적 삶과 현실에 대한 태도

이현보는 32세이던 연산군 4년(1498)에 문과에 급제하여 관직에 진출한 이래, 은퇴할 때까지 평탄하지 않은 관료 생활을 했으며 끊임없는 갈등과 번민을 겪었다. 그는 76세가 되어서야 '귀거래'를 외치며 관직에서 물러나 고향에 돌아갈 수 있었는데, 그가 지은 〈농암가〉와 〈어부사〉도 이 시기에 지은 것이다. 이현보의 〈어부사〉에서의 강호는 속세와 완전히 단절된 공간은 아니다. 현실 도피를 꿈꾸었던 작가가 근심 걱정 많은 삶을 살다가 지친 육신을 이끌고 도피하다시피 내려온 강호이기 때문에 비록 자연에서 한가롭게 지내고자 해도 임금과 나라에 대한 걱정을 완전히 떨칠 수는 없었던 것이다.

함께 읽으면 좋은 작품

〈어부사시사〉, 윤선도 / 어부를 화자로 내세운 작품

〈어부사시사〉는 어부를 화자로 내세워 속세를 떠나 자연과 더불어 사는 삶의 즐거움을 노래한 작품이다. 〈어부사〉는 한자어와 상투적인 표현을 많이 사용하면서 속세에 대한 미련을 드러내는 데 반해, 〈어부사시사〉는 우리말의 아름다움을 드러내면서 속세에서 벗어나 자연에 묻히고 싶은 마음을 좀 더 뚜렷하게 나타낸다. 형식 면에서도 〈어부사〉는 계절의 구분이 없고 여정이 구체적으로 묘사되지 않은 데 비해, 〈어부사시사〉는 계절에 따른 경관 묘사와 출항에서 귀항까지 어부의 일과가 구체적으로 드러나 있다. Link 본책 230쪽

키 포인트 체크

화자 자연에 묻혀 ☐☐☐☐하며 살고 있는 '나'
상황 ☐☐를 떠나 자연과 더불어 유유자적하며 삶.
태도 세상에 대한 ☐☐을 버리지 못함.

1 이 작품에 대한 설명으로 적절하지 않은 것은?

① 화자는 고기잡이를 생업으로 하는 어부이다.
② 고려 때부터 전해 오는 〈어부가〉를 개작한 것이다.
③ 시상이 전개됨에 따라 화자의 시선이 이동하고 있다.
④ 상투적 한자어 표현이 많아 정경 묘사가 구체적이지 않다.
⑤ 강호가도의 맥을 잇는 작품으로, 윤선도의 〈어부사시사〉에 영향을 주었다.

중요 기출 高난도

2 이 작품의 ⓐ와 ⓑ를 중심으로 이 작품을 〈보기〉와 같이 정리하여 감상하고자 할 때 적절하지 않은 것은?

| 보기 |

	대상	대상의 심상	화자의 태도
ⓐ 도라보니	청산	월백	더옥 무심하얘라
ⓑ 도라보니	장안	홍진	니즌 스치 이시랴

① '만첩'은 ⓐ와 ⓑ의 대상 간의 단절을 강조하는 시어이다.
② '월백'은 '홍진'과 대비되어 강호 공간의 청정하고 순수한 이미지를 부각한다.
③ ⓐ는 '더옥 무심하얘라'와 연결되어 강호 공간에서 화자가 추구하려는 자기 절제의 내면세계를 드러낸다.
④ ⓑ는 '니즌 스치 이시랴'와 연결되어 강호 공간에서도 버릴 수 없었던 정치적 이상에 대한 미련을 드러낸다.
⑤ ⓐ와 ⓑ에서 심리적 갈등을 겪던 화자가 선택한 최종적인 삶의 방향은 ⓑ의 대상이다.

3 이 작품에서 〈보기〉의 밑줄 친 부분이 드러난 구절을 찾아 쓰시오.

| 보기 |

우리 문학 작품에서 '어부'는 벼슬을 하지 않고 초야에 묻혀 살던 처사(處士)의 상징이 되어 왔다. 〈어부사〉 역시 실제 어부로서의 체험을 담은 것이 아니라 관념적인 어부의 이미지를 빌려 표현한 작품이다. 이러한 어부의 삶에는 현실 속에서 유교적 이념을 실현하고자 하는 욕망과 한가로운 강호 생활의 동경이라는 양면성이 함께 드러난다.

4 ㉠과 〈보기〉에 나타난 '달'의 기능상 차이점을 서술하시오.

| 보기 |

이화(梨花)에 월백(月白)ᄒᆞ고 은한(銀漢)이 삼경(三更)인 제
일지 춘심(一枝春心)을 자규(子規) ㅣ야 아랴마는
다정(多情)도 병(病)인 양ᄒᆞ여 좀 못 드러 ᄒᆞ노라
- 이조년

082 강호사시가(江湖四時歌) | 맹사성

키워드 체크 #최초의 연시조 #강호가도 #사계절 #풍류 #충의 #사대부 의식 #임금의 은혜

국어 금성

핵심 정리

갈래 연시조(전 4수), 강호 한정가
성격 풍류적, 전원적, 낭만적
제재 강호의 사계절
주제 강호에서 자연을 즐기며 임금의 은혜에 감사함.
특징 ① 계절에 따라 한 수씩 읊고, 대유법, 의인법을 구사함.
② 각 연마다 형식을 통일하여 안정감을 드러내고 주제를 효과적으로 부각함.
의의 우리나라 최초의 연시조이자 강호가도(江湖歌道)의 선구적 작품
연대 조선 세종
출전 《청구영언》

Q 〈추사(秋詞)〉에서 알 수 있는 화자의 자연관과 유교적 가치관은?

- 고기마다 살져 있다: 화자가 자연을 풍요롭게 인식함을 알 수 있음.
- 흘리 띄워 던져두고: 무위자연의 유유자적하는 삶의 태도가 나타남.
- 역군은(亦君恩)이샷다: 자신의 삶이 모두 임금의 은혜라는 발상은 유교적 충의 사상에 바탕을 둔 것으로, 당대를 태평성대로 여기고자 한 조선 전기 사대부의 유교적 이념이 드러남.

시구 풀이

❶ **강호(江湖)에 봄이 ~ 절로 난다** 벼슬을 그만두고 자연에 은거하는 화자가 봄을 맞이한 기쁨을 노래한 부분이다. '미친 흥(興)'이란 표현을 통해 봄을 맞이하는 흥겨움과 생동감을 단적으로 드러내고 있다.

❷ **탁료계변(濁醪溪邊)에 금린어(錦鱗魚) 안주로다** 시냇가에서 싱싱한 물고기를 잡아 막걸리와 함께 먹는 소박한 모습을 표현한 부분이다. 물질적 만족보다는 정신적 만족을 추구했던 유가의 안빈낙도 의식이 잘 형상화되어 있다.

❸ **강호(江湖)에 여름이 ~ 일이 없다** 초당에서 느끼는 여름날의 한가로운 정취를 묘사한 부분이다. '일이 없다'라는 표현에서 자연에 묻혀 유유자적하며 살아가는 화자의 한가로운 삶이 잘 나타난다.

❹ **소정(小艇)에 그물 실어 흘리 띄워 던져두고** 생계를 유지하기 위해 고기를 잡는 것이 아닌, 소일(消日)하기 위해 그물을 던지는 화자의 모습에서 자연을 있는 그대로 편안하게 즐기는 유유자적한 삶을 엿볼 수 있다.

작가 소개

맹사성(孟思誠, 1360~1438) 조선 세종 때의 문신. 자는 자명(自明), 호는 고불(古佛). 1386년 문과에 급제하여 벼슬이 좌의정에 이르렀으며, 조선 초기의 문화 창달에 크게 기여하였다. 청백리(淸白吏; 재물에 욕심이 없이 곧고 깨끗한 관리)로 이름이 높았으며 시문에 능하고 음률에도 밝아 향악을 정리하고 악기를 제작하기도 하였다.

〈춘사(春詞)〉

❶강호(江湖)에 봄이 드니 ⓐ미친 흥(興)이 절로 난다
(자연(대유법) / 주체할 수 없는 흥취)
ⓑ❷탁료계변(濁醪溪邊)에 금린어(錦鱗魚) 안주로다
(시냇가에서 쏘가리를 안주 삼아 막걸리를 마심. – 소박한 생활)
이 몸이 한가하옴도 역군은(亦君恩)이샷다
(유교적 충의관)

▶ 강호에서 느끼는 봄의 흥취

현대어 풀이
강호에 봄이 찾아오니 깊은 흥이 저절로 일어난다. / 막걸리를 마시며 노는 시냇가에 싱싱한 물고기가 안주로다.
이 몸이 이렇듯 한가하게 노니는 것도 역시 임금님의 은덕이시도다.

〈하사(夏詞)〉

❸강호(江湖)에 여름이 드니 초당(草堂)에 일이 없다
(띠풀로 엮어 만든 집, 소박한 전원생활)
ⓒ유신(有信)한 강파(江波)는 보내느니 바람이로다
(의인화를 통해 자연과 하나된 삶을 노래함.)
이 몸이 서늘하옴도 역군은(亦君恩)이샷다

▶ 여름의 한가한 초당 생활

현대어 풀이
강호에 여름이 찾아오니 초당에 있는 이 몸은 할 일이 없다. / 신의 있는 강 물결은 보내는 것이 시원한 바람이로다.
이 몸이 이렇듯 시원하게 지내는 것도 역시 임금님의 은덕이시도다.

〈추사(秋詞)〉

강호(江湖)에 가을이 드니 고기마다 살져 있다
(풍요로움의 이미지)
❹소정(小艇)에 그물 실어 흘리 띄워 던져두고
(작은 배 / 흐르는 대로 던져두고 – 무위자연의 유유자적하는 삶)
이 몸이 소일(消日)하옴도 역군은(亦君恩)이샷다

▶ 고기잡이하며 즐기는 생활

현대어 풀이
강호에 가을이 찾아오니 물고기마다 살이 올라 있다. / 작은 배에 그물을 싣고 물결 따라 흐르게 던져 놓고
이 몸이 소일하며 지내는 것도 역시 임금님의 은덕이시도다.

〈동사(冬詞)〉

강호(江湖)에 겨울이 드니 ⓓ눈 깊이 자히 남다
(많은 눈이 내림.)
ⓔ삿갓 비껴 쓰고 누역으로 옷을 삼아
(안분지족의 삶 / 도롱이)
이 몸이 춥지 아니하옴도 역군은(亦君恩)이샷다

▶ 눈 쌓인 가운데 안분지족하는 생활

현대어 풀이
강호에 겨울이 찾아오니 쌓인 눈의 깊이가 한 자가 넘는다. / 삿갓을 비스듬히 쓰고 도롱이를 둘러 덧옷을 삼으니
이 몸이 춥지 않게 지내는 것도 역시 임금님의 은덕이시도다.

이해와 감상

강호에서 자연을 즐기며 한가롭게 지내는 삶을 노래하며 이를 임금의 은혜와 결부하여 표현한 조선 전기 강호가도의 대표적 작품이다. 〈춘사(春詞)〉에서는 흥겹고 한가한 풍류적 생활을, 〈하사(夏詞)〉에서는 강바람을 맞으며 초당에서 한가롭게 지내는 강호의 생활을, 〈추사(秋詞)〉에서는 작은 배를 타고 고기를 잡으며 소일하는 즐거움을, 〈동사(冬詞)〉에서는 설경을 완상하며 유유자적하는 삶의 모습을 그리고 있다. 이와 같이 이 작품은 자연 속에서의 즐거움을 각 계절마다 한 수씩 읊으며 안분지족하는 은사(隱士)의 모습을 보여 준다.

각 연의 끝 구절인 '역군은이샷다'는 임금에 대한 신하의 충의(忠義) 사상과 태평성대를 구가하는 사대부들의 소망을 반영한 것이다.

작품 연구소

사시(계절)에 따른 화자의 태도

화자는 각 계절마다 안분지족의 삶 속에서 자연과 조화를 이루는 한가로운 생활을 영위하며, 이 모든 것을 임금의 은혜로 귀결함으로써 유교적 충의 사상을 드러낸다.

봄		여름
시냇가에서의 풍류를 통해 봄의 흥취를 느낌.	임금의 은혜	초당에서 한가하게 시원한 강바람을 즐김.
가을 작은 배로 고기잡이하며 소일함.		**겨울** 아름다운 설경 속에서 안분지족을 느낌.

〈강호사시가〉의 형식적 통일성

초장		종장
강호에 ~이 드니 ~	→	이 몸이 ~하옴도 역군은이샷다

이 작품은 각 연마다 초장과 종장에서 동일한 구절을 되풀이하고 있다. 초장에서는 계절의 바뀜과 그에 맞는 흥취를, 중장에서는 계절에 따른 화자의 구체적인 생활 모습을, 종장에서는 계절마다 느끼는 감정과 삶의 모습을 집약적으로 보여 주는 구절을 노래하며 이를 임금의 은혜로 귀결하고 있다. 이러한 형식적 통일성은 시적 화자의 조화로운 삶의 자세 및 임금의 은혜에 대한 감사함을 드러내는 데 효과적인 구성이라고 할 수 있다.

작가의 삶과 작품의 창작 배경

이 작품은 작가가 각 계절에 따라 자연과 하나 되어 자신이 처한 상황에 만족하며 지내는 모습을 노래한 시조이다. 특히 매 연마다 '역군은이샷다'라는 말로 끝맺고 있는데, 이는 소박한 자연 속에서 자연과 정서적 교감을 나누고 한가롭게 지내는 것이 모두 임금의 선정(善政) 때문이라는 유교적 충의관을 드러낸 것이다. 이 의식은 세종이 다스리던 조선 초기의 정치적 안정 상황을 반영하는 것으로, 임금의 은혜에 대한 칭송과 아울러 태평성대를 구가하고자 하는 사대부들의 소망이 반영된 것으로 볼 수 있다. 물론 맹사성이 실제로 이 작품에 형상화된 삶을 살았는지는 확인할 수 없다. 그러나 청백리로 명성이 자자했던 작가가 벼슬을 그만두고 자연에 은거하며 이 작품을 지었다면 작품 속에 그려진 화자의 삶이 관념이 아닌 현실 경험에 바탕을 둔 것이라 보아도 무방할 것이다.

함께 읽으면 좋은 작품

〈어부사〉, 이현보 / 자연을 즐기며 한가로이 지내는 삶을 노래한 작품

〈어부사〉는 자연을 벗하며 고기잡이하는 풍류의 삶을 노래한 작품이다. 〈어부사〉와 〈강호사시가〉 모두 안분지족의 삶과 자연과 하나 되는 물아일체의 경지를 추구한다는 점에서 공통된다. 다만, 〈강호사시가〉는 자연에서의 유유자적한 삶을 즐기면서 이를 임금의 은혜로 귀결하지만 표면적으로는 현실 세계에 대한 일체의 언급이 없는 반면, 이현보의 〈어부사〉는 자연에 몰입하여 물아일체의 삶을 추구하는 듯하지만 현실 세계에 대한 미련을 완전히 떨쳐 버리지 못하는 태도를 드러낸다는 점에서 차이를 보인다.

Link 본책 142쪽

키 포인트 체크

화자 자연 속의 삶에 □□하는 '나'
상황 자연에서 지내면서 □□의 은혜를 노래함.
태도 속세를 떠나 살아가면서도 유교적 □□를 잊지 않음.

1 이 작품에 대한 설명으로 적절하지 않은 것은?

① 유사한 통사 구조의 반복이 나타난다.
② 자연물에 인격을 부여한 표현이 있다.
③ 소박한 생활을 나타내는 소재를 사용했다.
④ 속세와 자연에 대한 이분법적 사고를 보인다.
⑤ 계절의 변화와 그에 따른 생활상이 나타난다.

중요 기출

2 〈보기〉는 이 작품의 글쓴이가 창작을 위해 세운 계획을 가상적으로 구성한 것이다. 〈춘사(春詞)〉~〈동사(冬詞)〉에 공통적으로 반영된 것만을 있는 대로 고른 것은?

보기
ㄱ. 각 수 초장의 전반부에는 계절적 배경을 제시하며 시상의 단서를 드러내야겠군.
ㄴ. 각 수 초장의 후반부에서는 내면적 감흥을 구체적 사물을 통해 표현해야겠군.
ㄷ. 각 수 초장과 종장에서 동일한 구절을 되풀이하여 형식적 통일성을 나타내야겠군.
ㄹ. 각 수 중장에서는 계절에 따른 구체적인 생활 모습을 드러내야겠군.

① ㄱ, ㄴ　② ㄱ, ㄴ, ㄹ　③ ㄱ, ㄷ, ㄹ
④ ㄴ, ㄷ, ㄹ　⑤ ㄷ, ㄹ

내신 적중 多빈출

3 이 작품을 읽고 난 후의 반응으로 적절하지 않은 것은?

① 자연에서 봄을 맞는 화자의 기쁨이 생생하게 느껴지는군.
② 화자는 초당에서 바람을 맞으며 시원하게 지내는 여름에 만족하고 있어.
③ 가을에는 고기를 많이 잡아 풍족한 생활을 할 수 있어 즐거워하는군.
④ 사계절의 풍류를 즐기면서도 임금의 은혜를 잊지 않는 것을 보니 화자는 사대부일 거야.
⑤ 추운 겨울에도 화자가 삿갓과 누역만으로 만족하는 것에서 안빈낙도의 태도를 엿볼 수 있어.

4 ⓐ~ⓔ 중, 자연을 즐기는 흥겨움과 생동감을 집약적으로 표현한 것은?

① ⓐ　② ⓑ　③ ⓒ　④ ⓓ　⑤ ⓔ

5 각 연의 종장을 통해 알 수 있는 화자의 사상을 당대 유교적 이념을 고려하여 50자 내외로 서술하시오.

083 도산십이곡(陶山十二曲) | 이황

키워드 체크 #자연 귀의 #후진 양성 #학문 수양

문학 천재(정)

핵심 정리

갈래 연시조(전 12수)
성격 교훈적, 회고적
제재 자연, 학문
주제 자연 친화적 삶의 추구와 학문 수양에 대한 변함없는 의지
특징 ① 도학자의 자연 관조적 자세와 학문 정진에 대한 의지가 잘 나타남.
② 어려운 한자어가 많이 사용되었으며, 반복법, 설의법, 대구법 등을 통해 주제를 부각함.
연대 조선 명종
출전 《청구영언》

Q 자연에 대한 화자의 태도는?

- 이런돌 엇더ᄒᆞ며 뎌런돌 엇더ᄒᆞ료: 달관적 삶의 태도가 엿보임.
- ᄒᆞ믈며 천석고황(泉石膏肓)을 고텨 므슴ᄒᆞ료: 자연을 깊이 사랑하여 자연 속에 살고자 하는 소망을 고질병에 비유하여 나타냄으로써 자연을 벗하며 살아가는 자신의 모습을 은연중에 자랑함.

시어 풀이

천석고황(泉石膏肓) 자연 속에 살고 싶은 마음의 절실함. '천석'은 자연을 이르고 '고황'은 불치병을 이름. 자연의 아름다운 경치를 몹시 사랑하고 즐기는 성벽(性癖)으로 작가의 자연애를 말함.

시구 풀이

❶ **초야 우생(草野愚生)이 이러타 엇더ᄒᆞ료** 설의적 표현을 통해 자연을 벗 삼아 안분지족의 삶을 살아가겠다는 자세를 강조하고 있다.
❷ **이제야 도라오나니 년 듸 ᄆᆞᄋᆞᆷ 마로리** 작가는 23세에 과거에 급제하여 69세에 벼슬을 그만둘 때까지 오랜 세월을 학문이 아닌 다른 곳(벼슬)에 마음을 두었다고 자책하고 있다. 그래서 다시는 학문 이외의 다른 것을 생각하지 않고 오로지 자기 수양과 학문 도야, 후학 양성에만 힘쓰겠다고 다짐하고 있다.
❸ **우리도 그치지 마라 만고상청(萬古常靑) ᄒᆞ리라** 초장의 영원한 푸르름을 간직한 청산과 중장의 밤낮 없이 흐르는 물처럼 변함없이 학문 수양에 힘쓰겠다는 의지를 드러낸 부분이다.

작가 소개

이황(李滉, 1501～1570) 조선 중기의 문신이자 유학자. 자는 경호(景浩), 호는 퇴계(退溪). 주자의 사상을 깊게 연구하여 조선 성리학 발달의 기초를 형성했으며, 이(理)의 능동성을 강조하는 이기호발설(理氣互發說)을 주장하였다. 〈도산십이곡〉을 비롯해 다수의 시와 《퇴계서절요》, 《주자서절요》 등의 저술을 남겼다.

가 〈제1곡: 언지(言志) 1〉

이런돌 엇더ᄒᆞ며 뎌런돌 엇더ᄒᆞ료
(달관적 삶의 태도)
❶초야 우생(草野愚生)이 이러타 엇더ᄒᆞ료
(시골에 묻혀 사는 어리석은 사람. 자신을 겸손하게 부르는 표현)
ᄒᆞ믈며 *천석고황(泉石膏肓)을 고텨 므슴ᄒᆞ료
(자연에 대한 지극한 사랑)

▶ 아름다운 자연에 순응하며 순리대로 살아가려는 마음

현대어 풀이
이런들 어떠하며 저런들 어떠하랴?
시골에 묻혀 사는 어리석은 사람이 이렇게 산다고 해서 어떠하랴?
더구나 자연을 버리고는 살 수 없는 마음을 고쳐 무엇하랴?

나 〈제10곡: 언학(言學) 4〉

「당시(當時)에 녀든 길흘 몃 ᄒᆡ를 ᄇᆞ려 두고 ○↔□: 대조
(가던 길, 자기 수양과 학문 도야의 길)
어듸 가 ᄃᆞ니다가 이제야 도라온고」 「 」: 긴 세월 동안 벼슬길에서 바쁘게 살아온 자신의 지난날을 생각함.
(어듸: 벼슬길)
❷이제야 도라오나니 년 듸 ᄆᆞᄋᆞᆷ 마로리
(년 듸: 벼슬길)

▶ 벼슬을 그만두고 학문에 정진함.

현대어 풀이
그 당시 가던 길을 몇 해씩이나 버려 두고
어디 가 다니다가 이제야 돌아왔는가?
이제야 돌아왔으니 딴마음을 먹지 않으리.

다 〈제11곡: 언학(言學) 5〉

청산(靑山)은 엇졔ᄒᆞ여 만고(萬古)에 프르르며,
(대상의 불변성 예찬 / 그치지)
유수(流水)ᄂᆞᆫ 엇졔ᄒᆞ여 주야(晝夜)애 긋지 아니ᄂᆞᆫ고 — 대구법
(대상의 영원함 예찬)
❸우리도 그치지 마라 만고상청(萬古常靑) ᄒᆞ리라
(변함없이 언제나 푸름. – 변함없는 학문 수양의 태도)

▶ 부단한 학문 수양의 의지

현대어 풀이
청산은 어찌하여 영원히 푸르며
유수는 어찌하여 밤낮으로 그치지 않는가?
우리도 그치지 말고 언제나 푸르리라.

이해와 감상

이 작품은 작가가 안동에 도산 서원을 세우고 학문에 열중하면서 사물을 대할 때 일어나는 감흥과 수양의 경지를 읊은 연시조이다. 모두 12곡으로 이루어졌으며, 작가 자신이 전 6곡(前六曲)을 언지(言志), 후 6곡(後六曲)을 언학(言學)이라 하였다. 전 6곡은 자연에 동화된 생활을 하면서 사물을 접하는 감흥을 노래한 것이고, 후 6곡은 학문 수양에 임하는 심경을 노래한 것이다.

중국 문학을 차용한 부분이 많고 생경한 한자어가 많이 사용되어 문학적으로 볼 때에는 아쉬운 점도 있으나, 속세를 떠나 자연에 흠뻑 취해 사는 자연 귀의 생활과 후진 양성을 위한 강학, 사색에 침잠하는 학문 생활을 솔직 담백하게 표현해 놓은 점이 훌륭하다. 한편, 이 작품의 끝에 붙인 발문(跋文)에서는 작가 자신이 이 작품을 짓게 된 이유와 우리나라 가요를 평하고 있다. 성리학 대가의 작품이라는 데서 시조의 성장과 발전에 유학자들이 기여했음을 입증할 수 있는 작품이다.

작품 연구소

〈도산십이곡〉의 구성

〈도산십이곡〉은 총 12수로 되어 있는 연시조로, 전 6곡은 언지(言志), 후 6곡은 언학(言學)이라 불린다.

전반부[言志], 제1~6곡	+	후반부[言學], 제7~12곡
자신이 세운 도산 서원 주변의 경관에서 일어나는 감흥		학문 수양에 임하는 심경

성리학적 이념의 문학적 형상화

작가는 〈제1곡〉에서 세속에 얽매이지 않으며 주변의 자연과 벗하며 살고 싶은 심정을 드러냈고, 〈제10곡〉에서는 자신이 그간 벼슬살이를 한 것을 후회하면서 학문 수양을 다짐하고 있다. 그리고 〈제11곡〉에서는 늘 변함없는 자연과 같이 끊임없는 학문 수양을 위해 정진할 것을 다짐하고 있다. 이 작품을 통해 벼슬에서 물러난 후 서원을 지어 후진을 양성하면서 성리학 연구에 몰두하는 대학자의 기품을 엿볼 수 있다.

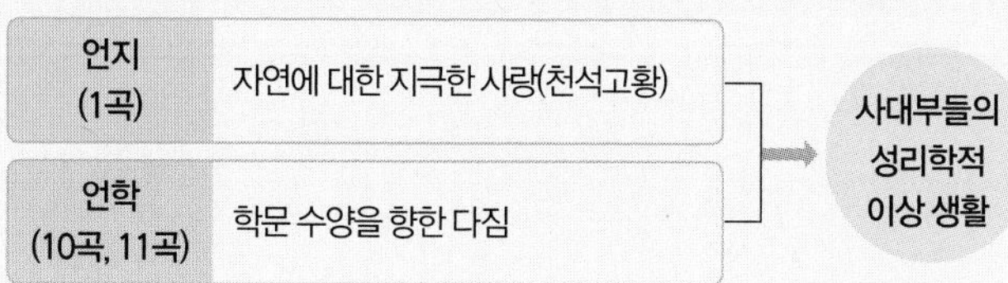

〈도산십이곡〉의 창작 동기 - 〈도산십이곡 발(陶山十二曲跋)〉 전문

이 〈도산십이곡〉은 도산 노인(陶山老人)이 지은 것이다. 노인이 이 시조를 지은 까닭은 무엇 때문인가. 우리 동방의 가곡은 대체로 음와(음탕)하여 족히 말할 수 없게 되었다. 저 〈한림별곡〉과 같은 류는 문인의 구기(口氣)에서 나왔지만 긍호(矜豪)와 방탕에다 설만(褻慢)과 희압(戲狎)을 겸하여 더욱이 군자로서 숭상할 바 못 되고, 다만 근세에 이별(李鼈)이 지은 〈육가(六歌)〉란 것이 있어서 세상에 많이들 전한다. 오히려 저것(〈육가〉)이 이것(〈한림별곡〉)보다 나을 듯하나, 역시 그중에는 완세 불공(玩世不恭; 세상을 희롱하고 공손하지 못함.)의 뜻이 있고 온유돈후(溫柔敦厚)의 실(實)이 적은 것이 애석한 일이다. [중략]

그러기에 내가 일찍이 이별의 노래를 대략 모방하여 〈도산 육곡〉을 지은 것이 둘이니, 〈기 일(其一)〉에는 '지(志)'를 말하였고, 〈기 이(其二)〉에는 '학(學)'을 말하였다. 아이들로 하여금 조석(朝夕)으로 이를 연습하여 노래를 부르게 하고는 궤(几)를 비겨 듣기도 하려니와, 또한 아이들로 하여금 스스로 노래를 부르는 한편, 스스로 무도(舞蹈)를 한다면 거의 비린(鄙吝; 더럽고 인색함.)을 씻고 감발(感發)하고 융통(融通)할 바 있어서, 가자(歌者)와 청자(聽者)가 서로 자익(資益)이 없지 않을 것이다.

함께 읽으면 좋은 작품

〈강호사시가〉, 맹사성 / 자연 친화적 삶을 노래한 작품

〈강호사시가〉와 〈도산십이곡〉은 자연을 벗 삼아 사는 즐거움을 노래했다는 점에서 유사하지만 이를 임금의 은혜에 대한 감사의 마음으로 매듭지은 〈강호사시가〉와 달리 〈도산십이곡〉은 번잡한 속세의 명리(名利)를 떠나 자연을 벗 삼아 사는 삶의 즐거움으로 표현하였으며, 후학(後學)들에게 학문에 정진할 것을 당부하는 내용도 아울러 노래한다는 점에서 차이가 있다. Link 본책 144쪽

키 포인트 체크

화자 □□에서 물러나 자연에 묻혀 사는 '나'

상황 벼슬길을 헤매던 자신의 모습을 □□함.

태도 자연 친화적 삶을 추구하며 □□ 수양을 다짐함.

1 (가)~(다)를 소개하기 위한 문구를 작성한다고 할 때 가장 적절한 것은?

① 속세를 벗어나 즐기는 풍류
② 벼슬살이에 대한 후회와 반성
③ 유교적 교화 실현을 위한 노력
④ 자연에 대한 변함없는 사랑과 예찬
⑤ 자연을 즐기며 학문 수양에 힘쓰는 삶

내신 적중 多빈출

2 이 작품에 대한 설명으로 적절하지 않은 것은?

① (가)의 '천석고황'에는 자연에 순응하며 살고 싶은 화자의 심정이 담겨 있다.
② (나)의 '녀둔 길'과 달리 '녀 듸 ᄆᆞ음'에는 학문에 정진하고 싶은 마음이 담겨 있다.
③ (나)의 '도라온고'는 대답이 필요 없는 의문형 진술로, 화자의 정서를 강조한다.
④ (다)의 '청산(靑山)'과 '유수(流水)'는 모두 화자에게 깨달음을 주는 자연물이다.
⑤ (다)의 '프르르며'와 '긋지 아니논' 것은 화자가 학문 수양에 힘쓰겠다는 의지의 표현이다.

중요 기출 高난도

3 이 작품과 〈보기〉를 비교하여 감상한 내용으로 가장 적절한 것은?

| 보기 |

나같이 곤궁한 사람은 백에 하나도 가능한 것이 없었는데 뜻밖에도 네 가지나 마음에 드는 것을 차지하였으니 너무 분에 넘치는 것은 아닐까? [중략] 내가 이 집에 살면서 만일 전원의 즐거움을 얻게 되면, 세상일 다 팽개치고 고향으로 돌아가 태평성세의 농사짓는 늙은이가 되리라. 그리고 밭을 갈고 배[腹]를 두드리며 성군(聖君)의 가르침을 노래하리라. - 이규보, 〈사가재기(四可齋記)〉

① 이 작품과 〈보기〉는 모두 지배층의 핍박으로부터 도피하기 위해 선택한 자연 은둔의 삶을 제시하고 있다.
② 이 작품과 〈보기〉는 모두 불우한 처지에서 점진적으로 벗어날 수 있으리라는 낙관적 태도를 보여 주고 있다.
③ 이 작품과 〈보기〉는 모두 유교적 가치를 존중하면서 한 개인으로서의 소망을 이루려는 모습을 드러내고 있다.
④ 이 작품은 〈보기〉와 달리 삶의 물질적 여건이 마련된 후에야 자연의 즐거움을 누릴 수 있음을 강조하고 있다.
⑤ 이 작품은 속세에 있으면서 자연을 동경하는 인간을, 〈보기〉는 자연에 있으면서 속세를 그리워하는 인간을 형상화하고 있다.

4 (나)에서 벼슬살이를 암시하는 시어 2개를 찾아 쓰시오.

084 고산구곡가(高山九曲歌) | 이이

키워드 체크 #고산의 경치 #예찬 #자연 친화 #학문에의 의지 #풍류 #즐거움

핵심 정리

갈래 연시조(전 10수)
성격 예찬적, 교훈적
제재 고산의 아름다움
주제 학문의 즐거움과 자연의 아름다움 예찬
특징 ① 유학자로서의 삶의 지향이 중의적 표현과 독창적인 내용 속에 잘 반영됨.
② 한자어 사용이 두드러지고, 절제된 감정 속에 풍경을 구체적으로 묘사함.
연대 조선 선조
출전 《청구영언》, 《율곡전서》

Q 〈제2곡〉에 나타난 화자의 자연관은?

화자는 아름다운 경치(고매한 학문의 경지)를 세상 사람과 함께 누리고 싶어 한다. 이는 아름다운 자연 경관도 함께 즐길 때에 즐거움이 배가된다는 여민동락(與民同樂; 백성과 즐거움을 함께 함.)의 인식이 담겨 있는 것이다.

시어 풀이

무이(武夷) 중국 북건성에 있는 산. 주자가 여기에 정사(精舍)를 짓고 학문에 정진했다고 함.
야외(野外) 들판 밖. 이이가 있는 석담의 밖으로 세상 사람들이 사는 공간(속세)을 뜻함.

시구 풀이

❶ **고산 구곡담(高山九曲潭)을 살룸이 몰으든이,** 중의적 표현이 사용된 부분으로, 사람들이 고산(高山)에 있는 석담(石潭)의 뛰어난 경치를 모르므로 알려 주고 싶다는 뜻도 있지만 학문 수양의 방법이나 태도를 모르는 사람들에게 학문에 정진하는 즐거움을 알려 주고 싶다는 성리학자의 의지와 바람도 담겨 있다.

❷ **무이(武夷)를 상상(想像)ᄒᆞ고 학주자(學朱子)를 ᄒᆞ리라.** 이 작품의 궁극적 지향은 무이의 아름다운 자연 경관 속에서 학문에 매진했던 주자의 삶을 계승하는 것이라 할 수 있다. 이는 이 작품이 단순히 자연의 흥취를 노래하는 시조가 아니라 학주자, 즉 학문 수양을 생활 목표로 하고 있음을 나타낸다.

❸ **살룸이 승지(勝地)를 몰온이 알게 ᄒᆞᆫ들 엇더리.** 유가의 여민동락(與民同樂) 의식이 반영된 구절로, 학문하는 즐거움을 세상 사람들에게 알려 주고자 하는 바람이 드러나 있다.

작가 소개

이이(李珥, 1536~1584) 조선 중기의 학자·정치가. 호는 율곡(栗谷)으로 호조·이조·형조·병조 판서 등을 지냈다. 《동호문답》, 《성학집요》 등을 지어 국정 전반에 관한 개혁안을 선조에게 제시하였고, 이황과 함께 조선 성리학의 대가로 이기일원론(理氣一元論)을 주장하기도 하였다.

가 〈서곡〉

㉠❶고산 구곡담(高山九曲潭)을 살룸이 몰으든이,
(주자의 무이구곡을 본받아 고산의 구곡담을 그려 냄. / 모르더니)
주모 복거(誅茅卜居)ᄒᆞ니 벗님네 다 오신다.
(풀을 베어 내고 집 지어 살 곳을 정함.)
어즙어, ㉡❷무이(武夷)를 상상(想像)ᄒᆞ고 학주자(學朱子)를 ᄒᆞ리라.

▶ 이 작품을 짓게 된 동기 – 학문 수양에 대한 다짐[學朱子]

현대어 풀이

고산의 아홉 굽이 계곡의 아름다움을 세상 사람들이 모르더니,
내가 풀을 베고 터를 잡아 집을 짓고 사니 (그때야) 벗들이 찾아오는구나.
아, 무이산을 생각하고 주자를 배우리라.

나 〈제1곡〉

『㉢일곡(一曲)은 어드믜고 관암(冠巖)에 ᄒᆡ 빗췬다.』
(시간적 배경 – 아침 / 『』: 매 곡마다 '~곡은 어디믜고 ~다.'를 반복함. → 형식적 통일성 유지 / 공간적 배경 – 갓바위(봉우리 이름))
㉣평무(平蕪)에 ᄂᆡ 거든이 원근(遠近)이 글림이로다.
(잡초가 무성한 들판 / 그림과 같이 아름답도다)
송간(松間)에 녹준(綠樽)을 녹코 벗 온 양 보노라.
(좋은 술동이)

▶ 관암(冠巖)의 아름다운 아침 경치

현대어 풀이

일곡은 어디인가? 갓바위(갓머리처럼 우뚝 솟은 바위)에 아침 해가 비쳤도다.
잡초가 무성한 들판에 안개가 걷히니, 먼 곳 가까운 곳이 그림 같구나.
소나무 숲속에 술동이를 놓고 벗이 찾아온 것처럼 바라보노라.

다 〈제2곡〉

이곡(二曲)은 어드믜고 화암(花巖)에 춘만(春晩)커다.
(공간적 배경 – 꽃 바위 / 계절적 배경 – 늦봄)
㉤벽파(碧波)에 곳츨 씌워 야외(野外)에 보내노라.
(푸른 물결)
❸살룸이 승지(勝地)를 몰온이 알게 ᄒᆞᆫ들 엇더리.
(명승지의 준말, 경치 좋기로 소문난 곳)

▶ 화암(花巖)의 아름다운 늦봄 경치

현대어 풀이

이곡은 어디인가 화암의 늦봄 경치로다.
푸른 물결에 꽃을 띄워 멀리 들판으로 보내노라.
사람들이 명승지를 모르니 알게 한들 어떠하리.

이해와 감상

이 작품은 작가가 고산 석담(石潭)에 은거하며 그곳의 풍광을 묘사하고, 이를 학문을 향한 정진과 연계한 총 10수의 연시조로, 서곡(序曲) 1수, 본문 9수로 이루어져 있다. 서곡의 '무이를 상상ᄒᆞ고 학주자를 ᄒᆞ리라.'에 나타난 것처럼 작품 전반에 걸쳐 학문에의 의지와 자연 친화적 성격이 드러난다. 본문은 고산의 경치와 흥취를 노래하고 있는데, 매 수에 고산의 특정 장소로 인도하는 첫 구절을 두고 있어 작품 전체가 완결된 한 편의 시조로 느껴지게 한다. 여기에 나타난 지명은 경관의 아름다움을 묘사할 뿐 아니라 학문 수양과 풍류를 의미하는 중의적 표현이다. 또한 각 연의 이미지를 시간의 순서와 연관 지어 형상화하여 아침(1곡)에서 달밤(8곡)에 이르는 하루의 시간적 순환과 봄(2곡)에서 겨울(9곡)에 이르는 한 해의 질서에 따라 변화하는 태도가 유기적으로 잘 형상화되어 있다. 이는 모든 것에서 조화와 질서를 추구하고자 했던 이이의 철학적 태도가 작품에도 반영된 것이라 할 수 있다.

한편 이 작품이 주자(朱子)의 〈무이도가(武夷櫂歌)〉를 본떠서 지었다고 하지만, 시상(詩想)과 미의식 면에서 독창성이 엿보인다. 주자를 배운 대부분의 학자들이 한시로 〈무이도가〉를 모방한 데 반해 이이는 시조의 형식으로 받아들였고, 경관의 묘사를 넘어 학문에 임하는 자세를 언급한 점은 여타의 작품과 뚜렷이 대비된다.

작품 연구소

〈고산구곡가〉의 전체 짜임

서곡	주자학을 연구하고자 하는 결의	제5곡	수변 정사에서의 강학과 영월 음풍의 즐거움
제1곡	관암의 아침 경치	제6곡	조협의 야경
제2곡	화암의 늦봄 경치	제7곡	단풍으로 덮인 풍암에서의 흥취
제3곡	취병의 여름 경치	제8곡	금탄의 흥겨운 물소리
제4곡	송애의 황혼녘 경치	제9곡	문산의 아름다움과 세속의 경박함

〈고산구곡가〉의 시간적 유기성

이 작품은 고산 구곡담에서 바라본 하루와 사시의 시간 경과에 따른 경관 묘사가 유기적으로 이루어져 있으며, 자연과 일체가 된 가운데 학문 수양에 힘쓰는 모습이 잘 그려져 있다.

사시(四時)	
봄 〈제2곡〉 늦은 봄의 화암	여름 〈제3곡〉 녹음 짙은 취병
겨울 〈제9곡〉 기암괴석이 눈 속에 묻힌 문산	가을 〈제7곡〉 서리가 내려 금수 같은 풍암

하루	
아침 〈제1곡〉 관암의 아침 햇살	낮 〈제5곡〉 소쇄한 은병
달밤 〈제8곡〉 달 밝은 금탄	저녁 〈제4곡〉 해 저문 송애 〈제6곡〉 황혼의 조협

〈고산구곡가〉의 창작 배경과 독창성

이 작품의 작가 이이는 뛰어난 정치적 식견과 왕의 두터운 신임을 바탕으로 조선의 정국을 주도하는 인물로 부상했다. 그러나 그가 제시한 국정 개혁안이 수포로 돌아가고, 동인과 서인의 첨예한 대립을 중재하고자 한 노력마저도 모두 수포로 돌아가자 벼슬을 그만두고 파주에 은거한다. 그런 작가에게 주자의 삶과 학문, 그리고 문학은 하나의 이상으로 받아들여졌다. 따라서 주자의 〈무이구곡〉에서의 삶이 동경의 대상이 되었고, 주자가 지은 〈무이도가〉 등이 작가의 관심 대상이 되었다.

〈고산구곡가〉는 자연과 하나 되어 하루를 보내고 사시(四時)를 보내면서 학문에 정진하는 생활의 정취를 형상화한 작품으로, 궁극적 지향점은 무이에서의 주자의 삶을 계승하는 것이라 할 수 있다. 이는 이 작품이 단순히 자연의 흥취를 노래하는 시조가 아니라 학주자, 즉 학문 수양을 생활 목표로 하고 있음을 나타낸다. 〈고산구곡가〉의 이러한 특성은 국문학사의 강호가도(江湖歌道) 시가 중 이 작품만이 확립하고 있는 독자적 영역이라고 할 수 있다.

함께 읽으면 좋은 작품

〈도산십이곡〉, 이황 / 학문에의 의지와 자연 친화적 성격이 드러난 작품

〈도산십이곡〉은 조선을 대표하는 성리학자 이황이 자연을 벗 삼으며 학문하는 즐거움을 노래한 작품이다. 그러나 〈도산십이곡〉이 아름다운 자연에서 이치를 발견하고 이에 순응하면서 살아가려는 마음과 학문 수양을 구별하여 노래했다면, 〈고산구곡가〉는 자연의 아름다움 자체를 감상하되 이를 학문의 즐거움에 비유하여 일체화하고 있다. 또 학문을 자신의 개인적 수양으로 귀결시킨 〈도산십이곡〉과는 달리 〈고산구곡가〉는 세상 사람들과 학문하는 즐거움을 함께하고자 한다는 점에서 차이가 있다.

Link 본책 146쪽

키 포인트 체크

화자 고산 석담에 ☐☐하고 있는 사람
상황 고산의 경치와 흥취를 노래함.
태도 ☐☐에 대한 의지를 나타내고 자연의 아름다움을 ☐☐함.

1 (가)~(다)에 대한 설명으로 적절하지 않은 것은?

① (가)에서 작품의 공간적 배경을 확인할 수 있다.
② (가)에는 화자가 본받고자 하는 대상이 나타나 있다.
③ (나)에는 자연에서의 풍류와 운치가 드러나 있다.
④ (다)에는 심성 도야에 중점을 두는 모습이 제시되어 있다.
⑤ (나)에는 시간적 배경이, (다)에는 계절적 배경이 나타나 있다.

중요 기출 高난도

2 〈보기〉는 이 작품을 배운 후, '시조의 정형성이 지닌 의미'를 탐구한 내용이다. 여기에서 이끌어 낼 수 있는 생각으로 적절하지 않은 것은?

| 보기 |
• 시조의 3장 형식(의미의 3단 구성)은 어떤 기능을 했을까?
– '말'로 지어지고 불린 상황에서, 정해진 형식이 표현의 부담을 줄여 줌. → 신속하게 다양한 표현을 할 수 있음.
• 왜 이런 형식이었을까?
– 의미의 3단 구성은 고전 시가 갈래 전반에서 두루 확인되는 특성임. → 이를 양식화한 것이 시조의 형식임. → 학습이 용이하고 적용 범위가 넓음.

① 규칙이 오히려 다양한 표현을 가능하게 했겠군.
② 시조 작가는 내용에 앞서 형식을 창안하느라 힘들었겠군.
③ 시조의 형식은 다른 시가의 구조를 파악할 때에도 유용한 자료가 될 수 있겠군.
④ 시조를 잘 짓기 위해서는 작품을 통해 형식을 내면화하는 과정이 필요했겠군.
⑤ 시조를 즉석에서 주고받을 수 있었던 것은 형식이 고정되어 있어서 가능했겠군.

3 ㉠~㉤에 대한 설명으로 적절하지 않은 것은?

① ㉠: 중의적 표현을 통해 성리학자의 포부를 담았다.
② ㉡: 작품을 창작하게 된 궁극적인 동기에 해당한다.
③ ㉢: 〈서곡〉을 제외한 매 곡의 초장에 나타나는 문장 구조로 형식상 통일성을 부여한다.
④ ㉣: 안개가 낀 듯이 답답한 학문 수양의 길을 나타낸다.
⑤ ㉤: 세상 사람들이 진리를 깨달을 수 있도록 유도하는 교육자의 자세로도 볼 수 있다.

4 〈보기〉의 ⓐ에 들어갈 알맞은 말을 쓰시오.

| 보기 |
〈고산구곡가〉에는 자연 친화적 성격과 학문에의 의지가 나타나 있다. 이는 단순히 자연 속에서의 풍류를 노래하는 시가 아니라 자연과 하나가 된 삶 속에서 [ⓐ]을(를) 궁극적인 목표로 하는 작품으로서 '강호가도'를 표방하는 다른 시가들과 구별되는 〈고산구곡가〉만의 독자적인 성취라 할 수 있다.

Ⅲ. 조선 전기

085 한거십팔곡(閑居十八曲) | 권호문

키워드 체크 #현실 #벼슬길 #갈등 #은거 #자연 #안빈낙도 #강호의풍류

핵심 정리

갈래 연시조(전 19수)
성격 유교적, 교훈적, 은일적
제재 자연에 은거하는 삶
주제 유교적 깨달음의 실천과 안빈낙도의 소망
특징 현실 세계로부터 벗어나 자연 속에서의 삶을 선택하기까지의 과정을 시간 순서에 따라 전개함.
의의 후기 강호가도의 전형적 작품
연대 조선 선조
출전 《송암집》

Q 화자의 출사관과 자연관은?

- 호온자 기로(岐路)애 셔셔: 화자는 출사(出仕)와 자연 속의 은거 사이에서 갈등하고 있음.
- 부귀 위기(富貴危機) ㅣ 라 빈천거(貧賤居)를 ᄒᆞ오리라.: 세상이 안정되지 않아 부귀를 추구하다 보면 자신에게 위험이 닥칠 수 있기 때문에 빈천(貧賤)에 머무른다고 말함. 이로 보아 화자는 당대의 정치 현실을 불완전한 것으로 인식하고 있음을 알 수 있음.
- 진세 일념(塵世一念)이 어룸 녹듯 ᄒᆞᆫ다.: 세속적 욕망이 해소되었음을 밝히고 있음.

→ 정치를 통한 도의 실현이 불가능함을 깨달은 화자가 강호에서의 삶을 통해 자신의 이념을 펼치려 하고 있음.

가 〈제4수〉

❶강호(江湖)애 노쟈ᄒᆞ니 성주(聖主)를 ㉠ᄇᆞ리례고
(강호: 자연(대유법) / 성주: 임금)
성주(聖主)를 셤기쟈ᄒᆞ니 소락(所樂)애 어긔예라.
(성주를 셤기쟈ᄒᆞ니: 벼슬을 하려고 하니)
호온자 기로(岐路)애 셔셔 갈 디 ㉡몰라 ᄒᆞ노라.
(호온자: 혼자 / 기로: 갈림길)

▶ 출사와 강호 한정 사이의 갈등

현대어 풀이
강호에서 놀자 하니 임금[聖主]을 버려야 하고 / 임금을 섬기자 하니 (내가) 즐기는 것을 어기게 되네. / 혼자 갈림길에 서서 갈 데 몰라 하노라.

나 〈제8수〉

출(出)ᄒᆞ면 치군택민(致君澤民) 처(處)ᄒᆞ면 조월 경운(釣月耕雲)
(치군택민: 임금을 섬기며 백성을 윤택하게 함. / 조월 경운: 달을 낚고 구름을 갊.(자연을 벗 삼아 지내는 삶을 비유))
❷명철 군자(明哲君子)는 이룰사 즐기ᄂᆞ니
(명철 군자: 현명하고 사리에 밝은 군자 / 이룰사: 이럴수록)
ᄒᆞ믈며 부귀 위기(富貴危機) ㅣ 라 빈천거(貧賤居)를 ㉢ᄒᆞ오리라.

▶ 안빈낙도를 향한 의지

현대어 풀이
벼슬길에 나아가면 임금을 섬기며 백성을 윤택하게 하고 (산림에) 은거하면 자연을 벗 삼아 지낸다. / 현명하고 사리에 밝은 군자는 이럴수록 (자연을 벗 삼는 것을) 즐기나니 / 하물며 부귀는 위기가 있으니 가난한 삶을 누리리라.

다 〈제12수〉

제월(霽月)이 구룸 ᄠᅳ고 솔 굿테 ᄂᆞᆯ아올라
(제월: 광풍제월(光風霽月)의 준말)
십분청광(十分淸光)이 벽계(碧溪) 중(中)에 빗겨거ᄂᆞᆯ
(십분청광: 한껏 밝은 달빛)
❸「어ᄃᆡ 인ᄂᆞᆫ 물 일흔 ᄀᆞᆯ며기 나를 조차 ㉣노ᄂᆞᆫ다.」 「」: 물아일체의 상황
(물 일흔: 무리 잃은)

▶ 달밤에 느끼는 물아일체의 경지

현대어 풀이
비 갠 후 밝은 달이 구름을 뚫고 소나무 가지 끝에 날아오르니 / 한껏 밝은 달빛이 푸른 시냇가 중에 비치거늘 / 어디 있던 무리 잃은 갈매기가 나를 따라 노니는구나.

라 〈제19수〉

강간(江干)애 ㉤누어셔 강수(江水) 보ᄂᆞᆫ ᄠᅳ든
(강간: 강가)
서자 여사(逝者如斯)ᄒᆞ니 백 세(百歲)인ᄃᆞᆯ 멷근이료
(서자 여사: 강물이 이처럼(쉬지 않고) 흘러감. / 멷근이료: 얼마이겠는가)
❹십 년 전(十年前) 진세 일념(塵世一念)이 어룸 녹듯 ᄒᆞᆫ다.
(진세 일념: 속세에 대한 집착)

▶ 속세에 대한 집착에서 벗어남.

현대어 풀이
강가에 누워서 강물을 바라보는 뜻은 / 가는 것이 이 물과 같으니 백 년 동안 그 얼마이겠는가?(백 년인들 길겠느냐?) / 십 년 전 속세에 집착했던 마음이 얼음 녹듯 하는구나.

시구 풀이

❶ **강호(江湖)애 노쟈ᄒᆞ니 성주(聖主)를 ᄇᆞ리례고** 자연에 은거하고자 하는 마음과 입신양명하고자 하는 마음이 서로 갈등을 일으키고 있다.

❷ **명철 군자(明哲君子)는 이룰사 즐기ᄂᆞ니** 자신을 '명철 군자'로 표현하여 출사와 은둔에 대한 주도면밀한 판단이 있었음을 역설적으로 말하고 있다. 곧 자신이 자연을 선택하게 된 것은 자신의 능력 부족이나 자연에 대한 순수한 애착이라기보다는 위험한 현실에서 도피하기 위한 것이었음을 알려 준다.

❸ **어ᄃᆡ 인ᄂᆞᆫ 물 일흔 ᄀᆞᆯ며기 나를 조차 노ᄂᆞᆫ다.** 화자가 갈등을 끝내고 자연과 하나가 된 모습을 보여 준다.

❹ **십 년 전(十年前) 진세 일념(塵世一念)이 어룸 녹듯 ᄒᆞᆫ다.** 진세 일념이 얼음 녹듯 사라졌다는 것은 속세에 대한 미련을 버린 것으로 볼 수 있다.

작가 소개

권호문(權好文, 1532~1587) 조선 중기의 문인·학자. 30세(1561년)에 진사 회시에 합격했으나, 1564년에 모친상을 당하자 벼슬을 단념하고 청성산(靑城山) 아래에 무민재(無悶齋)를 짓고 그곳에 은거하였다. 저서로는 《송암집》이 있으며, 여기에 〈한거십팔곡(閑居十八曲)〉이 실려 있다.

이해와 감상

이 작품은 총 19수의 연시조로, 벼슬길과 은거 생활의 갈등에서부터, 속세에 미련을 버리고 강호의 풍류를 즐기며 살아가는 모습을 그려 내고 있다. 시조 전체가 의미상 유기적으로 연결되어 있어 시상의 흐름을 체계적으로 파악할 수 있다. 작가는 평생 자연에 머물며 자신의 유학자적인 이상을 펼치고자 했던 전형적인 처사로, 정치적 실패나 좌절 같은 쓰라린 체험 없이 스스로 은거하여 치사 한적(致仕閑寂; 벼슬에서 물러나 한가하게 지냄.)의 감회를 노래했다. 그래서 이 작품은 오히려 강호 문학의 진정성을 더해 준다. 이 작품에서의 자연은 현실에 대한 상대적인 개념이나 일시적인 도피처가 아니라 물아일체의 공간으로 그려지고 있다. 이러한 자연에서의 삶을 통해 작가의 실존적 모습을 드러낸다는 점에서 문학사적 의의가 있다.

작품 연구소

〈한거십팔곡〉의 시상 전개 과정

〈제4수〉	출처(出處)의 갈등	'강호애 노쟈ᄒᆞ니'와 '성주를 셤기쟈ᄒᆞ니'로 나타남.	시상이 전개되면서 심리적 갈등이 점차 해소되어 감.
〈제8수〉	은거의 삶을 선택	'빈천거를 ᄒᆞ오리라.'로 은거의 삶을 선택했음을 밝힘.	
〈제12수〉	은거에 열중하는 상황	'물 일흔 굴머기 나롤 조차 노노다.'로 자연 합일의 경지를 제시함.	
〈제19수〉	시상의 마무리	'진세 일념이 어롬 녹듯 ᄒᆞᆫ다.'로 내적 갈등에서 벗어났음을 밝힘.	

작가는 유가의 이념을 충실하게 따르고 그러한 삶을 추구하고자 한다. 그러나 곧 현실 세계에서의 '사대부로서의 삶[出]'과 강호에서의 '은자로서의 삶[處]' 사이에서 갈등하는데, 이내 강호에서의 삶을 선택한다. 이후 강호에서의 물아일체적 삶을 노래하고 마침내 세속적 욕망에 대한 집착에서 벗어났다고 노래하면서 시상을 마무리한다.

작가의 삶과 창작 배경

권호문은 퇴계 이황에게 수학하고 그의 문인과 함께 강학했으며 퇴계의 사후, 그의 문집을 정리한 인물이다. 세간에서 그를 퇴계의 문인이라 칭하는 것도 이 때문이라 할 수 있는데, 그가 30세에 진사(進士) 회시(會試)에 2등으로 합격하고도 벼슬길에 나아가지 않은 것 역시 이와 무관하지 않다. 그가 살았던 시기에는 조식, 이항처럼 평생 동안 처사적 삶을 지향한 선비가 매우 많았다. 그것은 당대 사대부들이 그 시대를 혼탁하다고 여겨 출사를 꺼렸기 때문이다. 이러한 시각은 〈제8수〉의 중장과 종장에서 드러난다. 이 작품은 이처럼 출사를 꺼리는 상황에서 자연에 은거하고 있는 자신의 모습을 노래한 것인데, 현실 정치에 참여할 것인가 자연에 은거할 것인가의 갈등에서 자연에 은거할 것을 선택하고, 그 선택에 후회가 없음을 자연과의 물아일체적 삶을 통해 드러내고 있다.

함께 읽으면 좋은 작품

〈독락팔곡〉, 권호문 / 작가의 가치관이 드러난 작품

〈독락팔곡〉은 경기체가의 마지막 작품으로 알려져 있으며, 권호문이 50세 되던 해 내시교관(內侍教官)을 제수받았으나 벼슬을 사양하는 뜻을 밝히기 위해 지은 것으로 알려져 있다. 과거 공부나 벼슬살이는 선비의 뜻을 해치는 일이므로, 자연의 아름다움 속에서 낚싯대와 갈매기를 벗 삼아 풍류를 즐긴다며 은거(隱居) 생활의 즐거움을 노래한 것이다. 즉, 〈한거십팔곡〉에 나타난 작가의 가치관이나 정서가 〈독락팔곡〉에도 그대로 구현되고 있음을 확인할 수 있다.

〈한거십팔곡〉에서 화자는 출사와 자연에 은거하는 삶 사이의 갈등을 드러내면서 궁극적으로는 이러한 갈등마저 해소하고 강호에 머물면서 한가롭게 살아가는 모습을 보이고 있는 데 비해, 〈독락팔곡〉에서는 전원에 묻혀 사는 화자가 빈부귀천을 하늘에 맡기고 오로지 강호 한정과 학문 수양의 자세만을 드러내어, 좀 더 고상한 경지에 이르렀음을 알 수 있다.

키 포인트 체크

화자 ☐☐ 세계에서 벗어나 자연 속에서 지내는 '나'
상황 사대부로서의 삶과 ☐☐ 생활 사이에서 갈등함.
태도 속세에 미련을 버리고 강호에서의 삶을 선택하며 갈등을 ☐☐함.

1 이 작품의 화자에 대한 설명으로 가장 적절한 것은?

① 세속적 삶을 비판하고 있다.
② 삶의 고뇌로부터 벗어나지 못하고 있다.
③ 자신이 처한 상황으로부터 도피하고자 한다.
④ 자신의 과거를 반성적으로 되돌아보고 있다.
⑤ 내적 갈등에서 벗어나 은자로서의 삶을 선택했다.

2 이 작품과 〈보기〉를 비교하여 감상한 내용으로 적절하지 <u>않은</u> 것은?

보기

무상(無狀)한 이 몸애 무슨 지취(志趣) 이스리마는
두세 이렁 밧논를 다 무겨 더뎌두고
이시면 죽(粥)이오 업시면 굴물망경,
남의 집 남의 거슨 전혀 부러 말렷노라.
니 빈천(貧賤) 슬히 너겨 손을 헤다 물너가며
남의 부귀(富貴) 불리 너겨 손을 치다 나아오랴.
인간(人間) 어니 일이 명(命) 밧긔 삼겨시리.
빈이 무원(貧而無怨)을 어렵다 ᄒᆞ건마는
니 생애(生涯) 이러호디 설온 뜻은 업노왜라.
단사표음(簞食瓢飮)을 이도 족(足)히 너기로라.
평생(平生) ᄒᆞᆫ 뜻이 온포(溫飽)애는 업노왜라.
태평천하(太平天下)애 충효(忠孝)를 일을 삼아
화형제(和兄弟) 신붕우(信朋友) 외다 ᄒᆞ리 뉘 이시리.
그 밧긔 남은 일이야 삼긴 딕로 살렷노라.

– 박인로, 〈누항사〉

① 이 작품과 달리 〈보기〉에는 삶의 고달픔이 엿보이는군.
② 이 작품과 달리 〈보기〉에는 현실적인 언어가 구사되었군.
③ 이 작품과 달리 〈보기〉에서는 화자의 갈등이 심화되는군.
④ 〈보기〉와 달리 이 작품은 시간적 배경이 구체적으로 드러나는군.
⑤ 이 작품과 〈보기〉 모두 화자가 자연 속에서 안빈낙도하고자 하는 점은 동일하군.

3 ㉠~㉤ 중, 주체가 <u>다른</u> 하나는?

①㉠ ②㉡ ③㉢ ④㉣ ⑤㉤

4 이 작품의 화자가 갈등하는 원인이 되는 두 가지 삶의 형태를 〈조건〉에 맞게 쓰시오.

조건

1. (가)의 시어를 활용하여 쓸 것.
2. 각각 '~ 삶' 형태의 3어절로 쓸 것.

Ⅲ. 조선 전기

더 읽을 작품

086 삭풍은 나모 긋희 불고 | 김종서

키워드 체크 #북쪽 변방 #장수의 기개 #우국충정 #호탕

삭풍(朔風)은 나모 긋희 불고 명월(明月)은 눈 속에 춘디, → 대구법
북풍 – 계절감, 변방의 황량한 풍경
만리변성(萬里邊城)에 일장검(一長劍) 집고 셔셔,
6진 – 화자가 서 있는 곳 / 긴 칼
긴 프롬 큰 혼 소릐예 거틸 거시 업세라.
대장부의 호방한 기상을 상징

현대어 풀이

매서운 북풍은 나뭇가지를 흔들고, 밝은 달은 눈 위에서 차갑게 비치는데 / 머나먼 변방의 성 위에서 긴 칼 한 자루를 짚고 서서 / 휘파람 길게 불며 크게 소리 지르니 세상에 꺼릴 것이 없구나.

키 포인트 체크

화자 나라를 지키는 □□ 상황 겨울철 □□의 혹독한 상황에서도 자신의 임무를 다함.
태도 무인의 호탕한 □□와 충성심을 드러냄.

답 장수, 변방, 기개

핵심 정리

갈래 평시조, 서정시
성격 직설적, 의지적, 남성적, 우국적
제재 변방의 풍경, 일장검
주제 무인의 호탕한 기개
특징 작가 자신의 기개를 직설적으로 표현하여 힘찬 기운을 느끼게 함.
출전 《청구영언》, 《병와가곡집》

이해와 감상

세종 때 여진족을 몰아내고 6진(六鎭)을 개척한 작가의 호쾌한 기상과 의지가 잘 담긴 '변새가(邊塞歌)', '호기가(豪氣歌)'의 대표작이다. '변새가'란 무인 중심의 작가들이 변방의 상황과 관련하여 호방한 기개와 충성심을 형상화한 시로, 김종서의 작품은 변방의 구체적 상황 속에서 무인의 기개라는 새로운 국면을 개척했다. 겨울철 변방의 혹독한 상황이 주는 시련 속에서도 굽히지 않는 화자의 의지가 잘 드러난 작품이다.

087 내 언제 무신하여 | 황진이

키워드 체크 #이별 #사랑 #그리움 #안타까움 #정한

내 언제 무신(無信)하여 님을 언제 속엿관대 / 월침삼경(月沈三更)에 온 뜻이 전혀 업네
속였기에 / 달마저 잠든 깊은 밤 / 찾아올 뜻(오는 기척)
「추풍(秋風)에 지는 잎 소리야 낸들 어이하리요.」 「 」: 나뭇잎 소리를 임의 기척으로 착각하는 모습을 통해 간절한 그리움을 드러냄.
청각적 이미지 / 설의법

현대어 풀이

내가 언제 믿음이 없어서 임을 언제 속였기에 / 달마저 잠든 깊은 밤에도 임이 찾아오려는 뜻이(기척이) 전혀 없네. / 가을바람에 떨어지는 잎 소리야(임이 오시는 소리로 들리는 것을) 낸들 어떻게 하겠는가?

키 포인트 체크

화자 임을 기다리는 □□ 상황 임을 기다리며 외롭게 □을 지새우고 있음.
태도 임을 향한 그리움과 □□의 마음을 드러냄.

답 여인, 밤, 연모

핵심 정리

갈래 평시조, 서정시
성격 설의적, 감상적, 여성적, 연정가
제재 연모의 정, 가을바람에 지는 잎
주제 임을 향한 애타는 그리움
특징 가을이라는 계절적 배경과 설의법을 사용하여 화자의 심정을 표현함.
출전 《청구영언》, 《병와가곡집》

이해와 감상

이 작품은 가을밤에 초조하게 임을 기다리며 외롭게 밤을 지새우는 여인의 정한(情恨)을 그린 시조이다. 자신을 찾아 주지 않는 임(서경덕으로 알려짐)에 대한 안타까움과 기다림의 정서를 여성의 섬세한 시각으로 잘 표현하고 있다.

088 농암애 올라보니 | 이현보

키워드 체크 #벼슬 #귀향 #자연 귀의 #감회 #예찬 #인간과 자연 대조

농암(籠巖)애 올라보니 노안(老眼)이 유명(猶明)이로다.
이현보 고향의 바위 이름 / 오히려 밝게 보인다.
인사(人事)이 변(變)혼들 산천이뚄 가실가.
인간 세상의 일 / 자연
암전(巖前)에 모수 모구(某水某丘)이 어제 본 듯 ᄒᆞ예라.
물과 언덕

현대어 풀이

농암에 올라 보니 (낯익은 풍경이라) 노안인데도 오히려 더 잘 보이는구나. / 인간 세상이 변한다고 자연조차 변하겠는가? / 바위 앞에 펼쳐진 물과 언덕들이 어제 본 것 같구나.

키 포인트 체크

화자 벼슬을 그만두고 □□한 사람 상황 □□에 올라 고향의 경치를 바라보고 있음.
태도 고향에 돌아온 □□을 드러내고 변함없는 자연을 예찬함.

답 귀향, 농암, 기쁨

핵심 정리

갈래 평시조, 서정시
성격 자연 귀의적, 한정적, 농암가
제재 농암에서 바라보는 고향의 경치
주제 고향에 돌아온 기쁨과 변함없는 자연 예찬
특징 인간사의 유한함과 자연의 무한함을 대조적으로 나타냄.
연대 조선 중종
출전 《농암집》

이해와 감상

이 작품은 속세를 떠나 전원으로 돌아온 작가의 심경을 읊은 한정가이다. 초장에서는 고향으로 돌아온 화자의 반가움을 표현하며 세속적 욕망을 벗어나 자연의 아름다움을 감상할 수 있는 안목이 생겼음을 드러낸다. 중장에서는 변화무쌍한 인간 세상과 불변하는 자연의 모습을 대조하며 인생무상의 정서를 드러낸다. 한편 종장에서는 세월이 흘렀음에도 변함없는 고향 산천의 풍경을 반가워하며 자연을 벗 삼아 여생을 살겠다는 귀거래(歸去來)의 지향 의식을 드러낸다.

089 오륜가(五倫歌) | 주세붕

키워드 체크 #삼강오륜 #유교 사상 #교훈적 #도덕적 #백성 교화

사ᄅᆞᆷ 사ᄅᆞᆷ마다 이 말ᄉᆞᆷ 드러ᄉᆞ라. (백성들을 대상으로 하는 교화)
이 말ᄉᆞᆷ 아니면 사ᄅᆞᆷ이오 사ᄅᆞᆷ 아니니 (사ᄅᆞᆷ이오: 사람이면서)
이 말ᄉᆞᆷ 닛디 말오 ᄇᆡ호고야 마로리이다. (닛디: 잊지 / ᄇᆡ호고야: 배우고야) 〈제1수〉

아바님 날 나ᄒᆞ시고 어마님 날 기ᄅᆞ시니, (부생모육지은(父生母育之恩; 수태한 것은 아버지의 은혜이며 이를 태중에서 길러 낸 것은 어머니의 은혜라는 뜻))
부모(父母)옷 아니시면 내 모미 업슬랏다. – 자식이 부모에게 효도해야 하는 근거
이 덕을 갑ᄑᆞ려 ᄒᆞ니 하ᄂᆞᆯ ᄀᆞ이 업스샷다. (ᄀᆞ이: 끝이) 〈제2수〉

둉과 항것과ᄅᆞᆯ 뉘라셔 삼기신고. (둉: 종(신하) / 항것: 상전(임금) / 삼기신고: 생겨나게 하였는가)
벌과 가여미ᅀᅡ 이 ᄠᅳ들 몬져 아니, (가여미: 개미 / ᄠᅳ들: 뜻을) → 벌이나 개미가 여왕벌이나 여왕개미를 중심으로 충성을 다해 일하는 자연 현상을 통해 임금과 신하의 관계를 비유함.
ᄒᆞᆫ ᄆᆞᅀᆞ매 두 ᄠᅳᆮ 업시 속이지나 마옵새이다. (일편단심의 강조) 〈제3수〉

지아비 받 갈라 간 ᄃᆡ 밥고리 이고 가, (밥고리: 밥을 담은 광주리)
반상을 들오ᄃᆡ 눈썹의 마초이다. (반상: 밥상 / 눈썹의 마초이다: 거안제미(擧案齊眉))
친코도 고마오시니 손이시나 다ᄅᆞ실가. (손님처럼 공경해야 함.) 〈제4수〉

형(兄)님 자신 져ᄌᆞᆯ 내 조쳐 머궁이다. (져ᄌᆞᆯ: 젖을 / 조쳐: 좇아, 따라서)
어와 뎌 아ᅀᆞ야 어마님 너 ᄉᆞ랑이아. (아ᅀᆞ: 아우)
형제(兄弟)옷 불화(不和)ᄒᆞ면 개 도티라 ᄒᆞ리라. (도티: 돼지) 〈제5수〉

늘그니ᄂᆞᆫ 부모(父母)ᄀᆞᆮ고 얼우ᄂᆞᆫ 형(兄)ᄀᆞᄐᆞ니, (얼우ᄂᆞᆫ: 어른은)
ᄀᆞᄐᆞᆫᄃᆡ 불공(不恭)ᄒᆞ면 어ᄃᆡ가 다ᄅᆞᆯ고. (어ᄃᆡ가: 비교 대상 – 짐승)
날료셔 ᄆᆞ디어시ᄃᆞᆫ 절ᄒᆞ고야 마로리이다. (ᄆᆞ디어시ᄃᆞᆫ: 맞이하면) 〈제6수〉

현대어 풀이

〈제1수〉 사람 사람들마다 이 말씀을 들으십시오. / 이 말씀이 아니면 사람이면서도 사람이 아닌 것이니, / 이 말씀을 잊지 않고 배우고야 말 것입니다.

〈제2수〉 아버님이 나를 낳으시고 어머님이 나를 기르시니, / 부모님이 아니셨으면 이 몸이 없었을 것입니다. / 이 덕을 갚고자 하나 하늘같이 끝이 없습니다.

〈제3수〉 종과 상전의 구별을 누가 만들어 내었습니까? / 벌과 개미들이 이 뜻을 먼저 아는구나. / 한 마음에 두 뜻을 가지는 일이 없도록 속이지나 마십시오.

〈제4수〉 남편이 밭을 갈러 간 곳에 밥을 담은 광주리를 이고 가서, / 밥상을 들되 눈썹 높이까지 들어 바칩니다. / (남편은) 친하고도 고마우신 분이시니 (삼가고 조심해야 할) 손님을 대하는 것과 무엇이 다르겠습니까?

〈제5수〉 형님이 잡수신 젖을 내가 따라 먹습니다. / 아아, 우리 아우야 너는 어머님의 사랑이로다. / 형제간에 화목하지 못하면 개나 돼지라 할 것입니다.

〈제6수〉 늙은이는 부모님 같고, 어른은 형님 같으니, / 이와 같은데 공손하지 않으면 (짐승과) 어디가 다를 것인가? / 나로서는 (노인과 어른들을) 맞이하게 되면 절하고야 말 것입니다.

키 포인트 체크

화자 □□□□의 유교 사상을 노래하는 사람
상황 조선 시대의 □□□인 인간관을 드러냄.
태도 삼강오륜의 □□을 설교하며 강조함.

답 삼강오륜, 이상적, 교훈

핵심 정리

갈래 연시조(전 6수)
성격 교훈적, 직설적, 계도적
제재 오륜(五倫)
주제 삼강오륜(三綱五倫)의 교훈 강조
특징 조선 시대의 이상적인 인간관을 드러내며 교훈적이고 도덕적인 설교가 많음.
연대 조선 중종
출전 《무릉속집》

이해와 감상

이 작품은 서시(序詩)를 포함하여 모두 6수로 이루어진 연시조로, 삼강오륜의 유교 사상을 노래로 표현한 교훈적이고 도덕적인 시조이다. 오륜의 다섯 덕목 중 붕우유신(朋友有信)을 제외하고 대신 형제우애(兄弟友愛)를 첨가하여 국문으로 쉽게 풀어 써 노래 부르게 함으로써 일반 백성들을 교화(敎化)하고자 지은 것이다.

제1수	서사(序詞)	삼강오륜을 배워야 하는 이유
제2수	부자유친(父子有親)	부모에 대한 자식의 도리
제3수	군신유의(君臣有義)	윗사람(임금)에 대한 아랫사람(백성)의 도리 '둉' – 신하, '항것' – 임금
제4수	부부유별(夫婦有別)	남편에 대한 아내의 도리 – 거안제미(擧案齊眉; 상을 들되 눈썹과 가지런히 되게 높여 든다.)
제5수	형제우애(兄弟友愛)	형제간에 지켜야 할 도리
제6수	장유유서(長幼有序)	연장자에 대한 연하자(아랫사람)의 도리

작품 연구소

〈오륜가〉의 교훈성

이 작품은 백성 교화라는 목적의식이 뚜렷한 교훈적인 노래이다. 화자가 주장하는 윤리적 이념을 화자의 주위 사람들에게 확산하고 있으므로 '자아의 세계화'라는 교술시의 특성을 잘 보여 주고 있다. 교술시답게 직설적인 의도가 매우 강하여 작품 속에서 시적인 긴장을 찾기가 어렵다. 그러면서도 대구와 설의 및 비유에 의한 정서적 환기를 통해 문학적 표현을 갖추려 하고 있다. 주세붕 이외에 박인로, 김상용 등의 〈오륜가〉가 있으나 이것들은 모두 문학적인 특징은 거의 없고 단지 유교적인 교훈 전달에 지나지 않는 작품들이라 할 수 있다.

더 읽을 작품

090 두류산 양단수를 | 조식

키워드 체크 #자연 귀의 #유유자적 #사대부 #자연 친화 #무릉도원

두류산(頭流山)(지리산의 다른 이름) 양단수(兩端水)(두 갈래로 갈라져 흐르는 물줄기)를 녜 듯고(예전에 듣고) 이졔 보니
도화(桃花)(복숭아꽃, 이상향의 상징) 뜬 묽은 물에(공간적 배경) 산영(山影)(산 그림자)조추 잠겻셰라.
「아희야 무릉(武陵)(무릉도원의 약칭, 이상향)이 어딕오 나는 옌가(여기인가) ᄒ노라.」 「」: 문답법을 통해 화자의 감흥을 부각함. 지리산의 뛰어난 경치를 선경(仙境)인 무릉도원에 비유함.

현대어 풀이

지리산 양단수를 옛날에 듣고 이제 와 보니
복숭아꽃이 떠내려가는 맑은 물에 산 그림자까지 잠겨 있구나.
아이야 무릉도원이 어디냐? 나는 여기인가 하노라.

키 포인트 체크

화자 자연 속에 묻혀 사는 '나' 상황 지리산 □□□의 경치를 즐김.
태도 지리산을 □□□□에 빗대어 그 아름다움을 예찬함.

답 양단수, 무릉도원

핵심 정리

갈래 평시조, 서정시
성격 자연 친화적, 예찬적, 한정가
제재 시냇물, 도화
주제 두류산(지리산) 양단수의 절경 예찬, 자연에의 귀의(歸依)
특징 문답법을 사용하여 주제를 표현함.
연대 조선 명종
출전 《해동가요》, 《병와가곡집》

이해와 감상

수차례 관직의 부름도 마다하고 자연 속에 묻혀 살았던 작가가, 지리산을 선경(仙境)의 대명사인 무릉도원에 빗대어서 그 아름다움을 예찬하고, 자연에 귀의한 은둔자로서의 자신의 삶을 노래한 시조이다. 말로만 듣던 지리산 양단수의 경치에 감흥하면서 물 위에 떠 있는 '도화'를 단서로 그곳을 무릉도원이라고 여기는 화자의 모습에서 동양인의 소박한 자연 귀의의 모습을 엿볼 수 있다.

091 말 업슨 청산이오 | 성혼

키워드 체크 #자연 #여유 #멋 #풍류 #즐거움

「말 업슨(말이 없는(의인법)) 청산(靑山)이오 태(態)(모양) 업슨 유수(流水)로다 → 의연하고 꾸밈없는 자연
갑 업슨(값이 없는, 값을 지불하지 않아도 되는) 청풍(淸風)이오 님ᄌ 업슨(주인이 따로 없는) 명월(明月)이로다」 「」: 대구, 운율감 형성
이 즁에 병(病) 업슨 이 몸이(자연 속에 묻혀 살면서) 분별(分別) 업시 늘그리라.(초월과 달관, 자연 속에 살고 싶은 마음 – 물아일체의 경지)

현대어 풀이

말이 없는 청산이요, 모양이 없는 흐르는 물이로다.
값이 없는 맑은 바람이요, 주인이 없는 밝은 달이로다.
이 가운데 병 없는 이 몸이 아무 걱정 없이 늙으리라.

키 포인트 체크

화자 자연과 더불어 사는 사람
상황 자연과 □□되어 자연을 즐김.
태도 세속의 근심을 잊고 □□□□의 경지에 이르고자 함.

답 조화, 물아일체

핵심 정리

갈래 평시조, 서정시
성격 풍류적, 전원적, 달관적, 한정가
제재 자연
주제 자연과 더불어 사는 즐거운 삶
특징 대구의 묘미를 살려 주제를 드러내고, 시어의 반복을 통해 운율적 효과를 높임.
연대 조선 선조
출전 《화원악보》, 《청구영언》

이해와 감상

의연하고 꾸밈이 없으며 누구나 누릴 수 있는 자연을 벗 삼아 지내는 즐거움을 노래한 작품이다. 초장에서는 '말'과 '태', '청산'과 '유수'가 대구를 이루며, 중장에서는 '갑'과 '님', '청풍'과 '명월'이 대구를 이룬다. 종장에서는 자연의 일부로서 자연과 조화되어 세속적인 근심 걱정을 잊고 살겠다는 달관의 경지를 노래했다. 자연을 있는 그대로 보고 즐기는 차원에서 한 걸음 더 나아가 그 속에 내재된 의미를 추구하여 삶의 교훈을 얻으려는 지적 관조가 돋보인다.

092 청량산 육륙봉을 | 이황

키워드 체크 #자연 귀의 #유유자적 #자연 친화 #예찬

청량산(淸凉山) 육륙봉(六六峰)을 아ᄂᆞ니 나와 백구(白鷗)
백구(白鷗)야 헌사ᄒᆞ랴 못 미들손 도화(桃花) ㅣ로다.
『도화(桃花)야 떠나지 마로렴 어주자(魚舟子) 알가 하노라.』

육륙봉: 2개의 6봉우리(12봉우리) / 아ᄂᆞ니: 아는 사람 / 백구: 흰 갈매기 / 헌사ᄒᆞ랴: 야단스럽게 떠들겠냐마는 / 못 미들손: 못 믿을 것은 / 도화: 〈도화원기〉의 무릉도원과 관련된 소재 / 어주자: 어부 / 『 』: 다른 사람이 이곳을 알지 못하면 좋겠다는 화자의 소망이 드러남.

현대어 풀이

청량산 열두 봉우리를 아는 사람이 나와 흰 갈매기뿐이로다. / 흰 갈매기야 야단스럽게 떠들겠냐마는 복숭아 꽃은 믿지 못하겠다. / 복숭아꽃아, 떠나지 마렴. 어부가 너를 보고 이곳을 알까 걱정되는구나.

키 포인트 체크

화자 자연과 더불어 사는 '나'
상황 □□□ 열두 봉우리의 아름다운 경치를 즐김.
태도 □□의 번거로움을 잊고 안락한 삶을 누리고자 함.

답 청량산, 속세

핵심 정리

갈래 평시조, 서정시
성격 낭만적, 풍류적, 자연 친화적, 한정가
제재 청량산 육륙봉, 백구, 도화
주제 청량산의 아름다움 예찬
특징 ① 연쇄법과 의인법을 사용하여 자연과 더불어 사는 기쁨을 그려 냄.
② 도연명의 〈도화원기〉를 인용하여 청량산의 아름다움을 우회적으로 표현함.
출전 《퇴계집》, 《청구영언》

이해와 감상

이 작품은 표면적으로는 청량산 열두 봉우리의 아름다운 경치를 자신만 홀로 누리고 싶다는 화자의 바람이 드러나지만 그 이면에는 속세의 번거로움을 잊고 안락한 삶을 누리고자 하는 작가의 소망과 이상향에 대한 동경이 반영되어 있다. 한편, 청량산의 아름다운 경치를 남이 알까 두려워한 것은 〈고산구곡가〉에서 고산의 아름다운 경치를 세상 사람들에게 알리고 싶어 한 이이의 태도와 비교가 된다.

093 마음이 어린 후니 | 서경덕

키워드 체크 #임 #사랑 #그리움 #기다림

마음이 어린 후(後)니 하는 일이 다 어리다 / 만중운산(萬重雲山)에 어느 님 오리마는
지는 잎 부는 바람에 행여 귄가 하노라.

어린: 어리석은 / 하는 일: 종장의 내용 / 만중운산: 구름이 겹겹이 낀 산 – 임과의 만남을 방해하는 장애물(과장법) / 오리마는: 오겠는가마는 / 지는 잎 부는 바람: 착각을 유발하는 소재 / 행여: 혹시나 / 귄가: 그이인가, 임인가

현대어 풀이

마음이 어리석으니 하는 일이 다 어리석다. / 겹겹이 구름이 쌓인 산속에 어찌 임이 찾아오겠느냐마는 / 떨어지는 나뭇잎 소리와 부는 바람 소리에도 행여나 임인가 하고 생각하노라.

키 포인트 체크

화자 임과 헤어져 있는 사람
상황 작은 □□만 나도 임이 아닌지 착각을 일으킴.
태도 임에 대한 간절한 기다림과 애타는 □□□을 드러냄.

답 소리, 그리움

핵심 정리

갈래 평시조, 서정시
성격 감상적, 낭만적, 연정가
제재 기다림
주제 임을 기다리는 마음
특징 과장법을 사용하여 화자의 정서를 강조함.
연대 조선 중종
출전 《청구영언》, 《해동가요》

이해와 감상

도학자였던 작가가 사제지간으로 지내던 황진이를 기다리며 지은 시조이다. 초장에서 화자는 스스로 마음이 어리석다고 자신을 낮추지만 이는 그만큼 그리움의 정도가 강렬하다는 뜻이다. 종장에서는 '지는 잎', '부는 바람'과 같은 자연의 미세한 움직임에도 마음을 쓰는 화자의 모습이 나타난다. 이렇게 갈등하는 모습을 초장에서 '하는 일이 다 어리석다'고 한 것이다.

094 삼동에 뵈옷 닙고 | 조식

키워드 체크 #산중 #은거 #임금의승하 #애도 #군신유의

삼동(三冬)에 뵈옷 닙고 암혈(巖穴)에 눈비 마자
구름 낀 볏뉘도 쬔 적이 업건마ᄂᆞᆫ, / 서산(西山)에 ᄒᆡ지다 ᄒᆞ니 눈물겨워ᄒᆞ노라.

삼동: 추운 겨울 석 달 / 뵈옷: 벼슬하지 않은 사람의 옷 / 구름 낀 볏뉘도 쬔 적이 업건마ᄂᆞᆫ: 국록을 먹거나 임금의 작은 은총도 받은 적이 없음을 비유함. / 서산에 ᄒᆡ지다: 임금(중종)의 승하

현대어 풀이

한겨울에 삼베옷을 입고 바위 굴에서 눈비 맞으며(산중에 은거하며) / 구름 사이에 비치는 햇볕도 쬔 적이(임금의 은혜를 입은 적이) 없건마는, / 서산에 해가 졌다(임금께서 승하하셨다)는 소식을 들으니 눈물을 이기지 못하겠노라.

키 포인트 체크

화자 □□을 하지 않은 채 산중에 은거하고 있는 사람
상황 임금이 □□하셨다는 소식을 들음.
태도 눈물을 흘리며 임금의 승하를 □□하고 슬퍼함.

답 벼슬, 승하, 애도

핵심 정리

갈래 평시조, 서정시
성격 우국적, 상징적
제재 중종의 승하
주제 임금(중종)의 승하를 애도함.
특징 상징과 비유의 표현 방법을 사용하여 군신유의(君臣有義)의 유교 정신을 드러냄.
연대 조선 중종
출전 《청구영언》, 《병와가곡집》

이해와 감상

군신유의(君臣有義)의 유교 이념이 잘 드러나는 시조로, 화자는 벼슬을 하지 않고 산중에 은거하는 몸이라 국록을 먹거나 군은(君恩)을 입은 바가 없다고 했다. 그럼에도 임금이 돌아가셨다는 소식을 들으니 눈물이 흐른다는 것은, 비록 임금이 자신의 재능을 알아주지 않아 벼슬을 하지는 못했지만 임금의 승하를 슬퍼하고 있음을 의미한다.

상춘곡(賞春曲) | 정극인

키워드 체크 #은일 가사 #자연의 아름다움 #삶의 흥취 #물아일체

문학 천재(김)
국어 천재(박), 해냄

핵심 정리

갈래 서정 가사, 양반 가사, 은일 가사, 강호 한정가
성격 서정적, 묘사적, 자연 친화적, 예찬적
운율 3(4)·4조, 4음보 연속체
제재 봄의 아름다운 풍경
주제 봄 경치를 즐기는 강호가도(江湖歌道)와 안빈낙도(安貧樂道)
특징 ① 대구법, 직유법, 의인법, 고사 인용 등 다양한 표현 방법을 사용함.
② 화자의 시선 이동에 따라 시상을 전개함.
연대 조선 성종
출전 《불우헌집》

Q 작가의 태도와 표현상 특징은?

'공명(功名)도 날~혜음 아니 ᄒᆞᄂᆡ.'에는 자연 속에서 살면서 세속적인 것(공명, 부귀)에 욕망을 품지 않으려는 작가의 안빈낙도와 자연 친화적 태도가 드러나 있다. 작가는 이러한 태도를 행동의 대상(객체)이 되는 공명과 부귀를 주체로, 행동의 주체인 작가 자신을 객체로 바꾸어 표현하여 말하고자 하는 바를 효과적으로 드러내었다.

시어 풀이

답청(踏靑) 봄에 파랗게 난 풀을 밟으며 산책함. 또는 그런 산책.
욕기(浴沂) 기수(沂水)에서 목욕한다는 뜻으로, 명리를 잊고 유유자적함을 이르는 말.
단표누항(簞瓢陋巷) 좁고 지저분하며 더러운 거리에서 먹는 한 그릇의 밥과 한 바가지의 물. 선비의 청빈한 생활을 이르는 말.

시구 풀이

❶ **녯사ᄅᆞᆷ ~ ᄆᆞᄅᆞᆯ 것가.** 자신의 풍류를 옛사람이나 세상 사람들과 비교할 때 자신의 풍류가 그에 못지 않다는 자부심을 표현하고 있다.
❷ **수풀에 우ᄂᆞᆫ ~ 소ᄅᆡ마다 교태(嬌態)로다.** 봄에 느끼는 흥취를, 봄기운을 이기지 못해 우는 새에 감정을 이입하여 표현한 구절이다.
❸ **청향(淸香)은 잔에 ~ 옷새 진다.** 녹수를 건너온 봄바람이 술잔의 향기가 되고, 아름다운 봄꽃이 옷에 떨어지는 모습을 감각적으로 묘사하고 있다.
❹ **무릉(武陵)이 갓갑도다 ~ 귄 거이고.** 시냇물에 떠내려오는 복숭아꽃을 보며 도연명이 묘사한 무릉도원을 연상하고, 자신이 보고 있는 봄날의 들판이 무릉도원과 같다고 표현하고 있다.

작가 소개

정극인(丁克仁, 1401~1481) 조선 전기의 문신, 학자. 호는 불우헌(不憂軒). 세조가 단종의 왕위를 빼앗자 벼슬을 사임하고 고향에서 제자들을 키우는 일에 힘을 기울였다. 문학에 뛰어난 재능을 보였으며, 주요 작품으로 경기체가 〈불우헌곡〉, 가사 〈상춘곡〉, 저서로 《불우헌집》 등이 있다.

가 홍진(紅塵)에 ᄆᆞᆺ친 분네 이내 생애(生涯) 엇더ᄒᆞ고. ❶녯사ᄅᆞᆷ 풍류(風流)ᄅᆞᆯ 미ᄎᆞᆯ가 ᄆᆞᆺ 미ᄎᆞᆯ가. 천지간(天地間) 남자(男子) 몸이 날만 ᄒᆞᆫ 이 하건마ᄂᆞᆫ 산림(山林)에 ᄆᆞᆺ쳐 이셔 지락(至樂)을 ᄆᆞᄅᆞᆯ 것가. 수간모옥(數間茅屋)을 벽계수(碧溪水) 앏픠 두고, 송죽(松竹) 울울리(鬱鬱裏)예 풍월주인(風月主人) 되여셔라. ▶ 자연에 묻혀 사는 즐거움(서사)

(붉은 먼지 – 속세 / 생활이 어떠한가–자신의 생활에 대한 자부심 / : 공간의 이동 / 나만 한 사람이 많지만 / 더할 나위 없는 즐거움 / 모르는 것인가 / 몇 칸 안 되는 작은 초가 / 자연을 즐기는 사람 – 소동파의 〈적벽부〉에서 인용)

나 엇그제 겨을 지나 새봄이 도라오니, 『도화 행화(桃花杏花)ᄂᆞᆫ 석양리(夕陽裏)예 퓌여 잇고, 녹양방초(綠楊芳草)ᄂᆞᆫ 세우 중(細雨中)에 프르도다.』 칼로 ᄆᆞᆯ아 낸가 붓으로 그려 낸가. 조화신공(造化神功)이 물물(物物)마다 헌ᄉᆞ롭다. ❷수풀에 우ᄂᆞᆫ 새ᄂᆞᆫ 춘기(春氣)ᄅᆞᆯ ᄆᆞᆺ내 계워 소ᄅᆡ마다 교태(嬌態)로다. ▶ 봄의 아름다운 경치(본사 1)

(『 』: 봄의 아름다운 경치를 사실적으로 묘사 / 복숭아꽃, 살구꽃 / 석양 속에 / 푸른 버드나무와 향기로운 풀 / 가랑비 속에 / 칼로 재단해 내었는가 붓으로 그려 내었는가–봄날의 아름다운 풍경에 대한 감탄 / 모든 사물마다 야단스럽다 / 봄기운을 이기지 못해)

다 물아일체(物我一體)어니 흥(興)이ᄋᆡ 다ᄅᆞᆯ소냐. 시비(柴扉)예 거러 보고 정자(亭子)애 안자 보니 소요음영(逍遙吟詠)ᄒᆞ야 산일(山日)이 적적(寂寂)ᄒᆞᆫᄃᆡ 한중진미(閑中眞味)ᄅᆞᆯ 알 니 업시 호재로다. ▶ 봄의 흥취(본사 2)

(자연과 내가 하나 된 경지 / 사립문 / 슬슬 거닐며 나지막이 시를 읊조림. / 산속의 생활(하루)이 조용하고 쓸쓸함. / 한가로움 속의 참다운 즐거움 / 혼자로구나)

라 이바 니웃드라 산수(山水) 구경 가쟈스라. •답청(踏靑)으란 오ᄂᆞᆯ ᄒᆞ고, •욕기(浴沂)란 내일(來日) ᄒᆞ새. 아ᄎᆞᆷ에 채산(採山)ᄒᆞ고, 나조ᄒᆡ 조수(釣水)ᄒᆞ새. ▶ 산수 구경의 권유(본사 3)

(이웃들아 / 중국에서, 청명절에 교외를 거닐며 자연을 즐기던 풍속 / 봄에 즐기는 물놀이 / 아침에 나물 캐고 저녁에 낚시하세)

마 ᄀᆞᆺ 괴여 닉은 술을 갈건(葛巾)으로 밧타 노코, 곳나모 가지 것거 수 노코 먹으리라. 화풍(和風)이 건ᄃᆞᆺ 부러 녹수(綠水)ᄅᆞᆯ 건너오니, ❸청향(淸香)은 잔에 지고 낙홍(落紅)은 옷새 진다. 준중(樽中)이 뷔엿거든 날ᄃᆞ려 알외여라. 소동(小童) 아ᄒᆡᄃᆞ려 주가(酒家)에 술을 믈어, 얼운은 막대 집고 아ᄒᆡᄂᆞᆫ 술을 메고, 미음완보(微吟緩步)ᄒᆞ야 시냇ᄀᆞ의 호자 안자, 명사(明沙) 조ᄒᆞᆫ 물에 잔 시어 부어 들고, 청류(淸流)ᄅᆞᆯ 굽어보니 ᄯᅥ오ᄂᆞ니 도화(桃花)ㅣ로다. ❹무릉(武陵)이 갓갑도다 져 ᄆᆡ이 귄 거이고. ▶ 술과 풍류(본사 4)

(발효하여 / 술을 걸러 마시는 칡베로 만든 두건 / 숫자를 세며 / 문득, 잠깐 / 후각의 시각화 / 술동이 속 / 나에게 알리어라 / 아이에게 / 술이 있는가를 물어 / 어른은 지팡이 짚고 / 작은 소리로 읊으며 천천히 거닒. / 혼자 / 맑은 시냇물 / 떠오는 것이)

바 송간 세로(松間細路)에 두견화(杜鵑花)ᄅᆞᆯ 부치 들고, 봉두(峰頭)에 급피 올나 구름 소긔 안자 보니, 천촌만락(千村萬落)이 곳곳이 버러 잇ᄂᆡ. 연하일휘(煙霞日輝)ᄂᆞᆫ 금수(錦繡)ᄅᆞᆯ 재폇ᄂᆞᆫ ᄃᆞᆺ. 엇그제 검은 들이 봄빗도 유여(有餘)ᄒᆞᆯ샤. ▶ 산봉우리에서의 바라본 봄의 경치(본사 5)

(소나무 숲 사이 좁은 길 / 진달래꽃 / 잡아 / 산봉우리 / 수많은 마을 / 벌려 있네 / 안개와 노을과 빛나는 햇살 / 수놓은 비단 / 펼쳐 놓은 듯 / 겨울 들판에 봄이 와 신록으로 빛나는 모습)

사 공명(功名)도 날 ᄭᅴ우고 부귀(富貴)도 날 ᄭᅴ우니, 청풍명월(淸風明月) 외(外)에 엇던 벗이 잇ᄉᆞ올고. •단표누항(簞瓢陋巷)에 흣튼 혜음 아니 ᄒᆞᄂᆡ. 아모타 백년행락(百年行樂)이 이만ᄒᆞᆫᄃᆞᆯ 엇지ᄒᆞ리. ▶ 안빈낙도에 대한 만족(결사)

(맑은 바람과 밝은 달(자연) / 있을까 / 헛된 생각(공명, 부귀) / 아무튼 / 평생 즐거움을 누림. / 만족감과 자부심이 드러남.)

현대어 풀이

(가) 속세에 묻혀 사는 분들이여, 이 나의 생활이 어떠한가? 옛사람들의 풍류를 내가 미칠까 못 미칠까? 세상에 남자로 태어나 나만 한 사람이 많지만 자연에 묻혀 사는 지극한 즐거움을 모르는 것인가? 몇 칸짜리 작은 초가집을 맑은 시냇물 앞에 지어 놓고, 소나무와 대나무가 우거진 속에 자연의 주인이 되었구나!

(나) 엊그제 겨울 지나 새봄이 돌아오니, 복숭아꽃과 살구꽃은 저녁 햇빛 속에 피어 있고, 푸른 버들과 향기로운 풀은 가랑비 속에 푸르도다. 칼로 재단해 내었는가, 붓으로 그려 내었는가? 조물주의 신비스러운 솜씨가 사물마다 야단스럽구나! 수풀에서 우는 새는 봄기운을 이기지 못하여 소리마다 아양을 떠는 모습이로다.

(다) 자연과 내가 한 몸이니 흥겨움이야 다르겠는가? 사립문 주변을 걷고 정자에 앉아 보기도 하니, 천천히 거닐며 시를 읊조려 산속의 하루가 적적한데, 한가로운 가운데 참된 즐거움을 아는 사람이 없이 혼자로구나.

(라) 이봐 이웃들아, 산수 구경 가자꾸나. 산책은 오늘 하고 냇물에서 목욕하는 것은 내일 하세. 아침에 산나물을 캐고 저녁에 낚시질을 하세.

(마) 막 익은 술을 갈건으로 걸러 놓고, 꽃나무 가지를 꺾어 잔 수를 세면서 먹으리라. 화창한 바람이 문득 불어서 푸른 시냇물을 건너오니, 맑은 향기는 술잔에 가득하고 붉은 꽃잎은 옷에 떨어진다. 술동이가 비었으면 나에게 알

리어라. 심부름하는 아이에게 술집에 술이 있는지 없는지 물어 어른은 지팡이 짚고 아이는 술을 메고, 나직이 읊조리며 천천히 걸어 시냇가에 혼자 앉아, 고운 모래가 비치는 맑은 물에 잔을 씻어 술을 부어 들고, 맑은 시냇물을 굽어 보니 떠내려오는 것이 복숭아꽃이로다. 무릉도원이 가까이 있구나. 저 들이 바로 그곳인가?

(바) 소나무 사이 좁은 길로 진달래꽃을 손에 들고, 산봉우리에 급히 올라 구름 속에 앉아 보니, 수많은 촌락들이 곳곳에 벌여 있네. 안개와 노을과 빛나는 햇살은 비단을 펼쳐 놓은 듯. 엊그제까지 검은 들판이 이제 봄빛이 넘치는구나.

(사) 공명도 나를 꺼리고 부귀도 나를 꺼리니, 아름다운 자연 외에 어떤 벗이 있을까. 가난한 처지에 헛된 생각 아니 하네. 아무튼 한평생 즐거움을 누리는 것이 이만하면 족하지 않은가?

이해와 감상

이 작품은 정극인이 벼슬에서 물러나 고향인 태인에 머물면서 자연의 아름다움과 그 자연을 즐기는 삶의 흥취를 노래한 가사이다. '봄을 맞아 경치를 구경하며 즐기는 노래'라는 제목 그대로 봄 풍경을 즐기며 자연과 하나가 되는 물아일체(物我一體)의 경지와 강호가도(江湖歌道)를 표현함으로써 조선 전기 사대부의 자연관을 형상화하였으며, 세속적인 욕망에서 벗어나 이상적인 삶으로서의 안빈낙도를 추구하고 있음을 드러냈다.

현실 정치에서 물러나 자연 속에 묻혀서 사는 즐거움을 노래한 은일 가사(隱逸歌辭)의 첫 작품으로, 송순의 〈면앙정가〉, 정철의 〈성산별곡〉으로 이어지는 강호가도의 시풍을 형성하였다.

작품 연구소

〈상춘곡〉의 시상 전개

〈상춘곡〉은 화자의 시선(공간) 이동에 따라 시상을 전개하고 있다. 처음에는 좁은 공간인 '수간모옥'에서 출발하여 점차 넓은 공간인 '산봉우리'로 이동하며 공간을 확대하고 있다.

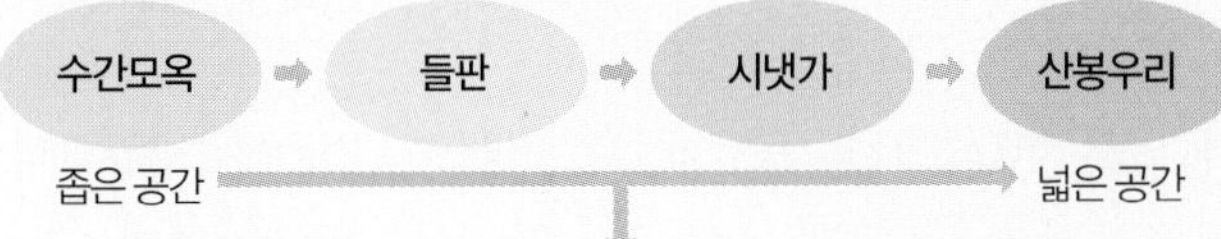

좁은 공간 → 넓은 공간

속세(와 가까운 세계)로부터 점차 탈속의 세계로 나아가고 있음.

〈상춘곡〉에 나타난 자연관

조선 시대 사대부에게 자연은 정치 현실로 인해 뜻을 펴지 못할 경우 속세에서 물러나 심신을 수양하는 공간, 즉 '안빈낙도의 공간', 또는 '언제나 돌아가기를 원하는 무릉도원(이상향)과 같은 공간'으로 그려진다.

홍진(속세)	⟷	산림(자연)
관직에 나아가 정치에 참여하며 부귀와 공명을 누리는 공간	⟷	학문을 닦고 수양하며, 풍류를 즐기는 공간

함께 읽으면 좋은 작품

〈면앙정가〉, 송순 / 자연 속에서 사는 즐거움을 노래한 작품

사계절에 따라 변하는 면앙정 주변의 절경을 노래하며 그 속에서 느끼는 작가의 흥취를 노래한 가사이다. 자신의 그런 생활이 모두 임금의 은혜라고 노래한 점이 〈상춘곡〉과는 다른 부분이다. Link 본책 162쪽

키 포인트 체크

- 화자: □의 경치를 구경하며 즐기는 '나'
- 상황: 현실 정치에서 물러나 □□ 속에 묻혀 삶.
- 태도: 자연을 즐기며 자연과 하나 되는 □□□□의 경지를 보여 줌.

1 이 작품에 대한 설명으로 적절하지 않은 것은?

① 설의적 표현으로 시상을 마무리하고 있다.
② 정경 묘사와 화자의 정서 표출이 어우러져 있다.
③ 청자를 설정하여 화자의 내적 갈등을 표출하고 있다.
④ 주체와 객체를 전도하여 화자의 인생관을 제시하고 있다.
⑤ 규칙적 음보의 반복과 대구 표현을 통해 화자의 감흥을 드러내고 있다.

2 이 작품을 영상으로 만들 때, 적절하지 않은 장면은?

① 진달래가 피고 소나무가 있는 봄 산의 풍경
② 자연 속에서 천천히 거닐며 시를 읊조리는 화자
③ 봄 풍경을 음미하며 산을 내려와 집으로 돌아오는 화자
④ 꽃나무가 핀 냇가에 앉아 술을 마시며 풍류를 즐기는 화자
⑤ 산 위에서 바라본 봄 햇살이 가득하고 신록이 피어나는 들판

내신 적중 高난도

3 이 작품에 나타난 공간에 대해 나눈 대화로 적절하지 않은 것은?

① 시상이 전개되면서 공간의 이동이 나타나고 있어.
② 공간을 시간의 흐름과 일치시켜 독특한 느낌을 주고 있어.
③ 화자가 있는 공간이 점점 넓은 공간으로 확장되는 것에서 특별한 의도가 느껴져.
④ '수간모옥'에서 '봉두'로 공간이 확대되면서 탈속의 정취가 깊어지는 효과를 의도한 것 같아.
⑤ '봉두'는 꼭대기를 의미하잖아. 그래서 화자는 '봉두'에 올라 자신이 지향하는 삶의 자세를 밝히고 있는 것으로 보여.

내신 적중

4 이 작품과 〈보기〉에서 알 수 있는 한국 문학의 주제적 특징을 〈조건〉에 맞게 서술하시오.

보기

산(山)에 가 살래. / 팔밭을 일궈 곡식(穀食)도 심구고
질그릇이나 구워 먹고
가끔, 날씨 청명(淸明)하면 동해(東海)에 나가
물고기 몇 놈 데리고 오고
작록(爵祿)도 싫으니 산(山)에 가 살래.

– 김관식, 〈거산호 1〉

조건

두 작품의 창작 시기를 고려하고, 공통적으로 나타난 자연과 인간의 관계 및 화자의 가치관에 주목할 것.

만분가(萬憤歌) | 조위

키워드 체크 #유배 가사의 효시 #충신연군지사 #귀양살이의 억울함 호소

핵심 정리

갈래 가사, 유배 가사
성격 한탄적, 비분적, 원망적
제재 무오사화로 인한 유배
주제 귀양살이의 억울함과 연군의 정
특징 ① 고사를 활용하여 유배에 대한 억울한 심정을 토로함.
② 자연물에 의탁하여 정서를 드러냄.
의의 조선 시대 유배 가사의 효시
연대 조선 연산군
출전 《잡동산이》

Q 화자 자신을 '초객'과 '가태부'에 비유한 이유는?

'초객(楚客)'은 중국 전국 시대 초나라의 정치가이자 시인인 굴원으로, 간신들의 모함으로 누명을 쓰고 귀양을 가 멱라수에 몸을 던진 인물이며, '가태부(賈太傅)'는 중국 전한 시대의 문인인 가의로, 고관들의 시기로 좌천되자 자신을 굴원에 비유한 시를 썼다.
화자가 자신을 '초객의 후신'이라 하고 자신의 한숨을 가태부의 넋에 비유한 것은, 화자 자신도 당파 싸움으로 모함을 받아 억울하게 유배에 처했음을 암시하며 비분을 드러낸 것이다.

시어 풀이

천상 백옥경(白玉京) 하늘 위의 궁전, 즉 옥황상제가 있는 궁전. 여기서는 한양의 궁궐.
자미궁(紫微宮) 북두칠성의 동북쪽에 있는 열다섯 개의 별 가운데 하나로, 중국 천자(天子)의 운명과 관련된다고 함. 여기서는 한양의 궁궐.

시구 풀이

❶ **ᄎᆞ라리 싀여지여 ~ 쓸커시 ᄉᆞ로리라** 임(임금)에게 어떻게든 자신의 억울한 심정을 전하고 싶은 마음을 노래한 부분이다.
❷ **형강(荊江)은 고향이라 십 년을 유락(流落)ᄒᆞ니** '형강', 즉 유배지가 고향이라고 하며 오래도록 유배지에서 떠돌고 있는 상황을 나타낸 부분이다.
❸ **노(魯)나라 흐린 ~ 무음 탓고** 노나라의 흐린 술에 조나라 수도인 한단이 무슨 죄겠으며, 진나라 사람들이 취한 잔이 월나라 사람들이 웃은 탓이겠냐는 표현으로 상황과 사건이 관련이 없음을 의미한다. 이를 통해 화자 자신과 당시 정치적 사건(무오사화)은 전혀 관계가 없음을 강조하고 있다.

작가 소개

조위(曺偉, 1454~1503) 조선 성종 때의 문인. 연산군 때 《성종실록》 편찬에 참여했다. 연산군 4년, 무오사화로 인해 의주로 귀양을 갔다가 순천으로 유배된 후 〈만분가〉를 지었으며, 이후 그곳에서 병사하였다.

◯: 임금이 계신 곳

가 ●천상 백옥경(白玉京) 십이루 어듸매오 / 오색운 깁픈 곳의 자청전(紫淸殿)이 ᄀᆞ려시니
(자청전: 신선이 사는 집)
천문(天門) ㉠구만리(九萬里)를 ᄭᅮᆷ이라도 갈 동 말 동
('먼 길'을 의미함.)
❶ᄎᆞ라리 싀여지여 억만(億萬) 번 변화ᄒᆞ여
(싀여지여: 죽어 / 억만: 숫자를 통해 화자의 심정을 강조)
남산(南山) 늣즌 봄의 두견(杜鵑)의 넉시 되여 / 이화(梨花) 가디 우희 밤낫즐 못 울거든
(△: 화자의 분신)
삼청 동리(三淸洞裏)의 졈은 한널 ㉡구름 되여
㉢ᄇᆞ람의 흘리ᄂᆞ라 ●자미궁(紫微宮)의 ᄂᆞ라 올라
옥황(玉皇) 향안전(香案前)의 지척의 나아 안자 / 흉중(胸中)의 싸힌 말솜 쓸커시 ᄉᆞ로리라
(향안: 향로나 향합을 올려 놓는 상 / 흉중의 ~ ᄉᆞ로리라: 자신의 억울함을 하소연하고 싶은 심정 – 이 노래를 지은 동기)
▶ 임금에게 마음속에 있는 말을 아뢰고 싶은 마음(서사)

나 ┌ 어와, 이내 몸이 천지간(天地間)의 느저 나니
[A] 황하수(黃河水) 몱다만ᄂᆞᆫ ㉣초객(楚客)의 후신(後身)인가 / 상심(傷心)도 ᄀᆞ이 업고
└ 가태부(賈太傅)의 넉시런가 한숨은 무스 일고 □: 화자 자신을 비유
[B]–❷형강(荊江)은 고향이라 십 년을 유락(流落)ᄒᆞ니
(형강: 중국의 강 이름, 여기서는 유배지를 뜻함. / 십 년을 유락ᄒᆞ니: 십 년 동안 유배 생활로 떠돌아다님.)
㉤백구(白鷗)와 버디 되여 ᄒᆞᆷᄭᅴ 놀자 ᄒᆞ엿더니
어루ᄂᆞᆫ 듯 괴ᄂᆞᆫ 듯 ᄂᆞᆷ의 업슨 님을 만나 / 금화성(金華省) 백옥당(白玉堂)의 ᄭᅮᆷ이조차 향긔롭다
(님: 성종 / 금화성: 인간이었다가 신선이 된 적송자가 득도했던 곳)
『오색(五色)실 니음 졀너 님의 옷슬 못 ᄒᆞ야도 / 바다 ᄀᆞ튼 님의 은(恩)을 추호(秋毫)나 갑프리라』
(『 』: 임금에 대한 충성심)
┌ 백옥 ᄀᆞ튼 이내 ᄆᆞ음 님 위ᄒᆞ여 직희더니 / 장안(長安) 어제 밤의 무서리 섯거치니
[C] (어제 밤의 무서리 섯거치니: 조정의 혼란을 뜻함.)
└ 일모수죽(日暮脩竹)의 취수(翠袖)도 냉박(冷薄)홀샤
(취수: 푸른 옷소매 / 일모수죽: 두보의 시 〈가인(佳人)〉에 나온 구절, 해가 저물 무렵 긴 대나무에 의지함.)
유란(幽蘭)을 것거 쥐고 님 겨신 ᄃᆡ ᄇᆞ라보니 / 약수(弱水) ᄀᆞ리진 ᄃᆡ 구름 길이 머흐러라
(유란: 난꽃 / 머흐러라: 험하여라)
다 서근 ᄃᆞᆰ긔 얼굴 첫 맛도 채 몰나셔 / 초췌(憔悴)ᄒᆞᆫ 이 얼굴이 님 그려 이러컨쟈
(천층랑: 천 층 높이의 험한 물결 / 백척간: 백척간두(百尺竿頭; 백 자나 되는 높은 장대 위에 오른 몹시 어렵고, 위태로운 지경))
『천층랑(千層浪) ᄒᆞᆫ가온대 백척간(百尺竿)의 올나더니
(『 』: 환해풍파(宦海風波; 벼슬살이에서 겪는 온갖 풍파) – 작가가 겪은 정치적 풍파, 즉 무오사화를 의미함.)
무단ᄒᆞᆫ 양각풍(羊角風)이 환해중(宦海中)의 나리나니』 / 억만 장 소희 ᄲᅡ져 하ᄂᆞᆯ ᄯᅡ흘 모롤노다
(양각풍: 까닭 없는 회오리바람 / 환해중: 관리의 사회)
▶ 혼란스러운 상황 탓에 충신인 자신이 유배에 처하게 됨.(본사 1)

다 ┌ ❸노(魯)나라 흐린 술희 한단(邯鄲)이 무슴 죄며
(한단: 조나라의 서울)
[D] 진인(秦人)이 취(醉)ᄒᆞᆫ 잔의 월인(越人)이 무음 탓고 – 자신은 무오사화와 연관이 없음을 강조함.
└ 성문(城門) 모딘 불의 옥석(玉石)이 ᄒᆞᆷᄭᅴ ᄐᆞ니 / ᄯᅳᆯ 압희 심은 난(蘭)이 반(半)이나 이우레라
(옥석이 ᄒᆞᆷᄭᅴ ᄐᆞ니: 충신과 더러운 신하가 함께 화를 당함을 의미함. / 이우레라: 시들도다)
오동(梧桐) 졈은 비의 외기러기 우러 녤 제 / 관산(關山) 만 리(萬里) 길이 눈의 암암 ᄇᆞᆯ피ᄂᆞᆫ 듯
(관산: 고향의 산)
청련시(靑蓮詩) 고쳐 읇고 팔도 한을 슷쳐 보니 / 화산(華山)의 우ᄂᆞᆫ 새야 이별도 괴로왜라
(청련시: 이백의 시 / 화산: 오악(五嶽)의 하나로 섬서성 화음의 남쪽에 있음.)
망부산전(望夫山前)의 석양(夕陽)이 거의로다 / 기도로고 ᄇᆞ라다가 안력(眼力)이 진(盡)ᄐᆞᆺ던가
┌ 낙화(落花) 말이 업고 벽창(碧窓)이 어두으니 / 입 노른 삿기 새들 어이도 그리 건쟈
[E] (쒸집: 띠로 지붕을 이어 지은 집)
└ 『팔월 추풍(八月秋風)이 쒸집을 거두으니 / 뷘 긴의 ᄡᅡ인 알히 수화(水火)를 못 면토다』
(『 』: 임금의 사랑을 잃고 위기에 처한 자신의 처지를 비유함.)
▶ 무고하게 유배를 온 억울함.(본사 2)
[중략]

현대어 풀이

(가) 천상 백옥경의 열두 누각은 어디인가? 오색구름 깊은 곳에 자청전이 가렸으니, 구만리 먼 하늘을 꿈이라도 갈 듯 말 듯하구나. 차라리 죽어서 억만 번 변화하여 남산의 늦은 봄날 두견의 넋이 되어 배꽃 가지 위에서 밤낮으로 못 울거든, 삼청 동리(신선이 사는 고을)에 저문 하늘 구름 되어 바람에 흩날리며 날아 자미궁에 날아올라 옥황상제 앞에 놓인 상 앞에 가까이 나가 앉아 가슴속에 쌓인 말씀 실컷 아뢰리라.

(나) 아아, 이내 몸이 천지간에 늦게 나니, 황하수 맑다지만 굴원의 후신인가 상심도 끝이 없고, 가태부의 넋인가 한숨은 무슨 일인가? 형강은 고향이라 십 년을 유배 생활로 떠돌아다니니, 갈매기와 벗이 되어 함께 놀자 하였더니, 아양을 부리는 듯 사랑하는 듯 남의 없는 임을 만나 금화성 백옥당의 꿈조차 향기롭다. 오색실 이음이 짧아 임의 옷을 못 지어도 바다 같은 임의 은혜를 조금이나마 갚으리라. 백옥 같은 이내 마음을 임 위하여 지키고 있었더니, 장안 어젯밤에 무서리 섞어 치니 해질녘 긴 대나무에 의지하여 서 있으니 푸른 옷소매도 찬 기운이 돌

만큼 얇구나. 난꽃을 꺾어 쥐고 임 계신 데 바라보니, 약수 가로놓인 데 구름 길이 험하구나. 다 썩은 닭의 얼굴 첫 맛도 채 몰라서 초췌한 이 얼굴이 임 그려서 이리 되었구나. 험한 물결 한가운데 긴 장대 위에 올랐더니 끝이 없는 회오리바람이 벼슬길 풍파 중에 내리니 억만 장 못에 빠져 하늘 땅을 모르겠도다.

(다) 노나라 흐린 술에 한단이 무슨 죄며, 진나라 사람들의 취한 잔이 월나라 사람들이 웃은 탓인가? 성문 모진 불에 옥석이 함께 타니 뜰 앞에 심은 난이 반이나 시들었구나. 저물녘 오동잎에 내리는 비에 외기러기 울며 갈 때 관산 멀고 먼 길이 눈에 밟히는 듯하는구나. 이백의 시를 고쳐 읊고 팔도 한을 스쳐 보니, 화산에 우는 새야 이별도 괴로워라. 망부산 앞에 석양이로다. 기다리고 바라다가 시력이 다했던가. 낙화는 말이 없고 창문이 어두우니, 입 노란 새끼 새들이 어미를 그리는구나. 팔월 가을바람이 띠집을 거두니 빈 새집에 쌓인 알이 물과 불을 못 면하도다.

이해와 감상

이 작품은 무오사화로 인해 전남 순천으로 유배된 작가가 그 억울한 심정을 읊은 가사이다. 억울하게 유배 생활을 하게 된 슬픔과 원통함을 선왕(先王)인 성종에게 하소연하는 형식으로 노래하였다. 서사에서 임금(성종)께 자신의 억울함을 호소하고 싶다는 마음을 제시한 후, 본사에서 유배지에서 느끼는 정서를 구체적으로 나타내었다. 화자가 자신을 '굴원'에 비유하거나 작품 내용이 굴원의 〈천문(天問)〉과 비슷한 점으로 보아 그 영향을 받은 것으로 짐작된다.

이 작품은 뜻하지 않게 임과 이별한 여성 화자가 천상 백옥경에 있는 임을 그리며 임이 자신의 마음을 알아주기를 호소하는 내용의 충신연군지사(忠臣戀君之辭)로, 조선 전기 유배 가사의 전형적 형태를 띠고 있으며 조선 후기 유배 가사의 형성에도 지대한 영향을 끼쳤다.

작품 연구소

〈만분가〉의 표현상 특징

이 작품은 전체적으로 임금이 계신 곳을 천상 세계로 설정하여 임금에 대한 그리움을 노래하고 있다. 또한 억울하게 유배당한 자신의 처지를 중국의 굴원과 가태부에 빗댄 한편, 죽어서 다른 사물(자연물)이 되어 임금 곁으로 가 자신의 심정을 전하고 싶다는 표현으로 간절함을 드러내고 있다.

백옥경(白玉京), 자청전(紫淸殿), 삼청 동리(三淸洞裏), 자미궁(紫微宮)	옥황상제 또는 신선이 사는 곳 → 임금이 계신 곳
초객(楚客), 가태부(賈太傅)	억울한 누명을 썼던 인물들 → 화자 자신을 비유
두견(杜鵑), 구름	화자가 죽어서 된 분신 → 임금에게 화자의 심정을 전하는 존재

〈만분가〉가 후대 유배 가사에 끼친 영향

〈만분가〉는 조선 전기 당쟁의 회오리 속에서 희생된 신하가 자신의 억울함을 토로한 유배 가사의 효시라는 점에서 문학사적 의의가 크다. 특히 후대에 지어진 정철의 〈사미인곡〉, 〈속미인곡〉에 〈만분가〉가 끼친 영향이 잘 드러난다. 〈만분가〉에서 임과 이별한 여성을 화자로 설정하여 임에 대한 간절한 그리움과 충성을 노래한 점, 임금이 계신 곳을 옥황상제가 사는 천상 세계로 설정한 점 등이 정철의 작품에서도 유사하게 나타난다.

키포인트 체크

화자 임과 이별한 □□
상황 자신의 □□□을 알아주기를 임에게 하소연함.
태도 임에 대한 □□□을 노래함.

1 이 작품에 대한 설명으로 적절하지 않은 것은?

① 임이 계신 곳을 천상의 세계로 설정하였다.
② 화자의 처지를 중국 고사의 인물에 빗대었다.
③ 과장된 표현을 통해 대상의 속성을 강조하였다.
④ 자신의 현재 삶에 대한 화자의 부정적 인식이 드러난다.
⑤ 화자가 현재 상황에 처한 원인을 구체적으로 서술하였다.

2 〈보기〉를 바탕으로 [A]~[E]를 감상한 내용으로 적절하지 않은 것은?

보기

이 작품을 쓴 조위는 연산군 4년에 일어난 무오사화에 연루되어 귀양을 가게 되었다. 그러나 조위는 사건의 배경이 자신과는 무관한 정치적 풍파였기에, 이에 대한 억울함과 원망을 갖게 된다. 〈만분가〉에는 이러한 자신의 억울함과 함께 당시 상황에 대한 회상이 비유적 표현을 통해 드러나고 있다.

① [A]에서 '초객'과 '가태부'에 비유하여 화자의 억울함을 드러내고 있군.
② [B]로 보아 화자는 귀양을 가서 오래도록 유배지를 떠돌았나 보군.
③ [C]는 화자가 임금에 대한 충성심을 꺾을 수밖에 없었던 상황을 드러낸 것이로군.
④ [D]를 통해 무오사화가 화자와 무관함을 강조하면서 그로 인한 화를 표현하고 있군.
⑤ [E]에는 임금의 사랑을 잃고 위기에 처한 화자의 처지가 드러나고 있군.

중요 기출

3 ㉠~㉤의 의미로 적절하지 않은 것은?

① ㉠: 화자와 임 사이의 심리적 거리
② ㉡: 임을 만날 가능성이 있는 대상
③ ㉢: 화자와 임의 만남을 방해하는 대상
④ ㉣: 화자와 마찬가지로 억울한 존재
⑤ ㉤: 화자가 교감하고 싶은 존재

4 〈보기〉는 (가)의 내용을 도식화한 것이다. 〈보기〉를 바탕으로 (가)에 나타난 시적 상황을 〈조건〉에 맞게 서술하시오.

보기

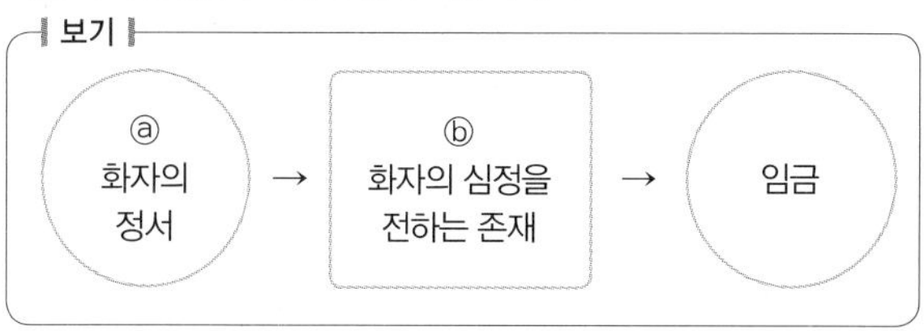

조건

ⓐ와 ⓑ를 구체적으로 밝혀 한 문장으로 쓸 것.

III. 조선 전기

Q '윤회 만겁(輪回萬劫)'에 드러난 화자의 태도는?

양반 사대부인 작가가 당대의 유학자들이 배척하는 불교의 윤회 사상을 끌어들여 자신의 심정을 토로한 데에는 오랜 유배 생활에 대한 좌절감이 반영되어 있다.
화자는 자신이 무고하게 유배에 처해진 만큼 곧 풀려날 것이라는 기대를 가지고 있었으나 그럴 기미가 전혀 보이지 않자 크게 좌절한다. 이에 죽은 뒤에 윤회하여 다른 자연물이 되어, 그 자연물의 형상을 통해서라도 임의 귀에 자신의 목소리가 들리기를 간절히 바란다. 이 속에는 유배 생활에서 풀려나기 어렵다는 절망적, 체념적 인식이 짙게 반영되어 있는 것이다.

시어 풀이

공산(空山) 촉루(髑髏) 사람 없는 산중의 해골.
곤륜산(崑崙山) 중국 전설상의 높은 산.
만장송(萬丈松) 만 길이나 되는 긴 소나무.
만겁(萬怯) 지극히 오랜 시간.
침변(枕邊) 베갯머리. 베개를 베고 누웠을 때 머리가 향한 위쪽의 가까운 곳.
이위ᄂᆞᆫ 시드는.
월중 소영(月中疎影) 달빛에 언뜻언뜻 비치는 그림자.
백구(白溝) 중국의 송과 요의 분계를 이루던 강. 여기서는 한강을 비유하는 것으로 보임.
건덕궁(乾德宮) 천자의 궁궐. 여기서는 임금이 사는 궁궐.
위궐(魏闕) 높고 큰 문. 대궐 또는 조정을 의미함.
누역 도롱이. 짚, 띠 따위로 엮어 허리나 어깨에 걸쳐 두르는 비옷.
복희씨(伏羲氏) 중국 전설상의 제왕으로 팔괘(선천 팔괘)를 처음으로 만들고, 그물을 발명하여 고기잡이의 방법을 가르쳤다고 함.
육십사괘(六十四卦) 《주역》에서 자연과 인간의 존재 양상과 변화 체계를 상징하는 64개의 괘.
주공(周公) 주나라 문왕(文王)의 아들. 인간의 길흉소사에 응용하는 후천 팔괘를 만들었다고 함.

시구 풀이

❶ **곤륜산(崑崙山) 제일봉(第一峯)의 ~ 귀의 들리기도** 임금에게 자신의 심정을 전하고 싶은 간절함을 표현한 부분이다. 죽은 뒤에 윤회하여 곤륜산 제일봉의 소나무가 되거나 금강산의 학이 되어서라도 임의 귀에 자신의 목소리(마음)를 전하고 싶다고 말하고 있다.

❷ **ᄒᆞᆫ이 쌸희 ~ 매화(梅花) 되여** 한이 뿌리가 되고 눈물로 가지 삼아 매화가 되겠다고 하여 그만큼 자신의 처지가 억울하고 분함을 드러내는 한편, 변치 않는 충성심을 나타내고 있다.

❸ **고결(高潔)ᄒᆞᆫ 이내 ~ 몸의 타실넌가** 고결한 자신의 생애를 자연에 부치고 싶다고 하면서도, 그럼에도 임금에 대한 그리움을 끊을 수 없다고 노래하고 있다. 빈 배를 타고 임금이 계신 곳을 향해 가서는 머뭇거리는 모습을 통해 다시 한 번 임금에 대한 그리움을 토로하고 있는 것이다.

❹ **아모나 이 ~ 만세 상감(萬世相感)ᄒᆞ리라.** 자신의 뜻을 알아줄 이를 만나면 영원토록 사귀고 영원토록 공감하겠다고 하며 그 존재를 간절히 바라고 있다.

가 군은(君恩)이 믈이 되여 흘너가도 자최 업고 / 옥안(玉顏)이 ᄭᅩᆺ이로되 눈믈 ᄀᆞ려 못 볼로다 (임금의 얼굴)
이 몸이 녹아져도 [옥황상제(玉皇上帝)] 처분(處分)이요
이 몸이 싀여져도(허물어져도) 옥황상제(玉皇上帝) 처분(處分)이라 — 화자의 처지: 스스로 현재 상황을 해소할 수 없음.
노가디고 싀어지여(죽어도) 혼백(魂魄)조차 흣터지고
[공산(空山) 촉루(髑髏)]ᄀᆞ치 님자(주인 없이) 업시 구니다가(굴러다니다가)
❶곤륜산(崑崙山) 제일봉(第一峯)의 [만장송(萬丈松)](화자의 분신 ①)이 되어 이셔
[ᄇᆞ람 비 쁘린 소릐] 님의 귀예 들니기나
윤회 만겁(輪回萬怯)ᄒᆞ여 [금강산(金剛山) 학(鶴)](화자의 분신 ②)이 되여
일만(一萬) 이천봉(二千峯)의 ᄆᆞ음ᄀᆞᆺ 소사 올나
ᄀᆞ을 ᄃᆞᆯ ᄇᆞᆯ근 밤의(계절적 배경, 서글픈 분위기 형성) [두어 소릐] 슬피 우러
님의 귀의 들리기도 옥황상제(玉皇上帝) 처분(處分)일다(체념과 순종의 태도)
▶ 유배 생활에서 풀려나지 못하는 데 대한 체념(본사 3)

나 ❷ᄒᆞᆫ이 쌸희(매화의 뿌리와 가지) 되고 눈물로 가디 삼아 / 님의 집 창 밧긔 [외나모] ⓐ매화(梅花) 되여 (화자의 억울하고 분한 심정을 드러냄.)
설중(雪中)(계절적 배경, 고난을 강조)의 혼자 픠여 [침변(枕邊)의 이위ᄂᆞᆫ] 듯
월중 소영(月中疎影)이 님의 옷의 빗취어든
어엿븐(불쌍한) 이 얼굴을 네로다 반기실가(기대와 우려가 섞인 화자의 심정) (임의 곁에 있고 싶은 화자의 간절한 소망 표현)
동풍(東風)이 유정(有情)ᄒᆞ여 암향(暗香)(그윽하게 풍기는 매화 향기)을 블어 올려
❸고결(高潔)ᄒᆞᆫ(고상하고 순결한) 이내 싱계 죽림(竹林)(대숲, 자연을 뜻함.(대유법))의나 부치고져 / 빈 낙대(낚싯대) 빗기(비스듬하게) 들고 뷘 비를 혼자 띄워
백구(白溝) 건네 저어 건덕궁(乾德宮)의 가고 지고(가고 싶구나)
그려도 ᄒᆞᆫ ᄆᆞ음은 위궐(魏闕)의 ᄃᆞᆯ녀 이셔
ᄂᆡ 무든 누역 속의 님 향ᄒᆞᆫ ᄭᅮᆷ을 ᄭᅵ여(연기를 씌워 검어진 도롱이, 화자의 처지를 비유함.) / 일편 장안(一片長安)(서울)을 일하(日下)의 ᄇᆞ라보고
외오 굿겨 올히 굿겨(머뭇거림. – 임금에 대한 간절한 그리움) 이 몸의 타실넌가
▶ 임금에 대한 변치 않은 충성심과 그리움(결사 1)

다 이 몸이 전혀 몰라 천도(天道)(하늘의 이치) 막막(漠漠)ᄒᆞ니 믈을 길(방법)이 젼혀 업다
복희씨(伏羲氏) 육십사괘(六十四卦) 천지 만물(天地萬物) 상긴 뜻을
주공(周公)을 ᄭᅮᆷ의 뵈와 ᄌᆞ시이 뭇ᄌᆞᆸ고져 — 자연과 인간의 이치를 연구한 이들에게 묻고 싶다고 하면서 화자의 억울함을 호소함.
하ᄂᆞᆯ이 놉고 놉하 말 업시 놉흔 ᄯᅳᆺ을 / 구름 우희 ᄂᆞᆫᄂᆞᆫ 새야 네 아니 아돗더냐
어와 이 내 가슴 산(山)이 되고 돌이 되여 어ᄃᆡ 어ᄃᆡ 사혀시며
비 되고 믈이 되여 어ᄃᆡ 어ᄃᆡ 우러 녤고 — 화자의 억울한 심정을 자연물(산, 돌, 비, 물)에 빗대어 형상화함.
❹아모나 이 내 ᄯᅳᆺ 알 니 곳 이시면(화자가 기다리는 대상) / ㉠백세 교유(百歲交遊) 만세 상감(萬世相感)ᄒᆞ리라.
▶ 자신의 뜻을 알아줄 사람을 간절히 원함.(결사 2)

현대어 풀이

(가) 임금의 은혜가 물이 되어 흘러가도 자취 없고, 임금의 얼굴이 꽃이로되 눈물 가려 못 보겠구나. 이 몸이 녹아도 옥황상제 처분이요, 이 몸이 죽어도 옥황상제 처분이구나. 녹아지고 죽어서 혼백이 흩어지고 공산 해골같이 임자 없이 굴러다니다가, 곤륜산 제일봉에 매우 큰 소나무가 되어 바람 비 뿌린 소리 임의 귀에 들리게 하거나, 오랜 세월 윤회하여 금강산 학이 되어 일만 이천 봉에 마음껏 솟아올라 가을 달 밝은 밤에 두어 소리 슬피 울어 임의 귀에 들리게 하는 것도 옥황상제 처분이겠구나.

(나) 한이 뿌리가 되고 눈물로 가지 삼아 임의 집 창밖에 외로운 매화 되어, 눈 속에 혼자 피어 베갯머리에 시드는 듯 드문드문 비치는 달 그림자가 임의 옷에 비치거든, 불쌍한 이 얼굴을 너로구나 반겨 주실까 궁금하구나. 동풍이 뜻이 있어 매화 향기를 불어 올려 고결한 이내 생애 자연에나 부치고 싶구나. 빈 낚싯대 비껴 들고 빈 배를 혼자 띄워, 한강 건너 저어 궁궐에 가고 싶구나. 그래도 한 마음은 조정에 달려 있어 연기 묻은 도롱이 속에 임 향한 꿈을 깨어, 일편 장안을 한눈에 바라보고 그르게 머뭇거리며 옳게 머뭇거리며 이 몸의 탓인가.

(다) 이 몸이 전혀 몰라 하늘의 이치가 아득하여 알 수 없으니 물을 길이 전혀 없다. 복희씨 육십사괘 천지 만물 생긴 뜻을 주공을 꿈에 뵈어 자세히 여쭙고 싶구나. 하늘이 높고 높아 말없이 높은 뜻을 구름 위에 나는 새야, 네 아니 알겠더냐. 아아, 이내 가슴 산이 되고 돌이 되어 어디어디 쌓였으며 비가 되고 물이 되어 어디어디 울며 갈까. 아무나 이 내 뜻 알 사람이 곧 있으면 영원토록 사귀어 같이 공감하리라.

작품 연구소

해배(解配)의 희망과 기대, 그리고 좌절

화자는 자신의 유배 생활에 대한 억울함을 토로한 후에 이를 호소할 길이 없자 죽어서 소나무나 학이 되어서라도 임에게 뜻을 전하고 싶다고 말한다. 그러면서도 이것 또한 옥황상제의 처분에 따르겠다고 하며 유배 생활에 대한 체념의 태도를 드러내고 있다. 자신의 충정은 변함이 없지만 이것이 받아들여져 유배 생활에서 벗어날 수 있을지에 대해서는 불안한 심리를 내보이고 있는 것이다.

그리하여 화자는 임이 계신 곳을 안타깝게 바라보며 그리움을 노래하다가, 결사에 이르러 다시 한 번 자신의 답답한 심정을 토로한 후 이러한 자신의 뜻을 알아줄 이를 만나고 싶다는 간절한 바람을 드러내고 있다.

〈만분가〉의 창작 배경

〈만분가〉에는 무오사화로 인해 유배를 당한 작가 조위의 경험이 반영되어 있다. 무오사화는 연산군 4년(1498년)에 김일손 등의 신진 사림(士林)이 유자광 중심의 훈구파(勳舊派)에 의해 정치적으로 물러난 사건이다. 당시 사림파로부터 비판을 받고 있던 유자광은 《성종실록》 편찬을 위해 작성한 김일손의 사초(史草; 공식적 역사 편찬의 자료가 되는 기록)에 김종직의 〈조의제문(弔義祭文)〉이 수록되자 이것이 세조의 왕위 찬탈을 비판하고 공신들을 비난한 것이라고 연산군에게 고해 사림 세력들을 참형시키거나 귀양 보내게 만들었다.

조위는 《성종실록》 편찬 사업에 힘을 쏟았기에 이에 연루되어 청나라 하정사(賀正使)로 갔다 온 뒤 참형에 처하는 결정이 내려지나, 이극균의 도움으로 의주로 유배를 가는 것으로 일단락된다. 그 후 조위는 다시 순천으로 유배지를 옮기게 되면서 자신의 억울함과 결백함을 토로하는 〈만분가〉를 지었다. 즉 〈만분가〉는 과거에는 선왕의 충성스러운 신하였으나 남의 글을 편찬한 일로 갑자기 간신이자 역적이 된 상황에서, 가슴에 쌓인 울분을 표출한 작품이다.

자료실

유배지에서 지은 한시 〈장문춘효(長門春曉)〉

이 작품은 작가가 의주에서 유배 생활을 할 때 지은 한시로, 〈만분가〉와 마찬가지로 여성 화자를 등장시켜 임금에 대한 간절한 그리움과 기다림을 노래하고 있다.

미인이 외로운 밤 꿈속에서 잠을 깨니
언뜻 열린 사창으로 날이 밝으려 하는구나.
품은 정은 들어줄 이 없어 암담하게 넋을 잃고
온갖 새 소리도 성가시네.
아름다운 얼굴 새벽같이 다시 화장을 하지만
옥련은 다시 오지 않고 소식마저 아득하네.

함께 읽으면 좋은 작품

〈만언사〉, 안조환 / 유배 생활의 고통을 사실적으로 형상화한 작품

조선 후기 정조 때의 문신 안조환이 지은 작품으로 총 6편으로 이루어진 유배 가사이다. 추자도로 유배를 가게 된 작가가 유배 생활의 고통과 어려움을 사실적으로 그린 한편 자신의 잘못을 뉘우치는 모습을 담아내고 있다. 〈만분가〉가 양반 사대부의 의식과 변함없는 연군지정을 노래하며 자신의 억울함을 호소하고 있는 데 비해, 〈만언사〉는 연군지정보다는 유배 상황에 대한 사실적인 묘사와 회한이 주를 이루고 있다.

Link 본책 254쪽

중요 기출

5 이 작품에 대한 감상으로 적절하지 않은 것은?

① '님자 업시 구'닐던 '이 몸'이 '학(鶴)'이 되어 솟아오르게 함으로써 상승의 이미지를 구현하고 있다.
② '만장송(萬丈松)'과 '매화(梅花)'라는 소재를 활용하여 임을 향한 화자의 마음을 표상하고 있다.
③ 'ᄇᆞ람 비 ᄡᅳ린 소릐'와 '두어 소릐'의 청각적 이미지를 활용하여 임에게 알리고 싶은 화자의 심정을 나타내고 있다.
④ '매화'의 '쀨희'와 '가디'를 활용하여 '훈'의 정서를 형상화하고 있다.
⑤ 'ᄀᆞ을 ᄃᆞᆯ 불근 밤'과 '월중'이라는 시간적 배경을 통해 임과 재회한 순간을 드러내고 있다.

중요 기출

6 이 작품의 시어에 대한 설명으로 적절하지 않은 것은?

① '옥황상제(玉皇上帝)'는 화자가 자신의 처지와 심정을 드러내기 위해 설정한 존재이다.
② '공산(空山) 촉루(髑髏)', '외나모'는 화자의 외로운 심정을 보여 준다.
③ '만장송(萬丈松)', '금강산(金剛山) 학(鶴)'은 임을 향한 화자의 변치 않는 마음이 투영된 대상이다.
④ 'ᄇᆞ람 비 ᄡᅳ린 소릐', '두어 소릐'는 임에게 전하고자 하는 화자의 마음을 담고 있다.
⑤ '침변(枕邊)의 이위ᄂᆞᆫ'은 임이 처한 현재 상황을 표현한 것이다.

7 ㉠에 나타난 화자의 심리를 가장 잘 표현한 것은?

① 임에 대한 도리를 오랫동안 다해야겠구나.
② 임과 만날 수 없다면 변함없는 자연에 귀의해서 살 거야.
③ 임을 향한 내 마음을 알 이 있으면 오랫동안 같이 지낼 텐데.
④ 아무리 오랜 세월이 흘러도 임이 사랑하는 사람을 꼭 찾아내고 싶구나.
⑤ 임이 나를 버린 이유를 아는 사람이 있으면 백 리도 멀다 않고 찾아갈 거야.

8 〈보기〉를 고려하여 ⓐ의 함축적 의미를 쓰시오.

보기

조선 시대 사대부들에게 '매화'는 매우 특별한 상징물이었다. 가녀린 모습으로 한겨울의 추위를 견뎌 내고 초봄의 싸늘한 날씨에도 꽃을 피우고 향기를 뿜어내는 매화의 속성이 그들에게 많은 영감을 주었기에, 이를 활용해 임금에게 자신의 뜻을 넌지시 드러내고자 한 경우가 많았다.

면앙정가(俛仰亭歌) | 송순

키워드 체크 #자연 친화 #강호가도 #풍류적 #사계절의 변화

핵심 정리

갈래 서정 가사, 양반 가사, 은일 가사, 강호 한정가
성격 서정적, 묘사적, 자연 친화적
운율 3(4)·4조, 4음보 연속체
제재 면앙정 주변의 아름다운 자연 풍경
주제 자연을 즐기는 강호가도와 군은(君恩)에 대한 감사
특징 ① 비유·대구·반복 등의 다양한 표현 방법을 사용함.
② 사계절의 변화에 따라 내용을 전개함.
의의 조선 전기 시가의 핵심인 강호가도를 확립한 노래
연대 조선 중종
출전 《면앙집》

가 무등산(无等山) ᄒᆞᆫ 활기 뫼히 동다히로 버더 이셔 멀리 ᄯᅦ쳐 와 ⓐ제월봉(霽月峯)의 되여거ᄂᆞᆯ 무변대야(無邊大野)의 므ᄉᆞᆷ 짐쟉ᄒᆞ노라 일곱 구비 ᄒᆞᆷ머움쳐 므득므득 버려ᄂᆞᆫ ᄃᆞᆺ. ❶가온대 구비ᄂᆞᆫ 굼긔 든 ⓑ늘근 뇽이 선ᄌᆞᆷ을 ᄀᆞᆺ ᄭᅵ야 머리ᄅᆞᆯ 안쳐시니. ▶ 제월봉의 형세(서사)

(활기: 줄기 / 동다히로: 동쪽으로 / ᄯᅦ쳐 와: 떨어져 나와 / 무변대야: 끝없이 넓은 들판 / 므ᄉᆞᆷ 짐쟉ᄒᆞ노라: 무슨 생각하느라(의인화) / ᄒᆞᆷ머움쳐 므득므득 버려ᄂᆞᆫ ᄃᆞᆺ: 함께 움츠려 무더기무더기 벌여 있는 듯 / 굼긔: 구멍에 / 선ᄌᆞᆷ: 살짝 든 잠 / 안쳐시니: 앉혔으니)

나 너ᄅᆞ바회 우ᄒᆡ 송죽(松竹)을 헤혀고 ⓒ정자(亭子)ᄅᆞᆯ 안쳐시니 구름 ᄐᆞᆫ 청학(靑鶴)이 천리(千里)를 가리라 두 ᄂᆞ릐 버렷ᄂᆞᆫ ᄃᆞᆺ. ▶ 면앙정의 모습(서사)

(너ᄅᆞ바회: 너럭바위 / 헤혀고: 헤치고 / 청학: 면앙정 / ᄂᆞ릐: 날개 – 면앙정의 지붕)

다 옥천산(玉泉山) 용천산(龍泉山) ᄂᆞ린 ⓓ믈히 정자(亭子) 압 너븐 들ᄒᆡ 올올(兀兀)히 펴진 드시 ㉠❷넙거든 기노라 프료거든 희지마니 쌍룡(雙龍)이 뒤트ᄂᆞᆫ ᄃᆞᆺ 긴 깁을 ᄎᆡ 폇ᄂᆞᆫ ᄃᆞᆺ 어드러로 가노라 므ᄉᆞᆷ 일 ᄇᆡ얏바 ᄃᆞᆺᄂᆞᆫ ᄃᆞᆺ ᄯᆞ로ᄂᆞᆫ ᄃᆞᆺ 밤ᄂᆞᆺ즈로 흐르ᄂᆞᆫ ᄃᆞᆺ. ▶ 면앙정 앞 시냇물의 모습(본사1)

(ᄂᆞ린: 흘러내린 / 너븐 들ᄒᆡ: 넓은 들에 / 올올히: 끊임없이 / 쌍룡: 시냇물 / 깁: 비단 – 시냇물 / ᄎᆡ 폇ᄂᆞᆫ ᄃᆞᆺ: 가득 펼친 듯 / ᄇᆡ얏바: 바빠서 / ᄃᆞᆺᄂᆞᆫ ᄃᆞᆺ: 달리는 듯 / ᄯᆞ로ᄂᆞᆫ: 따르는)

라 므소친 사정(沙汀)은 눈ᄀᆞᆺ치 펴졋거든 이즈러온 기럭기ᄂᆞᆫ 므스거슬 어로노라 ❸안즈락 ᄂᆞ리락 모드락 ᄒᆞ트락 노화(蘆花)을 ᄉᆞ이 두고 우러곰 ᄌᆞᆺ니ᄂᆞᆫ고. ▶ 물가의 기러기의 모습(본사1)

(므소친: 물을 따라 / 사정: 물가의 모래사장 / 이즈러온: 어지러운 / 어로노라: 사랑하느라 / 노화: 갈대꽃 / 우러곰: 울면서 / ᄌᆞᆺ니ᄂᆞᆫ고: 쫓아가는가)

마 너븐 길 밧기요 긴 하ᄂᆞᆯ 아ᄅᆡ ❹두로고 ᄭᅩᄌᆞᆫ 거슨 뫼힌가 병풍(屛風)인가 그림가 아닌가. 노픈 ᄃᆞᆺ ᄂᆞᄌᆞᆫ ᄃᆞᆺ 긋ᄂᆞᆫ ᄃᆞᆺ 닛ᄂᆞᆫ ᄃᆞᆺ 숨거니 뵈거니 가거니 머믈거니 이츠러온 가온ᄃᆡ 일홈ᄂᆞᆫ 양ᄒᆞ야 하ᄂᆞᆯ도 젓치 아녀 웃ᄃᆞᆨ이 셧ᄂᆞᆫ 거시 ⓔ추월산(秋月山) 머리 짓고 용귀산(龍歸山) 봉선산(鳳旋山) 불대산(佛臺山) 어등산(漁燈山) 용진산(涌珍山) 금성산(錦城山)이 허공(虛空)의 버러거든 원근(遠近) 창애(蒼崖)의 머믄 것도 하도 할샤. ▶ 면앙정 주변의 산봉우리들(본사1)

(밧기요: 밖이며 / 두로고: 두르고 / ᄭᅩᄌᆞᆫ: 꽂은 / 긋ᄂᆞᆫ ᄃᆞᆺ: 끊어지는 듯 / 닛ᄂᆞᆫ ᄃᆞᆺ: 이어지는 듯 / 뵈거니: 보이거니 / 이츠러온: 어지러운 / 젓치 아녀: 두려워하지 않아 / 웃ᄃᆞᆨ이: 우뚝이 / 버러거든: 벌여 있거든 / 창애: 아주 높은 절벽 / 머믄 것도 하도 할샤: 머문 것도 많기도 많구나)

현대어 풀이

(가) 무등산 한 줄기가 동쪽으로 뻗어 있어 멀리 떨어져 나와 제월봉이 되었거늘, 끝없이 넓은 들판에 무슨 생각하느라 일곱 굽이(봉우리)가 함께 움츠려 무더기로 벌여 있는 듯하다. 그중에서 가운데 굽이는 구멍에 든 늙은 용이 풋잠을 막 깨어 머리를 얹어 놓은 듯하다.

(나) 너럭바위 위에 소나무와 대나무를 헤치고 정자(면앙정)를 앉혔으니 (면앙정의 지붕이) 구름 탄 청학이 천 리를 가려고 두 날개를 벌린 듯하다.

(다) 옥천산, 용천산에서 흘러내린 물이 정자 앞 넓은 들에 끊임없이 펼쳐져 있으니 (냇물이) 넓으면서도 길고 푸르면서도 희다. 두 마리 용이 뒤트는 듯 긴 비단을 가득 펼친 듯하다. 어디로 가느라 무슨 일 바빠서 달리는 듯 따르는 듯 밤낮으로 흐르는 듯하다.

(라) 물 따라 펼쳐진 모래밭은 눈같이 퍼져 펼쳐져 있는데, 어지럽게 나는 기러기는 무엇을 사랑하느라 앉았다가 내렸다가 모였다가 흩어졌다가 갈대꽃을 사이에 두고 울면서 따라가는가.

(마) 넓은 길 밖, 긴 하늘 아래 두르고 꽂은 것은 산인가 병풍인가 그림인가 아닌가. 높은 듯, 낮은 듯, 끊어지는 듯, 이어지는 듯 숨거니 보이거니 가거니 머물거니 어지러운 가운데 이름난 듯하며 하늘도 두려워하지 않아 우뚝하게 서 있는 것이 추월산 머리를 이루고, 용귀산, 봉선산, 불대산, 어등산, 용진산, 금성산이 허공에 늘어서 있는데 멀리 또는 가까이에 있는 푸른 절벽에 머문 것(산봉우리)도 많기도 많구나.

Q (다)~(라)에 나타난 표현상 특징은?

'~ᄂᆞᆫ ᄃᆞᆺ'을 반복함으로써 경쾌한 리듬감을 살리고, 다양한 비유를 통해 대상의 역동적이고 힘찬 모습을 다양하게 제시하였다. 또한 시냇물이 넓으면서도 길게 뻗쳐 있고, 푸르면서도 흰 듯한 모습을 직유, 대구, 대조의 표현 기법을 활용하여 생동감 있게 묘사하였다.

시구 풀이

❶ **가온대 구비ᄂᆞᆫ ~ 머리ᄅᆞᆯ 안쳐시니.** 일곱 개의 산봉우리 중에서 가운데 있는 산봉우리를 선잠에서 깨어난 용의 머리 모습으로 표현하여 생동감 넘치게 묘사하고 있다.

❷ **넙거든 기노라 프료거든 희지마니** 면앙정 앞을 흐르는 시냇물이 넓으면서도 길게 뻗쳐 있는 듯하고, 푸르면서도 흰 듯하다는 것을 대구, 대조의 기법을 활용하여 표현하였다. 정철의 〈관동별곡〉에 나오는 '놀거든 뛰디 마나 셧거든 솟디 마나', '묽거든 조티 마나 조커든 묽디 마나'에 영향을 주었다.

❸ **안즈락 ᄂᆞ리락 ~ 우러곰 ᄌᆞᆺ니ᄂᆞᆫ고.** 기러기들이 앉고 날고 모이고 흩어지는 모습을 운율감을 갖춰서 생동감 있게 묘사한 부분이다.

❹ **두로고 ᄭᅩᄌᆞᆫ ~ 그림가 아닌가.** 면앙정 주위에 둘러서 있는 산봉우리의 모습을 병풍과 그림으로 비유하여 묘사한 구절이다.

작가 소개

송순(宋純, 1493~1583) 조선 중기의 문신. 호는 면앙정(俛仰亭), 기촌(企村). 말년에 전남 담양에 은거하면서 자연과 더불어 지내는 내용의 시가를 여러 편 지었다. 주요 작품으로 가사 〈면앙정가〉, 저서에 《기촌집》 등이 있다.

이해와 감상

이 작품은 작가가 벼슬에서 물러나 고향인 전남 담양에 머물던 시기에 창작하였다. 작가는 면앙정이 위치한 지세(地勢), 제월봉의 형세, 면앙정의 경치, 면앙정 주변의 풍경을 묘사하고 면앙정 주변의 아름다운 자연에서 얻은 흥취를 사계절의 변화에 따라 서술하였다. 비유, 대구, 반복, 점층, 생략 등의 다양한 표현 방법과 우리말의 아름다움을 잘 살려 면앙정의 경치와 그에 따른 흥취를 역동적으로 형상화하여 문학적 가치가 높은 작품으로 평가받는다. 한편, 작가는 강호에서의 풍류 생활을 표현하면서도 결사 마지막에 '역군은(亦君恩)이샷다.'라고 하여 임금의 은혜에 대한 감사를 표시함으로써 당시 사대부의 자세도 함께 드러내었다.

작품 연구소

〈면앙정가〉의 전체 구성

〈면앙정가〉의 문학사적 위치

정극인, 〈상춘곡〉	➡	송순, 〈면앙정가〉	➡	정철, 〈성산별곡〉
강호가도의 시초		강호가도의 확립		강호가도의 발전

〈면앙정가〉는 정극인의 〈상춘곡〉에서 자연 친화 사상을 이어받아 자연 친화 사상에 유교적 충의 이념을 결합해 강호가도를 확립하였다. 그리고 내용이나 구성, 표현 등 여러 측면에서 정철의 〈성산별곡〉이나 〈관동별곡〉에 영향을 주었으며, 후대 많은 작품들의 모범이 되었다. 특히 〈성산별곡〉은 〈면앙정가〉와 다음과 같은 면에서 유사하다.

내용	자연을 인간의 궁극적인 귀의처로 봄, 사계절을 통해 자연미를 발견함, 신선의 경지에 드는 풍류의 극치를 표현함.
구성	'서사 – 본사 – 결사'의 3단 구성, '본사 2'의 4계절 구성
표현	'~거든 ~마나' 등의 표현

〈면앙정가〉의 표현상 특징

〈면앙정가〉는 비유, 반복, 생략 등 다양한 표현 기법을 동원하여 면앙정의 주변 정경을 노래한 작품이다. 서사에서는 의인화와 비유적 표현을 사용하여 제월봉의 산세와 면앙정의 형상을 생동감 있게 묘사했으며, 본사에서는 면앙정 앞 시냇물을 '쌍룡'과 '비단'에 비유하여 표현한 후, 사계절에 따른 면앙정 주변의 아름다운 모습을 대구, 열거, 직유 등의 다양한 표현 방법을 활용하여 생동감 있게 그려 냈다. 마지막으로 결사에서는 고사를 활용하여 화자의 풍류를 드러내며 마무리했다.

〈면앙정가〉의 음악적 효과

이 작품은 가사의 기본 형식인 4음보 연속체 형식으로 시구 전체가 대구를 이루면서 규칙적인 운율을 형성하고 있다. 또한 '~ᄂᆞᆫ 듯'을 반복하고, 주로 울림소리('ㄴ'과 모음)를 사용함으로써 운율감과 역동성을 형성하는데, 이러한 운율감은 경쾌한 느낌을 주고 풍류를 즐기는 화자의 호방한 어조를 형성하는 데 기여한다.

키 포인트 체크

- 화자 ☐☐☐에서 풍류를 즐기는 송순
- 상황 면앙정 주변의 절경을 즐김.
- 태도 자연 속의 풍류 생활에 ☐☐하며 임금의 은혜에 ☐☐함.

1 이 작품에 대한 설명으로 가장 적절한 것은?

① 자연의 속성에서 도덕적 교훈을 이끌어 내었다.
② 점층적인 시상 전개로 부정적 현실을 강조하였다.
③ 공간의 이동에 따른 화자의 심리 변화를 드러내었다.
④ 중심 대상의 변화를 바라보며 자신의 과거를 회상하였다.
⑤ 비유와 대구 등을 활용하여 자연의 아름다움을 묘사하였다.

중요 기출

2 〈보기〉를 참고하여 이 작품을 감상한 내용으로 적절하지 않은 것은?

> 보기
> 송순이 〈면앙정가〉에서 펼쳐 보인 세계는 흔히 '면앙 우주'라고 일컬어진다. 면앙 우주는 작가에게 천지 만물의 이치를 심성의 수양으로 내면화하는 공간이었다. 작가는 자연 세계를 통해 인간 세계의 이치를 읽어 내는 가운데 조화와 합일을 추구했다. 그는 객관적 자연물에 인간적 생명력과 의지를 부여하는 방식으로 자신의 이상과 세계관을 표출했다.

① ⓐ가 '무변대야의 므슴 짐쟉'을 한다는 표현에는 높은 이상을 향한 작가의 의지가 자연물에 투영되어 있군.
② ⓑ가 '선ᄌᆞᆷ을 ᄀᆞᆺ 씨야'라는 표현에는 이상을 펼치기에 이미 늦었다고 여기는 작가의 조바심이 담겨 있어.
③ ⓒ가 '청학'처럼 '두 ᄂᆞ릐 버렷ᄂᆞᆫ 듯'하다는 표현에서 면앙정이 비상(飛上)을 위한 심성 수양의 장소임을 알 수 있군.
④ ⓓ가 '밤ᄂᆞᆺ즈로 흐르ᄂᆞᆫ' 모습을 통해 작가도 자신이 추구하는 바를 쉼 없이 행해야 함을 드러내고 있어.
⑤ ⓔ를 비롯한 여러 산들이 '노픈 ᄃᆞᆺ ᄂᆞ즌 ᄃᆞᆺ 긋ᄂᆞᆫ ᄃᆞᆺ 닛ᄂᆞᆫ ᄃᆞᆺ' 서 있다는 표현에서 조화와 합일을 추구하는 삶의 태도를 엿볼 수 있군.

3 〈보기〉를 참고할 때 ㉠의 영향을 받은 표현으로 가장 적절한 것은?

> 보기
> 〈면앙정가〉는 다양한 표현 방법을 구사하고 우리말의 맛을 잘 살려 외부 세계와 내면의 정서를 역동적으로 형상화했다는 점에서 높이 평가받는다.

① 칼로 ᄆᆞᆯ아 낸가 붓으로 그려 낸가 – 정극인, 〈상춘곡〉
② 놀거든 ᄯᅱ디 마나 섯거든 솟디 마나 – 정철, 〈관동별곡〉
③ 각시님 ᄃᆞᆯ이야ᄏᆞ니와 구ᄌᆞᆫ비나 되쇼셔 – 정철, 〈속미인곡〉
④ 바다 밧근 하ᄂᆞᆯ이니 하ᄂᆞᆯ 밧근 므서신고 – 정철, 〈관동별곡〉
⑤ 원근(遠近)을 모르거니 소식(消息)이야 더욱 알랴 – 허난설헌, 〈규원가〉

4 (다)에서 'ᄂᆞ린 믈'의 보조 관념 두 개를 찾아 각각 한 단어로 쓰시오.

시어 풀이

천암(千巖) 만학(萬壑) 수많은 바위와 골짜기.
남여(藍輿) 뚜껑 없는 가마.
수음(樹陰) 나무 그늘.
만경(萬頃) 지면이나 수면이 아주 넓음.
경궁요대(瓊宮瑤臺) 옥으로 장식한 궁전과 누대(樓臺)라는 뜻으로, 호화로운 궁전을 이르는 말.
건곤(乾坤) 하늘과 땅.
청려장(靑藜杖) 명아줏대로 만든 지팡이.
희황(羲皇) 중국 고대 전설의 제왕. 삼황(三皇)의 한 사람으로, 팔괘를 처음으로 만들고, 그물을 발명하여 고기잡이의 방법을 가르쳤다고 함.
악양루(岳陽樓) 중국 후난 성(湖南省) 웨양에 있는 누각으로 동정호의 경치를 한눈에 볼 수 있는 곳으로 유명함.
호탕 정회(浩蕩情懷) 넓고 끝없는 정과 회포.

Q (사)에 나타난 화자의 정서는?

자연 속에서 풍류를 즐기고 있는 작가는 자신의 풍류 생활을 중국의 유명한 누각인 악양루 위에서 풍류를 즐기던 이태백과 비교하며 자신의 풍류와 회포가 이태백보다 낫다는 자부심을 드러내고 있다. 작가의 이러한 자부심은 호탕 정회(浩蕩情懷)와 연결되어 맹자가 언급한 호연지기(浩然之氣)를 기르는 자신에 대한 긍지로 나타나고 있다.

시구 풀이

❶ **오르거니 ᄂᆞ리거니 ~ 세우(細雨)조ᄎᆞ ᄲᅮ리ᄂᆞᆫ다.** 흰 구름, 안개, 노을, 산아지랑이가 산봉우리 사이에서 나타났다 사라졌다 하는 모습을 운율감 있게 묘사한 구절로 경쾌하고 밝은 느낌을 주면서 봄의 풍경을 생기 있게 표현하고 있다.

❷ **수면(水面) 양풍(涼風)이야 긋칠 줄 모르ᄂᆞᆫ가.** 물 위에서 시원한 바람이 불어오는 모습을 통해 여름날의 한가로운 풍경을 표현하고 있다.

❸ **즌서리 ᄲᅡ진 후의 산 빗치 금슈(錦繡)로다.** 서리는 가을임을 알려 주는 시어이며, 수를 놓은 비단과 같은 산 빛은 단풍이 든 가을 산의 모습을 비유적으로 표현한 것이다.

❹ **경궁요대(瓊宮瑤臺)와 옥해 은산(玉海銀山) ~ 대마다 경이로다.** 눈 덮인 자연의 아름다움을 경궁요대와 옥해 은산에 비유하여 표현하고, 하늘과 땅의 아름다운 풍경에 대한 감탄을 드러내고 있다.

❺ **인간(人間)ᄋᆞᆯ ᄯᅥ나와도 내 몸이 겨를 업다.** 자연을 즐기는 일 때문에 여유가 없다는 뜻으로 자신의 풍류에 대한 자부심이 담긴 표현이다.

❻ **아ᄎᆞᆷ이 낫브거니 나조ᄒᆡ라 슬흘소냐.** 자연을 즐기느라 아침과 저녁이 모두 바쁘다는 뜻으로 그만큼 자연은 즐길 만한 것이 많다는 의미이다.

❼ **쉴 사이 업거든 길히나 젼ᄒᆞ리야.** 자신이 자연을 즐기기에 바빠서 다른 이들에게 면앙정에 오는 길을 전할 만한 여유가 없다는 뜻으로 속세의 사람들과 떨어져 한가롭게 즐기겠다는 화자의 자족(自足)의 마음이 담긴 표현이다.

❽ **누으락 안즈락 ~ 노혜로 소긔니** 눕고, 앉고, 굽히고, 젖히고, 시를 읊고, 휘파람을 부는 모습을 운율을 맞추어 표현한 구절로 풍류를 즐기는 모습을 생동감 있게 표현하고 있다.

가 흰구름 브흰 연하(煙霞) 프로니ᄂᆞᆫ 산람(山嵐)이라. •천암(千巖) 만학(萬壑)을 제 집으로 사마 두고 나명셩 들명셩 일ᄒᆡ도 구ᄂᆞᆫ지고. ❶오르거니 ᄂᆞ리거니 장공(長空)의 ᄯᅥ나거니 광야(廣野)로 거너거니 프르락 블그락 여트락 지트락 사양(斜陽)과 섯거디어 세우(細雨)조ᄎᆞ ᄲᅮ리ᄂᆞᆫ다.

(브흰: 뿌연 / 연하: 안개와 노을을 / 프로니ᄂᆞᆫ: 푸른 것은 / 산람: 산아지랑이 / 사마: 삼아 / 나명셩 들명셩: 나면서 들면서 / 일ᄒᆡ도: 아양도 / 구ᄂᆞᆫ지고: 떠는구나 / 장공: 하늘 / 여트락 지트락: 옅기도 하고 짙기도 하고 / 사양: 석양 / 섯거디어: 섞어져서 / 세우: 가랑비)

▶ 면앙정의 봄 경치(본사2)

나 •남여(藍輿)ᄅᆞᆯ ᄇᆡ야 ᄐᆞ고 솔 아ᄅᆡ 구븐 길로 오며 가며 ᄒᆞᄂᆞᆫ 적의 녹양(綠陽)의 우ᄂᆞᆫ 황앵(黃鶯) 교태(嬌態) 겨워 ᄒᆞᄂᆞᆫ괴야. 나모 새 ᄌᆞᄌᆞ지어 •수음(樹陰)이 얼린 적의 백 척(百尺) 난간(欄干)의 긴 조으름 내여 펴니 ❷수면(水面) 양풍(涼風)이야 긋칠 줄 모르ᄂᆞᆫ가.

(ᄇᆡ야: 재촉하여 / 솔 아ᄅᆡ: 소나무 아래 / 녹양: 푸른 버드나무 / 황앵: 꾀꼬리 / 겨워 ᄒᆞᄂᆞᆫ괴야: 못 이겨 하는구나 / ᄌᆞᄌᆞ지어: 우거져서 / 얼린 적의: 어우러진 때에 / 조으름: 졸음 / 양풍: 서늘한 바람)

▶ 면앙정의 여름 경치(본사2)

다 ❸즌서리 ᄲᅡ진 후의 산 빗치 금슈(錦繡)로다. 황운(黃雲)은 ᄯᅩ 엇지 •만경(萬頃)에 편거긔요. 어적(漁笛)도 흥을 계워 ᄃᆞᆯᄅᆞᆯ ᄯᆞ라 브니ᄂᆞᆫ다.

(즌서리: 된서리 / 금슈: 수놓은 비단(단풍) / 황운: 누런 구름(→ 가을 들판) / 편거긔요: 펼쳐 있는가 / ᄃᆞᆯᄅᆞᆯ: 달을 / 브니ᄂᆞᆫ다: 불며 가는구나)

▶ 면앙정의 가을 경치(본사2)

라 초목(草木) 다 진 후의 강산(江山)이 ᄆᆡ몰커ᄂᆞᆯ 조물(造物)이 헌ᄉᆞᄒᆞ야 빙설(氷雪)로 ᄭᅮ며 내니 ❹•경궁요대(瓊宮瑤臺)와 옥해 은산(玉海銀山)이 안저(眼底)에 버러셰라. •건곤(乾坤)도 가ᄋᆞᆷ열샤 간 대마다 경이로다.

(ᄆᆡ몰커ᄂᆞᆯ: (눈에) 묻혀 있거늘 / 헌ᄉᆞᄒᆞ야: 야단스러워 / 옥해 은산: 옥 같은 바다, 은 같은 산(→ 눈 덮인 자연) / 버러셰라: 펼쳐졌구나 / 가ᄋᆞᆷ열샤: 풍성하구나)

▶ 면앙정의 겨울 경치(본사2)

마 ❺인간(人間)ᄋᆞᆯ ᄯᅥ나와도 ⓐ내 몸이 겨를 업다. 이것도 보려 ᄒᆞ고 져것도 드르려코 ᄇᆞᄅᆞᆷ도 혀려 ᄒᆞ고 ᄃᆞᆯ도 마즈려코 밤으란 언제 줍고 고기란 언제 낙고 시비(柴扉)란 뉘 다드며 딘 곳츠란 뉘 쓸려뇨. ❻아ᄎᆞᆷ이 낫브거니 나조ᄒᆡ라 슬흘소냐. 오ᄂᆞᆯ리 부족(不足)커니 내일(來日)리라 유여(有餘)ᄒᆞ랴. 이 뫼ᄒᆡ 안자 보고 져 뫼ᄒᆡ 거러 보니 번로(煩勞)ᄒᆞᆫ ᄆᆞᄋᆞᆷ의 ᄇᆞ릴 일리 아조 업다. ❼쉴 사이 업거든 길히나 젼ᄒᆞ리야. 다만 ᄒᆞᆫ •청려장(靑藜杖)이 다 ᄆᆞ듸여 가노ᄆᆡ라.

(인간: 속세 / 겨를: 여유 / 드르려코: 들으려 하고 / 혀려 ᄒᆞ고: 쐬려 하고 / 마즈려코: 맞으려 하고 / 밤으란: 밤은 / 시비: 사립문 / 딘 곳츠란: 떨어진 꽃은 / 낫브거니: 부족하니 / 나조ᄒᆡ라: 저녁이라 / 오ᄂᆞᆯ리: 오늘이 / 유여ᄒᆞ랴: 여유가 있으랴 / 번로ᄒᆞᆫ: 번거로운 / ᄇᆞ릴 일리: 버릴 일이 / 아조: 전혀 / ᄆᆞ듸여: 무디어)

▶ 자연 속에서의 풍류 생활(결사)

바 술리 닉엇거니 벗지라 업슬소냐. 블니며 ᄐᆞ이며 혀이며 이아며 온가지 소리로 취흥(醉興)을 ᄇᆡ야거니 근심이라 이시며 시ᄅᆞᆷ이라 브터시랴. ❽누으락 안즈락 구브락 져츠락 을프락 ᄑᆞ람ᄒᆞ락 노혜로 소긔니 천지(天地)도 넙고넙고 ⓑ일월(日月)도 ᄒᆞᆫ가ᄒᆞ다. •희황(羲皇)을 모ᄅᆞᆯ러니 이 젹이야 긔로고야 신선(神仙)이 엇더턴지 이 몸이야 긔로고야.

(닉엇거니: 익었으니 / 벗지라: 벗이라고 / 블니며 ᄐᆞ이며 혀이며 이아며: 불게 하며 타게 하며 켜게 하며 흔들며 / 이시며: 있으며 / 브터시랴: 붙어 있겠는가 / 노혜로 소긔니: 마음 놓고 노니 / 일월: 세월 / 희황: '복희씨'의 다른 이름 / 모ᄅᆞᆯ러니: 몰랐더니 / 이 젹이야: 지금이야 / 긔로고야: 그것이로구나 / 엇더턴지: 어떤지 (몰랐더니))

▶ 풍류 생활과 만족감(결사)

사 강산풍월(江山風月) 거ᄂᆞ리고 내 백 년(百年)을 다 누리면 •악양루상(岳陽樓上)의 이태백(李太白)이 사라 오다 •호탕 정회(浩蕩情懷)야 이에서 더ᄒᆞᆯ소냐.

(강산풍월: 자연 / 사라 오다: 살아온다고 한들)

▶ 자연 속에서의 풍류와 호탕 정회(결사)

아 이 몸이 이렁 굼도 역군은(亦君恩)이샷다.

(이렁 굼도: 이렇게 지내는 것도)

▶ 임금의 은혜에 대한 감사(결사)

현대어 풀이

(가) 흰 구름, 뿌연 안개와 노을, 푸른 것은 산아지랑이로구나. 수많은 바위와 골짜기를 제 집으로 삼아 두고 나왔다 들어갔다 아양도 부리는구나. 오르거니 내리거니 하늘에 떠나거니 광야로 건너거니, 푸르락붉으락, 옅으락짙으락 석양과 섞어져서 가랑비조차 뿌리는구나.

(나) 가마를 재촉하여 타고 소나무 아래 굽은 길로 오며 가며 하는 때에, 푸른 버드나무에서 우는 꾀꼬리는 교태를 못 이겨 하는구나. 나무 사이가 우거져서 나무 그늘이 어우러진 때에 높은 난간에서 긴 졸음을 내어 펴니 물 위의 시원한 바람이야 그칠 줄을 모르는구나.

(다) 된서리 빠진 후에 산 빛이 수놓은 비단 같구나. 누런 구름(가을의 들판)은 또 어찌 넓은 들판에 펼쳐져 있는가? 어부의 피리도 흥을 못 이겨 달을 따라 불며 가는구나.

(라) 초목 다 진 후에 강산이 (눈에) 묻혔거늘 조물주가 야단스러워 빙설로 꾸며 내니 경궁요대와 옥해 은산이 눈 아래에 펼쳐졌구나. 천지도 풍성하구나. 가는 곳마다 경이롭구나.

(마) 속세를 떠나와도 내 몸이 여유가 없다. 이것도 보려 하고 저것도 들으려 하고 바람도 쐬려 하고 달도 맞으려 하고 밤은 언제 줍고 고기는 언제 낚으며, 사립문은 누가 닫으며 떨어진 꽃은 누가 쓸겠는가? 아침으로 부족하니 저녁이라 싫겠느냐? 오늘이 부족하니 내일이라고 여유가 있겠는가? 이 산에 앉아 보고 저 산도 걸어 보니 번거로운 마음에 버릴 일이 전혀 없다. 쉴 사이 없는데 길을 전하겠느냐? 다만 지팡이가 다 무디어 가는구나.

(바) 술이 익었으니 벗이라고 없겠느냐. (노래를) 부르게 하며, (악기를) 타게 하며, 켜게 하며, 흔들며 온갖 소리로 흥취를 재촉하니 근심이라고 있으며 시름이라고 붙어 있겠는가? 누웠다가 앉았다가 굽혔다가 젖혔다가 (시를) 읊었다가 휘파람을 불었다가 마음 놓고 노니 천지도 넓디넓고 세월도 한가하다. 복희 황제 시대의 태평성대를 몰랐더니 지금이야 그것이로구나. 신선이 어떤지 (몰랐더니) 이 몸이 그것(신선)이로구나.

(사) 강산풍월 거느리고 내가 백 년을 다 누리면 악양루 위의 이태백이 살아온
다고 한들 호탕 정회야 이보다 더하겠느냐.
(아) 이 몸이 이렇게 지내는 것도 또한 임금의 은혜이시구나.

작품 연구소

〈면앙정가〉에 나타난 작가의 인생관

인간 세상을 떠나 자연에 묻혀 사는 자신을 '신선'이라고 표현한 것에서 자연을 즐기는 자연 친화적인 삶을 중요한 가치로 여기는 작가의 인생관을 알 수 있다. 또한 마지막 결구인 '이 몸이 이렁 굼도 역군은(亦君恩)이샷다.'를 통해 자연 친화적인 태도에 유교의 충의 사상을 결합해 자연과 임금을 별개의 것이 아닌 동일한 대상으로 여기는 가치관도 보여 주고 있다. 이러한 가치관은 조선 전기 사대부 가사의 일반적인 경향이라고 할 수 있다.

자연을 즐기는 생활(자연 친화적 태도) — 임금의 은혜에 대한 감사(유교의 충의 사상) ➡ 자연 = 임금

조선 전기 시가 문학에서의 '강호가도'

강호가도는 조선 시대 시가 문학에서 나타나는 자연 예찬의 풍조이다. 조선 시대 사대부들은 지방에서 경제적 문제는 해결할 수 있었기 때문에 권력 다툼으로 혼란한 벼슬길에 나서기보다는 고향의 자연에 귀의하여 한가하게 생활하는, 안전한 삶의 방식을 선택했는데 이러한 삶의 방식이 강호가도로 나타났다.

한편 자연에 묻혀 있으면서도 현실 정치로의 진출에 대한 끊임없는 소망을 지니고 있던 사대부들은 자신들의 신념인 도학적 생활 태도로 현실과 소망의 갈등을 억누름으로써 정치에 나서지 못하는 좌절감을 해소하려 하였다. 그 구체적인 모습 또한 안빈낙도와 강호가도로 표현되었고, 강호가도에 담긴 이러한 이중 심리가 '강호 시가(江湖詩歌)'라는 유형을 형성했다.

정치의 혼란을 벗어나 자연에서 안전한 삶을 살고자 하는 소망 + 정계에 진출하여 입신양명을 이루고자 하는 소망 ➡ 강호가도 문학의 형성

조선 시대 사대부들의 삶과 가치관

자료실

'강호 가사'의 특징과 구성

'강호 가사'는 농촌에 묻혀 있는 사람들의 생활을 노래한 것이 아니라 선비로서 벼슬길에 나아갈 수 있는 사람들의 재야 생활을 노래한 가사를 이른다. 강호 가사의 일반적 구성은 다음과 같다.

서사	강호에 머무르게 된 취지
본사	강호의 생활 환경과 자연 친화적 풍류 생활
결사	강호 속 안빈낙도와 군은에 대한 감사

함께 읽으면 좋은 작품

〈강호사시가〉, 맹사성 / 자연을 즐기며 군은(君恩)에 대한 감사를 노래한 작품

〈강호사시가〉는 국문학사상 최초의 연시조로 자연에서의 풍류와 임금의 은혜를 노래했다는 점에서 〈면앙정가〉와 유사한 성격의 작품이다. 특히 〈강호사시가〉의 종장과 〈면앙정가〉의 낙구는 모두 '이 몸이 ~ 역군은(亦君恩)이샷다.'로, 내용과 형식이 일치한다는 점에서 주목할 만하다.

Link 본책 144쪽

5 이 작품의 화자에 대한 설명으로 적절하지 않은 것은?

① 자연 친화적인 태도를 드러내고 있다.
② 아름다운 자연 속에서 마음껏 풍류를 즐기고 있다.
③ 세상을 태평하게 만들고 싶은 소망을 지니고 있다.
④ 군신 관계에 대한 기본적인 마음을 잊지 않고 있다.
⑤ 자신의 삶에 대한 만족감과 자부심을 표출하고 있다.

6 (가)~(라)의 표현상 특징으로 적절하지 않은 것은?

① (가): 색채어를 활용하여 주변 경치를 감각적으로 표현했다.
② (나): 자연물에 감정을 이입하여 화자의 정서를 드러냈다.
③ (다): 비유적 표현으로 단풍이 든 산을 형상화했다.
④ (다): 시각과 청각을 조화시켜 상황을 묘사했다.
⑤ (라): 반어적 표현으로 화자의 의지를 강조했다.

중요 기출

7 (마)의 ⓐ와 (바)의 ⓑ를 관련지어 이해한 내용으로 적절한 것은?

① 전원생활에 겨를이 없어(ⓐ) 한가롭게 자연을 즐길 틈이 없다(ⓑ).
② 풍경은 사시(四時)로 변하지만(ⓑ) 그 흥취를 느낄 겨를이 없다(ⓐ).
③ 여기저기 불려 다니느라 겨를이 없어(ⓐ) 한가롭게 살기 어렵다(ⓑ).
④ 한가로운 자연 속에서 생활하며(ⓑ) 일하는 즐거움을 찾기에 겨를이 없다(ⓐ).
⑤ 자연 속에서 이리저리 노니는 한가로운 정서를(ⓑ) 즐기기에도 겨를이 없다(ⓐ).

8 (가)~(라)는 계절의 변화에 따라 시상을 전개하고 있다. (가)~(라)에서 계절감을 드러내는 말을 각각 찾아 다음 〈조건〉에 맞게 쓰시오.

조건
비유적으로 계절감을 드러낸 표현은 제외할 것.

9 이 작품에 대한 다음 평가의 근거를 (사)의 내용을 바탕으로 서술하시오.

산수(山水)의 좋은 경치를 설진(說盡)하고 거기서 노니는 즐거움을 늘어놓은 것으로 그의 흉중(胸中)에는 호연지취(浩然之趣)가 들어 있다. - 홍만종, 〈순오지〉

098 관동별곡(關東別曲) | 정철

키워드 체크 #기행 가사 #관동 팔경 유람 #연군지정 #애민 사상

국어 천재(이), 금성, 신사고

핵심 정리

갈래 양반 가사, 기행 가사, 정격 가사
성격 서정적, 지사적, 서경적
운율 3(4)·4조, 4음보 연속체
제재 내금강과 관동 팔경
주제 금강산, 관동 팔경에 대한 감탄과 연군지정 및 애민 사상
특징 ① 영탄법, 대구법, 생략법 등을 활용함.
② 우리말의 아름다움을 잘 살려 뛰어난 언어적 기교가 나타남.
연대 조선 선조
출전 《송강가사》

시어 풀이

방면(方面) '방면지임(方面之任)'의 준말. 관찰사의 소임.
옥절(玉節) 임금이 관직의 신표(信標)로 주던 옥으로 된 패, 관찰사의 상징물.
고신(孤臣) 거국(去國) 외로운 신하가 ① 나라를 떠남. ② 서울을 떠남. (여기서는 ②의 뜻임.)
급당유(汲長孺) 중국 한나라 무제 때의 관리로 회양의 태수가 되어 선정을 베풀었다고 함.
호의현상(縞衣玄裳) 흰 저고리와 검은 치마. 학의 모습을 의인화하여 표현한 것임.

시구 풀이

❶ **강호(江湖)애 병(病)이 깁퍼 듁님(竹林)의 누엇더니,** 자연을 사랑하는 마음이 고칠 수 없는 병[천석고황(泉石膏肓)]이 되어, 옛날 중국의 죽림칠현(竹林七賢)처럼 자연을 벗하면서 지내고 있었다는 뜻으로, 정철이 이수의 옥사 사건으로 벼슬에서 물러나 전남 창평에서 은거하여 지냈던 일을 의미한다.
❷ **연츄문(延秋門) 드리ᄃᆞ라 ~ 알픠 셧다.** 관찰사로 제수된 작가가 임금을 뵙고 하직 인사를 올리고 나오는 장면으로 관찰사로 제수된 기쁨이 나타나 있으며 생략과 비약으로 경쾌한 리듬감과 사건 전개의 속도감을 드러낸다.
❸ **고신(孤臣) 거국(去國)에 빅발(白髮)도 하도 할샤.** 우국지정(憂國之情)의 표현으로 '빅발'은 나랏일을 근심하는 마음을 상징한다.
❹ **은(銀) ᄀᆞᄐᆞᆫ 무지게 옥(玉) ᄀᆞᄐᆞᆫ 룡(龍)의 초리,** 눈부시고 힘차게 쏟아지는 폭포의 장관을 묘사한 것으로, '용의 꼬리'와 '무지개'의 원관념은 폭포이고 '은'과 '옥'은 순수성, 고결성을 함축하고 있다.
❺ **셔호(西湖) 녯 쥬인(主人)을 반겨셔 넘노ᄂᆞᆫ ᄃᆞᆺ.** 공중을 나는 학이 자신을 반긴다고 표현한 것으로, 작가가 자신을 송나라의 시인 임포에 빗대어 금강대에서의 풍류를 드러낸 부분이다. 매처학자(梅妻鶴子; 중국 송나라 임포는 매화를 아내로 삼고 학을 자식으로 삼아 풍류를 즐겼다고 함.)의 고사를 인용하였다.

작가 소개

정철(본책 132쪽 참고)

: 관동별곡의 여정

가 ㉠❶강호(江湖)애 병(病)이 깁퍼 듁님(竹林)의 누엇더니, 관동(關東) 팔빅(八百) 니(里)에 방면(方面)을 맛디시니, 어와 셩은(聖恩)이야 가디록 망극(罔極)ᄒᆞ다. 『❷연츄문(延秋門) 드리ᄃᆞ라 경회남문(慶會南門) ᄇᆞ라보며, 하직(下直)고 믈너나니 옥졀(玉節)이 알픠 셧다.』 평구역(平丘驛) ᄆᆞᆯ을 ᄀᆞ라 흑슈(黑水)로 도라드니, 『섬강(蟾江)은 어듸메오 티악(雉岳)이 여긔로다.』

(자연을 대유한 표현 / 대나무 숲 → 창평 / 대관령의 동쪽 – 강원도 / 임금의 은혜 / 갈수록 / 경복궁의 서쪽 문(영추문) / 경회루 / 『 』: 생략과 비약을 통한 속도감 있는 전개 / 경기도 양주 / 갈아타고 / 경기도 여주 / 강원도 원주 / 치악산 / 「 」: 문답법)

▶ 관찰사 부임의 여정(서사)

나 『쇼양강(昭陽江) ᄂᆞ린 믈이 어드러로 든단 말고.』 ㉡❸고신(孤臣) 거국(去國)에 빅발(白髮)도 하도 할샤. 동ᄌᆔ(東州) 밤 계오 새와 븍관뎡(北寬亭)의 올나ᄒᆞ니, 삼각산(三角山) 뎨일봉(第一峰)이 ᄒᆞ마면 뵈리로다. 궁왕(弓王) 대궐(大闕) 터희 오쟉(烏鵲)이 지지괴니, 쳔고(千古) 흥망(興亡)을 아ᄂᆞᆫ다 몰ᄋᆞᄂᆞᆫ다. 회양(淮陽) 녜 일홈이 마초아 ᄀᆞᄐᆞᆯ시고. ㉢급댱유(汲長孺) 풍ᄎᆡ(風彩)를 고텨 아니 볼 게이고.

(『 』: 소양강 → 한강 → 한양(임금) / 흘러들어 간다는 말인가 / 나라에 대한 근심, 걱정 / 많기도 많구나 / 철원에서 / 겨우 새워 / 삼각산의 가장 높은 봉우리(→ 임금) / 궁예왕 / 터에서 / 까마귀와 까치 / 인생무상 / 마침 / 같을시고 / 다시)

▶ 관내를 순력하면서 선정의 포부를 다짐.(서사)

다 영듕(營中)이 무ᄉᆞ(無事)ᄒᆞ고 시절(時節)이 삼월(三月)인 제, 화쳔(花川) 시내길히 풍악(楓岳)으로 버더 잇다. ㉣힝장(行裝)을 다 ᄯᅥᆯ티고 셕경(石逕)의 막대 디퍼, 빅쳔동(百川洞) 겨ᄐᆡ 두고 만폭동(萬瀑洞) 드러가니, ⓐ❹은(銀) ᄀᆞᄐᆞᆫ 무지게 옥(玉) ᄀᆞᄐᆞᆫ 룡(龍)의 초리, 섯돌며 ᄲᅮᆷᄂᆞᆫ 소ᄅᆡ 십 리(十里)의 ᄌᆞ자시니, 들을 제ᄂᆞᆫ 우레러니 보니ᄂᆞᆫ 눈이로다. 금강ᄃᆡ(金剛臺) ᄆᆡᆫ 우(層)층의 션학(仙鶴)이 ᄉᆞᆺ기 치니, 츈풍(春風) 옥뎍셩(玉笛聲)의 첫ᄌᆞᆷ을 ᄭᆡ돗던디, 호의현샹(縞衣玄裳)이 반공(半空)의 소소 ᄯᅳ니, ㉤❺셔호(西湖) 녯 쥬인(主人)을 반겨셔 넘노ᄂᆞᆫ ᄃᆞᆺ.

(회양 동쪽의 고을 / 관청, 감영 안 / 자신의 선정 과시 / 봄이지만 흥취를 위해 가을의 금강산의 이름 사용 / 여행에 필요한 채비 / 떨치고 / 돌길 / 짚어 / 금강산에 있는 폭포 / 같은 / 꼬리 / 섞어 돌며 / 내뿜는 소리 / 가득하니 / 천둥(폭포 소리) / 눈(폭포의 모습) / 옥피리 소리 / 깨었는지 / 학 / 허공 / 솟아 뜨니 / 중국 송나라의 임포 → 정철(작가))

▶ 만폭동의 장관과 금강대의 선학(본사 1)

현대어 풀이

(가) 자연을 사랑하는 마음이 고질병이 되어, 은거지인 창평에서 지내고 있었는데, 8백 리나 되는 강원도 관찰사의 직분을 맡겨 주시니, 아아 임금님의 은혜야말로 갈수록 그지없다. 연추문으로 달려 들어가 경회루 남쪽 문을 바라보며 임금님께 하직을 하고 물러나니, 옥절이 앞에 서 있다. 평구역에서 말을 갈아타고 흑수로 돌아드니, 섬강은 어디인가? 치악산이 여기로구나.

(나) 소양강의 흘러내리는 물이 어디로 흘러든다는 말인가? 임금 곁을 떠나는 외로운 신하가 근심, 걱정이 많기도 많구나. 동주에서 밤을 겨우 새워 북관정에 오르니, 임금 계신 서울의 삼각산 제일 높은 봉우리가 웬만하면 보일 것도 같구나. 옛날 태봉국 궁예 왕의 대궐 터였던 곳에 까막까치가 지저귀니, 한 나라의 흥하고 망함을 알고 우는가, 모르고 우는가. (내가 관찰사 방면을 받은 지역인) 회양이 옛날 한(漢)나라에 있던 '회양'이라는 이름과 공교롭게도 같구나. 중국의 회양 태수(太守)로 선정을 베풀었다는 급장유의 풍채를 이곳 회양에서 (나를 통해) 다시 볼 것이 아닌가?

(다) 감영 안이 무사하고, 시절이 3월인 때, 화천(花川)의 시냇길이 금강산으로 뻗어 있다. 행장을 간편히 하고, 돌길에 지팡이를 짚고, 백천동을 지나서 만폭동 계곡으로 들어가니, 은같이 하얀 무지개, 옥같이 고운 용의 꼬리처럼 아름다운 폭포가 섞어 돌며 내뿜는 소리가 십 리 밖까지 퍼졌으니, 멀리서 들을 때에는 우렛소리 같더니, 가까이서 보니 눈이 날리는 것 같구나. 금강대 맨 꼭대기에 새끼를 친 학이 봄바람에 들려오는 옥피리 소리에 선잠을 깨었던지, (학이) 공중에 솟아 뜨니, 서호의 옛 주인 임포를 반기듯 나를 반겨 넘나들며 노는 듯하구나!

이해와 감상

이 작품은 작가가 45세 때 강원도 관찰사로 임명된 후 금강산과 관동 팔경을 유람하며 그 경치에 대한 감탄과 정감을 노래한 가사이다. 관리로서의 현실 인식을 바탕으로 한 우국, 연군, 애민의 정과 개인으로서의 풍류 사이에서의 갈등을 꿈을 통해 해소하는 모습이 잘 드러나 있다.

감탄사, 생략법, 대구법 등을 적절히 사용하여 금강산과 관동 팔경의 정경을 생동감 있게 묘사하였으며, 우리말의 아름다움을 효과적으로 드러내는 작가의 뛰어난 문장력이 잘 나타나 있다. 특히, 우리말의 유창성과 독특한 묘미를 살리는 표현이 많아 가사 문학의 백미로 일컬어지는데, 김만중은 《서포만필(西浦漫筆)》에서 이 작품을 '동방의 이소(離騷)'라고 극찬하기도 하였다.

작품 연구소

〈관동별곡〉의 여정

부임과 관내 순력	전라도 창평 → 한양 → 평구(양주)역 → 흑수(여주) → 섬강·치악(원주) → 소양강(춘천) → 동주(철원) → 회양
금강산 유람	만폭동 → 금강대 → 진헐대 → 개심대 → 화룡소 → 불정대
관동 팔경 유람	총석정 → 삼일포 → 의상대 → 경포 → 죽서루 → 망양정

〈관동별곡〉에 나타난 작가의 현실 인식

선정(善政)에의 포부	• 회양(淮陽) 녜 일홈이 ~ 아니 볼 게이고.: 급장유처럼 선정을 베풀고자 하는 의지 • 풍운(風雲)을 언제 어더 ~ 다 살와 내여ᄉᆞ라.: 백성들에게 선정을 베풀겠다는 목민관으로서의 자세 • 일이 됴흔 셰계(世界) 놈대되 다 뵈고져.: 백성을 사랑하는 마음
연군지정(戀君之情)	• 쇼양강(昭陽江) ᄂᆞ린 믈이 ~ 뎨일봉(第一峰)이 ᄒᆞ마면 뵈리로다.: '소양강 → 한양 → 임금'의 연상을 통한 임금에 대한 걱정과 그리움 • 출하리 한강(漢江)의 목멱(木覓)의 다히고져.: '한강 → 목멱 → 한양 → 임금이 계신 곳'의 연상을 통한 임금에 대한 그리움
우국지정(憂國之情)	• 고신(孤臣) 거국(去國)에 빅발(白髮)도 하도 할샤.: 임금 곁을 떠난 신하의 근심과 걱정 • 아마도 녈구름 근쳐의 머믈셰라.: 간신배들이 임금의 총명과 예지를 흐리게 할까 염려하는 마음

〈관동별곡〉의 구성과 전개

	중심 내용	
서사	관찰사 부임과 관내 순력 ① 강원도 관찰사가 되어 원주에 부임 ② 관내 순력과 목민관으로서 선정의 포부	전라도 창평 → 한양 → 평구(양주)역 → 흑수(여주) → 섬강·치악(원주) → 소양강(춘천) → 동주(철원) → 회양
본사 1	내금강 유람	만폭동 → 금강대 → 진헐대 → 개심대 → 화룡소 → 불정대 십이 폭포
본사 2	관동 팔경과 동해안 유람	총석정 → 삼일포 → 의상대 → 경포 → 죽서루 → 망양정
결사	동해의 달맞이와 풍류	① 동해의 달맞이 ② 꿈속에서 신선을 만남.

〈관동별곡〉의 표현상 특징

이 작품은 생략과 비약을 통한 내용 전개, 역동적인 움직임을 포착한 박진감 있는 경치 묘사가 특징이다. 즉, 대표성을 가진 하나의 사물만으로 전체의 상황을 상상하게 하고 과감한 생략과 압축된 표현으로 박진감을 자아낸다. 또한 대구, 비유, 반복 등의 다양한 표현 방식을 통해 역동적으로 경치를 묘사하여 생동감과 경쾌한 리듬을 형성한다.

생략과 비약을 통한 내용 전개	• 연츄문(延秋門) 드리ᄃᆞ라 ~ 알피 셧다.: 연추문, 경회남문, 옥절만을 제시함으로써 부임 과정의 복잡한 절차를 간결하게 표현하고 속도감 있게 내용을 전개했다.
역동적인 경치 묘사	• 은(銀) ᄀᆞᄐᆞᆫ 무지게 옥(玉) ᄀᆞᄐᆞᆫ 룡(龍)의 초리: 폭포의 모습을 사실적으로 묘사하기보다는 역동적인 순간을 포착하고 비유적 표현을 사용하여 생생하게 표현했다.

키 포인트 체크

화자 금강산과 □□□□을 유람하는 정철
상황 □□에 따라 경치와 고사, 풍속 등을 읊음.
태도 인간 본래의 모습과 위정자로서의 모습 사이에서 갈등하지만 □을 통해 해소함.

내신 적중 多빈출

1 이 작품에 대한 설명으로 적절하지 않은 것은?

① 생략을 통해 속도감 있게 내용을 전개하고 있다.
② 대구를 통해 정경을 생동감 넘치게 표현하고 있다.
③ 시간의 흐름에 따라 화자의 갈등이 심화되고 있다.
④ 우리말의 아름다움을 잘 살려 대상을 묘사하고 있다.
⑤ 일정한 음절 수의 배열을 통해 운율을 형성하고 있다.

2 이 작품의 화자에 대한 설명으로 적절하지 않은 것은?

① 벼슬에서 물러나 자연에 은거하고 있었다.
② 가벼운 차림으로 금강산을 여행하고 있다.
③ 폐허가 된 옛 대궐 터에서 인생무상을 느끼고 있다.
④ 강원도 관찰사의 직위를 마지못해 받아들이고 있다.
⑤ 봄이 되어 관청 안이 평온해지자 유람을 떠나고 있다.

3 ㉠~㉤ 중, 〈보기〉의 밑줄 친 부분과 관계 깊은 것끼리 바르게 묶은?

보기

〈관동별곡〉은 작가가 강원도 관찰사로 부임하여 금강산과 관동 팔경을 유람하면서, 그곳의 아름다운 경치를 여정에 따라 기록한 작품이다. 작가는 여행을 하면서도 관찰사의 본분을 잃지 않고, 작품 곳곳에 연군지정(戀君之情)이나 선정(善政)과 같은 위정자(爲政者)로서의 세계관을 나타내기도 한다.

① ㉠, ㉡　② ㉠, ㉢　③ ㉡, ㉢
④ ㉢, ㉤　⑤ ㉣, ㉤

4 다음 중 ⓐ와 표현 및 발상이 가장 유사한 것은?

① 놀거든 ᄯᅱ디 마나, 셧거든 솟디 마나
② 동명(東溟)을 박ᄎᆞᄂᆞᆫ 듯, 북극(北極)을 괴왓ᄂᆞᆫ 듯
③ 믉거든 조티 마나, 조커든 믉디 마나
④ 영농벽계(玲瓏碧溪)와 수성제도(數聲啼鳥)ᄂᆞᆫ 이별(離別)을 원(怨)ᄒᆞᄂᆞᆫ 듯
⑤ 공수(工垂)의 셩녕인가, 귀부(鬼斧)로 다ᄃᆞᄆᆞᆫ가

5 (다)에서 풍류에 대한 자부심을 드러내기 위해 화자가 자신과 동일시하고 있는 대상을 찾아 쓰시오.

시어 풀이

부용(芙蓉) 연꽃.
삼일우(三日雨) 삼 일 동안 계속해서 오는 비라는 뜻으로, 많이 오는 비를 이르는 말.
도경(圖經) 산수의 지세를 그림으로 설명한 책.
정기(旌旗) 관찰사의 행렬을 상징하는 깃발.
빅옥누(白玉樓) 옥황상제가 거처하는 누각.
공슈(工倕) 중국 고대의 솜씨 좋은 장인.
히타(咳唾) 훌륭한 사람의 입에서 나온 말이나 글. 원뜻은 가래와 침.

시구 풀이

❶ **녀산(廬山) 진면목(眞面目)이 여긔야 다 뵈ᄂᆞ다.** 소동파는 여산에서도 여산의 참모습을 못 보았다고 한탄했지만, 화자는 진헐대 위에서 금강산의 참모습을 보게 되었다며 감탄한다.
❷ **부용(芙蓉)을 고잣ᄂᆞᆫ ~ 괴왓ᄂᆞᆫ ᄃᆞᆺ.** 힘찬 산봉우리들의 천태만상의 기묘한 장관을 묘사한 부분으로, 여기에서의 북극은 중의적인 뜻으로 임금을 상징하기도 한다.
❸ **놉흘시고 망고ᄃᆡ(望高臺), ~ 구필 줄 모ᄅᆞᄂᆞᆫ다.** 무정물인 망고대와 혈망봉을 작가 자신과 동일시하여 대상의 절개와 외로움을 드러내면서 절의를 다짐하는 구절로, 직간(直諫)하는 신하로서의 풍모가 함축되어 있다. '망고대'와 '혈망봉'은 직간하는 충신의 기개이자 작가 자신의 모습을 뜻하며, '하ᄂᆞᆯ'은 임금을 상징한다.
❹ **뎌 긔운 흐터 내야 인걸(人傑)을 ᄆᆞᆫᄃᆞᆯ고쟈.** 당시 조정에 얽혀 있는 당쟁을 없앨 인물을 갈망하는 우국지정(憂國之情)의 표현으로 볼 수 있다.
❺ **동산(東山) 태산(泰山)이 어ᄂᆞ야 놉돗던고.** 비로봉의 높은 산세를 바라보며 동산에 올라가 노나라가 작다고 하고, 태산에 올라가 천하가 작다고 한 공자의 고사를 연상하고 있다. 이는 성인(聖人)의 정신적 경지가 아주 높음을 비유적으로 나타낸 말이다.
❻ **어와 뎌 디위ᄅᆞᆯ 어이ᄒᆞ면 알 거이고.** 공자의 제자였던 안회(顔回)가 공자의 덕의 높고 큼은 아무리 하여도 미치지 못하겠다고 자탄(自歎)한 말과 관련된다.
❼ **은하슈(銀河水) 한 ~ 뵈ᄀᆞ티 거러시니,** 열두 단(段)으로 흐르는 십이 폭포가 마디마디 끊어져 베틀에 걸어 놓은 날실 모양으로 가지런하게 걸려 있다는 말로, 십이 폭포의 장관을 직유법과 은유법을 활용하여 사실적이면서도 기발하게 표현하였다.
❽ **녕농(玲瓏) 벽계(碧溪)와 ~ 원(怨)ᄒᆞᄂᆞᆫ ᄃᆞᆺ,** 금강산을 떠나가기 아쉬운 화자의 심정을 시냇물과 새에 의탁한 감정 이입의 표현이다.
❾ **졍긔(旌旗)를 ᄯᅥᆯ티니 ~ 것ᄂᆞᆫ ᄃᆞᆺ.** 동해로 가는 상쾌한 마음을 나타낸 것으로 시각적 심상과 청각적 심상, 대구적 표현으로 위풍당당한 관찰사의 행차 광경을 표현하였다.
❿ **명사(鳴沙)길 니근 ᄆᆞᆯ이 ~ ᄒᆡ당화(海棠花)로 드러가니,** 명사십리 해변을 따라 해금강으로 가는 대목이다. 자기가 비스듬히 탄 것을 말이 기우뚱하게 실은 것으로 전도하여 표현하였으며, '취션'은 풍경, 흥취 등에 도취된 작가 자신을 가리킨다.
⓫ **텬듕(天中)의 티ᄯᅳ니 호발(毫髮)을 혜리로다.** 해가 높이 솟아 온 세상이 환함을 나타낸 말로, 해는 임금의 총명, 예지를 비유한다.

▒: 여정

가 슈향노(小香爐) 대향노(大香爐) 눈 아래 구버ᄇᆞ고, 졍양ᄉᆞ(正陽寺) 진헐ᄃᆡ(眞歇臺) 고
만폭동에 있는, 향로처럼 생긴 크고 작은 봉우리 / 표훈사 북쪽에 있는 절
텨 올나 안존마리, ❶녀산(廬山) 진면목(眞面目)이 여긔야 다 뵈ᄂᆞ다. 어와 조화옹(造化翁)
앉으니 / 중국의 명산(→ 금강산) / 참모습 / 보인다 / 조물주
이 헌ᄉᆞ토 헌ᄉᆞ홀샤. ᄂᆞᆯ거든 뛰디 마나 셧거든 솟디 마나. ❷부용(芙蓉)을 고잣ᄂᆞᆫ ᄃᆞᆺ ᄇᆡᆨ옥
야단스럽기도 야단스럽구나 / 송순의 〈면앙정가〉에서 영향을 받은 표현 / 아름다운 산봉우리
(白玉)을 믓것ᄂᆞᆫ ᄃᆞᆺ, 동명(東溟)을 박ᄎᆞᄂᆞᆫ ᄃᆞᆺ 북극(北極)을 괴왓ᄂᆞᆫ ᄃᆞᆺ. ❸놉흘시고 망고ᄃᆡ
동해 바다 / 떠받쳐 괴고 있는 듯
(望高臺), 외로올샤 혈망봉(穴望峰)이 하ᄂᆞᆯ의 추미러 므ᄉᆞ 일을 ᄉᆞ로리라, ⓐ쳔만겁(千萬
임금 상징 / 치밀어 / 아뢰려고
劫) 디나ᄃᆞ록 구필 줄 모ᄅᆞᄂᆞᆫ다. 어와 너여이고 너 ᄀᆞᄐᆞ니 또 잇ᄂᆞᆫ가. 기심ᄃᆡ(開心臺) 고텨
자신도 망고대와 혈망봉처럼 절개를 지키는 신하가 되고자 함. / 정양사 위에 있는 대
올나 듕향셩(衆香城) ᄇᆞ라보며, 만(萬) 이쳔봉(二千峰)을 녁녁(歷歷)히 혀여ᄒᆞ니, 봉(峰)마
금강산의 봉우리 / 분명히 / 세어 보니
다 ᄆᆡ쳐 잇고 ᄀᆞᆺ마다 서린 긔운, ᄆᆞᆰ거든 조티 마나 조커든 ᄆᆞᆰ디 마나. ⓑ❹뎌 긔운 흐터 내야
맺혀 / 끝(봉우리)마다 / 송순의 〈면앙정가〉에서 영향을 받은 표현 / 많기도 많구나 / 흩어 내어
인걸(人傑)을 ᄆᆞᆫᄃᆞᆯ고쟈. 형용(形容)도 그지업고 톄셰(體勢)도 하도 할샤. 텬디(天地) 삼기
인재 / 생김새 / 끝이 없고 / 모습 / 뜻이 있기도 있구나(영탄법) / 생겨날 때
실 제 ᄌᆞ연(自然)이 되연마ᄂᆞᆫ, 이제 와 보게 되니 유졍(有情)도 유졍(有情)홀샤.
된 줄 알았지만

▶ 진헐대와 개심대에서의 금강산 조망(본사 1)

나 비로봉(毗盧峰) 샹샹두(上上頭)의 올라 보니 긔 뉘신고. ❺동산(東山) 태산(泰山)이 어
맨 꼭대기 / 중국에 있는 두 산
ᄂᆞ야 놉돗던고. ㉠노국(魯國) 조븐 줄도 우리ᄂᆞᆫ 모ᄅᆞ거든, 넙거나 넙은 텬하(天下) 엇찌ᄒᆞ
어느 것이 높던가 / 공자의 고향 / 어찌하여
야 젹닷 말고. ㉡❻어와 뎌 디위ᄅᆞᆯ 어이ᄒᆞ면 알 거이고. 오ᄅᆞ디 못ᄒᆞ거니 ᄂᆞ려가미 고이ᄒᆞᆯ
저 경지(공자의 경지) / 이상할까
가. 원통(圓通)골 ᄀᆞᄂᆞᆫ 길로 ᄉᆞᄌᆞ봉(獅子峰)을 ᄎᆞ자가니, 그 알ᄑᆡ 너러바회 화룡(化龍)쇠
표훈사 북쪽의 골짜기 / 넓고 평평한 바위
되여셰라. 쳔년(千年) 노룡(老龍)이 구ᄇᆡ구ᄇᆡ 서려 이셔, 듀야(晝夜)의 흘녀 내여 창ᄒᆡ(滄
화룡소의 물, 송강 자신(중의법) / 넓은 바다
海)예 니어시니, ㉢풍운(風雲)을 언제 어더 삼일우(三日雨)ᄅᆞᆯ 디련ᄂᆞᆫ다. 『ⓒ음애(陰崖)예
바람과 구름(좋은 기운) / 선정 / 내리겠는가 / 그늘진 벼랑
이온 플을 다 살와 내여ᄉᆞ라.』 「」: 선정의 포부, 애민 정신
시든 풀(굶주린 백성)

▶ 비로봉과 화룡소에서의 감회(본사 1)

다 ㉣마하연(磨訶衍) 묘길샹(妙吉祥) 안문(雁門)재 너머 디여, 외나모 ᄢᅥ근 ᄃᆞ리 블뎡ᄃᆡ(佛頂
만폭동 상류 가장 깊은 곳 / 돌벽에 새긴 커다란 불상 / 썩은
臺) 올라ᄒᆞ니, 쳔심졀벽(千尋絶壁)을 반공(半空)애 셰여 두고, 『❼은하슈(銀河水) 한 구ᄇᆡᄅᆞᆯ 촌
높이가 천 길이나 되는 절벽 / 허공 / 십이 폭포
촌이 버혀 내여, 실ᄀᆞ티 플텨이셔 뵈ᄀᆞ티 거러시니,』 도경(圖經) 열두 구ᄇᆡ 내 보매ᄂᆞᆫ 여러히
마디마디 / 베어 / 폭포 / 폭포 / 「」: 십이 폭포 묘사 / 열두 폭포 / 여럿이구나(더 많다)
라. 니뎍션(李謫仙) 이제 이셔 고텨 의논ᄒᆞ게 되면, 녀산(廬山)이 여긔도곤 낫단 말못 ᄒᆞ려니.
당나라의 시인 이백 / 늘, 항상 / 여기보다

▶ 십이 폭포의 장관(본사 1)

라 산듕(山中)을 ᄆᆡ양 보랴 동ᄒᆡ(東海)로 가쟈ᄉᆞ라. ㉤남여 완보(籃輿緩步)ᄒᆞ야 산영누(山
→ 산에서 바다로 시상이 전환됨. / 감정 이입의 대상 / 뚜껑이 없는 가마를 타고 천천히 감.
映樓)의 올나ᄒᆞ니, ❽녕농(玲瓏) 벽계(碧溪)와 수셩(數聲) 뎨됴(啼鳥)ᄂᆞᆫ 니별(離別)을 원
맑고 눈부시게 아름다운 시냇물 / 아름다운 소리로 우는 새 / 원망
(怨)ᄒᆞᄂᆞᆫ ᄃᆞᆺ, 『❾졍긔(旌旗)를 ᄯᅥᆯ티니 오ᄉᆡᆨ(五色)이 넘노ᄂᆞᆫ ᄃᆞᆺ, 고각(鼓角)을 섯부니 ᄒᆡ운(海
「」: 시각과 청각의 조화 / 오색 깃발 / 북과 피리 / 바다의 구름
雲)이 다 것ᄂᆞᆫ ᄃᆞᆺ.』 ❿명사(鳴沙)길 니근 ᄆᆞᆯ이 취션(醉仙)을 빗기 시러, 바다ᄒᆞᆯ 겻ᄐᆡ 두고
걷히는 듯 / 익숙한 / 취한 신선 – 정철
ᄒᆡ당화(海棠花)로 드러가니, ᄇᆡᆨ구(白鷗)야 ᄂᆞ디 마라 네 버딘 줄 엇디 아ᄂᆞᆫ.
해당화가 핀 곳 / 날지 마라

▶ 동해로 가는 감회(본사 2)

마 금난굴(金闌窟) 도라드러 총셕뎡(叢石亭) 올라ᄒᆞ니, ᄇᆡᆨ옥누(白玉樓) 남은 기동 다만 네
돌아들어 / 넷이
ᄒᆡ 셔 잇고야. 공슈(工倕)의 셩녕인가 귀부(鬼斧)로 다ᄃᆞ문가. 구ᄐᆞ야 뉵면(六面)은 므어슬
솜씨 / 신비한 연장으로 다듬었는가 / 구태여
샹(象)톳던고. 고셩(高城)을란 뎌만 두고 삼일포(三日浦)를 ᄎᆞ자가니, 단셔(丹書)ᄂᆞᆫ 완연(宛
본떴는가. / 저만큼 / 붉은 글씨 / 뚜렷하되
然)ᄒᆞ되 ᄉᆞ션(四仙)은 어ᄃᆡ 가니. ⓓ예 사흘 머믄 후(後)의 어ᄃᆡ 가 ᄯᅩ 머믈고. 『션유담(仙遊
신라의 네 화랑(영랑, 남랑, 술랑, 안상랑) / 「」: 사선이 간 곳
潭) 영낭호(永郎湖) 거긔나 가 잇ᄂᆞᆫ가. 청간뎡(淸澗亭) 만경ᄃᆡ(萬景臺)몃 고ᄃᆡ 안돗던고.』
간성 남쪽에 있는 사선이 놀았다는 못 / 간성 바닷가에 있는 정자

▶ 총석정의 장관과 삼일포에서의 회고(본사 2)

바 니화(梨花)ᄂᆞᆫ ᄇᆞᆯ셔 디고 졉동새 슬피 울 제, 낙산(洛山) 동반(東畔)으로 의샹ᄃᆡ(義相臺)
계절적 배경 – 늦봄 / 동쪽 언덕
예 올라 안자, ⓔ일츌(日出)을 보리라 밤듕만 니러ᄒᆞ니, 샹운(祥雲)이 집픠ᄂᆞᆫ 동, 뉵농(六
해 – 임금 상징 / 쯤 / 상서로운 구름 / 피어나는 듯 / 충신
龍)이 바퇴ᄂᆞᆫ 동, 바다ᄒᆡ ᄯᅥ날 제ᄂᆞᆫ 만국(萬國)이 일위더니, ⓫텬듕(天中)의 티ᄯᅳ니 호발(毫
떠받치는 듯 / 일렁거리더니 / 하늘 가운데 / 치뜨니 / 가느다란 털
髮)을 혜리로다. 아마도 녈구름 근쳐의 머믈셰라. 시션(詩仙)은 어ᄃᆡ 가고 ᄒᆡ타(咳唾)만
지나가는 구름 – 간신 / 이백 / 이백의 시
나맛ᄂᆞ니. 텬디간(天地間) 장(壯)ᄒᆞᆫ 긔별 ᄌᆞ셰히도 ᄒᆞᆯ셔이고.
남았는가

▶ 의상대에서의 일출(본사 2)

현대어 풀이

(가) 소향로봉과 대향로봉을 눈 아래 굽어보고, 정양사 진헐대에 다시 올라 앉으니, 여산같이 아름다운 금강산의 참모습이 여기서야 다 보인다. 아아, 조물주의 솜씨가 야단스럽기도 야단스럽구나. 저 수많은 봉우리들은 나는 듯하면서도 뛰는 듯도 하고, 우뚝 섰으면서도 솟은 듯하니, 참으로 장관이로다. 또 연꽃을 꽂아 놓은 듯, 백옥을 묶어 놓은 듯, 동해를 박차는 듯, 북극을 떠받쳐 괴고 있는 듯하구나. 높기도 하구나 망고대여, 외롭기도 하구나 혈망봉이여. (망고대와 혈망봉은) 하늘에 치밀어 무슨 일을 아뢰려고 오랜 세월이 지나도록 굽힐 줄 모르는가? 아, 너로구나. 너 같은 높은 기상을 지닌 것이 또 있겠는가? 개심대에 다시 올라 중향성을 바라보며 만 이천 봉을

똑똑히 헤아려 보니, 봉마다 맺혀 있고, 끝마다 서린 기운, 맑거든 깨끗하지 말거나, 깨끗하거든 맑지나 말 것이지, 맑고 깨끗한 저 산봉우리의 빼어남이여! 저 맑고 깨끗한 기운을 흩어 내어 뛰어난 인재를 만들고 싶구나. 생긴 모양도 각양각색 다양도 하구나. 천지가 생겨날 때에 저절로 이루어진 줄 알았지만, 이제 와서 보니 모두가 뜻이 있게 만들어진 듯하구나!

(나) 금강산의 최고봉인 비로봉에 올라 본 사람이 누구이신가? (공자는 동산에 올라 노나라가 작음을 알고 태산에 올라 천하가 작다고 했는데) 동산과 태산의 어느 것이 비로봉보다 높던가? 노나라가 좁은 줄도 우리는 모르거든, 하물며 넓거나 넓은 천하를 공자는 어찌하여 작다고 했는가? 아! 공자와 같은 그 높고 넓은 경지를 어찌하면 알 수 있겠는가? (동산, 태산보다 높은 비로봉에 올라도 공자의 높은 경지에) 오르지 못하는데 내려감이 무엇이 괴이할까? 원통골의 좁은 길로 사자봉을 찾아가니, 그 앞의 넓은 바위가 화룡소(化龍沼)가 되었구나. 마치 천 년 묵은 늙은 용이 굽이굽이 서려 있는 것 같은 화룡소의 물이 밤낮으로 흘러 내어 넓은 바다에 이었으니, (바람과 구름을 타고 승천하여 비를 뿌리는 전설 속의 용처럼) 바람과 구름을 언제 얻어 흡족한 비를 내리려느냐? 그늘진 낭떠러지에 시든 풀을 다 살려 내려무나.

(다) 마하연, 묘길상, 안문재를 넘어 내려가 썩은 외나무다리를 건너 불정대에 올라 (눈앞에 펼쳐진 십이 폭포는) 천 길이나 되는 절벽을 공중에 세워 두고, 은하수 큰 굽이를 마디마디 잘라 내어 실처럼 풀어서 베처럼 걸어 놓았으니, 산수도경에는 열두 굽이라 하였으나, 내가 보기에는 그보다 더 되어 보인다. 만일 이백이 지금 있어서 다시 의논하게 되면, 여산 폭포가 여기보다 낫다는 말은 못 할 것이다.

(라) 내금강 산중의 경치만 매양 보겠는가? 이제는 동해로 가자꾸나. 남여 타고 천천히 걸어서 산영루에 오르니, 눈부시게 반짝이는 시냇물과 여러 소리로 우짖는 산새는 나와의 이별을 원망하는 듯하고, 관찰사의 행렬을 상징하는 깃발을 휘날리니 오색이 넘나드는 듯하며, 북과 나팔을 섞어 부니 바다의 구름이 다 걷히는 듯하다. 모랫길에 익숙한 말이 취한 신선(작가 자신)을 비스듬히 태우고 해변의 해당화 핀 꽃밭으로 들어가니, 백구야 날지 마라, 내가 네 벗인 줄 어찌 아느냐?

(마) 금란굴 돌아들어 총석정에 오르니, 옥황상제가 거처하던 백옥루의 기둥 네 개만 서 있는 듯하구나. 옛날 중국의 명장(名匠)인 공수가 만든 작품인가? 조화를 부리는 귀신의 도끼로 다듬었는가? 구태여 육면으로 된 돌기둥은 무엇을 본떴는가? 고성을 저만큼 두고 삼일포를 찾아가니, 그 남쪽 봉우리 벼랑에 '영랑도 남석행'이라고 쓴 붉은 글씨가 뚜렷이 남아 있으나, 이 글을 쓴 네 명의 신선은 어디 갔는가? 여기서 사흘 동안 머무른 뒤에 어디 가서 또 머물렀던고? 선유담, 영랑호 거기나 가 있는가? 청간정, 만경대를 비롯하여 몇 군데서 앉아 놀았던가?

(바) 배꽃은 벌써 지고 소쩍새 슬피 울 때, 낙산사 동쪽 언덕으로 의상대에 올라 앉아, 해돋이를 보려고 한밤중 쯤에 일어나니, 상서로운 구름이 뭉게뭉게 피어나는 듯, 여섯 마리 용이 해를 떠받치는 듯, 바다에서 솟아오를 때에는 온 세상이 흔들리는 듯하더니, 하늘에 치솟아 뜨니 가는 털까지 헤아릴 만큼 밝도다. 혹시나 지나가는 구름이 해 근처에 머무를까 두렵구나. 이백은 어디 가고 시구만 남았느냐? 천지간 굉장한 소식이 (이백의 시에) 자세히도 표현되었구나.

작품 연구소

'산 → 바다'로의 공간 이동과 화자의 심리 변화

산	• 위정자로서의 책임감, 포부 • 유교적 충의 사상(연군, 우국, 애민, 선정의 포부)

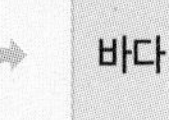

바다	• 인간 내면의 자유 분방한 욕구 • 도교의 신선 사상(자연을 즐기고 싶은 욕망)

작가는 산에서는 사회의 기대에 부응하고자 하는 열망(관리로서의 책임감)을 주로 그리지만 바다로 접어들면서는 사회적인 의무보다는 현실을 초월하고 싶은 개인적 욕망(인간 본연의 모습)을 드러낸다.

6 (가)~(바)의 표현상 특징으로 적절하지 <u>않은</u> 것은?

① (가)와 (라)에서는 사물에 인격을 부여하고 있다.
② (가)와 (바)에서는 대구 표현을 사용하고 있다.
③ (나)와 (바)에서는 두 가지로 해석 가능한 단어가 쓰였다.
④ (다)와 (마)에서는 동일한 단어의 반복이 나타난다.
⑤ (다)와 (바)에서는 대상을 과장해서 표현하고 있다.

중요 기출

7 ㉠~㉤에 대한 설명으로 적절하지 <u>않은</u> 것은?

① ㉠: 세상의 넓음을 경험한 화자의 포부를 드러내고 있다.
② ㉡: 화자는 공자의 높은 정신적 경지를 흠모하고 있다.
③ ㉢: 화자가 선정의 포부를 다지고 있음을 강조하고 있다.
④ ㉣: 조사와 서술어를 생략하여 여정을 압축적으로 표현하고 있다.
⑤ ㉤: 천천히 새로운 장소로 이동하고 있음을 표현하고 있다.

내신 적중 高난도

8 ⓐ~ⓔ 중, <보기>의 밑줄 친 부분과 가장 거리가 <u>먼</u> 것은?

보기

조선 전기 사대부들은 강호가도(江湖歌道)를 추구하는 삶 속에서도 <u>그들이 지향하는 현실에 대한 의식을 주변 인물이나 자연물에 빗대어 문학 작품으로 형상화</u>하였다. <관동별곡>을 지은 정철도 이러한 경향의 작가층에 속하는 인물이다.

① ⓐ ② ⓑ ③ ⓒ ④ ⓓ ⑤ ⓔ

내신 적중

9 <보기>를 참고하여 (다)에서 (라)에 나타난 공간 변화와 그에 따라 달라진 화자의 태도를 구체적으로 서술하시오.

보기

이 작품에서 화자가 경험하는 다양한 공간들은 크게 두 범주로 나눌 수 있다. 서로 다른 이 두 공간에서의 화자의 현실 대응 태도는 공적 책임과 사적 욕망으로 구별될 수 있다.

시어 풀이

고쥬(孤舟) 히람(解纜)ᄒᆞ다 닻줄을 풀어 배 한 척을 띄우다.

홍장(紅粧) 고ᄉᆞ(古事) 고려 말의 강원 감사 박신이 임기가 끝나 서울로 돌아갈 때, 부사가 경포에 뱃놀이를 준비하고 명기였던 홍장을 선녀로 변장시켜 박신을 유혹하게 한 일.

졀효졍문(節孝旌門) 충신, 효자, 열녀 등을 표창하는 뜻으로 세운 붉은 빛깔의 문.

비옥가봉(比屋可封) 집집마다 덕행이 있어 모두 표창할 만하다는 뜻으로, 나라에 어진 사람이 많음을 비유적으로 이르는 말.

션사(仙槎) 신선이 탄다는 배.

구공(九空) '구만리(九萬里) 장공(長空)'의 준말. 넓고 큰 하늘.

시구 풀이

❶ **십리(十里) 빙환(氷紈)을 다리고 고텨 다려,** 주름살 하나 없이 곱게 다려 놓은 듯한 경포 호수의 잔잔한 수면을 묘사한 것으로, 멀리서 바라보는 호수의 수면을 비단에 비유하여 표현하였다.

❷ **태빅산(太白山) 그림재롤 ~ 목멱(木覓)의 다히고져.** 아름다운 태백산의 풍경을 담은 오십천이 동해 쪽으로 흘러가는데, 그것을 임금님이 계신 곳으로 향하게 하고 싶다는 말로 연군지정(戀君之情)을 표현하였다.

❸ **왕뎡(王程)이 유혼(有限)ᄒᆞ고 ~ 둘 듸 업다.** 관찰사로서의 의무와 자연을 즐기고 싶은 본연의 욕망 사이에서 방황하는 작가의 내적 갈등이 드러난 부분이다.

❹ **션사(仙槎)롤 띄워 ~ 단혈(丹穴)의 머므살가.** 현실 도피적인 심정과 신선 사상이 반영되어 있다. '션사(仙槎)'는 울진의 옛 이름이자 신선이 탄다는 배로 중의법이 쓰였다고 볼 수 있다.

❺ **굿득 노혼 ~ 므ᄉᆞ 일고.** 커다란 파도가 출렁이는 모습과 물보라를 일으키는 장관을 묘사하였다.

❻ **일이 됴흔 셰계(世界) 놈대되 다 뵈고져.** 망양정 달밤의 경관을 모든 사람들에게 보이고 싶어 하는 부분으로 관찰사로서 애민 정신과 선정의 포부가 드러나 있다.

❼ **븍두셩(北斗星) 기우려 챵히슈(滄海水) 부어 내여,** 북두칠성을 술 국자로 하고, 동해의 물을 술로 삼아서 부어 낸다는 의미로 작가 자신의 호탕한 기상을 표현하였다.

❽ **화풍(和風)이 습습(習習)ᄒᆞ야 ~ 져기면 놀리로다.** 소동파의 〈적벽부〉에 나오는 '우화이등선(羽化而登仙)'의 사상과 같이 신선이 된 기분을 표현한 부분이다.

❾ **이 술 가져다가 ~ 밍근 후(後)의,** '좋은 것'을 백성들과 나누고 싶어 하는 작가의 태도가 나타난 부분이다. 취중에도 백성을 잊지 않는 애민 사상이 담겨 있으며, 목민관으로서 선정의 포부가 드러나고 있다.

❿ **공듕(空中) 옥쇼(玉簫) 소릐 어제런가 그제런가.** 잠에서 어렴풋이 깨어 비몽사몽(非夢似夢)의 상태임을 나타낸 말로 꿈에서 현실로 돌아오는 장면이다.

⓫ **명월(明月)이 쳔산만낙(千山萬落)의 아니 비친 듸 업다.** 선경(仙境)에서 노닐던 꿈에서 깨어나 현실로 돌아와 보니 밝은 달이 중천에 높이 떠서 온 세상을 대낮같이 비추고 있다는 뜻으로, '임금의 은총[명월(明月)]'이 온 세상에 미치고 있음을 노래한 부분이다.

(□: 여정)

가 샤양(斜陽)[석양] 현산(峴山)의 텩튝(躑躅)[철쭉]을 므니볼와[잇달아 밟아] ㉠우개지륜(羽蓋芝輪)이 경포(鏡浦)로 누려가니, ❶십리(十里) 빙환(氷紈)을 다리고 고텨 다려, 댱숑(長松)[호수의 잔잔한 수면(은유법)] 울흔[둘러싼] 소개 슬ᄏᆞ장[실컷] 펴뎌시니, 믈결도 자도 잘샤[잔잔하기도 잔잔하여] 모래롤 혜리로다[셀 수 있겠구나]. 고쥬(孤舟) 히람(解纜)ᄒᆞ야 뎡ᄌᆞ(亭子) 우희 올나가니, 강문교(江門橋)[경포 동쪽 입구에 있는 다리] 너믄 겨틔 대양(大洋)[동해]이 거긔로다. 둉용(從容)ᄒᆞᆫ뎌[조용하구나] 이 긔샹(氣像) 활원(闊遠)ᄒᆞᆫ뎌[넓고 멀구나] 뎌 경계(境界), 이도곤 ᄀᆞ준 듸 또 어듸 잇닷 말고. 홍장(紅粧) 고ᄉᆞ(古事)롤 헌ᄉᆞ타[야단스럽다] ᄒᆞ리로다. 강능(江陵) 대도호(大都護)[조선 시대의 행정 구역의 이름] 풍쇽(風俗)이 됴흘시고[좋을시고(설의법)], 졀효졍문(節孝旌門)이 골골이 버러시니[고을마다 널려 있으니], 비옥가봉(比屋可封)이 이제도 잇다 홀다.

▶ 경포호의 장관과 강릉의 미풍 양속(본사 2)

나 진쥬관(眞珠館) 듁셔루(竹西樓) 오십쳔(五十川) ᄂᆞ린 믈이, ❷태빅산(太白山) 그림재롤 동히(東海)로 다마 가니, ㉡출하리 한강(漢江)의 목멱(木覓)[서울 남산(임금이 계신 곳)]의 다히고져[닿게 하고 싶구나]. [A]《❸왕뎡(王程)이 유혼(有限)ᄒᆞ고 풍경(風景)이 못 슬믜니[싫고 밉지 않으니], 유회(幽懷)[마음속에 깊이 품은 생각]도 하도 할샤 긱수(客愁)[나그네의 근심]도 둘 듸 업다.》 ❹션사(仙槎)롤 띄워[띄워 내어] 내여 두우(斗牛)[북두칠성 - 임금]로 향(向)ᄒᆞ살가, 션인(仙人)[사선]을 ᄎᆞᄌᆞ려 단혈(丹穴)[신선이 놀았던 동굴]의 머므살가. 텬근(天根)[하늘의 끝]을 못내 보와 망양뎡(望洋亭)의 올은말이[오르니], 바다 밧근 하놀이니 하놀 밧근 므서신고. [B]《❺굿득 노혼 고래[커다란 파도] 뉘라셔 놀내관듸[놀라게 하기에], 블거니 쁨거니[파도치는 모습] 어즈러이 구ᄂᆞᆫ디고. 은산(銀山)[높이 솟은 파도의 물결]을 것거 내여 뉵합(六合)[온 세상]의 ᄂᆞ리는 ᄃᆞᆺ, 오월(五月) 댱텬(長天)[넓은 하늘]의 빅셜(白雪)[물보라]은 므ᄉᆞ 일고.》

▶ 죽서루에서의 객수와 망양정에서의 조망(본사 2)

다 져근덧[잠깐 사이에] 밤이[시간적 배경] 드러 풍낭(風浪)이 뎡(定)ᄒᆞ거놀[잔잔하거늘], 부상(扶桑)[해가 뜨는 동해 가운데 있다는 신성한 나무] 지쳑(咫尺)의 명월(明月)을 기ᄃᆞ리니, 셔광(瑞光)[상서로운 빛 - 달빛] 쳔댱(千丈)[천 길만큼 뻗은]이 뵈는 ᄃᆞᆺ 숨ᄂᆞᆫ고야. 쥬렴(珠簾)[구슬로 만든 발]을 고텨 것고 옥계(玉階)[옥으로 만든 계단]롤 다시 쓸며, 계명셩(啓明星)[샛별] 돗도록 곳초[꼿꼿하게] 안자 ᄇᆞ라보니, 빅년화(白蓮花)[흰 연꽃 한 가지 - 달, 임금의 은혜] ᄒᆞᆫ 가지롤 뉘라셔 보내신고. ㉢❻일이 됴흔 셰계(世界) 놈대되 다 뵈고져. 뉴하쥬(流霞酒)[신선의 술] ᄀᆞ득 부어 ᄃᆞᆯᄃᆞ려 무론 말이, 영웅(英雄)[이백]은 어듸 가며, ᄉᆞ션(四仙)은 긔 뉘러니, 아ᄆᆡ나[아무나] 맛나 보아 녯 긔별[이백과 사선의 옛 소식] 뭇쟈 ᄒᆞ니, 션산(仙山) 동히(東海)예 갈 길히 머도 멀샤.

▶ 망양정에서의 월출과 신선에 대한 동경(결사)

라 숑근(松根)을 볘여[베고] 누어 픗줌을 얼픗 드니, 쑴애 ᄒᆞᆫ 사ᄅᆞᆷ[한 사람(신선)]이 날ᄃᆞ려 닐온[이르는] 말이, 「그ᄃᆡ롤 내 모ᄅᆞ랴 상계(上界)[하늘나라(선계)]예 진션(眞仙)이라. 『황뎡경(黃庭經)[도교의 경전] 일ᄌᆞ(一字)롤 엇디 그룻[잘못] 닐거[읽어] 두고, 인간(人間)[인간 세상]의 내려와셔 우리롤 ᄯᆞ로ᄂᆞᆫ다[따르는가].』 져근덧 가디 마오 이 술 ᄒᆞᆫ 잔 머거 보오.」 ❼븍두셩(北斗星)[북두칠성(국자)] 기우려 챵히슈(滄海水)[푸른 바닷물(술)] 부어 내여, 저 먹고 날 머겨놀 서너 잔 거후로니[기울이니], ❽화풍(和風)[부드러운 바람]이 습습(習習)[산들산들 불어]ᄒᆞ야 냥익(兩腋)[양쪽 겨드랑이]을 추혀드니[추켜 드니], 구만(九萬) 리(里) 댱공(長空)[아득히 높고 먼 하늘]애 져기면 놀리로다. ㉣❾이 술 가져다가 ᄉᆞ히(四海)[온 세상]예 고로 논화, 억만창싱(億萬蒼生)[수많은 백성]을 다 취(醉)케 밍근 후(後)의, 그제야 고텨 맛나 또 ᄒᆞᆫ 잔 ᄒᆞᆺ고야.」 말 디쟈[끝나자] 학(鶴)을 ᄐᆞ고 구공(九空)의 올나가니, ❿공듕(空中) 옥쇼(玉簫)[신선이 분다는 피리] 소릐 어제런가 그제런가. 나도 줌을 씨여 바다홀 구버보니, 기픠[깊이]롤 모ᄅᆞ거니 ᄀᆞ인들[끝인들] 엇디 알리. ㉤⓫명월(明月)[임금의 은혜]이 쳔산만낙(千山萬落)[온 세상]의 아니 비친 듸 업다.

(「 」: 자신을 선계에서 잘못을 저질러 인간 세상에 내려온 신선으로 표현함. 『 』: 화자의 말 – 선우후락, 애민 정신, 갈등의 해소)

▶ 꿈속에서 신선을 만남.(결사)

현대어 풀이

(가) 저녁 햇빛이 비껴드는 현산의 철쭉꽃을 즈려 밟고, 우개지륜(신선이 타는 수레)을 타고 경포로 내려가니, 십 리나 뻗쳐 있는 얼음같이 흰 비단을 다리고 다시 다린 것 같은, 맑고 잔잔한 호수가 큰 소나무 숲으로 둘러싼 속에 한껏 펼쳐져 있으니, 물결도 잔잔하기도 잔잔하여 물속 모래알까지도 셀 수 있겠구나. 한 척의 배를 띄워 호수를 건너 정자 위에 올라가니, 강문교 넘은 곁에 동해가 거기로구나. 조용하구나 경포의 기상이여, 넓고 아득하구나 저 동해의 경계여, 이곳보다 아름다운 경치를 갖춘 곳이 또 어디 있단 말인가? 과연 고려 우왕 때 박신과 홍장의 고사가 야단스럽게 느껴질 만큼 조용하고 아름답구나. 강릉 대도호부의 풍속이 좋기도 하구나. 충신, 효자, 열녀를 표창하기 위하여 세운 정문이 동네마다 널렸으니, 즐비하게 늘어선 집마다 모두 벼슬을 줄 만하다는 요순시절의 태평성대가 이제도 있다고 하겠도다.

(나) 진주관 죽서루 아래 오십천의 흘러내리는 물이 태백산의 그림자를 동해로 담아 가니, 차라리 그 물줄기를 임금 계신 한강으로 돌려 서울의 남산에 대고 싶구나. 관리로서의 임무는 유한하고, 풍경은 볼수록 싫증나지 않으니, 마음속에 깊이 품은 생각이 많기도 많고, 나그네의 시름도 달랠 길 없구나. 신선이 타는 배를 띄워 내어 북두성과 견우성으로 향할까? 사선을 찾으러 단혈에 머무를까? 하늘의 맨 끝을 끝내 못 보고 망양정에 오르니, 바다 밖은 하늘인데 하늘 밖은 무엇인가? 가뜩이나 성난 고래(파도)를 누가 놀라게 하기에, 물을 불거니 뿜거니 하면

서 어지럽게 구는 것인가? (파도가) 은산을 꺾어 내어 온 세상에 흩뿌려 내리는 듯, 오월 드높은 하늘에 백설(물보라)은 무슨 일인가?

(다) 잠깐 사이에 밤이 되어 바람과 물결이 가라앉기에, 해 뜨는 곳 가까이에서 명월을 기다리니, 상서로운 빛줄기가 보이는 듯하다가 숨는구나. 구슬을 꿰어 만든 발을 다시 걷어 올리고 옥돌같이 고운 층계를 다시 쓸며, 샛별이 돋아오를 때까지 꼿꼿이 앉아 바라보니, 저 바다에서 솟아오르는 흰 연꽃 같은 달덩이를 어느 누가 보내셨는가? 이렇게 좋은 세상을 다른 사람 모두에게 보이고 싶구나. 신선이 마시는 술을 가득 부어 손에 들고 달에게 묻는 말이, "옛날의 영웅은 어디 갔으며, 신라 때 사선은 누구더냐?" 아무나 만나 보아 영웅과 사선에 관한 옛 소식을 묻고자 하니, 선산이 있다는 동해로 갈 길이 멀기도 하구나.

(라) 소나무 뿌리를 베고 누워 선잠이 얼핏 들었는데, 꿈에 한 사람(신선)이 나에게 이르기를, "그대를 내가 모르랴? 그대는 하늘의 신선이라, 황정경 한 글자를 어찌 잘못 읽고 인간 세상에 내려와서 우리를 따르는가? 잠시 가지 말고 이 술 한 잔 먹어 보오." 북두칠성과 같은 국자를 기울여 동해물 같은 술을 부어 저 먹고 나에게도 먹이거늘, 서너 잔을 기울이니 온화한 봄바람이 산들산들 불어 양 겨드랑이를 추켜 올리니, 아득한 하늘도 웬만하면 날 것 같구나. "이 신선주를 가져다가 온 세상에 고루 나눠 온 백성을 다 취하게 만든 후에, 그때에야 다시 만나 또 한 잔 하자꾸나." 말이 끝나자, 신선은 학을 타고 높은 하늘에 올라가니, 공중의 옥피리 소리가 어제던가 그제던가 어렴풋하네. 나도 잠을 깨어 바다를 굽어보니, 깊이를 모르는데 하물며 끝인들 어찌 알리? 명월이 온 세상에 아니 비친 곳이 없다.

작품 연구소

화자의 내적 갈등 양상과 갈등 해결 방식

이 작품의 화자는 위정자(관리)로서의 모습과 인간 본래의 모습 사이에서 갈등한다. 즉, 관찰사로서의 임무를 버릴 수 없는 현실적 여건 때문에 신선처럼 자연에 머물고 싶은 소망이 좌절되어 화자의 내적 갈등이 심화된다.

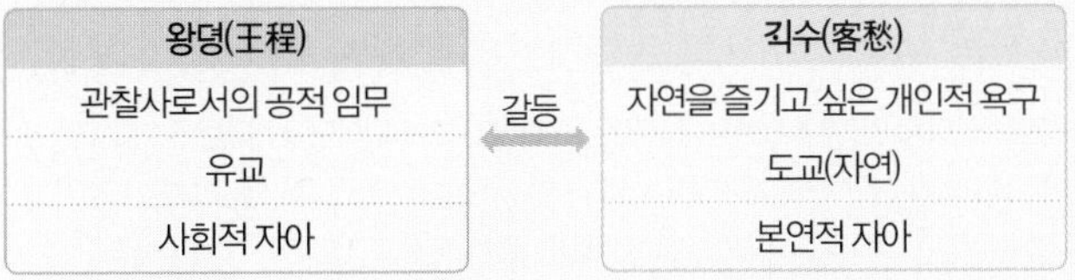

이러한 갈등은 결사에서 신선과 만나는 '꿈'을 통해 해결된다. 꿈속에서 신선과 대화를 나누는 부분에서는 먼저 나라를 걱정하고 나중에 즐긴다는 '선우후락(先憂後樂)'의 정신과 아울러 지배 계층이자 관리로서 좋은 것을 백성과 같이 즐기고자 하는 작가의 애민 정신과 선정(善政)에 대한 포부가 표현되어 있다.

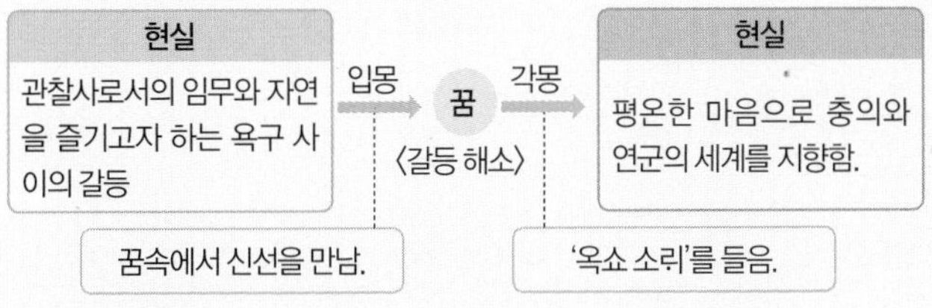

함께 읽으면 좋은 작품

〈일동장유가〉, 김인겸 / 기행 가사의 또 다른 면모가 드러난 작품

조선 영조 때에, 김인겸이 지은 장편 기행 가사로 일본의 문물·제도·풍속 등을 기록했다. 서정적이고 관념적인 전기 가사에 비해, 서사적이고 구체적인 후기 가사의 성격을 잘 드러내어 〈관동별곡〉과는 다른 기행 가사의 면모를 살펴볼 수 있다. Link 본책 250쪽

중요 기출

10 (가)~(라)의 시상 전개와 거리가 먼 것은?

① 낮에서 밤으로 바뀜.
② 지상과 천상이 이어짐.
③ 여정에 따라 장소를 옮김.
④ 현실과 꿈 사이를 오고 감.
⑤ 여름에서 가을로 계절이 바뀜.

11 ㉠~㉤에 대한 설명으로 적절하지 않은 것은?

① ㉠: 화자 자신을 신선에 비유하고 있다.
② ㉡: 신하의 입장에서 연군지정을 드러내고 있다.
③ ㉢: 관리로서 백성에 대한 애민 정신을 표현하고 있다.
④ ㉣: 백성에게 좋은 정치를 베풀고 싶은 마음을 담고 있다.
⑤ ㉤: 관리로서 화자의 포부가 이루어질 것임을 암시하고 있다.

중요 기출

12 (나)의 [A]에 표현된 화자의 내면세계를 잘 설명한 것은?

① 풍광(風光)을 즐기기 위해 벼슬을 그만두고자 하는 도피적 심리가 엿보인다.
② 공인(公人)의 임무를 성공적으로 수행하고 고향으로 가고 싶은 마음을 토로하고 있다.
③ 공인(公人)의 임무를 수행해야 하는 현실적 의무와 새로운 세계에 대한 동경이 얽혀 있다.
④ 공적(公的)인 책임에 구애되지 않고 탐미적 자세로 자연에 몰입하려는 의지를 담고 있다.
⑤ 공인(公人)으로서 백성을 사랑해야 하는 마음과 선인(仙人)과의 약속을 지켜야 하는 부담을 안고 있다.

13 [B]의 '고래', '은산', '빅셜'의 원관념을 차례대로 쓰시오.

내신 적중 多빈출

14 〈보기〉를 참고하여 (라)의 '꿈'의 역할에 대하여 화자가 갈등을 해소하는 방법을 중심으로 쓰시오.

| 보기 |

문학 작품에서는 현실 속에서는 결코 이룰 수 없는 인물의 이상을 꿈을 통해 이루는 경우가 많다. 꿈이 현실적 갈등을 해소하는 기능을 하는 것이다.

Ⅲ. 조선 전기

사미인곡(思美人曲) | 정철

키워드 체크 #가사 문학의 대표 작품 #충신연주지사 #임을 향한 일편단심 #계절의 흐름 #다양한 표현법

문학 천재(정), 금성, 미래엔, 지학

핵심 정리

갈래 서정 가사, 양반 가사, 정격 가사
성격 서정적, 여성적, 연모적, 주정적, 의지적
운율 3(4)·4조, 4음보 연속체
제재 임금에 대한 사랑
주제 임금을 향한 일편단심, 연군지정(戀君之情)
의의 ① 충신연주지사(忠臣戀主之詞)의 대표적 작품임.
② 후편 격인 〈속미인곡〉과 더불어 가사 문학의 백미를 이룸.
연대 조선 선조
출전 《송강가사》

가 이 몸 삼기실 제 님을 조차 삼기시니, ᄒᆞᆫ ᄉᆡᆼ 연분(緣分)이며 하ᄂᆞᆯ 모ᄅᆞᆯ 일이런가. ❶나 ᄒᆞ
(조물주가) 만드실 때 / 따라 / 만드시니 / 한평생의 인연 / 오직
나 졈어 잇고 님 ᄒᆞ나 날 괴시니, 이 ᄆᆞ음 이 ᄉᆞ랑 견졸 ᄃᆡ 노여 업다. 평ᄉᆡᆼ(平生)애 원(願)ᄒᆞ
젊어 / 사랑하시니 / 비교할 데, 견줄 데 / 전혀 / 원하되
요ᄃᆡ ᄒᆞᆫᄃᆡ 녜쟈 ᄒᆞ얏더니, 늙거야 므ᄉᆞ 일로 외오 두고 그리ᄂᆞᆫ고. ❷엇그제 님을 뫼셔 ㉠광
지내고자 하였더니 / 외로이 / 그리워하는가 / 모시고
한뎐(廣寒殿)의 올낫더니, 그 더ᄃᆡ 엇디ᄒᆞ야 ㉡하계(下界)예 ᄂᆞ려오니, 올 적의 비슨 머리
올랐더니 / 사이에 / 어찌하여 / 인간 세상(창평) / 올 때에
헛틀언디 ㉢삼년(三年)일싀. 연지분(臙脂粉) 잇ᄂᆡ마ᄂᆞᆫ 눌 위ᄒᆞ야 고이 ᄒᆞᆯ고. ᄆᆞ음의 ᄆᆡ친
헝클어진 지 / 누구를 위하여 / 맺힌
실음 텹텹(疊疊)이 ᄡᅡ혀 이셔, 짓ᄂᆞ니 한숨이오 디ᄂᆞ니 눈믈이라. 인ᄉᆡᆼ(人生)은 유ᄒᆞᆫ(有限)
시름 / 겹겹이 / 쌓여 있어 / 짓는 것이 / 떨어지는 것이
ᄒᆞᆫᄃᆡ 시름도 그지업다. 무심(無心)ᄒᆞᆫ 셰월(歲月)은 믈 흐르듯 ᄒᆞᄂᆞᆫ고야. ㉣❸염냥(炎凉)이
끝이 없다 / 무정한
ᄯᅢ를 아라 가ᄂᆞᆫ ᄃᆞᆺ 고텨 오니, 듯거니 보거니 늣길 일도 하도 할샤.

▶ 임과의 인연과 이별 후의 그리움(서사)

나 동풍(東風)이 건듯 부러 젹셜(積雪)을 헤텨 내니, 창(窓)밧긔 심근 ⓐᄆᆡ화(梅花) 두세 가
봄바람 / 문득 / 쌓인 눈 / 헤쳐 / 밖에 / 심은
지 픠여셰라. ❹ᄀᆞᆺ득 ᄂᆡᆼ담(冷淡)ᄒᆞᆫᄃᆡ ㉤암향(暗香)은 므ᄉᆞ 일고. 황혼(黃昏)의 ᄃᆞᆯ이 조차
가뜩이나 / 쌀쌀하고 적막한데 / 쫓아와
벼마ᄐᆡ 빗최니, ᄂᆞᆨ기ᄂᆞᆫ ᄃᆞᆺ 반기ᄂᆞᆫ ᄃᆞᆺ 님이신가 아니신가. 뎌 ᄆᆡ화(梅花) 것거 내여 님 겨신
베갯머리맡에 비치니 / 흐느끼는 듯 / 반가워하는 듯 / 꺾어 / 계신 곳에
ᄃᆡ 보내오져. 님이 너를 보고 엇더타 너기실고.
보내고 싶다

▶ 춘원(春怨) – 충정을 임에게 알리고 싶음.(본사 1)

시어 풀이

광한뎐(廣寒殿) 달 속에 있다는 전설 속의 선녀 항아(姮娥)가 사는 가상의 궁전. 여기서는 임금이 사는 한양의 궁궐을 가리킴.
하계(下界) 인간 세상. 여기서는 작가의 귀향지였던 전라도 창평을 가리킴.
연지분(臙脂粉) 볼에 바르는 연지와 분. 화장품을 이름.
염냥(炎凉) 더위와 서늘함. 세월의 흐름을 의미함.
암향(暗香) 그윽이 풍기는 향기. 매화 향기를 이름.

현대어 풀이

(가) (조물주께서) 이 몸 만드실 때 임을 좇아서 만드시니, 한평생 인연임을 하늘이 모를 일이던가? 나는 젊어 있고 임은 오직 나를 사랑하시니 이 마음과 이 사랑 견줄 데가 전혀 없다. 평생에 원하건대 (임과) 함께 살아가고자 하였더니, 늙어서야 무슨 일로 외따로 두고 그리워하는가. 엊그제까지는 임을 모시고 광한전에 오르고는 했는데, 그 사이에 어찌하여 속세에 내려오게 되니 떠나올 적에 빗은 머리가 헝클어진 지 삼 년이구나. 연지분 있지만 누구를 위하여 곱게 단장할까? 마음에 맺힌 시름이 겹겹이 쌓여 있어 짓는 것은 한숨이고, 떨어지는 것은 눈물이구나. 인생은 유한한데 근심도 끝이 없다. 무정한 세월은 물 흐르듯 하는구나. 덥고 시원함이 때를 알고서는 가는 듯 다시 오니, 듣거니 보거니 느낄 일이 많기도 많구나.

(나) 봄바람이 문득 불어 쌓인 눈을 헤쳐 내니, 창밖에 심은 매화 두세 가지 피었구나. 가뜩이나 차고 담담한데, 그윽한 향기는 무슨 일인가? 황혼에 달이 쫓아와 베갯머리에 비치니 흐느끼는 듯 반기는 듯(하니), (이 달이 바로) 임이신가 아니신가? 저 매화 꺾어 내어 임 계신 곳에 보내고 싶구나. (그러면) 임이 너를 보고 어떻다고 생각하실까?

시구 풀이

❶ **나 ᄒᆞ나 졈어 잇고 님 ᄒᆞ나 날 괴시니,** 임과 이별하기 전의 행복했던 상황을 말한 것으로, '나'는 작가 자신을, '임'은 선조를 가리킨다.
❷ **엇그제 님을 ~ 헛틀언디 삼년(三年)일싀.** 궁궐에서 임금을 모시다가 벼슬에서 물러나 낙향한 지 삼 년이 지났다는 뜻으로, '광한뎐'은 임금이 계신 궁궐, '하계'는 '광한뎐'과 상대적인 말로 자신이 은거하고 있는 시골을 의미한다.
❸ **염냥(炎凉)이 ᄯᅢ를 아라 가ᄂᆞᆫ ᄃᆞᆺ 고텨 오니,** 임에게서는 아무런 소식이 없이 세월은 덧없이 흘러가는 것에 대한 안타까움이 드러나 있다.
❹ **ᄀᆞᆺ득 ᄂᆡᆼ담(冷淡)ᄒᆞᆫᄃᆡ ~ 님이신가 아니신가.** 매화의 은은한 향기인 '암향'은 임에 대한 변함없는 충성심을 의미하며 '달'은 임을 형상화한 것으로, 이를 통해 임에 대한 그리움이 더욱 간절하게 표현되었다.

이해와 감상

이 작품은 작가가 50세 되던 해에 조정에서 물러나 4년간 전남의 창평에서 은거하며 생활하고 있을 때 지은 가사로, 임금에 대한 그리움과 충정을 노래한 충신연주지사이다. 왕에 대한 자신의 충정을 하소연할 목적으로 지어졌으나 왕과 자신의 관계를 직접적으로 드러내지 않고 자신을 임의 사랑을 받지 못하는 여자로, 임금을 임으로 설정하여, 사계절의 풍경과 함께 이별한 임을 그리워하는 형식으로 우의적으로 표현했다.

여성적 어조로 임(임금)에 대한 절실한 마음을 애절하게 드러냈으며, 다양한 표현 방법과 우리말의 아름다움을 잘 살린 절묘한 언어 구사로 가사 문학의 대표 작품으로 평가받고 있다.

작가 소개

정철(본책 132쪽 참고)

작품 연구소

〈사미인곡〉의 내용 전개에 따른 화자의 심리

구성	전개 내용		심리
서사	임과의 인연과 이별 후의 그리움		한탄, 안타까움
본사	춘원(春怨)	임을 향한 변함없는 충정을 알리고 싶은 마음	계절의 흐름에 따른 임에 대한 그리움
	하원(夏怨)	자신의 외로운 심사와 임에 대한 정성을 알리고 싶은 마음	
	추원(秋怨)	선정(善政)을 기원하는 마음	
	동원(冬怨)	외로움과 임에 대한 염려	
결사	죽어서라도 임을 따르고 싶은 충정		강렬한 사랑과 애정

계절별 주요 소재에 담긴 상징적 의미

계절에 따른 주요 소재는 임(임금)에 대한 사랑 또는 충정을 형상화한 객관적 상관물이라고 할 수 있다.

계절	소재	상징적 의미
봄	매화	임(임금)에 대한 화자의 사랑(충정)
여름	옷	임(임금)에 대한 화자의 지극한 정성(충정)
가을	청광(달빛)	임금의 선정에 대한 소망(화자의 충정)
겨울	양춘, 햇빛	임(임금)에 대한 화자의 염려(화자의 충정)

여성 화자를 설정한 이유

이 작품의 작가는 임금을 향한 절실한 마음을 여성적 목소리로 표현하였다. 임금을 그리워하는 신하가 아니라, 임의 사랑을 받지 못한 여성을 화자로 설정하여 그 애절한 심정을 하소연하는 방식으로 노래한 것이다. 임금과 신하의 관계는 특수한 것임에 비해 남성과 여성의 애정 관계는 일반적이기 때문에 임을 그리워하는 여성이 하소연하는 방식은 독자들의 공감을 얻는 데 효과적이다. 즉, 자신의 특수한 사연을 인간에게 일반적으로 일어날 수 있는 일로 전환하여 표현함으로써 폭넓은 공감대를 얻고 있으며, 이러한 여성적 어조는 우리 문학에서 일종의 관습적인 표현 방식이라 할 수 있다.

〈사미인곡〉과 영향 관계에 있는 작품

〈사미인(思美人)〉은 중국 초나라 사람인 굴원의 작품 〈이소(離騷)〉 제9장에 나오는 제목으로, 여기에서 '미인'은 임금을 가리킨다. 굴원의 〈사미인〉은 비록 임금의 뜻을 얻지는 못해도 임금을 향한 마음만은 죽더라도 변하지 않겠다는 지극한 충성심을 담고 있는데, 정철의 〈사미인곡〉도 임금을 그리는 충정을 노래하고자 이 제목을 택한 것이다.

이 작품은 화자로 우리 문학의 연가풍(戀歌風)의 노래에 전형적으로 등장하는 여성 화자를 택하고 있으며, 고려 가요 〈가시리〉와 〈동동〉에서도 볼 수 있는 부재한 임에 대한 자기희생적 사랑이 나타난다. 또한 충신연주지사라는 주제 면에서 볼 때에는 고려 가요인 〈정과정〉의 맥을 이은 작품이라고 할 수 있다.

《송강가사》의 문학적 우수성

《송강가사》에 실린 〈사미인곡〉은 임금을 사모하는 연군의 정을 임을 연모하는 여인의 입장에 빗대어 노래하고 비유법, 미화법, 점층법 등 다양한 표현 기법을 활용하여 우리말의 아름다움을 살렸다는 점에서 문학적 우수성과 가치를 인정받는다. 일찍이 서포 김만중이 〈사미인곡〉, 〈속미인곡〉, 〈관동별곡〉을 가리켜 "우리나라의 참된 문장은 이 세 편뿐이다."라고 말했을 정도로 송강의 작품은 뛰어난 작품으로 평가받았다.

키 포인트 체크

화자 임의 사랑을 받지 못하는 □□
상황 □□의 흐름에 따라 임을 사랑하는 마음을 노래함.
태도 임에 대한 변함없는 사랑과 □□□을 드러냄.

1 이 작품에 대한 설명으로 적절하지 않은 것은?

① 4음보의 규칙적인 운율이 나타난다.
② 배경 묘사를 통해 계절감을 드러내고 있다.
③ 임과의 이별로 인한 슬픔을 노래하고 있다.
④ 화자가 처한 상황을 비유적으로 표현하고 있다.
⑤ 초월적 존재에게 화자의 소망을 기원하고 있다.

2 〈보기〉의 내용을 참고할 때, ㉠~㉤이 함축하는 의미로 적절하지 않은 것은?

보기
〈사미인곡〉은 작가 정철이 당파 싸움으로 관직에서 물러나 고향인 창평에 내려가 있을 때 임금을 향한 마음을 임과 이별한 여인의 목소리로 형상화한 작품이다.

① ㉠: 임금이 있는 궁궐
② ㉡: 작가의 고향인 창평
③ ㉢: 관직에서 물러나 창평에서 지낸 시간
④ ㉣: 당파 싸움에서 승리한 세력
⑤ ㉤: 임금에 대한 충정(忠情)

내신 적중

3 〈보기〉의 밑줄 친 시어 중, 시적 기능이 ⓐ와 유사한 것은?

보기
묏버들 갈히 것거 보내노라 님의손듸
자시는 창(窓) 밧긔 심거 두고 보쇼셔.
밤비예 새 닙곳 나거든 날인가도 너기쇼셔. - 홍랑

① 묏버들 ② 님 ③ 창(窓)
④ 밤비 ⑤ 새 닙

내신 적중 다빈출

4 이 작품의 작가가 시적 화자를 여성으로 설정한 이유를 50자 내외로 서술하시오.

시어 풀이

나위(羅幃) 얇은 비단으로 만든 장막.

슈막(繡幕) 수놓은 장막.

원앙금(鴛鴦錦) 원앙이 수놓여진 비단.

서리 김의 서리 기운에, 서리 내릴 무렵에.

위루(危樓) 높은 누각.

심산궁곡(深山窮谷) 깊은 산속의 궁벽한 골짜기. 여기서는 '온 나라 방방곡곡'을 의미함.

건곤(乾坤) 하늘과 땅을 아울러 이르는 말. 천지(天地).

쇼상남반(瀟湘南畔) 중국 호남성에 있는 소상강 지역이지만 여기서는 작가가 있던 전남 창평을 가리킴.

옥루(玉樓) 고쳐(高處) 옥황상제가 있는 곳(궁궐).

일모슈듁(日暮脩竹) 해 저문 날의 긴 대나무.

뎐공후(鈿箜篌) 자개로 장식한 공후(악기의 일종).

편쟉(扁鵲) 중국 춘추 시대의 명의. 여기서는 뛰어난 의사를 가리킴.

시구 풀이

❶ **금자히 견화이셔 ~ 제도(制度)도 ᄀᆞᄌᆞᆯ시고.** 금으로 만든 자로 재서 임의 옷을 만든다는 것은 임의 옷을 만들 때 정성을 다해서 아름답게 만든다는 뜻이며, 그렇게 만든 옷이 솜씨와 함께 격식도 잘 갖추고 있다는 의미이다.

❷ **산(山)인가 구름인가 ~ 뉘라셔 ᄎᆞ자갈고.** 임을 찾아가려 하지만 산과 구름이 험하게 가로막고 있다는 뜻으로, 산과 구름은 화자와 임 사이를 가로막는 장애물이라고 할 수 있으며, 혹은 작가와 선조 사이를 가로막는 간신이나 정적을 의미한다.

❸ **ᄒᆞᄅᆞ밤 서리 김의 기러기 우러 녈 제,** 기러기에 작가의 외로운 감정을 이입하였으며, 가을의 쓸쓸한 분위기를 조성하고 있다.

❹ **동산(東山)의 ᄃᆞᆯ이 ~ 눈믈이 절로 난다.** 동산의 떠오르는 달과 북극의 별(북극성)은 임(임금)을 상징하는 자연물로, 달과 북극성을 보며 임을 그리워하는 화자의 마음을 표현하였다.

❺ **쳥광(淸光)을 ᄆᆡ여 내여 ~ 졈낫ᄀᆞ티 ᄆᆡᆼ그쇼셔.** 맑은 달빛을 임금에게 보내 임금이 그 달빛을 통해 온 세상을 대낮같이 환하게 할 정도의 선정을 베풀어 주기를 기원하는 화자의 마음을 담은 구절로, 신하로서의 충성심이 담겨 있다.

❻ **건곤(乾坤)이 폐ᄉᆡᆨ(閉塞)ᄒᆞ야 ~ ᄂᆞᆯ새도 긋쳐 잇다.** 온 세상이 눈으로 덮여 날아다니는 새의 흔적도 없음을 묘사한 구절이다. 겨울의 추위를 통해 임에 대한 걱정이 더욱 커짐을 암시한다.

❼ **ᄭᅮᆷ의나 님을 보려 ~ 이 밤은 언제 샐고.** 임에 대한 그리움을 견디지 못해 꿈에서나 임을 만나고자 하지만, 차가운 이불을 통해 자신의 외로움을 다시 확인한 화자가 독수공방의 처지를 탄식하고 있다.

❽ **ᄆᆞ옴의 ᄆᆡ쳐 이셔 ~ 이 병을 엇디ᄒᆞ리.** 임에 대한 자신의 그리움이 뼛속까지 사무쳐 편작과 같은 명의가 와도 고칠 수 없다는 내용으로, 임에 대한 간절한 그리움을 드러내고 있다.

❾ **출하리 싀어디여 범나븨 되오리라.** 차라리 죽어서 범나비가 되어 임의 곁에 있고 싶다는 화자의 간절한 소망을 표현한 구절이다. 임과의 사랑을 이루지 못하면 죽어서 영혼으로라도 임을 따르겠다는 화자의 일편단심을 드러낸 것으로, 불교의 윤회 사상이 담겨 있다.

가 ᄭᅩᆺ 디고 새닙 나니 녹음(綠陰)이 ᄭᆞᆯ렷ᄂᆞᆫᄃᆡ, •나위(羅幃) 적막(寂寞)ᄒᆞ고 •슈막(繡幕)이 뷔여 잇다. 부용(芙蓉)을 거더 노코 공쟉(孔雀)을 둘러 두니, ᄀᆞᆺ득 시름 한ᄃᆡ 날은 엇디 기돗던고. •원앙금(鴛鴦錦) 버혀 노코 오ᄉᆡᆨ션(五色線) 플텨내여 ❶금자히 견화이셔 님의 옷 지어 내니, 슈품(手品)은ᄏᆞ니와 제도(制度)도 ᄀᆞᄌᆞᆯ시고. 산호수(珊瑚樹) 지게 우히 ᄇᆡᆨ옥함(白玉函)의 다마 두고, 님의게 보내오려 님 겨신 ᄃᆡ ᄇᆞ라보니 ❷산(山)인가 구름인가 머흐도 머흐시고. 쳔리(千里) 만리(萬里) 길히 뉘라셔 ᄎᆞ자갈고. 니거든 여러 두고 날인가 반기실가.

(꽃 지고 / 푸른 숲의 그늘 / 우거졌는데 / 연꽃을 수놓은 휘장과 공작을 그린 병풍을 둘러 공간의 변화를 꾀함. / 가뜩이나 시름이 많은데 / 길던가 / 다섯 가지 색의 실 / 겨누어서, 재서 / 솜씨는 물론이거니와 / 격식도 갖추었구나 / 화자의 정성이 극진함을 미화법을 통해 표현 / 험하기도 험하구나 / 누구라서 / 가거든)

▶ 하원(夏怨) – 외로움과 임에 대한 정성(본사 2)

나 ❸ᄒᆞᄅᆞ밤 •서리 김의 기러기 우러 녈 제, •위루(危樓)에 혼자 올나 슈졍념(水晶簾)을 거든 말이, ❹동산(東山)의 ᄃᆞᆯ이 나고 븍극(北極)의 별이 뵈니, 님이신가 반기니 눈믈이 절로 난다. ❺쳥광(淸光)을 ᄆᆡ여 내여 ㉠봉황누(鳳凰樓)의 븟티고져. 누(樓) 우ᄒᆡ 거러 두고 팔황(八荒)의 다 비최여 ㉡심산궁곡(深山窮谷) 졈낫ᄀᆞ티 ᄆᆡᆼ그쇼셔.

(하룻밤 / 울며 갈 때(가을의 쓸쓸한 분위기 암시) / 수정으로 만든 발 / 걷으니 / 북극성 / 보이니 / 임금이 있는 궁궐 / 부치고 싶구나 / 온 세상 / 비추어 / 대낮같이 / 만드소서)

▶ 추원(秋怨) – 선정을 바람.(본사 3)

다 ❻•건곤(乾坤)이 폐ᄉᆡᆨ(閉塞)ᄒᆞ야 ᄇᆡᆨ셜(白雪)이 ᄒᆞᆫ 빗친 제, 사ᄅᆞᆷ은ᄏᆞ니와 ᄂᆞᆯ새도 긋쳐 잇다. •쇼상남반(瀟湘南畔)도 치오미 이러커든, •옥루(玉樓) 고쳐(高處)야 더옥 닐너 므ᄉᆞᆷᄒᆞ리. 양츈(陽春)을 부쳐 내여 님 겨신 ᄃᆡ 쏘이고져. 모쳠(茅簷) 비쵠 ᄒᆡ롤 옥누(玉樓)의 올리고져. 홍샹(紅裳)을 니ᄆᆞᄎᆞ고 취슈(翠袖)를 반(半)만 거더 •일모슈듁(日暮脩竹)의 혬가림도 하도 할샤. 댜른 ᄒᆡ 수이 디여 긴 밤을 고초 안자, 쳥등(靑燈) 거른 겻ᄐᆡ •뎐공후(鈿箜篌) 노하두고, ❼ᄭᅮᆷ의나 님을 보려 ᄐᆞᆨ 밧고 비겨시니, 앙금(鴦衾)도 ᄎᆞ도 ᄎᆞᆯ샤 이 밤은 언제 샐고.

(닫히고 막혀(얼어붙어) / 흰 눈으로 덮였을 때 / 사람은 물론이거니와 / 끊어져 / 추위가, 추움이 / 일러 / 쐬게 하고 싶다 / 처마 밑 / 비친 / 올리고 싶다 / 붉은 치마 / 여미어 입고 / 푸른 소매 / 임을 기다리는 모습 / 생각이 많기도 많구나 / 짧은 해가 / 쉽게, 빨리 / 꼿꼿이 / 푸른 등불(청사초롱) / 턱 받치고 / 기대었으니 / 원앙을 수놓은 이불 / 차기도 차구나)

▶ 동원(冬怨) – 임의 건강을 걱정하며 밤을 지새움.(본사 4)

라 ᄒᆞᄅᆞ도 열두 ᄯᅢ ᄒᆞᆫ ᄃᆞᆯ도 셜흔 날 져근덧 ᄉᆡᆼ각 마라 이 시름 닛쟈 ᄒᆞ니, ❽ᄆᆞ옴의 ᄆᆡ쳐 이셔 골슈(骨髓)의 ᄢᅦ터시니, •편쟉(扁鵲)이 열히 오나 이 병을 엇디ᄒᆞ리. 어와, 내 병이야 이 님의 타시로다. ❾출하리 싀어디여 범나븨 되오리라. 곳나모 가지마다 간 ᄃᆡ 족족 안니다가 향 므든 날애로 님의 오ᄉᆡ 올므리라. 님이야 날인 줄 모ᄅᆞ셔도 내 님 조ᄎᆞ려 ᄒᆞ노라.

(하루 / 삼십 일 / 잠깐 동안 / 잊고자 / 뼛속 / 사무쳤으니 / 탓이로다 / 죽어 없어져서 / 가는 데마다 / 앉아 있다가 / 날개로 / 임을 향한 화자의 일편단심의 태도를 집약한 구절(서사 첫 구절과 의미상 호응을 이룸.))

▶ 죽어서도 임을 따르겠다는 염원(결사)

현대어 풀이

(가) 꽃 지고 새 잎이 나니 푸른 잎이 우거져 그늘이 깔렸는데, 비단 휘장 안은 쓸쓸하고, 수놓은 장막은 텅 비어 있다. 연꽃이 그려진 병풍을 걷어 놓고 공작이 그려진 병풍을 둘러 두니, 가뜩이나 시름 많은데 날은 어찌 그리도 길던가? 원앙이 그려진 비단을 베어 놓고 오색실을 풀어 내어 금으로 만든 자로 재어서 임의 옷 지어 내니, 솜씨는 물론이거니와 격식도 갖추었구나. 산호로 만든 지게 위에 백옥함에 (임의 옷을) 담아 두고, 임에게 보내려고 임 계신 곳 바라보니 산인가 구름인가 험하기도 험하구나. 천만 리나 되는 먼 길을 누가 찾아갈까? 가거든 (백옥함을) 열어 두고 나를 본 듯 반기실까?

(나) 하룻밤 사이 서리 내릴 무렵에 기러기가 울며 날아갈 때, 높다란 누각에 혼자 올라서 수정으로 만든 발을 걷으니, 동산에 달이 떠오르고 북극성이 보이므로, 임이신가 하여 반가워하니 눈물이 절로 난다. 저 맑은 달빛을 일으켜 내어 임이 계신 궁궐에 부쳐 보내고 싶다. (임께서는 그것을) 누각 위에 걸어 두고 온 세상에 다 비추어, 깊은 산골짜기도 대낮 같이 환하게 만드소서.

(다) 온 세상이 겨울의 추위에 얼어 생기가 막히고 흰 눈으로 온통 덮여 있으니, 사람은 말할 것도 없거니와 날짐승도 자취를 감추었도다. 소상강 남쪽 지방같이 따뜻한 이곳(전남 창평)도 추움이 이와 같거늘, 하물며 북쪽 임 계신 곳이야 더 말할 것이 있겠는가. 따뜻한 봄기운을 (부채로) 부치어 내어 임 계신 곳에 쐬게 하고 싶다. 초가집 처마에 비친 따뜻한 햇볕을 임 계신 궁궐에 올리고 싶다. 붉은 치마를 여미어 입고 푸른 소매를 반쯤 걷어 올려, 해는 저물었는데 밋밋하고 길게 자란 대나무에 기대어 서니 이런저런 생각이 많기도 많구나. 짧은 겨울 해가 이내 넘어가고, 긴 밤을 꼿꼿이 앉아, 청사초롱을 걸어 둔 옆에 자개로 수놓은 공후를 두고, 꿈에서라도 임을 보려고 턱을 받치고 기대니, 원앙새를 수놓은 이불이 차기도 차구나. (아, 이렇게 홀로 외로이 지내는) 이 밤은 언제나 샐 것인가?

(라) 하루도 열두 때 한 달도 서른 날, 잠시라도 임 생각을 말고 이 시름을 잊으려 하여도 (시름이) 마음속에 맺혀 있어 뼛속까지 사무쳤으니, 편작과 같은 명의(名醫)가 열 명이 오더라도 이 병을 어떻게 하랴. 아, 내 병이야 임의 탓이로다. 차라리 사라져(죽어서) 범나비가 되리라. 꽃나무 가지마다 가는 곳마다 앉아 있다가, 향기 묻은 날개로 임의 옷에 옮아 가 앉으리라. 임께서 (그 범나비가) 나인 줄 모르셔도 나는 임을 따르려 하노라.

작품 연구소

계절의 순환에 따른 시상 전개

이 작품은 화자의 시름과 임에 대한 연모의 정을 계절의 변화에 따라 전개했다. 본사를 봄·여름·가을·겨울로 나누어 계절에 따른 자연과 생활의 변화를 그리면서, 그 속에서 화자가 느끼는 임에 대한 그리움과 충정을 구체적인 수사로 엮은 솜씨가 탁월하다. 즉, 임과 이별한 후의 그리움을 한 여인의 절절한 애정으로 표현함으로써 신하로서의 연군지정을 함축하고 있으며, 이별한 임에 대한 그리움과 시름을 계절에 따라 이미지로 형상화하며 시상을 전개했다.

구성	전개 내용	화자의 상황과 태도
봄	동풍(東風)이 건듯 부러 적셜(積雪)을 헤텨 내니,	창밖에 핀 매화를 꺾어 멀리 있는 임에게 보내고 싶음.
여름	쏫 디고 새닙 나니 녹음(綠陰)이 갈렷눈듸,	푸른 잎이 우거져 있는 것과 대조적으로 화자가 있는 곳은 적막함.
가을	ᄒᆞᄅᆞ밤 서리 김의 기러기 우러 녈 제,	높은 누각에 혼자 올라 달과 별을 보고 임을 떠올리며 눈물지음.
겨울	건곤(乾坤)이 폐식(閉塞)ᄒᆞ야 빅셜(白雪)이 ᄒᆞᆫ 빗친 제,	사람은커녕 새도 보이지 않는 추위에 임의 건강을 염려함.

추원(秋怨)과 동원(冬怨)에 나타난 화자의 연군지정

	표현	의미
추원(秋怨)	동산(東山)의 돌, 북극(北極)의 별	자연물을 통해 임금을 상징적으로 표현함.
	청광(淸光)을 픠여 내여 봉황누(鳳凰樓)의 븟티고져.	연군지정, 임금이 선정을 베풀기를 바라는 신하의 소망을 담아냄.
동원(冬怨)	모쳠(茅簷) 비쵠 히롤 옥누(玉樓)의 올리고져.	임금의 안위를 걱정하는 신하의 마음(연군지정)을 드러냄.

화자의 분신, '범나븨'

화자는 서사와 본사에서 임을 향한 간절한 그리움, 임에 대한 걱정과 임의 곁에서 임을 다시 모시고 싶은 소망 등을 토로한 이후에, 결사에 이르러서 그러한 소망이 이루어지지 못한다면 차라리 죽어서 '범나븨'가 되겠다는 결연한 태도를 드러낸다. 즉, 임을 향한 지극한 그리움 때문에 죽음을 매개로 하여 생전에 이루지 못한 소망을 이루고자 하는 것이다. 따라서 '범나븨'는 죽음을 불사하고서라도 임을 향한 일편단심을 보이는 화자의 분신이라 할 수 있다.

함께 읽으면 좋은 작품

〈정과정〉, 정서 / 임금에 대한 마음을 표현한 작품

〈정과정〉은 고려 의종 때의 문인 정서가 귀양지인 동래에서 임금에게 자신의 결백을 밝히고 선처를 청하기 위해 지은 작품이다. 관직에서 쫓겨난 선비의 심정을 표현하고 있다는 점과 임금에 대한 그리움을 표현한 충신연주지사의 노래라는 데서 두 작품의 공통점을 찾을 수 있다.

Link 본책 78쪽

내신 적중 多빈출

5 이 작품의 시상 전개 방식으로 가장 적절한 것은?

① 계절의 변화에 따른 정서 표출
② 공간의 이동에 따른 정서 변화
③ 과거와 현재의 교차를 통한 정서 변화
④ 자연과 인간사의 대비를 통한 정서 표출
⑤ 원경에서 근경으로의 진행에 따른 정서 심화

내신 적중 高난도

6 이 작품의 화자[A]와 〈보기〉의 화자[B]에 대한 설명으로 적절한 것은?

보기

내 님믈 그리ᅀᆞ와 우니다니
산(山) 졉동새 난 이슷ᄒᆞ요이다.
아니시며 거츠르신 둘 아으
잔월효성(殘月曉星)이 아ᄅᆞ시리이다.
넉시라도 님은 ᄒᆞᆫ듸 녀져라 아으
벼기더시니 뉘러시니잇가.
과(過)도 허믈도 천만(千萬) 업소이다.
물힛 마리신뎌 / 술읏븐뎌 아으
니미 나를 ᄒᆞ마 니ᄌᆞ시니잇가.
아소 님하, 도람 드르샤 괴오쇼셔. – 정서, 〈정과정〉

① [A]와 달리 [B]는 소극적인 자세를 보인다.
② [A]와 달리 [B]는 자신의 소망을 직접적으로 드러낸다.
③ [B]와 달리 [A]는 자신이 처한 상황을 극복하려 한다.
④ [B]와 달리 [A]는 자신에 대한 임의 사랑을 확신하고 있다.
⑤ [A]와 [B]는 모두 자신이 처한 상황에 대해 체념하고 있다.

7 〈보기〉를 참고하여 이 작품을 이해한 내용으로 적절하지 <u>않은</u> 것은?

보기

송강 정철은 50대 후반에 당쟁에 휘말려 사간원 및 사헌부의 탄핵을 받았다. 이후 정철은 조정에서 물러나 4년간 전라남도 창평(담양)에서 은거하며 불우한 생활을 하였는데, 여기에서 정철은 임금에 대한 충정(忠情)과 정치적 재기를 다지며 글을 썼다.

① (가)의 '님의 옷'은 임금에 대한 충정(忠情)을 의미하는군.
② (나)의 '눈믈'은 오래도록 자신을 조정으로 부르지 않는 임금에 대한 원망을 드러내는군.
③ (다)의 '앙금도 ᄎᆞ도 출샤'는 관직에서 쫓겨나 불우한 생활을 했던 작가의 처지를 나타내는군.
④ (라)의 '범나븨'는 정치적으로 재기하여 조정으로 가려는 의지가 반영된 작가의 분신으로 볼 수 있겠군.
⑤ (라)의 '조ᄎᆞ려 ᄒᆞ노라'는 임금을 향한 충정이 변함없으리라는 다짐으로 볼 수 있군.

8 (나)의 ㉠을 '궁궐'로 해석할 때, ㉡의 의미를 '임금'을 주어로 하여 한 문장으로 쓰시오.

4. 가사

100 속미인곡(續美人曲) | 정철

키워드 체크 #충신연주지사 #두 여인의 대화 #뛰어난 우리말 표현

문학 천재(정), 동아, 비상, 신사고, 창비
국어 동아, 비상(박안), 지학

핵심 정리

갈래 서정 가사, 양반 가사, 정격 가사
성격 서정적, 여성적, 연모적, 충신연주지사
운율 3(4)·4조, 4음보 연속체
제재 임에 대한 그리움
주제 임금을 향한 그리움, 연군지정(戀君之情)
특징 ① 대화 형식으로 내용을 전개함.
② 순우리말을 절묘하게 구사함.
연대 조선 선조
출전 《송강가사》

시어 풀이

ᄇᆡᆨ옥경(白玉京) 도가(道歌)에서 옥황상제가 산다고 하는 곳. 여기서는 '임금이 있는 한양'을 가리킴.
츈한고열(春寒苦熱) 봄 추위와 여름의 괴로운 더위.
츄일동텬(秋日冬天) 가을과 겨울의 날씨.
죽조반(粥早飯) 아침밥을 먹기 전에 일찍 먹는 죽.
죠셕(朝夕) 뫼 아침저녁 밥.

시구 풀이

❶ **텬샹(天上) ᄇᆡᆨ옥경(白玉京)을 ~ 보라 가시ᄂᆞᆫ고.** 하늘 위의 백옥경은 임금이 계시는 궁궐을 의미하며, 백옥경과 이별하였다는 것은 화자가 임과 이별한 처지라는 것을 보여 준다. 또한 '해 다 저문 날'이라는 시간적 배경은 화자의 쓸쓸한 상황을 더욱 강조하고 애상적인 분위기를 자아낸다.

❷ **내 얼굴 이 거동이 ~ 군ᄠᅳ디 전혀 업서** 자신의 모습이 볼품없지만 임이 자신을 사랑하기에 자신도 다른 생각을 하지 않았다는 것으로, 임에 대한 화자의 순수한 사랑과 믿음의 자세를 보여 주는 구절이다.

❸ **내 몸의 지은 죄 ~ 조믈(造物)의 타시로다.** 임과 헤어지게 된 이유가 자신의 죄 때문이라고 생각하며, 또 조물주의 탓이라고 생각하는 것에서 화자의 운명론적 인생관이 나타나는 구절이다. 또한 임금을 원망하지 않는 신하의 자세를 엿볼 수 있다.

❹ **미친 일이 ~ 엇디 자시ᄂᆞᆫ고.** 과거에 임금을 모신 경험을 바탕으로 여러 가지 면에서 임을 염려하는 화자의 자상한 모습이 드러나 있다. '미친 일'은 '임에게 사랑을 다하지 못한 점, 곧 임금에게 충성을 다하지 못한 점, 임금을 제대로 보필하지 못한 점'에 대한 화자의 안타까운 마음을 담고 있다.

작가 소개

정철(본책 132쪽 참고)

가 뎨 가ᄂᆞᆫ 뎌 각시 본 듯도 ᄒᆞᆫ뎌이고. ❶텬샹(天上) ᄇᆡᆨ옥경(白玉京)을 엇디ᄒᆞ야 니별(離別)ᄒᆞ고, ᄒᆡ 다 뎌 져믄 날의 ᄂᆞᆯ을 보라 가시ᄂᆞᆫ고.
(뎨: 저기 / 뎌 각시: 저 각시(젊은 여자) / ᄒᆡ 다 뎌: 해 다 져서 / ᄂᆞᆯ을: 누구를)
▶ 갑녀의 질문 – 백옥경을 떠난 이유(서사 1)

나 어와 네여이고 내 ᄉᆞ셜 드러 보오. ❷내 얼굴 이 거동이 님 괴얌 즉ᄒᆞᆫ가마ᄂᆞᆫ 엇딘디 날 보시고 네로다 녀기실ᄉᆡ 나도 님을 미더 군ᄠᅳ디 전혀 업서 『이ᄅᆡ야 교ᄐᆡ야 어ᄌᆞ러이 ᄒᆞ돗쎤디』 반기시ᄂᆞᆫ ᄂᆞᆺ비치 녜와 엇디 다ᄅᆞ신고. 누어 ᄉᆡᆼ각ᄒᆞ고 니러 안자 혜여ᄒᆞ니 ❸내 몸의 지은 죄 뫼ᄀᆞ티 ᄡᅡ혀시니 하ᄂᆞᆯ히라 원망ᄒᆞ며 사ᄅᆞᆷ이라 허믈ᄒᆞ랴. 셜워 플텨 혜니 조믈(造物)의 타시로다.
(네여이고: 너로구나 / ᄉᆞ셜: 사정 이야기 / 얼굴: 모습, 형체 / 님 괴얌 즉ᄒᆞᆫ가마ᄂᆞᆫ: 임이 사랑함 직한가마는 / 엇딘디: 어쩐지 / 네로다: 너로구나 / 녀기실ᄉᆡ: 여기시기에 / 군ᄠᅳ디: 다른 생각이 / 『 』: 을녀가 생각하는 이별의 이유 / ᄂᆞᆺ비치: 낯(얼굴)빛이 / 녜와: 옛날과 / 혜여ᄒᆞ니: 헤아리니, 생각하니 / 뫼ᄀᆞ티: 산같이 / ᄡᅡ혀시니: 쌓였으니 / 허믈ᄒᆞ랴: 탓하겠는가 / 셜워: 서러워 / 플텨: 풀어)
▶ 을녀의 대답 – 자책과 체념(서사 2)

다 글란 ᄉᆡᆼ각 마오.
(글란: 그렇게는)
▶ 갑녀 – 위로(본사 1)

라 ❹미친 일이 이셔이다. 님을 뫼셔 이셔 님의 일을 내 알거니 믈 ᄀᆞᄐᆞᆫ 얼굴이 편ᄒᆞ실 적 몃 날일고. 츈한고열(春寒苦熱)은 엇디ᄒᆞ야 디내시며 츄일동텬(秋日冬天)은 뉘라셔 뫼셧ᄂᆞᆫ고. 죽조반(粥早飯) 죠셕(朝夕) 뫼 녜와 ᄀᆞᆺ티 셰시ᄂᆞᆫ가. 기나긴 밤의 ᄌᆞᆷ은 엇디 자시ᄂᆞᆫ고.
(미친: 맺힌 / 이셔이다: 있습니다 / 뫼셔 이셔: 모시고(모셨던 적이) 있어 / 믈 ᄀᆞᄐᆞᆫ: 물같이 연약한 / 엇디 자시ᄂᆞᆫ고: 어찌 주무시는가 / 뫼: 밥 / 녜와 ᄀᆞᆺ티: 옛날과 같이 / 셰시ᄂᆞᆫ가: 잡수시는가)
▶ 을녀 – 임에 대한 염려(본사 2)

현대어 풀이

(가) 저기 가는 저 각시 본 듯도 하구나. 천상의 백옥경(궁궐)을 어찌하여 이별하고, 해 다 저문 날에 누구를 보러 가시는가?

(나) 아, 너로구나. 내 사정 이야기 들어 보오. 내 모습과 이 태도가 임이 사랑함 직한가마는, 어쩐지 나를 보시고 너로구나(하며 특별하게) 여기시므로 나도 임을 믿어 딴 생각이 전혀 없어 응석과 애교를 부리며 지나치게 굴었던지, (임께서 나를) 반기시는 얼굴빛이 옛날과 어찌 다르신고? 누워 생각하고 일어나 앉아 헤아려 보니 내 몸의 지은 죄가 산같이 쌓였으니 하늘이라고 원망하겠으며 사람을 탓하겠는가. 서러워 풀어 헤아려 보니 조물주의 탓이로다.

(다) 그렇게는 생각하지 마오.

(라) (마음에) 맺힌 일이 있습니다. 임을 (예전에) 모시고 있어 임의 일을 내가 잘 알거니, 물 같은 얼굴(연약한 몸)이 편하실 적 몇 날인가? 봄날의 추위와 여름날의 더위는 어떻게 지내시며 가을과 겨울은 누가 모셨는가? 아침 죽과 아침, 저녁 진지는 옛날과 같이 잡수시는가? 기나긴 밤에 잠은 어찌 주무시는가?

이해와 감상

이 작품은 정철이 전남 창평에 은거할 때 임금을 그리워하는 정을 두 여인의 대화 형식으로 읊은 연군 가사로, 〈사미인곡〉의 속편에 해당한다. 이 작품은 〈사미인곡〉과 함께 가사 문학의 백미로 꼽히는데, 〈사미인곡〉에 비해 순우리말의 묘미를 잘 살렸으며, 화자의 간절함이 잘 드러난다는 평가를 받고 있다. '서사 – 본사 – 결사'의 3단 구성으로, 특히 두 선녀의 대화 형식, 즉 상대 여인(보조 인물)이 백옥경을 떠난 이유를 묻고, 작가의 분신에 해당하는 여인이 답하며 자신의 서러운 사연과 간절한 사모의 정을 토로하는 형식으로 노래를 전개했다는 점이 돋보인다. 여기서 작가는 임금을 떠나온 자신의 처지를 천상에서 임을 모시다가 지상으로 내려온 선녀의 신세에 빗대어 임에 대한 절절한 사랑을 표현했다.

키 포인트 체크

화자 임을 그리워하는 두 □□

상황 자신의 서러운 상황과 간절한 마음을 □□로 풀어냄.

태도 임에게 변함없는 □□을 보이며 죽어서도 임의 곁에 있고 싶어 함.

작품 연구소

〈속미인곡〉의 전개 방식

	주제	대화 구조	대화 상황
서사	임과 이별한 사연	• 갑녀의 질문(서사 1) • 을녀의 답변(서사 2)	을녀가 임 계신 대궐에서 나와 이곳에 있는 이유를 조물주의 탓으로 돌리며 갑녀에게 설명함.
본사	임에 대한 사랑과 그리움	• 갑녀의 위로(본사 1) • 을녀의 하소연(본사 2)	임을 그리워하는 마음으로 혹시 나 소식 전할 이가 찾아올까 기다리며 보내는 생활을 이야기함.
	임을 찾는 방황	을녀의 하소연(본사 3, 4)	임께 가고자 산과 강으로 향했지만 구름과 강물이 방해하여 지친 몸을 이끌고 돌아옴.
결사	죽어서도 이루려는 간절한 사랑	• 을녀의 하소연(결사 1) • 갑녀의 위로(결사 2)	을녀가 쓸쓸한 마음에 창밖의 달을 보며 죽어서 달이나 되고 싶다 하니, 갑녀가 궂은비가 되라고 함.

〈속미인곡〉의 두 화자의 성격

갑녀(甲女)	을녀(乙女)
• 을녀의 하소연을 유발하고, 극적으로 작품의 결말을 짓게 함. • 작품의 전개와 종결을 위한 기능적 역할 • 보조적 위치에 있는 화자	• 갑녀의 질문에 응하여 신세 한탄을 함으로써 작품의 정서적 분위기를 주도함. • 작품의 주제를 구현하는 중추적 역할 • 작가의 처지를 대변하는 중심 화자

이 작품은 두 인물의 대화 형식의 진술 방식을 취함으로써 주제를 효과적으로 구현하고 작품에 생동감을 느끼게 한다. 여기서 '갑녀'와 '을녀'는 편의상 붙인 이름이다. '을녀'가 서러운 사연을 길게 토로하는 것에 반해 '갑녀'는 아주 짧게 대화에 개입함으로써 화제를 전환하고 매듭을 짓는다. 이를 통해 사연은 사연대로 길게 풀어 내고 대화 상대자가 개입하여 위로하거나 공감함으로써 그 사연이 일방적인 것이 아니라 다른 사람 또한 동의할 수 있는 절실한 사연임이 드러나고 있다.

고려 가요의 화자와 〈속미인곡〉의 화자의 성격

임을 탓하거나 원망하지 않고 자신의 숙명으로 받아들이는 이 작품의 화자는 임을 직접적으로 원망하고 푸념을 늘어놓는 고려 가요의 여성 화자와 비교해 볼 수 있다. 고려 가요의 여성 화자는 서민적이고 유녀(遊女; 노는 계집)적인 성격이 짙으나, 〈속미인곡〉의 화자는 남성 위주의 유교 사회에서 사모하는 임에게 버림을 받은 여인으로 취할 수 있었던, 자신의 감정을 통제할 줄 아는 유교적 도덕녀로서의 성격이 강하다. 이것은 신하로서 군주를 비판하지 않는 작가의 유학자(儒學者)로서의 태도가 반영된 것으로 볼 수 있다.

〈사미인곡〉과 〈속미인곡〉의 비교

		〈사미인곡〉	〈속미인곡〉
공통점		• 화자가 '임'을 그리워함. • 죽어서도 다른 자연물이 되어 임의 곁에 있고 싶어 함.	
차이점	전개	사계절에 따른 화자의 독백체	두 인물의 대화체
	표현	• 한자 성어나 고사 사용 • 과장된 표현	순우리말의 묘미를 살린 소박하고 진솔한 표현
	화자의 태도	속만 태우고 있으며 임이 자신을 몰라주어도 임을 따르겠다는 소극적인 태도	임의 소식을 알아보고 임에게 자신의 마음을 보이겠다는 적극적인 태도

1 이 작품에 대한 설명으로 적절하지 않은 것은?

① 여성 화자의 목소리를 빌려 내용을 전개하고 있다.
② 중심인물과 보조 인물의 대화 형식을 취하고 있다.
③ 우리말을 효과적으로 구사하여 표현미를 높이고 있다.
④ 대상에 대한 간절한 그리움을 진솔하게 드러내고 있다.
⑤ 시간이 흐름에 따라 화자의 내적 갈등이 점차 해소되고 있다.

2 이 작품을 연극으로 공연하기 위해 논의한 내용으로 적절하지 않은 것은?

① 극 중 상황에 어울리도록 잔잔한 음악을 준비해야겠어.
② 무대 배경은 석양이 은은하게 질 무렵으로 만들어야겠어.
③ 등장인물들의 분장은 수수하고 소박하게 하는 것이 좋겠어.
④ (가)의 인물에게는 질문을 던지는 역할임을 알려 줘야지.
⑤ (나)의 인물은 임과의 사랑을 회상하며 즐거워해야 해.

3 (나), (라)의 화자[A]와 〈보기〉의 화자[B]를 비교한 설명으로 가장 적절한 것은?

보기

대동강(大同江) 아즐가 대동강 너븐디 몰라셔
비 내여 아즐가 비 내여 노훈다 샤공아
네 가시 아즐가 네 가시 럼난디 몰라셔
녈 비예 아즐가 녈 비예 연즌다 샤공아
대동강 아즐가 대동강 건넌편 고즐여
비 타 들면 아즐가 비 타 들면 것고리이다 나는

– 작자 미상, 〈서경별곡〉

① [A]와 달리 [B]는 임을 원망하지 않고, 이별을 자신의 운명으로 받아들인다.
② [A]와 달리 [B]는 구체적인 행위를 통해 임에 대한 원망을 드러낸다.
③ [B]와 달리 [A]는 이별이 슬프지만 겉으로는 그 슬픔을 드러내지 않는다.
④ [B]와 달리 [A]는 임에 대한 걱정과 염려를 표면적으로 드러내지 않는다.
⑤ [A]와 [B]는 모두 임의 부재에서 오는 고독을 적극적으로 거부하고 있다.

내신 적중

4 (라)와 〈보기〉에 나타나는 공통된 화자의 태도가 무엇인지 20자 이내로 쓰시오.

보기

건곤(乾坤)이 폐식(閉塞)ᄒᆞ야 빅셜(白雪)이 ᄒᆞᆫ 빗친 제, 사름은ᄏᆞ니와 ᄂᆞᆯ새도 긋쳐 잇다. 쇼샹남반(瀟湘南畔)도 치오미 이러커든, 옥루(玉樓) 고쳐(高處)야 더옥 닐너 므숨ᄒᆞ리. 양춘(陽春)을 부쳐 내여 님 겨신 ᄃᆡ 쏘이고져.

– 정철, 〈사미인곡〉

가 ❶님다히 쇼식(消息)을 아므려나 아쟈 ᄒᆞ니 오ᄂᆞᆯ도 거의로다. ᄂᆡ일이나 사ᄅᆞᆷ 올가. 내 ᄆᆞᄋᆞᆷ 둘 ᄃᆡ 업다. 어드러로 가쟛 말고. 잡거니 밀거니 놉픈 뫼희 올라가니 ❷구롬은ᄏᆞ니와 안개ᄂᆞᆫ 므ᄉᆞ 일고. ❸산쳔(山川)이 어둡거니 일월(日月)을 엇디 보며 지쳑(咫尺)을 모ᄅᆞ거든 쳔리(千里)ᄅᆞᆯ ᄇᆞ라보랴. ᄎᆞᆯ하리 믈ᄀᆞ의 가 ᄇᆡ 길히나 보랴 ᄒᆞ니 ᄇᆞ람이야 믈결이야 어둥졍 된뎌이고. ❹샤공은 어ᄃᆡ 가고 븬 ᄇᆡ만 걸렷ᄂᆞᆫ고. 강텬(江天)의 혼쟈 셔셔 디ᄂᆞᆫ ᄒᆡᄅᆞᆯ 구버보니 님다히 쇼식(消息)이 더옥 아득ᄒᆞᆫ뎌이고.

(님다히: 임 쪽(임 계신 곳) / 아므려나: 어떻게든 / 아쟈: 알고자 / 거의로다: 거의 지나갔구나 / 놉픈 뫼: 높은 산 / 구롬은ᄏᆞ니와: 구름은 물론이거니와 / 일월(日月): 해와 달(임금) / ᄎᆞᆯ하리: 차라리 / ᄇᆡ 길히나: 뱃길이나 / ᄇᆞ람이야 믈결이야: 장애물 – 화자의 심리 상태 / 븬 ᄇᆡ △: 객관적 상관물(화자의 외로움을 심화) / 디ᄂᆞᆫ ᄒᆡ: 지는 해)

▶ 을녀 – 임의 소식을 듣고 싶은 마음(본사 3)

나 모쳠(茅簷) ᄎᆞᆫ 자리의 밤듕만 도라오니 반벽 쳥등(半壁青燈)은 눌 위ᄒᆞ야 ᄇᆞᆯ갓ᄂᆞᆫ고. ❺오ᄅᆞ며 ᄂᆞ리며 헤ᄣᅳ며 바니니 져근덧 녁진(力盡)ᄒᆞ야 픗ᄌᆞᆷ을 잠간 드니 졍셩(精誠)이 지극ᄒᆞ야 ❻ᄭᅮᆷ의 님을 보니 옥(玉) ᄀᆞᄐᆞᆫ 얼구리 반(半)이나마 늘거셰라. ❼ᄆᆞᄋᆞᆷ의 머근 말ᄉᆞᆷ 슬ᄏᆞ장 ᄉᆞᆲ쟈ᄒᆞ니 눈믈이 바라 나니 말ᄉᆞᆷ인들 어이ᄒᆞ며 졍(情)을 못다 ᄒᆞ야 목이조차 몌여ᄒᆞ니 오뎐된 계셩(鷄聲)의 ᄌᆞᆷ은 엇디 ᄭᆡ돗던고.

(ᄎᆞᆫ 자리: 찬 잠자리 / 밤듕만: 밤중에 / 반벽 쳥등(半壁青燈) △ / 눌 위ᄒᆞ야 ᄇᆞᆯ갓ᄂᆞᆫ고: 누구를 위하여 밝았는가 / 져근덧: 잠깐 동안 / 픗ᄌᆞᆷ: 살짝 든 잠, 선잠 / 옥(玉) ᄀᆞᄐᆞᆫ: 옥 같은 모습(임의 곱던 모습) / ᄆᆞᄋᆞᆷ의 머근 말ᄉᆞᆷ: 그리움의 사연 / 바라: 연달아 / 계셩(鷄聲): 화자의 소망을 방해하는 장애물)

▶ 을녀 – 독수공방의 슬픔과 임과의 재회(본사 4)

다 어와, 허ᄉᆞ(虛事)로다. 이 님이 어ᄃᆡ 간고. 결의 니러 안자 창(窓)을 열고 ᄇᆞ라보니 ❽어엿븐 그림재 날 조ᄎᆞᆯ ᄲᅮᆫ이로다. ❾ᄎᆞᆯ하리 ᄉᆡ여디여 낙월(落月)이나 되야이셔 님 겨신 창(窓) 안희 번드시 비최리라.

(결의: 꿈결에 / ᄎᆞᆯ하리: 차라리 / ᄉᆡ여디여: 죽어 없어져서 / □: 화자의 분신 / 번드시: 환하게 / 비최리라: 비치리라)

▶ 을녀 – 죽어서라도 임을 따르고 싶다는 소망(결사 1)

라 각시님 ❿ᄃᆞᆯ이야ᄏᆞ니와 구ᄌᆞᆫ비나 되쇼셔.

▶ 갑녀 – 위로의 말(결사 2)

Q (나)에서 꿈의 기능은?

화자가 풋잠 속에서나 임을 만날 수 있었던 것은 현실적 절망에 대한 심리적 보상이라 할 수 있다. 그러나 화자는 꿈속에서 만단정회(萬端情懷; 온갖 정과 회포)를 충분히 펼 수가 없었다. 즉, 화자의 꿈은 화자의 소망이 간절함을 말해 주면서도 임과의 거리를 단축해 보려는 화자의 열망이 꿈처럼 허무한 것임을 표현한 것이라고 할 수 있다.

현대어 풀이

(가) 임(계신 곳)의 소식을 어떻게든 알고자 하니 오늘도 거의로구나(지나갔구나). 내일이나 (임 소식 전할) 사람 올까? 내 마음 둘 데 없다. 어디로 가자는 말인가? (나무를) 잡거니 밀거니 높은 산에 올라가니 구름은 물론이거니와 안개는 무슨 일인가? 산천이 어두우니 해와 달을 어찌 보며, 가까운 거리도 모르는데 천 리를 바라보랴. 차라리 물가에 가서 뱃길이나 보고자 하니 바람과 물결로 어수선하게 되었구나. 사공은 어디 가고 빈 배만 걸렸는가? 강가에 혼자 서서 지는 해를 굽어보니 임 계신 곳의 소식이 더욱 아득하구나.

(나) 초가집 찬 잠자리에 밤중에 돌아오니, 벽에 걸린 등불은 누구를 위하여 밝았는가? (산을) 오르며 내리며 헤매며 오락가락하니 잠깐 동안에 힘이 다하여 풋잠을 잠깐 드니 정성이 지극하여 꿈에 임을 보니, 옥 같던 (임의) 모습 반 넘게 늙었구나. 마음에 먹은 말씀 실컷 아뢰고자 하니, 눈물이 계속 나니 말인들 어찌하며, 정을 못다 풀어 목마저 메니, 방정맞은 닭소리에 잠은 어찌 깨었던가?

(다) 아, 헛된 일이로구나. 이 임이 어디 갔는가? 꿈결에 일어나 앉아 창을 열고 바라보니 가엾은 그림자만이 나를 따를 뿐이로다. 차라리 죽어 없어져서 지는 달이나 되어 임 계신 창 안에 환하게 비치리라.

(라) 각시님 달은커녕 궂은비나 되십시오.

시어 풀이

지쳑(咫尺) 아주 가까운 거리.
어둥졍 어수선하게, 어리둥절하게.
모쳠(茅簷) 초가지붕의 처마.
반벽 쳥등(半壁青燈) 벽 가운데 걸려 있는 등불.
녁진(力盡)ᄒᆞ다 힘이 다하다.
슬ᄏᆞ장 실컷.
오뎐된 방정맞은.
허ᄉᆞ(虛事) 헛된 일.

시구 풀이

❶ **님다히 쇼식(消息)을 ~ 사ᄅᆞᆷ 올가.** 임에 대한 그리움으로 하루하루를 지내며 탄식하는 화자의 모습을 표현한 구절로, 임의 소식을 전해 줄 '사람'에 대한 간절한 기다림이 드러나 있다.

❷ **구롬은ᄏᆞ니와 안개ᄂᆞᆫ 므ᄉᆞ 일고.** 구름과 안개 때문에 임이 계신 곳을 볼 수 없음을 의미한다. '구름'과 '안개'는 화자와 임 사이를 가로막고 있는 장애물로, 당시에 조정을 어지럽히던 간신을 상징한다고 할 수 있다.

❸ **산쳔(山川)이 어둡거니 ~ 쳔리(千里)ᄅᆞᆯ ᄇᆞ라보랴.** 일월은 해와 달로 임금을 상징하는 것이고 산천이 어둡다는 것은 당시의 부정적인 시대 상황을 의미하는 것으로, 이러한 상황 속에서 화자가 임(임금)을 걱정하는 마음이 더욱 심화되고 있음을 보여 준다.

❹ **샤공은 어ᄃᆡ 가고 븬 ᄇᆡ만 걸렷ᄂᆞᆫ고.** 임에 대한 그리움으로 방황하는 화자의 상태를 표현한 부분이다. 특히 '빈 배'는 화자의 쓸쓸하고 외로운 마음을 간접적으로 보여 주는 객관적 상관물이다.

❺ **오ᄅᆞ며 ᄂᆞ리며 헤ᄣᅳ며 ~ 녁진(力盡)ᄒᆞ야** 임을 그리워하며 임의 소식을 알고자 하는 화자가 산과 강으로 여기저기 돌아다녔던 낮 시간의 행위들을 간략하게 정리하여 표현한 구절로, 심리적인 그리움이 육체적인 어려움으로 나타나고 있다.

❻ **ᄭᅮᆷ의 님을 ~ 반(半)이나마 늘거셰라.** 임에 대한 간절한 그리움이 꿈으로라도 성취되는 순간이지만 임은 자신의 걱정대로 많이 변해 버렸다는 것으로, 여기에는 자신이 임을 모시지 않았기 때문에 임의 모습이 변했을 것이라는 마음도 담겨 있다.

❼ **ᄆᆞᄋᆞᆷ의 머근 말ᄉᆞᆷ ~ 말ᄉᆞᆷ인들 어이ᄒᆞ며** 꿈에서나마 마음에 먹었던 말, 화자의 임에 대한 사랑과 그리움의 말을 마음껏 하려고 하지만 말을 할 수 없을 정도의 반가움과 슬픔으로 차마 말을 잇지 못하는 화자의 모습이 드러난 부분이다.

❽ **어엿븐 그림재 날 조ᄎᆞᆯ ᄲᅮᆫ이로다.** 꿈속에서 잠깐 임을 보고 헤어진 후 화자가 느끼는 외롭고 쓸쓸한 심정을 그림자만이 자신을 따르고 있다고 간접적으로 표현하였다.

❾ **ᄎᆞᆯ하리 ᄉᆡ여디여 ~ 번드시 비최리라.** 죽어서라도 임을 따르겠다는 간절한 의지를 담은 구절로, 임금을 향한 신하의 일편단심(一片丹心)이 드러난다. 그러나 자신을 '낙월(지는 달)'로 표현함으로써 멀리서 바라만 보는 소극적인 사랑의 태도를 드러내고 있다.

❿ **ᄃᆞᆯ이야ᄏᆞ니와 구ᄌᆞᆫ비나 되쇼셔.** 을녀가 소극적인 태도로 '낙월(지는 달)'이 되겠다고 하자 갑녀는 좀 더 적극적인 사랑을 비유한 '궂은비'가 되라고 하며 을녀를 위로하고 있다.

작품 연구소

〈속미인곡〉에 사용된 소재의 상징적 의미와 기능

〈속미인곡〉에는 '구롬, 안개, ㅂ람, 믈결' 등의 다양한 자연물이 등장하는데 이들은 기본적으로 임과 화자의 사랑을 방해하는 기능을 한다. '구롬'과 '안개'는 화자의 임을 향한 마음에 방해 요소로 작용하며, 'ㅂ람'과 '믈결'은 화자가 임에게 가는 것을 가로막는 장애 요소로 기능한다.

또한 '낙월'은 멀리서 잠깐 동안 임을 바라보다가 사라지는 달로, 임과의 만남이 이루어질 수 없을 것이라는 화자의 절망감을 드러낸다. 반면에 '구준비'는 오랫동안 내리며 임의 뜻을 적실 만큼 가까이 갈 수 있는 소재로, 임을 그리워하는 을녀의 눈물을 함축하고 있다. 그래서 갑녀는 을녀에게 절망에 빠지지 말고 '구준비'가 되어 임 앞에서 울라고 하면서 위로하고 있다. 이로 보아 '구준비'는 갑녀가 제시하는 감정 해소의 방식이며 임에 대한 을녀의 마음을 전달하고자 하는 간절함이 담겨 있는 소재이다. 즉, '구준비'는 '낙월'에 비해 적극적으로 임에 대한 사랑을 드러내고자 하는 화자의 태도를 엿볼 수 있는 소재이다.

결말에서 알 수 있는 화자와 대상과의 거리

이 작품은 화자와 임과의 거리가 떨어진 상황에서 출발하여 이 거리를 좁혀 보려는 화자의 허망한 노력이 이어지다가 마침내 이것이 불가능함을 깨닫고 죽음이라는 비극적 초월로 이를 극복해 보려는 화자의 모습이 드러난다. 화자의 임을 향한 노력과 그리움은 작품이 진행되면서 점차 강화되며, 화자의 실의와 고뇌 역시 작품이 진행되면서 점점 깊어진다. 이 작품의 결말부는 이러한 노력과 그리움, 실의와 좌절, 비극적 태도가 서로 뒤엉켜 극적 상황을 제시하면서 감동을 전해 준다.

〈속미인곡〉에 대한 후대의 평가

김만중, 《서포만필》	송강의 〈관동별곡〉과 〈전후미인가〉는 우리나라의 이소(離騷)이다. [중략] 이 세 별곡은 천기(天機)가 자연스럽게 발로되어 변방의 비루함이 없다. 예부터 우리나라의 참된 문장은 오직 이 세 편뿐이다. 그러나 또 이 세 편을 가지고 논한다면 〈후미인곡〉이 더욱 가치가 높다. 〈관동별곡〉이나 〈사미인곡〉은 여전히 한자어를 가지고 그 모양을 얼룩덜룩 꾸몄기 때문이다.
홍만종, 《순오지》	〈속미인곡〉 또한 송강 정철이 지은 것이다. 〈사미인곡〉에서 다 말하지 못한 것을 다시 서술해 놓은 것으로서 말이 더욱 묘하고 뜻이 더욱 절실하여 제갈공명의 〈출사표〉와 더불어 겨룰 만하다.
김춘택, 《북헌집》	송강의 〈전·후미인사〉는 국문으로 지은 것인데, 그가 추방당한 울분 때문에 임금과 신하의 만나고 헤어짐을 남녀가 사랑하고 미워함에 비유하였다. 그 마음은 충성스럽고, 그 뜻은 깨끗하고, 그 절개는 곧고, 그 가사는 우아하고 곡조에 맞으며, 그 정조(情調)는 서글프면서도 바르다. 그러니 아마도 굴원의 이소(離騷)에 짝지을 만할 것이다.

함께 읽으면 좋은 작품

〈상사별곡〉, 작자 미상 / 임에 대한 그리움을 노래한 작품

남녀 사이의 순수한 연정을 주제로 한 조선 후기 애정 가사이다. 이별한 임을 그리워하고 독수공방의 외로움을 토로한다는 점에서 〈속미인곡〉과 유사한 내용이 전개된다. 그러나 〈속미인곡〉은 임금에 대한 충정을 남녀 간의 연정을 통해 우의적으로 드러낸 조선 전기 사대부의 연군 가사이고, 〈상사별곡〉은 그러한 이념적 틀에서 벗어나 남녀 간의 순수한 연정을 소박하고 직설적으로 토로한 애정 가사라는 차이가 있다.

Link 본책 271쪽

5 (가)~(라)에 대한 설명으로 적절하지 않은 것은?

① (가)~(다)에는 홀로 외롭게 지내는 화자의 처지가 나타난다.
② (가)에는 임의 소식을 알고 싶어 하는 화자의 모습이 나타난다.
③ (나)에는 화자의 소망이 꿈에서 실현되는 상황이 나타난다.
④ (다)에는 임에 대한 화자의 일편단심이 나타난다.
⑤ (라)에는 상대방을 반어적으로 조롱하는 모습이 나타난다.

6 작품 전체의 내용을 참고할 때, 〈보기〉의 ㉠에 들어갈 말로 적절하지 않은 것은?

보기

〈속미인곡〉은 대화체라는 독특한 진술 형식을 취하고 있는 가사이다. '갑녀'와 '을녀'는 주제를 효과적으로 구현하고 작품에 생동감을 주기 위해 등장시킨 인물들이다. 특히 갑녀는 보조적 위치에 있는 화자이지만 그 역할의 무게는 을녀 못지않다. 갑녀는 을녀의 하소연을 유발할 뿐 아니라 (㉠).

① 을녀의 하소연을 들어준다
② 을녀에게 공감하고 을녀를 위로한다
③ 작가의 목소리를 궁극적으로 드러낸다
④ 을녀의 행위를 평가하여 주제를 드러낸다
⑤ 극적으로 작품을 종결짓게 하는 역할을 한다

내신 적중 多빈출

7 (가), (나)의 시어에 대한 이해로 적절하지 않은 것은?

① '놉픈 뫼'는 화자가 지향하는 탈속적 공간이다.
② '구롬'은 화자의 소망을 방해하는 장애물이다.
③ '비 길'은 화자가 소망을 성취할 수 있는 통로이다.
④ '벽 비'는 화자의 내면이 반영된 사물이다.
⑤ '꿈'은 화자의 소망이 간절함을 드러내는 소재이다.

중요 기출

8 〈보기〉를 (나)의 화자가 쓴 일기의 일부라고 할 때, 작품의 내용과 어긋나는 것은?

보기

① 오늘도 나는 그의 소식을 기다리며 이리저리 돌아다녔다. 기진하여 밤길을 더듬어 돌아왔을 때, ② 나를 기다린 건 쓸쓸한 등불뿐이었다. 홀로 빈방에 앉아 있다가 ③ 나도 모르게 잠깐 잠이 들었다. 꿈에 본 그이는 예전과는 다른 모습이었다. ④ 실컷 하소연하다가 꿈에서 깨어 보니 그저 허망할 뿐이었다. ⑤ 그이의 곁에 가고 싶다. 아, 그날이 언제 올까?

내신 적중 多빈출

9 화자의 태도를 중심으로 '낙월(落月)'과 '구준비'의 차이점을 서술하시오.

101 규원가(閨怨歌) | 허난설헌

키워드 체크 #규방 가사 #가부장적 유교 질서 #독수공방 #외로움 #남편에 대한 원망

문학 금성, 해냄

핵심 정리

갈래 규방(내방) 가사
성격 원망적, 체념적, 절망적, 고백적
형식 3·4(4·4)조, 4음보 연속체
제재 여인의 한 많은 삶
주제 봉건 사회 규방 부인의 삶과 정한
특징 ① 다양한 대상에 화자의 심정을 투영(비유)함.
② 고사를 이용하여 작품 분위기가 유려함.
의의 현전하는 최고(最古)의 내방 가사
출전 《고금가곡》

시어 풀이

소년 행락(少年行樂) 어린 시절에 즐겁게 지내던 일.
부생모육(父生母育) 아버지는 낳고 어머니는 기름.
공후 배필(公侯配匹) 높은 벼슬아치의 아내.
군자호구(君子好逑) 군자의 좋은 아내.
삼생(三生) 전세, 현세, 내세의 세 가지 세상.
월하(月下) 월하노인(月下老人). 부부의 인연을 맺어 준다는 전설상의 늙은이로 중매쟁이를 뜻함.
장안 유협(長安遊俠) 경박자 장안의 풍류를 즐기는 남자이면서 행동이 가벼운 사람.
천연 여질(天然麗質) 타고난 아름다운 모습.
설빈 화안(雪鬢花顔) 고운 머리와 아름다운 얼굴.
백마 금편(白馬金鞭) 흰 말과 금 채찍. 화려하게 꾸민 모습.

시구 풀이

❶ **엇그제 저멋더니 ~ 목이 멘다.** 자신의 과거를 회상하면서 현재의 늙어 버린 자신의 신세를 한탄하는 화자의 모습이 드러난다.
❷ **공후 배필(公侯配匹)은 못 바라도 군자호구(君子好逑) 원(願)ᄒᆞ더니,** 높은 벼슬을 하는 사람의 아내는 아니어도 훌륭한 남자의 아내가 되기를 바랐던 화자의 과거 소망이 드러난다.
❸ **장안 유협(長安遊俠) 경박자를 ᄭᅮᆷ곤치 만나 잇서,** 자신의 임(남편)을 놀기 좋아하고 행동이 경박한 사람이라고 표현함으로써 화자가 임에게 무조건 순종하지 않으며, 임의 행동을 원망하고 있음을 보여 준다.
❹ **곳 피고 ~ 어디어디 머무는고.** 방탕한 생활을 하는 임의 모습을 표현하면서도, 임에 대한 그리움과 안타까움의 감정을 보여 준다.
❺ **인연(因緣)을 긋쳐신들 ~ 설흔 날 지리(支離)ᄒᆞ다.** 임과 인연이 끊어졌다고 생각하면서도 임을 그리워하는 이중적인 모습이 나타난다.
❻ **겨울밤 차고 ~ 헴만 만타.** 임에 대한 그리움과 자신의 처지에 대한 안타까움을 사계절의 풍경과 함께 표현하였다.

작가 소개

허난설헌(許蘭雪軒, 1563~1589) 조선 중기의 여류 시인. 본명은 초희이며 난설헌은 호. 허균의 누나이다. 자신의 불행한 처지를 섬세한 문체와 여성적 감각으로 노래한 한시를 많이 지었다. 시문집으로 《난설헌집》이 있다.

(가) ❶엇그제 저멋더니 ᄒᆞ마 어이 다 늘거니. 소년 행락(少年行樂) 생각ᄒᆞ니 일러도 속절업다. 늘거야 서른 말슴 ᄒᆞ자니 목이 멘다. 부생모육(父生母育) 신고(辛苦)ᄒᆞ야 이내 몸 길러 낼 제 ❷공후 배필(公侯配匹)은 못 바라도 군자호구(君子好逑) 원(願)ᄒᆞ더니, ㉠삼생(三生)의 원업(怨業)이오 월하(月下)의 연분(緣分)으로, ㉡❸장안 유협(長安遊俠) 경박자를 ᄭᅮᆷ곤치 만나 잇서, 당시(當時)의 용심(用心)ᄒᆞ기 살어름 디듸는 듯, 삼오 이팔(三五二八) 겨오 지나 천연 여질(天然麗質) 절로 이니, 이 얼골 이 태도(態度)로 백년 기약(百年期約) ᄒᆞ얏더니, 연광(年光)이 훌훌ᄒᆞ고 조물(造物)이 다시(多猜)ᄒᆞ야, 봄바람 가을 믈이 뵈오리 북 지나듯 설빈 화안(雪鬢花顔) 어ᄃᆡ 두고 면목가증(面目可憎) 되거고나. 내 얼골 내 보거니 어느 님이 날 괼소냐. ㉢스스로 참괴(慙愧)ᄒᆞ니 누구를 원망(怨望)ᄒᆞ리.

▶ 과거 회상과 늙음에 대한 한탄(기)

(나) 삼삼오오(三三五五) 야유원(冶遊園)의 새 사람이 나단 말가. ❹곳 피고 날 저물 제 정처(定處) 업시 나가 잇어, ㉣백마 금편(白馬金鞭)으로 어디어디 머무는고. 원근(遠近)을 모르거니 소식(消息)이야 더욱 알랴. ㉤❺인연(因緣)을 긋쳐신들 싱각이야 업슬소냐. 얼골을 못 보거든 그립기나 마르려믄, 열두 ᄯᅢ 김도 길샤 설흔 날 지리(支離)ᄒᆞ다. 『옥창(玉窓)에 심근 매화(梅花) 몃 번이나 픠여 진고. ❻겨울밤 차고 찬 제 자최눈 섯거 치고, 여름날 길고 길 제 구즌비는 므스 일고. 삼춘 화류(三春花柳) 호시절(好時節)의 경물(景物)이 시름업다. 가을 ᄃᆞᆯ 방에 들고 실솔(蟋蟀)이 상(床)에 울 제, 긴 한숨 디ᄂᆞᆫ 눈물 속절업시 헴만 만타.』 아마도 모진 목숨 죽기도 어려울사.

『 』: 계절의 변화에 따라 홀로 지내는 화자의 외로움과 남편에 대한 그리움을 드러냄.

▶ 남편에 대한 원망과 서글픈 심정(승)

현대어 풀이

(가) 엊그제 젊었는데 어찌 벌써 이렇게 다 늙어 버렸는가? 어릴 적 즐겁게 지내던 일을 생각하니 말을 해도 소용이 없구나. 이렇게 늙은 뒤에 서러운 사연을 말하자니 목이 메이는구나. 부모님이 낳으시고 기르시며 몹시 고생하여 이내 몸 길러 낼 때, 높은 벼슬아치의 배필은 바라지 못할지라도, 군자의 좋은 짝이 되기를 바라셨는데 전생에 지은 원망스러운 업보요, 부부의 인연으로 장안의 호탕하면서도 경박한 사람을 꿈같이 만나서, 시집간 뒤에 남편의 시중을 들면서 조심하기를 마치 살얼음 디디는 듯하였다. 열다섯, 열여섯 살을 겨우 지나서 타고난 아름다운 모습이 저절로 나타나니, 이 얼굴과 이 태도로 평생 동안 변함없기를 바랐더니, 세월이 빨리 지나고, 조물주마저 시샘이 많아서 봄바람과 가을 물(세월)이 베의 올이 감기는 북이 지나가듯 빨리 지나가, 꽃같이 아름다운 얼굴은 어디 두고 보기도 싫은 모습이 되었구나. 내 얼굴을 내가 보거니 어느 임이 나를 사랑할 것인가? 스스로 부끄러우니 누구를 원망할 것인가?

(나) 여러 사람이 떼를 지어 다니는 술집에 새 기생이 나타났다는 말인가? 꽃 피고 날 저물 때 정처 없이 나가서 호사스런 차림새로 어디에서 머물러 노는가? 가까이 있는지 멀리 있는지 모르는데 남편의 소식이야 더욱 알 수 있겠는가? 인연을 끊었지마는 생각이 안 나겠는가? 얼굴을 못 보니 그립기나 말았으면 좋으련만, (남편을 그리워하다 보니) 하루가 길기도 길구나, 한 달이 지루하기만 하구나. 규방 앞에 심은 매화는 몇 번이나 피고 졌는가? 겨울밤 차고 찬 때는 진눈깨비 섞어 내리고 여름날 길고 긴 때 궂은비는 무슨 일인가? 봄날 온갖 꽃이 피고 버들잎이 돋아나는 좋은 시절에 아름다운 경치를 보아도 아무 생각이 없다. 가을 달빛이 방 안을 비추어 들어오고 귀뚜라미가 침상에서 울 때, 긴 한숨으로 흘리는 눈물 헛되이 생각만 많도다. 아마도 모진 목숨이 죽기도 어려운가 보구나.

이해와 감상

이 작품은 조선 시대 봉건 사회 속에서 가정을 돌보지 않는 가장 때문에 고통받는 규방 여인의 한스러운 삶과 정서를 간곡하게 표현한 규방(내방) 가사이다.

'기승전결'의 기본 구성을 취하고 있으며 흐르는 세월 속에 쌓여 온 슬픔과 한을 다양한 표현 방법과 고사를 이용하여 효과적으로 드러냈다. 후대 규방 가사나 애정 가사에 많은 영향을 끼치면서 사대부들의 전유물이었던 가사의 작가층이 여성으로 확대되는 계기가 되었다.

작품 연구소

〈규원가〉의 내용과 화자의 태도

구성	중심 내용	화자의 태도
기	과거 회상과 늙음에 대한 한탄	• 흐르는 세월에 대해 한탄함. • 임과의 만남을 운명으로 여김. • 자신의 신세에 대해 자조함.
승	임에 대한 원망과 서글픈 심정	• 방탕한 임을 원망함. • 세월을 보내기 어려움을 한탄함.
전	거문고를 타며 외로움과 한을 달램.	• 외로움과 한스러운 삶을 스스로 달래 보려 함.
결	임을 기다리며 운명을 한탄함.	• 자신의 신세에 대해 자조함. • 오지 않는 임을 원망하고 비난함.

〈규원가〉에 나타난 화자의 정서

남편과의 불행한 결혼 생활로 홀로 지냈던 작가의 불우한 삶을 형상화한 이 작품은 불성실한 남편에 대한 원망이 드러나 있어 〈원부사(怨夫詞)〉, 또는 〈원부가(怨婦歌)〉라고도 불린다. 여성의 한스러운 생활과 고독으로 인한 그리움과 슬픔의 정서가 기본적인 주조를 이루면서도 부드럽고 우아한 시풍이 나타난다.

남편의 사랑을 잃고 외롭게 세월을 보내는 화자는 이 작품을 통해 자기 삶에 대해 비웃는 자조와 탄식, 돌아오지 않는 남편에 대한 원망, 남편에 대한 그리움, 독수공방의 외로움, 운명의 한탄과 체념 등의 복합적 정서를 드러낸다.

이 작품은 화자의 정서가 한탄과 자조에 그치는 것이 아니라, 임에 대한 정면 비난을 포함하고 있다는 점이 독특하다고 할 수 있다. 탄식과 자조를 통한 남편에 대한 원망은 남편의 신의 없음에 대한 비난으로 이어진다. 결말에서는 '아마도 이 님의 지위로 살 동 말 동 ᄒᆞ여라.'라고 하며 임에 대한 원망과 비난을 직접적으로 표출했다.

또한 이 작품은 화자의 정서를 여러 가지 대상에 투영하거나 비유적으로 표현한 점이 돋보인다. 더불어 남편을 기다리는 여인의 절절한 심리를 섬세하게 형상화하여 높은 문학적 완성도를 보여 준다.

화자의 정서를 드러내는 소재

이 작품은 화자의 정서를 효과적으로 드러내기 위해 다양한 대상에 화자의 감정을 직접 투영하거나 객관적인 사물을 동원하여 간접적으로 표현하였다. '실솔(蟋蟀)이 상(床)에 울 제'나 '새소리 더욱 설다.'에서는 임에게 사랑받지 못하는 화자의 외롭고 서글픈 심정을 '실솔(귀뚜라미)'과 '새'에 투영하여 표현했다. 즉, '실솔'과 '새'는 화자와 서글픈 심정이 일치하는 감정 이입의 대상이다. 한편, '자최눈'이나 '구즌비'는 화자의 쓸쓸한 심회를 돋우는 소재이고, '녹기금(綠綺琴)'은 화자의 외로움을 달래기 위해 동원된 소재로, 소재 자체가 서글픔이나 외로움을 담고 있는 것은 아니나, 화자의 서글프고 외로운 심정을 부각한다. 즉 '자최눈', '구즌비', '녹기금' 등은 화자의 정서를 효과적으로 전달하기 위해 동원된 객관적 상관물이다.

감정 이입	화자의 감정을 대상에 이입하여 마치 대상이 자신과 같이 느끼는 것처럼 표현하는 방법이다. 즉, 대상을 자신과 동일시하는 것으로 감정 이입이 된 대상의 정서는 객관화된 자기 감정이라고 할 수 있다.
객관적 상관물	화자의 감정을 표현하기 위해 동원하는 사물을 '객관적 상관물'이라고 한다. 객관적 상관물은 화자의 감정을 강조하거나 전이하여 드러내는 역할을 한다.

키 포인트 체크

화자 □□□□하는 여인
상황 □□을 기다리며 외로움과 원망을 드러냄.
태도 자신의 신세를 □□하며 오지 않는 임을 원망함.

1 이 작품의 화자에 대한 설명으로 가장 적절한 것은?

① 부재하는 대상을 그리워하고 있다.
② 자신이 처한 현실을 적극적으로 바꾸려고 한다.
③ 과거를 회상하며 자신의 지난 잘못을 반성하고 있다.
④ 부정적 현실에서도 미래를 낙관적으로 생각하고 있다.
⑤ 어린 시절의 추억을 통해 힘겨운 현실을 이겨 내고 있다.

내신 적중 高난도

2 〈보기〉를 참고하여 ㉠~㉤을 이해한 내용으로 적절하지 않은 것은?

보기
〈규원가〉의 화자는 임에 대해 절대적 사랑이 아닌 부정적이면서 회한에 찬 시각을 드러낸다. 특히 자신이 불행하게 된 가장 큰 원인으로 남편을 만난 운명적 삶을 꼽고 있는데, 이를 통해 자기 탄식적 비애에서 그치는 것이 아니라 임에 대한 정면 비판의 정조 역시 부각됨을 확인할 수 있다.

① ㉠: '원업'이라는 표현을 통해 자신의 운명적 삶에 대한 인식을 드러내고 있다.
② ㉡: 남편을 비하하는 표현을 통해 남편에 대한 부정적 태도를 드러내고 있다.
③ ㉢: 남편의 사랑을 받지 못하는 자신의 처지에 대해 탄식하고 있다.
④ ㉣: 화려한 모습을 하고 밖으로만 도는 남편을 원망하는 태도를 드러내고 있다.
⑤ ㉤: 남편과의 인연이 자신의 삶을 불행하게 만들었다는 인식을 드러내고 있다.

3 다음 이 작품의 시어 중, 〈보기〉의 '믈'과 같은 역할을 하는 것은?

보기
천만 리(千萬里) 머나먼 길히 고은 님 여희읍고
닉 ᄆᆞ음 둘 듸 업서 냇ᄀᆞ에 안쟈시니,
져 믈도 내 ᄋᆞᆫ ᄀᆞᆺᄒᆞ여 우러 밤길 녜놋다. – 왕방연

① 연광(年光) ② 봄바람 ③ 자최눈
④ 구즌비 ⑤ 실솔(蟋蟀)

4 〈보기〉를 참고하여 이 작품에 나타난 당대 여인들의 삶을 추측하여 30자 내외로 쓰시오.

보기
허난설헌에게는 세 가지 한이 있었다. 첫째, 이 넓은 세상에서 왜 하필이면 조선에서 태어났을까? 둘째, 왜 하필이면 여자로 태어나서 아이를 갖지 못하는 서러움을 지니게 되었을까? 셋째, 수많은 남자 중에서 왜 하필이면 김성립의 아내가 되었을까? – 이덕일, 〈허난설헌의 세 가지 한〉

Q 〈규원가〉에 사용된 고사는?

- **소상 야우(瀟湘夜雨)의 댓소리 섯도ᄂᆞᆫ ᄃᆞᆺ** 순임금의 두 왕비인 아황과 여영은 순임금이 죽었다는 소식을 듣고 소상강가에서 슬피 울다 몸을 던져 죽었다. 이때 흘린 눈물 자국이 대나무 반점으로 남았다고 하는데, 이를 소상반죽(瀟湘斑竹)이라고 한다.
- **화표(華表) 천년(千年)의 별학(別鶴)이 우니ᄂᆞᆫ ᄃᆞᆺ** 옛날 중국 요동의 정영위라는 사람이 영허산에 가서 도를 배워 학이 되어 천 년 만에 돌아와 화표주(묘 앞에 세우는 망주석의 기둥)에 앉았다고 하는 전설이 있다.

가 도로혀 풀쳐 혜니 이리ᄒᆞ여 어이ᄒᆞ리. 청등(靑燈)을 돌라 노코 •녹기금(綠綺琴) 빗기 안아,
(돌이켜 / 풀어 생각하니 / 화자의 외로움을 표현하는 객관적 상관물 / 비스듬히)
•벽련화(碧蓮花) 한 곡조를 시름 조ᄎᆞ 섯거 타니, 『❶•소상 야우(瀟湘夜雨)의 댓소리 섯도ᄂᆞᆫ ᄃᆞᆺ,
(근심, 걱정 / 녹기금 소리의 비유적 표현 ① / 섞어 도는 듯)
•화표(華表) 천년(千年)의 •별학(別鶴)이 우니ᄂᆞᆫ ᄃᆞᆺ, •옥수(玉手)의 타ᄂᆞᆫ 수단(手段) 녯 소래 잇
(녹기금 소리의 비유적 표현 ② / 솜씨)
다마ᄂᆞᆫ, •부용장(芙蓉帳) 적막(寂寞)ᄒᆞ니 뉘 귀에 들리소니.』 간장(肝腸)이 구곡(九曲) 되야 구
(『 』: 외로운 화자의 처지를 드러냄.(미화법) / 아홉 굽이(뒤틀린 모양))
븨구븨 긋쳐서라. ▶ 거문고를 타며 외로움과 한을 달램.(전)
(끊어졌구나 / 화자의 원망스러운 마음을 표현하는 객관적 상관물)

나 ❷츨하리 잠을 드러 ᄭᅮᆷ의나 보려 ᄒᆞ니, 바람의 디ᄂᆞᆫ 닙과 풀 속에 우ᄂᆞᆫ 즘생, 므ᄉᆞ 일 원수
(꿈에서나)
로서 잠조차 ᄭᆡ오ᄂᆞᆫ다. 『❸천상(天上)의 견우직녀(牽牛織女) ㉠은하수(銀河水) 막혀서도, 칠
(깨우는가 / 『 』: 대조적인 상황을 제시하여 남편에 대한 원망을 표출함. / 장애물)
월 칠석(七月七夕) •일년 일도(一年一度) •실기(失期)치 아니거든, 우리 님 가신 후ᄂᆞᆫ 무ᄉᆞᆫ
•약수(弱水) 가렷관ᄃᆡ, 오거나 가거나 소식(消息)조차 ᄭᅳ쳣ᄂᆞᆫ고.』 ㉡난간(欄干)의 비겨 셔서
(장애물 / 가렸길래 / 끊어졌는가 / 기대어)
님 가신 ᄃᆡ 바라보니, ❹•초로(草露)ᄂᆞᆫ 맷쳐 잇고 ㉢•모운(暮雲)이 디나갈 제, ㉣죽림(竹林)
(화자의 쓸쓸함을 강조하는 객관적 상관물 / 지나갈 때)
푸른 고ᄃᆡ 새소리 더욱 설다. 세상의 서룬 사람 수업다 ᄒᆞ려니와, ❺•박명(薄命)ᄒᆞᆫ ㉤•홍안
(곳에 / 화자의 슬픔(감정 이입) / 서러운 / 살듯말듯)
(紅顔)이야 날 가ᄐᆞ니 ᄯᅩ 이실가. 아마도 이 님의 지위로 살 동 말 동 ᄒᆞ여라.
(나 같은 이 / 탓으로)
▶ 임에 대한 원망과 자신의 운명에 대한 한탄(결)

현대어 풀이

(가) 돌이켜 여러 가지 일을 하나하나 생각하니 이렇게 살아서 어찌할 것인가? 등불을 돌려놓고 푸른 거문고를 비스듬히 안아 벽련화 한 곡조를 시름으로 함께 섞어서 연주하니 소상강 밤비에 댓잎 소리가 섞여 들리는 듯, 망주석에 천 년 만에 찾아온 이별한 학이 울고 있는 듯, 아름다운 여자의 손(나의 손)으로 타는 거문고 솜씨는 옛날 가락이 그대로 있다마는 연꽃무늬의 휘장이 드리워진 방 안이 텅 비었으니, 누구의 귀에 들리겠는가? 간장이 아홉 굽이가 되어 굽이굽이 끊어질 듯 애통하구나.

(나) 차라리 잠이 들어 꿈에나 임을 보려고 하였더니 바람에 지는 잎과 풀 속에 우는 벌레는 무슨 일로 원수가 되어 잠마저 깨우는가? 하늘의 견우와 직녀는 은하수가 막혔을지라도 칠월 칠석 일 년에 한 번씩 때를 어기지 않고 만나는데 우리 임 가신 후는 무슨 장애물이 가려졌길래 온다간다는 소식마저 그쳤을까? 난간에 기대어 서서 임 가신 데를 바라보니 풀 이슬은 맺혀 있고 저녁 구름이 지나가는 때이구나. 대숲 우거진 푸른 곳에 새소리가 더욱 서럽다. 세상에 서러운 사람이 많다고 하겠지만 운명이 기구한 젊은 여자야 나 같은 이가 또 있을까? 아마도 임의 탓으로 살 듯 말 듯 하구나.

Q 결사에 나타난 화자의 태도는?

이 작품의 화자는 '박명(薄命)ᄒᆞᆫ 홍안(紅顔)'이라는 표현을 통해 자신의 상황이 운명에 의한 것이라는 생각을 하는 동시에 '님의 지위로 살 동 말 동 ᄒᆞ여라.'라고 하여 임에 대한 원망과 비난을 직접적으로 표출했다.

자신의 운명에 대한 한탄 + 임에 대한 원망

시어 풀이

녹기금(綠綺琴) 푸른색으로 꾸민 거문고.
벽련화(碧蓮花) 거문고로 연주하는 노래 제목.
소상 야우(瀟湘夜雨) 중국의 아름다운 강인 소상강에 밤비가 내리는 소리.
화표(華表) 묘 앞에 세우는 망주석(무덤 앞의 양쪽에 세우는 한 쌍의 돌기둥).
별학(別鶴) 이별한 학.
옥수(玉手) 여성의 아름답고 고운 손.
부용장(芙蓉帳) 연꽃이 그려진 휘장.
일년 일도(一年一度) 일 년에 한 번.
실기(失期) 때를 놓침.
약수(弱水) 신선이 살았다는 중국 서쪽의 전설 속의 강. 길이가 3,000리나 되며 부력이 매우 약하여 기러기의 털도 가라앉는다고 한다.
초로(草露) 풀잎에 맺힌 이슬.
모운(暮雲) 날이 저물 무렵의 구름.
박명(薄命) 복이 없고 팔자가 사나움.
홍안(紅顔) 붉은 얼굴이라는 뜻으로, 젊어서 혈색이 좋은 얼굴을 이르는 말.

시구 풀이

❶ **소상 야우(瀟湘夜雨)의 댓소리 ~ 귀에 들리소니.** 시름을 잊기 위해 타는 거문고 소리가 소상강에 밤비가 내릴 때 대나무 잎을 때리는 소리 같고, 망주석 위에 천 년 만에 찾아온 학이 우는 소리 같다고 하여 자신의 거문고 솜씨가 빼어남을 표현하면서 이 솜씨를 들어 줄 사람이 없음을 다시 한탄하고 있다.

❷ **츨하리 잠을 드러 ~ 잠조차 ᄭᆡ오ᄂᆞᆫ다.** 임을 잊고자 했지만 잊을 수 없어 차라리 꿈속에서 임을 만나고자 하지만 그것마저도 풀벌레 소리 때문에 이룰 수 없음을 탄식하고 있다. 임에 대한 화자의 간절한 그리움이 드러난 부분이다.

❸ **천상(天上)의 견우직녀(牽牛織女) ~ 소식(消息)조차 ᄭᅳ쳣ᄂᆞᆫ고.** 일 년에 한 번이라도 만나는 견우직녀와 달리 임을 만나지 못하는 자신의 처지를 한탄하고 있다. 또한 무슨 장애물이 가로막고 있기에 자신을 보러 한 번도 오지 않느냐며 임에 대해 원망을 표출하고 있다.

❹ **초로(草露)ᄂᆞᆫ 맷쳐 ~ 더욱 설다.** 임을 그리워하는 화자의 상황에서 '초로'는 그리움의 결정체라고 할 수 있으며, '모운'은 화자의 쓸쓸한 마음을 돋우는 것이다. 또한 새소리는 화자의 서러운 감정이 직접적으로 이입된 것이다.

❺ **박명(薄命)ᄒᆞᆫ 홍안(紅顔)이야 ~ 살 동 말 동 ᄒᆞ여라.** 화자의 태도를 집약해서 보여 주는 구절이다. 화자는 자신의 운명이 기구하다고 생각하는 운명론적 태도와 임 때문에 살 수 없다고 하며 적극적으로 임을 원망하는 이중적인 태도를 보이고 있다.

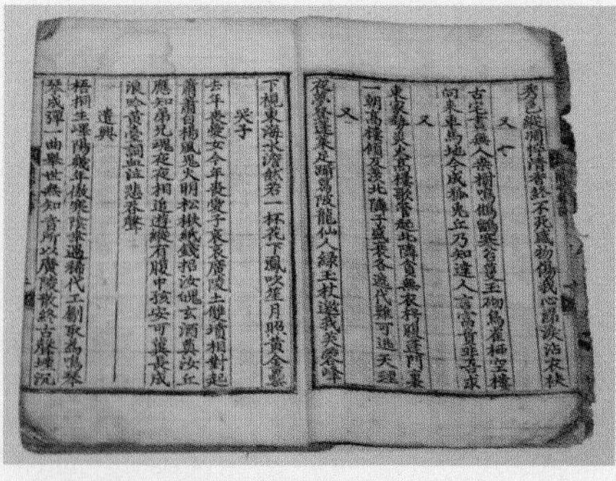
▲ 허난설헌의 시문집인 《난설헌집》

▲ 허난설헌의 묘, 경기 광주시 초월면 지월리 소재

작품 연구소

규방(내방) 가사

규방(閨房)이란 여성들이 거처하던 안방을 의미하며, 규방 가사는 조선 후기의 부녀자들이 짓고 후대에 전해진 가사의 총칭으로, 조선 여류 문학의 한 전형이다. 가사 문학은 영·정조 이후부터는 민간에도 널리 유행하게 되어 일반 평민이나 부녀자들 사이에서도 활발하게 창작되기 시작했다. 여성들은 학자·문인들로부터 소외당한 한글을 터득하여 맺혔던 정한을 절절히 노래했고, 그것이 자연스럽게 가사 형식과 연결되어 부녀자의 시가 문학을 통한 우리글의 발전도 이룩할 수 있었다. 곧 조선 시대의 규방 가사는 여성의 사회 활동과 문화적 실천이 제한된 상태에서 거의 유일한 문학적 분출구였던 것이다.

형식상 특징	• 일상적인 생활 용어가 나타남. • 과감한 표현과 참신한 표현이 나타남.
내용상 특징	규중 여성의 슬픔과 원한, 남녀 간의 애정, 고된 시집살이의 고통, 부모와 고향에 대한 그리움, 시절과 풍경에 대한 표현 등이 나타남.

〈규원가〉에 나타난 여성의 존재 의식

대부분의 고전 작품에서 여성 화자는 임과의 관계가 원만하지 못할 때 임을 원망하기보다는 상황을 자신의 탓으로 받아들이고 끊임없이 참으며 사랑을 호소한다. 그러나 〈규원가〉의 화자는 임을 원망하고 공격하는 양상을 보이는데, 그 원망이 사랑의 결핍에서 기인하는 것으로만 단정할 수는 없다. 〈규원가〉의 화자는 유학적 관념이 지배하는 시대의 여성으로서 사랑을 호소하고 이별로 인한 통한을 드러내면서도 근원적으로는 인간 주체로서 좀 더 자연스러운 삶으로 나아가고자 하는 의식을 보이고 있다. 즉, 사랑과 이별에서 무조건적으로 자기를 비하하거나 임의 존재를 절대화하지 않음으로써 좀 더 자유로운 존재적 지향을 드러낸 것이다.

〈규원가〉의 작가와 그에 대한 평가

홍만종의 《순오지(旬五志)》에는 〈규원가〉가 허균의 첩인 무옥(巫玉)이 지은 것으로 기록되어 있다. 그러나 《고금가곡》에 〈규원가〉의 작가가 밝혀져 있고 허난설헌의 오언 고시 〈소년행(少年行)〉의 내용과 〈규원가〉의 내용이 같은 것으로 미루어, 작가를 허난설헌으로 보는 견해가 일반적이다. 홍만종은 《순오지》에서 〈규원가〉에 대해 평하기를, "홀로 지내는 모습을 잘 묘사했으며, 여성다운 향기와 아름다움을 내포하여 비록 옛 문인의 염체(艶體: 부드럽고 아름답게 나타내는 여성적인 시의 문체)라도 이보다 더 잘할 수 있겠는가."라고 격찬했다.

함께 읽으면 좋은 작품

〈봉선화가〉, 작자 미상 / 조선 시대 여인의 생활이 드러난 작품

〈규원가〉가 규방에서의 여인의 한을 읊은 것에 비해 〈봉선화가〉는 비교적 밝은 분위기로 여성 고유의 섬세하고 아름다운 정서를 노래한 가사이다. 특히 노래의 후반부에 여인의 섬세한 감정이 잘 드러나 있고, 조선 시대 여인들의 정서와 생활을 모티프로 하고 있는 점, 깊은 규중에 갇혀 화초를 벗 삼아 꿈을 키우던 여인의 상황을 잘 표현했다는 점에서 〈규원가〉와 함께 읽어 볼 만한 규방 가사이다.

5 이 작품의 표현상 특징으로 적절하지 않은 것은?

① 대상을 희화화하여 풍자의 효과를 높였다.
② 자연물에 의탁하여 화자의 정서를 드러냈다.
③ 비유를 통해 대상에서 받은 느낌을 표현했다.
④ 청각적 이미지와 화자의 정서가 조응(照應)한다.
⑤ 대조적 상황을 제시하여 화자의 처지를 부각했다.

중요 기출

6 이 작품과 〈보기〉가 동일한 화자의 노래라고 가정할 경우, 〈보기〉에서 이 작품으로 상황이 변한 데 따른 심정을 가장 잘 표현한 것은?

보기

가시리 가시리잇고 나는 / ᄇᆞ리고 가시리잇고 나는 //
날러는 엇디 살라 ᄒᆞ고 / ᄇᆞ리고 가시리잇고 나는 //
잡ᄉᆞ와 두어리마ᄂᆞᄂᆞᆫ / 선ᄒᆞ면 아니 올셰라 //
셜온 님 보내옵노니 나는 / 가시는 ᄃᆞᆺ 도셔 오쇼셔 나는

– 작자 미상, 〈가시리〉

① 애초에는 망설였으나, 역시 보내 주길 잘한 것 같다.
② 임을 떠나보내고 처음에는 그리웠지만, 이제는 괜찮아졌다.
③ 처음에는 내가 임을 버렸는데, 이제는 임이 나를 버리는구나.
④ 지금 와서 생각해 보니, 헤어질 때 왜 그렇게 애달파했을까?
⑤ 붙잡고 싶었던 임을 보내 주었는데, 어찌하여 소식조차 없을까?

7 이 작품의 시어에 대한 설명으로 적절하지 않은 것은?

① '녹기금(綠綺琴)'은 화자의 쓸쓸하고 외로운 정서를 더욱 심화한다.
② '부용장(芙蓉帳)'은 화자 혼자 머물러 있는 곳이며, 임의 부재를 느끼는 공간이다.
③ 화자는 '꿈'을 매개로 임을 만나고자 했다.
④ 화자는 자신과 임의 상황이 '견우직녀(牽牛織女)'의 상황과 일치한다고 보고 있다.
⑤ '약수(弱水)'는 화자와 임 사이의 소식마저 끊어지도록 만드는 장애물이다.

8 ㉠~㉤ 중, 〈보기〉의 '고기'와 함축적 의미가 유사한 시어는?

보기

ᄇᆞ람도 쉬여 넘ᄂᆞᆫ 고기, 구름이라도 쉬여 넘ᄂᆞᆫ 고기
산진(山眞)이 수진(水眞)이 해동청(海東靑) 보ᄅᆞ미도 다 쉬여 넘ᄂᆞᆫ 고봉(高峰) 장성령(長城嶺) 고기,
그 너머 님이 왓다 ᄒᆞ면 나ᄂᆞᆫ 아니 ᄒᆞᆫ 번도 쉬여 넘어 가리라.

– 작자 미상

① ㉠ ② ㉡ ③ ㉢ ④ ㉣ ⑤ ㉤

Ⅲ. 조선 전기

102 만보(晚步) | 이황

키워드 체크 #가을 풍경 #수확의 기쁨 #자기 성찰 #회한 #선경 후정

문학 신사고

핵심 정리

갈래 한시, 5언 배율
성격 사색적, 자아 성찰적, 대조적
제재 가을 저녁의 풍경, 학문적 성취의 미진함
주제 소망한 바를 이루지 못한 회한과 성찰
특징 ① 독백적 어조를 사용하여 화자 자신의 삶을 성찰함.
② 자연(외물)과 화자 자신(내면)을 대조하며 시상을 전개함.
출전 《퇴계집》 제1권

Q 이 부분에 드러난 화자의 모습은?

풍요로운 자연 속에서 학문적 성취를 이루지 못한 사대부가 자신을 돌아보며 아쉬워하는 모습이 드러난 부분이다.
조선의 사대부들은 대개 벼슬길에서 물러나게 되면 자연스럽게 고향에 돌아가 은일지사(隱逸之士)로서 유유자적(悠悠自適)한 삶을 누렸고, 이때 자연을 예찬하고 자연에 귀의하여 생활하는 모습을 담은 작품들을 창작했다.
그들은 유교적 세계관에 입각하여 조정에 나아가서는 관료로서 치국평천하(治國平天下)의 이념을, 물러나서는 자연에 귀의하여 수신제가(修身齊家)에 힘쓰면서 도학적 이념을 구현하고자 했던 것이다.

시구 풀이

❶ **잊기를 자주 ~ 뽑아 놓은 책들** 서가를 정리하는 화자의 모습으로, '서(書)'는 글 또는 책을 의미하며 화자가 회한에 잠기는 이유를 암시하는 소재이다.
❷ **해는 문득 ~ 숲 그림자 흔들린다.** 해가 저무는 저녁의 시간적 배경이 드러나며, 이는 곧 화자에게 반성과 성찰의 계기가 된다.
❸ **농삿집 가을걷이 ~ 기쁜 빛 돌아.** 가을 농촌의 모습을 보여 주는 부분이다. 수확을 하는 농촌의 풍요로운 모습이 나타나며, 이는 아직 학문적 결실을 맺지 못한 화자의 처지와 대비된다.
❹ **갈까마귀 돌아오니 ~ 우뚝하고 훤하다.** 완연한 가을의 모습과 해오라기의 의젓한 모습을 제시하고 있다. 이 역시 화자의 모습과 대비된다.
❺ **내 인생은 ~ 풀리질 않네.** 학문 완성에 대한 자기 성찰이 이루어지는 부분으로, 가을의 풍요로운 정경, 해오라기의 의젓한 모습과 대비하여 화자 자신은 학문적으로 이룬 것이 없음을 안타까워하고 있다.
❻ **이 회포 털어놓을 ~ 고요한 밤에.** 이루고자 하는 바, 즉 학문적 결실을 이루지 못한 것에 대한 탄식이 드러나며, 이로 인한 수심을 거문고로 달래고자 하는 모습이 그려지고 있다.

작가 소개

이황(본책 146쪽 참고)

苦忘亂抽書 (고망란추서)
散漫還復整 (산만환부정)
曜靈忽西頹 (요령홀서퇴)
江光搖林影 (강광요림영)
扶笻下中庭 (부공하중정)
矯首望雲嶺 (교수망운령)
漠漠炊烟生 (막막취연생)
蕭蕭原野冷 (소소원야냉)
田家近秋穫 (전가근추확)
喜色動臼井 (희색동구정)
鴉還天機熟 (아환천기숙)
鷺立風標迥 (노립풍표형)
我生獨何爲 (아생독하위)
宿願久相梗 (숙원구상경)
無人語此懷 (무인어차회)
搖琴彈夜靜 (요금탄야정)

❶잊기를 자주 하여 어지러이 뽑아 놓은 책들 (화자가 회한에 잠기는 이유를 드러내는 소재)
흩어진 걸 다시 또 정리하자니

㉠❷해는 문득 서쪽으로 기울고 (시간적 배경: 하루가 끝나는 저녁(성찰의 시간))
강 위에 숲 그림자 흔들린다.
▶ 저녁이 가까워짐.

막대 짚고 마당 가운데 내려서서 (풍경을 감상하며 자신의 삶을 돌아보는 공간)
고개 들어 구름 낀 고개 바라보니

아득히 밥 짓는 연기가 피어나고
쓸쓸히 들판은 서늘하구나. (따뜻함과 차가움의 대비)
▶ 뜰에 내려가 주변 경관을 바라봄.

㉡❸농삿집 가을걷이 가까워지니 (계절적 배경 – 가을(결실의 계절))
절구질 우물가에 기쁜 빛 돌아 (수확의 기쁨으로 풍요로운 농촌의 모습)
❹갈까마귀 돌아오니 절기가 무르익고
해오라기 서 있는 모습 우뚝하고 훤하다. (현재 화자의 처지와 대조 – 작가가 이루고자 하는 학문적 경지)
▶ 화자의 처지와 대비되는 가을의 정경

(대조)

❺내 인생은 홀로 무얼 하는 것인지 (수확의 계절에 홀로 이룬 것이 없음을 안타까워함.)
숙원이 오래도록 풀리질 않네. (학문적 숙원)
❻이 회포 털어놓을 사람 아무도 없어
거문고만 둥둥 탄다, 고요한 밤에. (화자의 내면을 드러냄.) (삶에 대한 반성과 회한)
▶ 학문적 숙원을 이루지 못한 것에 대한 탄식

이해와 감상

'저녁에 산보를 하며' 혹은 '황혼녘을 거닐면서'라는 의미의 제목이 붙은 이 작품에서 화자는 주변 사물과 풍경에서 '나' 자신을 발견한다. 저녁이라는 시간적 배경과 가을이라는 계절적 배경은 반성 및 성찰을 가능하게 하는 시간이자 결실 및 수확을 누리게 하는 시간으로, 시적 분위기를 조성하면서 화자의 정서를 유발하고 있다.

화자는 수확과 결실의 계절인 가을임에도 정작 자신은 학문적 성취감을 맛보지 못하고 그 숙원이 풀리지 않는 것을 답답해하고 있다. 이처럼 〈만보〉는 바라보는 풍경(풍요로운 우물가의 모습, 갈까마귀와 훤한 해오라기 등)과 학문적 성취가 미진한 화자의 처지를 대비하여 삶에 대한 성찰을 드러낸 작품이다.

수(1~4행)	책을 정리하는 저녁 무렵 → 하루가 저물어 감.
함(5~8행)	가을 들판과 집들의 풍경 → 한 해가 저물어 감.
경(9~12행)	수확의 기쁨에 찬 마을과 풍요로운 자연
미(13~16행)	학문적 숙원을 이루지 못한 자신의 처지 한탄

작품 연구소

〈만보〉의 시상 전개 방식

시상	내용	구성
• 1~2행: 작품의 창작 계기 • 3~4행: 시간적 배경	책을 정리하다가 저녁이 됨.	선경(先景)
• 5~6행: 책을 정리하다가 풍경을 감상함. • 7~8행: 가을 저녁 풍경	가을 들판과 집들의 풍경	
• 9~10행: 수확의 기쁨으로 풍요로운 농촌 • 11~12행: 완연한 가을의 모습	화자의 처지와 대비되는 가을의 정경	
• 13~14행: 학문 완성에 대한 자기 성찰 • 15~16행: 삶에 대한 반성과 회한	자신의 처지에 대한 회한과 안타까움	후정(後情)

자연과 대비되는 화자의 정서

수확과 결실의 계절인 가을에 화자는 마당에 내려가 집집마다 밥 짓는 연기가 피어오르고, 수확의 기쁨에 들떠 있는 사람들의 모습과 풍요로움을 보게 된다. 우뚝 선 해오라기마저도 의젓한 모습을 보이는데, 생각해 보니 오로지 화자만 이룬 것이 없다. 이렇게 자연과 대비되는 자신의 모습을 보며 화자는 안타까움을 느끼고 탄식한다.

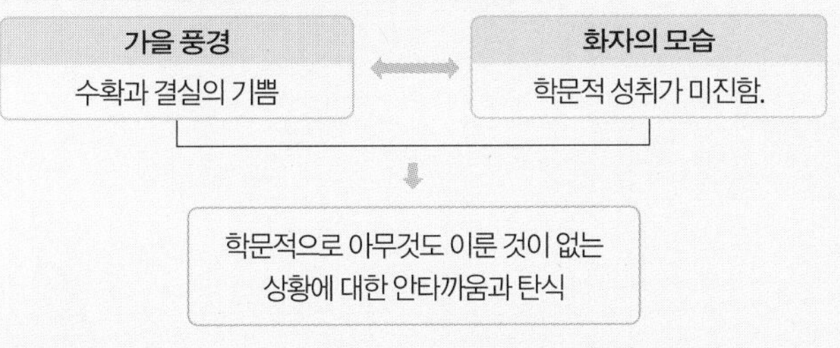

배경의 역할

시간적 배경인 저녁은 하루를 마무리하는 시간으로 반성과 성찰의 시간을 의미하며 화자가 자신의 삶을 되돌아보는 계기로 작용한다. 또한 계절적 배경인 가을은 한 해의 수확을 마무리하는 시간으로 결실의 시간을 의미하며 화자의 처지와 대비되고 있다.

구분	내용	의미
시간적 배경	저녁 – 하루의 끝을 알리는 시간	반성과 성찰의 시간
계절적 배경	가을 – 한 해의 끝을 알리는 시간	수확과 결실의 시간

함께 읽으면 좋은 작품

〈귀안〉, 두보 / 자연과의 대비를 통해 감회를 읊은 작품

〈귀안〉은 두보가 53세 때 피난지에서 지은 5언 절구의 작품으로, 고향으로 돌아가는 기러기를 보며 애타는 망향(望鄕)의 심정을 토로하고 있다. 화자의 처지와 대비되는 자연물을 통해 감회를 읊고 있다는 점에서 〈만보〉와 유사하다. 다만 〈만보〉는 풍요로운 자연 속에서 아무것도 이룬 것이 없는 화자 자신의 모습을 돌아보고 회한을 느끼지만, 〈귀안〉은 화자에게 부러움의 대상이 되는 자연물(기러기)을 제시하여 고향에 대한 그리움을 심화하고 있다. Link 본책 125쪽

키 포인트 체크

- **화자** □□ □□을 보며 스스로를 돌아보는 '나'
- **상황** 수확의 계절인 가을의 모습을 자신의 모습과 □□함.
- **태도** □□□ 성취가 미진한 자신의 모습을 안타까워함.

1 이 작품의 시상 전개의 특징과 효과로 가장 적절한 것은?

① 처음과 끝이 상응하는 방식으로 안정감을 부여한다.
② 외부 세계와 내면을 대비하여 화자의 정서를 부각한다.
③ 영탄과 회상의 어조를 교차하여 화자의 처지를 드러낸다.
④ 시어를 점층적으로 반복하여 고조되는 감정을 나타낸다.
⑤ 계절의 흐름에 따라 변화하는 풍경을 실감 나게 묘사한다.

2 〈보기〉를 참고하여 이 작품을 이해한 내용으로 적절하지 않은 것은?

> 보기
>
> 퇴계는 조선 중기의 유학자로 우리나라 성리학의 기초를 닦은 인물로 유명하다. 퇴계는 일생의 대부분을 학문 수양과 후학(後學) 양성에 힘썼다. 그의 시 〈만보(晩步)〉는 학문적 성취가 미진한 데 대한 퇴계의 고뇌가 담겨 있는데, 이는 그만큼 퇴계가 학문 수양에 대한 욕심이 많았다는 것을 반증하는 것이기도 하다.

① '뽑아 놓은 책들'은 학문적 성취를 이루려고 한 행위로군.
② '구름 낀 고개'는 학문적 성취를 방해하는 외부 요소라고 볼 수 있겠군.
③ '흰'한 모습의 '해오라기'는 현재 작가의 처지와 대비되므로, 작가가 도달하려는 학문적 경지를 나타낸다고도 볼 수 있겠군.
④ '숙원이 오래도록 풀리질 않'은 것에서 작가가 오랜 시간 학문 수양에 힘썼음을 알 수 있군.
⑤ '거문고만 둥둥' 타는 것에서 학문적 성취가 미진한 것에 대한 작가의 고뇌가 엿보이는군.

3 ㉠과 ㉡을 비교하여 이해한 내용으로 적절한 것은?

① ㉠은 ㉡과 달리 화자에게 내적 갈등을 극복하게 한다.
② ㉡은 ㉠과 달리 화자의 현실적 상황을 긍정적으로 담고 있다.
③ ㉠은 반성과 성찰의 시간, ㉡은 수확과 결실의 시간이다.
④ ㉠은 삶에 대한 절망, ㉡은 삶에 대한 만족을 함축하고 있다.
⑤ ㉠과 ㉡ 모두 삶에 대한 화자의 애착을 보여 주는 표현이다.

4 이 작품의 화자와 〈보기〉의 화자의 공통적인 태도를 10자 내외의 한 문장으로 쓰시오.

> 보기
>
> 산모퉁이를 돌아 논가 외딴 우물을 홀로 찾아가선 가만히 들여다봅니다. //
> 우물 속에는 달이 밝고 구름이 흐르고 하늘이 펼치고 파아란 바람이 불고 가을이 있습니다. //
> 그리고 한 사나이가 있습니다. / 어쩐지 그 사나이가 미워져 돌아갑니다.
>
> – 윤동주, 〈자화상〉

103~104 무어별(無語別) | 임제 · 봄비[春雨] | 허난설헌

키워드 체크 #이별의 슬픔 #애틋함 #규중 여인 #외로움

핵심 정리

(가) **갈래** 한시, 5언 절구
성격 서정적, 애상적, 낭만적
제재 이별
주제 • 이별의 슬픔
• 이별한 소녀의 애틋한 마음
특징 ① 간결하고 담백한 표현으로 절제된 언어의 아름다움을 구사함.
② 관찰자적 입장에서 객관적으로 시적 상황을 전달함.
출전 《백호집》

(나) **갈래** 한시, 5언 절구
성격 서정적, 애상적, 독백적
제재 봄비
주제 규중 여인의 고독과 외로움
특징 객관적 상관물로 화자의 심성을 드러냄.
연대 조선 명종
출전 《난설헌집》

시구 풀이

❶ **열다섯 아리따운 아가씨** 부끄러움을 많이 타는 시기의 아가씨. '월계녀(越溪女)'는 중국 월나라 약야계(若耶溪)의 여인, 서시(西施), 또는 서시같이 아름다운 여인을 말한다. 또한 '오희월녀(吳姬越女)'라 하여 중국 오나라와 월나라의 여인이 예쁜 데서 유래하여, 흔히 매우 아름다운 여자를 비유적으로 일컫는 말이다.

❷ **배꽃 사이 달을 보며 눈물 흘리네.** '배꽃 사이 달', 즉 '이화월(梨花月)'이 조성하는 서정적이고 낭만적인 분위기를 통해 이별로 슬퍼하는 아가씨의 모습을 한 폭의 아름다운 그림처럼 형상화하고 있다.

❸ **뜬시름 못내 이겨 병풍 기대니** '뜬시름'이라는 시어를 통해 화자의 정서가 직접적으로 표현된 부분으로, 슬픔과 외로움에 지친 몸을 의지하는 곳이 병풍이라는 것에서 화자가 독수공방(獨守空房)하면서 고달프게 살아가는 처지임을 알 수 있다.

❹ **송이송이 살구꽃 담 위에 지네.** 화자의 고독하고 외로운 심사를 '살구꽃'에 의탁하여 표현한 부분이다. 곱게 피었던 살구꽃이 봄비에 떨어지는 것을 통해 봄날이 지나가고 있으며 동시에 화자의 젊음도 허망하게 시들어 가고 있음을 표현하고 있다.

작가 소개

(가) **임제(林悌, 1549~1587)** 호는 백호(白湖)·근재(謹齋). 조선 중기의 문신으로 39세의 나이에 요절하였으며 명문장가로 이름을 날렸다. 호방, 쾌활한 시풍(詩風)의 시재(詩才)가 뛰어난 천재로 칭송을 받았으며 문집으로는 《임백호집(林白湖集)》이 있고, 〈화사〉, 〈수성지〉가 작품으로 전한다.

(나) **허난설헌**(본책 180쪽 참고)

가 **무어별(無語別)**

□: 압운

十五越溪女
십 오 월 계 녀
羞人無語[別]
수 인 무 어 별
歸來掩重門
귀 래 엄 중 문
泣向梨花[月]
읍 향 이 화 월

❶열다섯 아리따운 아가씨
남 부끄러워 말 못 하고 헤어졌어라. (이별을 더욱 안타깝게 느껴지게 함.) — 소녀의 말 없는 이별
돌아와 중문을 닫고서는 (겹문, 덧문 / 부끄러움을 감추기 위한 행동)
❷배꽃 사이 달을 보며 눈물 흘리네. — 남몰래 흘리는 이별의 눈물
① 여인의 심리와 조화를 이루는 애상적 분위기를 조성하는 대상
② 애상적 정감을 심화하는 대상

나 **봄비**

□: 객관적 상관물(화자의 외롭고 쓸쓸한 정서 극대화)

春雨暗西池
춘 우 암 서 지
輕寒襲羅[幕]
경 한 습 라 막
愁倚小屛風
수 의 소 병 풍
墻頭杏花[落]
장 두 행 화 락

보슬보슬 [봄비]는 못에 내리고 (연못)
[찬 바람]이 장막 속 스며들 제 — 선경(先景)
❸뜬시름 못내 이겨 병풍 기대니 (규방 여인의 한(남편의 사랑을 받지 못하는 한, 고통 속에서 젊은 날을 보내는 한))
❹송이송이 살구꽃 담 위에 지네. (낙화 = 늙어 감.) — 후정(後情)

이해와 감상

(가) 〈규원(閨怨)〉이라는 부제로도 전하는 이 작품은 웅건하고도 호쾌한 기상과 함께 기백이 넘치는 작가의 다른 작품과는 다르게 이별한 아가씨의 슬픔을 섬세한 감각과 간결한 형식미를 통해 효과적으로 표현한 5언 절구의 한시이다. 제목인 〈무어별(無語別)〉은 '말 못 하고 헤어지다'라는 뜻으로, 많은 말을 하지 않으면서도 어린 여인의 애틋한 마음을 표현하여 절제된 언어의 아름다움을 드러낸다. 권위주의와 남녀유별이 엄격하던 시대에 절실한 사랑을 마음속으로만 간직한 채 남 모르게 눈물 흘리는 여인의 심상을 섬세하게 반영한, 낭만주의적 경향의 작품이다. 특히 결구의 '배꽃 사이 달[梨花月]'은 사랑과 이별의 감정을 감각적이고 심미적으로 표현한 이 작품의 백미(白眉)라 할 수 있다.

기(1구)	어린 나이의 아리따운 아가씨	전(3구)	중문을 닫음.
승(2구)	부끄러워 말도 못 건넨 이별	결(4구)	달을 보며 안타까움으로 눈물을 흘림.

(나) 이 작품은 규중에서 홀로 지내는 여인의 외로운 심사를 표현한 5언 절구의 한시로, '최국보의 체를 본받아[效崔國輔體]' 쓴 3수 가운데 세 번째 작품이다. 앞부분에서 공간적·시간적 배경을 소개하고, 이를 바탕으로 화자의 정서를 부각하는 선경 후정의 시상 전개 방식이 사용되었다. 비 내리는 봄날의 나른함이 홀로 지내는 규방의 적막함에 더해져 화자의 고독한 정서를 극대화하고 있으며, 시름에 겨워 병풍에 기대어 하루하루 시들어 가는 살구꽃을 바라보는 화자의 정서가 고독감과 함께 젊은 날의 세월을 보내는 아쉬움으로 나타난다. 화자 자신의 슬프고도 외로운 삶의 모습이 지는 꽃과 동일시되어 더욱 절실하게 느껴진다.

기(1구)	연못에 봄비가 내리는 쓸쓸한 정경	전(3구)	시름에 잠긴 규방 여인의 모습
승(2구)	외로움을 더하는 이른 봄의 추위	결(4구)	덧없이 흘러가는 세월에 대한 안타까움

작품 연구소

〈무어별〉의 시상 전개

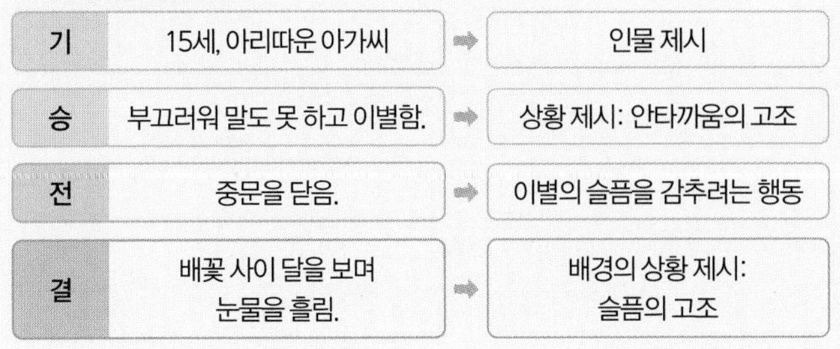

〈무어별〉 결구의 애상적 분위기

소재	배꽃	달
색채감	백색(白色)	
정서	애상적 분위기, 애련한 느낌	
속성	금방 떨어지는 순간성	어두운 밤하늘에 홀로 걸려 있어 임을 상기시킴.

- 배경의 역할을 함.
- 이별의 안타까움을 더해 줌.
- 이별한 임을 연상시킴으로써 임에 대한 그리움을 북돋움.
- 주인공의 애달픈 심정과 절묘한 조화를 이룸.

〈봄비〉의 시상 전개

〈봄비〉의 배경에서 드러나는 정서

〈봄비〉의 표현상 묘미는 봄비, 찬 바람, 살구꽃 등의 배경을 통해 화자의 정서를 효과적으로 드러내는 데 있다. 즉, 자신의 감정과 정서를 직설적으로 드러내지 않고, 정경 묘사에 기대어 감정을 표현해 낸 절제된 어조가 돋보인다.

특히 화자는 잠시 피었다가 떨어지는 살구꽃을 젊음이 덧없이 시들어 가고 있는 자신의 모습과 동일시하고 있다. 화자는 봄비에 떨어지는 살구꽃을 바라보면서 허망하게 지나가는 자신의 젊은 날을 안타까워하고 아쉬워하는 것이다.

배경	봄비	찬 바람	(지는) 살구꽃
화자의 정서	슬픔, 쓸쓸함	외로움	아쉬움

함께 읽으면 좋은 작품

〈규원가〉, 허난설헌 / 규중 여인의 마음을 드러낸 작품

〈규원가〉는 현전하는 최초의 규방 가사로, 봉건 제도하에서 겪는 부녀자의 한(恨)을 표현한 작품이다. 〈무어별〉은 수줍음 많은 아가씨가 슬픈 감정을 속으로 삭히면서 눈물을 흘리는 소극적 모습을 보이는 반면, 〈규원가〉는 화자가 자신의 슬픔을 직설적으로 드러내며 한탄한다는 점에서 〈무어별〉과 차이를 보인다. Link 본책 180쪽

키 포인트 체크

화자 (가) – 작품에 드러나지 않음. (나) – 규중에서 홀로 지내는 □□

상황 (가) – 부끄러워 남몰래 눈물을 흘림.
(나) – 비 오는 봄, 규방에 홀로 앉아 떨어지는 □□□을 바라봄.

태도 (가) – 말도 못 하고 이별한 후 안타까움으로 □□□.
(나) – 허망하게 지나가는 자신의 젊은 날이 □□□□.

1 (가)와 (나)의 공통점으로 가장 적절한 것은?

① 자연적 배경을 통해 작품의 분위기를 형성한다.
② 세속적 이익을 좇지 않는 삶의 자세가 나타난다.
③ 인간과 자연의 대비를 통해 주제 의식을 부각한다.
④ 참기 힘든 현실의 고통을 자연에 의지해 잊고자 한다.
⑤ 관찰자인 시적 화자가 객관적으로 시적 상황을 전달한다.

2 (가)와 〈보기〉를 비교한 내용으로 적절하지 않은 것은?

보기

삼삼오오(三三五五) 야유원(冶遊園)의 새 사람이 나단 말가. 곳 피고 날 저물 제 정처(定處) 업시 나가 잇어, 백마금편(白馬金鞭)으로 어디어디 머무는고. 원근(遠近)을 모르거니 소식(消息)이야 더욱 알랴. 인연(因緣)을 긋쳐신들 싱각이야 업슬소냐. [중략] 긴 한숨 디는 눈물 속절업시 헴만 만타. 아마도 모진 목숨 죽기도 어려울사.

– 허난설헌, 〈규원가〉

		(가)	〈보기〉
①	표기	한문	한글
②	작가	남성	여성
③	독자층	작품과 유사한 체험을 하는 여성	
④	화자	드러나지 않음.	여성
⑤	특징	간결하고 담백한 표현을 사용함.	화자가 슬픔을 직설적으로 표현하며 한탄함.

3 (나)에 대한 설명으로 적절하지 않은 것은?

① 한시의 구성 방식인 '기–승–전–결'의 구조를 따르고 있다.
② '봄비'는 '살구꽃'을 피어나게 하는 봄의 생명력을 의미한다.
③ '찬 바람'은 '장막'에 스며들어 화자의 외로움을 심화하고 있다.
④ 3구의 '뜬시름'에는 화자의 정서가 직접적으로 드러나 있다.
⑤ '병풍'은 '뜬시름'을 이기지 못한 화자가 의지하며 기대는 곳이라 할 수 있다.

4 제목의 의미를 바탕으로 (가)의 시적 상황을 구체적으로 쓰시오.

5 (나)의 결구에 드러나는 화자의 정서를 표현 방식과 연관 지어 20자 내외로 쓰시오.

더 읽을 작품

105 어떤 나그네[有客] | 김시습

키워드 체크 #봄 산의 풍경 #봄의 아름다움 만끽 #물아일체

有客淸平寺 (유 객 청 평 사)
春山任意遊 (춘 산 임 의 유)
鳥啼孤塔靜 (오 제 고 탑 정)
花落小溪流 (화 락 소 계 류)
佳菜知時秀 (가 채 지 시 수)
香菌過雨柔 (향 균 과 우 유)
行吟入仙洞 (행 음 입 선 동)
消我百年愁 (소 아 백 년 수)

어떤 나그네 청평사에 찾아들어
(화자, 작가 자신 / 공간적 배경)
봄의 산기운 마음껏 즐기나니.
(계절적 배경)
새들은 지저귀는데 탑은 홀로 다소곳하고
(청각적 이미지 – 산새 소리만 들리는 고요함)
꽃잎 떨어져 시냇물 위로 흘러가네.
(시각적 이미지)
맛 좋은 산나물 때를 맞추어 돋아나고
(미각적 이미지)
향 좋은 버섯 비 지난 뒤라 더욱 부드럽네.
(후각적 이미지)
발걸음 맞춰 읊조리며 신선골 들어가
(탈속적 이미지 – 화자가 지향하는 세계)
내 백 년 근심 다 털어 낼까 하노라.
(모든 근심이 사라짐, 봄의 흥취를 만끽함.)

키 포인트 체크

화자 봄의 아름다움을 만끽하는 '나'(나그네)
상황 청평사에서 □□의 경치를 즐김.
태도 근심을 잊고 자연을 마음껏 즐기는 □□□□의 경지를 보임.

답 봄 산, 물아일체

핵심 정리

갈래 한시, 5언 율시
성격 낭만적, 전원적, 풍류적, 탈속적
제재 나그네, 청평사, 봄
주제 근심을 잊고 봄의 아름다움을 만끽함.
특징 다양한 감각적 이미지를 동원하여 봄을 즐기는 화자의 모습을 드러냄.
출전 《매월당집》

이해와 감상

시대에 적응하지 못했던 체제 밖의 지식인, 김시습이 자연에 몰입하여 근심을 잊고 행복을 만끽했던 어느 봄날의 모습을 형상화한 한시이다. 화자는 '청평사', 즉 '세상이 잘 다스려져 태평함.'이라는 이름의 절에 나그네의 처지로 들르게 되고, 봄 산의 아름다움을 만끽한다. 모든 감각으로 자연을 마음껏 즐기는 모습이 그려져 있으며, 평화롭고 아름다운 자연의 경물에 몰입한 화자의 모습에서 물아일체(物我一體)의 경지가 드러난다.

106 불일암 인운 스님에게[佛日庵贈因雲釋] | 이달

키워드 체크 #시간의 흐름 초월 #탈속적 경지 #시각적 이미지 활용

寺在白雲中 (사 재 백 운 중)
白雲僧不掃 (백 운 승 불 소)
客來門始開 (객 래 문 시 개)
萬壑松花老 (만 학 송 화 로)

절집이 흰 구름에 묻혀 있기에,
(속세와의 거리감)
흰 구름을 스님은 쓸지를 않아.
(찾아오는 사람이 없음. – 자연을 있는 그대로 두고 일체되어 살아가는 은둔자의 모습)
바깥 손님 와서야 문 열어 보니
(세월의 흐름을 일깨워 주는 존재)
온 산의 송화는 하마 쇠었네.
(소나무의 꽃 / 이미, 벌써)

□: 봄이 감. 시간의 흐름. 계절의 변화 → 시간과 계절의 흐름도 초월한 채 자연과 동화되어 살아가는 모습(물아일체)

키 포인트 체크

화자 □□ 속에 묻혀 살아가는 사람
상황 □□의 흐름을 잊고 살아감.
태도 자연과 □□되어 시간의 흐름을 잊고 살아가는 탈속의 경지를 보임.

답 자연, 시간, 동화

핵심 정리

갈래 한시, 5언 절구
성격 낭만적, 회화적, 탈속적
제재 구름, 절
주제 자연 속에서 시간의 흐름을 초월한 채 살아가는 탈속적인 경지
특징 ① 시각적 이미지를 중심으로 깊고 고요한 산속 절의 한적함을 표현함.
② 초월적인 삶을 상징하는 '구름'을 통해 탈속적인 삶의 모습을 표현함.
출전 《손곡집》

이해와 감상

이 작품은 삼당 시인(三唐詩人)의 한 사람으로 불리는 이달(李達)의 한시이다. '절집', '구름'과 같이 탈속적인 이미지의 시어를 사용하여 속세와의 단절감을 부각하였다. 또한 '손님'이 와서 문을 열어 보고 나서야 계절의 변화를 알게 된다는 표현을 통해 시간의 흐름을 잊은 채 살아가는 탈속의 경지를 잘 보여 준다.

작품 연구소

시각적 이미지와 색채 대비

세상과 세월을 잊은 적막한 분위기를 풍기는 이 작품은 마치 한 폭의 풍경화를 보는 것 같은 느낌을 준다. 이는 '흰 구름', '송화'와 같은 시각적 이미지를 중심으로 시상을 전개했기 때문이다.

흰 구름	흰색	속세와의 단절, 탈속
송화(松花)	노란색	시간의 흐름

107 대관령을 넘으면서[踰大關嶺望親庭] | 신사임당

키워드 체크 #어머니와의 이별 #시집으로 가는 길 #안타까움 #애달픈 마음

慈親鶴髮在臨瀛 (자 친 학 발 재 림 영) — 늙으신 어머님을 강릉에 두고
(그리움의 대상)
身向長安獨去情 (신 향 장 안 독 거 정) — 이 몸 혼자 서울로 떠나는 마음
(애달픈 심정)
回首北村時一望 (회 수 북 촌 시 일 망) — 돌아보니 고향은 아득도 한데
白雲飛下暮山青 (백 운 비 하 모 산 청) — 흰 구름 날고 산은 저무네.
망운지정(望雲之情) – 자식이 객지에서 고향에 계신 어버이(여기서는 어머니)를 생각하는 마음

키 포인트 체크

- 화자 □□□와 이별하는 사람
- 상황 어머니를 강릉에 두고 홀로 □□로 떠남.
- 태도 나이 든 어머니를 홀로 두고 떠나는 □□□이 드러남.

답 어머니, 서울, 애달픔

핵심 정리

갈래 한시, 7언 절구
성격 서정적, 애상적
제재 어머니와의 이별
주제 어머니를 홀로 두고 떠나는 애달픈 마음
특징 여성의 운명적인 제약이 시적으로 잘 승화됨.
출전 《선비행장》

이해와 감상

신사임당이 어머니의 곁을 떠나 시집으로 가는 길에 대관령을 넘으며 읊은 한시이다. 늙은 어머니를 두고 떠나는 딸의 심정은 막막하고 애틋하기 그지없지만, 기승전결로 이어지는 시상 전개를 통해 무심한 듯하면서도 매우 계산된 구도로 그 심정을 담아내고 있다. 또한 결구에 고사를 숨겨 둠으로써 정서를 세련되게 표현하고 있다.

작품 연구소

결구에 나타난 정서와 표현 방식

- 흰색[白雲]과 푸른색[山青]의 선명한 색채 이미지
  → 막막하고 쓸쓸한 화자의 정서가 선명한 시각적 이미지로 형상화
- '적인걸'의 고사(중국 당나라의 적인걸이 태행산에서 흰 구름[白雲]을 바라보며 "저 구름 아래 우리 아버지가 계신다."고 서 있다가 구름이 옮겨 간 뒤에야 그 곳을 떠났다는 고사)가 숨겨져 있음.
  → 고사의 삽입을 흔적 없이 깔끔한 이미지로 전환한 세련된 솜씨

108 곡자(哭子) | 허난설헌

키워드 체크 #애상적 #자식을 잃은 슬픔 #대조적 상황 제시

去年喪愛女 (거 년 상 애 녀) — 지난해 귀여운 딸아이 여의고
今年喪愛子 (금 년 상 애 자) — 올해 사랑하는 아들을 잃었네.
(작품 창작의 동기)
哀哀廣陵土 (애 애 광 릉 토) — 서러워라 서러워라 광릉 땅이여
감정의 직접적 표출, 반복을 통한 강조 / 경기도 광주(허난설헌의 시가)의 공동 묘지
雙墳相對起 (쌍 분 상 대 기) — 두 무덤 나란히 마주하고 있구나.
딸과 아들의 무덤
蕭蕭白楊風 (소 소 백 양 풍) — 사시나무엔 쓸쓸한 바람 불고
백양나무(죽음을 상징하는 나무이기도 함.)
鬼火明松楸 (귀 화 명 송 추) — 숲속 도깨비불 희미하게 빛나네.
紙錢招汝魂 (지 전 초 여 혼) — 종이돈 살라 너희 넋을 부르며
저승으로 가면서 쓰라는 뜻으로 죽은 사람을 위해 관 속에 넣는 돈 모양의 종이
玄酒奠汝丘 (현 주 전 여 구) — 무덤에 술잔 따르며 제를 올리네.
應知第兄魂 (응 지 제 형 혼) — 너희 넋이야 오누인 줄 알고
夜夜相追遊 (야 야 상 추 유) — 밤마다 서로 어울려 놀겠지.
저승에서라도 잘 지내기를 소망함.
縱有腹中孩 (종 유 복 중 해) — 비록 아기를 다시 가졌다고 한들
아기를 가진 화자의 현재 상황 – 자식을 잃은 처지와 대비되며 슬픔을 더욱 부각함.
安可冀長成 (안 가 기 장 성) — 어찌 잘 자라길 바랄 수 있으리오.
(자식을 잃은 슬픔 때문에)
浪吟黃臺詞 (랑 음 황 대 사) — 부질없이 황대사를 읊조리다
어머니인 측천무후의 전횡을 비판하다 폐위된 뒤 자살한 당나라 장회 태자의 〈황대과사〉라는 악부시를 가리킴.
血泣悲吞聲 (혈 읍 비 탄 성) — 애끊는 피눈물에 목이 메는구나.
화자의 슬픔을 단적으로 제시함.

키 포인트 체크

- 화자 □□을 잃은 어머니
- 상황 □과 □□의 무덤을 바라보고 있음.
- 태도 자식을 연이어 잃은 깊은 □□을 드러냄.

답 자식, 딸, 아들, 슬픔

핵심 정리

갈래 한시, 5언 고시
성격 애상적
제재 상애녀(喪愛女), 상애자(喪愛子)
주제 자식을 잃은 슬픔
특징 대조적 상황의 제시, 고사의 인용 등을 통해 어린 딸과 아들을 잃은 깊은 슬픔을 절실하게 드러냄.
출전 《난설헌집》

이해와 감상

이 작품은 허난설헌이 두 자식을 연이어 잃고 난 후 쓴 한시로, 천재 여류 시인으로 알려졌지만 한편으로는 불우했던 허난설헌의 삶의 단면을 엿볼 수 있다. 시의 초반, 화자는 어린 딸과 아들을 차례로 잃은 슬픔을 영탄적 어조를 통해 효과적으로 드러내고 있다. 이어 화자는 남매의 무덤을 바라보며 그들이 저승에서라도 즐겁게 지내기를 바란다. 이 작품에서 자식을 잃은 화자의 상황은 뱃속에 있는 아이를 떠올릴 때 더욱 안타깝게 느껴진다. 화자의 슬픔은 이러한 대조적 상황과 쓸쓸한 배경 묘사, 화자의 처지와 관련된 고사의 인용(당나라 장회 태자의 고사) 등을 통해 더욱 고조된다.

국화야 너ᄂᆞᆫ 어이   가노라 삼각산아   청강에 비 듯는 소ᄅᆡ   아ᄎᆞᆷ은 비 오더니   주려 주그려 ᄒᆞ고

논밭 갈아 기음 매고   집 방석 내지 마라   곡구롱 우ᄂᆞᆫ 소ᄅᆡ에   백구ㅣ야 말 무러보쟈   청산도 절로절로

금강 일만 이천 봉이   강산 죠흔 경을   빈천을 ᄑᆞᆯ랴 ᄒᆞ고   벽사창 밧이 어른어른커ᄂᆞᆯ   ᄇᆞᄅᆞᆷ도 쉬여 넘ᄂᆞᆫ 고ᄀᆡ

님 그린 상사몽이   님이 오마 ᄒᆞ거ᄂᆞᆯ   어이 못 오던가   귀뚜리 져 귀뚜리   개를 여라믄이나 기르되

만흥   견회요   오우가   어부사시사   매화사   선상탄   누항사   일동장유가   만언사   연행가   춘면곡

유산가   덴동 어미 화전가   북찬가   아리랑   시집살이 노래   잠 노래   정선 아리랑   진도 아리랑

사할린 본조 아리랑   요양의 달   보리타작   유배지에서 처의 죽음을 슬퍼하며   자술   사유악부   절명시

IV

조선 후기

문학사 개관

IV 조선 후기의 시가 (임진왜란 이후 ~ 갑오개혁)

조선 후기 시가의 특징

◆ **영·정조 이후의 시조**
- 작자층의 확대
- 산문화 경향
- 풍자와 해학
- 평민 가객에 의한 가집 편찬

◆ **'연시조'와 '사설시조'의 효시**
- 연시조: 맹사성의 〈강호사시가(江湖四時歌)〉
- 사설시조: 정철의 〈장진주사(將進酒辭)〉

- 임진왜란과 병자호란 이후 신분제의 동요, 평민 의식의 성장, 실학사상의 대두 등으로 문학 담당층이 평민과 부녀자로 확대되었다.
- 시조는 생활의 일부로 자리 잡으면서 내용이 다양해지고, 형식도 자유로워졌다. 또한 사설시조의 등장, 시조집 편찬 등으로 국민 문학으로서의 시조의 위치가 확고해졌다.
- 가사 또한 장편 가사 및 변격 가사의 등장으로 형식이 다양해졌으며, 관념적인 내용에서 벗어나 일상적이고 현실적인 체험을 사실적으로 표현하게 되었다.
- 민요, 잡가 등 서민들의 소박한 생활 감정과 삶의 모습을 담은 작품들이 다수 창작되었다.

조선 후기 시가의 전개 양상

1. 시조의 변모

조선 후기에 와서 시조의 향유 계층은 사대부에서 평민층으로 확대되었다. 이와 더불어 그 내용도 관념적·유교적 내용에서 탈피하여 다양한 현실적 삶을 다룬 작품들이 창작되었다. 형식 또한 각 장 4음보의 정형성이 파괴되어 장형화가 이루어졌고, 이에 사설시조가 등장하게 되었다.

(1) 임진왜란·병자호란 직후

전란의 흔적을 노래한 시조들이 나타나 시대적 고뇌를 보여 주면서 기존 체제와 현실에 대한 비판 의식이 담긴 시조가 등장했다. 그러나 한편에서는 우리말의 묘미를 살려 전원생활의 멋을 노래하는 이전의 전통을 계승한 시조도 나타났다.

예

주제 의식	작품	작가	내용
우국충정을 담은 작품	한산섬 달 밝은 밤의	이순신	전쟁 중에 느끼는 우국충정의 토로
	가노라 삼각산아	김상헌	우국지사의 비분강개
	청강에 비 듯는 소릐	효종	청나라에 복수하고자 하는 마음
	철령 높은 봉을	이항복	귀양길의 억울한 심정을 하소연함.
자연과 인정을 그린 작품	청산도 절로절로	송시열	자연의 순리에 따라 살고자 하는 마음
	님 그린 상사몽이	박효관	임과 이별한 후의 고독과 그리움
	쑴은 돋는 대로 듣고	위백규	농부의 고된 노동과 여유로운 휴식
	동기로 세 몸 되어	박인로	혈육인 아우들을 그리는 정
	초암이 적료훈듸	김수장	탈속적 경지에서의 그윽한 풍류
	미암이 밉다 울고	이정신	초야에 묻혀 사는 즐거움

간단 개념 체크

1 조선 시대의 문학을 전기와 후기로 구분할 때 기준이 되는 역사적 사건은? (   )

2 조선 후기에는 문학 담당층이 평민과 부녀자로 확대되면서, 관념적 내용에서 벗어나 □□□인 삶을 다룬 작품들이 창작되었다.

3 시조와 가사의 형식은 조선 후기로 갈수록 정형화되었다. (○ / X)

답 1 임진왜란 2 현실적 3 X

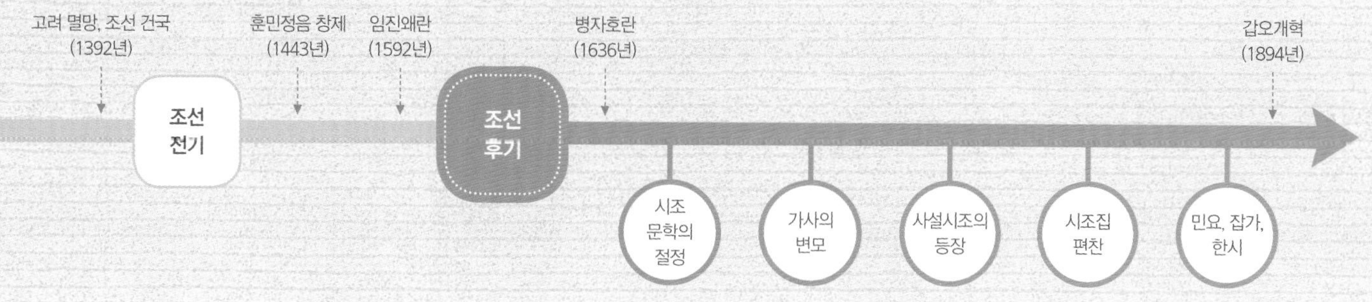

(2) 윤선도의 시조

전원생활의 멋과 흥겨움을 아름다운 우리말로 표현한 작품들을 창작했다.

예

작품	제재	주제
만흥(전 6수)	자연을 벗하는 생활	자연에 묻혀 사는 즐거움과 임금의 은혜
오우가(전 6수)	물, 바위, 소나무, 대나무, 달	다섯 벗인 '물[水]'·'바위[石]'·'소나무[松]'·'대나무[竹]'·'달[月]'의 덕을 기림.
어부사시사(전 40수)	자연에서의 어부 생활	자연 속에서 한가롭게 살아가는 여유와 흥취

(3) 사설시조의 등장

조선 후기 산문 정신과 서민 의식의 영향으로 산문화된 시조가 등장했는데, 대개 평민들이 창작하여 작가와 창작 연대를 알 수 없다. 당시 사회 현실을 반영하고 있으며, 세태에 대한 풍자와 서민들의 소박한 생활 감정이 솔직하게 표현되어 있다는 점에서 문학사적 가치가 크다.

① 사설시조의 내용: 현실을 풍자하거나 서민들의 생활 감정을 진술하고 사실적으로 표현하는 등 생활과 밀착된 현실 감각을 주로 다루었다. 구체적인 이야기와 비유를 대담하게 도입하고, 강렬한 애정과 자기 폭로가 들어 있는 등 소재와 주제 면에서 다양성을 띤다.

② 사설시조의 형식: 평시조의 기준형(3장 6구)에서 6구 중 어느 두 구 이상이 10자 이상으로 길어지는데, 대체로 중장이 길어지며 초장이 길어진 것도 나타난다.

예

작품	작가	제재	주제
님이 오마 ᄒᆞ거ᄂᆞᆯ	미상	임이 온다는 소식	임을 애타게 기다리는 마음
귀ᄯᅩ리 져 귀ᄯᅩ리	미상	귀뚜라미	가을 밤에 임을 그리는 외로운 여심(女心)
나모도 바히 돌도 업슨	미상	임과의 이별	임을 여읜 절망적인 슬픔
싀어마님 며느라기 낫바	미상	시집살이	힘든 시집살이에 대한 원망과 비판
댁들에 동난지이 사오	미상	동난지이(게젓)	서민들의 상거래 장면 풍자
ᄇᆞ람도 쉬여 넘는 고개	미상	고개	임을 애타게 그리워하는 마음

(4) 시조창과 전문 가객의 등장

시조가 국민 문학으로 자리 잡으면서 대중화·전문화되기 시작했다.

① 시조창: 전통적인 가곡창에 비해 곡조가 빠르며, 초·중·종장 중 종장 끝 3음절의 '하느니', '하노라' 등은 생략한다. 18세기에 새로이 등장한 대중적인 창법으로, 전문 가객이 아니어도 쉽게 부를 수 있다.

◆ 〈어부사〉의 전통

고려 시대 〈어부가〉
↓
이현보의 〈어부사〉
↓
윤선도의 〈어부사시사〉

▲ 보길도에 있는 윤선도 관련 유적인 '원림(園林)'

◆ 사설시조의 미의식
- 현실의 모순에 대한 날카로운 비판
- 중세적 고정 관념을 거리낌 없이 추락시키는 풍자
- 고달픈 생활을 웃음으로 극복하는 해학

간단 개념 체크

1 윤선도는 전원생활의 멋과 흥겨움을 한문으로 표현한 시조를 다수 창작했다. (○ / ×)

2 조선 후기 산문 정신과 서민 의식의 영향으로 등장한 산문화된 시조는? ( )

3 사설시조에는 현실을 □□하거나 서민들의 생활 감정을 진솔하게 표현하는 내용이 자주 등장한다.

답 1 × 2 사설시조 3 풍자

조선 후기의 시가 (임진왜란 이후 ~ 갑오개혁)

② 전문 가객의 출현: 전문 가객은 18세기 무렵부터 등장했으며, 신분은 대체로 중인보다 낮은 서리 정도로 시조를 가곡의 곡조에 얹어서 불렀다. 종전에 읊조리는 방식으로 향유되었던 시조가 이들에 의해 창곡(唱曲) 위주로 바뀌었다. 이들은 시조를 창작하고 부르는 가단(歌壇)을 형성하고, 시조집을 편찬하여 조선 후기 시조 부흥에 기여했다.

예

시조집	연대	편찬자	작품 수
청구영언(靑丘永言)	영조 4년(1728)	김천택	998수
악학습령(樂學拾零)	영조 8년(1732)	이형상	1,109수
해동가요(海東歌謠)	영조 39년(1763)	김수장	883수
고금가곡(古今歌曲)	미상	송계연월옹	319수
근화악부(槿花樂府)	정조 3년(1779) 혹은 헌종 5년(1839)으로 추정	미상	401수
남훈태평가(南薰太平歌)	미상	미상	224수
가곡원류(歌曲源流)	고종 13년(1876)	박효관, 안민영	970여 수

③ 가단: 전문 가객 중심의 시조 동호회들의 모임으로, 평민 가객이 중심이 되어 형성되었다.

◆ 가단의 형성

경정산 가단	승평계
김천택, 김수장 중심의 시조 동인회	박효관, 안민영 중심의 시조 동인회
많은 가객이 시조를 즐기면서 작품 활동을 함.	창법, 작시 등을 연구하고 《가곡원류》 등의 시조집을 편찬함.

◆ 조선 전기 가사와 후기 가사의 특징

전기 가사	후기 가사
정격 가사	변격 가사
양반 가사	평민 가사
관념적, 서정적	현실적, 서사적

2. 가사의 변모

조선 후기의 가사는 산문 정신과 서민 의식의 성장으로 많은 변화를 겪게 된다. 형식 면에서 거의 수필에 가까운 장편 가사가 등장했고, 조선 전기의 정격 가사에 비해 형식이 자유로워진 변격 가사가 출현했다. 또한 민요와 결합하여 잡가(雜歌)라는 새로운 형태가 생기기도 했다. 내용 면에서는 음풍농월(吟風弄月), 연군지정(戀君之情), 우국지정(憂國之情) 등 관념적 내용에서 벗어나 일상적이고 현실적인 체험을 사실적으로 표현했으며, 향유 계층 또한 평민 계층과 부녀자 계층까지 확대되었다.

(1) 조선 후기 초반의 가사

시조 문학이 만개했으나 가사는 조선 전기와 같은 성황을 누리지 못했다. 그러나 박인로의 가사는 특출해서 〈누항사(陋巷詞)〉, 〈선상탄(船上嘆)〉 등은 그가 조선 후기 문학의 대가로 불리는 데 큰 역할을 했다.

(2) 숙종 이후의 가사

현실 문제에 대한 관심의 확대(기행 가사, 유배 가사), 여성 및 평민 작자층의 성장(내방 가사, 평민 가사), 주제와 표현 양식의 다변화 등을 특징으로 한다. 특히 내용상 실생활의 구체적인 내용을 다루려는 추세를 반영하여 이전의 가사와 달라진 모습을 보이는데, 가장 큰 변화는 서사적 장편 가사가 많이 창작되면서 산문화의 경향이 뚜렷해졌다는 것이다.

(3) 영·정조 이후의 가사

일반 서민들도 가사를 지음으로써 해학적인 표현으로 희극미를 창출하는가 하면, 현실의 문제점을 풍자하는 비판 정신을 발휘하여 이전의 양반 가사와는 또 다른 미의식을 구현했다. 이 시기에는 영남의 부녀자 계층을 중심으로 하여 내방 가사(규방의 부녀자들에 의해 지어지고 전해진 노래, 규방 가사)가 다수 창작되었는데, 그 내용은 시집살이의 괴로움, 현모양처의 도리 등 부녀자들의 생활과 감정을 노래한 것이 대부분이다.

(4) 의의

조선 전기의 가사 및 같은 시기의 시조에 비해 예술성이 다소 떨어지나, 당대의 현실을 잘 반영하고 있다.

◆ 조선 후기 가사의 분류

① 기행 가사: 국내는 물론 중국이나 일본을 다녀온 견문을 기록
 예 홍순학의 〈연행가〉, 김인겸의 〈일동장유가〉

② 유배 가사: 유배 체험을 기록
 예 안조환의 〈만언사〉, 김진형의 〈북천가〉

③ 내방 가사: 부녀자들의 생활과 심정 노래
 예 작자 미상의 〈덴동 어미 화전가〉

간단 개념 체크

1 시조가 대중화되면서 시조를 가곡의 곡조에 얹어서 불렀던 전문성을 지닌 사람은? (　　　)

2 조선 후기에는 서사적 장편 가사가 많이 창작되면서 □□□ 경향이 뚜렷해졌다.

3 부녀자들의 생활과 심정을 노래한 가사를 유배 가사라고 한다. (○ / ×)

답 1 가객 2 산문화 3 ×

예

작품	작가	연대	종류	주제
선상탄(船上嘆)	박인로	선조	전쟁 가사	임진왜란 후 왜적에 대한 적개심과 분노를 드러냄. 우국충정과 평화에 대한 희구를 노래함.
누항사(陋巷詞)	박인로	광해군	은일 가사	두메 산골에 은거한 선비가 자연을 벗 삼아 빈이무원(貧而無怨)하는 생활을 노래함.
일동장유가(日東壯遊歌)	김인겸	영조	기행 가사	작가가 사신으로 일본에 다녀와서 그 견문을 기록함.
농가월령가(農家月令歌)	정학유	헌종	월령체 가사	권농(勸農)을 주제로 하여 농촌의 연중 행사와 풍경을 열두 달의 순서에 맞추어 노래함.
연행가(燕行歌)	홍순학	고종	기행 가사	작가가 사신의 일원으로 청나라 연경(燕京)에 갔다가 귀국하기까지의 견문을 기록함.
덴동 어미 화전가(花煎歌)	미상	미상	규방 가사·평민 가사	덴동 어미의 비극적이고 운명적인 삶을 노래함.
우부가(愚夫歌)	미상	미상	평민 가사	예의와 염치를 모르고 못된 짓을 하는 한량을 희화화하여 노래함.

3. 민요(民謠)

민중 속에서 자연 발생하여 오랫동안 전해 오는 구전 가요로, 노동·의식(儀式)·놀이 등을 위해 불렸다. 민요는 문학이면서 음악이며, 서민들의 소박한 생활 감정과 삶의 모습을 함축하고 있다고 할 수 있다.

조선 후기에는 삶의 고달픔을 탄식하고 이를 나름대로 견뎌 나가는 삶의 건강함이 잘 드러나는 민요가 많이 있는데, 이는 시대적 현실을 수용하는 평민들의 의식과 밀접한 관련이 있다. 민요는 스스로 완결성을 지니기도 하지만, 다른 양식(갈래)에 이용되거나 이와 결합하여 독특한 양식을 창출하기도 했다.

(1) 내용상 특징

노동의 고달픔이나 보람, 삶의 애환, 남녀의 애틋한 사랑, 윤리 의식, 놀이의 표현 등 다양하다.

(2) 형식상 특징

연속체의 긴 노래로, 대개 후렴이 붙어 있다. 3음보 혹은 4음보의 노래가 주류를 이루며 4음절 4음보의 노래가 특히 많다.

(3) 갈래와 작품

① 기능에 따른 분류

예

분류	개념	종류	작품
기능요	일정한 기능에 맞추어 부른 노래	일하면서 부르는 노래	논매기 노래, 타작 노래, 해녀 노래 등
		세시(歲時)나 장례 때 부르는 노래	지신밟기 노래, 상여 노래, 달구질 노래 등
		놀이에 박자를 맞추면서 부르는 노래	강강술래, 널뛰기 노래, 줄다리기 노래 등
비기능요	단지 즐거움을 누리기 위해 부른 노래		정선 아리랑, 밀양 아리랑, 시집살이 노래 등

② 가창 방식에 따른 분류

㉠ 선후창: 한 사람이 앞소리를 선창하고 다른 사람이 후렴을 따라 부르는 방식의 민요

㉡ 교환창: 노랫말을 서로 나누어 돌아가면서 부르는 방식의 민요

㉢ 제창: 두 사람 이상이 함께 부르는 방식의 민요

③ 창자에 따른 분류: 남요(男謠), 부요(婦謠), 동요(童謠)

◆ 민요의 특성

구전성(口傳性)	설화와 마찬가지로 입에서 입으로 전승됨.
서정성(抒情性)	대체로 농축된 정서가 직접적으로 표출됨.
서민성(庶民性)	서민의 일상생활에서 불리기 때문에 다른 어느 갈래보다도 서민의 생활 감정이 잘 표출됨.
형식성(形式性)	노래로 불리기에 적합하도록 율격이나 형식이 다듬어져 있으며, 그 율격은 정형성을 띠는 것이 보통임.

간단 개념 체크

1 노동·의식·놀이 등을 목적으로, 민중 속에서 자연 발생하여 오랫동안 전해 온 구전 가요는? (　　　　)

2 민요는 연속체의 긴 노래로, 대개 □□이 붙어 있다.

3 선후창이란 노랫말을 서로 나누어 돌아가면서 부르는 방식을 말한다. (○ / X)

답 1 민요 2 후렴 3 X

109~111 우국과 절개

키워드 체크 #지조 #절개 #나라에 대한 걱정 #충성 #내우외환 #비분강개

가 국화(菊花)야 너는 어이 삼월 동풍(東風) 다 지닉고
(중심 소재-지조와 절개 상징 / 평온하고 순탄한 시절)
㉠•낙목한천(落木寒天)에 네 홀로 퓌엿는다.
❶아마도 •오상고절(傲霜孤節)은 너뿐인가 ᄒᆞ노라.

현대어 풀이
국화야, 너는 어찌하여 따뜻한 봄철 다 지나가고
나뭇잎이 떨어지는 추운 계절에 너 홀로 피었느냐?
아마도 서릿발도 꿋꿋이 이겨 내는 높은 절개를 지닌 것은 너뿐인가 하노라.

나 가노라 ㉡삼각산(三角山)아 다시 보자 한강수(漢江水)야
(북한산의 옛 이름 / 대구법 / 조국, 고국(대유법, 의인법))
고국 산천(故國山川)을 떠나고쟈 ᄒᆞ랴마ᄂᆞᆫ
ⓐ시절(時節)이 하 수상(殊常)ᄒᆞ니 올 동 말 동ᄒᆞ여라.
(매우 / 뒤숭숭하니)

현대어 풀이
가노라 삼각산아, 다시 보자 한강수야.
고국 산천을 떠나고자 하겠는가마는
시절이 매우 뒤숭숭하니 올 듯 말 듯하여라.

다 ㉢청강(靑江)에 ㉣비 듯는 소릐 그 무어시 우읍관ᄃᆡ
(떨어지는 / 그것이 / 우습기에)
•만산 홍록(滿山紅綠)이 휘드르며 ㉤웃는고야
(① 산에 가득한 꽃과 풀 ② 청나라 군사(중의적 표현) / 온 몸을 흔들며)
❷두어라, ⓑ춘풍(春風)이 몃 날이리 우을 ᄃᆡ로 우어라
(며칠이나 더 불겠는가?)

현대어 풀이
청강에 비 떨어지는 소리 그것이 무엇이 우습기에
산을 덮은 울긋불긋한 꽃과 풀이 온 몸을 흔들면서 웃고 있구나!
내버려 두려무나. 봄바람인들 며칠이나 더 불겠느냐? (산에 가득한 꽃과 초목아.) 웃고 싶은 대로 웃어라.

핵심 정리

(가) **갈래** 평시조, 서정시
성격 예찬적, 교훈적, 절의가
제재 국화
주제 국화(선비)의 높은 절개 예찬
특징 의인법을 사용하여 대상에 대한 친근감을 드러냄.
연대 조선 영조
출전 《청구영언》, 《해동가요》

(나) **갈래** 평시조, 서정시
성격 절의가, 비분가, 우국가
제재 고국 산천
주제 고국을 떠나는 신하의 안타까운 마음
특징 대구법, 대유법, 의인법 등을 활용해 화자의 정서를 효과적으로 표현함.
연대 조선 인조
출전 《청구영언》

(다) **갈래** 평시조, 서정시
성격 우의적, 의지적, 비분가
제재 강, 비, 산, 나무, 봄바람
주제 청나라에 볼모로 끌려가는 비통함과 설욕 의지
특징 의인법과 우의적 표현을 통해 화자의 상황과 정서를 간접적으로 드러냄.
출전 《해동가요》

시어 풀이

낙목한천(落木寒天) 나뭇잎이 다 떨어진 겨울의 춥고 쓸쓸한 풍경. 또는 그런 계절.
오상고절(傲霜孤節) 서릿발이 심한 속에서도 굴하지 않고 외로이 지키는 절개라는 뜻으로, '국화'를 이르는 말.
만산 홍록(滿山紅綠) 온 산에 가득 핀 울긋불긋한 꽃과 풀.

시구 풀이

❶ **아마도 오상고절(傲霜孤節)은 너뿐인가 ᄒᆞ노라.** 서릿발도 이겨 내는 국화의 외롭고 굳은 절개를 표현한 부분이다.
❷ **두어라, 춘풍(春風)이 ~ 우을 ᄃᆡ로 우어라** '춘풍'은 청나라 세력을 가리키는 것으로, 그 세력이 오래 지속되지 않을 것이라고 하며 청나라에 대한 설욕 의지를 드러내고 있다.

작가 소개

(가) **이정보(李鼎輔, 1693~1766)** 조선 후기의 문신. 호는 삼주(三洲)·보객정(報客亭). 대제학, 예조 판서 등을 지냈고, 한시와 시조의 대가로 《해동가요》에 시조 78수가 전한다.
(나) **김상헌(金尙憲, 1570~1652)** 조선 중기 때의 문신. 호는 청음(淸陰). 대제학, 이조 판서, 예조 판서, 공조 판서, 병조 판서를 지냈다. 《청구영언》 등의 가곡집에 시조 4수가 전한다.
(다) **효종(孝宗, 1619~1659)** 인조의 둘째 아들(봉림 대군)로, 청나라에 8년간 볼모로 잡혀가 있었던 원한을 풀고자 북벌 계획을 세웠으나 뜻을 이루지 못하였다.

이해와 감상

(가) 이 작품은 작가가 말년에 벼슬에서 물러나 은거 생활을 할 때 소동파의 시구를 떠올리며 지은 시조이다. 선비가 지켜야 할 지조와 절개를 사군자(四君子)의 하나인 '국화'에 빗대고, '국화'에 인격을 부여하여 '너'라고 부름으로써 친밀감을 드러냈다. 따뜻한 봄날에 꽃을 피우는 일반적인 꽃들과 달리, 국화는 낙엽 지는 추운 날에 서릿발을 이겨 내고 꽃을 피운다. 화자는 이러한 국화의 특징이 시련에 굴하지 않는 선비의 모습과 닮았다고 보고 국화를 오상고절(傲霜孤節)이라고 예찬하며, 국화처럼 자신도 꿋꿋하게 절개를 지키며 살겠다는 의지를 다지고 있다.

(나) 이 작품은 병자호란 때 청나라에 대항해 끝까지 싸울 것을 주장하던 작가가 전란 후에 소현 세자와 봉림 대군(훗날의 효종)과 함께 청나라에 볼모로 잡혀가게 되었을 때, 고국을 떠나면서 느끼는 비분강개한 심정을 노래한 작품이다.

(다) 이 작품은 봉림 대군이 병자호란의 패배로 인해 형인 소현 세자와 함께 청나라에 볼모로 잡혀 갈 때의 심경을 노래한 것으로, 볼모의 신세가 된 자신의 비통한 심정과 청나라에 복수하고자 하는 마음이 잘 나타나 있다. 화자는 온 산의 꽃과 나무와 풀(청나라 군사)들이 자신을 비웃는다고 인식하면서 하지만 그럴 수 있는 '춘풍(봄바람)'의 시절, 즉 청나라의 세력이 오랫동안 지속되지 않을 것이라고 말한다. 이를 통해 병자호란으로 인한 현재의 치욕은 한때에 불과할 것이며, 언젠가는 반드시 복수하여 치욕을 씻을 날이 올 것이라는 의지를 드러내고 있다.

작품 연구소

(가)의 '오상고절(傲霜孤節)'

'오상고절(傲霜孤節)'은 '서릿발이 심한 속에서도 굴하지 않고 외로이 지키는 절개'라는 뜻으로, 따뜻한 봄에 꽃을 피우는 일반적인 꽃들과 달리 추운 날에 꽃을 피우는 국화(菊花)의 별칭으로 쓰인다. (가)의 화자는 이런 국화를 예찬하며 자신도 국화처럼 절개를 지키며 살겠다는 의지를 드러낸 것이다.

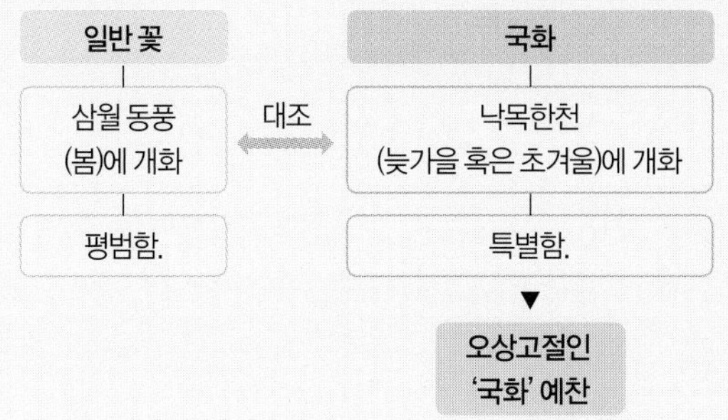

(나)와 (다)의 역사적 배경

(나)와 (다)는 병자호란을 배경으로 한 작품이다. 병자호란은 인조 14년인 1636년에 청나라가 일으킨 전쟁으로, 군신의 관계를 맺자는 청나라의 요구에 조선이 불응하자 청나라 태종이 직접 20만 대군을 이끌고 조선을 침략하며 시작되었다. 조정은 남한산성으로 피했으나 결국 삼전도에서 항복하여 왕이 청나라 태종에게 세 번 절하고 아홉 번 머리를 조아리는 치욕을 당했고, 청나라와는 군신의 관계를 맺어야 했으며, 해마다 조공을 바쳐야만 했다. 또한 소현 세자와 봉림 대군은 청나라에 볼모로 잡혀갔다.

(나)와 (다)는 이런 병자호란을 배경으로 창작된 작품으로, 청나라에 패배한 역사적 상황에 비분강개하는 심정이 반영되어 있다.

(다)의 시어의 의미

(다)는 봉림 대군이 청나라에 볼모로 끌려가면서 지은 것이다. 여기서 '청강'을 '淸江(맑은 물이 흐르는 강)'이라고 표기하지 않고, '靑江(푸른 강)'이라고 표기한 것은 작가가 청나라를 염두에 두고 쓴 것이라 추측할 수 있다. 이렇게 볼 때 초장의 '청강에 비 듣는 소리'는 '청나라에 볼모로 끌려가는 화자의 처지, 눈물을 흘리며 비통해하는 심정'을 드러낸 것이라고 할 수 있다. 또한 '만산 홍록'은 '산에 가득한 꽃과 풀'을 의미하지만 '청나라 군사'를 뜻한다고 볼 수 있고, '춘풍' 역시 '따뜻한 봄바람'을 의미하지만 '청나라의 세력'을 뜻한다고 볼 수 있다. 이렇게 볼 때 '춘풍(春風)이 몇 날이리'는 '청나라 세력이 오래 가지 않고 곧 꺾일 것'이라는 작가의 신념을 드러낸 것이라고 볼 수 있다.

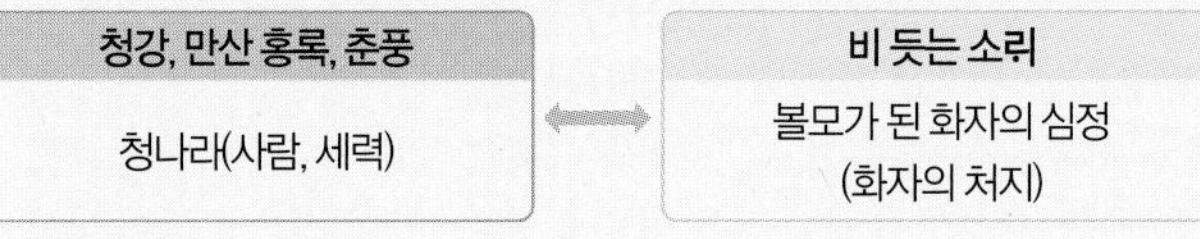

자료실

사군자(四君子)

문인화나 고전 시가에 자주 등장하는 '사군자(四君子: 매화, 난, 국화, 대나무)'는 전통적으로 고결한 절개를 상징해 왔다. 사군자의 하나인 '국화'의 별칭이 '오상고절(傲霜孤節)'인 것처럼 사군자는 모두 속성에 맞게 별칭을 갖고 있다. '매화(梅花)'는 겨울의 추위를 이기고 꽃을 피우므로 '빙자옥질(氷姿玉質)' 혹은 '아치고절(雅致高節)', '난초(蘭草)'는 깊은 골짜기에서 은은한 향기를 드러내므로 '유곡군자(幽谷君子)'라고 한다. '대나무'는 사철 푸르지만 특히 한겨울에도 푸르므로 '세한고절(歲寒孤節)'이라고 한다.

키 포인트 체크

화자 (가) - □□처럼 살기를 바라는 사람 (나) - □□□□의 패배로 청나라로 잡혀가는 신하 (다) - 청나라에 볼모로 끌려가는 봉림 대군

상황 (가) - □□가 지켜야 할 지조와 절개를 국화에 빗댐. (나) - 고국을 떠나며 안타까워함. (다) - 산에 가득한 □과 □이 자신을 비웃는다고 생각함.

태도 (가) - 국화의 높은 □□를 예찬함. (나) - 고국의 현실에 □□□□함. (다) - 현재의 치욕을 씻을 날이 빈드시 올 것이라 여김.

1 (가)~(다)의 공통점으로 가장 적절한 것은?

① 색채어를 활용하여 시의 분위기를 조성했다.
② 유사한 어구를 반복하여 시적 상황을 부각했다.
③ 자연물에 인격을 부여하여 화자의 생각을 드러냈다.
④ 명령적 어조를 활용하여 화자의 강한 의지를 표출했다.
⑤ 도치법으로 시상을 마무리하여 주제 의식을 드러냈다.

내신 적중 多빈출

2 (가)와 〈보기〉의 공통점으로 적절하지 않은 것은?

| 보기 |

풍상(風霜)이 섯거 친 날에 ᄀᆞᆺ 픠온 황국화(黃菊花)를
금분(金盆)에 ᄀᆞ득 담아 옥당(玉堂)에 보내오니,
도리(桃李)야, 곳이온 양 마라, 님의 뜻을 알괘라. - 송순

① 계절적 배경이 나타나 있다.
② 자연물에 정신세계를 빗대어 노래했다.
③ 대상에게 말을 건네는 방식을 사용했다.
④ 중심 대상이 다른 대상보다 우위에 있음을 나타냈다.
⑤ 대조를 사용하여 고통스러운 삶의 현실을 고발했다.

3 ㉠~㉤에 대한 설명으로 적절하지 않은 것은?

① ㉠: 추운 날씨 혹은 험하고 어려운 상황을 뜻한다.
② ㉡: '한강수'와 짝을 이루어 '고국 산천'의 의미로 쓰였다.
③ ㉢: 맑은 물이 흐르는 강으로 긍정적 공간이다.
④ ㉣: 볼모가 된 화자의 심정을 나타낸 것으로 볼 수 있다.
⑤ ㉤: 화자의 처지를 비웃는 태도를 의미한다.

4 ⓐ의 상징적 의미와 대조되는 시어를 (가)에서 찾아 쓰시오.

5 〈보기〉는 병자호란을 배경으로 한 소설이다. ⓑ와 〈보기〉에서 공통적으로 드러나는 대상에 대한 태도를 서술하시오.

| 보기 |

"대장부가 세상에 나서 만리타국(萬里他國)에 대공(大功)을 바라고 왔다가, 오늘날 조그마한 계집의 손에 죽을 줄 어찌 알았으리오." / 계화 웃으며 가로되
"불쌍하고 가련토다. 저 장수야. 세상에 장부로 나서 나 같은 연약한 아녀자를 당치 못하느냐. 오늘은 네 명이 내 손에 달렸으니, 바삐 목을 늘이어 내 칼을 받아라."
용율대 하늘을 우러러 탄식하여 가로되
"천수(天數)로다." / 하고 자결하더라. - 작자 미상, 〈박씨전〉

Ⅳ. 조선 후기

112~113 사대부의 시름과 그 승화

키워드 체크 #인생의 시련 #어지러운 세태 #달관적 #풍류적 #풍자적 #절개 #비판적

문학 천재(김)

핵심 정리

(가) 갈래 평시조, 서정시
성격 풍류적, 낙천적, 한정가(閑情歌)
제재 비와 바람
주제 삶에 대한 달관(達觀)의 자세
특징 상징적 시어를 사용하여 시상을 전개함.
출전 《청구영언》

(나) 갈래 평시조, 서정시
성격 풍자적
제재 백이숙제의 고사
주제 백이와 숙제의 절개 예찬과 세상의 혼탁함 비판
특징 ① 고사를 인용하여 세상의 혼란스러움과 지조 없음을 한탄함.
② 설의법을 사용함.
연대 조선 숙종
출전 《청구영언》, 《해동가요》, 《병와가곡집》

시어 풀이

천리만리(千里萬里) 멀기가 천 리 또는 만 리나 된다는 뜻으로, 아주 먼 거리를 이르는 말.
풍우(風雨) 바람과 비를 아울러 이르는 말.
황혼(黃昏) 해가 지고 어스름해질 때. 또는 그때의 어스름한 빛.
엇더리 어떠하리.
물성(物性) 물질이 가지고 있는 성질.

시구 풀이

❶ **아츰은 비 오더니 ~ 풍우(風雨)는 무스 일고** 천리만리 되는 머나먼 길에 비바람과 같은 시련이 늘 나타남을 통해 인생의 고달픔을 이야기한 부분이다.

❷ **두어라 ~ 엇더리** 인생의 고달픔에도 낙관적이고 달관적인 화자의 태도가 드러난 부분으로 여유 있는 삶의 자세를 느낄 수 있다.

❸ **주려 주그려 ~ 머그려 캐야시랴** '백이와 숙제가 주문왕(周文王)을 꺼려 주나라의 쌀을 먹지 않겠다고 수양산으로 들어간 것은 어디까지나 굶어 죽겠다고 간 것일진대 설마 목숨을 이으려고 고사리를 캐었겠는가?'라는 뜻으로, 성삼문이 백이와 숙제의 훼절(毁節; 절개나 지조를 깨뜨림.)을 꾸짖은 것에 대한 변론이라 할 수 있다.

❹ **물성(物性)이 ~ 캐미라** '아마도 고사리의 꼬불꼬불 굽은 그 성질(모양)이 안타까워 이를 바로잡고자 펴 보려고 캐어 보았을 것이다.'라는 의미로 백이와 숙제가 고사리를 캔 행위에 정당성을 부여하고 있다.

작가 소개

(가) 신흠(申欽, 1566~1628) 조선 중기의 문신. 동인의 배척을 받았으나 선조의 신망을 받았다. 문장력이 뛰어나 여러 문서의 제작에 참여했다. 작품으로 《상촌집》, 《야언》 등이 있다.

(나) 주의식(朱義植, ?~?) 조선 후기의 가객. 자는 도원(道遠), 호는 남곡(南谷). 숙종 때 무과에 급제, 철원 현감을 지냈다. 《청구영언》, 《해동가요》 등에 시조 14수가 전한다.

△: 인생의 어려움, 시련

가
❶아츰은 비 오더니 느지니는 ᄇᆞ람이로다
(암울한 현실, 자아 성찰의 시간(시간적 배경))
천리만리(千里萬里) 길헤 풍우(風雨)는 무스 일고
❷㉠두어라 황혼(黃昏)이 머럿거니 쉬여 간들 엇더리
(인생에 대한 달관의 자세)

현대어 풀이
아침에는 비가 오더니 늦어서는 바람이로다.
천리만리 길에 풍우(風雨)는 무슨 일인고
두어라 황혼이 멀었거니 쉬어 간들 어떠리.

나
❸주려 주그려 ᄒᆞ고 수양산(首陽山)에 드럿거니
(굶주려서 / 들어갔던 것인데)
현마 고사리를 머그려 캐야시랴
('설마'의 옛말 / 캐었을 것인가(설의법))
❹물성(物性)이 구븐 줄 애다라 펴 보려고 캐미라
(굽은 것이(줄: 까닭, 이치))

현대어 풀이
(백이와 숙제가) 굶주려서 죽으려고 수양산에 들어갔던 것인데
설마 고사리를 먹으려고 캐었을 것인가?
고사리의 성질이 굽은 것이 애달파 펴 보려고 캐었을 것이다.

이해와 감상

(가) 이 작품은 비와 바람 같은 인생길의 장애물 앞에서 흔들리지 않는 여유를 노래한 시조이다. 화자가 가야 할 길은 천리만리인데 아침에는 비가 내리더니 늦어서는 바람이 분다. 이처럼 부정적인 상황에서 화자는 조바심을 내기는커녕 여유 있게 쉬어 가려고 한다. 정치적 시련을 겪던 작가가 세상사의 어려움을 대하는 태도를 엿볼 수 있으며, 풍류적·낙관적인 삶의 자세와 삶에 대한 달관(達觀)을 느낄 수 있다.

(나) 이 작품은 중국의 백이(伯夷)와 숙제(叔齊)의 고사를 인용하여 시상을 전개함으로써 세상의 불의와 부정을 풍자한 시조이다. 성삼문의 〈절의가(絶義歌)〉에 화답하는 형식으로 백이와 숙제가 수양산에서 고사리를 캔 이유를 설명하고 있다. 백이와 숙제는 중국 주나라 무왕이 새로운 왕조를 세우는 것에 반대하여 주나라에서 난 곡식은 먹을 수 없다며 수양산으로 들어가 고사리를 캐어 먹으며 연명하다가 결국은 굶어 죽었다고 한다. 작품의 화자는 백이숙제의 절개를 비판한 성삼문의 〈절의가〉에 화답하여 백이숙제의 행동의 의미를 살펴보면서 고사리를 먹으려고 캔 것이 아니라 굽어 있는 것이 애달파 캔 것이라고 하며 백이숙제의 절의(絶義)를 옹호하고 이상화하고 있다. 더불어 부정적인 생각을 갖는 세상 인심에 대한 화자의 비판적 인식을 드러내고 있다.

초장	백이숙제의 고사 인용	백이숙제의 지조, 절개	➡ 예찬
중장	성삼문의 〈절의가〉에 대한 답		
종장	고사리의 곧은 성질 추구	세상의 혼란함	➡ 비판

작품 연구소

(가)에 나타난 삶에 대한 선조들의 달관적 태도

(가)의 화자는 '천리만리' 길을 앞에 두고 '비'와 '바람'을 마주하게 된다. 이러한 장애물이 당황스러울 수도 있지만 낙관적인 화자는 좌절하지 않고 잠시 '쉬여 간들 엇더리'라고 여유를 보이며 역경에 대해 달관적인 태도를 드러낸다. '달관(達觀)'이란 '사소한 사물이나 일에 얽매이지 않고 세속을 벗어난 활달한 식견이나 인생관에 이름.'이라는 의미로, 이와 같이 우리 선인들의 시 세계에 나타난 삶에 대한 긍정적이고 낙관적이면서 나아가 달관적인 태도는 역경 속에서 삶을 이어 나가는 하나의 방법을 보여 준다.

비, ᄇᆞ람(풍우)	→	'두어라 ~ 엇더리'
시련, 역경		달관, 초탈의 자세

(나)에서 고사를 인용한 의도

(나)는 성삼문의 〈절의가(絶義歌)〉에 화답하는 형식으로 성삼문과는 다른 차원에서 채미(採薇), 즉 '백이숙제가 고사리를 캔 행동'을 해석하고 있다. 성삼문은 〈절의가〉에서 백이와 숙제가 고사리를 캐어 먹은 것이 지조를 끝까지 지키지 못한 것이라고 했는데, (나)에서는 백이와 숙제가 고사리를 캔 것이 목숨을 잇기 위해서가 아니라 고사리의 굽은 모양을 펴 보기 위해서일 것이라고 한다. 이를 통해 백이숙제의 지조를 한층 더 높이고 상대적으로 세상의 지조 없음을 비판하는 효과를 얻고 있다.

> 수양산(首陽山) ᄇᆞ라보며 이제(夷齊)를 한(恨)하노라.
> 주려 주글진들 채미(採薇)도 ᄒᆞᄂᆞᆫ 것가.
> 아모리 푸새엣 거신들 긔 뉘 ᄯᅡ헤 낫ᄃᆞ니. - 성삼문, 〈절의가〉

자료실

백이숙제의 고사

백이와 숙제는 중국 주(周)나라의 전설적인 형제 성인(聖人)으로, 본래는 은(殷)나라 고죽국의 왕자였는데, 아버지가 죽은 뒤 서로 후계자가 되기를 사양하여 가운데 아들이 왕위를 이었다. 그 무렵 주나라의 무왕(武王)이 은나라의 주왕(紂王)을 토멸하여 주나라가 천하를 통일하자, 두 사람은 무왕의 행위가 인의(仁義)에 위배되는 것이라 하여 주나라의 곡식 먹기를 거부하고, 수양산에 들어가 몸을 숨기고 고사리를 캐어 먹고 지내다가 굶어 죽었다는 이야기이다.

함께 읽으면 좋은 작품

〈나그네〉, 박목월 / 부정적인 현실에 대한 달관이 드러난 작품

부정적인 현실 상황에 대한 체념과 달관의 경지, 유유자적의 이미지가 드러나는 시이다. 향토적 배경을 바탕으로 풍류와 낭만의 정서, 달관적 태도가 드러난다는 점에서 (가)와의 유사성을 찾을 수 있다. 그러나 (가)는 부정적인 상황에 대해 체념하는 것이 아니라 초월하는 달관이라는 점에서 〈나그네〉와 차이가 있다. Link 〈현대 시〉 165쪽

키 포인트 체크

화자 (가) – 인생의 □□에도 여유를 잃지 않는 사람
(나) – 백이숙제에 대한 자신의 생각을 내세우는 사람

상황 (가) – □가 내리고 □□이 부는 부정적인 상황임.
(나) – 백이와 숙제가 □□를 지키기 위해 수양산에 들어감.

태도 (가) – 부정적인 현실에도 □□□인 태도로 시련을 견딤.
(나) – 고사리를 캔 백이와 숙제의 행동을 □□함.

내신 적중 多빈출

1 (가), (나)에 대한 설명으로 가장 적절한 것은?

① (가)는 계절의 변화에 따른 정서를 드러내고 있다.
② (가)는 대상에서 받은 인상을 감각적으로 그려 내고 있다.
③ (가)는 냉소적으로 현실에 대한 비판 의식을 드러내고 있다.
④ (나)는 자신의 삶에 대한 성찰의 태도를 드러내고 있다.
⑤ (나)는 세상의 혼탁함을 비판하는 태도를 보이고 있다.

2 (가)와 〈보기〉를 비교하여 감상한 내용으로 적절하지 않은 것은?

> 보기
> 전원(田園)에 나믄 흥(興)을 전나귀에 모도 싯고
> 계산(溪山) 니근 길로 흥치며 도라와셔
> 아희 금서(琴書)를 다스려라 나믄 히를 보내리라.
> - 김천택

① (가)와 〈보기〉의 화자는 모두 풍류를 누리려고 한다.
② (가)와 〈보기〉의 화자는 모두 한가로운 삶을 추구하고 있다.
③ (가)에는 달관적인 삶의 태도가, 〈보기〉에는 전원을 즐기는 태도가 나타난다.
④ (가)의 '풍우'는 시련을 의미하고, 〈보기〉의 '계산'은 흥취를 즐기는 공간과 관련된다.
⑤ (가)의 화자는 '황혼'에 대해 부정적으로 인식하는 반면, 〈보기〉의 화자는 '나믄 히'를 긍정적으로 인식하고 있다.

3 〈보기〉의 화자 [A]와 (나)의 화자[B]가 대화를 나눈다고 가정할 때, 적절하지 않은 것은?

> 보기
> 수양산(首陽山) ᄇᆞ라보며 이제(夷齊)를 한(恨) ᄒᆞ노라
> 주려 주글진들 채미(採薇)도 ᄒᆞᄂᆞᆫ 것가.
> 비록애 푸새엣 거신들 긔 뉘 ᄯᅡ헤 낫ᄃᆞ니 - 성삼문

① [A]: 저는 어찌 되었든 주나라 땅에서 나는 고사리를 캔 '이제'는 비판받아 마땅하다고 생각합니다.
② [B]: '이제'는 주나라 곡식을 먹지 않고 수양산에 들어가 산나물을 캐 먹다가 굶어 죽은 사람들입니다. 이들이 추구했던 가치에 주목해야 하지 않을까요?
③ [A]: 그러기에 '이제'는 그런 식으로 연명하면 안 되었던 것입니다. 저라면 아무리 풀이라 해도 절대 먹지 않았을 것입니다.
④ [B]: 물론 저도 고사리를 캔 행위 자체는 문제가 있다고 생각하지만 '이제'에 대한 비판에 수긍하는 것은 아닙니다.
⑤ [A]: 비록 '이제'를 바라보는 시각은 서로 다르지만, 그들의 고사를 인용한 점은 같군요.

4 ㉠에 드러난 화자의 태도를 시적 상황과 관련지어 40자 내외로 서술하시오.

114~116 전원생활의 즐거움

키워드 체크 #농부의 일과 #자연 친화 #일상 #한정(閑情) #여유 #흥겨움 #한가로움 #안분지족 #안빈낙도

문학 금성

핵심 정리

(가) 갈래 사설시조
성격 전원적, 사실적, 한정가(閑情歌)
제재 농사일
주제 농촌의 바쁜 일상 속에서 느끼는 여유
특징 열거법을 통해 쉴 틈 없이 바쁜 농부의 일과를 구체적으로 묘사함.
출전 《청구영언》

(나) 갈래 평시조, 서정시
성격 전원적, 풍류적, 한정가(閑情歌)
제재 자연에서의 생활
주제 산촌 생활 속의 소박한 풍류, 안빈낙도
특징 대립적 시어를 나란히 제시하여 화자가 추구하는 삶을 드러냄.
연대 조선 광해군
출전 《병와가곡집》

(다) 갈래 사설시조
성격 사실적, 전원적, 한정가(閑情歌)
제재 일상적 생활
주제 전원의 한가로움과 화목한 가정의 분위기
특징 한가로운 일상 속 가족의 모습을 나열의 기법을 사용하여 그려 냄.
출전 《화원악보》

시어 풀이

뵈잠방이 베로 만든 남자용 홑바지.
다임 대님. 바짓가랑이 끝을 접어서 발목을 졸라 매는 끈.
무림산중(茂林山中) 나무숲이 우거진 산속.
섶 잎나무, 풋나무, 물거리 등의 땔나무를 통틀어 이르는 말.
박주산채(薄酒山菜) 보잘것없는 술과 안주.
곡구롱(谷口哢) 꾀꼬리 우는 소리를 한자로 음차하여 표현한 의성어.

시구 풀이

❶ **논밭 갈아 ~ 다임 쳐 신들메고** 논밭의 김을 매고 산에 나무하러 갈 준비를 하는 모습을 생동감 있게 묘사한 부분이다.
❷ **석양이 재 ~ 어이 갈고 하더라.** '석양'을 배경으로 농민의 한가롭고 여유 있는 삶과 풍류를 사실적으로 보여 준다.
❸ **아희야 박주산채(薄酒山菜)ㄹ만정 업다 말고 내여라.** 자연 속에서 소박하게 살고 싶은 화자의 마음이 드러난 부분이다.
❹ **뎍은아들 글 니르고 ~ 맛보라고 ᄒᆞ더라** 화자가 낮잠에서 깨어나 바라본 작은아들, 며느리, 손자, 아내의 모습을 통해 가족들의 평화로운 일상을 그려 내고 있다.

작가 소개

(가) 작자 미상
(나) 한호(韓濩, 1543~1605) 조선 시대의 서예가. 호는 석봉(石峯). 각 서체에 뛰어나 추사 김정희와 함께 조선 서예계의 쌍벽을 이루었다.
(다) 오경화(吳擎華, ?~?) 자는 자형(子衡, 予亨), 호는 경수(瓊叟). 가객으로 알려져 있으며 《화원악보》 등에 3수의 시조가 전한다.

가 ❶논밭 갈아 기음 매고 •뵈잠방이 •다임 쳐 신들메고
(기음: 김, 논밭에 난 잡풀 / 다임: 대님 / 신들메고: 신을 발에 잡아매고)
낫 갈아 허리에 차고 도끼 벼려 두러매고 •무림산중(茂林山中) 들어가서 삭다리 마른 •섶을 뷔거니 버히거니 지게에 질머 지팡이 바쳐 놓고 새암을 찾아가서 점심(點心) 도슭 부시고 곰방대를 톡톡 떨어 닢담배 퓌여 물고 콧노래 조오다가,
(벼려: 날카롭게 갈아 / 삭다리: 삭정이, 산 나무에 붙어 있는 죽은 가지 / 뷔거니: 베거니 / 버히거니: 자르거니 / 새암: 샘 / 도슭: 도시락)
❷석양이 재 넘어갈 제 어깨를 추이르며 긴 소래 저른 소래 하며 어이 갈고 하더라.
(추이르며: 추스르며 / 저른: 짧은)

현대어 풀이
논밭 갈아 김 매고 베잠방이 대님 쳐 신 잡아매고 / 낫 갈아 허리에 차고 도끼 갈아 둘러메고 울창한 산속에 들어가서 삭정이 마른 섶을 베거니 자르거니 지게에 짊어 지팡이 받쳐 놓고 샘을 찾아가서 점심 도시락을 비우고 곰방대를 툭툭 털어 잎담배 피워 물고 콧노래를 부르면서 졸다가, / 석양이 재를 넘어갈 때 어깨를 추스르며 긴 소리 짧은 소리 하며 어이 갈꼬 하더라.

□: 인위적 소재 ←대조→ ○: 자연적 소재

나 집 방석(方席) 내지 마라 낙엽(落葉)인들 못 안즈랴.
(못 안즈랴: 설의적 표현)
솔불 혀지 마라 어제 진 달 도다 온다.
(혀지: 켜지 / 도다 온다: 돋아 온다)
❸아희야 •박주산채(薄酒山菜)ㄹ만정 업다 말고 내여라.
(박주산채: 보잘것없는 술과 안주(대유법) – 소박한 풍류, 소탈한 멋과 흥취)

현대어 풀이
짚으로 만든 방석을 내지 마라. 낙엽엔들 앉지 못하겠느냐. / 관솔불을 켜지 마라. 어제 졌던 밝은 달이 다시 떠오른다. / 아이야, 변변하지 않은 술과 나물일지라도 좋으니 없다 말고 내오너라.

다 •곡구롱(谷口哢) 우는 소릐에 낫즘 ᄭᅵ여 이러 보니
(낫즘: 낮잠)
❹뎍은아들 글 니르고 며늘아기(阿只) 뵈 ᄧᆞ는듸 어린 손자(孫子)는 곳노리ᄒᆞᆫ다
(뎍은아들: 작은아들 / 며늘아기: 며늘아기 / 뵈 ᄧᆞ는듸: 베 짜는데 / 곳노리ᄒᆞᆫ다: 꽃놀이한다)
맛ᄎᆞ아 지어미 술 걸으며 맛보라고 ᄒᆞ더라
(지어미: 아내 / 걸으며: 거르며)

현대어 풀이
곡구롱 우는 소리에 낮잠 깨어 일어나 보니 / 작은아들 글 읽고 며늘아기 베 짜는데 어린 손자는 꽃놀이한다. / 때마침 지어미 술 거르며 맛보라고 하더라.

이해와 감상

(가) 이 작품은 농부의 하루 일과가 사실적으로 묘사되어 생동감과 역동성이 느껴지며, 힘들고 고단한 삶 속에서도 즐거움을 만끽하는 화자의 모습이 잘 드러나 있다. 특히 중장의 '콧노래 조오다가'는 농사일을 잠시 쉬면서 느끼는 여유로움과 흥겨움을 잘 보여 준다. 평시조보다 형식적으로 길어진 부분에서 흥겨움과 운율감을 심층적으로 드러내고 있다.

(나) 이 작품은 인위적인 것과 자연적인 것을 대조하여 화자의 자연 친화적 삶의 태도를 잘 보여 준다. 초장과 중장은 서로 대구를 이루고 있는데, 각각 대립적 시어를 사용하여 화자가 추구하는 삶을 나타내고 있다. 종장에서 화자는 보잘것없는 술과 안주에 만족해하는 안분지족(安分知足)과 안빈낙도(安貧樂道)의 태도를 보이며 시상을 마무리하고 있다.

자연 친화적 삶의 추구

인위적인 것	↔	자연적인 것
집 방석, 솔불		낙엽, 달

(다) 이 작품은 낮잠을 자다가 꾀꼬리 우는 소리에 깨어 일어나 바라본 가족의 모습을 그린 사설시조이다. 중장과 중장에서 글 읽는 작은아들의 모습, 베 짜는 며느리의 모습, 꽃놀이하는 어린 손자의 모습, 술을 거르며 맛보라고 권하는 아내의 모습을 열거하고 있다. 평화롭고 한가한 가족의 일상을 청각적·시각적 이미지를 주로 활용하여 묘사하고 있다.

작품 연구소

(가)와 (다)에 드러난 사설시조의 특징

형식상 특징		내용상 특징
중장이 길어지고 초장과 종장이 정해진 음수율에서 벗어나기도 하는 파격이 나타남.	+	충효와 같은 관념적인 주제 의식을 전달하는 데 치우치지 않고 현실적인 삶을 생생하게 드러내면서 자유분방한 정서를 드러냄.

(나)의 의미상 구조

화자는 달빛 아래 낙엽에 앉아 자연을 즐기며 소박한 술과 나물을 먹고자 하는 태도를 드러내고 있다. 이러한 자연 친화적 태도는 '인위적인 것'과 '자연적인 것'의 대립 구조를 통해 강조되고 있다. 즉, '집 방석 ↔ 낙엽', '솔불 ↔ 달'의 대립을 통해 인공적인 것을 거부하고 자연적인 것을 추구하는 태도와 안빈낙도를 선명하게 부각하고 있다. 또한 이러한 대립 구조를 대구법을 사용하여 거듭 드러냄으로써 강조하고 있다.

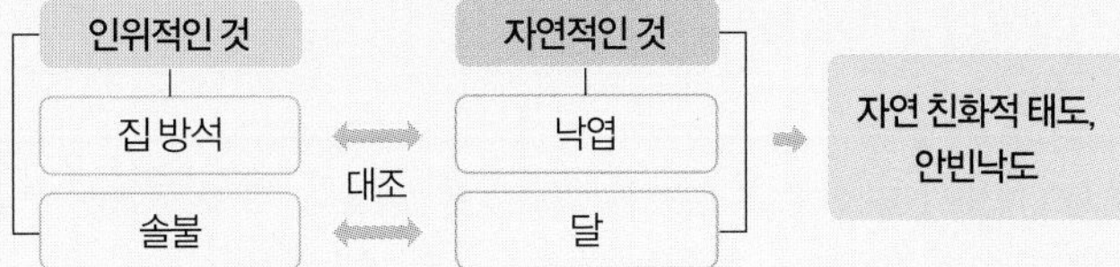

구체적 삶의 공간인 자연

(가)~(다)는 모두 전원생활의 즐거움을 느낄 수 있는 시조로, 작품 속의 자연은 관조의 대상에 머무르지 않고 구체적인 삶의 공간으로 나타나 있다. (가)의 자연은 농부가 바쁘게 움직이는 노동의 현장이고, (나)의 자연은 소박한 풍류를 즐기는 공간이다. 그리고 특히 (다)에서는 자연이 화자 가족의 일상적 삶이 이루어지는 공간으로 나타나 있다. 화자는 꾀꼬리 우는 소리에 잠에서 깨어 작은아들이 글을 읽는 모습, 며늘아기가 베를 짜는 모습, 어린 손자가 꽃놀이하는 모습을 바라보고, 아내가 술을 거르며 맛보라고 하는 것을 통해 생활과 밀착된 삶의 현장으로서의 전원 공간을 드러낸다. 자연이 독서와 노동, 풍류의 공간으로 그려지고 있는 것이다.

자료실

농촌 생활을 긍정적으로 다룬 시가

밥 먹자 도리깨 잡고 마당에 나서니 / 검게 탄 두 어깨 햇볕 받아 번쩍이네 / 옹헤야 소리 내며 발맞추어 두드리니 / 삽시간에 보리 낟알 온 마당에 가득하네 / 주고받는 노랫가락 점점 높아지는데 / 보이느니 지붕까지 날으는 보리 티끌 / 그 기색 살펴보니 즐겁기 짝이 없어 / 마음이 몸의 노예 되지 않았네 - 정약용, 〈보리타작〉

일년지계(一年之計) 재춘(在春)ᄒᆞ니 범사(凡事)를 미리 ᄒᆞ라. / 봄에 만일 실시(失時)ᄒᆞ면 종년(終年) 일이 낭패되네. / 농지(農地)를 다ᄉᆞ리고 농우(農牛)를 살펴 먹여, / 지거름 지와 노코 일변(一邊)으로 시러 닋여, / 맥전(麥田)의 오종듀기 세전(歲前)보다 힘써 ᄒᆞ소. - 정학유, 〈농가월령가〉

함께 읽으면 좋은 작품

〈농가(農歌)〉, 위백규 / 농촌 생활의 일과를 보여 주는 작품

농촌 생활을 그 일과의 진행 순서(아침 일찍 일터로 나감. → 농사지음. → 논매기를 함. → 정오 무렵의 휴식 → 점심 식사 → 저녁에 집으로 돌아옴. → 초가을의 정취 → 햇음식을 먹는 기쁨 → 술을 마신 후의 흥취)에 따라 노래한 연시조로, 총 9장으로 이루어진 작품이다. 이 작품에는 농촌을 고통스러운 삶의 장소가 아니라 살맛 나는 삶의 터전이자 건강한 삶의 현장으로 여기는 작가 특유의 관점이 드러나 있다.

키 포인트 체크

화자 (가) – □□의 하루 일과를 관찰하는 사람 (나) – 한가롭게 □□을 즐기는 사람 (다) – □□□ 우는 소리에 일어나 가족들의 모습을 바라보고 있는 사람

상황 (가) – 농부가 김을 맨 뒤 산속에 들어가서 □□□을 먹고 쉼.
(나) – 달빛 아래 낙엽에 앉아 소박한 □과 □□을 먹고자 함.
(다) – □□들이 자연 속에서 평화롭고 한가롭게 지냄.

태도 (가) □□ 후에 자연 속에서 느끼는 여유와 흥겨움을 잘 보여 줌.
(나) – 자신의 분수에 □□하면서 자연을 즐기고자 함. (다) – □□ 속의 한가로운 일상을 즐기는 가족의 모습에서 정겨움을 느낌.

1 (가)~(다)에 대한 설명으로 적절하지 않은 것은?

① (가)는 일상적 삶의 모습을 소재로 삼고 있다.
② (가)와 (나)는 공간의 이동에 따른 흥취를 드러내고 있다.
③ (다)는 자신이 바라본 타인의 일상을 그려 내고 있다.
④ (가)와 (다)는 행동의 나열을 바탕으로 시상을 전개하고 있다.
⑤ (가)와 (다)는 시조의 정형적 양식에서 탈피한 모습을 보이고 있다.

내신 적중 多빈출

2 (가)와 〈보기〉를 비교하여 감상한 내용으로 적절하지 않은 것은?

보기

ᄌᆞᆷ은 들는 대로 듣고 볏슨 쬘 대로 쬔다.
청풍의 옷깃 열고 긴 파람 흘리 불제
어듸셔 길 가는 소님닋 아는 ᄃᆞ시 머무는고. - 위백규

① (가)는 〈보기〉와 달리 중장의 길이가 확장되었다.
② (가)와 달리 〈보기〉에는 농민의 삶이 드러나지 않는다.
③ (가)와 달리 〈보기〉에는 화자에게 호응하는 대상이 나타나 있다.
④ (가)와 〈보기〉는 모두 청각적 심상을 활용하여 화자의 정서를 드러내고 있다.
⑤ (가)와 〈보기〉의 화자는 모두 농촌의 바쁜 일상 속에서도 여유를 즐기고 있다.

3 (다)에 대한 설명으로 적절하지 않은 것은?

① 형식상 사설시조에 해당한다.
② 가족의 평화로운 일상을 묘사하고 있다.
③ 화자가 낮잠에서 깨어난 원인을 밝히고 있다.
④ 대상을 희화화하여 해학적 효과를 거두고 있다.
⑤ 전원의 한가로움과 화목한 분위기가 드러나 있다.

4 (나)의 화자가 '집 방석'과 '솔불'을 거절하고 '낙엽'과 '달'을 선택하는 것에서 알 수 있는 화자의 태도를 근거와 함께 서술하시오.

117~119 자연에 대한 사랑 ①

키워드 체크 #자연 #합일 #아름다운 경치 #경탄 #자연에 대한 사랑

문학 해냄
국어 천재(박), 천재(이)

핵심 정리

(가) 갈래 평시조, 서정시
성격 한정가(閑情歌)
제재 갈매기
주제 자연과의 합일을 추구하는 마음
특징 '백구'를 의인화하여 자연에 묻혀 살고 싶은 심정을 효과적으로 드러냄.
출전 《청구영언》, 《해동가요》

(나) 갈래 평시조, 서정시
성격 순응적, 달관적, 관조적
제재 청산(靑山), 녹수(綠水)
주제 무위자연(無爲自然)의 조화로운 삶
특징 대구와 반복을 통해 시상을 선명하게 드러내고 '절로'를 반복하여 경쾌한 리듬감을 형성함.
출전 《청구영언》

(다) 갈래 평시조, 서정시
성격 예찬적, 영탄적
제재 금강산
주제 금강산의 빼어난 겨울 경치 예찬
특징 흰색의 이미지를 통해 눈 내린 금강산의 아름다움을 미화함.
출전 《해동가요》

시어 풀이

백구(白鷗) 갈매기.
명구승지(名區勝地) 경치가 좋기로 이름난 곳. 명승지(名勝地).
헐성루(歇醒樓) 금강산 표천동 계곡 표훈사 뒤에 있는 누각.
천상인(天上人) 하늘 위에 사는 사람. 신선.

시구 풀이

❶ **산수(山水) 간(間)에 나도 절로** 자연과 화자가 하나 되는 모습을 통해 인간도 자연의 일부라고 여기고 자연에 순응하는 무위자연(無爲自然)의 경지를 보여 주는 부분이다.
❷ **아마도 ~ 금강인가 하노라.** 평시조의 종장은 각 음보를 3·5·4·3의 글자 수로 구성하는 것이 대부분인데, '서부진 화부득은'에서 5자 대신 7자가 배열되어 리듬상 긴장하게 되었다가 다시 '금강인가'에서 4글자로 줄어들면서 긴장이 풀리고 편안함을 느끼게 한다.

작가 소개

(가) 김천택(金天澤, ?~?) 1728년 시조집 《청구영언(靑丘永言)》을 편찬하여 시조 발전에 공헌하였고 김수장과 함께 '경정산 가단'을 결성하여 후진을 양성하였다.
(나) 송시열(宋時烈, 1607~1689) 일생을 주자학에 몰두하며 이이의 학통을 계승한 기호학파의 주류를 이루었고 후진 양성에 힘써 문하에 많은 인재를 두었다.
(다) 안민영(安玟英, ?~?) 스승 박효관과 함께 《가곡원류》를 편찬·간행하여 근대 시조 문학을 총결산하는 데 공헌하였다.

가

•백구(白鷗)ㅣ야 말 무러보쟈 놀라지 마라스라 (말려무나)
•명구승지(名區勝地)를 어듸어듸 ㅂ렷드니 (벌려 있더냐? 널려 있더냐?)
날드려(나에게) 자세(仔細)히 닐러든(일러 주면, 말해 주면) 네와 게(거기에) 가 놀리라

현대어 풀이
(한가롭게 노니는) 갈매기야 말 좀 물어보자. (너를 해치지 않으니) 놀라지 말려무나. / 경치가 좋기로 이름난 곳이 어디어디 벌려 있더냐? / 나에게 자세히 말해 주면 너와 거기에 가서 함께 놀리라.

나

청산(靑山)(푸른 산 – 자연(대유법))도 절로절로 녹수(綠水)(푸른 물 – 자연(대유법))도 절로절로 (○: 유음 'ㄹ'의 반복 → 리듬감 형성, 경쾌한 분위기 조성)
산(山) 절로 수(水) 절로 ❶산수(山水) 간(間)에 나도 절로 (물아일체(物我一體)의 경지)
이 중에 절로 자란(자연의 순리에 따라 자란) 몸이 늙기도 절로절로

현대어 풀이
푸른 산도 저절로 (된 것이며) 푸른 물도 저절로 (된 것이다.) / (이처럼) 산과 물이 자연 그대로이니 그 속에서 자란 나도 역시 자연 그대로이다. / 자연 속에서 저절로 자란 몸이니, 이제 늙는 것도 자연의 순리에 따라가리라.

다

금강(金剛) 일만 이천 봉이 눈 아니면 옥(玉)이로다. (□: 감탄형 어조(예찬))
•헐성루(歇醒樓) 올라가니 •천상인(天上人)(신선, 화자 자신을 비유) 되었어라.
❷아마도 서부진 화부득(書不盡畵不得)(글로 다 쓸 수 없고 그림으로 다 그릴 수 없음.)은 금강인가(금강인 것인가) 하노라.

현대어 풀이
금강산 만 이천 봉우리가 눈 또는 옥처럼 보이는구나. / 높은 누각인 '헐성루'에 오르니 하늘 위의 신선이 된 것 같구나. / 아마도 저 금강산의 경치가 글로도 그림으로도 온전히 표현할 수 없는 최고의 경치인 것 같구나.

이해와 감상

(가) 이 작품은 아름다운 자연 속에서 노닐고 싶은 간절한 소망을 '백구'에 의탁하여 생동감 있게 형상화한 시조로, '백구'를 의인화해서 물아일체(物我一體)의 삶을 지향하는 화자의 태도를 효과적으로 형상화했다. 초장에서 가고 싶은 곳은 어디든 자유롭게 갈 수 있는 '백구'에게 말을 건 화자는 중장에서 세상의 명승지를 다 관람하고 싶은 소망을 표출한다. 종장에서는 명승지가 어디인지 일러 주면 '네와 게 가 놀리라'라고 말하며 자연에 동화되고 싶은 마음을 직접적으로 표현했다.

(나) 이 작품의 화자는 자연의 섭리에 순응하는 삶, 자연과 조화를 이루는 삶을 지향하고 있다. '청산(靑山)', '녹수(綠水)' 등이 자연의 질서와 조화에 따라 순리대로 존재하듯이 화자도 자연의 순리에 순응하면서 자연스럽게 늙어 가고자 한다. 이 작품에서 조화롭고 질서 있는 '청산'과 '녹수'의 모습은 종장에 제시한 화자의 다짐의 전제가 되어 인생에까지 유추·적용되고 있다. 이처럼 자연을 수용하고 자연에 순응하는 태도는 도가의 무위(無爲) 사상과 맞닿아 있다.

(다) 이 작품은 눈 덮인 금강산의 경치가 마치 신선 세계에서나 볼 수 있을 법한 아름다운 광경이라고 예찬하는 내용을 담고 있다. 초장에서는 금강산의 눈을 옥에 비유했고, 중장에서는 '천상인(天上人) 되었어라.'라는 표현을 통해 눈 덮인 금강산의 경치가 선경(仙境)과 같음을 우회적으로 표현했다. 종장에서는 금강산을 '서부진 화부득(書不盡畵不得)'이라고 하며 긴장과 이완의 리듬감 속에 금강산의 절경을 압축적으로 형상화했다.

작품 연구소

(가), (나)의 화자가 바라는 삶의 모습

(가)와 (나)에는 자연과 함께하는 화자의 모습이 나타나 있다. (가)의 화자는 자연에 묻혀서 물아일체(物我一體)의 삶을 살아가고자 한다.

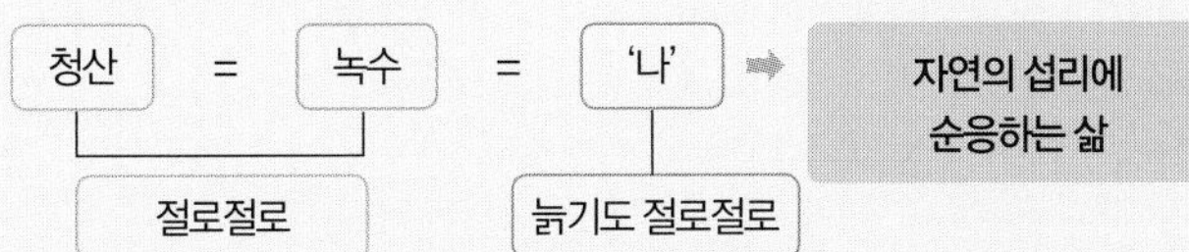

(나)의 화자는 자연의 섭리에 순응하며 자연과 더불어 자연스럽게 늙어 가는 삶을 살고자 한다.

청산 = 녹수 = '나' ➡ 자연의 섭리에 순응하는 삶

(청산, 녹수: 절로절로 / '나': 늙기도 절로절로)

(가)에서 '백구'의 역할

강호 시조에서 '백구'는 흔히 자연을 대표하는 존재로 등장한다. (가)의 화자는 백구에게 '명구승지'가 어디 있는지 묻고 있는데, '명구승지'란 화자가 속세를 벗어나 찾고자 하는 자연의 공간이다. 화자는 백구가 명구승지를 '자세히 닐러' 주어야만 자연으로 가서 노닐 수 있으므로 백구는 화자를 자연으로 인도하는 존재이자 화자가 자연과 동화될 수 있도록 하는 존재라고 할 수 있다.

(나)의 시어 '절로(절로)'의 효과와 의미

구분	내용	
효과	• 시어를 반복하여 리듬감 형성 • 유음 'ㄹ'을 반복 → 부드러운 느낌, 경쾌한 분위기 조성	➡ 주제와 표현의 절묘한 조화
의미	• 정해진 이치, 자연의 순리에 따라 이루어짐. • 물 흐르듯 자연스럽게 살아가고 늙어 가겠다는 마음을 반영함.	

(다)의 종장에 나타난 음악성

(다)의 종장은 '3-7-4-3'의 형태로 구성되어 파격을 보이는데, 이에 따라 각 음보를 다른 속도로 읽게 된다. 음보는 '말의 걸음걸이'이며 한 음보마다 배당되는 시간이 같다. 그러므로 한 음보에 배당되는 음절 수가 다르면 완급(緩急)에 의해 리듬이 형성된다. (다)의 종장에서는 두 번째 음절을 7음절로 구성함으로써 리듬이 갑자기 빨라져 긴장감을 느끼게 하고 다시 4음절, 3음절로 이어져 긴장이 풀리고 편안해지면서 완급에 의한 리듬감을 통해 음악성을 느끼게 한다.

	아마도	서부진 화부득은	금강인가	하노라
1음절의 속도	1/3	1/7	1/4	1/3
읽는 속도	느리게	아주 빠르게	조금 느리게	느리게
		⬇	⬇	
느낌		갑자기 빨라짐. - 긴장감	다시 느려짐. - 편안함	

키 포인트 체크

화자 (가) - 아름다운 □□ 속에서 노닐고 싶은 '나' (나) - 자연과 조화를 이루고 싶어 하는 '나' (다) - □□□의 경치를 감상하는 사람

상황 (가) - □□에게 경치가 좋은 곳을 물어봄. (나) - 인간을 자연의 □□로 여김. (다) - 금강산의 경치가 선경(仙境)과 같다고 함.

태도 (가) - 자연에 묻혀서 □□□□의 삶을 살고자 함. (나) - 자연의 섭리에 □□하고자 함. (다) - 금강산의 □□ 풍경을 예찬함.

1 (가)~(다)에 대한 설명으로 적절하지 않은 것은?

① (가)는 대상을 의인화하여 친근감을 드러냈다.
② (나)는 시어를 반복하여 화자의 태도를 드러냈다.
③ (다)는 영탄적 어조로 경치에 대한 감상을 표현했다.
④ (가)~(다) 모두 자연 친화적 삶의 태도를 드러냈다.
⑤ (가)~(다) 모두 대상의 속성을 다양한 시각으로 묘사했다.

2 다음 중 (가)의 화자가 지향하는 삶과 가장 유사한 것은?

① 오늘도 다 새거다, 호믜 메고 가쟈ᄉᆞ라. / 내 논 다 미여든 네 논 졈 미여 주마. / 올 길헤 뽕 따다가 누에 머겨 보쟈ᄉᆞ라. - 정철
② 초암(草庵)이 적료(寂寥)ᄒᆞᆫᄃᆡ 벗 업시 ᄒᆞᄌᆞ 안ᄌᆞ, / 평조(平調) 한 닙희 백운(白雲)이 절로 존다. / 언의 뉘 이 죠흔 뜻을 알 리 잇다 ᄒᆞ리오. - 김수장
③ 청초(靑草) 우거진 골에 자ᄂᆞᆫ다 누엇ᄂᆞᆫ다. / 홍안(紅顔)을 어듸 두고 백골(白骨)만 무쳣ᄂᆞ이. / 잔(盞) 자바 권(勸)ᄒᆞ리 업ᄉᆞ니 그를 슬허ᄒᆞ노라. - 임제
④ 철령(鐵嶺) 높은 봉(峰)을 쉬어 넘는 저 구름아, / 고신원루(孤臣寃淚)를 비 삼아 띄어다가, / 임 계신 구중심처(九重深處)에 뿌려 본들 어떠리. - 이항복
⑤ 기러기 떼 많이 앉은 곳에 포수야 총을 함부로 놓지 마라. / 새북(塞北) 강남(江南) 오고 가는 길에 임의 소식 뉘 전하리. / 우리도 그런 줄 알기로 아니 놓습네. - 작자 미상

3 (다)를 〈보기 2〉와 같이 읽는다고 할 때, 밑줄 친 부분 중 〈보기 1〉의 ㉠과 같은 속성이 가장 잘 드러나는 곳을 찾아 쓰시오.

보기 1

기차를 타고 가다 보면 전봇대가 일정한 간격으로 지나가는 것을 보게 된다. 이러한 반복에 익숙해지면 우리는 거기에서 리듬감을 느끼고, 그 리듬의 틀이 계속되기를 기대한다. 그래서 간혹 전봇대 하나가 안 보이기라도 하면 허전한 느낌이 드는 것이다. 또 전봇대가 촘촘히 나타나면 급한 느낌이 든다. 그러다가 다시 ㉠원래의 간격을 회복하면 기대감이 충족되어 편안함을 느낀다.

보기 2

‖금|강|일|만‖이|천|봉|이‖눈|아|니|면‖옥|이|로|다‖
‖헐|성|루| ‖올|라|가|니‖천|상|인|면‖되|었|어|라‖
‖아|마|도| ‖세|부|진|화|부|득|은‖금|강|인|가‖하|노|라|‖

* ‖ ‖ : 한 음보의 길이

4 (나)의 '절로(절로)'의 표현 효과를 서술하시오.

120~121 자연에 대한 사랑 ②

키워드 체크 #자연에서의 삶 #아름다운 경치 #세속과 대비 #자연 친화 #안빈낙도

가 ❶강산(江山) 됴흔 경(景)을 힘센 이 닷톨 양이면,
(좋은(아름다운) / 권력자, 강자 / 다툼)

㉠ 힘과 ㉡ 분(分)으로 어이ᄒᆞ여 엇듯쏜이.
(분수 / 얻겠는가(설의법))

◯: 화자 → 권력도 부귀도 없는 존재, '힘센 이'와 대비되는 존재

진실(眞實)로 금(禁)ᄒᆞ 리 업쓸씌 나도 두고 논이노라.
(금할 사람이)

현대어 풀이

자연의 아름다운 경치를 힘센 사람들이 (자기 것으로 하고자) 다툴 양이면,
내 힘과 내 분수로 어떻게 (자연을) 얻겠는가.
진실로 (자연을 사랑하는 것을) 금할 사람이 없으므로 나도 두고 노니노라.

나 ❷빈천(貧賤)을 ᄑᆞᆯ랴 ᄒᆞ고 권문(權門)에 드러가니

침 업슨 흥정을 뉘 몬져 ᄒᆞ쟈 ᄒᆞ리
('치르다'의 명사형 – 치름, 덤)

강산과 풍월을 달나 ᄒᆞ니 그는 그리 못ᄒᆞ리.
(아름다운 자연)

현대어 풀이

빈천(가난과 천함)을 팔려고 권세 있는 집을 찾아갔더니,
덤 없는 흥정을 누가 먼저 하겠다고 하겠는가.
(대신) 강산과 풍월을 달라고 하니 그것(자연을 주는 것)은 그렇게 할 수 없으리라.

핵심 정리

(가) **갈래** 평시조, 서정시
성격 한정가(閑情歌), 비판적
제재 강산 좋은 경치
주제 자연을 즐기는 삶
특징 설의법을 통해 자연을 즐기고자 하는 화자의 태도를 강조함.
출전 《청구영언》, 《해동가요》

(나) **갈래** 평시조, 서정시
성격 풍자적
제재 자연(강산, 풍월)
주제 자연을 벗 삼아 살고자 함.
특징 풍자적 표현을 통해 주제 의식을 효과적으로 드러냄.
연대 조선 인조
출전 《청구영언》, 《해동가요》

Q '침 업슨 흥정'의 의미는?

'치름 없는 흥정', 즉 덤이 없는 흥정이라는 뜻이다. 화자가 권세가에게 빈천을 파는 상황이기 때문에 권세가에게는 덤이 없는 흥정인 것이다. 권세가는 이 흥정에서 다른 덤을 원하는데 그것이 '강산과 풍월'이다.

시어 풀이

업쓸씌 없으므로.
빈천(貧賤) 가난하고 천함.
권문(權門) 벼슬이 높고 권세가 있는 집안.
흥정 흥정. 물건을 사거나 팔기 위해 품질이나 가격을 의논함.
풍월(風月) 바람과 달. 자연.

시구 풀이

❶ **강산(江山) 됴흔 ~ 닷톨 양이면,** 자연은 사적인 소유의 대상이 아님을 강조하는 표현으로 사람들의 세속적인 욕망에 대한 비판이 은근히 담겨 있다.

❷ **빈천(貧賤)을 ᄑᆞᆯ랴 ᄒᆞ고 권문(權門)에 드러가니** 가난하고 천한 상태로 사는 것이 지긋지긋한 화자가 그 빈천을 팔려고 권문세가에 들어가는 상황으로, 실현 가능성은 희박하나 재미있는 상황 설정이다.

작가 소개

(가) **김천택**(본책 202쪽 참고)
(나) **조찬한(趙纘韓, 1572~1631)** 조선 중기의 문신. 문장에 뛰어나고 시부(詩賦)에 능하였다. 문집에 《현주집》이 있고, 《청구영언》에 시조 2수가 전한다.

이해와 감상

(가) 이 작품은 평민 출신의 가객인 작가가 속세에서는 자신의 처지와 분수로 인해 많은 제약을 받을 수밖에 없지만 자연 속에서는 마음껏 노닐 수 있음을 노래한 시조이다. '힘센 이'가 서로 다투는 속세와는 달리, 자연은 아무도 소유를 주장할 수 없고 누구든지 마음껏 누릴 수 있다는 점을 부각했다. 초장과 중장에서는 '힘센 이'와 '닉 힘과 닉 분(分)'이 대조를 이루어 욕망을 지니고 서로 다투는 세속적 세계를 은근하게 비판했으며, 종장에서는 누구나 누릴 수 있는 자연의 세계를 제시했다.

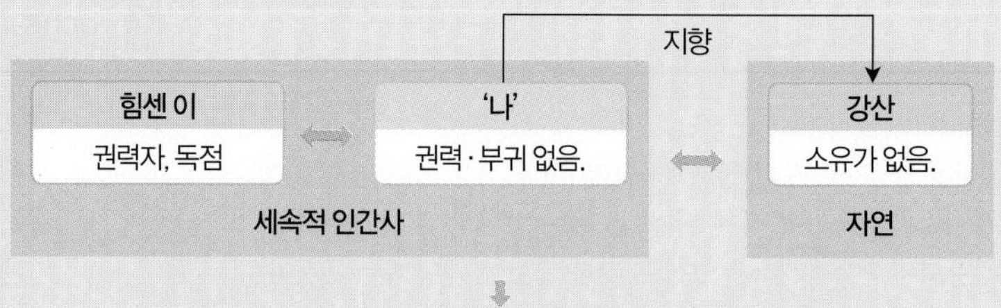

부귀영화라는 속세의 가치에 매달려 자연에서 얻는 참다운 즐거움을 알지 못하는 세속적인 인간들 비판

(나) 이 작품은 빈천(貧賤)을 평생 지니고 살지라도 아름다운 자연을 부귀와 바꿀 수는 없다는 화자의 의지를 표현한 작품으로, 세속적인 삶을 부정하고 자연을 귀하게 여기는 의식을 드러내고 있다. 가난을 사고팔 수 있는 대상으로 인식한 참신한 발상과 풍자적 표현이 특징이다.

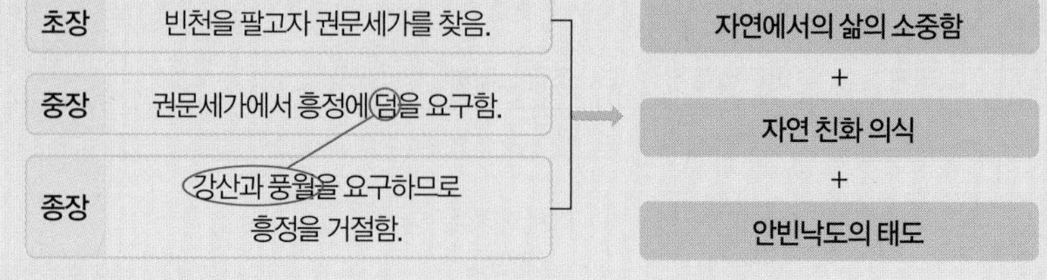

작품 연구소

속세와 대비되는 공간, 자연

(가)와 (나)는 자연을 세속적 가치로는 파악할 수 없는 세계로 상정하고, 자연 속에서 자연과 벗하며 살아가고 싶은 마음을 형상화한 작품들이다. (가)에서는 자연을 '힘센 이'가 다투는 속세와 대비하여 그 속성을 부각했다. 자연은 소유주가 없어 빈천에 관계없이 누구든 마음껏 누릴 수 있지만, 자연을 제외한 모든 부분에서 '힘센 이'들은 서로 더 많은 것을 차지하기 위해 다툼을 벌인다. 화자는 이처럼 다툼이 치열한 현실, 세속적 가치를 추구하는 사람들에 대한 비판적 인식을 드러내고 있는 것이다. 동시에 권력도 부귀도 없이 사회적·경제적으로 약자일 수밖에 없는 화자 자신의 처지에 대한 한탄도 포함되어 있다고 볼 수 있다. (나)의 화자는 권문세가에 빈천을 팔고자 했으나 부귀보다 더 소중한 것이 자연이기에 흥정을 포기하는데, 이를 통해 권세도 부귀도 모두 부질없는 것임을 역설하고 있다.

속세 권력, 부귀	<	자연

(나)의 시적 상황

시어	의미	
빈천(貧賤)	가난하고 천한 상태, 부귀가 없는 삶	부정적→ (자연 속에서) 긍정적
↕		
권문(權門)	세속적이고 물질적인 가치가 있는 삶	부정적

(나)는 비현실적인 상황을 설정하여 대조적인 가치들을 보여 준다. 빈천(貧賤)의 상태에 머물러 있는 화자는 이 빈천을 팔아 볼까 하여 권문세가의 문을 두드리는데, 상대방이 흥정에서 '짐(덤)'을 요구한다. 상대방이 '덤'으로 요구한 것은 바로 '강산과 풍월', 즉 아름다운 자연으로, 화자는 비록 가난하지만 자연 속에서 즐기는 삶을 살고 있었던 것으로 볼 수 있다. 이에 화자는 자연을 부귀와 바꿀 수는 없다며 결국 흥정을 포기한다.

자료실

소동파의 〈적벽부(赤壁賦)〉

(가)에서 '힘센 이'는 '권력, 지위, 부'를 상징한다. '다투어 소유한다'라는 인간 세계의 속성은 자연의 속성에 대비된다. 이러한 발상은 소동파의 〈적벽부〉의 다음 내용과 유사하다.

且夫天地之間(차부천지지간)	무릇 천지 사이에
物各有主(물각유주)	사물에는 제각기 주인이 있어
苟非吾之所有(구비오지소유)	진실로 내 소유가 아니면
雖一毫而莫取(수일호이막취)	비록 한 터럭이라도 취하지 말며
惟江上之淸風(유강상지청풍)	오직 강 위의 맑은 바람과
與山間之明月(여산간지명월)	산간의 밝은 달은
耳得之而爲聲(이득지이위성)	귀로 들으면 소리 되고
目遇之而成色(목우지이성색)	눈으로 보면 색이 되니
取之無禁用之不竭(취지무금용지불갈)	가져도 금할 이 없고 써도 다하지 않네.
是造物者之無盡藏也(시조물자지무진장야)	조물주가 다함 없이 저장해 둔 것으로
而吾與者之所共樂(이오여자지소공락)	나와 그대가 함께 즐기는 바로다.

이 작품에서 소동파는 '천지간 모든 사물은 주인이 있으나 자연은 금할 이가 없고 다하지 않으니 즐길 수 있다.'라고 했는데, 이러한 발상이 (가)와 유사하다.

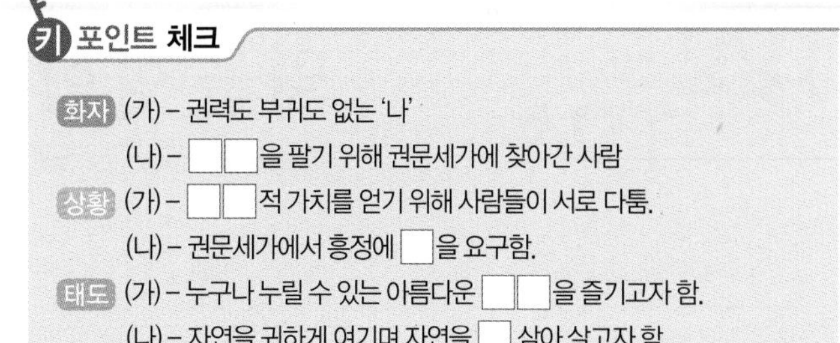

키포인트 체크

화자 (가) – 권력도 부귀도 없는 '나'
(나) – □□을 팔기 위해 권문세가에 찾아간 사람
상황 (가) – □□적 가치를 얻기 위해 사람들이 서로 다툼.
(나) – 권문세가에서 흥정에 □을 요구함.
태도 (가) – 누구나 누릴 수 있는 아름다운 □□을 즐기고자 함.
(나) – 자연을 귀하게 여기며 자연을 □ 삼아 살고자 함.

1 (가)와 (나)의 공통된 주제로 적절한 것은?

① 인간 세태의 모순 풍자
② 자연을 벗 삼아 즐기는 삶
③ 삶의 고뇌로 인한 현실 도피
④ 무한한 자연과 대비되는 유한한 인간
⑤ 모든 것을 제공해 주는 자연에 대한 예찬

2 (가)와 (나)에 대한 감상으로 가장 적절한 것은?

① (가), (나) 모두 인간의 위선적인 모습을 비꼬고 있어.
② (가), (나) 모두 학문에 정진하는 태도를 그리고 있어.
③ (가), (나) 모두 권력의 무상함에 대한 깨달음을 보여 주고 있어.
④ (가), (나) 모두 가난한 자의 서글픈 일상을 섬세하게 그리고 있어.
⑤ (가), (나) 모두 자연을 세속적 가치보다 우위에 있는 것으로 그리고 있어.

3 다음은 학생들이 (나)의 내용을 정리하는 학습 활동을 한 결과물이다. ㉠, ㉡에 들어갈 내용으로 가장 적절한 것은?

보기

초장: 빈천을 팔기 위해 (㉠)으로 감.
↓
중장: 권문에서 흥정에 덤을 요구함.
↓
종장: (㉡)을 달라고 하기에 이를 거절함.

① ㉠: 강산(江山) ㉡: 빈천(貧賤)
② ㉠: 강산(江山) ㉡: 자연(自然)
③ ㉠: 권문(權門) ㉡: 권문(權門)
④ ㉠: 권문(權門) ㉡: 자연(自然)
⑤ ㉠: 자연(自然) ㉡: 자연(自然)

내신 적중 多빈출

4 (가)의 '힘센 이'와 가장 유사한 의미를 지닌 시어를 (나)에서 찾아 쓰시오.

5 (가)의 종장에 나타난 '자연'의 속성을 〈조건〉에 맞게 서술하시오.

조건

1. '자연은'을 주어로 하는 완결된 문장으로 쓸 것.
2. '향유'라는 단어를 포함하여 쓸 것.

IV. 조선 후기

122 ~ 124 임을 향한 그리움

키워드 체크 #임에 대한 그리움 #사랑에 대한 의지 #해학적 표현 #감정 이입

가

『•벽사창(碧紗窓) 밧긔 어른어른커ᄂᆞᆯ 임만 너겨 나가 보니』 「」: 화자가 착각하는 상황이 드러남. → 임에 대한 그리움

(어른어른커ᄂᆞᆯ: 어른어른하거늘 / 임만 너겨: 임인 줄 알고)

❶임은 아니 오고 명월(明月)이 만정(滿庭)ᄒᆞᆫ듸 벽오동(碧梧桐) 져즌 닙헤 봉황(鳳凰)이 ᄂᆞ려와 짓다듬ᄂᆞᆫ ㉠그림재로다

(만정(滿庭)ᄒᆞᆫ듸: 뜰에 가득한데 / 그림재: 화자의 착각을 유발하는 소재)

모쳐라 밤일싀만졍 ᄂᆞᆷ •우일 번ᄒᆞ괘라.

현대어 풀이

창밖이 어른어른하거늘 임인 줄로만 여겨 나가 보니 / 임은 안 오고 밝은 달빛이 뜰에 가득한데 벽오동 나무 젖은 잎에 봉황새가 내려와 깃 다듬는 (모양의 구름) 그림자구나. / 마침 밤이기에 망정이지 (행여 낮이었던들) 남 웃길 뻔했구나.

나

『ᄇᆞᄅᆞᆷ도 쉬여 넘ᄂᆞᆫ 고ᄀᆡ, 구름이라도 쉬여 넘ᄂᆞᆫ 고ᄀᆡ

(고ᄀᆡ: 화자와 임 사이의 장애물)

산진(山眞)이 •수진(水眞)이 해동청(海東靑) 보ᄅᆞ미도 다 쉬여 넘ᄂᆞᆫ 고봉(高峰) 장성령(長城嶺) 고ᄀᆡ』 「」: 의인법, 열거법, 과장법, 점층법

(산진(山眞)이: 산에서 자란 매 / 해동청(海東靑): 매 / 보ᄅᆞ미: 새끼를 길들인 사냥매)

❷그 너머 임이 왓다 ᄒᆞ면 나ᄂᆞᆫ 아니 ᄒᆞᆫ 번도 쉬여 넘어 가리라.

(나ᄂᆞᆫ 아니 ᄒᆞᆫ 번도 쉬여 넘어 가리라: 사랑에 대한 적극적인 태도)

현대어 풀이

바람도 쉬어 넘는 고개, 구름이라도 쉬어 넘는 고개 / 산에서 자란 매, 집에서 길들인 매, 송골매, 사냥매들도 다 쉬어 넘는 높은 장성령 고개 / 그 높은 고개 너머에 임이 왔다고 하면 나는 한 번도 쉬지 않고 단숨에 넘어가리라.

다

❸님 그린 •상사몽(相思夢)이 ㉡•실솔(蟋蟀)이 넉시 되여

(그린: 그리워하는 / 실솔(蟋蟀): 화자의 마음을 전해 주는 소재, 화자의 분신(감정 이입))

추야장(秋夜長) 깁픈 밤에 님의 방(房)에 드럿다가

(추야장(秋夜長): 길고 긴 가을밤 → 외로움이 부각됨. / 드럿다가: 들어가서)

날 잇고 깁피 든 잠을 ᄭᅵ와 볼가 ᄒᆞ노라.

(잇고: 잊고 / ᄭᅵ와: 깨워)

현대어 풀이

임을 그리워하는 상사몽이 귀뚜라미의 넋이 되어 / 길고 긴 가을 깊은 밤에 임의 방에 들어가서 / 나를 잊고 깊이 든 (임의) 잠을 깨워 볼까 하노라.

이해와 감상

(가) 이 작품은 임이 오기를 간절히 바라는 마음 때문에 착각하는 상황을 그린 연정가(戀情歌)이다. 임에 대한 그리움을 해학적으로 표현하여 웃음과 연민을 동시에 자아낸다. 지나가는 구름의 그림자를 보고 임이 온 줄 착각했다는 화자의 진솔한 고백에서 임에 대한 화자의 간절한 그리움이 드러난다.

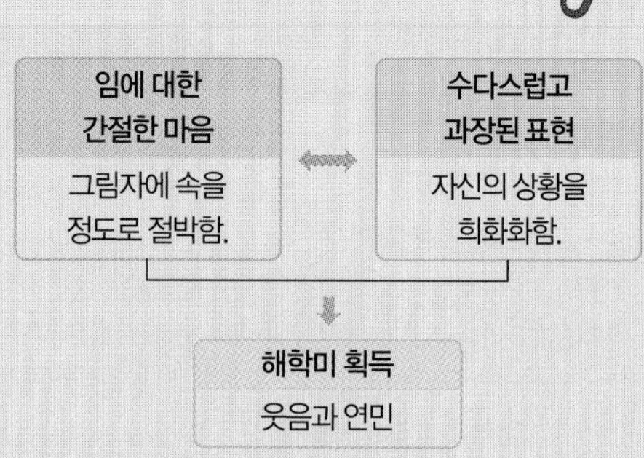

(나) 이 작품은 임을 그리는 마음을 진솔하게 드러낸 연정가이다. 바람도 쉬어 넘고 구름이라도 쉬어 넘는 높은 고개, 매마저도 다 쉬어 넘는 그 고개를 사랑하는 임이 와 있다면 단숨에 넘겠다는 적극적인 의지를 가정법을 사용하여 표현하고 있다. 특히 중장에서 매의 종류를 나열함으로써 발랄하고 동적인 느낌을 주고, '고개'를 반복적으로 제시하여 임에 대한 화자의 간절한 그리움과 사랑의 의지를 드러내고 있다.

(다) 이 작품은 화자가 귀뚜라미의 넋이 되어 자신을 잊고 편안하게 자는 임을 깨워 사랑을 전하고 싶은 심정을 표현한 연정가이다. '귀뚜라미'에 자신의 감정을 이입하여 소망하는 바를 이루고자 하는 참신한 발상이 돋보인다.

국어 천재(이)

핵심 정리

(가) 갈래 사설시조
성격 연정가(戀情歌), 해학적
제재 임을 기다리는 마음
주제 임에 대한 연모(戀慕)의 정
특징 임에 대한 그리움의 정서를 해학적 행동으로 표현함.
출전 《청구영언》, 《화원악보》

(나) 갈래 사설시조
성격 연정가(戀情歌), 연모가(戀慕歌)
제재 임을 그리워하는 마음
주제 임에 대한 강렬한 사랑의 의지
특징 ① 의인법, 과장법, 열거법, 점층법을 활용하여 화자의 간절한 마음을 드러냄.
② 사랑 앞에서 적극적인 태도가 두드러짐.
출전 《병와가곡집》, 《청구영언》

(다) 갈래 평시조, 서정시
성격 연정가(戀情歌)
제재 상사몽, 실솔(귀뚜라미)
주제 임을 향한 간절한 그리움, 홀로 지내는 외로움
특징 ① 추상적 개념을 구체화하여 임에 대한 화자의 심정을 드러냄.
② 감정 이입을 통해 화자의 간절함을 부각함.
연대 조선 고종
출전 《가곡원류》, 《화원악보》

시어 풀이

벽사창(碧紗窓) 짙푸른 빛깔의 비단을 바른 창.
우일 번 웃길 뻔.
수진(水眞)이 집에서 길들인 매.
상사몽(相思夢) 서로 그리워하여 꾸는 꿈.
실솔(蟋蟀) 귀뚜라미.

시구 풀이

❶ **임은 아니 오고 ~ 짓다듬ᄂᆞᆫ 그림재로다** 임은 오지 않았는데 봉황새가 깃을 다듬는 듯한 모양의 구름 그림자를 보고 임이 온 것으로 착각했음을 드러내고 있다.

❷ **그 너머 임이 ~ 넘어 가리라.** 넘어 가기 어려운 고개를 임이 오면 한번도 쉬지 않고 넘어가겠다는 표현에서 사랑에 대한 화자의 적극적인 의지를 엿볼 수 있다.

❸ **님 그린 상사몽(相思夢)이 ~ 넉시 되여** 임에 대한 사랑을 직접 말로 하지 않고 '귀뚜라미'를 통해 은근하게 표현하는 데서 화자의 조심스럽고 진지한 마음을 엿볼 수 있다.

작가 소개

(가) 작자 미상
(나) 작자 미상
(다) 박효관(朴孝寬, ?~?) 조선 말기의 악공. 고종 13년(1876)에 제자 안민영과 함께 《가곡원류》를 편찬하였다.

작품 연구소

(가)에 나타나는 해학성

(가)는 사랑하는 임을 애타게 그리워하며 기다리는 마음을 노래하고 있다. 임에 대한 마음을 숨기거나 우회적으로 표현했던 조선 전기의 시조와는 달리, 감정 표현이 진솔할 뿐만 아니라 그 정서를 해학적인 행동으로 그려 내고 있다. 봉황새가 깃을 다듬는 듯한 모양의 구름 그림자에 속을 정도로 절박한 그리움을 수다스럽고 과장된 어조로 풀어냄으로써 자신의 상황을 스스로 희화화(戱畵化; 인물이나 사건을 의도적으로 우스꽝스럽게 묘사함.)하여 해학성을 얻고 있다.

(나)에 나타난 화자의 적극적 태도

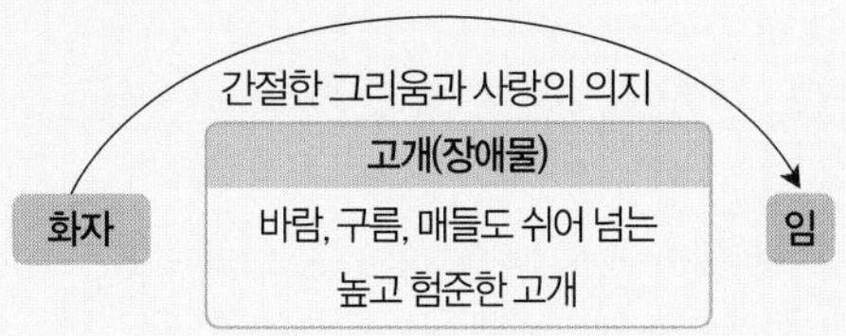

대개의 고전 문학에서는 '고개'가 주로 임과 화자 사이의 장애물로 등장하여 화자가 임을 만날 수 없어 괴로워하는 상황과 연결된다. 하지만 (나)의 화자는 임을 만날 수 있다면 '고개'를 단숨에 넘어가겠다는 적극적인 태도를 보이고 있다. 특히 고개의 험준함을 의인법, 과장법, 열거법, 점층법 등 다양한 표현 방법을 활용하여 드러냄으로써 이러한 화자의 의지를 강조하고 있다.

(다)의 '실솔(蟋蟀)'

고전 문학에서 '실솔(蟋蟀)', 즉 '귀뚜라미'는 주로 가을이라는 계절적 배경과 밤이라는 시간적 배경을 바탕으로 가을밤의 외로운 정서를 드러내는 소재로 사용된다. (다)에서 '실솔'은 화자의 그리움을 이입한 대상물이며, 임과의 사랑을 연결해 주는 매개물, 화자의 마음을 전달해 주는 분신(分身) 같은 존재로 기능하고 있다.

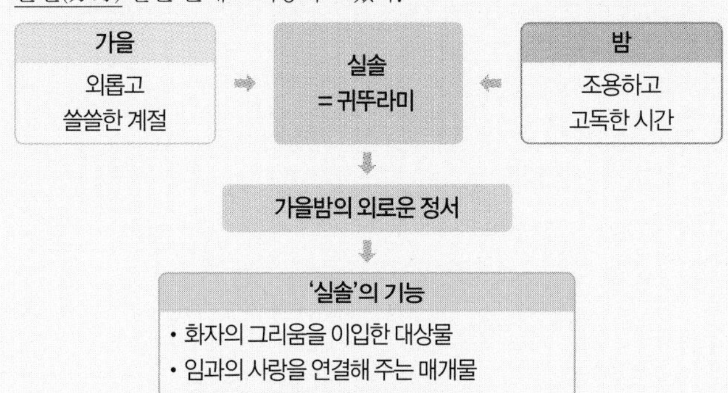

함께 읽으면 좋은 작품

〈규원가〉, 허난설헌 / 임에 대한 그리움을 노래한 작품

가정을 돌보지 않는 가장 때문에 고통받는 규방 여인의 한스러운 삶과 정서를 간곡하게 표현한 규방 가사이다. (가)~(다)가 임에 대한 사랑을 갈구하며 임에 대한 원망을 드러내지 않는 반면, 〈규원가〉는 임에 대한 그리움과 함께 임에 대한 원망도 드러내고 있다는 점에서 봉건 사회에서 여성들이 겪었던 힘든 삶에 대해 생각해 보게 한다.

Link 본책 180쪽

키 포인트 체크

화자 (가)~(다) – 임을 그리워하는 □□

상황 (가) – 임을 기다리다 □□을 임으로 착각함. (나) – 아무리 넘기 힘든 □□라도 임을 만날 수 있다면 단번에 넘을 수 있다고 함. (다) – □□□□□가 되어 임의 잠을 깨우고자 함.

태도 (가) – 임에 대한 연모의 정을 □□하게 드러냄. (나) – 임과의 만남에 대한 □□□인 의지를 보임. (다) – 임에 대한 간절한 그리움을 드러냄.

내신 적중 多빈출

1 (가)~(다)의 공통점으로 가장 적절한 것은?

① 자연물에 자신의 감정을 이입하고 있다.
② 임에 대한 그리움을 체념적 어조로 노래하고 있다.
③ 대상의 부재에 대한 화자의 그리움을 표현하고 있다.
④ 꿈을 소재로 하여 환상적인 공간에서 임과 만나고 있다.
⑤ 색채 이미지를 활용하여 정적인 분위기를 형성하고 있다.

2 (가)와 〈보기〉를 비교하여 감상한 내용으로 적절하지 않은 것은?

보기

창밖이 어른어른커늘 님만 너겨 펄떡 뛰어 뚝 나서 보니
님은 아니 오고 으스름 달빛에 녈 구름 날 속였구나.
마초아 밤일세망정 행여 낮이런들 남 우일 뻔하여라.

– 작자 미상

① (가)보다 〈보기〉가 작중 상황을 좀 더 간결하게 표현했군.
② (가)는 대상을 희화화했고, 〈보기〉는 화자 자신을 희화화했군.
③ (가)와 〈보기〉 모두 화자의 착각이 시적 상황을 유발하고 있군.
④ (가)와 〈보기〉는 시상 전개와 주제가 서로 유사하다고 볼 수 있겠군.
⑤ (가)와 〈보기〉가 창작될 당시에 이와 유사한 형태의 시조가 유행했겠군.

3 ㉠과 ㉡에 대한 설명으로 가장 적절한 것은?

① ㉠은 시간적 개념이고, ㉡은 공간적 개념이다.
② ㉠은 화자에게 절망을, ㉡은 화자에게 희망을 주고 있다.
③ ㉠은 화자가 착각한 대상이고, ㉡은 화자가 동일시한 대상이다.
④ ㉠과 ㉡ 모두 화자의 상황을 긍정적으로 이끄는 대상이다.
⑤ ㉠과 ㉡ 모두 화자의 사랑을 임에게 전달하는 매개물이다.

4 (나)에서 화자의 간절한 그리움과 사랑의 의지를 강조해 주는 대상물을 찾아 쓰시오.

125~126 임을 기다리는 마음 ①

키워드 체크 #기다림 #그리움 #해학적 #과장 #한탄 #원망

문학 동아, 미래엔, 창비
국어 동아, 비상(박안)

핵심 정리

(가) 갈래 사설시조
성격 해학적, 과장적
제재 임이 온다는 소식
주제 임을 기다리는 초조한 마음
특징 임을 기다리는 마음을 과장하여 묘사함.
출전 《청구영언》

(나) 갈래 사설시조
성격 해학적, 과장적
제재 오지 않는 임
주제 임을 기다리는 안타까운 마음
특징 열거법, 연쇄법 등을 사용하여 리듬감을 형성함.
출전 《청구영언》

가

님이 오마 ᄒᆞ거ᄂᆞᆯ ❶져녁밥을 일 지어 먹고

중문(中門) 나셔 대문(大門) 나가 지방(地方) 우희 치ᄃᆞ라 안자 이수(以手)로 가액(加額) ᄒᆞ고 오ᄂᆞᆫ가 가ᄂᆞᆫ가 건넌 산(山) ᄇᆞ라보니 거머흿들 셔 잇거ᄂᆞᆯ 져야 님이로다 ❷보션 버서 품에 품고 신 버서 손에 쥐고 •곰븨님븨 님븨곰븨 •쳔방지방 지방쳔방 즌 ᄃᆡ ᄆᆞ른 ᄃᆡ ᄀᆞᆯ희지 말고 •워렁충창 건너가셔 •정(情)엣 말 ᄒᆞ려 ᄒᆞ고 곁눈을 흘긧 보니 상년(上年) 칠월(七月) 열사흔날 ᄀᆞᆯ가 벗긴 •주추리 삼대 ᄉᆞᆯ드리도 날 소겨다

「모쳐라 밤일싀 만졍 힝혀 낫이런들 ᄂᆞᆷ 우일 번 ᄒᆞ괘라」

일: 일찍 / 지방(地方): 문지방 / 이수(以手)로: 손으로 / 가액(加額) ᄒᆞ고: 이마에 대고 / 거머흿들: 검어희뜩, 검은빛과 흰빛이 뒤섞인 모양 / ᄀᆞᆯ희지 말고: 가리지 않고 / 상년(上年): 작년 / ᄀᆞᆯ가 벗긴: 껍질을 벗긴 / 주추리 삼대: 착각을 일으킨 소재 / ᄉᆞᆯ드리도 날 소겨다: 자신의 착각이었음을 알게 됨. / 모쳐라: 마침, 공교롭게 / 낫이런들: 낮이런들, 낮이었다면 / 우일: 웃길

「 」: 실망감보다는 임을 기다리는 마음이 너무 간절한 나머지 착각을 하게 된 것에 대한 멋쩍음을 드러냄. → 화자의 낙천적 성격을 보여 줌.

현대어 풀이

임이 오겠다고 하기에 저녁밥을 일찍 지어 먹고
중문을 나와서 대문으로 나가 문지방 위에 달려가 앉아서 손을 이마에 대고 임이 오는가 하여 건너편 산을 바라보니, 거무희뜩한 것이 서 있기에 저것이 틀림없는 임이로구나 버선을 벗어 품에 품고 신을 벗어 손에 쥐고, 엎치락뒤치락 허둥거리며 진 곳 마른 곳 가리지 않고 우당탕퉁탕 건너가서, 정겨운 말을 하려고 곁눈으로 흘깃 보니, 작년 7월 3일날 껍질을 벗긴 후 씨를 받느라고 밭머리에 세워 둔 삼의 줄기가 얄밉게도 나를 속였구나.
마침 밤이기에 망정이지 행여 낮이었다면 남을 웃길 뻔했구나.

나

어이 못 오던가 무슴 일노 못 오던가

❸너 오ᄂᆞᆫ 길에 무쇠로 성(城)을 쓰고 성(城) 안에 담 쓰고 담 안에 집을 짓고 집 안에
[A] •두지 노코 두지 안에 궤(櫃)를 노코 그 안에 너를 필자형(必字形)으로 결박(結縛)ᄒᆞ여 너
코 •쌍비목 •걸쇠에 •금(金)거북 자물쇠로 •수기수기 잠가관ᄃᆡ 네 어이 그리 못 오던다

ᄒᆞᆫ ᄒᆡ도 열두 ᄃᆞᆯ이오 ᄒᆞᆫ ᄃᆞᆯ 셜흔 ᄂᆞᆯ의 날 보라 올 ᄒᆞᆯ리 업스랴

오던가: 오던가 / 쓰고: 쌓고 / 셜흔: 서른 / ᄒᆞᆯ리: 하루가

□: 임을 오지 못하게 하는 장애물

현대어 풀이

어찌하여 못 오던가, 무슨 일로 못 오던가?
너 오는 길에 무쇠로 성을 쌓고, 성안에 담을 쌓고, 담 안에 집을 짓고, 집 안에 뒤주를 놓고, 뒤주 안에 궤짝을 놓고, 그 안에 너를 결박하여 넣고, 쌍배목, 걸쇠, 금거북 자물쇠로 꽁꽁 잠가 두었더냐? 너 어째서 그렇게 아니 오던가?
한 해도 열두 달이고 한 달이 서른 날인데, 나를 보러 올 하루가 없겠는가?

시어 풀이

곰븨님븨 엎치락뒤치락 급히 구는 모양.
쳔방지방 허둥지둥하는 모양.
워렁충창 급히 달리는 발소리. 우당탕퉁탕.
정(情)엣 말 정이 있는 말.
주추리 삼대 씨를 받느라고 밭머리에 세워 둔 삼의 줄기.
두지 뒤주. 쌀 같은 곡식을 담아 두는 세간.
쌍비목 쌍으로 된 문고리를 거는 쇠.
걸쇠 문을 잠그기 위해 빗장으로 쓰는 'ㄱ' 자 모양의 쇠.
금(金)거북 자물쇠 거북의 무늬를 새긴 자물쇠.
수기수기 깊이깊이.

시구 풀이

❶ **저녁밥을 일 지어 먹고 ~ 건넌 산(山) ᄇᆞ라보니** 임이 오기도 전에 대문 밖에서 임을 기다리는 화자의 들뜬 모습을 제시한 부분으로, 임에 대한 화자의 사랑이 행동을 통해 구체화되고 있다.
❷ **보션 버서 ~ 워렁충창 건너가셔** 그리운 임을 조금이라도 빨리 만나고 싶은 화자의 마음을 솔직하고 거침없는 행동으로 표현한 부분이다.
❸ **너 오ᄂᆞᆫ 길에 ~ 수기수기 잠가관ᄃᆡ** 임이 오지 못하는 이유를 무쇠성, 담, 집, 뒤주, 궤, 자물쇠 등의 사물의 연쇄를 통해 상상해 봄으로써 자신의 안타깝고 기막힌 마음을 표현한 부분이다.

이해와 감상

(가) 이 작품은 그리운 임을 빨리 만나고 싶은 마음이 거침없는 행동으로 표현된 사설시조이다. 임이 온다는 소식에 저녁을 일찍 지어 먹고 문밖에 나가 임을 기다리던 화자는 '거머흿들'한 것을 보고 임인 줄 알고 정신없이 달려 나간다. 즉, 중장에는 '화자의 착각 → 화자가 임을 만나기 위해 달려가는 모습 → 임으로 착각한 대상(주추리 삼대) 확인'의 과정이 구체적·해학적으로 나타나 있다. 그리고 종장에서는 임을 기다리는 마음이 너무 간절한 나머지 착각했던 것에 대해 겸연쩍어하는 모습을 통해 화자의 낙천적 성격과 해학성을 드러내고 있다.

초장		중장		종장
임을 기다리는 초조한 마음	➡	마음을 행동으로 구체화함. / 서민적 진솔성	➡	경솔한 행동을 겸연쩍어함. / 해학성, 낙천성

(나) 이 작품은 오랫동안 자신을 찾아오지 않는 임에 대한 원망의 심정을 재치 있게 표현한 사설시조이다. 초장에서는 임이 오지 않는 현실에 대해 이야기하고, 중장에서는 임이 오지 못하게 하는 사물을 연쇄적으로 나열함으로써 그런 것들 때문에 오지 못하느냐고 묻고 있다. 종장에서는 한 달에 하루도 시간을 낼 수 없느냐고 한탄함으로써 오지 않는 임에 대한 원망과 탄식을 드러내고 있다.

작가 소개

(가) 작자 미상
(나) 작자 미상

작품 연구소

(가)의 시어의 의미와 화자의 태도

시어	의미	
곰븨님븨 님븨곰븨	엎치락뒤치락 급하게	애타게 임을 기다리는 화자의 모습을 해학적으로 표현함.
천방지방 지방천방	허둥지둥하면서	
워렁충창	급히 달려서	

⬇

주추리 삼대	임인 줄 착각한 대상

⬇

남을 웃길 뻔했다고 겸연쩍어함. (해학적, 낙천적 태도)

(나)의 시적 상황

초장	임이 오지 못하는 이유를 알 수 없음.
중장	임이 오는 길에 무슨 일이 펼쳐지고 있는지 상상함.
종장	한 달 중 하루도 내지 못하는 임을 이해하기 어려움.

(나)는 임에 대한 안타까운 그리움이 색다르게 표현된 사설시조이다. 중장에서는 임에 대한 답답한 마음을 가상적인 상황 설정을 통해 보여 준다. 임이 오는 길에 무쇠로 성을 쌓고, 성안에 담을 쌓고, 담 안에 집을 짓고, 집 안에 뒤주를 놓고, 뒤주 안에 궤짝을 짜고, 그 안에 임을 오랏줄로 꽁꽁 묶어 넣고, 쌍배목, 걸쇠, 금거북 자물쇠로 꽁꽁 잠가 두었느냐고 하는 것이다. 이와 같은 표현의 이면에는 그처럼 기막히고 힘든 상황이 아닌 이상 어떻게 자신을 보러 오지 않을 수가 있는가 하는 의구심과 원망이 담겨 있다. 이러한 원망의 심정은 종장에서 한 달에 하루도 자신을 위해 내어 줄 수 없는가 하는, 직설적인 질문으로 나타난다.

임에 대한 솔직한 마음과 대담한 표현

조선 후기에 등장한 사설시조는 서민 특유의 진지함과 솔직함, 대담성과 해학성 등이 잘 나타난다. (가)와 (나)는 임을 애타게 기다리는 마음을 해학과 과장을 통해 솔직하고 대담하게 표현하고 있다. (가)는 임을 애타게 그리워하는 여성 화자의 마음을 행동으로 구체화하여 보여 줌으로써 서민적 진솔성을 드러내며, 자신의 경솔한 행동에 대해 멋쩍어하는 모습을 해학적으로 표현하여 당시 서민들의 낙천적인 성정 또한 엿볼 수 있게 한다. (나)는 임이 오지 않는 까닭을 물은 뒤, 임이 오지 못하는 이유를 추측하여 제시함으로써 임에 대한 화자의 마음을 간절하고 절실하게 표현하고 있다. 특히 그 이유를 임이 구속된 것 같은 가정적 상황의 설정으로 과장되게 표현하고 있는 점이 주목할 만하다.

자료실

사설시조의 향유 계층에 대한 두 가지 견해

- 견해 1: 평시조와 달리 사설시조는 인간의 본능을 숨김없이 그대로 드러내거나 서민들의 일상생활을 반영하는 경향이 있다. 따라서 사설시조는 중인을 포함한 서민들이 향유했을 것이다.
- 견해 2: 사대부들도 유흥의 공간에서라면 본능적 욕망을 표출할 수 있다. 작가가 밝혀져 있지 않은 것은 그 내용상 익명성이 필요했기 때문이다. 따라서 사대부들도 사설시조를 향유했을 것이다.

키 포인트 체크

화자 (가), (나) – 임을 기다리는 여인

상황 (가) – 대문 밖에 나가 임을 기다리다 삼의 줄기를 임으로 ☐☐함.
(나) – 임이 오지 않는 이유를 ☐☐함.

태도 (가) – 남을 웃길 뻔했다고 겸연쩍어함.
(나) – 오지 않는 임을 ☐☐하며 한탄함.

1 (가), (나)의 공통점으로 적절한 것끼리 바르게 묶은 것은?

보기

a. 대구법을 사용하여 리듬감을 형성하고 있다.
b. 반어적 표현을 통해 주제 의식을 드러내고 있다.
c. 상대에게 말을 건네는 방식으로 시상을 전개하고 있다.
d. 상황을 과장되게 표현하여 화자의 정서를 부각하고 있다.

① a, b ② a, d ③ b, c
④ b, d ⑤ c, d

2 (가), (나)의 화자에 대한 반응으로 적절하지 않은 것은?

① (가)에서는 화자의 초조한 마음이 엿보여.
② (가)에서 화자의 행동을 상상해 보면 웃음이 나오기도 해.
③ (가)의 화자는 임과 만나는 일이 불가능하다는 것을 알고 있군.
④ (나)의 화자는 오지 않는 임을 원망하고 있군.
⑤ (나)의 화자는 가상의 상황을 설정해서 자신의 답답한 마음을 표현하고 있군.

중요 기출

3 <보기>에 근거하여 (가)를 분석한 것으로 적절하지 않은 것은?

보기

한 작품 속에 화자의 상이한 두 가지 모습이 동시에 나타나는 경우가 있다. 즉 아무도 안 보는 곳에서 타인의 시선을 전혀 의식하지 않고 꾸밈없이 행동하는 모습(Ⅰ)과 타인의 시선을 의식한 뒤에 보이는 모습(Ⅱ)이 그것이다.

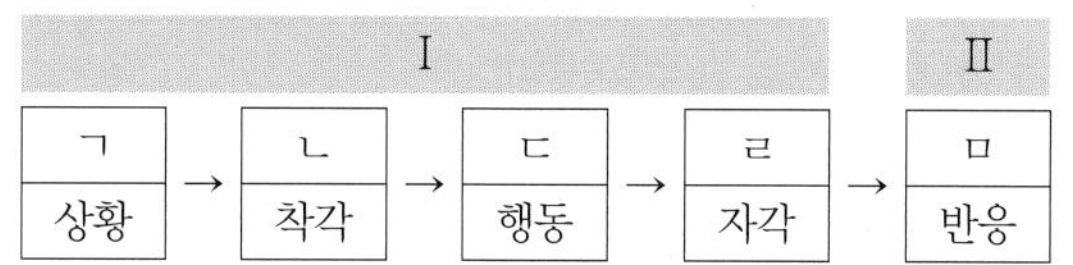

① ㄱ: '님이 ~ ᄇᆞ라보니'는 임을 기다리는 상황이다.
② ㄴ: '거머횟들 ~ 님이로다'는 간절한 그리움으로 인해 생긴 착각이다.
③ ㄷ: '보션 버서 ~ 건너가셔'는 타인의 시선을 의식하지 않고 취한 행동이다.
④ ㄹ: '정(情)엣말 ~ 소겨다'는 사랑하는 임에게 속았음을 자각하는 부분이다.
⑤ ㅁ: '모쳐라 ~ 번 ᄒᆞ괘라'는 타인의 시선을 의식하며 자신의 행동을 애써 합리화하는 반응이다.

내신 적중 多빈출

4 [A]에 사용된 표현 방법을 쓰고, 이 표현 방법의 사용 효과를 50자 내외로 서술하시오.

127 ~ 128 임을 기다리는 마음 ②

키워드 체크 #기다림 #그리움 #외로움 #감정 이입 #해학적

국어 미래엔, 신사고

핵심 정리

(가) 갈래 사설시조

성격 연정가(戀情歌), 연모가(戀慕歌)

제재 귀뚜라미

주제 임을 그리워하는 마음, 가을밤 독수공방(獨守空房)하는 외로운 여심(女心)

특징 ① 대상에 감정을 이입하여 화자의 외로움을 표현함.
② 반어법을 통해 화자의 감정을 효과적으로 드러냄.

출전 《병와가곡집》, 《청구영언》

(나) 갈래 사설시조

성격 연정가(戀情歌), 해학적

제재 얄미운 개

주제 임을 기다리는 안타까운 마음

특징 의성어와 의태어를 효과적으로 사용하여 얄미운 개가 하는 행동을 해학적, 사실적으로 묘사함.

출전 《청구영언》

시어 풀이

사창(紗窓) 비단 휘장(揮帳)을 친 창으로 여인의 방을 일컬음. 규방(閨房).

미물(微物) 인간에 비하여 보잘것없는 것이라는 뜻으로, '동물'을 이르는 말.

무인동방(無人洞房) 임이 없는 여인의 외로운 방. 독수공방(獨守空房).

홰홰 가볍게 자꾸 휘두르거나 휘젓는 모양.

시구 풀이

❶ **사창(紗窓) 여윈 좀을 솔ᄯᅳ리도 ᄭᅵ오ᄂᆞᆫ고야.** 간신히 잠이 들었는데 귀뚜라미 울음소리 때문에 잠에서 깨어나게 된 상황을 반어적으로 표현한 부분이다.

❷ **제 비록 ~ 너 ᄲᅮᆫ인가 ᄒᆞ노라.** 귀뚜라미가 비록 미물이지만, 독수공방하는 화자의 처지를 알아주는 유일한 대상이라고 인식하는 부분이다. 화자는 중장에서 자신의 잠을 깨운 귀뚜라미를 원망하고 있으나 이내 그러한 마음을 거두고 자신의 외로운 감정을 이입하여 동병상련의 대상으로 생각하고 있다.

❸ **뮈온 님 ~ 도라가게 ᄒᆞᆫ다.** 얄미운 개의 행동을 해학적으로 표현한 부분으로, 특히 '홰홰, 버동버동, ᄆᆞ르락 나으락, 캉캉' 등의 의태어와 의성어를 효과적으로 활용하고 있다.

작가 소개

(가) 작자 미상

(나) 작자 미상

가

귀ᄯᅩ리 져 귀ᄯᅩ리 어엿부다 져 귀ᄯᅩ리,
(귀ᄯᅩ리: 화자의 감정이 이입된 대상 / 어엿부다: 불쌍하다)
어인 귀ᄯᅩ리 지ᄂᆞᆫ ᄃᆞᆯ 새ᄂᆞᆫ 밤의 긴 소릐 쟈른 소릐 절절(節節)이 슬픈 소릐 제 혼자 우러 녜어 「❶ 사창(紗窓) 여윈 좀을 ㉠솔ᄯᅳ리도 ᄭᅵ오ᄂᆞᆫ고야.」 「 」: 귀뚜라미에 대한 원망을 반어적으로 표현함.
(여윈 좀: 살풋 든 잠 / 솔ᄯᅳ리도: 알뜰히도, 잘도)
「㉡두어라, ❷제 비록 미물(微物)이나 무인동방(無人洞房)에 내 ᄯᅳᆺ 알 리ᄂᆞᆫ 너ᄲᅮᆫ인가 ᄒᆞ노라.」 「 」: 귀뚜라미에게 동병상련을 느끼는 화자의 심정이 드러남.
(알 리: 아는 이)

현대어 풀이

귀뚜라미, 저 귀뚜라미, 불쌍하다 저 귀뚜라미,
어찌 된 귀뚜라미가 지는 달 새는 밤에 긴 소리 짧은 소리, 마디마디 슬픈 소리로 저 혼자 계속 울어, 비단 창문 안에 살풋 든 잠을 잘도 깨우는구나.
두어라, 제가 비록 작은 벌레이지만 외로워 잠 못 이루는 내 마음을 아는 이는 너(귀뚜라미)뿐인가 하노라.

나

개를 여라믄이나 기르되 요 개ᄀᆞᆺ치 얄믜오랴.
(개: 원망의 대상 / 여라믄: 열 마리가 넘게)
「❸뮈온 님 오며ᄂᆞᆫ ᄭᅩ리를 홰홰 치며 ᄯᅱ락 ᄂᆞ리ᄯᅱ락 반겨셔 내ᄃᆞᆺ고 고온 님 오며ᄂᆞᆫ 뒷발을 버동버동 ᄆᆞ르락 나으락 캉캉 즈져셔 도라가게 ᄒᆞᆫ다.」 「 」: 개의 얄미운 행동을 해학적으로 묘사함.
(뮈온: 미워하는 / 홰홰: 의태어 / ᄯᅱ락 ᄂᆞ리ᄯᅱ락: 뛰어올랐다 내리뛰었다 / 고온 님: 실제 원망의 대상 / 버동버동: 의태어 / ᄆᆞ르락 나으락: 물러섰다가 나아갔다가 / 캉캉: 의태어)
쉰밥이 그릇그릇 난들 너 머길 줄이 이시랴.

현대어 풀이

개를 열 마리 넘게 기르지만 이 개처럼 얄미우랴.
미워하는 임이 오면 꼬리를 휘저으며 뛰어올랐다 내리뛰었다 하면서 반겨서 맞이하고, 사랑하는 임이 오면 뒷발을 바둥거리며 뒤로 물러났다 앞으로 나아갔다 하며 캉캉 짖어서 돌아가게 한다.
쉰밥이 그릇그릇 쌓인다 한들 너에게 먹일 성싶으냐.

이해와 감상

(가) 이 작품은 긴 가을밤을 배경으로 임과 이별한 여인이 독수공방하는 외로움을 귀뚜라미에 감정 이입하여 노래한 사설시조이다. 화자는 귀뚜라미 소리에 잠 못 이루면서도 이 소리를 자신의 애절한 심정과 동일시한다. 귀뚜라미 울음소리가 화자의 옅은 잠을 깨워서 얄밉지만 그래도 독수공방하는 화자 자신의 외로운 심정을 아는 존재는 귀뚜라미뿐이라고 하면서 동병상련(同病相憐)의 정을 드러내고 있다.

(나) 이 작품은 '개'를 소재로 일상어를 통해 소박하고도 해학적으로 임을 기다리는 심정을 표현한 사설시조이다. 임이 오기를 기다리는 간절한 마음이 오히려 오지 않는 임에 대한 미움으로 변했는데, 그 미움을 개에게 전가하고 있다. 짖는 개 때문에 임이 오지 않는다는 발상을 통해 임을 기다리는 여인의 마음을 사실적이면서도 익살스럽게 표현하고 있다.

작품 연구소

대상에 대한 화자의 태도

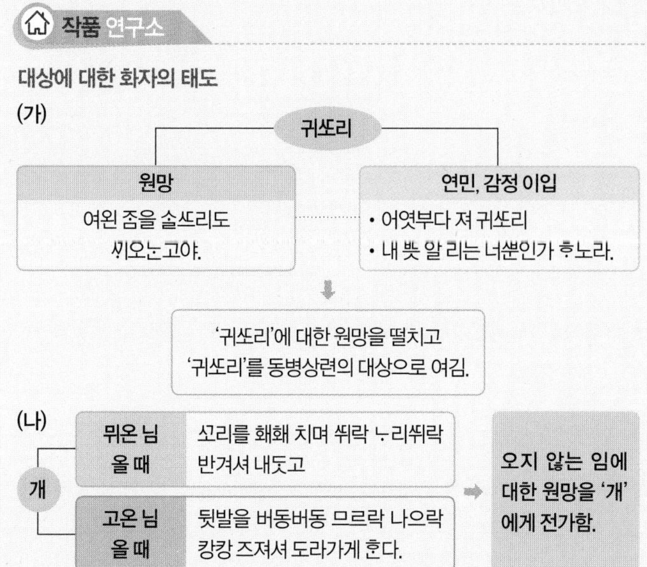

(가), (나)의 감정 표현

(가)는 길고 긴 가을밤에 임에 대한 그리움과 독수공방의 외로움으로 잠 못 드는 여인의 애절한 감정을, (나)는 임이 오기를 간절하게 기다리는 여인의 애타는 심정을 표현한 작품이다. (가)에서는 자신의 옅은 잠을 깨운 귀뚜라미에 대한 원망을 반어적으로 표현하여 임을 그리워하며 전전반측(輾轉反側)하는 자신의 심정을 간접적으로 드러내고 있다. 또한 슬피 우는 귀뚜라미에 자신의 감정을 이입하여 화자의 애타는 심정을 더욱 절실하게 느끼게 한다. 이에 비해 (나)에서는 얄미운 개가 하는 행동을 '홰홰, 버동버동, 므르락 나으락, 캉캉' 등의 의태어나 의성어를 통해 과장되면서도 해학적으로 표현하고 있다.

(나)에 나타난 갈등의 이중성

(나)에 나타난 표면적 갈등은 화자와 '개' 사이의 갈등이다. 화자가 미운 임은 반기고 고운 임을 내쫓는 개에 대한 미움과 원망을 드러낸 것에서 화자와 개의 표면상 갈등이 뚜렷하게 나타난다. 그러나 화자가 실질적으로 드러내고자 한 것은 그 이면에 숨어 있는 '임과의 갈등'이다. 즉, 화자는 아무리 기다려도 오지 않는 임을 원망하고 있는 것이다. 따라서 이 작품은 표면적 갈등과 이면적 갈등의 이중적 구조를 드러낸다고 볼 수 있다.

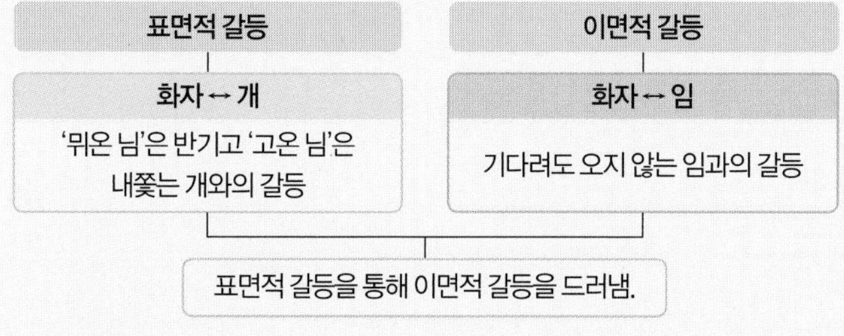

자료실

고전 시가에 나타나는 '여인의 방'과 '외로움'

고전 시가에서 '방'은 화자가 여성임을 나타내는 소재로 자주 등장한다. '사창(紗窓)'은 '사붙이나 깁(얇은 비단)으로 바른 창', '규방(閨房)'은 '부녀자가 거처하는 방'이라는 뜻으로 모두 여인이 거처하는 방을 나타낸다. 그런데 '사창, 규방' 등은 대체로 임과 함께 지내는 따뜻한 공간이나 사랑의 공간이 아니라, 임과 이별하여 홀로 지내는 여인의 공간으로 제시된다. 즉, 여인들이 거처하는 공간이 독수공방(獨守空房)의 공간, 임을 애타게 기다리는 공간으로 화자인 여성의 외로움을 부각하는 소재로 기능하는 것이다.

키 포인트 체크

- 화자: (가) – 임을 그리워하는 여인 (나) – 임을 기다리는 여인
- 상황: (가) – □□□□하며 외로움에 잠 못 들어 함.
  (나) – 얄미운 □가 미운 임은 반기고 고운 임은 내쫓음.
- 태도: (가) – □□□□에 자신의 감정을 이입하여 임에 대한 애타는 그리움을 드러냄.
  (나) – 기다려도 오지 않는 임을 원망함.

1 (가)와 (나)의 공통점으로 적절한 것은?

① 일상에서 대상을 선택해 이를 희화화하고 있다.
② 사랑하는 대상에 대한 그리움의 정서가 나타나 있다.
③ 임에 대한 헌신과 원망의 이중적 감정을 보여 주고 있다.
④ 자연물에 감정을 이입하여 이별의 정한을 드러내고 있다.
⑤ 자신의 처지를 운명으로 받아들이려는 자세가 나타나 있다.

2 (가)의 ㉠과 ㉡에 함축되어 있는 화자의 심정으로 적절한 것은?

① ㉠에는 '귀뚜리'를 찬미하는 심정이, ㉡에는 자신의 처지를 한탄하는 심정이 드러나 있다.
② ㉠에는 '귀뚜리'를 연민하는 심정이, ㉡에는 자신의 과오를 뉘우치는 심정이 드러나 있다.
③ ㉠에는 '귀뚜리'를 원망하는 심정이, ㉡에는 자신의 마음을 달래려는 심정이 드러나 있다.
④ ㉠에는 '귀뚜리'를 불신하는 심정이, ㉡에는 자신의 슬픔을 억제하려는 심정이 드러나 있다.
⑤ ㉠에는 '귀뚜리'를 동정하는 심정이, ㉡에는 자신의 외로움을 이겨 내려는 심정이 드러나 있다.

내신 적중

3 〈보기〉의 ⓐ~ⓔ 중, (나)의 [개]와 시적 기능이 유사한 것은?

보기

ⓐ대동강(大同江) 아즐가 대동강 너븐디 몰라셔
위 두어렁셩 두어렁셩 다링디리
ⓑ빈 내여 아즐가 빈 내여 노ᄒᆞᆫ다 ⓒ샤공아
위 두어렁셩 두어렁셩 다링디리
네 ⓓ가시 아즐가 네 가시 럼난디 몰라셔
위 두어렁셩 두어렁셩 다링디리
녈 빈예 아즐가 녈 빈예 연즌다 샤공아
위 두어렁셩 두어렁셩 다링디리
대동강 아즐가 대동강 건넌편 ⓔ고즐여
위 두어렁셩 두어렁셩 다링디리
빈 타 들면 아즐가 빈 타 들면 것고리이다 나는
위 두어렁셩 두어렁셩 다링디리 – 작자 미상, 〈서경별곡〉

① ⓐ ② ⓑ ③ ⓒ ④ ⓓ ⑤ ⓔ

4 (가)의 종장에 나타난 [귀뚜리]의 역할과 사용된 표현 방법을 서술하시오.

IV. 조선 후기

129 ~ 130 임의 부재로 인한 슬픔

키워드 체크 #임과의 이별 #그리움 #다양한 표현 #해학적

문학 천재(김), 금성

핵심 정리

(가) **갈래** 사설시조
성격 수심가(愁心歌), 이별가
제재 임과의 이별
주제 임을 여읜 슬픔
특징 ① 열거법, 비교법, 과장법, 점층법 등 다양한 표현법을 사용하여 화자의 심정을 강조함.
② 수다스럽고 과장된 표현을 통해 해학성을 드러냄.
출전 《청구영언》, 《병와가곡집》

(나) **갈래** 사설시조
성격 수심가(愁心歌), 이별가
제재 임과의 이별
주제 소식 없는 임에 대한 그리움
특징 문답법, 열거법, 과장법을 사용하여 화자의 마음을 효과적으로 드러냄.
출전 《육당본 청구영언》

시어 풀이

가토리 까투리. 암꿩.
농총 용총줄. 돛대에 매어 놓은 줄.
치 키. 배의 방향을 조절하는 기구.
가치노을 사나운 파도.
도사공(都沙工) 뱃사공의 우두머리.
백액호(白額虎) 이마와 눈썹의 털이 허옇게 센 늙은 호랑이.
시랑(豺狼) 승냥이와 이리.
대망 이무기.
오공(蜈蚣) 지네.
지주 거미.
이매망량 도깨비.

시구 풀이

❶ **대천(大川) 바다 ~ 도사공(都沙工)의 안과** 열거법과 점층법을 통해 도사공에게 점점 심하게 가해지는 부정적 상황과 심리적 압박을 효과적으로 드러내고 있다.

❷ **아마도 님을 ~ 님이신가 하노라.** 중장에 나열된 온갖 무서운 존재들을 만나는 것보다도 임을 보지 못하게 되는 일이 훨씬 더 무섭다는 의미로, 그만큼 임에 대한 사랑이 크고 절실함을 나타내고 있다.

작가 소개

(가) 작자 미상
(나) 작자 미상

가

나모도 바히돌도 업슨 뫼헤 매게 ᄧᅩ친 •가토릐 안과
(ᄧᅩ친: 쫓긴 / 가토릐: 비교 대상 ①)

❶대천(大川) 바다 한가온대 일천 석(一千石) 시른 ᄇᆡ에 노도 일코 닷도 일코 •농총도 근코 돗대도 것고 •치도 ᄲᅡ지고 ᄇᆞ람 부러 물결치고 안개 뒤섯계 ᄌᆞ자진 날에 갈 길은 천리만리(千里萬里) 나믄듸 사면(四面)이 거머 어득 져뭇 천지적막(天地寂寞) •가치노을 ᄯᅥᆺᄂᆞᆫ듸 수적(水賊) 만난 •도사공(都沙工)의 안과
(대천(大川) 바다: 넓은 바다 / 일코: 잃고 / 근코: 끊어지고 / 것고: 꺾어지고 / 뒤섯계: 뒤섞여 / 나믄듸: 남았는데 / 수적(水賊): 해적 / 도사공(都沙工): 비교 대상 ②)

엇그제 님 여흰 내 안히야 엇다가 ᄀᆞ을ᄒᆞ리오
(ᄀᆞ을ᄒᆞ리오: 비교하리오(설의법))

현대어 풀이

나무도 바위도 없는 산에 매에게 쫓긴 까투리의 마음과
넓은 바다 한가운데 일천 석 실은 배에 노도 잃고, 닻도 잃고, 돛 줄도 끊어지고, 돛대도 꺾어지고, 키도 빠지고, 바람 불어 물결치고, 안개 뒤섞여 자욱한 날에 갈 길은 천리만리 남았는데, 사방은 깜깜하고 어둑어둑 저물어서 천지는 적막하고 사나운 파도는 이는데 해적을 만난 도사공의 마음과,
엊그제 임을 이별한 나의 마음이야 어디다 비교하리오.

나

천지간 만물지중에 그 무엇이 무서운고.
(천지간 만물지중: 이 세상 모든 생물의 무리 가운데)

•백액호(白額虎) •시랑(豺狼)이며 •대망 독사(毒蛇) •오공(蜈蚣) •지주 야차 두억신과 •이매망량 요괴(妖怪) 사기며 호정령 몽달귀신 염라사자와 시왕차사를 온갖 다 몰속 겪어 보았으나
(야차 두억신: 사나운 귀신 / 요괴(妖怪) 사기: 요망하고 괴이하며 사악한 기운 / 호정령: 호랑이의 정령 / 염라사자: 염라대왕의 사자 / 시왕차사: 저승에 있다는 시왕이 죄인을 잡으러 보낸 사자)

❷아마도 님을 못 보면 간장에 불이 나서 사라져 죽게 되고 볼지라도 놀라고 끔찍하여 사지가 절로 녹아 어린 듯 취한 듯이 말도 아니 나기는 님이신가 하노라.
(사라져: 사루어져, 태워져서 / 놀라고 ~ 나기는: 너무도 그리던 임을 만나 놀라 말조차 할 수 없음.)

현대어 풀이

천지간 만물 중에 그 무엇이 무서운고?
늙은 호랑이, 승냥이, 이리, 이무기, 독사, 지네, 거미, 귀신과 도깨비, 요망하고 괴이하며 사악한 기운, 호랑이의 정령, 총각 귀신, 염라대왕이 보낸 사자와 저승의 시왕이 보낸 사자를 모두 다 겪어 보았으나
아마도 임을 못 보면 간장에 불이 나서 타 죽게 되고, (임을) 보게 될지라도 놀랍고 끔찍하여 두 팔과 두 다리가 저절로 녹아내린 듯 취한 듯 말조차 할 수 없기는 (소식이 없는) 임뿐인가 하노라.

이해와 감상

(가) 이 작품은 임과 이별한 뒤의 절박한 심정을 비교와 과장을 통해 형상화한 사설시조로, '삼한(三恨)' 또는 '삼안[三內]'이라고 알려지기도 했다. 화자는 절체절명(絕體絕命; 몸도 목숨도 다 되었다는 뜻으로, 어찌할 수 없는 절박한 경우를 비유)의 위기에 빠진 까투리와 사면초가(四面楚歌; 아무에게도 도움을 받지 못하는, 외롭고 곤란한 지경에 빠진 형편)의 위기에 직면한 도사공의 절박한 심정에 견주어 임을 여읜 자신의 참담한 심정을 표현했다. 비교와 과장, 점층적 구성으로 화자의 마음을 생생하게 드러낸 작품이다.

(나) 이 작품은 소식 없는 임에 대한 간절한 그리움을 열거와 과장을 통해 형상화한 사설시조이다. 화자는 먼저 세상에서 가장 무서운 것이 무엇이냐는 질문을 던진 뒤 사람들에게 두려움을 주는 것들을 나열했다. 그런 뒤 이보다 더 무서운 것이 임을 못 보는 고통과 소식 없는 임에 대한 그리움임을 절절하게 표현했다.

작품 연구소

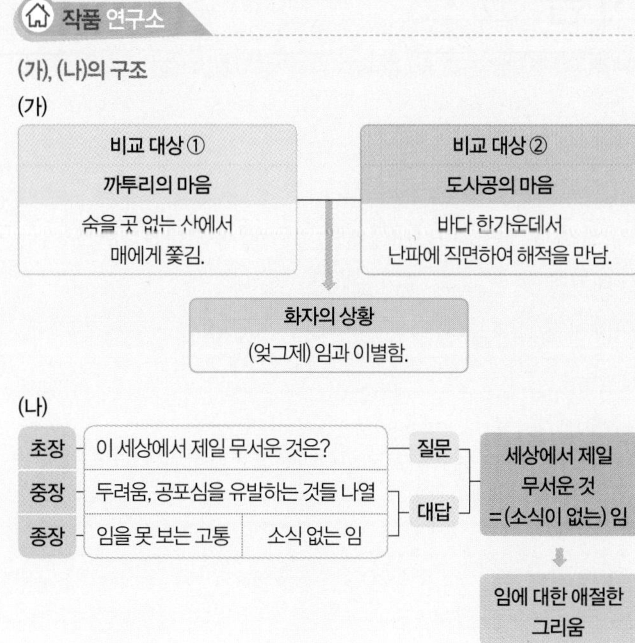

(나)에 나타난 장면의 극대화

장면의 극대화란 흥미로운 부분을 특별하게 확대·부연하는 기법으로 판소리 사설에서 주로 활용되며 사설시조의 중장에도 자주 등장한다. 주어진 장면에서 기대되는 효과를 최대화하기 위해 사용되며, 청자나 독자들에게 흥미를 유발하기 위해 대상이나 상황을 필요 이상으로 열거하는 방식으로 이루어진다.

(나)의 중장에서도 '백액호, 시랑, 대망, 독사, 오공, 지주, 야차 두억신, 이매망량, 요괴 사기, 호정령, 몽달귀신, 염라사자, 시왕차사' 등 세상 사람들이 무섭게 여기는 것들을 장황하게 열거하여 독자들에게 흥미를 유발하고 웃음을 자아내고 있다.

사설시조의 감정 표현 방식

조선 후기의 사설시조는 사대부들의 정제된 평시조와 달리 형식의 파격을 통해 절실한 감정을 표현했다. 이는 형식의 아름다움보다는 전달하고 싶은 내용이 더 중요하다고 생각했기 때문으로 볼 수 있다. 사설시조 작가들은 절실한 감정을 표현하기 위해 유사한 상황이나 대상을 열거하거나 반복하여 제시하는 경우가 많았는데, (가)와 (나)의 중장에서도 이를 확인할 수 있다. (가)에서는 임을 잃은 자신의 슬픈 심정을 표현하기 위해 매에게 쫓기는 까투리와 절망적 상황에 처한 뱃사공의 처지를 자세히 열거했고, (나)에서도 세상에서 무섭다고 인식되는 것들을 나열한 후, 이보다 더 무서운 것이 임을 보지 못하는 것과 소식 없는 임이라고 말하고 있다.

사설시조와 가사의 구조적 차이

사설시조는 초장·중장이 제한 없이 길며, 종장도 길어진 시조를 말한다. 그러다 보니 시조 특유의 운율인 3·4조 또는 4·4조의 4음보가 깨지기도 한다. 그러나 각 장의 길이가 아무리 많이 길어졌다고 하더라도 사설시조는 가사와 달리 3장으로 끝맺는 형식적 구조를 지니고 있다. 즉, 초장에서 시상을 일으키고, 중장에서 그것을 이어받아 심화하고 확대한 뒤 종장에서 시상을 집약하며 마무리하는 것이다. 반면에 가사는 시조와 달리 운문과 산문의 중간 형태인 교술 시가에 해당하며, 시조처럼 3장으로 끝맺는 구조로 이루어지지 않는다.

키 포인트 체크

화자 (가), (나) – 임과 □□한 여인

상황 (가) – 절체절명의 위기에 빠진 □□□와 사면초가의 위기에 직면한 □□□의 마음을 화자의 심정과 비교함. (나) – 천지 만물 중 사람들이 무서워하는 것을 □□함.

태도 (가) – 임을 여읜 참담한 심정을 드러냄. (나) – 임을 못 보는 고통이 가장 무서운 것이라 하며 임에 대한 □□□을 표현함.

내신 적중

1 (가)와 (나)에 대한 설명으로 적절하지 않은 것은?

① (가)는 과장법을 사용해 임을 잃은 절망감을 드러냈다.
② (나)는 임을 보지 못할 때의 고통을 사실적으로 제시했다.
③ (가)와 (나) 모두 열거법을 활용하여 정서를 심화했다.
④ (가)와 (나) 모두 임에 대한 간절한 그리움을 노래했다.
⑤ (가)와 달리 (나)는 묻고 답하는 방식을 사용하여 화자의 마음을 드러냈다.

2 <보기>의 ⓐ~ⓔ 중, (가)를 그 예로 제시하기에 적절한 것은?

> 보기
>
> 사설시조는 기존의 ⓐ유교적 제도와 풍습에 대한 저항, ⓑ비속어의 시어화, ⓒ생활 속 평범한 소재와 솔직한 감정 표현, ⓓ극적 요소를 수용한 '대화체' 사용, ⓔ억압된 욕망의 표출과 카타르시스, 해학과 풍자를 통한 지배층에 대한 저항 등 다분히 현실적인 성격을 드러낸다.

① ⓐ ② ⓑ ③ ⓒ ④ ⓓ ⑤ ⓔ

중요 기출

3 (가)가 <보기>를 고쳐 쓴 것이라 할 때, 고쳐 쓰는 과정에서 고려한 사항으로 볼 수 없는 것은?

> 보기
>
> 나모도 업슨 뫼에 매게 쪼친 불가토리,
> 대천 바다 한가온대 수적 만난 도사공,
> 진실로 님 여흰 나와 견줄 거시 업도다.

① 종장은 설의적 표현을 사용하여 화자의 심리를 강조해야겠어.
② '불가토리'와 '도사공'이 처한 상황을 좀 더 풍자적으로 그려야겠어.
③ '도사공'이 처한 상황을 강조하기 위해 과장과 열거를 사용해야겠어.
④ 화자의 심정을 더 잘 전달하려면 정해진 형식에 얽매이지 않아야겠어.
⑤ 다른 대상과 비교하여 화자의 심정을 드러내는 방식은 그대로 활용해야겠어.

4 (나)의 초장에 제시된 질문에 대한 화자의 답으로 적절한 것은?

① 백액호(白額虎) ② 독사(毒蛇)
③ 이매망량 ④ 염라사자
⑤ 말도 아니 나기는 님

5 갈래적 특성을 고려하여 (가)와 (나)에 공통적으로 드러나는 표현상 특징을 서술하시오.

Ⅳ. 조선 후기

131 ~ 133 삶의 고뇌와 시름 ①

키워드 체크 #민중들의 삶 #고뇌 #비애 #극복 #해학 #언어유희

문학 비상, 지학, 해냄
국어 천재(이), 비상(박영), 창비

핵심 정리

(가) 갈래 사설시조
성격 해학적, 의지적, 구체적
제재 창
주제 삶의 답답함에서 벗어나고 싶은 마음
특징 ① '마음'에 '창'을 낸다는 기발한 발상을 통해 문학성을 획득함.
② 비애와 고통을 웃음을 통해 극복하려는 해학성이 돋보임.
출전 《청구영언》, 《해동 가요》

(나) 갈래 사설시조
성격 원부가(怨婦歌), 비유적, 희화적
제재 시집 식구
주제 시집살이의 고충을 한탄함.
특징 일상적인 소재에 시집 식구들을 비유한 것을 나열하여 해학적으로 표현함.
출전 《청구영언》

(다) 갈래 평시조
성격 교훈적
제재 말(말하기)
주제 말을 함부로 하는 것에 대한 경계
특징 ① '말(言)'과 '말다'의 활용형을 이용한 언어유희적 표현이 사용됨.
② 특정 단어('말')를 반복하면서 신중한 언어생활의 중요성을 강조함.
출전 《청구영언》

시어 풀이

암돌져귀 암톨쩌귀. 수톨쩌귀의 뾰족한 부분을 끼우도록 구멍이 뚫린 돌쩌귀.
수돌져귀 수톨쩌귀. 문짝에 박아서 문설주에 있는 암톨쩌귀에 꽂게 되어 있는, 뾰족한 촉이 달린 돌쩌귀.
비목걸새 문을 걸어 잠그고 빗장으로 쓰는 'ㄱ' 자 모양의 쇠.
돌피 볏과의 한해살이풀.

시구 풀이

❶ **고모장지 셰살장지 ~ 창(窓) 내고쟈** 장지문의 종류와 그 부속품들을 길게 열거한 부분으로, 해학적인 성격이 잘 드러난다.
❷ **싀어마님 며느라기 ~ 구로지 마오** 며느리의 입장에서 시어머니에게 고된 시집살이를 시키지 말아 달라고 당부하는 말이다.
❸ **건밧틔 멋곳 ~ 낫바 ᄒᆞ시는고.** 아무 이유 없이 부족함 없는 며느리를 구박하는 시집 식구들에 대한 원망과 한탄을 드러낸 부분이다.
❹ **말로써 ~ 하노라** 내가 남의 말을 하면 남도 내 말을 하여 결국 말이 많아지므로 최선의 방법은 남에 관한 말을 하지 않는 것이라고 하며 말을 함부로 하는 것을 경계하고 있다.

작가 소개

(가) 작자 미상
(나) 작자 미상
(다) 작자 미상

가

답답함을 해소해 주는 매개체
창(窓) 내고쟈 창(窓)을 내고쟈 이내 가슴에 창(窓) 내고쟈
문살이 가는 장지문
❶고모장지 셰살장지 들장지 열장지 •암돌져귀 •수돌져귀 •비목걸새 크나큰 ㉠쟝도리로
고무래 들창 / 들어 올려 여는 장지
ᄯᅮᆨ딱 바가 이내 가슴에 창(窓) 내고쟈
ⓐ잇다감 하 답답ᄒᆞᆯ 제면 여다져 볼가 ᄒᆞ노라
이따금 몹시

현대어 풀이

창 내고자 창을 내고자 이내 가슴에 창을 내고자
고모장지 세살장지 들장지 열장지(문의 종류) 암톨쩌귀 수톨쩌귀(문 닫는 데 쓰이는 도구) 배목걸새(문고리에 꿰는 쇠) 크나큰 장도리로 뚝딱 박아 이내 가슴에 창을 내고자
이따금 몹시 답답할 때면 여닫아 볼까 하노라.

나

부엌 바닥을
❷싀어마님 며느라기 낫바 벽 바흘 구로지 마오
나쁘다고, 싫다고, 마음에 들지 않아 / 줄기를 잘라 낸 나무의 밑동
빗에 바든 며ᄂᆞ린가 갑세 쳐 온 며ᄂᆞ린가 밤나모 서근 등걸에 회초리 나니ᄀᆞᆺ치 알살픠신
물건값에 쳐 온 / 썩은 / 매서운
싀아바님 볏 뵌 쇳동ᄀᆞᆺ치 되ᄧᅩᆼ고신 싀어마님 삼 년(三年) 겨론 망태에 ㉡새 송곳 부리ᄀᆞᆺ치
별 쬔 쇠똥 / 말라빠진 / 삼 년 동안 엮은
ᄲᅭ족ᄒᆞ신 싀누으님 당피 가론 밧틔 •돌피 나니ᄀᆞᆺ치 ᄉᆡ노란 외곳 ᄀᆞᄐᆞᆫ 피ᄯᅩᆼ 누ᄂᆞᆫ 아ᄃᆞᆯ ᄒᆞ나
볏과의 한해살이풀인 피의 하나 / 오이꽃 / 남편
두고
메꽃, 야생의 꽃
❸건밧틔 멋곳 ᄀᆞᄐᆞᆫ 며ᄂᆞ리를 어듸를 낫바 ᄒᆞ시는고.
건밭에, 기름진 밭에

현대어 풀이

시어머님 며늘아기 미워하여 부엌 바닥을 구르지 마오.
빚에 받은 며느리인가, 물건값에 쳐 온 며느리인가. 밤나무 썩은 등걸에 회초리 난 것같이 매서우신 시아버님, 볕 쬔 쇠똥같이 말라빠진 시어머님, 삼 년 동안 엮은 망태에 새 송곳 부리같이 뾰족하신 시누이님, 당피(좋은 곡식) 같은 밭에 돌피(나쁜 곡식) 난 것같이 샛노란 오이꽃 같은 피똥 누는 아들 하나 두고,
기름진 밭에 메꽃 같은 며느리를 어디를 미워하시는고?

다

말하기 좋다 하고 남의 말을 말을 것이
말
남의 말 내 하면 남도 내 말 하는 것이
내가 남의 말을 하면
❹말로써 말이 많으니 말 말을까 하노라
내가 남의 말을 하면 남도 내 말을 하여 말이 많아지니

현대어 풀이

말하기 좋다 하고 남의 말을 말 것이 / 남의 말을 내가 하면 남도 내 말을 하는 것이 / 말로써 말이 많으니 말을 말까 하노라.

이해와 감상

(가) 답답한 화자의 심정을 꽉 막힌 '방'에 비유하고, 여기에 '창'이라도 만들어 답답한 마음을 해소하고 싶은 소망을 드러낸 사설시조이다. 세상살이의 고달픔에서 벗어나고 싶은 심정을 기발한 발상을 통해 웃음으로나마 극복하고자 하는 자세가 담겨 있다.

(나) 화자인 며느리가 부족함이 없는 자신을 못살게 구는 시댁 식구들에 대해 원망하고 한탄하는 심정을 노래한 사설시조이다. 시집 식구들을 농촌 현실과 밀착된 일상적인 소재들에 비유함으로써 인물 각각의 성격을 해학적이면서도 생생하게 그려 냈다.

(다) 다른 사람에 대한 말을 함부로 할 때의 폐해를 언급하면서, 말을 함부로 하지 말아야 함을 강조한 평시조이다. 꼭 필요한 말만 조심히 하면서 다른 사람에 대한 말을 삼가는 신중한 언어생활을 강조한 우리의 담화 관습이 드러난 작품이며, '말'에 대한 인식을 올바른 방향으로 계도하려는 목적이 담겨 있기도 하다.

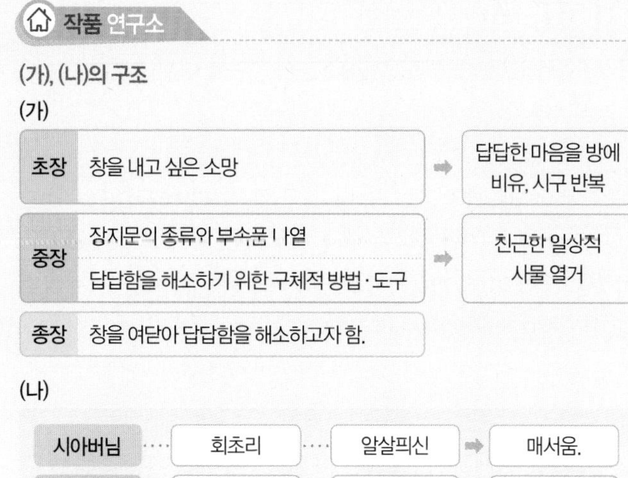

작품 연구소

(가), (나)의 구조

(가)

초장	창을 내고 싶은 소망	➡	답답한 마음을 방에 비유, 시구 반복
중장	장지문의 종류와 부속품 나열 답답함을 해소하기 위한 구체적 방법·도구	➡	친근한 일상적 사물 열거
종장	창을 여닫아 답답함을 해소하고자 함.		

(나)

시아버님	회초리	알살피신	➡	매서움.
시어머님	볕 뵌 쇳동	되종고신	➡	까다로움.
시누이님	새 송곳 부리	뾰족ᄒᆞ신	➡	날카로움.
아들(남편)	시노란 외곳	피똥 누는	➡	어리고 병듦.

일상적 소재를 동원한 비유로 해학성을 높임.

일상적 소재의 나열

(가)와 (나)는 일상생활에서 쉽게 찾아볼 수 있는 소재를 사용하여 화자의 정서를 전달했다. (가)는 장지문의 종류와 그 부속품을 나열함으로써 괴롭고 답답한 심정을 강조했으며, (나)는 농촌의 곳곳에 널려 있는 사물을 통해 시집 식구들의 특징과 성격을 묘사하며 희화화했다. 이러한 표현은 부정적인 현실을 웃음으로 극복하고자 하는 우리 민족의 낙천적 성정을 드러낸다. 그러나 (가)에 나열된 소재들이 '방'에 비유된 답답한 마음을 여닫게 함으로써 화자의 답답함, 괴로움을 해소해 줄 수 있는 역할을 하는 반면, (나)에 나열된 소재들은 화자인 며느리를 괴롭히는 시집 식구들에 빗대어져 화자의 답답함과 괴로움을 유발하는 대상과 연결된다.

(다)의 화자가 보이는 말에 대한 인식

(다)의 화자는 내가 남에 대해 함부로 말하면 남도 똑같이 나에 대해 함부로 말할 수 있다는 점을 들어, 함부로 말하지 말고 신중하게 말할 것을 당부하고 있다. 이처럼 (다)에는 '말'을 중요하게 여겨 불필요한 말을 삼가고, 대화 상대나 상황을 고려하여 필요한 말만 조심히 하는 '신중하게 말하기'의 담화 관습이 반영되어 있다고 할 수 있다.

자료실

민요 〈시집살이 노래〉

(나)는 가부장적인 권위에 억압받는 여인들의 시집살이를 해학적으로 표현한 사설시조이다. 이와 유사한 내용은 민요 〈시집살이 노래〉에도 나타나 있다. 다음의 〈시집살이 노래〉는 '원부가(怨婦歌)'에 해당하는 서사 민요이다. 시부모의 학대와 고된 노동, 남편의 외도로 인한 여성의 한스러운 삶이 잘 드러나 있다.

울도 담도 없는 집에 시집 삼 년을 살고 나니,
시어머님 하시는 말씀, 아가 아가 메느리 아가,
진주 낭군을 볼라거든 진주 남강에 빨래를 가게.
진주 남강에 빨래를 가니 물도나 좋고 돌도나 좋고,
이리야 철석 저리야 철석 어절철석 씻고나 나니,
하날 겉은 갓을 씨고 구름 같은 말을 타고 못 본 체로 지내가네.

– 경북 영양의 〈시집살이 노래〉

키 포인트 체크

화자 (가) – 현실 속에서 □□□을 느끼는 여인 (나) – □□□□하며 고생하는 며느리 (다) – 말을 함부로 하는 것을 □□하는 사람

상황 (가) – 가슴에 □을 내고 싶어 함. (나) – 시집 식구들이 며느리를 □□함. (다) – 말이 □을 낳는다고 생각함.

태도 (가) – 삶 속에서 느끼는 답답함을 □□하고자 함. (나) – 시집살이의 고충을 □□함. (다) – 신중하게 말할 것을 □□함.

1 (가)~(다)에 대한 설명으로 적절하지 않은 것은?

① (가)는 반복과 열거를 바탕으로 시상을 전개하고 있다.
② (나)는 청자에게 말을 건네는 방식을 사용하고 있다.
③ (나)는 비유적 표현을 통해 대상의 성격을 그려 내고 있다.
④ (다)는 역설적 표현을 통해 대상의 속성을 묘사하고 있다.
⑤ (다)는 특정 단어의 반복을 통한 강조의 기법을 활용하고 있다.

내신 적중

2 (가)와 (나)의 중장에 대한 설명으로 적절하지 않은 것은?

① 대립적인 시어를 통해 주제를 강조하고 있다.
② 사설이 많이 늘어나면서 시상이 확대되고 있다.
③ 일상적인 소재를 사용하여 화자의 심정을 드러냈다.
④ 웃음을 통해 삶의 고통을 극복하려는 의도가 담겨 있다.
⑤ 서술적·나열적 구성으로 형식의 파격을 보여 주고 있다.

3 (가)의 ㉠과 (나)의 ㉡에 대한 설명으로 가장 적절한 것은?

① ㉠은 화자의 처지와 대비되지만, ㉡은 화자의 처지와 동일시된다.
② ㉠은 화자의 괴로움을 해소해 주고, ㉡은 화자의 괴로움을 환기한다.
③ ㉠은 화자와 대상을 단절시키고, ㉡은 화자와 대상 간의 거리를 좁혀 준다.
④ ㉠과 ㉡ 모두 현실의 어려움을 이겨 내려는 화자의 의지를 나타낸다.
⑤ ㉠과 ㉡ 모두 현재의 상황을 개선하고자 하는 화자의 의지가 반영되어 있다.

4 다음 속담 중 말에 대한 관점이 (다)와 가장 유사한 것은?

① 말로 온 동네 다 겪는다.
② 말 안 하면 귀신도 모른다.
③ 말 한마디에 천 냥 빚도 갚는다.
④ 말은 해야 맛이고 고기는 씹어야 맛이다.
⑤ 말을 하면 백 냥이요 말을 않으면 천 냥이다.

5 ⓐ에 담겨 있는 화자의 심정을 한 문장으로 서술하시오.

134 ~ 136 삶의 고뇌와 시름 ②

키워드 체크 #수심가 #해학적 #애상적 #인생무상 #임에 대한 그리움 #이별의 슬픔

문학 천재(정), 동아

핵심 정리

(가) 갈래 사설시조
성격 수심가(愁心歌), 해학적
제재 한숨, 시름
주제 끝없는 시름과 답답한 삶에서 벗어나고 싶은 마음
특징 의인법, 반복법, 열거법 등 다양한 표현법을 사용하여 화자의 심정을 표현함.
출전 《청구영언》

(나) 갈래 평시조
성격 감상적, 애상적
제재 매화, 춘설
주제 늙음과 인생무상에 대한 한탄
특징 중의법을 사용하여 인생에 대한 고찰과 함께 사랑에 얽힌 사연을 담음.
출전 《청구영언》

(다) 갈래 평시조
성격 감상적, 대비적
제재 무심한 자연과 이별로 상심한 마음
주제 이별의 슬픔
특징 ① 자연과 인간사를 대비함.
② 자연의 변화를 상심과 연결함으로써 화자의 심경이 부각됨.
출전 《청구영언》

시어 풀이

고모장ᄌᆞ 고미장지. 고미다락의 장지. 장지는 방과 방 사이 또는 방과 마루 사이에 칸을 막아 끼우는 문을 뜻함.
셰살장ᄌᆞ 세살장지. 가는 살을 가로세로로 좁게 대어 짠 장지.
족자 그림이나 글씨 등을 걸거나 말아 둘 수 있도록 양 끝에 가름대를 대고 표구한 물건.
피엄직 피어날 만도.
난분분(亂紛紛)하니 어지럽게 흩날리니.
필 동 말 동 필지 말지. 피게 될지 어떨지.

시구 풀이

❶ 고모장ᄌᆞ 셰살장ᄌᆞ ~ 뚝닥 박고 출입문에 대한 사설로, 한숨이 들어올 틈이 없도록 문단속을 꼼꼼하게 하는 모습을 세세하게 묘사했다.
❷ 병풍(屛風)이라 덜걱 ~ 뒤뒤글 문다 한숨이 자신의 몸을 병풍처럼 덜컥 접고 족자처럼 둘둘 말았다는 의미로, 화자가 단단히 준비해서 빈틈없이 단속했는데도 한숨이 들어오는 상황을 강조한 표현이다.
❸ 옛 피던 가지에 피엄직도 하다마는 지난 시절에 함께했던 정든 임이 올 듯도 하다는 의미이다.
❹ 어즈버 ~ 엇지 ᄒᆞ는다. 자연과 인간사를 대비하여 인간사의 이별은 어찌할 수 없다고 하며 이별의 슬픔을 드러내고 있다.

작가 소개

(가) 작자 미상
(나) 매화(梅花, ?~?) 조선 시대 평양의 기생. 애절한 연정을 읊은 시조 8수(그중 2수는 불확실함.)가 《청구영언》에 전한다.
(다) 신흠(본책 198쪽 참고)

가

한숨아 셰 한숨아 네 어ᄂᆡ 틈으로 드러온다
(셰 한숨아: 가는 한숨 / 한숨아: 한숨의 의인화 / 드러온다: 들어오느냐)

❶고모장ᄌᆞ 셰살장ᄌᆞ 가로다지 여다지에 암돌져귀 수돌져귀 ᄇᆡ목걸새 ㉠뚝닥 박고 용(龍) 거북 ᄌᆞ물쇠로 수기수기 ᄎᆞ엿는듸 ❷병풍(屛風)이라 덜걱 져븐 족자(簇子)ㅣ라 ᄃᆡᄃᆡ글 문다 네 어ᄂᆡ 틈으로 드러온다
(가로다지 여다지: 가로닫이, 가로로 여닫는 창이나 문 / 암돌져귀 수돌져귀: 돌쩌귀, 문짝을 문설주에 달아 여닫는 데 쓰는 두 개의 쇠붙이 / 수기수기: 숙게 숙게, 꼭꼭 / ᄎᆞ엿는듸: 채웠는데 / 져븐: 접은 / ᄃᆡᄃᆡ글: 댁대굴, 대굴대굴 / 문다: 말았느냐)

어인지 너 온 날 밤이면 ㉡좀 못 드러 ᄒᆞ노라
(어인지: 어찌 된 일인지 / ㉡: 한숨을 쉬며 잠을 이루지 못하는 모습)

현대어 풀이

한숨아 가느다란 한숨아, 네 어느 틈으로 들어오느냐?
고미장지, 세살장지, 가로닫이, 여닫이에 암톨쩌귀, 수톨쩌귀, 배목걸쇠 뚝딱 박고, 용 거북 자물쇠로 꼭꼭 채웠는데,
병풍처럼 덜컥 접고 족자처럼 대굴대굴 말았느냐 네 어느 틈으로 들어오느냐?
어찌 된 일인지 네가 오는 날 밤이면 잠 못 들어 하노라.

나

㉢매화 옛 등걸에 봄철이 돌아오니
(㉢: 꽃 – 화자(중의법) ↔ 춘설(대조))
❸옛 피던 가지에 ㉣피엄직도 하다마는
춘설이 난분분(亂紛紛)하니 필 동 말 동 하여라.
(춘설: 봄눈, 다른 기생의 이름(중의법))

현대어 풀이

매화가 자라났던 해묵은 등걸에 새봄을 맞게 되니 / 그 전에 피던 가지에서 다시금 꽃이 필 만도 하다마는 / 봄눈이 하도 어지러이 흩날리니 피게 될지 어떨지를 모르겠구나.

다

봄이 왔다 ᄒᆞ되 소식(消息)을 모로더니
(봄: 계절의 순환 / 소식: 봄이 오는 소식)
냇ᄀᆞ의 푸른 버들 네 몬져 아도괴야
(푸른 버들: 버드나무 – 봄이 왔음을 알리는 자연물 / 아도괴야: 아는구나)
❹어즈버 ㉤인간(人間) 이별(離別)을 ᄯᅩ 엇지 ᄒᆞᄂᆞᆫ다.
(어즈버: 감탄사 / ㉤: 화자의 상황, '소식'을 모르던 이유)

— 자연의 무심함 ↕ 대비 → 이별의 슬픔

현대어 풀이

봄은 왔음에도(봄이 온) 소식을 몰랐는데 / 냇가에 푸른 버들이 나보다 먼저 봄을 아는구나. / 아, 인간 세상의 이별은 어쩔 수 없구나.

이해와 감상

(가) 이 작품은 그칠 줄 모르는 시름과 그것에서 벗어나고 싶은 마음을 해학적으로 표현함으로써 슬픔을 웃음으로 해소하는 묘미를 보여 주는 사설시조이다. 삶의 고뇌와 시름을 의미하는 '한숨'을 의인화하여 청자로 설정한 점이 독특하며, '한숨'을 막으려고 온갖 노력을 다했는데도 어디로 그렇게 들어오는 것이냐고 묻는 화자의 모습에서 서민들이 겪는 삶의 힘겨움을 느낄 수 있다. 이처럼 이 작품에는 시름을 막아 보려고 애를 쓰지만 결국 시름에 잠길 수밖에 없는 현실을 웃음을 통해 극복하고자 하는 당시 서민들의 건강한 삶의 태도가 반영되어 있다.

(나) 이 작품은 자신의 늙어 가는 처지를 돌아보면서 삶에 대한 무상감을 읊은 시조로, 어지러운 세상살이 때문에 사랑하는 임과 보내는 행복한 나날들이 다시 찾아올지 모르겠다는 안타까움이 드러난다. 인생에 대한 보편적인 노래로 보지 않고 기생인 작가의 삶에 초점을 맞추면 자신의 연인이 다른 여성에게 마음을 뺏겨 이를 탄식하는 노래로 해석할 수도 있다.

(다) 이 작품은 자연과 인간사를 대비하여 인간사의 이별에 대한 안타까움을 드러낸 시조이다. 봄이 왔음에도 그 소식을 모르고 있었는데 냇가의 푸른 버들이 먼저 그 사실을 알고 있었다는 것은 자연에는 어김없이 봄이 다시 찾아옴을 보여 준다. 이처럼 초장과 중장에서 봄이라는 배경을 드러낸 뒤 종장에서 인간사의 이별은 어찌할 수 없다고 하여 안타까움을 드러내고 있다. 천지에 봄은 어김없이 찾아왔지만 인간사에서는 그와 달리 이별을 맞을 수밖에 없기에 슬픈 것이다.

해설 352쪽

작품 연구소

(가)의 중장과 다른 사설시조 간의 상호 교섭

장지문의 온갖 종류와 돌쩌귀 등의 부속품들을 열거한 (가)의 중장은 다른 사설시조 작품의 중장과 상당 부분 같은데, 이는 사설시조가 유동 문학이자 적층 문학으로서 작품 간에 활발한 상호 교섭을 거쳐 왔음을 보여 주는 하나의 증거이다.

(가)에 사용된 표현의 효과

(가)에서는 '한숨'을 '너'라고 지칭함으로써 한숨에 인격을 부여했다. 이는 삶의 끊임없는 근심과 걱정('한숨')을 대상화하여 보여 주는 동시에 기발하고도 생생한 표현의 묘미를 느끼게 한다. 시름을 불러일으키는 상황과 문제에 골몰하기보다는 시름을 극복하려는 노력을 기발한 방식으로 표현함으로써 오히려 거리를 두고 시름을 바라보는 여유를 얻게 되는 것이다. 여기에는 막아 보려 해도 결국 시름에 잠길 수밖에 없는 현실을 웃음을 통해 극복하고자 한 당시 서민들의 건강한 삶의 태도가 반영되어 있다.

(나)의 보편적 해석과 개인적 해석

(나)는 보편적 관점에서 늙음과 인생무상에 대한 한탄을 노래한 작품으로 해석할 수 있는데, 작가에 초점을 맞추면 떠나간 임에 대한 그리움과 임의 마음을 빼앗은 동료에 대한 원망을 노래한 작품으로 볼 수도 있다.

보편적 해석		개인적 해석
인생의 섭리를 비유하기 위한 자연물, 화자 자신	매화	작가 자신 (평양 기생)
노쇠한 자신	옛 등걸	노쇠한 자신
지난 시절의 사랑	옛 피던 가지	임의 옛 사랑 (매화 자신)
지난 시절에 함께했던 정든 임이 올 듯함.	피엄직도 하다마는	임이 자신을 사랑해 줄 법도 함.
어지러운 세상살이 (늙어 가는 삶에 대한 무상)	춘설	임의 새로운 사랑 (동료 기생)
임과 보내는 행복한 날들이 다시 찾아올지 모르겠다는 안타까움	필 동 말 동 하여라	사랑이 떠나는 것에 대한 안타까움과 한탄

(다)의 참신한 시상 전개

(다)는 초장, 중장의 배경인 '봄'의 분위기와 종장의 시적 화자의 심정이 불일치하는 참신한 시상 전개를 보인다. 종장에 이르러서야 봄이 왔음에도 화자가 그 소식을 몰랐던 이유와 인간사의 이별은 필연적으로 일어날 수밖에 없다는 깨달음이 드러나고, 이를 통해 자연의 무심함과 인간사가 대비되어 이별의 슬픔이 부각되는 것이다.

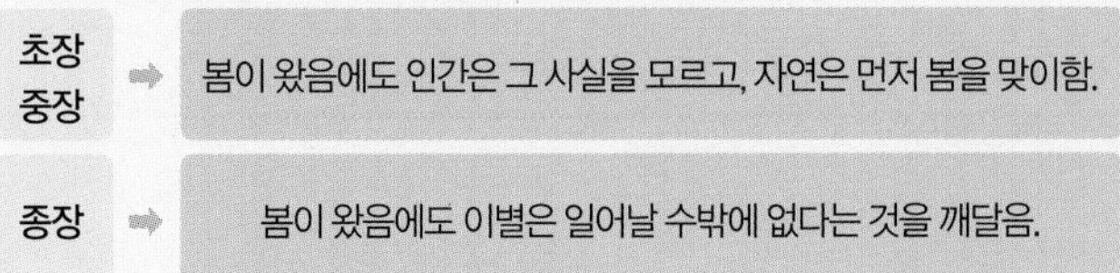

초장 중장 ➡	봄이 왔음에도 인간은 그 사실을 모르고, 자연은 먼저 봄을 맞이함.
종장 ➡	봄이 왔음에도 이별은 일어날 수밖에 없다는 것을 깨달음.

키 포인트 체크

화자 (가) - ☐☐에 잠겨 있는 사람 (나) - 노쇠한 자신의 ☐☐를 되돌아보는 사람 (다) - 이별을 겪은 사람

상황 (가) - 그칠 줄 모르는 시름과 ☐☐을 막고자 함. (나) - 봄이 되어 ☐☐가 필 때가 됨. (다) - 봄이 온 ☐☐을 알지 못함.

태도 (가) - 부정적인 상황을 ☐☐을 통해 극복하고자 함. (나) - 늙어 가는 처지와 ☐☐☐☐을 한탄함. (다) - 인간사 ☐☐에 대해 안타까워함.

1 (가)와 (나)의 공통점으로 적절한 것은?

① 문제가 되는 상황을 해학적으로 풀어내고 있다.
② 시간의 흐름에 대한 화자의 인식이 나타나 있다.
③ 화자가 처한 상황을 비유를 통해 제시하고 있다.
④ 대상이 부재한 상황에서 느끼는 화자의 정서가 바탕에 깔려 있다.
⑤ 의미가 서로 대비되는 시어를 사용하여 화자의 정서를 드러내고 있다.

내신 적중

2 (가)와 〈보기〉를 비교한 내용으로 적절하지 않은 것은?

보기

창(窓) 내고자 창(窓)을 내고자 이내 가슴에 창(窓) 내고쟈
고모장지 세살장지 들장지 열장지 암돌져귀 수돌져귀 비목걸새 크나큰 쟝도리로 뚱딱 바가 이내 가슴에 창(窓) 내고쟈 / 잇다감 하 답답ᄒᆞᆯ 제면 여다져 볼가 ᄒᆞ노라

① (가)와 〈보기〉 모두 삶의 고뇌와 시름을 제재로 삼고 있다.
② (가)와 〈보기〉의 중장을 통해 작품 간에 상호 교섭이 일어났음을 알 수 있다.
③ (가)와 〈보기〉 모두 반복법, 열거법을 사용하여 화자의 답답한 마음을 과장되게 표현하고 있다.
④ (가)와 달리, 〈보기〉는 대상을 의인화하여 답답한 마음을 객관화함으로써 표현의 묘미를 살리고 있다.
⑤ 〈보기〉와 달리, (가)는 화자와 청자를 설정하여 삶의 고달픔과 고뇌를 형상화하고 있다.

3 (다)에 대한 설명으로 적절하지 않은 것은?

① 이별의 슬픔을 노래하고 있다.
② 화자는 봄이 왔지만 실감하지 못했다.
③ 냇가의 푸른 버들을 통해 봄이 왔음을 알 수 있다.
④ 자연의 순환성과 대비되는 인간사의 모습이 나타난다.
⑤ 봄처럼 이별한 사람도 다시 돌아올 것이라는 기대감이 담겨 있다.

4 ㉠~㉤에 대한 설명으로 적절하지 않은 것은?

① ㉠: 화자의 행동을 나타내고 있다.
② ㉡: 화자가 겪는 문제 상황을 드러내고 있다.
③ ㉢: 자연물인 동시에 화자 자신을 가리킨다.
④ ㉣: 꽃이 피지 않을 것이라는 부정적 전망을 제시하고 있다.
⑤ ㉤: 대상에 대한 안타까운 심정이 나타나고 있다.

137 ~ 139 해학과 풍자 ①

키워드 체크 #세태 비판 #호소 #풍자 #해학 #언어유희

핵심 정리

(가) 갈래 사설시조
성격 해학적, 풍자적
제재 게젓의 거래 장면
주제 현학적인 태도(세태) 비판
특징 돈호법, 의성어, 대화체를 사용하여 생동감을 유발함.
출전 《청구영언》, 《병와가곡집》

(나) 갈래 사설시조
성격 풍자적
제재 아이들과 잠자리
주제 서로 모함하고 속이는 세태 풍자
특징 중의법, 언어유희를 활용하여 주제를 암시함.
출전 《청구영언》

(다) 갈래 사설시조
성격 과장적, 해학적, 교훈적
제재 개미
주제 참언(讒言; 거짓으로 꾸며서 남을 헐뜯어 윗사람에게 고해 바치는 말)에 대한 경계와 결백 주장
특징 반복법, 점층법, 과장법 등의 다양한 표현법이 쓰임.
출전 《청구영언》

시어 풀이

황화 잡화. 팔 물건.
청장(淸醬) 맑은 간장. 게의 뱃속에 들어 있는 푸른 빛깔의 장.
거미줄 테 막대 끝에 거미줄을 걸어 감아 곤충을 잡는 테.
정종 몸에 버짐이 나고 가려운 피부병.
종긔 종기. 피부가 곪으면서 생기는 큰 부스럼.
가람 호랑이의 일종. 얼룩범인 칡범을 '갈범'이라 한 데서 온 말.

시구 풀이

❶ **댁(宅)들에 동난지이 ~ 웨는다 사자.** 게젓 장수의 말을 듣고도 무엇을 사라는 것인지 알아듣지 못한 사람이 게젓 장수에게 되묻고 있다. 대화를 통한 시상 전개가 나타난다.

❷ **붉가숭아 붉가숭아 ~ 이러ᄒᆞᆫ가 ᄒᆞ노라.** 아이들이 잠자리를 잡으려고 하면서 잠자리를 향해 자기에게 와야 산다고 말하는 역설적 상황을 통해 서로가 서로를 모해하는 세상사를 풍자하고 있다.

❸ **온 놈이 ~ 짐작ᄒᆞ소셔.** '온 놈'이 하는 '온 말'은 다른 사람의 참소를 뜻하는 것으로, 임에게 자신을 모함하는 말에 현혹되지 말 것을 당부하고 있다.

작가 소개

(가) 작자 미상

(나) 이정신(李廷藎, ?~?) 조선 영조 때의 가인(歌人). 호는 백회재(百悔齋). 지방관(현감)을 지냈으며, 시조와 창에 능했다. 《청구영언》, 《가곡원류》에 시조 13수가 전한다.

(다) 작자 미상

가

(게젓 장수의 말)
❶댁(宅)들에 동난지이 사오. 저 장사야 네 •황화 그 무엇이라 웨는다 사자.
(여러분!(장사치가 다니면서 외치는 소리))
『외골내육(外骨內肉) 양목(兩目)이 상천(上天) 전행(前行) 후행(後行) 소(小)아리 팔족(八足) 대(大)아리 이족(二足) •청장(淸醬) 아스슥하는 동난지이 사오.』
(겉이 딱딱하고 속에 살이 있는 게의 성질을 이른 말 / 두 눈이 하늘로 향해 있음. / 앞뒤로 기는 모양 / 다리)
(『 』: 게젓 장수의 말 – 한자어 사용, 현학적 태도가 드러남.)
장사야 하 거북이 웨지 말고 게젓이라 하렴은.
(게젓 장수가 어렵게 이야기하고 있음을 익살맞게 꼬집음.)

현대어 풀이

사람들아, 동난젓 사오. 저 장수야, 네 물건 그 무엇이라 외치느냐? 사자.
밖은 단단하고 안은 물렁하며, 두 눈은 위로 솟아 하늘을 향하고, 앞뒤로 기는 작은 발 여덟 개, 큰 발 두 개, 청장이 아스슥하는 동난젓 사오. / 장수야, 그렇게 거북하게 말하지 말고 게젓이라 하려무나.

나

(△: 모해(謀害; 꾀를 써서 해를 끼침.)하는 자)
붉가버슨 아해(兒孩)ㅣ들리 •거믜줄 테를 들고 ᄀᆡ천(川)으로 왕래(往來)ᄒᆞ며,
❷『붉가숭아 붉가숭아 져리 가면 죽ᄂᆞ니라. 이리 오면 ᄉᆞᄂᆞ리라. 부로나니 붉가숭이로다.
(모해당하는 자, 고추잠자리 / 고추잠자리를 잡기 위해 속이는 말 – 감언이설(甘言利說))
아마도 세상(世上)일이 다 이러ᄒᆞᆫ가 ᄒᆞ노라.』
(모해하는 세태, 약육강식의 세태)
(『 』: 붉가숭이(모해당하는 자)를 속여 잡으려고 하는 붉가버슨 아해(모해하는 자) → 역설적 상황, 동음이의어, 언어유희)

현대어 풀이

발가벗은 아이들이 거미줄 테를 들고 개천을 왔다 갔다 하며
"발가숭아 발가숭아, 저리 가면 죽고 이리 오면 산다." 부르는 것이 발가숭이로다.
아마도 세상일이 다 이러한 것인가 하노라.

다

『개야미 불개야미 ᄌᆞᆫ등 ᄯᅩᆨ 부러진 불개야미
(개미, 화자 자신으로 볼 수도 있음.)
앞발에 •졍종 나고 뒷발에 •종긔 난 불개야미』 광릉(廣陵) 심재 너머 드러 •가람의 허리를
(『 』: 반복과 확장을 통한 의미 강화, 극단적 과장 / 샘 고개)
ᄀᆞ로믈어 추혀 들고 북해(北海)를 건넌단 ㉠말이 이셔이다 님아 님아
(추켜 들고 / 보통 사람들, 임금으로 볼 수도 있음.)
❸온 놈이 온 ㉡말을 ᄒᆞ여도 님이 짐쟉ᄒᆞ소셔.
(모든 / 모함에 속지 마소서)

현대어 풀이

개미, 불개미, 잔등 부러진 불개미
앞발에 피부병 나고 뒷발에 종기 난 불개미가 광릉 샘 고개를 넘어 들어가 호랑이의 허리를 가로 물어 추켜 들고 북해를 건너갔다는 말이 있습니다. 임이시여. / 모든 사람이 온갖 말을 하더라도 임이 짐작하소서.

이해와 감상

(가) 이 작품은 시정(市井)의 상거래 장면을 해학적인 어조로 익살스럽게 표현한 사설시조로, 게젓 장수로 비유된 한학자의 현학적인 태도를 꼬집는 풍자가 돋보인다.

대화		
	게젓 장수	'게'를 한자어로 장황하게 묘사 → 잘난 척, 현학적 태도
	사람들	거북이 웨지 말고 게젓이라 하렴은. → 빈정거림과 비판

(나) 이 작품은 어린아이들이 고추잠자리를 잡는 모습에 풍자성을 가미하여 서로가 서로를 모해하는 세상 사람들의 태도를 풍자한 사설시조이다.

(다) 이 작품은 개미를 제재로 하여 자신의 결백함을 호소하며 자신을 모함하는 말에 현혹되지 말라는 내용을 해학적으로 형상화한 사설시조이다. 중장에서 상황을 극단적으로 과장하여 자신의 결백을 주장했고, 종장에서는 '님'에게 '온 놈'의 '온 말', 즉 다른 사람의 참소에 속지 말라고 당부하고 있다. 당시 상황으로 볼 때 '님'은 임금으로 볼 수도 있다.

불가능한 상황 설정		
불개미가 성치 않은 몸으로 호랑이를 물고 감.(모함)	➡	결백을 주장함.

작품 연구소

(가)의 시상 전개와 표현

(가)는 시정(市井)의 상거래 장면이 서민적인 생활 용어로 익살스럽게 표현된 작품으로, 순전히 대화 형식으로만 엮인 점이 특징이다. 중장에서 장사꾼이 한자 어휘를 동원하여 '게'를 장황하게 묘사한 대목은 다분히 풍자적이며, '아스슥하는'과 같은 감각적 표현을 사용하여 현실감을 더하고 있다. 종장에서는 쉬운 우리말을 두고 거북하게 한자 어휘로 수다스럽게 게를 묘사하고 있는 게젓 장수의 현학적인 태도를 익살맞게 꼬집고 있다.

(나)에 나타난 동음이의어

(나)에서 '붉가버슨 아해', '붉가숭이'는 속이는 자, 모함을 일삼는 자를 가리킨다. '붉가버슨 아해'가 부르는 '붉가숭이'는 고추잠자리를 가리키며 나아가 속아 넘어가는 자, 모해(謀害)를 당하는 자에 해당한다.

부르는 이, 속이는 자	속는 자
붉가버슨 아해, 붉가숭이	붉가숭이(고추잠자리)

(다)의 시상 전개 방식

초장	반복과 확장을 통한 의미 강화
중장	현실에서는 있을 수 없는 허황된 상황을 점층적으로 제시
종장	자신의 결백함 호소(남들 – 비방·참소, 님 – 짐작·이성적 판단)

(다)에 나타난 시대상

(다)의 화자는 자신의 결백함을 주장하는 한편, '온 놈'이 '온 말'을 하는 시대상을 간접적으로 전달하고 있다. '온 놈'이란 한두 사람이 아닌 다수의 대중을 말하며, '온 말'은 '난무하는 거짓말'이라고 할 수 있다. '온 놈'의 '온 말'은 중장에서 나타나는데, 작고 병들어 보잘것없는 불개미가 호랑이의 허리를 물고 북해를 건넜다는 '온 말'을 통해 허무맹랑하고 명백한 거짓말을 하는 시대적 풍조가 드러나 있다. 작가는 수많은 사람이 거짓말을 하면 그것이 기정사실이 될 수도 있으므로 거짓말과 참언이 난무하는 시대에는 이성적이고 올바른 판단에 근거하여 남의 말을 수용해야 함을 말하고 있다.

사설시조의 해학적 골계미와 풍자적 골계미

조선 후기 평민들이 지은 사설시조에는 해학적 골계미와 풍자적 골계미가 두드러지게 나타난다. 둘 다 사람이나 현상을 우스꽝스럽게 표현하여 웃음을 유발하는 표현 방식이지만, 해학은 그 대상에 대한 동정을 불러일으키는 반면, 풍자는 대상의 부정적 측면을 날카롭게 공격하여 웃음을 유발한다는 차이가 있다.

〈개를 여라믄이나〉가 해학적 골계미를 보여 주는 사설시조라면, (가)~(다)는 풍자적 골계미를 보여 주는 사설시조라고 할 수 있다. (가)는 쉬운 말을 두고 괜히 어려운 한자어를 써서 지식을 과시하려는 세태를 날카롭게 풍자하고, (나)는 남을 속여 자신의 이익을 얻으려 하는 사람이 많은 세태를 풍자한다. 또한 (다)는 허무맹랑한 거짓말이 만연하고 참소를 일삼는 세태를 풍자하고 있다.

키포인트 체크

화자 (가) – ☐☐ ☐☐와 사람들의 대화를 지켜보는 사람 (나) – 아이들을 바라보고 있는 사람 (다) – 자신의 ☐☐을 주장하는 사람

상황 (가) – 게젓 장수가 '게'를 ☐☐☐로 장황하게 묘사함. (나) – 아이들이 고추잠자리를 잡고 있음. (다) – 허황된 ☐☐☐이 난무함.

태도 (가) – 게젓 장수의 현학적인 태도를 ☐☐함. (나) – 서로를 모함하는 세태를 ☐☐함. (다) – 임에게 자신을 ☐☐하는 말에 현혹되지 말 것을 당부함.

1 (가)~(다)의 공통점으로 적절한 것은?

① 일상적 상황을 제시하여 세태를 비판하고 있다.
② 다양한 표현법을 사용하여 대상을 풍자하고 있다.
③ 형식상 우아하고 절제된 기품과 균형을 보여 주고 있다.
④ 역설적인 상황을 제시하여 의미를 풍부하게 드러내고 있다.
⑤ 사실적인 내용을 바탕으로 현실에 대한 진솔한 심정을 표현하고 있다.

2 다음 우리 사회의 언어 사용의 문제점을 다룬 글 제목 중에서 (가)와 가장 관계 깊은 것은?

① 말끝마다 욕, 청소년의 비속어 사용 점점 더 늘어나
② "사투리 사용하면 창피해요." 지역 사투리가 사라지고 있다.
③ 고유어보다 외국어를 사용해야 더 유식해 보인다고 착각하지 마세요.
④ 우리말이 파괴되고 있다. – 편하다고 우리말을 줄여 쓰는 상황 확산돼
⑤ 어른들, 청소년 언어의 절반도 이해하지 못해 – 청소년 언어는 외계어인가

3 (나)의 화자 [A]와 (다)의 화자 [B]가 대화를 나눈다고 할 때, 적절하지 않은 것은?

① [A]: 저는 '붉가버슨 아해'를 통해 사람을 속여 이득을 보려는 세태를 풍자하고 싶었습니다.
② [B]: 저 역시 거짓말과 모함이 판치는 어지러운 세상을 부정적으로 보고 있어요.
③ [A]: 그렇군요. 당신 작품에 등장하는 '개야미'가 바로 그 풍자의 대상이 될 수 있겠네요.
④ [B]: 그런데 당신의 작품에는 제 작품과 달리 당부가 드러나지는 않는군요.
⑤ [A]: 네. 당신은 특정한 청자를 설정했지만 제 작품에는 특정한 청자가 드러나지 않기 때문이에요.

4 (다)의 내용을 바탕으로 ㉠의 주체와 ㉡의 내용을 바르게 연결한 것은?

① 님 – 거짓말 ② 님 – 공약(公約)
③ 가람 – 비방(誹謗) ④ 온 놈 – 참언(讒言)
⑤ 개미 – 소문(所聞)

IV. 조선 후기

140 ~ 142 해학과 풍자 ②

키워드 체크 #풍자 #해학 #희화화 #우의적 #탐관오리 #횡포 #허장성세

[국어] 비상(박영)

핵심 정리

(가) 갈래 사설시조
성격 풍자적, 우의적, 해학적
제재 두꺼비
주제 탐관오리의 횡포와 허장성세(虛張聲勢) 풍자
특징 의인법, 상징법 등을 사용하여 대상(두꺼비)을 희화화함.
출전 《청구영언》

(나) 갈래 사설시조
성격 풍자적, 우의적, 해학적
제재 물것
주제 가렴주구(苛斂誅求)를 일삼는 탐관오리의 횡포 풍자
특징 곤충(물것)을 장황하게 열거함으로써 삶의 괴로움과 고통을 우의적·해학적으로 표현함.
출전 《해동가요》

(다) 갈래 사설시조
성격 풍자적, 우의적, 해학적
제재 두꺼비
주제 탐관오리의 횡포와 허장성세(虛張聲勢) 풍자
특징 의인화된 대상을 통해 권력 구조의 비리를 우회적으로 나타내고 탐관오리의 부패를 풍자함.
출전 《병와가곡집》

시어 풀이

백송골(白松骨) 매의 한 종류로 몸은 흰색이며 성질이 굳세고 날쌔어 사냥하는 데 쓰임.
피(皮)ㅅ겨 피의 겨. '피'는 볏과의 한해살이풀.
비파(琵琶) 동양 현악기의 하나. 둥글고 긴 타원형이며 자루는 곧고 짧음.
거절이 거저리. 거저릿과의 곤충.

시구 풀이

❶ **모쳐라 놀낸 ~ 번ᄒᆞ괘라.** 두꺼비(양반)를 풍자하고 조롱하기 위해 두꺼비의 독백을 그대로 옮겨 놓은 부분이다. 화자가 두꺼비로 바뀌어 허세를 부리는 태도를 드러냄으로써 풍자의 효과를 높이고 있다.

❷ **일신(一身)이 사쟈 ~ 못 견딜쐬** 사람을 괴롭히는 물것이 많아서 살기 어려움을 호소하고 있는데, 여기에서 '물것'은 단순한 곤충이라기보다는 백성을 착취하는 온갖 부류의 탐관오리를 상징한다고 볼 수 있다.

❸ **건넌산 ᄇᆞ라보니 ~ 아릐로 잣바지거고나** 두꺼비가 자신보다 더 강한 대상을 만나 놀라서 자빠지는 모습으로, 약한 자에게는 허세를 부리지만 강한 자 앞에서는 비굴한 태도를 보이는 당대 탐관오리를 풍자하고 있다.

작가 소개

(가) 작자 미상
(나) 이정보(본책 196쪽 참고)
(다) 작자 미상

가

「두터비 ᄑᆞ리를 물고 ㉠두험 우희 치ᄃᆞ라 안자
것넌 산(山) ᄇᆞ라보니 백송골(白松骨)이 써 잇거늘 ㉡가슴이 금즉ᄒᆞ여 풀덕 뛰여 내ᄃᆞᆺ다가 두험 아래 쟛바지거고」 / ㉢❶모쳐라 놀낸 낼싀만정 에헐질 번ᄒᆞ괘라.

(두터비: 탐관오리, 부패한 양반 / ᄑᆞ리: 힘없는 백성 / 백송골(白松骨): 상부의 중앙 관리, 외세 / 모쳐라 ~ 번ᄒᆞ괘라: 두꺼비의 자화자찬(自畵自讚), 자기 합리화 / 「 」: 약자(파리)에게 강하고 강자(백송골)에게 약한 양반(두꺼비)을 풍자, 희화화)

현대어 풀이

두꺼비가 파리를 물고 두엄 위에 뛰어 올라가 앉아 / 건너편 산을 바라보니 흰 송골매가 떠 있거늘 가슴이 섬뜩하여 펄쩍 뛰어 내닫다가 두엄 아래 자빠졌구나. / 마침 날랜 나이기에 망정이지 (하마터면) 피멍이 들 뻔했구나.

나

❷일신(一身)이 사쟈 ᄒᆞᆫ이 물쩟 계워 못 견딜쐬
피(皮)ㅅ겨 ᄀᆞᆺ튼 갈앙니 볼리알 ᄀᆞᆺ튼 슈통니 줄인니 ᄀᆞᆺ신니 ᄌᆞᆫ 별록 굴근 별록 강별록 왜(倭)별록 긔는 놈 뛰는 놈에 비파(琵琶)ᄀᆞᆺ튼 빈대 삿기 사령(使令) ᄀᆞᆺ튼 등에아비 갈따귀 삼의약이 셴 박희 눌은 박희 바금이 거절이 불이 뾰족ᄒᆞᆫ 목의 달이 기다ᄒᆞᆫ 목의 야윈 목의 술진 목의 글임애 뾰록이 주야(晝夜)로 뷘 때 업씨 ㉣물건이 쏘건이 쌜건이 뜻건이 심(甚)ᄒᆞᆫ 당(唐)빌리 예셔 얼여왜라
그중(中)에 ᄎᆞᆷ아 못 견듸쓴 오유월(五六月) 복(伏) 더위예 쉬ᄑᆞ린가 ᄒᆞ노라

(물쩟: 사람이나 동물의 살을 잘 물어 피를 빨아먹는 모기, 빈대, 벼룩, 이 등의 벌레를 통틀어 이르는 말 / 갈앙니: 작은 이 / 슈통니: 살찐 이 / 줄인니: 굶주린 이 / ᄀᆞᆺ신니: 알에서 갓 깨어난 이 / 별록: 벼룩 / 비파(琵琶)ᄀᆞᆺ튼: 비파같이 넓적한 / 갈따귀: 각다귀(모기의 일종) / 삼의약이: 사마귀 / 셴 박희: 흰 바퀴벌레 / 눌은 박희: 누런 바퀴벌레 / 목의: 모기 / 글임애: 그리마(절지동물) / 뾰록이: 뾰록이, 벌레의 일종 / 물건이 ~ 뜻건이: 물기도 하고 쏘기도 하고 빨기도 하고 뜯기도 하고 / 당(唐)빌리: 당비루(피부병의 일종) / 얼여왜라: 고약하구나)

현대어 풀이

이 몸이 살자 하니 물것 역겨워 못살겠구나. / 피의 껍질 같은 가랑니(작은 이), 보리알같이 통통한 살찐 이, 굶주린 이, 알에서 갓 깬 이, 잔 벼룩, 굵은 벼룩, 강벼룩, 왜벼룩, 기는 놈, 뛰는 놈에, 비파 같은 빈대 새끼, 사령 같은 등에아비, 각다귀(모기), 사마귀, 흰 바퀴벌레, 누런 바퀴벌레, 바구미, 거저리, 부리 뾰족한 모기, 다리 기다란 모기, 야윈 모기, 살진 모기, 그리마(절지동물), 뾰록이가 밤낮을 가리지 않고 빈 때 없이 물거니 쏘거니 빨거니 물어뜯거니 하는 것이 심한 당비루(피부병)보다 더 고약하구나. / 그중에 차마 견디지 못할 것은 유월 복더위에 쉬파리인가 하노라.

다

㉤ᄒᆞᆫ 눈 멀고 ᄒᆞᆫ 다리 저는 두터비 셔리 마즌 전ᄑᆞ리 물고 두엄 우희 치다라 안자,
❸건넌산 ᄇᆞ라보니 백송골(白松骨)리 써 잇거늘 가슴이 금죽ᄒᆞ여 픐덕 뛰여 내닫다가 그 아릐로 잣바지거고나 / 모쳐라 놀낸 낼싀만정 힝혀 둔자(鈍者)ㅣ런들 어혈질 번ᄒᆞ괘라.

(두터비: 탐관오리, 부패한 양반 / 전ᄑᆞ리: 힘없는 백성 / 두엄: 탐관오리들이 부정하게 축재한 더러운 재물 / 백송골(白松骨): 상부의 중앙 관리, 외세 / 놀낸 낼싀만정: 날랜 나이기에 망정이지 / 둔자(鈍者): 둔한 사람, 날래지 못한 사람 / 어혈질: 어혈(피멍)이 들)

현대어 풀이

한 눈 멀고 한 다리 저는 두꺼비, 서리 맞은 파리 물고 두엄 위에 뛰어 올라가 앉아 / 건너편 산을 바라보니 흰 송골매가 떠 있거늘 가슴이 섬뜩하여 펄쩍 뛰어 내닫다가 두엄 아래로 자빠졌구나. / 마침 날랜 나이기에 망정이지 행여 둔한 놈이었다면 피멍이 들 뻔했구나.

이해와 감상

(가) '두터비', 'ᄑᆞ리', '백송골'의 대응 관계를 통해 양반의 허세를 풍자한 사설시조이다. 여기서 'ᄑᆞ리'는 피지배층인 서민을, '두터비'는 양반 혹은 지방 관리(탐관오리)를, '백송골'은 외세 혹은 상부의 중앙 관리를 비유한 것으로 볼 수 있다.

(나) '물쩟'이 많아서 살기 어려운 상황, 즉 백성들을 착취하는 무리가 많아서 견딜 수 없는 현실을 풍자한 사설시조이다. 화자는 초장에서 '물쩟' 때문에 괴로움을 언급한 후, 중장에서는 수많은 벌레의 종류를 열거한다. 종장에서는 그중에서도 자신을 가장 괴롭히는 것이 '쉬ᄑᆞ리'라고 하고 있는데, 이는 당시에 '쉬ᄑᆞ리'로 상징되는 탐관오리의 해악이 매우 컸음을 암시한다.

(다) 의인화를 통한 우화적 수법과 익살스러운 표현을 통해 권력자의 수탈과 탐관오리의 횡포 등의 부조리를 폭로한 사설시조이다. (가)의 〈두터비 ᄑᆞ리를 물고〉와 소재와 주제, 시상 전개가 동일하고 표현도 상당 부분 유사한 가운데 부분적으로 구체적인 묘사가 첨가되었다.

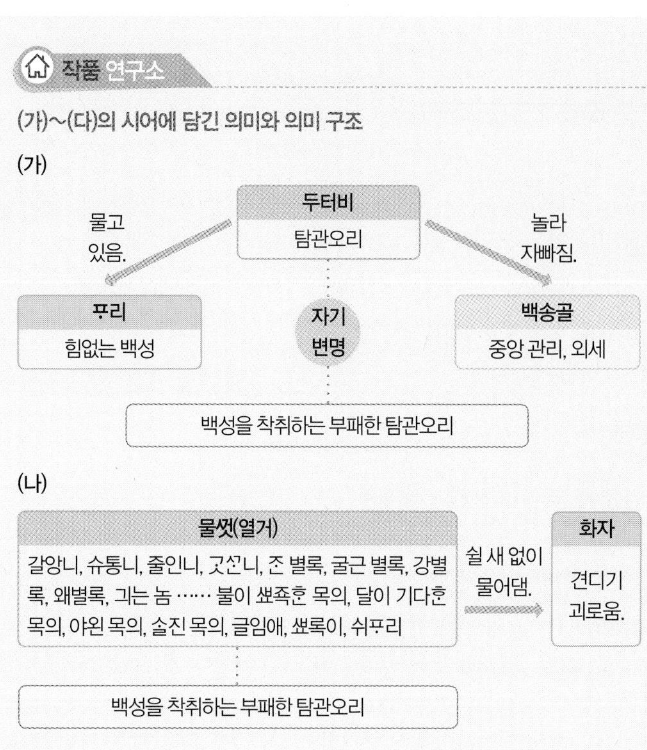

(다)

백송골	상급 관리, 중앙 관리, 외세	계급 사회의 억압·수탈 구조
두터비	제 분수를 모르고 날뛰는 무리들, 탐관오리	
전ᄑᆞ리	억압과 수탈을 당하는 백성	

(가)~(다)의 해학성

(가)~(다)에는 해학과 풍자의 수법을 통해 익살 속에서 교훈을 주는 골계미가 두드러지게 드러난다.

(가)와 (다)에서는 두꺼비가 힘없는 서민을 괴롭히다가 강한 권력자 앞에서 비굴해지는 모습을 익살스럽게 풍자했다. 초장과 중장에는 약자에게 강하고 강자에게 약한 양반(혹은 탐관오리)의 비굴한 모습이 제시되어 있다. 파리 한 마리를 물고 두엄 위에 올라가 앉은 두꺼비의 모습은 '우물 안의 개구리'와도 같으며, 건너편 산의 송골매에 놀라 두엄 아래로 뒹굴어 벌렁 자빠지는 모습은 해학적이다. 종장에서는 겁 많은 자신의 모습을 감추기 위해 허세를 부리는 두꺼비의 모습을 드러내 신랄하게 비꼬고 있다. 한편 어휘 사용 측면에서는 '두험(두엄), 금즉ᄒᆞ여(금죽ᄒᆞ여), 풀덕(풉덕), 잣바지거고(잣바지거고나), 에헐질(어혈질)' 등 서민적인 일상어를 구사한 부분이 눈에 띈다.

(나)에서는 백성을 착취하고 괴롭히는 무리들을 '물껏'으로 상징함으로써 백성들을 착취하는 무리들이 너무 많아서 살기 어려운 현실을 풍자하고 있다. 특히, 중장에서 '물껏'의 종류들을 숨가쁘게 엮어 나가는 익살스런 말투에서 해학을 느낄 수 있다.

자료실

사설시조의 문학사적 의의

조선 후기에 산문 정신과 서민 의식이 성장하면서 등장한 사설시조는 서민들의 진솔한 삶을 파격적인 형식에 담았다는 데서 문학사적 의의가 있다. 사설시조는 평시조의 기본형인 초·중·종장의 형식을 유지하면서, 평시조와 달리 대체로 중장이 길어진 경우가 많다. 사설시조의 주요 작가층은 가객을 비롯한 중인층, 서민층이었다. 따라서 사대부들이 즐겨 창작했던 평시조와는 달리 사설시조의 작가들은 그들의 현실적인 삶에서 발생하는 다채로운 문제를 주로 다루었다. 표현 면에서도 기존의 영탄이나 비유에서 탈피하여 실생활 소재들을 동원하여 비유하고 상징함으로써, 진솔한 감정을 생동감 있게 그려 냈다.

키 포인트 체크

화자 (가), (다) – 두꺼비를 바라보는 사람 → □□□
(나) – □□ 때문에 힘들어하는 사람

상황 (가), (다) – 두꺼비가 □□□를 보고 놀라 두엄 아래 자빠짐.
(나) – 물것들이 쉴 새 없이 물어대 견디기 괴로움.

태도 (가), (다) – 탐관오리의 횡포와 □□□□를 풍자함.
(나) – □□□□의 횡포를 풍자함.

내신 적중

1 (가)~(다)의 공통점으로 적절하지 않은 것은?

① 비유를 통해 세태를 풍자하고 있다.
② 작중 상황을 해학적으로 그려 내고 있다.
③ 대상을 비판하고자 하는 의도를 담고 있다.
④ 유사한 대상을 나열하여 운율을 형성하고 있다.
⑤ 고난을 웃음으로 극복하려는 인식이 바탕에 깔려 있다.

2 (나)의 '물껏'과 〈보기〉의 '참새'의 태도와 가장 잘 어울리는 한자 성어는?

보기
참새야 어디서 오가며 나느냐,
일 년 농사는 아랑곳하지 않고,
늙은 홀아비 홀로 갈고 맸는데,
밭의 벼며 기장을 다 없애다니 – 이제현, 〈사리화〉

① 허장성세(虛張聲勢) ② 표리부동(表裏不同)
③ 침소봉대(針小棒大) ④ 좌정관천(坐井觀天)
⑤ 가렴주구(苛斂誅求)

3 ㉠~㉤에 대한 이해로 적절하지 않은 것은?

① ㉠: '두터비'의 횡포가 드러난다.
② ㉡: '두터비'의 비굴함이 드러난다.
③ ㉢: '두터비'의 자기반성이 나타난다.
④ ㉣: 화자가 '물껏'에게 당하는 고통을 나타낸다.
⑤ ㉤: '두터비'를 비정상적인 모습으로 묘사했다.

4 (가)의 '두터비', 'ᄑᆞ리', '백송골'에 해당하는 소재를 〈보기〉에서 각각 찾아 쓰시오.

보기
장공에 떴는 솔개 눈살핌은 무슨 일인가
썩은 쥐를 보고 빙빙 돌고 가지 않는구나.
만일에 봉황을 만나면 웃음거리 될까 하노라. – 김진태

내신 적중 多빈출

5 (가)와 (다)가 조선 후기의 사회상을 우의적으로 비판한 작품이라고 할 때, (가)와 (다)의 '두터비'와 'ᄑᆞ리'가 상징하는 바를 각각 서술하시오.

IV. 조선 후기

143~144 그리운 마음

키워드 체크 #부모님 #홍시 #그리움 #풍수지탄 #마음의 거리

핵심 정리

(가) **갈래** 평시조, 서정시
성격 교훈적
제재 조홍감(홍시)
주제 돌아가신 부모님에 대한 그리움, 풍수지탄(風樹之嘆)
특징 중국 육적의 회귤 고사(懷橘故事)를 인용하여 부모님에 대한 그리움을 표현함.
연대 조선 선조
출전 《노계집》

(나) **갈래** 평시조, 서정시
성격 비유적
제재 마음
주제 멀리 있어도 가까이 느껴지는 두 사람의 마음
특징 마음의 거리를 실제 거리에 빗대어 표현함.
출전 《청구영언》

시어 풀이

조홍(早紅) 다른 감보다 일찍 익는 홍시 종류. 빛깔이 몹시 붉음.
유자(柚子) 유자나무의 열매.
지척(咫尺) 아주 가까운 거리.
각재 천 리(各在千里) 각자가 천 리나 떨어져 있음.

시구 풀이

❶ **반중(般中) 조홍(早紅)감이 고아도 보이ᄂᆞ다.** 소반 위에 놓인 붉은 감을 인상 깊게 바라보는 화자의 모습이 제시된 부분으로, '조홍감'은 효심을 드러내는 객관적 상관물에 해당한다.
❷ **유자(柚子) 안이라도 품엄즉도 ᄒᆞ다마ᄂᆞᆫ** 어머니께 드리기 위해 몰래 귤을 품어 가려 했던 옛 중국 사람의 고사(육적 회귤 고사)와 비교한 것으로, 작가의 유학자다운 취향이 느껴진다.
❸ **품어 가 반기리 없슬시** 조홍감을 품어 가도 반길 부모님이 안 계시는 현실을 드러낸 부분이다. 사랑하는 부모님이 돌아가신 상황을 구체적인 정황으로 애틋하게 표현했다.
❹ **우리ᄂᆞᆫ 각재 ~ 지척(咫尺)인가 ᄒᆞ노라.** '우리'는 멀리 떨어져 있지만 마음만은 지척(咫尺)임을 믿어 의심치 않는다는 뜻으로, 서로를 늘 생각하기에 두 사람의 사이가 누구보다도 가까움을 표현한 부분이다.

작가 소개

(가) **박인로(朴仁老, 1561~1642)** 조선 선조 때의 문인. 호는 노계(蘆溪). 임진왜란 때 무공을 세웠으며, 〈태평사(太平詞)〉, 〈선상탄(船上嘆)〉, 〈누항사(陋巷詞)〉 등 조선 후기를 대표하는 가사 작품을 지었다. 문집에 《노계집(蘆溪集)》이 있다.
(나) **작자 미상**

가

❶반중(盤中) ㉠•조홍(早紅)감이 고아도 보이ᄂᆞ다.
(소반 위에 있는 / 홍시 – 부모님을 떠올리게 하는 매개체)
❷•유자(柚子) 안이라도 품엄즉도 ᄒᆞ다마ᄂᆞᆫ
(회귤 고사와 관련된 소재)
❸품어 가 ㉡반기리 없슬시 글노 ㉢설워ᄒᆞᄂᆞ이다.
(홍시를 반가워할 부모님이 돌아가시고 안 계신 상황)

현대어 풀이
소반 위에 놓인 붉은 감이 곱게 보이는구나.
유자가 아니라도 품어 갈 만하지만
품어 가도 반가워하실 분(부모님)이 안 계시므로 그로 인해 서러워하노라.

나

마음이 •지척(咫尺)이면 천 리(千里)라도 지척(咫尺)이오
(마음이 서로 가까움. / 멀고 먼 천 리라고 해도 가깝게 느낌.) — 대조
㉣마음이 천 리(千里)오면 지척(咫尺)도 천 리(千里)로다.
❹우리ᄂᆞᆫ ㉤•각재 천 리(各在千里)오나 지척(咫尺)인가 ᄒᆞ노라.

현대어 풀이
마음이 아주 가까우면 천 리 밖에 멀리 있어도 아주 가까운 것이요
마음이 서로 천 리 밖으로 멀면 가까이에 있어도 천 리처럼 멀도다.
우리는 각자 천 리 밖 먼 곳에 있으나 마음은 아주 가깝게 있도다.

이해와 감상

(가) 〈조홍시가〉의 제1수로, 한음 이덕형에게서 홍시를 대접받은 작가가 회귤 고사(懷橘故事)를 떠올리고 돌아가신 어버이에 대한 그리움을 담아낸 시조이다. 화자는 초장에서 소반 위에 있는 홍시를 보고 곱다고 생각한다. 중장에서는 그 홍시를 보고 회귤 고사의 유자를 떠올리며 고사의 주인공인 중국 오군 사람 육적처럼 부모님께 드리기 위해 홍시를 품어 가고 싶은 마음을 드러낸다. 하지만 종장에서 홍시를 가져가도 반길 부모님이 없다는 사실을 새삼 느끼며 서러움을 드러내고 있다.

(나) 사람 간의 마음의 거리를 실제 거리에 빗대어 노래한 작품으로 심리적 거리가 실제 물리적 거리보다 더 중요하다는 깨달음을 담고 있다. 마음의 거리와 물리적 거리가 서로 대조를 이루며, 서로 가까이 있어도 멀게만 느껴지는 사이와 멀리 있어도 가깝게 느껴지는 사이가 대조를 이루고 있다. 종장에서는 '우리'는 멀리 있어도 가까운 사이라고 하며 자신의 지인에 대한 변함없는 믿음을 드러내고 있다.

멀리 떨어져 있어도 지척(咫尺)처럼 느끼는 사이	↔	가까이 있어도 천 리(千里)처럼 먼 사이

작품 연구소

시어의 의미

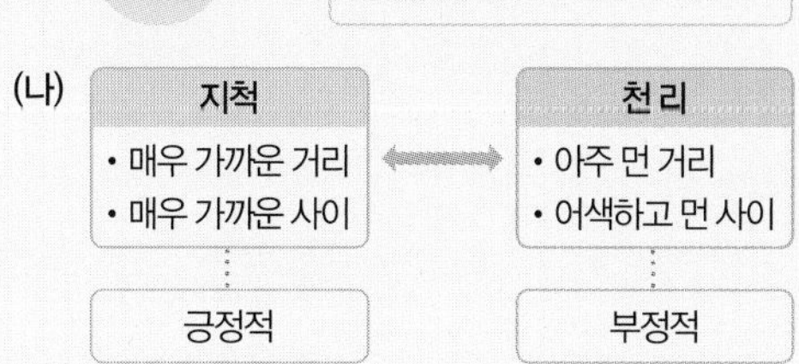

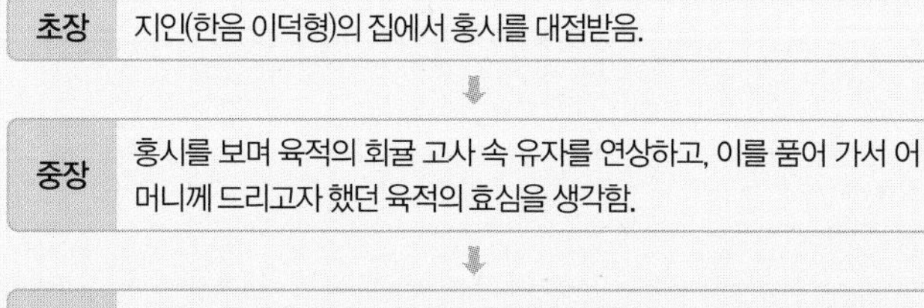

(가)에 나타난 연상 작용

노인들이 흔히 좋아하는 음식인 '조홍감(홍시)'에서 시상이 시작된 것에서 작가의 관찰력을 엿볼 수 있으며, 그 감을 전해 드릴 부모님이 계시지 않음에 마음속 깊이 슬픔을 느끼는 모습에서 효심을 느낄 수 있다.

초장	지인(한음 이덕형)의 집에서 홍시를 대접받음.
중장	홍시를 보며 육적의 회귤 고사 속 유자를 연상하고, 이를 품어 가서 어머니께 드리고자 했던 육적의 효심을 생각함.
종장	자신도 육적과 같이 부모님께 이 과일을 가져다 드리고 싶은 마음이 들지만, 이를 반가워할 부모님이 살아 계시지 않음을 한탄함.

(나)에 드러난 물리적 거리와 심리적 거리의 관계

시에서는 물리적 거리에 빗대어 자신의 심리를 효과적으로 드러내는 기법을 사용하는 경우가 많다. 특히 화자와 대상 사이를 가로막는 장애물(유배 상황, 이별 상황 등)이 있을 때, 물리적 거리를 표현함으로써 화자의 심리적 거리감을 드러낸다. 예를 들어 최치원의 한시 〈추야우중(秋夜雨中)〉에서 화자는 '등불 앞에선 만 리 밖으로 마음 향하네.'라고 하여 현재 화자가 있는 공간과 고국 사이의 거리감을 드러내면서 세상에 대한 화자의 심리적·내면적 거리감을 나타내기도 했다.

그런데 (나)에서는 물리적 거리와 심리적 거리를 대조하여 시상을 전개하고 있다. 물리적으로 거리가 있다 하더라도 마음먹기에 따라 가까울 수도 있고 멀 수도 있다고 하며 물리적 거리를 절대적인 것으로 인식하지 않는 것이다. (나)의 종장에서 화자는 대상과 현재 천 리나 떨어져 있지만 이를 심리적으로 극복하여 '지척(咫尺)'으로 인식하는 태도를 보이고 있다.

자료실

'육적 회귤(陸績懷橘)' 고사

중국 삼국 시대 오군(吳郡) 사람 육적(陸績)이 여섯 살 때 원술(元術)이라는 사람을 찾아갔더니, 원술이 유자(귤) 세 개를 먹으라고 주었다. 육적은 원술이 내놓은 유자 세 개를 몰래 품 속에 넣고 나오려 했으나 하직 인사할 때 그것이 굴러 나와 방바닥에 떨어져 그만 발각되고 말았다. 원술이 그 까닭을 물으니, 육적은 어머님이 유자를 좋아하셔서 집에 가지고 가 어머님께 드리려고 품었다고 대답했다. 이를 듣고 좌중의 모든 사람이 그의 효심(孝心)에 감탄했다고 전한다. 이 일을 회귤 고사(懷橘故事) 또는 육적 회귤(陸績懷橘)의 고사라고 하여, 부모에 대한 지극한 효성을 말할 때 흔히 인용하곤 한다.

키 포인트 체크

화자 (가) – 지인의 집에서 □□를 대접받은 사람
(나) – 시적 대상과 멀리 떨어져 있는 사람

상황 (가) – 홍시를 보고 □□□께 가져다 드리고 싶어 함.
(나) – 심리적 거리와 물리적 거리를 □□함.

태도 (가) – 홍시를 가져다 드릴 부모님이 계시지 않음을 □□함.
(나) – □□적 거리가 □□적 거리보다 더 중요하다는 사실을 깨달음.

1 (가), (나)에 대한 설명으로 적절하지 <u>않은</u> 것은?

① (가)의 화자는 사물로부터 대상을 연상하고 있다.
② (나)는 대조의 방식으로 시상을 전개하고 있다.
③ (나)의 화자는 물리적 거리보다 심리적 거리를 중시하고 있다.
④ (가)와 (나) 모두 자연물에 감정을 이입하고 있다.
⑤ (가)와 (나) 모두 그리움의 정서가 반영되어 있다.

내신 적중

2 (가)를 〈보기〉와 같이 정리할 때 ㉮와 ㉯에 들어갈 화자의 정서를 바르게 짝지은 것은?

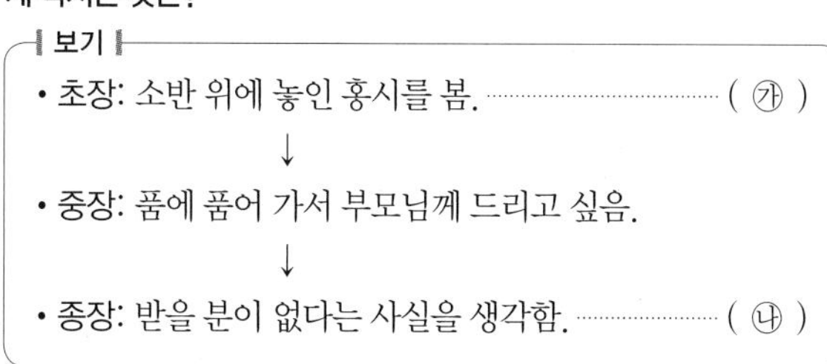

	㉮	㉯
①	반가움	서러움
②	놀라움	안타까움
③	부끄러움	씁쓸함
④	사랑스러움	담담함
⑤	자랑스러움	안쓰러움

3 ㉠~㉤에 대해 나눈 대화의 내용으로 적절하지 <u>않은</u> 것은?

① ㉠은 화자가 부모님을 떠올리게 하는 매개체로군.
② ㉡은 품어 간 조홍감을 보고 반길 사람이므로, 화자의 부모님이라 할 수 있군.
③ ㉢은 화자가 자신의 정서를 직접 드러낸 것이군.
④ ㉣은 마음이 서로 멀다는 의미이므로, 멀어진 인간관계로 볼 수 있겠군.
⑤ ㉤은 화자와 대상 간의 심리적 거리가 멀다는 의미이군.

4 (나)의 내용을 다음과 같이 구조화할 때 ⓐ와 ⓑ에 들어갈 내용을 쓰시오.

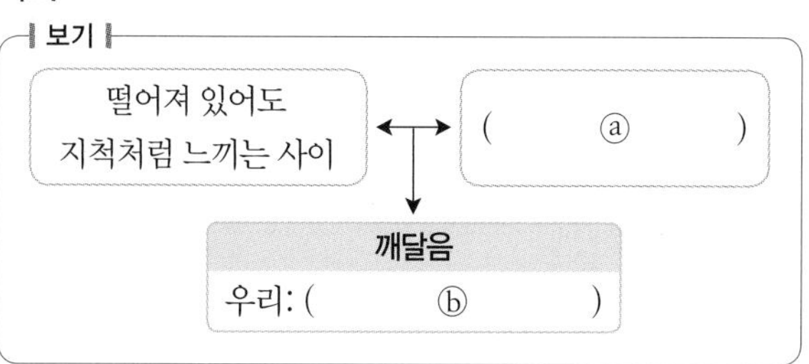

145 만흥(漫興) | 윤선도

키워드 체크 #세속 #자연 #은자의 삶 #선비 #가치관 #안분지족

문학 천재(정), 동아, 비상, 신사고
국어 해냄

핵심 정리

갈래 연시조(전 6수)
성격 자연 친화적, 한정가(閑情歌)
제재 자연과 벗하는 생활
주제 자연에 묻혀 사는 즐거움과 임금님의 은혜
특징 ① 화자의 안분지족하는 삶의 자세와 물아일체의 자연 친화적 태도가 잘 드러남.
② 세속적인 것과 자연을 대비하여 주제를 드러냄.
연대 조선 인조
출전 《고산유고》

시구 풀이

❶ **그 모론 놈들은 ~ 내 분(分)인가 ᄒᆞ노라** '놈'과 '햐암(화자)'이 대비되는 부분이다. 화자가 자신을 '햐암'이라고 표현한 것은 표면적으로는 자연에 묻혀 사는 생활을 대수롭지 않게 여기는 듯한 겸손한 태도를 보여 준다. 그러나 그 이면에는 세상 사람들과 달리 자신은 이러한 즐거움을 누릴 만한 자격이 있다는 자부심이 담겨 있다.

❷ **그 나믄 녀나믄 일이야 부롤 줄이 이시랴** 자연 속에서 유유자적한 삶을 즐기는 일에만 관심이 있을 뿐, 세속의 일에는 관심을 두지 않으려는 화자의 의지가 드러난 부분이다.

❸ **그리던 님이 오다 반가옴이 이리ᄒᆞ랴** 술잔을 들고 산의 모습을 바라보는 기쁨이 반가운 임을 만난 기쁨보다 더하다는 뜻으로, 인간 세계보다는 자연 세계가 더 가치 있다는 화자의 자연 친화적 인식이 드러난다.

❹ **말숨도 우움도 아녀도 몯내 됴하ᄒᆞ노라** 산은 한마디 말도, 웃음도 없지만 바라보는 것만으로도 좋다는 데에서 산과 화자의 이심전심(以心傳心)을 느낄 수 있다.

❺ **누고셔 삼공(三公)도곤 낫다 ᄒᆞ더니 만승(萬乘)이 이만ᄒᆞ랴** 자연 속의 삶이 정승의 벼슬보다 낫다고 표현한 사람이 있었지만 자신의 생각에는 황제의 삶보다도 낫다는 것으로, 자연에 묻혀 한가하게 지내는 흥취가 그 무엇과도 비할 수 없는 즐거움임을 의미한다.

❻ **이제로 헤어든 소부 허유(巢父許由)ㅣ 냑돗더라** 중국의 대표적인 은자(隱者)인 소부와 허유가 약았다고 하면서 자연에 묻혀 사는 삶을 예찬하고 있다.

❼ **내 셩이 게으르더니 ~ 딕히라 ᄒᆞ시도다** 화자가 자신의 분수와 처지를 겸손하게 받아들이고 있음을 알 수 있는 부분이다.

작가 소개

윤선도(尹善道, 1587~1671) 호는 고산(孤山). 당쟁의 와중에 여러 차례 유배 생활을 하였다. 우리말의 아름다움을 잘 드러내는 작품을 창작하였고 〈어부사시사〉 등 많은 시조를 써, 조선 시대 3대 가인(三大歌人)의 한 사람으로 불린다.

○: 화자의 소박한 삶과 관련된 소재

가
산수 간(山水間) 바회 아래 뛰집을 짓노라 ᄒᆞ니
(산수 간: 속세, 정계(政界)를 초탈한 곳 / 뛰집: 띠풀로 지은 집, 움막, 초가집)
❶그 모론 놈들은 욷는다 ᄒᆞᆫ다마는
(욷는다 ᄒᆞᆫ다마는: 비웃는다고 한다마는)
어리고 햐암의 뜻의는 내 분(分)인가 ᄒᆞ노라 〈제1수〉
(햐암(鄕闇): 시골에서 자라 온갖 사리에 어둡고 어리석은 사람 – 화자가 자기 자신을 겸손하게 이르는 말)
▶ 안분지족(安分知足)

현대어 풀이
산수 간 바위 아래에 띠풀로 이은 초가집을 지으려 하니, / 그것(나의 뜻)을 모르는 남들은 비웃는다지만, / 어리석고 시골에 사는 세상 물정 모르는 내 생각에는 (이것이) 내 분수인가 하노라.

나
보리밥 픗ᄂᆞ물을 알마초 머근 후(後)에
(픗ᄂᆞ물: 풋나물 / 알마초: 알맞게)
바횟 긋 믉ᄀᆞ의 슬ᄏᆞ지 노니노라
(바횟 긋: 바위 끝 / 믉ᄀᆞ의: 물가에서 / 슬ᄏᆞ지: 실컷)
❷그 나믄 녀나믄 일이야 부롤 줄이 이시랴 〈제2수〉
(그 나믄: 그 나머지의 / 녀나믄: 다른 / 부롤: 부러워할)
▶ 안빈낙도(安貧樂道)

현대어 풀이
보리밥, 풋나물을 알맞게 먹은 후에 / 바위 끝 물가에서 실컷 노니노라. / 그 나머지 다른 일이야 부러워할 것이 있으랴.

다
잔 들고 혼자 안자 먼 뫼흘 ᄇᆞ라보니
(먼 뫼흘: 먼 산을)
❸그리던 님이 오다 반가옴이 이리ᄒᆞ랴
(그리던: 그리워하던 / 오다: 온다고)
❹「말숨도 우움도 아녀도 몯내 됴하ᄒᆞ노라」 〈제3수〉
(우움: 웃음 / 몯내 됴하ᄒᆞ노라: 못내 좋아하노라 / 「 」: 산과 화자가 하나가 됨.(물아일체))
▶ 자연과의 혼연일체(渾然一體)

현대어 풀이
잔 들고 혼자 앉아 먼 산을 바라보니 / 그리워하던 임이 온다고 한들 반가움이 이러하랴(이 정도이랴). / 말도 웃음도 아니하지만 마냥 좋아하노라.

라
❺누고셔 삼공(三公)도곤 낫다 ᄒᆞ더니 만승(萬乘)이 이만ᄒᆞ랴
(삼공: 삼정승 / 만승: 만승천자(萬乘天子), 만 개의 수레를 부리는 천자(황제))
❻이제로 헤어든 소부 허유(巢父許由)ㅣ 냑돗더라
(헤어든: 헤아려 보니, 생각해 보니 / 소부 허유: 고대 중국의 인물들로, 속세에 나서지 않고 자연을 벗 삼아 즐기며 삶. / 냑돗더라: 영리하더라, 약았더라)
아마도 임천한흥(林泉閑興)을 비길 곳이 업세라 〈제4수〉
(임천한흥: 자연 속에서 느끼는 한가한 흥취)
▶ 강호 한정의 삶에 대한 자부심

현대어 풀이
누가 (자연이) 삼정승보다 낫다더니 만승천자가 이만하겠는가? / 이제 생각해 보니 소부와 허유가 영리하도다. / 아마도 자연 속에서 느끼는 한가한 흥취는 비할 데가 없으리라.

마
❼내 셩이 게으르더니 하놀히 아ᄅᆞ실샤
(셩: 천성)
인간 만ᄉᆞ(人間萬事)를 ᄒᆞᆫ 일도 아니 맛뎌
(ᄒᆞᆫ 일도: 한 가지 일도 / 맛뎌: 맡겨)
다만당 ᄃᆞ토리 업슨 강산(江山)을 딕히라 ᄒᆞ시도다 〈제5수〉
(ᄃᆞ토리: 다툴 이 / 딕히라: 지키라)
▶ 자연 귀의의 삶

현대어 풀이
내 천성이 게으른 것을 하늘이 아셔서 / 세상의 많은 일 가운데 하나도 맡기지 않으시고 / 다만 다툴 상대가 없는 자연을 지키라고 하셨도다.

바
강산이 됴타 ᄒᆞᆫ들 내 분(分)으로 누얻ᄂᆞ냐
(됴타: 좋다 / 분: 분수)
님군 은혜(恩惠)롤 이제 더욱 아노이다
아므리 갑고쟈 ᄒᆞ야도 ᄒᆡ올 일이 업세라 〈제6수〉
(갑고쟈: 갚고자 / ᄒᆡ올 일: 할 일, 할 수 있는 일)
▶ 임금의 은혜 찬양

현대어 풀이
강산이 좋다고 한들 나의 분수로 (이렇게 편안히) 누워 있겠는가. / (이 모두가) 임금의 은혜인 것을 이제 더욱 알겠도다. / (하지만) 아무리 갚고자 해도 내가 할 수 있는 일이 없구나.

해설 353쪽

이해와 감상

이 작품은 자연과 더불어 유유자적하며 살아가는 삶의 즐거움을 노래한 전 6수의 연시조이다. 작가가 병자호란 때 왕을 호종(扈從; 임금이 탄 수레를 호위하여 따르던 일)하지 않았다는 이유로 유배되었다가 풀려난 뒤 고향인 해남 금쇄동에 은거하면서 지은 것으로 알려져 있다. 자연에 묻혀 지내는 한가롭고 흥겨운 심정을 읊으면서도 임금의 은혜를 잊지 않는 것은 맹사성의 〈강호사시가〉에 나오는 '역군은(亦君恩)이샷다'와 맥락을 같이하는 관습적인 표현으로, 조선 초기 사대부 시조의 전통을 이어받은 것으로 볼 수 있다.

제1수	분수를 지키며 자연 속에서 살아감.	안분지족(安分知足)
제2수	소박한 삶 속에서도 즐거움을 찾음.	안빈낙도(安貧樂道)
제3수	자연과 함께 살아가는 삶을 기뻐함.	물아일체(物我一體)
제4수	자연을 즐기는 삶에 자부심을 느낌.	임천한흥(林泉閑興)
제5수	자연에서의 삶은 하늘이 맡긴 것임.	자연 귀의(自然歸依)
제6수	자연에서 살게 해 준 임금의 은혜에 감사함.	군은 예찬(君恩禮讚)

작품 연구소

〈만흥〉의 시상 전개 방식

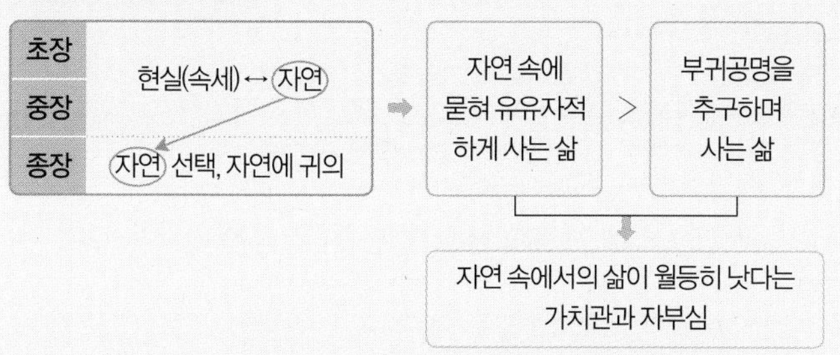

〈만흥〉에 나타난 '자연'과 '속세'의 대립

이 작품에서 작가는 벼슬하지 않고 자연 속에서 사는 것이 자신의 분수에 맞는 일이라고 자위하며 자연 속에서 자연과 친화하며 사는 삶을 노래하고 있다. 이는 물아일체(物我一體)의 경지와 조선 시대 선비의 이상인 안빈낙도(安貧樂道)의 태도와 관련된다. 반면 속세는 작가가 지향하는 공간인 자연과 대립되는 공간으로 설정되어 있다. 작가에게 속세란 좌절감을 안겨 준 벼슬길을 의미한다. 즉, 이 작품은 벼슬길에서 많은 좌절을 맛본 작가가 속세를 벗어나 자연 속에 은거하고자 하는 소망을 드러낸 것으로 볼 수 있다.

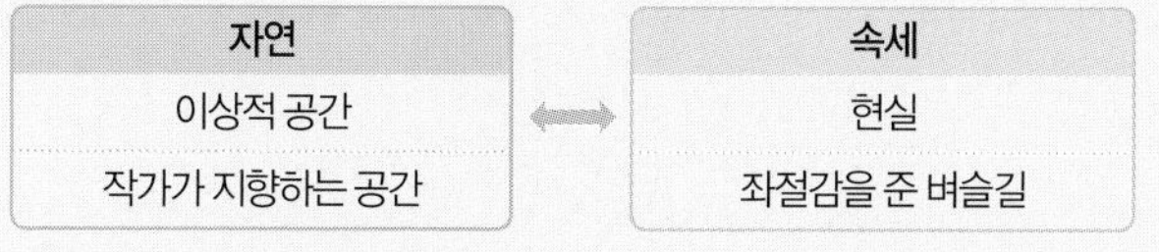

함께 읽으면 좋은 작품

〈강호사시가〉, 맹사성 / 자연 속 사계절의 흥취를 담은 작품

강호가도의 선구적 작품이자 최초의 연시조로, 자연을 즐기며 한가롭게 지내는 삶을 노래한 작품이다. 춘사, 하사, 추사, 동사로 계절에 따라 한 수씩 읊은 점이 특징이다. 자신의 한가롭고 즐거운 생활을 임금의 은혜와 관련지어 표현한 점이 〈만흥〉과 유사하다. Link 본책 144쪽

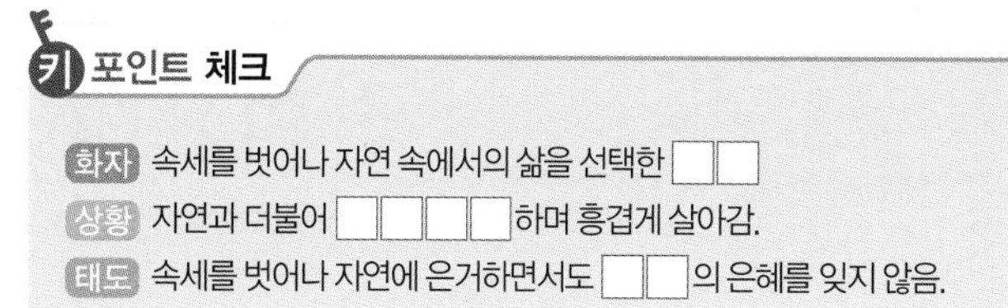

1 이 작품에 대한 설명으로 적절하지 않은 것은?

① 규칙적인 음보의 반복을 통해 운율을 형성하고 있다.
② 의인법을 통해 화자가 추구하는 삶의 모습을 드러내고 있다.
③ 청자를 설정하여 대화하는 방식으로 시상을 전개하고 있다.
④ 설의적 표현으로 대상에 대한 화자의 정서를 표출하고 있다.
⑤ 동일한 시적 대상을 지칭하는 다양한 시어로 화자가 지향하는 세계를 나타내고 있다.

중요 기출

2 〈보기〉는 이 작품의 화자의 사고 과정을 도식화한 것이다. 이를 고려하여 이 작품을 감상할 때 적절하지 않은 것은?

보기

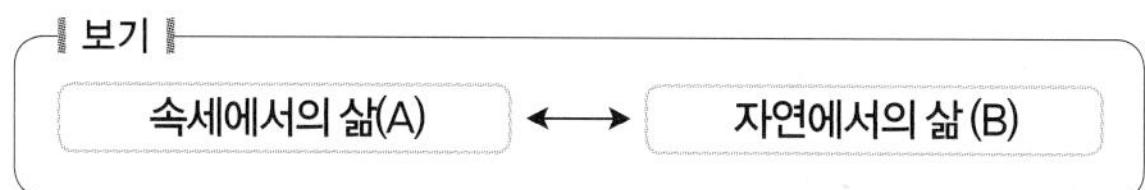

① '놈들'은 (A)를 선호하기 때문에 '웃는' 것이로군.
② '내 분(分)인가 ᄒᆞ노라'는 (A)와 (B)를 비교한 후 얻은 화자의 판단이로군.
③ '보리밥 픗ᄂᆞ믈'로 볼 때, (B)는 물질적 욕망에서 벗어난 상황이로군.
④ '먼 뫼'는 (B)에서 화자가 즐기는 대상이로군.
⑤ '그리던 님'은 화자가 (A)에 미련이 남았음을 암시하는군.

내신 적중

3 이 작품에 나타난 화자의 태도를 한자 성어와 관련지어 이해할 때 적절하지 않은 것은?

① (가)에서는 안분지족(安分知足)하는 마음이 나타나는군.
② (나)에서는 안빈낙도(安貧樂道)하는 태도가 드러나는군.
③ (다)에서는 물아일체(物我一體)를 느끼고 있군.
④ (라)에서는 자격지심(自激之心)을 드러내고 있군.
⑤ (마)에서는 귀거래(歸去來)의 모습을 엿볼 수 있군.

4 (가)~(바) 중 〈보기〉의 밑줄 친 부분과 관계 깊은 연을 찾고, 그렇게 볼 수 있는 근거를 이 작품의 시어를 활용하여 30자 내외로 서술하시오.

보기

조선 시대 사대부들이 창작한 작품의 특징 중 하나를 꼽으라면 임금과의 관계가 작품의 바탕이 되고 있다는 점이다. 윤선도의 작품 또한 예외가 아닌데, 그의 작품들을 살펴보면 나라를 걱정하고 임금을 그리워하는 내용의 작품은 물론이고 자연을 노래하는 작품도 대부분 연군지정(戀君之情)의 바탕 위에서 창작되었음을 알 수 있다.

146 견회요(遣懷謠) | 윤선도

키워드 체크 #귀양지 #부모님 #효심 #임금 #충성심 #사대부 의식

핵심 정리

갈래 연시조(전 5수)
성격 연군적, 우국적
제재 유배지에서의 정회(情懷)
주제 연군, 우국지정과 사친(思親)
특징 ① 감정 이입을 통해 화자의 정서를 드러냄.
② 대구법, 반복법을 통해 형식적 운율과 주제적 의미를 동시에 강조함.
연대 조선 광해군
출전 《고산유고》

시어 풀이

추성(秋城) 함경북도 경원의 옛 이름.
진호루(鎭胡樓) 경원에 있는 누각 이름.

시구 풀이

❶ **그 밧긔 여남은 일이야 분별(分別)할 줄 이시랴.** '그 밖의 여남은 일'은 부정적인 대상을 가리킨다. 이를 생각하거나 근심, 걱정하지 않겠다는 것은 외부 상황이나 다른 사람의 시비에 흔들리지 않으려는 화자의 의지를 보여 준다.
❷ **내 일 망녕된 줄 ~ 님 위한 탓이로세.** 자신이 한 일이 분수에 넘치는 것임을 알면서도 어리석게 행했던 것을 자책하며 자신의 그러한 행동이 오직 임금을 위한 것이었음을 강조한 부분이다.
❸ **님 향한 내 뜻을 조차 그칠 뉘를 모르나다.** 임(임금)을 향한 변함없는 마음을 시냇물에 감정 이입하여 표현했다.
❹ **뫼흔 길고 길고 물은 멀고 멀고.** 강산의 유장함을 통해 유배지에 있는 화자와 부모님 사이의 심리적 거리감과 화자가 부모님을 그리워하는 감정의 깊이를 인상적으로 표현했다.
❺ **어디서 외기러기는 울고 울고 가느니.** '외기러기'는 어버이를 그리워하는 화자라 할 수 있다. 화자는 현실(귀양을 온 처지)로 인해 효의 실천이 어렵게 되자 이에 따른 고독감과 서글픔을 기러기의 쓸쓸한 모습에 이입하여 표현했다.
❻ **님군 향한 뜻도 하날이 삼겨시니** 연군의 정이 하늘의 뜻임을 밝혀 그 당위성과 절대성을 부각하고 있다.
❼ **진실로 님군을 ~ 불효(不孝)인가 여기노라.** '충(忠)'과 '효(孝)'가 합일되는 부분으로, 부모에 대한 효심과 임금에 대한 충성이 결국은 하나임을 강조하고 있다.

Q '충(忠)'과 '효(孝)'에 대한 화자의 가치관은?

화자는 '충'은 하늘이 만든 것이며, '불충'은 곧 '불효'라고 여기고 있다. 즉, 연군의 정이 하늘의 뜻임을 밝혀 그 절대성을 부각하고 나아가 부모에 대한 '효'와 임금에 대한 '충'을 동일시하고 있는데, 이러한 '군사부일체(君師父一體)'는 조선 시대의 보편적 인식이었다.

작가 소개

윤선도(본책 224쪽 참고)

가 슬프나 즐거오나 옳다 하나 외다(그르다) 하나
내 몸의 해올 일(할 일, 나라와 임금에 대한 우국충정(憂國衷情))만 닭고 닭을 뿐이언정
❶그 밧긔 여남은(나머지) 일이야 분별(分別)(생각, 근심, 걱정)할 줄 이시랴. 〈제1수〉
▶ 자신의 신념대로 행동하겠다는 의지

현대어 풀이
슬프나 즐거우나 옳다 하나 그르다 하나 / 내 몸의 할 일만 닦고 닦을 뿐이로다. / 그 밖의 다른 일이야 생각(근심, 걱정)할 필요가 있겠는가?

나 ❷내 일(권신 이이첨의 횡포를 고발하는 상소를 올린 일) 망녕된(언행이 정상을 벗어나 주책이 없는) 줄 내라 하여 모랄 손가(모를 것인가).
이 마음 어리기도(어리석기도) 님 위한 탓이로세.
「아뫼(아무가, 그 누가) 아무리 일러도(모함하여도) 임이 혜여(헤아려) 보소서.」 〈제2수〉
「 」: 자신의 결백을 호소함.
▶ 충심을 알아주지 않는 것에 대한 하소연과 결백 주장

현대어 풀이
나의 일이 잘못된 줄 나라고 하여 모르겠는가? / 이 마음 어리석은 것도 모두가 임(임금)을 위한 탓이로구나. / 그 누가 아무리 헐뜯더라도(모함하더라도) 임께서 헤아려 주십시오.

다 •추성(秋城) •진호루(鎭胡樓) 밧긔(화자가 유배된 곳) 울어 예는(울며 흐르는, 소리 내며 흐르는) 저 ㉠시내야.
무음 호리라(무엇하겠다고) 주야(晝夜)에 흐르는다(흐르느냐).
❸님 향한 내 뜻을 조차 그칠 뉘(때, 줄)를 모르나다. 〈제3수〉
▶ 임금에 대한 변함없는 충성을 다짐함.

현대어 풀이
경원성 진호루 밖에서 울며 흐르는 저 시냇물아. / 무엇을 하려고 밤낮으로 흐르느냐? / (저 시냇물은) 임(임금) 향한 내 뜻을 따라 그칠 줄을 모르는구나.

라 ❹[뫼]흔 길고 길고 [물]은 멀고 멀고. [ ]: 화자와 어버이 사이의 장애물
어버이 그린 뜻(그리워하는 마음)은 많고 많고 하고(많고) 하고.
❺어디서 ㉡외기러기는 울고 울고 가느니. 〈제4수〉
▶ 귀양 간 곳에서 부모님을 그리워함.

현대어 풀이
산은 길고 길고 물은 멀고 멀고 / 부모님 그리워하는 뜻은 많기도 많다. / 어디서 외기러기는 슬피 울며 가는구나.

마 어버이 그릴 줄을 처엄부터 알아마는(알았지만) / ❻님군 향한 뜻도(임금을 위하는 마음) 하날이 삼겨시니(생기게 하였으니)
❼진실로 님군을 잊으면 긔(그것이) 불효(不孝)인가 여기노라. 〈제5수〉
▶ 충과 효의 일치를 통한 연군지정의 절대성

현대어 풀이
어버이 그리워할 줄은 처음부터 알았지만 / 임금 향한 뜻도 하늘이 만들어 주었으니 / 진실로 임금을 잊으면 그것이 불효인가 하노라.

이해와 감상

이 작품은 권력가인 이이첨이 국정을 어지럽히자 윤선도가 성균관 유생으로서 상소했다가 도리어 모함을 받아 귀양 가게 된 함경도 경원에서 지은 연시조이다. 나라의 일을 근심하고 어버이를 생각하면서 지은 것으로, 자신의 신념대로 행동하는 강직한 성격, 불의와 타협할 줄 모르는 정의감, 임금을 향한 변함없는 충성심, 부모님에 대한 간절한 그리움이 절절히 드러나 있다. 이 작품의 제목에 포함된 '견회(遣懷)'란, '시름을 떨치다.' 또는 '회포를 풀다.'라는 의미로, 〈견회요〉는 '마음을 달래는 노래'라는 뜻이다.

작품 연구소

〈견회요〉의 시상 전개 방식

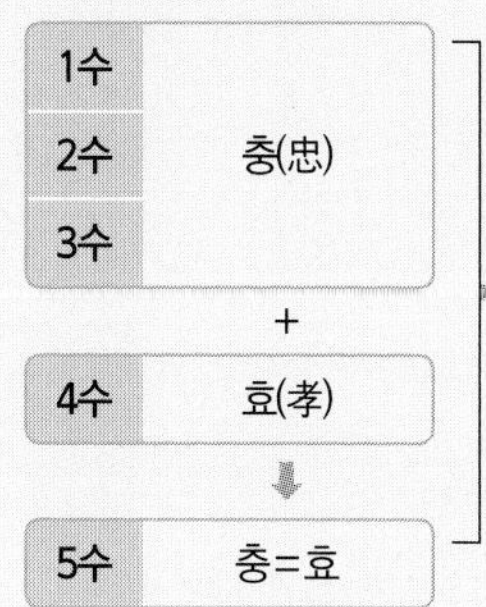

화자의 확고한 의지를 나타내기 위해 '충(忠)'과 '효(孝)'에 대한 개별 진술 뒤에 이를 통합하는 전개 방식을 취함.

자연물에 반영된 화자의 상황과 정서

자연물	화자의 상황	의미
시내	임금이 자신의 충심을 알아주지 않음.	• '울어 예는' 시냇물: 자신의 마음을 몰라주는 임금에 대한 안타까움 • '주야에 흐르는' 시냇물: 임금께 계속 충성을 다하겠다는 다짐
기러기	어버이를 가까이에서 모시지 못함.	• '울고 울고 가'는 외기러기: 어버이를 그리워함. • '외기러기': 어버이를 가까이에서 모시지 못하는 안타까움과 외로움

〈견회요〉에 나타난 유교적 이념

이 작품은 젊은 선비였던 윤선도가 탄핵 상소를 올린 것 때문에 귀양을 가게 된 상황에서 쓰여진 것으로, 당시 정국의 소용돌이 속에서 작가가 겪어야 했던 울분과 좌절이 녹아 있다. (가)에는 다른 사람의 시비에 흔들리지 않고 자신의 신념대로 행동하겠다는 의지가 드러나는데, 이를 통해 행동하는 지식인이었던 작가의 면모와 소신, 굽힐 줄 모르는 의기를 엿볼 수 있다. (나)에서는 이러한 태도가 어리석어 보이더라도 '님군 향한 뜻'에서 비롯된 것이라고 밝히고 있다. 나아가 (다)에서 임금을 향한 충성심을 '시내'를 통해 표현한 화자는 (라)에서 '외기러기'를 통해 멀리 계신 부모님에 대한 효심을 드러낸다.

유교적 질서를 추구하는 사회에서 충(忠)과 효(孝)는 하나의 보편적인 인식이었으며 체제의 원리로 적용되는 동시에 인간의 기본적 심성으로 통용되었다. 유교적 이념상 효(孝)는 충(忠)에 우선한다. 이 작품에서 충성심과 효심을 차례로 드러낸 화자는 (마)에 이르러 임금을 향한 뜻을 하늘이 생기게 했다고 하며 충(忠)에 대한 인식을 효(孝)로 일치시키고 있다. 이를 통해 당대의 보편적 인식이었던 군사부일체(君師父一體)의 가치관을 확인할 수 있다.

함께 읽으면 좋은 작품

〈정과정〉, 정서 / 억울함을 호소하고 변함없는 충성심을 노래한 작품

정서가 참소를 받아 동래로 유배되었을 때 자신의 억울함과 결백을 호소하며 임금에 대한 충절을 노래한 작품이다. 여성 화자를 설정하여 임금에 대한 충성을 임과 이별한 여성의 사랑에 빗대어 노래했다. 유배당한 처지의 화자가 억울함과 결백을 호소하며 임금에 대한 충정을 표현했다는 점에서 〈견회요〉와 유사하다. 다만 〈견회요〉는 '충'과 '효'를 함께 다루면서 하늘의 절대성을 바탕으로 충을 강조하고 있지만, 〈정과정〉은 '충'만을 다루고 있다는 차이가 있다. Link 본책 78쪽

키 포인트 체크

화자 모함을 받고 □□ 중인 '나'(선비)
상황 □□에 대한 충성을 다짐하고 □□□을 그리워함.
태도 연군의 정이 하늘의 뜻임을 밝히며 '충'과 '효'를 □□□함.

1 이 작품에 대한 설명으로 적절하지 않은 것은?

① 시적 대상을 예찬하는 태도를 드러내고 있다.
② 화자가 지향하는 바람직한 삶이 나타나 있다.
③ 감각적 이미지를 통해 정서를 구체화하고 있다.
④ 지나간 일에 대해 자책하는 모습이 나타나 있다.
⑤ 대상에 대한 그리움의 정서가 바탕에 깔려 있다.

2 〈보기〉를 참고하여 이 작품을 이해한 내용으로 적절하지 않은 것은?

| 보기 |

유교적 질서를 추구하는 사회에서 충(忠)과 효(孝)는 하나의 보편적 인식이었다. 그리고 이는 체제의 원리로 적용되고 인간의 기본적 심성으로 통용되었다. 이 시조는 윤선도가 당시 집권 세력의 죄상을 규탄하는 상소를 올렸다가 모함을 받아 함경도로 유배되었을 때 지은 작품으로, 유교적 질서에 충실했던 작가의 의식이 고스란히 담겨 있다. '견회(遣懷)'란 '시름을 떨치다, 회포를 풀다, 마음을 달래다'의 뜻이다.

① 억울한 마음을 달래려는 마음이 제목에 담겨 있어.
② (나)에서는 임금에게 자신의 결백을 호소하고 있어.
③ (가)~(다)에서는 임금에 대한 '충'을 표현하고 있어.
④ (라)에서 어버이를 그리워하는 마음은 '효'와 연결할 수 있어.
⑤ (마)에서는 '충'은 하늘이 만들었다고 하면서 '충'을 '효'보다 상위에 두고 있어.

중요 기출

3 이 작품의 각 수를 연결하여 이해할 때, 적절하지 않은 것은?

① 〈제1수〉의 '옳다 하나 외다 하나'는 〈제2수〉의 '아뫼'의 행위로 볼 수 있다.
② 〈제2수〉의 망령된 '내 일'은 〈제3수〉의 '내 뜻'과 상반되는 것으로 이해할 수 있다.
③ 〈제3수〉의 '추성(秋城)'은 〈제4수〉의 '뫼'와 '물'에 의해 그리움의 대상으로부터 멀리 있는 공간으로 인식될 수 있다.
④ 〈제4수〉의 '뜻'은 〈제5수〉의 '뜻'에 와서 더욱 확대되어 표출된 것으로 볼 수 있다.
⑤ 〈제5수〉의 '님군 향한 뜻'은 〈제1수〉의 '내 몸의 해올 일'을 직접적으로 제시한 것으로 볼 수 있다.

4 ㉠과 ㉡의 공통된 시적 기능을 〈조건〉에 맞게 서술하시오.

| 조건 |

1. 활용된 심상과 표현 방법을 밝힐 것.
2. 화자의 정서와 관련지어 40자 내외의 한 문장으로 쓸 것.

147 오우가(五友歌) | 윤선도

키워드 체크 #물 #바위 #소나무 #대나무 #달 #벗 #의인화 #인간의 덕 #예찬

국어 천재(이), 동아

핵심 정리

갈래 연시조(전 6수)
성격 예찬적, 찬미적(讚美的)
제재 물, 바위, 소나무, 대나무, 달
주제 오우(五友; 수·석·송·죽·월) 예찬
특징 ① 대상의 속성을 예찬의 근거로 제시함.
② 자연물에 가치를 부여하는 인간 중심의 가치관을 드러냄.
연대 조선 인조
출전 《고산유고》

Q 〈제1수〉에 나타난 작가의 인식은?

수석과 송죽에 달을 더하여 지상에서 천상으로 시선을 넓히며 작가의 인식 범위 또한 넓어지고 있다. '또 더ᄒᆞ야 머엇ᄒᆞ리'는 분수와 만족의 태도를 드러내는 표현으로 소유를 지양하는 모습을 보여 주면서 자연물을 통한 자연 친화(自然親和), 물아일체(物我一體)의 경지를 드러낸다.

시구 풀이

❶ **두어라 이 다ᄉᆞᆺ 밧긔 또 더ᄒᆞ야 머엇ᄒᆞ리** 다섯 벗만 있으면 다른 것이 없더라도 만족할 수 있다는 뜻으로, 안분지족하는 화자의 태도가 드러나 있다.

❷ **조코도 그츨 뉘 업기ᄂᆞᆫ 믈뿐인가 ᄒᆞ노라** 물의 불변성을 나타낸 부분이다. 앞에서 제시한 맑고 깨끗하나 쉽게 변하는 구름, 바람과의 비교를 통해 물의 불변성뿐만 아니라 맑고 깨끗한 성질을 강조했다. 맑고 깨끗한 성정은 선비들에게 요구되는 중요한 덕목이었는데, 화자는 이러한 가치를 평생 변함없이 지켜야만 의미가 있음을 강조하고 있다.

❸ **고즌 므스 일로 퓌며셔 쉬이 디고** 꽃이 아름답기는 하지만 그 아름다움이 쉽게 변한다는 뜻으로, 자주 변하여 시류(時流)에 영합하는 소인배들을 비유한 것으로 볼 수 있다.

❹ **구천(九泉)의 블희 고ᄃᆞᆫ 줄을 글로 ᄒᆞ야 아노라** 대부분의 나무가 추우면 잎이 떨어지는 것과 대조적으로 눈서리를 이겨 내는 소나무의 속성을 통해 소나무가 땅속 깊은 곳에 뿌리를 곧게 뻗고 있음을 드러내고 있다. 이를 통해 소나무에 지조와 절개라는 가치를 대응시키고, 이를 예찬하고 있다.

❺ **곳기ᄂᆞᆫ 뉘 시기며 속은 어이 뷔연ᄂᆞᆫ다** 곧으면서 속이 비어 있는 특징을 제시함으로써 대나무가 시적 대상임을 암시하고 있다.

❻ **쟈근 거시 노피 떠셔 만믈(萬物)을 다 비취니** 달빛이 세상 모든 사물에 비치는 모습을 표현한 부분이다. 이를 위정자가 지녀야 할 덕성과 연관 지으면 모든 백성에게 선정을 베풀어야 함을 의미한다.

작가 소개

윤선도(본책 224쪽 참고)

가

내 버디 몃치나 ᄒᆞ니 수석(水石)과 송죽(松竹)이라
(벗이 / 물과 바위 / 소나무와 대나무)
동산(東山)의 ᄃᆞᆯ 오르니 긔 더옥 반갑고야
(달)
❶두어라 이 다ᄉᆞᆺ 밧긔 또 더ᄒᆞ야 머엇ᄒᆞ리 〈제1수〉 ▶ 다섯 가지 벗 소개
(수, 석, 송, 죽, 월(水石松竹月))

현대어 풀이
내 벗이 몇인가 하니 물과 바위와 소나무와 대나무이다. / 동산에 달이 떠오르니 그 더욱 반갑구나. / 두어라, 이 다섯밖에 또 더하여 무엇하리.

나

구룸빗치 조타 ᄒᆞ나 검기를 ᄌᆞ로 ᄒᆞᆫ다 □: 가변성 ↔ ○: 불변성
(깨끗하다 / 자주)
ᄇᆞ람소릭 ᄆᆞᆰ다 ᄒᆞ나 그칠 적이 하노매라
(많구나)
❷조코도 그츨 뉘 업기ᄂᆞᆫ 믈뿐인가 ᄒᆞ노라 〈제2수〉 ▶ 물의 불변성
(그치는 때, 끊어질 때)

현대어 풀이
구름 빛깔이 깨끗하다고 하나 검기를 자주 한다. / 바람 소리가 맑다고 하나 그칠 때가 많구나. / 깨끗하고도 그칠 때가 없기는 물뿐인가 하노라.

다

❸고즌 므스 일로 퓌며셔 쉬이 디고 □: 순간성 ↔ ○: 영원성
(꽃은)
플은 어이ᄒᆞ야 프르ᄂᆞᆫ ᄃᆞᆺ 누르ᄂᆞ니
아마도 변티 아닐손 바회뿐인가 ᄒᆞ노라 〈제3수〉 ▶ 바위의 영원성
(변하지 않는 것은)

현대어 풀이
꽃은 무슨 일로 피자마자 쉽게 지고, / 풀은 어찌하여 푸르러지자 곧 누른빛을 띠는가? / 아마도 변하지 않는 것은 바위뿐인가 하노라.

라

더우면 곳 퓌고 치우면 닙 디거놀
(추워지면 / 잎)
솔아 너ᄂᆞᆫ 얻디 눈 서리를 모ᄅᆞᄂᆞᆫ다
(지조와 절개 상징 / 고난, 시련)
❹구천(九泉)의 블희 고ᄃᆞᆫ 줄을 글로 ᄒᆞ야 아노라 〈제4수〉 ▶ 소나무의 절개
(땅속 깊은 밑바닥 / 뿌리가)

현대어 풀이
더우면 꽃 피고 추우면 잎 지거늘, / 소나무야, 너는 어찌 눈서리를 모르느냐? / 깊은 땅속까지 뿌리가 곧은 줄을 그것으로 인해 알겠구나.

마

나모도 아닌 거시 플도 아닌 거시
❺곳기ᄂᆞᆫ 뉘 시기며 속은 어이 뷔연ᄂᆞᆫ다
(누가 시킨 것이며 / 비어 있느냐?)
뎌러코 ᄉᆞ시(四時)예 프르니 그를 됴하 ᄒᆞ노라 〈제5수〉 ▶ 대나무의 겸허함과 절개
(저러하고도 / 대나무 – 지조와 절개 상징 / 좋아하노라)

현대어 풀이
나무도 아닌 것이 풀도 아닌 것이, / 곧기는 누가 시켰으며, 속은 어이 비었느냐? / 저러고도 사시사철 푸르니 그를 좋아하노라.

바

❻쟈근 거시 노피 떠셔 만믈(萬物)을 다 비취니
밤듕의 광명(光明)이 너만ᄒᆞ니 또 잇ᄂᆞ냐
(달 – 절대적 위치에서 어둠을 밝혀 주는 광명의 존재)
보고도 말 아니 ᄒᆞ니 내 벋인가 ᄒᆞ노라 〈제6수〉 ▶ 달의 광명(포용)과 과묵함
(달의 과묵한 모습을 예찬 – 침묵의 미덕을 지닌 선비의 모습, 혹은 선비가 그러한 미덕을 지녀야 함을 이끌어 냄.)

현대어 풀이
작은 것이 높이 떠서 만물을 다 비추니 / 밤중에 밝은 빛이 너만 한 것이 또 있겠느냐? / 보고도 말을 하지 않으니 내 벗인가 하노라.

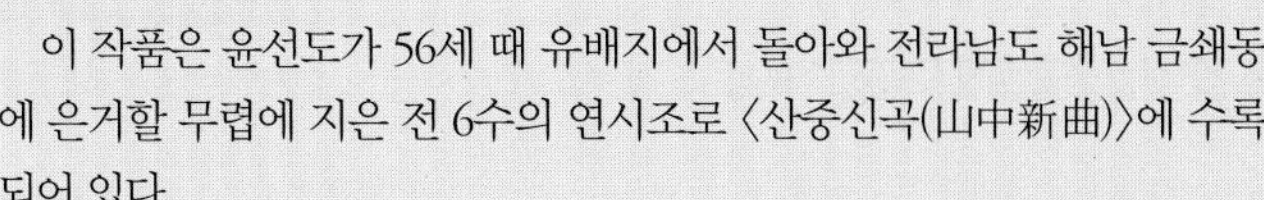

이해와 감상

이 작품은 윤선도가 56세 때 유배지에서 돌아와 전라남도 해남 금쇄동에 은거할 무렵에 지은 전 6수의 연시조로 〈산중신곡(山中新曲)〉에 수록되어 있다.

〈제1수〉는 문답법을 통해 〈제2수〉부터 〈제6수〉에 걸쳐 등장할 다섯 '벗'을 소개하는 서시(序詩)의 성격을 지니고 있다. 〈제2수〉는 가변적 존재인 구름·바람과 달리 맑고 깨끗한 물[水]의 불변성을, 〈제3수〉는 순간적인 꽃·풀과 달리 영원한 바위[石]의 덕성을 예찬했다. 〈제4수〉는 눈서리를 이겨 내고 뿌리조차 곧은 소나무[松]의 지조와 절개를, 〈제5수〉는 언제나 푸르른 대나무[竹]의 지조와 절개를 예찬했다. 〈제6수〉에서는 광명의 존재이면서 과묵함의 미덕을 지닌 달[月]을 예찬하면서 마무리하고 있다. 이와 같이 이 작품에서 영원불멸의 자연물은 작가에게 심미적 대상이면서 동시에 인간의 덕성을 유추해 낼 수 있는 유교적 이념을 표방하는 매개물로 예찬되고 있다.

작품 연구소

〈오우가〉의 시상 전개 방식

수	장	내용	구성
1수	초·중장	질문: 벗이 몇인지? 답: 다섯(수·석·송·죽·월)	문답
	종장	다섯이면 충분함.(안분지족)	정리
2수	초·중장	구름과 바람의 가변성	대구, 대조
	종장	깨끗하고 맑으며 변함없는 '물'	
3수	초·중장	꽃과 풀의 순간성	대구, 대조
	종장	'바위'의 영원성	
4수	초·중장	더우면 꽃이 피고 추우면 잎이 짐. (자연물의 보편적 속성)	대구, 대조
	종장	눈서리를 이겨 내는 '소나무' (소나무의 특별한 속성 – 지조와 절개)	
5수	초·중장	나무도 풀도 아니며 곧고 속이 비었음.	대구
	종장	사시사철 푸른 '대나무' – 지조와 절개	정리
6수	초·중장	작으나 광명의 상징인 '달' – 포용	
	종장	과묵함 → 내 벗	정리

〈오우가〉에 반영된 윤선도의 자연관

전 생애 가운데 20여 년을 귀양살이로, 10년을 은거 생활로 보낸 윤선도에게 자연이란 현실에서의 좌절감을 해소할 수 있는 유일한 세계였다. 따라서 작가는 이상적 인격체로 관념화된 자연을 벗 삼으려고 노력하며 자연을 자기 수양의 본보기로 삼고자 했다.

함께 읽으면 좋은 작품

〈바위〉, 유치환 / 바위의 속성을 통해 의지를 형상화한 작품

굳센 바위와 같이 현실을 초극할 수 있는 존재가 되고 싶은 소망을 강인한 어조로 노래한 작품이다. 대상(바위)의 속성에 주목하여 시적 동기를 마련했다는 점에서 〈오우가〉와 공통점을 지닌다. 그러나 〈오우가〉에서는 자연물의 속성을 인간(선비)의 덕성에 대응시켜 예찬하고 있지만 〈바위〉에서는 자연물의 속성을 통해 화자의 의지를 형상화하고 있다는 점이 다르다.

키 포인트 체크

화자 자연을 □ 삼아 살아가는 '나'

상황 오우(수·석·송·죽·월)의 긍정적 속성을 □□의 덕으로 환원하여 제시함.

태도 자연물에 가치를 부여하여 □□함.

1 이 작품의 표현상 특징으로 적절하지 않은 것은?

① 대구법을 사용하여 리듬감을 살리고 있다.
② 자연물을 통해 화자의 정서를 드러내고 있다.
③ 대조법을 사용하여 대상의 속성을 예찬하고 있다.
④ 시상을 점층적으로 확대하여 의미를 강조하고 있다.
⑤ 여러 대상을 병렬적으로 나열하여 주제를 드러내고 있다.

2 이 작품의 다음 시구 중 나머지 넷과 성격이 다른 것은?

① 구룸빗치 조타 ᄒᆞ나 검기를 ᄌᆞ로 ᄒᆞᆫ다
② ᄇᆞ람소리 ᄆᆞᆰ다 ᄒᆞ나 그칠 적이 하노매라
③ 고즌 므스 일로 퓌며셔 쉬이 디고
④ 플은 어이ᄒᆞ야 프르ᄂᆞᆫ ᄃᆞᆺ 누르ᄂᆞ니
⑤ 나모도 아닌 거시 플도 아닌 거시

내신 적중

3 〈보기〉를 참고하여 이 작품을 이해한 내용으로 적절하지 않은 것은?

보기
전 생애 가운데 20여 년을 귀양살이로, 10년을 은거 생활로 보낸 윤선도에게 자연이란 현실에서의 좌절감을 해소할 수 있는 유일한 세계였다. 〈오우가(五友歌)〉에는 이상적 인격체로 관념화된 자연을 벗하며 자연을 자기 수양의 본보기로 삼고자 했던 작가의 노력이 담겨 있다.

① 이 작품은 작가가 현실에서의 좌절감을 해소하기 위해 지었다고 볼 수 있군.
② (가)의 '내 버디', (라)의 '너ᄂᆞᆫ', (마)의 '그를'에서 작가가 자연을 인격체로 대하고 있음을 알 수 있군.
③ (가)의 '이 다ᄉᆞᆺ'은 작가가 자기 수양의 본보기로 삼은 대상이군.
④ (가)의 '또 더ᄒᆞ야 머엇ᄒᆞ리'에는 자연을 벗하며 살아가는 작가의 만족감이 드러나는군.
⑤ (바)의 '보고도 말 아니 ᄒᆞ니'는 작가가 현실에서 느낀 좌절감을 표현한 것이로군.

4 이 작품의 (바)와 〈보기〉에서 화자가 '달'을 대하는 태도의 공통점과 차이점을 서술하시오.

보기
ᄃᆞᆯ하 노피곰 도ᄃᆞ샤 / 어긔야 머리곰 비취오시라
어긔야 어강됴리 / 아으 다롱디리
져재 녀러신고요 / 어긔야 즌 ᄃᆡᄅᆞᆯ 드ᄃᆡ욜셰라
– 어느 행상인의 아내, 〈정읍사〉

IV. 조선 후기

148 어부사시사(漁父四時詞) | 윤선도

키워드 체크 #어부의 생활 #경치 #자연 #소박한 삶 #감흥 #정취 #계절의 변화

문학 천재(김), 미래엔, 지학

핵심 정리

갈래 연시조(춘하추동 각 10수씩 전 40수)
성격 풍류적, 전원적, 자연 친화적
제재 자연에서의 어부 생활
주제 자연 속에서 한가롭게 살아가는 어부 생활의 여유와 흥취
특징 ① 초장과 중장, 중장과 종장 사이에 고려 가요처럼 여음(후렴구)이 있음.
② 대구법, 반복법, 원근법, 의성어의 사용 등 다양한 표현법을 사용함.
연대 조선 효종
출전 《고산유고》

시어 풀이

북포(北浦) 북쪽 포구. 포구는 배가 드나드는 곳의 어귀를 말함.
어옹(漁翁) 고기 잡는 노인.
천텹옥산(千疊玉山) 수없이 겹쳐 있는 아름다운 산.

시구 풀이

❶ **지국총(至匊悤) 지국총(至匊悤) 어ᄉᆞ와(於思臥)** '지국총'은 노 젓는 소리를, '어사와'는 노를 저으며 외치는 소리(어여차)를 나타낸 의성어이며, 둘 다 한자의 소리를 따온 음차(音借) 표현이다.
❷ **어옹(漁翁)을 욷디 마라 그림마다 그렷더라** '어옹'은 고기 잡는 노인으로, 화자 자신을 가리킨다고 볼 수 있다. 세속을 벗어나 자연 속에서 소일하며 지내는 어부의 삶에 대한 자부심과 긍지를 느낄 수 있는 부분이다.
❸ **압희는 만경류리(萬頃琉璃) 뒤희는 천텹옥산(千疊玉山)** 눈 내린 어촌의 풍경을 비유적으로 묘사한 부분으로, 눈 덮인 경치에 대한 찬탄을 나타낸다.
❹ **션계(仙界)ㄴ가 블계(佛界)ㄴ가 인간(人間)이 아니로다** 선계(仙界)와 불계(佛界)는 인간 세상과 대조되는 이상향을 나타내는 것으로, 세속을 초월한 설경(雪景)에 대한 감탄을 나타내고 있다.

Q 〈동사 4〉에 나타난 관습적 표현은?

〈동사(冬詞) 4〉의 종장은 이백의 시 〈산중문답(山中問答)〉에서 인용한 것으로, 인간 세상과 대조되는 이상향을 드러내는 관습적인 표현이라 할 수 있다.

어이하여 푸른 산에 사느냐고 묻기에
웃고 대답 아니 해도 마음 절로 한가롭네.
복사꽃 흐르는 물 아득히 떠나거니
또 다른 세상일레, 인간이 아니로세.
– 이백, 〈산중문답〉

작가 소개

윤선도(본책 224쪽 참고)

가 〈춘사(春詞) 10〉

ᄅᆡ일(來日)이 또 업ᄉᆞ랴 봄밤이 몃 덧 새리 (얼마나 길겠느냐)
㉠ᄇᆡ 브텨라 ᄇᆡ 브텨라 (배 대어라 배 대어라(정박))
ⓐ낫대로 막대 삼고 싀비(柴扉)를 ᄎᆞ자 보자 (낚싯대 / 사립문)
㉡❶지국총(至匊悤) 지국총(至匊悤) 어ᄉᆞ와(於思臥)
어부(漁父)의 ᄉᆡᆼ애(生涯)ᄂᆞᆫ 이렁구러 디낼로다

▶ 낚시를 마치고 돌아오면서 느끼는 삶의 만족감

현대어 풀이
내일이란 날이 또 없으랴. 봄밤이 바로 샐 것이다. / 배 대어라. 배 대어라. / 낚싯대로 지팡이를 삼고 사립문을 찾아가자. / 찌그덩 찌그덩 어여차 / 어부의 한평생은 이럭저럭 지내노라.

나 〈하사(夏詞) 3〉

마람닙희 ᄇᆞ람 나니 봉창(篷窓)이 서늘코야 (마른 풀잎 / 배의 창문)
돋 ᄃᆞ라라 돋 ᄃᆞ라라 (돛 달아라 돛 달아라)
녀름 ᄇᆞ람 뎡홀소냐 ⓑ가는 대로 ᄇᆡ 시겨라 (여름 / 일정하겠는가)
지국총(至匊悤) 지국총(至匊悤) 어ᄉᆞ와(於思臥)
•북포(北浦) 남강(南江)이 어ᄃᆡ 아니 됴흘리니

▶ 배 위의 시원한 풍경과 여유로움

현대어 풀이
마른 풀잎 위로 바람 부니 배의 창문이 서늘하구나. / 돛 달아라. 돛 달아라. / 여름 바람이 일정하게만 불겠느냐? 배 가는 대로 두어라. / 찌그덩 찌그덩 어여차 / 북쪽 포구나 남쪽 강, 어디든 좋지 않겠는가?

다 〈추사(秋詞) 1〉

ⓒ믈외(物外)예 조흔 일이 어부(漁父) ᄉᆡᆼ애(生涯) 아니러냐
ᄇᆡ 떠라 ᄇᆡ 떠라 (배 띄워라 배 띄워라)
❷•어옹(漁翁)을 욷디 마라 그림마다 그렷더라 (어부로서 살아가는 삶에 대한 자부심)
지국총(至匊悤) 지국총(至匊悤) 어ᄉᆞ와(於思臥)
ᄉᆞ시(四時) 흥(興)이 ᄒᆞᆫ가지나 츄강(秋江)이 은듬이라

▶ 어부 생활의 자부심과 가을 강에 배를 띄우는 흥취

현대어 풀이
세속을 떠난 곳에서 좋은 일이 어부의 생활이 아니더냐. / 배 띄워라. 배 띄워라. / 고기 잡는 늙은이를 비웃지 마라. 그림마다 그렸더라. / 찌그덩 찌그덩 어여차 / 사계절의 흥취가 다 좋지만 그중에도 가을 강이 제일이라.

라 〈동사(冬詞) 4〉

간밤의 ⓓ눈 갠 후(後)의 경믈(景物)이 달랃고야 (경치)
이어라 이어라 (노 저어라 노 저어라)
❸압희는 만경류리(萬頃琉璃) 뒤희는 •천텹옥산(千疊玉山) (끝없이 잔잔한 푸른 바다 / 백옥은 흰 눈이 내린 풍경을 미화한 표현)
지국총(至匊悤) 지국총(至匊悤) 어ᄉᆞ와(於思臥)
❹션계(仙界)ㄴ가 블계(佛界)ㄴ가 ⓔ인간(人間)이 아니로다 (◯: 이상 세계 / 속세)

▶ 눈 덮인 강촌의 아름다움

현대어 풀이
지난밤 눈 갠 후에 경치가 달라졌구나. / 노 저어라. 노 저어라. / 앞에는 유리처럼 맑고 잔잔한 넓은 바다, 뒤에는 첩첩이 둘러싸인 백옥 같은 산 / 찌그덩 찌그덩 어여차 / 신선의 세계인가 불교의 세계인가 속세는 아니로다.

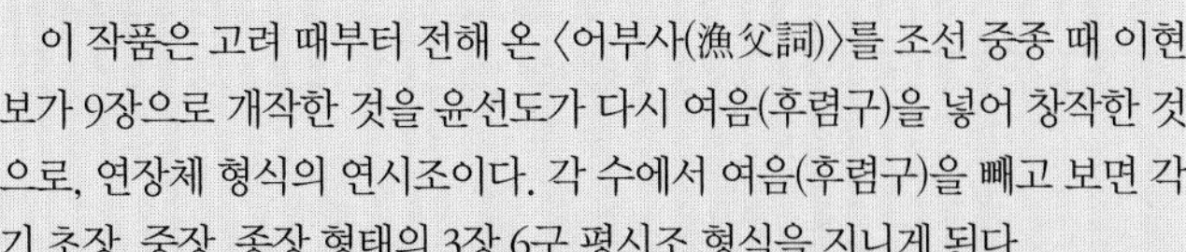

이해와 감상

이 작품은 고려 때부터 전해 온 〈어부사(漁父詞)〉를 조선 중종 때 이현보가 9장으로 개작한 것을 윤선도가 다시 여음(후렴구)을 넣어 창작한 것으로, 연장체 형식의 연시조이다. 각 수에서 여음(후렴구)을 빼고 보면 각기 초장, 중장, 종장 형태의 3장 6구 평시조 형식을 지니게 된다.

작가가 65세 때 전남 보길도에 은거하며 지은 이 작품은 계절마다 펼쳐지는 어촌의 아름다운 경치와 어부 생활의 흥취를 담아 한 계절당 10수씩 읊고 마지막에 '어부사시사 여음'이라고 하여 만흥[漫興; 〈산중신곡(山中新曲)〉 중 여섯 수] 1수를 덧붙였다. 각 계절의 10수는 출항에서 귀항까지 어부의 하루 일과를 시간 순서로 읊은 것인데, 세속을 벗어나 자연과의 합일을 추구하는 삶의 경지를 격조 높고 아름답게 표현했다. 우리말의 아름다움을 잘 드러냈으며 대구법, 원근법, 시간의 추이에 따른 시상 전개의 조화 등 표현 기교도 뛰어나서 우리 시조 문학사에서 높은 평가를 받는 작품이다.

작품 연구소

〈어부사시사〉의 여음(餘音)

- 초장과 중장 사이의 여음 - 출항에서 귀항까지의 과정

 각 계절의 10수마다 출항에서 귀항까지의 과정을 정연하게 보여 주는 여음으로, 작품을 유기적으로 연결한다.

1수	빅 떠라 빅 떠라(배 띄워라)	6수	돋 디여라 돋 디여라(돛 내려라)
2수	닫 드러라 닫 드러라(닻 올려라)	7수	빅 셰여라 빅 셰여라(배 세워라)
3수	돋 ᄃ라라 돋 ᄃ라라(돛 달아라)	8수	빅 미여라 빅 미여라(배 매어라)
4수	이어라 이어라(노 저어라)	9수	닫 디여라 닫 디여라(닻 내려라)
5수	이어라 이어라(노 저어라)	10수	빅 브텨라 빅 브텨라(배 대어라)

- 중장과 종장 사이의 여음(후렴구) - '지국총(至匊悤) 지국총(至匊悤) 어ᄉ와(於思臥)'

 〈어부사시사〉의 전편(全篇)에 걸쳐 일정하게 나타나는 여음(후렴구)으로 노 젓는 소리와 노 저을 때 외치는 소리를 나타내는 의성어이다. 시상 전개에 사실감을 부여하고 강호에서 느끼는 흥취를 북돋우며 평시조의 단조로운 흐름에 변화를 준다.

'어부(漁父)'의 자연 친화적인 삶

이 작품의 화자는 고기잡이를 생업으로 하는 '어부(漁夫)'가 아니라 취미와 풍류로 한가하게 고기잡이를 하는 '어부(漁父)', 즉 '가어옹(假漁翁)'으로서 낭만적인 풍류객이라 할 수 있다. 이는 조선 후기에 이르러 현실 정치의 혼탁함에서 벗어나 자연의 아름다움을 즐기면서 여유로운 삶을 누리고자 했던 작가의 현실관이 반영된 모습이다.

함께 읽으면 좋은 작품

〈병산육곡〉, 권구 / 자연 속에서 소박하게 살아가는 감회를 노래한 작품

전 6수의 연시조로, 경상북도 안동의 병산(屛山)을 배경으로 한 작품이다. 화자가 '백구로 벗을 삼아' 자연 속에서 안분지족하며 살아가는 모습과 '세간 소식'을 멀리하는 모습이 주를 이루며, '보리밥, 파, 생채' 등 소박한 음식을 즐기는 모습이 〈어부사시사〉의 화자와 유사하다. 그러나 '두견이', '외로운 봉황' 등에 비추어 현실적인 미련과 집착을 보이는 것은 〈어부사시사〉와의 차이라고 할 수 있다.

키 포인트 체크

화자 자연 속에서 한가롭게 살아가는 ☐☐

상황 ☐☐마다 펼쳐지는 어촌의 아름다운 경치를 즐기며 어부 생활의 흥취를 드러냄.

태도 세속을 벗어나 자연과의 ☐☐을 추구함.

1 이 작품에 대한 설명으로 적절하지 않은 것은?

① 자연의 속성에서 교훈을 얻고 있다.
② 현재의 삶에 대한 만족감이 나타나 있다.
③ 계절의 변화에 따른 정서를 드러내고 있다.
④ 대상에서 받은 인상을 감각적으로 그려 내고 있다.
⑤ 화자가 위치한 공간을 드러내는 시어를 사용하고 있다.

내신 적중 多빈출

2 〈보기〉를 참고할 때, ㉠, ㉡에 대한 설명으로 적절하지 않은 것은?

보기

〈어부사시사〉는 모두 40수로 이루어진 연시조로, 각각의 시조에는 두 가지 여음이 나타난다. ㉠은 초장과 중장 사이의 여음으로, 매 10수마다 반복되며 출항에서 귀항까지의 과정을 보여 준다. ㉡은 중장과 종장 사이의 여음으로, 전편에 걸쳐 일정하게 나타나며 배를 움직일 때 내는 소리와 관련 있다.

① ㉠은 배의 움직임과 관련된다.
② ㉠은 작품 전체를 유기적으로 연결한다.
③ ㉡은 배에서 연주하는 악기 소리를 흉내 낸 말이다.
④ ㉡은 화자의 정서와 연결되어 흥취를 북돋운다.
⑤ ㉠과 ㉡ 모두 작품의 단조로운 흐름에 변화를 준다.

3 〈보기〉를 참고하여 ⓐ~ⓔ를 이해한 내용으로 적절하지 않은 것은?

보기

'어부'는 우리 문학 작품에 자주 등장하는 은자(隱者)의 상징이 되어 왔다. 즉, 작품 속 어부는 고기잡이를 생업으로 하는 사람이 아니라, 현실 정치의 혼탁함에서 벗어나 자연에서 풍류를 즐기며 유유자적(悠悠自適)하는 '가어옹(假漁翁)'이다. 〈어부사시사〉에도 이러한 작가의 현실관이 반영되어 있다.

① ⓐ에서 화자가 '가어옹'임이 드러난다.
② ⓑ에는 화자의 유유자적하는 모습이 나타난다.
③ ⓒ는 화자가 풍류를 즐기며 살아가는 자연이다.
④ ⓓ는 화자가 현실 정치로 인해 겪은 고난을 상징한다.
⑤ ⓔ는 화자가 벗어나려는 혼탁한 정치 현실을 의미한다.

4 〈보기〉를 참고하여 이 작품이 일반적인 시조의 형식상 특징과 다른 점 두 가지를 서술하시오.

보기

시조는 일반적으로 3(4)·4조, 4음보의 3장 6구를 기본형으로 하며, 종장의 첫 음보는 3음절로 고정되어 있다는 형식적 특징을 지닌다.

IV. 조선 후기

149 매화사(梅花詞) | 안민영

키워드 체크 #매화 #의인화 #강인한 생명력 #절개 #예찬

핵심 정리

갈래 연시조(전 8수)
성격 예찬적
제재 매화
주제 매화 예찬
특징 ① 매화를 의인화하여 표현함.
② 영탄법, 설의법을 통해 주제를 강조함.
연대 조선 철종
출전 《금옥총부》

시어 풀이

옥인 금차(玉人金釵) 미인의 금비녀.
암향(暗香) 그윽이 풍기는 향기. 흔히 매화의 향기를 이름.
빙자옥질(氷姿玉質) ① 얼음같이 맑고 깨끗한 살결과 구슬같이 아름다운 자질. ② '매화(梅花)'를 달리 이르는 말.

시구 풀이

❶ **매영(梅影)이 부딪힌 ~ 또한 오르더라.** 풍류를 즐기는 '백발옹'의 모습이 나타난 부분이다.
❷ **눈 기약 능히 지켜 두세 송이 피었구나.** 원래 매화는 눈이 내리는 늦겨울이나 초봄에 피는데, 눈이 내릴 때 꽃을 피우겠다는 약속을 지켜 매화가 피었다는 의미이다. 매화에 대한 대견함과 반가움이 드러난다.
❸ **촉(燭) 잡고 ~ 암향(暗香)조차 부동(浮動)터라.** 두세 송이의 매화를 자세히 보기 위해 촛불까지 들고 가까이 다가가 그윽한 향기에 매료된 모습을 통해 매화에 대한 화자의 애정이 드러난다.
❹ **빙자옥질(氷姿玉質)이여 눈 속에 네로구나.** 매화를 아름다운 여인에 비유하고 있다. 이는 〈제2수〉에서 매화에 인격을 부여한 것에서 더 나아가 매화를 화자와 대등한 인격체로 다루고 있는 것이라고 볼 수 있다.
❺ **가만히 향기 놓아 황혼월(黃昏月)을 기약하니** 달빛을 받은 매화의 모습이 햇빛을 받은 모습보다 아름답기 때문에 황혼에 뜨는 달을 기다린다는 의미이다.
❻ **아무리 얼우려 ᄒᆞ인들 봄 뜻이야 아슬소냐.** 아무리 매화를 얼게 하려고 해도 매화가 핌으로써 봄이 왔음을 알리는 것을 막을 수는 없다는 의미로, 자연의 이치를 거스를 수 없음을 나타낸다. 여기에서 '봄 뜻'은 화자가 소망하는 가치를 의미한다고 볼 수 있다.
❼ **동각에 숨은 ~ 매화밖에 뉘 있으리.** 철쭉·진달래꽃과 달리 눈 속에서도 필 수 있는 꽃은 오로지 매화밖에 없다고 함으로써, 매화에 절개·지조의 의미를 부여하며 이를 예찬하고 있다.

작가 소개

안민영(安玟英, ?~?) 자는 성무(聖武), 호는 주옹(周翁)으로 서얼 출신이다. 고종 13년(1876) 스승 박효관과 함께 조선 역대 시가집 《가곡원류》를 편찬·간행하여 근세 시조 문학을 총결산하는 데 공헌하였다. 《가곡원류》에 그의 시조 〈매화사〉 외 26수가 실려 있다.

가

❶매영(梅影)이 부딪힌 창에 옥인 금차(玉人金釵) 비겼으니
(매영: 매화 그림자)
이삼 백발옹(白髮翁)은 거문고와 노래로다.
이윽고 잔 잡아 권할 적에 달이 또한 오르더라. 〈제1수〉

▶ 매화 그림자와 풍류

현대어 풀이
매화 그림자 비친 창에 미인이 비스듬히 앉아 있는데
두어 명의 노인은 거문고 뜯으며 노래하도다.
이윽고 술잔을 들어 서로 권할 때 달이 또한 솟아오르도다.

나

(○: 매화(의인법))
어리고 성긴 매화 너를 믿지 않았더니,
(어리고 성긴: 고결함, 고고한 마음, 지조와 절개 상징)
❷눈 기약 능히 지켜 두세 송이 피었구나.
(눈 기약: 눈이 오면 꽃을 피우겠다는 약속 / 피었구나: 영탄법)
❸촉(燭) 잡고 가까이 사랑할 제 암향(暗香)조차 부동(浮動)터라. 〈제2수〉
(촉: 촛불 / 「 」: 후각의 시각화 / 부동: 떠다니더라, 떠돌더라)

▶ 매화의 고결한 성품

현대어 풀이
연약하고 엉성한 매화 너를 믿지 아니하였더니,
눈 오면 피겠다는 약속을 능히 지켜 두세 송이 피었구나.
촛불 잡고 가까이 사랑할 때 그윽한 향기조차 떠도는구나.

다

❹빙자옥질(氷姿玉質)이여 눈 속에 네로구나.
❺가만히 향기 놓아 황혼월(黃昏月)을 기약하니
(향기 놓아: 향기를 풍겨 / 황혼월: 황혼에 뜨는 달 – 매화를 더욱 돋보이게 하는 존재)
아마도 아치 고절(雅致高節)은 너뿐인가 하노라. 〈제3수〉
(아치 고절: 아담한 풍치와 높은 절개)

▶ 매화의 아름다움과 지조

현대어 풀이
얼음같이 맑고 깨끗한 모습과 구슬처럼 아름다운 바탕이여, 눈 속에 피어난 바로 너로구나.
가만히 향기를 풍기며 저녁에 뜨는 달을 기다리니
아마도 아담한 풍치와 높은 절개는 너뿐인가 하노라.

라

ᄇᆞ람이 눈을 모라 산창(山窓)에 부딪치니,
(산창: 산장의 창문)
찬 기운(氣運) 시여 드러 좀든 매화를 침노(侵擄)ᄒᆞ다.
(시여: 시련 / 침노: 침범한다, 쳐들어간다, 괴롭힌다)
❻아무리 얼우려 ᄒᆞ인들 봄 뜻이야 아슬소냐. 〈제6수〉
(얼우려 ᄒᆞ인들: 얼게 하려고 한들 / 봄 뜻: 겨울의 추위 속에서 봄을 기다리는 마음(화자의 소망), 봄이 찾아옴을 알리겠다는 의지)

▶ 매화의 강인한 지조와 자연의 섭리

현대어 풀이
산바람이 눈을 몰고 와서 산가(山家)의 창문에 부딪치니,
찬 기운이 방으로 새어 들어와 잠든 매화를 괴롭힌다.
아무리 (추운 날씨가 매화 가지를) 얼게 하려 한들 봄이 찾아옴을 알리겠다는 의지야 빼앗을 수 있겠느냐.

마

❼동각에 숨은 꽃이 척촉(躑躅)인가 두견화(杜鵑花)인가.
(척촉: 철쭉 / 두견화: 진달래꽃)
건곤(乾坤)이 눈이어늘 제 어찌 감히 피리.
(건곤: 온 천지, 온 세상)
알괘라 백설 양춘(白雪陽春)은 매화밖에 뉘 있으리. 〈제8수〉
(백설 양춘: 겨울인데도 봄빛을 보이는 것)

▶ 매화의 높은 절개

현대어 풀이
동쪽에 있는 누각에 숨은 꽃이 철쭉인가 진달래꽃인가.
온 천지가 눈이거늘 제 어찌 감히 피겠는가.
알겠도다, 흰 눈이 날리는 겨울인데도 봄빛을 보이는 것은 매화밖에 누가 있으리.

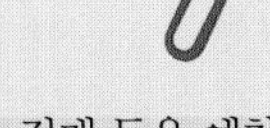

이해와 감상

이 작품은 전 8수의 연시조로 매화의 아름다움과 지조, 절개 등을 예찬하는 내용을 담고 있으며, 〈영매가(咏梅歌)〉라고 불리기도 한다.

〈제1수〉는 이 작품의 창작 동기가 된 배경이 제시된 부분으로, 매화에 주목하게 하는 일종의 서사 기능을 하고 있다. 〈제2수〉에서는 눈 속에서 피어나는 매화의 고결한 성품을 예찬했고 〈제3수〉에서는 매화를 아름다운 여인에 비유함으로써 얼음같이 맑고 깨끗한 자태, 우아한 풍치와 높은 절개를 예찬했다. 〈제6수〉에서는 겨울바람이 불어와도 꽃을 피워 봄소식을 전하는 매화의 모습을, 그리고 이를 통해 매화를 선구자적인 정신을 지닌 존재로 형상화함으로써 매화의 지조를 예찬했다. 〈제8수〉에서는 추운 겨울에 피는 유일한 꽃인 매화에 절개와 지조의 의미를 다시 한 번 부여하면서 매화를 예찬했다.

작품 연구소

'매화'에 부여된 의미

〈매화사〉는 사군자(四君子) 가운데 하나인 매화에 '절개' 혹은 '지조'라는 관습적 상징을 부여하고, 이를 인격화하여 지조 높은 선비의 모습을 상징적으로 표현했다. 특히 작가 자신의 우아하고 고절(高節)한 성품과 정서를 투영하여 표현함으로써 주체인 작가와 객체인 매화가 하나 된 물아일체(物我一體), 주객일체(主客一體)의 경지를 보여 주고 있다.

	시어	의미
1수	매영(梅影)	풍류의 배경
2수	암향 부동(暗香浮動)	고결, 그윽한 성품
3수	빙자옥질(氷姿玉質)	맑고 깨끗한 자태와 성품
	아치 고절(雅致孤節)	아담한 풍치와 높은 절개
6수	봄 뜻(↔ 바람, 눈, 찬 기운)	봄이 찾아옴을 알리겠다는 의지
8수	백설 양춘(白雪陽春)(↔ 척촉, 두견화)	지조, 절개

매화 = '너' → 인격 부여 …… 고결한 자태 / 지조, 절개 / 선구자적 정신 ➡ 매화 ─ 선비, 작가 자신 / 화자와 대등한 인격체 ⬇ 물아일체(物我一體)

〈제2수〉에 나타난 화자의 심리 변화 과정

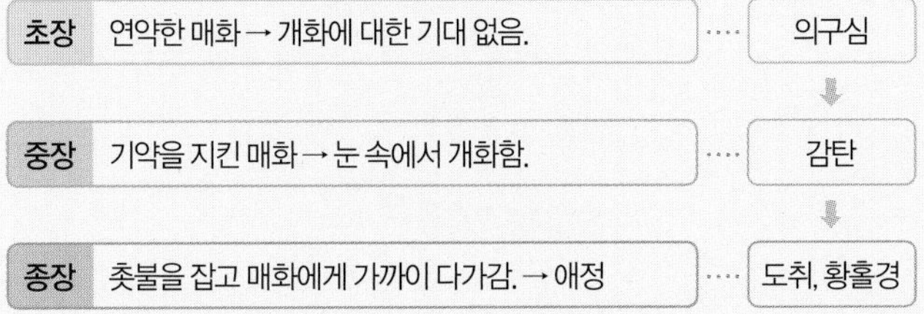

함께 읽으면 좋은 작품

〈사미인곡〉, 정철 / 매화를 지조와 절개를 상징하는 소재로 삼은 작품

작가가 관직에서 물러나 전남 창평에서 은거할 때 지은 가사로, 임금에 대한 그리움과 충정을 노래한 충신연주지사이다. 이 작품에서도 매화를 지조와 절개를 상징하는 소재로 삼아 화자의 충성심을 드러낸 부분이 나타난다. Link 본책 172쪽

키 포인트 체크

- **화자** ☐☐에 애정을 지니고 있는 사람
- **상황** 매화를 ☐☐☐하여 지조 높은 선비의 모습을 상징적으로 표현함.
- **태도** 매화의 강인한 생명력과 ☐☐를 예찬함.

1 이 작품의 표현상 특징으로 적절하지 않은 것은?

① 대상을 의인화하여 화자의 정서를 드러냈다.
② 의문의 형식을 통해 대상의 속성을 강조했다.
③ 상황 묘사를 통해 작품의 분위기를 형성했다.
④ 말을 건네는 방식으로 대상의 가치를 드러냈다.
⑤ 대상 간의 비교를 통해 공통된 속성을 부각했다.

중요 기출

2 〈보기〉를 참고하여 이 작품을 이해한 내용으로 적절하지 않은 것은?

보기

안민영의 〈매화사〉에는 매화를 감상하는 여러 가지 태도가 나타나 있다. 기본적으로 시흥(詩興)을 불러일으키는 자연물로서의 속성에 초점을 맞춰 매화를 감상하는 태도가 바탕이 된다. 여기에 당대의 이념과 관련하여 매화에 규범적 가치를 부여하여 감상하는 태도, 매화에 심미적으로 접근하여 아름다움을 음미하는 태도, 매화의 흥취를 즐기는 풍류적 태도 등이 덧붙여지기도 한다.

① (가)의 '거문고와 노래'는 매화가 불러일으킨 시흥을 즐기기 위한 풍류적 요소이다.
② (가)의 '잔 잡아 권할 적에'는 고조된 흥취를 사람들과 함께하고 싶은 마음을 드러낸다.
③ (다)의 '황혼월'은 매화를 심미적으로 감상할 때 매화의 아름다움을 더욱 돋보이게 한다.
④ (다)의 '아치 고절'은 자연물인 매화에 부여된 심미적이면서도 규범적인 가치이다.
⑤ (라)의 '봄 뜻'은 매화를 당대 이념에 국한하여 감상해야 의미를 파악할 수 있는 시어이다.

3 이 작품의 시어에 대한 설명으로 적절하지 않은 것은?

① (가)의 '백발옹'은 매화를 비유적으로 나타낸 표현이다.
② (나)의 '부동(浮動)터라.'는 향기를 시각화한 표현이다.
③ (다)의 '빙자옥질(氷姿玉質)'은 매화를 아름다운 여인에 비유한 표현이다.
④ (라)의 '봄 뜻'은 화자가 소망하는 가치를 상징한다.
⑤ (마)의 '척촉(躑躅)'과 '두견화(杜鵑花)'는 매화와 대조되는 존재이다.

4 (가)와 〈보기〉에 나타난 거문고 연주의 차이점을 서술하시오.

보기

덕보를 흠모하는 사람들조차도 그가 일찍부터 과거를 단념한 채 명리(名利)를 생각지 않고 조용히 집에 들어앉아 좋은 향을 피우거나 거문고를 타며 지내는 것을 보고는 '덕보가 담박하게 자중자애하면서 세속을 벗어나 마음을 닦고 있구나.' 하고 생각할 뿐이었다. – 박지원, 〈홍덕보 묘지명〉

150 ᄯᆞᆷ은 듣ᄂᆞᆫ 대로 듣고 | 위백규

키워드 체크 #자연 #농민 #생활 터전 #농사일 #즐거움 #농촌 생활

ᄯᆞᆷ은 듣ᄂᆞᆫ 대로 듣고/볏ᄉᆞᆫ 쬘 대로 쬔다.
청풍의 옷깃 열고 긴 파람 흘리 불제
어ᄃᆡ셔 길 가ᄂᆞᆫ 소님ᄂᆡ 아ᄂᆞᆫ ᄃᆞ시 머무ᄂᆞᆫ고.

(대구법: 듣고/볏ᄉᆞᆫ 쬘 / ᄯᆞᆷ: 땀 / 듣ᄂᆞᆫ: 떨어지는 / 볏ᄉᆞᆫ: 볕은 / 흘리: 흐르도록, 멋들어지게 / 청풍: 맑은 바람 / 파람: 휘파람 – 노동 후의 휴식을 표현한 시어 / 소님ᄂᆡ: 손님네, 나그네)

현대어 풀이

땀은 떨어질 대로 떨어지고 볕은 쬘 대로 쬔다.
맑은 바람에 옷깃을 열고 긴 휘파람을 멋들어지게 불 때,
어디서 길 가는 손님이 아는 듯이 멈춰 서 있는가.

키 포인트 체크

- 화자 땀 흘리며 일하는 □□
- 상황 일하다가 □□□을 불며 잠시 휴식을 취함.
- 태도 농사일의 □□□을 일깨움.

답 농부, 휘파람, 즐거움

핵심 정리

갈래 평시조, 서정시
성격 농가, 전원적, 사실적
주제 농사일의 즐거움
특징 ① 대구법을 사용해 노동하는 모습을 사실적으로 제시함.
② 자연을 땀 흘리며 일하는 생활의 터전으로 그려 냄.
출전 《존재가첩》, 《삼족당가첩》

이해와 감상

이 작품은 햇볕 아래에서 땀 흘리며 일하는 농부의 모습을 통해 노동의 고귀함을 간접적으로 일깨우는 작품이다. 초장에서는 열심히 일하는 농부의 모습을, 중장에서는 일한 뒤 잠깐 동안의 휴식을, 그리고 종장에서는 길 가던 손님이 휘파람 소리에 가던 길을 멈추고 가만히 서 있는 모습을 그리고 있다. 전체적으로 농촌의 일상적인 삶을 편안하면서도 따뜻한 시선으로 노래하고 있으며, 초장의 역동적인 모습과는 달리 중장과 종장은 정적이다.

작품 연구소

이 작품과 〈면앙정가〉의 '파람' 비교

이 작품의 '파람'은 노동 후의 휴식을 표현하는 것인데 비해 〈면앙정가〉의 '파람'은 자연 속에서의 풍류를 표현한 것이다.

> 술리 닉엇거니 벗지라 업슬소냐. 블ᄂᆡ며 ᄐᆞ이며 혀이며 이아며 온가지 소리로 취흥(醉興)을 ᄇᆡ야거니 근심이라 이시며 시름이라 ᄇᆞ터시랴. 누으락 안즈락 구브락 져츠락 을프락 ᄑᆞ람ᄒᆞ락 노혜로 소긔니 천지(天地)도 넙고넙고 일월(日月) ᄒᆞᆫ가ᄒᆞ다.
> – 송순, 〈면앙정가〉

151 동기로 세 몸 되어 | 박인로

키워드 체크 #형제 #이별 #그리움 #형제애

동기로 세 몸 되어 한 몸같이 지내다가
두 아운 어디 가서 돌아올 줄 모르는고.
날마다 석양 문외에 한숨 겨워하노라.

(동기로 세 몸 되어: 한 부모에게서 세 형제로 태어나 / 한 몸같이: 우애 있게 / 석양: 시간적 배경 / 문외: 공간적 배경)

현대어 풀이

동기로 태어난 세 몸(세 형제)이 한 몸같이 우애 있게 지내다가
두 아우는 어디 가서 돌아올 줄 모르는가.
날마다 해 지는 문밖에 서서 한숨을 못 이겨 하노라.

키 포인트 체크

- 화자 아우와 □□한 사람
- 상황 □□에서 한숨지으며 아우를 기다림.
- 태도 이별한 형제에 대한 □□□을 드러냄.

답 이별, 문밖, 그리움

핵심 정리

갈래 연시조, 평시조, 서정시
성격 애상적, 서정적
주제 이별한 형제에 대한 그리움
특징 ① 〈오륜가〉 22수 중 한 수로 지극한 형제애를 비유적으로 표현함.
② 설의법과 장면 묘사를 통해 화자의 심정을 표출함.
출전 《노계집》

이해와 감상

이 작품은 박인로의 〈오륜가〉 중 '형제유애(兄弟有愛)'의 넷째 수로, 화자가 날마다 문밖에서 한숨만 지으며 이별한 형제를 애타게 그리워하는 심정을 노래하고 있다. 임진왜란과 병자호란 등 전쟁을 겪으며 헤어진 두 아우에 대한 그리움과 기다림의 정서가 강하게 나타난다.

152 꿈에 단니는 길히 | 이명한

키워드 체크 #이별한 임 #꿈 #그리움 #애틋함

꿈에 단니는 길히 자최곳 날쟉시면 (자최곳: 자취가, 흔적이('곳'은 강세 조사))
「님의 집 창(窓) 밧기 석로(石路)라도 달흐리라」 (날쟉시면: 날 것 같으면, 난다고 한다면 / 석로: 돌길 / 「 」: 임에 대한 화자의 절실한 마음이 드러남.)
꿈길히 자최 업스니 그를 슬허ᄒᆞ노라. (슬허ᄒᆞ노라: 슬퍼하노라, 서러워하노라 – 화자의 애석함이 드러남.)

현대어 풀이

꿈속에서 다니던 길이 자취가 난다면
임의 집 창밖이 돌길이라도 닳았으련만
꿈길이(꿈속에서 임의 집을 가는 길이) 자취가 없으니 그를 슬퍼하노라.

키포인트 체크

화자 임과 ☐☐한 사람
상황 꿈속에서 다니는 길에 자취가 남는다면 ☐☐이라도 닳았을 것이라고 함.
태도 임에 대한 사랑을 ☐☐할 수 없어 안타까워함.

답 이별, 돌길, 증명

핵심 정리

갈래 평시조, 서정시
성격 연정가
주제 임에 대한 간절한 그리움과 사랑
특징 상황을 가정하고 과장된 표현을 사용하여 임에 대한 그리움을 강조함.
출전 《악학습령》

이해와 감상

이 작품은 꿈속에서 임을 얼마나 찾아갔는지를 재치 있는 발상으로 표현한 시조로, 애절한 화자의 마음이 눈에 보이는 듯 선명하게 나타난다.

초장	꿈길 = 자취 남음. → 가정	⇔	종장	꿈길 = 자취 없음.
⬇			⬇	
중장	임의 집 밖 돌길이 다 닳았을 것임. → 과장		임에 대한 사랑을 증명할 수 없음. (안타까움)	

153 한산셤 ᄃᆞᆯ ᄇᆞᆰ근 밤의 | 이순신

키워드 체크 #임진왜란 #나라 걱정 #우국충정 #무인의 기개

한산(閑山)셤 ᄃᆞᆯ ᄇᆞᆰ근 밤의 수루(戍樓)에 혼자 안자, (한산셤: 남해에 있는 섬, 작가가 임진왜란 때 왜군과 싸워 크게 이긴 곳 / 수루: 적군의 동정을 살피려고 성 위에 만든 누각)
큰 칼 녀픠 ᄎᆞ고 기픈 시름 ᄒᆞᄂᆞᆫ 적의, (녀픠: 옆에 / 시름: 나라에 대한 걱정)
어디서 일성 호가(一聲胡笳)ᄂᆞᆫ ᄂᆞᆷ의 애를 긋ᄂᆞ니. (일성 호가: 한 가락의 피리 소리 / 애: 창자 / 긋ᄂᆞ니: 끊나니)

현대어 풀이

한산섬 달 밝은 밤에 수루에 혼자 앉아,
큰 칼을 옆에 차고 깊은 시름에 잠겨 있을 때에,
어디선가 들려오는 한 가락 피리 소리가 남의 애를 끊는구나.

키포인트 체크

화자 호방한 ☐☐를 지닌 무인
상황 한산섬 진중에서 혼자 앉아 어디선가 들려오는 ☐☐ 소리를 듣고 있음.
태도 ☐☐의 앞날을 걱정함.

답 기개, 피리, 나라

핵심 정리

갈래 평시조, 서정시
성격 우국적(憂國的), 진중시(陣中詩)
제재 큰 칼, 일성 호가(피리 소리)
주제 우국충정(憂國衷情)
특징 나라를 걱정하며 부른 우국시이자, 무인(武人)의 호방한 기개가 드러나는 진중시임.
출전 《청구영언》

이해와 감상

이 작품은 선조 28년(1595) 임진왜란으로 온 나라가 혼란하던 시절, 작가가 한산섬 진중(陣中)에서 앞으로 다가올 국난을 걱정하며 읊은 시조이다. 나라의 위기를 한 몸으로 지탱하려던 한 명장(名將)의 위풍당당한 모습 이면에 자리 잡고 있는 인간적인 고뇌가 진솔하게 표현되어 감동을 자아낸다. 특히 종장의 '일성 호가'는 비감(悲感)을 심화하면서 비극적인 분위기를 고조하는 역할을 한다.

더 읽을 작품

154 국치비가(國恥悲歌) | 이정환

키워드 체크 #병자호란 #비분강개 #충의 #비통함

반밤중 혼자 일어 묻노라 이내 꿈아
(반밤중: 한밤중 / 이내 꿈아: 의인화)
만 리 요양(遼陽)을 어느덧 다녀온고.
(요양: 청나라가 건국된 곳)
반갑다 학가(鶴駕) 선용(仙容)을 친히 뵌 듯하여라. 〈제1수〉
(학가 선용: 학을 탄 신선의 모습 – 수레를 탄 소현 세자와 봉림 대군)

풍셜 석거친 날에 뭇노라 북래 사자(北來使者)야,
(풍셜 석거친 날: 눈바람이 섞인 날씨, 궂은 날씨 – 병자호란 후의 참담한 상황 / 북래 사자: 북에서 온 심부름꾼 – 청나라 사신)
소해 용안(小海容顔)이 언매나 치오신고.
(소해 용안: 왕자의 얼굴)
고국(故國)의 못 죽는 고신(孤臣)이 눈물계워ᄒᆞ노라. 〈제2수〉
(고신: 외로운 신하, 화자를 가리키는 말 / 눈물계워ᄒᆞ노라: 죽지 않고 살아 있는 화자의 슬픔 표출)

구렁에 낫는 풀이 봄비에 절로 길어 / 알을 일 업스니 긔 아니 조흘소냐.
(알을 일: 알 일, 알아야 할 일 – 병자호란의 치욕, 그로 인한 아픔)
우리는 너희만 못ᄒᆞ야 실람겨워 ᄒᆞ노라. 〈제8수〉
(실람: 시름)

현대어 풀이

〈제1수〉 한밤중에 혼자 일어나 묻노라, 이내 꿈아. / 만 리 밖의 청나라 땅에 어느새 다녀왔는가. / 반갑도다 수레를 탄 두 왕세자(소현 세자와 봉림 대군)를 친히 뵌 듯하여라.
〈제2수〉 바람과 눈이 뒤섞여 내리는 날에 물어보노라, 북쪽에서 온 사신들이여. / (볼모로 잡혀가신) 우리 왕자님들의 얼굴이 얼마나 추워 보이시던가? / 고국에서 죽지 못하고 살아 있는 외로운 신하는 그저 눈물 흘리노라.
〈제8수〉 구렁에 돋아난 풀이 봄비에 저절로 자라 / 알아야 할 일이 없으니 그 아니 좋겠는가. / 우리는 너희만 못하여 시름을 못 이겨 하노라.

키 포인트 체크

화자 나라를 위해 죽지 못하는 자신의 처지를 한탄하는 '나'(신하)
상황 □□□에 볼모로 잡혀간 소현 세자와 봉림 대군을 □□에서 만남.
태도 두 왕자를 그리워하며 병자호란의 치욕을 □□해함.

답 청나라, 꿈속, 비통

핵심 정리

갈래 연시조(전 10수)
성격 우국적
제재 병자호란의 치욕, 두 왕자에 대한 꿈
주제 ① 청나라에 볼모로 잡혀간 두 왕자에 대한 그리움
② 병자호란의 치욕에 대한 비통한 마음
특징 의인법, 도치법, 대조법 등 다양한 표현법을 사용함.
출전 《송암유고》

이해와 감상

이 작품은 병자호란의 국치를 비분강개한 심정으로 읊으면서 충의를 노래한 전 10수의 연시조이다. 〈제1수〉는 병자호란에서 패전한 후 소현 세자와 봉림 대군 등이 청나라에 볼모로 잡혀간 일을 생각하던 화자가 한밤중에 혼자 일어나 꿈속에서 먼 요양(遼陽) 땅에 계신 두 왕자를 알현한 이야기로 시작된다. 〈제2수〉는 청에서 온 사신들에게 두 왕자의 안부를 물음으로써 두 왕자에 대한 그리움과 나라를 위해 죽지 못하는 자신의 처지를 한탄함으로써 비통함을 드러낸다. 〈제8수〉는 자연물과 인간사를 대비하여 병자호란의 치욕에 대한 비통한 마음을 드러낸다.

작품 연구소

자연물과 인간사 대비의 효과

자연물		인간사
'풀, 너희'	⟷	'우리'
• 알 일이 없음. • 시름 없음.		• 알 일이 있음. • 시름겨워함.

⬇

인간사를 시름없는 자연과 대조하여 화자의 비통한 마음을 더욱 선명하게 부각함.

155 철령 높은 봉을 | 이항복

키워드 체크 #유배 #귀양 #감정 이입 #억울함 #충정

(철령: 강원도 회양군과 함경남도 안변군 경계에 있는 높은 재 – 작가가 이 재를 넘어 함경북도 북청으로 귀양을 감.)
철령(鐵嶺) 높은 봉(峰)을 쉬어 넘는 저 구름아,
(구름: 귀양 가는 화자 자신, 감정 이입의 대상)
『고신원루(孤臣冤淚)를 비 삼아 띄어다가,
(고신원루: 외로운 신하의 원통한 눈물 / 비 삼아: 비를 만들어 / 『 』: 화자의 억울한 처지를 대변하는 시어 '고신원루'를 '비'로 만들어 임금 계신 곳에 뿌려 보겠다는 의미로, 시적 상상력이 돋보임.)
임 계신 구중심처(九重深處)에 뿌려 본들』 어떠리.
(구중심처: 대궐의 깊은 곳, 임금이 계신 궁궐)

현대어 풀이

철령 높은 봉우리를 쉬어 넘는 저 구름아. / 외로운 신하의 원통한 눈물을 비로 만들어 띄어다가, / 임금 계신 깊은 대궐 안에 뿌려 본들 어떠리.

키 포인트 체크

화자 □□로 귀양길에 오른 사람
상황 철령을 쉬어 넘는 □□에 자신의 감정을 이입함.
태도 임금에 대한 충절과 자신의 □□□을 호소함.

답 유배, 구름, 억울함

핵심 정리

갈래 평시조, 서정시
성격 연군가, 절의가
제재 고신원루(孤臣冤淚)
주제 임금에 대한 변함없는 충절
특징 자연물에 감정을 이입하여 시적 화자의 고단하고 어려운 처지와 심정을 부각함.
출전 《청구영언》

이해와 감상

광해군이 영창 대군을 죽이고 인목 대비를 폐위하고자 할 때, 폐모론에 반대하다가 유배당한 작가가 원통한 심정을 하소연한 시조로 충신연주지사이다. 중장의 '고신원루'는 임금의 곁을 떠나 귀양을 가야만 하는 화자의 억울한 눈물을 의미하는데, 화자는 이 눈물을 비로 만들어 띄어다가 임금 계신 곳에 뿌려 보면 어떻겠느냐고 하며 자신의 억울한 심정을 하소연하고 그러한 심정을 임금이 알아주기를 바라는 마음을 드러내고 있다.

156 충신은 만조정이요 | 작자 미상

키워드 체크 #임금의 선정 #풍속의 교화 #예찬 #순조로운 날씨 #기원

충신(忠臣)은 만조정(滿朝廷)이요 / 효자(孝子)는 가가재(家家在)라.
우리 성주(聖主)는 애민적자(愛民赤子)ᄒᆞ시ᄂᆞᆫ듸.
명천(明天)이 이 ᄯᅳᆺ을 알오셔 우순풍조(雨順風調)ᄒᆞ소셔.

(대구법 / 조정에 가득 함. / 집집마다 있음. / 임금 / 백성을 사랑하고 아낌. / 밝은 하늘, 천지신명 / 비가 때맞추어 알맞게 내리고 바람이 고르게 붊.)

현대어 풀이

충신은 조정에 가득하고 효자는 집집마다 있다. / 우리 임금님은 백성을 어린아이와 같이 사랑하고 아끼시는데 / 밝은 하늘(천지신명)이 이 뜻을 아셔서 비 내리고 바람 부는 것이 고를 수 있도록 하소서.

키 포인트 체크

화자 태평성대를 바라는 사람
상황 □□과 □□가 가득하고 임금이 백성을 사랑함.
태도 임금의 선정을 예찬하고 좋은 날씨를 □□함.

답 충신, 효자, 기원

핵심 정리

갈래 평시조, 서정시
성격 예찬적, 기원적
제재 충신, 효자, 비, 바람
주제 임금의 성덕 예찬과 순조롭고 고른 날씨(태평성대) 기원
특징 ① 대구법을 통해 예찬하는 대상의 속성을 강조함.
② 태평성대를 의미하는 관습적 표현을 사용함.
출전 《병와가곡집》

이해와 감상

이 작품은 임금의 성덕과 선정, 당대의 미풍양속을 예찬하면서 천지신명에게 '우순풍조'를 기원하는 시조이다. '우순풍조'는 표면적 의미 그대로 좋은 날씨를 의미하기도 하지만 상징적으로는 태평성대를 뜻하기도 한다.

157 전원에 나믄 흥을 | 김천택

키워드 체크 #전원 #풍류 #흥취 #한가로움 #여유로움

전원(田園)에 나믄 흥(興)을 전나귀에 모도 싯고 / 계산(溪山) 니근 길로 흥치며 도라와셔
아희 금서(琴書)를 다스려라 나믄 ᄒᆡ를 보내리라.

(전원을 즐기다가 남은 흥 / 다리 저는 나귀 / 계곡을 낀 산 / 익숙한 / 흥겨워하며 / 아이야 / 거문고와 책 / 준비하여라 / ① 하루 중 남은 시간 ② 남은 생애(중의법))

현대어 풀이

전원에 남은 흥을 다리 저는 나귀(의 등)에 모두 싣고 / 계곡을 낀 산의 익숙한 길로 흥겨워하며 돌아와서
아이야, 거문고와 책을 준비하여라. (그것으로 오늘 하루의 / 내 평생의) 남은 시간을 보내리라.

키 포인트 체크

화자 □□을 즐기는 사람
상황 자연 속에서 풍류를 즐기다가 □□에 몸을 싣고 돌아옴.
태도 □□□와 서책을 즐기며 남은 시간을 보내려 함.

답 자연, 나귀, 거문고

핵심 정리

갈래 평시조, 서정시
성격 전원적, 풍류적, 한정가
제재 전원의 흥취
주제 전원에서 즐기는 풍류
특징 중의법을 사용하여 자연 속에서 여유 있게 풍류를 누리는 화자의 정서를 효과적으로 드러냄.
출전 《청구영언》

이해와 감상

이 작품은 자연 속에서 실컷 풍류를 즐기며 놀다가 발을 저는 나귀에 흥에 겨운 몸을 싣고 돌아와, 거문고와 서책을 즐기며 남은 시간을 보내려 하는 화자의 한가함과 여유로움이 잘 형상화되어 있는 시조이다. 여기서 자연은 흥취와 풍류의 대상으로 나타나 있다.

158 초암이 적료ᄒᆞᆫ듸 | 김수장

키워드 체크 #고요한 초가 #한가로움 #풍류 #물아일체

초암(草庵)이 적료(寂廖)ᄒᆞᆫ듸 벗 업시 ᄒᆞᆫ자 안자,
평조(平調) 한 닙희 백운(白雲)이 절로 존다. / 언의 뉘 이 죠흔 ᄯᅳᆺ을 알 리 잇다 ᄒᆞ리오.

(초가 / 적적하고 고요한데 / 혼자 / 알 사람 / 낮은 음조의 노래 / 저절로 / 어느 누가 / 자연에 묻혀 한가롭게 지내는 삶)

현대어 풀이

초가 암자가 적적하고 고요한데 친구 하나 없이 홀로 앉아서, / 나직한 곡조로 대엽(곡조 이름) 가락을 읊으니
흰 구름이 절로 조는 것 같구나. / 어느 누가 이 좋은 삶을 아는 사람이 있다 하겠는가?

키 포인트 체크

화자 조용한 □□에서 홀로 지내는 사람
상황 자연을 청중으로 하여 □□□를 연주함.
태도 자연과 더불어 즐기는 평화로운 생활에서 □□을 느낌.

답 초가(초암), 거문고, 만족

핵심 정리

갈래 평시조, 서정시
성격 한정가
제재 초암에서의 고요한 생활
주제 자연에 묻혀 풍류를 즐기는 그윽한 경지
특징 흰 구름('백운(白雲)')을 의인화하여 물아일체(物我一體)의 경지를 나타냄.
출전 《해동가요》

이해와 감상

이 작품은 번잡한 세속을 떠나 초가에서 홀로 거문고를 타면서 흰 구름을 벗 삼아 한가로이 지내는 풍류, 은일적(隱逸的) 한정(閑情)이 표출된 시조이다. 자연과 더불어 평화롭게 풍류를 즐기고, 물아일체의 경지에 이른 화자의 만족스러움과 가객(歌客)으로서의 자부심이 드러난다.

더 읽을 작품

159 니 스리 담박흔 중에 | 김수장

키워드 체크 #자연 #음악 #소박한 삶 #만족 #안빈낙도 #안분지족 #자연 친화

니 스리 담박(淡薄)흔 중(中)에 다만 깃쳐 잇는 것슨,
수경 포도(數莖葡萄)와 일권 가보(一卷歌譜) 쁜이로다.
이 중(中)에 유신(有信)흔 것슨 풍월(風月)인가 흐노라.

(담박한: 욕심이 없고 마음이 깨끗한 / 내 살림살이가 / 남겨져 있는 / 몇 줄기의 포도 덩굴 / 노래 악보 한 권 / 자연(대유법))

현대어 풀이

내 살림살이가 욕심이 없고 마음이 맑은 중에 다만 남겨져 있는 것은, / 몇 줄기의 포도 덩굴과 노래 악보 한 권뿐이로다. / 이 중에 신의가 있는 것은 자연인가 하노라.

키 포인트 체크

화자 자연 속에서 만족하며 사는 '나'
상황 자연과 □□에 만족하며 풍류를 즐김.
태도 소박하고 풍류를 즐기는 삶에 □□함.

답 음악, 만족

핵심 정리

갈래 평시조, 서정시
성격 한정가, 전원적
제재 수경 포도, 일권 가보
주제 자연에 묻혀 지내는 삶(안빈낙도)
특징 대유법을 사용하여 화자의 정서를 강조함.
출전 《해동가요》

이해와 감상

이 작품은 가난한 삶 속에서도 자연과 음악에 만족하며 살아가는 화자의 안빈낙도(安貧樂道), 안분지족(安分知足)을 노래하고 있다. '수경 포도'를 통해 자연 속에 묻혀 사는 소박한 화자의 삶을, '일권 가보'를 통해 풍류를 즐기는 화자의 모습을 떠올릴 수 있으며, 그중 최고의 벗은 '풍월', 즉 자연이라고 하는 데서 화자의 자연 친화적인 태도를 엿볼 수 있다.

160 산촌에 눈이 오니 | 신흠

키워드 체크 #유배 #자연 #은거 #만족

산촌(山村)에 눈이 오니 돌길이 무쳐셰라. / 시비(柴扉)를 여지 마라, 날 츳즈리 뉘 이시리. / 밤즁만 일편 명월(一片明月)이 긔 벗인가 흐노라.

(○: 세상과 연결되는 통로 역할을 하는 소재 / 묻혔구나 / 사립문 / 찾을 이, 찾을 사람 / 한 조각의 밝은 달)

현대어 풀이

산골 마을에 눈이 오니 돌길이 묻혔구나. / 사립문을 열지 마라. (길이 막혔으니, 묻혀 사는) 나를 찾을 사람이 누가 있겠느냐? / 다만 밤중에 나타나는 한 조각 밝은 달만이 내 벗인가 하노라.

키 포인트 체크

화자 자연과 벗하며 사는 '나'
상황 산촌에 눈이 내려 □□이 묻혀 외부와의 연결이 끊어짐.
태도 □□를 멀리하고 자연에 묻혀 살아가고자 함.

답 돌길, 속세

핵심 정리

갈래 평시조, 서정시
성격 한정가, 탈속적
제재 밤중의 산골 마을
주제 자연에서의 은거 생활
특징 영탄법, 설의법을 통해 화자의 심리를 드러냄.
출전 《청구영언》

이해와 감상

이 작품은 작가가 인목 대비 폐위 사건으로 춘천에 유배되었을 때 지은 시조로, 산촌에서 자연을 벗하며 살아가는 은사(隱士)의 모습이 형상화되어 있다. 눈이 내려 외부와 연결된 돌길마저 묻혀 버린 인적 없는 산골 마을을 배경으로, 한 조각의 달을 벗 삼아 조용히 살아가고자 하는 화자의 소망을 드러내고 있다. 특히 '시비'를 닫힌 채로 그냥 두라는 말은 속세를 멀리하고 자연에 묻혀 살아가고자 하는 마음을 표현한 것이라 볼 수 있다.

161 믜암이 맵다 울고 | 이정신

키워드 체크 #초야 #안분지족 #한가로운 삶 #언어유희

믜암이 맵다 울고 쓰르람이 쓰다 우니, / 산채(山菜)를 맵다는가 박주(薄酒)를 쓰다는가.
우리는 초야(草野)에 뭇쳐시니 맵고 쓴 줄 몰닉라.

(세속에 묻힌 사람들 / 매미 / 쓰르라미, 참매미와 비슷한데 몸집이 작고, 저녁 무렵에 풀밭에서 애처롭게 울. / 산나물 / 변변치 못한 술 / 시골의 궁벽한 곳 – 벼슬을 안 하고 시골에 사는 것을 의미함.)

현대어 풀이

매미가 맵다고 울고 쓰르라미가 쓰다고 우니, / 산나물이 맵다고 우는 것인가, 변변치 못한 술이 쓰다고 우는 것인가? / 우리는 시골의 궁벽한 곳에 묻혀 살고 있으니 맵고 쓴 줄을 모르겠노라.

키 포인트 체크

화자 □□에 묻혀 지내는 사람
상황 □□가 맵다고 울고 쓰르라미가 쓰다고 욺.
태도 초야에서의 생활에 □□□□함.

답 초야, 매미, 안분지족

핵심 정리

갈래 연시조(전 10수)
성격 한정가
제재 매미와 쓰르라미의 울음소리
주제 초야에 묻혀 지내는 한가로운 삶
특징 음의 유사성을 이용한 언어유희를 사용함.
출전 《가곡원류》

이해와 감상

이 작품은 초야(전원)에서의 안분지족하는 삶을 노래하고 있다. 초장, 중장에 '믜암–맵다', '쓰르람이–쓰다'와 같은 소리의 유사성을 이용한 언어유희가 나타나며, '믜암, 쓰르람'과 '우리'를 대비하여 주제를 드러내고 있다.

믜암, 쓰르람	↔	우리
속세, 혼란스러운 삶		초야, 여유로운 삶

162 서검을 못 일우고 | 김천택

키워드 체크 #세속적 가치 #자연에 귀의 #고뇌 #위안

□↔○: 대조

서검(書劍)을 못 일우고 쓸ᄃᆡ 업쓴 몸이 되야 / 오십 춘광(五十春光)을 ᄒᆡ옴 업씨 지ᄂᆡ연져 / 두어라 언의 곳 청산(靑山)이야 날 ᄭᅵᆯ 쭐이 잇시랴.

(문무(文武)의 벼슬, 입신양명 / 쓸 곳 / 오십 년 세월 / 해 온 일 / 지냈구나 / 자연 / 꺼릴, 싫어할)

현대어 풀이

서검(입신양명)을 이루지 못하고(벼슬자리에 오르지 못하고) 쓸모없는 몸이 되어 / 오십 년 세월을 해 온 일 없이 지냈구나. / 두어라, 어느 곳의 청산이야 날 꺼릴 줄이 있으랴.

키 포인트 체크

화자 □□□□에 오르지 못한 사람
상황 해 온 일 없이 오십 년 □□이 흐름.
태도 세속적 가치를 버리고 자연에 □□하려고 함.

답 벼슬자리, 세월, 귀의

핵심 정리

갈래 평시조, 서정시
성격 자연 귀의적
제재 서검, 청산
주제 자연에 귀의하려는 마음
특징 대유법을 통한 시어의 대조와 설의법이 나타남.
출전 《해동가요》

이해와 감상

이 작품에서는 '서검'과 '청산'이라는 소재를 대비하여, 입신양명이라는 세속적 가치를 떨치고 자연에 귀의하려는 태도를 드러내고 있다. 이는 속세에서 겪는 고뇌를 달래기 위해서라고 할 수 있다.

서검(書劍)	↔	청산(靑山)
세속, 현실		자연

163 사랑이 거즛말이 | 김상용

키워드 체크 #임 생각 #잠 못 이루는 화자 #그리움 #연군가

『사랑이 거즛말이 님 날 사랑 거즛말이 / ᄭᅮᆷ에 와 뵈단 말이 긔 더옥 거즛말이』 / 날갓치 ᄌᆞᆷ 아니 오면 어ᄂᆡ ᄭᅮᆷ에 뵈리오.

(임금, 사랑하는 임 / 전전반측(輾轉反側) / 보인다는 / 강조 효과 / 『 』: 점층법, 반복에 의한 강조 / 임에 대한 그리움으로 잠을 이루지 못함.(설의법))

현대어 풀이

사랑한다는 것이 거짓말이니, 임이 나를 사랑한다는 것이 거짓말이니 / 꿈에 와 보인다는 말이 그 더욱 거짓말이니 / 나같이 잠이 오지 않으면 어느 꿈에 보이겠는가?

키 포인트 체크

화자 임과 □□한 사람
상황 임에 대한 □□□으로 잠을 이루지 못함.
태도 임을 사랑하고 그리워함.

답 이별, 그리움

핵심 정리

갈래 평시조, 서정시
성격 연군가, 연정가
제재 사랑
주제 임에 대한 그리움
특징 ① 점층법, 설의법, 반복을 통해 주제를 효과적으로 부각함.
② 임을 그리워하는 심정을 투정하는 듯한 어조로 표현함.
출전 《병와가곡집》

이해와 감상

이 작품은 일반적인 사랑 노래로서의 성격을 지닌 동시에 연군가에 속하는 작품이기도 하다. 화자가 잠도 이룰 수 없을 정도로 임을 사랑하고 그리워하고 있음을 우회적으로 드러냈으며, 이를 투정을 부리는 듯한 말투로 표현했다.

164 재 우희 우뚝 션 | 작자 미상

키워드 체크 #임 #그리움 #연모의 정 #해학적 #웃음과 연민

재 우희 우뚝 션 소나모 ᄇᆞ람 불 적마다 흔들흔들
개울에 셧는 버들 므스 일 조ᄎᆞ셔 흔들흔들
님그려 우는 눈물은 올커니와 입ᄒᆞ고 코ᄂᆞᆫ 어이 므스 일 조차셔 후루룩 빗죽 ᄒᆞᄂᆞ니

(고개 위에 / 무슨 일 / 따라서 / 물론이거니와 / 코를 흘리며 입술을 삐쭉 내미는 모양 / 하느냐)

현대어 풀이

고개 위에 우뚝 서 있는 소나무는 바람 불 적마다 흔들흔들(거리는구나.) / 개울에 서 있는 버드나무는 무슨 일을 쫓아서(따라서) 흔들흔들(거리느냐.) / 임 그리워 우는 눈물은 물론이거니와 입하고 코는 어찌하여 무슨 일로 후루룩 코를 흘리며 (입은) 삐쭉거리느냐.

키 포인트 체크

화자 임과 □□한 사람
상황 터져 나오는 □□을 꾹 참음.
태도 임에 대한 그리움을 해학적으로 표현함.

답 이별, 울음

핵심 정리

갈래 사설시조
성격 연정가, 해학적
제재 임 그리워 흘리는 눈물
주제 임에 대한 그리움, 임에 대한 연모의 정
특징 ① 의태어를 사용하여 사실성과 구체성을 높임.
② 임에 대한 그리움의 정서를 해학적으로 표현함.
출전 《청구영언》, 《가곡원류》

이해와 감상

이 작품은 임과 이별한 상황에서 임에 대한 그리움을 자연물의 모습에 대응시켜 그려 낸 연정가로, 임이 그리워 눈물을 흘리는 자신의 얼굴을 해학적으로 표현하여 웃음과 연민을 동시에 자아낸다.

165 님그려 겨오 든 잠에 | 작자 미상

키워드 체크 #임 #그리움 #꿈 #회한

님그려 겨오 든 잠에 쑴자리도 두리숭숭
그리던 님 잠간 만나 얼풋 보고 어드러로 간거이고 잡을 거슬
잠씨여 겻테 업스니 아조 간가 ᄒᆞ노라.

(그리워 / 겨우 / 뒤숭숭 / 어디로 / 꿈에서나마 임을 잡지 못한 화자의 안타까움 / 잠에서 깨어 / 곁에 / 아주)

현대어 풀이

임 그리워 겨우 든 잠에 꿈자리도 뒤숭숭 / (꿈속에서) 그리던 임 잠깐 만나 언뜻 보고 어디로 간 것이냐? 잡을 것을 / 잠 깨어 곁에 없으니 아주 간 것인가 하노라.

키 포인트 체크

화자 임을 잊지 못하여 잠을 잘 이루지 못하는 사람 상황 □에서 만난 임을 잡지 못한 것을 안타까워함.
태도 임에 대한 □□□과 □□을 드러냄.

답 꿈, 그리움, 회한

핵심 정리

갈래 사설시조
성격 연정가(戀情歌)
제재 꿈
주제 임에 대한 그리움
특징 '꿈'을 통해 화자의 상황과 정서를 효과적으로 드러냄.
출전 《육당본 청구영언》

이해와 감상

이 작품은 임을 잊지 못하여 전전반측하던 화자가 임을 잠깐 만나는 꿈을 꾼 뒤 임의 부재를 절실하게 느끼고 있음을 표현했다. 임의 빈 자리를 느끼는 정도에 비례하여 임에 대한 그리움도 커지고 있음을 알 수 있다.

초장	전전반측(輾轉反側), 꿈	임에 대한 그리움과 회한
중장	임을 잡지 못한 안타까움	
종장	임이 곁에 없음.	임의 부재 확인

166 사랑이 엇써터니 | 작자 미상

키워드 체크 #사랑 #속성 #자문자답 #역설적

「사랑(思郞)이 엇써터니 둥고더냐 모지더냐 / 길더냐 져르더냐 발일넌냐 ᄌᆞ힐너냐」
각별(各別)이 긴 줄은 모로되 ᄭᅳᆺ 간 듸를 몰닉라

(둥글더냐 / 모가 났더냐 / 짧더냐 / 발[丈]로 재겠더냐 / 재[尺]로 재겠더냐 / 특별히 / 끝 간 곳)

「 」: 사랑의 대표적 속성을 네 가지로 묻고 그중 한 가지(길더냐)에 집중하는 방식을 통해 사랑의 속성을 추적함.

현대어 풀이

사랑이 어떻더냐? 둥글더냐, 모나더냐? / 길더냐, 짧더냐? 발[丈]로 재겠더냐, 재[尺]로 재겠더냐? / 특별히 긴 줄은 모르겠으되 끝 간 곳을 모르겠구나.

키 포인트 체크

화자 □□의 속성을 묻고 답하는 사람 상황 사랑의 대표적인 □□ 네 가지를 제시함.
태도 긴 줄은 모르겠으나 끝이 어디 있는지 모르는 사랑의 □□□인 속성을 제시함.

답 사랑, 속성, 역설적

핵심 정리

갈래 평시조, 서정시
성격 연정가
제재 사랑의 속성
주제 사랑의 역설적인 속성
특징 문답을 통해 사랑의 속성을 제시함.
출전 《청구영언》, 《병와가곡집》

이해와 감상

전체적으로 화자가 혼잣말로 묻고 답하는 자문자답의 방식으로 구성되어 있다. 초·중장에서 사랑의 속성을 네 가지로 묻고 또 그중에서도 사랑이 길다면 대체 얼마나 길더냐고 재차 물은 후, 종장에서는 이에 대해 대답하는데 이 대답에 역설적 진리가 담겨 있다. 긴 줄은 모르겠으나 어디에 끝이 있는지 모르겠다는 것은 사랑의 속성이 퍽 길다는 것을 의미한다.

167 뉘라셔 가마귀를 | 박효관

키워드 체크 #교훈적 #까마귀 #효의 미덕 #세태 한탄 #효의 실천 권고

뉘라셔 가마귀를 검고 흉(凶)타 ᄒᆞ돗던고. / 반포 보은(反哺報恩)이 긔 아니 아름다온가.
ᄉᆞ롬이 져 시만 못ᄒᆞ믈 못닉 슬허ᄒᆞ노라.

(누가 / 하였던가 / 어버이의 은혜를 잊지 않고 보답하는 효심(까마귀의 새끼는 자란 뒤에 늙은 어미에게 먹이를 물어다 주어 은혜에 보답한다고 함.) / 슬퍼하노라)

현대어 풀이

누가 까마귀를 검고 흉하다 하였던가. / 반포 보은이 그 아니 아름다운가. / 사람이 저 새만 같지 못함을 못내 슬퍼하노라.

키 포인트 체크

화자 □□□에 반포 보은의 가치를 부여한 사람 상황 효의 미덕이 지켜지지 않는 □□를 한탄함.
태도 효의 실천을 □□함.

답 까마귀, 세태, 권고

핵심 정리

갈래 평시조, 교훈시
성격 경세가(警世歌), 교훈적, 비판적, 우의적
제재 까마귀의 반포지효
주제 효심(孝心)의 강조
특징 자연물과 인간을 대비하여 인간의 불효를 비판하고 효를 실천할 것을 강조함.
출전 《화원악보》, 《가곡원류》

이해와 감상

이 작품에서 화자는 까마귀에 '반포 보은(反哺報恩)'의 가치를 부여함으로써 일반적인 관점에서 벗어나 까마귀를 '효'의 상징물로 바라본다. '흉조'로 알려진 까마귀조차 부모의 은혜를 갚기 위해 노력하는데 하물며 인간이 그렇게 하지 않음을 꾸짖고 효를 실천할 것을 권고하고 있다.

168 서방님 병 들여 두고 | 김수장

키워드 체크 #해학적 #일상적 상황 #아낙네 #남편에 대한 사랑 #정성

서방(書房)님 병(病) 들여 두고 쓸 것 업셔
종루(鐘樓) 져재 달릐 파라 빈 사고 감 사고 유자(榴子) 사고 석류(石榴) 삿다 아ᄎᆞ
아ᄎᆞ 이저고 오화당(五花糖)을 니저발여고나
수박(水朴)에 술 ᄭᅩᄌᆞ 노코 한숨계워 ᄒᆞ노라

(달릐: 다리(예전에 여자들이 덧넣었던 땋은 머리) / 져재: 시장 / 빈 사고 ~ 석류 삿다: 화채 만들 재료를 삼. / 아ᄎᆞ 아ᄎᆞ: 아낙네의 당황하는 모습과 남편에 대한 애틋한 마음을 해학적으로 표현함. / 오화당: 오색으로 물들여 만든 동글납작한 사탕 / 니저발여고나: 잊어버렸구나 / 술: 숟가락 / 한숨계워 ᄒᆞ노라: 자신의 실수를 한탄함.)

현대어 풀이

서방님이 병이 들어 두고 쓸 것이 없어서(돈이 될 만한 것이 없어서)
종루 시장에 머리카락 팔아 배 사고 감 사고 유자 사고 석류 샀다. 아차차 잊었구나, 오색 사탕을 잊었구나.
(화채를 만들려고) 수박에 숟가락 꽂아 놓고 한숨 못 이겨 하노라.

키 포인트 체크

화자 병든 남편을 둔 아낙네
상황 남편에게 화채를 만들어 주기 위해 시장에 □□□□을 팖.
태도 오색 사탕을 빠뜨린 자신의 □□를 한탄함.

답 머리카락, 실수

핵심 정리

갈래 사설시조
성격 애정가, 해학적
제재 화채 재료
주제 남편에 대한 아내의 애틋한 사랑과 정성
특징 서민의 생활에 밀착된 어휘들(화채 재료)을 나열함으로써 생동감을 부여함.
출전 《해동가요》

이해와 감상

이 작품은 평범한 아낙네의 남편에 대한 사랑을 일상적 상황을 통해 형상화한 시조이다. 화자는 병든 남편에게 화채를 만들어 주기 위해 자신의 머리카락을 팔아 여러 가지 재료를 샀으나 집에 돌아와서 오색 사탕을 빠뜨린 것을 알고 한탄하고 있다. 중장에 사용된 열거법과 '아차아차'라는 감탄사를 통해 생동감이 느껴진다.

169 하하 허허 ᄒᆞᆫ들 | 권섭

키워드 체크 #정치 현실 #비판 #풍자 #분노

하하 허허 ᄒᆞᆫ들 내 우음이 졍 우움가
하 어쳑 업서셔 늣기다가 그리 되게
벗님닉 웃디를 말구려 아귀 ᄯᅴ여디리라.

(하하 허허: 부정적인 현실에 대한 쓴웃음 / 졍 우움가: 바른(진짜) 웃음인가 / 어쳑 업서셔: 어처구니 / 늣기다가: 흐느끼다가 / 벗님닉: 부정적인 상황을 야기한 사람들 / ᄯᅴ여디리라: 찢어지리라(과장법))

현대어 풀이

하하 허허 하고 웃은들 내 웃음이 정말 웃음인가(정말 우스워서 웃는 것인가)?
하도 어처구니가 없어서 울다가 그리된 것이다.
사람들아 웃지를 말아라. 입이 찢어지리라.

키 포인트 체크

화자 □□과 거리를 둔 사람
상황 어처구니가 없어서 웃다가 울다가 함.
태도 잘못된 정치 현실을 □□하고 풍자함.

답 세상, 비판

핵심 정리

갈래 연시조(전 10수)
성격 냉소적, 풍자적, 비판적
제재 웃음
주제 잘못된 정치 현실에 대한 비판과 풍자
특징 화자와 벗님네를 대조하여 부정적인 현실을 개탄함.
출전 《옥소고》

이해와 감상

이 작품은 혼란한 정치 현실을 보며 관직을 외면하고 작품 창작에만 전념한 권섭의 시조이다. 화자와 벗님네의 대조적 상황을 바탕으로 시상을 전개하여 당시의 잘못된 정치 현실에 대한 분노와 허탈감을 표현했다.

'나'(화자)		벗님닉
• 세상과 거리를 둔 상태 • '내 우음': 거짓 웃음, 비판적·냉소적인 웃음, 허탈한 웃음	⟷	• 어처구니없는 상황의 주체 • 모의, 작당을 일삼으며 이익을 추구하는 무리

170 선상탄(船上嘆) | 박인로

키워드 체크 #전쟁 문학 #우국충정 #왜적에 대한 적개심 #평화로운 세상 염원

핵심 정리

갈래 가사, 전쟁 가사
성격 우국적, 비판적, 기원적
제재 임진왜란의 경험
주제 전쟁에 대한 한탄과 우국충정(憂國衷情) 및 평화에 대한 기원
특징 ① 민족의 현실을 구체적으로 다룸.
② 왜적에 대한 강한 적개심이 나타남.
③ 한자 성어와 고사의 인용이 많음.
의의 〈태평사〉와 함께 전쟁 가사의 대표작
연대 조선 선조
출전 《노계집》

Q 이 부분에 나타난 화자의 태도는?

화자는 '병(病)이 깁다 안자실랴.'라는 표현을 통해 전쟁으로 나라가 위기에 처한 상황에서 은거하고만 있을 수 없어 전쟁터로 나오게 되었음을 제시하면서 우국충정의 태도를 드러냈다. 이때 '병이 깁다'는 조선 시대 사대부들이 자주 사용하던 관습적인 표현이다.

시어 풀이

여기 진목(勵氣瞋目) 기운을 내고 눈을 부릅뜸.
헌원씨(軒轅氏) 배를 처음 만든 중국 고대의 전설적인 황제의 이름.
동남동녀(童男童女) 남자아이와 여자아이를 아울러 이르는 말.

시구 풀이

❶ **ᄇᆞ람 조친 ~ 사혀 잇고,** '황운(黃雲)'은 '전쟁'을 비유하는 말로, 임진왜란이 끝났음에도 전쟁의 상처가 가시지 않았음을 나타내고 있다.
❷ **어리미친 회포(懷抱)애 헌원씨(軒轅氏)를 애ᄃᆞ노라.** 배가 아니었으면 왜적이 어떻게 조선을 침범할 수 있었겠냐고 하며 배를 만든 헌원씨를 원망하고 있다.
❸ **어즈버 ᄭᆡᄃᆞ라니 진시황(秦始皇)의 타시로다.** 배를 만든 헌원씨에 대한 원망이 왜(倭)가 생기게 한 진시황에게 옮겨 가는 구절이다. 즉, 왜가 있었기에 그들이 조선을 침범하게 된 것이라고 보고, 왜가 생겨나게 만든 진시황을 원망하고 있는 것이다.
❹ **통분(痛憤)ᄒᆞᆫ 수욕(羞辱)이 화하(華夏)애 다 ᄆᆡᆺ나다.** 조선이 일본에 침략당한 수치가 중국에 다 미친다는 의미이다.

작가 소개

박인로(본책 222쪽 참고)

가 늘고 병(病)든 몸을 [화자가 자신을 낮추어 이르는 말] 주사(舟師)로 [수군(水軍), 곧 통주사] 보ᄂᆡ실ᄉᆡ, ㉠을사(乙巳) 삼하(三夏)애 [선조 38년 여름] 진동영(鎭東營) [오늘날의 부산] ᄂᆞ려오니, 관방중지(關防重地)예 [변방의 중요한 땅] ㉡병(病)이 깁다 안자실랴. 일장검(一長劍) 비기 [비스듬히] ᄎᆞ고 병선(兵船)에 구테 올나, ㉢•여기 진목(勵氣瞋目)ᄒᆞ야 대마도(對馬島)을 구어보니, ㉣❶ᄇᆞ람 조친 황운(黃雲)은 [전쟁의 기운] 원근(遠近)에 사혀 잇고, 아득ᄒᆞᆫ 창파(滄波)ᄂᆞᆫ 긴 하ᄂᆞᆯ과 ᄒᆞᆫ 빗칠쇠.
▶ 주사로 임명되어 진동영으로 내려와 병선을 타고 적진을 바라봄.(서사)

나 ㉤선상(船上)에 배회(徘徊)ᄒᆞ며 고금(古今)을 사억(思憶)ᄒᆞ고, [생각하고] ❷어리미친 [어리석고 미친] 회포(懷抱)애 •헌원씨(軒轅氏)를 애ᄃᆞ노라. 『대양(大洋)이 망망(茫茫)ᄒᆞ야 천지(天地)예 둘려시니, 진실로 ᄇᆡ 아니면 풍파 만리(風波萬里) 밧긔, 어ᄂᆡ 사이(四夷) [오랑캐들] 엿볼넌고.』 무슴 일ᄒᆞ려 ᄒᆞ야 ᄇᆡ 못기를 [배 만들기] 비롯ᄒᆞᆫ고. 만세천추(萬世千秋)에 [오랜 세월] ᄀᆞ업ᄉᆞᆫ 큰 폐(弊) 되야, 보천지하(普天之下)애 [온 천지에] 만민원(萬民怨) 길우ᄂᆞ다. [기르는구나, 조장하는구나]
『 』: 헌원씨를 원망하는 이유 – 우리나라는 넓고 큰 바다가 둘러싸고 있어 배가 없었다면 오랑캐가 넘보지 못했을 것임.
▶ 배를 처음 만든 헌원씨를 원망함.(본사 1)

다 ❸어즈버 ᄭᆡᄃᆞ라니 진시황(秦始皇)의 타시로다. [진시황이 불로초를 구하기 위해 왜로 사람을 보낸 것을 원망함.] ᄇᆡ 비록 잇다 ᄒᆞ나 왜(倭)를 [왜나라 사람들] 아니 삼기던들, [생기게 하였던들] 일본(日本) 대마도(對馬島)로 뷘 ᄇᆡ 졀로 나올넌가. 뉘 말을 미더 듯고, •동남동녀(童男童女)를 그ᄃᆡ도록 [그토록] 드려다가, 해중(海中) 모든 셤에 난당적(難當賊)을 [감당하기 어려운 적 – 왜적을 뜻함.] 기쳐 [남겨] 두고, ❹통분(痛憤)ᄒᆞᆫ 수욕(羞辱)이 [부끄럽고 욕됨.] 화하(華夏)애 [중국] 다 ᄆᆡᆺ나다. [미친다] 장생(長生) 불사약(不死藥)을 얼ᄆᆡ나 어더 ᄂᆡ여, 만리장성(萬里長城) 놉히 사고 몃만 년(萬年)을 사도썬고. [살았던가] 놈ᄃᆡ로 [남처럼] 죽어 가니 유익(有益)ᄒᆞᆫ 줄 모ᄅᆞ로다. 어즈버 ᄉᆡᆼ각ᄒᆞ니 서불(徐市) 등(等)이 이심(已甚)ᄒᆞ다. [서불이 왜에 들어가 살면서 왜적을 만든 것을 원망함.] 인신(人臣)이 되야셔 망명(亡命)도 ᄒᆞᄂᆞᆫ 것가. [신하로서 망명한 것은 도리에 어긋남.] 신선(神仙)을 못 보거든 수이나 도라오면, ⓐ주사(舟師) 이 ᄉᆡ럼은 전혀 업게 삼길럿다.
▶ 왜적이 생기게 한 진시황과 서불을 원망함.(본사 2)

현대어 풀이

(가) (임금께서) 이 늙고 병든 몸을 수군(水軍)으로 보내시기에, 을사년 여름에 부산진에 내려오니, 국경의 요새지에 병이 깊다고 앉아 있으랴. 한 자루 긴 칼을 비스듬히 차고 병선(兵船)에 감히 올라 기운을 떨치고 눈을 부릅떠 대마도를 굽어보니, 바람을 따라 이동하는 누런 구름은 멀고 가까운 곳에 쌓여 있고, 아득한 푸른 물결은 긴 하늘과 한 빛일세.

(나) 배 위에 이리저리 거닐며 예로부터의 여러 가지 일을 생각하며, 어리석고 미친 듯한 생각에 배를 처음 만든 헌원씨를 원망하노라. 큰 바다가 넓고 아득하여 천지에 둘러 있으니, 진실로 배가 아니면 풍파가 많은 만 리 밖에서 어느 사방의 오랑캐가 우리나라를 엿볼 것인가? 무슨 일을 하려고 배 만들기를 시작하였던가? 장구(長久)한 세월에 끝없는 큰 폐단이 되어, 온 천하에 만백성의 원한을 조장하는구나.

(다) 아, 깨달으니 진시황의 탓이로다. 배가 비록 있다 하나 왜국을 만들지 않았던들, 일본 대마도로부터 빈 배가 저절로 나올 것인가? 누구 말을 믿어 듣고 동남동녀를 그토록 데려다가 바다 가운데 모든 섬에 감당하기 어려운 도적(왜적)을 남겨 두어서, 통분한 수치와 모욕이 중국에까지 미치게 하였는가? 장생불사한다는 약을 얼마나 얻어 내어 만리장성 높이 쌓고 몇만 년이나 살았던가? (그러나 진시황도) 남과 같이 죽어 갔으니, (사람들을 보낸 일이) 유익한 줄을 모르겠다. 아, 생각하니 서불의 무리들이 매우 심하다. 신하가 되어서 남의 나라로 도망을 하는 것인가. 신선을 못 만났거든 쉬 돌아왔더라면, 수군인 나의 근심은 전혀 생기지 않았을 것이다.

이해와 감상

이 작품은 〈태평사〉와 더불어 조선 후기 전쟁 문학을 대표하는 가사이다. 임진왜란이 끝난 후에도 아직 전쟁의 기운이 사라지지 않은 부산진에 통주사(統舟師)로 내려온 작가의 전쟁에 대한 인식과 정서가 잘 반영되어 있다. 우리 민족이 겪은 전쟁의 시련을 다루면서 왜적에 대한 적개심과 분노를 드러내고, 우국충정과 평화로운 세상에 대한 희구를 노래했다.

이 작품은 역사상 인물과 중국 고사 등을 빈번하게 인용하고 있고, '배'를 중심으로 시상을 전개한 점도 특징적이다. 왜적이 타고 온 '배'에 대한 원망에서 시작하여 '배'가 있음으로써 풍류와 흥취를 느낄 수 있음을 제시한 뒤, 마지막 부분에서는 전쟁의 비애를 극복하고 고기잡이배를 타고 강호가도를 즐기겠다며 평화로운 세상에 대한 강한 염원을 드러내고 있다.

작품 연구소

〈선상탄〉의 시상 전개 과정

서사	통주사가 되어 진동영에 내려와 병선(兵船)을 타고 적진을 바라봄.		
본사	1	배를 처음 만든 헌원씨를 원망함.	선상(船上)에서의 회포와 우국지정
	2	왜적이 생기게 한 진시황과 서불을 원망함.	
	3	자연을 즐기는 수단으로서 배의 가치를 생각함.	
	4	과거와 달리 배가 전쟁의 수단으로 쓰이고 있음.	
	5	임진왜란의 치욕과 우국 단심	
	6	왜적을 물리치겠다는 결의와 의지	
결사	평화 공존의 의지와 태평성대에 대한 바람		

전쟁 가사로서의 〈선상탄〉

전쟁 가사는 전쟁이라는 시련에 처한 민족 전체의 의식과 관념을 바탕으로 하는 가사이다. 〈선상탄〉은 임진왜란을 배경으로 임진왜란을 일으킨 왜적에 대한 분노와 적개심을 표현하고 있으며, 우국충정을 바탕으로 나라의 위기 상황을 대하는 화자의 자세가 잘 드러나 있다. 또한 전쟁이 완전히 끝난 후의 태평성대에 대한 바람도 담고 있어 완성도 높은 전쟁 가사로 평가된다.

〈선상탄〉에 나타난 전쟁에 대한 의식	• 전쟁을 일으킨 왜적에 대한 강한 분노 • 전쟁의 종식을 통한 평화로운 세상에 대한 염원과 희구

중국 고사 인용의 효과

이 작품에서 주목할 점은 용사(用事)의 수사법이다. 용사란 옛 사실이나 문헌에서 어떤 특징적인 관념이나 사적(事迹)을 다른 어휘에 집약하여 원관념을 보조하는 수사법이다. 이는 일종의 전고(典故; 전례와 고사를 아울러 이르는 말) 수사법이라 할 수 있는데, 한시에서는 전통적인 수사법으로 애용되어 왔다. 이 작품에 원용된 용사로는 '헌원씨(軒轅氏) 고사', '진시황과 서불(徐市) 고사', '장한 고사' 등이 있다.

헌원씨에 대한 원망	고대 중국에서 문명을 일으켜 발전시킨 헌원씨가 배를 만든 것을 원망함.
진시황에 대한 원망	불로초를 구하기 위해 왜에 동남동녀(童男童女) 삼천 명을 보냄으로써 왜적이 생겨나게 만든 진시황을 원망함.
서불에 대한 원망	불로초를 구하지 못하자 군신(君臣) 간의 의리를 저버리고 일본 땅에 머물러 왜적이 생겨나게 한 서불을 원망함.

⬇

왜적에 대한 강한 분노와 전쟁에 대한 안타까운 심정을 효과적으로 형상화함.

한문 투의 문장과 한자 성어의 남용

이 작품은 대부분의 시어나 시구들이 한자어로 되어 있으며, 우리 고유어는 일부 어구나 서술어 등에 국한되어 있다. 이는 작가가 문학적 표현에 치중하기보다는 자신의 생각을 직접적으로 드러내기 위해 취한 서술 방식이라고 할 수 있다. 이러한 한문 투의 문장과 관용구의 남용은 박인로 가사의 단점으로 언급되기도 한다.

키 포인트 체크

화자 □□□□ 후 진동영으로 내려온 신하
상황 병선을 타고 적진을 바라보며 □□에 대한 자신의 마음을 노래함.
태도 왜적에 대한 □□와 □□□□에 대한 바람을 드러냄.

1 이 작품에 대한 설명으로 적절하지 않은 것은?

① 남성적이고 강건한 문체를 사용하고 있다.
② 화자의 신분을 암시하는 시어가 나타나 있다.
③ 화자의 체험을 바탕으로 내용을 전개하고 있다.
④ 상황을 재미있게 표현하여 해학성을 높이고 있다.
⑤ 중국의 역사상 인물과 고사를 통해 정서를 드러내고 있다.

중요 기출

2 (나)의 비와 〈보기〉의 빈 배를 비교한 내용으로 가장 적절한 것은?

보기

추강(秋江)에 밤이 드니 물결이 차노매라
낚시 드리우니 고기 아니 무노매라
무심(無心)한 달빛만 싣고 빈 배 저어 오노라

– 월산 대군

① (나)의 '비'는 화자가 머물러 있다가 떠나온 공간이고, 〈보기〉의 '빈 배'는 화자가 머무르고 있는 공간이다.
② (나)의 '비'는 화자에게 시름을 불러일으키고 있고, 〈보기〉의 '빈 배'는 화자의 무욕의 정서를 드러내고 있다.
③ (나)의 '비'와 달리 〈보기〉의 '빈 배'는 과거에 대한 그리움을 드러내고 있다.
④ 〈보기〉의 '빈 배'와 달리 (나)의 '비'는 이상적인 삶의 모습을 나타내고 있다.
⑤ 〈보기〉의 '빈 배'와 달리 (나)의 '비'는 계절적 배경과 어울려 풍류적 분위기를 드러내고 있다.

3 〈보기〉를 바탕으로 ㉠~㉤을 이해한 내용으로 적절하지 않은 것은?

보기

〈선상탄〉은 임진왜란이 끝난 후 창작된 작품으로, 우국충정을 바탕으로 하여 왜적에 대한 작가의 강한 적개심과 나라의 위기 상황을 대하는 모습이 잘 드러나 있다.

① ㉠을 통해 임진왜란이 끝난 이후의 시기임을 알 수 있어.
② ㉡에는 나라의 위기 상황에서 우국충정을 발휘하려는 화자의 의지가 드러나 있어.
③ ㉢과 같은 행동에서 왜적에 대한 화자의 강한 분노를 엿볼 수 있어.
④ ㉣은 전쟁의 상처가 여전히 남아 있는 상황을 비유적으로 드러내고 있어.
⑤ ㉤에는 전쟁을 일으킨 왜적을 막지 못한 것에 대한 반성이 드러나 있어.

4 이 작품의 내용을 고려할 때, ⓐ의 구체적인 내용을 30어절로 쓰시오.

Q 우리 문물에 대한 화자의 인식은?

화자는 조선의 문물이 중국 역사 속에서도 찬란함을 자랑하던 한, 당, 송에 결코 지지 않을 것이라고 말하고 있다. 이를 통해 우리 문물에 대한 자부심과 우리 민족의 우월성을 드러내고 있다.

시어 풀이

판옥선(板屋船) 조선 시대에, 널빤지로 지붕을 덮은 전투선. 임진왜란 때 크게 활약함.
배반(杯盤)이 낭자(狼藉) 《사기》에 나오는 말로, 술잔과 그릇들이 아무렇게나 흩어져 있는 모양을 나타냄.
상시 노루(傷時老淚) 시절을 근심하는 늙은이의 눈물.
해추 흉모(海醜兇謀) 왜적들의 흉악한 꾀.
만고수(萬古羞) 오랜 세월에도 씻을 수 없는 치욕.
궁달(窮達) 곤궁과 영달. 여기서는 임금과 신하의 신분.
설분신원(雪憤伸寃) 분함을 씻고 원한을 풀어 버림.
서절구투(鼠竊狗偸) 쥐나 개 같은 도적. 여기서는 왜적들을 가리킴.
칠종칠금(七縱七擒) 제갈공명이 남만왕 맹획을 일곱 번 잡았다가 일곱 번 놓아준 일.
준피 도이(蠢彼島夷) 꾸물거리는 섬나라 오랑캐.
항자불살(降者不殺) 항복한 자는 죽이지 않음.
욕병생(欲竝生) 함께 살고자 함.
요순 군민(堯舜君民) 태평성대의 백성.
일월 광화(日月光華) 해와 달의 빛. 임금의 성덕을 가리킴.
해불양파(海不揚波) 바다에 파도가 일지 않음. 곧 태평성대를 가리킴.

시구 풀이

❶ **장한(張翰) 강동(江東)애 ~ 부쳐 ᄃᆞᆫ힐ᄂᆞᆫ고.** 아무리 아름다운 자연의 풍경을 맞이하더라도 배를 타고 즐겨야 그 감흥이 더욱 일어남을 노래한 부분이다. '장한'은 중국 진(晉)나라 사람으로, 가을바람이 불자 고향 생각이 나서 고향으로 돌아갔다고 한다.

❷ **일언 닐 보건된, ~ 전혀 업ᄂᆞᆫ게오.** '이런 일'은 앞에서 언급되었듯이 자연을 즐기는 수단으로도 배가 쓰이고 있다는 것으로, 이를 볼 때 배를 만든 제도가 지극히 묘하다고 말하고 있다. 즉, '배'가 전쟁의 수단으로 쓰이는 동시에 풍류의 수단으로도 쓰인다는 점을 떠올리며 현재 전선(戰船)을 타는 자신들의 처지를 안타까워하고 있다.

❸ **궁달(窮達)이 길이 ~ 각(刻)애 이즐넌고.** 곤궁과 영달, 즉 임금과 신하의 길이 달라 임금을 끝까지 모시지 못하고 늙는다 해도 충성심은 잊을 수 없다는 다짐을 드러내고 있다.

❹ **사제갈(死諸葛)도 생중달(生中達)을 ~ 명맥(命脈)이 이어시니,** 죽은 제갈공명이 산 사마중달을 쫓은 고사와 친구인 방연에게 발을 잘리는 배신을 당한 손빈이 결국 방연을 잡은 고사를 인용하여, 화자는 비록 늙었으나 손빈이나 제갈공명에 비하면 몸도 성하고 목숨도 있다며 왜구 격퇴에 대한 결의를 드러내고 있다.

❺ **전선(戰船) ᄐᆞ던 ~ 보려 ᄒᆞ노라.** 태평성대가 와서 전선(戰船) 대신 고기잡이배를 타고 자연을 즐기고 싶다는 소망을 그리고 있다.

가 두어라, 기왕불구(旣往不咎)라 일너 무엇ᄒᆞ로소니. 속절업슨 시비(是非)[다른 사람을 원망하는 일]를 후리쳐 더뎌 두쟈. 잠사 각오(潛思覺悟)[깊이 생각하고 깨달음.]ᄒᆞ니 내 ᄯᅳᆺ도 고집(固執)고야. 황제 작주거(皇帝作舟車)[헌원씨가 배와 수레를 만든 일]ᄂᆞᆫ 왼[그릇된] 줄도 모ᄅᆞ로다. ❶장한(張翰) 강동(江東)애 추풍(秋風)을 만나신들 편주(扁舟)[한 조각 작은 배] 곳 아니 타면, 천청 해활(天淸海闊)[하늘이 맑고 바다가 넓음.]ᄒᆞ다 어ᄂᆡ 흥(興)이 절로 나며, 삼공(三公)도 아니 밧골 제일강산(第一江山)애, 부평(浮萍)[개구리 밥] ᄀᆞᆺᄒᆞᆫ 어부 생애(漁父生涯)[자연의 풍류객으로서의 생활]을 일엽주(一葉舟) 아니면, 어ᄃᆡ 부쳐 ᄃᆞᆫ힐ᄂᆞᆫ고.[자연을 즐기는 일에 배가 중요한 역할을 함.]

▶ 자연을 즐기는 수단으로서의 배의 가치를 생각함.(본사 3)

나 ❷일언 닐[배가 풍류의 수단으로 쓰이는 일] 보건된, ᄇᆡ 삼긴 제도(制度)야 지묘(至妙)[지극히 묘함.]ᄒᆞᆫ 덧ᄒᆞ다마ᄂᆞᆫ, 엇디ᄒᆞᆫ 우리 물은[무리는] ᄂᆞᄂᆞᆫ ᄃᆞᆺᄒᆞᆫ •판옥선(板屋船)[전쟁의 현실]을 주야(晝夜)의 빗기 ᄐᆞ고, 임풍 영월(臨風詠月)[풍월을 읊되]호ᄃᆡ 흥(興)이 전혀 업ᄂᆞᆫ게오.[전쟁 상황에 대한 한탄] ⓐ석일(昔日) 주중(舟中)에ᄂᆞᆫ •배반(杯盤)이 낭자(狼藉)[술상이 어지럽게 흩어져 있음.]터니, ⓑ금일(今日) 주중(舟中)에ᄂᆞᆫ 대검 장창(大劍長槍)[전쟁을 대유적으로 나타낸 말]ᄲᅮᆫ이로다. ᄒᆞᆫ 가지 ᄇᆡ언마ᄂᆞᆫ 가진 ᄇᆡ 다라니, 기간(其間) 우락(憂樂)[그 사이의 걱정과 즐거움]이 서로 ᄀᆞᆺ지 못ᄒᆞ도다.

▶ 과거와 달리 배가 전쟁의 수단으로 쓰이고 있음.(본사 4)

다 『시시(時時)로 멀이 드러 북신(北辰)[북극성, 임금이 계신 곳]을 ᄇᆞ라보며, •상시 노루(傷時老淚)ᄅᆞᆯ 천일방(天一方)의 ᄃᆡ이ᄂᆞ다.』[『 』: 화자의 우국충정을 나타냄.] 오동방(吾東方)[우리나라] 문물(文物)이 한당송(漢唐宋)애 디랴마ᄂᆞᆫ, 국운(國運)이 불행(不幸)ᄒᆞ야 •해추 흉모(海醜兇謀)애 •만고수(萬古羞)을 안고 이셔, 백분(百分)에 ᄒᆞᆫ 가지도 못 시셔 ᄇᆞ려거든, 이 몸이 무상(無狀)[변변하지 못함.]ᄒᆞᆫᄃᆞᆯ 신자(臣子)ㅣ 되야 이셔다가, ❸•궁달(窮達)[임금과 신하의 길]이 길이 달라 몬 뫼ᄋᆞᆸ고[모시고] 늘거신ᄃᆞᆯ, 우국 단심(憂國丹心)[핵심어 – 나라에 대한 걱정과 임금을 향한 충성]이야 어ᄂᆡ 각(刻)[시각, 때]애 이즐넌고.

▶ 임진왜란의 치욕과 우국 단심(본사 5)

라 강개(慷慨) 계운[이기지 못하는] 장기(壯氣)ᄂᆞᆫ 노당익장(老當益壯)[늙으면서 더욱 씩씩함.] ᄒᆞ다마ᄂᆞᆫ, 됴고마ᄂᆞᆫ[보잘것없는] 이 몸이 병중(病中)에 드러시니, •설분신원(雪憤伸寃) 어려올 ᄃᆞᆺ ᄒᆞ건마ᄂᆞᆫ, 그러나 [A]《❹사제갈(死諸葛)[죽은 제갈공명]도 생중달(生中達)[살아 있는 사마중달]을 멀리 ᄌᆞᆺ고, 발 업슨 손빈(孫臏)[중국 전국 시대의 병법가인 손자(孫子)]도 방연(龐涓)[손빈의 친구로 손빈을 배반함.]을 잡아거든, ᄒᆞ믈며 이 몸은 수족(手足)이 ᄀᆞ자 잇고 명맥(命脈)이 이어시니,[화자는 제갈공명이나 손빈보다 나은 상황임.] •서절구투(鼠竊狗偸)을 저그나 저흘소냐.[조금이나마 두려워할쏘냐]》『비선(飛船)에 ᄃᆞᆯ려드러 선봉(先鋒)을 거치면, 구시월(九十月) 상풍(霜風)[서릿바람]에 낙엽(落葉)가치 헤치리라.』[『 』: 적을 물리치겠다는 화자의 강한 의지] •칠종칠금(七縱七擒)을 우린ᄃᆞᆯ 못 ᄒᆞᆯ 것가.[적들을 손쉽게 물리치겠다는 화자의 의지]

▶ 왜적을 물리치겠다는 결의와 의지(본사 6)

마 •준피 도이(蠢彼島夷)들아 수이 걸항(乞降)[항복하여 용서를 빎.]ᄒᆞ야ᄉᆞ라. ㉠•항자불살(降者不殺)이니 너를 구틔 섬멸(殲滅)ᄒᆞ랴. 오왕(吾王) 성덕(聖德)이 •욕병생(欲竝生) ᄒᆞ시니라.[평화 공존의 의지] 태평천하(太平天下)애 ㉡•요순 군민(堯舜君民) 되야 이셔, ㉢•일월 광화(日月光華)ᄂᆞᆫ 조부조(朝復朝) ᄒᆞ얏거든,[태평성대의 계속] ❺전선(戰船) ᄐᆞ던 우리 몸도 어주(魚舟)에 창만(唱晩)[늦도록 노래함.]ᄒᆞ고, ㉣추월 춘풍(秋月春風)에 놉히 베고 누어 이셔, 성대(聖代) ㉤•해불양파(海不揚波)ᄅᆞᆯ 다시 보려 ᄒᆞ노라.

▶ 평화 공존의 의지와 태평성대에 대한 바람(결사)

현대어 풀이

(가) 그만두어라, 이미 지난 일을 탓해서 무엇하겠는가? 속절없는 시비는 팽개쳐 던져두자. 곰곰이 생각하여 깨달으니 내 뜻도 고집이다. 황제가 배와 수레를 만든 것은 잘못이 아니다. 장한이 강동에서 가을바람을 만났다고 해도 작은 배를 타지 않았다면 하늘 맑고 바다 넓다 한들 무슨 흥이 저절로 났을 것이며, 정승 자리와도 바꾸지 않을 만큼 경치 좋은 강산에 부평같이 떠다니는 어부 생활이 한 조각 작은 배가 아니면 무엇에 의탁하여 다니겠는가?

(나) 이런 일로 보건대 배가 생긴 제도야 지극히 묘한 듯하다마는, 어찌 된 우리 무리는 나는 듯이 빠른 판옥선(板屋船)을 밤낮으로 비스듬히 타고서, 풍월을 읊되 흥취가 전혀 없는가? 옛날 배 안에는 술상이 어지럽더니 금일 배 안에는 큰 칼과 긴 창뿐이로다. 배는 한 가지인데 지닌 바가 다르니, 그 사이 근심과 즐거움이 서로 다르도다.

(다) 때때로 머리를 들어 임금님 계신 곳을 바라보며, 때를 근심하는 늙은이의 눈물을 하늘 한 모퉁이에 떨어뜨리는구나. 우리나라의 문물이 한나라, 당나라, 송나라에 지랴마는, 나라의 운수가 불행하여 왜적들의 흉악한 꾀에 빠져 천추를 두고 씻을 수 없는 부끄러움을 안고 있어, 백분의 일이라도 못 씻어 버렸거든, 이 몸이 변변치 못하지만 신하가 되어 있다가, 신하와 임금의 신분이 서로 달라 모시지 못하고 늙은들, 나라를 걱정하고 임금께 충성하는 마음이야 어느 시각인들 잊었을 것인가?

(라) 분하게 여기는 마음을 이기지 못하는 장한 기운은 늙으면서 더욱 씩씩하다마는, 보잘것없는 이 몸이 병중에 들었으니, 분함을 씻고 가슴에 맺힌 원한을 풀어 버리기가 어려울 듯하건마는, 그러나 죽은 제갈공명도 산 중달을 멀리 쫓았고, 발이 없는 손빈도 (몸 성한) 방연을 잡았거늘, 하물며 이 몸은 손과 발이 성하고 목숨이 이어 있으니, 쥐나 개와 같은 왜적을 조금인들 두려워하겠는가? 나는 듯이 빠른 배에 달려들어 선봉을 휘몰아치면, 구시월 서릿바람에 낙엽 지듯 헤치리라. 칠종칠금(제갈량이 맹획을 마음대로 놓았다 잡은 일)을 우리인들 못할 리가 있겠는가?

(마) 벌레처럼 꾸물대는 저 섬나라 오랑캐들아, 얼른 항복하여 용서를 빌려무나. 항복하는 자는 죽이지 않으니, 너희들을 구태여 모조리 다 죽이랴? 우리 임금님의 거룩한 덕이 너희와 다 같이 잘 살기를 바라시니라. 태평스러운 천하에 요순의 화평한 군민(君民)처럼 되어 있어, 해와 달의 빛이 매일 아침마다 광영하거든(임금의 성덕이 계속되는 태평 세월이 계속되거든), 전쟁하는 배를 타던 우리 몸도 고기잡이배를 타고 늦도록 노래하고, 가을 달 봄바람에 베개를 높이 베고 누워 있어, 성군 치하의 태평성대를 다시 보려 하노라.

작품 연구소

'배'에 대한 이중적인 인식

화자는 전쟁 전후에 달라진 배의 쓰임에 주목하여 자신의 생각을 전달하고 있다. 즉, 전쟁 전에 배는 풍류의 수단이었으나 현재는 술상 대신 칼과 창을 싣는 전쟁의 수단인 것이다. 화자는 이러한 상황을 대구와 대조, 대유 등의 표현 방법을 통해 제시하며, '배는 한 가지인데 지닌 바가 다르니, 그 사이 근심과 즐거움이 서로 다르다.'라고 하며 전쟁 때문에 흥취가 있을 수 없는 현실을 한탄하고 있다.

과거의 '배'		현재의 '배'
술상이 어지럽게 흩어져 있었음. → 풍류의 수단	↔	칼과 창을 싣고 있음. → 전쟁의 수단

고사 인용에 나타난 화자의 의도

사제갈(死諸葛)도 생중달(生中達)을 멀리 좇고,	제갈공명을 두려워하던 사마중달이 제갈공명이 죽었다는 말을 듣고 쳐들어갔으나, 제갈공명이 죽기 전에 세운 묘책에 따라 의젓하게 가마에 앉아 있는 모습을 보고 도망쳤다는 고사
발 업슨 손빈(孫臏)도 방연(龐涓)을 잡아거든,	손빈이 방연의 배신으로 발이 잘렸으나, 후에 뛰어난 지략으로 방연을 잡아 죽였다는 고사
칠종칠금(七縱七擒)을 우린돌 못 홀 것가.	제갈공명이 남만왕 맹획을 일곱 번 잡았다가 일곱 번 놓아주었다는 고사

화자는 죽은 제갈공명과 발 없는 손빈에 비하면 자신은 몸이 성하니, 왜구를 두려워하지 않고 손쉽게 물리칠 수 있다고 했다. 즉, 비록 화자가 늙고 병든 처지이지만 자신의 우국충정으로 왜적을 물리칠 수 있다는 강한 기상과 기개를 고사를 인용하여 강조한 것이다.

화자의 평화 공존의 의지

왜적에게 항복을 요구함.	임금의 성덕이 다 같이 잘 살기를 바람.
항복한 자는 죽이지 않고 살려 줌.	왜적과도 평화롭게 함께 살고자 함.

↓

화자는 우리나라에 큰 피해를 끼친 왜적과도 평화롭게 같이 살 공존의 의지를 드러내며, 이를 통해 태평성대를 이루고자 함.

함께 읽으면 좋은 작품

〈태평사〉, 박인로 / 전쟁의 체험을 바탕으로 한 작품

작가가 임진왜란 때 수군을 위로하고자 지은 작품으로, 왜적을 물리치고 개선하는 기쁨을 표현하는 동시에 충효 일념으로 동락(同樂)할 것을 축원하는 전쟁 가사이다. 〈선상탄〉과 〈태평사〉 모두 전쟁을 배경으로 왜적에 대한 적개심과 충효 사상을 담고 있으며, 무인다운 기개와 웅혼한 기상을 보여 준다.

5 이 작품의 표현상 특징으로 적절하지 않은 것은?

① 대구법을 통해 내용을 전개하고 있다.
② 비유를 통해 화자의 의지를 강조하고 있다.
③ 역설법을 통해 주제 의식을 강조하고 있다.
④ 설의적 표현을 통해 화자의 생각을 드러내고 있다.
⑤ 명령하는 어조로 대상에게 특정 행동을 촉구하고 있다.

내신 적중

6 (나)의 ⓐ와 ⓑ에 대한 설명으로 적절한 것은?

① ⓐ와 달리 ⓑ는 이상적인 삶의 모습을 나타내고 있다.
② ⓐ와 ⓑ는 모두 이동 수단으로서의 배의 가치를 강조하고 있다.
③ ⓐ에서 ⓑ로 화자의 인식이 달라진 계기는 계절의 변화 때문이다.
④ ⓐ에서는 배가 풍류의 수단으로, ⓑ에서는 배가 전쟁의 수단으로 사용되고 있다.
⑤ ⓐ는 화자가 부정하는 배에 대한 인식을, ⓑ는 화자가 긍정하는 배에 대한 인식을 드러낸다.

7 [A]에 대한 설명으로 적절하지 않은 것은?

① 왜적들의 왜소한 신체를 업신여기고 있다.
② '생중달'과 '방연'은 '서절구투'와 대응한다.
③ 고사를 인용하여 화자의 의도를 드러내고 있다.
④ 무인으로서의 기개와 우국충정을 드러내고 있다.
⑤ '제갈'이나 '손빈'에 비해 화자의 상황이 더 나음을 밝히고 있다.

8 ㉠~㉤ 중, 그 의미가 유사한 것끼리 바르게 묶은 것은?

① ㉠, ㉡　② ㉠, ㉤　③ ㉡, ㉢
④ ㉡, ㉤　⑤ ㉢, ㉣

9 (다)의 해추 흉모(海醜兇謀)애 만고수(萬古羞)가 의미하는 역사적 사건을 그 의미와 함께 서술하시오.

10 다음은 이 작품에 나타난 작가의 의도를 정리한 것이다. (마)의 내용을 참고하여 빈칸에 들어갈 알맞은 내용을 30자 이내로 서술하시오.

〈선상탄〉은 왜적에 대한 강한 분노와 적개심을 바탕으로 창작되었다. 그렇지만 작가 박인로는 (　　　　　　　　　) 하는 평화 공존의 의지를 드러내고 있다.

IV. 조선 후기

171 누항사(陋巷詞) | 박인로

키워드 체크 #사실적 묘사 #선비의 궁핍한 생활 #안빈낙도 #유교적 정신

문학 미래엔, 비상

핵심 정리

갈래 가사, 정격 가사, 양반 가사
성격 전원적, 사색적, 사실적
제재 안분지족(安分知足)의 생활
주제 • 자연을 벗 삼아 안빈낙도(安貧樂道)하고자 하는 선비의 궁핍한 생활상
• 빈이 무원(貧而無怨)하며 충효, 우애, 신의를 나누는 삶의 추구
특징 ① 대화체를 사용하여 일상생활을 생생하게 묘사함.
② 임진왜란 이후의 혼란한 사회와 곤궁한 사대부의 삶을 보여 줌.
의의 조선 후기 가사의 새로운 주제와 방향을 제시함.
연대 조선 광해군
출전 《노계집》

Q 이 부분을 통해 알 수 있는 조선 후기 가사의 특징은?

이 부분은 화자가 이웃집 사람에게 소를 빌리는 일상생활의 단면과 구체적인 생활 감정을 대화 인용 등을 통해 표현한 부분으로, 새롭고 다양한 내용과 형식을 보여 준다.
이를 통해 조선 전기의 천편일률적인 강호시가의 모습에서 벗어나, 실생활에 접근하여 일상적이고 구체적인 현실을 사실적으로 그린 조선 후기 가사의 특징을 엿볼 수 있다.

시어 풀이

한기태심(旱旣太甚) 가뭄이 매우 극심함.
아함이 '에헴' 하는 인기척.
삼해주(三亥酒) 정월 셋째 해일(亥日)에 빚은 좋은 술.
설피설피 맥없이 어슬렁어슬렁 걷는 모습.

시구 풀이

❶ **서주(西疇) 놉흔 논애 ~ 황혼의 허위허위 다라셔,** 가뭄이 극심하던 때에 잠깐 비가 내리자 논에 물을 대어 놓고는 허둥지둥 소를 빌리러 가는 모습을 나타낸 부분이다. 탐탁지 않게 건넨 소 주인의 말만 믿고 소를 빌리러 가는 모습을 통해 화자의 궁핍한 상황을 엿볼 수 있으며, 화자의 감정과 태도가 의태어를 통해 생생하게 드러난다.

❷ **쇼 업순 궁가(窮家)애 혜염 만하 왓삽노라.** 화자가 소 주인에게 건넨 말로, 농사지을 소조차 없는 상황을 밝혀 소를 빌리려는 뜻을 나타내고 있다. 화자의 가난하고 구차한 생활상과 이로 인한 농사일에 대한 걱정이 드러난다.

작가 소개

박인로(본책 222쪽 참고)

가 [전략] •한기태심(旱旣太甚)ᄒᆞ여 시절(時節)이 다 느즌 졔
(농사짓기에 좋은 시기)
❶서주(西疇) 놉흔 논애 잠깐 긴 녈비예 / 도상무원수(道上無源水)를 반만짠 딕혀 두고
(서쪽 언덕 / 지나가는 비 / 길 위에 흐르는 근원이 없는 물 / 반쯤만 대어 두고)
㉠쇼 ᄒᆞᆫ 젹 듀마 ᄒᆞ고 엄섬이 ᄒᆞ는 말삼
(엉성히, 탐탁지 않게)
친절호라 너긴 집의 달 업슨 황혼의 허위허위 다라셔,
(의태어 – 산촌의 궁핍한 생활 표현)
구디 다든 문 밧긔 어득히 혼자 서셔 / 큰 기츰 •아함이를 양구(良久)토록 ᄒᆞ온 후에
(우두커니 / 소 주인을 청하여 부르는 인기척 / 꽤 오래도록)
㉡어화 긔 뉘신고 염치업산 너옵노라.
▶ 가뭄이 극심한 때, 농사를 짓기 위해 소를 빌리러 감.(본사 3)

나 ㉢초경(初更)도 거읜디 긔 엇지 와 겨신고.
(저녁 7시~9시 사이)
연년(年年)에 이러ᄒᆞ기 구차ᄒᆞᆫ 줄 알건마는
(해마다 이러기가)
❷쇼 업순 궁가(窮家)애 혜염 만하 왓삽노라.
(근심, 걱정)
㉣「공ᄒᆞ니나 갑시나 주엄 즉도 ᄒᆞ다마는,
(공짜로나 값을 주거나 빌려 줌 직도)
다만 어제밤의 거넨 집 져 사롬이
(건넛집)
목 불근 수기치(雉)를 옥지읍(玉脂泣)게 꾸어 니고
(장끼(수꿩) / 구슬 같은 기름이 끓어오르게)
간 이근 •삼해주(三亥酒)를 취(醉)토록 권ᄒᆞ거든
(갓 익은)
이러한 은혜를 어이 아니 갑흘넌고.
㉤내일로 주마 ᄒᆞ고 큰 언약 ᄒᆞ야거든,
실약(失約)이 미편(未便)ᄒᆞ니 사셜이 어려왜라.」
(약속을 어기는 것이 편하지 못함. / 말씀드리기가)
「 」: 소 주인의 말 – 건넛집 사람에게 대접받고 소를 빌려 주기로 하여 화자에게는 소를 빌려 줄 수 없음.
실위(實爲) 그러ᄒᆞ면 혈마 어이ᄒᆞ고.
(진실로, 참으로 / 설마)
헌 먼덕 수기 스고 측 업슨 집신에 •설피설피 물너 오니
(멍덕, 짚으로 만든 모자)
풍채(風採) 저근 형용(形容)애 기 즈칠 뿐이로다.
(소를 빌리지 못하고 수모를 당함.)
▶ 소 주인에게 소 빌리는 일을 거절당함.(본사 4)

현대어 풀이

(가) 가뭄이 몹시 심하여 농사지을 시기도 다 늦어 가는 때에, 서쪽 언덕 높은 논에 잠깐 지나가는 비에 길 위에 흘러가는 물을 반쯤 대어 놓고, 소 한 번 빌려 주마 하고 엉성하게 하는 말을 믿고, 친절하다고 여겼던 집에 달이 없는 저녁에 허둥지둥 달려가서, 굳게 닫은 문밖에 우두커니 혼자 서서 큰 기침으로 에헴을 오래도록 한 후에, "어, 거기 누구신가?" 묻기에 "염치없는 저옵니다."

(나) "밤이 깊었는데 그 어찌 와 계십니까?" "해마다 이렇게 하기 구차한 줄 알지마는, 소 없는 가난한 집에서 걱정이 많아 왔습니다." "공짜로나 값을 받거나 간에 빌려 줌 직도 하다마는, 다만 어젯밤에 건넛집 사람이 목이 붉은 수꿩을 구슬 같은 기름이 끓어오르게 구워 내고 갓 익은 삼해주를 취하도록 권하였는데 이러한 은혜를 어찌 아니 갚을 것인가. 내일 소를 빌려 주마 하고 굳게 약속하였기에 약속을 어기기가 편하지 못하니 말씀하기 어렵구려." 진실로 그렇다면 설마 어찌하겠는가. 헌 모자를 숙여 쓰고 축 없는 짚신을 신고 맥없이 어슬렁어슬렁 물러 나오니 풍채 적은 내 모습에 개만 짖을 뿐이로다.

이해와 감상

이 작품은 작가가 임진왜란이 끝난 후 고향으로 돌아가 살고 있을 때 친구인 이덕형이 두메 생활의 어려움을 물은 것에 대한 답으로 지은 가사이다. 작가는 이 작품에서 자신의 가난한 처지를 진솔하게 털어놓으면서도 자연에 파묻혀 안빈낙도(安貧樂道)하며 충효와 신의, 우애 등의 본분에 충실할 것을 다짐하고 있다. 즉, 자신이 겪고 있는 궁핍한 현실의 어려움과 안빈낙도하고자 하는 이상 사이의 갈등을 솔직하게 드러내고 있는 것이다.

또한 이 작품은 인물의 대화를 직접 인용하거나 궁핍한 생활에서 비롯된 감정을 사실적으로 제시하는 등 일상 언어를 사용하여 일상생활의 모습을 생생하고 구체적으로 묘사했다. 이러한 점에서 이 작품은 조선 전기 가사가 보여 주었던 자연 완상(玩賞)의 세계에서 벗어나 조선 후기 가사의 새로운 방향을 제시했다는 의의를 지닌다.

작품 연구소

〈누항사〉의 시상 전개 과정

서사		길흉화복을 하늘에 맡기고 안빈낙도하며 살고 싶음.
본사	1	전쟁에 임하여 죽을 고비를 넘겼던 일을 떠올림.
	2	전란 후 몸소 농사를 짓고자 하나 소가 없어 고심함.
	3	가뭄에 언뜻 내리는 비를 보고 밭을 갈기 위해 소를 빌리러 감.
	4	소를 빌리러 갔다가 수모를 당하고 돌아옴.
	5	매정한 세태를 한탄하며 밭갈이를 포기함.
	6	자연에 묻혀 늙어 가기를 소망함.
결사		빈이 무원의 삶을 추구하면서 충효와 우애, 신의를 지향하고자 함.

서사에서 화자는 '누항'에서 안빈낙도하려는 심정을 밝히면서도 그러한 생각대로 살아가는 것이 쉽지 않으리라는 점을 예상한다. 본사에서는 자신이 처한 곤궁한 생활상이 임진왜란에 참가했던 것과 관계 깊음을 드러내면서 양반 사대부이지만 직접 농사일을 해서 생계를 꾸려 가야 하는 처지를 보여 준다. 그러나 소 빌리기에 실패하자 이내 농사짓기를 포기하고 다시 안빈낙도하려는 꿈을 떠올린다. 결사에 드러난 이상적 가치의 실현을 추구하는 화자의 모습에는 변화된 현실을 받아들이면서도 그것에 적극적으로 대응하지 못하는 태도가 반영되어 있다.

화자의 모습에 반영된 당대의 사회상

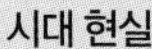

화자의 상황		시대 현실
전쟁이 끝나고 고향에 돌아온 뒤 소도 없는 가난한 생활을 함.	➡	경제적으로 몰락한 양반 사대부의 가난한 삶의 현실
소를 빌려 농사를 짓고자 하나 소 주인에게 거절당함.	➡	직접 농사일을 해서 생활을 영위해야 하는 사대부의 달라진 위상

이 작품은 임진왜란 후 피폐해진 사회적 상황에서 이전과 달라진 양반 사대부의 현실을 잘 보여 준다. 임진왜란 이후 조선 전기의 엄격하고 권위적인 삶의 방식이 붕괴되고, 경제적 상황에 따라 삶의 모습이 좌우되는 변화가 일어난다. 이 작품의 화자는 사대부로서의 지위도 보장되어 있지 않고, 농민으로 살아갈 만한 여건도 갖추지 못한 인물로, 양쪽 모두에서 소외된 양반 계층의 갈등과 괴로움을 절실하게 드러내고 있다.

〈누항사〉의 문학적 특징

- 사대부로서의 지위가 보장되어 있지 않고 농민으로 살아갈 만한 여건도 갖추지 못하여 양쪽에서 소외되어 있는 괴로움을 노래했다.
- 정철에 이르러 절정을 이루던 미화된 표현을 버리고, 현실을 실감 나게 표현하는 일상 언어를 대폭 받아들여 사대부 가사의 한계를 탈피했다.
- 자연에 은일하면서도 현실 생활의 어려움을 직시하고, 그것을 사실적으로 묘사했다는 점에서 자연 속에 숨어 살며 '강호가도'를 노래한 전기 가사와는 다른 점을 보여 주고 있다.
- 다른 조선 후기 사대부 가사에서는 임진왜란과 병자호란에 대한 언급을 찾아볼 수 없는 것과 달리 전란 후의 현실을 사실적으로 그리고 있다.

가사의 서사화 경향

이 작품에서 가장 흥미로운 대목은 화자가 농사를 지으려고 이웃집에 소를 빌리러 갔다가 거절당하고 돌아오는 장면이다. 이 장면은 화자 외의 인물이 등장해 인물 간의 대화를 통해 사건을 제시하는 형태로 나타나 있다. 이러한 서사적 요소의 수용과 현실 생활에 관심을 둔 태도는 조선 후기 새로운 문학 정신의 출현을 예고하는 것이라 할 수 있다.

키 포인트 체크

화자 □□에 돌아와 생활하는 양반
상황 전쟁이 끝나고 고향에 돌아온 뒤 □□한 생활을 함.
태도 어려운 삶이지만 □□ □□하며 충효, 우애, 신의를 추구하고자 함.

1 이 작품에 대한 설명으로 적절하지 않은 것은?

① 운문의 형식 속에 서사적 내용을 담고 있다.
② 행동 묘사를 통해 화자의 정서를 드러내고 있다.
③ 대화체 형식을 활용하여 내용을 전개하고 있다.
④ 화자가 생활 속에서 겪는 어려움이 나타나 있다.
⑤ 전원생활을 하며 풍류를 즐기는 모습이 나타나 있다.

내신 적중

2 〈보기〉를 바탕으로 이 작품을 감상한 내용으로 적절하지 않은 것은?

보기

이 작품은 임진왜란 후 피폐해진 사회적 상황에서 이전과 달라진 양반 사대부의 현실을 잘 보여 주고 있다. 임진왜란 이후 양반 사대부들은 이전의 엄격하고 권위적인 삶의 방식이 붕괴되고 자신의 경제적 상황에 따라 삶의 모습이 좌우되는 변화를 겪었다.

① 임진왜란 이후 달라진 양반 사대부의 현실을 잘 보여 주고 있어.
② 경제적 상황에 따라 가난한 양반 사대부가 평민 신분이 된 것이군.
③ 화자는 양반 사대부이지만 소가 있는 농민보다도 경제적 상황이 궁핍하군.
④ 양반 사대부가 평민에게 아쉬운 말을 하다니, 권위적인 삶의 방식이 붕괴된 셈이군.
⑤ 가뭄이 극심한 데다 소가 없는 탓에 농사를 지을 수 없었던 것에서 피폐해진 사회적 상황을 엿볼 수 있군.

3 이 작품의 시구에 대한 설명으로 적절하지 않은 것은?

① '쇼 업슨 궁가'는 화자의 궁핍한 처지가 단적으로 드러낸 것으로, 걱정의 원인이 된다.
② '목 불근 수기치'는 화자가 소를 빌리기 위해 직접 가지고 간 선물에 해당한다.
③ '간 이근 삼해주'와 '큰 언약'을 통해 실리에 따라 행동하는 민중의 태도가 드러난다.
④ '이러한 은혜'라는 표현을 통해 소 주인은 화자의 부탁을 우회적으로 거절하고 있다.
⑤ '기 즈칠 쑨이로다'를 통해 문제를 해결하지 못한 화자의 비참한 처지를 환기하고 있다.

중요 기출

4 ㉠~㉤ 중, 말하는 대상이 다른 것은?

① ㉠ ② ㉡ ③ ㉢
④ ㉣ ⑤ ㉤

시어 풀이

종조 추창(終朝惆悵) 아침이 끝날 때까지 슬퍼함.
위루(爲累) 누가 됨. 거리낌이 됨.
첨피 기욱(瞻彼淇澳)ᄒᆞᆫᄃᆡ 저 물가를 바라보니.
유비군자(有斐君子) 교양 있는 선비.
무상(無狀)한 보잘것없는, 내세울 만한 선행이나 공적이 없는.
지취(志趣) 뜻과 취향을 아울러 이르는 말.
빈이 무원(貧而無怨) 가난하지만 원망하지 않음.
단사표음(簞食瓢飮) 대나무로 만든 밥그릇에 담은 밥과 표주박에 든 물이라는 뜻으로, 청빈하고 소박한 생활을 의미함.
온포(溫飽) 따뜻하게 입고 배불리 먹는다는 뜻으로, 생활에 아쉬움이 없이 넉넉함을 의미함.

Q 화자의 궁극적 지향점은?

세속적인 삶에서 패배한 화자는 자신이 꿈꾸었던 안빈 일념을 다시금 떠올리며 자연 속에서 살아가겠다고 다짐한다. 자연과 벗하면서 있으면 먹고 없으면 굶는 데 만족하는 빈이 무원하는 태도로 살아가고자 하는 것이다. 화자는 여기서 더 나아가 충(忠)과 효(孝), 화형제(和兄弟), 신붕우(信朋友)에 귀착한다. 즉, 화자가 지향하는 세계는 현실의 어려움을 떠나 자연에 은둔하면서 세속적 삶의 세계를 거부하고 유교적 정신을 추구하는 고절(孤節)한 선비의 세계인 것이다.

시구 풀이

❶ **무정(無情)한 대승(戴勝)은 이ᄂᆡ 한(恨)을 도우ᄂᆞ다.** 소를 빌리러 갔다가 거절당하고 집에 돌아와 잠도 못 이루면서 괴로워하는 화자가 오디새의 울음소리에 서러움을 느끼고 있음을 나타낸다.

❷ **즐기ᄂᆞᆫ 농가(農歌)도 ~ 줄을 모ᄅᆞᄂᆞ다.** 화자는 평소에 즐겁게 듣던 농가에도 흥이 나지 않아 하며, 한숨만 쉬고 있다. 소를 빌리지 못한 화자의 실망과 안타까움, 참담함이 드러난다.

❸ **강호(江湖) ᄒᆞᆫ ~ 어지버 이져ᄯᅥ다.** 화자가 자연에 묻혀 살겠다는 꿈을 상기하는 부분이다. 소 빌리는 일을 거절당하고 춘경을 포기한 상황에서 화자는 생계 문제로 자연에 묻혀 살겠다는 꿈을 잊고 있었음을 떠올리며, 욕심 없이 자연에 묻혀 살겠다는 의지를 품게 된다.

❹ **유비군자(有斐君子)들아 낙ᄃᆡ ᄒᆞ나 빌려ᄉᆞ라.** '유비군자(有斐君子)'는 교양 있는 훌륭한 선비들로서 화자와 동류 의식을 가지고 있는 사대부들이다. 화자는 이들에게 낚싯대를 빌려 자연의 풍류를 즐기겠다고 하는 것이다.

❺ **무심(無心)한 백구(白鷗)야 오라 ᄒᆞ며 말라 ᄒᆞ랴.** 화자가 백구(갈매기)라는 자연물과 한 몸이 되어 자연의 풍류를 즐기는 모습으로, 자연에 동화된 물아일체(物我一體)의 경지를 나타내고 있다.

❻ **ᄂᆡ 빈천(貧賤) ~ 밧긔 삼겨시리.** 화자는 자신의 빈천함을 싫게 여긴다고 그것이 사라지지 않으며, 남의 부귀를 부럽게 여긴다고 자신한테 오지 않을 것이라고 생각하고 있다. 이는 자신의 삶이 결국 운명의 테두리에서 벗어날 수 없을 것이라는 운명론적 인식을 보여 준다.

❼ **ᄂᆡ 생애(生涯) 이러호ᄃᆡ 설온 ᄠᅳᆮ은 업노왜라.** 화자는 자신의 생활이 비록 가난하고 고통스러워도 서러운 뜻은 없다고 함으로써 빈이 무원(貧而無怨)의 태도를 드러내고 있다.

가 와실(蝸室)에 드러간ᄃᆞᆯ 잠이 와사 누어시랴. / 북창(北牕)을 비겨 안자 새배를 기다리니
누추한 집 / 새벽
❶무정(無情)한 대승(戴勝)은 이ᄂᆡ 한(恨)을 도우ᄂᆞ다.
봄에 밭갈이를 재촉하는 오디새 – 자연물에 의지해 화자의 정서를 표현함.
•종조 추창(終朝惆悵)ᄒᆞ야 ㉠먼 들ᄒᆞᆯ 바라보니
❷즐기ᄂᆞᆫ 농가(農歌)도 흥(興) 업서 들리ᄂᆞ다.
세정(世情) 모ᄅᆞᆫ 한숨은 그칠 줄을 모ᄅᆞᄂᆞ다.
야박한 인심에 대해 한탄함.
아ᄭᅡ온 저 소뷔ᄂᆞᆫ 볏보임도 됴ᄒᆞᆯ셰고.
'쟁기'의 사투리 / 보습 위에 비스듬이 끼우는 쇳조각
가시 엉긘 묵은 밧도 용이(容易)케 갈련마ᄂᆞᆫ
㉡허당 반벽(虛堂半壁)에 슬ᄃᆡ업시 걸려고야.
빈집 벽 가운데
춘경(春耕)도 거의거다 후리쳐 더뎌두쟈. ▶ 집에 돌아와 각박한 세상인심에 한숨 쉬며 춘경을 포기함.(본사 5)
거의 다 지났다 / 소를 빌리지 못해 농사를 짓지 못하고 포기함.

나 ❸강호(江湖) ᄒᆞᆫ ᄭᅮᆷ을 ᄭᅮ언 지도 오ᄅᆡ러니,
자연에 묻혀 살고자 하는 꿈
㉢구복(口腹)이 •위루(爲累)ᄒᆞ야 어지버 이져ᄯᅥ다.
생계, 먹고사는 일
•첨피 기욱(瞻彼淇澳)ᄒᆞᆫᄃᆡ 녹죽(綠竹)도 하도 할샤.
㉣❹•유비군자(有斐君子)들아 낙ᄃᆡ ᄒᆞ나 빌려ᄉᆞ라.
갈대꽃
노화(蘆花) 깁픈 곳애 명월청풍(明月淸風) 벗이 되야,
자연을 좋아하는 사람이면 누구나 주인이 되는
㉤님ᄌᆡ 업ᄉᆞᆫ 풍월강산(風月江山)애 절로절로 늘그리라.
(자연 친화적 태도, 안빈낙도, 유유자적한 삶을 소망)
❺무심(無心)한 백구(白鷗)야 오라 ᄒᆞ며 말라 ᄒᆞ랴.
자연과의 동화, 물아일체(物我一體)
다토리 업슬ᄉᆞᆫ 다문 인가 너기로라. ▶ 자연에 묻혀 늙기를 소망함.(본사 6)
다툴 이 / 이것뿐인가

다 •무상(無狀)한 이 몸애 무ᄉᆞᆫ •지취(志趣) 이스리마ᄂᆞᆫ
두세 이렁 밧논를 다 무겨 더뎌두고
묵혀
이시면 죽(粥)이오 업시면 굴물망정, / 남의 집 남의 거ᄉᆞᆫ 전혀 부러 말렷노라.
안빈낙도의 삶 추구 / 욕심 없이 살고자 함.
❻ᄂᆡ 빈천(貧賤) 슬히 너겨 손을 헤다 물너가며
싫게 / 내젓는다고
남의 부귀(富貴) 불리 너겨 손을 치다 나아오랴.
인간(人間) 어ᄂᆡ 일이 명(命) 밧긔 삼겨시리.
운명론적 인생관
•빈이 무원(貧而無怨)을 어렵다 ᄒᆞ건마ᄂᆞᆫ / ❼ᄂᆡ 생애(生涯) 이러호ᄃᆡ 설온 ᄠᅳᆮ은 업노왜라.
•단사표음(簞食瓢飮)을 이도 족(足)히 너기로라. → 소박한 생활의 추구
평생(平生) ᄒᆞᆫ ᄠᅳᆮ이 •온포(溫飽)애ᄂᆞᆫ 업노왜라.
태평천하(太平天下)애 충효(忠孝)를 일을 삼아
사대부로서 고결한 내면을 지키려 함.
화형제(和兄弟) 신붕우(信朋友) 외다 ᄒᆞ리 뉘 이시리.
유교적 도리를 다함. / 그르다
그 밧긔 남은 일이야 삼긴 ᄃᆡ로 살렷노라. ▶ 빈이 무원의 삶을 살면서 충효와 우애, 신의를 지향하고자 함.(결사)
운명론적 인생관

현대어 풀이

(가) 누추한 집에 들어간들 잠이 와서 누워 있겠느냐. 북창에 기대 앉아 새벽을 기다리니 무정한 오디새는 나의 한을 돕는구나. 아침이 끝날 때까지 슬퍼하며 먼 들을 바라보니 즐기는 농가도 흥 없이 들리는구나. 세상 물정을 모르는 한숨은 그칠 줄을 모른다. 아까운 저 쟁기는 볏보임(날)도 좋구나. 가시 엉킨 묵은 밭도 쉽게 갈 수 있으련마는, 빈집 벽 한가운데 쓸데없이 걸려 있구나. 춘경(봄갈이)도 거의 지났다. 내팽개쳐 던져 버리자.

(나) 자연과 더불어 살겠다는 꿈을 꾼 지도 오래더니, 먹고사는 일이 누가 되어 잊었도다. 저 물가를 보건대 푸른 대나무도 많기도 많구나! 교양 있는 선비들아, 낚싯대 하나 빌려다오. 갈대꽃 깊은 곳에 밝은 달과 맑은 바람이 벗이 되어, 임자 없는 자연 속에서 절로절로 늙으리라. 무심한 백구(갈매기)야, 나더러 오라고 하며 말라고 하겠느냐? 다툴 이가 없는 것은 다만 이것뿐인가 여기노라.

(다) 보잘것없는 이 몸이 무슨 소원이 있으랴마는 두세 이랑 되는 밭과 논을 다 묵혀 던져두고, 있으면 죽이요 없으면 굶을망정, 남의 집, 남의 것은 전혀 부러워하지 않겠노라. 나의 빈천함을 싫게 여겨 손을 내젓는다고 물러가며, 남의 부귀를 부럽게 여겨 손을 친다고 오겠는가? 인간 세상의 어느 일이 운명 밖에 생겼겠느냐? 가난해도 원망하지 않음이 어렵다고 하건마는 내 생활이 이러하되 서러운 뜻은 없다. 한 도시락의 밥을 먹고, 한 표주박의 물을 마시는 어려운 생활도 만족스럽게 여기노라. 평생의 한 뜻이 따뜻하게 입고 배불리 먹는 데에는 없도다. 태평천하에 충효를 일로 삼아, 형제간에 화목하고 벗끼리 신의 있게 사귀는 일을 그르다고 할 사람이 누가 있겠느냐? 그밖에 나머지 일이야 타고난 대로 살아가겠노라.

작품 연구소

'누항(陋巷)'과 '빈이 무원(貧而無怨)'

작품 제목에서 '누항(陋巷)'이란 《논어》에 나오는 말로, 누추하고 좁은 집을 뜻한다. 그러나 이 말은 당시 양반 사대부들이 가난한 삶 가운데에서도 도학(道學)을 연마하고 추구하는 즐거움을 즐기는 공간을 말할 때 자주 사용되었다. 즉, '누항(陋巷)'은 가난하지만 이를 원망하지 않고 자연을 벗 삼아 풍류를 즐기고자 하는 '빈이 무원(貧而無怨)'의 경지와 일맥상통하는 것이다.

가사 문학의 전환점으로서 〈누항사〉

이 작품은 자연에 은거하는 삶을 제시하고 유교적 충의 사상을 나타낸 한편, 사대부의 소외된 처지를 사실적으로 반영한 점에서 가사 문학의 전환점으로 평가된다. 속세의 물욕을 떠나 자연과 더불어 한가롭게 살겠다는 내용으로 조선 전기 가사의 면모를 이어받으면서도 사대부의 신분이지만 농사를 지어 생계를 꾸려 가야 하는 현실의 어려움을 사실적으로 제시한 것이다.

조선 전기 가사	〈누항사(陋巷詞)〉	조선 후기 가사
자연에 대한 관념적·완상적 풍류관을 제시함.	사실적·구체적인 상황을 제시하면서 자연에 대한 풍류와 유교적 충의 사상을 드러냄.	현실 생활을 사실적으로 그림.

〈누항사〉의 개성적인 표현과 운율

이 작품은 한자 어구를 사용하면서도 화자의 현실적 처지는 일상 언어를 사용하여 표현했다. 또한 감탄형 어미의 활용이나 대구적 표현, '백구(白鷗)' 등의 자연물을 통해 화자의 상황이나 심리를 부각하는 기교가 나타나며, '인간 어늬 ~ 삼겨시리.' 등 설의적 표현을 통해 인간의 삶에 대한 운명론적 인식을 피력하기도 한다.

한편 이 작품은 4음보를 한 행으로 할 때 총 77행으로 이루어져 있고 조선 전기 가사의 엄격한 정형률에서 벗어나 음보율 면에서 5음보나 6음보, 음수율 면에서 2·3조, 2·4조 등의 파격을 이루는 부분이 많다.

이처럼 이 작품은 내용뿐만 아니라 표현과 형식 면에서도 조선 후기 가사의 자유롭고 다양한 형식 추구와 연결되는 특징이 있다.

자료실

박인로의 작품 세계

박인로는 조선 중기의 대표적 작가로서, 임진왜란 때 수군(水軍)으로 종군하면서 〈태평사〉와 〈선상탄〉을 지었다. 또한 〈독락당〉, 〈소유정가〉에서는 명승지를 찾아 그 유래와 경치를 찬양했고, 〈영남가〉에서는 민심을 돌보러 온 관원의 덕치(德治)를 찬양하면서 임진왜란 후 백성이 생계를 잇지 못하면서 부역에 시달리는 사정을 나타냈다. 그는 선비로서의 당위(當爲)와 궁핍한 현실 사이에서 깊이 고심했는데, 이러한 문제의식이 가장 잘 드러난 것이 〈노계가〉와 〈누항사〉이다. 이 작품에서 박인로는 안빈낙도하는 이상적인 삶을 노래하면서도 궁핍하고 누추한 현실에서 오는 갈등과 괴로움을 사실적으로 그렸다.

함께 읽으면 좋은 작품

〈전원에 나믄 흥을〉, 김천택 / 자연에 묻혀 사는 즐거움을 노래한 작품

자연 속에서 풍류를 즐기는 화자의 여유로운 모습을 담은 시조이다. 〈누항사〉가 풍류를 추구하면서도 유교적 충의 사상을 드러내는 데 비해 이 작품에는 전원에서 즐기는 흥취와 풍류만 나타나 있다.

Link 본책 237쪽

5 이 작품의 표현상 특징으로 적절하지 않은 것은?

① 구체적 생활 체험에서 나온 정서를 표출하고 있다.
② 설의적 표현을 통해 운명론적 인생관을 드러내고 있다.
③ 반어적 표현으로 생활 속 노동의 가치를 강조하고 있다.
④ 자연물을 의인화하여 자연 친화적 태도를 나타내고 있다.
⑤ 상투적 한자어를 사용하여 유교적 가치관을 드러내고 있다.

중요 기출

6 이 작품의 화자에게 '강호'가 의미하는 바로 적절하지 않은 것은?

① '구복이 위루'함으로 인해 오랫동안 잊고 지냈던 공간이다.
② '두세 이렁 밧논'을 묵혀 던져두고 찾아가는 공간이다.
③ 주어진 '명'을 받아들이면서 자족하려 하는 공간이다.
④ '빈이 무원'에 대한 지향이 담겨 있는 공간이다.
⑤ '설온 뜻'에서 오는 시름을 위로받기 위해 찾는 공간이다.

내신 적중

7 〈보기〉를 참고하여 ㉠~㉤을 감상한 내용으로 적절하지 않은 것은?

보기

박인로는 사대부의 직분을 실천하기 위해 노력했지만, 그럴 만한 지위를 얻지 못했다. 그렇다고 세속적 삶의 방식을 따르며 살 수도 없었기에 세상에서 점점 소외될 수밖에 없었다. 이러한 갈등 상황에서 사대부로서의 고결한 내면을 지키기 위해 선택한 또 하나의 가치가 '안빈낙도(安貧樂道)'이다.

① ㉠: 세상과의 심리적 거리감을 표현한 것으로 볼 수 있겠군.
② ㉡: 세상에서 소외된 화자의 처지를 드러낸다고 볼 수 있겠군.
③ ㉢: 화자가 선비로서의 고결한 삶을 살기 어려웠던 이유로 볼 수 있겠군.
④ ㉣: 세속적 삶을 추구한 사람들에 대한 비판을 보여 주는군.
⑤ ㉤: 안빈낙도에 대한 의지를 담고 있는 것으로 볼 수 있겠군.

8 다음 이 작품의 시어 중, 나머지와 성격이 다른 하나는?

① 강호(江湖)
② 명월청풍(明月淸風)
③ 백구(白鷗)
④ 단사표음(簞食瓢飮)
⑤ 온포(溫飽)

내신 적중

9 〈보기〉를 참고하여 조선 전기 가사와 구별되는 이 작품의 특징을 20자 내외의 한 문장으로 서술하시오.

보기

조선 전기 가사인 〈상춘곡〉은 속세를 떠나 자연 속에서 자연과 동화되어 지내며 안분지족하는 삶을 이상적으로 그리고 있다.

IV. 조선 후기

172 일동장유가(日東壯遊歌) | 김인겸

키워드 체크 #장편 기행 가사 #사행 가사 #견문과 감상 #일본 방문 #11개월의 여정

핵심 정리

갈래 가사, 기행 가사, 장편 가사
성격 사실적, 묘사적
제재 일본 여행의 경험
주제 일본 여행의 견문과 감상
특징 ① 여정에 따른 추보식 구성을 보임.
② 여정에 따라 일화, 환경, 사건, 풍물 등을 사실적으로 제시함.
의의 조선 후기 장편 가사의 전형적인 특징을 보여 줌.
연대 조선 영조
출전 《일동장유가》 필사본

Q 사행(使行)을 떠나는 화자의 태도는?

통신사로서 일본으로 향하는 배에 오른 화자는 고국을 돌아보지만, 야색이 창망하여 아무것도 보이지 않는다. 이러한 표현에는 조국의 운명과 현실에 대한 염려가 반영되어 있다고 볼 수 있다. 이와 같은 태도는 '슬프다 우리 길이 어디로 가는쟉고.'에서도 드러난다. 이때 '우리 길'은 풍랑 속에서 배가 가야 할 길과 조국이 가야 할 길을 중의적으로 나타낸 표현으로, 조국의 앞날에 대한 염려를 나타낸다.

시어 풀이

삼현(三絃) 거문고, 가야금, 당비파의 세 현악기.
히구(海口) 바다의 후미진 곳으로 들어간 어귀. 여기서는 부산항을 가리킴.
만곡쥬(萬斛舟) 만 석을 실을 만한 큰 배.
디함(地陷) 지면이 움푹 주저앉은 곳.
타구(唾具) 가래나 침을 뱉도록 마련한 그릇.

시구 풀이

❶ **당풍(壯風)의 돗츨 ~ 응당이 놀라도다.** 화자를 포함해 통신사 일행을 실은 6척의 배가 떠나는 순간에 각종 악기로 이들을 배웅하는 장면이다. 통신사 일행을 배웅하는 소리가 물속에 물고기들이 놀랄 정도로 매우 크다는 데서 과장법을 활용한 묘사가 나타난다.

❷ **대풍이 니러나니, ~ 반돌쳐로 비블럿니.** 직유법을 통해 심한 파도와 풍랑에 격하게 흔들리는 배의 모습을 묘사한 부분이다.

❸ **등 뒤흐로 도라보니 ~ 하놀 밧긔 다하 잇다.** 폭풍이 지나간 뒤 바라본 사방의 모습이다. 배 뒤로는 부산의 모습이 작게 보이고 위아래 바다는 하늘과 끝없이 맞닿아 펼쳐져 있는 모습을 나타내고 있다.

작가 소개

김인겸(金仁謙, 1707~1772) 조선 후기의 문인. 호는 퇴석(退石). 1753년 진사가 된 후 1763년 조엄을 따라 통신사 일행으로 일본에 다녀온 뒤 장편 기행 가사 〈일동장유가〉를 지었고, 후에 지평 현감을 지냈다.

가 [전략] ❶당풍(壯風)(센 바람)의 돗츨 드라 ㉠뉵션(六船)(기선 셋과 복선 셋)이 홈씌 써나,
「삼현(三絃)과 군악 소릐(송별의 음악 소리) 산히(山海)롤 진동ᄒᆞ니, / 믈 속의 어룡(魚龍)(물고기와 용)들이 응당이(마땅히) 놀라도다.」(「 」: 과장법)
히구(海口)롤 얼픗 나셔 오뉵도(五六島)(부산 앞바다에 있는 작은 섬) 뒤지우고,
고국(故國)을 도라보니 야쇡(夜色)(밤 경치)이 창망(滄茫)(넓고 멀어서 아득함.)ᄒᆞ야
아모것도 아니 뵈고, 연히 변진(沿海邊鎭)(육지 가까이의 얕은 바다에 있는 군영) 각 포(浦)의 / 불빗 두어 뎜이 구롬 밧긔 뵐 만ᄒᆞ니.
▶ 부산항에서 통신사 일행이 출발함.

나 빅방의 누어 이셔 내 신셰롤 싱각ᄒᆞ니, / 궃득이 심난(객수(客愁)를 느낌.)ᄒᆞᆫ딕 ❷대풍이 니러나니,
태산 굿툰 셩낸 물결 텬디의 ᄌᆞ옥ᄒᆞ니, / 큰나큰 만곡쥬(萬斛舟)ㅣ 나모닙 브치이둣(큰 배가 나뭇잎이 바람에 나부끼듯 흔들림.(직유법)),
하늘의 올라다가(과장법) 디함(地陷)의 ᄂᆞ려지니, / 열두 발 빵돗대는 지이텨로(나뭇가지처럼) 구버 잇고,
㉡쉰두 복 초셕 돗촌(짚으로 만든 돛은) 반돌쳐로 빅블럿닉(배가 불렀네).
굵은 우레 ᄌᆞᆫ 별악은 등 아래셔 딘동ᄒᆞ고, / 셩낸 고래 동ᄒᆞᆫ 놈은(성난 파도와 풍랑을 비유한 표현) 믈 속의셔 희롱ᄒᆞ닉.(좋지 않은 날씨에 천둥과 벼락이 침.)
㉢방 속의 요강 타구(唾具) 잣바지고 업더지고, / 상하 좌우 비방 널은 닙닙히(하나하나) 우ᄂᆞᆫ구나.
▶ 바다 가운데서 폭풍을 만남.

다 이윽고 히 돗거놀 장관(壯觀)을 ᄒᆞ여 보시,(시간의 경과, 풍랑이 가라앉음, 바다가 끝없이 넓게 펼쳐진 모습)
니러나 비문 열고 문셜쥬 잡고 셔셔, / ᄉᆞ면을 ᄇᆞ라보니 어와 장홀시고(굉장하구나),
인싱 텬디간의 이런 구경 또 어딕 이실고. / ㉣구만(九萬)니 우듀 속의 큰 믈결분이로시.
❸등 뒤흐로 도라보니 ㉤동닉(東萊) 뫼이 눈섭 굿고, / 동남을 도라보니 바다히 ᄀᆞ이 업닉.
우아릭 프룬 빗치 하놀 밧긔 다하 잇다. / 슬프다 ⓐ우리 길이 어딕로 가ᄂᆞᆫ쟉고.(중의적 표현)
홈긔 써는 다ᄉᆞᆺ 빅ᄂᆞᆫ 간 딕롤 모롤로다. / ᄉᆞ면을 두루 보니 잇다감 믈결 속의
부체만 쟈근 돗치 들낙날낙(파도 때문에 보이다 말다 함.) ᄒᆞᄂᆞᆫ구나.
▶ 폭풍이 지나간 뒤 바다의 장엄한 광경

현대어 풀이

(가) 사나운 바람에 돛을 달고 여섯 척의 배가 모두 함께 떠나니, 각종 악기와 군악대 연주하는 소리가 온 세상을 진동하니 물속의 고기들이 마땅히 놀람 직하도다. 부산진을 얼른 떠나 오륙도를 뒤로 하고, 고국을 돌아보니 밤빛이 아득하여 아무것도 아니 보이고, 바닷가 변방 각 포구의 불빛 두어 점만이 구름 밖에서 보일 듯 말 듯하는구나.

(나) 선실에 누워 내 신세를 생각하니 가뜩이나 심란한데 큰바람이 일어나서 태산 같은 성난 물결 천지에 가득하니, 크나큰 만곡주가 나뭇잎 나부끼듯 하늘에 올랐다가 땅 밑으로 떨어지니, 열두 발 쌍돛대는 나뭇가지처럼 굽어 있고, 쉰두 폭 짚으로 만든 돛은 반달처럼 배불렀네. 굵은 우레 작은 벼락은 등 아래로 떨어지는 것 같고, 성난 고래와 용이 물속에서 마구 뛰노는 것 같네. 방 안의 요강 타구가 자빠지고 엎어지고 상하 좌우에 있는 선실의 널빤지는 하나하나 소리를 내는구나.

(다) 이윽고 해가 돋아 장관을 구경하여 보자. 일어나 배문을 열고 문 양쪽 기둥을 잡고 서서 사면을 바라보니 아아! 굉장하구나, 인생 천지간에 이런 구경 또 어디 있겠느냐. 구만리 우주 속에 큰 물결뿐이로세. 등 뒤로 돌아보니 동래의 산이 눈썹만큼 작게 보이고 동남을 돌아보니 바다는 끝이 없네. 위아래 푸른빛이 하늘 밖에 닿아 있네. 슬프다, 우리 가는 길이 어디란 말인가? 함께 떠난 다섯 척의 배는 간 데를 모르겠구나. 사면을 뒤로 보니 이따금 물결 속에 부채만 한 작은 돛이 들락날락하는구나.

이해와 감상

이 작품은 영조 39년(1763)에 조엄이 일본 통신사로 갈 때 삼방서기(三房書記; 통신사를 보좌하여 여러 기록을 책임지는 사람)로 동행한 작가가 그 여정과 견문을 기록한 장편 기행 가사이다. 약 11개월 동안의 여정이 추보식 구성으로 나타나 있으며, 전체 4책 8천여 구에 달하는 길이로 구체적인 날짜와 기후, 노정 등을 상세하게 기록했다.

작가는 여정과 함께 그곳에서 보고 들은 일본의 문물 제도와 인물, 풍속, 외교 임무의 수행 과정 등과 이에 대한 느낌을 소상히 기록하고, 여기에 자신의 날카로운 비판과 해학을 곁들여 실감 나게 묘사했다. 이를 통해 일본의 실질적인 문화나 문물 등을 구체적으로 엿볼 수 있는 한편, 기행 문학의 묘미를 느낄 수 있다.

작품 연구소

〈일동장유가〉의 전체 내용

제1권	일본에서 친선 사절을 청하여, 통신사 일행이 여러 수속 끝에 8월 3일 한양(서울)을 출발하여 용인, 충주, 문경, 예천, 안동, 영천, 경주, 울산, 동래를 거쳐 부산에 이름.
제2권	10월 6일, 부산에서 출발하여 대마도, 일기도, 축전주, 남도를 거쳐 적간관에 도착하여 머묾.
제3권	정월 초하루 적간관의 명절 이야기로부터 오사카, 교토, 오다와라, 시나가와를 거쳐 에도에 들어가 사행의 임무를 마침.
제4권	3월 11일 귀로에 올라, 6월 22일 부산에 귀환하고 7월 8일에 한양에 와서 임금에게 일본에 다녀온 결과를 보고함.

〈일동장유가〉의 사행 가사(使行歌辭)로서의 특징

이 작품은 형식상 사행 가사(使行歌辭)의 범주에 드는 대표적인 작품이다. 사행 가사는 기행 가사의 한 갈래로, 국가나 임금으로부터 부여받은 공식적인 외교 임무를 띠고 파견된 사신이나 그 일행으로 동반했던 작가가 외국의 풍물이나 문물을 경험하고 이를 기록한 가사를 말한다. 이러한 사행 가사는 작가가 사신의 일행으로 공적인 임무를 띠고 기록한 것이지만 실제 작품은 개인적 보고의 성격이 강하다는 점에서 공적·사적 성격을 공유하는 경우가 많다. 사행 가사의 대표작으로는 〈일동장유가〉를 비롯하여, 작자 미상의 〈연행별곡〉, 홍순학의 〈연행가〉, 박권의 〈서정별곡〉, 이태직의 〈유일록〉 등이 있다.

〈일동장유가〉의 기행문으로서의 성격

이 작품은 형식상 가사에 속하지만, 내용은 넓은 의미에서 보면 수필 문학인 기행문에 속한다. 기행문은 여행 중의 견문, 감상 등을 여정에 따라 쓴 글로, 이 작품에도 여행지의 풍경, 그곳에 사는 이들의 생활 습관과 언어, 풍습, 복식에 대한 견문과 감상이 드러나 있어 기행문으로서의 요건을 갖추고 있다.

〈일동장유가〉의 창작 배경이 된 계미 통신사의 활동

조선 통신사는 일본의 막부 장군에게 파견된 공식 외교 사절이다. 세종 때 통신사가 파견된 후 임진왜란으로 조선과 일본의 국교가 단절되었다가, 일본이 조선과의 국교 회복을 열망하며 다시 통신사를 파견해 줄 것을 요청했고, 이에 조선이 일본과 조약을 맺고 다시 통신사를 파견하기에 이르렀다.

김인겸이 참여한 계미 통신사는 일본의 도쿠가와 이에시게가 1760년에 아들인 도쿠가와 이에하루에게 관백(關白)의 자리를 물려주고 죽자 도쿠가와 이에하루가 막부 쇼군[將軍]의 지위까지 계승하면서 그의 세력을 널리 알리기 위해 조선에 통신사 파견을 청한 것에 응해 꾸려졌다.

기간은 1763년 8월 3일부터 1764년 7월 8일까지 장장 11개월간이었으며, 대마도와 오사카, 에도에 이르는 여정이었다. 통신사 일행은 정사 조엄과 부사 이인배 외 477명의 장대한 규모로 꾸려졌으며, 그 인원은 실력 있는 문사를 중심으로 구성되었다. 김인겸은 이 수행원에 포함되어 삼방서기로서 사행을 기록하는 한편, 일본의 문사를 맞아 이들을 문장으로 응대하는 일을 맡았다.

키 포인트 체크

화자 통신사 일행으로 □□에 다녀온 사신

상황 11개월간의 □□과 견문, 감상을 기록함.

태도 여정과 함께 일본의 문물을 기록하나 그것을 □□하게 봄.

1 이 작품의 표현상 특징으로 적절하지 않은 것은?

① 사물의 움직임을 과장해서 표현하고 있다.
② 영탄적 어조를 통해 정서를 표출하고 있다.
③ 배경 묘사를 통해 계절감을 드러내고 있다.
④ 비유적 표현으로 시적 상황을 묘사하고 있다.
⑤ 시간의 흐름에 따른 상황 변화를 나타내고 있다.

2 〈보기〉를 참고하여 이 작품을 감상한 내용으로 적절하지 않은 것은?

보기

〈일동장유가〉는 한양에서 출발하여 부산을 떠나 일본에서 돌아올 때까지의 여정을 기록한 작품이다. 작가는 통신사 일행의 삼방서기로서 여행 중에 겪은 사건이나 정황 등을 정확하게 기록했을 뿐만 아니라 자신의 감상과 비평도 적절히 서술하여 기행 문학의 묘미를 잘 살렸다.

① 작가가 맡은 임무와 관련하여 기록한 작품이군.
② (가)는 부산항에서 배를 타고 일본으로 떠나는 상황이군.
③ (가)에서 (다)로 공간 이동이 나타난다는 점에서 여정에 따라 기록하는 기행 문학의 특성이 드러나는군.
④ (나)는 일본으로 향하는 배에서 일어난 상황을 보고 느낀 작가의 주관적 감상이군.
⑤ (다)는 배 안에서 보고 들은 사건을 정확하게 기록하여 객관적인 느낌을 주는군.

3 이 작품의 내용을 바탕으로 영화를 만들고자 할 때, 적절하지 않은 것은?

① 일행이 떠날 때 이들을 환송하는 악대의 모습을 촬영해야 해.
② 배가 떠나기 시작하는 순간에는 음악 소리가 화면을 압도하는 느낌이 나도록 편집하자.
③ 배가 떠나고 화자가 육지 쪽을 바라볼 때 어둠 속에서 불빛이 두어 점 보이도록 해야 해.
④ 폭풍이 칠 때 화자가 돛대를 세우려고 애쓰는 모습을 담자.
⑤ 풍랑이 가라앉은 후에 화자가 바다를 둘러보는 장면을 넣자.

4 ㉠~㉤에 대한 설명으로 적절하지 않은 것은?

① ㉠: 화자 일행의 규모를 보여 준다.
② ㉡: 바람이 심하게 불고 있음을 드러낸다.
③ ㉢: 화자가 넘어지는 모습을 묘사한 것이다.
④ ㉣: '일망무제(一望無際)'와 의미가 통한다.
⑤ ㉤: 육지에서 멀리 떠나왔음을 의미한다.

5 ⓐ를 중의적으로 해석한다고 할 때, 그 두 가지 의미를 쓰시오.

가 ❶션듕(船中)을 도라보니 저마다 슈질(水疾)ᄒᆞ야,
ᄯᅩᆼ물을 다 토ᄒᆞ고 혼졀(昏絶)ᄒᆞ야 죽게 알ᄂᆡ.
풍랑으로 인해 뱃멀미의 고통을 겪음.
다ᄒᆡᆼᄒᆞᆯ샤 종ᄉᆞ샹(從使上)은 태연이 안ᄌᆞ시구나.
종사상의 위엄 있는 모습
ᄇᆡ방의 도로 드러 눈 ᄀᆞᆷ고 누엇더니, / ᄃᆡ마도 갓갑다고 샤공이 니ᄅᆞ거ᄂᆞᆯ,
고텨 니러 나와 보니 십 니ᄂᆞᆫ 남앗고나.
ⓐ왜션 십여 쳑이 예션ᄎᆞ로 모다 왓ᄂᆡ.
사신 일행을 맞으러 오는 배
그제야 돗촐 치고 ᄇᆡ 머리의 줄을 ᄆᆡ야, / ⓑ왜션을 더지으니 왜놈이 줄을 바다,
제 ᄇᆡ예 ᄆᆡ여 노코 일시의 ᄂᆞ리으니
션ᄒᆡᆼ(船行)이 안온ᄒᆞ야 좌슈포(佐須浦)로 드러가니,
편안하고 조용하여
신시(辛時)ᄂᆞᆫ ᄒᆞ여 잇고 복션(卜船)은 몬져 왓다. ▶ 폭풍을 이기고 대마도에 당도함.

나 ❷포구(浦口)로 드러가며 좌우ᄅᆞᆯ 둘러보니,
ⓒ봉만(峰巒)이 삭닙(削立)ᄒᆞ야 경치가 긔졀(奇絶)ᄒᆞ다.
송ᄉᆞᆷ(松杉) 듁ᄇᆡᆨ(竹柏) 귤뉴(橘柚) 등감(橙柑) 다 몰쇽 등쳥일ᄉᆡᆨ.
대나무와 잣나무 / 귤의 한 종류 / 모두 다
ⓓ왜봉(倭奉) 여ᄉᆞᆺ 놈이 검도졍(劍道亭)의 안잣구나.
인개(人家)ㅣ 쇼됴(疎凋)ᄒᆞ고 여긔 세 집 뎌긔 네 집
사람 사는 집이
합ᄒᆞ야 혜게 되면 ᄉᆞ오십 호(戶) 더 아니타.
ⓔ❸집 형샹이 궁슝(穹崇)ᄒᆞ야 노젹덤이 ᄀᆞᆺ고내야. ▶ 대마도의 풍광과 인가의 모습
집을 노적 더미에 비유함.

다 굿 보ᄂᆞᆫ 왜인들이 뫼ᄒᆡ 안자 구버본다.
그듕의 ᄉᆞ나희ᄂᆞᆫ 머리를 ᄶᆞᆺ가시ᄃᆡ, / ᄭᅩᆨ뒤만 죠금 남겨 고쵸샹토 ᄒᆞ여시며,
남자들
발 벗고 바디 벗고 칼 ᄒᆞ나식 ᄎᆞ 이시며
왜녀(倭女)의 치장들은 머리ᄅᆞᆯ 아니 ᄶᆞᆨ고 / 밀기ᄅᆞᆷ 듬북 발라 뒤흐로 잡아 ᄆᆡ야,
족두리 모양쳐로 둥글게 ᄭᅳ여 잇고, / 그 ᄭᅳᆺ츤 두로 트러 빈혀ᄅᆞᆯ 질러시며,
무론(無論) 노쇼 귀쳔(老少貴賤)ᄒᆞ고 어레빗ᄉᆞᆯ ᄭᅩ잣구나.
노소와 귀천을 막론하고
『의복을 보와 ᄒᆞ니 무 업순 두루막이
『 』: 상세하고 사실적인 묘사
ᄒᆞᆫ 동 단 막은 ᄉᆞ매 남녀 업시 ᄒᆞᆫ가지요,
넙고 큰 졉은 ᄯᅴᄅᆞᆯ 느즉히 둘러 ᄯᅴ고
느슨하게
일용범ᄇᆡᆨ(日用凡百) 온갓 거ᄉᆞᆫ 가ᄉᆞᆷ 속의 다 품엇다.
❹남진 잇ᄂᆞᆫ 겨집들은 감아ᄒᆞ게 니[齒]ᄅᆞᆯ 칠ᄒᆞ고
남편 / 검게
뒤흐로 ᄯᅴᄅᆞᆯ ᄆᆡ고 과부 처녀 간나희ᄂᆞᆫ
압흐로 ᄯᅴᄅᆞᆯ ᄆᆡ고 니ᄅᆞᆯ 칠티 아냣구나.』 [하략] ▶ 왜인 남녀의 머리 모습과 의복 모양

현대어 풀이

(가) 배 안을 돌아보니 사람마다 뱃멀미를 하고 똥물을 다 토하고 기절하여 죽을 지경이네. 다행이로다, 종사상은 태연히 앉아 계시는구나. 선실에 도로 들어와 눈 감고 누웠더니 대마도 가깝다고 사공이 말하거늘 다시 일어나 나와 보니 십 리는 남았구나. 왜선 십여 척이 우리 배를 인도할 배로 맞으러 나왔네. 그제야 돛을 치고 뱃머리에 줄을 매어 왜선에 던지니 왜놈이 그 줄을 받아 제 배에 매어 놓고 동시에 저으니 배가 편안하고 조용하게 좌수포에 들어가니 오후 3시~5시쯤 되었고 짐을 실은 배는 먼저 왔네.

(나) 포구로 들어가며 좌우를 돌아보니 산봉우리들은 깎아지른 듯 서 있어 경치가 매우 절묘하구나. 소나무, 삼나무, 대나무, 잣나무, 귤유, 등감 등이 모두 다 등청색일세. 왜인 종자 여섯 놈이 검도정에 앉아 있구나. 인가가 드물고 여기 세 집 저기 네 집 합하여 헤아리면 사오십 호가 넘지 않는구나. 집 모양이 매우 높아 노적 더미 같구나.

(다) 구경하는 왜인들이 산에 앉아 굽어본다. 그중에 사내들은 머리를 깎았으되 뒤통수만 조금 남기고 고추상투를 하였으며, 발 벗고 바지 벗고 칼 하나씩 차고 있으며, 왜녀들의 치장은 머리를 깎지 않고 밀기름을 듬뿍 발라 뒤로 잡아매어 족두리 모양처럼 둥글게 감았고, 그 끝은 둘로 틀어 비녀를 찔렀으며 노소 귀천을 가리지 않고 얼레빗을 꽂았구나. 의복을 보아 하니 무 없는 두루마기, 한 동으로 된 옷단과 막은 소매가 남녀 구별 없이 한 가지요, 넓고 크게 접은 띠를 느슨하게 둘러 매고 늘 쓰는 모든 물건은 가슴 속에 다 품었다. 남편이 있는 여자들은 이를 검게 칠하고 뒤로 띠를 매었고, 과부와 처녀 계집애들은 앞으로 띠를 매고 이를 칠하지 않았구나.

시어 풀이

슈질(水疾) 뱃멀미.
혼졀(昏絶) 정신을 잃고 까무라침.
종ᄉᆞ샹(從使上) 통신사의 우두머리. 여기서는 '조엄'을 가리킴.
좌슈포(佐須浦) 대마도에 있는 포구 이름.
신시(辛時) 오후 3시~5시 사이.
복션(卜船) 짐을 실은 배.
봉만(峰巒) 뾰족한 산봉우리.
삭닙(削立) 깎아지른 듯 서 있음.
등쳥 오렌지색을 띤 청색.
왜봉(倭奉) 통신사를 모시러 온 왜인.
쇼됴(疎凋) 띄엄띄엄 떨어져 있음.
궁슝(穹崇) 몹시 높음.
굿 연극, 구경거리.
고쵸샹토 고추상투. 늙은이의 조그마한 상투를 비유적으로 이르는 말.
무 윗옷의 양쪽 겨드랑이 아래에 매는 딴 폭.
동 윗옷의 소매 부분.
단 옷의 끝 가장자리를 안으로 접어 꿰맨 부분.
일용범ᄇᆡᆨ(日用凡百) 늘 쓰던 모든 물건.

Q '왜(倭)'라는 호칭의 의미는?

작가는 시종일관 일본이나 일본 사람들에 대한 호칭을 '왜(倭)'로 표현한다. 특히 일본 사람들에 대한 '왜(倭)'라는 호칭은 '왜인(倭人)'이 제일 두드러지고, 그 밖에 '왜션', '왜놈', '예놈', '개 돝(돼지) 같은 예놈', '도이(島夷)(섬나라 오랑캐)' 등의 표현도 빈번히 드러난다. 이와 같은 호칭은 임진왜란 이후인 당시의 민족 감정상 일본에 대한 폄하나 비하가 일반적이었던 것에서 기인하기도 하고, 일본 문물에 대한 작가의 문화 우월주의적 시각에서 비롯된 것이기도 하다.

시구 풀이

❶ **션듕(船中)을 도라보니 ~ 죽게 알ᄂᆡ.** 풍랑 때문에 사람들이 뱃멀미를 하고 기절해 있는 모습이다. 일본에 닿기 전 거친 풍랑을 만나 배 안에 있는 일행이 고통스러워하는 모습을 구체적으로 전달하고 있다.

❷ **포구(浦口)로 드러가며 ~ 경치가 긔졀(奇絶)ᄒᆞ다.** 일본의 포구에 도착한 뒤 주변 산천이 깎아지른 듯 서 있는 모습을 보면서 일본 사람들이나 일본의 문물을 천시하는 시각과 달리 자연 풍경에 대해서는 감탄하는 태도를 엿볼 수 있다.

❸ **집 형샹이 궁슝(穹崇)ᄒᆞ야 노젹덤이 ᄀᆞᆺ고내야.** 일본 사람들이 살고 있는 마을의 전체적인 모습을 전달하는 부분이다. 집 형상이 노적 더미 같다고 표현한 데서 일본 사람들을 얕보는 화자의 시각을 엿볼 수 있다.

❹ **남진 잇ᄂᆞᆫ 겨집들은 ~ 니ᄅᆞᆯ 칠티 아냣구나.** 일본 여인들을 보고 외양을 묘사한 부분이다. 여자들이 이를 검게 칠하는 모습이나 띠를 맨 모양 등을 들어 그들을 미개한 사람들로 바라보는 의식을 담고 있다.

작품 연구소

일본의 문물에 대한 우월주의적 시선

작가는 일본에 대한 우월 의식을 바탕으로 그들의 문물을 미개하고 열등한 오랑캐의 것으로 바라본다. 이러한 태도는 일본 대마도에 도착하여 그들의 집이나 의복, 외양 등을 사실적으로 묘사하면서도 대상을 낮추어 보는 데서 알 수 있다.

• 집 형상이 노적 더미 같음. • 남자들이 앞머리를 깎아 상투를 틀어 올리고, 발 벗고 바지 벗음. • 무 없는 두루마기, 소매 없이 터진 의복을 입음. • 아낙네들이 이에 검은 칠을 하고 다님.	➡	일본 문물을 미개하다고 생각하는 작가의 문화 우월주의적 시각

〈일동장유가〉에 나타난 이용후생(利用厚生)의 태도

이 작품에서 작가는 한·중·일 3국의 도시 경제를 비교하면서, 일본의 도시가 우리나라보다 훨씬 발달해 있고 중국에 비해서도 결코 뒤지지 않음을 솔직하게 인정하고 있다. 이런 태도는 김인겸이 실학과는 시간상 거리가 있는 시기에 살았음에도 그때 이미 실학적 분위기가 나타나기 시작했음을 보여 준다. 이 밖에도 이 작품에 수기(水機), 즉 무자위(물을 높은 곳으로 퍼올리는 데 쓰는 농기구)나 주교(舟橋; 배다리)에 대한 묘사가 나타난 것을 통해서도 작가가 이용후생의 측면에 깊은 관심을 가지고 있었음을 알 수 있다.

〈일동장유가〉의 의의와 한계

이 작품은 국문으로 된 장편 해외 기행 가사의 효시로, 일본의 독특한 풍물이나 풍속, 자연 등을 담고 있을 뿐 아니라 통신사 일행의 모습이나 일본 사람들이 접대하는 모습 등 구체적인 상황까지 전달하고 있다. 당시의 일본 사정을 국문으로 기록하여 국내에 알렸다는 점, 조선 후기 가사에 일본 체험 내용을 부여하면서 그 외연을 확대했다는 점이 이 작품의 문학사적 의의이다. 나아가 이 작품을 통해 당시 우리 외교 사절단의 규모와 한일 양국의 외교 방법 등을 엿볼 수 있을 뿐만 아니라, 일본에 대한 작가의 시선을 통해 임진왜란 이후 가시지 않은 대왜(對倭) 감정을 알 수 있어 외교사적인 측면에서도 귀중한 자료이다.

한편, 작가가 문인으로서의 자부심이 강하고 유교적 가치관을 신봉했으며 임진왜란으로 인해 일본에 대한 적개심이 있던 탓에 일본을 낮잡아 보고 일본 사회에 대해 깊이 있는 이해를 보이지 못한 점은 한계로 지적될 만하다. 작품 속에서 한·중·일 3국의 도시 경제를 비교하면서 일본의 도시가 우리나라보다 훨씬 발달해 있고 중국에 비해서도 뒤지지 않음을 인정하기는 하나, 그 밖에 일본의 민중이나 학술, 기술에 대해서는 관심을 보이지 않은 것이다. 당시 동아시아의 정세 속에서 상공업의 발전으로 국제적 위상을 높여 가던 일본과 그에 대한 우리의 대응 자세에 대한 성찰을 하지 못한 점이 아쉬운 부분으로 지적된다.

함께 읽으면 좋은 작품

〈관서별곡〉, 백광홍 / 관서 지방의 뛰어난 경관을 읊은 작품

작가가 평안도 평사로 임명되었을 때 그곳을 두루 돌아다녀 보고 자연의 아름다움을 노래한 작품으로, 우리나라 기행 가사의 효시이다. 〈일동장유가〉가 일본의 문물이나 풍습을 주요 서술 대상으로 삼은 데 비해, 〈관서별곡〉은 주로 자연의 아름다운 풍광을 담았다.

6 다음 중 이 작품에 대한 설명으로 적절한 것끼리 바르게 묶은 것은?

> ㄱ. 화자가 이동한 경로가 드러나 있다.
> ㄴ. 대상에 대한 화자의 친근감이 나타나 있다.
> ㄷ. 화자의 경험을 바탕으로 내용을 전개하고 있다.
> ㄹ. 시간의 흐름에 따른 화자의 정서 변화가 드러나 있다.

① ㄱ, ㄴ ② ㄱ, ㄷ ③ ㄴ, ㄹ
④ ㄴ, ㄷ ⑤ ㄷ, ㄹ

내신 적중

7 〈보기〉를 참고하여 이 작품을 감상한 내용으로 적절하지 않은 것은?

> **보기**
> 조선 후기 가사는 관념적이고 추상적인 내용보다는 실질적이고 구체적인 내용으로 전개된다. 또한 조선 후기 산문 정신의 영향으로 사실적인 묘사와 장편화 경향이 나타난다.

① 일본 사람들의 외양과 의복을 구체적으로 묘사했군.
② 독자가 일본의 문화를 접할 수 있다는 점에서 실질적인 내용이 담겼다고 할 수 있어.
③ 관념적이고 추상적인 내용에서 벗어나기 위해 개인의 주관적 감상을 드러내지 않았군.
④ 대마도의 마을 모습을 사실적으로 묘사하여 독자가 실제 현장에 있는 느낌을 받을 수 있어.
⑤ 일본의 다양한 풍습과 문화를 자세하게 소개하려다 보니 자연스럽게 길이가 길어진 것이 아닐까?

8 다음은 이 작품의 작가와 나눈 가상 인터뷰이다. 빈칸에 들어갈 말로 적절하지 않은 것은?

> 기자: 일본에 다녀오며 어떤 경험을 하셨나요?
> 작가: (　　　　　　　　　　　　　　　　　　　　)

① 폭풍을 만났지만 종사상은 그것을 인지하지 못해서 다행이었습니다.
② 사공이 대마도에 다 왔다고 해서 배 밖으로 나가 보니 아직 십 리나 더 가야 했습니다.
③ 오후에 좌수포에 들어갔는데 제가 탄 배보다 짐을 실은 배가 먼저 도착했더군요.
④ 대마도 포구에 들어선 후 집을 세어 보니 사오십 호를 넘지 않더군요.
⑤ 일본 여인들의 치아 색과 띠를 맨 모습을 보고 남편이 있는지를 구별할 수 있었습니다.

9 ⓐ~ⓔ 중, 〈보기〉의 밑줄 친 부분에 해당하지 않는 것은?

> **보기**
> 이 작품에서 작가는 일본의 도시가 우리나라보다 훨씬 발달해 있음을 솔직하게 인정하고 있다. 하지만 임진왜란으로 인한 적개심과 문화 우월주의적 시각에서 일본 사람과 그들의 풍습을 낮추어 보는 태도가 작품 곳곳에 드러난다.

① ⓐ ② ⓑ ③ ⓒ ④ ⓓ ⑤ ⓔ

173 만언사(萬言詞) | 안조환

키워드 체크 #유배 가사 #사실적 묘사 #귀양살이 #신세 한탄

문학 천재(김)

핵심 정리

갈래 가사, 유배 가사, 장편 가사
성격 사실적, 반성적, 애상적
제재 유배 생활
주제 유배 생활의 고통과 잘못을 뉘우치는 심정
특징 유배 생활의 고통을 사실적으로 그려 냄.
의의 〈북천가〉와 더불어 유배 가사의 쌍벽을 이룸.
연대 조선 정조
출전 《만언사》 필사본

Q 이 부분에 드러난 화자의 상황과 감정은?

화자는 유배 와서 옷도 못 갈아입고 제대로 먹지도 못하며 남의 집에 빌붙어 지내는 처지가 된다. 이에 자신의 모습을 '귀신', '미친 사람'에 빗대어 유배 생활의 어려움과 비참한 처지를 강조하고 있다.

시어 풀이

남방 염천(南方炎天) 남쪽의 뜨거운 여름.
맥반 염장(麥飯鹽藏) 보리밥에 소금국. 아주 초라한 밥상.
현순백결(懸鶉百結) 옷이 해어져서 백 군데나 기웠다는 뜻으로, 누덕누덕 기워진 옷을 의미함.
보리가을 벼나 보리를 거두어들이는 일.
용정(舂精) 곡식을 찧음. 여기서는 방아나 절구.
격양가(擊壤歌) 풍년이 들어 농부가 태평한 세월을 즐기는 노래.
탐화봉접(探花蜂蝶) 꽃을 찾아다니는 벌과 나비.

시구 풀이

❶ **남방 염천(南方炎天) 찌는 ~ 냄새를 어찌하리** 겨울에서 여름으로 계절이 바뀌었음에도 유배 올 당시에 입고 있던 겨울 의복을 갈아입지 못해 겪는 어려움을 드러낸 부분이다.
❷ **옥식 진찬(玉食珍饌) 어디 두고 ~ 현순백결(懸鶉百結) 되었는고** 유배 오기 전에는 훌륭한 밥과 반찬, 좋은 옷으로 지냈으나 유배를 와서는 보잘것없는 식사를 하고 누더기 옷을 입고 지내는 처지임이 제시된 부분이다. 유배 오기 전후의 상황을 대조하여 현재의 비참한 유배 생활을 강조하고 있다.
❸ **백운(白雲)이 즐기는 줄 ~ 망라(網羅)에 걸렸으랴** 흰 구름이 즐거운 줄을 푸른 구름이 알았다면 공명(功名)을 추구하다 죄를 지어 법에 걸렸겠느냐는 의미이다. '푸른 구름'은 공명을 추구하는 생활을, '흰 구름'은 그와 대조적인 욕심 없는 생활을 의미하며, '탐화봉접'은 공명을 좇는 화자 자신을 비유한 표현이다. 즉, 화자는 기생집을 드나들며 국고를 축내다가 유배를 오게 된 상황을 반성하면서 한탄하고 있다.

작가 소개

안조환(安肇煥, ?~?) 조선 정조 때의 문신으로 대전별감을 지냈다고 하나 자세한 행적은 밝혀져 있지 않다. 〈만언사〉 연작의 가사 작품이 6편 전한다.

가 [전략] 의복(衣服)을 돌아보니 한숨이 절로 난다
(유배 올 당시의 옷을 갈아입지 못하고 그대로 입고 있는 자신의 처지를 한탄함.)
㉠ ❶남방 염천(南方炎天) 찌는 날에 빨지 못한 누비바지
땀이 배고 때 오르니 굴뚝 막은 덕석인가
(덕석: 덮는 용도로 쓰이는 짚으로 엮은 멍석)
덥고 검기 다 버리고 냄새를 어찌하리 / 어와 내 일이야 가련(可憐)하도 되었구나
(유배 와 초라해진 자신의 처지를 한탄함.)
손잡고 반기는 집 내 아니 가옵더니 / 등 밀어 내치는 집 구차(苟且)히 빌어 있어
(과거 유배 오기 전의 생활 / 현재 유배 생활하는 집에 빌붙어 지냄.)
❷옥식 진찬(玉食珍饌) 어디 두고 맥반 염장(麥飯鹽藏) 무슨 일고
(귀하고 맛이 좋은 온갖 음식 / 보잘것없는 식사)
금의 화자(錦衣華刺) 어디 두고 현순백결(懸鶉百結) 되었는고
(아름답게 수놓은 비단옷)
(대조를 통해 현재의 어렵고 고통스러운 처지를 나타냄.)
이 몸이 살았는가 죽어서 귀신(鬼神)인가 / 말하니 살았는지 모양은 귀신(鬼神)이라
(볼품없고 초라한 모양)
㉡ 한숨 끝에 눈물 나고 눈물 끝에 어이없어 / 도리어 웃음 나니 미친 사람 되겠구나
(자조적인 웃음)
▶ 유배 생활의 고통스러운 처지

나 어와 보리가을 맥풍(麥風)이 서늘하다
(초여름의 훈훈한 바람을 뜻하는 맥풍이 서늘해졌다는 것을 통해 계절의 변화를 보여 줌.(여름 → 가을))
전산(前山) 후산(後山)에 황금이 펼쳤으니 / 지게를 벗어놓고 전간(田間)에 굼닐면서
(보리가 익어 보리밭이 누런빛으로 변함. / 밭 사이에서 몸을 구부렸다 폈다 일하면서)
한가히 베는 농부 "묻노라 저 농부야 / 밥 위에 보리단술 몇 그릇 먹었느냐
(보리쌀로 빚은 단술)
청풍(淸風)에 취한 얼굴 깨운들 무엇하리 / 연년(年年)이 풍년드니 해마다 보리 베어
(해마다)
마당에 두드리고 용정(舂精)에 쓿어내어 / 일분(一分)은 밥쌀 하고 일분은 술쌀 하여
(절구에 곡식을 찧고 낟알을 쓿어 내어 / 쌀의 일부는 밥을 하고 일부는 술을 만들어)
밥 먹어 배부르고 술 먹어 취한 후에 / 함포고복(含哺鼓腹)하고 격양가(擊壤歌) 부르는가"
(농부들의 편안한 삶 / 잔뜩 먹고 배를 두드린다는 뜻으로, 먹을 것이 풍족하여 즐겁게 지냄.)
㉢ 농사의 좋은 흥미 저런 줄 알았으면 / 공명(功名)을 탐(貪)치 말고 농사를 힘쓸 것을
(욕심 없이 농사짓는 삶의 즐거움)
㉣ ❸백운(白雲)이 즐기는 줄 청운(靑雲)이 알았으면
(대조 / 공명을 추구하는 생활)
탐화봉접(探花蜂蝶)이 망라(網羅)에 걸렸으랴
(시적 화자를 비유함. / 법에 걸린 일)
▶ 농부들의 모습을 보고 공명을 추구했던 지난 삶을 반성함.

다 어제 옳던 말이 오늘에야 왼 줄 알고 / 뉘우친 마음이야 없다야 하랴마는
(그른)
㉤ 『범 물릴 줄 알았으면 깊은 산에 들었으며 / 떨어질 줄 알았으면 높은 남게 올랐으며
(『 』: 대구 – 욕심을 부려 공명을 탐해 죄를 지었던 일에 대한 반성이 나타남. / 나무에)
천동할 줄 알았으면 잠든 누에 올렸으며
파선(破船)할 줄 알았으면 전세 대동(田稅大同) 실었으며
(전세(田稅)로 거두는 대동미, 쌀)
실수(失手)할 줄 알았으면 내기 장기 두었으며
죄(罪) 지을 줄 알았으면 공명 탐심(功名貪心) 하였으랴』 [중략]
▶ 공명 탐심(功名貪心)에 대한 후회와 반성

현대어 풀이

(가) 의복을 돌아보니 한숨이 절로 난다. 남쪽 지방 더운 날에 빨지 못한 누비바지, 땀이 배고 때 오르니 굴뚝 막는 데 쓰는 덕석인가. 덥고 검은 것은 말더라도 냄새를 어찌하리. 아아, 내 일이야 가련히도 되었구나. (예전에) 손잡고 반기는 집 내 가지 않았는데 (지금은) 등을 밀어 내치는 집에 구차히 빌붙어 있으니. 훌륭한 밥과 반찬은 어디 가고 보리밥에 소금장은 무슨 일이며, 좋은 옷은 어디 가고 여기저기 기운 누더기 옷이 되었는가. 이 몸이 살았는가 죽어서 귀신인가. 말하니 살았으나 모양은 귀신이로다. 한숨 끝에 눈물 나고 눈물 끝에 어이없어 도리어 웃음이 나니 미친 사람이 다 되었구나.

(나) 아아, 보리를 수확할 때 맥풍(보리 위를 스치는 바람)이 서늘하다. 앞산 뒷산에 황금빛이 펼쳐지니 지게를 벗어 놓고 밭 사이에서 몸을 구부렸다 폈다 일하면서 한가히 베는 농부 "묻노라 저 농부야. 밥 위에 보리술을 몇 그릇 먹었느냐. 청풍에 취한 얼굴 깬들 무엇하리. 해마다 풍년 드니 해마다 보리 베어 마당에 두드리고 방아에 쓿어 내어, 일부는 밥을 하고 일부는 술을 만들어, 밥 먹어 배부르고 술 먹어 취한 후에 함포고복(잔뜩 먹고 배를 두드림.)하여 격양가를 부르는가." 농사의 좋은 흥미 저런 줄 알았다면 공명을 탐하지 말고 농사를 힘쓸 것을. 흰 구름이 즐거운 줄 푸른 구름이 알았으면 꽃 찾는 나비와 벌이 그물에 걸렸겠느냐.

(다) 어제는 옳던 말이 오늘에야 그른 줄 아니 뉘우치는 마음 없다고야 하랴마는, 범 물릴 줄 알았으면 깊은 산에 올라가며, 떨어질 줄 알았으면 높은 나무에 올랐으며, 천둥칠 줄 알았으면 잠든 누에(고치를 지을 때가 된 누에)를 (섶에) 올렸으며, 파선할 줄 알았으면 세금으로 걷은 쌀을 실었겠으며, 실수할 줄 알았으면 내기 장기 벌였겠으며, 죄 지을 줄 알았으면 공명을 탐하고자 하였겠느냐.

이해와 감상

이 작품은 조선 정조 때 안조환이 지은 유배 가사로 〈사고향(思故鄕)〉이라고도 한다. 작가가 관직을 수행하던 중 주색잡기에 빠져 나라의 국고를 축낸 죄로 34세 때 추자도에 귀양 가서 굶주림과 추위에 시달리며 자신이 지은 죄를 반성하는 내용을 담고 있다. 2음보를 1구로 볼 때 총 3,500여 구에 이르는 장편 가사로, 〈만언사〉라는 주가사(主歌詞)에 〈만언사답(萬言詞答)〉, 〈사부모(思父母)〉, 〈사백부(思伯父)〉, 〈사처(思妻)〉, 〈사자(思子)〉, 후기 등이 붙은 연작 구성이다.

대부분의 유배 가사가 양반 사대부로서의 의식을 바탕으로 변함없는 충성심을 노래한 데 비해, 이 작품은 자신의 유배 생활을 사실적으로 형상화했다는 점이 특징적이다. 부분적으로 임금에 대한 충성심을 드러내기는 하나, 연군지정은 약화되고 고통스러운 유배 생활을 하는 자신의 처지에 대한 사실적 묘사 및 슬픔과 회한이 주를 이루고 있다.

작품 연구소

〈만언사〉의 전체 시상 전개

귀양 온 신세에 대한 한탄	➡	과거사에 대한 회상	➡	유배지로 향하는 여정	➡	유배 생활에 대한 묘사	➡	유배에서 풀려나기를 기대함.

이 작품에서 화자는 추자도로 유배당한 신세 한탄에서 시작하여 자신의 과거사를 회상한다. 어린 시절에는 어머니를 잃고 10여 년간 외가에서 살다가 후에 계모를 맞아 효행을 다했다. 혼인한 뒤에는 행락에 빠졌으나 곧 마음을 잡고 공부하여 벼슬길에 올랐는데, 국고를 축낸 일로 유배에 처하게 된다. 유배지로 향하는 여정에는 부모 친척과 이별한 후 경기도, 충청도, 전라도를 두루 거쳐 유배지인 추자도에 이르기까지의 과정이 자세하게 제시된다. 이 작품의 핵심은 유배지에서의 생활이다. 허름한 곳에서 지내며 옷 한 벌로 사계절을 나는 화자의 처지가 신세 한탄과 함께 나타난다.

〈만언사〉와 조선 전기 유배 가사의 차이점

유배 가사는 귀양지를 소재로 하거나 귀양지에서 지은 가사 작품을 말한다. 당쟁(黨爭)에 휘말려 죄 없이 유배된 억울한 심정을 토로하는 내용이 주를 이루며 유배지로 오가는 동안의 견문이나 유배지에서의 생활 양상 등을 담아 기행 가사의 성격을 지니는 경우가 많다. 특히 조선 전기에 지어진 〈만분가〉, 〈사미인곡〉, 〈속미인곡〉 등은 자신의 억울함에 대한 호소와 연군지정을 주제로 하는 유배 가사의 전형적 특성을 보이는데, 이와 달리 조선 후기에 지어진 〈만언사〉는 유배 생활의 고통을 사실적으로 묘사하며 자신의 잘못을 뉘우치는 내용을 담고 있는 점에서 특징적이다.

	조선 전기의 유배 가사	〈만언사〉
경향	서정적, 연모적	서사적, 사실적
주제	연군(戀君)의 정	유배 생활의 고통
길이	단편	장편

평민적 사실성의 추구

작가는 당파 싸움과 같은 정치적 상황 때문에 유배당한 것이 아니라 개인적인 잘못으로 유배되었기 때문에 유배 생활의 억울함이나 연군지정보다는 유배 생활의 고통을 사실적으로 드러내는 데 치중했다. 이 과정에서 사대부로서의 체면을 차리기보다는 자신이 처한 고난과 궁핍을 생생하게 묘사했고 절절하게 신세 한탄을 하는 등 평민적 사실성을 드러냈다.

키 포인트 체크

화자 죄를 지어 ☐☐당한 사람
상황 자신의 유배 생활을 ☐☐☐으로 묘사함.
태도 유배 생활의 고통을 드러내며 지난날을 후회하고 ☐☐함.

1 이 작품에 대한 설명으로 적절하지 않은 것은?

① 계절감을 드러내는 소재를 활용하고 있다.
② 자연과 인간사를 대비하여 주제를 부각하고 있다.
③ 대조와 비유를 통해 화자의 처지를 드러내고 있다.
④ 대구와 설의적 표현을 통해 화자의 정서를 강조하고 있다.
⑤ 청자에게 말을 하는 방식으로 화자의 정서를 드러내고 있다.

내신 적중

2 (가)~(다)에 나타난 시적 화자의 태도로 적절하지 않은 것은?

① 자신의 처지를 한탄하고 있다.
② 자신의 억울함을 호소하고 있다.
③ 자신의 과거 삶을 되돌아보고 있다.
④ 자신이 저지른 잘못을 후회하고 있다.
⑤ 현재의 상황에 만족하지 못하고 있다.

3 〈보기〉를 참고하여 ㉠~㉤을 이해한 내용으로 적절하지 않은 것은?

보기

작품의 창작 및 향유 상황을 고려할 때, 유배 가사를 단순히 유배지에서의 삶을 그린 것으로 보기는 어렵다. 유배 가사는 작가가 유배지에서 풀려날 목적으로 임금에게 자신의 목소리가 전달되기를 기대하며 지은 것이 대부분이다. 실제 〈만언사〉의 내용이 임금에게 알려져 안조환이 유배에서 풀려났다는 일화도 있다.

① ㉠: 죄에 대한 벌을 충분히 받고 있음을 드러내려고 상황을 과장했을 수도 있겠군.
② ㉡: 유배로 인한 심리적 고통을 전하려고 한 것이겠군.
③ ㉢: 유배에서 풀려나도 벼슬을 하지 않겠다는 뜻이겠군.
④ ㉣: 자신이 의도적으로 죄를 짓지 않았음을 전하기 위한 전략으로 볼 수 있겠군.
⑤ ㉤: 자신의 죄가 실수였음을 강조하려고 비슷한 내용을 반복한 것이겠군.

4 (나)에서 '공명을 좇는 화자'를 빗댄 말을 찾아 쓰고(ⓐ), 그 결과(ⓑ)를 쓰시오.

Q 유배 생활에 대한 화자의 태도는?

소무(蘇武)는 중국 전한 시대의 충신으로, 흉노에 파견된 한나라 친선 사절단의 일원이었다. 당시 흉노의 내부 모반 사건에 사절단의 한 사람이 연루된 것을 구실로 흉노의 선우는 한나라 사절단에게 항복을 요구했다. 소무는 끝까지 이를 거부하다가 북해로 쫓겨나서는 무려 19년 동안 유배되었으나, 끝까지 굴복하지 않고 절개를 지키다 고국으로 돌아갔다. 화자는 소무가 북해에 가서 고생을 했으나 결국 고향에 돌아간 고사를 들어 시간이 걸리더라도 자신도 언젠가는 고향으로 돌아가게 될 것이라고 믿는 희망적 태도를 드러내고 있다.

가

ⓐ세상(世上) 귀양 나쁜이며 인간 이별(人間離別) 나 혼자랴

(귀양 와 있는 현재의 처지를 스스로 위로함.)

•소무(蘇武)의 북해 고생(北海苦生) 돌아올 때 있었으니

내 홀로 이 고생이 •귀불귀(歸不歸) 설마 하랴 / 무슨 일 마음 붙여 시름을 잊으리라

(자연에 마음 붙여 시름을 잊고자 함.)

나

작은 낫 손에 쥐고 뒷동산에 올라가니

▶ 다른 데 마음 붙여 시름을 잊고자 함.

풍상(風霜)이 섞어 치니 만물(萬物)이 •소슬(蕭瑟)하다

(계절적 배경)

•천고절(千古節) 푸른 대는 봄빛이 혼자로다

(홀로 봄날인 듯 푸름.)

곧은 대 빼쳐내어 가지 쳐 다듬으니 / •발 가웃 낚싯대는 좋은 품(品) 되겠구나

(뽑아내어)

•청올치 가는 줄에 낚시 매어 둘러메고 / 이웃집 아해들아 오늘이 날이 좋다

샛바람 아니 불고 물결이 고요하니 / 고기가 물릴 때라 낚시질 함께 가자

(동풍(東風))

❶•사립(蓑笠)을 젖혀 쓰고 •망혜(芒鞋)를 조여 신고

(간편한 차림으로 낚시를 나섬.)

ⓑ•조대(釣臺)로 내려가니 대 바람 한가하다

원근 산천(遠近山川)에 홍일(紅日)이 떠었으니

•만경창파(萬頃蒼波)는 모두 다 금빛이라

낚시를 드리우고 무심(無心)히 앉았으니

ⓒ•은린옥척(銀鱗玉尺)이 절로 무는구나

구태여 내 마음이 취어(取魚)가 아니로다 / •의취(意趣)를 취(取)함이라

(물고기를 잡을 욕심은 없음.) (취향을 즐기고자 함.)

▶ 낚시를 하며 의취(意趣)를 취하고자 함.

다

낚대를 떨쳐 드니 사면에 잠든 백구(白鷗)

내 낚대 그림자에 저 잡을 날만 여겨 / 다 놀라 날겠구나 ❷백구야 날지 마라

성상(聖上)이 버리시니 너를 좇아 예 왔노라

(화자의 처지)

네 본디 영물(靈物)이라 내 마음 모르는가

평생에 곱던 님을 천 리(千里)에 이별하고 / 사랑은커니와 그리움을 견딜손가

(임금)

수심(愁心)이 첩첩(疊疊)하니 내 마음 둘 데 없어

(근심스러운 마음)

ⓓ흥(興) 없는 일간죽(一竿竹)을 일없이 들었으니

(낚싯대)

고기도 불관(不關)커든 하물며 너 잡으랴

(고기 잡을 마음이 없음.)

❸그래도 못 믿거든 너 가진 긴 부리로

내 가슴 쪼아 헤쳐 흉중(胸中)의 붉은 마음 / 쾌(快)히 내어 볼 양이면 네가 응당 알 리로다

(일편단심) (자신의 마음을 알아주기를 바람.)

공명(功名)도 다 던지고 ⓔ성은(聖恩)을 갚으려니 / 갚을 법도 있거니와 이 사이 일없으니

(개의하거나 걱정할 필요가 없으니)

성세(聖世)에 •한민(閑民)되어 너를 좇아 다니려니

날 보고 가지 마라 네 벗 되오리라 [하략]

▶ 임금의 은혜에 대한 감사

시어 풀이

소무(蘇武) 중국 전한 시대의 충신. 흉노에 잡혀 19년간 억류되었다가 귀국했는데, 절개를 굳게 지킨 공으로 전속국(典屬國)에 임명됨.
귀불귀(歸不歸) 가서 다시 돌아오지 못함.
소슬(蕭瑟)하다 으스스하고 쓸쓸하다.
천고절(千古節) 오랜 세월 지켜 온 절개.
발 가웃 한 발 반. '발'은 어른 키 정도의 높이.
청올치 칡덩굴의 속껍질로 꼬은 노끈.
사립(蓑笠) 도롱이와 삿갓을 아울러 이르는 말.
망혜(芒鞋) 짚신.
조대(釣臺) 낚시하는 자리.
만경창파(萬頃蒼波) 만 이랑의 푸른 물결이라는 뜻으로, 한없이 넓고 넓은 바다를 이르는 말.
은린옥척(銀鱗玉尺) 은빛 비늘이 반짝이는 매우 크고 아름다운 물고기.
의취(意趣) 의지와 취향을 아울러 이르는 말.
한민(閑民) 한가로운 백성.

시구 풀이

❶ **사립(蓑笠)을 젖혀 쓰고 ~ 대 바람 한가하다** 사립과 망혜는 각각 삿갓과 짚신을 가리키는 말로, 소박하고 간편한 옷차림으로 낚시하러 나서는 모습을 나타낸다. 힘들고 고통스러운 유배 생활이지만 자연과 벗하며 시름을 풀어 보려는 화자의 태도가 드러난다.

❷ **백구야 날지 마라 ~ 내 마음 모르는가** 낚싯대를 바다에 던지자 이에 놀라 날아가는 갈매기를 보며 화자가 하는 말이다. 낚시를 하며 한가롭게 소일하는 모습과 함께 '백구'를 통해 자신의 시름을 풀어 보려는 모습이 나타난다.

❸ **그래도 못 믿거든 ~ 성은(聖恩)을 갚으려니** '백구'를 매개로 임금에 대한 충성심과 공명의 추구를 버리고 욕심 없이 살겠다는 의지를 나타낸 부분이다. 화자는 자신이 잡지 않으려는 것을 못 믿겠거든 자신의 가슴속을 들여다보라고 하며 이를 통해 '흉중의 붉은 마음'을 보이고자 한다. 즉, 화자의 마음속에는 이제 공명을 버리고 임금의 은혜를 갚고자 하는 마음만 있다는 것이다.

현대어 풀이

(가) 세상의 귀양 나쁜이며 인간 이별 나 혼자겠느냐. 소무의 북해 고생도 돌아올 때 있었으니 나 홀로 이 고생을 하며 설마 돌아가지 못하겠느냐. 무슨 일 마음 붙여 시름을 잊으리라.

(나) 작은 낫 손에 쥐고 뒷동산 올라가니 풍상이 섞어 치는데 만물이 쓸쓸하다. 오랜 세월 절개를 지켜 온 푸른 대나무는 혼자서 봄빛이로다. 곧은 대 뽑아내어 가지를 쳐서 다듬으니 한 발 반이 넘은 낚싯대라 좋은 품이 되겠구나. 칡 속껍질로 꼬은 줄로 낚싯줄 메어 둘러메고, 이웃집 아이들아 오늘이 날이 좋다. 샛바람 아니 불고 물결이 고요하여 고기가 물 때로다. 낚시질 함께 가자. 갓을 젖혀 쓰고 짚신을 조여 신고 낚시하는 자리로 내려가니 대 바람 한가롭다. 원근 산천이 붉은 빛을 띠었으니 만경창파에 오로지 금빛이라. 낚싯대를 드리우고 무심히 앉았으니 크나큰 은빛 물고기가 절로 와 무는구나. 구태여 물고기를 잡고자 함이 아니다. 의취를 취함이라.

(다) 낚싯대를 떨치니 사면에 잠든 백구 내 낚싯대 그림자에 저 잡는 줄로만 여겨 다 놀라 나는구나. 백구야 날지 마라, 성상(임금)이 버리시니 너를 좇아 예 왔노라. 네 본래는 영물이라 내 마음 모르느냐. 평생에 사랑하던 임을 천 리에 이별하니 사랑은커녕 그리움을 못 이기니 수심이 첩첩하여 마음을 둘 데 없어 흥이 없는 낚싯대를 실없이 던졌으니 고기도 물지 않거든 하물며 너 잡으랴. 그래도 못 믿겠거든 네게 있는 긴 부리로 내 가슴 쪼아 헤쳐 가슴속의 붉은 마음 내어 놓고 자세히 살펴보면 네가 응당 알 것이로다. 공명(功名)도 다 던지고 임금의 은혜를 갚으려니 갚을 법도 있거니와 이 사이 일없으니, 태평성대에 한가로운 백성이 되어 너 좇아 다니려니, 날 보고 가지 마라. 네 벗이 되겠노라.

작품 연구소

화자의 내면적 정서 변화의 추이

화자는 유배 생활을 시작할 때에는 추자도의 열악한 환경이나 사나운 인심 등으로 고통스러운 처지에 놓인 것에 대해 직설적으로 한탄한다. 그러다가 유배 생활에 조금씩 익숙해지자 점차 주변의 자연이나 사물 등에 주목하며 삶의 의지를 지니게 된다. 이를 통해 유배지 생활의 고통이나 허탈감 등은 점차 사라지고 방면(放免; 붙잡아 가두어 두었던 사람을 놓아줌.)에 대한 간절한 바람과 기대를 품게 되면서 앞날에 대한 희망을 표현하게 된 것이다.

유배 생활 초기		유배 생활 후기
유배 생활의 어려움과 고초를 직접 적으로 토로함.	➡	방면(放免)에 대한 희망과 기대를 노래함.

'백구(白鷗)'의 기능

조선 시대 문인들의 작품에는 '백구(白鷗; 갈매기)'가 자주 등장한다. 대개 임금에게 버림받거나 자연에 귀의하고자 하는 작가가 백구가 나는 것을 보고 백구에게 놀라지 말라고 안심시키고, 벗이 되고자 한다고 말하는 내용으로 나타난다.

이 작품에서도 화자가 바다에서 낚시하려 할 때 백구가 놀라 날아오르자 화자는 벗이 되고자 왔노라며 백구를 안심시키려 한다. 그리고 자기의 마음을 못 믿겠거든 부리로 가슴을 쪼아 보라고 하며 자신의 가슴 속에 임금에 대한 충성심, 성은(聖恩)에 대한 감사가 있음을 드러낸다. 즉, 이 작품에서 '백구'는 화자의 연군지정(戀君之情)을 효과적으로 드러내는 장치인 것이다.

- 화자의 시름을 풀어냄.
- 연군지정을 드러냄.

〈만언사〉의 연작 구성적 특징

〈만언사〉는 〈만언사〉 본사를 중심으로 모두 6편의 연작 가사와 후기로 구성되어 있다. 이 연작에서는 유배 생활을 중심으로 유배지 백성들의 생각, 가족에 대한 그리움, 방면(放免)에 대한 희망 등을 일관된 흐름으로 나타내고 있다.

전체 구성	주요 내용
〈만언사〉	유배 생활의 고통스러움과 이에 대한 한탄, 자신의 죄에 대한 반성
〈만언사답〉	유배지의 주민이 〈만언사〉의 화자에게 건네는 위로의 말
〈사부모〉, 〈사백부〉, 〈사처〉, 〈사자〉	부모, 백부, 아내, 자식 등에 대한 심정
후기	유배지의 한 백성이 화자가 방면되어 돌아가는 모습을 상상하는 내용

함께 읽으면 좋은 작품

〈북천가〉, 김진형 / 유배의 체험을 바탕으로 한 작품

조선 철종 때의 문신 김진형이 1853년 6월에 함경도 명천으로 유배를 가서 그해 10월에 풀려나오기까지 느낀 심정과 체험한 생활, 견문 등을 노래한 유배 가사이다. 유배의 체험을 바탕으로 하지만 유배의 내력과 함께 기생들과의 풍류와 연정 등을 다루고 있다는 점에서 〈만언사〉와는 사뭇 다른 경향을 보인다.

내신 적중

5 이 작품의 내용을 시어를 중심으로 이해할 때 적절하지 않은 것은?

① 화자는 '성상'의 버림으로 '귀양'을 오게 되었다.
② 화자는 '귀양' 생활에서 오는 '시름'을 잊으려고 한다.
③ 화자는 '시름'을 잊으려고 '낚시질'을 하고 있다.
④ 화자는 '백구'를 통해 '흉중의 붉은 마음'을 깨닫고 있다.
⑤ 화자는 '성상'에게 '흉중의 붉은 마음'을 보이고 싶어 한다.

중요 기출

6 〈보기〉의 ㉠~㉤ 중, 이 작품에서 찾을 수 없는 것은?

| 보기 |

옛사람들에게 '유배(流配)'는 무엇이었을까? 유배 가사를 통해 볼 때, 그것은 ㉠외롭고도 힘든 격리인 동시에 ㉡자신의 내면을 들여다보는 계기이기도 했다. 귀양살이의 심경은 흔히 ㉢자연물을 매개로 임금에 대한 그리움을 표현하는 형태로 정형화되었지만, 때로는 자기 부정이나 ㉣적대자에 대한 원망으로 표출되기도 했다. ㉤떠나온 곳에 마음을 두고 복귀를 욕망하는 모습을 찾아보는 것 또한 어렵지 않다. 이러한 다양한 면모가 얽히는 데에 유배 가사의 묘미가 있다.

① ㉠ ② ㉡ ③ ㉢ ④ ㉣ ⑤ ㉤

7 이 작품과 〈보기〉를 통해 탐구 과제를 정하고자 한다. 과제의 주제로 가장 적절한 것은?

| 보기 |

백구(白鷗)야 놀라지 마라 너 잡을 내 아니라
성상(聖上)이 바리시니 갈 듸 없어 예 왓노라
이제란 공명(功名)을 하직(下直)하고 너를 좇아 놀리라
– 작자 미상

① 유배와 연군(戀君) 의식의 상관관계 분석
② 문학 작품에 나타난 현실 도피적 태도 탐구
③ 문학 작품의 창작과 향유 계층의 확산 과정 탐구
④ 작품 간 주제의 동일성에 따른 작가의 작품 경향 탐구
⑤ 표현의 유사성을 바탕으로 한 작품 간의 영향 관계 분석

8 ⓐ~ⓔ에 대한 설명으로 적절하지 않은 것은?

① ⓐ: 현재 생활에 적응한 만족감을 나타낸다.
② ⓑ: 화자가 현재 위치해 있는 공간이다.
③ ⓒ: 크고 아름다운 물고기를 의미한다.
④ ⓓ: 고기잡이에 뜻이 없음을 드러낸다.
⑤ ⓔ: 화자가 임금에게 전하려는 마음이다.

174 연행가(燕行歌) | 홍순학

키워드 체크 #장편 기행 가사 #사행 가사 #중국 방문 #견문과 감상 #우리말 사용

문학 금성

핵심 정리

갈래 가사, 기행 가사, 장편 가사
성격 사실적, 서사적, 묘사적, 비판적
제재 청나라 연경 여행의 경험
주제 청나라 연경을 다녀온 견문과 감상
특징 ① 치밀한 관찰을 통해 대상을 자세히 묘사함.
② 소박한 표현과 우리말 구사가 나타남.
연대 조선 고종
출전 《심재완 교합본》

시어 풀이

칙문 조선과 청나라의 경계에 있는 만주 구련성의 마을.
목칙 울짱. 죽 벌려 박아서 만든 울의 긴 말뚝.
녹창 쥬호(綠窓朱戶) 푸른 칠을 한 창과 붉은 칠을 한 문이라는 뜻으로, 호화롭게 꾸민 좋은 집을 이르는 말.
말익이 마래기. 둘레가 넓고 운두가 납작하여 투구와 비슷한 중국 모자. 관리들이 주로 씀.
아청 바지 검푸른빛의 바지.
회미하다 입은 옷의 매무새나 무엇을 싸서 묶은 모양이 가뿐하다.
슬갑 추위를 막기 위해 무릎까지 내려오게 입는 옷.

시구 풀이

❶ **ᄒᆞᆫ 쥴긔 ~ 다시 보ᄌᆞ.** 중국 땅으로 들어가기 직전의 감회를 드러내고 있다. 고종이 왕비를 맞이한 사실을 알리기 위한 사신으로 청나라에 가는 만큼 강대국에 굴종해야 하는 고국에 대한 화자의 안타까운 심정을 짐작할 수 있다.

❷ **녹창 쥬호 여염들은 ~ 만물이 번화ᄒᆞ다.** 청나라 봉황성에 이르러 본 그곳 사람들이 사는 집과 시가지의 모습에 대한 인상을 나타낸 부분이다. 화려하고 번성한 봉황성의 집들을 보며 그 모습이 매우 화려하다고 감탄하고 있다.

❸ **머리ᄂᆞᆫ 압흘 ~ 손톱은 다섯 치라.** 청나라 사람들의 외양과 생활 모습을 전달하는 부분이다. 청나라 사람들 특유의 머리 모양인 변발(辮髮)의 모양새를 묘사하는 한편, 이가 누렇고 손톱을 길게 기른 청나라 사람들을 해학적으로 묘사하여 부정적인 태도를 드러내고 있다.

❹ **빡ᄃᆡ인 온다 ~ ᄒᆞᆫ 마ᄃᆡ도 모르겟다.** '빡ᄃᆡ인'은 조선 사람을 가리키는 말로, 청나라 사람들이 사신 일행을 구경하며 수군거리는 모습을 전달하는 부분이다. 청나라 사람들이 하는 말을 지저귄다고 표현하여 그들을 얕잡아 보고 멸시하는 태도를 드러내고 있다.

작가 소개

홍순학(洪淳學, 1842~1892) 조선 고종 때의 문인, 문장가. 호는 덕오(德五). 대사헌, 대사간 등을 두루 지냈으며 개화의 물결 속에서 대외 관계에 관한 여러 벼슬을 역임했다. 고종 3년에 서장관(書狀官)으로 청나라에 다녀온 경험을 바탕으로 〈연행가〉를 지었다.

가 [전략] 비치 못ᄒᆞᆯ(비하지 못할) 이ᄂᆡ 마음 오날이 무슴 날고.
츌셰ᄒᆞᆫ 지(세상에 태어난 지) 이십오 년 시ᄒᆞ의 ᄌᆞ라나셔 / 평일의 이측ᄒᆞ여(부모의 곁을 떠남.) 오ᄅᆡ 써나 본 일 업다.
반년이나 엇지ᄒᆞᆯ고, 이위졍(부모 곁을 떠나는 정)이 어려우며, / 경긔 지경 ᄇᆡᆨ 니 밧긔 먼길 단여 본 일 업다.(먼길 여행이 처음임.)
허박ᄒᆞ고 약ᄒᆞᆫ 긔질 말 이 힝역(여행의 괴로움) 걱정일셰.
㉠❶ᄒᆞᆫ 쥴긔 압녹강의 양국지경(조선과 청나라를 나누는 경계) 난화스니, / 도라보고 도라보니 우리나라 다시 보ᄌᆞ.
▶ 부모에 대한 생각과 행역에 대한 걱정

나 「구연셩(만주 압록강 연안에 있는 옛 성) 다다라셔 ᄒᆞᆫ 고ᄀᆡ을 너머셔니
㉡앗가 보든 통군졍(압록강변에 있는 정자)이 그림ᄌᆞ도 아니 뵈고, / 쥬금 뵈든 ᄇᆡᆨ마산니 봉오리도 아니 뵌다.」
「 」: 압록강을 건너가니 고국의 모습이 보이지 않음.
[중략]
▶ 고국을 떠나는 애틋한 심정

다 ㉢발씨을 기다려서(날이 밝음.) •ᄎᆡᆨ문으로 향ᄒᆡ 가니, / •목ᄎᆡᆨ으로 울을 ᄒᆞ고(나무로 울타리를 하고 – 책문이라는 지명의 유래) 문 ᄒᆞ나을 여러 놋코,
봉황셩장(봉황성의 우두머리) 나와 안져 이마(인마(人馬))를 졈검ᄒᆞ며, / ᄎᆞ례로 드러오니 범문 신칙 엄졀ᄒᆞ다.(국경을 통과할 때의 점검이 엄정함.)
▶ 봉황성에서의 검문

라 ㉣❷「•녹창 쥬호 여염들은 오ᄉᆡᆨ이 영농ᄒᆞ고, / 화ᄉᆞ 치란 시졍(화려한 집과 난간의 시가지)들은 만물이 번화ᄒᆞ다.」
「 」: 청나라 사람들이 사는 곳의 번화함에 대한 감탄
집집이 호인(오랑캐, 만주 사람)들은 길의 나와 구경ᄒᆞ니, / 의복기 괴려ᄒᆞ여(괴이하여) 쳐음 보기 놀납도다.
❸머리ᄂᆞᆫ 압흘 ᄶᅡᆨ가 뒤만 ᄯᆞ ᄒᆞ 느리쳐셔(청나라 사람들의 변발을 묘사함.) / 당ᄉᆞ실(중국에서 나는 명주실)노 당긔ᄒᆞ고 •말ᄋᆡᆨ이을 눌너 쓰며,
일 년 삼백육십 일에 양치 한 번 아니ᄒᆞ여 / 이쌜은 황금이오 손톱은 다섯 치라.
▶ 시정과 호인들의 모습

마 「거문빗 져구리ᄂᆞᆫ 깃 업시 지어쓰되 / 옷그름은 아니 달고 단초(단추) 다라 입어쓰며,
•아청 바지 반물(짙은 남빛) 속것 허리ᄯᅴ로 눌너 ᄆᆡ고, / 두 다리의 힝젼(바지를 입을 때 정강이에 꿰어 무릎 아래에 매는 물건) 모양 타오구라 일홈 ᄒᆞ여
회목(손목이나 발목의 잘록한 부분)의셔 오금ᄭᅡ지 •회ᄆᆡᄒᆞ게 드리 ᄭᅵ고, / 깃 업슨 쳥 두루막기 단초가 여러히요,
좁은 ᄉᆞᄆᆡ 손등 덥허 손이 겨오 드나들고, / 두루막 위에 배자(마고자 모양으로 된 소매가 없는 덧저고리)이며 무릅 우에 •슬갑이라.」
「 」: 청나라 사람들의 의복을 사실적으로 묘사함.
▶ 청나라 호인들의 의복

바 「곰방ᄃᆡ 옥 물ᄯᅮ리 담ᄇᆡ 너ᄂᆞᆫ 쥬머니의
부시ᄭᅡ지 ᄭᅧ셔 들고 뒤짐지기 버릇치라.」
「 」: 청나라 사람들의 생활 습관을 묘사함.
ᄉᆞ람마다 그 모양니 쳔만 인이 한빗치라.
㉤❹빡ᄃᆡ인(소국 사람. 여기에서는 조선 사람) 온다 ᄒᆞ고 져의기리(저희끼리) 지져귀며, / 무어시라 인사ᄒᆞ나 ᄒᆞᆫ 마ᄃᆡ도 모르겟다.(조선과 청나라의 말이 통하지 않음.)
▶ 청나라 호인들의 생활과 언어
[후략]

현대어 풀이

(가) 비하지 못할 이내 마음 오늘이 무슨 날인가. 세상에 난 지 이십오 년 부모님 밑에서 자라나서 평소에 부모님 곁을 떠나 본 일이 없다. 반년이나 어찌하겠는가, 부모님 곁을 떠나는 정이 어려우며, 경기도 지방 백 리 밖에 먼 길 다녀 본 일 없다. 허약하고 약한 기질에 만 리 여행길이 걱정이로구나. 한 줄기 압록강이 양국의 경계를 나누었으니, 돌아보고 돌아보니 우리나라 다시 보자꾸나.

(나) 구연성 다다라서 한 고개를 넘어서니 아까 보았던 통군정이 그림자도 아니 보이고, 조금 보이던 백마산이 봉우리도 아니 보이는구나.

(다) 날이 밝기를 기다려 책문으로 향해 나아가니, 나무로 울타리를 하고 문 하나를 열어 놓고, 봉황성의 우두머리가 나와 앉아 사람과 말을 점검하며, 차례로 들어오니 검문이 매우 엄정하구나.

(라) 녹색 창과 붉은 문의 여염집은 오색이 영롱하고 화려한 집과 난간의 시가지 모습은 만물이 번화하게 보이는구나. 집집마다 호인들이 길에 나와 구경하니, 옷차림이 괴이하여 처음 보기에 놀랍도다. 머리는 앞을 깎아서 뒤만 땋아 늘어뜨려 당사실로 댕기하고 마래기라는 모자를 눌러 쓰며, 일 년 삼백육십 일에 양치 한 번 아니하여 이빨은 황금이고 손톱은 다섯 치로구나.

(마) 검은 빛 저고리는 깃 없이 지었으며 옷고름은 아니 달고 단추 달아 입었으며, 푸른빛 바지 남빛 속옷 허리띠로 눌러 매고, 두 다리에는 행전 모양하니 타오구라 이름하여 발목에서 오금까지 가뜬하게 들이 끼우고, 깃 없는 푸른 두루마기 단추가 여럿이며, 좁은 소매가 손등을 덮어 손이 겨우 드나들고, 두루마기 위에 배자이며 무릎 위에 슬갑이로구나.

(바) 곰방대와 옥 물부리 담배 넣는 주머니에 부싯돌까지 껴서 들고 뒷짐을 지는 것이 버릇이라. 사람마다 그 모양이 모든 사람이 같은 모습이라. 소국 사람 온다 하고 저희끼리 지저귀며 무엇이라 인사하나 한 마디도 모르겠다.

이해와 감상

이 작품은 총 3,924구로 된 장편 기행 가사로, 홍순학이 중국에 파견된 사신으로서 연경에 다녀온 체험과 견문을 서술한 작품이다. 작가는 조선 고종 때, 왕비(명성 황후) 책봉을 청나라에 알리기 위해 파견된 병인가례주청사(丙寅嘉禮奏請使)의 서장관(書狀官)으로 따라가 130여 일간 여행했다. 이 작품에는 이러한 경험을 바탕으로 왕명을 받아 약 40여 일간을 연경에 체류한 뒤 다시 집으로 돌아오기까지의 여정과 견문을 객관적으로 자세하게 담고 있다. 〈병인 연행가〉, 〈연행록〉 등으로도 불리는 이 작품은 노정이 자세하고 서술이 풍부하며 치밀한 관찰력을 바탕으로 한 묘사가 돋보여, 〈일동장유가〉와 함께 조선 후기 사행 가사(使行歌辭)의 대표작으로 일컬어진다. 한자 사용을 억제하고 우리말을 주로 사용하여 관리들뿐만 아니라 일반 백성들까지도 쉽게 읽도록 했다는 점에서 조선 후기 가사의 특징을 잘 보여 준다.

작품 연구소

〈연행가〉의 여정과 역사의식

조선	청
선죽교, 취승당, 북장대 등을 유람함.	구연성, 온정평, 봉황성 등을 돌아봄.
↓	↓
정몽주, 임진왜란, 홍경래의 난 등을 상기하며 우리나라의 역사를 성찰함.	조선과 청나라 사이의 역사적 관계를 생각함.

이 작품에는 '한양 → 평양 → 의주 → 압록강 도강 → 온정역 → 봉황성 → 연경'에 이르는 여정이 시간에 따라 제시되며, 돌아오는 여정은 역순으로 반복된다. 화자는 여정을 따르며 주로 그곳에 얽힌 인물의 고사나 사적 등을 떠올리는 모습을 보인다. 이때 화자는 인물이나 왕조, 역사적 사건에 크게 구애받지 않고 나라에 대한 충절 의식, 우국지정을 드러내는데, 이를 통해 사대부로서 유교적 가치관에 충실한 역사의식을 엿볼 수 있다.

수용 계층을 고려한 열거의 구성 방식

작가는 청나라에서 본 견문을 서술하는 과정에서 가급적 자신의 생각이나 의도를 깊게 반영하지 않고 글감을 나열하는 방식으로 내용을 제시하고 있다. 이 점은 작가가 주로 청나라 등 해외 문물에 대해 호기심을 가진 사람들이 이 작품을 읽을 것이라는 점을 고려하여 문물을 소개하는 데 주력한 결과이다.

함께 읽으면 좋은 작품

〈일동장유가〉, 김인겸 / 다른 나라에 대한 견문과 감상을 담은 작품

〈일동장유가〉는 일본 통신사로 가게 된 작가가 그 여정과 견문을 기록한 장편 기행 가사이다. 다른 나라에 대한 자세한 묘사와 우리나라에 대한 자부심이 〈연행가〉와 비슷하지만 몇 가지 차이도 나타난다.

	〈연행가〉	〈일동장유가〉
사행(使行)의 목적	청나라에 고종의 왕비(명성 황후)의 책봉을 주청함.	통신사로 일본에 가 문화 교류와 상호 이해를 꾀함.
작가의 신분에 따른 차이점	사대부 출신으로 엄격한 성리학적 세계관에 입각하여 서술함.	서자 출신으로 근대 문물에 대한 약간의 개방적 시각을 드러냄.
대상을 바라보는 태도	우리 문물에 대한 자부심으로 일본이나 청나라 문물을 미개하고 열등한 것으로 바라보는 시각이 나타남.	

Link 본책 250쪽

키 포인트 체크

화자 청나라 연경에 파견된 □□
상황 연경에 다녀온 여정과 □□을 기록함.
태도 여정을 전개하면서 □□□□□을 드러냄.

1 이 작품에 대한 이해로 적절하지 않은 것은?

① 고국을 떠나는 화자의 심정이 나타나 있다.
② 이국적 소재와 풍물을 자세히 소개하고 있다.
③ 중국에 대한 사대주의적 태도가 드러나 있다.
④ 공간의 이동을 바탕으로 내용이 전개되고 있다.
⑤ 화자 개인에 대한 구체적인 정보가 제시되어 있다.

2 이 작품의 화자에 대한 설명으로 적절하지 않은 것은?

① 지금까지 먼 길을 여행해 본 적이 없다.
② 스물다섯 살이 되었으며 출세를 지향하고 있다.
③ 허약한 체질 때문에 여행의 괴로움을 걱정하고 있다.
④ 고국을 떠나는 것에 대한 아쉬운 마음을 드러내고 있다.
⑤ 부모님의 곁을 오래 떠나 있게 된 상황을 힘들어하고 있다.

3 〈보기〉를 참고하여 이 작품을 이해한 내용으로 적절하지 않은 것은?

보기
이 작품은 전체 길이가 4천 구에 가까운 보기 드문 장편 가사이다. 또한 곡(曲)을 전제로 한 서정시가 아니라 산문 정신에 따른 기행 수필의 특성을 보이고 있다.

① 장편인 까닭에 다양한 내용이나 정보를 자세하게 담을 수 있었겠군.
② 운율의 정형성을 띠고 있지만 노래로 부르기에는 적합하지 않겠군.
③ 정서 표출에 초점을 두지 않은 점에서 서정시로서의 특성이 희박하군.
④ 화자가 주관적으로 해석한 시대적 상황을 산문 형식에 담아 형상화했군.
⑤ 여행하면서 체험한 내용을 전달하는 것에서 기행 수필로서의 특성을 보여 주는군.

4 ㉠~㉤을 이해한 내용으로 가장 적절한 것은?

① ㉠: 구체적인 지명을 제시하여 낯선 곳을 여행하는 설렘을 드러내고 있다.
② ㉡: 반복적 표현을 통해 대상의 부재에 대한 안타까움을 드러내고 있다.
③ ㉢: 계절감을 드러내는 표현을 사용하여 시간의 경과를 보여 주고 있다.
④ ㉣: 대구적 표현을 사용하여 상대방을 낮잡아 보는 태도를 드러내고 있다.
⑤ ㉤: 청각적 이미지를 사용하여 대상이 지닌 슬픔을 표현하고 있다.

5 (마)에 드러난 청나라 사람들의 의복에 대한 묘사에서 두드러지게 나타난 이 작품의 서술상 특징을 서술하시오.

175 춘면곡(春眠曲) | 작자 미상

키워드 체크 #가창 가사 #남성 화자 #임과의 이별 #이별의 슬픔

핵심 정리

갈래 가사, 가창 가사
성격 서정적, 비애적, 애상적
제재 임과의 이별
주제 임과의 이별로 인한 슬픔과 한(恨)
특징 ① 자연물을 통해 화자의 정서를 드러냄.
② 임과의 이별의 슬픔을 솔직하게 드러냄.
③ 영탄, 대구 등의 다양한 표현법을 구사함.
의의 남성적 목소리로 이별의 슬픔을 노래한 작품
출전 《청구영언》

Q 조물주가 시샘해서 임과 이별했다고 한 이유는?

임과 화자는 죽어서도 꽃과 나비로 함께하자며 절대 헤어지지 말 것을 다짐했으나 결국 이별하게 되었다. 그 이유가 '조물주의 시샘'이라는 것은 두 사람도 어찌할 수 없는 외적 요인에 의해 이별을 맞이하게 된 것임을 나타낸다.

시어 풀이

분벽창(粉壁窓) 여인의 방.
연롱(煙籠) 연기가 낌. 여기서는 안개가 낌.
공산 야월(空山夜月) 사람 없는 빈산에 비치는 달.

시구 풀이

❶ **석양(夕陽)은 재를 ~ 여흰 후의** 화자가 사랑하는 임과 이별한 상황을 나타낸 부분이다. 석양이 저물어 가는 저녁에 이별을 재촉하는 말을 앞에 두고 사랑하는 임의 옷자락을 부여잡고 안타깝게 이별했음을 나타내고 있다.

❷ **화총(花叢)의 노적(露滴)하니 ~ 먹음은 듯.** '화총(花叢)의 노적(露滴)'은 꽃떨기에 이슬이 맺히는 모습을 나타낸 것으로 이별 뒤에 흘리는 눈물을 비유한 것이며, '류막(柳幕)의 연롱(煙籠)'은 버들막에 안개가 낀다는 것으로 한 맺힌 화자의 마음 상태를 비유한 것이다. 이별 뒤에 느끼는 슬프고 괴로운 심정을 자연물이나 자연 현상에 빗대어 표현하고 있다.

❸ **공산 야월(空山夜月)의 두견(杜鵑)이 ~ 말갓치 불여귀(不如歸)로다.** 빈산의 달밤에 두견새가 슬피 우는 소리가 바로 자신의 슬픈 마음과 같다는 것으로, 임과 헤어져 지내는 슬픈 심정을 나타낸 구절이다. 여기서 '두견'은 화자의 슬프고 괴로운 심정을 나타내는 감정 이입의 대상이다.

❹ **약수(弱手) 삼천 리(三千里) 머닷말이 이런대를 일러라.** 화자가 기다리는 임이 오지 않는 것에 대한 심정을 나타낸 구절이다. 화자는 '약수'와 같은 장애물 때문에 오지 못하는 임에 대해 그리움과 슬픔을 느끼고 있다.

❺ **가기(佳期)는 격절(隔絶)하고 ~ 훌훌하야 낙엽 추성(落葉秋聲)이라.** 임과 지냈던 꿈 같은 세월은 지나가고 어느덧 이별하여 슬퍼하고 있는 상황을 나타낸 부분이다. 임과 지낼 때 했던 사랑의 약속도 잠깐 사이에 사라지고 세월은 흘러 가을이 되어 쓸쓸하고 외로운 상태가 되었음을 한탄하고 있다.

가 [전략] 두 손목 마조 잡고 평생(平生)을 언약(言約)함이 너난 죽어 ㉠곳치 되고 나는 죽어 나뷔 되야 청춘(靑春)이 진(盡)하도록 떠나사자 마자터니, 인간(人間)의 일이 하고 조물(造物)됴차 새암하야 신정 미흡(新情未洽)하야 애달을손 이별(離別)이라. ▶ 임과의 안타까운 이별

(진(盡)하도록: 다하도록 / 떠나사자 마자터니: 임과의 굳은 약속 제시 / 인간(人間)의 일이 하고: 임과의 사랑이 세상 사람들의 입에 오르내림. / 새암하야: 시샘하여 / 신정 미흡(新情未洽)하야: 임과의 새로운 정이 부족하여 / 애달을손 이별(離別)이라: 임과의 이별을 애달파함.)

나 청강(淸江)의 떳난 원앙(鴛鴦) 우러 녜고 떠나는디 광풍(狂風)의 놀난 봉접(蜂蝶) 가다가 돌티난 듯, ㉡❶석양(夕陽)은 재를 넘고 정마(征馬)는 자조 울 제 나삼(羅衫)을 뷔여잡고 암연(黯然)히 여흰 후의 슯흔 노래 긴 한숨을 벗을 삼아 도라오니 이제 임(任)이어 생각하니 원수(怨讐)로다. 간장(肝臟)이 다 셔그니 목숨인들 보전(保全)하랴. 일신의 병이 되고 만사(萬事)의 무심(無心)하여 서창(書窓)을 구지 닫고 섬거이 누어시니, 화용월태(花容月態)난 안중(眼中)의 암암(黯黯)하고 •분벽창(粉壁窓)은 침변(枕邊)에 의의(依依)하야 ❷화총(花叢)의 노적(露滴)하니 별루(別淚)를 뿌리는 듯 류막(柳幕)의 •연롱(煙籠)하니 이한(離恨)을 먹음은 듯. ❸•공산 야월(空山夜月)의 두견(杜鵑)이 제혈(啼血)한 제 슯흐다 뎌 새소리 내 말갓치 불여귀(不如歸)로다. ▶ 이별한 임에 대한 사랑과 원망

(원앙(鴛鴦): 화자와 여인을 비유한 소재 / 봉접(蜂蝶): 벌과 나비 – 화자와 여인을 자연물에 비유함. / 정마(征馬): 멀리 갈 때 타는 말 / 나삼(羅衫)을 뷔여잡고: 여인과 이별할 때의 상황 / 암연(黯然)히: 슬픔으로 마음이 어둡고 침울하게 / 슯흔 노래 긴 한숨을 벗을 삼아 도라오니: 여인과 헤어진 슬픔 / 간장(肝臟): 간과 창자, 마음 / 다 셔그니: 다 썩으니 / 일신의 병이 되고 만사(萬事)의 무심(無心)하여: 임과 이별한 뒤의 간절한 그리움 때문에 / 서창(書窓): 서재의 창 / 구지: 굳게 / 섬거이: 허약하게 / 화용월태(花容月態): 임의 아름다운 얼굴 / 암암(黯黯)하고: 아른거리고 / 침변(枕邊): 베갯머리 / 의의(依依)하야: 떠오름. / 화총(花叢)의 노적(露滴)하니: 꽃떨기에 이슬이 맺힘. / 별루(別淚): 이별의 눈물 / 류막(柳幕)의 연롱(煙籠)하니: 버들막에 안개가 낌. / 제혈(啼血)한 제: 피를 토하며 울 때 / 불여귀(不如歸): 슬픔과 한의 심정을 표현함.)

다 삼경(三更)에 못든 잠을 사경말(四更末)에 비러 드러 상사(相思)하던 우리 님을 꿈 가운데 해후(邂逅)하니, 천수만한(千愁萬恨) 못다 닐너 일장호접(一場胡蝶) 흐터지니 아릿다온 옥발 홍안(玉髮紅顔) 곁에 얼픗 안잣는 듯. 어화 황홀(恍惚)하다 꿈에 생시(生時) 합(合)고지고. 무침(無寢) 허희(噓唏)하야 바삐 니러 바라보니, ㉢운산(雲山)은 첩첩(疊疊)하야 천리몽(千里夢)을 가려잇고 호월(皓月)은 창창(蒼蒼)하야 양향심(兩鄕心)을 비취였다. 어와 내일이야 나도 모를 일리로다. 이리저리 그리면서 어이 그리 못 가는고. ㉮❹약수(弱手) 삼천 리(三千里) 머닷말이 이런대를 일러라. ▶ 임과 이별한 후에 느끼는 시름

(삼경(三更): 밤 11시~1시 / 사경말(四更末): 새벽 1시~3시 / 꿈: 꿈을 통해 화자의 고뇌를 일시적으로 해소함. / 천수만한(千愁萬恨): 천 가지 수심과 만 가지 한 – 이별의 한 / 일장호접(一場胡蝶): 한바탕 꿈 / 아릿다온 옥발 홍안(玉髮紅顔): 아름다운 여인의 모습 / 무침(無寢) 허희(噓唏): 자지 않고 탄식함. / 호월(皓月): 화자의 슬픈 심정을 심화하는 객관적 상관물)

라 ❺가기(佳期)는 격절(隔絶)하고 세월이 하도 할사, 엇그제 곳이 안류변(岸柳邊)의 붉엇더니 그 덧의 훌훌하야 낙엽 추성(落葉秋聲)이라. 새벽서리 디난달의 ㉣외기럭이 슯히울제 반가온 님의 소식 행혀 올가 바라더니 창망(滄茫)한 구름 밖에 뷘소리뿐이로다. 지리타이 이별이 언제면 다시 볼고. [A]《산두(山頭)의 ㉤편월(片月) 되야 님의 낯이 비취고져 석상(石上)의 오동(梧桐) 되야 님의 무릅 베이고져 공산(空山)의 잘새 되야 북창(北窓)의 가울니고져 옥상(屋上) 조양(朝陽)의 제비 되야 날고지고 옥창(玉窓) 앵도화(櫻桃花)에 나뷔되여 날고지고》 ⓐ태산(泰山)이 평지(平地) 되도록 금강(錦江)이 다 마르나 평생 슯흔 회포(懷抱) 어대를 가을하리. [후략] ▶ 임과 이별한 후의 괴로운 심정과 그리움

(가기(佳期)는 격절(隔絶)하고: 애인과의 좋은 시절은 끊어지고 / 곳이 안류변(岸柳邊)의 붉엇더니: 봄의 계절감을 감각적으로 표현함. / 훌훌하야: 시간이 빨리 지나감. / 뷘소리: 빗소리 – 화자의 정서를 심화함. / 태산(泰山)이 ~ 가을하리: 임에 대한 간절한 그리움을 표현함.)

현대어 풀이

(가) 두 손목을 마주 잡고 평생을 약속함이 너는 죽어 꽃이 되고 나는 죽어 나비가 되어 청춘이 다 지나가도록 떠나 살지 말자 하더니 인간이 말이 많고 조물주도 시기하여 새로운 정을 다 펴지 못하고 애달프지만 이별이라.

(나) 맑은 강에 놀던 원앙 울면서 떠나는 듯 거센 바람에 놀란 벌과 나비 가다가 돌아오는 듯, 석양은 다 져 가고 멀리 갈 때 타는 말은 자주 울 때 비단으로 만든 적삼을 부여잡고 침울한 마음으로 이별한 후에 슬픈 노래 긴 한숨을 벗을 삼아 돌아오니, 이제 임하여 생각하니 원수로다. 간장이 모두 썩으니 목숨인들 보전하겠는가. 몸에 병이 드니 모든 일에 무심해져 서재의 창을 굳게 닫고 허약하게 누워 있으니, 꽃 같은 얼굴에 달 같은 모습은 눈앞에 아른거리고 아름다운 여인이 거처하는 방이 베갯머리에 떠오르는구나. 꽃떨기에 이슬이 맺히니 이별의 눈물을 뿌리는 듯, 버들막에 안개가 끼니 이별의 맺힌 한을 머금은 듯, 사람 없는 빈산에 달이 비쳐 두견새가 피를 토하며 울 때, 슬프구나 저 새소리 내 마음 같은 두견새라.

(다) 삼경에 못 든 잠을 사경 말에 간신히 드니 마음속으로 품고 있던 우리 임을 꿈속에서 잠깐 보고 천 가지 시름 만 가지 한 못다 말하고 부질없는 꿈이 되니 아리따운 미인이 곁에 얼핏 앉아 있는 듯. 아아, 황홀하다 꿈을 생시로 삼고 싶구나. 자지 않고 탄식하며 바삐 일어나 바라보니 구름 낀 산 첩첩하여 천 리의 꿈을 가렸고 흰 달은 창창하여 임을 향한 마음을 비춰 주는구나. 아아, 내 일이야 나도 모를 일이로다. 이리저리 그리워하면서 어찌 그리 못 보는고. 약수 삼천 리 멀다는 말이 이런 데를 이르는 것이구나.

(라) 여인과의 좋은 시절은 가고 세월이 많이 흘러서 잊그제 꽃이 강 언덕의 버드나무 가에 붉더니 그사이 시간이 빨리 지나 낙엽 떨어지는 소리가 나는구나. 새벽 서리 지는 달에 외기러기 슬피 울 때 반가운 임의 소식 행여 올까 바랐더니 아득한 구름 밖에 빗소리뿐이구나. 지루하다 이 이별, 언제면 다시 볼까. 산머리에 조각달 되어 임의 낯에 비치고 싶구나. 돌 위의 오동 되어 임의 무릎 베고 싶구나. 빈산의 잘새 되어 북창에 가 울고 싶구나. 지붕 위의 아침 해에 제비 되어 날고 싶구나. 옥창 앵도화에 나비 되어 날고 싶구나. 태산이 평지 되고 금강이 다 마르나 평생 슬픈 회포 어디에 비교하겠는가.

이해와 감상

이 작품은 조선 후기에 전하는 12가사의 하나로 호남 지방에서 창작·유포되다가 전국적으로 유행한 가창 가사이다. 남성 화자가 아름다운 여인과 사랑을 하고 평생 같이 지내자는 언약까지 했으나 결국 이별하게 된 후 이별의 슬픔과 여인에 대한 그리움을 토로하며 재회를 다짐하는 내용이다. 여성 화자 중심의 다른 고전 시가와는 달리, 이 작품은 남성 화자가 느끼는 이별의 비애를 진솔하게 토로하고, 여인에 대한 정감 넘치는 정서를 다양한 표현 방법을 통해 드러내고 있다.

작품 연구소

〈춘면곡〉의 전체 시상 전개 과정

봄잠에서 깨어나 술을 마시고 야유원으로 감. ➡ 아름다운 여인을 만나 정을 나누고 애달픈 이별을 함. ➡ 임과 이별한 뒤에 느끼는 괴로운 심정과 그리움 ➡ 입신양명하여 임을 다시 만나고자 다짐함.

이 작품에서 화자는 여인과 만나고 어쩔 수 없이 헤어지기까지의 과정을 회상하는 한편, 현재의 슬픔과 고뇌를 토로한 뒤 앞으로의 만남에 대한 기대를 드러낸다. 또한 만남과 이별 전후의 상황을 구체적으로 제시함으로써 현재의 실연의 슬픔을 더욱 극대화하고 있다.

고뇌와 갈등의 해소 장치로서의 '꿈'

이 작품에서 화자는 '꿈'을 통해 현재 느끼고 있는 모든 갈등과 고뇌를 해결하고자 하는 태도를 보인다.

임과 헤어진 것에 대한 시름과 한(恨) ➡ 그리워하는 임을 꿈에서 다시 만남.

'꿈'을 통해 화자의 고뇌를 해소하고자 함.

'사랑'의 가치를 우선시한 화자

이 작품에서는 사랑하는 여인과 헤어져 슬퍼하는 화자의 모습을 통해 어떤 대의명분보다도 사랑을 우선시하는 태도가 나타난다. 즉, 양반 사대부로서의 체면과 체통보다는 여인에 대한 간절한 사랑을 먼저 내세움으로써 진솔한 인간적 면모를 보여 주고 있다.

함께 읽으면 좋은 작품

〈님그려 겨오 든 잠에〉, 작자 미상 / 꿈을 통해 화자의 정서를 잘 드러낸 작품

임을 그리워하던 화자가 임을 잠깐 만나는 꿈을 꾼 후 임의 부재를 절실히 느끼고 그 안타까움을 표현한 시조이다. 〈님그려 겨오 든 잠에〉와 〈춘면곡〉은 모두 임을 그리워하다 잠이 들어 꿈에서 임을 만나고, 그 꿈을 통해 화자의 정서를 드러냈다는 공통점이 있다. Link 본책 240쪽

키 포인트 체크

화자 임과 이별한 □□
상황 아름다운 여인과 사랑하고 □□함.
태도 이별한 뒤의 슬픔과 괴로움, □□□을 드러냄.

1 이 작품에 대한 설명으로 적절하지 않은 것은?

① 자연물을 통해 화자의 정서를 드러낸다.
② 비유적 표현을 통해 화자의 정서를 부각한다.
③ 임의 부재로 인한 화자의 안타까움을 드러낸다.
④ 과거의 상황을 환기하며 화자의 정서를 드러낸다.
⑤ 공간의 이동을 제시하여 화자의 상황 변화를 암시한다.

2 〈보기〉의 밑줄 친 시어 중, ㉮와 성격이 다른 것은?

보기

내 ᄆᆞ음 둘 ᄃᆡ 업다. 어드러로 가잣 말고. 잡거니 밀거니 놉픈 뫼히 올라가니 구롬은ᄏᆞ니와 안개는 므ᄉᆞ 일고. 산쳔(山川)이 어둡거니 일월(日月)을 엇디 보며 지쳑(咫尺)을 모ᄅᆞ거든 쳔리(千里)를 ᄇᆞ라보랴. 출하리 믈ᄀᆞ의 가 ᄇᆡ 길히나 보랴 ᄒᆞ니 ᄇᆞ람이야 믈결이야 어둥정 된뎌이고. 샤공은 어ᄃᆡ 가고 빈 ᄇᆡ만 걸렷ᄂᆞ고. – 정철, 〈속미인곡〉

① 놉픈 뫼 ② 구롬 ③ 안개 ④ ᄇᆞ람 ⑤ 믈결

중요 기출

3 〈보기〉를 참고하여 [A]를 감상한 내용으로 적절하지 않은 것은?

보기

시조나 가사에는, 임과 헤어져 있는 화자가 어떤 특정한 자연물로 다시 태어나서 임의 곁에 머물고 싶다는 진술이 흔히 나타난다. 이러한 진술은 화자의 소망을 강조하기 위한 관습적 표현인데, 그 속에는 당대인들의 세계관이 투영되어 있다. 인간과 자연이 깊은 관련을 맺으며 조화를 이룬다는 인식, 현세의 인연이 후세로 이어질 수 있다는 순환적 인식 등이 그것이다. 시가에 담긴 이러한 인식은 화자가 현실의 고난이나 결핍을 극복하는 데 도움을 준다.

① 관습적인 표현을 활용한 것은 개인적 정서를 보편적인 것으로 느끼게 하는 데 효과적이었겠어.
② 비슷한 의미 구조를 지니는 구절을 거듭 제시함으로써 화자의 소망이 간절함을 강조하고 있어.
③ '오동', '제비', '나뷔' 등이 사용된 데서, 인간과 자연이 관련되어 있다는 화자의 인식을 엿볼 수 있어.
④ '편월'이나 '잘새' 같은 소재에는 임과 함께 크고 넓은 세계로 도약하려는 화자의 희망이 담겨 있어.
⑤ 자연물로 변해서라도 임과 만나려 하는 것을 보니 화자가 임과 만나기 어려운 상황에 놓여 있음을 알 수 있어.

4 ㉠~㉤ 중, 화자의 감정이 이입된 것은?

① ㉠ ② ㉡ ③ ㉢ ④ ㉣ ⑤ ㉤

5 ⓐ에 나타난 표현상 특징과 그를 통해 드러내고자 한 의도를 30자 내외의 한 문장으로 쓰시오.

176 유산가(遊山歌) | 작자 미상

키워드 체크 #잡가 #봄 경치의 아름다움 #형식의 파격 #한시구와 우리말의 혼용

핵심 정리

갈래 잡가
성격 서정적, 향락적, 유흥적, 영탄적
제재 봄을 맞이한 풍류
주제 봄의 아름다운 경치 완상(玩賞)과 감흥
특징 ① 의태어와 의성어를 빈번히 사용하여 생동감을 부여함.
② 가창되는 특성을 고려하여 일정한 운율로 전개됨.
③ 대구법, 열거법, 비유법 등 다양한 표현 방법을 활용함.
의의 조선 후기에 유행한 잡가 중의 대표작
출전 《증보 신구 잡가》

시어 풀이

화란 춘성(花欄春城) 봄 성에 꽃이 흐드러지게 활짝 핌.
만화방창(萬化方暢) 따뜻한 봄날에 온갖 생물이 나서 자라 흐드러짐.
죽장망혜(竹杖芒鞋) 대지팡이와 짚신이란 뜻으로, 먼 길을 떠날 때의 간편한 차림새를 이르는 말.
만산 홍록(滿山紅綠) 온 산에 붉은빛과 푸른빛이 가득함.
기화요초(琪花瑤草) 진기하고 아름다운 꽃과 풀.
어주 축수 애삼춘(漁舟逐水愛三春) 고깃배는 물길을 따라가고 봄의 아름다움을 사랑함.

시구 풀이

❶ **죽장망혜(竹杖芒鞋) 단표자(單瓢子)로 천리강산을 들어를 가니,** 대나무 지팡이에 짚신 신고, 표주박을 둘러메고 강산으로 들어간다는 내용이다. 아름다운 봄을 맞이하여 소박하게 자연을 즐기고자 하는 태도를 나타내고 있다.

❷ **양류 세지 사사록(楊柳細枝絲絲綠)하니 ~ 예 아니냐.** 버드나무 가지들이 푸르게 늘어선 모양을 통해 도연명을 언급하는 부분이다. 봄을 맞이한 자연의 아름다운 모습에서 도연명이 말했던 무릉도원의 세계를 연상하고 있다.

❸ **기러기 무리져서 ~ 슬피 운다.** 의태어를 활용하여 기러기들이 하늘 높이 떠서 슬피 울며 날아가는 모습을 제시하고 있다. 이는 봄의 유흥적인 분위기와는 어울리지 않는 비애의 정서를 일으키는 표현으로, 화자의 정서를 반영한 것이 아니라 기러기가 날아가는 정경의 분위기를 나타낸 것이다.

❹ **이 골 물이 ~ 은옥(銀玉)같이 흩어지니,** 절벽 위에서 내리치는 폭포수가 솟구쳐 흘러내리는 모습을 의성어 등의 다양한 표현으로 생동감 있게 제시한 부분이다.

❺ **주곡제금(奏穀啼禽)은 천고절(千古節)이요, 적다정조(積多鼎鳥)는 일년풍(一年豊)이라.** 새들이 봄을 맞이해 울고 있는 모습을 대구의 방식으로 제시하여 풍년을 기원하는 화자의 마음을 나타내고 있다.

가 •화란 춘성(花欄春城)하고 •만화방창(萬化方暢)이라. 때 좋다 벗님네야, 산천경개(山川景槪)를 구경을 가세.

(봄을 맞이하여 꽃들이 피어나고 만물이 한창 자람. / 아름다운 봄의 경치를 구경 갈 것을 권유함.)

▶ 봄을 맞이한 산천 경치의 구경을 권유함.(서사)

나 ❶•죽장망혜(竹杖芒鞋) 단표자(單瓢子)로 천리강산을 들어를 가니, •만산 홍록(滿山紅綠)들은 일 년 일도(一年一度) 다시 피어 춘색(春色)을 자랑노라 색색이 붉었는데, 창송 취죽(蒼松翠竹)은 창창울울(蒼蒼鬱鬱)한데, •기화요초(琪花瑤草) 난만 중(爛漫中)에 꽃 속에 잠든 나비 자취 없어 날아난다.

('단표누항(簞瓢陋巷)'에서 온 말 / 간편한 차림으로 봄 산의 풍류를 즐김. / 일 년에 한 번씩 / 푸른 소나무와 대나무 / 꽃이 활짝 피어 화려함.)

유상앵비(柳上鶯飛)는 편편금(片片金)이요, 화간접무(花間蝶舞)는 분분설(紛紛雪)이라. 삼춘가절(三春佳節)이 좋을씨고. 도화 만발 점점홍(桃花滿發點點紅)이로구나. •어주 축수 애삼춘(漁舟逐水愛三春)이어든 무릉도원(武陵桃源)이 예 아니냐. ❷양류 세지 사사록(楊柳細枝絲絲綠)하니 황산 곡리 당춘절(黃山谷裏當春節)에 연명 오류(淵明五柳)가 예 아니냐.

(대구, 은유를 통해 아름다운 봄의 풍경을 제시함. / 무릉도원의 고사를 인용함.(왕유의 〈도원행〉의 첫 구절) / 황산 골짜기에 봄이 돌아옴.)

▶ 봄의 화려한 경치의 아름다움(본사 1)

다 제비는 물을 차고, ❸기러기 무리져서 거지중천(居之中天)에 높이 떠서 두 나래 훨씬 펴고, 펄펄펄 백운간(白雲間)에 높이 떠서 천리강산 머나먼 길을 어이 갈꼬 슬피 운다.

(하늘 한복판에 떠 있음. / 기러기들이 울며 날아가는 모습을 나타냄.)

『원산(遠山)은 첩첩(疊疊), 태산(泰山)은 주춤하여, 기암(奇岩)은 층층(層層), 장송(長松)은 낙락(落落), 에이 구부러져 광풍(狂風)에 흥을 겨워 우줄우줄 춤을 춘다.』

(『 』: 의태법을 사용하여 자연 경치를 실감 나게 묘사함.)

층암 절벽상(層岩絶壁上)의 폭포수(瀑布水)는 콸콸, 수정렴(水晶簾) 드리운 듯, ❹이 골 물이 주루루룩, 저 골 물이 쏼쏼, 열에 열 골 물이 한데 합수(合水)하여 천방져 지방져 소쿠라지고 펑퍼져, 넌출지고 방울져, 저 건너 병풍석(屛風石)으로 으르렁 콸콸 흐르는 물결이 은옥(銀玉)같이 흩어지니, 소부 허유(巢父許由) 문답하던 기산 영수(箕山潁水)가 예 아니냐.

(수정으로 만든 발, 원관념 - 폭포 / 폭포수가 흘러내리는 모습을 역동적으로 표현함. / 소부 허유가 은거했던 곳 - 이상향을 가리킴. / 요 임금 때의 은자(隱者))

▶ 봄을 맞이한 산들과 폭포의 장엄한 아름다움(본사 2)

라 ❺주곡제금(奏穀啼禽)은 천고절(千古節)이요, 적다정조(積多鼎鳥)는 일년풍(一年豊)이라. 일출 낙조(日出落照)가 눈앞에 벌여나 경개 무궁(景槪無窮) 좋을씨고.

(주걱새 / 옛날과 다름없고 / 소쩍새 / 일 년의 풍년을 미리 알림.)

▶ 자연의 무궁한 경치에 대한 감흥(결사)

현대어 풀이

(가) 꽃이 활짝 피어 봄을 맞이한 성(城)에 만발하구나. 시절이 좋구나 벗님네야, 산천 경치를 구경 가자꾸나.

(나) 대나무 지팡이와 짚신, 한 소쿠리의 밥, 물을 들고 천리강산 들어가니 온 산의 꽃들은 일 년에 한 번 다시 피어나서 봄 색을 자랑하느라고 색깔마다 붉었는데, 푸른 소나무와 대나무는 울창하고, 아름다운 꽃과 풀은 활짝 피어 화려한 가운데 꽃 속에 잠든 나비는 여기저기 날고 있도다.

버드나무 위로 나는 꾀꼬리는 조각조각 금 조각이요, 꽃 사이에 춤추는 나비는 가루가루 흩어지는 눈이로다. 봄 석 달의 아름다운 계절이 좋구나. 도화는 만발하여 점점이 붉어 있고, 고기잡이배를 띄워 놓고 봄을 즐기니 무릉도원이 바로 여기 아니냐? 버드나무 가는 가지는 가닥가닥 녹색을 띠고, 황산 골짜기에 봄을 맞았으니 도연명이 다섯 그루의 버드나무를 심어 놓고 지냈다는 곳이 여기 아니냐?

(다) 제비는 물을 차고 오르며 날고, 기러기는 무리를 지어 하늘 한복판에 높이 떠서 두 날개를 활짝 펴고, 펄펄 흰 구름 사이에 높이 떠서 천 리 먼 길을 어찌 갈까 하고 슬피 운다.

먼 산은 첩첩, 태산은 우뚝하며, 기이한 바위는 층층이 쌓였고, 큰 소나무는 가지가 축축 늘어지고 구부러져 성난 바람에 흥이 겨워 우줄우줄 춤을 춘다.

층층 바위 절벽 위의 폭포수는 콸콸 쏟아지는데, 마치 수정발을 드리운 듯, 이 골짜기 저 골짜기 물이 주루루룩, 쏼쏼 흘러내리고 여러 곳의 물이 한 곳에 합수하여 천방지방으로 솟아오르고 퍼져 나가고 끝없이 이어지고 방울지며 흐르다가 건너편 병풍석으로 으르렁 콸콸 흐르는 물결이 은옥같이 흩어지니, 소부와 허유가 세상과 단절하고 지내던 기산과 영수가 바로 여기가 아니냐?

(라) 주걱주걱 울어 대는 주걱새는 예나 다름이 없고, 소쩍소쩍 울어 대는 소쩍새는 풍년을 노래함이라. 해 뜨고 해 지는 광경이 눈앞에 펼쳐졌구나. 아름다운 경치가 무궁토록 좋을시고.

이해와 감상

이 작품은 조선 후기 경기와 서울 지방을 중심으로 불린 12잡가 중 대표적인 작품으로, 봄을 맞이한 유흥과 감흥을 표현한 노래이다. 4·4조의 운율이 주조를 이루지만 파격이 많다는 점에서 가사적 성격의 잡가라고 할 수 있다. 한시구와 우리말 표현이 섞여서 쓰인 것은 전문적인 소리꾼이 양반 사대부 계층을 대상으로 이 작품을 부른 것에 따른 특성으로 볼 수 있다.

작품 연구소

우리말과 한자어의 이중적 표기

이 작품에는 우리말과 한자어가 혼용된 특이한 언어 사용이 나타난다. 이는 잡가가 주로 전문적인 소리패들이 양반 계층을 상대로 부른 노래라는 점과 관계있다. 즉, 창작 계층의 성격은 우리말 사용에 나타나고, 향유 계층에 대한 고려는 한자어 사용에 나타나 있는 것이다.

유상앵비(柳上鶯飛)는 편편금(片片金)이요, 화간접무(花間蝶舞)는 분분설(紛紛雪)이라.	➡	향유 계층인 양반을 고려한 한자어 중심의 표현
• 이 골 물이 주루루룩, 저 골 물이 쏼쏼 • 천방져 지방져 소쿠라지고 펑퍼져, 넌출지고 방울져	➡	창작 계층인 서민층의 특성이 반영된 우리말 중심의 표현

〈유산가〉의 잡가적 성격

잡가	개념	민요적 성격의 노래로, 가사보다는 다양한 형식으로 세속적이고 유흥적인 감정을 표현한 노래
	특징	평민 문학의 한 영역으로서 서정성, 교술성 등을 지님.
	내용	남녀 간의 사랑, 자연의 유흥과 감흥, 일상적 삶의 애환
	의의	조선 후기에 전대의 가사 형식의 정형성이 무너지면서 나타난 새로운 시가 형식임.

⬇

잡가로서의 〈유산가〉	서울을 중심으로 불렸던 12잡가의 대표작으로 봄의 정취와 감흥을 노래함.

전통의 계승과 파괴를 통한 문학적 전통의 수립

이 작품은 내용과 형식 면에서 전대의 문학적 전통을 계승했다고 볼 수 있다. 운율 면에서는 3·4조, 4·4조의 기본 음수율을 계승하면서도 우리말 표현이 두드러진 부분에서는 파격이 드러난다. 기본적인 율격은 계승하면서도 일정한 파격을 통해 화자의 정서를 더욱 효과적으로 드러내고자 한 것이다. 한편 내용 면에서는 자연과의 조화에서 즐거움을 찾는 전통적인 정서를 계승했다. 자연의 아름다운 경치를 보고 '좋을씨고', '예 아니냐' 등과 같이 감탄하는 모습이나 눈앞에 펼쳐진 경치를 '무릉도원', '연명 오류' 등과 같이 예찬하는 모습에서 현실의 어려움을 잊고 자연에 몰입하려는 전통적인 가치관을 살펴볼 수 있다.

함께 읽으면 좋은 작품

〈상춘곡〉, 정극인 / 계절적 배경이 봄인 작품

봄을 맞이한 아름다운 자연의 경치를 즐기는 태도를 나타낸 강호가도의 가사이다. 두 작품 모두 봄의 계절적 배경을 바탕으로 자연의 아름다움을 예찬하는 태도를 드러낸다는 점에서 공통점을 발견할 수 있다. 그러나 〈상춘곡〉에서는 안빈낙도의 태도를, 〈유산가〉는 유흥적 태도를 강조한다는 점에서 차이가 있다.

Link 본책 156쪽

키포인트 체크

- 화자 □의 아름다운 경치를 감상하는 사람
- 상황 봄을 맞이하며 아름다운 □□을 즐기고자 함.
- 태도 자연의 화려한 경치에 대한 유흥과 □□을 노래함.

1 이 작품에 대한 설명으로 적절하지 않은 것은?

① 영탄적 어조로 정서를 드러내고 있다.
② 풍자적 수법으로 주제를 강조하고 있다.
③ 계절감을 드러내는 시어를 사용하고 있다.
④ 음성 상징어를 활용하여 대상을 생생하게 묘사하고 있다.
⑤ 중국의 인물이나 고사를 인용하여 의도를 드러내고 있다.

2 이 작품에 나타난 화자의 자연관으로 적절하지 않은 것은?

① 자연을 즐기려는 소박한 태도를 드러내고 있다.
② 자연을 동양적인 이상향의 공간으로 설정하고 있다.
③ 자연을 인간이 살아가는 실제 공간으로 여기고 있다.
④ 자연에 대해 격정적이고 예찬적인 태도를 지니고 있다.
⑤ 자연에 대해 유흥적이고 향락적인 태도를 지니고 있다.

3 이 작품에서 한자어의 사용이 두드러진 이유로 가장 적절한 것은?

① 수용 계층을 고려하기 위해
② 대상에 대한 정밀한 묘사를 위해
③ 창작자의 생활상을 반영하기 위해
④ 감각적인 표현을 좀 더 강조하기 위해
⑤ 세속적이고 유흥적인 감정을 부각하기 위해

중요 기출

4 (다)의 전개 방향에 대한 설명으로 적절하지 않은 것은?

① 비애의 정서에서 유흥의 정서로 나아가고 있다.
② 후반부로 가면서 3·4조의 율격이 파괴되고 있다.
③ 화자의 시선이 원경에서 근경으로 옮아가고 있다.
④ 후반부에서는 대상에 대한 묘사가 좀 더 구체적으로 드러난다.
⑤ 후반부로 갈수록 시각적 이미지와 청각적 이미지가 두드러진다.

5 이 작품에서 〈보기〉의 밑줄 친 부분에 해당하는 구절을 찾아 첫 어절과 끝 어절을 쓰시오.

보기

이 작품은 자연에 대한 예찬적 태도와 함께 유흥적·풍류적 태도가 잘 드러나 있다. 즉, 자연을 대상으로 그 아름다움을 노래하면서 전체적으로 흥겨운 분위기에서 이를 즐기고자 한 것이다. 그러나 이러한 분위기와는 다르게 대상을 애상적으로 나타낸 부분이 있는데, 이는 대상을 사실적으로 제시하기 위한 표현이라고 할 수 있다.

177 덴동 어미 화전가(花煎歌) | 작자 미상

키워드 체크 #규방 가사 #서민 가사 #화전놀이 #부녀자들의 삶

핵심 정리

갈래 가사, 규방 가사, 화전 가사, 탄식 가사
성격 여성적, 사실적, 훈계적
제재 화전놀이, 덴동 어미의 삶
주제 조선 후기 어느 여인의 비극적이고 운명적인 삶
특징 ① 순흥 지방의 화전놀이를 바탕으로 함.
② '덴동 어미'의 비극적인 일생을 액자 구성을 통해 나타냄.
의의 조선 후기 부녀 가사로서 당대의 사회상을 형상화함.
출전 《소백산 대관록》

Q 주인공의 이름이 '덴동 어미'인 이유는?

이 작품의 중심인물인 '덴동 어미'는 파란만장한 삶을 겪은 인물이다. 첫 번째 남편이 요절한 후 세 번 개가했으나 그 남편들도 결국 불행한 일로 죽거나 집안이 몰락했다. 게다가 네 번째 남편인 조 첨지와의 사이에서 낳은 아들이 불에 데어 덴동이가 되었기 때문에 '덴동 어미'로 불리게 된 것이다. 즉, '덴동 어미'는 그녀의 고통스럽고 괴로운 인생의 사연을 담고 있는 이름이라 할 수 있다.

시어 풀이

포덕택(布德澤)하니 은택(恩澤)을 베푸니.
흥체 흥취.
가웃 되, 말 등을 셀 때 남는 절반 정도.
길상사(吉祥紗) 중국에서 나는 생사로 짠 옷감의 하나.
월궁항아(月宮姮娥) 달에 있는 궁에 산다는 중국 전설상의 선녀.

시구 풀이

❶ **가세 가세 ~ 때마침 삼월이라** 봄을 맞아 부녀자들끼리 모여 화전을 부쳐 먹으며 유흥을 즐기는 화전놀이를 가자는 권유이다.
❷ **화신풍(花信風)이 화공(畵工) 되어 만화방창(萬化方暢) 단청(丹靑) 되네** 꽃 소식을 전하는 바람이 화공이 되어 자연을 아름답게 단청처럼 색칠한다는 의미이다. 봄바람이 불어 꽃이 피고 만물이 번화한 모습으로 아름답게 변한 광경을 의인법으로 나타냈다.
❸ **어떤 부인은 ~ 반 동이 실하고나** 화전놀이를 가서 해 먹을 음식 재료를 집집마다 조금씩 추렴하는 모습이다. 각자 요량대로 쌀과 기름을 내는데, 어떤 부인은 마음이 커서 많이 내고 어떤 부인은 마음이 작아서 적게 내었으되, 놀이에 충분할 정도로 모였다는 내용이다.
❹ **열일곱 살 청춘과녀 ~ 무던 관기차데** 열일곱 살에 과부가 된 화자의 처지와 심정이 제시되어 있다. 갖은 모양을 내는 처녀들과 달리, 화자는 인물은 좋지만 청춘과부로서 남에게 예쁘게 보이기 위해 단장할 마음이 없어 머리를 대강 만지고 옷도 대강 입고는 화전놀이에 가려 하고 있다.

가 ㉠❶가세 가세 화전(花煎)을 가세 꽃 지기 전에 화전 가세
이때가 어느 땐가 때마침 삼월이라
동군(東君)이 •포덕택(布德澤)하니 춘화일난(春和日暖) 때가 맞고 → 겨울이 물러가고 봄이 도래함.
(동군: 태양, 봄을 주관하는 신을 뜻함. / 춘화일난: 봄이 되어 날씨가 따뜻해짐.)
❷화신풍(花信風)이 화공(畵工) 되어 만화방창(萬化方暢) 단청(丹靑) 되네
(화신풍: 꽃이 피는 것을 알리는 바람 / 만화방창: 따뜻한 봄날에 모든 생물이 한창 피어나 자람.)
이런 때를 잃지 말고 화전놀음하여 보세
「불출문외(不出門外)하다가 소풍도 하려니와 / 우리 비록 여자라도 •흥체 있게 놀아 보세」
(불출문외: 문밖으로 나가지 아니하다가)
「」: 문밖 출입이 자유롭지 못했던 당대 아녀자의 현실을 제시함.
▶ 봄을 맞아 화전놀이를 가고자 함.

나 ❸어떤 부인은 맘이 커서 가로 한 말 퍼내 놓고
어떤 부인은 맘이 적어 가로 반 되 떠내 주고 (가로: 쌀가루)
「그렁저렁 주워 모니 가로가 닷 말 •가웃질네」 「」: 쌀을 조금씩 추렴하여 화전놀이를 준비함.
(닷 말 가웃: 다섯 말과 여섯 말의 중간)
어떤 부인은 참기름 내고 어떤 부인은 들기름 내고
어떤 부인은 많이 내고 어떤 부인은 적게 내니 / 그렁저렁 주워 모니 기름 반 동이 실하고나
놋소래가 두세 채라 짐꾼 없어 어이할꼬 / 상단아 널랑 기름 여라 삼월이 불러 가로 여라
(놋소래: 놋대야)
취단일랑 가로 이고 향단이는 놋소래 여라
▶ 화전놀이에 쓸 물건을 준비함.

다 열여섯 열일곱 신부녀(新婦女)는 갖은 단장 옳게 한다
「청홍사(靑紅絲) 감아 들고 눈썹을 지워 내니 / 세붓으로 그린 듯이 아미(蛾眉) 팔자 어여쁘다」
(청홍사: 청실홍실 / 아미: 눈썹)
「」: 화전놀이를 가기 위해 곱게 치장함.
「양식단 겹저고리 •길상사(吉祥紗) 고장바지 / 잔줄누비 겹허리띠 맵시 있게 잘끈 매고
(양식단: 씨와 날의 빛깔이 서로 다른 실로 짠 비단의 한 가지 / 고장바지: 고쟁이, 한복에 입는 여자 속옷의 하나)
광월사 초마의 분홍 단기 툭툭 털어 들쳐 입고 / 머리고개 곱게 빗어 잣기름 발라 손질하고
(광월사: 질 좋은 비단 / 초마: 치마 / 단기: 밑단)
공단 댕기 갑사 댕기 수부귀(壽富貴) 다남자(多男子) 딱딱 박아
(공단, 갑사: 질 좋은 비단 / 수부귀 다남자: 오래 살고 부귀를 누리며 아들을 많이 낳으라는 뜻의 글자들)
청준주 홍준주 곱게 붙여 착착 접어 곱게 매고
(청준주 홍준주: 청진주 홍진주)
금죽절(金竹節) 은죽절 좋은 비녀 뒷머리에 살짝 꽂고
(금죽절: 화려하고 값비싼 대로 만든 비녀)
은장도 금장도 갖은 장도 속고름에 단단이 차고
은조롱 금조롱 갖은 패물 겉고름에 비겨 차고
(은조롱 금조롱: 액막이로 주머니끈이나 옷끈에 차는 물건)
일광단(日光緞) 월광단 머리보는 섬섬옥수 감아 들고
(일광단 월광단: 해와 달을 수놓은 비단 / 섬섬옥수: 여자의 고운 손)
삼승(三升) 보선 수당혜를 날 출 자로 신었고나」 「」: 열거의 방법으로 갖은 모양을 다 내는 신부녀들의 모습을 제시함.
(삼승: 석새삼베, 성글고 굵은 베 / 수당혜: 가죽신)
반만 웃고 썩 나서니 일행 중에 제일일세
광한전(廣寒殿) 선녀가 강림했나 •월궁항아(月宮姮娥)가 하강했나
(신부녀들이 갖은 모양으로 꾸며 예쁘게 차린 모습)
있는 분은 그렇거니와 없는 분은 그대로 하지
(형편에 따라 치장을 함.)
양대포 겹저고리 수품(手品)만 있게 지어 입고
(양대포: 감이 두껍고 질긴 피륙의 일종 / 수품: 솜씨 있게)
칠승포에다 갈마물 들여 일곱 폭 초마 덜쳐 입고
(칠승포: 가는 베 / 갈마물: 검붉은색)
칠승포 삼베 허리띠를 제모만 있게 둘러 띠고
굵은 무명 겹보선을 술술하게 빨아 신고 / 돈 반짜리 짚세기라 그도 또한 탈속하다
(짚세기: 짚신)
▶ 화전놀이를 가기 위해 치장함.

라 ㉡❹열일곱 살 청춘과녀 나도 같이 놀러 가지
(청춘과녀: 젊은 나이에 과부가 된 여인)
[A] 나도 인물 좋건마는 단장할 마음 전혀 없어 / 때나 없이 세수하고 거친 머리 대강 만져
놋비녀를 슬쩍 꽂아 눈썹 지워 무엇하리 / 광당목 반물치마 끝동 없는 흰저고리
(광당목 반물치마: 넓은 폭의 남빛 치마)
흰고름을 달아 입고 전에 입던 고장바지 / 대강대강 수습하니 어련 무던 관기차데
건넛집에 덴동 어미 엿 한 고리 이고 가서 / 가지 가지 가고말고 낸들 어찌 안 가릿가
(덴동 어미: 중심인물)
늙은 부녀 젊은 부녀 늙은 과부 젊은 과부 / 앞서거니 뒤서거니 일자 행차 장관이라 [중략]
(실제 화전놀이를 떠나는 모습에 대한 감탄)
▶ 덴동 어미를 불러 다른 부녀들과 화전놀이를 떠남.

이해와 감상

이 작품은 조선 후기의 장편 규방·서민 가사로서 순흥 지방의 화전놀이를 소재로 부녀자들의 삶의 모습을 그리고 있다. 부인네들이 봄을 맞이하여 화전놀이를 가서 나눈 대화를 중심으로 시상이 전개되는데, 그 속에 주인공 덴동 어미의 기구한 삶의 내력을 담고 있다.

화전놀이를 떠나 놀던 중 한 청춘과부가 자신의 신세를 한탄하자 덴동 어미가 자신은 중인 출신으로 네 번 결혼했는데 남편들이 모두 죽어 과부가 되었고, 그 과정에서 하층민과 다를 바 없는 피폐한 지경에 이르게 되었다며 개가를 말리는 사연이 중심을 이룬다. 부녀자들이 나누는 대화와 덴동 어미의 삶의 내력 속에는 조선 말기 중하층 여성의 고난에 찬 현실이 사실적으로 반영되어 있다. 덴동 어미의 말을 들은 청춘과부가 마음을 고쳐먹고 즐겁게 노래를 부르며 다른 부인네들과 기쁜 마음으로 화전놀이를 끝내는 결말은 한을 신명으로 풀어내는 모습을 보여 준다.

작품 연구소

〈덴동 어미 화전가〉의 구성 방식

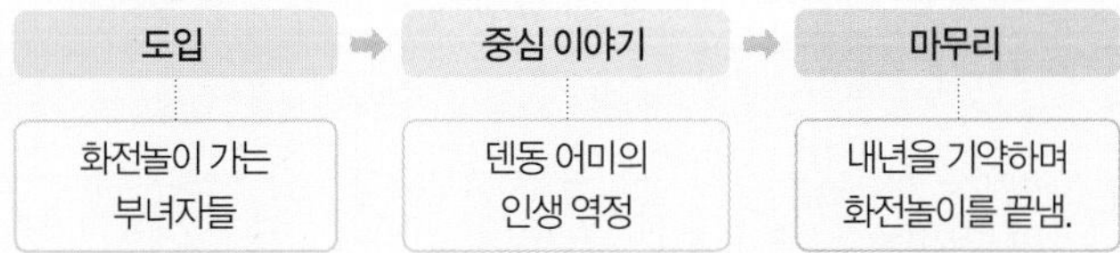

도입	중심 이야기	마무리
화전놀이 가는 부녀자들	덴동 어미의 인생 역정	내년을 기약하며 화전놀이를 끝냄.

덴동 어미의 인생 역정: 아전의 딸이었던 덴동 어미는 아전 집안으로 시집을 갔는데 첫째 남편이 그네를 타다 떨어져 죽자 열일곱에 과부가 된다. 역시 아전이었던 둘째 남편의 집안은 이포(吏逋; 구실아치가 공금을 집어쓴 빚)가 많아 빚을 갚다가 풍비박산이 났고, 남편은 괴질에 걸려 죽었다. 옹기장수였던 셋째 남편은 갑자기 내린 비로 화를 당해 죽는다. 그래도 넷째 남편인 엿장수와의 결혼 생활에서는 아이도 생겼으며 그런대로 행복했다. 그러나 엿을 고다 집에 불이 나 남편은 죽고 아이는 불에 데는 중상을 입었다. 그녀는 덴동이를 업고 육십이 된 나이에 고향에 돌아오게 된다.

작품 속 화전놀이의 의미

이 작품에서 '불출문외(不出門外)하다가 소풍도 하려니와 / 우리 비록 여자라도 흉체 있게 놀아 보세'라고 한 것에서 알 수 있듯이 화전놀이 하는 날은 당시 여성들에게 특별한 날이었다.

조선 시대의 여성들은 사회적 활동 등을 비롯해 일상생활에 여러 제약이 있었는데, 화전놀이 가는 날은 일 년에 하루 집 밖에서의 놀이가 공식적으로 허용된 날이었던 것이다. 화전놀이를 가기 위해 집안 어른들에게 허락을 받은 여인들은 여러 부인들에게 통문을 돌리고, 놀이에 소용되는 물품들도 추렴했다. 여성들은 화전놀이를 통해 답답한 일상생활에서 벗어나 꽃구경을 하며 화전을 부쳐 먹고, 노래도 하며 그동안 가슴에 맺혀 있던 사연이나 회포도 서로 나눌 수 있었다.

〈화전가〉의 일반적 형식과 〈덴동 어미 화전가〉의 특수성

〈화전가〉는 화전놀이에 가서 지어 부르거나 미리 지어 가 불렀던 노래이다. 내용은 대개 화전 날짜, 참여 인원, 소요 물품 등 화전놀이를 준비하는 과정에서 시작하여 화전놀이를 가는 부녀자들의 몸단장, 노는 모습, 집으로 돌아가는 과정과 화전놀이에 대한 감회 등으로 이루어진다.

이 작품 역시 화전놀이를 떠나는 부녀자들의 모습을 시작으로 전개된다는 점에서 부녀자들이 화전놀이하며 부르는 〈화전가〉의 형식을 따르고 있으면서도, 덴동 어미의 일생담 부분이 주요 내용을 차지하고 있다는 점에서 다른 〈화전가〉와 구별된다.

키포인트 체크

화자 □□□□를 떠난 여인

상황 부인네들이 화전놀이를 떠나서 □□를 나눔.

태도 □□ □□의 기구한 삶을 통해 조선 말기 중하층 여성의 고난에 찬 현실을 드러냄.

1 이 작품에 대한 설명으로 적절하지 않은 것은?

① 민속놀이를 소재로 삼고 있다.
② 부녀자들의 삶의 모습과 정서가 드러난다.
③ 부녀자들을 관찰하는 남성 화자가 등장한다.
④ 서민들의 삶의 모습을 일상적인 언어로 노래했다.
⑤ 유사한 음수율과 음보를 바탕으로 한 운율이 느껴진다.

내신 적중

2 〈보기〉를 바탕으로 이 작품을 감상한 내용으로 적절하지 않은 것은?

> 보기
>
> 조선 시대에는 여성의 사회적 활동에 제약이 있었는데, '화전놀이' 가는 날은 집 밖에서의 놀이가 공식적으로 허용된 날이었다. 그리고 이 작품의 계절적 배경인 '봄'은 만물이 생동하는 계절로, 화전놀이의 배경이면서 작품의 분위기와 인물의 심리에 영향을 준다.

① 화전놀이는 봄에 여인들이 야외에서 하는 놀이의 하나야.
② 화전놀이는 남성 중심의 사회에 대한 저항적 성격을 띤 사회적 활동이야.
③ 계절적 배경인 '봄'은 여인들이 흥겨운 분위기를 형성하는 데 도움을 주는군.
④ 화전놀이는 화전을 부쳐 먹으면서 여인들이 시름을 달래는 놀이라고 할 수 있겠어.
⑤ 화전놀이하는 날은 여성들의 한과 탄식을 분출하도록 허용해 준 날이라고 할 수 있겠군.

3 (다)에 대한 설명으로 적절하지 않은 것은?

① 열거의 방법으로 신부녀들의 모습을 제시하고 있다.
② 화전놀이를 가기 위해 치장하는 모습이 그려져 있다.
③ 단장한 신부녀들의 모습에 대한 화자의 감탄이 드러나 있다.
④ 다양한 색채어를 사용하여 시각적 이미지를 부각하고 있다.
⑤ 인물 간의 대화를 통해 화전놀이의 흥겨운 분위기를 나타내고 있다.

4 다음 중 ㉠과 문장 구조가 가장 유사한 것은?

① 가노라 삼각산아 다시 보자 한강수야
② 살어리 살어리랏다 청산애 살어리랏다
③ 둘하 노피곰 도ᄃᆞ샤 머리곰 비취오시라
④ 셜온 님 보내ᄋᆞᆸ노니 가시ᄂᆞᆫ ᄃᆞᆺ 도셔 오쇼셔
⑤ 내 님믈 그리ᄉᆞ와 우니다니 산 졉동새 난 이슷ᄒᆞ요이다

5 ㉡의 처지를 고려하여 [A]에 나타난 화자의 태도를 서술하시오.

IV. 조선 후기

시어 풀이

원불 상리(遠不相離) 헤어지지 말자는 약속.
영결종천(永訣終天) 죽어서 영원히 이별함.
선풍도골(仙風道骨) 뛰어난 풍채를 가진 남자.
만단 정담(萬端情談) 여러 가지의 온갖 이야기.
신명(神命) 운명.
구고(舅姑)님 시부모님.
추천(鞦韆) 그네.
신정(新情) 새로 사귄 정.
자록(慈祿) 자애롭고 후덕함.
포(逋) 미납한 조세.
이포 아전이 공금을 집어쓴 빚.
황연대각(晃然大覺) 환하게 모두 깨달음.
화용월태(花容月態) 아름다운 여인의 얼굴과 맵시를 이르는 말.
일촌간장(一寸肝腸) 한 토막의 간과 창자라는 뜻으로, 애달프거나 애가 타는 마음을 이르는 말.
구곡간장(九曲肝腸) 굽이굽이 서린 창자라는 뜻으로, 깊은 마음속 또는 시름이 쌓인 마음속을 비유적으로 이르는 말.

Q '꾀꼬리'의 역할은?

이 작품에서 꾀꼬리는 간신히 꿈에 본 남편을 보지도 못하게 화자의 잠을 깨우는 존재로 나타나고 있다. 꾀꼬리 소리로 인해 화자가 임의 부재를 환기함으로써 죽은 남편에 대한 그리움이 더욱 고조되는 것이다.

Q '덴동 어미'의 인생관은?

덴동 어미는 신세 한탄을 하는 청춘과부에게 '신명 도망(神命逃亡)', 즉 운명을 피해 도망가는 일은 할 수 없다며 자신의 인생 역정을 이야기한다. 그리고 그 경험을 바탕으로 운명과 상황에 순응하고 마음먹기를 달리하여 시름을 잊으라고 충고하고 있다. 이와 같은 덴동 어미의 태도는 운명론적인 세계관이라고 볼 수 있으나, 내면적으로는 자신의 비극적인 삶을 이겨 낸 강인한 의지를 담고 있다고 할 수 있다.

시구 풀이

❶ **열네 살에 시집올 때 ~ 나는 겨우 십칠이라** 화전놀이를 즐겁게 즐기던 중 한 청춘과부가 나서서 자신의 비극적인 인생을 토로하는 내용이다. 열네 살에 시집와서 남편과 절대 헤어지지 말자고 약속했으나 3년 만에 남편이 죽어서 과부가 된 상황을 한탄하고 있다.

❷ **간밤에야 꿈을 ~ 백 년 원수로세** 청춘과부는 자신의 신세를 한탄하면서 꿈에서나마 남편을 볼 수 있는데 꾀꼬리가 울어 잠을 깨우니 그 새가 원수 같다고 말한다. 꾀꼬리에 대한 원망을 통해 죽은 남편에 대한 그리움이 드러난다.

❸ **나도 본디 ~ 고리장 키우다가** 덴동 어미가 아전 집안 출신이었음을 알 수 있다. 덴동 어미는 중인 계급이었기에 개가가 금지된 사대부 여성들과 달리 여러 번 개가할 수 있었던 것이다.

❹ **삼백 장(丈) ~ 과부 됐네** 덴동 어미의 첫 번째 남편이 그네를 뛰다 죽은 기구한 사연이 소개되고 있다.

❺ **해로 삼 년이 ~ 남의 집 되고** 덴동 어미가 재가한 집안이 수만 냥 되는 이포 때문에 전답과 기와집을 팔고 몰락하게 된 상황을 설명하고 있다.

가 한 부인이 이른 말이 좋은 풍경 좋은 놀음에 / 무슨 금심 대단해서 낙루 한심(落淚寒心)(눈물을 떨구며 상심함.) 웬일이요 / 나건(羅巾)(비단으로 만든 수건)으로 눈물 닦고 내 사정을 들어보소 / ❶열네 살에 시집올 때 청실홍실 늘인 인정 / •원불 상리(遠不相離) 맹세하고 백 년이나 살잤더니 / 겨우 삼 년 동거하고 •영결종천(永訣終天) 이별하니 / 임은 겨우 십육이오 나는 겨우 십칠이라 / ⓐ•선풍도골(仙風道骨) 우리 낭군 어느 때나 다시 볼꼬 / 방정맞고 가련하지 애고애고 답답하다 / 십육 세 요사(夭死)(요절) 임뿐이요 십칠 세 과부 나뿐이지 / 삼사 년을 지냈으나 마음에는 안 죽었네

「이웃사람 지나가도 서방님이 오시는가 / 새소리만 귀에 오면 서방님이 말하는가
(「 」: 남편에 대한 간절한 그리움)
그 얼굴이 눈에 삼삼 그 말소리 귀에 쟁쟁 / 탐탐하면 우리 낭군 자나깨나 잊을쏜가」
ⓑ잠이나 자러 오면 꿈에나 만나지만 / 잠이 와야 꿈을 꾸지 꿈을 꿔야 임을 보지

❷간밤에야 꿈을 꾸니 정든 임을 잠깐 만나 / •만단 정담(萬端情談)을 다하잤더니 일장 설화(一場說話)(한바탕의 이야기)를 채 못하여 / 꾀꼬리 소리 깨달으니 임은 정녕 간 곳 없고 / 촛불만 경경(불빛이 깜박깜박하는 모양) 불멸하니 아까 울던 저놈의 새가 / 자네는 듣고 좋다 하되 나와 백 년 원수로세

(꿈에 나타난 임을 보지 못하게 된 아쉬움을 새의 탓으로 돌림.) ▶ 청춘과부인 화자의 남편에 대한 그리움

나 덴동 어미 듣다가서 썩 나서며 하는 말이 / 가지 마오 가지 마오 제발 적선 가지 말게
팔자 한탄 없을까마는 가단 말이 웬말이요 / 잘 만나도 내 팔자요 못 만나도 내 팔자지
백년해로도 내 팔자요 십칠 세 청상(靑孀)도 내 팔자요
팔자가 좋을 양이면 십칠 세에 청상될까 / •신명 도망(神命逃亡) 못할지라 이내 말을 들어보소
(운명을 피해 달아나는 일은 할 수 없음. 즉, 운명에서 벗어날 수 없음.)
❸나도 본디 순흥 읍내 임 이방의 딸일러니(아전 집안 출신 – 개가가 가능함.) / 우리 부모 사랑하사 어리장 고리장(곱게 곱게 자람.) 키우다가
열여섯에 시집가니 예천 읍내 그중 큰집에 / 치행 차려 들어가니 장 이방의 집일러라
서방님을 잠깐 보니 준수 비범(俊秀非凡) 풍후하고(얼굴에 살이 쪄서 너그러워 보이는 데가 있고) / ⓒ•구고(舅姑)님께 현알(見謁)(뵈니)하니 사랑한 맘 거룩하네 / 그 이듬해 처가 오니 때 마침 단오러라 / ❹삼백 장(丈)(길 떠날 여장) 높은 가지 •추천(鞦韆)을 뛰다가서 / 추천 줄이 떨어지며 공중에 메박으니 / 그만에 박살이라 이런 일이 또 있는가 / •신정(新情)이 미흡하데(남편이 죽은 것에 대한 아쉬움) 십칠 세에 과부 됐네 [중략]

▶ 그네를 뛰다 죽은 덴동 어미의 첫 번째 남편

다 양 곳 부모 의논하고 상주읍에 중매하니 / 이상찰의 며느리 되어 이승발 후취로(덴동 어미의 두 번째 남편) 들어가니
가서도 웅장하고 시부모님도 •자록(慈祿)하고 / 낭군도 출중하고 인심도 거룩한데 / 매양 앉아 하는 말이 •포(逋)가 많아 걱정하더니(남편의 집안이 망하게 된 원인) / ❺해로 삼 년이 못다 가서 성 쌓던 조등내 도임하고(지방의 관리가 근무지에 부임함.) / ⓓ엄한 중에 수금하고 수만 냥 •이포를 추어 내니 / 남전북답 좋은 전지(田地) 추풍낙엽 떠나가고 / 안팎 줄행랑 큰 기와집도 하루아침에 남의 집 되고 [중략]

▶ 풍비박산된 두 번째 남편의 집안

라 「춘삼월 호시절에 화전놀음 와서들랑 / 꽃빛일랑 곱게 보고 새소리는 좋게 듣고
(「 」: 화전놀이 와서 아름다운 자연을 즐기고 동무들과 웃으며 놀면서 생각해 보라고 함.)
밝은 달은 예사 보며 맑은 바람 시원하다 / ⓔ좋은 동무 좋은 놀음에 서로 웃고 놀다 보소」
사람의 눈이 이상하여 제대로 보면 관계찮고 / 고운 꽃도 새겨보면 눈이 캄캄 안 보이고
(어떤 마음으로 인생을 보느냐에 따라 시름도 이겨 낼 수 있음.)
귀도 또한 별일이지 그대로 들으면 괜찮은걸 / 새소리도 고쳐 듣고 슬픈 마음 절로 나네
맘 심 자가 제일이라 단단하게 맘 잡으면 / 꽃은 절로 피는 거요 새는 예사 우는 거요
달은 매양 밝은 거요 바람은 일상 부는 거라
「마음만 예사 태평하면 예사로 보고 예사로 듣지 / 보고 듣고 예사 하면 고생될 일 별로 없소」
(「 」: 인생살이도 마음먹기에 달려 있음.) ▶ 청춘과부에 대한 덴동 어미의 충고

마 앉아 울던 청춘과부 •황연대각(晃然大覺) 깨달아서
덴동 어미 말 들으니 말씀마다 개개 옳애(모두 옳다) / 이내 수심 풀어내어 이리저리 부쳐 보세
「이팔청춘 이내 마음 봄 춘 자로 부쳐 두고 / •화용월태 이내 얼굴 꽃 화 자로 부쳐 두고
(「 」: 화전을 부쳐 먹으며 근심을 풀어냄.)
술술 나는 긴 한숨은 세우 춘풍 부쳐 두고」 / 밤이나 낮이나 숱한 수심 우는 새나 가져가게
(봄을 맞이한 자연을 즐기며 시름을 잊음.)
•일촌간장 쌓인 근심 도화 유수로 씻어 볼까 / 천만 첩이나 쌓인 설움 웃음 끝에 하나 없네
•구곡간장 깊은 설움 그 말끝에 실실 풀려
(마음먹기에 따라 고생도 견딜 수 있다는 말)
삼동설한 쌓인 눈이 봄 춘 자 만나 실실 녹네 [하략]

▶ 화전놀이를 하며 근심을 풀어냄.

작품 연구소

탄식 가사로서의 〈덴동 어미 화전가〉

이 작품에는 화전놀이를 하던 중 한 과부가 등장해 시집온 지 3년 만에 남편이 죽고 청상과부가 된 자신의 처지를 한탄하는 내용이 나온다.

조선 후기 규방 가사 중에는 시집살이의 괴로움이나 남편을 잃은 슬픔을 토로한 탄식 가사가 많이 나타나는데, 이 작품의 인물들에게서도 조선 후기 사회에서 여성으로 살아가는 고통과 슬픔에 대한 탄식을 엿볼 수 있다. 즉, 이 작품은 여성들이 자신의 삶을 노래한 규방 가사이자 화전놀이와 관련하여 지은 화전 가사이면서 자신의 처지에 대한 한탄을 담은 탄식 가사인 것이다.

〈덴동 어미 화전가〉에 나타난 사회상

중인 집안 출신이었으나 네 번의 결혼을 거치면서 점차 가난해지고 몰락해 하층민이 된 덴동 어미의 인생 역정에는 조선 후기의 사회상이 구체적으로 드러나 있다.

덴동 어미의 둘째 남편의 집안은 가세가 웅장했지만 집안에 미납한 조세가 많았다. 그러다 새로운 관리가 엄하게 수금하자 전답이며 기와집이 다 날아가 풍비박산이 난다. 이후 덴동 어미는 남편과 여각에서 더부살이를 하며 고리대금을 하여 돈을 모으는데, 빚을 진 사람이 괴질로 다 죽어 빈털터리가 된다. 셋째 남편은 떠돌아다니며 옹기를 파는 옹기장수였다. 둘이 돌아다니며 장사를 하여 돈을 모으는데 돈을 좀 모으면 둘 중 하나가 병이 나 돈을 다 써 버리고 만다.

이렇게 이 작품에는 조선 말기의 가혹한 징세와 지배층의 수탈상, 당대의 화폐 경제의 발달상, 경제적 몰락으로 인한 유랑 생활과 서민들의 궁핍한 생활상 등이 구체적으로 드러나 있다. 이러한 점에서 이 작품은 그 당시의 사회상을 보여 주는 자료로서 가치가 있다.

계절적 배경인 '봄'의 역할

이 작품의 계절적 배경인 '봄'은 만물이 생동하는 시기로, 화전놀이의 배경이자 작품의 분위기와 인물의 심리에 큰 영향을 미친다. 즉, 많은 사람들이 화전놀이에 즐겁게 참여하는 배경인 동시에 한과 시름을 품은 부녀자들이 화전놀이를 통해 춤과 노래로 즐겁고 흥겨운 분위기를 형성하는 데 도움을 주는 것이다.

봄	만물이 생동하고 꽃과 자연이 아름다운 계절	→	사람들에게 흥취를 불러일으킴.

함께 읽으면 좋은 작품

〈화전가〉, 작자 미상 / 화전놀이의 즐거움을 노래한 작품

경상북도 문경 지역에서 불렸던 규방 가사로, 여성들이 봄을 맞아 일가친척 및 마을 사람들과 산이나 들의 경치 좋은 곳으로 나가 자연의 유흥을 즐기는 내용의 작품이다. 봄을 즐기는 흥취를 중심으로 다음 봄을 기약하며 헤어지는 모습을 잘 표현하고 있는 전형적인 화전 가사로, 덴동 어미의 일생담이 주요 부분을 차지하고 있는 〈덴동 어미 화전가〉의 특이한 성격과 비교해 볼 만하다.

6 이 작품에 대한 설명으로 적절한 것은?

① 계절의 변화에 따라 시상이 전개되고 있다.
② 인물 간의 대화를 통해 내용이 전개되고 있다.
③ 선경 후정의 구성을 통해 시상이 전개되고 있다.
④ 구체적인 역사적 사건을 배경으로 제시하고 있다.
⑤ 민요를 삽입하여 주제를 간접적으로 드러내고 있다.

7 (나), (다)에서 알 수 있는 '덴동 어미'의 삶의 내력과 거리가 먼 것은?

① 중인 집안의 딸로 곱게 자랐다.
② 순흥에서 살다가 예천으로 시집갔다.
③ 첫째 남편은 그네 줄이 끊기는 사고로 죽었다.
④ 첫째 남편이 죽은 뒤부터 시부모에게서 구박을 받았다.
⑤ 둘째 남편의 집안은 많은 빚으로 인해 몰락하고 말았다.

중요 기출

8 (라), (마)의 인물에 대한 이해로 가장 적절한 것은?

① 덴동 어미는 계획적인 삶이 중요하다고 생각하고 있군.
② 덴동 어미는 본격적으로 화전놀이를 떠날 채비를 하겠군.
③ 덴동 어미는 청춘과부에게 생명력을 불어넣는 역할을 하고 있군.
④ 청춘과부는 자연의 변화에 무감각한 사람이 되어 버렸군.
⑤ 청춘과부는 가난이 사람을 성숙하게 만드는 것이라고 믿게 되었군.

내신 적중

9 ⓐ~ⓔ 중, 당대의 사회상을 구체적으로 드러내는 것은?

① ⓐ ② ⓑ ③ ⓒ ④ ⓓ ⑤ ⓔ

내신 적중

10 〈보기〉를 참고하여 이 작품이 〈화전가〉의 일반적인 형식과 다른 점을 40자 내외로 서술하시오.

보기

〈화전가〉는 봄에 부녀자들이 화전놀이에 가서 지어 부르거나 미리 지어 가 불렀던 노래이다. 내용은 대개 화전 날짜, 참여 인원, 소요 물품 등 화전놀이를 준비하는 과정에서 시작하여 화전놀이를 가는 부녀자들의 몸단장, 노는 모습, 집으로 돌아가는 과정과 화전놀이에 대한 감회 등으로 이루어진다.

178 북찬가(北竄歌) | 이광명

키워드 체크 #유배 가사 #유배 생활의 어려움 #어머니에 대한 그리움

핵심 정리

갈래 가사, 유배 가사
성격 한탄적, 애상적, 사모곡
제재 유배 생활
주제 유배지에서 어머니를 그리워함.
특징 ① 유교적 충의 사상이 드러나지 않음.
② 다양한 표현 방법을 통해 어머니에 대한 그리움을 노래함.
연대 조선 영조
출전 《증참의공적소시가》

Q '여의 일흔 뇽'이 의미하는 바는?

'여의 일흔 뇽'이란 용에게 가장 중요한 여의주를 잃어버린 상황을 뜻한다. 이는 화자가 자신에게 가장 중요한 존재인 어머니와 헤어진 상황과 연결되면서 아무것도 할 수 없는 화자의 처지를 드러낸다.

시어 풀이

학발ᄌᆞ안(鶴髮慈顔) 머리가 하얗게 센, 자애로운 얼굴. 어머니를 가리킴.
안독셔신(雁足書信) 편지.
일반고사(一般苦思) 괴롭거나 고통스러운 모든 생각.
치 키. 배의 방향을 조종하는 장치.
지박(止泊)ᄒᆞᆯ고 머무를까.
졔튁(諸宅) 문중의 여러 집안.
친쇽(親屬) 친척들.
분찬(奔竄)ᄒᆞ니 바삐 달아나 숨으니.
일졈의리(一點衣履) 한 벌뿐인 옷과 한 켤레 뿐인 신발.
슈유상니(須臾相離) 잠시 서로 물러나 떨어짐.
뮈이건가 움직이게 했는가.

시구 풀이

❶ **밤밤마다 ᄭᅮᆷ의 ~ 샹시(常時)과져** 밤마다 꿈속에서 그리운 어머니를 볼 수 있으므로, 꿈을 평상시처럼 여기고 싶은 마음을 노래한 부분이다.
❷ **쳔산 만슈(天山萬水) ~ 뉘 혜울고** 어머니에게 소식을 전하고 싶지만 산과 물이 막고 있어 소식을 전할 수 없음을 설의적 표현으로 강조한 부분이다.
❸ **문노라 븕은 ᄃᆞᆯ아 ~ 남텬(南天)으로 ᄃᆞᆺᄂᆞᆫ고야** 의인과 대구, 도치의 방법을 사용하여 고향으로 돌아가고 싶은 화자의 심정을 드러내고 있다. 여기서 달과 구름은 화자가 따르고 싶은 대상으로 볼 수 있다.
❹ **어ᄂᆞ ᄣᆡ예 즙으시며 무스거ᄉᆞᆯ 잡숩ᄂᆞᆫ고** 의문형 어미를 통해 어머니를 걱정하는 화자의 마음을 드러낸 부분이다. '잠자는 것'과 '먹는 것'을 중심으로 걱정하는 것으로 볼 때 어머니에 대한 화자의 책임감을 느낄 수 있다.

작가 소개

이광명(李匡明, 1701~1778) 10세에 아버지를 여의고 백부의 역모죄로 집안이 쑥대밭이 된 후 벼슬에 뜻이 없어 강화도에서 살다가 백부의 죄가 자신에게 미치어 갑산으로 귀양을 가게 된 후 〈북찬가〉를 지었다.

[전략] 안즌 곳의 ᄒᆡ 디우고 누은 자리 밤을 새와
(노숙을 하는 등 유배지에서의 힘겨운 삶을 드러냄.)
좀든 밧긔 한숨이오 한숨 ᄭᅳᆺᄒᆡ 눈물 일싀
(연쇄법을 통해 화자의 심리적 고통을 보여 줌.)
❶밤밤마다 ᄭᅮᆷ의 보니 ᄭᅮᆷ을 둘러 샹시(常時)과져
(어머니에 대한 간절한 그리움)
•학발ᄌᆞ안(鶴髮慈顔) 못 보거든 •안독셔신(雁足書信) ᄌᆞ즐염은
기ᄃᆞ린들 통이 올가 오노라면 ᄃᆞᆯ이 넘ᄂᆡ
(유배지에서 집의 소식을 듣기 어려움.)
『못 본 제ᄂᆞᆫ 기다리나 보니ᄂᆞᆫ 쉬원ᄒᆞᆯ가
(어머니와의 재회에 대한 소망(설의법))
(『 』: 설의법을 통해 어머니에 대한 그리움을 강조함.)
노친 쇼식(老親消息) 나 모ᄅᆞᆯ 제 내 소식 노친(老親) 알가
❷쳔산 만슈(天山萬水) 막힌 길ᄒᆡ •일반고사(一般苦思) 뉘 혜울고』
(화자와 어머니 사이의 장애물)
(→ 어머니에게 소식을 전할 수 없는 화자의 절망감)
▶ 어머니에 대한 그리움과 소식을 듣지 못하는 안타까움
❸문노라 븕은 ᄃᆞᆯ아 냥지(兩地)의 비최거뇨
ᄯᆞ로고져 ᄯᅳᄂᆞᆫ 구름 남텬(南天)으로 ᄃᆞᆺᄂᆞᆫ고야
(도치법을 통해 달과 구름처럼 집에 가고 싶은 마음을 강조함.)
흐ᄅᆞᄂᆞᆫ 내ᄒᆡ 되어 집 압ᄒᆡ 둘넛고져
ᄂᆞ는ᄃᆞᆺ 새ᄒᆡ 되어 챵젼(窓前)의 가 노닐고져
(시냇물과 새가 되어 집으로 가고 싶은 심정이 드러남.)
내 ᄆᆞᄋᆞᆷ 혜여ᄒᆞ니 노친 졍사(老親情思) 닐너 무슴
(어머님에 대한 그리움과 안타까움)
여의(如意) 일흔 뇽(龍)이오 •치 업슨 ᄇᆡ 아닌가
(여의주를 잃은 용과 키 없는 배처럼 자신이 아무 소용이 없음.(은유법))
츄풍(秋風)의 낙엽(落葉)ᄀᆞᆺᄒᆡ 어드메 가 •지박(止泊)ᄒᆞᆯ고
(가을바람에 여기저기 떠도는 낙엽처럼 불쌍한 자신의 신세를 한탄함.(직유법))
•졔튁도 파산ᄒᆞ고 •친쇽(親屬)은 •분찬ᄒᆞ니
도로(道路)의 방황(彷徨)ᄒᆞᆫᄃᆞᆯ 할 곳이 젼혀 업ᄂᆡ
❹어ᄂᆞ ᄣᆡ예 즙으시며 무스거ᄉᆞᆯ 잡숩ᄂᆞᆫ고
(어머니에 대한 걱정)
•일졈의리(一點衣履) ᄉᆞᆲ히더니 어ᄂᆞ ᄌᆞ손 ᄃᆡ신ᄒᆞᆯ고
(화자의 효심이 드러나는 소재)
나 아니면 뉘 뫼시며 ᄌᆞ모(慈母) 밧긔 날 뉘 괼고
(어머니 봉양에 대한 책임감과 어머니를 모시지 못하는 안타까움)
놈의 업슨 모ᄌᆞ 졍니(母子情理) •슈유상니(須臾相離) 못 ᄒᆞ더니
조물(造物)을 •뮈이건가 이대도록 ᄯᅦ쳐 온고 [후략]
▶ 고향에 돌아가고 싶은 마음과 어머니에 대한 걱정

현대어 풀이

얒은 곳에 해가 지고 누운 자리에서 밤을 새워 / 잠자는 시간 외에는 한숨만 나오고, 한숨 끝에는 눈물이 흐른다.
밤마다 꿈에 보니 꿈을 가져다 평상시처럼(현실로) 여기고 싶구나.
흰 머리의 자애로운 얼굴(어머니)을 못 뵈니 기러기 발에 편지를 보내는 것이 잦아지는데
기다린들 연락이 올까, 연락이 오길 기다리면 한 달이 넘네. / 못 볼 때는 기다리지만 보면 시원할까.
어머니의 소식을 내가 모르는데, 내 소식을 어머니는 아실까.
산과 물로 막힌 길 때문에 생긴 숱한 괴로움을 누가 헤아릴 것인가.
묻노라, 밝은 달아. 양지(내가 있는 곳과 어머니가 있는 곳)를 비추고 있는가.
떠가는 구름을 따르고 싶구나. (구름이) 남쪽 하늘로 달려가는구나.
흐르는 시냇물이 되어 (어머님 계신) 집 앞을 둘러 흐르고 싶구나.
날아가는 새가 되어 (어머님 계신) 창 앞에 가서 노닐고 싶구나.
내 마음을 헤아려 보니, 어머님이 품으신 생각과 정은 말하여 무엇하리.
여의주를 잃은 용이요, 키가 없는 배가 아닌가.
가을바람에 떨어지는 낙엽처럼 어디에 가서 머무를까.
문중의 여러 집안들도 망해 버리고 친척들도 뿔뿔이 흩어져 달아나 숨으니
길거리에서 방황해도 갈 곳이 전혀 없네. / (어머니는) 언제 주무시며 무엇을 드시는가?
한 벌뿐인 옷과 한 켤레뿐인 신발로 지내시더니, 어느 자식이 나를 대신할까.
내가 아니면 누가 어머니를 모시며, 어머니가 아니면 누가 나를 사랑할까.
다른 사람들에게 없는 모자간의 인정과 의리 때문에 잠시도 서로 떨어져 지내지 못하더니
(누가) 조물주를 움직이게 했는가. (어머니와 나를) 이토록 떨어뜨려 놓았는가?

이해와 감상

이 작품은 큰아버지가 역적으로 몰리는 바람에 연좌로 함경도 갑산에서 힘겨운 유배 생활을 한 이광명이 지은 가사로, 당쟁에서 밀려나 폐가한 가문의 고단하고 암울한 상황을 사실적으로 묘사하고 있다. 작품 초반부에서는 당쟁을 피해 강화도에 내려와 살면서 홀어머니께 효도하고 세상의 근심을 잊고 소박하게 살고자 하는 바람을 노래한다. 하지만 연좌의 덫에 걸려 유배를 가게 되는데, 유배에 대한 걱정보다 팔순 노모와 이별하는 슬픔이 더욱 간절하게 드러난다. 이후 후반부에서는 유배지에 도착한 뒤에도 여전히 고향에 계신 노모를 걱정하며 지극한 효성을 노래한다. 이처럼 이 작품은 일반적인 유배 가사에 나타나는 연군지정이나 자신의 상황에 대한 불만, 정치 현실에 대한 비판적 의식은 찾아보기 어려우며 주로 어머니에 대한 그리움을 형상화하고 있다.

작품 연구소

시어 및 시구의 의미

시어 및 시구	의미
천산 만슈, 막힌 길	화자가 처한 유배 상황
붉은 돌, 쓰는 구룸	고향에 대한 화자의 그리움
흐르는 내, 새	화자가 동일시하고 싶은 대상
여의 일흔 뇽, 치 업슨 비,	아무것도 할 수 없는 화자의 상황을 비유

〈북찬가〉의 표현상 특징

이 작품은 작가의 유배 생활을 바탕으로 창작한 것으로, 유배지에서 홀로 지내는 외로운 심정, 유배지인 갑산의 열악한 생활 환경, 어머님으로 대표되는 가족에 대한 그리움 등을 강조하는 표현이 많이 나타난다.

표현 기법	해당 시구
설의법	막힌 길히 일반고사(一般苦思) 뉘 헤울고 내 모옴 혜여흐니 노친 정사(老親情思) 닐너 무슴
대구법	흐르는 내히 되어 집 압히 둘넛고져 누는듯 새히 되어 창젼(窓前)의 가 노닐고져
비유법	여의(如意) 일흔 뇽(龍)이오 치 업슨 비 아닌가 츄풍(秋風)의 낙엽(落葉)곳히 어드메 가
도치법	문노라 붉은 돌아 / 쓰로고져 쓰는 구룸
의문형 어미	어느 째예 즘으시며 무스거슬 잡습는고 일졈의리(一點衣履) 숣히더니 어느 조손 뒤신홀고

자료실

〈북찬가〉와 유배 가사

유배 가사는 임금에 대한 그리움을 드러내는 연군의 정서와 유배 생활을 야기한 당대 정치 현실에 대한 분노, 정적에 대한 비판, 자신의 결백, 유배지의 열악한 생활 환경을 담는 것이 일반적이다. 하지만 〈북찬가〉의 경우 전반부에서는 유배지에서 겪는 혹독한 생활을 사실적으로 그려 내지만, 후반부로 갈수록 고향에 계신 어머니에 대한 서술만 등장한다. 즉, 당대 정치 현실에 대한 비판적 인식과 연군의 정서는 완전히 사라지고, 오로지 어머니를 그리워하는 개인의 사사로운 정서가 주를 이루고 있는 것이다. 이를 통해 〈북찬가〉의 화자에게는 유배가 가지는 정치적 의미보다는 어머니와의 이별이 더욱 중요함을 알 수 있다. 이에 따라 기존 유배 가사에서 보이던 여성 화자도 모친에 대한 걱정에 잠 못 이루는 아들로 대체되어 나타나고 있다.

키 포인트 체크

화자 □□□에 걸려 유배당한 사람
상황 고향에 홀로 계신 □□□에 대한 걱정으로 잠을 이루지 못함.
태도 자신보다는 어머니를 먼저 걱정하는 지극한 □□이 드러남.

내신 적중 多빈출

1 이 작품의 표현상 특징에 대한 설명으로 적절하지 <u>않은</u> 것은?

① 도치법을 통해 열악한 유배 상황을 강조하고 있다.
② 설의법을 통해 어머님에 대한 그리움을 부각하고 있다.
③ 은유법을 통해 아무것도 할 수 없는 처지를 드러내고 있다.
④ 의문형 어미를 통해 부모 봉양의 책임감을 강조하고 있다.
⑤ 대구법을 통해 고향으로 돌아가고 싶은 마음을 강조하고 있다.

2 〈보기〉와 비교할 때, 이 작품의 특징으로 가장 적절한 것은?

보기
눈물로 밤을 새와 아침에 조반 드니 / 덜 쓰른 보리밥에 무장떵이 한 종자라. / 한술을 떠서 보고 큰 덩이 내어 놓고 / 그도 저도 아조 없어 굴물 적이 간간이라. / 여름날 긴긴 날에 배고파 어려웨라. - 안조환, 〈만언사〉

① 몰락한 가문을 다시 일으키려는 의지를 보이고 있다.
② 유배 생활의 현실적 어려움을 세부적으로 묘사하고 있다.
③ 자신의 결백을 주장하며 유배에서 풀려날 것을 기대하고 있다.
④ 열악한 유배지의 환경보다는 어머니에 대한 그리움이 짙게 드러나 있다.
⑤ 정치 현실에 대한 비판적 인식과 임금의 은혜에 대한 충심을 드러내고 있다.

3 이 작품의 시상 전개를 〈보기〉와 같이 나타낼 때, ㉠과 ㉡의 의미로 적절한 것은?

보기

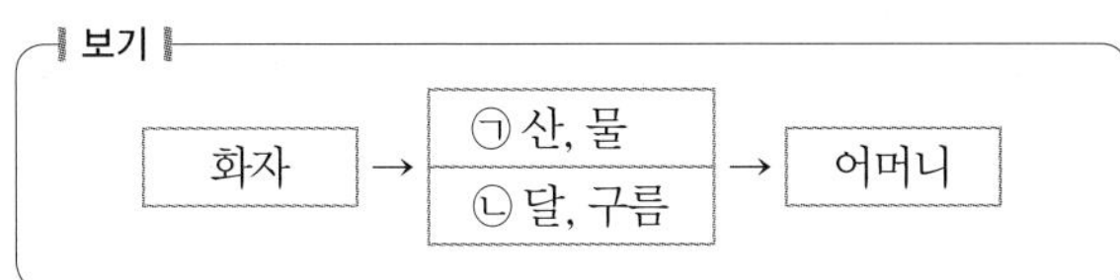

① ㉠은 어머니와의 단절을, ㉡은 어머니와의 만남을 의미한다.
② ㉠은 만남의 장애물을, ㉡은 고향에 가고 싶은 마음을 의미한다.
③ ㉠은 만남의 매개체, ㉡은 고향 생각에 대한 매개체에 해당한다.
④ ㉠은 유배지의 자연환경을, ㉡은 고향의 자연환경을 의미한다.
⑤ ㉠과 ㉡ 모두 홀로 된 어머니에 대한 애타는 그리움을 의미한다.

4 〈보기〉의 밑줄 친 시어와 의미가 가장 유사한 소재를 이 작품에서 찾아 쓰시오.

보기
반중(盤中) <u>조홍(早紅)</u>감이 고아도 보이누다.
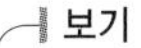
유자(柚子) 안이라도 품엄즉도 흐다마는,
품어 가 반기리 없슬시 글노 설워흐누이다. - 박인로

더 읽을 작품

179 농가월령가(農家月令歌) | 정학유

키워드 체크 #월령체 가사 #계몽적 #농사일 #세시풍속

일년지계(一年之計) 재춘(在春)ᄒᆞ니 범사(凡事)를 미리 ᄒᆞ라.
(한 해의 농사 계획 / 농사지을 준비)
봄에 만일 실시(失時)ᄒᆞ면 종년(終年) 일이 낭패되네.
(농사의 때를 놓치면)
농지(農地)를 다ᄉᆞ리고 농우(農牛)를 살펴 먹여,
직거름 재와 노코 일변(一邊)으로 시러 내여,
(재로 만든 거름)
맥전(麥田)의 오좀듀기 세전(歲前)보다 힘써 ᄒᆞ소.
(거름 주기)
늙으니 근력(筋力) 업고 힘든 일은 못 ᄒᆞ야도,
낫이면 이영 녁고 밤의는 ᄉᆡ기 ᄭᅩ아, / ᄯᅢ 맛쳐 집 니우니 큰 근심 더럿도다.
(얹으니)
「실과(實果) 나모 벗곳 ᄶᅡ고 가지 ᄉᆞ이 돌 ᄭᅵ오기」 「 」: 그해 과일에 열매가 많이 열리기를 바라는 민속 의식
(보굿, 이것을 벗겨 두면 나무에 벌레가 붙지 않는다고 함.)
정조(正朝)날 미명시(未明時)의 시험(試驗)조로 ᄒᆞ야 보소.
(정월 초하루 / 새벽 날이 밝기 전)

현대어 풀이

한 해의 농사 계획은 봄에 하는 것이니 모든 준비를 미리 하라. 봄에 만약 때를 놓치면 그 해 일이 낭패되네. 농사지을 땅을 다스리고 농사일에 부리는 소를 살펴 먹여 재거름 재워 놓고 한편으로 실어 내어 보리밭에 오줌 주기를 새해가 되기 전보다 힘써 하소. 늙으니 기운이 없어 힘든 일은 못 하여도 낮이면 이엉을 엮고 밤에는 새끼를 꼬아 때 맞추어 지붕을 이니 큰 근심 덜었도다. 과일나무 보굿을 벗겨 내고 가지 사이에 돌 끼우기, 정월 초하룻날 날 밝기 전에 시험 삼아 해 보소.

키 포인트 체크

화자 □□에서 해야 할 일을 소개하는 사람 상황 각 달과 절기에 따라 농가의 일과 □□을 소개함.
태도 실제적인 농사일을 □□하여 농민들을 교육하고자 함.

답 농가, 풍속, 열거

핵심 정리

갈래 가사, 월령체 가사
성격 교훈적, 계몽적
제재 농사일과 한 해의 세시 풍속
주제 각 달과 절기에 따른 농사일과 세시 풍속 소개
특징 ① 농촌 생활과 관련된 구체적인 어휘를 통해 농사일과 세시 풍속을 소개함.
② 실제적인 농사일을 열거하여 실생활에 도움이 되도록 함.
③ 감탄형, 명령형 어미를 사용하여 계몽적 성격이 잘 드러나도록 함.
출처 《악부》

이해와 감상

농가에서 각 달에 해야 할 농사일과 세시 풍속, 지켜야 할 예의범절 등을 노래한 월령체 가사이다. 서사에서 12월령까지 모두 13장으로 구성되어 있으며, 농가의 다양한 농사일과 명절에 행할 세시 풍속, 농촌 풍속 등을 자세하게 소개하여 월령체 가운데서 가장 길고 짜임새 있는 작품으로 평가받고 있다. 농업 기술을 음률에 맞춰 흥겹게 노래로 부를 수 있게 했다는 점에서 농업 기술의 보급 면에서 중요한 의미를 지니기도 한다.

180 황계사(黃鷄詞) | 작자 미상

키워드 체크 #가창 가사 #불가능한 상황 설정 #이별 #그리움

일조(一朝) 낭군(郎君) 이별(離別) 후에 소식(消息)조차 돈절(頓絶)하야
(하루아침에 임과 이별하고 소식조차 끊어져 버린 상황 – 이별의 상황)
자네 일정 못 오던가 무삼 일로 아니 오더냐 / 이 아해야 말 듣소
(임에 대한 원망 / 후렴구)
황혼 저문 날에 개가 짖어 못 오던가 / 이 아해야 말 듣소
(화자와 임을 가로막는 장애물 ①)
춘수(春水)가 만사택(滿四澤)하니 물이 깊어 못 오던가 / 이 아해야 말 듣소
(임이 오지 못하게 하는 상황 ① / 장애물 ②)
하운(夏雲)이 다기봉(多奇峰)하니 산(山)이 높아 못 오던가 / 이 아해야 말 듣소
(임이 오지 못하게 하는 상황 ② / 장애물 ③) — 대구법

현대어 풀이

하루아침에 낭군과 이별한 후에 소식조차 끊어졌구나. 자네 꼭 못 오던가 무슨 일로 아니 오던가, 이 아해야 말을 듣소. 황혼 저물어 가는 날에 개가 짖어 못 오던가, 이 아해야 말을 듣소. 봄에 물이 못마다 가득 차 넘치니 물이 깊어 못 오던가, 이 아해야 말을 듣소. 여름 구름이 수많은 기이한 봉우리와 같으니 산이 높아 못 오던가, 이 아해야 말을 듣소.

키 포인트 체크

화자 임과 이별한 여인 상황 이별 후 소식조차 듣지 못하는 임을 □□□.
태도 임이 돌아오지 않는 상황을 □□하며 임이 빨리 돌아오기를 바람.

답 기다림, 원망

핵심 정리

갈래 가사, 가창 가사
성격 서정적, 애상적, 낭만적
제재 임과의 이별
주제 임에 대한 그리움과 기다림
특징 ① 유사한 정서의 사설들을 나열함.
② 가창을 고려하여 일정한 운율로 전개됨.
③ 자연물에 의탁하여 화자의 심정을 나타냄.
의의 조선 후기 가창(歌唱) 문화권에서 대중적 인기를 누린 작품
출전 《청구영언》

이해와 감상

12가사에 속하는 작품으로 〈황계타령〉이라고도 한다. 《청구영언》, 《악부》 등의 책에 실려 전하는데, 수록본마다 가사가 조금씩 다르다. 이별한 임이 돌아오지 않는 상황을 원망하며 속히 돌아와 주기를 바라는 여인의 심정을 간절하게 나타내고 있다. 전체 41구로 형식상 파격(破格)이 많으며, 작자·연대 미상이지만 내용상 〈구운몽(九雲夢)〉 이후에 창작된 것임을 알 수 있다. 이 작품은 특정한 어구의 반복, 대구, 과장과 해학 등 다양한 방식으로 화자의 정서를 전달한다. 또한 가창을 고려하여 반복과 병렬이 두드러지며 후렴구가 나타나기도 하는데, 이는 연행 과정의 즉흥성 혹은 구비성을 드러내는 부분이라고 볼 수 있다.

181 상사별곡(相思別曲) | 작자 미상

키워드 체크 #애상적 #임과의 이별 #독수공방 #그리움

인간 이별(人間離別) 만사(萬事) 중에 독수공방(獨守空房)이 더욱 섧다 / 『상사불견(相思不見) 이내 진정(眞情)을 제 뉘라서 알리』[중략]
보고지고 임의 얼굴 듣고지고 임의 소리 / 비나이다 하느님께 임 삼기라 하고 비나이다
전생차생(前生此生)이라 무슨 죄(罪)로 우리 둘이 생겨나서 / 죽지마자 하고 백년 기약(百年期約) / 『만첩청산(萬疊靑山) 들어간들 어느 우리 낭군(郎君)이 날 찾으리』
산(山)은 첩첩(疊疊)하야 고개 되고 물은 흘러 소(沼)가 된다

핵심 제재 – 이별 / 회지의 현재 처지 / 님너기 서로 그리워하면서 보지 못함. / 참되고 애틋한 정이나 마음 / 『 』: 설의법 / 임과의 만남을 간절히 원함. / 이 세상에 태어나기 이전의 생애와 이 세상에서의 생애 / 임과의 영원한 사랑의 다짐 / 『 』: 설의법 / ○: 임과 화자 사이를 가로막는 장애물(물은 그리움의 표현으로 보기도 함.) / 대구 – 임에 대한 간절한 그리움을 표현함.

현대어 풀이

인간(이) 이별(하는) 온갖 일 중에 독수공방이 더욱 서럽다. (임을) 그리워하면서도 보지 못하는 나의 애틋한 마음을 누가 짐작하겠는가? [중략] 보고 싶구나, 임의 얼굴. 듣고 싶구나, 임의 목소리. 비나이다 하느님께 임이 생기라고 비나이다. 전생과 금생에 무슨 죄로 우리 둘이 생겨나서 죽지 말자(고 한) 백년 기약. 겹겹이 겹쳐진 푸른 산을 들어간들 어느 낭군이 날 찾겠는가? 산은 첩첩 고개 되고 물은 흘러 연못이 되었구나.

키 포인트 체크

화자 임과 □□한 여인
상황 임과 이별한 뒤 □□□□하고 있음.
태도 임에 대한 간절한 □□□이 나타남.

답 이별, 독수공방, 그리움

핵심 정리

갈래 가사
성격 애상적, 비애적
제재 임과의 이별
주제 독수공방의 외로움과 임에 대한 간절한 그리움
특징 ① 서민층의 어휘와 양반층의 어휘가 혼재함.
② 기원의 대상(하느님)을 설정하여 시상을 전개함.
출전 《남훈태평가》

이해와 감상

이 작품은 조선 후기 12가사의 하나로, 남녀 간의 순수한 애정을 바탕으로 임과 이별하고 독수공방하며 임을 그리워하는 여인의 심정을 절절하게 나타낸 가사이다.
설의와 대구, 자연물의 활용 등 다양한 표현법을 활용하여 임에 대한 간절한 그리움을 효과적으로 드러내고 있는 작품이다. 또한 18세기 〈만언사〉와 19세기 〈한양가〉 및 〈연행가〉에 이 작품의 제목이 인용되는 것으로 보아, 18세기에 가창(歌唱)으로 존재했으며 19세기에 대표적인 잡가로 광범위하게 전파되었던 것으로 추측할 수 있다.

182 우부가(愚夫歌) | 작자 미상

키워드 체크 #비판적 #조선 후기 양반 #몰락 #봉건적 가치관 붕괴

남촌 한량(閑良) 개똥이는 부모 덕에 편히 놀고 호의 호식 무식하고 미련하고 용통하여 눈은 높고 손은 커서 가량없이 주저넘어 시체(時體)따라 의관(衣冠)하고 남의 눈만 위하것다. / 장장 춘일 낮잠 자기 조석으로 반찬 투정 매팔자로 무상 출입 매일 장취 게트림과 이리 모여 노름 놀기 저리 모여 투전(鬪錢)질에 기생첩 치가(治家)하고 외입장이 친구로다. / 사랑에는 조방(助幇)군이 안방에는 노구(老軀)할미 명조상(名祖上)을 떠세하고 세도 구명 기웃기웃 염량(炎涼) 보아 진봉(進奉)하기 재업(財業)을 까불리고 허욕(虛慾)으로 장사하기 남의 빚이 태산이라.

일정한 직사 없이 놀고먹던 말단 양반 계층 / 양반을 비하하는 이름을 통해 비판하는 대상을 드러냄. / 인물의 성격을 직접적으로 제시함. / 유행 / 놀고먹는 팔자 / 거드름을 피우며 하는 트림 / 다른 여자와 바람을 피우는 일 / □: 외입을 중매하는 사람 / 위세를 떪. / 세도가를 찾아 기웃기웃함. / 권문세가에 뇌물을 갖다 바침.

현대어 풀이

남촌의 한량 개똥이는 부모 덕에 편히 놀고 호의호식하지만 무식하고 미련하여 소견머리가 없는 데다가 눈은 높고 손은 커서 대중없이 주제 넘어 유행에 따라 옷을 입어 남의 눈만 즐겁게 한다. 긴긴 봄날에 낮잠이나 자고 아침저녁으로 반찬 투정하며 항상 놀고먹는 팔자로 술집에 무상 출입하여 매일 취해서 게트림을 하고, 이리 모여서 노름하기, 저리 모여서 노름질에 기생첩을 얻어 살림을 넉넉히 마련해 주고 외입쟁이 친구로다. 사랑방에는 조방군, 안방에는 뚜쟁이 할머니(가 드나들고), 조상을 팔아 위세를 떨고 세도를 찾아 기웃기웃하며 세상 돌아가는 것을 보아 가며 뇌물을 바치느라 재산을 날리고, 헛된 욕심으로 장사를 하여 남의 빚이 태산처럼 많다.

키 포인트 체크

화자 타락한 □□들을 부정적으로 바라보는 사람
상황 인물의 잘못된 □□을 적나라하게 보여 줌.
태도 타락한 양반의 행실을 □□하고 경계함.

답 양반, 행실(행동), 비판

핵심 정리

갈래 가사
성격 비판적, 풍자적, 경세적(警世的)
제재 우부(愚夫)의 잘못된 행동
주제 타락한 양반의 행동에 대한 비판과 경계
특징 ① 인물의 잘못된 행동을 적나라하게 서술함.
② 반복, 대구, 열거를 활용하여 시상을 전개함.
출전 《초당문답》

이해와 감상

이 작품은 숙종～영조 때 창작되었을 것으로 짐작되는 가사로, 조선 후기 양반 사회가 당면했던 현실적·경제적 몰락과 도덕적 타락, 봉건적 가치관의 붕괴를 사실적으로 그려 내고 풍자했다.
이 작품에는 '개똥이', '꼼생원', '꾕생원'이 차례로 등장하는데, 이는 각각 당시 양반 계층의 상층과 중층, 하층을 대표하는 인물로 형상화된 것이다. 이들은 모두 무위도식하거나 분별없이 행동하고 체통을 지키지 못하는 등 도덕적으로 타락한 삶을 살아가다가 비참한 말로를 맞는다. 인물의 잘못된 행동을 직접적으로 적나라하게 제시하여 절제되고 분수 있는 행동의 중요성을 강조한다는 점에서 '계녀 가사'와 표현 방식과 주제가 유사하다고 할 수 있다.

183 아리랑 | 작자 미상

키워드 체크 #이별의 슬픔 #후렴구 반복 #우리나라 대표 민요

국어 천재(박), 해냄

핵심 정리

갈래 민요
성격 서정적, 애상적
운율 3음보
제재 임과의 이별
주제 이별의 슬픔과 안타까움
특징 ① 후렴구의 반복으로 리듬감을 형성함.
② '위협'의 표현으로 화자의 소망을 드러냄.
의의 우리 민족에게 가장 널리 알려지고 가장 널리 애창되는 민요

Q '나를 버리고 ~ 발병 난다'의 의도는?

임을 떠나보내고 싶지 않은 마음을 위협의 방식으로 표현한 부분이다. 그 위협은 진정으로 임에게 나쁜 일이 일어나거나 잘못되기를 바라는 마음이 아니라, 어떠한 방법으로도 떠나는 임을 붙잡을 수 없다는 화자의 체념과 안타까움에서 비롯된 것으로 볼 수 있다.

❶아리랑 아리랑 아라리요
아리랑 고개로 넘어간다
「❷나를 버리고 가시는 님은
십 리도 못 가서 발병 난다」 「」: 위협

▶ 임과 이별하고 싶지 않은 마음

아리랑 아리랑 아라리요
아리랑 고개로 넘어간다
❸청청하늘엔 별도 많고 (청청하늘: 맑고 맑은 하늘)
이내 가슴엔 ㉠수심도 많다 (수심: 매우 근심하는 마음) — 대구법

▶ 이별의 슬픔

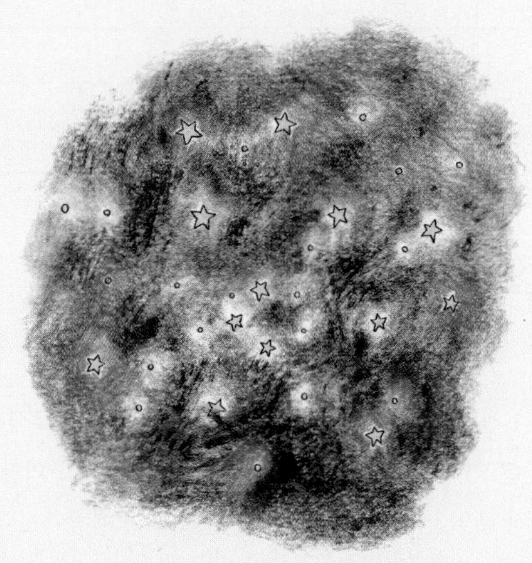

시구 풀이

❶ **아리랑 아리랑 아라리요** 아리랑의 어원에 대해서는 다양한 견해가 있으나 명확하게 정리된 바는 없다. 다만 '아리랑'이라는 명칭이 오래 전부터 노래의 후렴이 되었다는 사실은 분명하다. 즉, '아리랑' 또는 '아라리' 등의 형태를 여음으로 지니고 있는 노래를 〈아리랑〉으로 통칭하는 것이다. 〈아리랑〉의 모습을 엿볼 수 있는 자료로 가장 오래된 것은 《만천유고》에 실린 한시 〈농부사(農夫詞)〉(1790)로서 이 시에 '아로롱(啞魯聾) 아로롱(啞魯聾) 어희야(於戲也)'라는 구절이 나온다. 여기저기서 구전되던 민요 〈아리랑〉이 민족의 노래로 본격 부각된 것은 1926년 나운규가 만든 영화 〈아리랑〉에서 이 노래가 주제가로 불리면서부터이다.

❷ **나를 버리고 ~ 발병 난다** 위협의 표현을 통해 임과 함께하고 싶은 간절한 소망을 드러내고 있다.

❸ **청청하늘엔 ~ 수심도 많다** 대구를 사용하여 맑고 맑은 하늘에 떠 있는 수많은 별만큼이나 화자의 마음속에 수심이 가득 차 있음을 표현하고 있다.

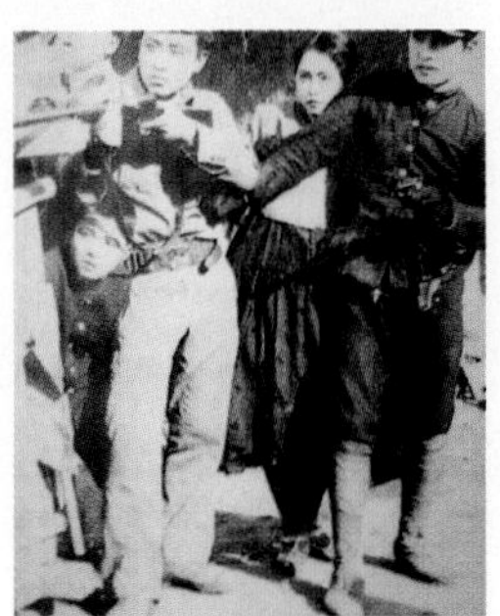

▲ 1926년에 상영된 나운규의 영화 〈아리랑〉의 한 장면

이해와 감상

이 작품은 우리나라의 대표적인 민요로, 서울·경기 지방에서 발생한 것이라 〈경기 아리랑〉 혹은 〈서울 아리랑〉이라고도 한다. 민요의 분류상으로는 서정 민요에 해당하며 음악적·문학적으로 정제되어 있고 민중들의 생활 감정이 진솔하게 표현되어 있다.

노래 가사를 보면 임과 함께하고 싶은 화자의 간절한 소망을 드러내고 있으며, 자신을 버리고 떠나는 임에 대한 원망의 감정이 드러난다.

〈아리랑〉은 전통 민요이기 때문에 구전·암기 등을 통해 전승되었고, 지역 공동체 집단의 소산인 민속성·집단성·시대성·사회성을 갖게 되었다. 특히 민족이 위기에 처한 시대에 〈아리랑〉은 민족의 동질성을 지탱해 주는 '민족의 노래'의 역할을 했다.

여기에 수록된 〈아리랑〉은 원래 서울·경기 지역에서 전승되고 일을 하면서 부르는 노동요였다. 그러나 교통이 발달하면서 왕래가 활발해지자, 다른 지방으로 넘어가면서 노동요의 기능을 상실하게 된다. 그리하여 노래 자체로만 즐기는 민요가 된 것이다. 그리고 지역의 벽을 넘어 공통된 감정을 나눌 수 있는 통로의 역할을 하며 〈아리랑〉은 우리 민족의 노래로 부각되었다.

작품 연구소

〈아리랑〉의 형식

〈아리랑〉은 민요의 단순성을 갖춘 간결한 시 형식으로 되어 있다. 형식적으로는 3·3·4조의 3음보율을 지니고 있으며, 기본 2행을 이어 총 4행의 형식으로 되어 있다. 그리고 후렴구인 '아리랑 아리랑 아라리요 / 아리랑 고개로 넘어간다'는 본 가사의 앞에 위치하여 의미 표현보다는 감흥과 율조에 영향을 미치는 어절이나 구절에 해당한다.

〈가시리〉, 〈아리랑〉, 〈진달래꽃〉에 드러나는 이별의 정서

〈아리랑〉의 노랫말에는 임과 이별하는 상황과 그에 대한 화자의 애절한 감정이 드러나 있다. 이별의 정한을 드러내는 고려 가요인 〈가시리〉와 현대 시 〈진달래꽃〉과 비교하면 다음과 같은 공통점과 차이점이 드러난다.

	〈가시리〉	〈아리랑〉	〈진달래꽃〉
갈래	고려 가요	민요	현대 시
시적 상황	이별의 상황		
주제	이별의 슬픔		
운율	3음보		
화자의 태도	임을 붙잡으면 임의 마음이 상하여 돌아오지 않을까 봐 두려워하며, 빨리 돌아오기를 간청함.	떠나는 임을 원망함.	임과 이별하고 싶지 않은 마음을 '애이불비(哀而不悲)'의 형식으로 에둘러 표현함.

〈아리랑〉의 종류

〈아리랑〉은 전국적으로 골고루 분포되어 있을 뿐만 아니라 해외에서도 불렸다(〈독립군 아리랑〉, 〈연변 아리랑〉 등). 그중 강원도 지역의 〈정선 아리랑〉, 호남 지역의 〈진도 아리랑〉, 경상남도 지역의 〈밀양 아리랑〉은 3대 전통 아리랑이라고 일컬어진다. 이들은 지역 내에서 자생한 전통 민요이기 때문이다. 〈경기 아리랑〉 혹은 〈서울 아리랑〉으로 널리 알려져 있는 노래는 '신민요 아리랑'으로 분류하여 3대 전통 아리랑과 구별한다. 그것은 이 노래가 특정인의 창의적인 윤색을 거쳐 인위적으로 변이되었기 때문이다.

자료실

〈아리랑〉의 노랫말

아리랑 아리랑 아라리요 / 아리랑 고개를(로) 넘어간다(후렴구)

① 나를 버리고 가시는 님은 / 십 리도 못 가서 발병 난다

② 수수밭 도조(賭租)는 내 물어 줄게 / 구시월까지만 참아다오

③ 가자 가자 어서 가자 / 백두산 덜미에 해 저물어 간다

④ 쓰라린 가슴을 움켜쥐고 / 백두산 고개로 넘어간다

⑤ 청청하늘엔 별도 많고 / 이내 가슴엔 수심도 많다

⑥ 성황당 까마귀 깍깍 짖고 / 정든 임 병세(病勢)는 날로 깊어

⑦ 풍년이 온다네 풍년이 와요 / 이 강산 삼천리 풍년이 와요

함께 읽으면 좋은 작품

〈아리랑 타령〉, 작자 미상 / 민족의 수난사가 담긴 작품

우리 민족에게 널리 불린 〈아리랑〉 중 하나이다. 대부분의 〈아리랑〉이 사랑과 이별이라는 보편적인 정서를 노래한 반면, 이 노래는 구한말부터 일제 강점기에 이르는 과정에서 겪은 민중들의 체험과 민족적 수난으로 인한 삶의 파괴를 노래하고 있다.

키포인트 체크

화자 임과 □□한 여인

상황 □□하는 사람과 이별함.

태도 자신을 버리고 떠난 임을 □□함.

1 이 작품에 대한 설명으로 적절하지 않은 것은?

① 발생 시기는 정확하게 알 수 없다.

② 서울·경기 지역에서 유래된 민요이다.

③ 노동의 피로를 덜어 주기 위한 집단 노동요이다.

④ '민족의 노래'로 불릴 정도로 보편적인 노래이다.

⑤ 3대 전통 아리랑이 아닌 '신민요 아리랑'에 해당한다.

2 이 작품의 운율 형성 방법으로 적절하지 않은 것은?

① 3음보의 율격　② 후렴구의 반복

③ 대구법의 사용　④ 특정 음운의 반복

⑤ 음성 상징어의 사용

내신 적중 多빈출

3 이 작품과 〈보기〉를 비교하여 감상한 내용으로 적절하지 않은 것은?

보기

가시리 가시리잇고 나는
ᄇᆞ리고 가시리잇고 나는
위 증즐가 대평셩ᄃᆡ

날러는 엇디 살라 ᄒᆞ고
ᄇᆞ리고 가시리잇고 나는
위 증즐가 대평셩ᄃᆡ

잡ᄉᆞ와 두어리마ᄂᆞᄂᆞᆫ
선ᄒᆞ면 아니 올셰라
위 증즐가 대평셩ᄃᆡ

셜온 님 보내ᄋᆞᆸ노니 나는
가시는 ᄃᆞᆺ 도셔 오소셔 나는
위 증즐가 대평셩ᄃᆡ

– 작자 미상, 〈가시리〉

① 두 작품 모두 한(恨)의 정서를 바탕으로 한다.

② 두 작품의 화자는 모두 이별의 상황에 처해 있다.

③ 두 작품 모두 여러 사람의 공동작이어서 내용에 논리적 인과성이 없다.

④ 이 작품의 화자는 〈보기〉의 화자와 달리 떠나는 임에 대한 원망을 드러내고 있다.

⑤ 이 작품의 화자는 〈보기〉의 화자와 달리 자신의 감정을 에둘러서 표현하고 있다.

4 〈보기〉는 영화 〈아리랑〉에 대한 설명이다. 이 작품이 영화 〈아리랑〉의 주제가라고 할 때, ㉠의 구체적인 의미를 〈보기〉에서 찾아 4어절로 쓰시오.

보기

영진은 3·1 운동을 하다가 잡혀 고문의 후유증으로 미쳐 버린다. 어느 날 악덕 지주의 머슴이자 일본의 앞잡이 노릇을 하는 오기호가 영진의 여동생 영희를 유린하려 하고, 그에게 낫을 휘두르던 영진은 실수로 그를 죽이게 된다. 그러나 그 순간 영진은 맑은 정신을 되찾는다. 영진이 일본인 순경에게 붙잡혀 아리랑 고개를 넘어가는 장면에서 영화의 주제가인 〈신아리랑〉이 흘러나온다.

나운규는 나라 없는 민족의 서러움을 영화에 담았고, 주제가를 통해 민족의 응축된 감정을 분출한 것이다.

Ⅳ. 조선 후기

184 시집살이 노래 | 작자 미상

키워드 체크 #부요 #시집살이의 어려움 #대화 형식 #언어유희

핵심 정리

갈래 민요, 부요(婦謠)
성격 여성적, 서민적, 풍자적, 해학적
운율 4·4조, 4음보
제재 시집살이
주제 시집살이의 한(恨)과 체념
특징 ① 언어유희와 비유로 해학성을 유발함.
② 물음과 대답으로 이루어진 대화 형식으로 구성됨.
③ 유사 어구와 동일 어구의 반복으로 리듬감을 형성함.
④ 대구, 대조, 열거 등의 표현법을 활용함.
의의 ① 서민들의 소박한 삶의 애환이 드러나는 민중 문학임.
② 대표적인 부요(婦謠)의 하나로, 시집살이의 어려움과 한(恨)이 절실하게 표현됨.

시어 풀이

수박 식기 수박처럼 둥글게 생긴 밥그릇.
도리소반 둥글게 생긴 조그마한 상.
호랑새 호랑이처럼 무서운 새.
할림새 고자질을 잘하는 새(할림; 할리다(참소하다)에서 온 말).
뾰죽새 성격이 모나고 까다로운 새.
뾰중새 무뚝뚝하고 퉁명스럽게 꾸중하여 상대하기 어려운 새.
썩는 새 마음속으로만 애를 태우는 새.
비사리춤 '비사리'는 싸리나무의 껍질로 노끈을 꼬거나 미투리 바닥을 삼을 때 쓰는 아주 거친 것을 뜻함.

시구 풀이

❶ **시집살이 개집살이.** '시집'을 '개집'에 비유하여 시집살이의 어려움을 드러내고 있는 부분이다. 발음의 유사성을 이용한 언어유희로 해학성이 두드러진다.
❷ **외나무다리 어렵대야 ~ 시어머니보다 더 푸르랴?** 시부모님을 대하는 며느리의 어려움을 표현하고 있는 부분이다. 외나무다리를 건너는 일에 시아버지를 대하는 조심스러움을, 나뭇잎보다 시어머니가 푸르다는 비유로 시어머니에 대한 두려움을 표현하고 있다.
❸ **귀먹어서 삼 년이요 ~ 석삼년을 살고 나니,** 부당한 속박을 참고 견뎌야 하는 시집살이의 어려움을 나타낸다.
❹ **배꽃 같은 ~ 오리발이 다 되었네.** 시집살이의 어려움 때문에 헝클어지고 거칠어진 자신의 모습을 한탄하고 있다. 결혼 전과 후를 대조하고, 비유적인 표현을 활용하여 시집살이의 고충을 토로하고 있다.
❺ **울었던가 말았던가 ~ 때 들어오네.** 눈물이 연못을 이룰 정도로 힘들고 고된 시집살이에도 불구하고 자식들 때문에 어려움을 참고 견뎌 내는 화자의 상황을 해학적으로 표현하고 있다. 시집살이에 대한 체념과 순응의 태도가 나타난다.

형님 온다 형님 온다 분고개로 형님 온다.
형님 마중 누가 갈까 형님 동생 내가 가지. (a – a – b – a' 구조)
형님 형님 사촌 형님 시집살이 어떱데까? (근친(시집 간 딸이 친정에 옴.) 오는 형님 / 시적 화자 – 형님의 사촌 동생 / 어떠합니까)
▶ 근친 오는 형님 마중과 시집살이에 대한 호기심(기)

㉠이애 이애 그 말 마라 ❶ⓐ시집살이 개집살이. (언어유희 – 시집살이로 인한 괴로움을 단적으로 표현함.)
앞밭에는 당추[唐椒] 심고 뒷밭에는 고추 심어, (동어 반복을 피하고 운율을 살린 표현)
고추 당추 맵다 해도 시집살이 더 맵더라. (사납고 독한 시집살이)
「둥글둥글 수박 식기(食器) 밥 담기도 어렵더라. (「 」: 고된 시집살이와 노동)
도리도리 도리소반(小盤) 수저 놓기 더 어렵더라.
㉡오 리(五里) 물을 길어다가 십 리(十里) 방아 찧어다가,
아홉 솥에 불을 때고 열두 방에 자리 걷고,」
❷외나무다리 어렵대야 시아버니같이 어려우랴? (시아버지를 대하는 조심스러움)
나뭇잎이 푸르대야 시어머니보다 더 푸르랴? (서슬 퍼런 시어머니에 대한 두려움)
「㉢시아버니 호랑새요 시어머니 꾸중새요, (「 」: 시집 식구들과 자신을 '새'에 비유함. – 시집살이의 괴로움을 해학적으로 표현)
동세 하나 할림새요 시누 하나 뾰족새요,
시아지비 뾰중새요 남편 하나 미련새요, (동서)
자식 하난 우는 새요 나 하나만 썩는 샐세.」
㉣❸귀먹어서 삼 년이요 눈 어두워 삼 년이요,
말 못 해서 삼 년이요 석삼년을 살고 나니, (9년)
「㉤❹배꽃 같은 요내 얼굴 호박꽃이 다 되었네. (「 」: 결혼 전과 후를 대조하여 시집살이의 고충을 토로함.)
삼단 같은 요내 머리 비사리춤이 다 되었네. (삼을 묶은 단처럼 탐스럽던)
백옥 같던 요내 손길 오리발이 다 되었네.」 ('거친 손'을 비유함.)
열새 무명 반물치마 눈물 씻기 다 젖었네. (아주 고운 무명 / 짙은 남빛 치마)
두 폭붙이 행주치마 콧물 받기 다 젖었네.
▶ 고된 시집살이의 괴로움(서)

❺울었던가 말았던가 베갯머리 소(沼) 이겼네. (과장법 – 베갯머리에서 흘린 눈물이 연못을 이루었음.)
그것도 소(沼)이라고 거위 한 쌍 오리 한 쌍 (작은 연못 / '자식들'을 비유함.)
쌍쌍이 때 들어오네. (해학적 표현 – ① 때를 맞추어 들어오다 ② 떼를 지어 들어오다 ③ 물에 떠서 들어오다)
▶ 해학적인 체념(결)

Q 시집 식구에 대한 해학적 표현의 효과는?

화자는 시집 식구들과 자신을 새에 비유하며 시집살이의 괴로움을 해학적으로 표현하고 있다. 자신을 힘들게 하는 시집 식구들과 자신을 둘러싼 상황을 익살스럽게 묘사함으로써 시집에 대한 거부감을 드러내고, 고통을 덜고자 했다.

이해와 감상

이 작품은 여성들이 부르던 민요, 즉 '부요(婦謠)'로 시집살이의 고뇌가 구구절절하게 배어 있다. 이 작품에는 봉건적 가족 관계 속에서 겪는 서민 여성의 어려움과 괴로움이 소박하고 간결한 언어 속에 압축되어 있다.

사촌 자매의 대화 형태로 구성된 이 작품에는 대구와 대조, 반복과 열거 등 다양한 표현 방법이 사용되고 있다. 또한 3, 4음절 정도의 소리마디 넷이 모여 한 행을 이루는 4음보 형태의 율격을 갖추고 있어 민요와 가사에 매우 적합한 형태를 이루고 있다.

이 작품은 평범한 일상어를 사용하면서도 언어 표현의 묘미를 잘 살렸으며, 짙은 한(恨)을 표현하면서 해학성을 함께 응축해 내는 등 높은 문학성을 지니고 있는 노래이다. 특히 여러 시집 식구와 자기 자신을 새에, 자식들을 오리와 거위에 비유하여 해학적으로 표현한 것이 특징인데, 이러한 표현은 이 작품이 구전되는 과정에서 자연스럽게 다듬어진 것으로 볼 수 있다.

이 작품의 짜임

기(起)	형님에 대한 반가움과 시집살이에 대한 호기심	화자: 사촌 동생
서(敍)	고된 시집살이의 괴로움	화자: 형님
결(結)	시집살이에 대한 해학적인 체념	

작품 연구소

〈시집살이 노래〉에 드러난 상황과 표현상 특징

이 작품은 '부요(婦謠)'에 해당하는데, 부요는 부녀자층에서 불려진 노래로 감정 표현이 섬세하다는 특징이 있다. 남성 중심의 사회에서 여성들이 겪는 가장 힘들고 어려운 삶의 체험이 '시집살이'였다. 따라서 부요에서 가장 커다란 줄기를 이루는 것이 '시집살이'에 대한 노래이다. 이 노래를 통해 드러나는 화자의 상황과 그것을 표현한 방식을 정리해 보면 다음과 같다.

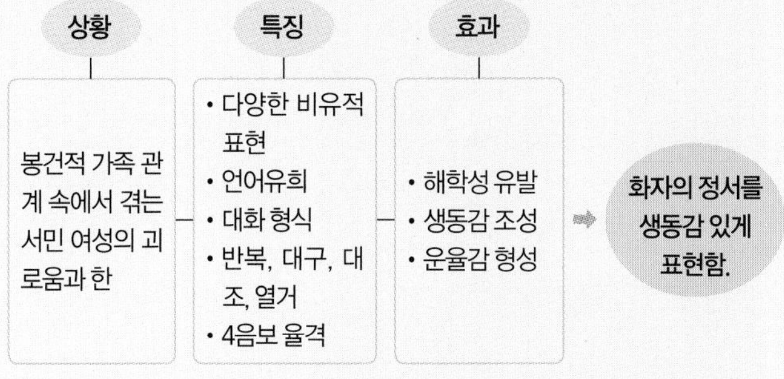

함께 읽으면 좋은 작품

〈규원가〉, 허난설헌 / 여인의 한스러운 생애를 표현한 작품

〈규원가〉는 규방 가사의 선구적 작품으로, 〈원부사(怨婦辭)〉라고도 한다. 봉건적 가족 관계 속에서 여인들이 겪어야 했던 '한(恨)'을 표현하고 있다는 점에서 〈시집살이 노래〉와 공통점을 지닌다. 남존여비(男尊女卑), 여필종부(女必從夫)라는 유교 사회의 봉건적인 인습과 규범 속에서 서럽고 한스러운 생애를 살아야 했던 조선 시대 여인의 정서를 절절하게 표현한 규방 가사로, 다양한 대상에 화자의 감정을 투영하여 바라보거나 비유적으로 표현함으로써 자신의 심정을 효과적으로 표현하였다.

Link 본책 180쪽

키 포인트 체크

- 화자 시집살이에 대해 이야기하는 □□과 □□□□
- 상황 □□□□의 괴로움을 이야기함.
- 태도 봉건적 가족 관계에서 □□이 겪는 괴로움과 한이 나타남.

1 이 작품의 표현 방식에 대한 설명으로 적절하지 않은 것은?

① 사촌 자매의 대화 형식으로 이루어져 있다.
② 다양한 비유법을 활용하여 생동감 있게 표현하고 있다.
③ 기품 있는 말투로 체념의 정서를 효과적으로 드러내고 있다.
④ 4음보의 안정적이고 균형감 있는 율격으로 이루어져 있다.
⑤ 일상어를 사용하면서도 언어 표현의 묘미를 잘 살리고 있다.

2 이 작품과 〈보기〉를 비교하여 감상한 내용으로 적절하지 않은 것은?

보기

삼삼오오(三三五五) 야유원(冶遊園)의 새 사람이 나단 말가. 곳 피고 날 저물 제 정처(定處) 업시 나가 잇어, 백마금편(白馬金鞭)으로 어드어드 머무는고. 원근(遠近)을 모르거니 소식(消息)이야 더욱 알랴. 인연(因緣)을 긋쳐신들 싱각이야 업슬소냐. [중략] 가을 둘 방에 들고 실솔(蟋蟀)이 상(床)에 울 제, 긴 한숨 디는 눈물 속절업시 햄만 만타. 아마도 모진 목숨 죽기도 어려울사. - 허난설헌, 〈규원가〉

① 이 작품의 향유 계층은 주로 서민이었고, 〈보기〉의 향유 계층은 사대부 계층의 부녀자였다.
② 이 작품은 비유적 표현을 통해 화자의 감정을 드러냈고, 〈보기〉는 감정 이입된 대상을 통해 화자의 감정을 나타냈다.
③ 두 작품 모두 봉건 사회에서 여성이 겪는 괴로움을 제재로 한다.
④ 두 작품의 화자는 모두 남편에 대한 원망의 정서를 드러내고 있다.
⑤ 두 작품의 화자는 모두 눈물과 한숨으로 부당한 속박을 참고 견디는 것을 미덕으로 여기고 있다.

중요 기출

3 ㉠~㉤에 대한 이해로 적절하지 않은 것은?

① ㉠: 물음에 대한 답변을 유보하며 사촌 동생의 결혼을 만류하고 있다.
② ㉡: 과장된 표현을 통해 며느리가 수행해야 하는 가사 노동의 상황을 강조하고 있다.
③ ㉢: 시집 식구들을 일일이 지목하여 시집 식구들에 대한 화자의 생각을 드러내고 있다.
④ ㉣: 며느리가 감당해야 하는 제약을 제시해 며느리의 처지를 보여 주고 있다.
⑤ ㉤: 자연물에 빗대어 결혼 전과 후의 용모 변화를 나타내 시집살이의 고충을 토로하고 있다.

내신 적중

4 ⓐ에 형상화되어 있는 시적 화자의 정서를 서술하시오.

185 잠 노래 | 작자 미상

키워드 체크 #밤새워 바느질 #잠을 참는 노래 #노동요 #민중의 삶의 모습

국어 동아

핵심 정리

갈래 민요, 부요, 노동요
성격 해학적, 서민적, 한탄적
운율 4·4조, 4음보
제재 잠
주제 밤새워 바느질해야 하는 삶의 고달픔
특징 ① 잠을 의인화함(잠을 작중 청자로 설정하여 원망의 마음을 전함.).
② 일하지 않아도 되는 사람과 노동에 시달리는 자신의 처지를 대조함.
③ 넋두리 형식의 노래임.

Q 〈잠 노래〉에서 해학적으로 묘사한 내용은?

이 노래는 잠이 오는데도 일을 해야만 하는 상황을 해학적으로 표현하고 있어 조선 후기 서민 여성들의 고달픈 생활상을 읽을 수 있다.

시어 풀이

무삼 잠고 무슨 잠이냐? 어떻게 된 잠이냐? '무삼'은 '무슨'의 고어(古語).
자심하뇨 점점 더 심해지느냐? 매우 심하냐?
월명 동창 달이 밝게 비추는 동쪽의 창.
무상 불청 청(請)하지 않은, 덧없는.
언하당 말이 끝나자마자 바로. 여기서는 '그런 생각을 하자마자 바로'의 뜻.
실 한 바람 한 발 정도 길이의 실. 바느질 실을 말함.
질긋 바늘 문맥상으로 보면 '바늘 하나 길이가 찰 때까지' 정도의 뜻으로 짐작되나, 무슨 뜻인지 정확히는 알 수 없음.

시구 풀이

❶ **잠아 잠아 짙은 잠아 ~ 오늘 아침 다시 오네** 아침에 일어났어도 자꾸만 잠이 쏟아지는 상황을 재미있게 표현한 부분이다. 잠을 의인화하여 청자로 설정하고 있으며, 욕심이 많아서 자신을 자꾸 졸리게 하는 잠에게 원망의 마음을 전하고 있다.

❷ **석반을 거두치고 ~ 소리 없이 달려드네** 늦은 밤까지 일해야 했던 화자의 애환이 담겨 있는 부분이다. 모두가 휴식을 취하는 밤에도 쉬지 못하고 일을 해야만 했던 옛 여성들의 고달픈 노동의 단면을 드러내고 있다.

❸ **눈썹 속에 숨었는가 ~ 절로절로 희미하다** 잠이 오는 상황을 해학적으로 표현하고 있는 부분이다. 잠이 화자의 얼굴에 숨어 요술을 부려 잠이 온다고 표현하고 있다. 잠을 참으며 일해야 하는 힘든 상황을 긍정적으로 극복하려 했던 민중들의 건강한 삶의 태도가 드러난다.

---

❶잠아 잠아 짙은 잠아 이내 눈에 쌓인 잠아 → 잠을 의인화하여 작중 청자(聽者)로 설정함.
「염치 불구 이내 잠아 검치 두덕 이내 잠아
(「 」: 해학적 표현 / 검치 두덕: 욕심 언덕, 잠의 욕심이 언덕처럼 쌓였다는 뜻)
어제 간밤 오던 잠이 오늘 아침 다시 오네」 ▶ 염치없이 찾아드는 잠(기)
(어제 간밤: 어젯밤. '간밤'은 '어젯밤'을 말함.)
잠아 잠아 •무삼 잠고 가라 가라 멀리 가라
세상 사람 무수한데 구태 너는 간 데 없어
(구태: 구태여, 하필이면 / 간 데 없어: 문맥상으로 보면 '갈 데 없어'의 오기(誤記)로 판단됨. '갈 곳이 없어'라는 뜻)
원치 않는 이내 눈에 이렇듯이 •자심하뇨
「주야에 한가하여 •월명 동창 혼자 앉아
(「 」: 세상이 공평하지 못하다는 인식(한가하게 지내며 잠 못 들어 괴로워하는 사람과 잠을 참으며 일해야 하는 자신의 처지를 대조함.))
삼사 경 깊은 밤을 헛되이 보내면서
잠 못 들어 한하는데 그런 사람 있건마는」
•무상 불청 원망 소리 올 때마다 듣난고니 ▶ 바쁜 자신을 찾아오는 잠에 대한 원망(승)
(듣난고니: 듣는 것이냐?)
「❷석반을 거두치고 황혼이 될 듯 말 듯
(석반: 저녁밥 / 거두치고: 다 먹고 / 될 듯 말 듯: 되자마자)
낮에 못한 남은 일을 밤에 하려 마음먹고」
(「 」: 밤에도 쉬지 못하고 일을 계속해야 하는 여인의 삶)
•언하당 황혼이라 섬섬옥수 바삐 들어
(섬섬옥수: 여인의 고운 손)
등잔 앞에 고개 숙여 •실 한 바람 불어 내어
(불어 내어: 풀어내어, 풀어서)
더문더문 •질긋 바늘 두엇 뜸 뜰 듯 말 듯
(더문더문: 드문드문 / 두엇 뜸: 두어 땀. '땀'은 바느질할 때 바늘을 한 번 뜬 그 눈)
「난데없는 이내 잠이 소리 없이 달려드네 ▶ 저녁을 먹고 바느질을 시작하자마자 또 찾아드는 잠(전)
(「 」: 해학적 표현)
❸눈썹 속에 숨었는가 눈알로 솟아온가」
(눈알로: 눈 아래에서부터, 눈 아래로부터)
이 눈 저 눈 왕래하며 무삼 요술 피우는고
(무삼 요술: 무슨 요망한 수단)
「맑고 맑은 이내 눈이 절로절로 희미하다」 ▶ 잠으로 인해 눈이 희미해짐.(결)
(「 」: 밤까지 노동에 시달려야 했던 여인들의 생활상이 드러남.)

이해와 감상

이 작품은 옛날 부녀자들이 쏟아지는 잠을 참으며 밤새 바느질을 할 때 불렀던 대구 지방의 민요이다. 모두 휴식을 취하는 밤에도 부녀자들은 남은 집안일을 다 끝내기 위해 잠을 참으며 일을 해야 했고, 잠 때문에 시집 어른들에게 흉이 잡히지 않을까 근심해야 했다.

옛 여인들은 신세 한탄을 하기 위해서라기보다는, 잠을 쫓고 자신이 해야 할 일을 다 마치고자 이러한 노래를 불렀다. 잠을 참으면서 일해야 하는 삶의 애환을 익살과 해학을 통해 풀어내고자 했던 것이다. 비애와 비탄으로 빠져들지 않고 건강한 모습으로 삶의 현장에 돌아온다는 데에서 민요의 저력을 느낄 수 있게 한다.

작품 연구소

〈잠 노래〉의 표현상 특징

늦은 밤까지 잠을 참으며 일해야 하는 옛 여인들의 삶의 애환 ➡ • 잠을 의인화함. • 잠이 오는 상황을 해학적으로 표현함.

⬇

- 익살과 해학을 통해 삶의 애환을 풀어냄.
- 고통스럽고 힘든 현실도 긍정적으로 받아들이며 극복하려 했던 민중들의 건강한 삶의 태도가 드러남.

가사에서 드러나는 조선 시대 여인들의 고달픈 생활상

화자는 잠을 의인화하여 작중 청자로 설정하고 염치없이 자신을 찾아와 괴롭히는 것에 대해 원망조의 넋두리를 늘어놓는다. 해학적인 표현이 돋보이는 이 작품에는 단순한 웃음 이상의 절실함이 배어 있다. '승(承)' 부분에는 늘 한가하게 지내면서 잠이 안 와 고심하는 사람들과 밤낮으로 일해야 하는 자신의 처지를 대조하여 그들에게나 찾아가라고 하소연하는 구절에서 서민들의 삶의 애환과 세상이 공평하지 못하다는 화자의 인식을 엿볼 수 있다.

'전(轉)' 부분에서도 낮 동안의 고된 일상에 이어, 밤에도 편안히 쉬지 못하고 바느질을 해야 하는 여인의 생활상이 묘사되어 있다.

이렇듯 〈잠 노래〉는 육체적·정신적 고통을 감내하면서도 이것을 현모양처의 미덕으로 여기던 당시의 사고방식 때문에 힘든 삶을 살았던 여인들의 생활상이 잘 드러난다.

자료실

민요의 유형

성격		• 입에서 입으로 전해지다가 기록 문학을 성립시키는 모체로 작용했음. • 가장 오래된 문학 형태이며, 문학사의 전 기간에 걸쳐 존재했음. • 생활 속에서 자연 발생했기 때문에 그 민족만의 생활상과 정서가 녹아 있음.
유형	노동요(勞動謠)	노동의 능률을 높이거나 노동을 즐겁게 하기 위해 부르는 노래 예 방아 타령, 베틀 노래, 논매기 노래 등
	유희요(遊戲謠)	여러 가지 놀이를 하면서 부르는 노래로, 놀이를 질서 있게 진행하거나 승부에서 이기기 위해 부르는 노래 예 강강술래, 기와밟기, 덕석몰이 등
	의식요(儀式謠)	종교 의식이나 제사 의식 등을 행하면서 부르는 노래 예 지신밟기 노래, 액맥이 타령, 성주 풀이 노래 등
	정치요(政治謠)	시대 상황을 드러내거나 백성들의 정치의식을 담은 노래 예 아리랑 타령, 새야 새야 파랑새야, 가보세 등

함께 읽으면 좋은 작품

〈우리 동네 구자명 씨〉, 고정희 / 일하는 여성의 생활고를 노래한 작품

〈우리 동네 구자명 씨〉는 버스 안에서 졸고 있는 한 여성의 개인적 모습에서 오늘날 한국 사회의 맞벌이 가정 여성의 보편적인 모습을 읽어내고 있는 시이다. 〈잠 노래〉와 마찬가지로 노동과 집안일로 인한 여성의 이중고(二重苦)를 드러내고 있다. 시대가 지나도 여전히 시부모 봉양과 가족의 뒷바라지, 그리고 바깥 일을 감내해야 하는 여성들의 희생적인 삶의 모습을 엿볼 수 있는 작품이다. Link 〈현대 시〉 240쪽

키 포인트 체크

화자 □□□을 하는 부녀자
상황 □을 참아 가며 밤새워 바느질을 함.
태도 고통스럽고 힘든 현실도 □□□으로 받아들이고 극복하려는 모습이 드러남.

1 이 작품과 같은 민요의 특징으로 볼 수 없는 것은?

① 주된 작자층은 사대부 계층이다.
② 소박한 일상과 삶의 모습을 주된 소재로 한다.
③ 고된 노동을 할 때 능률을 높이는 역할을 했다.
④ 입에서 입으로 전해지다가 기록되는 경우가 많았다.
⑤ 오래 전부터 생활상과 정서를 담아내던 표현 방식이다.

2 이 작품의 표현상 특징으로 적절하지 않은 것은?

① 원망조의 넋두리 형식의 노래이다.
② 기승전결의 4단 구성으로 되어 있다.
③ 작품 속에서 잠을 청자(聽者)로 설정했다.
④ 선창 다음에 후창이 오는 구조로 되어 있다.
⑤ 잠을 의인화하여 잠이 오는 상황을 해학적으로 표현했다.

중요 기출

3 〈보기〉를 통해 이 작품을 감상할 때, 적절하지 않은 것은?

| 보기 |

〈잠 노래〉는 농사일이나 집안일 등 바쁜 낮의 일과를 보내고 나서도 밤늦게까지 남은 집안일을 해야 했던 옛날 우리나라 여인들의 애환이 담겨 있는 노래로, 여러 지역에서 다양하게 불렸던 민요이다. 〈잠 노래〉의 화자는 원하지 않는데도 계속하여 자신을 찾아오는 '잠'을 의인화하여 원망하고 있다. 그러나 자신의 신세를 한탄만 하지 않고 해학적인 태도로 노래를 부르면서 '잠'을 쫓아내고 해야 할 일을 마치려는 의지도 나타내고 있다.

① '잠'을 청자로 설정하여 이야기하는 것으로 볼 때 대상을 의인화하고 있군.
② '잠 못 들어 한하는데'를 통해 '잠'을 쫓으려는 화자의 의지를 읽을 수 있군.
③ '낮에 못한 남은 일을 밤에 하려 마음먹고'를 통해 화자의 애환을 알 수 있군.
④ '바늘'이라는 소재를 통해 이 작품이 여인들 사이에서 불린 노래임을 확인할 수 있군.
⑤ '눈썹 속에 숨었는가 눈알로 솟아온가'라는 구절에서 해학적 태도를 엿볼 수 있군.

4 동일한 단어를 반복하여 대상을 멀리하고 싶은 화자의 의지를 드러낸 구절을 찾아 쓰시오.

186 정선 아리랑 | 작자 미상

키워드 체크 #강원도 정선 #다양한 삶의 모습 #노동요적 성격

문학 천재(정), 금성, 신사고, 지학, 해냄
국어 비상(박영)

핵심 정리

갈래 민요
성격 서정적, 애상적
운율 4음보
제재 정선의 자연 풍경과 그 속에서 살아가는 사람들의 삶
주제 정선 사람들의 삶의 애환
특징 ① 정선의 지역적 특성과 지역민의 삶의 모습 및 정서를 담고 있음.
② 4음보 율격, 후렴구의 반복으로 운율감이 느껴짐.
의의 강원도는 물론 그 인접 지역에서 광범위하게 전승되고 있으며, 강원도 무형 문화재 제1호로 등록되어 있음.

Q '정선', '아우라지'라는 지명을 직접 인용함으로써 얻는 효과는?

정선 아우라지는 강원도 깊은 산골의 평화로우면서도 쓸쓸한 풍경을 연상시킨다. 이렇게 강원도 정선 지방의 실제 지명을 인용함으로써 지역적 특수성과 향토색을 드러낼 수 있다.

시어 풀이

구명(舊名) 예전에 부르던 이름. 고려 충렬왕 때 정선은 도원(桃源)으로 불린 적이 있음.
명사십리(明沙十里) 함경남도 원산시의 동남쪽 약 4km 지점에 있는 모래사장. 모래가 곱고 부드러운 해수욕장과 해당화로 유명함.
모춘(暮春) 늦봄. 음력 3월의 다른 말.
아우라지 두 갈래 이상의 물이 하나로 어우러지는 곳. 정선 북면 여량리에 있는 나루.
싸릿골 아우라지 건너편의 유천리에 있는 마을.
올동백 보통 동백보다 조금 일찍 피는 동백. 여기서 동백은 생강나무.

시구 풀이

❶ **정선의 구명은 무릉도원이 아니냐** 고려 충렬왕 때 산지 수려하고 인심이 좋아 살기 좋은 선경(仙境)이란 뜻으로 정선의 고을 이름을 도원(桃源)이라 했다고 전해진다.
❷ **아리랑 아리랑 ~ 나를 넘겨 주게** 후렴구. 소리를 여럿이 돌아가며 하다가 가사가 막힌 사람이 판을 깨지 않기 위해 불렀던 소리가 후에 후렴으로 정착되었다고 한다.
❸ **명사십리가 아니라면은 ~ 두견새는 왜 우나** '두견새'는 '귀촉도'라고도 하며 한을 표현할 때 주로 사용하는 소재이다.
❹ **아우라지 뱃사공아 ~ 올동백이 다 떨어진다** 이 부분에는 다음과 같은 배경 이야기가 전해진다. '아우라지를 사이에 두고 위치한 두 마을에 있는 처녀와 총각이 서로 사랑했는데, 처녀가 총각을 만나서 동백꽃을 따며 놀려고 나루로 나와 보니 간밤에 내린 비에 강물이 불어 배가 뜨지 못함을 알고 뱃사공에게 안타깝게 노래를 불렀다.'라는 이야기이다.

㉠❶정선의 •구명은 무릉도원이 아니냐 (지역적 특수성이 드러남. / 무릉도원: 동양적 이상향)
㉡무릉도원은 어데 가고서 산만 충충하네 (충충하네: 여러 겹으로 겹쳐 있네)
❷아리랑 아리랑 아라리요
아리랑 고개 고개로 나를 넘겨 주게
▶ 힘든 삶에 대한 토로

❸•명사십리가 아니라면은 해당화가 왜 피며
•모춘 삼월이 아니라면은 두견새는 왜 우나 (대구법 / 두견새: 한의 표상)
아리랑 아리랑 아라리요
아리랑 고개 고개로 나를 넘겨 주게
▶ 늦봄의 풍경을 보며 느끼는 한의 정서

㉢「❹•아우라지 ㉣뱃사공아 배 좀 건너 주게」 (「 」: 사랑하는 임을 만날 수 없는 안타까움)
•싸릿골 •올동백이 다 떨어진다
아리랑 아리랑 아라리요
아리랑 고개 고개로 나를 넘겨 주게
▶ 강을 못 건너는 안타까움

떨어진 동박은 낙엽에나 쌓이지
잠시 잠깐 임 그리워서 나는 못 살겠네 (상황의 대조(떨어진 동박 ↔ 나) 임에 대한 간절한 사랑, 임을 만날 수 없는 상황에 대한 안타까움의 직접적 표출 / 나: 임을 만날 수 없는 처지)
아리랑 아리랑 아라리요
아리랑 고개 고개로 나를 넘겨 주게
▶ 임에 대한 그리움

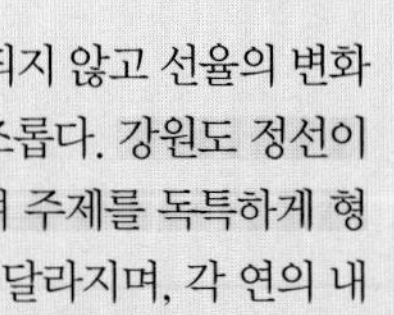

이해와 감상

이 작품은 〈정선 아라리〉 또는 〈아라리〉라고도 불리는데, 장식음이 발달되지 않고 선율의 변화가 적어 〈진도 아리랑〉이나 〈밀양 아리랑〉과 비교해 볼 때 다소 느리고 단조롭다. 강원도 정선이라는 지역의 향토색이 잘 드러나 있고 토속적 어휘와 구어적 표현을 잘 살려 주제를 독특하게 형상화하였다. 구전되는 특성 때문에 부르는 사람이나 장소에 따라 그 내용이 달라지며, 각 연의 내용이 하나의 주제로 연결되는 것이 아니라 다양한 상황과 정서가 나열된 형태로 계속 이어 부를 수 있는 열린 구조의 노래이다.

가난 속에서도 낙천적으로 살아온 강원도 정선 사람들의 구체적인 삶의 모습과 정서가 고스란히 담겨 있는 이 노래는 정선 아우라지에서 한강 물길을 따라 서울 광나루와 마포나루까지 이동하는 정선 뗏목을 통해 여러 지역으로 전파되어 널리 수용되었고, 그 과정에서 그 지역의 특성이 작품에 접합되면서 가사와 가락이 바뀌거나 첨삭되었다.

구비 문학으로서 민요의 내용

지역적 특성 + 남녀의 사랑 + 삶의 모습 + …

이 작품의 짜임

병렬 구성	1절	어렵고 힘들어진 삶	• 각 연이 독립적임. • 후렴구 반복 • 열린 구조
	2절	늦봄의 풍경과 한의 정서	
	3절	강을 건너지 못하는 안타까움	
	4절	임에 대한 간절한 그리움	

작품 연구소

〈정선 아리랑〉의 대중성

민요는 구비 전승되는 특징 때문에 내용상의 변화와 더불어 연을 추가하여 부르는 것이 가능하다. 특히 〈정선 아리랑〉은 변화·추가된 사설이 매우 다양해서 단일 민요 가운데 가사가 세계 최대라는 평가를 받고 있다. 제재로는 대체로 당대에 겪는 민중들의 고달픔이 반영되었고, 일제 강점기에는 나라 없는 민족의 서러움과 울분을 애절한 가락에 실어 표현하여 일제의 탄압을 받기도 했다. 현대에는 주로 남녀의 애정을 주제로 한 사설이 불려졌다. 〈정선 아리랑〉은 3대 아리랑(〈진도 아리랑〉, 〈밀양 아리랑〉, 〈정선 아리랑〉) 중에서도 가창 지역이 가장 넓게 분포되어 있다.

〈정선 아리랑〉의 특징

노랫말의 형식	2행 + 여음(후렴구) → 가사 중심의 노래
노랫말의 구성	'긴 아라리'(느린 가사가 길게 이어지는 소리) + '엮음 아라리'(긴 아라리에 다 담지 못할 때 사설을 엮듯 촘촘하고 빠르게 엮는 소리)
노랫말의 특징	정선 사람들의 다양한 삶의 모습과 정서를 해학적으로 형상화
곡조의 특징	• 메나리조(슬프고 처량한 음조) • 선율의 변화가 작고 가락이 늘어지며 비음이 많음.
가창의 방식	• 독창(혼자 부를 때) • 선후창(메기고 받는 형식, 여럿이 부를 때)

한국 문학의 개념과 범위

① 한국 문학의 개념: 한국어로 된 문학

창작의 주체	한국인(국외의 한국인)
창작의 언어	한자(근대 이전, 한글 사용이 보편화되기 이전), 한글
창작의 내용	한국인의 삶, 한국인의 사상과 감정

② 한국 문학의 범위

구비 문학			• 원시 시대, 고대, 중세에 발달 • 주로 민중들이 창작하고 향유, 민중의 생활 감정과 의식이 생동감 있게 표현됨. • 설화, 민요, 무가, 판소리, 민속극 등
기록 문학	차자 표기 문학	훈민정음 창제 이전	향가
	한문 문학		주로 중세의 지배층에 속하는 문인들이 창작하고 향유, 우리 민족의 생활 현실과 사상·감정을 형상화함.
	국문 문학	훈민정음 창제 이후	근대 이전의 한글로 쓴 소설, 시가, 수필 및 근·현대 문학 전부임.

함께 읽으면 좋은 작품

〈가는 길〉, 김소월 / 이별의 아픔이 담긴 작품

〈정선 아리랑〉의 구절 속에 익숙한 시적 모티프를 많이 찾을 수 있는 작품이다. 〈정선 아리랑〉의 구절을 살펴보면 이별의 상황이 자신이 원한 것이 아니라는 점을 '두견새'와 강('뱃사공')을 통해 엿볼 수 있다. 〈가는 길〉에서는 '까마귀'와 '강물'이 자신의 감정을 아랑곳하지 않고 이별을 재촉하는 존재로 나온다. 이러한 시어들의 의미에 주목하면 이별의 상황을 받아들이는 화자의 마음을 짐작할 수 있다. Link 〈현대 시〉 44쪽

키 포인트 체크

화자 강원도 ☐☐ 지방의 사람들
상황 정선 지역민의 다양한 삶의 ☐☐과 정서가 드러남.
태도 정선 사람들이 느끼는 삶의 ☐☐이 나타남.

1 이 작품에 대한 설명으로 적절하지 않은 것은?

① 입에서 입으로 전해진 노래이다.
② 4음보의 율격으로 운율을 형성한다.
③ 특정 지역의 지역적 특성이 드러난다.
④ 부르는 사람에 따라 내용이 달라지기도 한다.
⑤ 집단의 공적인 목적을 위해 만들어진 노래이다.

2 〈보기〉를 읽고 이 작품에 대해 나눈 대화로 적절하지 않은 것은?

보기
정선은 대부분의 지역이 높은 산으로 층층이 둘러싸여 있는 곳이다. 그래서 고려 때부터 세상과 단절한 선비들이 은둔하는 곳이었고, 땅이 척박해 농사를 지으며 정착해 살기에 어려움이 많았다. 좁고 험한 계류(溪流)가 많아 나룻배나 뗏목이 주요 교통수단이었으며 한강 물길을 따라 나룻배나 뗏목을 타고 소리꾼, 장돌뱅이 등이 이동을 했다.

① ㉠, ㉢과 같이 지명을 직접 인용함으로써 향토색을 드러냈군.
② ㉡에는 높은 산이 층층이 둘러싸인 정선의 지역적 특색이 드러나는군.
③ ㉣을 애타게 부르는 것은 나룻배 말고는 이동 수단이 없어서겠군.
④ 다른 지역과 고립된 지역적 특색 때문에 이 노래는 널리 전파되지 못했겠군.
⑤ 산간 지형인 정선은 경치가 수려해도 농사짓기가 쉽지 않아 생활이 궁핍했겠군.

내신 적중

3 이 작품과 〈보기〉의 공통적인 형식적 특징으로 적절하지 않은 것은?

보기
살어리 살어리랏다 청산(靑山)애 살어리랏다
멀위랑 ᄃᆞ래랑 먹고, 청산(靑山)애 살어리랏다
얄리얄리 얄랑셩 얄라리 얄라 //
우러라 우러라 새여 자고 니러 우러라 새여
널라와 시름 한 나도 자고 니러 우니노라
얄리얄리 얄라셩 얄라리 얄라 — 작자 미상, 〈청산별곡〉

① 여러 절로 나뉘어 있다.
② 각 연의 길이가 비슷하다.
③ 특별한 뜻이 없는 후렴구가 반복된다.
④ 각 연의 내용은 서로 긴밀하게 연관된다.
⑤ 노래로 흥겹게 부르기에 좋고 기억하기 쉽다.

내신 적중

4 실제 지명을 사용하여 지역적 특수성과 향토성을 드러내면서 깊은 산골의 평화로우면서도 쓸쓸한 풍경을 연상시키는 시어를 찾아 쓰시오.

187 진도 아리랑

| 작자 미상

키워드 체크 #대표적인 민요 #부녀자들의 민요 #전라남도 진도

문학 해냄

핵심 정리

갈래 민요
성격 애상적, 한탄적
제재 사랑과 이별
주제 이별의 슬픔, 사랑의 안타까움
특징 ① 선후창(先後唱) 형식으로 후렴구가 있음.
② 후렴구에 '으으응'과 같은 콧소리가 들어감.
③ 소박하고 직설적인 표현을 사용함.

Q 〈진도 아리랑〉 후창의 형식과 내용은?

〈진도 아리랑〉은 대부분의 아리랑과 마찬가지로 기존 사설을 바탕으로 새로운 형태의 사설이 창자에 의해 계속해서 덧붙여질 수 있는 선후창 형식의 돌림노래이다. 후창에서 기존의 사설을 변형하거나 삭제하기도 하고 새로운 내용을 추가할 수도 있다. 그래서 동일한 곡조에 맞추어 이별의 정한이나 삶의 시련 등 생활 체험을 구체적으로 나열하는 형식으로 후창이 구성된다.

시어 풀이

서산 서쪽에 있는 산.
문경 새재 경상북도 문경시와 충청북도 괴산군의 경계를 이루는 고개로, '새재' 또는 '조령(鳥嶺)'이라고도 함.
구부 굽이(휘어서 구부러진 곳). 여기서는 '생의 험난한 굽이'를 의미함.
잔별 작은 별.

▲ 문경 새재의 한 골짜기

시구 풀이

❶ **서산에 지는 해는 ~ 가고 싶어 가느냐** 임과의 이별이 임의 의지와는 무관하게 어찌할 수 없는 상황임을 강조하기 위해 일몰을 내세우고 있으며 설의법을 사용하고 있다.
❷ **문경 새재는 웬 ~ 구부구부가 눈물이로다** '굽이굽이마다 눈물이 난다.'는 뜻으로, 생의 험난한 고비를 험하게 굽이진 문경 새재로 표현하고, 그러한 순탄치 못한 삶을 탄식하고 있다.
❸ **청천 하늘에 ~ 눈물도 많다** 근심과 한숨으로 가득한 삶에 대한 답답함을 푸른 하늘에 흩어져 있는 수많은 별과 관련지음으로써 시각적 이미지로 한의 정서를 형상화하고 있다. '청천(靑天) 하늘'은 '천(天)'과 '하늘'의 의미 중복으로 '푸른 하늘'을 강조한 표현이다.

「아리 아리랑 쓰리 쓰리랑 아라리가 났네
아리랑 으으응 아라리가 났네」 「」: 후렴구
❶ •서산에 지는 해는 지고 싶어 지느냐
(임도 어찌할 도리가 없는 일이라는 상황 설정(설의법))
날 두고 가시는 임 가고 싶어 가느냐
(설의법)
▶ 임이 떠나는 것 또한 어찌할 수 없는 일

아리 아리랑 쓰리 쓰리랑 아라리가 났네
아리랑 으으응 아라리가 났네
❷ •문경 새재는 웬 고갠가
(㉠ 삶의 험난함을 상징함.)
•구부야 구부구부가 눈물이로다
(문경 새재의 굽이굽이가 험난한 인생 여정의 굽이와 동일하게 여겨지도록 하는 표현 방법)
▶ 순탄치 못한 삶에 대한 탄식

아리 아리랑 쓰리 쓰리랑 아라리가 났네
아리랑 으으응 아라리가 났네
(눈물이 반짝이는 모습을 떠올리게 함.)
❸ 청천 하늘에 •잔별도 많고
(동어 반복 – 구어적 형태의 강조 표현, 서민층의 향유 문학)
우리네 가슴에는 눈물도 많다
▶ 근심으로 가득한 삶에 대한 탄식

이해와 감상

〈진도 아리랑〉은 부요(婦謠; 예전에 부인들이 부르던 민요)의 성격이 강한 우리나라의 대표적인 서정 민요로서 전국에 다양하게 퍼져 있는 〈아리랑〉 중 전라남도 진도 지방에서 전해지는 노래이다. 진도 지방에서는 부녀자들이 밭일을 하는 중이나 밭일 뒤의 휴식 시간에 이 노래를 불렀다고 한다. 이 작품 역시 선후창 형식의 돌림 노래이고, 내용은 임에 대한 사랑과 삶의 비애로 인한 탄식을 함께 담고 있다.

이 작품의 후렴구에는 '아리랑' 외에 '으으응'이라는 말도 있는데, 이것은 무거운 짐을 지고 고개를 오르내리는 소리 또는 한숨 소리나 울음소리를 뜻한다고 한다.

작품 연구소

〈진도 아리랑〉에 드러나는 이별의 정한과 그 승화

〈진도 아리랑〉은 이별에 대처하는 한국적 사고방식을 잘 보여 준다. 떠나는 임이 가고 싶어 가는 것이 아니라, 해가 서산에 지는 것처럼 어쩔 수 없는 일임을 강조하고 있는 화자는 마음이 아파도 임을 보낼 수밖에 없다. 그러나 그 보냄은 끝이 아니다. 지는 해가 아침에 다시 떠오르듯 떠나는 임도 언젠가 돌아올 것이기 때문이다. 화자는 이별의 아픔을 받아들이면서 그것을 재회에 대한 희망과 믿음으로 연결하고 있다.

'잔별'의 시각적 이미지와 한의 정서

이 작품에서는 시름과 고뇌로 인한 한스러운 삶을 하늘에 흩뿌려진 '잔별'의 이미지와 결합하고 있다. 즉, 시각적 이미지를 통해 한의 정서를 형상화하고 있다.

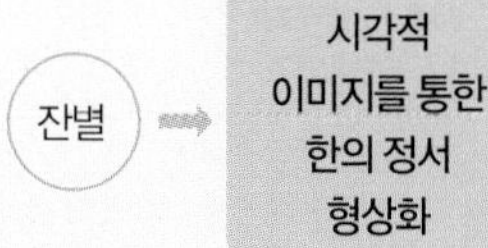

〈진도 아리랑〉과 다른 〈아리랑〉의 비교

〈진도 아리랑〉은 보편적인 아리랑의 주제 의식에서 크게 벗어나지 않으면서도 다른 아리랑과 구별되는 독특함을 지니고 있다.

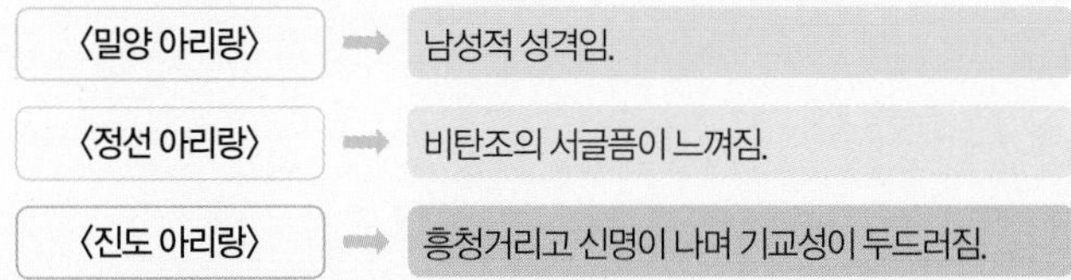

〈아리랑〉의 주된 정서 – '한(恨)'

〈진도 아리랑〉의 주된 정서도 다른 〈아리랑〉과 마찬가지로 이별의 정한인데, 이러한 이별의 정서는 한국 고전 시가 전통의 한 흐름으로서 고대 가요 〈공무도하가〉, 고려 가요 〈서경별곡〉, 황진이의 시조 및 한용운의 〈님의 침묵〉, 김소월의 〈진달래꽃〉에까지 이어지고 있다.

자료실

〈진도 아리랑〉의 배경 설화

- 당골래 설화: 진도에 살고 있던 한 젊은이가 세습 무당 집안에서 태어난 것을 불만으로 여겨 집을 나갔다. 그는 오랜 방황 끝에 어느 양반집 머슴살이를 하다가 주인집 딸과 사랑을 하게 되었는데, 이 사실이 주인집 양반에게 발각되어 두 사람은 진도로 도망쳐 와서 같이 살았다. 하지만 젊은이가 병으로 먼저 죽고, 처녀는 망연자실하여 한스러운 삶을 살았다.
- 설 낭자 설화: 조선 영조 시절, 진도에서 설 낭자와 소영 공자가 우연히 만나 사랑을 하게 되었다. 그런데 언제부터인가 소영 공자는 소식을 끊었고, 얼마 후 그는 육지에서 다른 처녀에게 장가를 들어 진도에 내려왔다. 이 소식을 듣고 설 낭자는 세속을 떠나 중이 되었다.

함께 읽으면 좋은 작품

〈추억에서〉, 박재삼 / 힘든 삶 속의 정한을 형상화한 작품

〈추억에서〉는 가난으로 한 맺힌 어머니의 삶을 그린 시이다. 새벽에 나가 밤에 돌아오면서 생선을 파는 어머니의 한을 '빛 발하는 (고기들의) 눈깔'로 비유하고 있다. 〈진도 아리랑〉에는 '청천 하늘에 잔별도 많고'라는 구절이 있는데 '잔별'이 우리 가슴의 수심으로 연결되듯이, 〈추억에서〉에는 어머니의 한이 '빛 발하는 눈깔'로 비유되어 그것이 '글썽이고 반짝이는' 눈물로 이어지는 형상화의 과정이 유사하다.

Link 〈현대 시〉 250쪽

키 포인트 체크

화자 ☐☐ 지방의 부녀자들
상황 임과 ☐☐하였고, 삶 또한 순탄치 않음.
태도 사랑하는 임과의 이별을 받아들이며 삶의 비애로 인해 ☐☐함.

1 이 작품에 대한 설명으로 적절한 것은?

① 근심이 가득한 삶에 대해 탄식하고 있다.
② 자신을 버린 임에 대한 원망을 표출하고 있다.
③ 암담한 현실에 대한 극복 의지를 드러내고 있다.
④ 죽음을 초월한 임에 대한 사랑을 표현하고 있다.
⑤ 구체적 지명을 통해 고향에 대한 그리움을 드러내고 있다.

2 이 작품에 대한 학생들의 토의 내용 중 적절하지 않은 것은?

① 이 작품은 다른 〈아리랑〉처럼 주된 내용을 담은 부분과 후렴구로 이루어져 있어.
② 후렴구를 반복하여 작품 전체의 분위기를 통일시키고 안정감을 형성하고 있어.
③ 후렴구는 주된 내용을 담은 부분의 내용을 이어받아 의미 면에서 각 연을 마무리하고 있어.
④ 모음과 유음을 주로 사용한 후렴구는 매끄러운 느낌을 주면서 작품에 리듬감을 더해 주고 있어.
⑤ 주된 내용을 담은 부분은 선창자, 후렴구는 후창자가 부르는 방식을 취하기 좋은 형태로 볼 수 있어.

내신 적중

3 이 작품과 〈보기〉의 공통점으로 적절한 것은?

| 보기 |

진주(晋州) 장터 생어물전에는
바닷밑이 깔리는 해 다 진 어스름을, //
울 엄매의 장사 끝에 남은 고기 몇 마리의
빛 발(發)하는 눈깔들이 속절없이 / 은전(銀錢)만큼 손 안 닿는 한(恨)이던가 / 울 엄매야 울 엄매, //
별 밭은 또 그리 멀리 / 우리 오누이의 머리 맞댄 골방 안 되어 / 손 시리게 떨던가 손 시리게 떨던가, //
진주(晋州) 남강(南江) 맑다 해도 / 오명 가명 / 신새벽이나 밤빛에 보는 것을, / 울 엄매의 마음은 어떠했을꼬, / 달빛 받은 옹기전의 옹기들같이 / 말없이 글썽이고 반짝이던 것인가.

– 박재삼, 〈추억에서〉

① 이 작품의 '문경 새재'와 〈보기〉의 '눈깔들'은 가난한 삶으로 인한 탄식과 슬픔을 간접적으로 표현하고 있다.
② 이 작품의 '잔별'과 〈보기〉의 '별 밭'은 시각적 이미지를 통해 한의 정서를 형상화하고 있다.
③ 이 작품의 '눈물'과 〈보기〉의 '은전'은 반짝이는 이미지를 통해 감정을 절제하는 효과를 거두고 있다.
④ 두 작품 모두 산문체를 바탕으로 시적 대상의 변화에 따라 시상을 전개하고 있다.
⑤ 두 작품 모두 입에서 입으로 전해진 것이기 때문에 어디선가 본 듯한 가사로 내용을 이루고 있다.

4 ㉠을 통해 드러내고자 하는 바를 인생과 연결하여 서술하시오.

188 사할린 본조 아리랑 | 작자 미상(정성애)

키워드 체크 #일제 강점기 #사할린 #강제 이주 #고통스러운 삶 #한탄적

문학 지학

핵심 정리

갈래 민요
성격 애상적, 현실 비판적, 민중적, 한탄적
제재 일제 강점기 해외 이주민의 현실
주제 일제 강점기 해외 이주민의 고향에 대한 그리움과 한탄
특징 ① 자문자답의 형식을 통해 시상을 전개함.
② 일제 강점기 해외 이주 상황을 사실적으로 그려 냄.
③ 사할린과 조선의 대조를 통해 민족적 아픔을 나타냄.
④ 아리랑의 보편적 형식에 사할린에서의 고된 생활을 담음.

아리랑 아리랑 아라리요
아리랑 고개로 넘어간다
(후렴구. 〈본조 아리랑〉의 후렴구와 동일함.) ▶ 후렴구

❶내가 왜 왔나 내가 왜 왔나
(시구의 반복을 통해 '왜'를 강조함.)
우리 님 따라서 내 여기 왔지
(자문자답을 통해 사할린에 온 이유를 제시함.) ▶ 사할린으로 이주하게 된 이유

•사할린이 좋다고 내 여기 왔나
일본 놈들 •무숩어 내 여기 왔지
(일제의 탄압과 횡포를 피해 이주함.) ▶ 일제의 탄압으로 인한 이주

❷우리 조선은 따뜻한데
그 땅에 못 살고 내 여기 왔나
(고향에서 살지 못하는 민족적 비애) ▶ 고국을 떠나 타지에서 겪는 슬픔

❸우리 영감님은 왜 왔다던가
㉠나만 혼자 두고 자기만 갔네 ▶ 함께 온 남편의 죽음

아리랑 아리랑 아라리요
아리랑 고개로 넘어간다 ▶ 후렴구

Q 〈사할린 본조 아리랑〉도 한국 문학에 포함될까?

〈사할린 본조 아리랑〉은 사할린으로 이주한 동포들이 부른 작품이므로 외국에 거주하는 해외 국민이 한국어로 생산한 한국 문학에 해당한다. 이는 한국 문학의 다양성을 보여 주는 것이라 할 수 있다.

시어 풀이

사할린 러시아의 동쪽 끝에 있는 섬. 1947년 일본으로부터 이양됨.
무숩어 무서워.

시구 풀이

❶ **내가 왜 왔나 내가 왜 왔나** 자신이 사할린에 온 이유를 명확하게 모르고 있음을 알려 준다. 즉, 일제 강점기에 강제로 징용되어 조국을 떠나 사할린이라는 이국땅에 살아야만 했던 슬프고 서러운 상황을 나타낸 것이다.
❷ **우리 조선은 ~ 내 여기 왔나** 의문형 어미로 상대방에게 질문하는 형식으로 되어 있지만 내용상 일종의 한탄이라고 볼 수 있다. 조국인 조선에서 살지 못하고 여기에 왔다는 의미로, 고국에 대한 그리움과 여기(사할린)에서의 슬픔을 고스란히 느낄 수 있다.
❸ **우리 영감님은 ~ 자기만 갔네** 남편의 죽음을 암시하는 구절이다. 남편도 이곳 사할린에 강제 징용되어 왔으나 고국에 돌아가지 못하고 아내인 화자만 두고 결국 타향에서 죽음을 맞이한 것이다.

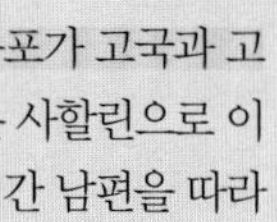

이해와 감상

이 작품은 일제 강점기에 일제의 횡포와 탄압을 피해 사할린으로 이주한 해외 동포가 고국과 고향을 그리워하는 마음과 한탄을 담아 부른 민요이다. 이 작품의 작가에 대한 견해는 사할린으로 이주한 동포들이 부른 작자 미상이라는 견해와 18세 때 사할린 탄광에 징용으로 끌려간 남편을 따라갔다가 사할린에 정착하게 된 정성애 할머니가 창작한 노래라는 견해가 있다.

이 작품은 이전부터 불리던 아리랑의 형식을 지니고 있지만, 내용은 이전 아리랑과 달리 현재 자신이 처한 현실을 담고 있다. 따라서 이 작품은 공동적인 의식이나 정서를 가지고 이루어진 공동작의 성격을 지니기도 하고, 노래하는 사람이 자기 나름대로의 개성이나 의식에 따라 보태거나 고치고 새롭게 창작한 것으로도 볼 수 있다.

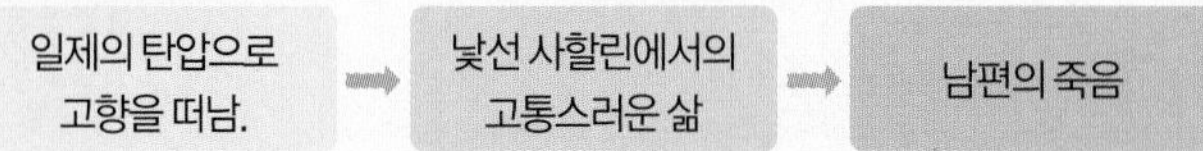

작품 연구소

시상 전개 과정

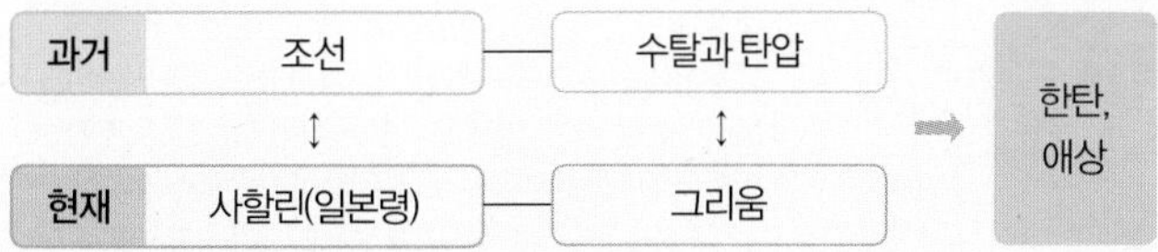

이 작품은 식민지 현실이라는 부정적 상황에서 사할린으로 강제 징용 와 느끼는 고통스러운 삶을 노래한다. 고향을 떠나 낯선 땅에서 고된 생활을 하는 화자가 함께 온 남편마저 죽음을 맞이하자 자신의 삶을 한탄스러운 어조로 드러내고 있다.

작품의 구조

과거	조선	수탈과 탄압	한탄, 애상
	↕	↕	
현재	사할린(일본령)	그리움	

〈본조 아리랑〉과 〈신아리랑〉

〈본조 아리랑〉은 신민요 아리랑의 하나로, 대원군 이후 일본의 침략·착취 등에 따른 겨레의 쓰라린 아픔을 호소하는 내용을 담고 있다. 이렇게 볼 때 〈본조 아리랑〉은 〈신아리랑〉이라는 또 하나의 아리랑 곡조가 생긴 뒤에 붙여진 이름임을 알 수 있다. 〈본조 아리랑〉과 〈신아리랑〉은 모두 현재 널리 불리는 아리랑 곡조로 부르는 노래이다.

다양한 아리랑의 후렴

〈정선 아리랑〉	아리랑 아리랑 아라리요 / 아리랑 고개 고개로 나를 넘겨 주게
〈진도 아리랑〉	아리 아리랑 쓰리 쓰리랑 아라리가 났네 / 아리랑 으응 아라리가 났네
〈밀양 아리랑〉	아리아리랑 쓰리쓰리랑 아라리가 났네 / 아리랑 고개로 넘어간다
〈강원도 아리랑〉	아리아리 쓰리쓰리 아라리요 / 아리아리 고개로 넘어간다
〈여주 아리랑〉	아라리요 아라리요 / 아리랑 어헐사 아라성아

자료실

아리랑의 후렴구

후렴구의 대표적 어휘인 '아리랑'의 어원에 대해서는 '아리랑(我離郞)'을 비롯해서 신라의 '알영비(閼英妃)', 밀양 전설의 인물인 '아랑(阿娘)' 등에서 유래되었다는 설이 있으나 의미 없는 사설로 흥을 돋고 운율을 메워 나가는 구실을 할 뿐이다. 즉, 아리랑의 후렴구는 여러 가지이며 그 쓰임새 또한 다양하다. 노래의 머리에서 앞소리로 쓰이는가 하면, 노래의 꼬리에서 뒷소리 또는 받는소리로도 쓰이고 있다. 또는 앞사람의 노랫말이 끝난 뒤, 다른 사람이 그 뒤를 이어 다른 노랫말로 넘겨받는 넘김 소리로도 쓰인다.

함께 읽으면 좋은 작품

〈아리랑〉, 작자 미상 / 자신을 버리고 떠나간 임에 대한 원망

〈아리랑〉은 우리나라의 대표적인 민요로서 민중들의 생활 감정이 진솔하게 표현되어 있다. 나운규가 아리랑을 영화화하면서 영화 속 노래로 나온 〈아리랑〉을 〈신아리랑〉이라고 하는데, 이는 시간과 공간이 확대되면서 아리랑이 다양한 형태로 분화해 변형된 모습을 보여 주는 것이라고 볼 수 있다. 〈아리랑〉과 〈사할린 본조 아리랑〉은 아리랑이라는 형식적인 특성, 즉 3음보의 두 줄이 반복되는 단순한 형식이 유사하다. 하지만 〈아리랑〉은 임과의 이별로 인한 슬픔을 담고 있고, 〈사할린 본조 아리랑〉은 강제 징용의 고통과 고국에 대한 그리움을 노래하고 있다는 점에서 차이가 있다.

Link 본책 272쪽

키 포인트 체크

화자 일제의 횡포와 탄압을 피해 해외로 이주한 □□□□
상황 낯선 □□□ 땅에서 외롭고 고통스러운 삶을 살아감.
태도 고향을 그리워하며 타향에서 겪는 힘든 삶을 □□함.

내신 적중 多빈출

1 이 작품에 대한 설명으로 적절하지 않은 것은?

① 화자 스스로 사할린에 이주해 온 이유를 밝히고 있다.
② 돌아가지 못하는 고향에 대한 그리움을 노래하고 있다.
③ 아리랑의 형식을 계승하여 자신의 처지를 노래하고 있다.
④ 사할린과 조선의 대조를 통해 민족적 아픔을 보여 주고 있다.
⑤ 강제 징용 와서 당한 일제의 탄압을 구체적으로 서술하고 있다.

2 이 작품과 〈보기〉를 비교한 내용으로 가장 적절한 것은?

보기

일본 땅 좋다고 누가 말했나 / 일본 땅 와 보니 배고파 못 살겠네 // 배고파요 어머니 보고 싶어요 / 눈물을 흘리며 편지를 내었소 // 어머니한테 쌀가루가 왔네 / 쌀가루 받아 들고 눈물만 흘렸네 // 보따리 풀어서 쌀가루 집어 먹고 / 눈물을 흘리며 어머니 불러 봤네 // 어머니 소리도 크게 못 부르고 / 감독이 무서워서 가만히 불러 봤네

– 작자 미상, 〈일본 아리랑〉

① 〈보기〉와 달리 이 작품에서는 타향에서의 고달픈 삶이 구체적으로 묘사되어 있다.
② 〈보기〉와 달리 이 작품에서는 고향과 고국에 대한 그리움이 시각적으로 형상화되어 있다.
③ 이 작품과 달리 〈보기〉에서는 강제 징용의 이유가 배고픔으로 설정되어 나타나고 있다.
④ 이 작품과 달리 〈보기〉에서는 고향과 타향 간에 소식을 주고받을 수 있는 상황을 제시하고 있다.
⑤ 이 작품과 〈보기〉 모두 시적 화자가 그리워하는 인물을 등장시켜 정서를 심화하고 있다.

내신 적중

3 이 작품이 구전(口傳)에 용이한 이유로 가장 적절한 것은?

① 가장 널리 알려진 창작 시를 자신의 상황에 맞게 변형하기 때문이다.
② 사설인 선창과 후렴인 후창을 여럿이 역할을 나누어 부르기 때문이다.
③ 민족적 고통이 공감대를 자극하여 공동체 의식을 형성하기 때문이다.
④ 2줄 형식의 사설이 대구를 이루며, 동일한 후렴구가 반복되기 때문이다.
⑤ 작품 전반에서 'a–a–b–a' 구조가 반복되면서 운율을 만들기 때문이다.

4 ㉠이 무엇을 의미하는지 쓰시오.

더 읽을 작품

189 옹헤야 | 작자 미상

문학 천재(정)

키워드 체크 #보리타작 #소박한 삶의 모습 #역동적 #낙천적

어절씨구 옹헤야 잘도 한다 옹헤야
받는소리. 모든 동작이 '옹헤야' 소리에 맞추어 이루어짐.
이 보리를 옹헤야 뚝드리고 옹헤야
받는소리인 '옹헤야'를 제외한 나머지는 메기는소리임.
어른들을 옹헤야 봉양할까 옹헤야

잘도 한다 옹헤야 얼씨구나 옹헤야

키 포인트 체크

화자 □□□□하는 농민들
상황 보리를 타작하며 □□□□의 보조를 맞추기 위해 노래함.
태도 소박한 삶의 모습을 □□□으로 보여 줌.

답 보리타작, 도리깨질, 역동적

핵심 정리

갈래 민요, 노동요
성격 낙천적, 긍정적
제재 보리타작
주제 보리타작의 독려
특징 ① 선창과 후창으로 이루어짐.
② 노래의 속도가 일의 진행에 따라 차차 빨라지며, 경쾌한 동적 리듬감을 조성함.

이해와 감상

이 작품은 동부 민요에 속하며 태백산의 동쪽인 강원도, 함경도, 경상도 일대에서 불려졌다. 주로 농민들이 보리타작할 때 도리깨질하는 동작의 보조를 맞추기 위해 부르던 노래이다. 노래 이름이 〈옹헤야〉인 이유는 후렴인 뒷소리를 받을 때 '옹헤야'라는 가사로 받기 때문에 붙여진 것이며 보리타작할 때 부르는 노래라고 해서 〈보리타작 소리〉라고도 한다.

190 너영나영 | 작자 미상

국어 천재(박)

키워드 체크 #제주의 노래 #남녀 간의 사랑 #선후창 형식

아침에 우는 새는 배가 고파 울고요
저녁에 우는 새는 임이 그리워 운다.
(메기는 소리(선소리) A(a+b)의 구조)
화자의 처지를 상징하는 존재
너영나영 두리둥실 놀고요
'너하고 나하고'라는 뜻의 제주 방언
낮에 낮에나 밤에 밤에나 상사랑이로구나.
(받는소리(후렴) A'(a'+b')의 구조)

저 달은 둥근달 산 넘어가고요
자유로운 존재(화자와 대비되는 존재)
이 몸은 언제면 임 만나 사나.

너영나영 두리둥실 놀고요

낮에 낮에나 밤에 밤에나 상사랑이로구나.

키 포인트 체크

화자 곁에 없는 임을 □□□하는 사람
상황 □□□□을 활용하여 임에 대한 사랑을 노래함.
태도 부재하는 임과 만나 □□을 나누기를 기대함.

답 그리워, 자연물, 사랑

핵심 정리

갈래 민요, 유희요
성격 낙천적, 유희적
제재 사랑
주제 남녀 간의 진솔한 사랑
특징 ① 화자의 처지를 상징하거나 화자의 처지와 대비되는 자연물이 쓰임.
② 선후창의 연창 형식으로 부르는 집단요의 성격을 지님.

이해와 감상

이 작품은 유흥의 자리에서 집단적으로 불렸던 제주 민요로, 한 사람이 선소리를 하면 여러 사람이 후렴을 받는 형태를 취하고 있다. 이 작품에서 앞의 두 소절은 화자와 처지가 유사한 존재('저녁에 우는 새')에 빗대어 화자의 처지를 표현하거나 화자와 대비되는 존재('둥근달')를 활용하여 화자의 처지를 강조하고 있다. 후렴구에 해당하는 두 구절은 너와 나 서로 어울려 사랑하자는 내용으로, 노래의 주제가 어른들의 사랑임을 분명히 하고 있다.

작품 연구소

제주 고유의 노래가 아닌 〈너영나영〉

이 작품은 제주도 고유의 민요로 알려져 왔으나 실제로는 어른들의 사랑 이야기를 다룬 통속 민요로서, 육지의 노래가 제주도에 들어와 제주도 언어와 정서로 재탄생한 것이라 할 수 있다. 특히 제주도의 고유 민요에는 2박자의 민요만 있는데, 이 작품은 3박자의 민요이다.

191 해녀 노래 | 작자 미상

문학 해냄

키워드 체크 #해녀가 부르는 노래 #노동요 #해녀의 힘든 삶

이여싸나 이여싸나
노를 천천히 저을 때 집단적으로 부르는 구절
지붕에도 무를이싯나
등성이를 이루는 지붕이나 산 등의 꼭대기
이팔청춘 무를읏일말가
당연히 마루(고비, 시련)가 있다(설의적 표현)
젓고 나가게 베겨 나가게

요 무를을 젓고 나가게
파도가 일 때 치솟는 물결의 꼭대기

현대어 풀이

이여싸나 이여싸나 / 지붕에도 마루가 있다 / 이팔청춘 마루가 없을 말인가
젓고 나가자 견뎌 나가자 / 이 마루를 젓고 나가자

키 포인트 체크

화자 바다에 나가 파도를 헤치며 □를 젓는 해녀들
상황 거친 □□를 헤쳐 나가려고 함.
태도 바다의 생활이 힘들지만 서로 격려하며 이를 □□하고자 함.

답 노, 마루, 극복

핵심 정리

갈래 민요, 노동요
성격 집단적, 낙천적
제재 노 젓기
주제 파도를 헤치고 노를 젓는 해녀의 고된 삶
특징 ① 노를 저을 때 집단적으로 부르는 후렴구가 쓰이고 있음.
② 다의어를 활용하여 노 젓기의 의미를 재치 있게 표현함.

이해와 감상

이 작품은 제주 해녀들이 물질 작업장에 오갈 때나 제주도에서 내륙으로 출가(出稼; 일정 기간 타향에서 돈벌이를 함.) 물질을 나갈 때 돛배의 노를 저으면서 부르던 노래이다. 사설에는 다양한 내용이 담겨 있는데, 이 부분에는 '마루'의 다양한 의미를 활용하여 지금 노를 저어 파도 '마루'를 넘어서 가자고 자신과 동료를 독려하는 한편, 자신의 노 젓는 행위가 삶의 시련을 극복해 나가는 과정임을 우회적으로 밝히고 있다.

192 서도 아리랑 | 작자 미상

문학 금성

키워드 체크 #아리랑 #평안도 지방 #밝고 낭만적인 정서

아리랑 아리랑 아라리요
아리랑 고개로 넘어간다
〈아리랑〉의 후렴구와 유사함.
▶ 후렴구

간다 간다 나는 간다
님을 따라서 나는 간다
'a-a-b-a' 구조
▶ 임과 함께 가고 있음.

저기야 봉산의 비 맞은 제비
지역 이름을 제시함.
나를 반기어 떠도는구나
화자의 주관적 판단
▶ 나를 반기는 제비

신재령 처녀는 일솜씨 좋구요
봉산 큰 애기 마음씨 곱네
지역 사람들에 대한 긍정적인 인식을 보여 줌.
▶ 신재령 처녀와 봉산 큰 애기에 대한 감탄

팔랑팔랑 수갑사 댕기
수를 놓은 비단 옷감
어깨 넘어서 춤을 추네
댕기를 의인화하여 흥겨움을 드러냄.
▶ 댕기도 춤을 출 정도의 흥겨움

키 포인트 체크

화자 □□□ 마음을 드러내는 사람
상황 사랑하는 □과 함께 길을 가며 노래함.
태도 지역민들에 대한 긍정적인 인식을 보여 주며 밝고 □□□인 정서를 드러냄.

답 흥겨운, 임, 낭만적

핵심 정리

갈래 민요
성격 낙천적, 낭만적
제재 제비, 신재령 처녀, 봉산 큰 애기
주제 임과 함께 가는 길의 흥겨움
특징 ① 후렴구를 제외한 두 줄 형식임.
② 'a-a-b-a' 구조를 사용함.
③ 지역 사람들에 대한 긍정적인 인식을 보여 줌.
출전 《조선 민족 음악 전집》

이해와 감상

〈서도 아리랑〉은 평안도 지방에서 나와 서도 지방에 널리 보급된 노래이다. 후렴구가 〈신아리랑(본조 아리랑)〉과 거의 흡사하고, 두 줄 형식의 사설을 갖추고 있는 부분도 비슷하여, 후렴은 변하지 않으면서 자신의 상황과 처지에 맞추어 즉흥적으로 부르는 아리랑의 형식을 그대로 차용했다고 볼 수 있다. 또한 나운규가 어린 시절에 회령에서 들었다는 아리랑을 참고하여 영화 〈아리랑〉을 만들었음을 생각해 볼 때, 아리랑은 전국적인 분포를 가지면서 민족을 하나의 공동체로 엮어가는 매개체라고 볼 수 있다. 하지만 우리나라 아리랑군(群)의 민요가 젖은 임과의 이별과 배척, 그리움과 같은 여러 가지 복잡한 심경을 처량한 감정으로 노래한 것과는 달리 〈서도 아리랑〉은 봉산, 재령 지방 사람들의 밝고 낭만적인 정서가 중심을 이루고 있다는 특징이 있다.

193 요양의 달 | 허균

키워드 체크 #요양의 보름달 #가을 나그네 #고향에 대한 그리움 #고국에 돌아갈 꿈

문학 천재(김)

핵심 정리

갈래 한시, 5언 절구
성격 애상적, 서정적
제재 타향살이, 보름달
주제 고향에 대한 그리움
특징 ① 배경 묘사를 통해 화자가 고향을 떠올리는 상황을 밝힘.
② 공간의 대비를 통해 고향에 돌아가기 쉽지 않은 처지를 나타냄.
③ 동일한 구절을 반복하여 고향에 대한 그리움을 강조함.
출전 《을병조천록》

Q 배경을 묘사한 이유는?
이 작품의 '기'와 '승'에는 화자가 먼 이국땅에서 가을 보름달을 바라보는 상황이 묘사되어 있다. 이때 보름달은 고향을 환기하는 기능을 하고, 가을밤은 고향에 대한 그리움을 심화하는 기능을 한다.

시어 풀이

이국(異國) 인정, 풍속 등이 전혀 다른 남의 나라. 명나라를 이름.
요양(遼陽) 중국 랴오닝성(遼寧省) 선양(瀋陽)의 서남쪽에 있는 상공업 도시. 한나라 때부터 만주 지방의 중요한 도시였으며, 1621~1625년에는 청나라의 태조(太祖) 누루하치가 도읍으로 삼았다.
누각(樓閣) 사방을 바라볼 수 있도록 문과 벽이 없이 다락처럼 높이 지은 집.

시구 풀이

❶ **깊은 가을 나그네는 요양 땅에 있네.** 사신으로서 명나라 요양에서 가을을 맞이한 화자 자신을 나그네에 비유한 부분으로, 화자가 고향을 떠나 이국땅(요동)에서 생활하고 있음이 드러나 있다.
❷ **남쪽 길 내 고향 조그만 누각.** 남쪽 길을 따라가면 만날 수 있는 고향의 조그만 누각을 떠올리고 있는 부분으로, 고향에 대한 그리움이 나타난다.

작가 소개

허균(許筠, 1569~1618) 조선 중기의 문신·문인. 호는 교산, 백월 거사. 26세에 과거에 급제하여 여러 관직을 두루 거쳤다. 그러나 자유분방한 성격과 과격한 사상으로 인해 여러 번 유배 생활을 했고, 역적모의 혐의로 처형당했다. 한글 소설 〈홍길동전〉을 지었으며, 문집으로 《성소부부고》가 있다.

明月殊方夜 (명 월 수 방 야)
深秋客在遼 (심 추 객 재 요)
小樓南陌上 (소 루 남 맥 상)
歸夢正迢迢 (귀 몽 정 초 초)

이국(명나라)의 ㉠보름달
ⓐ ❶깊은 가을(시간적 배경) 나그네(화자의 처지)는 요양 땅(공간적 배경)에 있네.
❷남쪽 길 내 고향 조그만 누각(고향 중 떠오른 대상).
돌아갈 꿈(귀국에 대한 소망)은 아득하고 아득하네(반복을 통해 그리움 강조).

이해와 감상

이 작품은 허균이 47세였던 1615년(광해군 7년) 명나라에 사신으로 갔을 때 쓴 한시이다. 그는 26세 때 처음으로 중국에 사신으로 간 후 네 번이나 더 중국의 사신으로 임명되었다. 이 작품은 허균이 마지막으로 중국에 갔을 때 최종 목적지인 북경에 가기 전에 지나야 했던 요동 지역의 중심부인 요녕성 요양에서 쓴 것이다. 이국의 풍경을 보며 객수(客愁; 객지에서 느끼는 쓸쓸함이나 시름)를 느낀 화자는 고향을 떠올려 보지만, 현재 자신이 고향에 돌아가기 어려운 처지임을 깨닫고 고향에 대한 그리움만 더욱 깊어지고 있다.

이 작품의 짜임

구분	내용
기(1구)	이국의 풍경 묘사
승(2구)	이국땅의 나그네 신세
전(3구)	고향의 모습을 떠올림.
결(4구)	귀향의 어려움과 고향에 대한 그리움

작품 연구소

〈요양의 달〉의 시상 전개 과정

이 작품은 전형적인 선경 후정(先景後情)의 시상 전개 방식을 따르고 있다. '기'에서는 화자가 바라보는 이국의 풍경을 그리고 있고, '승'에서는 화자가 요동에 머물고 있는 나그네 처지임을 밝히고 있다. '전'에서는 화자가 떠올린 고향의 모습이 나타나 있고, '결'에서는 그 고향으로 갈 수 없는 안타까움을 드러내고 있다. 이처럼 '기'와 '승'에서 화자가 처한 배경과 상황이 직접 제시되고, '전'과 '결'에서는 고향을 그리워하는 화자의 정서가 나타나 있다.

기	화자가 바라본 풍경	선경(先景)
승	화자가 있는 시간적·공간적 배경	
전	화자가 떠올린 고향의 모습	후정(後情)
결	고향에 갈 수 없는 안타까움	

〈요양의 달〉에 사용된 소재의 의미와 기능

보름달	이국에서 고향을 떠올리게 하는 매개체
가을	나그네의 근심을 심화하는 시간적 배경
나그네	화자의 처지를 비유적으로 표현한 대상
누각	화자가 고향에 관해 떠올린 특정 대상
꿈	귀국에 대한 화자의 소망

우리 시가 문학 중 객창감(客窓感)을 다룬 작품들

객창감이란 고향을 떠난 존재가 느끼는 외로움과 쓸쓸함, 고향에 대한 그리움 등을 뜻한다. 고향을 떠나는 이유는 전란, 유배 생활, 타지 부임, 사신 행차 등을 들 수 있는데, 특히 우리 시가 문학에는 유배 생활, 혹은 타지로 부임하거나 사신으로 가는 과정에서의 객창감을 다룬 작품이 많다. 전자에 해당하는 대표적인 작품으로는 정서의 〈정과정〉, 조위의 〈만분가〉, 안조환의 〈만언사〉, 김진형의 〈북천가〉 등이 있고 후자에 해당하는 대표적인 작품으로는 정철의 〈관동별곡〉, 홍순학의 〈연행가〉, 김인겸의 〈일동장유가〉 등이 있다.

자료실

허균의 사상과 문학

허균은 사상이나 생활 면에서 고루한 관습에 매이기보다는 자유롭고 파격적인 행태를 보였다. 〈광해군 일기〉에서 그를 "글 쓰는 재주가 매우 뛰어나 수천 마디의 말을 붓만 들면 써 내려갔다. 그러나 허위적인 책을 만들기 좋아하여 산수나 도참설과 도교나 불교의 신기한 행적으로부터 모든 것을 거짓으로 지어냈다."라고 평가할 정도였다. 그의 사상은 〈유재론(遺財論)〉이나 〈호민론(豪民論)〉에 잘 나타나 있다. 그의 소설 〈홍길동전〉에는 어리석은 임금을 부정하고 새로운 나라를 건설하는 길동의 모습이 그려지고 있는데, 이 역시 당시 유교 사회에서는 파격적인 설정이다.

함께 읽으면 좋은 작품

〈연행가〉, 홍순학 / 청나라에 다녀온 여정을 기록한 작품

홍순학이 사신 행차의 일원으로 청나라 수도 연경에 다녀온 체험을 담은 장편 기행 가사이다. 여정을 매우 상세하게 적고 있으며, 당시 조선인의 눈에 비친 호인(胡人)과 당인(唐人), 북경에 와 있던 서양인의 생김새와 문화를 생생하고 재미있게 묘사하고 있다. Link 본책 258쪽

키 포인트 체크

화자 중국 요양에 □□으로 와 있는 사람
상황 가을밤 보름달을 보며 □□을 떠올리고 있음.
태도 □□의 어려움을 느끼고 고향을 더욱 그리워함.

내신 적중 多빈출

1 이 작품에 대한 설명으로 적절하지 않은 것은?

① 배경을 묘사하여 화자가 처한 상황을 드러내고 있다.
② 화자가 바라본 대상과 떠올린 대상을 제시하고 있다.
③ 색채 대비를 통해 특정 대상의 인상을 강조하고 있다.
④ 동일한 구절을 반복하여 화자의 정서를 부각하고 있다.
⑤ 선경 후정(先景後情)의 방식으로 시상을 전개하고 있다.

高난도

2 ㉠과 〈보기〉의 ㉡에 대한 설명으로 가장 적절한 것은?

보기

뫼흔 길고 길고 물은 멀고 멀고.
어버이 그린 뜻은 많고 많고 하고 하고.
어디서 ㉡외기러기는 울고 울고 가느니.
- 윤선도, 〈견회요〉 제4수

① ㉠은 ㉡과 달리 고향을 떠나 있는 화자의 외로움이 담겨 있는 대상이다.
② ㉡은 ㉠과 달리 떠나온 고향에 있는 존재를 비유적으로 표현한 대상이다.
③ ㉠과 ㉡ 모두 화자가 고향에 자신의 소식을 알려 줄 수 있다고 믿는 대상이다.
④ ㉠은 고향을 떠올리는 매개체이고, ㉡은 대상을 그리워하는 화자의 감정이 이입된 자연물이다.
⑤ ㉠은 고향에 돌아가고 싶은 마음을 환기하고, ㉡은 고향을 떠나고 싶은 마음을 환기하는 대상이다.

3 ⓐ에 대한 설명으로 가장 적절한 것은?

① 화자가 지향하는 바람직한 삶을 상징한다.
② 현실과 대비되는 몽환적 상황을 드러낸다.
③ 화자가 겪을 암울한 미래 상황을 암시한다.
④ 대상을 예찬하는 화자의 태도가 담겨 있다.
⑤ 화자의 정서를 심화하는 분위기를 조성한다.

4 이 작품에서 화자의 처지를 비유적으로 표현한 시어를 찾아 쓰시오.

194 보리타작[打麥行] | 정약용

키워드 체크 #타맥행 #보리타작하는 모습 #농민들의 삶 #평민에 대한 애정 #자아 성찰

문학 천재(정), 금성

핵심 정리

갈래 한시, 행(行)
성격 사실적, 묘사적, 성찰적
제재 보리타작하는 농민
주제 농민들의 건강한 노동을 통해 얻은 삶의 깨달음
특징 ① 농민들의 일상적 생활과 관련된 시어를 사용함.
② 시각적이고 동적인 이미지를 통해 현장감과 사실성을 부각함.
③ 조선 후기의 평민 의식을 반영함.
의의 다산의 중농 사상과 현실주의 시 정신이 잘 나타난 조선 후기 한시의 전형
연대 조선 순조
출전 《여유당전서》

시어 풀이

자 길이의 단위. 한 자는 한 치의 열 배로 약 30.3cm에 해당함.

시구 풀이

❶ **새로 거른 ~ 한 자로세** 농민들의 소박하고 수수한 삶을 시각적으로 묘사한 부분이다. 막걸리와 보리밥같이 농민들의 일상생활과 관련된 소재를 선택하여 사실성을 얻고 있다.
❷ **밥 먹자 ~ 받아 번쩍이네** 농민의 건강한 육체를 시각적으로 묘사한 부분으로, 시적 대상이 노동하는 모습을 관찰하고 이에 대한 화자의 느낌을 표현했다. 화자가 농민들의 모습에 긍정적인 의미를 부여하고 있음을 알 수 있다.
❸ **옹헤야 소리 내며 ~ 온 마당에 가득하네** 노동요를 부르며 함께 발맞추어 일하는 농민의 모습을 나타낸 부분이다. 이때 '옹헤야 소리'와 '두드리니'를 통해 노동의 이미지를 청각적으로 형상화했다.
❹ **그 기색 살펴보니 ~ 노예 되지 않았네** 즐거운 마음으로 노동하는 농민들의 마음이 몸에 종속되지 않았음을 표현한 구절로, 화자는 농민의 건강한 노동을 통해 물질(몸)과 정신(마음)의 조화가 삶의 중요한 가치임을 깨닫고 있다. 힘들고 고된 상황에서도 신명 나게 보리타작하는 농민의 삶을 긍정적으로 바라보는 화자의 태도가 잘 드러나 있다.
❺ **낙원이 먼 ~ 벼슬길에 헤매리오** 화자는 농민들의 건강한 노동을 통해 새로운 삶의 가치를 깨닫고 있다. 즉, 낙원은 먼 곳에 있는 것이 아니라 일상의 소박한 삶 속에 있음을 깨닫고, 벼슬길이라는 세속적인 욕망에 집착하여 살아온 자신의 삶을 반성하고 있다.

작가 소개

정약용(丁若鏞, 1762~1836) 조선 정조 때의 실학자·문인. 호는 다산(茶山) 또는 여유당(與猶堂). 18세기 실학사상을 집대성하고 발전시켰으며, 민족의 삶의 현실을 사실적으로 그려 낸 작품을 많이 썼다. 주요 저서로 《목민심서》, 《경세유표》 등이 있다.

□: 농민의 생활이나 농사와 관련된 소재

新篘濁酒如湩白 (신 추 탁 주 여 동 백)
大碗麥飯高一尺 (대 완 맥 반 고 일 척)
飯罷取耞登場立 (반 파 취 가 등 장 립)
雙肩漆澤翻日赤 (쌍 견 칠 택 번 일 적)
呼邪作聲擧趾齊 (호 야 작 성 거 지 제)
須臾麥穗都狼藉 (수 유 맥 수 도 랑 자)
雜歌互答聲轉高 (잡 가 호 답 성 전 고)
但見屋角紛飛麥 (단 견 옥 각 분 비 맥)
觀其氣色樂莫樂 (관 기 기 색 락 막 락)
了不以心爲形役 (료 불 이 심 위 형 역)
樂園樂郊不遠有 (락 원 락 교 불 원 유)
何苦去作風塵客 (하 고 거 작 풍 진 객)

❶새로 거른 [막걸리] 젖빛처럼 뿌옇고 → 직유법 (시각적 심상)
큰 사발에 [보리밥], 높기가 한 *자로세 → 과장법
❷밥 먹자 [도리깨](곡식의 낟알을 떠는 데 쓰는 농구) 잡고 마당에 나서니
검게 탄 두 어깨 햇볕 받아 번쩍이네 (건강한 농민의 모습(시각적 묘사))
❸옹헤야 소리(타작하며 부르는 노동요) 내며 발맞추어 두드리니
삽시간에 [보리 낟알](노동의 결과) 온 마당에 가득하네
주고받는 노랫가락 점점 높아지는데 (노동의 강도가 점점 강해짐.)
보이느니(보이는 것이) 지붕까지 날으는(온 집 안에 보리 낟알이 날리는 모습) [보리 티끌] — 보리타작이 최고조에 이름.
❹그 기색 살펴보니 즐겁기 짝이 없어 (노동의 즐거움)
마음이 몸의 노예 되지 않았네 (육체와 정신의 조화)
❺낙원이(현실 가운데 진정한 즐거움이 있는 곳) 먼 곳에 있는 게 아닌데
무엇하러 고향 떠나 벼슬길에(세속적인 욕망) 헤매리오 — 화자의 깨달음과 반성

Q '낙원'과 '벼슬길'의 의미는?

화자는 농민들이 보리를 타작하는 모습을 통해 육체와 마음이 조화를 이루는 건강한 노동의 즐거움을 깨닫는다. 이러한 화자에게 '낙원'이란 거창한 이상향이 아니라 소박한 현실 속에서 진정한 삶의 즐거움을 누릴 수 있는 곳을 의미한다. 화자는 이를 바탕으로 자신의 삶을 돌이켜 보고, '벼슬길'에 헤매는 것은 세속적인 권력이라는 욕망에 집착하는 것임을 깨닫는다.

이해와 감상

이 작품은 조선 후기 실학 정신을 바탕으로 한 다산의 사실주의적 시 정신이 잘 드러난 한시이다. 특히 한시의 한 종류인 '행(行: 사물이나 감정을 거침없이 표현하는 형식)'이라는 형식을 사용하여 즐겁게 노동하는 농민들의 모습을 실감 나게 묘사했다.

양반인 화자는 보리타작에 열중하는 농민을 바라보며, 육체와 정신이 합일(合一)된 농민들의 노동하는 삶이야말로 참된 삶이라고 말하고 있다. 이 과정에서 '막걸리', '보리밥', '도리깨', '보리 낟알', '보리 티끌'과 같은 당시 백성들의 실생활과 관련된 시어를 구사함으로써 농민들의 삶을 사실적으로 형상화하고, 평민에 대한 화자의 친밀한 태도와 애정을 드러내고 있다.

화자는 건강한 농민들의 삶을 통해 자신의 삶을 성찰하면서 인식의 변화를 얻게 되는데, 여기에서 새롭고 가치 있는 삶을 평민들의 모습에서 발견하고자 했던 작가의 선각자로서의 태도를 엿볼 수 있다.

이 작품의 짜임

기(1~4구)	노동하는 농민들의 활기차고 건강한 삶의 모습	선경(先景)
승(5~8구)	민요에 맞추어 보리타작하는 마당의 역동적 정경	
전(9~10구)	정신과 육체의 조화 속에 이루어지는 노동의 기쁨	후정(後情)
결(11~12구)	농민들의 모습을 통한 자기 성찰	

작품 연구소

시상 전개에 따른 화자의 태도 파악

이 작품의 전반부인 '기'와 '승'(1~8구)에서 시적 화자는 노동의 현장에 존재하되, 노동하는 주체를 바라보는 관찰자의 입장에서 대상의 모습을 감각적으로 형상화하고 있다.

'전'에서는 '마음이 몸의 노예 되지 않았네'라고 하며 몸과 마음이 합일된 모습에서 조화로운 삶에 대한 깨달음을 얻고 있으며, '결'에서는 자신의 삶에 대한 반성의 태도를 엿볼 수 있다. 여기에서 '낙원'은 무릉도원과 같은 이상향이 아니라 건강한 삶이 존재하는 세상을 의미한다.

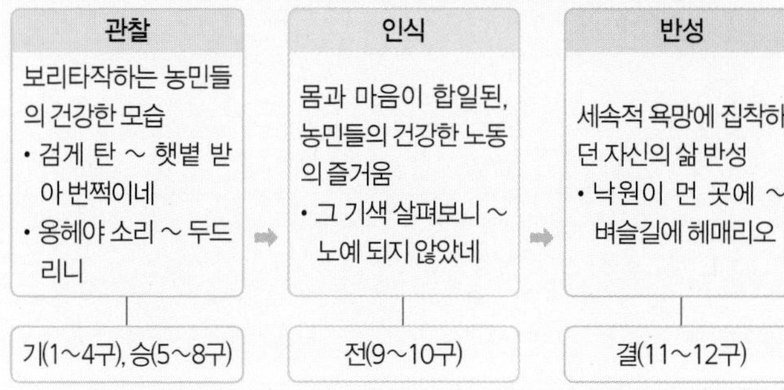

〈보리타작〉에 나타난 농민들의 모습

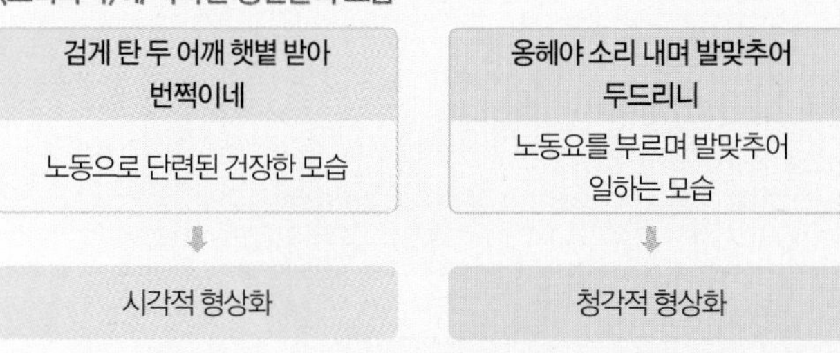

〈보리타작〉에 나타난 시어의 의미

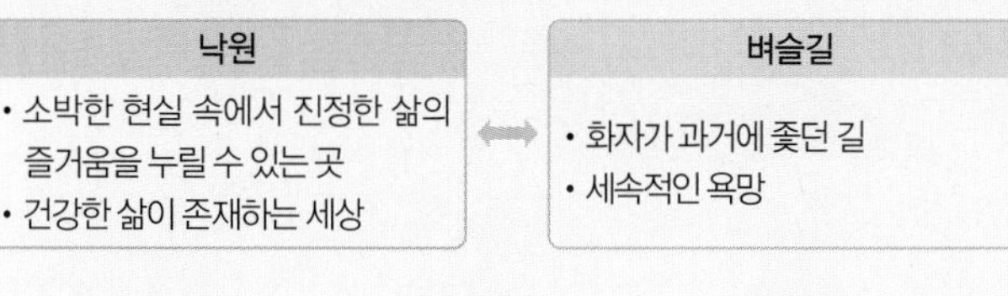

자료실

다산(茶山) 시의 특징

다산 정약용의 한시는 당대(19세기) 사회 제도의 모순을 비판하고, 부패한 관리나 토호들의 횡포를 고발했으며, 백성들의 생활 속에서 발견한 참된 삶의 모습을 예찬했다. 그는 사회 현상에 관심을 갖고 이를 사실적으로 묘사하는 시 정신을 보여 준다. 또한 다산은 중국의 문자를 빌려 중국 문학의 형식인 한시를 썼지만, 민족 주체 의식을 가지고 있었다. 비록 한자이지만 백성들의 일상생활과 관련되어 있거나 향토적인 어휘를 사용함으로써 당대 사람들의 생활을 사실적으로 표현하고자 했다.

함께 읽으면 좋은 작품

〈탐진어가〉, 정약용 / 어부들의 생활상을 담아낸 작품

〈탐진어가〉는 고기잡이에 나서는 어부들의 흥겨운 분위기와 만선에 대한 기대감을 표현한 한시이다. 향토적인 어휘를 사용하여 어부들의 구체적인 생활상을 사실적으로 묘사하고 있어 정약용의 사실주의적인 시 정신이 잘 드러난다. 농민들의 건강한 삶을 사실적으로 묘사한 〈보리타작〉과 비교해 볼 만하다.

Link 본책 305쪽

키 포인트 체크

화자 농민들을 관찰하는 □□

상황 농민들이 민요에 맞추어 즐겁게 □□□□을 함.

태도 농민들의 건강한 삶의 모습을 예찬하며 자신의 삶을 □□함.

1 이 작품에 대한 설명으로 적절하지 않은 것은?

① 시각적, 청각적 심상을 통해 생동감을 주고 있다.
② 선경 후정(先景後情)의 방식으로 시상을 전개하고 있다.
③ 자연물에 인격을 부여하여 예찬의 정서를 표현하고 있다.
④ 실생활과 관련된 시어를 사용하여 사실감을 드러내고 있다.
⑤ 과장된 표현을 통해 농민의 활달한 생활상을 드러내고 있다.

2 이 작품의 각 구에 대한 설명으로 적절하지 않은 것은?

① 1~2구: 농민의 생활과 관련된 소재를 구체적으로 제시하고 있다.
② 3~4구: 노동하는 농민들의 건강한 모습을 그리고 있다.
③ 5~8구: 보리타작하는 마당의 모습이 역동적으로 드러나 있다.
④ 9~10구: 정신과 육체가 조화를 이루는 노동의 즐거움이 드러나 있다.
⑤ 11~12구: 자신과 다르게 벼슬길을 헤매고 있는 사람들을 비판하고 있다.

3 이 작품과 〈보기〉를 비교한 내용으로 적절하지 않은 것은?

보기

> 보리밥 풋ᄂᆞ물을 알마초 머근 후(後)에
> 바횟긋 믉ᄀᆞ의 슬ᄏᆞ지 노니노라.
> 그 나믄 녀나믄 일이야 부롤 줄이 이시랴.
>
> – 윤선도, 〈만흥〉 제2수

① 이 작품과 〈보기〉의 '보리밥'은 모두 현실에 만족하는 삶의 모습을 표현한 것이다.
② 이 작품의 '마당'은 노동의 공간이고, 〈보기〉의 '믉ᄀᆞ'는 풍류의 공간이다.
③ 이 작품의 '노랫가락'에서는 흥겨움이, 〈보기〉의 '노니노라'에서는 여유로움이 느껴진다.
④ 이 작품의 '벼슬길'과 〈보기〉의 '녀나믄 일'은 모두 화자가 이루고자 하는 목표를 나타낸다.
⑤ 이 작품의 '헤매리오'와 〈보기〉의 '부롤 줄이 이시랴.'는 화자의 생각을 설의적으로 드러낸 것이다.

내신 적중

4 이 작품에서 세속적 욕망에서 벗어난 진정한 즐거움이 있는 공간을 가리키는 시어를 찾아 쓰시오.

195 유배지에서 처의 죽음을 슬퍼하며[配所輓妻喪] | 김정희

키워드 체크 #유배지 #아내의 죽음 #아내에 대한 사랑 #월하노인 #내세에서의 부부 역전

국어 금성

핵심 정리

갈래 한시, 7언 절구
성격 애상적, 비탄적, 애도시, 도망시(悼亡詩)
제재 아내의 죽음
주제 아내의 죽음에 대한 슬픔
특징 ① 부부의 처지를 바꾸겠다는 참신한 발상이 나타남.
② 사별의 슬픔을 통해 아내에 대한 사랑을 애절하게 드러냄.
출전 《완당전집》 권 10

那將月姥訟冥司
나 장 월 모 송 명 사
來世夫妻易地爲
내 세 부 처 역 지 위
我死君生千里外
아 사 군 생 천 리 외
使君知我此心悲
사 군 지 아 차 심 비

어찌하면 ㉠*월하노인 시켜 저승에 호소하여
(부부의 인연을 맺어 준다는 전설상의 늙은이)
❶*내세에는 그대와 나 자리 바꿔 태어날까?
(죽은 후 다시 태어나 산다는 미래의 세상)
❷나 죽고 그대는 천 리 밖에 산다면
(유배지)
㉡이 마음 이 슬픔을 그대가 알 터인데
(멀리서 배우자의 죽음을 알았을 때의 비통함)

Q 부부의 처지를 바꾸고 싶다고 한 의도는?

화자는 현재 자신과 아내의 처지를 내세에서 바꿨으면 좋겠다고 하는데, 이는 자신이 먼저 죽고 아내가 현재의 자신처럼 멀리서 그 죽음을 알게 된다면 자신의 슬픔을 알 수 있을 것이라는 생각에 따른 것이다. 이를 통해 죽은 아내에 대한 화자의 절절한 사랑이 드러나고 있다.

시어 풀이

월하노인(月下老人) 부부의 인연을 맺어 준다는 전설상의 늙은이. 중국 당나라의 위고(韋固)가 달밤에 어떤 노인을 만나 장래의 아내에 대한 예언을 들었다는 데서 유래한다.

내세(來世) 삼세(三世)의 하나. 죽은 뒤에 다시 태어나 산다는 미래의 세상을 이른다.

시구 풀이

❶ 내세에는 그대와 나 자리 바꿔 태어날까? 죽은 뒤에 다시 태어나면 그대는 남편으로, 나는 아내로서 연을 맺었으면 좋겠다는 바람을 표출하고 있다.

❷ 나 죽고 그대는 천 리 밖에 산다면 현재 유배지에 있는 자신과 천 리 밖에 있던 아내의 상황이 역전된 것을 가정한 것이다.

작가 소개

김정희(金正喜, 1786~1856) 조선 말기의 문신·실학자·서화가. 호는 완당, 추사. 북학파(北學派)의 일원으로, 경학·금석학·불교학 등 다방면에 걸친 학문 체계를 수립했다. 또 서예와 시, 그림에 능해 그 명성이 중국까지 이르렀다. 비교적 이른 나이에 관직에 올랐으나 권력자들의 눈 밖에 나 고금도, 제주도, 북청 등으로 유배 생활을 했다. 문집으로 《완당전집》, 《완당척독》, 《담연재시고》가 있다.

이해와 감상

이 작품은 추사 김정희가 제주도에서 유배 생활을 하던 중에 부인 예안 이씨가 세상을 떠났다는 부고를 들은 후, 그녀를 애도하며 지은 만가(輓歌; 죽은 사람을 애도하는 노래) 혹은 만사(輓詞)라고 할 수 있다. 그는 아내와 금슬이 매우 좋았는데, 부인이 죽은 줄도 모르고 제주도 생활이 힘들다며 투정했다고 한다. 부인이 죽은 후 한 달 만에 그 소식을 듣고 자신의 어리석음을 뉘우치고 대성통곡하며 이 작품을 썼다고 한다. 이 작품에서 월하노인은 부부의 인연을 맺어 준다는 신선으로, 화자는 자신과 아내가 부부가 되어 살도록 인연을 맺어 준 월하노인에게 하소연하여 다음 생에는 자신은 부인으로, 부인은 자신으로 바꿔 태어남으로써 지금 자신이 겪는 애통함을 아내도 똑같이 겪어 보아야 한다고 역설적 표현을 하고 있다. 이를 통해 유배지에서 겪은 상처(喪妻)의 슬픔과 아내에 대한 간절한 사랑을 극대화하여 표현했다.

이 작품의 짜임

구성	내용
기(1구)	저승의 월하노인에게 호소하고 싶음.
승(2구)	내세에 아내와 바꿔 태어나기를 바람.
전(3구)	화자와 아내의 삶의 공간이 서로 바뀐 상황을 가정함.
결(4구)	멀리서 아내의 부고를 들은 비통함

작품 연구소

시상의 전개 과정

이 작품에는 저승의 월하노인에게 호소하는 내용과 그와 같은 호소를 하는 이유가 나타난다. '기'에서는 화자가 호소하는 대상이 저승의 월하노인임이 드러나고, '승'에서는 호소의 내용이 다음 생에는 자신과 아내의 처지를 바꿔 달라는 것임을 표출하고 있다. 이처럼 '기'와 '승'은 '금생(今生)'과 '내세(來世)'의 시간이 이분법적으로 나타나 있다. '전'과 '결'에서는 화자의 호소가 실현되었을 때를 가정하여 화자 자신과 아내의 삶의 공간과 처지가 뒤바뀌면 아내가 지금 자신이 느끼는 슬픔을 똑같이 느낄 수 있을 것임을 드러내고 있다. 이때 '전'과 '결'에서는 '여기'와 '천 리 밖'의 공간적 거리감을 드러냄으로써 멀리 유배지에서 아내의 죽음을 접한 화자의 극심한 괴로움을 효과적으로 보여 주고 있다.

기	호소의 대상	시간적 거리 (금생↔내세)
승	호소한 내용	
전	호소의 실현 가정	공간적 거리 (여기↔천 리 밖)
결	호소한 이유	

고전 시가에 나타나는 역설적 사랑 표현

이 작품에서 화자는 자신이 아내보다 먼저 죽어 아내가 슬퍼하기를 바라고 있다. 하지만 이는 아내가 슬픔을 겪기를 바라는 심정이 아니라, 아내의 죽음으로 인한 화자의 슬픔과 고통이 극심함을 강조하여 드러내는 역설적 표현이라고 할 수 있다. 이처럼 고전 시가에서는 역설적 상황 설정으로 사랑을 노래한 작품들을 찾아볼 수 있는데, 고려 가요인 〈정석가〉, 〈서경별곡〉에서는 절대 발생할 수 없는 상황을 실현 가능한 것처럼 역설적으로 표현함으로써 임과 헤어지지 않겠다는 강한 소망을 드러내고 있다.

자료실

도망시(悼亡詩)의 전통

'도망(悼亡)'이란 '죽은 아내를 생각하며 슬퍼함.'이라는 뜻으로, 도망시에는 아내와의 사별로 인한 슬픔과 그리움, 그리고 살아서 잘해 주지 못했던 것에 대한 회한이 담겨 있다. 우리나라의 도망시는 주로 조선 시대 사대부에 의해 창작되었으며 이달, 신익성, 이원익 등의 도망시가 유명하다. 특히 조선 후기 문신인 이원익이 지은 도망시에는 임진왜란 중 임금을 모시느라 아내의 죽음을 직접 보지 못한 후회와 저승에서도 연이 이어지기를 바라는 내용이 담겨 있다는 점에서 김정희의 도망시와 견주어 감상해 볼 만하다.

함께 읽으면 좋은 작품

〈곡자〉, 허난설헌 / 자식을 잃은 슬픔을 담은 작품

〈곡자〉는 허난설헌이 두 자식을 연이어 잃고 난 후 쓴 한시로, 죽은 남매의 무덤을 바라보는 애끓는 모성(母性)이 절절히 드러나 있다. 죽은 남매의 처지와 아기를 가진 화자의 처지를 대비하고, 쓸쓸한 배경을 묘사하는 한편 고사를 인용하여 화자가 느끼는 슬픔을 드러내고 있다.

Link 본책 189쪽

키 포인트 체크

화자 아내와 멀리 떨어져 □□ 생활을 하는 사람
상황 유배지에서 뒤늦게 아내의 □□을 알게 됨.
태도 아내의 죽음에 대해 매우 슬퍼하고 □□해함.

내신 적중 多빈출

1 이 작품에 대한 설명으로 적절한 것은?

① 가정의 상황을 제시하여 화자의 현재 처지를 강조하고 있다.
② 설의적 표현을 통해 화자의 현실 극복 의지를 부각하고 있다.
③ 계절감이 담긴 소재를 통해 화자의 심리 변화를 드러내고 있다.
④ 과거와 현재를 대비하여 화자의 현실 수용 태도를 나타내고 있다.
⑤ 역설과 반어적 표현을 사용하여 부정적 현실 인식을 나타내고 있다.

2 이 작품의 시상 전개 방식에 대한 이해로 적절하지 않은 것은?

① '기'에는 화자의 소망이 실현되지 않은 상황이 묘사되어 있다.
② '승'에는 화자가 바라는 불가능한 상황을 구체적으로 밝히고 있다.
③ '전'에는 화자와 아내의 삶의 공간이 뒤바뀐 처지를 상정하고 있다.
④ '결'에는 화자가 소망하는 바를 구체적으로 제시하고 있다.
⑤ '전'과 '결'에는 인물 간의 공간적 거리감이 나타나 있다.

高난도

3 ㉠에 대한 설명으로 적절한 것을 〈보기〉에서 모두 고른 것은?

보기
ㄱ. 부부의 연을 맺어 준다는 전설상의 신선이다.
ㄴ. 화자의 마음을 아내에게 전달하는 인물이다.
ㄷ. 화자가 아내를 잃은 슬픔을 하소연하는 대상이다.
ㄹ. 화자가 자신의 억울함을 직접 호소하는 대상이다.

① ㄱ, ㄴ ② ㄱ, ㄷ ③ ㄴ, ㄷ ④ ㄴ, ㄹ ⑤ ㄷ, ㄹ

4 이 작품에서 ㉡과 같은 표현의 효과를 〈조건〉에 맞게 서술하시오.

조건
1. 화자의 바람에 담긴 의미를 쓸 것.
2. 30자 이내의 한 문장으로 쓸 것.

196 자술(自述) | 이옥봉

키워드 체크 #임에 대한 그리움 #꿈속의 만남 #상황 가정

문학 신사고

핵심 정리

갈래 한시, 7언 절구
성격 고백적, 애상적
제재 임과의 이별
주제 임에 대한 간절한 그리움
특징 ① 가정법을 활용하여 현실에서 꿈으로 내용을 전환함.
② 과장법을 활용하여 화자의 그리움을 효과적으로 표현함.
③ 임에게 말을 건네는 듯한 섬세한 어조를 사용함.
출전 《옥봉집》

近來安否問如何
근 래 안 부 문 여 하
月到紗窓妾恨多
월 도 사 창 첩 한 다
若使夢魂行有跡
약 사 몽 혼 행 유 적
門前石路已成沙
문 전 석 로 이 성 사

❶요사이 안부를 묻노니 어떻게 지내시나요?
(임에 대한 걱정)
㉠❷달 밝은 *사창엔 *소첩의 한이 가득합니다.
(그리움을 심화하는 소재)
[A] ❸만일 꿈속의 넋에게 자취를 남기게 한다면
(임을 그리워하는 화자의 분신 또는 꿈에서 만난 임)
❹문 앞의 돌길은 이미 모래가 되었겠지요.
(임에 대한 간절한 그리움과 한(과장법))

Q 〈자술〉에 나타난 한의 정서는?

화자는 임과 이별한 지 오래된 상황에서 임의 안부를 물으며 '한이 가득'하다고 말하고 있다. 이는 작가의 생애로 보아 남편에게 쫓겨난 절망적인 이별의 상황과 관련지어 이해할 수 있다. 임을 다시 만나기 힘든 상황에서 화자는 꿈을 통해 임을 만나고자 하지만, 꿈속에서도 임과 만나 기쁨을 나누는 것이 아니라 임의 집 문 앞까지 갔다가 쓸쓸히 돌아서곤 한다. 그럼에도 꿈속에서 임을 자주 찾아갔기에 그것이 자취가 남는다면 '문 앞의 돌길은 이미 모래가 되었겠지요.'라고 과장되게 표현한 것에서 화자의 그리움과 한의 깊이를 알 수 있다.

시어 풀이

사창(紗窓) 얇은 비단으로 바른 창. 여자의 방을 이르기도 함.
소첩(小妾) 부인이 남편을 상대하여 자기를 낮추어 이르던 일인칭 대명사.

시구 풀이

❶ **요사이 안부를 묻노니 어떻게 지내시나요?** 최근의 안부를 묻는 것으로 보아 화자가 임과 이별한 시간이 오래되었음을 암시하며, 임에 대한 그리움의 정서가 드러난다.
❷ **달 밝은 사창엔 소첩의 한이 가득합니다.** 달밤에 임에 대한 그리움으로 화자가 잠을 이루지 못함을 알 수 있다. 여기에서 '달'은 화자의 그리움을 심화하는 소재라고 할 수 있다.
❸ **만일 꿈속의 넋에게 자취를 남기게 한다면** 꿈은 화자의 현실적 욕구가 실현되는 공간으로, 화자는 임과의 이별이라는 부정적 현실 상황을 꿈속이라는 가정적 상황을 통해 전환하려 하고 있다. 또한 시적 화자가 임과의 만남을 간절하게 기다리고 있음을 암시한다.
❹ **문 앞의 돌길은 이미 모래가 되었겠지요.** 임에 대한 간절한 그리움을 과장법을 통해 표현하고 있다. 그동안 임을 그리워하여 꿈속에서 임의 집을 자주 찾아갔기 때문에 문 앞의 돌길이 발에 밟혀 모래가 되었을 것이라는 의미이다.

작가 소개

이옥봉(李玉峰, ?~?) 조선 중기의 여류 시인. 선조 때 이봉의 서녀(庶女)로 조원의 소실이 되었다가 남편에게 버림받은 후 비극적인 삶을 살았다고 전해진다. 임에 대한 그리움이나 슬픔의 정서를 형상화한 작품이 많으며, 작품이 맑고 씩씩하다는 평가를 받고 있다. 시 32편이 수록된 《옥봉집》이 전한다.

■ 이 작품의 작가에 대하여

16세기 후반 이옥봉은 옥천 군수를 지낸 이봉의 서녀로 태어났다. 이름은 숙원이고 옥봉은 그의 호이다. 어려서부터 부친에게 글과 시를 배웠으며 영특하고 명민하여 그녀가 지은 시는 부친을 놀라게 할 정도로 매우 뛰어났다. 이렇게 뛰어난 재주를 지닌 옥봉이지만 신분이 서녀였기 때문에 문장이 뛰어난 조원의 소실로 들어갔다고 한다.

하루는 이웃의 아낙이 찾아와 자기 남편이 남의 소를 훔쳐 갔다는 누명을 쓰고 잡혀갔으니 옥봉의 남편에게 형조에 편지를 써서 죄를 면하게 해 달라고 부탁했다. 옥봉은 남편에게 말하지 못하고 자기가 대신 시를 한 수 적어 주었다. 이 시를 읽은 형조의 관리들이 글솜씨에 감탄하여 그 남편을 석방했다고 한다. 그러나 이 일을 안 옥봉의 남편은 관청의 일에 아녀자가 간여하여 죄인을 풀어 주게 했다고 하며 옥봉을 용서하지 않고 친정집으로 돌려보냈다. 이후 옥봉은 임진왜란이 발발하여 죽을 때까지 남편에게 돌아가지 못했다고 한다.

이해와 감상

〈자술〉은 '스스로 진술하다'라는 의미로, 이 작품의 또 다른 제목은 〈몽혼(夢魂; 꿈속의 넋)〉이다. 〈자술〉은 화자가 꿈속의 넋 이야기를 하며 임에 대한 간절한 그리움을 드러내는 제목이고, 〈몽혼〉은 '꿈속의 넋'이라는 이 작품의 소재를 드러내는 제목이다.

1구에서 근래의 안부를 묻는 것은 화자가 임과 이별한 시간이 오래되었음을 암시한다. 그리고 2구에서는 달이 떠오르는 밤에 사무치는 그리움을 달빛에 하소연하고 있다. 한편 3구에서는 시상을 전환하여 꿈속이라는 가정적 상황을 설정하고, 4구에서는 과장된 표현을 통해 그리움을 구체화하고 있다. 화자는 꿈속에서 밤마다 임을 만나러 길을 나서니, 만일 꿈속의 길이 자취가 남는다면 집 앞의 돌길이 다 닳아 모래로 변했을 것이라고 말하며 자신의 간절한 마음을 표현하고 있다.

이 작품의 짜임

기(1구)	임의 안부를 물음.
승(2구)	자신에게는 한(그리움)이 많다고 함.
전(3구)	꿈속의 넋이 자취를 남기는 상황을 가정함.
결(4구)	문 앞의 돌길이 닳아서 모래가 되었으리라 생각함.

작품 연구소

〈자술〉의 시상 흐름과 표현 방식

〈자술〉은 '기－승－전－결'로 이어지는 한시의 구성 방식을 따르고 있다. '기'와 '승'에서는 화자의 현실적 상황과 마음이 직접적으로 드러난다. '전'에서는 꿈을 통해 상황을 가정하면서 분위기를 전환하고, '결'에서는 과장법을 사용하여 간절한 기다림을 강조하고 있다.

현실		꿈
기, 승	→	전, 결
임과 이별한 부정적 공간		임에 대한 그리움이 표현되는 공간
오랜 시간 이별로 한이 많음.		문 앞의 돌길이 모래가 됨.

↑ 가정적 상황 설정

〈자술〉의 문학사적 의의

이옥봉은 16세기 후반부터 작품 활동을 한 조선 선조 때의 시인으로, 허난설헌과 함께 조선 중기의 대표적인 여류 시인이다. 당시 그녀의 시가 선풍적 인기를 끌어 서울의 문인들에게 알려지게 되었는데, 허균은 그의 누나 허난설헌과 비교하며 이옥봉의 작품에 대해 '시가 맑고 기상이 드높아 군더더기가 없다.'라고 극찬을 아끼지 않았다고 한다.

> "나의 누님 난설헌(蘭雪軒)과 같은 시기에 이옥봉이라는 여인이 있었는데 바로 조백옥(趙伯玉, 백옥은 조원(趙瑗)의 자)의 첩이다. 그녀의 시 역시 청장(淸壯)하여 지분(脂粉)의 태가 없다."
> －《성소부부고》 제25권

이처럼 사대부 남성만이 한문을 익혀 신분과 남녀의 차이가 명확했던 당대의 사회상 속에서도 〈자술〉은 여성의 정서를 표현한 대표적인 작품으로 자리매김했다.

이옥봉 한시의 의의

조선 시대 여류 문학의 작가층은 주로 양반 사대부가의 규수나 양반들의 소실, 기녀로 매우 제한적이었다. 이들은 한글과 한자를 이용해 창작 활동을 했으며, 자신의 신분과 개인적인 처지 등을 작품에 뚜렷하게 반영했다. 이옥봉의 시는 작가의 처지와 직접적으로 연관된, 소실(小室) 문학을 대표하는 작품으로 그 의의가 있다.

자료실

이옥봉의 또 다른 시 〈규정(閨情)〉

〈규정〉은 이옥봉의 대표작이라 일컫는 5언 절구의 한시로, 찾아오지 않는 임을 기다리는 여인의 그리운 마음이 잘 드러나 있다.

有約來何晚(유약래하만)	돌아오신다더니 어이 이리 늦으시나요.
庭梅欲謝時(정매욕사시)	정원의 매화는 벌써 시들려 하는데
忽聞枝上鵲(홀문지상작)	문득 가지 위의 까치소리 듣고서
虛畫鏡中眉(허화경중미)	부질없이 거울 보며 눈썹 그려요.

함께 읽으면 좋은 작품

〈춘면곡〉, 작자 미상 / 남성 화자가 임을 그리는 작품

조선 후기에 전하는 12가사의 하나로, 6~7종의 이본(異本)이 전해진다. 사랑하는 여인과 평생을 같이하자는 언약을 했으나 결국은 실연을 겪게 된 뒤, 이별의 슬픔과 임에 대한 그리움을 토로하며 재회를 기다리는 내용의 작품이다. 여성 화자의 입장에서 임을 그리워하는 대부분의 연시와 달리 남성 화자의 목소리로 임을 그리는 내용임에 주목하여 〈자술〉과 비교하여 읽어 볼 만하다. Link 본책 260쪽

키 포인트 체크

화자 이별한 □을 그리워하는 여성

상황 □□에서 임과 만나는 상황을 가정함.

태도 임을 간절히 □□□□.

내신 적중

1 이 작품의 표현상 특징과 효과에 대한 설명으로 적절한 것은?

① 가정법을 활용하여 임에 대한 믿음을 나타내고 있다.
② 말을 건네는 듯한 어조로 화자의 정서를 강조하고 있다.
③ 영탄적 어조로 슬픔의 정서를 직접적으로 표현하고 있다.
④ 대립적인 시어를 나란히 배치하여 주제를 부각하고 있다.
⑤ 스스로 묻고 답하는 형식을 통해 시적 의미를 강조하고 있다.

중요 기출

2 이 작품의 ㉠과 〈보기〉의 ㉡에 대한 설명으로 가장 적절한 것은?

> 보기
> 쟈근 거시 노피 떠서 만믈(萬物)을 다 비취니,
> 밤듕의 광명(光明)이 ㉡너만ᄒᆞ니 또 잇ᄂᆞ냐.
> 보고도 말 아니ᄒᆞ니 내 벋인가 ᄒᆞ노라.
> －윤선도, 〈오우가〉 제6수

① ㉠과 ㉡ 모두 의인화된 소재이다.
② ㉠과 ㉡ 모두 화자와 동일시된 소재이다.
③ ㉠은 자연적 존재이고 ㉡은 인공적 존재이다.
④ ㉠은 인생의 무상함을 ㉡은 자연의 영원함을 드러낸다.
⑤ ㉠은 화자의 정서를 심화하고 ㉡은 화자의 가치관을 부각한다.

3 다음 중 [A]의 발상 및 표현과 가장 유사한 것은?

① 눈물이 진주라면 흐르지 않게 두었다가 십 년 후 오실 님을 구슬성에 앉히고 싶구나.
② 날씨가 추워지면 옷을 더 입는 것처럼, 살기가 어려워질수록 친구를 더 많이 사귀어야 하는 법이란다.
③ 땀 흘려 산에 오르는 것은 건강을 유지하기 위해서이고, 땀 흘려 일하는 것은 생활을 유지하기 위해서라네.
④ 문학 작품의 가치는 얼마나 많은 사람이 그것을 읽었는가가 아니라, 작품이 얼마나 뛰어난가에 따라 결정되는 것입니다.
⑤ 제가 이 회사에 지원한 이유는 전공을 살릴 수 있을 뿐만 아니라, 저의 이상도 실현할 수 있는 곳이라고 생각했기 때문입니다.

4 이 작품의 '꿈'과 〈보기〉의 밑줄 친 '꿈'의 공통된 기능을 서술하시오.

> 보기
> 져근덧 녁진(力盡)ᄒᆞ야 픗즘을 잠간 드니 졍셩(精誠)이 지극ᄒᆞ야 ᄭᅮᆷ의 님을 보니 옥(玉) ᄀᆞᄐᆞᆫ 얼구리 반(半)이나마 늘거셰라.
> －정철, 〈속미인곡〉

197 화왕가(花王歌) | 이익

키워드 체크 #교훈적 내용 #우회적 표현 #화왕계 #설총 #모티프 사용

독서 천재

핵심 정리

갈래 한시
성격 예찬적, 우국적, 교훈적, 우회적
제재 설총의 〈화왕계〉
주제 왕도 정치의 모습과 설총에 대한 예찬
특징 ① 설총의 〈화왕계〉를 모티프로 함.
② 인간의 모습을 식물에 비유함.
③ 설총과 신문왕 사이의 일화를 서술한 뒤, 왕에게 깨우침을 준 설총을 예찬함.
출전 《해동악부》

Q 〈화왕가〉에 설총의 〈화왕계〉를 담은 의도는?

〈화왕가〉에는 신라 시대 때 설총이 신문왕에게 〈화왕계〉를 지어 올린 일화가 담겨 있다. 이는 백성과 나라를 생각한 충신 설총에 대한 작가의 존경심을 표현하면서, 조선 후기 임금에게도 이 내용을 전해 주고 싶은 창작 의도가 녹아 있는 것이라고 볼 수 있다.

시어 풀이

노성(老成)한 많은 경험을 쌓아 세상일에 익숙한.
천거(薦擧)할 인재(人材)를 어떤 자리에 추천할.
색황(色荒) 여색에 빠져 타락함. 또는 그런 사람.
계림(鷄林) '신라'의 다른 이름.
풍동(風動) 바람이 무엇을 움직인다는 뜻으로, 백성들이 스스로 좇아서 감화됨을 비유적으로 이르는 말.
태화(太和) 도(道) 또는 큰 화합.
난손과 두약 귀한 풀, 여기서는 뛰어난 인재.

시구 풀이

❶ **엄숙한 전각 ~ 노래했네.** 엄숙한 분위기에서 임금을 위해 충언하는 것은 진정으로 나라를 걱정하는 신하가 아니라면 하기 힘든 일이다. 설총의 우국충정을 장면 묘사를 통해 드러내고 있다.
❷ **임금 마음 쉬이 잘못될까 염려했소.** 여기서 '임금'은 설화 속 화왕을 의미하지만 '염려했소'는 작가의 생각으로, 작가가 작품의 화자로 등장하여 자신의 생각을 노출하고 있다.
❸ **산과 들을 ~ 빽빽하게 늘어섰다네.** 신라 구석구석에서 난손과 두약 같은 빼어난 인재를 찾아다녔음을 의미한다.
❹ **훌륭하도다. ~ 풍파 멎었네.** 설총의 〈화왕계〉가 전설 속의 만파식적처럼 나라 안의 위험 요소들을 멈추게 했다는 의미로, 설총의 우국충정을 강조하고 있다.

작가 소개

이익(李瀷, 1681~1763) 조선 후기의 실학자로 자는 자신(子新), 호는 성호(星湖). 형이 붕당 정치에 희생되는 것을 보고 낙향하여 학문에 정진했다. 《성호사설》과 《곽우록》을 지어 당시 부패한 조선 사회의 개혁 방안을 제시했다.

殿閣深嚴臣在前 전각심엄신재전	❶엄숙한 전각, 신하가 임금 앞에서,
爲君王歌花王歌 위군왕가화왕가	임금을 위해서 〈화왕가〉 노래했네. 작품을 쓴 목적
花王鎭在艶陽國 화왕진재염양국	화왕이 봄 나라를 다스리고 있으니, 꽃을 의인화함.
深紅淺紫紛枝柯 심홍천자분지가	진홍색 연붉은색 꽃 가지마다 피어, 장미꽃 – 간신을 상징함.
嫣然一笑生百態 언연일소생백태	싱긋 한번 웃음에 온갖 ⓐ교태 부리니,
却恐荃心易流訛 각공전심이유와	❷임금 마음 쉬이 잘못될까 ⓑ염려했소. 작가가 설화 속 상황에 개입함.
誰知谷裏頭雪白 수지곡리두설백	뉘 알리, 골짝 안 머리 센 ⓒ백두옹, 할미꽃 – 충신 또는 군자를 상징함.
老成君子還同科 노성군자환동과	*노성한 군자와 같은 부류인 것을.
春來百草共蕪沒 춘래백초공무몰	봄이 오자 잡초에 온통 뒤덮여 버려, 충신은 쉽게 드러나지 않음.
薦進無路其柰何 천진무로기나하	*천거할 길이 없으니 그를 어찌하리. 작가가 설화 속 상황에 개입함.
城成城傾宜早別 성성성경의조별	나라 이룰지 엎을지 일찍 판단해야,
色荒何似親賢多 색황하사친현다	*색황이 어찌 현인과 친함만 하리오. 왕은 현인과 친해야 한다는 백두옹의 말을 그대로 인용함.
一語解惑尼師今 일어해혹이사금	한마디에 미혹 풀린 신라의 임금이
風動鷄林變太和 풍동계림변태화	*계림을 *풍동시켜 *태화를 이루었네. 백두옹의 말을 들은 왕이 반성하여 선정을 베풀게 됨.
凌山搜野採芳馨 능산수야채방형	❸산과 들을 다 다녀 꽃향기를 모으니, 선정을 베푸는 왕의 모습 – 왕도 정치, 인의 정치의 실현
蘭蓀杜若森相羅 난손두약삼상라	ⓓ*난손과 두약이 빽빽하게 늘어섰다네.
美哉當時薛夫子 미재당시설부자	❹훌륭하도다. 당시 설총 선생이시여. 설총에 대한 작가의 태도
寶笛聲中息萬波 보적성중식만파	ⓔ보물 피리 소리에 온갖 풍파 멎었네. 나라 안의 모든 근심을 멈추게 하는 소리 – 설총이 왕에게 바친 〈화왕계〉의 충언

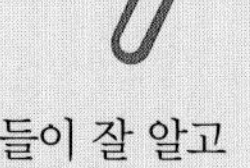

이해와 감상

이 작품은 설총의 〈화왕계〉를 바탕으로 창작된 한시이다. 〈화왕계〉는 당시 독자들이 잘 알고 있던 작품이었기에 이 작품 주제는 〈화왕계〉의 주제를 바탕으로 좀 더 풍부하고 강하게 독자들에게 전달되었을 것이다. 이는 모티프를 활용한 작품의 공통된 특징이다.

이 작품에는 말하는 이를 기준으로 세 가지의 다층적인 소통 구조가 드러나는데, '할미꽃과 화왕', '설총과 문무왕', '이익과 독자'로 구분된다. 이 구조에는 충신으로서의 모습, 그리고 충신의 말을 겸허하게 수용하는 왕의 자세가 공통적으로 나타난다. 작가는 이러한 구조를 통해 왕도 정치와 충신의 모습에 대한 교훈을 효과적으로 전달하고 있다.

이 작품의 짜임

1~2구	[이야기 1] 임금–설총	궁중 안에서 설총이 임금(신문왕)을 만나 〈화왕계〉를 올리는 장면을 묘사함.
3~4구	[이야기 2] 화왕–할미꽃	봄이 되자 진홍색 연붉은색 장미꽃이 가지마다 피었음.
5~6구		장미꽃이 교태를 부리니 화왕의 마음이 흔들릴까 봐 염려함.
7~8구		능력 있는 군자인 할미꽃이 등장했지만 소인들에 가려 드러나지 않음.
9~10구		화왕이 빨리 할미꽃을 발견하고 등용하기를 바람.
11~12구		할미꽃은 화왕에게 간사한 자보다 정직한 자를 가까이해야 한다고 설득함.
13~14구	[이야기 3] 임금–설총	설총의 이야기를 듣고 난 임금은 백성들의 마음을 움직일 만큼 선정을 베풂.
15~16구		임금의 선정 때문에 난손과 두약과 같은 빼어난 인재가 줄을 섬.
17~18구		설총이 〈화왕계〉를 올림으로써 나라 안의 근심이 사라짐.

작품 연구소

〈화왕가〉에 나타난 세 가지 소통 구조

조선 후기				
[작가] 이익	〈신라 시대 설총의 일화〉			[예상 독자] 왕 또는 신하들
	[하자] 설총	〈화왕계〉 [화자] 할미꽃 / [청자] 화왕	[청자] 신문왕	

세 가지 소통 구조에서 나타나는 공통점

① 화자와 청자가 임금과 신하의 관계로 설정되어 있음.
② 신하는 임금에게 비유적·우회적으로 충언을 함.
③ 임금은 신하의 충언을 듣고 자신을 돌이켜 볼 줄 알아야 함.

문학의 교훈성과 창작 동기

신분 체계가 공고했던 시대에 신하가 임금에게 직접 쓴소리를 하는 것은 신변이 위험할 수도 있는 일이었다. 그런데 문학을 통하면 재미를 느끼게 하면서 좀 더 부드럽게 교훈을 전달할 수 있다. 이익은 이 작품에서 설총의 일화와 꽃을 의인화한 표현을 바탕으로 상황을 객관화하여 전달했다. 이를 통해 자신의 의도를 우회적으로 드러내면서 임금과 신하의 올바른 도리에 대한 교훈을 효과적으로 나타냈다.

설총의 〈화왕계〉가 후대에 지속적으로 영향을 끼친 이유

신라 시대 때 유학의 발전에 공헌한 설총은 조선 시대에 이르기까지 유학자들에게 숭앙받았고, 제왕의 도리에 대한 충언을 우의적으로 담은 〈화왕계〉는 후대 문학에 많은 영향을 끼쳤다. 이처럼 설총과 그가 지은 〈화왕계〉에 영향을 받은 작품들이 조선 후기까지 지속적으로 창작되었다. 〈화왕계〉에 등장하는 강직한 신하의 모습과 그의 충언을 받아들이는 왕의 모습이 백성을 위한 정치를 하는 군주와 신하의 모습에 부합했기 때문에 〈화왕계〉는 이러한 이상을 따르고자 한 후대 유학자들의 독서 문화와 글쓰기 문화에 영향을 끼친 것이다.

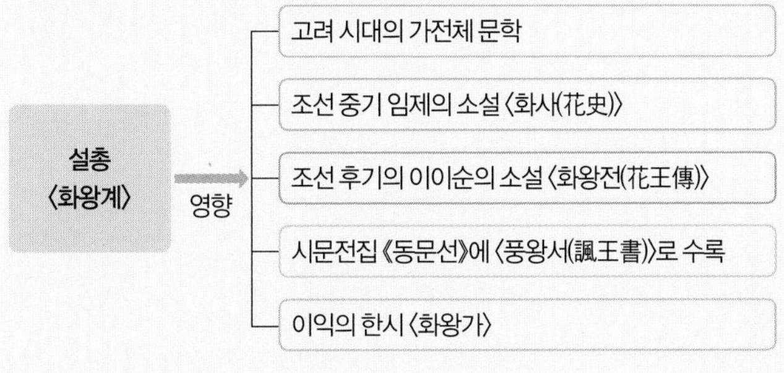

함께 읽으면 좋은 작품

〈화왕계〉, 설총 / 사물을 의인화하여 교훈을 주는 작품

신문왕에게 충간(忠諫)하기 위해 지은 설화로, '꽃'을 의인화하여 제왕의 마음가짐을 경계하고 있다. 우화의 기법을 사용하여 교훈적 주제를 전달하고 있다. 〈화왕가〉 창작에 영향을 준 작품으로 함께 읽어 볼 만하다.

Link 〈고전 산문〉 38쪽

키 포인트 체크

화자 설총의 일화와 〈□□□〉를 모티프로 이야기하는 신하
상황 □□이 당시 임금에게 〈화왕계〉를 바치는 상황을 통해 왕과 신하의 올바른 자세를 전함.
태도 임금에게 충언을 올린 설총을 □□함.

1 이 작품에 대한 설명으로 적절한 것은?

① 계절의 변화를 화자의 정서와 연관 짓고 있다.
② 각 구마다 후렴구가 있어 음악성이 두드러진다.
③ 우리말을 활용한 언어 구사가 참신한 느낌을 준다.
④ 화자는 특정한 대상에 대해 예찬적인 태도를 보인다.
⑤ 대상을 원망하면서도 기다리는 이중적 심리가 드러나 있다.

2 이 작품의 내용상 구조를 〈보기〉와 같이 구분할 때, 이에 대한 감상으로 적절하지 않은 것은?

보기

㉠	㉡	㉢	㉣	㉤
1~2구	3~6구	7~12구	13~16구	17~18구

① ㉠: 한 신하가 임금을 위해 노래하는 장면을 표현하고 있다.
② ㉡: 장미꽃의 아름다움이 시각적으로 형상화되어 있다.
③ ㉢: 화자는 할미꽃이 다른 풀에 가려 버린 것을 안타깝게 여기고 있다.
④ ㉣: 할미꽃의 이야기를 들은 화왕이 선정을 베풀었음을 알 수 있다.
⑤ ㉤: 화자는 설총 덕분에 나라의 풍파가 멎었다고 생각하고 있다.

3 ⓐ~ⓔ에 대한 설명으로 적절하지 않은 것은?

① ⓐ: 화왕의 마음을 어지럽히는 간신의 모습을 함축한다.
② ⓑ: 왕이 자신을 바라봐 주지 않을까 봐 걱정하는 장미꽃의 마음을 보여 준다.
③ ⓒ: 장미꽃과 대조되는 존재로, 화왕을 설득하고 있다.
④ ⓓ: 뛰어난 인재들을 가리킨다.
⑤ ⓔ: 설총이 임금을 위해 노래한 〈화왕계〉를 의미한다.

4 〈보기〉를 참고하여 이 작품의 표현상 특징을 60자 내외의 한 문장으로 서술하시오.

보기

의사가 어린아이들에게 쑥탕을 먹이려 할 때는 그릇의 겉면에 달콤한 꿀물을 바르는데, 그러면 철없는 아이는 그 맛에 속아서 쓰디쓴 약을 마신다. 어린아이는 꿀물에 속았다 할지라도, 아무 해를 받지 않고 도리어 그런 수단으로 말미암아 건강을 회복하게 된다. [중략] 이와 같이 시(詩)라고 하는 쾌적한 꿀을 발라 놓으면 독자의 마음을 끌 수 있을 것이고, 또 독자는 건전한 철리(哲理)와 그 유익성을 섭취할 수 있을 것이다. - 루크레티우스, 《자연계》

198 사유악부(思牖樂府) | 김려

키워드 체크 #귀양살이 #북쪽 바닷가 #그리움 #앵두나무 알맹이 #꽃이 핌.

국어 천재(이)

핵심 정리

갈래 한시(전 290수)
성격 애상적, 서정적, 회상적
제재 연희, 앵두
주제 연희(부령)에 대한 그리움
특징 ① 매 편의 첫 부분에 같은 구절을 고정적으로 반복하여 통일성을 부여함.
② 과거를 회상하며 그 시절에 만났던 인물에 대한 그리움을 드러냄.
③ 비유적 묘사와 직접 인용을 통해 사실성을 부각함.
출전 《담정유고》 권 5

Q 매 편 첫 부분에 같은 구절을 반복하는 이유는?

이 작품은 전체 290편 중 8편에 해당하는데, 매 편의 첫 부분마다 '그대 무엇을 ~ 북쪽 바닷가.'를 반복하고 있다. 이는 화자가 연희와 같이 있었던 부령에서의 시절과 공간을 그리워하고 있음을 강조하는 한편, 각 편에 통일성을 부여하는 기능을 한다.

원문	번역
問汝何所思 (문여하소사)	[A] ❶그대 무엇을 생각하나요? (연희, 혹은 화자)
所思北海湄 (소사북해미)	생각하는 곳 저 북쪽 바닷가. (화자가 연희와 함께했던 함경도 부령) — 매 편의 첫 부분마다 반복됨.
井上朱櫻千萬顆 (정상주앵천만과)	우물가 ㉠앵두나무 알맹이 천만 개라
壓重長朶復短朶 (압중장타부단타)	긴 가지 짧은 가지 늘어졌었지.
蓮姬手摘盛筠籠 (연희수적성균롱)	연희가 손수 따 상자에 담으니
水晶均圓光玲瓏 (수정균원광영롱)	수정처럼 둥글고 빛깔은 영롱했네. (앵두나무 알맹이(직유법))
自持一箇箝香口 (자지일개겸향구)	한 알을 깨물며 연희가 말했지.
問道脣紅與櫻紅 (문도진홍여앵홍)	"앵두가 붉나요, 제 입술이 붉나요?" (직접 인용 – 연희의 사랑스런 모습을 회상함.)
潭園老夫竄荒谷 (담원노부찬황곡)	이 늙은이(화자) 변방에서 귀양 살면서 — 가난했던 유배 생활의 모습
三年拾實充饑腹 (삼년습실충기복)	삼 년 동안 그 열매로 배를 채웠네.
今日但見花開時 (금일단견화개시)	❷오늘 ㉡꽃이 핀 것 보고 있나니 (연희와의 사랑)
開花結子應爛熟 (개화결자응란숙)	꽃 폈으니 열매 또한 무르익겠지. (회상의 매개체)

시어 풀이

앵두나무 장미과의 낙엽 활엽 관목. 높이는 3미터 정도이며, 4월에 흰색 또는 연분홍색 꽃이 잎보다 먼저 피고, 열매는 핵과(核果)로 작고 둥글게 열린다. 열매는 식용하고 정원수로 기른다.
변방 나라의 경계가 된 변두리의 땅.

시구 풀이

❶ **그대 무엇을 ~ 북쪽 바닷가.** 매 편을 시작할 때 반복하는 부분으로, '북쪽 바닷가'는 작가가 유배 생활을 했던 함경도 부령이다. 이때 그곳을 생각하는 '그대'는 화자 자신일 수도 있고, 연희일 수도 있다.
❷ **오늘 꽃이 핀 것 보고 있나니** 오늘 보고 있는 꽃이 지면 앵두나무 열매가 맺힐 것을 생각하며, 화자는 꽃과 관련된 연희와의 추억을 떠올리고 있다.

작가 소개

김려(金鑢, 1766~1822) 조선 후기의 문인·학자. 호는 담정. 일찍이 생원이 된 전도유망한 학자였지만 친구인 강이천의 유언비어 사건에 연루되어 함경도 부령에서 유배 생활을 하다가, 천주교도와 교분을 맺은 혐의로 다시 진해로 유배되었다. 십여 년의 유배 생활 후 벼슬길에 올랐다 함양 군수 재직 중에 일생을 마쳤다. 진해 유배 생활 중 해산물을 연구하여 《우해이어보》를 지었다.

이해와 감상

이 작품은 함경도 부령에서의 유배 생활을 회상하여 쓴 연작시 중 한 편이다. 이 편에서 회상하는 대상인 연희는 유배객인 김려의 시중을 들던 관기(官妓)로, 외로운 처지의 김려는 그곳에서 그녀에게 위로와 더불어 사랑을 느꼈던 것 같다. 이 작품에는 그녀에 대한 사랑과 절절한 그리움이 담겨 있다. 1~2구에 제시된 '그대 무엇을 ~ 저 북쪽 바닷가.'는 모든 편의 도입에 반복되는 부분으로, 작가가 그리워하는 공간과 대상을 드러내고 있다. 이어서 연희와 얽힌 사건을 회상하고 있는데, 앵두나무 알맹이는 연희의 사랑스러운 모습과 그녀와의 아름다운 사랑을 상징하는 소재이다. 그리고 11~12구에는 앵두나무 알맹이와 관련하여 부령에서의 사건을 회상하게 된 계기가 바로 지금 자신이 바라보고 있는 앵두나무 꽃임을 제시하고 있다.

이 작품의 짜임

구	내용	의미
1~2구	북쪽 바닷가를 생각하는 화자	그리움의 공간 소개
3~10구	앵두나무 알맹이와 관련된 연희와의 추억	그리움의 대상과 관련된 사건 회상
11~12구	꽃을 바라보며 열매가 맺힐 때를 생각하는 화자	회상의 매개체 제시

작품 연구소

〈사유악부〉의 창작 배경과 특징

〈사유악부〉는 김려가 진해에서 유배 생활을 하는 동안 이전 유배지인 부령에서의 생활을 잊지 못해 쓴 한시이다. 그는 세 들어 사는 집 창문에 '생각하는 창문'이라는 뜻의 '사유'라는 현판을 걸어 놓고 부령에서의 삶과 그곳에서 관기(官妓) 연희와 나눈 사랑을 아름다고 애절하게 표현했다. 각 편은 모두 '그대 무엇을 생각하나요? / 생각하는 곳 저 북쪽 바닷가.'로 시작하는데, 이를 통해 화자가 노래하는 대상이 이전 유배지와 관련된 것임을 밝히고 있다.

이 작품에는 연희와의 사랑뿐 아니라 부령에서 고통받던 민중의 생활상, 관료들의 부패에 대한 분노와 고발, 가족에 대한 그리움, 그곳에서 자신이 가르치던 제자에 대한 칭송과 격려의 내용도 담고 있다. 표현 면에서는 '개 같은 김가에 고양이 같은 이가[金狗李猫]'와 같은 원색적인 표현이나 애욕의 대담한 묘사, 토속적 언어와 사실적인 풍물 표현이 자유분방한 필치로 나타나고 있다.

'꽃'의 시적 기능

화자는 오늘 핀 꽃을 보면서 곧 열매가 맺힐 것이라고 생각하고 있다. 그런데 앞서 화자는 과거 북쪽 바닷가에서 앵두나무 열매를 따던 연희와 그녀가 했던 말, 그 열매를 먹으며 보냈던 삼 년간의 유배 생활을 떠올렸다. 따라서 '꽃'은 화자가 과거를 회상하게 하는 매개체의 역할을 한다고 할 수 있다.

〈사유악부〉의 표현상 특징

그대 무엇을 생각하나요? ~ 북쪽 바닷가.	묻고 답하는 방식을 통해 화자가 그리워하는 대상을 드러내고 있다.
수정처럼 둥글고 빛깔은 영롱했네.	직유법을 통해 앵두나무 알맹이의 모습을 구체적으로 묘사하여 대상이 지닌 특성을 부각하고 있다.
"앵두가 붉나요, 제 입술이 붉나요?"	연희가 과거에 했던 말을 직접 인용하여 사랑스러운 연희의 모습을 생생하게 나타내고 있다.

자료실

〈사유악부〉의 또 다른 편(6편)

그대 무엇을 생각하나요? / 생각하는 곳 저 북쪽 바닷가. / 괴상해라 오늘 밤 꿈도 이상해. / 연희가 내 손잡고 눈물 줄줄 흘리며 / 한 차례 목이 메다 겨우 하는 말 / 서방님 묶인 채로 성문 나선 뒤 / 우물가 앵두나무 복숭아나무는 붉은 살구나무와 더불어 / 벌레가 뿌리를 먹어 함께 죽었는데 / 올 가을 접어들자 홀연 잎이 나더니 / 손바닥만 한 잎이 가지마다 가득해요. / 서방님도 나무처럼 어서 빨리 돌아와 / 이생에서 다시 만나 함께 즐거워하며 지내요.

이 편에서는 화자가 꿈속에서 본 연희의 말을 옮기고 있다. 연희는 화자와의 이별로 인한 상실감을 나무들이 죽는 상황에 빗댄 한편, 화자와의 재회에 대한 희망을 잎이 다시 나는 상황에 빗대어 표현하고 있다. 이 말의 주체는 연희이지만 연희가 화자의 꿈속에 나타나서 한 말이므로 결국 화자의 생각을 연희의 목소리를 빌려 표현한 것으로 볼 수 있다.

함께 읽으면 좋은 작품

〈만언사〉, 안조환 / 유배 생활의 고통을 사실적으로 그려 낸 작품

작가가 추자도로 유배 갔을 때 쓴 장편 가사이다. 다른 유배 가사들이 사대부의 의식을 바탕으로 변함없는 충성심을 노래한 반면, 이 작품은 유배지에서의 비참한 생활을 사실적으로 묘사하고 있고, 과거 생활에 대한 회한과 고향에 대한 그리움을 직설적으로 밝히고 있다.

Link 본책 254쪽

키 포인트 체크

화자 □□□에서 자신이 떠나온 북쪽 바닷가를 생각하는 사람
상황 꽃을 보며 □□와 얽힌 사건을 회상함.
태도 연희를 떠올리며 그녀에 대한 □□□을 드러냄.

내신 적중 多빈출

1 이 작품에 대한 설명으로 적절한 것은?

① 역설적 표현을 사용하여 주제 의식을 강조하고 있다.
② 명령적 어조로 대상에게 특정 행동을 촉구하고 있다.
③ 과거 회상을 통해 대상에 대한 그리움을 드러내고 있다.
④ 설의적 표현을 통해 고향에 가지 못하는 안타까움을 강조하고 있다.
⑤ 계절감이 드러나는 소재를 사용해 자연 순환의 원리를 밝히고 있다.

2 이 작품의 구조를 다음과 같이 도식화할 때, 이에 대한 설명으로 적절하지 않은 것은?

(가)	(나)	(다)
1~2구	3~10구	11~12구

① (가): 묻고 답하는 방식으로 '북쪽 바닷가'를 그리워하는 마음을 강조하고 있다.
② (나): 직유법을 사용하여 핵심 소재에 대한 화자의 긍정적 인식을 드러내고 있다.
③ (나): 인물의 말을 직접 인용하여 회상의 내용을 생생하게 전달하고 있다.
④ (나): 소재에 얽힌 사건을 통해 화자의 과거 상황과 처지를 드러내고 있다.
⑤ (다): 미래 상황을 제시하여 자신의 불우한 삶이 지속될 것임을 암시하고 있다.

3 ㉠에 대한 설명으로 적절한 것은?

① 화자와 연희 간에 갈등을 유발하는 소재이다.
② 연희가 처한 부정적 상황을 암시하는 소재이다.
③ 연희의 사랑스러운 모습을 드러나게 하는 소재이다.
④ 부정적 현실을 극복하겠다는 화자의 의지가 담긴 소재이다.
⑤ 화자에게 무관심한 연희에 대한 화자의 서운함이 반영된 소재이다.

高난도

4 〈보기〉에서 ㉡과 시적 기능이 유사한 시어를 찾아 쓰시오.

보기

반중(盤中) 조홍(早紅)감이 고아도 보이ᄂᆞ다.
유자(柚子) 안이라도 품엄즉도 ᄒᆞ다마ᄂᆞᆫ
품어 가 반기리 없을시 글노 설워ᄒᆞᄂᆞ이다. – 박인로

5 이 작품의 매 편마다 [A]가 반복된다고 할 때, 그 이유를 〈조건〉에 맞게 쓰시오.

조건

의미와 표현상 기능을 각각 고려할 것.

199 송파에서 시를 주고받으며[松坡酬酌] | 정약용

키워드 체크 #늙음에 대한 긍정적 태도 #정약용의 문학관 #실학파 문학 #조선의 시

문학 지학

핵심 정리

갈래 한시(전 6수)
성격 고백적
제재 시 창작
주제 시 창작에서 중요한 것
특징 ① 작가 자신의 문학관을 직접 드러냄.
② 설의적 표현과 명령문을 통해 주제를 부각함.
출전 《여유당전서》

Q 한글로 지어진 문학만 한국 문학으로 볼 수 있을까?

한글 창제 이전에 불가피하게 한자를 사용해 창작한 문학도 당연히 우리 문학의 범위 안에 포함해야 한다. 또한 한글 창제 이후에 창작된 한문 문학이라 할지라도 중세 동아시아사에서 한자가 보편적인 문자 언어의 지위를 갖고 있었던 상황을 고려하면 우리 문학의 범위 안에 포함해야 한다.

시어 풀이

압운(押韻) 비슷한 음 혹은 같은 음을 반복해서 문장을 정비하는 수사법. 압운에는 시의 연이나 행의 앞부분에 일정한 시어나 음운이 위치하는 두운(頭韻)과 뒷부분에 위치하는 각운(脚韻)이 있다.
퇴고 글을 지을 때 문장을 가다듬는 것.

시구 풀이

❶ **흥이 나면 곧바로 ~ 곧바로 쓰면 그뿐.** 중국의 한시 형식을 따르는 데 신경을 쓰는 창작 방법을 버리고, 내용에 주목하여 조선 사람의 정서와 사상을 한시에 담고자 하는 정약용의 의지가 나타난 부분이다.
❷ **나는 바로 ~ 조선의 시를 짓노라.** 중화주의(中華主義)를 맹목적으로 추종하는 지식인들의 태도를 비판한 부분이다. '조선의 시'는 중국 한시의 격식에 매이지 않고 우리만의 소재나 표현을 사용하고자 하는 정약용의 문학관을 압축하여 보여 준다.
❸ **당신은 당신의 법을 ~ 어찌 알 수 있으랴?** 중국에 사는 사람들은 중국의 창작법을 따르고 조선에 사는 사람들은 조선의 창작법을 개발하면 될 것인데, 이를 '시원찮다'라고 하며 비난하는 사람들을 향해 설의법을 사용하여 자신의 생각을 강조하고 있다.

작가 소개

정약용(본책 288쪽 참고)

老人一快事 (노 인 일 쾌 사)
縱筆寫狂詞 (종 필 사 광 사)
競病不必拘 (경 병 불 필 구)
推敲不必遲 (추 고 불 필 지)
興到卽運意 (흥 도 즉 운 의)
意到卽寫之 (의 도 즉 사 지)
我是朝鮮人 (아 시 조 선 인)
甘作朝鮮詩 (감 작 조 선 시)
卿當用卿法 (경 당 용 경 법)
迂哉議者誰 (우 재 의 자 수)
區區格與律 (구 구 격 여 률)
遠人何得知 (원 인 하 득 지)

늙은이의 한 가지 통쾌한 일은
(정약용 자신을 의미함.)
붓 가는 대로 시를 마구 쓰는 것
(중국 한시의 규칙에 얽매이지 않고)
•압운에 꼭 매일 것 없고
(한시의 형식적인 요건)
•퇴고를 꼭 오래 할 것도 없다네. → 중국의 한시 창작법에 맞추어 시를 창작하면 퇴고 시간이 길어지는 경우가 많음을 추측할 수 있음.
❶흥이 나면 곧바로 뜻을 실어 내고
뜻이 이르면 곧바로 쓰면 그뿐.
(한시를 창작할 때 형식보다 내용을 더 중요시하겠다는 의지)
❷나는 바로 조선 사람인지라
즐겨 ㉠조선의 시를 짓노라.
(정약용의 문학관을 압축하는 단어)
❸당신은 당신의 법을 따르라.
(중국인 또는 중국의 한시를 그대로 따르려는 사람)
시원찮다 따질 자 누구이겠나?
(중국 한시의 창작 규칙을 어기려는 화자를 비난하는 사람들)
구구한 격이니 법이니 하는 것을
(중국식 한시의 창작 규칙)
먼 데 사람이 어찌 알 수 있으랴?
(설의법)
[하략]

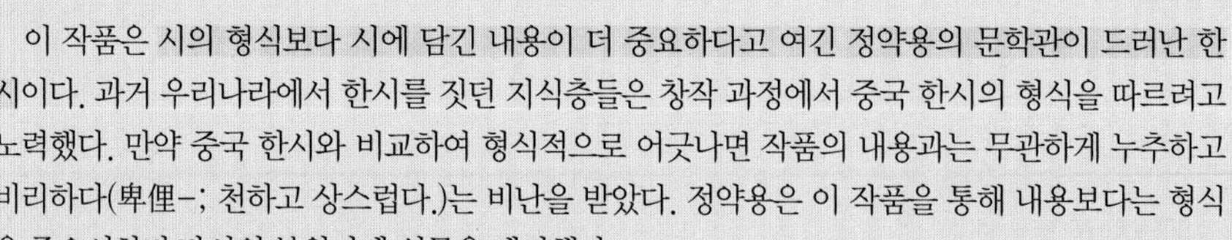

이해와 감상

이 작품은 시의 형식보다 시에 담긴 내용이 더 중요하다고 여긴 정약용의 문학관이 드러난 한시이다. 과거 우리나라에서 한시를 지은 지식층들은 창작 과정에서 중국 한시의 형식을 따르려고 노력했다. 만약 중국 한시와 비교하여 형식적으로 어긋나면 작품의 내용과는 무관하게 누추하고 비리하다(卑俚-; 천하고 상스럽다.)는 비난을 받았다. 정약용은 이 작품을 통해 내용보다는 형식을 중요시하던 당시의 분위기에 의문을 제기했다.

9구의 '당신', 10구의 '시원찮다 따질 자'들은 모두 형식을 중요시하는 사람들이다. 화자는 그들을 향해 타인의 평가보다는 자신의 감정을 시에 담는 데 주목하자고 주장한다. 10구의 '누구이겠나?', 12구의 '어찌 알 수 있으랴?'라는 설의적 표현은 이러한 태도를 강조하여 드러낸다. 이 작품에는 중국 시와 차별되는 우리 시의 정체성이 무엇인지 고민하고 '조선의 시'를 쓰고자 했던 작가의 의지와 관념보다는 실용성을 강조한 실학자적 면모가 담겨 있다.

이 작품의 짜임

구	내용
1~2구	늙음을 통해 얻은 한시 창작의 자유
3~4구	그동안 한시를 창작하면서 꼭 지켜야만 했던 형식들
5~6구	창작할 때 형식보다는 내용을 더 중요시하겠다는 의지
7~8구	조선의 한시를 중국 문학의 예속에서 해방시키려는 주체 의식
9~10구	남의 비판을 두려워하지 않는 화자의 모습
11~12구	형식을 강조하는 타인의 시선으로부터 해방된 화자의 모습

작품 연구소

〈송파에서 시를 주고받으며〉의 의미 구조

인물	지향하는 가치	작품 속 표현
'늙은이'(정약용)	작품의 내용	붓 가는 대로, 흥, 뜻, 곧바로 쓰면 그뿐
↕		
'당신', '시원찮다 따질 자'(대다수의 한시 창작자들)	작품의 형식	압운, 퇴고, 격, 법

작품의 또 다른 제목 – 〈노인일쾌사(老人一快事)〉

정약용의 〈송파에서 시를 주고받으며〉는 모두 6수로 이루어진 한시이다. 각 수의 제1구는 모두 '늙은이의 한 가지 통쾌한 일은[老人一快事]'이라는 구절로 시작한다. 그리고 그 유쾌한 일이 무엇인지를 제시하고 그에 대해 부연 서술하는 형식을 취해서 작품의 제목을 〈노인일쾌사〉라고도 한다.

제1수	대머리가 된 것
제2수	이가 모두 빠진 것
제3수	눈이 어두운 것
제4수	귀가 먹은 것
제5수	마음 내키는 대로 시를 쓰는 것
제6수	때로 벗들과 바둑 두는 것

정약용의 문학관

정약용은 시를 짓되 까다로운 규범을 버리고 느낌이 떠오르는 대로 바로 나타내야만 진실을 얻을 수 있다고 생각했고, 중국 시가 아닌 조선 시를 이룩해야 한다고 여겼다. '조선 시'란 한시이기는 하되 중국 전래의 격식에 매이지 않고 소재나 표현이 자기 시대의 요구에 합당한 독자적인 특징을 가진 시를 말한다. 조선 시를 이룩하기 위해서는 의고적(옛것)인 소재를 버리고 조선의 현실을 바로 다루어야 했다. 이에 따라 정약용은 농민이 비참한 지경에 처해 고난을 겪고 있는데 부귀를 차지하고 있는 무리가 농민의 참상을 돌아보지 않는 것을 한탄하는 시를 다수 창작했다.

조선 시 선언	시에는 당시의 현실을 잘 드러내는 소재나 표현이 사용되어야 한다.

↓

당시의 현실을 소재로 삼아 표현함.	백성들의 고달픔	봉건 지주와 부패한 관리 밑에서 굶주려 신음하는 농민의 삶
	부패한 현실	과거 제도의 폐단, 삼정의 문란, 노론의 독점적 전제 정치에 대한 비판

↓

농민들의 일상사 및 생산 활동과 관련된 시어들을 사용하여 생동감과 현장감을 느끼게 하는 시를 창작함.

함께 읽으면 좋은 작품

〈탐진촌요〉, 정약용 / 농촌의 고달픈 생활상을 사실적으로 묘사한 작품

관리들의 횡포에 시달리며 고초를 겪는 농민들의 삶의 실상을 사실적으로 그린 한시이다. 피땀 흘려 짜낸 무명을 관리들에게 수탈당하고, 세금 독촉에 시달리는 농민들의 삶의 모습이 선명하게 형상화되어 있다.

Link 본책 303쪽

키 포인트 체크

화자 □□□에 관해 소신을 지닌 노인
상황 시를 창작할 때 정해진 □□을 지키지 않으면 비판받는 시대의 분위기에 의문을 제기함.
태도 타인의 시선에 얽매이지 않고 형식보다 □□을 중시하며 시를 짓고자 함.

1 이 작품에 대한 설명으로 적절하지 않은 것은?

① 이 작품의 갈래는 한시에 해당한다.
② 단호한 어조로 화자의 심정을 드러내고 있다.
③ 늙어 가는 인생에 대한 화자의 슬픔이 드러난다.
④ 설의법을 사용하여 화자의 생각을 강조하고 있다.
⑤ 명령형을 사용하여 상대방에 대한 비판적 태도를 나타내고 있다.

2 이 작품과 〈보기〉의 견해를 비교한 내용으로 가장 적절한 것은?

보기

지금 우리나라의 시문은 자기 말을 버려두고 다른 나라 말을 배워서 표현한 것이니, 설사 아주 비슷하다 하더라도 이는 단지 앵무새가 사람의 말을 하는 것이다. 여염집 골목길에서 나무꾼이나 물 긷는 아낙네들이 '에야디야' 하며 서로 주고받는 노래가 비록 저속하다 하여도 그 진가(眞價)를 따진다면, 정녕 학사(學士) 대부(大夫)들의 이른바 시부(詩賦)라고 하는 것과 같은 입장에서 논할 수는 없다.

– 김만중, 〈서포만필〉

① 이 작품은 문학 작품의 교훈성을, 〈보기〉는 표현을 강조하고 있다.
② 이 작품은 문학 작품의 진실성을, 〈보기〉는 흥미를 강조하고 있다.
③ 이 작품은 우리나라 문학을, 〈보기〉는 중국 문학을 우위에 두고 있다.
④ 이 작품과 〈보기〉 모두 서민의 일상적인 모습을 사실적으로 표현하고자 했다.
⑤ 이 작품과 〈보기〉 모두 작품을 창작할 때 관습보다는 주체성을 중요시하고 있다.

3 다음 중 이 작품의 화자가 시 창작에서 중요하다고 여긴 것은?

① 압운 ② 퇴고 ③ 흥 ④ 구구한 격 ⑤ 법

내신 적중

4 이 작품에서 ㉠이 의미하는 것을 쓰시오.

절명시(絶命詩) | 황현

키워드 체크 #국권 상실 #절망과 비탄 #지식인의 고뇌

문학 미래엔

핵심 정리

갈래 한시, 7언 절구
성격 우국적, 고백적, 저항적, 비탄적
제재 국권의 상실
주제 국권 상실에 따른 지식인의 비탄과 절망
특징 ① 나라를 잃은 지식인의 고뇌와 절망의 심정을 고백적 어조로 표현함.
② 활유법, 과장법, 대유법, 의인법, 감정 이입 등의 다양한 시적 기법을 활용함.
연대 1910년 국권 피탈 직후
출전 《매천집》

시어 풀이

세었는데 머리카락이 하얗게 되었는데.
구중궁궐(九重宮闕) 문이 겹겹이 달린 깊은 대궐.
조칙(詔勅) 임금의 명을 적은 문서.

시구 풀이

❶ **난리 통에 ~ 그러질 못했네** 늙어 가는 화자가 나라의 위기로 인해 죽기를 몇 번이나 고민했음을 보여 준다. 난리를 겪은 것이 짧은 시간이 아님을 알 수 있으며, 그로 인한 화자의 고뇌가 머리털을 세게 했다고 할 수 있다.
❷ **요사스런 기운이 ~ 더디 드네** 일제의 침략으로 임금을 상징하는 별자리가 옮겨지고, 그로 인해 임금이 있는 궁궐에 햇빛이 들지 않아 어둡다는 것은 국가의 위기 상황이 더욱 심각해지고 있음을 의미한다.
❸ **새와 짐승은 ~ 사라지고 말았구나** 새, 짐승, 산, 바다와 같은 자연물이 울고 찡그린다는 것은 화자의 감정이 이입된 표현으로 망국의 슬픔을 나타낸 것이다.
❹ **가을 등불 ~ 노릇하기 어렵구나** '가을 등불'은 화자에게 자신의 상황을 돌아보게 하는 성찰의 매개체이며, 화자는 '글 아는 사람 노릇하기 어렵구나'라는 표현을 통해 지식인의 역할을 수행하기 어려운 현실로 인한 고뇌를 드러내고 있다.
❺ **끝맺음이 겨우 ~ 부끄럽기만 하네** '윤곡'은 몽고가 침입하자 자결을 선택한 인물이며, '진동'은 나라를 위해 상소하며 적극적인 행동을 한 인물이다. 그런데 자신은 윤곡을 따르는 것이므로 진정한 충(忠)이라 할 수 없기 때문에 부끄럽다고 표현하고 있다.

작가 소개

황현(黃玹, 1855~1910) 조선 말기의 순국 지사·시인·문장가. 시문에 능하여 1885년 생원 진사시에 장원 급제하였으나 시국의 혼란함을 개탄, 귀향하여 은거하였다. 1910년 일제에 의해 강제로 나라를 빼앗기자 통분해 절명시 4수를 남기고 자결하였다. 저서로 《매천집》, 《매천시집》, 《매천야록》, 《오하기문》, 《동비기략》 등이 있다.

〈제1수〉

亂離袞到白頭年 (난 리 곤 도 백 두 년)
幾合捐生却未然 (기 합 연 생 각 말 연)
今日眞成無可奈 (금 일 진 성 무 가 내)
輝輝風燭照蒼天 (휘 휘 풍 촉 조 창 천)

❶난리 통에 어느새 머리털 다 •세었는데 (화자의 늙음과 고뇌의 모습)
몇 번 목숨 버려야 했건만 그러질 못했네
㉠오늘은 정녕 어찌할 수 없게 되었으니 (국권 피탈의 상황)
바람에 흔들리는 촛불 아득한 하늘 비추는구나 (위기에 처한 나라)

〈제2수〉

妖氣掩翳帝星移 (요 기 엄 예 제 성 이)
九闕沈沈晝漏遲 (구 궐 침 침 주 루 지)
詔勅從今無復有 (조 칙 종 금 무 복 유)
琳琅一紙淚千絲 (임 랑 일 지 루 천 사)

㉡❷요사스런 기운이 가려 임금 별자리를 옮기니 (일제의 침략 / 조정의 몰락)
•구중궁궐 침침해져 햇살도 더디 드네
임금의 •조칙도 이후로는 다시 없을 것이니 (나라가 망하여 임금이 신하에게 내리는 명령은 다시 없을 것이니)
㉢구슬 같은 조서엔 눈물만 가득 흐르네 (망국의 슬픔)

〈제3수〉

鳥獸哀鳴海岳嚬 (조 수 애 명 해 악 빈)
槿花世界已沈淪 (근 화 세 계 이 침 륜)
秋燈掩卷懷千古 (추 등 엄 권 회 천 고)
難作人間識字人 (난 작 인 간 식 자 인)

❸새와 짐승은 슬피 울고 강산은 찡그리네 (망국의 슬픔(감정 이입))
무궁화 세계는 이미 사라지고 말았구나 (우리나라(대유법) / 망국의 상황)
❹가을 등불 아래 책 덮고 역사를 생각하니 (성찰의 매개체)
㉣세상에서 글 아는 사람 노릇하기 어렵구나

〈제4수〉

曾無支厦半椽功 (증 무 지 하 반 연 공)
只是成仁不是忠 (지 시 성 인 불 시 충)
止竟僅能追尹穀 (지 경 근 능 추 윤 곡)
當時愧不躡陳東 (당 시 괴 불 섭 진 동)

㉤일찍이 나라 위한 작은 공도 없었으니 (나라를 위한 공을 세우거나 벼슬을 하지 않음.)
ⓐ나의 죽음은 인(仁)일망정 충성은 아니로다
❺끝맺음이 겨우 윤곡을 따르는데 그쳤을 뿐 (나라의 위기에 자결을 선택한 윤곡을 따르기 때문에 충이 아님.)
당시의 진동을 좇지 못함이 부끄럽기만 하네 (진동처럼 적극적으로 항거하지 못함을 부끄러워함.)

이해와 감상

이 작품은 〈절명시(목숨을 끊으며 지은 시)〉라는 제목에서도 알 수 있듯이, 1910년 국권 피탈의 소식을 들은 후 작가가 자결하기 전에 남긴 총 4수의 한시이다. 이 작품에서 화자는 망국에 대한 절망과 통분의 심정을 토로하면서도 글 아는 이의 도리를 다하지 못한 것을 자책하고 있다. 1905년 일제가 을사조약을 체결하자 국권 회복 운동을 하기 위해 망명을 시도하다 실패했던 작가의 생애를 고려할 때, 작품에 나타난 화자의 자책과 부끄러움은 '글 아는 사람', 즉 지식인으로서 역사적 현실 앞에 사회적 역할과 소명을 다하지 못한 괴로움을 표현한 것이라 할 수 있다.

이 작품의 짜임

구분	내용
제1수	순명(殉名; 명예를 얻기 위해 목숨을 버림.)에 대한 결심
제2수	망국에 대한 슬픔
제3수	망국의 현실에 대한 지식인으로서의 고뇌
제4수	충(忠)을 이루지 못하고 죽는 것에 대한 탄식

작품 연구소

〈절명시〉에 나타난 인물의 현실 대응 양상

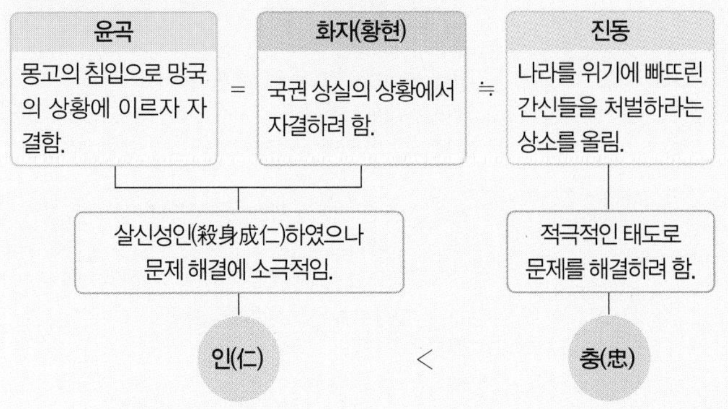

'글 아는 사람 노릇'의 의미

작가 황현은 망국이라는 시대 현실에 대응하는 방법으로 자결을 선택했다. 이러한 현실 대응 태도는 그가 지식인이자 선비였다는 점을 고려하여 이해할 필요가 있다. 글로써 일제와 대결하는 것은 무력했고, 답답한 시대 현실 앞에서 황현은 절망했을 것이다. 그렇다고 총을 들고 투쟁할 만한 체질과 사상을 가진 것도 아니었다. 이러한 상황에서 작가는 자결을 택했고 망국의 절망과 분노, 지식인의 고뇌를 시를 통해 세상에 알리고자 한 것이다.

〈절명시〉에 드러난 당시의 시대 상황

이 작품의 제1~3수에는 국권 피탈로 일제의 요사스러운 기운이 가득했던 당시의 시대 상황이 드러나 있다. 제1수에서 화자는 이미 '많이 겪은 난리'로 자결을 고민하다가 '오늘' 그것을 결심했음을 말한다. 제2수에서는 나라의 앞일을 걱정하는데, 현재 '요사스런 기운'이 가득하여 앞으로는 '임금의 조칙'이 내려지지 못할 것을 슬퍼한다. 제3수에서는 '새, 짐승, 강산' 등에 감정을 이입하여 '무궁화 세계', 즉 우리나라가 사라진 망국의 상황에 대한 슬픔을 드러내면서 이러한 상황에서 지식인으로서 어떻게 행동해야 할지 고뇌하고 있다.

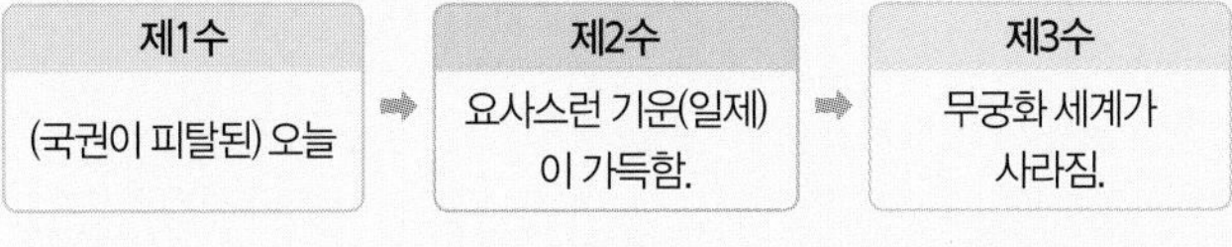

함께 읽으면 좋은 작품

〈절정〉, 이육사 / 한계 상황에서 초극의 의지를 노래한 작품

〈절정〉은 독립지사이자 시인인 이육사가 지은 시로 일제가 우리 민족을 탄압하고 억압하던 시기에 창작되었다. 〈절명시〉에서 현실 상황으로 인한 비탄을 노래했다면, 〈절정〉에서는 한계 상황을 딛고 일어나 그것을 초극하려는 의지를 보여 주고 있다는 점에서 차이가 있다.

Link 〈현대 시〉 98쪽

키 포인트 체크

화자 □□를 잃고 절망하는 지식인
상황 국권이 피탈되어 □□하려 함.
태도 망국에 대한 슬픔과 지식인으로서 역할을 다하지 못한 □□□을 드러냄.

1 이 작품에 대한 설명으로 적절하지 않은 것은?

① 역사적인 사건과 밀접한 관련이 있다.
② 사회적 역할에 대한 화자의 고뇌를 담고 있다.
③ 유교적 사상을 바탕으로 하여 창작된 작품이다.
④ 부정적 현실에 대한 걱정과 슬픔을 표현하고 있다.
⑤ 젊은 날을 회상하며 과거로 되돌아가기를 소망하고 있다.

2 창작 시기를 고려하여 이 작품을 이해한 내용으로 적절하지 않은 것은?

① '바람에 흔들리는 촛불'은 위기에 처한 나라의 현재 상황을 비유한 것이다.
② '임금의 조칙'이 '이후로는 다시 없을 것'이라는 것은 조정의 몰락을 암시한다.
③ '강산은 찡그리네'는 부정적 현실에 대한 화자의 감정을 이입한 구절이다.
④ '책 덮고 역사를 생각하'는 것은 우리 민족의 화려했던 역사를 회상하는 것이다.
⑤ '부끄럽기만 하네'는 소극적인 현실 대응에 대한 화자의 내면 심리를 나타낸 것이다.

3 ㉠~㉤ 중, 〈보기〉와 가장 관계 깊은 구절은?

보기
죽는 날까지 하늘을 우러러 / 한 점 부끄럼이 없기를, 잎새에 이는 바람에도 / 나는 괴로워했다. – 윤동주, 〈서시〉

① ㉠ ② ㉡ ③ ㉢ ④ ㉣ ⑤ ㉤

高난도

4 이 작품의 '윤곡'과 '진동'에 대한 화자의 평가를 고려할 때, ⓐ에 대한 반응으로 가장 적절한 것은?

① 충(忠)보다는 망국을 참고 견디는 인(仁)의 가치를 따르겠다는 것이군.
② 인(仁)과 충(忠) 중에서 더 높은 가치를 지닌 인(仁)을 택했다는 것이군.
③ 시대 현실과 관계없이 인(仁)을 추구한 것이므로 충(忠)이 아니라는 것이군.
④ 나라가 아닌 인(仁)을 위해 죽음을 선택했기 때문에 충(忠)이 아니라는 것이군.
⑤ 망국의 상황을 적극적으로 해결하지 않고 자결을 선택했으므로 충(忠)이 아니라는 것이군.

내신 적중

5 이 작품에서 대유법이 쓰인 2어절의 시어를 찾고 그 의미를 쓰시오.

더 읽을 작품

201 요야(遼野) | 김정희

국어 미래엔

키워드 체크 #광활한 요동 벌판 #예찬 #박지원〈통곡할 만한 자리〉

山到石嶺盡(산도석령진) 산은 석령산 끝에 와서 끝이 났으니
萬里橫襟前(만리횡금전) 만 리 벌판이 눈앞에 가로질렀구나.
天地空虛處(천지공허처) 천지가 비고 빈 곳에
儘在此中間(진재차중간) 하늘, 땅은 이곳에만 모였나 보다. ▶ 요동 벌판에 도착함.
(요동 벌판의 지평선 모습)
水凹與山凸(수요여산철) 물은 오목하고 산은 뾰족해
平掃疣贅縣(평소우췌현) 평평하게 덧붙인 고을을 쓸어 버렸구나.
(요동 벌판의 평평한 모습 묘사)
乾端入何處(건단입하처) 하늘 끝은 어디로 들어갔는고
地體信覺圓(지체신각원) 땅덩이가 진실로 둥글다는 것을 알겠다. ▶ 요동 벌판의 광활함에 대한 인식
(요동 벌판의 광활함에 대한 인식)
視極以爲際(시극이위제) 보이는 끝은 하늘 끝이요
到際又茫然(도제우망연) 끝에 가도 또 끝이 보이지 않는구나.
兩曜匪海出(양요비해출) 해와 달이 바다에서 나오는 것이 아니고
皆從大陸緣(개종대륙연) 모두가 대륙에서 나오고 지나 보다. ▶ 광활한 요동 벌판에 대한 감상
白塔出菌頭(백탑출균두) 백탑이 버섯 머리같이 솟아 있으니
(요동 벌판에 있는 탑)
何以雄塞邊(하이웅새변) 어찌 저리 넓은 들판이 생겼는고.
遊雲弄狡獪(유운롱교회) 노는 구름은 교활하여
時自幻遠山(시자환원산) 때로는 먼 산을 꼭두각시로 만들곤 하네. ▶ 백탑과 구름의 모습
千秋大哭場(천추대곡장) 천추의 커다란 울음터라니
(천추: 오래고 긴 세월. 또는 먼 미래)
戲喩仍妙詮(희유잉묘전) 재미난 그 비유 신묘도 해라.
譬之初生兒(비지초생아) 갓 태어난 핏덩이 어린아이가
出世而啼先(출세이제선) 세상 나와 우는 것에 비유하였네. ▶ 박지원의 〈통곡할 만한 자리〉 인용과 예찬
(박지원의 〈통곡할 만한 자리〉를 인용한 부분)
十方恒沙佛(십방항사불) 시방세계 모래알같이 많은 부처들
(시방세계: 온 세상)
無量百億千(무량백억천) 백 억인지 천 억인지 헤아릴 수 없구나.
如將此地量(여장차지량) 만약에 이 땅을 가지고 헤아린다면
還復着一連(환복착일연) 도리어 산(算)가지 하나를 더해야 하리. ▶ 요동 벌판의 광활함에 대한 비유
(산가지: 수효를 셈하는 데에 쓰던 막대기)
依舊從線路(의구종선로) 예전마냥 선로(線路) 따라 들어가자니
(선로: 실을 같은 길 – 삶의 여정(인생길))
人行殊可憐(인행수가련) 인생의 가는 길 참으로 가련하구나. ▶ 보잘것없는 인생에 대해 깨달음.
(요동 벌판과 대조되는 인생의 보잘것없음)

핵심 정리

갈래 한시, 5언 고시
성격 체험적, 사색적, 예찬적, 영탄적
제재 광대한 요동 벌판
주제 요동 벌판의 광활함을 보며 느낀 대자연에 대한 경외심과 감탄
특징 ① 요동 벌판의 광활함을 시각적 이미지를 활용하여 표현함.
② 시상을 효과적으로 전달하기 위해 박지원의 〈통곡할 만한 자리〉를 인용함.
연대 조선 순조
출전 《완당전집》 제9권

이해와 감상

이 작품은 작가가 요동 벌판을 직접 접한 뒤 그 들판의 광활함에 대한 소감을 표현한 5언 고시이다. 요동 벌판의 광활함을 효과적으로 표현하기 위해 지평선의 모습, 지평선에서 해와 달이 뜨는 모습 등의 시각적 이미지를 사용했고, 영탄적 어조, 직유법, 비교와 대조, 상징 등 다양한 표현 방법을 사용했다. 특히 박지원의 〈통곡할 만한 자리[好哭場論]〉의 내용을 인용하여 그 표현의 기발함을 예찬하고, 광활한 요동 벌판에 대조되는 인생의 보잘것없음을 표현하고 있다.

작품 연구소

〈요야〉의 표현상 특징

시각적 이미지	요동 벌판의 모습을 시각적 이미지를 사용하여 묘사함.
비유	• '백탑'을 '버섯 머리'에 비유함. • '많은 부처'를 '모래알'에 비유함.
인용	'천추의 커다란 ~ 우는 것에 비유하였네.' → 박지원의 〈통곡할 만한 자리〉를 인용함.
대조	요동 벌판의 광활함 ↔ 보잘것없는 인생
상징	'선로(線路)' → 삶의 여정 혹은 인생길을 상징함.

키 포인트 체크

화자 □□ 벌판을 보고 있는 사람
상황 요동 벌판을 직접 보고 그 □□□에 대한 소감을 표현함.
태도 광활한 벌판에 대해 경외감을 드러내고 □□□ 태도를 보임.

답 요동, 광활함, 예찬적

202 사친시(思親詩) | 김만중

문학 천재(정)

키워드 체크 #어머니에 대한 그리움 #눈물 #편지

今朝欲寫思親語 (금조욕사사친어)
字未成時淚已滋 (자미성시루이자)
幾度濡毫還復擲 (기도유호환부척)
集中應缺海南詩 (집중응결해남시)

오늘 아침 어머니 그립다는 말 쓰자고 하니 (어머니에 대한 그리움)
글자도 되기 전에 눈물 이미 흥건하다. (그리운 마음이 눈물로 바뀜.)
몇 번이나 붓을 적셨다가 도로 던져 버렸던가 (편지 쓰기를 망설임.)
문집에서 남해 시(南海詩)는 반드시 빼 버려야 하리. (편지를 쓰지 못한 부끄러움)

키 포인트 체크

화자 어머니에게 편지를 쓰려는 □□

상황 편지를 쓰지 못하고 □□만 흘림.

태도 어머니에 대한 사무치는 □□□을 드러냄.

답 아들, 눈물, 그리움

핵심 정리

갈래 한시, 7언 절구
성격 사모곡(사친)
제재 어머니
주제 어머니에 대한 그리움
특징 ① 사무치는 그리움을 눈물로 형상화함.
② 지극한 효심을 행동으로 드러냄.
출전 《서포집》

이해와 감상

이 작품은 서포 김만중이 남해 유배지에서 처음 맞는 어머니의 생일날 아침에 어머니를 그리워하며 지은 시이다. 희빈 장씨를 비판하는 직언으로 자주 유배당했던 김만중은 홀로 계신 어머니를 위해 〈구운몽〉과 〈사씨남정기〉를 지을 정도로 지극한 효자로 알려져 있다. 어머니의 생일을 맞이하여 어머니에게 편지를 쓰고자 했지만, 어머니에 대한 사무치는 그리움으로 눈물이 흘러 결국 편지를 쓰지 못했다는 것에서 김만중의 효심을 엿볼 수 있다.

203 갈역잡영(葛驛雜詠) 9수 | 김창흡

키워드 체크 #세상에 대한 깨달음 #자유롭게 사는 삶 #비교

酒甕茶甌繞榻陳 (주옹다구요탑진)
起居隨意卽天眞 (기거수의즉천진)
風扉盡日如相語 (풍비진일여상어)
勝接塵中不韻人 (승접진중불운인)

술병과 찻그릇 탁자 위에 늘어놓고
마음 따라 살아가니 이것이 곧 천진(天眞)일세. (꾸밈이나 거짓이 없이 자연 그대로 깨끗하고 순진함. → 화자가 추구하는 삶)
하루 종일 말하는 듯 소리 내는 사립문
운치 없는 세속 사람보다 낫구나. (고상하고 우아한 멋)

키 포인트 체크

화자 □□을 떠나 자유롭게 살아가는 사람

상황 자신의 □□에 따라 자유롭게 살고자 함.

태도 세속을 벗어나 자연에 은둔하며 □□을 추구함.

답 세속, 마음, 천진

핵심 정리

갈래 한시, 7언 절구
성격 성찰적, 서정적, 낭만적, 풍류적
제재 삶의 깨달음
주제 자신의 마음에 따라 자유롭게 사는 삶의 즐거움
특징 자연 속의 삶과 세속의 삶을 비교함으로써 자연에 은둔하고자 하는 마음을 표현함.
출전 《삼연집》 권 14

이해와 감상

'갈역'은 강원도 인제군 내설악에 위치한 지명이고, '잡영'이란 여러 가지 사물에 대해 읊은 시가(詩歌)라는 뜻이다. 김창흡은 부친이 당쟁에 희생되자 벼슬하지 않고 은둔 생활을 했으며, 〈갈역잡영〉을 비롯한 그의 대표적인 시들은 이때 창작되었다. 작가는 세속적인 갈등으로부터 벗어나 신선과 같이 살거나 혹은 자연에 담긴 만물의 이치를 체득하고자 했다. 392수에 달하는 〈갈역잡영〉 중에서도 '9수'에는 '천진'을 추구하는 작가의 마음이 잘 드러나 있다.

작품 연구소

시어의 의미 구조

자연		세속
소리 내는 사립문	> 비교	운치 없는 세속 사람

↓

사립문이 세속 사람보다 낫다는 표현을 통해 세속을 벗어나 자연에 은둔하고 싶은 마음을 표현함.

더 읽을 작품

204 탐진촌요(耽津村謠) | 정약용

키워드 체크 #현실 비판 #사실적 묘사 #탐관오리의 횡포 #수탈당하는 농민

棉布新治雪樣鮮 (면 포 신 치 설 양 선)
새로 짜낸 무명이 눈결같이 고왔는데
— 무명을 짠 농민의 기쁨(직유법)

黃頭來博吏房錢 (황 두 래 박 이 방 전)
이방 줄 돈이라고 황두가 빼어 가네 → 부패한 관리의 횡포를 사실적으로 묘사함.
— 황두: 지방 관리

漏田督稅如星火 (누 전 독 세 여 성 화)
누전 세금 독촉이 성화같이 급하구나
— 토지 대장 기록에서 빠진 토지의 세금까지 걷어 가려는 관리들의 횡포(직유법)

三月中旬道發船 (삼 월 중 순 도 발 선)
삼월 중순 세곡선(稅穀船)이 서울로 떠난다고
— 세곡선을 구실로 세금을 수탈하는 현실

(3~4행: 도치)

키 포인트 체크

- 화자 □□에서 귀양살이를 하고 있는 사람
- 상황 □□들의 어려운 현실을 목격함.
- 태도 탐관오리의 횡포를 □□하고 비판함.

답 탐진, 농민(백성), 고발

핵심 정리

갈래 한시, 7언 절구
성격 고발적, 비판적, 사실적
제재 농민 생활의 고초
주제 탐관오리들의 횡포 고발
특징 ① 사실적인 표현으로 당대 현실에 대한 비판적 인식을 드러냄.
② 직유법과 도치법을 사용하여 시적 상황을 효과적으로 표현함.
연대 조선 순조
출전 《여유당전서》

이해와 감상

'탐진'은 전라남도 강진의 옛 이름으로, 작가가 귀양살이하던 곳이다. 작가는 그곳에서 농민들의 어려운 생활을 목격하고 농민의 생활고를 가중하는 관리들의 수탈을 고발하는 시를 썼다. 이 작품에는 황두에게 무명을 빼앗기고 세금 독촉에 시달리는 농민들의 눈물겨운 삶이 사실적으로 그려져 있는데, 여기에서 작가의 애민 정신과 현실 비판 의식, 백성을 근본으로 여기는 사상 등을 엿볼 수 있다.

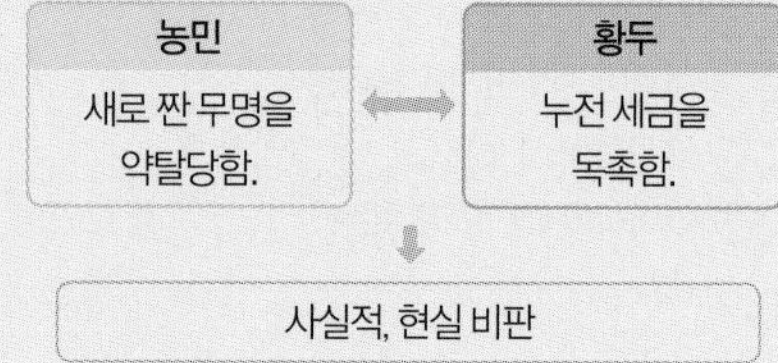

사실적, 현실 비판

관리들의 횡포와 백성들의 고통스러운 삶 고발

205 고시(古詩) 7 | 정약용

키워드 체크 #관리들의 횡포 #백성들의 힘겨운 삶 #우의적인 수법 #풍자

百草皆有根 (백 초 개 유 근)
풀이면 다 뿌리가 있는데
— 풀의 보편적인 속성

浮萍獨無滯 (부 평 독 무 체)
부평초만은 매달린 꼭지가 없이
— ○: 뿌리가 없어 정착하지 못함. → 백성의 삶 암시

汎汎水上行 (범 범 수 상 행)
물 위에 둥둥 떠다니며

常爲風所曳 (상 위 풍 소 예)
언제나 바람에 끌려다닌다네
— 부평초의 삶의 모습

生意雖不泯 (생 의 수 불 민)
목숨은 비록 붙어 있지만

寄命良瑣細 (기 명 량 쇄 세)
더부살이 신세처럼 가냘프기만 해

蓮葉太凌藉 (현 엽 태 릉 적)
연잎은 너무 괄시를 하고
— □: 백성들을 억압하고 수탈하는 지배층

荇帶亦交蔽 (행 대 역 교 폐)
행채도 이리저리 가리기만 해

(1~8행: 시적 화자의 관찰)

同生一池中 (동 생 일 지 중)
「똑같이 한 못 안에 살면서

何乃苦相戾 (하 내 고 상 려)
어쩌면 그리 서로 어그러지기만 할까」
— 「 」: 지배층에 대한 비판 + 백성들에 대한 연민

(9~10행: 시적 화자의 목소리)

키 포인트 체크

- 화자 당대의 잘못된 사회 현실을 □□하는 사람
- 상황 약한 백성을 억압하고 수탈하는 □□□의 모습을 풍자함.
- 태도 지배층을 비판하고 백성들에 대한 □□을 드러냄.

답 비판, 지배층, 연민

핵심 정리

갈래 한시, 5언 고시
성격 우의적, 풍자적, 상징적, 비판적
제재 부평초, 연잎, 행채
주제 핍박받는 백성들의 삶 고발
특징 ① 우의적 표현을 통해 주제를 형상화함.
② 당시의 시대 현실을 드러냄.
③ 자연물에 의탁하여 화자의 심정을 나타냄.
출전 《여유당전서》

이해와 감상

작가의 〈고시〉 27수 중의 하나로, 조선 후기 사회 지배층의 횡포와 피지배층의 서러움을 우의적으로 표현한 한시이다. 약한 자들을 괴롭히는 지배층과 그들로부터 끊임없이 수탈당하며 고난의 삶을 이어가는 피지배층의 모습을 연잎과 행채, 그리고 부평초의 관계로 형상화하고 있다. 연잎과 행채로 비유된 지배층의 횡포와 부평초로 비유된 백성들의 서러움을 대립시켜 지배 계층에 대한 비판과 함께 백성들에 대한 연민을 나타내고 있다.

작품 연구소

우의적 표현

당시의 현실을 '부평초, 연잎, 행채' 등과 같은 식물의 세계에 비유하여 풍자했다.

연잎		부평초		행채
지배층	수탈 →	백성	← 수탈	지배층

206 탐진어가(耽津漁歌) 1수 | 정약용

키워드 체크 #긍정적 #어민의 삶 #고기잡이 #사실적 묘사

桂浪春水足鰻鱺 계 랑 춘 수 족 만 려	계랑(桂浪) 봄 바다에 뱀장어도 많을시고.
樘取弓船漾碧漪 탱 취 궁 선 양 벽 의	푸른 물결 헤치며 활선이 떠나간다. (□: 한자로 우리말을 표기한 부분)
高鳥風高齊出港 고 조 풍 고 제 출 항	높새바람 드높을 때 일제히 출항해서
馬兒風緊足歸時 마 아 풍 긴 족 귀 시	마파람 급히 불 때 가득 싣고 돌아오네.

(주석: 계절적 배경 – 계랑 봄 바다 / 핵심 소재 – 뱀장어 / 시각적 묘사 – 푸른 물결 헤치며 / 북동풍 – 높새바람 / 남풍 – 마파람 / 풍어에 대한 기대감 – 가득 싣고 돌아오네)

키 포인트 체크

화자 □□들의 생활 모습을 바라보는 사람

상황 □□□□하는 어부들의 모습을 사실적으로 그려 냄.

태도 어민들의 삶을 □□□인 관점으로 묘사함.

답 어민(어부), 고기잡이, 긍정적

핵심 정리

갈래 한시, 7언 절구
성격 사실적, 토속적
제재 어부의 고기(뱀장어)잡이
주제 어민들의 일상적인 삶의 모습
특징 ① 어부들의 생활을 긍정적인 관점에서 묘사함.
② 우리말을 한자로 표기하여 토속적 분위기를 조성함.
연대 조선 순조
출전 《여유당전서》

이해와 감상

정약용이 탐진(지금의 전라도 강진)에서 유배 생활을 할 때 지은 것으로 〈탐진촌요〉, 〈탐진농가〉와 함께 3부작으로 구성된 〈탐진어가〉 중의 한 작품이다. 고기잡이하는 어부들의 모습을 사실적으로 묘사하고 있으며, 어부들의 흥겨운 분위기와 함께 풍어에 대한 기대감을 잘 표현하고 있다.

207 이십수하(二十樹下) | 김병연

키워드 체크 #현실 비판 #조롱과 풍자 #언어유희 #냉정한 인심

□: 20, 30, 40, 50, 70, 30이라는 숫자를 이용한 언어유희

二十樹下三十客 이 십 수 하 삼 십 객	스무나무 아래 서러운 나그네에게
四十家中五十食 사 십 가 중 오 십 식	망할 집에서 쉰밥을 주는구나
人間豈有七十事 인 간 기 유 칠 십 사	인간 세상에 어찌 이런 일이 있는가
不如歸家三十食 불 여 귀 가 삼 십 식	차라리 집으로 돌아가 설은 밥 먹으리. → 자신의 처지에 대해 위로함.

(주석: 나그네의 심정 – 서러운 / 시무나무(느릅나뭇과의 낙엽 교목) – 스무나무 / 각박한 인심을 드러내는 소재 – 쉰밥)

키 포인트 체크

화자 방랑하는 □□□

상황 어느 집에서 □□을 대접받음.

태도 □□한 세상 인심에 대해 탄식함.

답 나그네, 쉰밥, 각박

핵심 정리

갈래 한시, 7언 절구
성격 해학적, 풍자적
제재 각박한 인심
주제 신세 한탄과 각박한 인심 풍자
특징 언어유희를 통해 세상 인심을 풍자함.
연대 19세기
출전 《김립시집》

이해와 감상

방랑 생활의 경험이 담긴 작품으로, 한자어를 활용하여 순우리말을 표기하는 파격적 실험이 나타난 한시이다. 먹을 수 없는 쉰밥을 대접받은 나그네인 화자는 발음의 유사성을 이용한 언어유희를 통해 쉰밥을 내준 집을 조롱하고 풍자하고 있다.

208 무제(無題) | 김병연

키워드 체크 #독특한 발상 #창의적 표현 #유유자적한 삶 #안분지족

四脚松盤粥一器 사 각 송 반 죽 일 기	네 다리 소반 위에 멀건 죽 한 그릇
天光雲影共徘徊 천 광 운 영 공 배 회	하늘빛과 구름 그림자 함께 떠도네
主人莫道無顔色 주 인 막 도 무 안 색	주인이여 면목 없다 말하지 마오
我愛靑山倒水來 아 애 청 산 도 수 래	얼비쳐 오는 청산 내사 좋으니.

(주석: 자그마한 밥상 – 네 다리 소반 / 농부의 가난한 삶과 인정 – 멀건 죽 한 그릇 / 죽에 비치는 풍경(화자의 자유로움) – 하늘빛과 구름 그림자 / 가난한 농부에 대한 위로 – 주인이여 면목 없다 말하지 마오 / 안분지족, 탈속적 태도, 해학적 표현 – 얼비쳐 오는 청산 내사 좋으니)

키 포인트 체크

화자 □□하고 있는 '나'

상황 농부에게 □ 한 그릇을 대접받음.

태도 □□□□하는 삶의 태도를 보임.

답 방랑, 죽, 안분지족

핵심 정리

갈래 한시, 7언 절구
성격 해학적, 묘사적, 낙관적
제재 가난한 농민의 생활상
주제 속세를 초탈한 인생관과 안분지족의 추구
특징 ① 독특한 발상을 통해 유유자적하는 삶의 자세를 표현함.
② 시각적인 이미지를 활용한 해학적 표현을 사용함.
연대 19세기

이해와 감상

방랑하는 나그네(화자)와 가난하지만 인정 있는 농부가 대화를 나누는 듯한 어조로 내용이 전개되는 작품이다. 화자는 여로에 지친 자신에게 멀건 죽 한 그릇을 대접한 농민의 어려운 사정을 엿보고, 그 죽 그릇 안에 비친 청산을 구경하는 것이 좋다고 위로한다. 이를 통해 작가의 기발한 발상과 해학, 세속을 초탈한 인생관을 엿볼 수 있다.

이소　산중문답　오디세이아　춘야희우　춘망　동곡칠가 4　춘망사　곤산으로 돌아가며 배 안에서 짓는다
시간의 사악한 손길로　가만히 살펴보니　아름다워라, 태풍이　제비꽃　발견　수선화　무지개
고양이　담에 핀 한 송이 꽃　이니스프리 호수 섬

V

세계 문학

209 오디세이아 | 호메로스

키워드 체크 #장편 서사시 #오디세우스의 노래 #오디세우스의 모험과 귀환 #트로이 전쟁 승리

핵심 정리

갈래 영웅 서사시
성격 신화적, 영웅적, 서술적
제재 영웅 오디세우스의 모험과 귀환
주제 운명을 극복해 가는 이상적인 영웅의 행적
특징 ① 묘사와 대화를 주로 사용하여 극적으로 표현함.
② 시간상 가장 앞선 이야기를 작품 한가운데에 배치하는 구성을 취함.
③ 힘 있고 장중한 어조가 나타남.
연대 기원전 8세기경
출전 《오디세이아》

이해와 감상

이 작품은 지금으로부터 약 2,800여 년 전인 기원전 8세기경에 지어진 장편 서사시로, 전체 약 1만 2,110행, 총 24권으로 이루어져 있다. 트로이 전쟁에 참가했던 영웅이 바다를 떠돌며 모험을 겪고, 집에 돌아와 아내를 괴롭히던 무리를 처단하는 것이 주된 내용이다. 이 작품에서 가장 중요하게 다루는 것은 모험과 생존, 귀환의 문제로, 그러한 모험과 귀환이 굳은 의지와 인내, 지혜를 통해 가능하다는 것을 보여 준다. 이러한 모험의 과정을 삶에 대한 비유로 보고, 인간의 인생이 어떻게 펼쳐지는가에 관해 이야기하는 작품으로 보기도 한다.

작가 소개

호메로스(Homeros, ?~?) 고대 그리스의 시인. 서양 역사상 최고(最古), 최대의 서사시 《일리아드》와 《오디세이아》의 저자로 추정된다. 그에 대해 알려진 것은 거의 없는데, 호메로스의 조각상 중에 눈을 감은 것이 많아 눈먼 음유 시인이었을 것으로 추측하는 의견이 있다.

[전체 줄거리] 트로이 전쟁에 참여했던 오디세우스는 바다의 신 포세이돈의 저주를 받아 지중해를 표류하게 된다. 고국 이타케에 남겨진 오디세우스의 아내 페넬로페에게는 많은 구혼자가 나타나 그녀를 압박한다. 구혼자들은 오디세우스의 성에서 가축을 잡아먹고, 포도주를 마시며 온갖 횡포를 일삼는다. 오디세우스의 아들 텔레마코스는 이러한 구혼자들의 횡포를 고발하고, 아버지를 찾아 떠난다. 한편, 신들의 도움으로 20여 년간 갇혀 있던 칼립소의 섬을 떠나 파이아케스 섬의 알키노오스 왕의 궁전에 도착한 오디세우스는 그곳에서 갖은 고난을 겪으면서 자신의 부하들을 모두 잃게 된 사정을 이야기한다. 마침내 이타케로 귀환한 오디세우스는 아들과 힘을 합쳐 아내 페넬로페를 차지하려던 구혼자들을 처단하고 아내와 재회한다. 제시된 부분은 트로이 전쟁 후, 고향으로 돌아가던 오디세우스가 키클로페스 족의 나라를 모험한 장면이다.

마지막으로 오디세우스가 가장 큰 양의 배에 매달려 밖으로 빠져나왔다. 무사히 동굴을 빠져나온 오디세우스 일행은 몰고 나왔던 양들을 배에다 실었다. 배가 해안을 떠나기 시작했을 때 오디세우스는 폴리페모스가 있는 동굴을 향해 소리쳤다.

오디세우스: 그리스 신화에 나오는 영웅. 이타케의 왕자로, 트로이 전쟁에서 목마의 배 안에 군사를 숨기는 계략을 써 그리스 군을 승리로 이끎.

폴리페모스: 포세이돈의 아들인 외눈박이 거인. 오디세우스의 부하들을 동굴에 가두고 한 사람씩 잡아먹다가 오디세우스에게 눈을 찔려 맹인이 됨.

"폴리페모스! 너는 내 부하들을 잡아먹었다. 그래서 그 죄의 대가를 받은 것이다. 훗날 네 눈을 멀게 한 사람이 누구냐고 묻거든 위대한 이타케의 왕 오디세우스라고 해라."

이타케: 이오니아해의 작은 섬으로 오디세우스의 고향

이 말을 들은 폴리페모스는 화가 나서 동굴 앞에 있던 커다란 바위를 들어 바다로 던졌다. 부하들은 겁에 질려 떨었지만 오디세우스는 여전히 분노를 억누를 길이 없어 계속해서 거인에게 소리를 질렀다.

"옛날 어느 예언자가 오디세우스라는 인간이 내 눈을 멀게 한다고 했었는데 그 말이 맞구나."

폴리페모스는 탄식하며 산봉우리를 떼어 바다를 향해 힘껏 던졌지만 배를 맞추지는 못했다. 오디세우스는 돛을 높이 올리고 부하들이 기다리는 섬으로 향했다. 폴리페모스는 끊임없이 오디세우스에게 저주를 퍼부었다. [후략]

키 포인트 체크

화자 □□□□□가 트로이 전쟁 후 귀환하는 여정을 이야기하는 사람
상황 오디세우스가 자신의 부하들을 잡아먹은 □□□□□의 눈을 멀게 함.
태도 운명을 극복해 나가는 영웅의 행적을 통해 □□에 관해 이야기함.

답 오디세우스, 폴리페모스, 인생

210 이소(離騷) | 굴원

키워드 체크 #장편 서사시 #중국 낭만주의 문학의 원류 #전국 시대 #모함 #유배

핵심 정리

갈래 한시, 서정시
성격 서정적, 비극적, 낭만적
구성 16장 373행 2,490자
제재 충신의 근심과 한탄
주제 연군지정(戀君之情)과 우국지정(憂國之情)
특징 중국의 충신연주지사, 유배 문학의 원류임.
연대 기원전 1세기경
출전 《초사(楚辭)》

[전략]

앞뒤로 분주히 달리며
선왕(先王)의 발자취 잇게 하렸더니
「이내 마음 살펴 주지 아니하고
도리어 참소(讒訴)만 믿고 벌컥 화내시네.」

분주히 달리며: 나라를 위해 힘씀. – 분골쇄신(粉骨碎身)

발자취 잇게: 나라의 왕조와 역사가 지속되게

「 」: 임금이 다른 이들의 모함만 믿는 처사에 대한 억울함과 안타까움이 드러남.

참소(讒訴): 남을 헐뜯어서 죄가 있는 것처럼 꾸며 윗사람에게 고하여 바침.

이해와 감상

이 작품은 중국 전국 시대 초나라의 정치가이자 문인이었던 굴원이 반대 세력의 참소로 유배를 당한 상황에서 쓴 장편 서정시이다. 제목 〈이소〉는 '불행을 만나 지었다'는 뜻으로 이해할 수 있다. 이 작품의 3장에서 화자는 전국 시대의 혼란 속에서 나라가 명맥을 유지할 수 있도록 온 힘을 다해 노력했지만, 임금이 다른 이들의 모함만을 믿고 자신을 배척한 상황에 억울함을 표현하고 있다. 또한 자신에게 화가 미칠 것을 알면서도 직언을 아끼지 않은 것은 임금과 나라를 위한 것이었음을 강조하며 결백을 주장한다. 마지막 부분에 해당하는 16장에서는 자신과 뜻을 같이할 동료도 없고 상황이 호전될 희망도 보이지 않는 상황에 절망하면서 '팽함'의 고사를 인용하여 죽음의 길을 선택할 것이라고 말하고 있다.

작가 소개

굴원(屈原, B.C. 343?~B.C. 277?) 중국 전국 시대의 정치가이자 시인. 전국 시대의 혼란기에 정치적 폐단을 없애는 개혁을 추구했으나, 모함과 배척으로 유배당했다가 복권되기를 반복하다가 나라가 쇠락의 길을 걷는 상황에 절망하여 멱라수에 투신했다. 작품으로 〈어부사〉, 〈천문〉 등이 있다.

『바른말이 이 몸에 화될 줄 알지만
(「 」: 화가 미칠 것을 알면서도 임금과 나라를 위해 충언을 올린 것임을 강조함.)
차마 그만두지 못하는 것은

맹세코자 하늘이 아시리,
(천지신명 – 화자의 결백을 증명해 줄 존재)
오직 임 때문임을.』 (도치)
(원문은 영수(靈修), 신(神)이나 임금을 가리킴.)
당초에 내게 약속하시더니

나중에 돌아서서 딴마음 가지실 줄이야.
(임금의 변심에 대한 충격과 실망)
나야 이별이 어렵지 않지만

임의 잦은 변덕 가슴 아파라.
(쉽게 변심하는 임금의 태도에 대한 실망과 안타까움)

▶ 3장: 자신의 억울함을 호소함.

Q 3장의 내용과 연결되는 고전 시가

3장에서 화자는 임금에게 드리는 충언이 자신에게 해가 될 수 있음을 알면서도 나라와 임금을 위하는 마음에서 그만두지 못했다며 결백을 호소한다. 이러한 내용은 윤선도의 연시조 〈견회요〉의 제2수와 매우 유사하다. 또한 〈이소〉의 화자가 임금의 변심을 원망하는 내용은 신충의 향가 〈원가(怨歌)〉의 내용과 연결된다.

[중략]

모든 것 다 끝났어라.
(희망이 보이지 않는 상황에 대한 좌절과 절망)
나라에 사람 없어 날 알아줄 이 아무도 없는데
(자신과 뜻을 같이할 동료가 없음.)
어이 고국을 그리워하리.

좋은 정치 함께할 사람 없으니
(화자가 추구하는 정치)
『나는 장차 팽함 계신 곳을 찾아가리.』
(중국 은나라 때의 충신으로 임금에게 직언하다가 물에 빠져 죽음.)
(「 」: 나라의 상황과 자신의 처지를 한탄하며 죽음의 길을 선택함.)

▶ 16장: 절망적 상황에서 죽음의 길을 선택함.

키 포인트 체크

- 화자 모함으로 □□를 당한 사람
- 상황 자신이 배척당한 상황에 억울함을 표현하며 □□을 주장함.
- 태도 자신을 배척한 임금의 태도에 실망하고, 나라의 상황과 자신의 처지를 □□함.

답 유배, 결백, 한탄

211 산중문답(山中問答) | 이백

키워드 체크 #속세를 벗어난 한가로움과 자유 #신선 사상 #무릉도원 #문답 형식

핵심 정리

갈래 한시, 7언 절구
성격 이상적, 은둔적, 탈세속적, 낭만적
제재 산중의 삶
주제 자연 속에서의 한가로운 삶
특징 ① 자연 친화 사상이 드러남.
② 자문자답의 형식을 활용함.
출전 《이태백 문집》(1080년)

이해와 감상

이 작품은 세속에 구속되기를 거부했던 이백의 자유로운 삶이 그려진 7언 절구이다. 1~2구에서는 자문자답의 형식을 통해 세속을 초월해 자연의 일부가 되었음을 보여 준다. 3구에서는 이상 세계를 상징하는 '복숭아꽃'을 등장시키고, 4구에서는 세속과의 완전한 단절을 선언한다.

작가 소개

이백(李白, 701~762) 중국 당나라 때의 시인. 도교를 기반으로 호방하고 상상력이 풍부한 시를 주로 썼다. 작품으로 〈청평조사〉, 〈촉도난〉 등이 있다.

(「 」: 산중 생활에 대한 자문자답 – 속세에 대한 미련을 떨쳐 버리려는 의지 강조)

問余何事棲碧山 (문 여 하 사 서 벽 산)
『어이하여 푸른 산에 사느냐고 묻기에
(세속을 벗어난 자연 세계)
▶ 기: 산중 생활에 대한 물음

笑而不答心自閑 (소 이 부 답 심 자 한)
웃고 대답 아니 해도 마음 절로 한가롭네.』
(말이 필요 없는 여유로운 마음, 이미 세속적인 논리를 초월함.)
▶ 승: 산중 생활에 대한 답변(진정한 자유와 평화)

桃花流水杳然去 (도 화 유 수 묘 연 거)
복사꽃 흐르는 물 아득히 떠나거니
(무릉도원 – 작가가 그리는 이상 세계)
▶ 전: 이상 세계의 전개

別有天地非人間 (별 유 천 지 비 인 간)
또 다른 세상일레, 인간이 아니로세.
(가장 아름답고 이상적인 곳임에 감탄하는 마음)
▶ 결: 속세와의 완전한 단절

키 포인트 체크

- 화자 세상에 □□되지 않고 살아가려는 사람
- 상황 세속을 □□해 자연의 일부가 되어 살아가려 함.
- 태도 자연 속에 살면서 진정한 □□와 평화를 느낌.

답 구속, 초월, 자유

212 춘야희우(春夜喜雨) | 두보

키워드 체크 #봄밤의 정경 #반가운 비 #감각적 이미지 #시간의 흐름에 따라 묘사

문학 해냄

핵심 정리

갈래 한시, 5언 율시
성격 사실적, 감각적, 상징적, 관조적
제재 봄비
주제 비 내리는 봄밤의 정경
특징 ① 정밀한 묘사를 통해 한 폭의 동양화를 보는 듯한 느낌을 줌.
② 대조를 통해 부정적인 현실과 미래에 대한 희망을 감각적으로 드러냄.
③ 상징적인 시어를 통해 시대 상황을 드러냄.
연대 756년(두보 45세)

이해와 감상

이 작품은 다양한 감각적 이미지를 이용하여 비 내리는 봄밤의 정경을 섬세하게 묘사하고 있다. 봄에 내리는 '비'는 만물을 소생하게 하지만 현실은 시련과 고통 속의 밤이다. 화자는 '밤, 비구름, 어두운데' 등의 표현을 통해 부정적인 현실 상황을 그리면서도, 봄비를 맞은 꽃들이 흐드러지게 피어날 미래에 대한 희망을 나타내고 있다.

작가 소개

두보(본책 120쪽 참고)

好雨知時節 (호 우 지 시 절) — 좋은 비는 내릴 때를 알고 있으니
(만물을 소생하게 함. – 희망의 이미지)
當春乃發生 (당 춘 내 발 생) — 봄이 오면 모든 것 살아나게 하네
▶ 수련: 봄비를 맞이한 반가움

隨風潛入夜 (수 풍 잠 입 야) — 비는 바람 따라 밤에 몰래 들어와
(어두운 현실 상황)
潤物細無聲 (윤 물 세 무 성) — 소리도 없이 만물을 촉촉이 적시네
▶ 함련: 비 내리는 봄밤의 고요함

野徑雲俱黑 (야 경 운 구 흑) — 들길엔 비구름 드리워 다 어두운데
(화자가 처한 현실이 부정적임을 드러냄.)
江船火獨明 (강 선 화 독 명) — 강에서 고기 잡는 배 불빛만 밝네
(대조적 이미지(색채 대비))
(어둠이 가시는 희망의 시간 / 미래에 대한 희망 인식)
▶ 경련: 어두운 현실 상황

曉看紅濕處 (효 간 홍 습 처) — 새벽에 붉게 젖은 곳을 보았다면
(말년에 두보가 은거한 곳으로 집 또는 평화로운 곳을 의미함.)
花重錦官城 (화 중 금 관 성) — 금관성에 꽃들이 활짝 피어 그렇다네
(화자가 기대하는 상황 비유 – 밝은 미래를 상징)
▶ 미련: 밝은 미래에 대한 기대

키 포인트 체크

화자 비 내리는 □□의 정경을 바라보는 사람
상황 다양한 □□□ 이미지를 사용하여 봄밤의 정경을 묘사함.
태도 현실은 부정적이지만 미래에 대한 □□을 드러냄.

답 봄밤, 감각적, 희망

213 춘망(春望) | 두보

키워드 체크 #애상적 #전쟁으로 인한 슬픔 #가족에 대한 그리움 #인간사의 고통 #선경 후정

국어 비상(박영)

핵심 정리

갈래 한시, 5언 율시
성격 애상적, 영탄적, 회고적
제재 폐허가 된 장안
주제 전란(戰亂)으로 인한 상심
특징 ① 선경 후정의 구성에 애상적 정조를 잘 담아냄.
② 대구법과 과장법을 통해 정서를 드러냄.
연대 757년(두보 46세)
출전 《분류두공부시언해》 중간본 권 10

이해와 감상

두보가 안녹산의 군대에 붙잡혀 장안에 연금되었을 때 지은 작품으로, 가족과 헤어져 지내는 심정을 선경 후정의 방식으로 노래하고 있다. 싱그럽고 아름다운 자연과 대비되는 화자의 처지를 드러내며 비극적 상황을 강조하지만, 원망 대신 나라를 걱정하고 가족을 절절히 그리워하는 마음을 드러내고 있다는 점에서 유교 이념에 바탕을 둔 한시의 전범이라 할 수 있다.

작가 소개

두보(본책 120쪽 참고)

선경

國破山河在 (국 파 산 하 재) — 나라가 망하니 산과 강만 있고
(변함이 없는 자연의 모습)
城春草木深 (성 춘 초 목 심) — 성안의 봄에 풀과 나무만 깊어 있구나.
(인간과 자연사를 대비하여 무상감을 드러냄.)
(전란 때문에 폐허가 된 장안의 모습 – 맥수지탄(麥秀之嘆))
▶ 수련: 전쟁으로 폐허가 된 장안의 모습

感時花濺淚 (감 시 화 천 루) — 어지러운 시절을 한탄하니 꽃이 눈물을 흘리게 하고
(꽃을 본 화자가 눈물을 흘림.)
恨別鳥驚心 (한 별 조 경 심) — 이별하였음을 슬퍼하니 새 소리도 내 마음을 놀라게 한다.
(주객전도의 표현)
(새 소리에 화자가 놀람.)
▶ 함련: 꽃과 새들도 슬퍼하는 전쟁의 참상

후정

烽火連三月 (봉 화 연 삼 월) — 전쟁이 석 달을 이으니
(끝나지 않은 전쟁)
家書抵萬金 (가 서 저 만 금) — 집의 편지는 만금보다 비싸구나
(가족의 소식을 듣기 어려운 상황임.)
▶ 경련: 가족에 대한 그리움

白頭搔更短 (백 두 소 갱 단) — 하얗게 센 머리를 긁으니 또 짧아져
渾欲不勝簪 (혼 욕 불 승 잠) — 머리카락을 다 모아도 비녀를 이기지 못할 듯하도다.
(비녀를 할 수 없을 정도로 머리카락이 빠짐. – 과장법을 사용하여 가족에 대한 그리움과 늙어 가는 자신의 모습에 대한 한탄을 드러냄.)
▶ 미련: 쇠약한 육신에 대한 탄식

키 포인트 체크

화자 전쟁으로 인해 상심하고 늙어 가는 것을 □□하는 사람
상황 □□으로 인해 가족과 연락할 수 없음.
태도 자연과 인간사를 대비하여 □□□ 정서를 드러냄.

답 한탄, 전쟁, 애달픈

214 동곡칠가(同谷七歌) 4 | 두보

키워드 체크 #애상적 #누이에 대한 그리움 #설의법 #감정 이입

문학 창비

핵심 정리

갈래 한시, 7언 율시
성격 애상적, 영탄적, 비유적
제재 10년 동안 만나지 못한 누이
주제 누이에 대한 그리움
특징 ① 설의적 표현으로 만날 수 없는 누이에 대한 그리움을 부각함.
② 감정 이입을 통해 화자의 슬픔을 드러냄.
③ 비유를 통해 상황을 강조함.

이해와 감상

이 작품은 두보가 안녹산의 난 때문에 동곡현에 머물 때 지은 일곱 편의 시 중 네 번째 작품이다. 전쟁으로 인해 종리에 시집가 있는 누이를 만날 수 없는 애통한 심정을 표현하고 있으며, 힘겹게 살아가고 있을 누이를 걱정하는 마음이 절절하게 드러난다.

작가 소개

두보(본책 120쪽 참고)

有妹有妹在鍾離 (유 매 유 매 재 종 리)
良人早歿諸孤癡 (양 인 조 몰 제 고 치)
長淮浪高蛟龍怒 (장 회 낭 고 교 룡 노)
十年不見來何時 (십 년 불 견 내 하 시)
扁舟欲往箭滿眼 (편 주 욕 왕 전 만 안)
杳杳南國多旌旗 (묘 묘 남 국 다 정 기)
嗚呼四歌兮歌四奏 (오 호 사 가 혜 가 사 주)
竹林猿爲我啼淸晝 (죽 림 원 위 아 제 청 주)

누이여, 종리 고을의 누이여
(종리: 중국의 지명으로 지금의 안휘성 봉양현)
남편 잃고 자식들 모두 어리네. ▶ 수련: 힘들게 살고 있는 누이의 처지
(누이의 애처로운 상황)
회수 파도 드높고 교룡은 성내니
(회수: 중국의 회하강 / 교룡: 상상 속에 등장하는 동물의 하나 – 성난 물결을 의미함.)
못 본 지 십 년, 어느 때나 만나랴. ▶ 함련: 높은 물결로 만날 수 없는 상황에 대한 안타까움
(설의법을 통해 만나기 어려움을 강조함.)
배로 가려 해도 화살이 눈앞에 날고
(화살: 전쟁을 상징함.)
남국에까지 군대 깃발 펄럭이누나. ▶ 경련: 전쟁으로 인해 만날 수 없는 상황
(누이를 못 만나는 원인)
아아, 네 번째 노래, 네 번째로 연주하매
죽림의 원숭이도 맑은 대낮에 우네. ▶ 미련: 누이를 만날 수 없는 상황으로 인한 슬픔
(원숭이: 감정 이입의 대상)

키 포인트 체크

화자 □□를 그리워하는 사람
상황 □□으로 인해 누이와 오랫동안 만나지 못해 슬퍼함.
태도 누이에 대한 □□□을 드러냄.

답 누이, 전쟁, 그리움

215 춘망사(春望詞) | 설도

키워드 체크 #꽃잎이 지는 모습 #오지 않는 임 #그리움과 안타까움

문학 천재(정)

핵심 정리

갈래 한시, 5언 절구
성격 서정적, 애상적, 체념적
제재 떨어지는 꽃잎
주제 봄에 느끼는 임에 대한 그리움
특징 ① 자연 현상을 인간의 삶에 비유함.
② 비유와 상징으로 정서를 형성함.
출전 《설도시전》

이해와 감상

이 작품은 설도가 사랑했던 당대의 시인 원진(元稹)을 그리워하며 지은 연시이다. 화자는 꽃잎이 지는 모습을 보며 오지 않는 임을 그리워하고, 사랑하는 임과 마음을 맺고 싶지만 그럴 수 없음에 안타까움을 드러내고 있다.

작가 소개

설도(薛濤, 770?~830) 중국 당나라의 시인. 자는 홍도(洪度). 청두(成都)의 기생으로 시문에 뛰어났으며, 원진, 백거이 등 당대의 시인과 교유했다.

風花日將老 (풍 화 일 장 로)
佳期猶渺渺 (가 기 유 묘 묘)
不結同心人 (불 결 동 심 인)
空結同心草 (공 결 동 심 초)

꽃잎은 하염없이 바람에 지고 ▶ 기: 꽃잎이 바람에 짐(청춘이 덧없이 흘러감).
(꽃잎: 화자 자신을 비유함. / 바람에 지고: 화자가 늙어 감.)
만날 날은 아득타, 기약이 없네. ▶ 승: 임과 만날 수 없음을 한탄함.
(만날 수 없음에 대한 한탄)
무어라, 맘과 맘은 맺지 못하고 ▶ 전: 임과 마음을 맺고 싶지만 그럴 수 없음.
(사랑하는 임과 마음을 맺지 못함.)
한갓되이 풀잎만 맺으려는고. ▶ 결: 애타는 마음에 풀잎만 맺음.
(화자의 행동을 통해 그리운 감정을 드러냄.)

키 포인트 체크

화자 꽃잎이 □□에 지는 모습을 바라보는 사람
상황 임과 마음을 맺고자 하나 □□만 맺음.
태도 임과 함께하지 못하여 안타까워하며 임을 □□□함.

답 바람, 풀잎, 그리워

V. 세계 문학

216 곤산으로 돌아가며 배 안에서 짓는다[歸崑山舟中作] | 응우옌 짜이

키워드 체크 #애상적 #자전적 경험 #전쟁 #고향에 대한 그리움

문학 금성

핵심 정리

갈래 한시, 7언 율시
성격 자전적, 애상적, 독백적
제재 전쟁
주제 전쟁을 끝내고 고향으로 돌아가고 싶은 마음
특징 시인의 자전적 경험을 바탕으로 함.
출전 《실향의 노래》

이해와 감상

응우옌 짜이 장군의 자전적 경험을 담은 한시로, 전쟁 상황 속에서 가족과 고향을 간절히 그리워하는 마음을 독백적 어조로 노래하고 있다. 십 년 동안 전장을 떠돌고 있는 자신의 모습을 부평초와 깃발에 비유했다.

작가 소개

응우옌 짜이(Nguyễn Trãi, 1380~1442) 베트남 레 왕조의 건국 공신으로 유교 학자, 정치가, 시인이다. 한시 〈난후도곤산감작〉, 〈청우〉 등의 작품이 전한다.

개구리밥으로 불리는 수초 – 화자를 비유함.
十年飄轉嘆浮萍 십 년 표 전 탄 부 평 — 십 년 떠돌아다니는 부평 신세 한탄스럽고,
전쟁 때문에 화자가 고향을 떠나 있는 기간
歸思搖搖日似旌 귀 사 요 요 일 사 정 — 돌아가고 싶은 마음 깃발처럼 펄럭인다. ▶ 떠돌아다니는 신세에 대한 한탄
고향으로 가고 싶지만 전쟁터를 떠날 수 없는 화자의 상황을 깃대에 묶여 있어서 그 자리를 맴돌 수밖에 없는 깃발에 빗댐.
幾托夢魂尋故里 기 탁 몽 혼 심 고 리 — 몇 번이나 꿈꾸는 혼이 옛 마을 찾았으며,
꿈에서 고향을 몇 번이나 찾음. – 고향에 대한 그리움
空將血涙洗先塋 공 장 혈 루 세 선 영 — 공연히 피눈물로 선영을 씻었는가. ▶ 고향에 대한 그리움
가족과 함께 살았던 고향을 의미함.
兵餘斤斧蹉歎禁 병 여 근 부 차 탄 금 — 싸우고 남은 무기도 탄식을 자아내,
오랜 전쟁으로 인한 화자의 외로움을 무기에 감정 이입함.(의인법)
客裏江山只此情 객 리 강 산 지 차 정 — 객지의 강산에서 이런 느낌뿐이로다. ▶ 전쟁 때문에 객지에서 지내는 외로움
鬱鬱寸懷無奈處 울 울 촌 회 무 내 처 — 울울한 마음 어떻게 할 곳이 없어,
상쾌하지 않고 매우 답답한 마음
船窗推枕到天明 선 창 추 침 도 천 명 — 선창에 베개 밀어 놓은 채 새벽을 맞이하네. ▶ 답답한 마음에 잠들지 못함.
배에 있는 창문 / 고향에 대한 그리움 때문에 잠들지 못함.

키 포인트 체크

화자 □□을 치르기 위해 객지에 머물고 있는 사람
상황 곤산으로 돌아가는 □ 안에서 잠들지 못하고 있음.
태도 고향에 대한 그리움을 □□□ 어조로 표현함.

답 전쟁, 배, 독백적

217 시간의 사악한 손길로 | 셰익스피어

키워드 체크 #소네트 #영국의 정형시 #임에 대한 사랑 #세월에 대한 아쉬움 #문자의 영속성

문학 금성

핵심 정리

갈래 소네트
성격 의지적
제재 시간의 흐름
주제 시간의 폭력과 그에 대한 문학적 대응
특징 ① 시간의 흐름에 대한 인식을 바탕으로 함.
② 시(문자)를 통해 기억을 영속시키려는 화자의 의지가 나타남.
출전 《소네트집》

이해와 감상

이 작품의 화자는 시간이 모든 것을 녹슬게 하고 파괴하는 속성이 있음을 전제한 후, 임의 아름다운 모습이 세월의 흐름에 따라 변해 가고 결국 사라지게 됨을 안타깝게 여기고 있다. 이러한 시간의 폭력성에 대응하여 임에 대한 기억을 시(詩)라는 문자로 남겨 임의 아름다움이 영원히 지속되도록 하고 싶다고 노래하고 있다.

작가 소개

셰익스피어(William Shakespeare, 1564~1616) 영국이 낳은 세계적인 작가로, 4대 비극 등의 많은 희곡과 여러 권의 시집 및 《소네트집》을 남겼다.

시간의 사악한 손길로 지금의 나처럼
시간은 임을 부수고 해지게 하는 사악한 존재임.
내 임 부서지고 해어지게 될 그러한 때 대비하여,
닳고 사라지게 될
그 청춘의 아침이 노년의 가파른 밤 여행할 때
노년의 시간을 비유함.
시간이 그의 피 마르게 하고 / 그의 이마에 주름살과 이랑 채워 놓을 때 ▶ 시간의 파괴 작용
시간이 혈기왕성했던 그를 노년의 핏기 없는 존재가 되게 함.
그의 보석 같은 봄날 훔쳐 감으로
청춘을 도둑맞은 것으로 표현함.
지금은 그가 왕인 온갖 아름다움 사라지거나
눈앞에서 멀어지게 될 그러한 때 대비하여, ▶ 출생과 성장, 노년에 이르는 과정

나는 파괴하는 세월 / 잔인한 칼날에 맞설 요새 쌓는다.
세월(시간)은 모든 것을 파괴하는 속성을 갖고 있음. 청춘을 빼앗아 가는 세월의 파괴적인 성격에 맞서 임의 아름다움을 시로 승화하려 함.
내 임 목숨 가져갈지언정 달콤한 그이 아름다움
기억에서 도려내지 못하도록, ▶ 시간의 파괴를 강력한 시로 대비함.

그의 아름다움 이 검은 시행에 새겨지니,
그의 아름다움을 시(문자)로 남겨 그에 대한 기억이 영원하도록 하겠다는 의미
시가 사는 한 그 역시 그 안에서 늘 푸르리. ▶ 시를 통해 영생하는 그
임이 세상을 떠나더라도 그에 대한 기억을 시를 통해 영속시키겠다는 화자의 의지가 드러남.

키 포인트 체크

화자 시간이 모든 것을 □□하는 속성이 있다고 생각하는 사람
상황 □□이 흐르면서 임이 늙어 가고 결국 세상을 떠나는 것에 대해 안타까워함.
태도 임이 세상을 떠나더라도 그에 대한 기억을 □로 남김으로써 계속 그를 기억하겠다는 의지가 드러남.

답 파괴, 시간(세월), 시

218 가만히 살펴보니 | 마쓰오 바쇼

키워드 체크 #단시 #일본의 정형시 #관조적 #존재 자체로 인정

국어 신사고

핵심 정리

갈래 단시(일본 정형시의 일종인 하이쿠)
성격 사색적, 관조적, 자연 친화적
제재 냉이꽃
주제 꽃을 바라보며 꽃의 존재를 그대로 인정함.
특징 ① 문자 하나가 음절 하나를 이루는 일본어 표기를 고려해 보면, 음수율 측면에서 5·7·5의 17음(音) 형식으로 이루어짐.
② 존재를 그대로 인정하는 태도가 나타남.

이해와 감상

이 작품은 울타리 밑에 피어 있는 냉이꽃을 가만히 살펴보는 모습을 그리고 있다. 화자는 꽃을 즐기면서도 그것을 뽑으려 하지 않고 가만히 살펴볼 뿐이다. 이러한 모습은 소유하지 않고 존재를 인정하면서도 꽃의 아름다움을 충분히 즐길 수 있음을 보여 준다.

작가 소개

마쓰오 바쇼(松尾芭蕉, 1644~1694) 일본 에도 시대 전기의 하이쿠 시인. 전국을 기행하며 많은 작품을 남겼다. 주요 저서로 《노자라시 기행》 등이 있다.

가만히 살펴보니 (소유하지 않는 행위)
냉이꽃이 피어 있네. (냉이꽃의 존재를 그 자체로 인정하는 태도)

울타리 밑에!

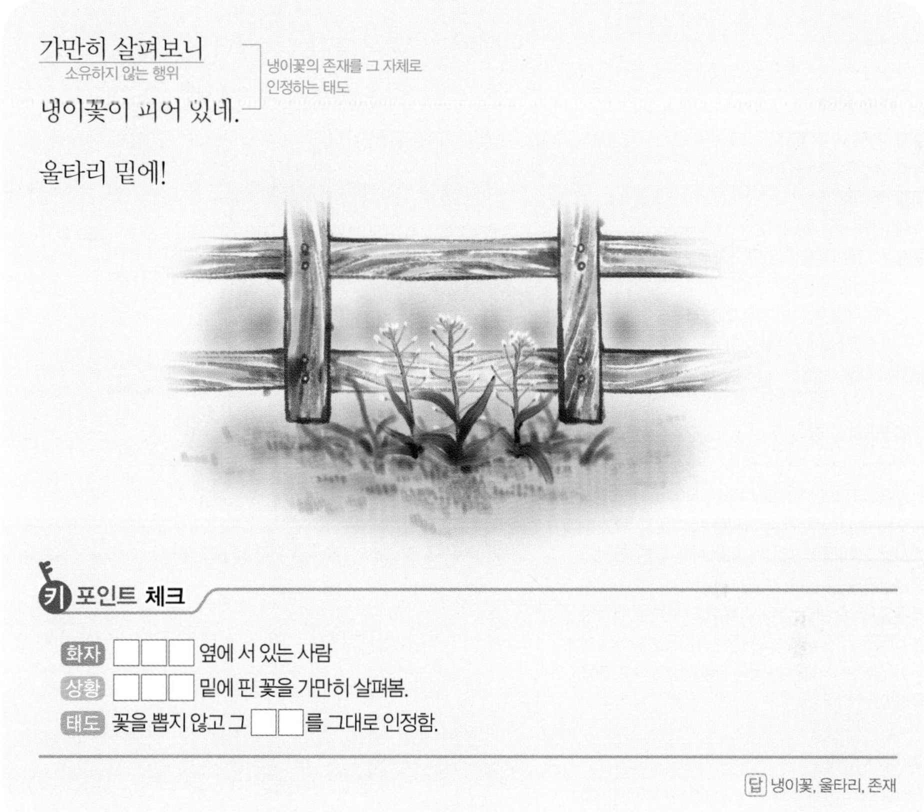

키 포인트 체크

화자 □□□ 옆에 서 있는 사람
상황 □□□ 밑에 핀 꽃을 가만히 살펴봄.
태도 꽃을 뽑지 않고 그 □□를 그대로 인정함.

답 냉이꽃, 울타리, 존재

219 아름다워라, 태풍이 | 요사 부손

키워드 체크 #태풍이 지나간 뒤 #시각적 이미지 #자연의 아름다움

문학 금성

핵심 정리

갈래 단시(하이쿠), 서정시
성격 서정적, 낭만적, 자연적
제재 태풍, 고추
주제 태풍이 지난 뒤 자연의 아름다움
특징 ① 영탄법을 사용하여 감격을 나타냄.
② 시각적 이미지를 사용하여 자연의 아름다움을 표현함.
출전 《부손이코(蕪村遺稿)》

이해와 감상

이 작품은 늦여름 태풍이 지나고 난 뒤 빨갛게 익은 고추의 모습을 시각적으로 표현하여 태풍을 견뎌 낸 자연의 아름다움을 나타내고 있다.

작가 소개

요사 부손(与謝蕪村, 1716~1784) 일본 에도 시대의 하이쿠 시인이자 화가. 시각적이고 이미지가 풍성한 작품을 주로 썼다.

아름다워라(영탄법), 태풍이(시련, 고난) 휩쓴 뒤의 빨간 고추여(시각적 이미지).

키 포인트 체크

화자 □□의 아름다움을 확인하고 있는 사람
상황 태풍이 휩쓸고 난 뒤 고추가 살아남음.
태도 고난과 시련을 견뎌 낸 □□ □□(자연)를 아름답다고 생각함.

답 자연, 빨간 고추

220 제비꽃 | 괴테

키워드 체크 #열정적인 사랑 #제비꽃 #죽음

문학 천재(김)

핵심 정리

갈래 자유시, 서정시
성격 서정적, 상징적
제재 제비꽃
주제 제비꽃의 열정적인 사랑과 죽음
특징 ① 제비꽃을 의인화하여 표현함.
② 비극적으로 마무리되는 사랑을 표현함.
③ 감탄사를 반복적으로 사용하여 운율을 형성하고 간절한 마음을 강조함.
출전 《괴테 시집》

이해와 감상

이 작품은 양치기 아가씨를 사랑하는 제비꽃을 의인화하여 비유적으로 나타낸 시이다. 전반부에서 제비꽃과 양치기 아가씨를 소개하고, 중반부에서는 제비꽃이 양치기 아가씨에 대한 자신의 절절한 마음을 나타내지만 결국 양치기 아가씨에게 자신의 존재를 알리지 못하고 죽음을 맞이하는 비극적인 결말을 보여 준다. 이 작품은 원래 제목이 없지만 작품집 등에서 〈제비꽃〉이라고 제목을 붙이는 경우가 많다.

작가 소개

괴테(Johan Wolfgang von Goethe, 1749~1832) 독일의 시인, 극작가, 정치가, 과학자. 세계적인 문학가였으며 바이마르 공국의 재상으로도 활약했다. 작품으로 《젊은 베르테르의 슬픔》, 《친화력》, 세계 문학사의 대작인 《파우스트》 등이 있다.

제비꽃 한 송이 초원에 피었네
몸 숙여 아무도 모르게 피어 있네 (작고 보잘것없는 존재)
고운 제비꽃이었네. (눈에 잘 띄지 않는 존재가 소심한 마음으로 상대의 관심을 기다리고 있음.)
거기 젊은 양치기 아가씨가 왔네
발걸음 가벼이 마음도 즐겁게 (제비꽃이 사랑하는 대상)
이리로, 이리로 / 초원으로, 노래 부르며.

▶ 1연: 초원에 피어 있는 제비꽃에 다가오는 양치기 아가씨

아! 제비꽃은 생각한다, 내가
자연의 제일 아름다운 꽃이었으면 (제비꽃을 의인화함.)
아, 잠깐만이라도 / 사랑하는 이 나를 꺾어
가슴에 으스러지도록 안아 주었으면!
아, 아, / 잠깐, 십오 분간만이라도! (양치기 아가씨의 사랑을 받게 되기를 간절히 바람.)

▶ 2연: 양치기 아가씨의 사랑을 갈구하는 제비꽃

아, 그러나 아! 그녀는 와서 / 제비꽃을 주의하지 않고
그만 밟아 버렸네, 그 가엾은 제비꽃
맥없이 쓰러져 죽었네 그러면서도 기뻐하네
나 죽어도, 나는 / 그녀로 하여 죽느니, 그녀로 하여 (제비꽃의 절실한 사랑을 보여 줌.)
그녀의 발에 밟혀! (제비꽃(화자)) (생략법)

▶ 3연: 양치기 아가씨의 발에 밟혀 죽음을 맞는 제비꽃

키 포인트 체크

화자 초원에 아무도 모르게 피어 있는 ☐☐☐
상황 양치기 아가씨의 품에 안기고 싶어 하지만 양치기 아가씨의 ☐에 밟혀 죽음을 맞음.
태도 양치기 아가씨를 향한 절실한 ☐☐을 드러냄.

답 제비꽃, 발, 사랑

221 발견 | 괴테

키워드 체크 #생명의 소중함 #꽃과 인간의 공생

문학 동아
국어 신사고

핵심 정리

갈래 자유시, 서정시
성격 서정적, 상징적, 철학적
제재 꽃
주제 아름다운 꽃과 공존하는 기쁨
특징 ① 시간의 흐름과 행위의 진전에 따라 시상을 전개함.
② 꽃과의 대화를 통해 인식이 변화하는 과정을 표현함.

나 홀로 / 그렇게 숲속을 걸었지.
아무것도 찾지 않으리라. (공간적 배경 – 자연)
그런 생각에 잠긴 채. (특별한 목적이 없었던 산책)

▶ 1연: 숲을 걸음.

그늘 속에서
나는 한 떨기 꽃송이를 보았어. (아무도 관심을 두지 않는 곳에 존재하는 꽃)
별처럼 반짝이며 (살아 있는 존재, 생명체)
작은 눈동자처럼 아름다웠지. (존재의 아름다움) (화자에게 의미 있는 존재가 된 꽃)

▶ 2연: 아름다운 꽃을 발견함.

이해와 감상

이 작품은 '꽃'이 화자의 눈에 우연히 발견되는 순간부터 그 꽃과 삶을 공유하기까지의 과정을 순차적으로 그리고 있다. 화자는 아름다운 꽃을 발견하고 자기만족을 위해 꺾으려 한다. 하지만 꽃의 속삭임을 통해 꽃이 지닌 생명력을 인지하고 꽃을 소유하기보다는 꽃과 함께 살아가고자 한다. 이처럼 이 작품은 의미 없던 존재가 우연한 인연을 통해 의미 있는 존재가 되는 과정을 형상화하고 있다.

작가 소개

괴테(본책 314쪽 참고)

나는 그 꽃을 꺾으려 했지.
꽃을 소유하려 함.
그러자 꽃은 속삭였어.

난 꺾여 / 시들어 버릴 테죠?
소유의 결과 – 화자가 꽃에 대한 인식을 바꾸게 된 계기

▶ 3연: 꽃을 꺾어 소유하고자 함.

나는 그것을 / 아름다운 정원에다 심으려고
뿌리째 파내어 / 집으로 가져왔지.
꽃이 있는 그대로의 모습으로 공생하기를 바람.

▶ 4연: 꽃을 집으로 옮겨 옴.

그러자 그 꽃은 조용한 구석에서 / 다시 살아났어.
이제 가지가 뻗어 나가고
자꾸자꾸 꽃을 피우고 있네.
(공생을 택함으로써 얻은 아름다운 결과)

▶ 5연: '나'와 꽃이 더불어 살아감.

키포인트 체크

화자 꽃과의 인연을 통해 모든 □□이 소중하다는 깨달음을 전하는 사람
상황 숲속의 꽃을 꺾기보다는 뿌리째 □□에 옮겨 심어 함께 살고자 함.
태도 자연과 인간이 □□해야 한다는 인식을 드러냄.

답 생명, 정원, 공생(상생)

222 수선화 | 워즈워스

키워드 체크 #아름다운 수선화 #고독감 극복 #시각적 심상

핵심 정리

갈래 자유시, 서정시, 낭만시
성격 서정적, 회상적, 낭만적
제재 수선화
주제 자연과의 교감을 통한 내적 감흥
특징 ① 일상 언어로 자연적 서정을 노래함.
② 시각적 심상 위주로 대상을 묘사함.
③ 대상과의 합일 과정을 표현함.
출전 《서정 가요집》(1798년)

이해와 감상

이 작품은 호숫가에 피어 있는 아름다운 수선화를 보고 느낀 감흥을 노래한 시로, 화자가 수선화와 합일되어 가는 과정이 서정적으로 나타나 있다. 우연히 수선화를 발견한 화자는 수선화를 자세히 관찰하면서 그 아름다움을 인식하고 감흥을 느끼게 된다. 그런 감흥은 정신적 교감으로 이어져 화자는 수선화를 직접 보지 않고 생각만 해도 기쁨을 느낄 정도로 영적 교감을 이루게 된다. 이처럼 이 작품에는 화자와 대상이 합일의 상태에 도달하는 과정이 드러나 있다.

작가 소개

워즈워스(William Wordsworth, 1770~1850)
영국의 시인. 영국 낭만주의를 대표하는 시인으로 자연과 인생의 내면적인 교감을 노래했다. 시집으로 《서곡》, 《두 권의 시집》 등이 있다.

산골짜기 언덕 위 높은 하늘에 / 떠도는 구름처럼 이내 혼자서
화자를 상징함.(고독감과 방황) ↔ 수선화
지향 없이 떠돌다 보았어라, / 한 무리 모여 있는 황금 수선화
우연히 수선화를 발견함. / 자연적 세계를 대표하는 것으로, 기쁨과 즐거움을 상징함.
호숫가 수목이 우거진 그늘 / 미풍에 나부끼며 춤을 추었소.

▶ 1연: 혼자 떠돌다가 우연히 수선화를 발견함.

은하수 물가 저 멀리 / 반짝이며 비치는 별들과 같이
원관념 – 호수 / 원관념 – 수선화
굽이진 포구의 언덕을 따라 / 끊임없이 줄지어 피어 있는 수선화.
배가 드나드는 강이나 내의 어귀
천만 송이 꽃들이 / 머리를 흔들면서 춤을 추었소.
의인법

▶ 2연: 수선화가 피어 있는 모습

주위의 물결도 춤을 추건만 / 반짝이는 그 물결 어찌 따르리.
물결과 수선화의 대비 – 수선화의 아름다움을 극적으로 표현함.
그처럼 즐거운 친구 속에서 / 어찌 시인인들 즐겁지 않으리.
수선화 / 대자연과 하나가 된 기쁨을 직접적으로 표현함.
나는 하염없이 바라보았소, / 그 정경의 보배로움은 생각도 않고.
수선화의 가치

▶ 3연: 수선화의 아름다움과 그로 인한 감흥

헛된 생각에 깊이 잠기어 / 내 침상 위에 외로이 누웠을 때
고독의 축복인 마음의 눈에 / 홀연 번뜩이는 수선화.
고독의 가치 – 고독을 긍정적으로 인식(역설적 표현)
그때 내 가슴은 즐거움에 넘치고 / 마음은 황금 수선화와 함께 춤추었어라.
화자와 수선화가 영적 교감을 이룸.

▶ 4연: 수선화와의 교감

키포인트 체크

화자 □□□를 발견하고 그 감흥을 노래하는 사람
상황 수선화를 통해 고독을 □□□으로 인식하게 됨.
태도 수선화를 생각만 해도 기쁠 정도로 영적 □□을 이룸.

답 수선화, 긍정적, 교감

V. 세계 문학

223 무지개 | 워즈워스

키워드 체크 #자연적 소재 #자연에 대한 경외심 #인간의 순수함 #찬미

핵심 정리

갈래 자유시, 서정시, 낭만시
성격 낭만적, 서정적
제재 무지개
주제 순수성과 자연에 대한 경외심
특징 ① 영탄조의 어조를 사용함.
② 자연과 어린이를 순수성을 매개로 연결함.
출전 《두 권의 시집》

이해와 감상

이 작품에서 자연을 대표하는 '무지개'는 화자에게 기쁨과 설렘을 유발한다. 이러한 감정은 어린 시절 무지개를 보면서 느낀 감정과 동일하다는 점에서 무지개는 어린아이의 순수성을 상징하며, 무지개를 보면서 느끼는 설렘은 인간의 순수한 마음을 상징한다. 화자는 무지개, 자연, 어린 시절 등을 통해 인간의 순수한 감정을 찬미하고 자연에 대한 경외심을 표현하고 있는 것이다.

작가 소개

워즈워스(본책 315쪽 참고)

하늘의 무지개를 볼 때마다
내 가슴 설레느니,
나 어린 시절에 그러했고 (동심 – 순수성)
다 자란 오늘에도 매한가지,
쉰 예순에도 그렇지 못하다면
차라리 죽음이 나으리라. (□: 영탄법, 고조된 감정) (순수함을 지키겠다는 의지 강조(과장법))
어린이는 어른의 아버지 (어린아이의 순수함 강조(역설법))
바라노니 나의 하루하루가
자연의 믿음에 매어지고자. (자연에 대한 화자의 경외심)

▶ 1~2행: 무지개를 본 기쁨
▶ 3~6행: 동심을 유지하고 싶은 마음
▶ 7행: 동심에 대한 예찬
▶ 8~9행: 자연에 대한 경외심

Q '무지개'의 함축적 의미는?

이 작품의 화자는 '무지개'라는 자연 속에서의 순수하고 소중한 가치를 인식하면서 일생을 자연과 함께 순수하게 살아가고 싶어 한다. 따라서 '무지개'는 화자에게 동심의 순수함을 유발하는 존재이면서 동시에 자연에 대한 경외심을 지니도록 하는 대상이라고 할 수 있다.

키 포인트 체크

화자 일생을 □□하게 살아가고 싶은 사람 상황 □□□를 보며 순수하고 소중한 가치를 인식함.
태도 무지개를 통해 자연에 대한 □□□을 보이고 인간의 순수성을 찬미함.

답 순수, 무지개, 경외심

224 고양이 | 보들레르

키워드 체크 #상징시 #관능적이고 퇴폐적인 미의식 #양면적 속성 #감각적 형상화

핵심 정리

갈래 자유시, 서정시
성격 관능적, 퇴폐적, 감각적
제재 고양이
주제 관능적인 아름다움에 도취하고 싶은 욕망
특징 ① 고양이의 모순되는 양면적 속성을 감각적으로 드러냄.
② 관능적이고 퇴폐적인 미의식을 추구함.
출전 《악의 꽃》(1857년)

이해와 감상

이 작품에서 고양이는 서로 모순되는 양면적인 속성을 지닌 존재로, 날카로움과 부드러움, 차가움과 따뜻함 등이 공존하는 대상이다. 화자는 이러한 고양이의 모습에 도취되면서 사랑하는 여인을 떠올리고, 고양이와 여인을 일치시키면서 그녀를 관능적인 아름다움을 지닌 존재로 형상화하고 있다. 이러한 시상 전개를 통해 곱고 예쁜 것뿐만 아니라 날카롭고 차가운 것까지 포괄하는 새로운 미적 가치를 추구하는 태도를 보여 준다.

작가 소개

보들레르(Charles, Baudelaire, 1821~1867)
프랑스 시인. 평론가. 심각한 상상력, 추상적인 관능, 퇴폐적인 고뇌가 나타나 있는 시집 《악의 꽃》을 출판하여 프랑스 상징시의 선구자가 되었다.

(△: 날카로움의 이미지 ○: 부드러움의 이미지)

오너라, 내 예쁜 나비야, 사랑에 빠진 내 가슴 위로 / 발톱일랑 감추고, (구체적 청자 설정 – 고양이)
금속과 마노 섞인 아름다운 네 눈 속에 / 나를 푹 잠기게 하렴. (촉각적 심상 보석 – 시각적 심상)

내 손가락이 네 머리와 유연한 등을
한가로이 어루만지며 (촉각적 심상)
『내 손이 전기 일으키는 네 몸을
만져 보며 즐거움에 취해 들 때,』 (『 』: 고양이의 관능적인 매력에 빠져 있는 화자의 모습)

나는 마음속에서 내 아내를 본다. 그녀 눈매는 (고양이를 통해 연상한 대상)
사랑스런 짐승, 네 눈처럼 /『그윽하고 차가워 투창처럼 꿰뚫고,』 (고양이와 아내의 일치) (직유법) (직유법) (『 』: 관능적인 아름다움 속에 숨겨진 날카로움)

발끝에서 머리끝까지 / 미묘한 기운, 위험한 향기 (후각적 심상)
그녀 갈색 몸 주위에 감돈다. (고양이와 여인의 이미지가 중첩됨. – 미묘한 매력, 관능적인 아름다움, 길들일 수 없는 원시적 본능)

▶ 1연: 양면적인 아름다움을 지닌 고양이와 함께하고 싶은 마음
▶ 2연: 고양이의 관능적인 매력에 도취함.
▶ 3연: 고양이를 통해 아내를 연상함.
▶ 4연: 고양이와 여인의 미묘한 매력

Q 화자가 도취된 고양이의 매력은?

화자는 고양이의 눈을 차가움과 날카로움이 느껴지는 금속과 부드러움과 따뜻함이 느껴지는 보석의 재료 마노가 섞여 있다고 표현하고 있다. 즉, 고양이를 차가움과 부드러움을 동시에 지니고 있는 존재로 형상화하면서 고양이의 양면적 매력을 표현하고 있다.

키 포인트 체크

화자 □□□의 양면적 매력에 도취된 사람 상황 고양이를 보며 □□하는 여인을 떠올림.
태도 부드러운 것뿐만 아니라 날카로운 것에서도 □□ □□를 추구함.

답 고양이, 사랑, 미적 가치

225 담에 핀 한 송이 꽃 | 테니슨

키워드 체크 #꽃에 대한 탐구 #지적 호기심 해결 #인간 중심적 사고

국어 신사고

핵심 정리

갈래 자유시, 서정시
성격 의지적, 자기중심적
제재 꽃
주제 꽃에 대한 탐구 의지
특징 ① 화자의 행동을 먼저 제시하고, 뒤에 그 행동의 이유를 밝힘.
② 진리 탐구의 자세를 특정 행위를 통해 우회적으로 드러냄.

이해와 감상

이 작품은 화자의 행위를 구체적으로 묘사하고, 그 행위에 담긴 의미를 밝히는 구성을 취하고 있다. 작가는 이 작품을 통해 자신이 인식한 진리 탐구의 자세를 상징적으로 드러내고 있다. 하지만 그 자세에 자연을 수단으로 여기는 인간 중심적 사고가 담겨 있다는 비판을 받기도 한다.

작가 소개

테니슨(Alfred Tennyson, 1809~1892) 영국의 시인. 빅토리아 시대의 대표적인 시인으로 《인 메모리엄》, 《국왕목가》 등의 작품이 있다.

갈라진 돌담에 핀 한 송이 꽃이여.
(생명을 지닌 존재)
너를 틈 사이에서 뽑아
뿌리째 내 손에 들고 있네. ▶ 1~3행: 돌담에 핀 꽃을 뿌리째 뽑음.
(꽃을 일방적으로 소유함.)
작은 꽃이여, 만일 너에 관한 것,
뿌리와 네 모든 것을 알 수 있다면, (꽃을 지적 호기심을 충족하기 위한 대상으로 인식함.)
그때 나는 신도 인간도 훤히 알 수 있으리라. ▶ 4~6행: 꽃을 통해 진리를 탐구하려 함.
(진리)

키 포인트 체크

화자 자신의 ☐☐ 호기심을 해소하려는 사람
상황 ☐과 ☐☐을 알기 위해 꽃을 뿌리째 뽑음.
태도 ☐☐보다는 인간이 더 중요하다는 인식을 드러냄.

답 지적, 신, 인간, 자연

226 이니스프리 호수 섬 | 예이츠

키워드 체크 #아일랜드의 자연 #감각적 이미지 #아름답고 평화로운 세계 #그리움

핵심 정리

갈래 자유시, 서정시
성격 낭만적, 의지적
제재 이니스프리 호수 섬
주제 자연 속에서의 평화로운 삶에 대한 동경
특징 ① 청각적, 시각적 이미지의 시어를 사용함.
② 이니스프리로 돌아가고자 하는 소망을 소박하고 의지적인 어조로 표현함.
출전 《시집(poems)》

이해와 감상

이 작품은 작가가 당시 영국의 식민지였던 조국 아일랜드의 자연을 그리워하며 쓴 시이다. '이니스프리'는 화자가 돌아가고 싶어 하는 고향이자 인간과 자연이 어울려 평화롭게 살아가는 이상향을 의미한다. 회색 포도로 상징되는 대도시의 혼탁함, 답답함과 대조하여 평화로운 '이니스프리 호수 섬'에 대한 향수를 간절히 드러내고 있다.

작가 소개

예이츠(William Butler Yeats, 1865~1939) 아일랜드의 시인이자 극작가. 1923년 노벨 문학상을 받았다. 아일랜드 독립운동에 참여했고, 아일랜드 문예 부흥 운동에 적극적으로 가담했다. 시집으로 《마신의 방황》, 《탑》 등이 있다.

「 」: 전원적 대상을 통해 자연에 묻혀 안빈낙도하는 삶에 대한 소망을 표현함.
「나 일어나 이제 가리, 이니스프리로 가리.
(현실의 각박함에서 벗어나고자 하는 갈망)
거기 욋가지 엮어 진흙 바른 작은 오두막을 짓고,
(동양적인 전원 귀의의 인생관이 엿보임.)
아홉 이랑 콩밭과 꿀벌 통 하나 / 벌 윙윙대는 숲속에 나 홀로 살으리.」
☐: 시각적 이미지 ◯: 청각적 이미지 ▶ 1연: 이니스프리를 갈망하는 화자

거기서 얼마쯤 평화를 맛보리. / 평화는 천천히 내리는 것
(물방울 떨어지듯 평화가 내림.)
아침에 베일로부터 귀뚜라미 우는 곳에 이르기까지.
(안개(은유법))
한밤엔 온통 반짝이는 빛 / 한낮엔 보랏빛 환한 기색
(화자가 지향하는 공간인 이니스프리가 지닌 색채 이미지, 이니스프리 섬에 피어 있는 꽃의 색깔)
저녁엔 홍방울새의 날개 소리 가득한 그곳. ▶ 2연: 이니스프리의 평화로운 분위기

나 일어나 이제 가리, 밤이나 낮이나 / 호숫가에 철썩이는 낮은 물결 소리 들리나니
한길 위에 서 있을 때나 회색 포도 위에 서 있을 때면
(각박하고 삭막한 도시적인 삶, 현재의 우울한 상황 상징, '회색' ↔ 2연의 '보랏빛'(색채 대비))
내 마음 깊숙이 그 물결 소리 들리네. ▶ 3연: 도시적 삶의 비애와 이상향에 대한 그리움
(평화로운 세계에 대한 화자의 동경)

키 포인트 체크

화자 ☐☐을 그리워하는 사람 상황 고향인 ☐☐☐☐☐를 떠올리며 돌아가고 싶어 함.
태도 현재의 도시적인 삶에서 벗어나 ☐☐로운 세계를 동경함.

답 고향, 이니스프리, 평화

V. 세계 문학

정답과 해설

I. 상고 시대

1 고대 가요

001 공무도하가_백수 광부의 아내 28쪽

키포인트 체크 아내, 죽음, 체념

1 ⑤ 2 ④ 3 ① 4 이 노래의 화자는 이별을 수동적 태도로 수용하고 있지만 〈보기〉의 화자는 이별을 능동적으로 거부하고 있다.

1 이 작품은 임과 이별한 슬픔을 담은 노래로, 개인의 서정성이 드러나는 고대 가요이다.

오답 뜯어보기 ①, ② 배경 설화와 함께 전해지고 있으며, 우리나라에서 가장 오래된 고대 가요이다.

③ 고조선 시대의 노래로 중국 문헌에서 한역되어 전하다가 조선 시대 때 《해동역사》에 다시 한시로 수록되었다.

④ 악곡명으로는 〈공후인〉이라고 불린다.

2 ㉣에서 화자는 임의 죽음에 대해 슬퍼하고 탄식하며 체념하고 있을 뿐, 슬픔을 극복하고 있는 것은 아니다.

오답 뜯어보기 ① 임에게 물을 건너지 말라고 하며 떠나는 임을 만류하고 있다.

② 자신의 만류에도 불구하고 물을 건너는 임을 바라보며 초조해하고 있다.

③ 물에 빠져 죽은 임과의 단절이 드러나 있다.

⑤ 이 작품은 우리 민족의 전통적인 정서인 '한(恨)'을 바탕으로 한, '한(恨)의 원류'라고 할 수 있다.

지식+

• 정한 문학의 원류가 되는 〈공무도하가〉

이 작품에서 형상화하고 있는 이별의 한이라는 주제는 백제 가요 〈정읍사〉, 고려 가요 〈가시리〉, 정지상의 한시 〈송인〉, 김소월의 〈진달래꽃〉 등으로 계승되어 온 우리 민족의 전통적 정서이다. 특히 '가신 임을 어이할꼬.'에 나타나는 사랑하는 임의 죽음에 대해 탄식하며 체념하는 태도는, 이별의 '한'을 잘 보여 준다.

3 〈보기〉에서 '대동강(大同江)'은 임과 나 사이를 가로막고 있는 대상으로 이별의 이미지를 지니고 있다.

오답 뜯어보기 ②, ④ '사공(사공)'과 '녈 비(가는 배)'는 임이 강을 건널 수 있도록 도와주는 소재이다.

③ '네 가시'를 '네 각시 음란한지 몰라서'로 해석하면 사공의 부인을 의미하며, '네까짓 것이 주제 넘은지 몰라서'로 해석하면 '사공'을 의미한다고 볼 수 있다.

⑤ '고즐(꽃)'은 임이 만나게 될 새로운 여자를 의미한다.

4 이 작품의 화자는 임이 물을 건너려 하는 것을 만류하지만 결국 임이 물에 빠져 죽자 슬퍼하며 체념하는 태도를 보인다. 이와 달리 〈보기〉의 화자는 자신을 떠나려는 임을 원망하며 헤어지지 않겠다는 의지를 강하게 드러내고 있다.

002 구지가_구간 등 30쪽

키포인트 체크 임금, 노래, 소망

1 ② 2 ③ 3 ① 4 노동(일)을 하며 부른 노래이다.

1 대조란 두 대상 사이의 차이점을 드러내는 방식으로, 이 작품에는 대조의 방식이 나타나지 않는다.

오답 뜯어보기 ① '머리를 내어라.'라고 하며 직설적으로 소망을 드러내고 있다.

③ 대상인 거북이 소원을 들어주는 존재라고 가정하고 있다.

④ 청자인 '거북'에게 '거북아'라고 말을 건네는 방식으로 시상을 전개하고 있다.

2 '머리'의 원형적 상징으로는 '임금, 생명력의 근원, 새로운 생명, 우두머리' 등으로 해석할 수 있지만, '한쪽 옆이나 가장자리'의 의미와는 거리가 멀다.

3 이 작품은 임금의 왕림을 기원하는 집단적 의식요이다. 개인적 서정시는 〈보기〉에만 해당하는 내용이다.

오답 뜯어보기 ② 이 작품에는 '거북', 〈보기〉에는 '꾀꼬리'라는 자연물이 핵심 소재로 등장한다.

③ 이 작품은 거북이에게 말을 건네는 방식으로 시상이 전개되고 있다.

④ 이 작품은 수로왕의 강림을 기원하며 부른 집단 무요로 특정 집단에서만 향유되는 성격을 지닌다.

⑤ 〈보기〉는 '사랑하는 임을 잃은 슬픔'이라는 인간의 보편적인 감정을 노래하고 있다.

4 두 작품 모두 기능 측면에서 노동요라는 점이 유사하다. 〈구지가〉는 여러 사람이 흙을 파며 불렀다는 점에서 노동요의 성격을 찾아볼 수 있고, 〈보기〉의 〈논매기 노래〉는 농사일을 할 때 불렀던 노동요이다.

지식+

• 작자 미상, 〈논매기 노래〉

• 갈래: 민요, 노동요

• 성격: 낙관적, 낙천적, 긍정적

• 주제: 농사일에 대한 기쁨과 농사꾼으로서의 자부심

• 감상: 이 작품에는 농사일을 천직으로 생각하는 민중들의 낙관적 정서가 반영되어 있다. 힘들고 고된 농사일을 흥겨움으로 승화했던 선조들의 지혜를 엿볼 수 있으며, 농사일에 대한 긍지와 자부심이 표출되어 있다.

003 황조가_유리왕 32쪽

키포인트 체크 유리왕, 꾀꼬리, 탄식

1 ⑤ 2 ① 3 객관적 상관물 4 이 작품은 개인의 정서를 표현하기 위해 창작했고, 〈보기〉는 특정 이념을 전달하기 위해 창작했다.

1 화자는 임과 헤어져 홀로 남게 된 외로운 심정을 '꾀꼬리'를 매개로 우의적으로 표현하고 있다.

오답 뜯어보기 ① 화자의 정서를 '외로워라(외로움)'라고 직접적으로 표현하고 있지만, 임이나 꾀꼬리에 대한 원망의 정서는 드러내고 있지 않다.

② 1, 2구에서 꾀꼬리를 바라보는 시선만 느껴질 뿐 가까운 곳에서 먼 곳으로 시선이 이동한 것은 아니다.

③ 1구의 '편편황조(翩翩黃鳥)'에서 '편편(翩翩)'은 훨훨 또는 가볍게 나는 모양을 뜻하는 의태어이다. 이러한 의태어나 의성어를 통틀어 음성 상징어라고 한다. 그러나 이를 사용하여 주제를 형상화했다고 볼 수

는 없다.
④ 이 작품에는 외부 대상을 묘사한 다음 내면 심리를 표현하는 선경 후정의 방식이 사용되었다.

2 ㉠과 〈보기〉에 등장하는 '꾀꼬리'는 둘 다 그 모습이 자연의 일부로 묘사되었을 뿐 의인화된 것은 아니다. ㉠과 〈보기〉에 등장하는 '꾀꼬리'가 지닌 공통점과 차이점을 정리하면 다음과 같다.

공통점	생동감 있는 자연 속에서 짝을 지어 다정하게 노는 모습으로 묘사되었다.
차이점	• ㉠은 시적 화자의 처지를 부각하여 화자로 하여금 더욱 외로움을 느끼게 하는 존재이다. • 〈보기〉의 '꾀꼬리'는 봄을 맞은 시적 화자의 흥취를 북돋는 존재이다.

지식+

• 김영랑, 〈오월〉
• 갈래: 자유시, 서정시
• 성격: 감각적, 낭만적, 묘사적
• 주제: 5월에 느끼는 봄의 생동감, 봄날의 생명력
• 감상: 5월에 느끼는 봄의 생동감을 노래한 작품으로 시각적 심상과 운율, 의인법(보리, 산봉우리) 등의 표현이 잘 드러나 있다.

3 이 노래의 '꾀꼬리'는 화자의 처지와 대비되어 화자의 정서와 처지를 부각하는 객관적 상관물의 역할을 한다.

4 이 작품은 개인의 갈등과 좌절을 노래한 개인적 서정시이다. 반면에 〈보기〉는 나라를 다스리기 위한 방책으로 유교적 이념을 제시하는 목적성과 교훈성이 강한 작품이다.

004 해가 _ 작자 미상 34쪽

키포인트 체크 수로 부인, 해룡(거북), 위협

1 ②　2 ④　3 ②　4 수로를 내놓아라.

1 이 작품은 '남의 부녀'를 구하기 위해 부른 노래이므로 공적인 목적이 아니라 사적인 목적을 가지고 있다고 할 수 있다.
오답 뜯어보기 ① '거북'을 '네'라는 2인칭 대명사를 사용하여 의인화하여 부르고 있다.
③ 3구에서 대상이 명령을 거부하는 상황을 가정하고 있다.
④ 4구에서는 소망을 실현하기 위해 대상을 위협하고 있다.
⑤ 호명·명령(1구), 가정(3구), 위협(4구) 등이 다양하게 나타난다.

2 〈보기〉의 '노인'은 언어의 힘을 믿는 고대인을 나타낼 뿐, 절대자라고 볼 수는 없다.
오답 뜯어보기 ① 이 작품에 나오는 '수로'는 '수로 부인'을 뜻한다.
② 이 작품의 '거북'은 수로 부인을 납치해 간 해룡을 의미한다.
③ 여러 사람이 함께 부른 노래의 가사대로 소망이 이루어질 것이라는 언어의 주술성에 대한 믿음을 보여 준다.
⑤ 언덕을 치며 노래를 부른 것은 노동요의 성격, 지역의 백성이 함께 노래를 부른 것은 집단적 성격을 보여 준다.

3 〈보기〉와 이 작품에서는 공통적으로 대상을 위협하는 말하기 방식을 사용했으므로, 대상을 위협하는 어조로 바꾸겠다는 내용은 적절하지 않다.
오답 뜯어보기 ① 〈보기〉의 '구워 먹으리.'를 이 작품에서는 '그물을 넣어 사로잡아 구워서 먹으리라.'라고 표현하여 '그물'이라는 구체적인 도구를 추가했다.
③ 두 작품 모두 주술의 대상이 되는 소재는 '거북'으로, 이 작품에서 거북은 용을 지칭하는 말로 사용되었다.
④ 이 작품과 〈보기〉 모두 먼저 '거북아 거북아'라고 호명한 뒤 명령을 내리고 있다.
⑤ 이 작품의 2구에 나타난 내용은 〈보기〉에는 없는 것으로, 대상이 지은 죄(남의 아내 훔쳐 간 죄)를 강조하고 있다.

4 이 작품은 수로 부인의 구출이라는 뚜렷한 목적이 있는 노래이다. 즉, 1구에서 수로 부인을 납치해 간 대상을 호명한 뒤 수로 부인을 돌려주기를 명령한 부분에서 주제가 집약적으로 드러난다.

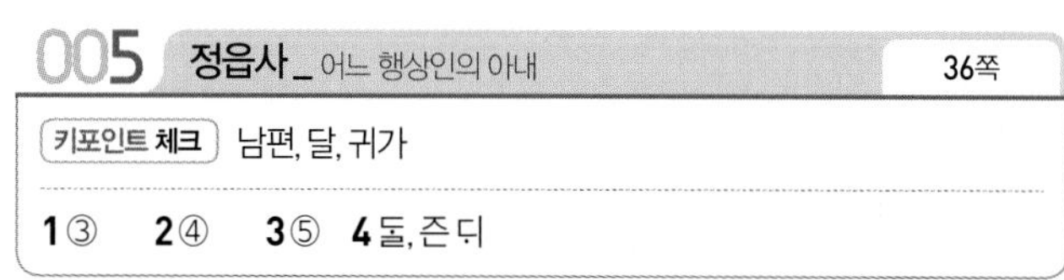

005 정읍사 _ 어느 행상인의 아내 36쪽

키포인트 체크 남편, 달, 귀가

1 ③　2 ④　3 ⑤　4 둘, 즌 딕

1 이 작품의 후렴구는 음악에 맞추기 위해 들어간 구절로, 후렴구에 화자의 마음이 압축되어 있다고 볼 수는 없다.
오답 뜯어보기 ① '둘(광명)'과 '즌 딕(어두운 곳, 위험한 곳 등)'가 대립을 이루고 있다.
② 후렴구를 제외하면 4음보의 3장 6구로, 시조와 유사한 형식으로 배열할 수 있다.
④ '-ㄹ셰라'는 '~할까 두렵다.'라는 의미를 지닌 의구형 어미이다.
⑤ '노피곰'과 '머리곰'의 '-곰'은 강조의 접미사이다.

2 이 작품에서 화자는 '둘'을 자신의 소망을 들어주고 남편을 위험으로부터 지켜 주는 대상으로 인식하고 있다. 화자 스스로를 되돌아보고 반성하게 하는 성찰의 대상으로는 보고 있지 않다.
오답 뜯어보기 ① '둘'은 화자의 소망을 들어주는 '천지신명'과 같은 존재로 나타나 있다.
② '둘'은 화자인 아내와 남편의 심리적 거리를 좁혀 주는 매개물의 역할을 하고 있다.
③ '둘'은 '빛'의 이미지를 통해 남편을 지켜 주는 광명의 상징이다.
⑤ '둘'은 행상 나간 남편의 안전을 지켜 주므로 남편에게 일어날 부정적인 상황을 제거하여 둘의 사랑을 지켜 주는 존재라고 할 수 있다.

3 ⓔ는 해가 저물어 남편이 집에 돌아오지 못하게 될까 봐 두렵다는 것으로 남편의 무사 귀환을 바라는 아내의 마음이 담겨 있다.
오답 뜯어보기 ① ⓐ는 남편이 가는 길에 빛을 환히 비춰 달라는 기원으로 달에게 아내의 무사함을 청원하는 아내의 걱정이 드러난다.
② ⓑ의 '져재', 즉 '시장'이라는 표현을 통해 남편의 직업이 상인임을 알 수 있다.
③ ⓒ는 밤중에 남편에게 닥칠지도 모르는 위협이나 위험을 비유한 표현이다.
④ ⓓ는 어디에서든 (짐을) 놓고 쉬라는 의미로, 남편의 안위를 염려하는 아내의 간절한 당부가 드러난다.

4 이 작품에서 '돌'은 단순한 자연물로서의 달이 아니라 남편이 돌아오는 길을 환하게 비춰 주는 '밝음'의 달이자 인생의 어둠을 물리쳐 주는 '광명'의 달이다. 반면에 '즌 디'란 남편이 집으로 돌아오는 길에 만날 수 있는 모든 부정적 상황을 의미하며, 달빛이 비치지 않는 어둠의 세계이다.

2 | 향가

006 서동요 _ 서동 　38쪽

키포인트 체크 | 아이들, 서동, 선화 공주, 음해(모함)

1 ④ 　**2** ③ 　**3** ② 　**4** 서동이 선화 공주와 인연을 맺기 위해서이다. (서동이 선화 공주를 아내로 삼기 위해서이다.)

1 이 작품은 표면적으로는 선화 공주가 서동과 은밀한 사랑을 나눈다는 내용이고, 이면적으로는 서동이 선화 공주에 대한 사랑을 이루려고 하는 의도를 담고 있다. 따라서 이 작품에는 부재하는 대상에 대한 그리움이나 이별의 슬픔에 따른 애상적 정서는 나타나지 않는다.

오답 뜯어보기 ① 앞으로 일어날 일인 서동과 선화 공주의 혼인을 암시하고 있으므로 참요라고 할 수 있다.

② 창작 배경을 참고하면 선화 공주가 서동과 남몰래 정을 통한 것은 사실이 아님에도 이러한 거짓 소문을 퍼뜨렸으므로 대상(선화 공주)을 모함한 것이다.

③ 아이들의 입을 통해 널리 퍼진 노래이므로 동요이자 민요라고 할 수 있다.

⑤ 이 작품에 나타난 사건, 즉 선화 공주와 서동의 밀애는 실제로 일어나지 않은 일인데 그것을 마치 이미 일어난 일처럼 노래한 것에는 실제로 그 일이 일어나도록 만들려는 의도가 담겨 있다. 이러한 면에서 이 작품은 주술적이라고 할 수 있다.

2 이 작품에서는 표면적으로 선화 공주와 서동의 은밀한 사랑을 드러내고 있을 뿐 소망이 이루어지지 않은 상황을 가정하는 내용은 나타나지 않았으며, 〈보기〉 역시 '거북'이 화자의 명령과는 다르게 머리를 내어놓지 않은 상황을 제시하고 있을 뿐 소망이 이루어진 상황을 가정한 것은 아니다.

오답 뜯어보기 ① 이 작품은 4구체 향가이며, 〈보기〉는 4구로 된 한역 시가이다.

② 이 작품은 선화 공주가 밤에 몰래 서동을 안고 가는 상황을 구체적으로 묘사하고 있고, 〈보기〉는 '거북'에게 머리를 내놓지 않으면 구워서 먹겠다고 위협하는 어조로 말하고 있다.

④ 이 작품은 실현되지 않은 일을 이미 일어난 것처럼 '바믜 몰 안고 가다.'라고 표현하고 있다. 반면 〈보기〉에서 거북이 머리를 내어놓는 (왕이 강림하는) 것은 아직 일어나지 않은 일이다.

⑤ 이 작품은 제삼자인 '아이들'이 부름으로써 이야기를 전달하고 있고, 〈보기〉는 청자인 '거북'에게 말을 건네는 방식으로 목적을 이루려고 하고 있다.

3 이 작품은 표면적으로는 선화 공주가 서동을 사랑하여 구애하지만 이면적으로는 선화 공주에 대한 서동의 사랑을 담은, 주객이 뒤바뀐 표현이 나타나고, 〈보기〉에서도 사실 '내'가 '그대(민들레꽃)'를 찾아가는 것인데 '그대'가 '나'를 찾아오는 것으로 주객을 전도한 표현을 사용하고 있다.

오답 뜯어보기 ① 이 작품에는 사물에 인격을 부여하여 표현하는 의인법이 사용되지 않았지만, 〈보기〉의 밑줄 친 부분에서는 민들레꽃을 '그대'로 표현하여 의인화하고 있다.

③ 이 작품에는 시적 화자가 시의 표면에 직접 드러나 있지 않지만, 〈보기〉에는 '나'라는 시적 화자가 표면에 직접 드러나 있다.

④ 실제로 표현하려는 뜻과 반대되는 말로 표현하는 것을 반어라고 하는데 두 작품 모두 반어는 사용되지 않았다.

⑤ 겉으로는 논리적 모순을 보이나 그 속에 진리를 내포한 표현을 역설이라고 하는데 두 작품 모두 역설은 사용되지 않았다.

지식+

- **조지훈, 〈민들레꽃〉**
- 갈래: 자유시, 서정시
- 성격: 여성적, 고백적
- 주제: 임에 대한 변함없는 사랑과 그리움
- 감상: 민들레꽃을 의인화하여 임에 대한 애틋한 그리움을 드러내는 작품이다. 민들레꽃을 통해 사랑하는 임을 떠올리며 외로운 화자의 그리움을 여성적인 어조로 고백하고 있다.

4 서동이 이 노래를 지어 아이들에게 부르게 한 것은 '눔 그스지 얼어 두고(남몰래 정을 통해 두고)'라고 선화 공주를 음해함으로써 선화 공주와 인연을 맺으려는 계략이라고 할 수 있다. 즉, 이 작품은 서동이 선화 공주를 아내로 삼기 위해 지어 부른 노래라고 할 수 있다.

지식+

- **〈서동요〉의 배경 설화에 담긴 신화적 성격**

〈서동요〉의 배경 설화는 서동이라는 미천한 신분의 남성이 높은 신분의 여성과 혼인하여 왕이 될 만한 능력이 있음을 보여 주는 이야기라고 할 수 있다. 따라서 이 이야기는 백제 무왕과 관련된 신화의 한 부분이라고 할 수 있다. 그러나 위기를 극복하는 과정 없이 바로 행복한 결말에 도달한다는 점에서 온전한 신화라 보기는 어렵다.

007 모죽지랑가 _ 득오 　40쪽

키포인트 체크 | 화랑, 애도(추모), 죽지랑

1 ⑤ 　**2** ④ 　**3** ③ 　**4** ③

1 이 작품은 죽지랑을 추모하는 노래로, 화자는 죽지랑이 생전에 보였던 모습을 그리워하며 잊지 못하는 마음을 드러내고 있다.

오답 뜯어보기 ①, ② 죽은 죽지랑에 대한 그리움과 재회에의 기원을 드러내고 있을 뿐 죄책감이나 분노는 드러나지 않는다.

③ 종교적인 내용은 나타나 있지 않다.

④ 개인의 정서를 표출한 서정적인 시가로서 주술성은 찾아볼 수 없다.

2 시조의 종장 첫 구로 계승되는 향가의 감탄사는 10구체 향가의 9구 앞머리에서 나온다. 이 작품은 8구체 향가로 '낭(郎)이여'는 의미 없는 감탄사가 아니라 시적 대상을 부르는 의미를 담고 있다.

오답 뜯어보기 ① '그리매'는 죽은 죽지랑에 대한 시적 화자의 정서를 표출한 부분이다.

② 죽지랑의 과거 모습을 회상한 뒤, 죽지랑이 죽고 없음으로 인한 현재의 '시름'을 표현하고, 죽지랑을 다시 만나기 위해 '녀올 길'을 노래한 것에서 '과거-현재-미래'의 흐름이 나타난다.
③ '모든 것ᄉᆞ 우리'는 세상 모든 것이 죽지랑의 죽음을 울면서 슬퍼함을 나타낸 것이다.
⑤ 죽지랑과 다른 세상(저세상)에서 만나는 것을 '다북쑥 (우거진) 마을에서 잘 밤'으로 비유적으로 표현했다.

3 이 작품의 'ᄆᆞᅀᆞᆷ'는 죽지랑을 그리워하는 화자의 마음을 가리키고, 〈보기〉의 'ᄆᆞᅀᆞᆷ'는 시적 대상인 기파랑의 마음을 의미한다.
오답 뜯어보기 ① 이 작품은 8구체, 〈보기〉는 10구체 향가이다.
② 이 작품은 '낭이여'에 시적 대상인 죽지랑이 드러나고, 〈보기〉 역시 '기랑이 즈ᅀᅵ'에서 시적 대상인 기파랑이 드러난다.
④ 이 작품은 죽지랑을 그리워하는 시적 화자의 정서 표출이 주를 이루고, 〈보기〉는 시적 화자가 흠모하는 기파랑의 인품 예찬이 주를 이룬다.
⑤ 이 작품에서는 죽지랑의 모습을 '아롬 나토샤온 / 즈ᅀᅵ 살쭘 디니져'라고 묘사했고, 〈보기〉는 기파랑을 '돌, 자삿가지' 등에 비유하여 표현했다.

4 ⓒ는 죽지랑의 아름다운 과거 모습을 회상한 것으로, 죽지랑의 훌륭한 인품에 대한 표현으로도 해석할 수 있다.
오답 뜯어보기 ① ⓐ는 죽지랑과 함께했던 지난 세월 또는 죽지랑이 살아 있을 때를 의미한다.
② 죽지랑과 함께했던 날이 다시 올 수 없기에 '시름'을 느끼는 것이다.
④ 죽지랑의 주름진 모습에 대한 안타까움이 담긴 구절이다.
⑤ ⓔ는 '눈 깜짝할 사이'라는 의미로, 죽지랑과의 재회가 빨리 이루어지기를 바라는 마음이 담겨 있다.

008 헌화가 _ 견우 노인

42쪽

키포인트 체크 노인, 수로 부인, 연모

1 ② 2 ① 3 ⑤ 4 지뵈

1 이 작품은 주술성이나 종교적 색채가 없는 개인적 서정시이다.
오답 뜯어보기 ① 이 작품은 집단적 성격의 노래가 아니라 개인의 정서를 노래한 개인 서정시이며, 4행(구)으로 된 4구체 향가이다.
③ 3구에서 '나'라는 시적 화자가 시의 표면에 구체적으로 드러나 있다.
④ 아름다움의 상징적 인물인 수로 부인에 대한 순수한 예찬을 표현한 노래로, 아름다움을 추구하는 신라인의 미의식을 엿볼 수 있다.
⑤ 시적 화자인 '견우 노인'이 시적 대상인 '수로 부인'에게 연모의 정을 드러낸 노래이다.

2 배경 설화에 따르면 '바회(바위)'는 아무나 오르지 못하는 높은 벼랑이다. 시적 화자가 이 벼랑에 올라가 꽃을 꺾어 바치려 한 것은 시적 화자의 비범성을 부각하는 역할을 한다.

3 이 작품에서 '곶(꽃)'은 수로 부인에 대한 화자(견우 노인)의 사랑과 예찬을 드러내고 있는 소재이자 화자와 대상을 매개하는 사물이다. 〈보기〉에서 '난초'는 '공주'와 '문지기 청년'을 연결해 주는 매개체에 해당한다.
오답 뜯어보기 ① '비시누'는 '도움'과 '선행'의 역할을 하고 있다.
④ '결혼'은 '공주'와 '문지기 청년' 사이의 사랑의 성취를 보여 준다.

4 '지뵈'는 '자줏빛'을 의미하는 색채어로, 수로 부인에 대한 시적 화자(견우 노인)의 강렬한 사랑의 마음을 간접적으로 드러내는 역할을 한다.

009 제망매가 _ 월명사

44쪽

키포인트 체크 누이, 향가, 종교적

1 ② 2 ① 3 ④ 4 나는 가ᄂᆞ다 말ᄉᆞ도 / 몯다 니르고 가ᄂᆞ닛고.

1 시구의 반복이란 '가시리 가시리잇고 나는 / ᄇᆞ리고 가시리잇고 나는 // 날러는 엇디 살라 ᄒᆞ고 / ᄇᆞ리고 가시리잇고 나는'처럼 비슷하거나 동일한 시구를 반복하는 것을 말한다. 그런데 이 작품에는 이러한 시구의 반복이 나타나지 않는다.
오답 뜯어보기 ①, ⑤ 9구~10구에서 화자는 죽은 누이와 '미타찰(부처가 있는 세상)'에서 만날 날을 도를 닦으며 기다리겠다고 다짐하고 있다. 이는 화자가 누이의 죽음으로 인한 슬픔을 기다림으로 극복하고 있음을 보여 준다.
③ 5구~8구에서 '같은 부모(ᄒᆞᄃᆞᆫ 가지)'에게서 태어난 '누이(닙)'가 '갑작스럽게 죽은(ᄀᆞᄉᆞᆯ 이른 ᄇᆞᄅᆞ매)' 상황을 자연 현상에 비유하여 나타내고 있다.
④ 화자는 1구~2구에서 누이의 죽음을 계기로 삶과 죽음의 문제에 대해 생각하고 있으며, 9구~10구에서 이러한 문제를 불교 사상을 바탕으로 극복하려는 모습을 보인다.

2 A의 '바람'은 단순히 꽃을 지게 만드는 자연 현상일 뿐, 화자의 시련과는 관계없다.
오답 뜯어보기 ② ㉠은 '닙(잎)'이 지게 된 원인이며, B의 '바람'은 나무가 쓰러지게 된 원인이다.
③ A의 '도화', 즉 뜰에 가득히 핀 복숭아꽃은 봄날의 경치를 만끽하는 화자의 흥취를 부각하지만, ㉡은 죽은 누이를 이르는 시어이므로 화자에게 슬픔을 주는 대상이라고 볼 수 있다.
④ B의 '나무'는 임을 잃은 화자 자신을 비유한 것이고, ㉡은 죽은 누이를 의미한다.
⑤ ㉡, A의 '도화', B의 '나무'는 바람에 의해 떨어지거나 쓰러진다는 점에서 수동적이라고 할 수 있다.

3 ⓐ의 죽음이 지병 때문인지는 명확하지 않으므로 지병으로 죽었다는 설명은 적절하지 않고, ⓑ가 뉘우치고 한탄하는 회한에 빠져 있다는 설명도 적절하지 않다.
오답 뜯어보기 ① ⓐ와 ⓑ는 'ᄒᆞᄃᆞᆫ 가지라 나고'라고 하여 같은 부모에게서 태어난 혈육 관계임을 알 수 있다.
③ ⓐ의 죽음에 대해 ⓑ는 '생사 길흔 / 이에 이샤매'라고 하여 삶과 죽음의 문제는 멀리 있지 않고 가까이에 있음을 인식하게 한다.
⑤ ⓑ는 '가논 곧 모ᄃᆞ론뎌.'라고 하며 ⓐ의 죽음에 대해 안타까움을 드러내고 있고, '미타찰아 맛보올 나 / 도 닷가 기드리고다.'라고 하여 재회에 대한 믿음을 가지고 있다.

4 3구~4구의 '나는 가ᄂᆞ다 말ᄉᆞ도 / 몯다 니르고 가ᄂᆞ닛고.'는 마지막 인사도 하지 못할 정도로 누이가 갑자기 죽었다는 것과 그로 인한 화자의 안타까움을 드러낸다.

010 찬기파랑가 _ 충담사 46쪽

키포인트 체크 기파랑, 자연물, 예찬

1 ③ 2 ④ 3 ① 4 이전까지 전개된 시상을 집약하면서 전환하고 있다.

1 화자는 기파랑의 높은 인품을 따르고 싶은 마음을 드러내면서 기파랑의 고고한 절개를 예찬하고 있다.

오답 뜯어보기 ①, ② 화자는 기파랑을 그리워하며 그를 볼 수 없는 현실을 안타까워할 뿐 자신의 신세를 한탄하고 있지는 않다. 또한 벼슬에 오르려 하거나 백성을 잘 다스리려고 하는 등의 정치적 포부도 나타나 있지 않다.

④ 자연물을 이용하여 자신의 생각을 표현하고는 있지만 자연과 가까이하면서 살아가려는 태도는 나타나지 않는다.

⑤ 이 작품에는 미래에 대한 관점이나 태도는 나타나 있지 않다.

2 이 작품에서 쉽게 판단할 수 있는 내용을 의문의 형식을 사용하여 나타냄으로써 의미를 강조하는 설의적 표현은 찾을 수 없다.

오답 뜯어보기 ① 이 작품은 기파랑의 인품을 따르려는 화자의 마음을 혼자 말하는 방식, 즉 독백체로 표현하고 있다.

②, ③ 이 작품은 기파랑을 자연물인 '달', '물', '잣가지' 등에 비유해서 표현하고 있는데, 이들은 공통적으로 기파랑의 고결함을 상징한다고 볼 수 있다.

⑤ 9구 ~ 10구에서 '푸른색(잣가지)'과 '흰색(눈)'이 대비되면서 '눈(시련)'에 굴하지 않는 '잣가지(기파랑의 절개 또는 기상)'를 나타내고 있다.

3 이 작품의 '눈'과 〈보기〉의 '풍상'은 모두 '시련, 역경'을 상징하며, 이 작품의 '자싯가지'와 〈보기〉의 '황국화'는 '푸른 기상'과 '절개'를 상징한다는 점에서 이 작품의 '자싯가지 – 눈'의 관계는 〈보기〉의 '황국화 – 풍상'에 대응된다.

오답 뜯어보기 ②, ③ 이 작품과 〈보기〉 모두 시간의 흐름이나 대상과의 관계가 개선되기를 바라는 모습은 나타나지 않는다.

④ 대상의 부재 상황은 이 작품에만 해당된다.

⑤ 이 작품에는 화랑의 우두머리인 '기파랑'에 대한 그리움이 드러나지만, 〈보기〉에서는 화자가 '님(임금)'에게 국화를 받고 '님'의 뜻을 알겠다고 하고 있으므로 '님(임금)'을 원망한다고 볼 수 없다.

4 이 작품은 낙구인 9행 첫머리에 나타난 감탄사 '아아'를 통해 이전까지의 시상을 집약한 뒤, 시상을 전환하여 기파랑의 인품을 예찬하며 마무리하고 있다. 〈보기〉의 종장 첫 음보에 나타난 '어즈버' 역시 감탄사로, 시상을 집약하고 전환하는 기능을 하고 있다.

지식+

- 길재, 〈오백 년 도읍지를〉
- 갈래: 평시조, 서정시
- 성격: 회고적, 감상적
- 주제: 망국의 한과 인생무상
- 감상: 고려의 옛 도읍지를 돌아보며 느끼는 감회를 노래한 회고가(懷古歌)의 대표작으로, 망국의 한과 안타까움이 잘 드러나는 작품이다.

011 도솔가 _ 월명사 48쪽

키포인트 체크 해결, 해, 산화공덕

1 ② 2 ④ 3 ④ 4 미륵좌주 뫼셔 나립하라. 완곡하지만 명령의 형태로 미륵불을 모시고자 하는 간절한 소망을 전달하고 있기 때문이다.

1 이 작품에는 꽃을 뿌리며 부처님을 모시는(산화) 불교적인 의식이 언급되어 있다.

오답 뜯어보기 ① 이 작품은 노동과는 관련이 없다.

③ 꽃에게 명령하는 부분은 나타나지만, 상황을 가정하는 내용은 드러나 있지 않다.

④ 4구체 향가로는 〈도솔가〉 외에도 〈서동요〉, 〈헌화가〉 등이 전한다.

⑤ 이 작품은 주술적 성격이 두드러진 노래로, 개인적 서정시와는 거리가 멀다.

2 향가의 발전 과정은 민요의 형식을 계승하고 있는 4구체 향가에서 시작하여, 4구체 향가가 형식적으로 발전하여 배수를 이룬 8구체 향가, 그리고 여기에 형식적 정제미를 갖추어 낙구에 감탄사가 제시되는 10구체 향가로 나타난다. 그러므로 10구체 향가가 4구체, 8구체 향가의 영향을 받지 않고 민요에서 발전한 것이라는 설명은 적절하지 않다.

오답 뜯어보기 ① 향가는 행수에 따라 4구체, 8구체, 10구체로 나뉜다. 〈도솔가〉는 4구체, 〈처용가〉는 8구체, 〈제망매가〉는 10구체 향가이다.

②, ⑤ 4구체 향가가 형식적으로 발전하여 배수를 이룬 8구체 향가가 되고, 여기에 형식적 정제미를 갖추어 10구체 향가가 나타난다.

③ 10구체 향가에서는 대개 9행의 앞머리에 감탄사를 넣어 시상을 집약한다. 이러한 향가의 감탄사를 시조 종장 첫 부분에 등장하는 영탄구의 연원으로 보아, 향가를 시조 형식의 기원으로 보기도 한다.

3 ㉣은 산화공덕 의식을 정성을 다해 치르고 있음을 나타내는 구절로 여기에서 화자의 서정적 감상은 드러나지 않는다.

오답 뜯어보기 ① 배경 설화를 통해 알 수 있듯이 이 작품은 두 개의 해가 나타난 괴변을 물리치고자 부른 노래이다.

② ㉡은 불교 예식가의 일종으로 문제 해결을 위한 제의의 의미를 지닌다.

③ ㉢의 '너'는 '산화' 의식에서의 꽃을 인격화하여 나타낸 것이다.

⑤ ㉤은 '미륵보살'을 의미하며, 산화 의식을 행하는 대상이다.

4 이 작품에서 주술적 특징을 보이는 부분은 4구로, 미륵불을 모셔서 두 개의 해가 나타난 괴변을 물리치고자 하는 소망을 완곡한 명령의 형태로 제시했다.

012 처용가 _ 처용 50쪽

키포인트 체크 역신, 노래, 관용

1 ③ 2 ⑤ 3 ③ 4 가르리 네히어라.

1 이 작품은 고려 가요 〈처용가〉의 모태가 되기는 했지만, 한역되어 전해진 것이 아니라 향찰로 표기된 향가이다.

오답 뜯어보기 ① 신라 헌강왕 때를 배경으로 한 작품으로 현전하는 마지막 향가이다.

② 시적 화자인 처용은 무격, 지방 호족의 아들, 아랍 상인 등으로 보기도 하며, 시적 대상인 역신과 아내도 처용의 정체에 따라 다양하게 해석될 여지가 있다.
④ 축사(逐邪)란 사악한 것을 쫓는다는 의미이며 벽사진경(辟邪進慶)은 사악한 귀신을 물리치고 경사를 맞아들인다는 의미이다. 이 노래를 불러 역신을 쫓아냈으므로 적절한 설명이다.
⑤ 〈처용가〉는 고대 가요 〈구지가〉와 〈해가〉에 이어 주술 시가의 맥을 계승한 작품으로서 문학사적 의의를 지닌다.

2 〈보기〉의 처용은 역신을 위협하고 저주하며 역신에 대한 분노를 직접적으로 드러내고 있으며 이 작품에서 보이는 역신에 대한 관용의 태도는 찾아볼 수 없다.
오답 뜯어보기 ① 이 작품의 처음 여섯 구절이 〈보기〉에 제시된 고려 가요 〈처용가〉에 그대로 계승되어 갈등의 원인이 되는 상황, 즉 밤늦게 놀다 들어오니 잠자리에 다리가 넷이 있었다는 상황이 두 작품에서 동일하게 나타난다.
② 〈보기〉의 '산이나 들이나 천 리 먼 곳으로 / 처용 아비를 피해 가고 싶다.'에 처용을 두려워하는 열병신의 심리가 표현되어 있다.
③ 〈보기〉의 '이런 때에 처용 아비 곧 보시면 / 열병신 따위야 횟감이로다.'에 처용의 위엄 있는 모습이 표현되어 있다.
④ 이 작품의 화자는 아내를 빼앗긴 처용으로 볼 수 있으며 〈보기〉의 화자는 처용이나 역신이 아닌 제삼자이다. 〈보기〉의 화자는 축사(逐邪)의 능력이 있는 처용에 대해 알고 있는 사람으로, 처용과 똑같은 상황에 처하자 처용을 불러 역신을 물리치고 싶다는 마음을 표현하고 있는 것이다.

3 ㉢에서 '둘'은 아내의 다리를 가리키는 말이지만, 그것이 '내해엇고(내 것이었고)'라고 말하는 이는 화자인 '처용'이다. 즉, ㉢은 '아내가 본디 내 것이었다.'라는 의미로 처용이 자신의 상황을 하소연하는 말이라 할 수 있다.
오답 뜯어보기 ① ㉠에는 작품의 공간적 배경 '식ᄫᆞᆯ(신라의 서울인 서라벌)'과 시간적 배경 'ᄇᆞᆯ기 ᄃᆞᆯ(달밤)'이 나타나 있다.
② ㉡은 자신이 아닌 다른 이(역신)가 아내를 범한 상황을 표현한 것이다.
④ ㉣은 또 다른 두 다리의 주인이 '뉘'인지 물으면서 축사 대상의 정체에 대해 의문을 제기한 것이다.
⑤ ㉤은 '엇디ᄒᆞ릿고.'라는 체념적 어조로 절제와 관용을 통한 달관의 경지를 보여 주고 있다.

4 〈보기〉의 밑줄 친 '빼앗긴 들'에 사용된 표현 방법은 대유법이다. 대유법은 부분으로 전체를 나타내는 표현법으로, 〈보기〉에서는 '빼앗긴 들'이라는 부분을 통해 일제 시대에 '빼앗긴 우리 국토 전체'를 표현하고 있다. 이 작품에서 이와 같은 표현 방법이 사용된 부분은 '네 가랑이(다리)'라는 신체의 일부분으로 두 사람이 있다는 것을 나타내고 있는 4구이다.

3 | 한시

015 여수장우중문시 _ 을지문덕 54쪽

키포인트 체크 을지문덕, 항복, 조롱

1 ③ **2** ③ **3** ⑤ **4** 수이 걸항(乞降)ᄒᆞ야ᄉᆞ리, 적을 위협하여 항복을 요구하고 있다.

1 이 작품에는 겉으로는 모순되어 보이나 그 속에 진리가 함축된 역설적 표현은 나타나지 않는다.
오답 뜯어보기 ① 1구와 2구에 대구법이 사용되었으며, 이를 통해 리듬감을 느낄 수 있다.
② 3구의 '싸움에 이기어'라는 구절을 통해 이 작품이 '전쟁'이라는 구체적 상황을 바탕으로 하고 있음을 알 수 있다.
④ 시적 대상에게 말을 건네는 대화체의 방식을 사용하고 있다.
⑤ 전쟁 상황에서 적장 우중문의 평정심을 잃게 하려는 목적으로 쓴, 고도의 전술적 성격을 띤 시라고 할 수 있다.

2 1구~3구는 반어적 표현으로, 상대방을 예찬한 것이 아니라 결국 상대방을 조롱한 것이다.
오답 뜯어보기 ① 1구~3구에서는 상대방의 책략을 치켜세우고 있다.
② 4구는 '만족하고 그만두라'라고 하여 상대방을 조롱하고 있다.
④ 이 작품에서 처음에는 상대방을 칭찬하다가 뒤에서 조롱하는데 이는 억양법에 해당한다.
⑤ 1구~3구는 '칭찬', 4구는 '경고'를 제시하고 있는데, 이러한 대조를 통해 항복하라는 위협을 강조하고 있다.

3 ⑤의 사설시조는 이 작품과 마찬가지로 대상을 조롱하고 비판하는 풍자적 태도를 보여 주고 있다. 여기서 풍자하고 있는 대상은 쉬운 말로 쓸 수 있는 것을 굳이 한자어를 사용하여 어렵게 표현하고 있는 현학적이고 과시적인 장사꾼이다.
오답 뜯어보기 ① 안민영의 시조로 삶의 처세 방식에 대해 노래한 작품이다. 높든 낮든, 길든 작든, 순응하며 평생을 살아간다는 내용이다.
② 황희의 시조로 풍요로운 계절인 가을에 술이 익어 마시지 않을 수 없다는 내용으로 풍류와 가을의 흥취를 노래하고 있다.
③ 임에 대한 그리움을 자연물의 모습에 대응하여 그려 낸 작품으로, 임을 그리워하여 눈물을 흘리는 자신의 얼굴을 해학적으로 표현하고 있다.
④ 임을 만날 수 있다면 임과 화자 사이에 있는 높은 고개를 단숨에 넘어갈 수 있다는 화자의 간절한 마음을 표현한 작품이다.

4 ㉠은 전쟁을 그만두자는 권유의 형식이지만 실제로는 항복하라는 경고의 뜻을 담고 있다. 이와 같은 의미를 지닌 구절을 〈보기〉에서 찾으면 '수이 걸항(乞降)ᄒᆞ야ᄉᆞ라(빨리 항복하여라).'이다.

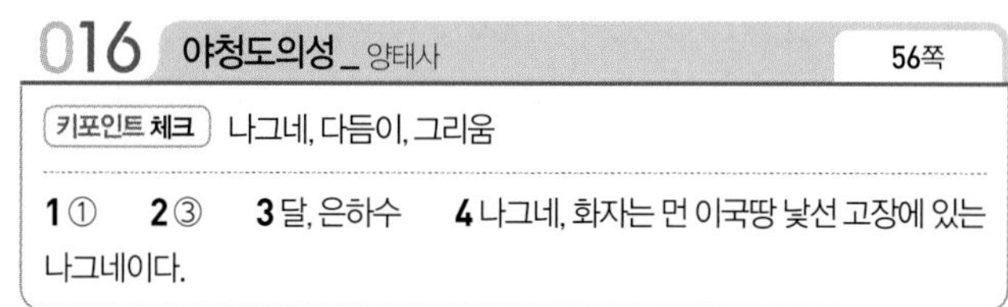

016 야청도의성 _ 양태사 56쪽

키포인트 체크 나그네, 다듬이, 그리움

1 ① **2** ③ **3** 달, 은하수 **4** 나그네, 화자는 먼 이국땅 낯선 고장에 있는 나그네이다.

1 이 작품에는 임의 부재가 드러나지 않으며, 화자가 그리워하는 대상은 고향이다.

오답 뜯어보기 ② 다듬이질하는 이웃집 여인의 모습과 마음을 추측하여 상상하고 있다.

③ 시각적 심상, 청각적 심상, 촉각적 심상 등을 이용하여 시적 상황을 구체화하고 있다.

④ '가을밤'이라는 시간적 배경을 통해 쓸쓸한 분위기를 효과적으로 드러내고 있다.

⑤ 이국땅에서 고향을 그리워하는 화자의 안타까운 심정을 드러내고 있다.

2 '바람'은 이웃집 여인의 다듬이 소리를 화자에게 전달해 주는 매개체 역할을 하고 있다. 또한 이 작품에서 화자는 상황을 개선하거나 벗어나려는 의지를 드러내고 있지 않다. 자신이 처한 상황에 대해 한탄하고 있을 뿐이다.

오답 뜯어보기 ① 화자는 가을밤에 환한 '달'빛과 '은하수'를 바라보며 고향에 대한 그리움을 느끼고 있다.

② '다듬이 소리'는 가을밤 쓸쓸하게 앉아 고향을 그리워하던 화자의 마음을 더욱 심화하는 소재이다.

④ '별이 낮도록'은 앞 구절의 '밤 깊고'와 연결되며, 시간이 흘러 밤이 깊어 가는 것을 시각적으로 형상화한 구절이다.

⑤ '서로 비슷하네'는 과거에 고국에서 들었던 다듬이 소리와 현재 일본에서 듣고 있는 다듬이 소리를 비교한 구절이므로 과거와 현재가 중첩된다고 할 수 있다.

3 이 작품의 1행에서는 가을밤의 달과 은하수가, 〈보기〉에서는 하얀 배꽃에 비친 달빛과 은한(은하수)이 애상적 분위기를 형성하고 있다.

지식+

- **이조년, 〈이화에 월백ᄒᆞ고〉**
- 갈래: 평시조, 서정시
- 성격: 애상적, 감각적, 다정가(多情歌)
- 주제: 봄날 밤에 느끼는 애상적인 정서
- 감상: 봄밤에 느끼는 애상적 정서를 시각적 심상과 청각적 심상을 활용하여 형상화한 작품이다. '하얀 배꽃'과 '환하게 비추는 달빛', '은하수' 등 고독과 애상의 정서를 시각적으로 형상화하고, 소쩍새의 울음을 통해 한의 정서를 청각적으로 형상화하고 있다.

4 객관화된 화자란 화자가 자신을 마치 제삼자처럼 표현한 것을 말하는데, 이 작품에서 화자는 자신의 처지를 먼 이국땅 낯선 고장에 있는 '나그네'라고 표현하고 있다.

017 촉규화 _ 최치원 58쪽

키포인트 체크 유학, 접시꽃, 한탄

1⑤ 2③ 3⑤ 4㉠: 신라, ㉡: 당나라 사람들

1 7구와 8구에서 화자는 자신이 인정받지 못하는 현실에 대해 스스로 천한 땅에 태어난 것 때문이라고 생각하며 체념적으로 받아들이고 있다.

오답 뜯어보기 ① '꽃(촉규화)', '매화 비', '보리 바람' 등을 통해 계절적 배경을 알 수는 있으나 계절의 순환이 나타나지는 않는다.

② 이 작품에서는 모순되는 말로 의미를 강조하는 반어적 표현이 사용되지 않았다.

③ 이 작품에서는 화자의 현재 모습만 나타날 뿐 과거의 처지는 알 수 없다.

④ 이 작품의 화자는 현실을 받아들이고 체념하고 있을 뿐, 현실을 변화시키려는 의지는 보이지 않는다.

2 3구의 '향기', 4구의 '그림자' 모두 꽃이 완숙한 모습으로 성장했음을 표현한 것으로, 화자의 뛰어난 능력을 비유하고 있다.

오답 뜯어보기 ① 1구~2구에서 '거친 밭 언덕 쓸쓸한 곳'에 '꽃송이'가 탐스럽게 피어 있음을 알 수 있다.

② '꽃(촉규화)'은 뛰어난 재능이 있음에도 세상이 알아주지 않는 화자의 모습을 형상화한 것이다.

④ '수레 탄 사람'은 임금을 비롯한 고관대작, '벌 나비'는 하찮은 사람들을 의미하며 서로 대조를 이룬다.

⑤ 화자는 자신이 인정받지 못하는 것이 천한 땅에 태어난 것 때문이라고 생각하며, 작품에서 자신을 형상화한 '꽃' 역시 '천한 땅에 태어'나 버림받는 모습을 보여 주고 있다.

3 〈보기〉의 화자는 부귀공명을 멀리하고 자연 속에서 한가롭게 살아가는 사람이므로 이 작품의 화자에게 세상 사람들에게 인정받으려고 애쓰지 말고 자연을 벗하며 마음의 여유를 가지고 살아가라는 내용의 충고를 해 주는 것이 적절하다.

오답 뜯어보기 ②, ③ 〈보기〉의 화자는 자연 속에 묻혀 한가롭게 살아가는 삶을 추구하므로, 계속해서 학문 수양의 의지를 북돋는 말은 적절하지 않다.

④ 세상에서 인정받기 원하는 이 작품의 화자에게 빈곤 속에서 만족함을 찾으라는 말은 적절하지 않다.

지식+

- **윤선도, 〈만흥〉**
- 갈래: 연시조(전 6수)
- 성격: 자연 친화적, 한정가(閑情歌)
- 주제: 자연에 묻혀 사는 즐거움과 임금님의 은혜
- 감상: 자연에 묻혀 지내는 한가롭고 흥겨운 심정을 읊으면서도 임금의 은혜를 잊지 않는 모습을 드러내는 작품이다. 제2수에서는 소박한 삶 속에서도 즐거움을 찾는 안빈낙도(安貧樂道)의 삶의 자세가 드러난다.

4 이 작품은 작가 최치원이 당나라에 유학 갔을 때 지은 것으로, 그곳에서 자신의 능력을 펼치고자 했으나 인정받지 못하는 현실을 토로하고 있다. 따라서 화자의 출신지를 의미하는 ㉠은 '신라', 화자를 알아주지 않은 ㉡은 '당나라 사람들'이라고 할 수 있다.

018 추야우중 _ 최치원 60쪽

키포인트 체크 외로움, 괴로워함, 현실

1② 2⑤ 3③ 4 당나라에 머물 때 창작한 것으로 본다면 고국에 대한 그리움이 주제이고, 귀국했을 때로 본다면 지식인의 고뇌와 외로움이 주제가 된다.

1 이 작품에서 '비'와 '등불'은 우울하고 쓸쓸한 분위기를 자아내는 소재이다.

오답 뜯어보기 ① '가을 바람', '밤', '비' 등의 자연물을 통해 화자의 암울한 처지와 현실을 암시하고 있다.
③ 3구와 4구는 다섯 개의 한자가 각각 완벽하게 대응을 이루고 있는 구절이다.
④ 작품의 제목 '추야우중'은 '가을밤에 내리는 비'라는 뜻으로, 가을과 밤과 비가 결합하여 쓸쓸한 분위기를 암시한다.
⑤ '지음(知音)'이라는 단어는 백아와 종자기의 고사에서 유래한 말로, 자신을 알아주는 친구를 의미한다. 화자는 자신에게는 그러한 존재가 없음을 말하며 외로움을 토로하고 있다.

2 ⓓ에서는 화자가 지닌 고독과 비애의 심리가 '만 리'로 표현되어 있을 뿐, 화자가 지닌 지식의 깊이는 제시되지 않았다.

오답 뜯어보기 ① ⓐ에는 화자가 외로움을 달래기 위해 힘들게 시를 읊게 되었다는 창작 동기가 드러나 있다.
②, ③ ⓑ에는 자신을 알아주는 이가 없다는 화자의 현재 상황이 나타나 있으며, 그러한 상황으로 인한 소외감과 세상에 대한 탄식을 '지음(知音)' 고사를 인용하여 드러내고 있다.
④ ⓒ에서 화자는 객관적 상관물인 '밤'과 '비'를 통해 자신의 고독한 심정을 심화하고 있다.

지식+

• **'지음(知音)' 고사**

'지음(知音)'이란 지기지우(知己之友)와 같은 뜻으로 자신의 속마음을 알아주는 친구를 이르는 말이다. 중국 《열자(列子)》의 〈탕문편〉에 실린 백아와 종자기의 이야기에서 비롯되었다. 백아가 높은 산에 오르고 싶은 마음으로 거문고를 타면 그의 벗 종자기는 옆에서 "참으로 근사하다. 하늘을 찌를 듯한 높은 산이 눈앞에 있구나."라고 하였다. 또 백아가 흐르는 강물을 생각하며 거문고를 타면 종자기는 "기막히다. 유유히 흐르는 강물이 눈앞을 지나는 것 같다."라고 하였다. 그 종자기가 죽자 백아는 거문고를 부수고 줄을 끊은 다음 다시는 거문고를 타지 았다고 한다. 이 세상에 다시는 자신의 거문고 소리를 알아주는 이[知音]가 없다고 생각한 것이다.

3 〈보기〉에 따르면 최치원은 당나라에서 문장가로 이름을 날렸지만 이방인으로서의 한계를 느끼고 고국에 돌아왔고, 이후 고국에서 경세의 뜻을 펼치려 했으나 뜻대로 되지 않자 은거했다고 한다. 따라서 이를 바탕으로 ㉠을 이해한다면 자신을 알아주지 않는 세상과 멀어진 화자의 마음을 '만리심'으로 표현했다고 보는 것이 적절하다.

오답 뜯어보기 ①, ④ 〈보기〉를 바탕으로 할 때, 최치원이 산 속에 은거한 것은 자연 친화, 안분지족의 삶을 추구한 것이 아니라 현실에서 도피한 소극적인 행동으로 보는 것이 타당하다.
② 화자는 관직에 올라 뜻을 펴고자 했으나 자신의 능력을 알아주지 않는 세상에 대해 거리감을 느끼고, 멀어지려는 모습이 나타난다.
⑤ 최치원은 당나라 유학 당시 그곳에서 이방인의 한계를 느꼈다고 했으므로 적절하지 않다.

4 이 작품에는 화자의 외로운 처지와 세상에 대한 한탄, 고뇌가 드러나 있다. 따라서 작품의 창작 시기를 당나라 유학 당시로 본다면 타국에서 고국을 그리워하는 마음을 노래한 것으로 볼 수 있고, 당나라 유학에서 돌아온 뒤로 본다면 자신의 뜻을 펴지 못하는 고뇌를 노래한 것으로 볼 수 있다.

019 제가야산독서당 _ 최치원

62쪽

키포인트 체크 최치원, 현실, 절망, 좌절

1 ② **2** ⑤ **3** ⑤ **4** 세상과 단절하고 산속에 숨어서 살고 싶다.

1 이 작품의 화자는 세상과 단절하겠다는 의지를 나타내고 있을 뿐, 자연과 조화를 이루며 살겠다는 의지는 보이고 있지 않다.

오답 뜯어보기 ① 본래 물이 산 주위를 흐르고 있는 것을 화자 자신이 물로 산을 둘렀다고 표현하여 자연물을 주관적으로 변용하여 해석하고 있다.
③ '물'로 세상과 단절한 것으로 보아 화자는 현실 세계에 대해 부정적인 태도를 지니고 있음을 알 수 있다.
④ 1구의 '첩첩한 돌 사이로 미친 듯 내뿜어'에서 활유법을 사용하여 물의 역동적 이미지를 드러내고 있다.
⑤ 1구~2구에서 강렬한 물소리로 외부 상황을 제시한 후, 3구~4구에서 자신의 속마음을 드러내고 있다.

2 이 작품은 '세상과 단절하고 산속에 은거하고 싶은 마음'을 주제로 하고 있다. 따라서 선경 후정의 방식을 취하는 것이 일반적으로 시상의 발단, 전개, 결말에 적합하다고 볼 수 있다. 이러한 점을 고려하여 시조의 3단 구성에 맞게 정리하면 '첩첩 바위 사이를 물이 매우 큰 소리를 내며 흐르고 있다. → 물소리가 너무 커서 가까운 곳에서의 말소리를 분간하기 어려울 정도이다. → 이 물로 산을 둘러서 듣기 싫은 세속의 시비 소리를 막아 버렸다.' 정도의 흐름이 적절하다. 이와 같은 흐름이 잘 드러난 것은 ⑤이다.

오답 뜯어보기 ① '(말소리를) 바르게 듣자더니'는 이 작품의 주제 의식에 어긋난다. 이 작품의 화자는 세속의 말소리를 거부하고 있다.
② '말소리 시비 소리 분간하고 싶은데'는 이 작품의 주제 의식에 어긋나며, 종장에 화자의 생각이 담겨 있지 않다.
③ 주제 의식이 종장이 아닌 초장에 담겨 있다.
④ '온 산에 시비성은 둘러 두고 듣고저.'는 이 작품의 주제 의식에 어긋난다.

3 ㉠은 물소리가 울리는 것으로 화자가 긍정적으로 인식하는 소리라면, ㉡과 ㉢은 인간의 소리이므로 멀리하고 싶은 소리, 즉 부정적으로 인식하는 소리이다.

오답 뜯어보기 ①, ④ ㉠은 물소리가 울리는 것으로 속세의 인간들이 내는 소리인 ㉡과 ㉢을 차단하는 역할을 한다.
② ㉠의 '울리니'의 주체는 4구의 '흐르는 물'이다.
③ ㉠, ㉡, ㉢은 모두 마음속에 소리가 떠오르게 하는 청각적 심상에 해당한다.

4 이 작품은 세상과 단절하고 싶은 화자의 마음을 표현하고 있다. 즉, 외부에 존재하는 객관적 사물인 물소리에 '산속에 은거하여 세상과 단절하고 싶은 마음'을 투영하여 주관적 변용을 통해 주제를 형상화하고 있는 것이다.

II. 고려 시대

1 | 고려 가요

020 가시리 _ 작자 미상 70쪽

키포인트 체크 여인, 돌아오기, 체념

1 ④ 2 ③ 3 ⑤ 4 이 작품의 화자는 이별의 상황에 대해 체념하며 소극적인 태도를 보이는 반면, 〈보기〉의 화자는 이별의 상황을 적극적으로 거부하고 있다.

1 이 작품은 비유나 상징 등의 표현을 사용하지 않고 일상적이고 소박한 시어를 통해 이별의 아픔을 그려 내고 있다.

오답 뜯어보기 ① '나는'은 여음이고 '위 증즐가 대평성딕'는 후렴구 또는 여음구로, 이들은 특별한 의미 없이 악률을 맞추거나 노래로 불리기 위해 첨가된 것으로 볼 수 있다.

② '가시리(가시리잇고)'의 반복을 통해 의미를 강조하면서 음악적 효과를 거두고 있다.

③ 1연에서 4연까지 3음보 2행을 기본으로 하고, 각 연의 마지막에 후렴구를 배치하여 형태적 안정감을 주고 있다.

⑤ 높임 표현, 소극적이고 조심스러운 말투 등에서 여성 화자의 어조가 느껴지며, 이를 통해 슬픔을 참는 화자의 정서를 극대화하여 드러냈다.

2 ⓒ는 떠나는 임을 붙잡고 싶은 화자의 마음을 표현한 부분으로, 임과 다시 만날 수 있다는 화자의 믿음은 드러나지 않는다.

오답 뜯어보기 ① ⓐ는 '(정말) 가시렵니까?'의 의미로, 이별의 상황에서 화자의 슬픔이 드러난다.

② ⓑ는 '(당신이 가면) 나는 어떻게 살라고'의 의미로, 임에 대한 원망과 화자의 고조된 감정이 드러난다.

④ ⓓ는 '서운하면 오지 않을까 두렵다'라는 뜻으로, 화자는 임이 화를 낼까 두려워 자신의 감정을 절제하고 있다.

⑤ ⓔ는 임의 마음이 바뀌어 곧 돌아오기를 바라는 화자의 소망을 드러낸다.

3 이 작품은 화자가 청자로 설정된 '임'을 향해 직접 호소하는 형식을 취하고 있다. 그러나 〈보기〉에서는 '임'을 청자로 보기는 어려우며, 임에게 직접 호소하는 형식의 말하기 방식을 찾을 수 없다.

오답 뜯어보기 ① 〈보기〉의 초장 '울며 잡고 이별ᄒᆞᆫ 님'에서 이별의 상황이 나타난다.

② 〈보기〉의 중장에서 화자는 '저도 날 싱각ᄂᆞᆫ가(저도 날 생각하는가)'라고 했는데, 이는 곧 화자가 여전히 임을 생각하고 있음을 보여 준다. 또한 종장에서도 이별한 임에 대한 그리움을 엿볼 수 있다.

③ 〈보기〉의 초장 '이화우 흣뿌릴 제'에서 화자가 임과 이별한 시기가 봄이었음을 알 수 있고, 중장의 '추풍낙엽'을 통해 이별 뒤에 시간이 흘렀음이 드러난다.

④ 이 작품의 화자는 임이 다시 돌아오기를 기대했지만 〈보기〉에서도 임과 이별한 상태인 것으로 보아 임이 여전히 돌아오지 않았음을 알 수 있다.

4 이 작품의 화자는 떠나는 임을 붙잡지 못한 채 상황을 체념적으로 받아들이며 임이 돌아오기만을 간절히 기다리는 소극적인 태도를 취하고 있다. 반면에 〈보기〉의 화자는 임과 이별하게 된 상황에서 생활 터전과 생업을 버리고서라도 임을 따르겠다는 열정과 적극성을 보이고 있다.

021 동동 _ 작자 미상 72쪽

키포인트 체크 임, 세시 풍속, 원망

1 ④ 2 ⑤ 3 ⑤ 4 ④ 5 도라보실 니믈 적곰 좃니노이다 6 ④
7 ⑤ 8 ① 9 월령체 형식이며, 후렴구가 연(달)마다 반복되고 있다.

1 이 작품은 전체적으로 1월부터 12월까지 시간의 순서에 따라 내용을 전개하면서 화자의 정서를 표현하고 있을 뿐, 과거와 현재의 대비가 나타나는 부분은 없다.

오답 뜯어보기 ① 정월령, 4월령, 6월령, 7월령에 임과 함께 지내고 싶은 화자의 소망이 나타난다.

② 'ᄒᆞ올로 녈셔(홀로 살아가는구나)', '다호라(같구나)', '돌욋고지여' 등 영탄법을 사용하여 화자의 감정을 드러내고 있다.

③ 4월령에 '녹사님'(벼슬 이름)이라는 임의 신분이 언급되어 있다.

⑤ '등(燈)ㅅ블 다호라(같구나)', '빗 다호라(같구나)'와 같은 직유법을 통해 임과 화자 자신의 모습을 나타내고 있다.

2 3월령에서는 임의 아름다움을 '돌욋곶'에 비유하여 찬양하고 있을 뿐 이를 통해 화자의 외로움을 부각하는 것은 아니다.

오답 뜯어보기 ① '아으 동동다리'는 모든 연에서 반복되는 형식적 장치로, 작품 전체에 통일성을 부여하는 후렴구이다.

② 서사에서 '아으 동동다리'를 제외한 나머지 부분은 임의 덕과 복을 비는 송축의 내용을 담은 것으로 볼 수 있다.

③ 정월령은 정월의 '냇물'과 비교하여 홀로 외롭게 살아가는 화자의 처지를 노래하고 있으므로 남녀 간의 사랑으로 인한 외로움이 드러난 것으로 볼 수 있다.

④ 2월령은 '높이 켠 등불'에 빗댄 임이 모두가 우러러볼 만한 '덕'을 지녔음을 노래하고 있으므로 이때의 '등(燈)ㅅ블'은 이별의 상황과 동떨어진 시어라고 할 수 있다.

3 ㉠은 화자가 사랑하는 임께 바치는 사랑을 의미한다. ⑤의 '님의 옷'은 화자가 사랑과 정성을 담아 임을 위해 만든 사랑의 징표를 의미하므로 ㉠과 시적 의미가 유사하다.

오답 뜯어보기 ① 〈구지가〉로 '머리'는 '임금'을 의미한다.

② 〈청산별곡〉으로 '멀위랑 ᄃᆞ래'는 '소박한 음식'을 의미한다.

③ 조식의 시조로 '뵈옷'은 '벼슬하지 않는 신분'을 의미한다.

④ 윤선도의 〈견회요〉로 '외기러기'는 화자의 감정이 이입된 대상이다.

4 〈보기〉의 '꾀꼬리'는 화자의 정서를 심화하는 객관적 상관물에 해당하며 ⓓ 역시 화자의 외로운 심정을 심화하는 객관적 상관물이므로 '꾀꼬리'와 발상과 표현이 유사하다.

지식+

• **객관적 상관물과 감정 이입**

감정 이입이란 화자의 감정을 소재에 집어넣는 표현 방법을 말한다. 따라서 감정 이입 주체와 대상은 동일한 감정을 지닌다. 이에 비해 객관적 상관물은 감정을 표현하는 데 동원된 사물, 정황, 사건일 따름이므로 드러내고자 하는 사물의 감정과 주체의 감정이 일치할 필요가 없다.

예 '길가의 나무도 기분 좋아 덩실덩실 춤을 춘다.'에서 '나무'는 객관적 상관물이며, 이러한 표현 자체는 감정 이입이라고 할 수 있다. 그러나 '길가의 꽃이 시들어 보인다.'라는 표현에서 '꽃'은 우울한 마음을 나타내는 객관적 상관물이지만 이 표현 자체는 감정 이입이라고 할 수 없다.

5 6월령에서 화자는 자신이 '별해 ᄇᆞ론 빗(벼랑에 버려진 빗)'과 같다고 하며 자신의 처지를 한탄하면서도 '도라보실 니믈 젹곰 좃니노이다(돌아보실 임을 잠시나마 따르겠나이다)'라고 하며 임을 따르려는 강한 의지를 드러내고 있다.

6 이 작품은 분연체이 고려 가요(ㄱ)로 북 치는 소리를 본뜬 '동동'이라는 의성어로 흥취를 고조하고 있으며(ㄴ), 서사를 제외한 나머지 12연이 일 년 열두 달로 구성된 월령체 형식을 취하고 있다(ㅁ).

오답 뜯어보기 ㄱ. 이 작품의 후렴구에는 주제나 특별한 의미가 담겨 있지 않다.

ㄹ. 이 작품은 기본적으로 3음보의 율격을 보인다.

7 이 작품의 화자를 여성으로 볼 수 있는 근거는 화자가 그리는 임이 당대의 벼슬을 나타내는 '녹사'라고 표현되었다는 점(ㄱ), 화자가 여성 주변의 사물인 '빗'과 '젓가락' 등에 자신을 비유하고 있다는 점(ㄷ), 임에게 버림받은 신세에 대한 한탄이 작품의 주를 이루고 있다는 점(ㄹ)을 들 수 있다.

오답 뜯어보기 ㄴ. 이 작품에서는 '–소이다', '–노이다' 등의 경어체를 사용하여 부드럽게 표현하고 있는데, 이를 통해 화자가 여성임을 짐작할 수 있다. 청유형 어미는 나타나 있지 않다.

8 정월령에서 봄을 맞이하여 녹으려 하는 '나릿믈'은 세상에 태어나 홀로 살아가야 하는 외로움 때문에 얼어붙은 마음을 지니고 있는 화자와 대비되는 대상이다. 그러나 11월령의 '봉당 자리'는 추운 계절에 홑적삼을 덮고 누운 차가운 공간으로 화자의 외로운 처지를 부각하고 있다.

오답 뜯어보기 ② 5월령의 '받줍노이다'에는 단옷날 아침 약을 바치는 화자의 정성이, 7월령의 '비숩노이다'에는 임과 함께 살고자 소원을 비는 화자의 기원이 담겨 있다.

③ 6월령의 '좃니노이다'는 임을 따르고자 하는 소망이, 7월령의 'ᄒᆞᆫ ᄃᆡ 녀가져'는 임과 함께 살고 싶어 하는 소망이 드러난 표현이다.

④ 6월령의 '빗'은 벼랑에 버려진 것이고, 10월령의 'ᄇᆞ롯(보리수나무)'은 꺾여 버려진 것으로 둘 다 버림받은 화자의 신세를 비유적으로 표현한 사물이다.

⑤ 10월령의 '업스샷다(없어라)'는 임에게 버림받아 함께 지낼 사람이 없는 화자의 상황을, 11월령의 '스싀옴 녈셔(각각 살아가는구나)'는 임과 이별하고 홀로 살아가야 하는 화자의 고독한 삶을 드러내고 있다.

9 〈보기〉는 '정월이라 ~ 떴단다', '이월이라 ~ 떴단다'의 형태로 월령체 형식을 갖추고 있고, 연(달)마다 동일한 후렴구가 반복되고 있는데 이는 이 작품에서도 찾아볼 수 있는 특징이다.

지식+

- **작자 미상, 〈자진방아 타령〉**
- 갈래: 민요
- 성격: 낙천적, 긍정적
- 주제: 월령과 절기에 따른 농촌의 모습과 세시 풍속
- 감상: 월령체의 민요로서 정월에서 5월까지만 월령체로 되어 있고, 그 이하는 다른 가사로 이어진다. 지역적으로는 경기 민요에 속한다. 기능적으로는 방아를 찧으면서 불렀던 노동요가 아니라 전문적인 소리꾼에 의해 불려진 창(唱)이었다는 특징이 있다.

022 서경별곡 _ 작자 미상

76쪽

키포인트 체크 이별, 사공, 거부

1 ③ **2** ② **3** ② **4** 대동강은 화자와 임이 이별하는 공간이자 임과의 공간적·심리적 단절감을 드러내는 공간이다.

1 2연에서는 '구슬'과 '끈'에 빗대어 임에 대한 영원한 사랑을 다짐하고 있을 뿐(②), 상황 변화나 임에 대한 태도가 바뀌는 모습은 나타나지 않는다.

오답 뜯어보기 ① 1연에서는 임과 함께할 수 있다면 자신의 모든 것(길쌈하던 베)을 버리고 따라가겠다고 하면서 임과의 이별을 적극적으로 거부하고 있다.

④, ⑤ 3연에서는 임이 강을 건너면 다른 여인을 만날 수 있는데 배를 내어놓느냐며 임에 대한 원망을 사공에게 돌리고 있다. 여기서 '강'은 임과 화자의 단절(이별)을 드러내는 공간으로 볼 수 있다.

2 '자연에 대한 동경'은 고려 가요 중 〈청산별곡〉의 주제와 연결된다. 이 작품은 남녀 간의 사랑(㉮)과 그 과정에서 일어나는 이별의 안타까움을 주된 내용으로 한다.

오답 뜯어보기 ③ 이 노래는 전체 3연으로 구성되어 있으며, 이는 고려 가요의 형식적 특성인 분연체를 따른 것이다.

④ '아즐가'는 악률을 맞추기 위한 여음이고, '위 두어렁셩 두어렁셩 다링디리'는 후렴구이다.

⑤ '서경(西京), 대동강(大同江)'과 같은 고유 명사나 '신(信)'을 제외하면 대부분 순우리말을 사용하고 있다.

3 [A]의 '신(信)'과 [B]의 '붉은 마음'은 모두 변하지 않는 화자의 마음을 비유적으로 나타낸 것이고, [A]와 [B]의 '바위'는 모두 그 마음을 변하게 할 수 있는 장애물을 의미하는 것이므로 '신'과 '붉은 마음'이 '바위'로 형상화되었다는 진술은 적절하지 않다.

오답 뜯어보기 ① [A]와 [B]에서 '구슬'은 바위에 떨어져 깨지거나 흩어질 수 있는 대상인 반면, '긴'이나 '끈'은 끊어지지 않는 것으로 형상화되어 있으므로 '구슬'은 변할 수 있는 것을, '긴'이나 '끈'은 변하지 않는 것을 비유하는 소재로 활용했다고 볼 수 있다.

③ [A]에서는 '신(信)'을 통해, [B]에서는 '붉은 마음'을 통해 변하지 않는 마음을 소중한 가치로 여기는 화자의 태도를 드러내고 있다.

④ [A]와 [B]에는 모두 '구슬과 끈'의 관계를 통해 화자의 마음을 드러내는 모티프가 사용되었는데, 이를 통해 동일한 모티프가 각각 고려 가요와 한시라는 서로 다른 형식의 작품으로 수용되었음을 확인할 수 있다.

⑤ [A]에는 '아즐가'라는 여음구와 '위 두어렁셩 두어렁셩 다링디리'라는 후렴이 반복적으로 사용된 반면, [B]에는 특별한 여음구가 사용되지 않았다.

4 이 작품의 공간적 배경인 '대동강'은 임과의 이별을 의미하는 공간이면서 임과의 단절감을 드러내는 공간이다.

023 정과정 _ 정서 78쪽

키포인트 체크 모함, 결백, 충절

1② 2① 3② 4 충신연주지사, 향가계 고려 가요(향가계 여요)

1 이 작품에는 고려 가요의 형식상 특징 중 하나인 후렴구의 반복은 나타나지 않는다.

오답 뜯어보기 ① '벼기더시니 뉘러시니잇가(내 죄를 우기던 이, 그 누구입니까).'에 자신을 모함한 존재에 대한 원망의 정서가 드러나 있다.
③ '내 님믈 그리ᅀᆞ와(내가 임을 그리워)', '술읏븐뎌(슬프구나)'에 화자의 감정이 직접적으로 표현되어 있다.
④ '아소 님하'와 같은 여음구나 3단 구성을 통해 이 작품이 향가계 여요임을 알 수 있다.
⑤ 이 작품은 고려 가요의 형식적인 특징인 3음보를 따르고 있다.

2 ㉠ '접동새'는 화자가 자신의 처지와 비슷하다고 여기는 감정 이입의 대상이며, 화자가 결백을 토로하는 대상은 ㉡ '잔월효성'이다.

오답 뜯어보기 ② ㉠은 고전 시가에서 한과 고독의 정서를 드러낼 때 주로 사용되는 자연물로, 이를 통해 화자의 억울하고 고독한 상황과 처지를 짐작할 수 있다.
③, ④ ㉡은 화자의 결백함을 알고 있는 초월적 존재이다.
⑤ 달이 지고 새벽 별이 나오는 시간적 배경을 통해 화자가 잠 못 이루며 괴로워하고 있음을 알 수 있다.

3 이 작품의 화자는 임(임금)에게 다른 사람의 말을 믿지 말라고 하며 임금이 자신의 진심을 헤아려 다시 사랑해 주기를 바라고 있다. ②의 화자도 주변 사람들이 뭐라고 하더라도 임이 알아서 헤아려 주기를 소망하고 있다.

오답 뜯어보기 ① 가을 강의 한가로운 정취를 노래하고 있다.
③ 이별한 임(단종)에 대한 그리움을 노래하고 있다.
④ 굽힘 없는 절개를 노래하고 있다.
⑤ 망한 고려의 궁궐터를 보면서 느끼는 무상감을 노래하고 있다.

4 이 작품은 유배지에서 외로운 처지가 된 작가가 연인에게 버림받은 여성 화자의 목소리를 빌려 왕에 대한 충정을 표현한 '충신연주지사'이다. 그리고 형식 면에서는 10구체 향가의 3단 구성을 이어받은 점과 '아소 님하'와 같은 낙구의 감탄사를 사용한 것에서 향가에서 고려 가요로 넘어가는 과도기적 형식의 '향가계 고려 가요(향가계 여요)'라고 할 수 있다.

024 정석가 _ 작자 미상 80쪽

키포인트 체크 사랑, 불가능, 의지

1④ 2① 3③ 4①

1 시상의 전개와 무관한 서사의 내용을 통해 이 작품이 궁중 연회에서 불렸음을 확인할 수 있다(ㄴ). 또한 '유덕(有德)ᄒᆞ신 님를 여히ᄋᆞ와지이다.'는 표면적으로는 임과 이별하겠다고 하여 임과의 영원한 사랑의 소망을 반어적으로 드러내고 있다(ㄹ).

오답 뜯어보기 ㄱ. 이 작품의 후렴구는 임과 이별하지 않겠다는 실질적 의미를 담고 있다.
ㄷ. 이 작품에서는 감각의 전이, 즉 공감각적 심상이 사용된 부분을 찾아볼 수 없다.

2 '딩아 돌하'에서 '딩'과 '돌'은 일반적으로 악기 소리의 의성어로 해석한다. 나머지는 2연~5연에 등장하는 소재로, 불가능한 상황을 제시하는 역할을 한다.

3 〈보기〉에서는 고려 가요가 궁중의 악곡으로 편입된 의도와 맥락을 제시하여 이 작품이 남녀 간의 사랑뿐만 아니라 '군신 간의 충의'로도 해석될 수 있음을 밝히고 있다. 즉, 이 작품은 한 사람만을 사랑하겠다는 내용으로 읽을 수도 있지만, 한 임금만을 섬기겠다는 의미로도 볼 수 있다. 후자의 맥락에서 본다면, 구슬이 '바위'에 '떨어진들'은 임(임금)과의 이별과 같은 부정적 상황, '천 년'을 '외따로이' 사는 것은 이별과 같은 부정적 상황의 지속을 의미한다고 볼 수 있다. 그럼에도 불구하고 '끈'(㉢)이 끊어질 리 있겠냐고 하는 것으로 보아 '끈'은 임(임금)에 대한 변치 않는 '믿음'으로 해석할 수 있다. 따라서 ㉢이 임금에 대한 변함없는 '충의'의 개념과 가장 가깝다고 할 수 있다.

4 이 작품은 임에 대한 사랑을 노래하기 위해 실현 불가능한 상황을 설정하여 역설적으로 표현하고 있다. ①의 〈황계사〉 역시 역설과 과장을 통해 오지 않는 임을 기다리는 화자의 간절한 마음을 드러내고 있다.

오답 뜯어보기 ② 임에 대한 사랑을 노래한 황진이의 시조로 어순을 바꾼 도치법이 쓰였다.
③ 정철의 〈사미인곡〉으로 설의법을 사용하여 임에 대한 사랑을 표현하고 있다.
④ 이정보의 시조로 자연물을 사람처럼 대하는 의인법이 쓰였다.
⑤ 조선 후기의 민요인 〈시집살이 노래〉로 여러 인물의 특징을 새에 비유하여 표현하고 있다.

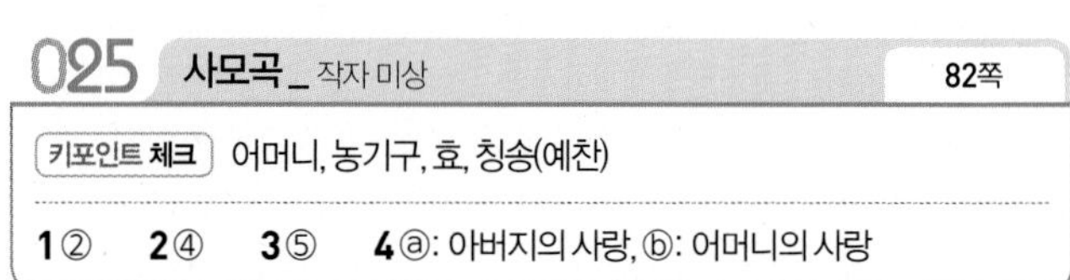

025 사모곡 _ 작자 미상 82쪽

키포인트 체크 어머니, 농기구, 효, 칭송(예찬)

1② 2④ 3⑤ 4 ⓐ: 아버지의 사랑, ⓑ: 어머니의 사랑

1 이 작품에서는 부모님의 사랑을 노래하고 있으므로 효(孝)라는 유교 사상이 바탕에 깔려 있다고 할 수 있으며, 불교의 윤회 사상은 나타나지 않는다.

오답 뜯어보기 ① '호미'와 '낫'은 농기구로, 농경 사회를 배경으로 한 소재이다.
③ '위 덩더둥셩'은 노래의 내용과 관계없는 의미 없는 여음구이다.
④ 이 작품은 연의 구분이 있는 일반적인 고려 가요와 달리 연의 구분이 없다.
⑤ 이 작품은 민중들의 입에서 입으로 전해지는 민요적 성격을 띠며, '어머니의 노래'라는 뜻의 〈엇노리(엇노래)〉라고도 한다.

2 이 작품에는 과장법을 사용한 부분이 나타나지 않는다.

오답 뜯어보기 ① '어마님ᄀᆞ티 괴시리 업세라.'라는 구절을 반복하여 주제를 강조하고 있다.
② 아버지의 사랑을 '호미'에, 어머니의 사랑을 '낫'에 빗대어 시상을 구체화하고 있다.

③ '호미'와 '낫'을 대조하여 아버지의 사랑과 어머니의 사랑의 차이를 부각하고 있다.
⑤ '아소 님하'와 '-업세라'는 영탄적 어조로, 화자의 고조된 정서를 효과적으로 드러낸다.

3 이 작품의 화자는 어머니의 사랑에 대해 예찬적 태도를 보이고 있으며, ⑤에서 화자는 눈 속에서도 꽃을 피우는 '매화'에 대해 예찬적 태도를 보이고 있다.
오답 뜯어보기 ① 위선적 행동을 하는 대상에게 비판적 태도를 보이고 있다.
② 고국을 떠나는 안타까움과 불안감을 드러내고 있다.
③ 당쟁을 일삼는 사람들을 비판하고 서로 화합하기를 기대하고 있다.
④ 안빈낙도와 안분지족의 소박한 태도를 보이고 있다.

4 ⓐ는 '아버지의 사랑'을 빗댄 소재이고, ⓑ는 '어머니의 사랑'을 빗댄 소재이다.

026 청산별곡 _ 작자 미상 84쪽

키포인트 체크 청산, 바다, 체념

1 ④ **2** ③ **3** ③ **4** 울림소리 'ㄹ, ㅇ'을 사용하여 밝고 경쾌한 느낌을 준다. **5** ⓐ: 화자의 분신(감정 이입의 대상), ⓑ: 피할 수 없는 운명(화자의 운명)

1 이 작품은 화자를 누구로 보느냐에 따라 다양한 해석이 가능하다. 2연의 '우러라'를 '노래하다'로 해석하면 2연의 2행은 ' 너보다도 근심이 많은 나도 이렇게 노래 부르고 있는데'라는 의미로 해석된다. 이는 현실에 대한 만족이라기보다는 화자가 현실의 고통을 긍정적이고 낙천적으로 해소하려는 것으로 보는 것이 적절하다.

2 이 작품에는 자연에 대한 동경, 삶의 비애와 고독, 속세에 대한 미련, 외로움 등을 보이는 화자의 처지가 부각되지만, 그것이 과거와 현재의 대비를 통해 드러난 것은 아니다. 이 작품에서 과거와 현재의 대비가 나타나는 부분은 찾을 수 없다.
오답 뜯어보기 ① '새'에게 화자의 슬픔을 이입하여 나타내고 있다.
② '살어리 살어리랏다', '우러라 우러라 새여', '가던 새 가던 새 본다' 등 유사한 시구를 반복하여 화자의 정서를 강조하고 있다.
④ '우러라 우러라 새여 ~ 우니노라'에서 화자가 청자인 '새'에게 말을 건네는 방식을 사용하여 친근감을 드러내고 있다.
⑤ '살어리∨살어리∨랏다'와 같이 3·3·2조의 3음보 율격과 '살어리(a)-살어리랏다(a)-청산(靑山)애(b)-살어리랏다(a)'의 'a-a-b-a' 구조가 반복되며 리듬감을 형성하고 있다.

3 〈보기〉처럼 5연과 6연의 위치를 바꾸면 2연은 5연과 의미상 대응한다. 따라서 2연의 '우러라 우러라 새여'는 5연의 '어듸라 더디던 돌코'와 대응하며, 5연의 '믜리도 괴리도 업시'는 '미워할 사람도 사랑할 사람도 없이'라는 뜻으로 2연의 '널라와 시름 한 나도'와 대응한다.

4 ㉠은 내용과 관계없이 노래의 흥을 돋우어 주는 후렴구이다. 울림소리인 'ㄹ, ㅇ'을 반복해서 사용하여 밝고 경쾌한 느낌을 주고, 리듬감을 살리고 있다.

5 2연에서 화자는 '새'와 자신을 동일시하여 '새'에 자신의 감정을 이입하고 있다. 그리고 5연에서 화자는 어디로 던지는지, 누구를 맞히는지도 모르는 '돌'에 맞아서 울고 있는데, 이는 화자가 현재의 삶을 '피할 수 없는 운명'으로 인식하고 있음을 의미한다.

2 | 경기체가

030 한림별곡 _ 한림 제유 88쪽

키포인트 체크 신진 사대부, 자부심, 풍류

1 ⑤ **2** ② **3** ⑤ **4** 〈제8장〉은 순우리말 표현이 많고, 그네 뛰는 모습을 생동감 있게 표현했다.

1 이 작품에는 전체적으로 순우리말보다는 한자어가 많이 사용되었다. 순우리말 사용은 〈제8장〉에만 두드러진다.
오답 뜯어보기 ① 경기체가는 3·3·4조의 음수율과 3음보의 율격을 특징으로 한다.
② 〈제1장〉과 〈제2장〉에서 시부와 서적과 관련된 대상들을 나열함으로써 문사들의 학문에 대한 기개를 영탄하고 있으며, '경(景) 긔 엇더ᄒᆞ니잇고.'와 같은 후렴구를 통해 사대부들이 자신의 학문적 실력을 뽐내는 광경이 매우 굉장하다는 내용을 나타내고 있다.
③ 이 작품은 한림원의 여러 선비가 지은 것으로, 그들의 자부심과 의욕적 기개가 반영되어 있다.
④ '경(景) 긔 엇더ᄒᆞ니잇고.'라는 구절은 후렴구로, 이는 '경기체가'라는 갈래의 이름이 붙게 된 연유가 되었다.

2 이 작품과 〈보기〉 모두 3음보의 율격을 사용하고 있다. 또한 이 작품에는 '위 ~ 경(景) 긔 엇더ᄒᆞ니잇고.', 〈보기〉에는 '얄리얄리 얄랑셩 얄라리 얄라'라는 후렴구가 존재한다.
오답 뜯어보기 ① 두 작품 모두와 관련 없는 설명이다.
③ 이 작품은 주로 관념적이고 교술적인 내용을 다루고 있다.
④ 이 작품은 한림원의 여러 선비가 지은 것으로, 민중들의 구체적 상황보다는 지배층의 관념, 사유 방식을 엿볼 수 있다.
⑤ 이 작품은 의문형 종결 어미를 주로 사용하고 있고, 〈보기〉는 감탄형 종결 어미를 주로 사용하고 있다.

3 이 작품의 〈제8장〉에는 이상향에 대한 동경과 좌절이 나타나지 않으며, 오직 현실 세계에 대한 흥겨움을 드러내고 있다. 반면에 〈보기〉는 '바다'라는 이상향에 대한 동경과 '나는 아무래도 갈 수가 없다.'라는 현실 인식에 따른 좌절을 드러내고 있다.
오답 뜯어보기 ① 이 작품의 〈제8장〉과 〈보기〉는 모두 '그네'라는 제재를 사용하고 있다.
② 이 작품의 〈제8장〉에서는 화자가 청자인 '명쇼년'에게 말을 건네고 있고, 〈보기〉에서는 화자가 청자인 '향단'에게 말을 건네고 있다.
③ 이 작품의 〈제8장〉에서는 '위 휴슈동유ㅅ 경(景)긔 엇더ᄒᆞ니잇고.'에서 풍류 생활을 찬양하는 고조된 정서를 나타내고 있고, 〈보기〉에서는 '이 울렁이는 가슴을 밀어 올려 다오!'에서 설렘의 고조된 정서를 나타내고 있다.
④ 이 작품의 〈제8장〉 '내 가논'에서는 '내'라는 시적 화자가 시의 표면

에 드러나 있고, 〈보기〉에서는 '나를 밀어 올려 다오.', '나는 아무래도 갈 수가 없다.'에서 '나'라는 시적 화자가 시의 표면에 드러나 있다.

4 한자어 및 이두 표현이 주로 쓰인 이 작품에서 문학성을 인정받는 부분은 〈제8장〉이다. 이는 순우리말 표현이 등장하고 그네 뛰는 모습을 생동감 있게 표현했기 때문이다.

3 | 시조

033~035 한탄과 애상 92쪽

키포인트 체크 유신, 백발, 소쩍새, 신진 세력, 백발, 배꽃, 한탄, 늙음, 애상적

1 ④ **2** ③ **3** ② **4** 백설, 매화

1 (나)의 화자는 시간의 흐름에 따라 늙을 수밖에 없는 자신의 처지를 인식하면서 인생무상을 느끼고는 있으나 이에 체념하는 것이 아니라 여유를 갖고 대처하는 달관의 태도를 보여 주고 있다.

오답 뜯어보기 ① (가)는 고려의 국운이 쇠퇴해 가는 상황에서 우국지사가 나타나지 않음을 한탄하고 있으며, (나)는 세월의 흐름에 따라 늙어 가는 자신의 처지를 한탄하는 마음을 드러내고 있다.

② (가)는 '백설(고려의 유신)', '구름(조선의 신흥 세력)', '매화(고려의 국운을 되살릴 우국지사)', '석양(고려의 쇠락한 국운)' 등, (나)는 '춘산(청춘)', '서리(백발)' 등을 비유적 소재로 활용하고 있다.

③ (나)는 세월의 흐름에 따라 늙어 가는 자신의 처지를 드러내고 있고, (다)는 봄밤을 배경으로 하여 애상과 우수를 드러내고 있다.

⑤ (가)는 고려가 쇠망해 가는 상황을 언급한 뒤 화자 자신의 고뇌를 드러내고 있으며, (다)는 깊은 봄밤이라는 시간적 배경을 언급한 뒤 화자의 애상감을 드러내고 있다.

2 '반가온 매화'는 '구룸(구름)'과 대조를 이루는 시어로, 고려의 국운을 되살릴 우국지사를 상징한다.

3 '은한이 삼경'에서 시간적 배경을 짐작할 수 있으며(ㄱ), 초장과 중장에서는 달빛이 배꽃을 비추는 가운데 밤늦은 시간에 느껴지는 봄밤의 애상적 분위기를 드러내고 있다(ㄷ).

오답 뜯어보기 ㄴ. 초장에서는 주로 백색의 이미지를 사용하고 있을 뿐 색채의 대비는 나타나지 않는다.

ㄹ. 중장에 등장하는 '자규'는 작가가 자신의 애상적 정서를 표출하기 위해 끌어들인 일종의 객관적 상관물이기는 하나 감정 이입의 대상으로는 볼 수 없다.

4 ㉠의 '구룸'은 조선 초기에 새롭게 등장했던 신진 세력을 상징하며, '백설'과 '매화'는 고려의 유신(遺臣)이나 고려의 우국지사(憂國之士)를 상징한다는 점에서 ㉠과 대비를 이룬다.

036~037 명분과 현실의 대립 94쪽

키포인트 체크 이방원, 회유, 거절, 우회, 충성심

1 ⑤ **2** ① **3** 만수산 드렁츩 **4** 오상고절

1 직설적인 화법으로 굳은 의지를 강조한 것은 (나)에만 해당한다. (가)에서는 이방원이 정몽주를 회유하기 위해 인간사를 자연에 빗대어 우회적으로 표현하고 있다. 역성혁명을 통해 새로운 왕조를 세우려고 했던 조선의 신진 세력이 정당성과 명분의 확보를 위해 당시 명망이 높았던 고려의 충신인 정몽주를 권유의 방식으로 설득하고 있다.

오답 뜯어보기 ① '드렁츩'(칡덩굴)에 비유하여 자신의 뜻을 밝히고 있다.

② 직설적인 말은 내비치지 않고 권유의 방식으로 시세에 영합하기를 우회적으로 회유하고 있다.

③ (나)의 종장에서 확인할 수 있다.

④ (나)의 초장과 중장에서 '죽음. → 일백 번 고쳐 죽음. → 백골이 진토가 됨.'과 같이 시상이 점층적으로 고조된다.

2 (나)에서는 저물어 가는 왕조에 대해 충성을 다하려는 충신의 마음을 드러내고 있으므로 'ㄱ'의 반응은 적절하다. 또한 화자는 죽어서라도 자신의 충절을 지키려 하고 있으므로 'ㄴ'과 같은 반응도 적절하다.

오답 뜯어보기 ㄷ. (나)의 화자는 고려의 왕에 대한 충절을 지키려고 하고 있으므로 새로운 시대에 적응하려는 사고가 필요하다는 것은 이러한 태도를 이해하지 못한 것이다.

ㄹ. (나)에서 세속을 등지고 자연으로 돌아가고자 하는 태도를 확인할 수 없다.

3 (가)에서는 '만수산 드렁츩'처럼 얽혀 살아간들 어떠하냐는 말로 변화하는 세상에 맞추어 살아가자고 정몽주를 회유하고 있다.

4 (나)의 '일편단심'은 고려 왕조에 대한 변함없는 충성심 또는 절개를 의미한다. 〈보기〉에서 이러한 의미를 지닌 시어는 '오상고절(傲霜孤節; 서릿발 속에서도 굴하지 않고 외로이 절개를 지킴.)'이다.

4 | 한시

042 송인 _ 정지상 98쪽

키포인트 체크 슬픔, 자연사, 인간사

1 ④ **2** ⑤ **3** ④ **4** 임과의 이별을 의미한다.

1 이 작품은 비 갠 둑의 고운 풀빛과 같은 자연의 아름다움과 인간사의 이별의 슬픔을 대비하여 이별의 정한을 강조하여 드러내고 있다.

오답 뜯어보기 ① 이 작품에 지난 삶을 반성하고 살피는 성찰의 자세는 드러나지 않는다.

② 이 작품에서는 이별의 정한이 심화·확대되고 있을 뿐 현실을 극복하려는 자세는 나타나지 않는다.

③ 이 작품의 공간적 배경은 대동강 주변으로, 특별한 공간 이동은 나타나지 않는다. 또한 화자의 정서는 이별의 슬픔으로 일관되게 나타난다.

⑤ 이 작품에는 시각적 이미지와 청각적 이미지가 나타나지만, 시각을 청각화하거나, 청각을 시각화하는 공감각적 이미지는 나타나지 않는다.

2 '무상감'은 모든 것이 덧없음을 뜻하는 말로, 주로 세월이 빠르게 흘러가거나 세월의 흐름으로 과거와 많이 변한 현재의 상황을 안타까워할 때 사용한다. 이 작품에는 이별의 정한이 드러날 뿐 현실에 대한 무상감이 드러나는 것은 아니며, 결구의 '푸른 물결'은 '이별 눈물'과 호응하여 이별의 정한을 드러낸다.

오답 뜯어보기 ① 결구의 '푸른 물결'은 기구의 '풀빛(푸른색)'의 이미지와 시각적으로 어울린다.
② 이별의 눈물이 대동강 물을 보탠다는 것은 과장된 표현이다.
③ 이별의 눈물이 대동강 물을 보탠다는 결구의 내용은 대동강 물이 마르지 않는다는 전구와 의미상 호응한다.
④ 이별의 눈물과 대동강 물을 동일시하여 슬픔의 깊이를 확대하고 있다.

3 머지않아 다가올 아름다운 봄날의 모습을 상상하면서 사별한 임에 대한 애잔한 슬픔과 그리움을 노래한 이수복의 〈봄비〉(③)를 비롯하여, 〈가시리〉(①), 황진이의 시조(②), 〈서경별곡〉(⑤)은 모두 이별의 정한을 노래한 시이다. ④는 박목월의 〈나그네〉로 '나그네'나 '강나루'가 등장하긴 하지만 이별의 정한보다는 자연과 인간이 조화를 이룬 달관의 경지를 보여 주는 작품이다.

지식+

- **이수복, 〈봄비〉**
  - 갈래: 자유시, 서정시 · 성격: 애상적, 관조적, 향토적, 민요적
  - 주제: 봄비 내리는 날의 애상적 정서
  - 감상: 대립적인 이미지(자연 ↔ 임을 잃은 화자의 정서)를 통해 임이 부재하는 현실에 대한 애상감을 드러낸 시로, 향토적 소재와 시각적 이미지가 두드러지며 각운(-다)이 효과적으로 활용되고 있다.
- **박목월, 〈나그네〉**
  - 갈래: 자유시, 서정시 · 성격: 향토적, 회화적, 민요적
  - 주제: 체념과 달관의 경지
  - 감상: 조지훈이 박목월에게 보낸 〈완화삼〉이란 시에 화답한 작품으로, 외롭게 떠도는 나그네의 모습을 통해 체념과 달관의 경지를 드러내고 있다.

4 이 작품의 '대동강'은 시적 화자의 이별 공간이다. 〈보기〉의 '물' 역시 임과 화자를 갈라놓는 이별의 공간으로, 화자가 사랑하는 임의 죽음을 유발한다. 그러므로 두 작품에서 '물'(대동강, 물)은 모두 이별의 공간을 의미한다고 할 수 있다.

043 설중방우인불우 _ 이규보 100쪽

키포인트 체크 벗, 이름, 그리움

1 ⑤ **2** ③ **3** ⑤ **4** 친구를 만나지 못한 아쉬움을 달래고, 친구에게 자신이 다녀갔음을 알리기 위해서이다.

1 벗을 찾아갔지만 벗이 집에 없어서 만나지 못하자 화자는 눈 위에 자신의 이름을 남기고 있다. 이를 통해 화자가 서정적이고 낭만적인 성격의 인물임을 알 수 있다.
오답 뜯어보기 ① 성찰이란 '자기의 마음을 반성하고 살핌.'의 뜻이다. 이 작품에서는 자기의 마음을 반성하는 부분은 나타나지 않는다.
② 이 작품에서 자연은 화자의 감흥을 불러일으키기는 하지만 화자가 자연 속에서 풍류를 즐긴다고 볼 수 없으며, '눈'과 '바람'을 통해 친구에 대한 그리움과 친구를 만나지 못한 아쉬움을 드러내고 있다.
③ 냉소적이란 '쌀쌀한 태도로 업신여기어 비웃는 것'을 의미한다. 이 작품의 화자는 냉소적이지도 않고, 현실에 대한 비판 의식을 보이지도 않는다.
④ 화자는 만나러 간 친구가 없자 아쉬워하지만 바로 발걸음을 돌리는 대신 채찍으로 눈 위에 자신의 이름을 남겼다.

2 3·4구에서는 자신이 눈 위에 남긴 이름이 벗에게 전해지도록, 바람이 불지 않기를 바라는 화자의 마음이 드러나면서 시상이 종결되고 있다. 따라서 이러한 내용을 고려할 때 바람이 불어 눈 위에 쓴 글자가 지워지는 장면이 제시되는 것은 적절하지 않다.
오답 뜯어보기 ①, ④ 제목인 〈설중방우인불우〉는 '눈 속에 벗을 찾아갔다 만나지 못함.'이라는 의미로, 이를 통해 주인공이 눈을 헤치며 벗을 만나러 갔지만 벗이 부재중인 상황을 그릴 수 있다.
② 2구에서 화자는 채찍으로 눈 위에 자신의 이름을 쓰고 있다.
⑤ 3·4구에서 화자가 바람에게 주인이 올 때까지 불지 말라고 말하는 것에서 떠올릴 수 있는 장면이다.

3 〈보기〉의 화자는 계집종이 술을 사러 간 사이 화원에서 훨훨 나는 나비를 보며 친구를 기다리고 있다.
오답 뜯어보기 ① 이 작품의 계절적 배경은 겨울이고, 〈보기〉의 계절적 배경은 봄이다.
② 〈보기〉의 화자는 안타까움을 느끼고 있지 않다.
③ 〈보기〉의 화자는 벗은 만나지 못했지만 작은 계집종을 만났다.
④ 〈보기〉나 이 작품에서 추측할 수 없는 내용이다.

4 화자는 친구를 만나기 위해 말을 달려 먼 길을 왔으나 친구가 집에 없어 만나지 못하게 되자 그 아쉬움을 달래고 자신이 다녀갔음을 친구에게 알리기 위해 눈 위에 자신의 이름을 남겼다.

044 사리화 _ 이제현 102쪽

키포인트 체크 탐관오리, 피폐, 착취, 고발

1 ④ **2** ③ **3** ③ **4** 농민들이 목이 쉬고 근심하며 얻은 꽃, 즉 곡식을 의미한다.

1 이 작품의 화자는 현실의 불합리한 모습을 돌아보고 있을 뿐 성찰의 태도를 보여 주고 있지는 않다.
오답 뜯어보기 ① '참새', '농사', '늙은 홀아비', '벼며 기장' 등의 상징적 소재가 사용되었다.
② 농민들이 가혹한 수탈을 당하고 있는 당시의 현실을 고발하고 있다.
③ '참새'라는 부정적 대상에 대한 풍자가 드러난다.
⑤ '참새'에 비유된 탐관오리에게 수탈당하는 농민들의 고된 현실이 반영되어 있다.

2 이 작품과 〈보기〉는 모두 탐관오리들에게 수탈당하는 백성들의 현실을 비판하고 있다는 공통점이 있다. 이 작품은 당시 민간에서 백성들 사이에 불리던 노래이고, 〈보기〉는 양반인 작가가 백성의 현실을 그려 낸 작품이라는 차이가 있지만, 두 작품 모두 화자를 관리로 볼 근거는 없다.

3 '참새'는 민중을 수탈하는 '권력자'를 상징하며, '늙은 홀아비'는 '수탈을 당하는 나약한 민중'을 상징한다. 〈보기〉에서 힘없는 민중을 의미하는 것은 '푸리'이며, 이를 수탈하는 자는 '두터비'이다. '백송골'은 '두터비'보다 큰 권력을 가진 존재를 의미한다.

4 '사(沙)'는 '목이 쉬다', '리(里)'는 '근심하다', '화(花)'는 '꽃'을 의미한다. 이를 종합하면 '사리화'는 백성들의 목이 쉬고 근심하며 얻은 꽃, 즉 곡식을 의미함을 알 수 있다.

III. 조선 전기

1 | 악장

048 용비어천가 _ 정인지, 권제, 안지 등 112쪽

키포인트 체크 건국(창업), 정당성, 권계, 천명, 기원

1 ② 2 ⑤ 3 내히 이러 바ᄅᆞ래 가ᄂᆞ니 4 훈민정음으로 된 최초의 작품이며 한국 문학의 독특한 갈래인 악장의 대표 작품이다. 5 ⑤ 6 ③ 7 ④ 8 (블근) 새, ᄇᆞ얌(ᄇᆞ야미) 9 (다)와 〈보기〉의 화자는 모두 대상을 예찬하고 있다. 10 ① 11 ⑤ 12 ⑤ 13 ① 14 (나)는 후대의 임금들에게 권계하는 내용이지만, 〈보기〉는 당대의 임금인 태조의 성덕을 찬양하며 만수무강을 기원하는 내용이다.

1 이 작품은 악장으로, 일정한 음보율을 띠고 있지 않다.
오답 뜯어보기 ① (가)에서는 조선 건국을 이룬 이성계 등을 '용(龍)'으로 상징하여, 그들이 건국 과정에서 하늘의 도움을 받았음을 강조하고 있다.
③ '불휘 기픈 나모'와 '시미 기픈 믈'은 각각 '기초가 튼튼한 나라'와 '유서 깊은 나라'를 상징하며, '곶'과 '여름'은 '문화'를 상징한다.
④ (나)에는 순우리말로 된 시어만 사용되었다.
⑤ (다)에서는 전절과 후절이 대구를 이루며, 고공단보와 목조의 비교를 통해 조선 왕업의 기초가 이미 여러 대 전부터 이루어졌음을 밝히고 있다.

2 〈용비어천가〉는 후대 왕들에게 왕권 계승의 올바른 자세를 가르치려는 목적도 지니고 있으나, 이러한 내용은 주로 110장~125장에서 드러나며 (가)~(다)에는 나타나지 않는다. (가)~(다)에는 주로 조선 건국의 천명성을 강조하는 내용이 드러나 있다.
오답 뜯어보기 ① (가)는 1절 3구체의 형식으로 형식적 파격을 보이고 있다.
② (가)의 '해동 육룡'은 조선 창업의 주역인 '목조, 익조, 도조, 환조, 태조, 태종'을 가리킨다.
③ 이 작품은 대체로 서사적 성격을 띠고 있으나 (나)는 그러한 성격이 배제되어 있다.
④ (가)에는 '고성(古聖)', (다)에는 '주국대왕(周國大王)'과 같이 중국의 제왕이 언급되어 있으나, (나)에는 언급되어 있지 않다.

3 〈보기〉의 밑줄 친 부분은 '점지받은 나라의 운수가 끝이 없으시니'라는 의미로, 복을 받은 왕조가 영원히 지속되고 발전할 것이라는 뜻을 담고 있다. (나)의 후절은 냇물이 바다로 흘러가듯 왕조가 무궁하게 발전하고 번영할 것이라는 의미를 담고 있어 〈보기〉의 밑줄 친 부분과 함축적 의미가 유사하다.

4 이 작품은 악장 문학의 대표작으로, 훈민정음으로 기록된 최초의 작품이자 장편 영웅 서사시이다.

5 (가)~(다)의 전절에서는 중국의 역대 위인이나 제왕의 사적을 들고, 후절에서는 익조, 도조, 태조의 행적을 들어 중국의 위인이나 제왕에 못지않은 선조들에 의해 조선이 건국되었음을 밝히고 있다. 따라서 전절의 중국 고사는 현재 조선의 건국을 정당화하기 위한 근거로 사용되었다고 볼 수 있다.
오답 뜯어보기 ① 익조와 이성계와 관련된 단편적인 사건을 제시한 것이지 일대기를 다룬 것은 아니다.
②, ④ (가)~(다)에서는 확인할 수 없다.
③ 대구법을 사용하여 전절과 후절을 효과적으로 비교함으로써 조선의 창업이 천명에 의한 것임을 강조했다.

지식+

• 〈용비어천가〉의 등장인물
전체 125장 중에서 특정 인물의 사적(事績)을 제재로 다룬 것은 서사인 1, 2장과 결사인 110~125장을 제외한, 본사에 해당하는 107개 장이다. 이들 노래 속에 등장하는 인물은 여섯 명(목조, 익조, 도조, 환조, 태조, 태종)이지만, 가장 초점이 맞추어진 인물은 태조 이성계이다. 본사를 내용상으로 분류해 보면, 제3장에서 제16장까지는 천명성을 강조하는 데 주안점을 두었고, 제17장에서 제26장까지는 목조부터 환조까지 등장시켜 왕가(王家)의 고귀한 혈통을 제시했으며, 제27장에서 제32장까지는 태조의 비범한 성장기를, 제33장에서 제66장까지는 잦은 외침에 대응하는 태조의 영웅적 활약과 탁월한 능력을 드러냈다. 제67장에서 제89장까지는 태조가 정권 창출 과정에서 승리하는 모습을, 마지막 제90장에서 제109장까지는 태종의 탁월한 능력과 고결한 품위를 제시했다.

6 (가)와 (나) 모두 조선의 건국 전에 하늘의 계시가 있었다는 점을 강조하는 부분이다.

7 〈보기〉는 이 작품의 서사로, ⓐ는 작품 전체에 적용되는 일반적 주장이며, (가)~(다)는 그것을 뒷받침하는 구체적 근거 또는 사례에 해당한다.

8 '불근 새'와 'ᄇᆞ얌(ᄇᆞ야미)'은 모두 하늘의 계시를 전하는 역할을 한다.

9 (다)의 화자는 태조 이성계를, 〈보기〉의 화자는 신록을 존중하며 찬양하고 있다.

지식+

• 이양하, 〈신록 예찬〉
• 갈래: 경수필
• 성격: 주정적, 관조적, 낭만적, 예찬적, 사색적
• 제재: 5월의 신록
• 주제: 신록의 혜택과 아름다움, 신록처럼 순수하고 아름답게 살고 싶은 소망
• 감상: 5월의 신록을 보며 자연과 인간에 대한 사색을 전하는 수필이다. 글쓴이는 신록의 숲속에서 푸른 잎사귀들을 보며 자연의 아름다움에 매료된 심경을 드러내고 있다. 자연 현상에서 느낀 정서적인 체험에 사색이 곁들여지면서, 인생에 대한 확고한 태도와 자연에 대한 심미안적 통찰력이 드러나 있는 작품이다.

10 이 작품은 조선 왕조의 창업이 하늘의 뜻에 의한 역사적 순리라는 점을 부각함으로써 그 정당성을 역설하고 선조들의 영웅적 업적을 소개하여 후대 왕들에게 왕권 수호의 책임을 부여하는 한편, 훈민정음 창제에 따라 그 실용성을 점검하고자 하는 의도로 창작된 것이다. 이 작품에서 중국의 일방적인 간섭을 비판하는 내용은 찾아볼 수 없다.

11 (가)와 (나)는 후대 왕에게 권계하는 장으로, 후대의 임금들을 청자로 상정하여 통치자로서 지켜야 할 것과 올바른 정치를 펼 것을 간곡하게 당부하고 있다.
오답 뜯어보기 중국의 고사는 (나)에만 나타나며(ㄱ), (가)와 (나) 모두 비유는 나타나 있지 않다(ㄴ).

12 '부자는 망해도 삼 년 먹을 것이 있다.'라는 속담은 본래 부자이던 사람은 망했다 하더라도 얼마 동안은 그럭저럭 살아갈 수 있음을 비유적으로 이르는 말로, (가)의 전후 문맥으로 볼 때 내용상 적절하지 않다.
오답 뜯어보기 ①, ② (가)에서는 조선 왕조 창업이 사조(四祖)의 고생

으로 이루어진 것임을 강조하고 있으므로 선조들의 간난신고(艱難辛苦; 몹시 힘들고 어려우며 고생스러움.)를 잊지 말아야 한다는 말은 적절하다.

③ '공든 탑이 무너지랴.'는 공들여 쌓은 탑은 무너질 리 없다는 뜻으로, 힘을 다하고 정성을 다하여 한 일은 그 결과가 헛되지 않음을 비유적으로 이르는 말이므로 (가)의 화자가 할 말로 적절하다.

④ 로마 제국은 하루아침에 이루어진 것이 아니라, 오랜 세월에 걸쳐서 이루어진 것이다. (가)의 청자도 오랜 세월에 걸쳐 꾸준히 왕조를 이루어 가야 하므로 이러한 상황에 어울리는 적절한 격언이라고 할 수 있다.

13 ㉠은 태강왕의 고사를 통해 후대 왕들에게 태강왕의 전철을 밟지 않도록 경계할 것을 이야기하고 있다. ① '타산지석(他山之石)'은 본이 되지 않은 남의 말이나 행동도 자신의 지식과 인격을 수양하는 데 도움이 될 수 있음을 비유적으로 이르는 말로, ㉠의 상황에서 후대 왕이 지녀야 할 태도로 적절하다.

오답 뜯어보기 ② 결초보은: 죽은 뒤에라도 은혜를 잊지 않고 갚음을 이르는 말

③ 새옹지마: 인생의 길흉화복은 변화가 많아서 예측하기가 어렵다는 말

④ 백년하청: 중국의 황허강(黃河江)이 늘 흐려 맑을 때가 없다는 뜻으로, 아무리 오랜 시일이 지나도 어떤 일이 이루어지기 어려움을 이르는 말

⑤ 태평성대: 어진 임금이 잘 다스려 태평한 세상이나 시대

14 (나)는 '경천근민(敬天勤民)ᄒᆞ샤아', '님금하 아ᄅᆞ쇼셔'를 통해 후대의 임금들에게 경천근민할 것을 당부하고 있다. 하지만 〈보기〉는 '기국셩왕(開國聖王)이 셩ᄃᆡ(聖代)'를 니르어샷다.', '덕듕(德重)ᄒᆞ신 강산(江山) 즈으메 만셰(萬歲)를 누리쇼셔.' 등을 통해 태조의 성덕을 송축하며 만수무강을 기원하고 있다.

2 | 언해

051 강촌 _ 두보 120쪽

키포인트 체크 자연, 강촌, 안분지족

1 ② 2 ⑤ 3 ③ 4 ㉠은 화자의 평화로운 삶과 조화를 이루는 소재로 친근감을 주지만, 〈보기〉의 '새'는 시적 대상의 외로움을 부각하는 소재이다.

1 이 작품에는 특별한 시간의 흐름이 나타나지 않는다.

오답 뜯어보기 ① 자연과 인간의 평화로운 모습을 묘사하고 있다.

③ 마을 전경에서 집 안으로 시선이 이동하고 있다.

④, ⑤ '여름'이라는 계절적 배경과 '강촌'이라는 공간적 배경을 제시하여 자연 속에서 한거하며 욕심 없이 살아가는 화자의 자족감을 형상화하고 있다.

2 7~8구에서 화자는 약만 구하면 지금 이 생활에서 더 바랄 것이 없다고 하며 현재의 삶에 만족하는 모습을 보인다. 따라서 화자의 처지가 [B]의 아내와 아들의 평화로운 모습과 대조적이라고 볼 수 없다.

오답 뜯어보기 ① 2구의 '일'은 강촌에서 볼 수 있는 그윽한(고요하고 평화로운) 모습으로, [A]에 이러한 모습이 잘 나타난다.

② [A]는 제비와 갈매기, [B]는 아내와 아들의 모습이 대구를 이룬다.

③ [A]와 [B]는 강촌의 평화로운 모습을 눈앞에 펼치듯 묘사하고 있다.

④ [A]에 그려진 자연의 모습과 [B]에 그려진 인간의 삶의 모습이 서로 대응하면서 조화를 이루고 있다.

3 이 작품에서 화자는 소박하고 한가로운 삶을 살고 있으며, 〈보기〉에서 화자가 부유했다는 내용은 확인할 수 없다.

오답 뜯어보기 ① 〈보기〉의 화자는 '지븻 음서(音書)는 만금(萬金)이 ᄉᆞ도다.', 즉 집에서 보내 온 편지가 만금보다 값지다고 하며 가족에 대한 그리움을 드러내고 있으며, 이 작품의 화자는 가족과 함께 지내며 평화롭게 생활하고 있다. 따라서 애타게 그리워하던 가족을 상봉한 것이라고 볼 수 있다.

② 〈보기〉에는 봄, 이 작품에는 여름이라는 계절적 배경이 직접적으로 드러나 있다.

④ 〈보기〉에서는 자연과 인간사가 대비되고 있으나, 이 작품에서는 자연과 인간사가 조응하며 한가로운 정취를 부각한다.

⑤ 〈보기〉에서는 폐허가 된 성에 무성한 풀과 나무를 통해 전쟁의 참상을 드러내고 있는 데 반해 이 작품에서는 한가롭고 정겨운 강촌의 정경을 수채화처럼 묘사하고 있어 서로 다른 분위기가 느껴진다.

4 ㉠의 'ᄀᆞᆯ며기'는 강촌에서 유유자적하는 화자의 삶의 모습을 반영하는 소재이나, 〈보기〉의 '새'는 눈이 내리는 차가운 강에서 혼자 낚시질하는 노인의 고독감을 두드러지게 하는 소재이다.

지식+

- 유종원, 〈강설〉
- 갈래: 한시, 5언 절구
- 성격: 묘사적, 관념적
- 제재: 눈 내린 강의 풍경
- 주제: 눈 내린 대자연 속에서 홀로 고기를 낚는 어옹의 고적한 모습, 눈 내린 강가의 고적한 풍경
- 감상: 작가 유종원이 영정 혁신의 실패로 영주(永州)로 유배당했을 때 지은 시로, 속세를 초월한 듯 대자연에 은거한 고기잡이 늙은이의 모습에 작가 자신의 처지를 빗대어 관조적으로 노래하고 있는 작품이다. 정치적 실의와 유배 생활의 고독감을 극복하려는 태도를 담고 있다.

052~053 등악양루 · 강남봉이구년 _ 두보 122쪽

키포인트 체크 방랑객, 회상, 악양루, 이구년, 외로움, 무상함

1 ① 2 ② 3 ⑤ 4 외루원비

1 (가)에서는 악양루에서 바라본 광활한 경치와 화자의 외로운 처지가 대비를 이루고, (나)에서는 강남의 좋은 풍경과 화자의 초라한 처지가 대비를 이룬다.

오답 뜯어보기 ② 두 작품 모두 청각적 이미지를 사용하여 과거를 회상하는 부분은 드러나지 않는다.

③ 과거와 현재의 대조는 (나)에만 드러난다.

④ 특정 청자에게 말을 건네는 기법은 (나)에만 사용되었다.

⑤ 두 작품 모두 색채 이미지의 대비는 드러나지 않는다.

2 화자는 친한 벗에게서도 편지를 받지 못해 외로움을 느끼고 있다. 따라서 친한 벗에게서 서신을 받고 슬퍼하고 있다는 설명은 적절하지 않다.
오답 뜯어보기 ① 이 작품의 화자는 전란이 계속되고 있는 고향의 상황과 자신의 외로운 처지로 인해 애상감을 느껴 눈물을 흘리고 있다.
③ 악양루에 올라 두 나라를 구분하고 밤낮 해와 달이 떠 있는 동정호의 광활한 모습을 바라본 감회를 노래하고 있다.
④ 화자는 외로운 방랑객인 자신의 처지에 대한 고뇌와 전란이 지속되고 있는 상황에서 나라를 걱정하는 마음을 드러내고 있다.
⑤ 싸움터의 말이 관산 북쪽에 있다는 표현을 통해 전란이 계속되고 있음을 알 수 있다.

3 (나)에서 화자가 이구년과 미래에 다시 만나기를 약속하는 내용은 찾아볼 수 없다.
오답 뜯어보기 ① 화자는 1구와 2구에서 명창으로서 명성이 자자했던 이구년의 화려했던 과거 시절을 떠올리고 있다.
② (나)에는 현재의 시점에서 과거를 회상하는 역순행적 구성이 드러나 있다.
③ 이구년은 과거에 명창으로 세도가들의 집을 순회하며 화려한 시절을 보냈다.
④ 3구에서 현재의 공간적 배경이 드러나고 있다.

4 (가)에서 화자는 흐르는 세월 속에서 외롭게 방황하는 자신의 처지를 직접적으로 서술하는 대신 '외ᄅᆞ왼 비'라는 구체적인 사물에 자신의 감정을 투영하여 간접적으로 드러내고 있다.

3 | 시조

058~060 망국의 슬픔과 무상함 126쪽

키포인트 체크 벼슬, 나그네, 회고, 말, 궁궐터, 고려, 망국, 무상감, 극복

1 ⑤ 2 ③ 3 ② 4 필마(匹馬)

1 (다)는 고려 왕업의 무상함을 노래한 조선 개국 공신의 회고가로, 망국의 슬픔에 빠져들지 않고 오히려 고려 왕조를 잊으려는 태도를 보이고 있다. 이런 입장에 있는 (다)의 화자가 힘을 내서 나라를 다시 부흥시키자고 말하는 것은 어울리지 않는다.
오답 뜯어보기 ① (가)의 화자는 '꿈이런가 ᄒᆞ노라.'라고 하며 고려 왕업의 무상감을 표현하고 있다.
②, ④ (나)의 화자는 잡초가 우거진 고려의 궁궐터를 돌아보며 무상감을 느끼고 눈물겨워하고 있다.
③ (다)의 화자는 오백 년의 왕업이 물소리밖에 남지 않았다며 무상감을 드러내고 있다.

2 (다)의 종장에서는 '고국 흥망을 무러 무엇ᄒᆞ리오.'라는 설의적 표현으로 더 이상 고려 왕조의 흥망을 생각하지 말고 새로운 조선 왕조와 함께 하자는 화자의 생각을 강조하고 있다. 하지만 (나)에는 이러한 설의적 표현이 사용되지 않았다.
오답 뜯어보기 ① (나)는 '추초'와 '목적(피리 소리)'을 통해, (다)는 '물소리'를 통해 쇠락한 고려 왕조를 생각하며 느낀 화자의 무상감을 드러내고 있다.
② 고려 왕조의 멸망이라는 과거의 사건이 시상 전개의 바탕이 되고 있다.
④ 고려 왕조의 멸망에 관해 (나)의 화자는 탄식하며 무상감을 드러내고 있는 반면, (다)의 화자는 무상감을 극복하고 새로운 왕조에 대해 긍정적인 태도를 보이고 있다.
⑤ (나)에서는 '목적(피리 소리)', (다)에서는 '물소리'라는 청각적 심상을 통해 무상감을 표현하고 있다.

3 (나)에서 이질성이 드러나는 공간을 서로 대비한 부분은 찾아볼 수 없다.
오답 뜯어보기 ① (나)와 〈보기〉 모두 4음보율을 바탕으로 한다.
③ (나)에서는 망국으로 인한 슬픔이, 〈보기〉에서는 봄을 맞이한 자연 속에서의 흥취가 주로 느껴진다.
④ (나)의 '석양'은 고려 왕조의 멸망과 연관되어 화자의 정서를 심화하고 있으며, 〈보기〉의 '석양(석양리)'은 '도화 행화'의 붉은 이미지와 시각적인 조화를 이루어 봄의 아름다움을 더하고 있다.
⑤ (나)는 '-로다', '-노라'의 영탄적 어미를 사용한 독백체의 어조가, 〈보기〉는 '홍진에 뭇친 분네'에게 말을 건네는 듯한 어조가 드러난다.

4 (가)의 화자는 조선 왕조에 협조하지 않으려고 벼슬을 버리고 낙향했다가 오랜만에 혼자서 옛 도읍지를 찾아온 상황이다. 이처럼 벼슬하지 않고 수행원도 없이 홀로 다니는 외로운 신세를 가장 잘 표현한 시어는 혼자서 말을 타고 간다는 의미의 '필마(匹馬)'이다.

061~063 지조와 충절 ① 128쪽

키포인트 체크 임금, 백이, 숙제, 대나무, 절개, 지조

1 ③ 2 ⑤ 3 ④ 4 중의적인 표현: 수양산, 의미: 백이와 숙제가 숨어 살던 산, 수양 대군 5 화자의 절의(절개)를 방해하는 세력

1 (가)는 은나라의 충신 백이와 숙제를 비판하면서 자신의 굳은 절의를 부각했고, (나)는 세상이 아무리 어지럽다고 해도 끝까지 자신의 지조를 지키겠다는 의지를 노래했으며, (다)는 눈 속에서도 푸르름을 잃지 않는 대나무를 들어 지조와 충절을 노래했다. 따라서 (가)~(다)는 모두 충신은 두 임금을 섬길 수 없다는 지조와 충절을 담고 있는 절의가라는 공통점이 있음을 알 수 있다.
오답 뜯어보기 ① (가)~(다) 중에는 자연의 아름다움을 노래한 작품이 없다.
② (가)~(다) 중에는 대상을 희화화한 작품이 없다.
④ (가)~(다) 중에는 자연물에 감정을 이입한 작품이 없다.
⑤ 창의적 발상은 전통적인 지조의 상징인 백이와 숙제를 비판한 (가)에만 나타난다.

지식+

• 계유정난과 사육신
단종이 12세의 나이로 조선 제6대 임금이 되자, 단종의 숙부인 수양 대군이 자신의 세력을 규합한 다음 김종서, 황보인 등 반대파 중신들을 죽이고 왕위를 찬탈했는데, 이를 계유정난이라 한다. 이후 단종 복위를 꾀하다가 실패하고 죽임을 당한 성삼문, 박팽년, 하위지, 이개, 유응부, 유성원을 사육신(死六臣)이라 한다. 이들의 시조는 유교 이념인 굳은 절개와 충절을 주제로 하고 있다.

2 (가)는 백이와 숙제를 비판적인 시각으로 평가하며 자신의 절개와 지조를 강조했고, 〈보기〉는 백이와 숙제의 절개를 옹호하며 긍정적인 시각으로 평가하고 있다. (가)와 〈보기〉는 백이와 숙제라는 동일한 대상에 대해 상반된 태도를 보이고 있지만 절개와 지조를 긍정적으로 인식하는 관점은 동일하다.

오답 뜯어보기 ① (가)와 〈보기〉 모두 백이숙제의 고사를 소재로 삼고 있다.

② 〈보기〉는 백이와 숙제에 대한 성삼문의 비판을 반박하며 백이와 숙제가 고사리를 먹으려고 캔 것이 아니라 구부러진 고사리를 펴 보려고 한 것이라며 두 사람을 옹호하고 있다.

③ 〈보기〉의 '수양산(首陽山)'은 중국의 산 이름이지만, (가)의 '수양산(首陽山)'은 '수양 대군'의 의미까지 포함하는 중의적 표현이다.

④ 〈보기〉의 '물성(物性)이 구븐 줄'에서 확인할 수 있다.

3 (나)는 수양 대군의 왕위 찬탈, (다)는 고려 왕조의 멸망과 조선 건국을 다루고 있어 동일한 사건을 다루었다고 본 ④는 적절하지 않다. 또한 (나)와 (다)는 다루는 사건은 다르지만, 어떤 어려움이 있더라도 자신의 절의를 지키겠다는 화자의 태도와 이를 표현하는 방식에서 유사한 점이 많다.

오답 뜯어보기 ①, ② (나)에서는 '소나무', (다)에서는 '대나무'라는 자연물을 통해 유교적 충의와 화자의 절의를 표현했다.

③ (나)에는 상징과 가정, (다)에는 상징과 설의, 의인법 등 다양한 표현 방법이 사용됐다.

⑤ (나)와 (다)의 작가가 다름에도 유사한 주제 의식을 드러내고 있는 것을 통해 '군신유의'라는 유교적 덕목이 당시 사대부들에게 널리 퍼져 있었음을 알 수 있다.

4 (가)에서 '수양산'은 백이와 숙제가 숨어 지내던 산 이름이자 수양 대군을 지칭하는 중의적인 표현이라 할 수 있다.

5 (나)의 '백설'은 부당하게 왕(단종)을 몰아낸 수양 대군의 세력을 나타내고, (다)의 '눈' 역시 새 왕조에 협력하라는 압력과 회유를 나타낸다. 이를 절의를 지키려는 화자의 태도와 연관 지으면 '백설'과 '눈'은 절의(절개)를 지키려는 화자를 방해하는 세력으로 볼 수 있다.

064~066 지조와 충절 ② 130쪽

키포인트 체크 충성, 황국화, 단종, 의중(의도), 충성심, 절개

1 ⑤ 2 ② 3 ④ 4 시련과 고난

1 (가)에서는 '가마귀'와 '야광명월', (나)에서는 '바람'과 '낙락장송', (다)에서는 '황국화'와 '도리'가 각각 대조적인 소재로 사용되었다.

오답 뜯어보기 ① 설의법은 (가)에만 사용되었다.

② 두 작품 모두 평시조로 4음보의 율격을 통해 안정된 리듬감을 보이고 있다.

③ (나)와 (다) 모두 색채어를 사용되지 않았다.

④ 감정 이입은 (나)와 (다) 모두에서 찾을 수 없다.

2 (나)에서 'ᄒᆞ믈며 못다 핀 곳이야 닐러 므슴 ᄒᆞ리오.'라는 말은 '못다 핀 곳' 역시 '눈서리'로 인해 성하지 못함을 드러낸 것이다. '못다 핀 곳'은 곧 수양 대군의 왕위 찬탈로 희생된 젊은 인재들을 의미하므로 수양 대군의 왕위 찬탈에 따른 화를 모면했다고 한 ②는 적절하지 않다.

오답 뜯어보기 ① 한밤중에도 빛나는 밝은 달('야광명월')과 사시사철 푸른 소나무('낙락장송')는 변함없는 충성을 상징한다.

③ (나)의 'ᄇᆞ람'과 '눈서리'는 수양 대군이 단종의 왕위를 찬탈한 계유정난을 의미한다.

④ (가)와 (나)의 작가는 단종에게 충성을 바친 사육신에 속하는 인물들이다.

⑤ (가)에서는 수양 대군이 왕위를 빼앗은 당시의 시대 상황을 '밤'으로 표현했으며 (나)에서는 '간밤의 부던 ᄇᆞ람에 눈서리'로 표현했다.

3 '도리'는 쉽게 변절하는 존재로서 간신을 상징하며, '황국화'와 대비된다.

오답 뜯어보기 ① '풍상'은 '바람과 서리'를 의미하며 이는 '황국화'가 견뎌야 할 시련과 고난을 상징한다.

② '황국화'는 '풍상이 섯거 친 날'에도 핀다는 점에서 지조와 절개를 지키는 충신을 상징하며, 화자는 이를 보낸 임금의 뜻을 알겠다고 했으므로 '황국화'는 화자가 본받아야 할 대상이라 할 수 있다.

③ 임금이 화자에게 보낸 '황국화'를 '옥당'으로 보냈으므로 '옥당'은 화자가 거처하는 곳이라 할 수 있다.

⑤ '님의 뜻'은 '풍상이 섯거 친 날'에도 피는 '황국화'를 본받으라는 것, 즉 지조와 기품을 잃지 말고 살라는 것으로 이해할 수 있다.

4 ㉠과 ㉡은 모두 시련이나 고난, 역경을 상징한다.

067~069 사대부의 연군 132쪽

키포인트 체크 이별, 촛불, 시냇물, 사랑, 그리움

1 ③ 2 ⑤ 3 (가)는 촛불에, (다)는 시냇물에 화자의 감정을 이입하여 표현했다. 4 (다)와 〈보기〉에서 '물'은 모두 이별의 이미지이지만, (다)의 '물'은 임과 이별한 애절한 마음을 이입한 대상이고, 〈보기〉의 '물'은 임과 이별한 슬픔의 정서를 반영한 대상이다.

1 (나)에서 대상을 의인화하여 임에 대한 원망을 표현한 구절은 찾아볼 수 없다.

오답 뜯어보기 ① (가)는 단종과 이별하는 마음을 촛농을 흘리며 타들어 가는 촛불에 비유한 작품으로, '속 타는 줄 모로도다'에서 '속'은 '초의 심지'이면서 '화자의 애타는 마음'을 의미한다.

② (나)는 추상적인 개념인 '마음'을 구체적인 사물인 '별, 달'로 형상화하여 임금에 대한 충정을 노래했다.

④, ⑤ (다)는 화자가 느끼는 슬픔의 깊이를 '천만 리'라는 과장된 표현으로 형상화했고, '밤길'이라는 부정적 의미의 시어를 통해 화자의 암담한 심경을 표현했다.

2 (가)~(다)는 시조이고 〈보기〉는 가사에 해당한다. 두 갈래 모두 창작과 향유 계층이 조선 후기로 갈수록 확대되므로 창작과 향유 계층이 엄격하게 제한되어서 가사의 생명력이 약했다는 ⑤의 설명은 적절하지 않다.

오답 뜯어보기 ①, ② 가사와 시조는 모두 4음보의 율격을 지니며 종결 형태가 유사하다는 갈래적 특징이 있다.

③ (가)~(다)는 시조로, 시조는 서정성을 간결하게 표현하기에 적합한 갈래이다.

④ 〈보기〉는 가사로, 가사는 시조보다 길어 비교적 자유로운 표현이 가능하다.

3 (가)와 (다) 모두 감정 이입의 표현법을 사용했다. (가)에서는 촛불에, (다)에서는 시냇물에 시적 화자의 감정을 이입하여 정서를 표현했다.

4 (다)는 시냇물이라는 자연물을 인격화하여 시적 화자의 슬픈 감정을 이입한 시조이고, 〈보기〉는 대동강 물에 화자의 눈물이 보태진다면서 애절한 이별의 정한을 표출한 한시이다.

070~072 자연을 누리는 삶 134쪽

키포인트 체크 자연, 낚시, 초가 삼간, 풍요로움, 물아일체, 농촌

1 ② 2 ④ 3 ⑤ 4 ④ 5 욕심이 없는(사심이 없는)

1 (가)~(다)는 모두 자연을 친숙한 존재로 여기며 자연을 벗 삼아 사는 즐거움을 노래한 작품이다.

오답 뜯어보기 ①, ⑤ (가)~(다) 모두 자연과 속세를 대비하거나 자연을 현실 복귀를 위한 일시적 거처로 생각하는 모습은 나타나지 않는다.
③ (가)~(다)의 화자 모두 자연 속에서 살아가며 자신의 삶에 만족하고 있다.
④ (가)에서만 달빛과 하나가 되는 화자의 모습이 나타난다.

2 (나)의 '돌'과 '청풍'은 '강산'과 함께 자연과 물아일체를 이루려는 화자의 세계관을 보여 주는 시어로 세속적인 풍요로움과는 관련이 없다.

오답 뜯어보기 ① 종장의 '달빛만 싣고 빈 배 저어 오노라'로 미루어 화자가 낚시를 하는 것은 자연을 즐기기 위한 것이지 실제 고기를 낚으려는 행위가 아님을 알 수 있다.
② (가)의 '빈 배'는 세속적 욕망을 버린 화자 자신과 동일시된다.
③ (나)에서 '초려 삼간'은 '세 칸짜리 초가'라는 뜻으로, 청빈하고 소박한 삶을 의미한다.
⑤ (다)에서 '술'은 '대쵸', '밤' 등과 어우러져 가을의 풍요로움을 느끼게 하면서 전원생활에서 풍류를 즐기는 화자의 흥겨움을 나타낸다.

3 중장에서 근경(近景)을 제시하다가 종장에서 원경(遠景)을 제시하고 있다.

4 (다)에서는 풍요롭고 한가로운 농촌의 정경을 묘사하면서 그것을 즐기고자 하는 화자의 모습이 드러나 있다. 종장의 '아니 먹고 어이리.'에서 의문형을 활용하고 있지만 농촌의 현실을 탄식하는 것이 아니라 술을 즐기고자 하는 흥취를 드러내고 있다.

오답 뜯어보기 ① 대추가 붉고 밤이 떨어진다는 점, 벼 벤 그루터기에 게가 내려온다는 점으로 보아 가을임을 알 수 있다.
② '대추, 밤, 벼, 게, 술' 등의 전원적이고 향토적인 소재의 나열을 통해 가을 농촌의 풍요로움을 묘사하고 있다.
③ '대쵸 볼'에서 붉게 익은 통통한 대추를 의인화하여 표현하고 있다.
⑤ 시각적('대쵸 볼 붉근'), 청각적('뜻드르며'), 후각적('술 닉쟈') 이미지를 효과적으로 활용하여 농촌의 풍요로운 모습을 드러내고 있다.

5 욕심이 없는 삶의 자세를 '무심한 달빛'과 '빈 배'를 통해 형상화하고 있다.

073~075 사랑과 그리움 ① 136쪽

키포인트 체크 임, 묏버들, 겨울밤, 기억, 사랑

1 ④ 2 ③ 3 ③ 4 임을 그리워하는 화자의 분신을 의미한다.

1 (가)~(다)와 같은 기녀 시조에서만 세련된 표현 기교를 사용했던 것은 아니며, 조선 시대 시조 문학의 한 부류였던 기녀 시조가 조선 시대 시조 문학의 전형을 이룬다고 할 수는 없다.

오답 뜯어보기 ① 기녀 시조는 사대부 시조와 달리 자신들의 애정과 이별의 문제를 진솔하게 노래함으로써 감동과 공감을 이끌어 냈다.
② 기녀 시조는 우리말의 아름다움을 잘 살려 시적 언어로 발전시켰다는 특징이 있다.
③, ⑤ 기녀 시조는 사대부 계층의 전유물이었던 시조의 작자층을 확대하고 시조가 새로운 모습으로 탈바꿈하는 계기를 마련했다.

2 (나)에서는 시간을 잘라 놓는다고 표현함으로써 추상적 개념인 시간을 시각적(구체화)으로 형상화했다. ③에서도 '흥'이라는 추상적 대상을 전나귀의 등에 실을 수 있는 구체적 사물로 표현했다.

오답 뜯어보기 ① '넙넙히 수성(愁聲)이로다.'에 감정 이입이 사용되었다.
② '대붕(전설상의 큰 새)'과 '곤륜산(중국 전설상의 높은 산)'에 과장법이 사용되었다.
④ 종장에 화자가 자문자답하는 문답법이 나타난다.
⑤ '매화'를 인격화하여 표현하는 의인법이 사용되었다.

지식+

- 김상용, 〈오동에 듯는 빗발〉
- 갈래: 평시조, 수심가
- 성격: 우국적
- 주제: 힘겹고 시름 많은 삶과 고뇌
- 감상: 인조반정과 병자호란을 겪으며 마음 편할 날이 없었던 화자가 오동잎에 떨어지는 빗소리에 자신의 심정을 투영하여 표현하고 있는 작품이다. '오동(梧桐)'과 '나'와 '비'가 수심(愁心)으로 일치되고 있다.

3 (다)에서 화자는 임에 대한 자신의 사랑은 변함없을 것이니, 임도 자신을 잊지 않기를 바라고 있다. 〈보기〉에서는 옛날과 같은 물이 없듯이 임도 물처럼 떠나서 다시 오지 않는 것을 안타까워하고 있다. 이런 내용 변화에서 시간이 갈수록 화자의 사랑이 더 깊어졌는지는 알 수 없다.

오답 뜯어보기 ①, ② 〈보기〉와 (다)에서는 화자를 변하지 않는 '산'으로, 임을 흘러가는 '물'로 빗대어 대조하여 표현하고 있다.
④ 〈보기〉의 '가고 안이 오노미라.'에서 임이 떠났음을 알 수 있다.
⑤ (다)와 달리 〈보기〉에서는 과거와 달라진 현재 상황(돌아오지 않는 임)을 안타까워하며 인생의 덧없음을 드러낸다.

4 임이 주무시는 창밖에 심어 새잎이 나거든 자기로 여겨 달라고 말하고 있으므로, '묏버들'은 화자의 분신으로 볼 수 있다.

076~078 사랑과 그리움 ② 138쪽

키포인트 체크 이별, 자책, 그리워, 죽음

1 ② 2 ① 3 ③ 4 이화우, 추풍낙엽 5 잔을 잡아 권할 사람이 없는 것, 즉 황진이가 이 세상에 없는 것을 의미한다.

1 (가)~(다)는 모두 화자가 그리워하는 대상이 화자 곁에 없는 상황에서 나타나는 그리움을 노래하고 있다.

2 (나)에서는 외로운 화자가 이별한 임을 그리워하는 상황이 나타나 있으며 이별한 임을 원망하는 태도는 보이지 않는다.
오답 뜯어보기 ② 중장에서 임도 '나'(화자)를 생각하는지 궁금해하고 있다.
③ 종장의 '외로온 꿈'에서 외로움의 정서를 직접적으로 드러내고 있다.
④ '추풍낙엽'이라는 말에서 계절적 배경이 가을임을 알 수 있다.
⑤ 초장에 배꽃이 비처럼 흩날리던 때 임의 손을 잡고 울며 이별하던 당시의 상황과 이를 회상하는 화자의 모습이 드러난다.

3 도치로 보면 '제'가 지시하는 대상은 '임'이 되고, 행간 걸침으로 보면 '제'는 화자가 된다. 그리고 화자가 임을 붙잡지 않아서 임이 떠난 것이므로, 도치로 보든 행간 걸침으로 보든 이별의 책임은 화자에게 있다. 또한 행간 걸침으로 볼 경우 화자의 내적인 자존심과 임에 대한 연모의 감정 사이에서 비롯되는 복잡하고 미묘한 심리를 더욱 부각하는 효과가 있다.

4 '이화우', 즉 배꽃이 비처럼 흩날리는 것과 '추풍낙엽', 즉 가을바람에 나뭇잎이 떨어지는 것이 하강의 이미지를 나타낸다. 이러한 하강의 이미지를 사용하여 이별할 때 배꽃이 떨어진 것처럼 현재는 나뭇잎이 떨어지고 있다는 상황적 유사성을 바탕으로 시상을 전개하고 있다.

5 화자는 잔을 잡아 권할 사람이 없는 것, 즉 황진이가 이 세상에 없다는 사실을 슬퍼하고 있다.

079~080 풍류와 취락 140쪽

키포인트 체크 술, 성 권농, 꽃, 해소

1 ① 2 ② 3 ③ 4 이 술, 잔 ᄒᆞ잣고야

1 (가)의 화자는 술을 풍류의 도구로, (나)의 화자는 술을 인생의 허무함을 달래는 도구로 생각하고 있어 (가), (나)의 화자 모두에게 술은 긍정의 대상이라고 할 수 있다.
오답 뜯어보기 ② (나)는 4음보의 정형성이 깨지고 중장이 제한 없이 길어진 사설시조이다.
③ (가)에는 전원에 묻혀 사는 즐거움이 나타나지만, (나)에는 나타나지 않는다.
④ (가)와 (나) 모두 미래에 대한 낙관적 태도와는 거리가 멀다. 오히려 (나)에는 인생무상의 허무적 태도가 나타난다.
⑤ (가)와 (나) 모두 농촌 생활의 어려움이 나타나지 않는다.

2 (가)는 우리말의 구사, 압축과 생략을 통한 서술, 생동감 있는 행동 묘사로 예술성 높은 문학적 형상화를 이루어 냈으며, 평시조의 형식을 충실하게 따르고 있다.

3 ⓒ는 성 권농의 집을 함께 찾아간 화자의 친구가 아니라 화자 자신을 가리킨다.
오답 뜯어보기 ① 성 권농의 집에 술이 익었다는 소식을 듣고 술친구를 찾아가기 위해 소를 억지로 깨워 걸음을 재촉하는 모습을 해학적으로 표현했다.
② 성 권농의 집에 도착하여 성 권농이 집에 있는지를 물으며 아이에게 말을 건네고 있다.
④ 거적에 덮여 실려 가는 초라한 죽음과 비단 장막이 쳐진 상여를 타고 많은 사람이 울며 따라가는 화려한 죽음이 대조되고 있다.
⑤ ⓔ의 '누른 ᄒᆡ 흰 ᄃᆞᆯ ᄀᆞᄂᆞᆫ 비 굴근 눈 쇼쇼리ᄇᆞ람'은 모두 자연 현상이며, 이들을 열거하여 우울한 분위기를 형성하고 있다.

4 〈보기 2〉의 마지막 부분은 정철이 술로 갈등을 해소하면서 먼저 공인으로서의 임무를 다 한 다음(이 술로 모든 백성을 다 취하게 한 후), 개인의 풍류(다시 만나 또 한 잔 하자)를 기약하는 내용이다.

081 어부사 _ 이현보 142쪽

키포인트 체크 고기잡이, 속세, 미련

1 ① 2 ⑤ 3 어주(漁舟)에 누어신돌 니즌 스치 이시랴. 4 ㉠의 '달'은 '강호(자연)'라는 탈속적 공간의 이미지를 부각하면서 화자를 무욕의 경지에까지 이르게 하나, 〈보기〉의 '달'은 봄밤에 느끼는 애상적 분위기를 조성한다.

1 이 작품의 화자인 어부는 실제 어부가 아니라 세속과 정치 현실에서 벗어나 자연 속에서 풍류를 즐기며 사는 가어옹(假漁翁)이다.
오답 뜯어보기 ②, ⑤ 이 작품은 고려 시대 때부터 전해 내려오는 〈어부가〉를 개작한 것으로, 강호가도의 맥을 이었으며 윤선도의 〈어부사시사〉에 영향을 주었다.
③ 시상 전개에 따라 화자의 시선이 이동하면서 자연과 속세의 삶 사이의 갈등을 표현하고 있다.
④ 상투적인 한자어를 많이 사용하여 관념적이고 추상적인 표현이 두드러진다.

2 (다)에서 화자는 장안(속세의 공간)에 대한 미련을 버리지 못하는 모습을 보이나 종장의 내용으로 보아 결국 화자가 선택한 곳은 강호 자연임을 알 수 있다.
오답 뜯어보기 ① '만첩'은 화자가 살고 있는 청산과 속세('장안')가 그만큼 거리가 있음을 강조하는 시어이다.
② '홍진'은 번거로운 세상을 의미하므로 '월백'(강호에 비치는 달)과 대비되어 월백의 청정한 이미지를 강조한다.
③ '더옥 무심하애라'에서 세속적 욕망 없이 속세에서 벗어나고 싶어 하는 화자의 마음을 알 수 있다.
④ 화자는 〈제5수〉의 중장에서 '고기잡이배에 누워서도 (나랏일을) 잊은 적이 없다('니즌 스치 이시랴')'라고 하며 세속에 대한 미련을 보이고 있다.

3 (다)에서 자연 속에서 생활하면서도 '장안'의 '북궐'을 잊은 적이 없다는 내용을 통해 화자가 임금을 모시고 선정을 베풀겠다는 사대부 본연의 자세(현실에 대한 지향 의식)를 완전히 떨쳐 버리지 못했음을 확인할 수 있다.

4 이 작품에서 '강호'는 '인세', '십장 홍진'과 대조되는 곳으로 탈속의 공간을 의미한다. 여기에 '월백'의 청정한 이미지가 결합하면서 '무심(無心)'의 경지에 이르고 있다. 〈보기〉의 '월백'은 '다정(多情)도 병(病)인 냥ᄒᆞ여'와 연결되어 봄밤의 애상적인 정감을 부각하고 있다.

정답과 해설

082 강호사시가 _ 맹사성 144쪽

키포인트 체크 만족, 임금, 충의

1 ④ **2** ③ **3** ③ **4** ① **5** 화자는 자연을 즐기면서도 임금의 은혜에 감사하는 마음을 잊지 않으므로 조선 시대의 유교적 충의 사상을 지니고 있다고 볼 수 있다.

1 이 작품에서 화자는 자연을 인간과 조화를 이루는 풍요로운 대상으로 인식한다. 그러므로 속세와 자연에 대한 이분법적 사고를 보인다는 ④의 설명은 적절하지 않다.

오답 뜯어보기 ① '강호(江湖)에 ~이 드니', '이 몸이 ~하옴도 역군은(亦君恩)이샷다' 등의 유사한 통사 구조가 반복되고 있다.

② 강 물결이 신의가 있다고 하며 강 물결에 인격을 부여한 〈하사〉의 '유신한 강파'에서 의인법을 찾을 수 있다.

③ 〈춘사〉의 '금린어', 〈하사〉의 '초당', 〈추사〉의 '소정(작은 배)', 〈동사〉의 '삿갓', '누역' 등은 화자의 소박한 생활을 나타내는 소재이다.

⑤ 〈춘사〉 ~ 〈동사〉로 이루어진 이 작품은 자연을 즐기며 살아가는 삶의 모습을 계절마다 각 한 수씩 읊고 있다.

2 이 작품은 각 수 초장의 전반부에 '봄, 여름, 가을, 겨울'의 계절적 배경을 먼저 제시하고 있고(ㄱ), 초장에서 '강호에 ~이 드니', 종장에서 '이 몸이 ~하옴도 역군은이샷다'를 반복함으로 형식적 통일성을 이루고 있다(ㄷ). 또한 각 수 중장에서 계절에 따른 화자의 구체적인 생활 모습이 나타나 있다(ㄹ).

3 〈추사〉의 내용을 살펴보면 화자는 초장에서 가을의 풍요로움('고기마다 살져 있다')을 즐긴다. 그리고 중장에서 작은 배에 그물을 실어서 흐르는 대로 던져두고 있다. 이를 통해 화자가 고기를 잡으려 한다기보다 살이 오른 물고기를 바라보며 가을의 정취를 느끼려는 것임을 알 수 있다. 따라서 ③과 같은 반응은 적절하지 않다.

오답 뜯어보기 ① 〈춘사〉의 초장에 대한 반응으로 적절하다.

② 〈하사〉 전체에 대한 반응으로 적절하다.

④ 풍류를 즐기면서도 임금의 은혜를 잊지 않는다는 점('역군은(亦君恩)이샷다'라는 표현의 반복)에서 태평성대에 유유자적하는 사대부의 전형적인 모습을 엿볼 수 있으므로 적절하다.

⑤ 〈동사〉의 중장과 종장에 대한 반응으로 적절하다.

4 ⓐ '미친 흥(興)'은 봄을 맞이하여 주체할 수 없이 솟구치는 흥겨움과 생동감을 집약적으로 표현한 것이다.

5 '역군은(亦君恩)이샷다'는 화자가 자신의 삶에 만족할 수 있는 근본적 이유로, 태평성대를 구가하는 것이 모두 임금의 은혜 때문이라는 유교적 이념에 바탕을 둔 표현이다.

083 도산십이곡 _ 이황 146쪽

키포인트 체크 벼슬, 후회(자책), 학문

1 ⑤ **2** ② **3** ③ **4** 어듸, 년 듸

1 〈언지 1〉에서는 자연 친화의 생활에 대한 만족감을, 〈언학 4〉와 〈언학 5〉에서는 학문에 전념하는 삶을 노래하고 있으므로 (가)~(다)를 소개하는 문구로는 ⑤가 적절하다.

2 '녀ᄃᆞᆫ 길'은 학문 도야의 길을 의미하지만, '년 듸 ᄆᆞᄋᆞᆷ'은 벼슬길에 나아가고 싶은 마음을 의미한다.

오답 뜯어보기 ① '천석고황'은 자연에 대한 화자의 지극한 사랑을 알 수 있는 시어이다.

③ 의문형 진술을 통해 오랜 세월 학문이 아닌 다른 곳(벼슬살이)에 마음을 두었음을 후회하면서 오로지 학문 수양에 정진할 것을 다짐했다.

④, ⑤ 변하지 않는 '청산'과 밤낮없이 흐르는 '유수'를 보며 자신도 이들처럼 변함없이 푸르고('프르르며') 그치지 않으며('긋지 아니ᄂᆞᆫ') 학문 수양에 힘쓰겠다는 의지를 드러냈다.

3 이 작품은 유학자로서의 자세가 드러나고, 〈보기〉는 안빈낙도의 삶이 나타난다. 따라서 두 작품 모두 유교적 가치를 존중하면서 한 개인으로서의 소망을 이루려는 모습을 드러내고 있다고 할 수 있다.

오답 뜯어보기 ① 두 작품 모두 지배층의 핍박으로부터 도피하려는 모습은 나타나지 않는다.

② 두 작품 모두 불우한 처지에서 벗어나고자 하는 것은 아니다.

④ 두 작품 모두 물질적 여건을 우선시하고 있지 않다.

⑤ 두 작품 모두 속세에서 자연을 그리워하는 화자의 마음이 담겨 있다.

4 '어듸, 년 듸'는 입신양명의 길인 '벼슬길'을 의미하는 시어이다.

084 고산구곡가 _ 이이 148쪽

키포인트 체크 은거, 학문, 예찬

1 ④ **2** ② **3** ④ **4** 학문 수양(탐구)

1 (다)에서는 화암의 경치를 세상 사람들에게 알리고 싶은 마음이 드러나 있으며, 자신의 심성을 닦고자 하는 화자의 모습은 드러나지 않는다.

오답 뜯어보기 ① '고산 구곡담'은 작품의 공간적 배경을 나타낸 것이다.

② (가)의 종장에서 주자의 삶이나 학문을 배우겠다는 의지를 드러내고 있다.

③ (나)의 종장에서 자연 속에서 술을 마시는 풍류와 운치를 느낄 수 있다.

⑤ (나)에는 아침('히 빗쵠다')이라는 시간적 배경이, (다)에는 늦봄('춘만')이라는 계절적 배경이 나타나 있다.

2 시조는 고려 후기에 생겨난 양식으로 이미 정형화된 틀이 있으므로 시조의 작가가 시조의 형식까지 창안할 필요는 없다.

오답 뜯어보기 ①, ⑤ 시조는 형식이 정해져 있어 표현의 부담을 줄였기 때문에 오히려 신속하고 다양한 표현을 가능하게 했다고 볼 수 있다.

③ 시조의 3단 구성은 고전 시가 갈래 전반에서 확인되는 특성이므로 다른 시가의 구조를 파악할 때에도 유용한 자료가 될 수 있다.

④ 시조에는 정해진 형식이 있기 때문에 시조 창작을 위해서는 먼저 형식을 내면화하는 과정이 필요했을 것이다.

3 ㉣은 안개가 '걷힌' 아침의 아름다운 자연 풍광을 묘사한 부분이다. ㉣은 '잡초가 무성한 들판에 안개가 걷히니 먼 곳 가까운 곳이 그림 같구

나.' 정도로 해석할 수 있다. 따라서 ④와 같은 설명은 적절하지 않다.

오답 뜯어보기 ① ㉠은 고산에 있는 석담의 뛰어난 경치를 알려 주고 싶다는 뜻과 학문에 정진하는 즐거움을 알려 주고 싶다는 중의적 의미를 내포하고 있다.

② ㉡은 학문 수양에 대한 다짐을 밝힌 부분으로, 작품을 창작하게 된 궁극적인 동기에 해당한다.

③ ㉢에 나타난 '~곡은 어디미고 ~다.'라는 문장 구조는 〈서곡〉을 제외한 매 곡의 초장에 반복되는데, 이를 통해 형식적 통일성을 드러낸다.

⑤ ㉤은 학문의 즐거움과 자연의 아름다움 예찬이라는 이 작품의 주제를 염두에 둘 때 세상 사람들에게 아름다운 경치를 알리고자 하는 의도와 더불어 고산에서 진행되는 학문 탐구의 대열에 사람들이 참여하도록 유도하는 행위로도 볼 수 있다.

4 이 작품이 '강호가도'를 표방하는 다른 작품들과 구별되는 특징은 아름다운 자연 속에서 학문에 정진하고자 하는 목표를 자연스럽게 시조의 형식 속에 녹여 냈다는 점이다.

085 한거십팔곡 _ 권호문 150쪽

키포인트 체크 현실, 은거, 해소

1 ⑤ **2** ③ **3** ④ **4** 강호에서 노니는 삶, 성주를 섬기는 삶

1 화자는 〈제4수〉에서 출사와 강호 한정 사이에서 내면적 갈등을 겪고 있으나, 〈제19수〉에서 속세에 대한 집착에서 벗어나 내적 갈등을 해소하고 있다.

오답 뜯어보기 ① 이 작품에서 화자가 세속적인 삶을 비판하는 모습은 찾아볼 수 없다.

② 화자는 출사와 강호 한정의 삶 사이에서 갈등하지만 결국 강호에서의 삶을 선택하면서 심리적 갈등을 해소한다.

③ 화자는 갈등 끝에 속세에 대한 집착을 버리고 자연 속에서의 삶을 선택한다. 이때 자연은 일시적인 도피처가 아니라 물아일체의 공간으로 그려지고 있다.

④ 이 작품에서 화자가 자아 성찰의 자세를 보이는지는 확인할 수 없다.

2 〈보기〉의 화자는 운명론적 인생관을 바탕으로 하여 자신의 의지를 북돋는 것으로 소외된 양반 계층으로서 겪는 갈등을 극복하고 있다. 그러므로 〈보기〉에서 화자의 갈등이 심화된다는 ③의 설명은 적절하지 않다.

오답 뜯어보기 ① 이 작품과 달리 〈보기〉에서는 사대부의 신분이지만 농사를 지어 생계를 꾸려 가야 하는 현실의 어려움이 드러난다.

② 〈보기〉에서는 한자 어구를 사용하면서도 화자의 현실적 처지는 일상적인 언어를 사용하여 표현했다.

④ 〈보기〉와 달리 이 작품에서는 〈제12수〉에서 '제월', '십분청광'을 통해 달밤이라는 시간적 배경을 제시하고 있다.

⑤ 이 작품의 〈제8수〉의 '빈천거를 ᄒᆞ오리라.'와 〈보기〉의 '단사표음'에도 만족하며 '삼긴 ᄃᆡ로 살'겠다는 표현에서 안빈낙도의 소망을 드러내고 있다.

3 ㉠~㉢과 ㉤은 모두 시적 화자가 주체이나, ㉣은 '갈며기'가 주체이다.

4 이 작품의 화자는 출사와 강호 한정의 삶 사이에서 갈등하고 있으며 이러한 갈등이 (가)에서 '강호에 노쟈ᄒᆞ니'와 '성주를 섬기쟈ᄒᆞ니'로 표현되었다.

4 가사

095 상춘곡 _ 정극인 156쪽

키포인트 체크 봄, 자연, 물아일체

1 ③ **2** ③ **3** ② **4** 한국 문학에는 시대를 초월하여 자연 친화적 태도가 나타난다.

1 (라)에 청자인 '이웃'이 등장하지만, 이는 화자의 갈등을 표출하기 위해 설정한 것이 아니라, 다른 사람에게 권유하는 형식으로 봄의 흥취를 즐기는 화자의 만족감을 표현하기 위해 설정한 것으로 볼 수 있다.

오답 뜯어보기 ① 마지막 구절에서 '~ 이만ᄒᆞᆫ들 엇지ᄒᆞ리.'라는 설의적 표현을 통해 자연 속에 묻혀 사는 삶에 대한 만족감을 드러내고 있다.

② 이 작품은 봄 풍경에 대한 묘사와 그에 대한 화자의 느낌을 함께 표현하고 있다.

④ (사)에서 공명과 부귀를 주체로, 화자 자신을 객체로 설정하여 안빈낙도와 자연 친화적 인생관을 드러내고 있다.

⑤ 4음보의 연속체, 대구 표현('답청으란 ~ 조수ᄒᆞ새.' 등)을 사용하여 봄의 흥취를 노래하고 있다.

2 화자가 산봉우리에 올라 아래를 내려다보는 내용은 있으나 산을 내려와 집으로 돌아오는 내용은 없으므로 ③은 적절하지 않다.

3 이 작품은 공간(시선)의 이동에 따라 시상이 전개된다. 그 공간은 '수간모옥'이라는 좁은 공간에서 '봉두'와 같은 넓은 공간으로 확장되고, 가장 높은 곳에 위치한 공간인 '봉두'에서 화자는 부귀공명에 대한 생각 없이 현재 삶에 대해 만족감과 자부심을 느낀다. 이로 보아 공간의 확장을 탈속의 경지가 심화된 것으로 해석할 수 있다. 그러나 이 작품에서 시간의 흐름은 확인할 수 없다.

4 〈상춘곡〉과 같은 고전 시가를 비롯하여, 〈보기〉와 같은 현대 시에도 형상화된 자연 친화적 태도는 시대를 초월하여 등장하는 한국 시가 문학의 전통적인 특질이라 할 수 있다.

지식+

- 김관식, 〈거산호 1〉
- 갈래: 자유시, 서정시
- 성격: 한정적, 풍자적
- 주제: 세속적 부귀공명을 초월한 삶에 대한 소망
- 감상: 자연 속에서의 소박한 삶을 노래한 김관식의 연작시 〈거산호〉의 첫 번째 시이다. 짧은 시행 속에 자연에 귀의하여 소박한 삶을 살아가고자 하는 화자의 소망이 잔잔하게 전해진다.

096 만분가 _ 조위 158쪽

키포인트 체크 여성, 억울함, 그리움

1 ⑤ **2** ③ **3** ③ **4** 화자는 자신의 억울함(그리움)을 두견, 구름을 통해 임금에게 전하려 한다. **5** ⑤ **6** ⑤ **7** ③ **8** 임금에 대한 변함없는 충성심

1 이 작품에서 화자는 임(임금)에 대한 그리움과 자신이 처한 상황에 대한 억울함을 드러내고 있다. 하지만 화자가 왜 그런 상황에 처하게 되었는지는 비유적으로 표현했을 뿐 구체적으로 밝히고 있지는 않다.

오답 뜯어보기 ① (가)의 '천상 백옥경(白玉京), 자청전(紫淸殿), 삼청동리(三淸洞裏), 자미궁(紫微宮)' 등은 모두 옥황상제 또는 신선이 사는 곳으로 임(임금)이 계신 곳을 가리키는 표현이다.

② (나)에서 화자는 자신을 '초객(楚客)'과 '가태부(賈太傅)'에 빗대고 있다.

③ 먼 길을 '구만리'라고 하거나 험한 물결을 '천층랑'이라고 한 데서 드러난다.

④ 화자가 억울함을 호소하는 것으로 볼 때 화자는 현재 자신의 처지를 부정적으로 인식하고 있음을 알 수 있다.

2 [C]는 화자가 임금에 대한 충성심을 지니고 있었음에도 조정의 혼란으로 어려움에 처하게 되었음을 의미한다.

오답 뜯어보기 ① 억울하게 유배 생활을 하게 된 자신을, 모함으로 유배당하고 좌천되었던 '초객(굴원)'과 '가태부(가의)'에 빗대고 있다.

② '형강', 즉 유배지를 고향으로 십 년을 떠돌았다는 표현을 통해 알 수 있다.

④ 노나라의 흐린 술이 조나라의 서울인 한단과 관계없고, 진나라 사람이 취한 잔이 월나라 사람과 관계없다는 말로 자신이 무오사화와 관계없음을 드러내는 한편, 무오사화로 인해 '옥석', 즉 충신과 더러운 신하가 함께 화를 당했다고 표현하고 있다.

⑤ 자신을 어버이를 그리는 새끼 새에 비유하여 가을바람에 위험에 처한 알들과 같이 자신이 위험에 처했음을 표현하고 있다.

3 ㉢ '바람'은 화자와 대상을 가로막는 방해물이 아니라 화자와 대상의 만남을 도와주는 존재로 볼 수 있다.

오답 뜯어보기 ① ㉠ '구만리'는 화자와 대상 사이의 물리적 거리라기보다는 심리적 거리라고 볼 수 있다.

② ㉡ '구름'은 화자가 임을 보기 위해 되고 싶은 존재라고 볼 수 있다.

④ ㉣ '초객'은 초나라 시인 굴원으로 억울한 죽음의 대명사로 볼 수 있는데, 화자는 자신이 초객의 후신이라면서 억울함을 드러내고 있다.

⑤ ㉤ '백구'는 화자가 벗이 되어 함께 놀고 싶은 대상이므로 화자가 교감하고 싶은 존재라고 할 수 있다.

4 (가)에서 화자는 유배당한 자신의 억울함과 한탄을 '두견'과 '구름'이라는 자연물을 통해 임금에게 전하고자 한다. 이는 다른 사물이 되어서라도 임금 곁으로 가 자신의 심정을 전하고 싶다는 표현으로 화자의 간절한 마음을 엿볼 수 있다.

5 'ᄀᆞ을 ᄃᆞᆯ 볼근 밤'은 임과 헤어져 있어 슬픈 화자의 처지를 부각하는 시간적 배경이고, '월중'은 임의 옷에 비친 그림자라도 되고자 하는 화자의 심정이 제시되는 시간적 배경이다. 즉, 이는 모두 이별한 임과 재회하고자 하는 화자의 소망이 반영되어 있는 배경으로, 임과 재회한 순간을 드러내고 있는 것은 아니다.

오답 뜯어보기 ① 공산의 해골같이 '임자 업시 구'닐던 '이 몸'이 '학'이 되어 일만 이천봉에 솟아오른다는 표현에서 상승의 이미지가 나타난다.

② '만장송'과 '매화'는 전통적으로 선비의 절개를 나타내는 소재로, 이를 통해 임에 대한 화자의 꿋꿋한 절개를 드러내고 있다.

③ 'ᄇᆞ람 비 쁘린 소릐'와 '두어 소릐'는 모두 소리를 나타낸다는 점에서 청각적 이미지를 활용하고 있으며, '님의 귀'에 들리고자 하는 화자의 심정을 드러내고 있다.

④ '매화'의 '쐴희'와 '가디'는 이별로 인한 한과 눈물로 만들어진 것이므로, '한'의 정서를 형상화한 소재로 이해할 수 있다.

6 '침변(枕邊)의 이위는'은 매화가 된 화자가 눈 속에서 혼자 피어 베갯머리에 시드는 듯하다는 것으로, 화자의 시름과 고통의 상황을 나타낸 것이다.

오답 뜯어보기 ① 이 작품은 화자가 자신의 처지와 심정을 '옥황상제(玉皇上帝)'에게 하소연하는 형식으로 노래하고 있다.

② '공산(空山) 촉루(髑髏)'는 빈 산의 해골, '외나모'는 홀로 자란 나무라는 뜻으로 임의 곁을 떠난 화자의 외로운 심정을 나타낸다.

③ '만장송(萬丈松)', '금강산(金剛山) 학(鶴)'은 화자의 변치 않는 마음을 임에게 전해 줄 분신이다.

④ 'ᄇᆞ람 비 쁘린 소릐', '두어 소릐'는 임의 귀에 들렸으면 하는 소리로 임에 대한 화자의 마음을 담고 있다.

7 ㉠에서는 자신의 뜻을 알아주는 이가 없는 현실을 안타까워하면서 그 뜻을 알 사람이 있으면 오랫동안 교유하며 서로 공감하고 지내겠다고 하고 있다.

8 〈보기〉로 보아 '매화'는 어려움을 이겨 내고 뜻을 지키는 존재이다. 이를 통해 볼 때, 이 작품에 등장하는 매화 역시 어렵고 힘든 상황에서도 끝까지 임금에 대한 충성을 다하겠다는 의지를 나타낸다고 할 수 있다.

097 면앙정가 _ 송순 162쪽

키포인트 체크 면앙정, 만족, 감사

1 ⑤ **2** ② **3** ② **4** 쌍룡, 깁 **5** ③ **6** ⑤ **7** ⑤ **8** (가) 산람 (나) 녹양(황앵) (다) 즌서리 (라) 빙설 **9** 작가는 자신의 풍류 생활을 악양루에서 풍류를 즐기던 이태백의 풍류보다 낫다고 자부하며 그 자부심을 호탕 정회와 연결 짓고 있는데 이는 맹자가 말한 호연지기와 관련 있기 때문이다.

1 이 작품은 직유, 은유, 의인 등의 비유와 대구 및 반복, 열거 등 다양한 표현 방법을 사용하여 면앙정 주변의 아름다운 풍경을 묘사하고 있다.

2 (가)에서 '늙은 용이 선잠을 깨었다'는 것은 산봉우리의 형태를 비유적으로 표현한 것이다. 따라서 이 구절을 이상을 펼치기에 늦었다는 작가의 조바심이 담겨 있다고 해석하는 것은 적절하지 않다.

3 ㉠은 '넓거든 길지나 말고, 푸르거든 희지나 말지'의 뜻으로 넓고 길고 푸르고 흰 면앙정 앞 시냇물의 생동감 넘치는 모습을 강조하면서 이러한 아름다운 자연에 감탄하는 작가의 정서가 담겨 있는 표현이다. 이와 가장 유사한 것은 ②이다. ②는 정철의 〈관동별곡〉의 한 구절로 '날거든 뛰지 말고 서 있거든 솟아오르지나 말지'라며 ㉠과 같은 방법으로 대상을 표현하고 있다.

오답 뜯어보기 ①은 정극인의 〈상춘곡〉, ③과 ④는 각각 정철의 〈속미인곡〉과 〈관동별곡〉, ⑤는 허난설헌의 〈규원가〉에 나오는 구절로 ㉠과는 표현 방식에 차이가 있어 영향을 받은 표현으로 보기는 어렵다.

4 (다)에서는 면앙정 앞 시냇물의 모습을 '쌍룡이 뒤트는 듯'과 '긴 깁(비단)이 가득 펼친 듯'과 같이 비유적으로 표현하고 있다.

5 (바)에서 자신이 자연 속에서 풍류를 즐기는 삶이 태평성대와 같다고 하며 만족감을 드러내고 있을 뿐 세상을 태평하게 만들고 싶다는 태도는 드러나지 않는다.

오답 뜯어보기 ①, ② 이 작품의 화자는 면앙정 주변의 아름다운 자연 속에서 풍류를 즐기며 자연 친화적 태도를 드러내고 있다.
④ '이 몸이 이렁 굼도 역군은(亦君恩)이샷다.'에서 알 수 있다.
⑤ (마), (바), (사)에 자신의 삶에 대한 만족감과 자부심이 나타나 있다.

6 (라)에서는 눈 덮인 자연의 모습을 '경궁요대(호화로운 궁전)'와 '옥해(옥 같은 바다) 은산(은 같은 산)'으로 비유하고 있을 뿐, 본래의 의도와는 반대로 말하여 의미를 강조하는 반어법은 쓰이지 않았다.

오답 뜯어보기 ① (가)에서는 '흰색, 푸른색, 붉은색' 등의 색채어를 활용하여 면앙정 주변의 봄 경치를 묘사하였다.
② (나)에서는 화자의 흥취를 '황앵(꾀고리)'에 이입하여 드러내었다.
③, ④ (다)에서는 단풍이 든 가을 산을 '금슈(수를 놓은 비단)'에 비유하고, '어적도 흥을 계워 돌롤 ᄯᆞ라 브니ᄂᆞᆫ다.'에서 청각과 시각이 함께 어우러지게 표현하였다.

7 ⓐ는 자연을 즐기는 시간도 모자라다는 뜻이며, ⓑ는 화자가 자연을 한가롭게 즐기고 있다는 뜻이다. 따라서 이 둘을 연결하면 자연을 한가롭게 즐기는 시간도 모자라다고 이해하는 것이 적절하다.

8 비유적 표현을 제외하면 (가)는 봄으로 '산람(산아지랑이)', (나)는 여름으로 '녹양(푸른 버드나무)', '황앵(꾀꼬리)', (다)는 가을로 '즌서리(된서리)', (라)는 겨울로 '빙설'이 계절감을 드러내는 말이다.

9 이 작품에 호연지취(浩然之趣)의 흔적은 작품 곳곳에서 발견되지만 그 결정적인 근거는 (사)에서 자신의 풍류 생활을 이태백의 그것보다 낫다는 자부심을 드러내고 이를 호탕 정회(浩蕩情懷)와 연결 지은 부분에서 찾아볼 수 있다.

098 관동별곡 _ 정철 166쪽

키포인트 체크 관동 팔경, 여정, 꿈

1 ③ 2 ④ 3 ③ 4 ② 5 셔호(西湖) 녯 쥬인(主人) 6 ④ 7 ① 8 ④ 9 화자는 산에서 바다로 이동하는데 산에서는 관리로서의 공적 책임감을 강조하고, 바다에서는 사적인 욕망에 따른 개인적 풍류를 중요시하는 태도를 보인다. 10 ⑤ 11 ⑤ 12 ③ 13 파도, 물결, 물보라(포말) 14 화자는 꿈에 신선을 만나 술을 마시는 과정에서 세상을 먼저 걱정하고 나중에 개인적인 즐거움을 찾겠다는 태도를 보이며 갈등을 해소한다.

1 이 작품은 관찰사로 부임한 후 관내를 순력하는 화자의 여정, 즉 공간의 변화에 따라 시상이 전개되고 있으며, 부분적으로는 화자의 내적 갈등이 나타나지만 시간의 흐름에 따라 갈등이 심화되고 있는 것은 아니다.

2 '셩은(聖恩)이야 가디록 망극(罔極)ᄒᆞ다.'와 '연츄문(延秋門) 드리ᄃᆞ라'로 볼 때 화자는 관찰사의 소임을 맡긴 임금의 은혜에 감사하며 받아들이고 있는 것을 알 수 있다.

오답 뜯어보기 ① '듁님(竹林)의 누엇더니'로 볼 때 화자는 벼슬에서 물러나 자연 속에서 생활하고 있었음을 알 수 있다.
② '힝장(行裝)을 다 썰티고'에서 가벼운 차림으로 여행을 시작하려 함을 알 수 있다.
③ 철원의 궁예 왕의 대궐 터에서 까마귀와 까치가 지저귀는 것을 보고 흥망성쇠를 생각하며 인생무상의 감회에 빠져들었다.
⑤ '영듕(營中)이 무ᄉᆞ(無事)ᄒᆞ고 시졀(時節)이 삼월(三月)'로 볼 때 관청 안이 한가해지고 봄이 되었음을 알 수 있다.

3 ㉡에는 관찰사로 부임해 가면서 임금을 걱정하는 마음이 담겨 있으며, ㉢에는 백성들에게 선정을 베푼 인물로 유명한 중국의 급장유처럼 자신도 선정을 베풀겠다는 포부가 담겨 있다.

오답 뜯어보기 ㉠ 관찰사로 부임하기 전 생활 모습이다.
㉣ 금강산 여행에 필요한 채비를 하고 만폭동으로 가는 모습이다.
㉤ 자연에 은거하며 풍류를 즐겼던 것으로 유명한 중국 송나라의 임포('셔호 녯 쥬인')에 자신을 비유하여 풍류에 대한 자부심을 드러내고 있다.

4 ⓐ '은(銀) ᄀᆞᄐᆞᆫ 무지게 옥(玉) ᄀᆞᄐᆞᆫ 룡(龍)의 초리'는 폭포를 역동적이고 비유적으로 표현하고 있다. '동명(東溟)을 박ᄎᆞᄂᆞᆫ 둧, 북극(北極)을 괴왓ᄂᆞᆫ 둧' 역시 산봉우리를 역동적으로 드러내면서 비유적으로 표현하고 있다.

오답 뜯어보기 ① '늘거든 뛰디 마나, 셧거든 솟디 마나'는 산봉우리의 모습을 역동적으로 표현한 것은 맞지만, 비유를 사용하지 않고 있다.
③ '몱거든 조티 마나, 조커든 몱디 마나'는 시냇물이 맑고 깨끗함을 대구와 대조를 사용하여 표현하고 있다.
④ '영농벽계(玲瓏碧溪)와 수성제도(數聲啼鳥)는 이별(離別)을 원(怨)ᄒᆞᄂᆞᆫ 둧'은 감정 이입을 사용하여 금강산을 떠나가기 아쉬운 화자의 심정을 표현하고 있다.
⑤ '공수(工垂)의 셩녕인가, 귀부(鬼斧)로 다 ᄃᆞᄃᆞᆷ문가'는 대구를 사용하여 총석정을 만든 솜씨가 빼어남을 표현하고 있다.

5 (다)에서 화자는 금강대에서 학을 보자 '셔호(西湖) 녯 쥬인(主人)', 즉 서호에서 풍류를 즐기며 학을 자식으로 삼았다는 임포를 떠올리며 자신을 그와 동일시하고 있다.

6 (다)에서 대구 표현에 의한 유사한 어구의 반복('실ᄀᆞ티 플텨이셔 뵈ᄀᆞ티 거러시니')이 나타날 뿐, (다)와 (마) 같은 단어의 반복은 나타나지 않는다.

오답 뜯어보기 ① (가)는 망고대와 혈망봉을 사람처럼 표현하였고, (라)는 시냇물('녕농 벽계')과 새('수셩 뎨됴')가 이별을 원망한다고 표현하여 사물에 인격을 부여하는 의인법을 사용했다.
② (가)의 '부용을 고잣ᄂᆞᆫ 둧 ~ 북극을 괴왓ᄂᆞᆫ 둧', (바)의 '샹운이 집피ᄂᆞᆫ 동, 뉵뇽이 바퇴ᄂᆞᆫ 동'에 대구법이 쓰였다.
③ (나)의 '노룡'은 화룡소의 물 또는 화자 자신, (바)의 '일츌'과 '녈구름'은 해와 지나가는 구름 또는 임금과 간신의 두 가지 의미로 해석할 수 있는 중의법을 사용했다.
⑤ (다)의 '쳔심졀벽(천 길이나 되는 절벽)'과 (바)의 '호발(아주 가느다란 털)을 혜리로다.'에 과장법이 쓰였다.

7 ㉠ '노국(魯國) 조븐 줄도 우리ᄂᆞᆫ 모ᄅᆞ거든'에서 노국이 좁다고 말한 것은 공자의 경험이므로 세상의 넓음을 경험한 화자의 포부를 드러내고 있다는 설명은 적절하지 않다.

오답 뜯어보기 ② ㉡ '어와 뎌 디위를 어이ᄒᆞ면 알 거이고.'는 천하를 좁다고 말한 공자의 호연지기를 드러낸 말이므로 공자의 높은 경지를 흠모하는 것으로 볼 수 있다.
③ ㉢ '풍운(風雲)을 언제 어더 삼일우(三日雨)를 디려ᄂᆞᆫ다.'는 흡족한 비를 내려 벼랑에 있는 시든 풀을 다 살리고 싶다는 화자의 의지를 드러낸다. 이를 통해 화자의 선정의 포부와 애민 정신이 드러난다.
④ ㉣ '마하연(摩訶衍) 묘길샹(妙吉祥) 안문(雁門)재 너머 디여'는 거쳐 온 곳을 열거하면서 행위를 나타내는 서술어와 단어의 연결을 돕는 조사를 생략하여 여정을 압축적으로 표현하고 있다.
⑤ ㉤ '남여 완보(藍輿緩步)ᄒᆞ야 산영누(山映樓)의 올나ᄒᆞ니'는 화자가 발걸음을 천천히 하여 산영루에 올라가는 모습을 표현하고 있다.

8 ⓓ는 화자가 삼일포에 3일 동안 머물렀던 신라의 화랑들을 생각하며 추모의 정을 느끼는 내용이다.
오답 뜯어보기 ⓐ는 굽힐 줄 모르는 절의를, ⓑ는 나라를 잘 이끌어 갈 인재의 출현에 대한 소망을, ⓒ는 백성을 잘 다스리고자 하는 마음을, ⓔ는 임금에 대한 걱정과 충정을 자연물에 빗댄 표현이다.

9 이 작품의 공간은 크게 금강산과 동해, 즉 산과 바다로 구별된다. 산에서의 화자는 주로 우국충정과 선정의 의지 등 관리로서의 책임감을 표현한 반면에, 바다로 나오게 되면 신선을 좇으며 풍류를 즐기는 모습을 주로 드러내고 있다.

10 이 작품은 작가가 강원도 관찰사로 부임하여 금강산과 관동 팔경을 유람한 경험을 노래한 기행 가사로 계절의 변화는 나타나지 않는다.
오답 뜯어보기 ① 시간적 배경이 (나)에서는 낮이었다가 (다)에서는 밤으로 바뀌고 있다.
②, ④ (다)까지는 현실이지만 (라)에서 꿈으로 전환되며, 화자가 꿈을 꾸는 과정에서 자신을 신선에 비유하며 지상과 천상이 이어지고 있다.
③ (가)에서는 '경포', (나)에서는 '죽서루'와 '망양정'으로 공간의 이동이 나타난다.

11 ㉤의 '명월'은 관리로서의 포부가 아닌 임금의 은혜를 비유한 말이다.
오답 뜯어보기 ① '우개지륜'은 신선이 타는 수레로, 화자 자신을 신선에 비유한 표현으로 볼 수 있다.
② 물줄기를 임금이 계신 곳에 보내고 싶다는 말로 화자의 연군지정을 드러냈다.
③, ④ 좋은 것을 백성들과 함께하려는 화자의 애민 정신과 선정의 포부가 드러난 부분이다.

12 [A]는 관찰사로서의 의무와 자연을 즐기고 싶은 본연의 욕망 사이에서 방황하는 화자의 내적 갈등이 드러난 부분이다.

13 [B]는 화자가 망양정에 올라 바다를 바라보면서 파도를 묘사한 부분이다. 따라서 '고래'는 성난 파도를, '은산'은 파도의 물결, '빅셜'은 물보라(포말)를 의미한다.

14 화자는 관리로서의 책임과 개인의 욕구 사이에서 갈등하다가 (라)에서 꿈에 신선을 만나 술을 마시고 있다. 그러면서 '이 술 가져다가~또 ᄒᆞᆫ 잔 ᄒᆞ잣고야.'에 나타나듯 먼저 관리로서의 책임을 다한 다음 자연 속에서 풍류를 즐기겠다며 갈등을 해소하고 있다.

099 사미인곡 _ 정철 172쪽

키포인트 체크 여성, 계절, 그리움

1 ⑤ **2** ④ **3** ① **4** 임을 그리워하는 여성이 하소연하는 방식으로 내용을 전개하면 독자들의 공감을 얻는 데 더욱 효과적이기 때문이다. **5** ① **6** ② **7** ② **8** 임금님께서(그 은혜가 미치지 않는 곳이 없게) 선정을 베풀어 주십시오.

1 (가)에 '하ᄂᆞᆯ(하늘)'이 나타나지만, 이는 임과 화자의 인연이 깊다는 것을 말하는 것이다. 이 작품에는 화자가 초월적 존재에게 임과 함께 지내게 해 달라고 기원하는 내용은 나타나 있지 않다.
오답 뜯어보기 ① 가사 문학의 특징이다.
② (나)의 '동풍이 건듯 부러 ~ 두세 가지 픠여셰라.'에 나타난다.
③ 이 작품은 화자를 여성으로 설정하여 이별한 임을 향한 그리움을 노래하고 있다.
④ (가)의 '엇그제 님을 뫼셔 ~ 하계예 ᄂᆞ려오니,'에서 자신의 상황을 신선이 사는 궁전에 살다가 인간 세상으로 내려온 것으로 표현하고 있다.

2 ㉣은 '더위와 서늘함'을 뜻하는 말로, 계절의 변화 또는 세월의 흐름을 나타낸다. 따라서 당파 싸움에서 승리한 세력을 비유하는 말로 볼 수 없다.

3 ⓐ '미화(梅花)'는 시적 화자가 자신과 동일시하고 있는 소재로, 화자는 이른 봄 추위 속에 핀 매화를 통해 어려움 속에서도 임에 대한 자신의 마음이 변하지 않고 있음을 이야기하고 있다. 화자는 임이 자신의 마음을 알게 하기 위해 자신의 마음을 대신하여 매화를 보내고 싶어 하고 있는데, 〈보기〉에서는 '묏버들'이 이와 유사한 기능을 한다.

4 버림받은 신하가 임금에 대한 마음을 표현한 노래에서 여성을 화자로 설정하는 이유는, 임금과 신하 관계를 보편적인 남녀 관계로 바꾸어 설정함으로써 자신의 뜻을 더욱 절실하게 표현하고 좀 더 효과적으로 독자의 공감을 얻을 수 있기 때문이다.

5 이 작품의 본사에서는 사계절의 변화에 따른 자연과 생활의 변화를 그리면서 그 속에서 화자가 느끼는 임에 대한 그리움을 표현하고 있다.
오답 뜯어보기 ② 이 작품에는 특별한 공간의 이동이 나타나지 않으며, 일관되게 임에 대한 그리움을 표현하고 있을 뿐 화자의 정서는 변하지 않는다.
③ 작품의 서사에 과거를 회상하는 장면이 나오지만 과거와 현재가 서로 엇갈리는 장면은 없으므로 과거와 현재가 교차한다고 볼 수 없다.
④ 이 작품은 계절에 따른 자연과 생활 모습의 변화를 보여 줄 뿐, 자연과 인간사의 대비는 찾아볼 수 없다.
⑤ 원경에서 근경으로의 진행은 이 작품에 나타나지 않는다.

6 〈보기〉의 화자[B]는 마지막 구절에서 '돌려 들으시어 나를 사랑하소서.'라고 하면서 자신의 소망을 직접적으로 표현하고 있다.
오답 뜯어보기 ① 이 작품의 화자[A]가 〈보기〉의 화자[B]에 비해 소극적인 자세를 취하고 있다.
③ 이 작품에서 화자[A]는 자신의 상황을 극복하려는 자세를 취하고 있지 않다.
④ [A]와 [B] 모두 자신에 대한 임의 사랑을 확신하는 태도는 보이지 않는다.
⑤ [A]와 [B] 모두 체념적인 자세가 아닌 임에 대한 일편단심과 그리움

을 드러낸다.

7 (나)의 '눈믈(눈물)'은 밤하늘에 뜬 별을 보고 임인가 반가워하면서 기쁨에 흘리는 눈물이다. 여기에는 임금을 그리워하는 간절한 마음이 담겨 있으므로 이를 임금에 대한 원망으로 보는 것은 적절하지 않다.

8 '심산궁곡'은 온 나라 방방곡곡을 의미한다. 따라서 ㉡은 임금의 은혜가 미치지 않는 곳이 없게 선정을 베풀어 달라는 소망이 담긴 표현이다.

100 속미인곡 _ 정철 176쪽

키포인트 체크 여인, 대화, 사랑

1 ⑤ **2** ⑤ **3** ③ **4** 임이 잘 지내는지(건강한지) 걱정하고 있다. **5** ⑤ **6** ④ **7** ① **8** ④ **9** '낙월'은 멀리서 임을 바라보다가 사라지지만 '구즌비'는 임의 옷을 적실 만큼 오랫동안 임 가까이 있는 것이다. 따라서 '낙월'이 임에 대한 사랑을 소극적으로 드러내는 소재라면, '구즌비'는 임에 대한 사랑을 적극적으로 드러내는 소재이다.

1 (나), (라)에서 화자는 임에 대한 그리움 때문에 갈등하고 있으며, 이 갈등이 시간이 지남에 따라 해소되는 모습은 나타나지 않는다.

오답 뜯어보기 ① 이 작품의 화자는 여성으로 설정되어 있다.
② 중심인물인 '을녀'와 보조 인물인 '갑녀'의 대화로 내용이 전개된다.
③ 이 작품은 순우리말의 묘미를 잘 살리고 있다.
④ 임과 이별한 여인의 간절한 그리움을 드러내고 있다.

2 (나)에서 화자는 자신의 신세를 한탄하고, 임과의 이별을 자신의 탓으로 여기며 체념하고 있다. 따라서 임과의 즐거웠던 과거를 회상하며 현재 임에게 버림받은 자신의 처지를 안타까워하는 것이 적절하다.

3 (나), (라)의 화자인 [A]는 이별이 슬프지만 겉으로는 그 슬픔을 드러내지 않는 애이불비(哀而不悲)의 태도를 보이는 전통적인 여인상에 해당한다. 이에 반해 〈보기〉의 화자 [B]는 임과의 이별을 거부하면서 임에 대한 원망을 보이고 있다.

오답 뜯어보기 ① 〈보기〉의 화자 [B]는 임을 배에 타워 건너편에 내려 준 사공을 원망하는 형식으로 임에 대한 원망을 드러내고 있으며, 임과의 이별을 적극적으로 거부하고 있다.
② 〈보기〉의 화자 [B]는 구체적인 행위를 통해 임에 대한 원망을 드러낸다기보다 사공에 대한 원망을 통해 임에 대한 원망을 드러낸다고 볼 수 있다.
④ (라)에서 화자 [A]는 '츈한고열은 엇디ᄒᆞ야 디내시며 츄일동천은 뉘 라셔 뫼셧ᄂᆞᆫ고.'라면서 임에 대한 걱정과 염려를 표면적으로 드러내고 있다.
⑤ [A]는 임의 부재에서 오는 고독을 적극적으로 거부하지 않고 자신의 탓으로 돌리면서 수용하는 태도를 보인다. 이에 반해 [B]는 임과의 이별을 거부하는 모습에서 임의 부재에서 오는 고독을 적극적으로 거부하고 있다고 볼 수 있다.

4 (라)에서 화자는 연약한 임이 더위와 추위는 잘 이겨 내는지, 식사는 잘 하고, 잠은 잘 자는지 염려하고 있으며, 〈보기〉의 화자는 추운 겨울에 임이 어떻게 지내시는지 염려하면서 따뜻한 봄기운을 임에게 보내고 싶다고 말하고 있다.

5 (라)는 임에 대한 그리움으로 슬퍼하는 화자를 위로하는 내용이며, 반어적인 표현은 쓰이지 않았다.

오답 뜯어보기 ② 임의 소식을 듣기 위해 화자는 산으로 강으로 다니고 있다.
③ 풋잠이 잠깐 든 화자는 꿈에서 임을 만나게 된다.
④ 죽어 없어져서라도 임을 따르겠다는 표현으로 임을 향한 일편단심을 표현하고 있다.

6 이 작품에서 갑녀는 우선 을녀의 하소연을 끌어내어 들어 주고 공감하며 을녀를 위로해 줄 뿐 아니라 화제를 전환하거나 매듭짓는 기능을 한다. 특히 (라)에서는 작품을 극적이면서도 효과적으로 종결짓는 것과 동시에 임의 곁에 있고 싶은 작가의 궁극적인 목소리를 '구즌비'를 통해 드러내고 있다. 그러나 을녀의 행위를 평가함으로써 주제를 드러내고 있지는 않다.

7 (가)에서 화자는 서둘러 '높은 산('놉픈 뫼')'에 올라 '임('일월')'을 보려 하지만 '장애물('구롬'과 '안개')' 때문에 볼 수가 없다. 따라서 '놉픈 뫼'는 화자가 자신의 소망을 성취할 수 있는 공간으로 보아야 한다.

오답 뜯어보기 ② '구롬'과 '안개'는 임을 향한 화자의 마음을 가로막는 장애물이다.
③ '뱃길('비 길')'은 '놉픈 뫼'와 유사한 기능을 한다.
④ '빈 배('븬 비')'는 화자의 허무함과 외로움이 반영된 것이다.
⑤ '꿈'에서라도 임을 만난 것은 그만큼 화자의 소망이 간절함을 드러낼 뿐만 아니라 임과의 거리를 단축해 보려는 화자의 소망이 꿈처럼 허무함을 표현한 것이기도 하다.

8 (나)에서 화자는 꿈에서 임을 만나 마음속에 맺힌 사연을 마음껏 말하려고 하나 눈물만 흘리면서 말을 잇지 못했다.

9 '낙월'은 멀리서 임을 바라보다가 사라지는 것으로 임과의 만남이 이루어지지 못할 것임을 나타낸다. 이에 비해 을녀의 슬픈 눈물을 함축하고 있는 '구즌비'는 오랫동안 임에게 다가갈 수 있는 것으로, 임을 향한 간절한 그리움과 임에 대한 적극적인 사랑을 드러낸다.

101 규원가 _ 허난설헌 180쪽

키포인트 체크 독수공방, 남편, 자조(한탄)

1 ① **2** ⑤ **3** ⑤ **4** 당시 조선의 여인들은 행실이 좋지 않은 남편을 만나도 자책하며 살아야 했다. / 당시 조선의 여인들은 좋은 남편을 만나서 사는 것을 평생의 원으로 생각하였다. 등 **5** ① **6** ⑤ **7** ④ **8** ①

1 (나)에서 화자는 집에 돌아오지 않고 밖으로만 도는 남편을 원망하면서도 '인연을 긋쳐신들 싱각이야 업슬소냐. 얼골을 못보거든 그립기나 마르려믄'과 같이 임에 대한 그리움을 드러내고 있다.

오답 뜯어보기 ② 화자는 자신의 현실을 바꾸려고 하기보다는 자신의 신세를 한탄하며 임을 원망하고 있다.
③ 화자는 자신이 젊었을 때를 생각하면서 늙어 버린 현재의 처지를 한탄하고 있지만, 이를 자신의 지난 잘못을 반성하는 것이라고 볼 수는 없다.
④ 화자는 자신의 운명을 한탄하며 외로움과 한을 달래고 있을 뿐, 미래에 대한 낙관적인 태도는 드러내지 않는다.

⑤ 화자는 '소년 행락 생각ᄒᆞ니 일러도 속절업다.', 즉 어린 시절의 즐겁던 일을 생각하니 말을 해도 소용이 없다고 했으므로 어린 시절의 추억을 통해 힘겨운 현실을 이겨 내고 있다고 할 수 없다.

2 ㉤은 임과 인연이 끊어졌다고 생각하면서도 임을 그리워하는 화자의 이중적인 모습이 나타난 부분으로, 남편과의 인연이 자신의 삶을 불행하게 만들었다는 인식이 드러난 것으로는 볼 수 없다.

3 〈보기〉에서 '믈(물)'은 울면서 밤길을 가는 것으로 화자의 감정과 일치하는 감정 이입의 대상이다. 이 작품의 화자는 '실솔'에 자신의 슬픈 감정을 이입하고 있으므로 '실솔'이 〈보기〉의 '믈'과 같은 역할을 한다.

오답 뜯어보기 ①, ② '연광(年光)'과 '봄바람'은 빠르게 지나가는 세월을 의미하는 시어이다.

③, ④ '자최눈'과 '구즌비'는 화자의 쓸쓸함과 슬픔을 심화하는 대상으로 객관적 상관물에 해당한다.

4 〈보기〉에서는 허난설헌이 김성립의 아내가 된 것을 한으로 생각하고 있었음을 밝히고 있다. 이는 좋은 남편을 만나 사는 것을 평생 원으로 생각하던 화자가 '장안 유협 경박자'를 만나 '면목가증'의 모습이 된 것을 한탄하고 자책하는 것과 관련이 깊다.

5 이 작품에서는 대상(임, 소재, 상황 등)을 우스꽝스럽게 묘사한 부분은 나타나지 않으며, 대상을 풍자하는 내용도 없다.

오답 뜯어보기 ② (나)에서 '디는 닙', '우는 즘생', '초로', '모운', '새소리' 등에 빗대어 화자의 원망과 슬픔을 표현하고 있다.

③ (가)의 '소상 야우의 댓소리 섯도는 듯, 화표 천년의 별학이 우니는 듯'에서 거문고 소리를 비유적으로 표현하고 있다.

④ (가)의 '댓소리'와 (나)의 '새소리'에 나타난다.

⑤ (나)의 '천상의 견우직녀 ~ 소식조차 쓰쳤는고.'에 나타난다.

6 〈보기〉는 화자가 떠나가는 임을 잡아 두려다가 보내 주는 모습이 나타나고 이 작품은 소식 없는 임에 대한 그리움과 원망이 나타난다. 따라서 화자의 상황이 〈보기〉에서 이 작품으로 변했다면, 화자는 '임을 보내 주었는데 어찌하여 소식조차 없을까?'라고 한탄할 수 있을 것이다.

오답 뜯어보기 ① '보내 주길 잘한 것 같다.'는 이 작품의 화자의 정서와 일치하지 않는다.

② 이 작품의 화자는 일관되게 임을 그리워하며 슬퍼하고 있으므로 '이제는 괜찮아졌다.'라고 하는 것은 적절하지 않다.

③ '내가 임을 버렸는데'라는 내용은 〈보기〉나 이 작품의 내용과 일치하지 않는다.

④ 이 작품의 화자는 지금도 임을 만나지 못해 안타까워하고 있으므로 '왜 그렇게 애달파했을까?'라는 표현은 적절하지 않다.

7 (나)의 '천상의 견우직녀 은하수 막혀서도, 칠월 칠석 일년 일도 실기치 아니거든,'에서는 일 년에 한 번씩은 반드시 만나는 견우직녀와 임과 소식조차 끊긴 화자의 상황을 대비하여 임에 대한 원망을 드러내고 있다.

오답 뜯어보기 ① '녹기금'은 화자의 쓸쓸하고 외로운 정서를 환기하고 부각하여 전달한다.

② '부용장'은 임의 부재를 느끼는 적막한 공간이다.

③ 화자는 잠이 들어 '꿈'에서나마 임을 만나고자 한다.

⑤ '약수'는 임과 '나' 사이를 막는 장애물이다.

8 〈보기〉에서 임과 나 사이에 있는 '고기'는 거대한 장애물로 이 작품에서 견우와 직녀의 만남을 방해하는 '은하수'와 함축적 의미가 유사하다.

5 | 한시

102 만보 _ 이황 184쪽

키포인트 체크 가을 풍경, 대조, 학문적

1 ② 2 ② 3 ③ 4 자신의 삶을 성찰하고 있다.

1 이 작품의 계절적 배경인 가을은 한 해의 수확을 마무리하는 계절로 결실의 시기이다. 이는 학문적 성취를 이루지 못한 화자의 처지와 대비되어 화자로 하여금 자신을 성찰하게 한다. 즉, 이 작품은 계절적 배경을 바탕으로 외부 세계와 내면을 대비하여 화자의 정서를 부각하고 있다.

오답 뜯어보기 ① '수미 상관'에 대한 설명으로, 이 작품에는 나타나지 않는다.

③ 이 작품에는 사색과 성찰의 어조가 드러나며 부분적으로 영탄의 어조도 나타나지만, 과거를 회상하는 어조는 나타나지 않는다.

④ 이 작품에는 시어의 반복이 나타나지 않는다.

⑤ 이 작품의 계절적 배경은 가을로, 계절의 흐름이나 이에 따라 변화하는 풍경을 묘사한 부분은 없다.

2 '구름 낀 고개'는 화자가 학문적 성취가 미진한 자신의 삶을 돌아보면서 바라본 자연물일 뿐 이 작품과 〈보기〉에서 '구름 낀 고개'를 학문적 성취를 방해하는 외부 요소라고 볼 수 있는 근거는 찾을 수 없다.

오답 뜯어보기 ① 어지러이 '뽑아 놓은 책들'은 많은 책을 보았다는 의미이므로 학문을 수양하는 모습과 연결할 수 있다.

③ '해오라기'의 '흰'한 모습이 화자의 처지와 대비된다는 것은 화자와는 다르게 해오라기가 제 모습을 갖춘 것이라고 할 수 있다. 따라서 이를 작가가 도달하려는 학문적 경지와 연결할 수 있다.

④ '숙원'은 학문적 숙원이므로 '오래도록'을 작가가 학문 수양에 힘쓴 시간과 연결할 수 있다.

⑤ 오랜 숙원이 풀리지 않고 거문고만 타고 있으므로, 이를 학문적 성취가 미진한 작가의 고뇌와 연결할 수 있다.

3 ㉠은 시간적 배경, ㉡은 계절적 배경을 나타낸다. ㉠은 하루가 끝나 가는 저녁으로 반성과 성찰의 시간, 즉 화자가 자신의 삶을 되돌아보는 계기가 되고 있고, ㉡은 결실의 시간으로 화자의 처지와 대비되고 있다.

4 〈보기〉는 윤동주의 〈자화상〉으로, 일제 강점기 때 고뇌하는 지식인의 모습을 형상화한 작품이다. 화자는 우물 속을 들여다보면서 자신을 발견하고 스스로를 미워하며 돌아가고 있다. 여기서 우물을 들여다보는 행위는 자아 성찰을 의미하며, 스스로를 미워하는 것은 자신의 삶에 대한 부끄러움으로 해석할 수 있다. 따라서 이 작품과 〈보기〉의 시적 화자는 모두 자신의 삶을 성찰하고 있다는 공통점을 지닌다.

지식+

- 윤동주, 〈자화상〉
- 갈래: 자유시, 서정시
- 성격: 성찰적, 고백적
- 주제: 자아 성찰과 자신에 대한 애증(愛憎)

• 감상: 화자가 우물을 들여다보면서 자신을 성찰하는 모습을 형상화한 작품이다. 우물에 비친 '사나이'는 우물에 비친 화자 자신이라고 볼 수 있는데, 화자는 자신에 대한 부끄러움으로 우물에서 벗어나고자 한다. 화자의 이러한 부끄러움은 암담했던 시대 상황에 적극적으로 대처하지 못하는 식민지 지식인의 고뇌로 볼 수 있다.

103~104 무어별·봄비 186쪽

키포인트 체크 여인, 살구꽃, 슬퍼함, 안타까움

1 ① 2 ③ 3 ② 4 수줍음 많은 아가씨가 말 한마디 못 하고 임을 보내는 안타까운 상황이다. 5 객관적 상관물(자연물)을 통해 외롭고 쓸쓸한 마음을 표현했다.

1 (가)에서는 '배꽃 사이 달'이, (나)에서는 '봄비'와 '찬 바람', 떨어지는 '살구꽃'이 작품의 애상적 분위기를 형성하고 있다.

오답 뜯어보기 ② (가)와 (나)에서 세속적 이익에 대한 태도는 찾아볼 수 없다.
③ (가)와 (나)에서는 자연물을 통해 작품의 분위기를 형성하고 화자의 정서를 극대화하고 있을 뿐, 인간과 자연의 대비는 나타나지 않는다.
④ (나)에서 '봄비, 찬 바람, 살구꽃'의 자연물을 통해 화자의 정서를 간접적으로 드러내고 있을 뿐, 화자가 현실의 고통을 잊기 위해 자연에 의지하고 있지는 않다.
⑤ (가)에만 해당하는 내용이다.

2 〈보기〉는 허난설헌의 〈규원가〉로, 주요 독자층은 규방에 갇혀 한스러운 세월을 보내는 여성들일 것으로 추정된다. 따라서 작가와 독자가 모두 실제 삶을 통해 작품과 유사한 체험을 하는 여성이라고 볼 수 있다. 반면 (가)의 주요 독자층은 한문 서정시를 읽을 수 있는 교양을 갖춘 이들, 특히 작가와 독자 측면에서 시의 내용에 관념적으로 공감할 수 있는 상류층 남성과 일부 여성들이었을 것으로 추정된다.

3 화자는 '봄비'에 떨어지는 살구꽃을 바라보면서 허망하게 지나가는 자신의 젊은 날을 안타까워하고 있다. 따라서 '봄비'가 '살구꽃'을 피어나게 한다는 설명은 적절하지 않다.

오답 뜯어보기 ① (나)는 5언 절구의 한시로, '기 – 승 – 전 – 결'의 구조를 따르고 있다.
③ 장막 속에 스며든 '찬 바람'은 화자의 외로움을 심화한다.
④ '뜬시름'은 남편의 사랑을 받지 못하는 규방 여인의 한을 드러내는 시어이다.
⑤ '뜬시름 못내 이겨 병풍 기대니'에서 화자가 '뜬시름'을 이기지 못하고 병풍에 의지함을 알 수 있다.

4 (가)의 제목 〈무어별(無語別)〉은 '말없이 이별하다', '말 못 하고 헤어지다'로 해석할 수 있다. 이는 사랑을 마음속으로만 간직한 채 이별을 맞고, 남몰래 눈물을 흘리는 아가씨의 상황을 함축하고 있다.

5 (나)의 결구에서는 화자의 고독하고 외로운 심사를 '살구꽃'에 의탁하여 표현했다. 곱게 피었던 살구꽃이 봄비에 떨어지는 것을 통해 봄날이 지나가고 있음을 나타냈는데, 이는 젊음, 혹은 여인의 아름다움이 허망하게 사라지고 있다는 것과 연결된다.

Ⅳ. 조선 후기

1 | 시조

109~111 우국과 절개 196쪽

키포인트 체크 국화, 병자호란, 선비, 꽃, 풀, 절개, 비분강개

1 ③ 2 ⑤ 3 ③ 4 삼월 동풍 5 청나라에 대한 치욕을 되갚고자 한다.

1 (가)는 '국화', (나)는 '삼각산'과 '한강수', (다)는 '만산 홍록'에 인격을 부여하여 화자의 생각을 드러내고 있다.

오답 뜯어보기 ① 색채어는 (다)의 '청강', '홍록'에서만 나타난다.
② (가)~(다) 모두 유사한 어구의 반복은 나타나지 않는다.
④ 명령적 어조는 (다)의 '두어라'에만 나타난다.
⑤ 도치법은 (나)의 초장 '가노라 삼각산아', '다시 보자 한강수야'에만 쓰였다.

2 (가)는 '삼월 동풍'과 '낙목한천', 〈보기〉는 '황국화'와 '도리(복숭아꽃과 자두꽃)'의 대조가 나타난다. 그러나 두 작품 모두 이를 통해 국화의 절개와 지조를 강조하고 있을 뿐 고통스러운 삶의 현실을 고발한 것은 아니다.

오답 뜯어보기 ① '낙목한천'과 '풍상'을 통해 계절적 배경이 나타난다.
② 두 작품 모두 '국화'에 지조와 절개의 정신세계를 빗대고 있다.
③ (가)는 '국화야', '너뿐인가 ᄒᆞ노라.'라고 하며 국화에게 말을 건네고 있고, 〈보기〉는 '도리(桃李)야, 곳이온 양 마라'라고 하며 복숭아꽃과 자두꽃에게 말을 건네고 있다.
④ (가)에서는 '오상고절은 너뿐'이라고 하여 국화만이 높은 절개를 지닌 존재라고 했고, 〈보기〉에서는 '도리'와 비교하여 황국화가 지조가 있는 존재임을 강조했다.

3 ㉢ '청강'은 '淸江(맑은 물이 흐르는 강)'이 아니라 '靑江(푸른 물)'으로 표기되었는데, 이는 청나라 혹은 청나라의 득세를 의미하는 부정적 대상으로 볼 수 있다.

오답 뜯어보기 ① ㉠은 겨울의 춥고 쓸쓸한 풍경 또는 험하고 어려운 상황을 뜻하는 말이다.
② ㉡은 북한산의 옛 이름으로, 대유법이 사용되어 조국을 나타낸다.
④ ㉣은 청나라에 볼모로 끌려가는 화자가 자신의 처지로 인해 눈물을 흘리며 비통해하는 심정을 드러낸 것이라고 할 수 있다.
⑤ ㉤은 전쟁에 패배하여 볼모로 끌려가는 화자의 처지에 대한 청나라 사람들의 비웃음을 꽃과 풀을 통해 나타낸 것이다.

4 ⓐ는 병자호란을 겪고 왕자들이 청나라에 볼모로 붙잡혀 가는 어두운 시대, 어지러운 시대를 가리킨다. 이와 대조적 의미를 지닌 것은 (가)의 '삼월 동풍'으로 이는 '평온하고 순탄한 시절'을 상징한다.

5 〈보기〉의 〈박씨전〉에서는 계화를 통해 청나라에 대한 적개심과 복수하려는 마음을 드러내고 있고, ⓑ에서는 청나라 세력이 오래 가지 않고 곧 꺾일 것이라고 하여 청나라로 인한 치욕을 씻을 날이 올 것이라는 의지를 드러내고 있다. 즉, ⓑ와 〈보기〉에 모두 청나라에 당한 민족의 치욕을 되갚고자 하는 태도가 드러난다.

112~113 사대부의 시름과 그 승화 198쪽

키포인트 체크 시련, 비, 바람, 지조, 낙관적, 옹호

1 ⑤ 2 ⑤ 3 ④ 4 ㉠에는 비와 바람이 거세게 불고 있는 상황에도 크게 동요하지 않는 화자의 여유 있는 태도가 드러나 있다.

1 (나)는 백이숙제가 고사리를 먹으려고 캔 것이 아니라 고사리의 굽은 속성이 애달파 캔 것이라고 하여 백이숙제의 절의(絶義)를 옹호하고 한층 높여 이상화하고 있다. 더불어 부정적인 생각을 갖는 세상 인심에 대한 비판적 인식을 드러내고 있다.

오답 뜯어보기 ① '아침'이라는 시간적 배경이 있을 뿐, 계절의 변화는 나타나지 않는다.

② (가)에는 비와 바람이라는 대상, 즉 시련을 주는 존재를 대하는 화자의 태도가 드러나 있을 뿐 대상에서 받은 인상을 감각적으로 그려 낸 표현은 나타나 있지 않다.

③ (가)의 화자는 긍정적인 태도로 '풍우'에 대처하며 삶에 대한 달관적·낙관적 자세를 보이고 있다.

④ (나)의 화자는 자신의 삶을 성찰하고 있는 것이 아니라 백이숙제의 행위와 절의에 대한 견해를 드러내고 있다.

2 (가)의 화자는 천리만리 길에서 '풍우'라는 시련을 만났음에도 '황혼'이 머니 쉬어 간들 어떠하겠느냐고 하며 여유로운 태도를 보여 준다. 따라서 화자가 '황혼'에 대해 부정적으로 인식한다고 볼 수 없다. 〈보기〉의 '나믄 히'는 남은 하루 또는 남은 인생을 의미하는 중의적인 표현으로 화자는 이 또한 풍류적·낙천적으로 즐기고자 한다.

오답 뜯어보기 ①, ② 두 작품 모두 풍류를 누리는 한가로운 삶을 추구하는 태도가 나타난다.

③ (가)는 '쉬여 간들 엇더리'에서 삶의 역경에 대한 달관적 태도를 찾을 수 있고, 〈보기〉는 '전원에 나믄 ~ 모도 싯고'에서 전원의 흥취를 즐기는 태도를 찾을 수 있다.

④ (가)에서 '풍우'는 천리만리 길을 가기 힘들게 만드는 시련을 의미하고, 〈보기〉에서 '계산', 즉 계곡을 낀 산은 화자가 흥겨워하며 돌아오는 공간으로 흥취를 즐기는 자연과 관련된다.

지식+

• 선조들의 '풍류'의 세계

문인들의 풍류 생활은 단순히 즐기는 데에만 머무르지 않고 시나 문장의 형태로 전달되면서 문학적으로 축적되었고, 풍류 생활을 이루는 주된 요소 중 하나인 음악은 뚜렷한 음악 문화와 연결되었다. 이 밖에도 풍류는 그림의 주요 소재가 되기도 했다. 풍류를 읊은 문학 작품으로는 《고려사》 악지에 전하는 〈자하동〉, 〈한림별곡〉을 비롯하여 조선 시대의 수많은 시조를 들 수 있다. 시와 글(책 또는 글씨), 술과 음악으로 채워지는 풍류는 그 규모의 차이가 있기는 하지만 대체로 비슷한 유형을 보여 준다.

3 (나)의 화자는 '이제'를 지조와 절개의 상징으로 보는 보편적인 입장을 취하고 있기 때문에 〈보기〉의 화자가 보이는 '이제'에 대한 비판적인 태도에 대해 반대의 입장을 드러낼 것임을 알 수 있다. 특히 (나)에서 화자는 고사리를 캔 행위를 긍정적으로 해석하고 있으므로 고사리를 캔 행위 자체가 문제가 있다고 한 ④는 적절하지 않다.

오답 뜯어보기 ①, ③ 〈보기〉에서는 '이제'가 캔 고사리가 주나라의 땅에서 나는 풀이었음을 들어 이들을 비판하는 태도를 드러내고 있다.

② (나)의 화자는 '이제'가 추구했던 절개와 지조의 가치에 주목하여 그들의 행동을 파악하고 있다.

⑤ (나)와 〈보기〉 모두 백이와 숙제의 고사를 인용하여 자신의 의도를 드러내고 있다.

4 ㉠은 비와 바람이 거세게 불고 있는 시련의 상황에도 낙관적이고 달관적인 자세를 보이는 화자의 모습이 나타난 부분으로, 화자의 여유 있는 삶의 태도가 드러난다.

114~116 전원생활의 즐거움 200쪽

키포인트 체크 농부, 자연, 꾀꼬리, 도시락, 술, 나물, 가족, 노동, 만족, 자연

1 ② 2 ② 3 ④ 4 인위적인 것을 거부하고 자연적인 것을 선택하는 것에서 화자의 자연 친화적인 태도를 알 수 있다.

1 (가)에는 '무림산중'에 들어가거나 '새암(샘)'을 찾아가는 등의 공간 이동이 나타나 있지만, (나)에는 달빛 아래 낙엽에 앉아 술과 안주를 즐기려는 모습이 나타날 뿐 공간 이동은 나타나지 않았다.

오답 뜯어보기 ① (가)는 농사일을 하는 농부의 하루 일과를 묘사한 작품이다.

③ (다)의 화자는 낮잠을 자다가 꾀꼬리 우는 소리에 깨어 바라본 가족들의 일상적인 모습을 노래하고 있다.

④ (가)는 농부의 바쁜 일과를, (다)는 가족 구성원의 모습을 나열하고 있다.

⑤ (가)와 (다)는 사설시조로, 시조의 정형적 양식에서 벗어나 중장이 길어지고 초장과 종장이 정해진 음수율에서 벗어나기도 하는 파격이 나타난다.

2 (가)와 〈보기〉에는 모두 농민의 삶이 드러나 있다. (가)에서는 농부의 하루 일과가 나타나 있고, 〈보기〉에서도 농사일을 하느라 햇볕 아래에서 땀을 흘리는 농부의 모습이 나타나 있다.

오답 뜯어보기 ① 〈보기〉는 평시조로 일정한 글자 수를 지키고 있는 데 비해 (가)는 사설시조로 중장이 길게 늘어나 있다.

③ 〈보기〉에서 '소님니(손님네, 나그네)'가 화자의 휘파람 소리에 반응하느라 걸음을 멈추어 소리를 듣고 있다.

④ (가)에서는 '콧노래, 긴 소래 저른 소래', 〈보기〉에서는 '파람(휘파람)'에서 청각적 심상이 나타난다.

⑤ (가)의 화자는 농사일을 하는 중에도 점심을 먹은 후 담배를 피우며 콧노래를 부르는 등 여유를 즐기고 있고, 〈보기〉의 화자는 땀 흘려 일하는 중에도 청풍을 맞으면서 휘파람을 부는 여유를 보이고 있다.

3 (다)에서는 대상을 우스꽝스럽게 묘사하는 희화화의 기법을 사용하지 않았다.

오답 뜯어보기 ① (다)는 중장이 길어진 형태의 사설시조에 해당한다.

② 평범한 가정의 평화로운 일상을 나열하여 묘사하고 있다.

③ 화자가 낮잠을 자다가 꾀꼬리 우는 소리에 깼다고 밝히고 있다.

⑤ 낮잠을 자던 화자가 꾀꼬리 울음소리에 잠에서 깨는 모습에서 한가로움과 여유를 느낄 수 있으며, 화목한 가정의 분위기가 잘 드러나 있다.

4 화자가 '집 방석'을 거절한 이유는 낙엽에 앉으면 되기 때문이고, '솔불'을 거절한 이유는 어제 졌던 밝은 달이 다시 떠오르기 때문이다. 화자는 '집 방석, 솔불'과 같은 인위적인 것을 거부하고 '낙엽, 달'과 같은 자연적인 것을 선택함으로써 자연 친화적 삶의 태도를 드러내고 있다.

117~119 자연에 대한 사랑 ① 202쪽

키포인트 체크 자연, 금강산, 백구, 일부, 물아일체, 순응, 겨울

1⑤ 2② 3금|강|인가 4리듬감을 형성하고 경쾌한 분위기를 조성한다.

1 (가)~(다) 모두 자연 속에서 살아가거나[(가), (나)] 자연의 아름다움을 예찬[(가), (다)]하는 모습이 일관되게 나타날 뿐, 자연에 대해 다양한 시각을 드러내고 있지는 않다.

오답 뜯어보기 ① (가)는 '백구(갈매기)'와 대화하는 형식을 취하고 있다.
② (나)의 각 장마다 반복되는 '절로(절로)'는 '제 스스로. 또는 인공의 힘을 더하지 않고 자연적으로'의 의미로, 자연의 섭리에 순응하며 살아가려는 화자의 태도를 보여 준다.
③ (다)는 각 장을 '~이로다', '~어라', '하노라' 등의 감탄하는 말투로 끝맺으며 금강산의 경치를 예찬하고 있다.
④ (가)~(다) 모두 자연과 조화를 이루며 살아가거나, 자연을 예찬하는 자연 친화적인 태도를 보이고 있다.

2 (가)의 화자는 자연에 묻혀서 물아일체의 삶을 살아가고자 한다. 이러한 삶의 태도와 유사한 것은 ②로, ② 역시 자연과 더불어 즐기는 물아일체의 경지가 나타난다.

오답 뜯어보기 ① 〈훈민가〉의 제3수로 근면과 상부상조의 자세를 강조하고 있다.
③ 대상(황진이)의 죽음을 애도하며 그리움과 안타까움을 나타내고 있다.
④ 자연물에 감정을 이입하여 임금에 대한 변함없는 충정을 노래하고 있다.
⑤ 임의 소식을 전해 주는 매개체인 '기러기'를 걱정하면서 임에 대한 그리움을 드러내고 있다.

지식+

- 작자 미상, 〈기러기 떼 많이〉
- 갈래: 사설시조 • 주제: 임의 소식을 전해 주는 기러기에 대한 걱정
- 감상: 이 작품은 임의 소식을 전해 주는 매개체인 기러기에 대한 걱정을 화자와 포수의 대화 형식을 통해 효과적으로 드러내고 있다.

3 〈보기〉의 ㉠에서 '원래의 간격'이란 규칙적으로 반복되던 리듬감을 말한다. 이를 시조 읽기에 적용하면, 일정한 간격이란 '옥|이|로|다'와 같이 한 호흡에 4글자가 규칙적으로 배열되는 것을 말하며, 전봇대 하나가 안 보이는 허전한 느낌이 드는 것은 바로 3글자로 표현된 '헐|성|루'와 같은 부분에 해당한다. 또한 전봇대가 촘촘히 나타나서 급한 느낌이 드는 부분은 한 음보에 7글자가 배치된 '서|부|진|화|부|득|은'이며, 다시 원래의 간격인 4글자를 회복하여 편안함을 느끼게 되는 부분은 바로 '금|강|인|가' 이다.

4 (나)에서 '절로(절로)'는 각 장마다 위치나 형태를 달리하여 반복되면서 리듬감을 형성하는 동시에 밝고 경쾌한 분위기를 조성하는 역할을 한다.

120~121 자연에 대한 사랑 ② 204쪽

키포인트 체크 빈천, 세속, 덤, 자연, 벗

1② 2⑤ 3④ 4권문 5자연은 누구든지 향유할 수 있는 대상이다.

1 (가)와 (나)는 모두 '자연을 벗 삼아 즐기는 삶'을 주제로 하고 있다.

2 (가)의 화자는 자연이 힘센 이가 다투는 대상, 즉 세속적 가치로 평가되는 대상이 아니라는 태도를 보이고 있다. (나)의 화자는 자신의 빈천을 팔고자 하지만 그 대가로 자연을 지불할 수는 없다고 하여 자연을 세속적 가치보다 우위에 두는 태도를 보이고 있다.

3 (나)의 초장에서 알 수 있듯이 화자가 빈천을 팔고자 간 곳(㉠)은 권문(權門)이다. 종장에서는 '강산과 풍월을 달나 ᄒᆞ니'라고 했으므로 권문이 요구한 것은 '강산, 풍월', 즉 자연(自然)임을 알 수 있다.

4 (가)의 '힘센 이'는 권력을 가진 자, 세속에서 가진 것이 많은 자를 의미한다. (나)의 시어 중 이런 의미를 가진 것은 '권문(權門)'으로, '권문'이란 벼슬이 높고 권세가 있는 집안을 의미한다.

5 (가)의 종장에는 자연을 즐기고자 할 때 이를 금할 수 있는 자는 없으며 누구든 평등하게 향유할 수 있다는 자연의 속성이 제시되어 있다.

122~124 임을 향한 그리움 206쪽

키포인트 체크 여인, 구름, 고개, 귀뚜라미, 진솔, 적극적

1③ 2② 3③ 4고개

1 (가)~(다)는 모두 화자가 부재하는 임에 대한 그리움을 표출하고 있다는 점에서 공통적이다. 임이 화자와 함께 있는 상황이 아니므로 화자는 임과의 만남을 애타게 기다리는 것이다.

오답 뜯어보기 ① (다)에만 해당하는 설명이다. (다)에서는 임을 그리워하는 마음을 귀뚜라미에게 이입하여 자신을 잊은 임의 잠을 깨우고 싶다고 노래하고 있다.
② (가)~(다)는 모두 임에 대한 그리움을 드러내고 있지만 체념적 어조를 보이지는 않는다. (나)는 오히려 적극적인 태도를 보이고 있어 체념적 어조와는 거리가 멀다.
④ (가)~(다) 중 꿈이 등장하는 것은 (다)뿐이다. 하지만 (다)에서도 님을 애타게 그리워하는 마음이 상사몽이 되는 것이지 꿈이 임과 만나는 공간으로 제시된 것은 아니다.
⑤ (가)~(다) 중 색채 이미지를 보이는 것은 (가)뿐이다. (가)의 경우 벽사창과 벽오동에서 푸른색의 이미지가 나타나지만 이를 통해 작품 전체에 정적인 분위기를 형성하는 것은 아니다.

2 (가)와 〈보기〉 모두 화자가 대상(구름)을 임으로 착각하여 밖으로 나간 모습이 나타나는데, 두 화자는 모두 그러한 행위를 다른 사람에게 들키지 않았다면서 안도의 한숨을 내쉬고 있다. 따라서 희화화의 대상은 (가)와 〈보기〉 모두 화자로 볼 수 있다.

오답 뜯어보기 ① (가)와 〈보기〉는 모두 초장에서 임이 온 것으로 착각해 밖으로 나가는 화자의 모습을 제시한 뒤 중장에서 착각한 대상을 드러내고 있다. 하지만 (가)에는 화자가 본 달밤의 모습과 봉황새 같은 구름의 모양이 자세히 묘사되어 있는 데 비해 〈보기〉에는 상황이 간결하게 드러나 있다.
③ (가)와 〈보기〉 모두 구름(그림자)을 임으로 착각하여 나갔다가 착각을 깨닫는 모습이 나타나 있으므로 화자의 착각이 시적 상황을 유발한다고 볼 수 있다.

④, ⑤ (가)와 〈보기〉 모두 '창밖이 어른어른하여 임이 온 줄 알고 나감. → 임인 줄 알았던 것의 정체는 구름(그림자)였음. → 밤이 아니었으면 남에게 우스운 모습을 보일 뻔함.'이라는 시상 전개를 통해 임을 그리워하는 애타는 마음을 표현하고 있다. 이처럼 시상 전개와 주제가 유사한 양상으로 펼쳐지는 것으로 보아, 이 작품들이 창작되던 시기에 이와 유사한 유형의 시조들이 유행처럼 창작되면서 서로 영향을 주고받았음을 짐작할 수 있다.

3 ㉠은 화자가 임으로 착각한 대상이고, ㉡은 화자의 상사몽이 변하여 된 것으로 화자의 소망인 임과의 만남을 대신해 줄 수 있는 대상이다.

오답 뜯어보기 ① ㉠은 구름 그림자이므로 시간적 개념으로 볼 수 없으며 ㉡은 화자의 분신이므로 공간적 개념으로 볼 수 없다.

② ㉠은 화자에게 착각을 일으켰을 뿐 절망을 준 것은 아니며 ㉡은 화자에게 희망을 준다기보다는 화자의 그리움을 부각한다고 볼 수 있다.

④ ㉠은 화자의 착각을 유발하는 대상으로 임과 만나지 못한 상황과 연결되며, ㉡ 또한 임과 이별한 상황에서 화자 대신 임에게 마음을 전달해 주는 존재이다. 즉, ㉠, ㉡ 모두 화자가 임과 이별한 상황과 관련될 뿐 화자의 상황을 긍정적으로 이끄는 것은 아니다.

⑤ ㉡은 임을 보고 싶은 화자의 마음이 투영된 대상이므로 화자의 사랑을 임에게 전달하는 대상으로 볼 수 있다. 하지만 ㉠은 화자가 임으로 착각한 대상이므로 화자의 사랑을 임에게 전달하는 대상으로 볼 수 없다.

4 (나)에서 '고개'는 임과 화자 사이의 장애물로, 화자는 임과의 사랑을 위해 이 높고 험준한 고개를 쉬지 않고 넘을 수 있다고 하여 임에 대한 간절한 그리움과 적극적인 사랑의 의지를 드러내고 있다.

125~126 임을 기다리는 마음 ① 208쪽

키포인트 체크 착각, 상상, 원망

1 ② **2** ③ **3** ④ **4** 연쇄법, 여러 사물을 연속해서 이어지게 나열함으로써 임을 오지 못하게 하는 제약들을 구체적으로 환기하는 효과가 있다.

1 (가)의 '보선 버서 품에 품고 ~ 천방지방 지방천방', (나)의 '무쇠로 성을 쌋고 ~ 필자형으로 결박ᄒᆞ여 너코'에 대구법이 나타난다(a). 또한 (가)의 중장에 나타난 화자의 행동과 (나)의 중장에 나타난 임을 오지 못하게 하는 사물을 각각 과장되게 표현하여 임에 대한 그리움을 드러내고 있다(d).

오답 뜯어보기 b. (가), (나) 모두 의도와는 반대로 말한 내용이 없다.

c. 상대에게 말을 건네는 방식은 (나)에만 해당한다.

2 (가)의 화자는 임이 오겠다는 소식에 일찍 문밖에 나갔다가 주추리 삼대를 임으로 착각하여 달려나가고 있다. 따라서 임과 만나는 일이 불가능하다고 생각했다고 볼 수는 없다.

오답 뜯어보기 ①, ② (가)에는 임이 오기도 전에 일찍 대문 밖에 나가 임을 기다리는 화자의 초조한 모습, 주추리 삼대를 임으로 착각하고 허둥지둥 급하게 달려나가는 모습이 해학적으로 그려져 있다.

④, ⑤ (나)의 화자는 중장과 종장에서 가상의 상황 설정과 직설적인 질문을 통해 임에 대한 원망과 답답한 마음을 드러내고 있다.

3 (가)에서 화자는 '주추리 삼대'를 임으로 착각했다는 사실을 깨닫고 있을 뿐 화자가 임에게 속았다고 할 수는 없다.

오답 뜯어보기 ① 임이 오겠다고 했기 때문에 저녁밥을 일찍 먹고 대문 밖으로 나가 건너편 산을 바라보며 임을 기다리는 화자의 상황이 제시되어 있다.

② 임을 기다리는 마음이 너무 간절한 나머지 주추리 삼대를 임이라고 착각하고 있다.

③ 신발조차 제대로 신지 않고 임을 맞기 위해 달려나가는 것은 남의 시선을 의식하지 않은 행동이라 할 수 있다.

⑤ ㅁ에서 화자는 '주추리 삼대'를 임으로 착각했다는 실상을 확인하고 밤이었으니 다행이지 만약 낮이었다면 남들이 자신의 행동을 보고 웃었을 것이라며 자조 섞인 어조로 자신을 합리화하고 있다.

4 [A]는 연쇄법을 사용하여 무쇠성, 집, 뒤주, 궤 등 여러 사물을 상상하여 나열함으로써 임이 화자에게 오지 못하는 여러 가지 어려운 상황 및 제약을 구체적으로 떠올리게 하고 있다.

127~128 임을 기다리는 마음 ② 210쪽

키포인트 체크 독수공방, 개, 귀뚜라미

1 ② **2** ③ **3** ③ **4** '귀또리'는 화자의 감정을 대변하는 대상으로, 화자는 '귀또리'에게 감정을 이입하여 자신의 심정을 드러내고 있다.

1 (가)에는 가을밤에 독수공방하며 이별한 임을 그리워하는 여인의 마음이, (나)에는 임이 오기를 간절히 기다리는 마음과 오지 않는 임에 대한 원망이 드러나 있어 (가)와 (나) 모두 사랑하는 대상에 대한 그리움의 정서가 나타나 있다고 볼 수 있다.

오답 뜯어보기 ① 일상생활 속의 흔한 동물인 '개'를 대상으로 삼아 희화화하고 있는 (나)에만 해당한다.

③ (나)에 임에 대한 원망이 드러나지만, (가)와 (나) 모두 '헌신과 원망'이라는 이중적 태도와는 관련이 없다.

④ 화자의 심정을 '귀뚜라미'에 이입하여 독수공방하는 외로운 심정을 드러내고 있는 (가)에만 해당한다.

⑤ 두 작품 모두 자신의 처지를 운명으로 생각하는 태도는 찾을 수 없다.

2 (가)에서 화자는 임을 그리워하는 마음에 잠도 제대로 못 자고 있다가 겨우 잠이 든다. 그런데 '귀또리'가 그 옅은 잠을 '슬ᄯᅳ리도(㉠)' 깨워 다시 그리움을 부채질하므로 화자는 '귀또리'를 원망한다. 또한 종장에서 화자는 '귀또리'에 대한 이러한 원망의 마음을 털어 내기 위해 '두어라(㉡)'라고 말하고 있다. 따라서 ㉡은 원망하는 마음을 털어 버리고 자신의 마음을 달래겠다는 의미를 담고 있는 것이다.

오답 뜯어보기 ②, ⑤ '귀또리'를 연민하거나 동정하는 심정은 초장의 '어엿부다'에 드러난다. 그러나 ㉡에는 뉘우침이나 외로움을 이겨 내려는 정서가 담겨 있지 않다.

3 (나)에서 '개'는 오지 않는 임에 대한 원망의 심정을 전가한 대상이다. 〈보기〉의 화자는 임이 떠나는 상황에서 자신이 사랑하는 임이 아니라 임이 떠날 수 있도록 배를 제공하는 사공(ⓒ)에게 원망을 드러내고 있는데, 이때 '사공'은 (나)의 '개'와 시적 기능이 유사하다고 할 수 있다.

오답 뜯어보기 ① ⓐ는 임과 이별한 공간으로, 임과의 단절감을 드러내는 역할을 한다.
⑤ ⓔ는 임이 만날 새로운 여인을 의미하나 화자가 이를 원망하고 있지는 않다.

4 (가)의 종장에서 화자는 독수공방하는 자신의 외로운 심정을 아는 존재는 '귀또리'뿐이라고 하며 동병상련을 드러내고 있다. 즉, 화자는 '귀또리'에게 자신의 감정을 이입하고 있으며, 여기서 '귀또리'는 화자의 심정을 대변하는 존재이다.

129~130 임의 부재로 인한 슬픔 212쪽

키포인트 체크 이별, 까투리, 도사공, 나열, 그리움

1 ② 2 ③ 3 ② 4 ⑤ 5 (가)와 (나)는 모두 사설시조로, 열거법과 과장법을 사용하여 중장의 내용을 길게 제시함으로써 감정의 절실함을 드러내었다.

1 (나)의 종장에서는 임을 보지 못하면 간장에 불이 나서 타 죽게 될 것이고, 볼지라도 놀랍고 끔찍하여 두 팔과 두 다리가 저절로 녹아내린 듯할 것이라고 하는 등 그 고통을 사실보다 과장하여 표현하고 있다.
오답 뜯어보기 ① (가)는 임을 잃은 상황을 과장되게 표현하여 화자의 심정을 강조하고 있다.
③ (가)에서는 매에게 쫓기는 까투리와 절망적 상황의 뱃사공의 처지를 열거했고, (나)에서는 세상에서 무섭다고 인식되는 것들을 열거했다.
④ 두 작품 모두 떠난 임을 그리워하는 마음을 노래했다.
⑤ (나)는 문답법을 사용하여 화자의 마음을 효과적으로 드러내고 있다.

2 (가)는 임과 이별한 슬픔이라는 주제를 표현하면서 현실과 밀착된 소재를 활용했다. 즉, 조선 후기 사회의 현실적인 삶에서 실질적인 두려움의 대상이었을 뱃길에 비유하여 고통스러움의 정도를 나타내고, 임을 잃은 자신의 슬픈 심정을 강조했다.

3 (가)에는 비교법, 과장법, 점층법, 열거법 등의 다양한 수사법이 사용되었다. 〈보기〉와 (가)는 모두 '가토리'와 '도사공'이 처한 상황을 '나'의 상황과 비교하고 있지만, 그러한 상황을 풍자적으로 그려 내고 있지는 않다.
오답 뜯어보기 ① (가)의 종장 'ᄀᆞ을ᄒᆞ리오'는 '견주리오', '비교하리오'라는 의미로 설의적 표현을 사용하여 화자의 심리를 강조하고 있다.
③ 〈보기〉와 달리 (가)의 중장에서는 '도사공'이 처한 절망적 상황을 과장하여 열거하고 있다.
④ 〈보기〉에 비해 (가)는 정해진 형식에 얽매이지 않고 중장을 길게 늘여 놓고 있다.
⑤ '가토리', '도사공'과 비교하여 화자의 심정을 드러내는 방식은 (가)와 〈보기〉 모두 활용하고 있다.

4 (나)의 초장에서 세상에서 가장 무서운 것이 무엇이냐는 질문을 던지고, 중장에서 사람들에게 두려움을 주는 것들을 나열한 뒤, 종장에서 이보다 더 무서운 것이 임을 못 보는 고통과 소식 없는 임이라고 답하고 있다.

5 (가)와 (나)에는 공통적으로 열거법, 과장법이 사용되었는데, 이는 조선 후기의 사설시조가 사대부들의 정제된 평시조와 달리 형식의 파격을 통해 절실한 감정을 표현했던 것과 관련이 있다. (가)의 화자는 중장에서 절망적 상황에 처한 뱃사공의 처지를 자세히 열거하고, 종장에서 이별의 슬픔이 그보다 참담하다며 과장하여 표현하고 있다. (나)의 화자는 중장에서 온갖 무서운 대상을 열거하고, 종장에서 이러한 대상을 만나는 것보다 임을 보지 못하는 것이 더 무섭다고 과장하여 표현하고 있다.

131~133 삶의 고뇌와 시름 ① 214쪽

키포인트 체크 답답함, 시집살이, 경계, 창, 구박, 말, 해소, 한탄, 당부

1 ④ 2 ① 3 ② 4 ⑤ 5 삶의 답답함에서 벗어나고 싶다.

1 (다)에는 앞과 뒤가 모순을 이루는 역설에 의한 표현은 나타나지 않는다. 내가 남에 대한 말을 하면 남도 나에 대한 말을 한다는 이치가 나타나 있을 뿐이다.
오답 뜯어보기 ① (가)의 초장에서 반복적 표현이 나타나며, 중장에서는 여러 일상적 사물을 열거하고 있다.
② (나)에서 '며ᄂᆞ리'가 '싀어마님'에게 말을 건네는 듯한 어조가 나타나 있다.
③ (나)에서는 직유법을 사용하여 시집 식구들의 성격을 묘사하고 있다.
⑤ (다)는 '말'이라는 단어의 반복을 통해 말하고자 하는 바를 강조하고 있다.

2 (가)와 (나)의 중장은 유사한 소재나 내용을 나열하여 화자의 정서를 표현하고 있을 뿐 대립적인 시어는 나타나 있지 않다.
오답 뜯어보기 ②, ⑤ (가)와 (나)의 중장은 둘 다 길게 늘어난 사설이 나타난다. (가)에서는 사물들을, (나)에서는 비유를 길게 나열하여 서술함으로써 시상을 확대하고 형식의 파격을 보여 주고 있다.
③ (가)의 중장에 제시된 사물들과 (나)의 중장에 시집 식구들을 빗댄 소재들은 친근한 일상의 것들로, 각각 답답함에서 벗어나고 싶은 심정과 시집살이의 괴로움을 드러낸다.
④ (가)의 중장에서는 창과 관련한 소재를 나열한 발상, (나)의 중장에서는 시집 식구들을 빗댄 소재들을 통해 웃음을 유발함으로써 삶의 고통을 해학적으로 극복하려는 의도를 드러내고 있다.

3 ㉠은 (가)의 화자가 답답함을 풀기 위해 가슴에 창이라도 내고 싶다고 하면서 언급한 것으로, 창을 만들 때 사용하는 도구이다. 따라서 화자의 괴로움을 해소해 주는 소재라고 할 수 있다. ㉡은 성격이 날카로워 자신을 괴롭히는 시누이를 비유하는 사물이다. 따라서 화자의 괴로움을 환기한다고 볼 수 있다.
오답 뜯어보기 ① ㉠은 화자가 자신의 답답함을 해소할 창을 만드는 도구이므로 화자의 처지와 대비된다고 볼 수 없고, ㉡은 시누이를 비유한 것이므로 화자와 동일시된다고 볼 수 없다.
③ ㉠은 창을 만드는 도구이므로 화자와 대상을 단절시킨다고 볼 수 없고, ㉡은 오히려 화자와 시누이 사이의 거리를 멀게 한다고 볼 수 있다.
④ ㉠은 창을 만드는 도구이므로 현실의 어려움을 이겨 내려는 화자의 의지를 나타낸다고 볼 수 있지만, ㉡은 화자의 의지와는 관련이 없다.
⑤ 현재의 상황을 개선하고자 하는 의지는 ㉠에서만 찾을 수 있다.

4 (다)는 신중한 언어생활을 강조하여 말을 함부로 하는 것을 경계하는 내용을 담고 있는데 이와 유사하게 ⑤ 역시 말을 하는 것보다 하지 않는 것이 낫다는 의미를 담고 있다.

오답 뜯어보기 ① 음식이나 물건으로는 힘이 벅차서 많은 사람을 다 대접하지 못하므로 언변으로나마 잘 대접한다는 말이다. 혹은 말로만 남을 대접하는 체함을 의미한다.
② 마음속으로만 애태울 것이 아니라 시원스럽게 말을 해야 한다는 의미이다.
③ 말만 잘하면 어려운 일이나 불가능해 보이는 일도 해결할 수 있다는 의미이다.
④ 마땅히 할 말은 해야 한다는 의미이다.

5 가슴에 창을 내어 놓고 마음이 몹시 답답할 때 여닫아 보고 싶다는 것은 삶의 답답함에서 벗어나고 싶은 마음을 표현한 것으로 볼 수 있다.

134 ~ 136 삶의 고뇌와 시름 ② 216쪽

키포인트 체크 시름, 처지, 한숨, 매화, 소식, 웃음, 인생무상, 이별

1 ③ 2 ④ 3 ⑤ 4 ④

1 (가)에서는 시름이 가득한 고단한 삶의 현실을 '한숨'이 자신도 모르는 틈으로 들어오는 상황에 비유하여 표현했다. 또한 (나)에서는 화자 자신을 '매화'에, 어지러운 세상살이를 '춘설'이 흩날리는 것에 빗대어 표현했다.
오답 뜯어보기 ① '한숨'을 의인화하는 등 다양한 표현법을 사용하여 문제 상황을 해학적으로 드러낸 (가)에만 해당한다.
② 자신의 늙어 가는 처지를 돌아보며 삶에 대한 무상감을 나타낸 (나)에만 해당한다.
④ (나)를 임의 마음을 빼앗은 동료에 대한 원망을 노래한 작품으로 해석한다면, 임에 대한 그리움을 작품의 주된 정서로 볼 수 있다.
⑤ '매화'와 '춘설'을 대조적 의미의 시어로 사용한 (나)에만 해당한다.

2 의인법을 활용한 것은 〈보기〉가 아니라 (가)이다. (가)는 '한숨'을 '너'라고 지칭함으로써 기발하고도 생생한 표현의 묘미를 느끼게 한다.
오답 뜯어보기 ① (가)와 〈보기〉 모두 삶의 시름과 답답함에서 벗어나고자 하는 화자의 심정을 표현하고 있다.
② (가)와 〈보기〉의 중장의 내용이 서로 유사하다는 점을 통해 작품 간에 상호 교섭이 일어났음을 짐작할 수 있다.
③ (가)에서는 '한숨아', 〈보기〉에서는 '창 내고쟈'를 반복하고 있으며, 두 작품 모두 장지문의 종류와 돌쩌귀 등의 부속품을 열거하고 있다.
⑤ (가)에서는 '한숨'을 '너'라고 의인화하여 청자로 설정하고 있다.

3 (다)의 계절적 배경인 '봄'은 어찌할 수 없는 인간사의 이별과 대비되어, 이별로 인한 안타까움을 느끼게 한다. 따라서 이별한 사람이 봄처럼 돌아올 것이라는 기대가 드러난다고 볼 수는 없다.
오답 뜯어보기 ① '인간 이별'이라는 시어를 통해 확인할 수 있다.
② 초장의 '봄이 왔다 ᄒᆞ되 소식(消息)을 모로더니'에서 알 수 있다.
③ 중장에서 '푸른 버들'이 먼저 봄의 소식을 알았다고 했다.
④ 자연은 순환적으로 계절이 반복되지만, 인간의 삶은 그렇지 않음을 드러내고 있다.

4 ㉣은 '꽃이 필 것도 같다.' 혹은 '사랑해 줄 법도 하다.'의 의미로, 부정적 전망이 아니라 일말의 기대감을 표현한 것이다.
오답 뜯어보기 ① ㉠은 한숨이 들어오지 못하게 단속하는 모습으로 행위의 주체는 화자이다.
② ㉡은 한숨 때문에 잠들지 못하는 화자의 모습을 나타낸 부분이다.
③ ㉢은 꽃인 동시에 화자 자신을 가리키는 중의적 표현이다.
⑤ ㉤에는 이별을 어쩔 수 없이 받아들이는 태도와 이별에 대한 안타까움이 드러나 있다.

137~139 해학과 풍자 ① 218쪽

키포인트 체크 게젓 장수, 결백, 한자어, 거짓말, 비판, 풍자, 모함

1 ② 2 ③ 3 ③ 4 ④

1 (가)에서는 돈호법, 의성어, 대화체를 사용하여 게젓 장수의 현학적인 태도를 풍자했으며, (나)에서는 중의법, 언어유희 등을 활용하여 남을 모함하는 세태를 풍자했다. (다)에서는 반복법, 점층법, 과장법을 사용하여 거짓말이 만연하고 참소를 일삼는 세태를 풍자했다. 따라서 세 작품 모두 다양한 표현법을 사용하여 대상을 풍자하고 있음을 알 수 있다.
오답 뜯어보기 ① (가)와 (나)는 일상생활에서 일어날 수 있는 상황을 제시하여 세태를 풍자하고 있지만, (다)에는 작가가 의도적으로 설정한 현실 불가능한 상황이 제시되어 있다.
③ (가)~(다)는 모두 사설시조로 평시조의 형식적 엄격성에서 벗어난 파격성이 드러나 있다.
④ 역설적 상황은 잠자리가 살려면 잠자리를 잡으려는 아이들에게 오라는 (나)에만 제시되어 있다.
⑤ (다)에 제시된 내용은 현실적으로는 있을 수 없는 불가능한 상황이므로 사실적인 내용이라고 볼 수 없다.

2 (가)는 쉬운 우리말을 두고 한자어로 게를 표현하는 게젓 장수를 통해 현학적인 태도를 지닌 사람들을 비판하는 작품이다. 현대에도 유식해 보이기 위해 우리 고유어 대신 외국어를 쓰는 사람들이 바로 게젓 장수와 같다고 할 수 있다.
오답 뜯어보기 ①은 비속어 사용, ②는 사투리에 대한 거부감, ④는 우리말 파괴, ⑤는 청소년의 은어 사용 등 현재 우리 사회 언어 사용의 문제점을 다루고 있지만 이는 (가)의 내용과는 관련이 없다.

3 (다)에서 부정적 대상에 해당하는 것은 '온 놈'이다. '개야미'는 개미 자체 혹은 화자 자신을 의미하는 소재로 풍자의 대상은 아니다.
오답 뜯어보기 ① (나)는 아이들의 놀이를 소재로 하여 남을 속여 이득을 보려는 세태를 풍자하고 있다.
② (다)는 참소와 비방이 난무하는 세태를 풍자하고 있다.
④ (다)의 종장에는 '님'에 대한 화자의 당부가 드러나지만, (나)에서는 세태에 대한 비판만 드러난다.
⑤ (다)에는 '님'이라는 특정한 청자가 등장하지만, (나)는 그렇지 않다.

4 ㉠의 말은 앞서 제시된 내용, 즉 개미가 호랑이를 물고 갔다는 허황된 내용을 가리킨다. 이처럼 거짓된 말을 하는 주체는 종장에 제시되어 있는 '온 놈'이다. 또한 이 '온 놈'이 하는 말의 내용은 이와 같이 말도 안 되는 허황된 내용이면서 의미상 화자와 같은 사람을 모함하는 것이므로 ㉡의 내용은 '참언'임을 알 수 있다.

140~142 해학과 풍자 ② 220쪽

키포인트 체크 두꺼비, 물것, 송골매, 허장성세, 탐관오리

1 ④ 2 ⑤ 3 ③ 4 두터비 – 솔개, ᄑ리 – 쥐, 백송골 – 봉황 5 '두터비'는 탐관오리나 타락한 양반, 'ᄑ리'는 힘없는 백성을 상징한다.

1 (가)~(다)는 힘없는 백성을 수탈하는 관리들의 횡포를 각각 '두터비'와 '물쩟'에 빗대어 약육강식의 세태를 풍자한 작품이다. 세 작품에서 유사한 대상을 나열한 것은 (나)뿐이며, (가)와 (다)는 '두터비'의 행동을 묘사하고 있다.

오답 뜯어보기 ① 세 작품 모두 '두터비', '물쩟' 등의 비유를 사용하여 당시 상황을 풍자했다.

②, ③, ⑤ (가)와 (다)에서는 탐관오리가 힘없는 서민을 괴롭히다가 강자 앞에서는 비굴해지는 모습을, (나)에서는 백성을 착취하는 무리가 너무 많아 살기 어려운 현실을 보여 주며 부패한 탐관오리를 비판했다. 하지만 이런 상황을 해학적으로 표현하며 웃음을 통해 고난을 극복하려는 긍정적인 의식을 드러내고 있다.

2 (나)의 '물쩟'과 〈보기〉의 '참새'는 힘없는 백성에게 수탈을 일삼는 관리를 의미한다. 따라서 '세금을 가혹하게 거두어들이고, 무리하게 재물을 빼앗음.'을 의미하는 '가렴주구'가 가장 잘 어울린다.

오답 뜯어보기 ①은 실속은 없으면서 큰소리치거나 허세를 부림, ②는 마음이 음흉하고 불량하여 겉과 속이 다름, ③은 작은 일을 크게 불려 떠벌림, ④는 우물 속에 앉아서 하늘을 본다는 뜻으로, 사람의 견문(見聞)이 매우 좁음을 의미하는 말이다.

3 ㉢은 '마침 나이기에 망정이지 하마터면 피멍이 들 뻔했구나.'라는 뜻으로 '두터비'가 스스로를 칭찬하면서 자기를 합리화하는 부분이다.

오답 뜯어보기 ① ㉠은 백성을 착취하는 탐관오리의 횡포를 나타낸다.

② ㉡은 자기보다 더 강한 존재인 백송골을 보고 놀란 두터비의 비굴함을 드러낸다.

④ ㉣은 백성들을 착취하고 괴롭히는 무리가 가하는 고통을 열거한 것이다.

⑤ ㉤에서는 '두터비'를 한 눈이 멀고 한 다리를 저는 비정상적인 모습으로 나타내고 있다.

4 (가)에서 '두터비(두꺼비)'는 약자(힘없는 백성)를 괴롭히는 강자(탐관오리)를, 'ᄑ리(파리)'는 약자(백성)를, '백송골'은 '두터비'보다 더 강한 자(중앙 관리 또는 외세)를 나타낸다. 〈보기〉에서는 각각 '솔개', '쥐', '봉황'이 같은 의미를 지닌다.

지식+

- 김진태, 〈장공에 떴는 솔개〉
- 갈래: 평시조
- 성격: 풍자적, 우의적
- 주제: 약자에게 강하고, 강자에게는 비굴한 양반 계층 풍자
- 감상: 약한 백성들('쥐')은 착취하고, 자신보다 높은 계급의 관리('봉황') 앞에서는 꼼짝하지 못하는 비굴한 양반('솔개')의 모습을 우화적 수법을 통해 풍자한 작품이다.

5 (가)와 (다)는 동물을 통해 조선 후기의 사회상을 우회적으로 비판한 작품이다. '두터비'는 탐관오리나 부패한 양반, 즉 'ᄑ리'로 상징되는 힘없는 백성들을 괴롭히던 당시의 사회 지도층을 상징한다.

143~144 그리운 마음 222쪽

키포인트 체크 홍시, 부모님, 대조, 한탄, 심리, 물리

1 ④ 2 ① 3 ⑤ 4 ⓐ: 가까이 있어도 천 리처럼 느끼는 사이, ⓑ: 떨어져 있어도 마음만은 가까움.

1 (가)는 사물인 홍시에서 부모님을 연상하여 홍시를 드릴 부모님이 곁에 없음을 안타까워하고 있을 뿐, 홍시에 자신의 감정을 이입하고 있지는 않다. 또한 (나)에는 구체적인 자연물이 나타나지 않는다.

오답 뜯어보기 ②, ③ (나)는 마음의 거리와 물리적 거리를 대조하면서 물리적 거리보다는 마음의 거리가 더 중요하다는 인식을 보이고 있다.

⑤ (가)에는 부모님, (나)에는 멀리 있는 대상에 대한 그리움이 드러난다.

2 초장에서 소반 위의 조홍감(홍시)을 본 화자는 곱게 보인다며 반가워한다. 그리고 중장에서 회귤 고사를 떠올리며 부모님께 가져다 드리고 싶다는 생각을 하지만, 종장에 이르러 가져가도 드릴 분이 없다는 사실에 서러워하고 있다.

3 ㉤은 화자와 대상과의 물리적 거리를 의미한다.

오답 뜯어보기 ① 화자는 소반 위에 있는 '조홍감'을 보고 부모님을 떠올리고 있다.

② 화자가 조홍감(홍시)을 가져다 드리면 반길 이는 화자의 부모님이다.

③ '설워ᄒᆞᄂᆞ이다.'라는 시어를 통해 직접적으로 감정을 드러냈다.

④ ㉣은 심리적 거리가 멀다는 것을 의미한다.

4 떨어져 있어도 지척처럼 느끼는 사이와 대립되는 것은 가까이 있어도 마음이 서로 먼 사이이다. 종장에서 화자는 '우리'는 떨어져 있어도 마음이 통하고 서로 가까이 느끼는 사이라고 말하고 있다.

145 만흥 _ 윤선도 224쪽

키포인트 체크 선비, 유유자적, 임금

1 ③ 2 ⑤ 3 ④ 4 (바), 화자가 좋아하는 강산에서 살아가는 것도 임금의 은혜라고 생각한다.

1 이 작품에는 특정한 청자가 나타나지 않는다. (가)의 '남들'은 화자의 말을 듣는 사람이 아니라 자연 속에 살아가는 즐거움을 몰라 화자를 비웃는 사람을 의미한다.

오답 뜯어보기 ① 3(4)·4조 4음보의 규칙적인 율격을 지키고 있다.

② (다)에서 '먼 뫼(산)'를 사람처럼 표현하고 있는데, 이러한 표현을 통해 자연과 하나가 되고자 하는 화자의 삶의 모습을 드러내고 있다.

④ (나)의 종장, (다)의 중장, (라)의 초장, (바)의 초장에 설의적 표현이 나타난다.

⑤ 자연의 이미지를 '산수 간', '먼 뫼', '강산' 등의 다양한 시어로 나타내고 있다.

2 (다)의 중장은 '그리던 님'이 온다고 해도 '먼 뫼(자연)'처럼 반갑지는 않을 것이라는 내용이다. 따라서 '그리던 님'은 화자가 속세에 대한 미련이 남았음을 나타내기 위한 것이 아니라, 자연에서의 삶이 더 낫다는 것

을 말하기 위해 끌어들인 것임을 알 수 있다.

오답 뜯어보기 ①, ② 내 뜻을 모르는 '놈들'은 (A)를 선호하여 화자를 비웃지만, 화자는 (B)가 자신의 분수에 맞는 삶이라 판단하고 있다.

③ '보리밥 풋ᄂᆞ물'은 화자가 자연에서 소박한 삶을 살아가고 있음을 나타낸다.

④ 화자는 자연 속에서 잔을 들고 앉아 '먼 뫼'를 즐기고 있다.

3 (라)에서 화자는 자연 속에서 느끼는 한가한 흥취(임천한흥)가 부귀공명을 비롯하여 세상의 그 어떤 것보다 낫다고 하며 자신의 현재 삶에 자부심을 드러내고 있다. '자격지심'은 자기가 한 일에 대해 스스로 미흡하게 여기는 마음이므로 이와 어울리지 않는다.

오답 뜯어보기 ① '안분지족'은 '편안한 마음으로 제 분수를 지키며 만족할 줄을 앎.'을 이르는 말로, (가)에서 화자는 '내 분'이라고 하며 자신의 삶에 만족하는 모습을 보이고 있다.

② '안빈낙도'는 '가난한 생활을 하면서도 편안한 마음으로 도를 즐겨 지킴.'을 이르는 말로, (나)에서 화자는 보리밥과 풋나물을 알맞게 먹으며 그 나머지 일이야 부러워할 것이 없다고 말하고 있다.

③ '물아일체'는 '물질계와 정신계가 어울려 하나가 됨.'을 이르는 말로, (다)에서 화자는 '먼 뫼'를 사람처럼 대하며 자연과 하나가 되는 모습을 보이고 있다.

⑤ '귀거래'는 '관직을 그만두고 고향으로 돌아감.'을 이르는 말로, (마)에서 화자는 하늘이 자신에게 '인간 만ᄉᆞ(벼슬, 또는 관직)'를 하나도 맡기지 않고 자연을 지키라고 하셨다고 말하고 있다.

4 (바)에서 화자는 자신이 자연에서 살아가는 것도 임금의 은혜라고 말하고 있는데, 이처럼 자연에서의 삶을 노래하면서도 임금의 은혜를 생각하는 것은 연군지정(戀君之情)에 바탕을 둔 것이다.

146 견회요 _ 윤선도 226쪽

키포인트 체크 귀양(유배), 임금, 부모님, 동일시

1 ① 2 ⑤ 3 ② 4 ㉠과 ㉡은 청각적 심상을 활용하고 있으며, 자연물에 감정을 이입하여 화자의 정서를 심화한다.

1 이 작품은 임금에 대한 변함없는 충성심과 부모에 대한 그리움을 노래하고 있다. 하지만 시적 대상인 임금과 부모의 은혜를 예찬하는 내용은 나타나 있지 않다.

오답 뜯어보기 ② 이 작품에서 화자는 임금에 대한 변함없는 충성을 다짐하고 있는데, 이는 화자가 지향하는 바람직한 삶이라고 할 수 있다.

③ (다)와 (라)에서 울며 흐르는 '시내'와 울고 가는 '외기러기'의 청각적 이미지를 통해 화자의 안타까운 심정을 나타내고 있다.

④ (나)에서 화자는 자신이 한 일이 잘못된 것인지 모르지 않는다고 하며 지나간 일에 대해 자책하는 모습을 보인다.

⑤ (라)에서 화자는 부모님에 대한 간절한 그리움을 드러내고 있다.

2 (마)에서 화자는 어버이에 대한 효는 처음부터 알았지만, 임금에 대한 충성도 하늘이 만들었으니 임금에 대한 마음을 잊으면 불효를 저지르는 것과 같다고 했다. 이는 '충'과 '효'가 하나라는 인식일 뿐 충을 효보다 더 우위에 둔 것이라고 볼 수 없다.

오답 뜯어보기 ① 〈보기〉에서 '견회'란 '시름을 떨치다, 회포를 풀다, 마음을 달래다'의 뜻이라고 했다. 따라서 모함으로 인한 유배의 억울함을 달래려는 마음이 제목에 담겨 있다고 볼 수 있다.

② (나)의 종장에 자신은 결백하니 누가 자신을 모함하는 말을 해도 임금님이 잘 판단해 달라는 호소가 담겨 있다.

③, ④ 이 작품은 (가)~(다)에서 임금에 대한 충성을, (라)에서 부모에 대한 효를, (마)에서 이 둘을 통합하는 방식으로 시상을 전개하고 있다.

3 화자는 '내 일'이 '망녕된' 줄을 알면서도 임을 위해 행했다고 했다. 제3수의 '내 뜻' 또한 임을 향한 것이므로 〈제2수〉의 '내 일'과 〈제3수〉의 '내 뜻'은 상반되지 않으며, 오히려 같은 맥락에 놓여 있다고 볼 수 있다.

오답 뜯어보기 ① 〈제1수〉의 '옳다 하나 외다 하나'는 화자의 행동에 대한 타인들의 평가이고 〈제2수〉의 '아뫼'는 화자의 행동에 대해 이야기하는 타인들을 의미한다.

③ 〈제4수〉에서 '뫼'와 '물'이 길고 멀다고 하여 대상과의 거리감, 단절감을 표현했으므로 이를 통해 '추성(秋城)'은 그리움의 대상으로부터 멀리 떨어진 공간으로 인식될 수 있다.

④ 〈제4수〉의 '뜻'은 어버이에 대한 그리움, 〈제5수〉의 '뜻'은 임금에 대한 충성심을 의미한다. 〈제5수〉의 종장에서 '진실로 님군을 잊으면 긔 불효인가 여기노라.'라고 했으므로 〈제5수〉의 '뜻'은 부모에 대한 그리움을 임금에 대한 충성심으로 확대해서 표출한 것으로 볼 수 있다.

⑤ 〈제5수〉의 '님군 향한 뜻'은 충성심을 의미하므로 〈제1수〉의 '내 몸의 해올 일'을 직접적으로 제시한 것이라고 할 수 있다.

4 ㉠ '시내'와 ㉡ '외기러기'는 모두 자연물로, 화자가 자신의 감정을 이입한 대상이다. ㉠은 울면서 흐르는 것으로, ㉡은 울면서 날아가는 것으로 표현되어 청각적 심상을 느낄 수 있다. 이처럼 자연물이나 사물에 감정을 이입하여 표현하면 관념적 정서를 구체화하고 정서를 심화하여 나타낼 수 있다.

147 오우가 _ 윤선도 228쪽

키포인트 체크 벗, 인간, 예찬

1 ④ 2 ⑤ 3 ⑤ 4 • 공통점: 화자는 '달'이 높이 떠서 세상 모든 사물을 비춰 주기를 바라고 있다. • 차이점: (바)에서 '달'은 과묵함의 미덕을 지닌 예찬의 대상이지만 〈보기〉에서의 '달'은 화자의 소망을 이루어 주길 기원하는 대상이다.

1 이 작품은 (가)에서 '물, 바위, 소나무, 대나무, 달'을 소개하면서 시상을 일으키고 (나)~(바)에서 이들을 병렬적으로 나열하면서 각각의 속성을 예찬하고 있다. 시상을 점층적으로 확대한다는 것은 작품을 통해 표현하고자 하는 바를 점점 강하게 하거나, 크게 하거나, 높게 해 나가는 방식으로, 이 작품에는 나타나지 않았다.

오답 뜯어보기 ① (나)의 초장과 중장, (다)의 초장과 중장, (라)의 초장, (마)의 초장과 중장에 대구법이 사용되었으며, 이는 시조의 규칙적인 음보와 함께 리듬감을 형성한다.

②, ⑤ (나)~(바)에서 자연물인 '물, 바위, 소나무, 대나무, 달'을 병렬적으로 나열하면서 이들의 속성을 예찬하고 있다.

③ (나)에서는 '물'을 '구름, 바람'과 대조하여 물이 지닌 불변성을 예찬하고 있으며, (다)에서는 '바위'를 '꽃, 풀'과 대조하여 '바위'가 지닌 불변성과 영원성을 예찬하고 있다.

2 ①은 때에 따라 변하는 구름 빛깔, ②는 불었다 그쳤다 하는 바람을 표현한 것으로 물의 속성인 불변성과 대비되는 가변성을 나타낸다. 그리고 ③은 계절에 따라 피었다 지는 꽃, ④는 푸르다가 누렇게 변하는 풀을 표현한 것으로 바위의 속성인 영원성과 대비되는 순간성을 나타낸다. ⑤는 대나무를 묘사한 것으로, (마)에서는 나무나 풀과 다르게 곧고 속이 비었으며 사계절 내내 푸른 대나무의 절개를 예찬하고 있다. 따라서 ①~④는 부정적 속성, ⑤는 긍정적 속성을 나타낸 것이라고 할 수 있다.

3 (바)의 '보고도 말 아니ᄒᆞ니'는 달의 과묵한 속성을 표현한 것이다. (바)에서 화자는 달의 속성을 예찬하고 있으므로, 이를 작가가 현실에서 느낀 좌절감과 연결 짓는 것은 적절하지 않다.

오답 뜯어보기 ① 이 작품은 자연을 벗 삼아 살아가면서 여러 자연물이 지닌 속성을 예찬하는 모습을 드러내고 있는데, 이는 자연을 현실에서의 좌절감을 해소하기 위한 세계로 여긴 것과 관련된다.

② 자연물을 벗이라고 생각하고, 사람처럼 '너', '그'라고 지칭하는 것을 통해 자연을 인격체로 대하고 있음을 알 수 있다.

③ '이 다섯'은 '물, 바위, 소나무, 대나무, 달'로, 화자는 이들이 지닌 긍정적 속성을 예찬함으로써 본보기로 삼고 있음을 드러낸다.

④ '물, 바위, 소나무, 대나무, 달' 말고 다른 벗은 필요 없다는 의미로, 다섯 가지 자연물에 대한 예찬과 함께 자연에서의 삶에 만족하는 모습이 담긴 것으로 볼 수 있다.

4 〈보기〉는 남편에게 '즌 ᄃᆡ'로 비유되는 부정적인 상황이 일어나지 않기를 '달'에게 기원하고 있다는 점에서, '달'을 예찬의 대상으로 보고 있는 (바)와 차이가 있다.

148 어부사시사 _ 윤선도 230쪽

키포인트 체크 어부, 계절, 합일

1 ① **2** ③ **3** ④ **4** 여음이 삽입되어 있다. 종장의 첫 음보가 3음절로 고정되어 있지 않다.

1 이 작품은 계절에 따라 변하는 자연의 아름다움에 대한 감탄과 자연에서 풍류를 즐기는 어부의 모습을 노래하고 있다. 자연의 속성에서 교훈을 얻는다는 것은 자연이 지닌 불변성이나 순리에 따른 변화, 인간에게 주는 혜택 등의 긍정적 속성에서 깨달음을 얻는 것을 의미하므로 이 작품과는 거리가 멀다.

오답 뜯어보기 ② (가)에서 낚시를 마치고 돌아오며 느끼는 삶의 만족감을 노래하고 있다.

③ 이 작품은 계절마다 펼쳐지는 아름다운 어촌의 모습과 그에 따른 어부 생활의 흥취를 담고 있다.

④ (나)와 (라)에서 자연에서 느끼는 정취를 촉각과 시각적 이미지를 통해 표현하고 있다.

⑤ '낫대', '어부', '봉창(篷窓; 배의 창문)', '만경류리(萬頃琉璃; 유리처럼 반반하고 아름다운 바다)' 등에서 나타난다.

2 ⓒ은 악기 소리를 흉내 낸 말이 아니라 노 젓는 소리와 노를 저을 때 외치는 소리를 나타내는 의성어이다.

오답 뜯어보기 ①, ② 〈보기〉에서 ㉠은 배의 출항에서 귀항까지의 과정을 보여 준다고 했다. 즉, ㉠은 배의 이동과 관련하여 각 계절의 10수마다, 제1수에서 배를 띄우는 모습('비 떠라 비 떠라')부터 제10수에서 배를 대는 모습('비 브텨라 비 브텨라')까지 제시되어 작품 전체를 유기적으로 연결하는 역할을 한다.

④ ⓒ은 노 젓는 소리와 노 저을 때 외치는 소리로, 배를 타고 풍류를 즐기는 화자의 정서와 연결되어 흥취를 더욱 높여 준다.

⑤ ㉠, ⓒ과 같은 여음은 평시조의 단조로운 흐름에 변화를 주는 역할을 한다.

3 (라)에서 화자는 눈이 갠 후 펼쳐지는 바닷가의 아름다운 모습에 감탄하며 자신이 현재 있는 곳을 신선의 세계에 비유하고 있다. 따라서 '눈'은 겨울 풍경의 아름다움을 나타낼 뿐, 화자가 현실 정치로 인해 겪은 고난을 상징한다고 볼 수 없다.

오답 뜯어보기 ① 낚싯대를 막대로 삼는다는 것은 고기를 잡는 일에 크게 관심이 없음을 나타낸다고 볼 수 있다.

② 바람의 방향이 일정하지 않으니 배가 가는 대로 두라는 것은 일정한 목적 없이 그저 자연에서 한가롭게 즐기는 모습을 나타낸 것이다.

③ '믈외'는 세속을 떠난 곳으로, 화자가 살아가는 자연을 의미한다.

⑤ 화자가 살아가는 자연을 인간 세계가 아닌 신선 세계라고 했으므로 여기서 인간은 〈보기〉의 혼탁한 정치 현실과 연결 지을 수 있다.

4 이 작품은 시조의 일반적인 형식을 지키는 듯하면서도 살짝 빗겨나 있다. 먼저 일반적인 시조에는 없는 여음(후렴구)이 있으며, 후렴구를 빼면 다른 시조와 같은 형식처럼 보이지만 (나)에서는 종장의 첫 음보가 2음절이고, (다)에서는 종장의 첫 음보가 4음절이다.

149 매화사 _ 안민영 232쪽

키포인트 체크 매화, 의인화, 절개

1 ⑤ **2** ⑤ **3** ① **4** (가)의 거문고 연주는 화자가 풍류를 즐기기 위한 방법이고, 〈보기〉의 거문고 연주는 덕보가 마음을 수양하기 위한 방법이다.

1 (마)에서 '철쭉'과 '두견화'를 매화와 비교하고 있으나 눈 속에서도 필 수 있는 꽃은 매화뿐이라고 하며 대상 간의 공통된 속성이 아닌 매화의 속성을 부각하고 있다.

오답 뜯어보기 ① (나)와 (다)에서 매화를 '너'로 호칭하여 매화를 사람처럼 대하면서 매화의 고결함과 지조를 예찬하고 있다.

② (라)와 (마)의 종장에는 쉽게 판단할 수 있는 사실을 의문의 형식으로 표현하여 뜻을 강조하는 설의법이 쓰였으며, 이를 통해 매화의 지조와 절개를 강조하고 있다.

③ (가)에서 매화의 그림자가 비치는 방에서 매화를 보며 거문고를 타고 노래를 부르는 노인들, 떠오르는 달 등을 묘사하여 낭만적 분위기를 형성했다.

④ (다)에서 '네로구나'라고 말을 건네는 듯한 방식으로 눈 속에 핀 매화의 지조를 드러내고 있다.

2 '봄 뜻'은 당대 이념과 관련하여 '지조나 절개'로, 심미적 태도로는 '겨울임에도 핀 아름다운 꽃'으로, 풍류적 태도로는 '겨울에도 흥을 불러일으키는 대상'으로 각각 이해할 수 있다. 따라서 당대 이념에만 국한하여 감상해야 시어의 의미를 파악할 수 있는 것은 아니다.

오답 뜯어보기 ① (가)에서는 '매영'이 불러일으킨 풍류를 거문고와 노래를 통해 즐기는 모습이 드러나 있다.

② 거문고를 뜯으며 노래하다 다른 사람들과 풍류를 함께 즐기고자 술잔을 서로 권하는 것이다.

③ 달빛을 받은 매화의 모습이 아름답기 때문에 황혼에 뜨는 달을 기다린다고 했다.

④ 이 작품에서는 자연물인 매화의 아름다운 모습을 예찬하면서도 절개, 지조 등의 규범적인 가치를 부여하고 있다.

3 (가)의 '백발옹'은 매화를 바라보고 즐기는 화자를 의미한다.

오답 뜯어보기 ② '부동터라.'는 향기가 떠돈다는 의미로, 후각을 시각화한 표현이다.

③ '빙자옥질'은 '얼음같이 맑고 깨끗한 살결과 구슬같이 아름다운 자질'이라는 의미로, 매화를 아름다운 여인에 비유하여 의인화한 표현이다.

④ '봄 뜻'은 겨울의 추위 속에서 봄이 오기를 기다리는 화자의 소망을 나타낸다.

⑤ '척촉'과 '두견화'는 눈 속에서도 필 수 있는 매화와는 대조되는 존재이다.

4 (가)에서는 매화 그림자가 비친 창을 배경으로 거문고를 연주하고 있으므로 이때 거문고 연주는 풍류를 즐기기 위한 방법임을 알 수 있다. 반면 〈보기〉에서는 덕보가 세속과 거리를 두면서 거문고를 타고 있으므로 마음을 수양하기 위한 방법으로 거문고를 연주하는 것으로 볼 수 있다.

지식+

- **박지원, 〈홍덕보 묘지명〉**
- 갈래: 고전 수필
- 성격: 회고적, 예찬적
- 주제: 덕보 홍대용의 인물됨과 비범한 재주에 대한 예찬
- 감상: 묘지명에 해당하는 잡문이지만 수필의 범주에 넣을 수 있다. 덕보 홍대용과의 교류에 따른 개인적인 체험과 일화를 통해 그의 비범한 재주를 찬미하며 홍대용의 평소 생활 자세와 그가 지닌 능력을 부각하고 있다.

2 | 가사

170 선상탄 _ 박인로 242쪽

키포인트 체크 임진왜란, 전쟁, 분노, 태평성대

1 ④ **2** ② **3** ⑤ **4** 나라를 걱정하는 마음 **5** ③ **6** ④ **7** ① **8** ④ **9** 왜적의 흉악한 꾀에 넘어가 씻을 수 없는 치욕을 당한 임진왜란을 의미한다. **10** 왜가 비록 적이지만 죽이지 않고 우리 임금의 성덕으로 함께 잘 살고자

1 이 작품은 중국 고사를 인용하여 전쟁에 대한 한탄을 드러내고 있을 뿐, 상황을 해학적으로 표현한 부분은 찾을 수 없다.

오답 뜯어보기 ① '일장검(一長劍) 비기 추고', '여기 진목(勵氣瞋目)ᄒᆞ야' 등에서 남성적이고 강건한 문체를 엿볼 수 있다.

②, ③ 화자가 '주사(舟師)'의 신분으로 진동영에 내려간 경험을 바탕으로 내용이 전개되고 있다.

⑤ 헌원씨, 진시황, 서불과 관련된 고사를 인용하여 배와 왜적이 생겨나게 한 그들을 원망함으로써 왜적에 대한 적개심과 전쟁에 대한 안타까움을 효과적으로 형상화하고 있다.

2 (나)에서 화자는 '비'가 있어 오랑캐가 쳐들어올 수 있었다고 하며 '비'를 만든 헌원씨를 원망하고 있다. 즉, 화자는 '비'가 전쟁을 일으킨 원인이라고 여기고 있으므로 이때 '비'는 화자에게 시름을 불러일으킨다고 볼 수 있다. 한편 〈보기〉의 '빈 배'는 낚시를 갔던 화자가 무심한 달빛만 싣고 돌아오는 것이므로 화자의 무욕의 정서를 보여 준다고 할 수 있다.

3 〈보기〉에서는 이 작품이 우국충정을 바탕으로 왜적에 대한 강한 분노와 적개심을 표현하고 있다는 점을 제시하고 있다. ㉤은 선상을 배회하며 과거의 일을 생각한다는 의미로, 전쟁을 일으킨 왜적을 막지 못한 것에 대한 반성의 태도를 나타내는 것과는 관련이 없다.

오답 뜯어보기 ① ㉠은 선조 38년, 즉 1605년임을 의미하는 것으로, 이를 통해 작품의 배경이 1592년에 일어난 임진왜란 이후임을 알 수 있다.

② ㉡은 병이 깊다고 그대로 주저앉아 있을 수 없다는 의미로, 나라의 위기 상황에서 우국충정을 발휘하려는 화자의 자세를 나타내고 있다.

③ ㉢에서 눈을 부릅뜨고 대마도를 굽어보는 행동은 임진왜란을 일으킨 왜적에 대한 화자의 강한 분노를 나타낸 것이다.

④ ㉣에서 '황운(黃雲)'은 전쟁의 기운을 비유적으로 나타낸 것이다.

4 ⓐ는 주사(舟師)로서의 임무를 부여받은 후 느끼는 시름이다. 왜적의 존재가 없었다면 '이 시럼'이 없었을 것이라고 하는 것으로 보아 ⓐ는 왜적으로부터 나라를 지켜야 하는 데서 오는 시름, 즉 나라를 걱정하는 마음을 의미한다.

5 이 작품에는 겉으로는 모순되어 보이나 그 속에 진실을 담고 있는 표현으로 의미를 강조하는 역설법은 나타나지 않는다.

오답 뜯어보기 ① (나)의 '석일 주중에는 ~ 대검 장창쁜이로다.', (라)의 '사제갈도 생중달을 ~ 방연을 잡아거든' 등에서 대구 표현이 나타난다.

② (라)의 '구시월 상풍에 낙엽가치 헤치리라.'에서 적을 서릿바람에 낙엽이 지는 것처럼 해치겠다는 의지가 비유적으로 드러난다.

④ (라)의 '칠종칠금을 우린들 못 ᄒᆞᆯ 것가.'라는 설의적 표현을 통해 적을 쉽게 물리치겠다는 화자의 생각을 드러내고 있다.

⑤ (마)의 '수이 결항ᄒᆞ야ᄉᆞ라.'라는 부드러운 명령형 표현을 통해 왜적에게 빨리 항복할 것을 촉구하고 있다.

6 (나)에서는 전쟁 전후에 달라진 배의 쓰임을 언급하고 있는데, ⓐ는 술상이 어지럽게 흩어져 있던 옛날의 배 안, ⓑ는 큰 칼과 긴 창뿐인 오늘날의 배 안을 가리킨다. 따라서 ⓐ의 배는 풍류의 수단, ⓑ의 배는 전쟁의 수단이라고 할 수 있다.

오답 뜯어보기 ① 화자는 배가 전쟁의 수단으로 사용되어 배를 타고 흥취를 즐길 수 없음을 안타까워하고 있으므로 ⓑ가 이상적인 삶의 모습을 나타낸다고 볼 수 없다.

② ⓐ와 ⓑ 모두 이동 수단으로서의 배의 가치와는 관련이 없다.

③ 배의 쓰임이 ⓐ에서 ⓑ로 달라진 것은 전쟁 때문으로, 계절의 변화와는 관련이 없다.

⑤ ⓐ와 ⓑ는 배에 대한 화자의 인식보다는 배의 쓰임과 관련이 있다.

7 '저그나 저흘소냐.'는 '조금도 두려워하지 않겠다.'라는 뜻의 설의적 표현으로, 화자가 왜적들의 신체가 왜소하다며 업신여기는 모습은 드러나지 않는다.
오답 뜯어보기 ② '생중달'과 '방연'은 물리쳐야 할 대상이므로 왜적인 '서절구투'와 대응한다고 볼 수 있다.
③, ④ '제갈공명, 사마중달, 손빈, 방연' 등의 고사를 인용하여 무인으로서 화자의 기개와 우국충정을 드러내고 있다.
⑤ 제갈공명은 죽은 몸, 손빈은 발이 없는 몸이지만, 화자 자신은 수족이 성하고 살아 있어서 화자 자신이 더 나은 상황임을 드러내고 있다.

8 ㉡은 '태평성대의 백성', ㉤은 '태평성대'를 가리키는 말로 그 의미가 유사하다.

9 '해추(海醜)'는 '왜적'을, '흉모(兇謀)'는 '흉악한 꾀'를, '만고수(萬古羞)'는 '왜적으로 인해 당한 치욕, 즉 임진왜란'을 가리킨다. 작가는 이러한 표현을 통해 왜적에 당한 수치심을 드러내고 있다.

10 (마)에서는 왜적에게 항복할 것을 요구하며, 우리 임금의 덕이 왜적과도 함께 살기를 바라기 때문에 항복하면 죽이지 않겠다고 했다. 이로 보아 이 작품은 단순히 적에 대한 적개심을 드러내는 것이 아니라, 평화 공존을 통한 태평성대를 기원하는 내용도 담고 있음을 알 수 있다.

171 누항사 _ 박인로 246쪽

키포인트 체크 고향, 궁핍, 빈이 무원

1 ⑤ 2 ② 3 ② 4 ⑤ 5 ③ 6 ⑤ 7 ④ 8 ⑤ 9 일상생활의 단면을 포착하여 구체적으로 그렸다.(경제적으로 몰락한 사대부의 현실 상황을 사실적으로 그렸다.)

1 이 작품은 작가가 농촌 생활을 하며 겪은 어려움을 사실적으로 그리고 있으며, 전원생활을 하면서 풍류를 즐기는 모습은 찾아볼 수 없다. (나)에서 소 주인이 꿩을 안주 삼아 술을 취하게 먹었다고 한 것은 건넛집에서 대접받은 상황으로, 화자에게 소를 빌려 줄 수 없는 이유와 연결될 뿐 전원생활과는 관련이 없다.
오답 뜯어보기 ① 가사의 기본 형식인 4음보의 율격을 대체로 지키면서도 그 속에 농촌 생활을 하며 어려움을 겪은 화자의 생활 모습이 하나의 줄거리가 있는 사건처럼 전개되고 있다.
② (가)의 '친절호라 너긴 집의 ~ 허위허위 다라셔', (나)의 '헌 먼덕 수기스고 ~ 설피설피 물너 오니'에 마음이 급해 소를 빌리러 가는 화자의 심리와 소를 빌리지 못해 좌절하는 화자의 모습이 드러난다.
③ 화자와 소 주인 간의 대화를 인용하여 내용을 전개하고 있다.
④ 농사를 짓고자 하나 소가 없어 이웃에 소를 빌리러 가고, 소 빌리기를 거절당해 실망하는 모습에서 화자가 생활 속에서 겪는 어려움을 엿볼 수 있다.

2 화자의 초라한 모습을 통해 경제적 상황에 따라 가난한 양반 사대부의 지위가 보장되지 않는 현실을 알 수 있지만, 화자의 신분이 평민으로 바뀐 것으로는 볼 수 없다.
오답 뜯어보기 ①, ③ 화자는 양반 사대부이지만 소를 소유한 농민보다 경제적 상황이 어려운 처지로, 이를 통해 임진왜란 이후 양반 사대부의 궁핍한 현실이 사실적으로 드러나 있다.
④ 양반 사대부가 평민에게 소를 빌려 달라고 아쉬운 말을 하는 것은 권위적이었던 양반 사대부의 삶의 방식이 무너진 것을 보여 준다.
⑤ 극심한 가뭄('한기대심')으로 농사지을 시기를 놓치고, 소가 없어서 농사를 지을 수 없는 상황은 임진왜란 이후의 피폐해진 사회적 상황의 한 단면이라고 할 수 있다.

3 '목 불근 수기치'는 화자가 아니라 건넛집 사람이 소 주인에게 대접한 것이다.
오답 뜯어보기 ① 화자는 농사를 지으려 하지만 소가 없는 '궁가', 즉 가난한 처지로 걱정이 많아 소를 빌리러 온 것이다.
③, ④ 소 주인은 소를 빌리러 온 화자에게 '간 이근 삼해주'를 대접한 건넛집 사람의 '이러한 은혜'를 갚지 않을 수 없어 그에게 소를 빌려 주겠다고 '큰 언약'을 했다고 한다. 즉, 이러한 이유로 화자의 부탁을 우회적으로 거절하고 있는데, 이처럼 자신의 이익을 살피는 모습에서 실리에 따라 행동하는 민중의 모습을 엿볼 수 있다.
⑤ 소 빌리기를 거절당하고 맥없이 물러 나오는 화자를 보고 개가 짖는 것을 통해 화자의 비참한 처지를 환기하고 있다.

4 ㉠~㉣은 소 주인이 화자에게 한 말이므로 대화의 대상이 화자이지만, ㉤은 소 주인이 건넛집 사람에게 한 말이므로 대화의 대상이 건넛집 사람이다.

5 이 작품에는 반어적 표현이 쓰이지 않았다. 노동과 관련된 내용은 (가)에 나타나는데, (가)에서 화자는 봄에 해야 할 밭갈이를 못하게 되자 우울해하다가 결국 밭갈이를 포기한다. 따라서 노동의 가치를 강조하는 것과도 거리가 멀다.
오답 뜯어보기 ① 밭을 갈기 위해 소를 빌리려다 실패한 작가의 생활 체험을 통해 현실의 어려움과 빈이 무원의 의지를 드러내고 있다.
② (다)의 '인간 어너 일이 명 밧긔 삼겨시리.'는 설의적 표현으로, 운명론적 인생관을 드러낸 부분이다.
④ (나)에서 '명월청풍'과 '백구'를 의인화하여 자연 친화적 태도를 드러내고 있다.
⑤ (다)의 후반부에서 '태평천하', '충효', '화형제 신붕우'라는 한자어를 사용하여 유교적 가치관을 드러내고 있다.

6 (다)에서 화자는 자신의 가난을 '명(운명)'으로 받아들이며, 이러한 자신의 삶에 '설온 뜻(서러운 마음)'은 없다고 했다. 따라서 화자가 '설온 뜻'에서 시름을 얻는 것은 아니며, 강호는 빈이 무원의 태도로 살아가고자 하는 공간이므로 시름을 위로받기 위해 찾는 공간이라고 볼 수도 없다.

7 ㉣에서 '유비군자'는 교양 있는 선비를 가리키는 말로, 여기서는 화자처럼 안빈낙도의 삶을 살고 있는 사람들을 의미한다. 따라서 ㉣을 세속적 삶을 추구한 사람들에 대한 비판으로 이해하는 것은 적절하지 않다.
오답 뜯어보기 ① ㉠은 소를 빌리지 못해 밭갈이를 할 수 없는 화자가 밭이 있는 들, 나아가 세상에서 느끼는 거리감을 반영한 표현으로 볼 수 있다.
② ㉡에서는 아까운 쟁기가 '빈집 벽 한가운데 쓸데없이 걸려 있구나.'라고 하고 있다. 이는 사대부의 직분을 실천할 만한 지위를 얻지 못하고 농촌에서의 삶에도 소외된 화자의 처지를 드러낸 것으로 볼 수 있다.

③ ㉢은 '먹고사는 일이 누가 되어'라는 뜻으로, 선비로서의 고결한 삶을 살기 위해 안빈낙도를 다짐했지만 배고픔 때문에 그러한 삶을 오랫동안 잊고 지냈음을 알 수 있다.

⑤ ㉤은 자연을 벗하며 살겠다는 다짐으로, 화자가 선택한 안빈낙도의 삶에 대한 의지로 볼 수 있다.

8 '온포(溫飽)'란 '따뜻하게 입고 배불리 먹음.'을 뜻하는 말로 화자가 추구하는 삶과는 거리가 멀다. 나머지는 모두 자연을 벗 삼아 안빈낙도하는 삶과 관련된다.

9 〈상춘곡〉으로 대표되는 조선 전기 가사는 자연과의 조화를 통한 안빈낙도의 철학을 드러내는 것이 특징이다. 그러나 이 작품은 사실적·구체적인 현실 상황을 제시한다는 점에서 이러한 조선 전기 가사와 구별된다.

172 일동장유가 _ 김인겸 250쪽

키포인트 체크 | 일본, 여정, 열등

1 ③ **2** ⑤ **3** ④ **4** ③ **5** 풍랑 속에서 배가 가야 할 길, 우리 민족이 나아가야 할 길 **6** ② **7** ③ **8** ① **9** ③

1 (가)에서 바람이 불고 풍랑이 일어난 바다의 모습과 (다)에서 아름다운 바다의 풍경을 묘사한 부분이 있지만, 이러한 배경 묘사가 계절감을 드러내고 있지는 않다.

오답 뜯어보기 ①, ④ (나)의 '태산 ᄀᆞᄐᆞᆫ 셩낸 물결 ~ 믈 속의셔 희롱ᄒᆞ니.'에서 풍랑이 일어난 바다의 모습을 비유법과 과장법을 통해 묘사하고 있다.

② '-도다', '-구나', '-고' 등의 감탄형 어미를 사용하고 있다.

⑤ (나)에서는 밤에 폭풍이 일어나 배가 흔들리는 장면을 묘사하고 있고, (다)에서는 풍랑이 가라앉은 아침에 눈앞에 펼쳐지는 바다의 경관에 감탄하고 있다.

2 (다)는 화자가 풍랑이 가라앉은 아침 바다의 장엄한 광경을 보고 감탄하는 장면이다. 따라서 보고 들은 사건을 정확하게 기록하여 객관적인 느낌을 주는 것과는 거리가 멀다.

오답 뜯어보기 ① 이 작품은 삼방서기로서 통신사 일행의 여러 기록을 담당한 작가의 임무와 관련하여 기록한 것이다.

② (가)는 일본으로 가기 위해 부산에서 배를 타고 떠나는 통신사 일행의 모습을 보여 준다.

③ (가)의 부산 앞바다에서 (나), (다)의 바다 한가운데로의 공간 이동이 나타난다.

④ (나)는 바다 가운데서 폭풍을 만난 상황을 비유적으로 표현하고 있으므로 작가의 주관적 감상으로 볼 수 있다.

3 이 작품에서 화자는 풍랑이 심해 배가 몹시 흔들리자 선실 안에서 이를 견디고 있을 뿐, 돛대를 세우기 위해 노력하지는 않았다.

오답 뜯어보기 ①, ② (가)의 '삼현과 군악 소리 산히를 진동ᄒᆞ니'를 드러내기 위한 계획으로 적절하다.

③ (가)에서 '연히 변진 각 포의 / 불빗 두어 뎜이 구름 밧긔 뵐 만ᄒᆞ니.'라고 했으므로 적절하다.

⑤ (다)에서 '이윽고 히 돗거ᄂᆞᆯ 장관을 ᄒᆞ여 보시'라고 했으므로 적절하다.

4 ㉢은 '요강'과 가래나 침을 뱉는 그릇인 '타구'가 넘어지는 모습으로, 화자가 넘어지는 모습을 나타낸 것은 아니다.

오답 뜯어보기 ① ㉠은 화자 일행이 여섯 배로 나누어 탄 것을 나타낸 것으로 화자 일행의 규모가 매우 크다는 것을 알 수 있다.

② ㉡은 바람이 심하게 불어 돛이 마치 반달 모양처럼 된 모습을 묘사한 것이다.

④ ㉣의 '구만 니 우쥬 속의 큰 믈결'은 '한눈에 바라볼 수 없을 정도로 아득하게 멀고 넓어서 끝이 없음.'을 의미하는 '일망무제(一望無際)'와 의미가 통한다.

⑤ ㉤은 부산에 있는 산이 눈썹처럼 작게 보인다는 것이므로 육지에서 멀리 떠나왔음을 의미한다.

5 ⓐ는 '일본으로 향하는 배가 가는 길'을 가리키는 동시에 '조선이 앞으로 나아가야 할 길'을 중의적으로 표현한 것으로 볼 수 있다.

6 화자는 '선듕(배)'에서 대마도의 '좌슈포', '포구'로 이동하고 있으며(ㄱ), 화자가 직접 본 대마도의 마을 모습과 일본 사람들의 외양을 묘사하고 있다(ㄷ).

오답 뜯어보기 ㄴ. 일본 사람들을 얕잡아보는 태도가 드러나 있으며 대상에 대한 친근감은 나타나지 않았다.

ㄹ. 폭풍을 이기고 대마도에 당도한 뒤 포구에 들어가며 본 마을의 모습과 일본 사람들의 모습을 제시하고 있을 뿐 시간의 흐름에 따른 정서의 변화는 드러나지 않는다.

7 화자는 (가)에서 종사장에 대한 느낌을 드러내고 있고, (나)에서는 대마도의 풍경에 감탄하고 있다. 따라서 이 작품에서 개인의 주관적 감상을 드러내지 않았다고 보는 것은 적절하지 않다.

오답 뜯어보기 ①, ⑤ (다)에서 일본 사람의 외양과 의복을 자세하게 소개하고 있는데, 이를 통해 조선 후기 가사의 장편화 경향을 엿볼 수 있다.

② 화자가 일본에서 체험한 것을 전달함으로써 독자가 일본 문화를 접하게 된다는 점에서 실질적인 내용이 담겼다고 할 수 있다.

④ (나)에서 대마도에 도착하여 목격한 마을의 모습을 사실적으로 묘사하고 있다.

8 폭풍을 만나 배 안의 사람들이 뱃멀미와 토를 할 때 종사상이 태연히 앉아 있었다고 한 것은 종사상의 의연한 모습을 드러낸 표현일 뿐 종사상이 위기를 감지하지 못했던 것이라고 볼 수는 없다.

오답 뜯어보기 ② (가)의 '더마도 갓갑다고 샤공이 니ᄅᆞ거ᄂᆞᆯ, / 고텨 니러 나와 보니 십 니는 남앗고나.'에서 확인할 수 있다.

③ (가)의 '션힝이 안온ᄒᆞ야 좌슈포로 드러가니, / 신시는 ᄒᆞ여 잇고 복션은 몬져 왓다.'에서 확인할 수 있다.

④ (나)의 '인개ㅣ 쇼됴ᄒᆞ고 여긔 세 집 뎌긔 네 집 / 합ᄒᆞ야 혜게 되면 수오십 호 더 아니타.'에서 확인할 수 있다.

⑤ (다)의 '남진 잇는 겨집들은 감아ᄒᆞ게 니를 칠ᄒᆞ고 ~ 압흐로 씌를 미고 니를 칠티 아냣구나.'에서 확인할 수 있다.

9 ⓒ는 자연의 경치에 대한 감탄을 드러낸 것이므로 〈보기〉의 관점과 거리가 멀다.

오답 뜯어보기 ① ⓐ에서는 사신 일행을 맞으러 오는 배를 '왜션'이라 낮추어 부르고 있다.

②, ④ ⓑ의 '왜놈'과 ⓓ의 '왜봉 여섯 놈'은 일본 사람을 낮추어 부른 말이다.
⑤ ⓔ는 일본의 집을 노적 더미에 비유한 것으로, 일본을 얕보는 시각이 반영되어 있다.

173 만언사 _ 안조환 254쪽

키포인트 체크 유배, 사실적, 반성

1 ② 2 ② 3 ③ 4 ⓐ: 탐화봉접, ⓑ: 화자는 법에 걸려 유배를 오게 되었다. 5 ④ 6 ④ 7 ⑤ 8 ①

1 (나)에 여름이 지나고 가을이 되어 황금색으로 변한 보리밭의 모습과 풍년이 들어 편안한 생활을 하고 있는 농부의 모습이 표현되어 있지만 자연과 인간사의 대비를 통해 주제를 부각하고 있지는 않다.
오답 뜯어보기 ① (가)의 '남방 염천', '맥풍'에서 계절감(여름)이 드러난다.
③ (가)의 '옥식 진찬 어디 두고 ~ 모양은 귀신이라'에서 과거와 대조되는 음식과 옷, 귀신 같은 화자의 모습을 통해 현재의 어렵고 비참한 처지가 드러난다.
④ (다)의 '범 물릴 줄 알았으면 ~ 공명 탐심 하였으랴'에서 유사한 어구를 반복하고 (나)와 (다)의 마지막 부분에 설의적 표현을 사용하여 자신이 지은 죄를 반성하는 모습을 드러내고 있다.
⑤ (나)의 "묻노라 저 농부야 ~ 부르는가"에서 농부에게 말을 걸며 정서를 드러내고 있다.

2 (가)에는 유배 생활을 하는 자신의 처지에 대한 한탄이 드러나며, (나)와 (다)에는 자신이 지은 죄에 대한 후회와 반성이 드러난다. 그러나 화자가 자신의 억울함을 호소하는 모습은 찾을 수 없다.
오답 뜯어보기 ① (가)에서 화자는 한숨이 절로 난다고 하며 유배당한 처지인 자신의 신세를 한탄하고 있다.
③ 화자는 유배 오기 전의 풍족한 생활을 떠올리고 있으며, 공명을 좇아 그릇된 행동을 했던 자신의 잘못을 되돌아보고 있다.
④ (다)의 '어제 옳던 말이 오늘에야 왼 줄 알고 / 뉘우친 마음이야 없다야 하랴마는'에서 화자가 자신의 잘못을 뉘우치고 있음을 알 수 있다.
⑤ 화자는 과거의 풍족한 생활과 대조하여 현재의 비참한 처지에 대한 한탄을 드러내고 있다. 이를 통해 화자가 현재의 생활에 만족하지 못하고 있음을 알 수 있다.

3 ㉢은 열심히 일하여 수확하는 농부의 삶이 즐거운 것을 알았다면 공명을 탐하지 않았을 것이라는 말로, 자신이 과거에 한 일을 후회하는 내용일 뿐 이를 유배에서 풀려나도 벼슬을 하지 않겠다는 뜻으로 볼 수는 없다.
오답 뜯어보기 ① ㉠에서 뜨거운 여름날에 입고 있는 누비바지가 굴뚝을 막았던 멍석 같다고 표현한 것은 유배지에서 자신이 겪고 있는 고난을 과장되게 표현한 것으로 볼 수 있다.
② ㉡은 자신의 처지가 너무 한심하여 미친 사람이 다 되었다는 표현으로 심리적으로 고통받고 있음을 나타낸 것으로 볼 수 있다.
④ ㉣은 비유적 표현으로 '백운(욕심 없는 삶)'이 좋은 줄 알았다면 잘못을 저지르지 않았을 것이라는 의미이다. 이는 자신의 잘못이 의도적인 것이 아니라 실수임을 전달하기 위한 것으로 볼 수 있다.
⑤ ㉤은 자신이 죄를 지을 줄 알았으면 공명을 탐하지 않았을 것이라는 내용을 유사한 어구를 반복하여 나타낸 표현으로, 자신의 죄가 실수였음을 강조하려는 의도로 볼 수 있다.

4 공명을 좇는 화자 자신을 비유한 표현은 '탐화봉접'으로, '망라에 걸렸으랴'에서 화자가 공명을 좇다 법에 걸려 유배를 오게 되었음을 알 수 있다.

5 (다)에는 화자가 낚싯대를 들자 놀라 달아나려는 '백구(갈매기)'를 보며 임금에 대한 충성과 임금의 은혜에 감사하는 마음을 다짐하는 내용이 나타난다. 즉, '흉중의 붉은 마음'은 화자가 지니고 있던 마음으로 이를 '백구'를 매개로 드러내고자 하고 있는 것이지 화자가 '백구'를 통해 깨닫고 있는 것은 아니다.
오답 뜯어보기 ① (다)의 '성상이 버리시니'에서 확인할 수 있다.
② 화자는 (가)에서 '무슨 일 마음 붙여 시름을 잊으리라'라고 하며 무슨 일에라도 마음을 붙여 시름을 잊어 보려고 한다.
③ (나)의 '구태여 내 마음이 취어가 아니로다 / 의취를 취함이라'에서 알 수 있듯이 화자는 물고기를 낚으려는 목적으로 낚시질을 하는 것이 아님을 밝히고 있다.
⑤ (다)에서 화자는 가신의 가슴속에 임금에 대한 충성심, 성은에 대한 감사가 있음을 밝히며 이를 임금에게 보이고 싶어 한다.

6 ㉠은 귀양 온 화자가 어떤 일에라도 마음을 붙여 시름을 잊으려 하는 것에서, ㉡과 ㉢은 화자가 무심하게 낚싯대를 드리우고 갈매기를 보며 임금에 대한 충성을 다짐하는 것에서, ㉤은 (가)의 '내 홀로 이 고생이 귀불귀 설마 하랴(설마 돌아가지 못하겠는가)'와 (다)의 '(임금의 은혜를) 갚을 법도 있거니와'에서 확인할 수 있다. 하지만 이 작품에는 자신을 모함한 적대자나 그들에 대한 원망은 나타나지 않는다.

7 이 작품과 〈보기〉는 소재 활용과 표현이 매우 유사하다. 따라서 이러한 점에 초점을 맞추어 당대 문학 작품들 사이에 어떤 표현이 유행했는지, 또 이들이 서로 어떤 영향을 주고받았는지를 분석할 수 있다.
오답 뜯어보기 ①, ②, ④ 〈보기〉에는 임금에 대한 그리움이 나타나지 않으며, 이 작품의 화자는 현실에서 도피하지 않고 유배에서 풀려나기를 희망하고 있다. 따라서 두 작품의 주제는 다르다고 볼 수 있다.
③ 〈보기〉의 창작 계층이 이 작품과 다르다고 볼 근거는 없으며, 두 작품을 통해 향유 계층의 확산 과정을 탐구할 근거를 찾기도 어렵다.

지식+

- 작자 미상, 〈백구야 놀라지 마라〉
- 갈래: 시조
- 성격: 풍류적, 탈속적, 한정가
- 주제: 자연을 벗 삼아 살고 싶은 마음
- 감상: 세속의 명예는 바랄 수 없는 몸이 되었으니 이제부터는 자연과 더불어 한가하게 살겠다는 의지를 드러낸 시조이다. 인간 세상의 부귀니 공명을 다 잊고 강호에 숨어서 백구를 벗하며 유유자적하는 생활을 즐기는 모습이 나타나 있다.

8 ⓐ는 귀양 와 고생하는 자신의 처지를 스스로 위로한 말로, 화자가 현재 생활에 적응하여 만족감을 나타낸 것이라고는 볼 수 없다.
오답 뜯어보기 ② ⓑ는 '낚시하는 자리'라는 의미로, 화자가 현재 낚시질을 하고 있는 공간이다.
③ ⓒ는 '은빛 비늘이 반짝이는 매우 크고 아름다운 물고기'를 의미한다.
④ ⓓ는 흥이 나지 않는 낚싯대를 별 뜻 없이 들었다는 말로, (나)의 '낚

시를 드리우고 ~ 취어가 아니로다'와 같이 화자가 고기잡이에 뜻이 없음을 드러낸다.

⑤ ⓔ는 '흉중의 붉은 마음'과 마찬가지로 임금에 대한 충성심, 성은에 대한 감사의 마음이 드러난 부분으로 연군지정과 관련 있다.

174 연행가 _ 홍순학

258쪽

키포인트 체크 사신, 견문, 우국지정

1 ③ 2 ② 3 ④ 4 ② 5 객관적이고 치밀한 관찰을 통해 대상을 자세하게 묘사했다.

1 이 작품은 청나라에 사신으로 떠나면서 보고 들은 견문과 그에 대한 감상을 담은 가사이다. (라)~(바)에서 알 수 있듯 당시의 청나라를 얕잡아 보는 태도가 깔려 있으므로 사대주의적 태도가 드러난다고 볼 수 없다.

오답 뜯어보기 ① (가)에서 압록강을 건너며 먼 사행길에 오르는 두려움과 부담감, 부모님에 대한 걱정 등을 드러내고 있다.

② (라)~(바)에서 호인들의 모습, 의복 등을 관찰하여 자세히 묘사하고 있다.

④ (가)~(다)에서 압록강을 건너 봉황성에 이르는 공간의 이동이 나타나 있다.

⑤ (가)에서 화자의 나이가 25세이며 여태 경기 지방 바깥으로 백 리도 다녀 본 일이 없다는 정보를 확인할 수 있다.

2 (가)의 '출세ᄒᆞᆫ 지 이십오 년'이라는 표현은 세상에 태어난 지 25년이라는 뜻으로, 출세를 지향하는 것과는 거리가 멀다.

오답 뜯어보기 ① '경긔 지경 빅 니 밧긔 먼길 단여 본 일 업다.'라고 한 것에서 지금까지 먼 길을 여행해 본 적이 없는 사람임을 알 수 있다.

③ '허박ᄒᆞ고 약ᄒᆞᆫ 긔질 말 이 힝역 걱정일세.'에서 허약한 체질로 인해 여행의 괴로움을 걱정하고 있음을 알 수 있다.

④ '도라보고 도라보니 우리나라 다시 보ᄌᆞ.'에서 고국을 떠나는 아쉬움을 드러내고 있다.

⑤ '반년이나 엇지ᄒᆞ고, 이위경이 어려우며,'에서 부모님 곁을 떠나는 기간이 6개월이나 되어 힘들어하고 있음을 알 수 있다.

3 〈보기〉에서는 이 작품의 장편 가사로서의 면모와 산문성에 대해 설명하고 있다. 이 작품은 기행 수필로서 화자의 견문과 감상을 자세하게 담고 있을 뿐, 당대 시대상에 대한 작가의 주관적 해석을 제시하지는 않았다.

오답 뜯어보기 ① 이 작품은 장편 형식으로 여정과 견문을 자세히 나열하고 있다.

②, ③ 3·4(4·4)조의 운율로 내용이 전개되지만 노래로 부르기에는 적합하지 않고, 정서 표출에 초점을 두고 있지도 않다.

⑤ 이 작품은 주로 청나라 문물이나 청나라 사람에 대해 관찰한 내용을 서술하고 있다.

지식+

• 〈연행가〉의 문학사적 의의와 한계

〈연행가〉는 조선 후기 장편 기행 가사의 전형적인 특징을 보여 주는 작품으로, 〈일동장유가〉와 함께 사행 가사(使行歌辭)의 대표적인 작품으로 꼽힌다. 사신으로서 왕명을 받은 후의 심정이나 책무 의식을 비롯해 여정에 따른 느낌이나 감회를 소상하게 기록하고 있을 뿐만 아니라 당시 청나라 문물이나 풍속, 세태에 대한 사실적인 기록을 보여 준다는 점에서 풍속사적인 가치도 있는 작품이다. 그러나 지나치게 대상을 사실적으로 소개·나열하여 문학적인 성취가 부족한 점이나 반청(反淸) 의식에 사로잡혀 민족의식을 강조한 점은 한계로 지적할 수 있다.

4 ⓛ의 '통군정'과 '빅마산'은 조선의 공간이다. 화자는 '아니 뵈고(뵌다)'라는 표현을 반복하여 고국의 모습이 보이지 않음을 안타까워하고 있다.

오답 뜯어보기 ① '압녹강'이라는 구체적인 지명을 제시하고 있으나 이를 통해 낯선 곳을 여행하는 설렘을 나타낸 것은 아니다. 오히려 화자는 '우리나라 다시 보ᄌᆞ.'라고 하여 고국을 떠나는 심정을 드러내고 있다.

③ '발끼을 기다려서'는 '날이 밝기를 기다려서'라는 뜻으로 이를 통해 시간의 경과를 확인할 수 있지만, 계절감은 나타나지 않는다.

④ '녹창 쥬호 여염들은 오식이 영농ᄒᆞ고'와 '화ᄉᆞ 치란 시경들은 만물이 번화ᄒᆞ다.'는 앞뒤 문장이 짝을 이루는 대구 표현에 해당한다. 그러나 이는 청나라 사람들이 사는 곳의 번화함에 대한 감탄을 나타낸 것으로, 청나라 사람들을 낮잡아 보는 태도를 드러낸 것은 아니다.

⑤ '지져귀며'라는 청각적 이미지로 청나라 사람들이 말하는 모습을 표현하고 있으나 대상이 지닌 슬픔을 표현한 것은 아니다. 청나라 사람들의 말을 알아들을 수 없음을 드러내고 있을 뿐이다.

5 청나라 사람의 의복의 특징을 세세하게 묘사한 데서 작가의 치밀한 관찰력을 엿볼 수 있다.

175 춘면곡 _ 작자 미상

260쪽

키포인트 체크 남성, 이별, 그리움

1 ⑤ 2 ① 3 ④ 4 ④ 5 불가능한 상황을 설정하여(과장된 표현으로) 임에 대한 화자의 그리움이 매우 크다는 점을 나타냈다.

1 이 작품에서 화자가 위치해 있는 공간은 '서창(서재)'이며, 공간 이동은 나타나지 않는다. 또한 화자는 임과 이별한 안타까움을 일관되게 표현하고 있어 상황 변화를 암시한다고 보기 어렵다.

오답 뜯어보기 ① '나븨', '원앙', '정마', '두견', '외기럭이' 등 다양한 자연물을 통해 임과 이별한 화자의 안타까움을 드러내고 있다.

②, ③ 화자와 임, 그리고 화자가 처한 상황(임의 부재)을 다양한 사물에 비유하여 화자의 안타까운 심정을 드러내고 있다.

④ (가)에서 임과 평생 이별하지 말자고 약속한 과거의 상황을 떠올리고 있다.

2 ㉮는 화자와 임 사이를 가로막는 장애물이다. 〈보기〉의 '놉픈 뫼'는 화자가 임의 소식을 듣기 위해 선택한 대상으로 화자와 임 사이를 가로막는 장애물이라 할 수 없다. 나머지는 모두 화자와 임 사이를 가로막는 장애물의 역할을 한다.

3 '편월'과 '잘새'는 임에게 가고 싶은 화자의 마음을 드러낸 소재일 뿐, '편월'과 '잘새'에 임과 함께 크고 넓은 세계로 도약하려는 화자의 희망이 담겨 있다고 보기는 어렵다.

오답 뜯어보기 ① [A]는 우리 고전 문학에서 흔히 쓰이는 관습적 표현으로, 화자의 개인적 정서를 보편적 정서로 전환하여 독자의 공감을 이끌어 내고 있다.

② '~의 ~되야 ~고져'와 같은 구조를 반복하여 화자의 간절한 소망을 표현하고 있다.
③ 주변에서 흔히 볼 수 있는 자연물에 의탁하여 화자의 감정을 표현한 것을 통해 인간과 자연이 서로 관련을 맺으며 조화를 이룬다는 화자의 의식을 엿볼 수 있다.
⑤ 현세에서 임을 다시 만날 기약이 없기 때문에 후세에 자연물로 태어나서라도 임을 다시 만나고 싶은 마음을 표현한 것이다.

4 '외기럭이'가 슬피 운다고 한 것은 임과 이별한 화자의 슬픈 감정이 반영된 것이다.
오답 뜯어보기 ⓓ '편월'은 화자가 되고자 하는 분신일 뿐 감정을 이입한 대상은 아니다.

5 ⓐ에서는 태산이 평지가 되고 금강이 다 마르도록 임에 대한 슬픈 회포를 가눌 길이 없다고 하고 있다. 이는 임에 대한 회포가 끝이 없다는 것으로, 불가능한 상황을 설정하여 화자의 그리움과 슬픔이 매우 크다는 점을 강조해서 드러낸 것이다.

176 유산가 _ 작자 미상 262쪽

키포인트 체크 봄, 자연, 감흥

1 ② **2** ③ **3** ① **4** ① **5** 기러기, 운다

1 이 작품은 봄을 맞이한 유흥과 감흥을 다양한 방법으로 표현하고 있으며 풍자적 기법은 사용하지 않았다.
오답 뜯어보기 ① (라)의 '경개 무궁 좋을씨고.' 등에서 확인할 수 있다.
③ '화란 춘성', '만화방창', '춘색' 등 봄의 계절감을 드러내는 시어를 사용하고 있다.
④ 음성 상징어란 의성어나 의태어, 즉 음의 성질이나 높낮이 또는 강약에 따른 어감이나 뜻을 나타내는 말을 의미한다. (다)에서 의성어와 의태어를 다양하게 사용하여 폭포에서 떨어지는 물을 생동감 있게 묘사하고 있다.
⑤ '무릉도원', '연명 오류', '소부 허유' 등에서 확인할 수 있다.

2 이 작품에서 자연은 인간들이 살아가는 실제적인 공간이 아닌 관념적이고 이상적인 공간으로 나타나 있다.
오답 뜯어보기 ① (나)의 '죽장망혜 단표자로 천리강산을 들어를 가니'에서 자연을 즐기려는 화자의 소박한 태도를 엿볼 수 있다.
② 화자가 자연을 '무릉도원'과 '연명 오류'라고 표현한 것에서 자연을 동양적인 이상향의 공간으로 설정했음을 알 수 있다.
④ 화자는 봄을 맞이한 자연의 경치와 폭포의 장엄한 아름다움을 격정적으로 예찬하고 있다.
⑤ (가)의 '산천경개를 구경을 가세.'라는 표현에서 화자의 유흥적이고 향락적인 태도를 엿볼 수 있다.

3 이 작품은 봄을 맞이하는 감흥과 풍류를 한시구와 순우리말을 적절히 섞어서 표현하고 있다. 창작 계층이 서민층임에도 한시구 등을 활용한 것은 수용 계층인 양반을 고려한 것이라고 할 수 있다.

4 (다)의 앞부분에 기러기가 무리 지어 날아가는 모습을 보고 '머나먼 길을 어이 갈꼬 슬피 운다.'라고 한 것은 화자가 느끼는 비애의 정서를 나타내기 위한 것이 아니라, 대상을 사실적으로 묘사하기 위한 표현으로 봐야 한다. 이 작품에서 화자는 시종일관 봄 경치의 아름다움에 감탄하면서 흥에 겨워하고 있다.
오답 뜯어보기 ②, ④, ⑤ (나)의 '층암 절벽상의 ~ 은옥같이 흩어지니'에 가사의 기본 율격인 3·4조에서 벗어난 표현이 나타나며, 폭포수의 모습을 의성어와 의태어를 사용하여 감각적이고 구체적으로 묘사하고 있다. 따라서 앞부분과 비교하여 후반부에서는 시각적 이미지와 청각적 이미지가 두드러진다고 할 수 있다.
③ 화자의 시선이 '하늘 → 산 → 절벽의 폭포'로 원경에서 근경으로 이동하고 있다.

5 〈보기〉에서는 전체적인 분위기와는 다르게 대상을 애상적으로 묘사한 부분이 있음을 설명하고 있다. (다)의 기러기가 날아가는 장면에서 '어이 갈꼬 슬피 운다.'라는 표현을 통해 애상적인 분위기가 나타난다.

177 덴동 어미 화전가 _ 작자 미상 264쪽

키포인트 체크 화전놀이, 대화, 덴동 어미

1 ③ **2** ② **3** ⑤ **4** ② **5** 화자는 '열일곱 살 청춘과녀'이기 때문에 외모를 꾸미는 데 관심이 없다. **6** ② **7** ④ **8** ③ **9** ④ **10** 이 작품은 덴동 어미가 살아온 이야기(일생담)가 주요 내용을 차지한다는 점에서 다른 〈화전가〉와 구분된다.

1 이 작품의 화자는 화전놀이를 떠나는 부녀자로, (라)의 '열일곱 살 청춘과녀 나도 같이 놀러 가지'에서 알 수 있듯이 여인이다.
오답 뜯어보기 ① 부녀자들의 봄놀이인 화전놀이를 소재로 한 작품이다.
② 화전놀이를 떠나는 부녀자들의 삶의 모습과 정서가 잘 드러난다.
④ 화전놀이를 가기 위해 음식을 모으는 모습이나 각기 형편에 맞게 단장하는 모습에서 서민층 여인들의 삶의 모습이 드러난다.
⑤ 전체적으로 4·4조와 4음보를 통한 운율이 느껴진다.

2 화전놀이는 조선 시대 여성의 사회적 활동의 하나라고 볼 수 있지만, 이 작품이나 〈보기〉에서 남성 중심의 사회에 대한 저항적 성격을 찾을 수는 없다.
오답 뜯어보기 ①, ④ 화전놀이는 봄철에 진달래꽃이 필 때 야외에 나가 꽃을 떡에 넣거나 부치거나 하여 여럿이 함께 먹으며 시름을 달래는 놀이이다.
③ 계절적 배경인 '봄'은 한과 시름을 품은 부녀자들이 화전놀이를 통해 춤과 노래로 즐겁고 흥겨운 분위기를 형성하는 데 도움을 준다.
⑤ 화전놀이하는 날은 여인들이 집 밖에서 자신들의 한과 탄식을 마음껏 분출하도록 사회적으로 허용해 준 날이라고 할 수 있다.

3 이 작품 전체적으로는 인물 간의 대화가 나오지만, (다)는 화자의 서술이 주가 되며 인물 간의 대화는 나타나지 않는다.
오답 뜯어보기 ①, ② 열거의 방법을 사용하여 화전놀이를 가기 위해 치장하는 모습을 자세하게 제시하고 있다.

③ 신부녀의 모습을 '광한전 선녀', '월궁항아'에 빗대어 감탄을 드러내고 있다.
④ '청홍사, 분홍 단기, 청준주, 홍준주, 금죽절, 은죽절, 은장도, 금장도, 은조롱, 금조롱' 등의 다양한 색채어를 사용하여 시각적 이미지를 부각하고 있다.

4 ㉠에는 '가세'가 반복되면서 일정한 어구를 삽입해서 전개하는 반복과 변조의 'a – a – b – a'의 구조가 나타난다. ② 역시 '살어리'가 반복되면서 '청산애'가 삽입된 유사한 구조가 나타난다.

지식+

- **'a–a–b–a' 구조를 활용한 현대 시**
- 산에는 꽃 피네. / 꽃이 피네. / 갈 봄 여름 없이 / 꽃이 피네. – 김소월, 〈산유화〉
- 접동 / 접동 / 아우래비 접동 – 김소월, 〈접동새〉
- 해야 솟아라. 해야 솟아라. 말갛게 씻은 얼굴 고운 해야 솟아라. – 박두진, 〈해〉
- 해야 뜨지 마라 해야 뜨지 마라 / 동해 불끈 쥔 둥근 해야 뜨지 마라 – 고정희, 〈청산별곡〉
- 나는 왕이로소이다. 나는 왕이로소이다. 어머님의 가장 어여쁜 아들, 나는 왕이로소이다. – 홍사용, 〈나는 왕이로소이다〉

5 화자는 자신의 외모에 대해 '인물 좋건마는'이라고 하면서도 '열일곱 살 청춘과녀(과부)'이기 때문에 '단장할 마음 전혀 없'다고 하고 있다. 이를 통해 화자가 자신의 처지로 인해 외모를 꾸미는 데 관심이 없음을 알 수 있다.

6 (가)에서 청춘과부가 자신의 신세를 한탄하자, (나)에서 덴동 어미가 자신의 이야기를 들어 보라며 자신의 인생사를 이야기하고 청춘과부에게 충고를 전한다. 이 작품은 이와 같이 두 인물의 대화를 중심으로 시상이 전개되고 있다.

7 덴동 어미의 첫 번째 남편은 그네를 타다가 떨어져 죽었는데, 이후 양가 부모가 의논하여 덴동 어미는 재가하게 된다. 따라서 시부모가 덴동 어미를 구박했다고 볼 수는 없다.
오답 뜯어보기 ① (나)의 '나도 본디 순흥 읍내 임 이방의 딸일러니 / 우리 부모 사랑하사 어리장 고리장 키우다가'에서 확인할 수 있다.
② 순흥 지방에서 태어난 덴동 어미는 예천 읍내의 아전 집으로 시집갔다.
③ 덴동 어미의 첫 번째 남편은 단옷날 그네를 타다가 그넷줄이 끊어지는 사고로 죽었다.
⑤ '수만 냥 이포를 ~ 남의 집 되고'에서 알 수 있다.

8 (라), (마)에는 청춘과부에 대한 덴동 어미의 충고와 이를 들은 청춘과부가 깨달음을 얻고 수심을 풀어내는 장면이 나온다. 따라서 덴동 어미는 청춘과부에게 생명력을 불어넣는 역할을 한다고 볼 수 있다.
오답 뜯어보기 ① 덴동 어미는 청춘과부에게 살아가는 일이 마음먹기에 달렸다고 충고하고 있을 뿐 계획적인 삶이 중요하다고 말하지는 않았다.
② 청춘과부에게 함께 화전놀이를 즐기자고 말하고 있으므로 이미 화전놀이를 하고 있는 중임을 알 수 있다.
④ 청춘과부는 덴동 어미의 말을 듣고 화전놀이를 즐기면서 근심을 풀어내겠다고 말하고 있다.
⑤ 청춘과부의 생각과 전혀 관계없는 내용이다.

9 ⓓ를 통해 당대의 가혹한 징세와 아전들이 빚을 지고 있었던 상황을 알 수 있다.

10 이 작품은 〈보기〉에서 설명하고 있는 〈화전가〉의 일반적 형식을 따르면서도 덴동 어미가 자신의 이야기를 하는 부분이 주요 내용이라는 점에서 다른 〈화전가〉와는 차이가 있다.

178 북찬가 _ 이광명 268쪽

키포인트 체크 연좌제, 어머니, 효심

1 ① 2 ④ 3 ② 4 일졈의리

1 '문노라 붉은 돌아 냥지의 비최거뇨'에 도치법이 사용되었지만 이 구절은 달과 구름처럼 집에 가고 싶은 마음을 나타낸 것이지, 열악한 유배 상황을 드러낸 것은 아니다.
오답 뜯어보기 ② '노친 쇼식 나 모롤 제 ~ 일반고사 뉘 헤울고'에서 설의법을 통해 어머님에 대한 그리움을 강조하고 있다.
③ '여의 일흔 뇽이오 치 업슨 비 아닌가'에서 '용'과 '배'는 각각 여의주와 키를 잃었기 때문에 아무런 쓸모가 없는 것을 비유한다.
④ '흐르는 내히 되어~챵젼의 가 노닐고져'에서 유사한 문장 구조가 대구를 이루면서 고향에 가고 싶은 화자의 마음을 드러내고 있다.
⑤ '일졈의리 숣히더니 어느 즈손 디신홀고'에서 자신이 아니면 어머니를 모실 자손이 없음을 의문형 어미로 표현하며 어머니 봉양에 대한 책임감을 드러내고 있다.

2 〈보기〉에서는 아침 조반이 형편없고 그마저도 굶을 때가 많아 배가 수시로 고플 정도로 유배 생활이 열악했음을 제시하고 있다. 이에 비해 이 작품에서는 주로 어머니와 고향에 대한 그리움이 드러나고 있다.
오답 뜯어보기 ① 이 작품의 화자는 당파 싸움의 희생양으로 유배에 처해졌지만 패배한 가문을 다시 일으키려는 의지를 보이고 있지는 않다. 화자가 걱정하는 것은 오로지 어머니의 안위뿐이다.
② 〈보기〉에는 유배 생활의 어려움이 사실적으로 드러나 있으나 이 작품에는 주로 고향과 어머니에 대한 그리움이 드러난다.
③ 이 작품의 화자가 자신의 결백을 주장하고 있지는 않으며, 유배에서 풀려날 것에 대한 기대도 드러나지 않는다.
⑤ 일반적인 유배 가사와는 다르게 이 작품에서는 암담한 정치 현실에 대한 비판이나 임금의 은혜에 대한 감사, 충심은 나타나지 않는다.

3 ㉠은 화자와 어머니 사이를 가로막는 장애물을 뜻하며, ㉡은 고향으로 가고 싶은 화자의 마음을 대변한다.
오답 뜯어보기 ① ㉠은 화자와 어머니와의 단절과 관계되지만, ㉡이 어머니와의 만남을 뜻하지는 않는다.
③ ㉠은 만남의 매개체가 아니라 화자와 어머니와의 단절을 뜻하고, ㉡은 고향을 생각하게 하는 매개체로 작용한다.
④ ㉠은 유배지의 자연환경, 즉 물리적 환경이 아닌 심리적 환경으로 볼 수 있고, ㉡은 고향의 자연환경이 아닌 고향에 대한 생각의 매개체이다.
⑤ ㉠은 화자와 어머니 사이의 장애물을 뜻하며, ㉡은 고향으로 가고 싶은 화자의 마음을 대변하기 때문에 둘 다 어머니에 대한 그리움을 뜻하지 않는다.

4 〈보기〉에서 '조홍감'은 화자가 부모님께 드리고자 했던 것이다. 그런데 부모님이 돌아가셨기 때문에 화자는 '조홍감'을 품고 가 드릴 사람이 없어 슬퍼한다. 따라서 여기서 '조홍감'의 의미는 부모님에 대한 효라고 볼 수 있다. 이 작품에서 이와 유사하게 '효'를 의미하는 시어는 '일곕의리'이다. 화자는 유배 전에 어머니의 일곕의리를 살폈는데, 유배를 와서 일곕의리를 살피지 못하는 것을 서글퍼하고 있다.

3 | 민요

183 아리랑 _ 작자 미상 272쪽

키포인트 체크 이별, 사랑, 원망

1 ③ 2 ⑤ 3 ③ 4 나라 없는 민족의 서러움

1 이 작품은 원래 노동의 피로를 덜어 주기 위한 노동요였으나 다른 지방으로 넘어가면서 노동요의 성격을 상실하고 노래 자체로만 즐기는 민요가 되었다.

2 시에서 운율을 형성하는 방법에는 음운이나 시어의 반복, 음절 수나 음보의 반복, 문장 구조의 반복, 음성 상징어의 반복 등이 있다. 이 작품에는 의태어나 의성어 등 음성 상징어는 사용되지 않았다.

오답 뜯어보기 ① 3·3·4조를 기본으로 하는 3음보 율격을 지니고 있다.
②, ④ '아리랑 아리랑 아라리요 / 아리랑 고개로 넘어간다'라는 후렴구를 반복하고 있으며, 후렴구에 'ㄹ'과 'ㅇ'을 반복하여 운율감을 형성하고 있다.
③ '청청하늘엔 별도 많고 / 이내 가슴엔 수심도 많다'에서 대구법을 사용하여 운율감을 형성하고 있다.

3 이 작품은 구전되는 과정에서 여러 사람의 공동작 성격을 띠게 되어 각 연 간에 논리적 인과성이 없지만, 〈보기〉는 개인작으로 1연에서 4연까지 논리적 인과성을 띠고 있다.

오답 뜯어보기 ① 두 작품 모두 우리 민족의 한(恨)의 정서를 바탕으로 이별의 정한을 노래하고 있다.
② 두 작품의 화자는 모두 이별의 상황에서 이별의 슬픔을 노래하고 있다.
④, ⑤ 〈보기〉의 화자는 떠난 임이 돌아오기를 간절히 바라고 있는 반면, 이 작품의 화자는 '나를 버리고 가시는 님은 / 십 리도 못 가서 발병 난다'라고 하며 겉으로는 임을 원망하면서도 임을 떠나보내고 싶지 않은 마음을 에둘러 표현하고 있다.

4 〈보기〉를 바탕으로 이 작품을 감상했을 때 ㉠ '수심'은 '나라 없는 민족의 서러움'을 나타낸 것으로 볼 수 있다.

184 시집살이 노래 _ 작자 미상 274쪽

키포인트 체크 형님, 사촌 동생, 시집살이, 여성

1 ③ 2 ⑤ 3 ① 4 시집살이로 인한 괴로움이 형상화되어 있다.

1 이 작품은 봉건적 가족 관계 속에서 겪는 서민 여성의 어려움과 괴로움을 소박하고 간결한 일상 언어를 통해 압축적으로 드러냈다. 따라서 기품 있는 말투로 체념의 정서를 효과적으로 드러내고 있다는 설명은 적절하지 않다.

오답 뜯어보기 ① '형님 형님 사촌 형님 시집살이 어떱데까?'와 같이 사촌 동생이 질문을 하면, '이애 이애 그 말 마라 시집살이 개집살이.'와 같이 사촌 형님이 대답하는 대화의 형식으로 이루어져 있다.
② 시집 식구들과 자신을 새에 비유하며 시집살이의 애환을 해학적으로 표현하고 있다.
④ '형님 온다∨형님 온다∨분고개로∨형님 온다.'와 같이 4음보의 율격으로 이루어져 있다.
⑤ '수박 식기', '도리소반' 등 평범한 일상어를 사용하면서도 언어 표현의 묘미를 살리고 있다.

2 〈보기〉의 화자는 눈물과 한숨으로 부당한 속박을 참고 견디는 것을 미덕으로 여겼던 양반 사대부가의 여성이다. 그러나 이 작품의 화자인 서민 여성은 불행을 강요하는 도덕적 구속을 인정하지 않고 고발과 항거의 의지를 강하게 드러내고 있으며, 자신의 정서를 솔직하게 표현하고 있다.

오답 뜯어보기 ① 이 작품은 서민들의 소박한 삶의 애환이 드러나는 부요이고 〈보기〉는 조선 중기의 시인인 허난설헌이 지은 규방 가사로 사대부 여성들이 주요 향유층이었다.
② 이 작품에서는 시집 식구들을 새에 비유하여 시집살이의 괴로움을 해학적으로 표현하고 있고, 〈보기〉에서는 화자의 감정을 '실솔(귀뚜라미)'에 이입하여 임에게 사랑받지 못하는 화자의 서글픈 심정을 효과적으로 드러내고 있다.
③ 서민 여성과 양반 사대부가의 여성이라는 차이는 있지만 두 작품 모두 가부장적인 봉건 사회에서 여성이 겪는 괴로움을 다루고 있다.
④ 이 작품의 화자는 남편을 '미련새'라고 표현하여 남편에 대한 원망의 마음을 드러냈고, 〈보기〉의 화자는 '백마 금편으로 어디어디 머무는고.'라고 하며 집에 돌아오지 않는 남편에 대한 원망을 드러내고 있다.

3 ㉠은 동생의 물음에 대한 형님의 대답으로, 물음에 대한 답변을 유보하는 태도는 드러나지 않으며, 시집살이의 어려움을 토로하기 위해 꺼낸 말로 볼 수 있다. 또한 이 작품에서 사촌 동생이 결혼하려는 상황이나 결혼을 만류하는 내용도 찾을 수 없다.

오답 뜯어보기 ② '오 리 물', '십 리 방아', '아홉 솥', '열두 방' 등과 같은 과장된 표현을 통해 며느리의 고된 가사 노동을 강조하고 있다.
③ 시집 식구들을 '호랑새', '꾸중새', '할림새', '뾰죽새', '뾰중새', '미련새' 등과 같이 새에 비유하여 시집 식구들에 대한 화자의 생각을 드러내고 있다.
④ 오랫동안 귀머거리나 장님, 벙어리처럼 속박을 견디고 살아야 하는 며느리의 처지를 표현하고 있다.
⑤ 시집오기 전의 용모를 '배꽃 같은 얼굴'에 비유하고, 시집온 후의 용모를 '호박꽃'에 비유하여 고된 시집살이로 인해 용모가 추하게 변한 것을 한탄하고 있다.

4 이 작품의 ⓐ에서 화자는 시집살이를 '개집살이'에 빗대어 표현하고 있다. 이는 시집살이로 인한 괴로움을 단적으로 나타낸 표현이라 할 수 있다.

185 잠 노래 _ 작자 미상 276쪽

키포인트 체크 바느질, 잠, 긍정적

1 ① 2 ④ 3 ② 4 잠아 잠아 무삼 잠고 가라 가라 멀리 가라

1 민요의 주된 작자층은 사대부 계층이 아니라 서민들로, 민요에는 서민들의 소박한 생활 감정과 삶의 모습이 녹아 있다.

2 민요는 여러 사람이 함께 부르는 방식으로 가창되는 경우가 많은데 후렴에서 독창으로 부르는 경우도 있고, 선후창으로 부르는 경우도 있다. 〈잠 노래〉는 독창으로 부르는 민요에 속한다.

오답 뜯어보기 ① 늦은 밤에 쏟아지는 잠을 참으며 바느질을 하는 여인의 상황을 바탕으로 잠을 의인화하여 작중 청자로 설정하고, 원망하고 나무라는 형식으로 전개되고 있다.
② 이 작품은 '기승전결'의 4단 구성으로 전개되고 있다.
③ '잠아 잠아'라고 하며 잠을 대상으로 하여 부르고 있다.
⑤ 잠이 오는 상황을 해학적으로 표현하고 있다. 고통스러운 현실이지만 긍정적으로 수용하고 극복하여 살아가려는 민중들의 건강한 삶의 태도를 반영했다.

3 '잠 못 들어 한하는데'의 주체는 화자의 처지를 비교하기 위해 주야에 한가하여 헛되이 시간을 보내는 인물이므로, '잠'을 쫓으려는 화자의 의지와는 관련이 없는 표현이다.

오답 뜯어보기 ① '잠'을 의인화하여 작중 청자로 삼고 있다.
③ '낮에 못한 일을 밤에 하려 마음먹고'에는 밤에도 잠을 못 자고 일을 해야 하는 화자의 애환이 담겨 있다.
④ 바느질을 하는 것으로 볼 때 화자는 여성임을 알 수 있다.
⑤ 잠이 '눈썹 속에 숨었는가, 눈 아래로부터 솟아오는가'라는 뜻으로 잠이 오는 상황을 해학적으로 표현하고 있다.

지식+

- 〈잠 노래〉의 명칭

우리 민요에는 잠을 소재로 한 노래가 상당히 많이 있다. 이들을 통칭하여 〈잠 노래〉라 부른다. 이들은 대개 쏟아지는 잠을 참고 밤새도록 일해야만 했던 부녀자들의 애환을 담고 있다.

① 잠아 잠아 오지 마라 시어머니 눈에 난다
시어머니 눈에 나면 임의 눈에 절로 난다. 〈여수 지방 민요〉

② 오는 잠을 어찌하나 잠아 잠아 오지 마라
요내 눈에 오는 잠은 말도 많고 흉도 많다 〈거창 지방 민요〉

4 '잠아 잠아 무삼 잠고 가라 가라 멀리 가라'라는 구절은 자꾸만 쏟아지는 잠을 반복하여 부르면서 멀리 보내고 싶어 하는 화자의 심리가 담겨 있는 구절이다.

186 정선 아리랑 _ 작자 미상 278쪽

키포인트 체크 정선, 모습, 애환

1 ⑤ 2 ④ 3 ④ 4 아우라지

1 이 작품은 구비 전승된 민요로, 정선의 지역적 특성과 함께 정선 사람들의 삶의 모습과 애환을 담고 있다. 또한 4음보의 전통적인 율격을 통해 운율감을 드러내고 있으며, 전승되는 과정에서 부르는 사람에 따라 다양한 내용으로 창작되기도 했다. 따라서 공적인 목적을 위해 창작된 노래로 볼 수는 없다.

2 강원도 정선은 다른 지역과 고립되어 있었지만 한강 물길을 따라 〈정선 아리랑〉이 여러 지역으로 전파되었기 때문에 ④는 잘못된 설명이다.

오답 뜯어보기 ① 정선 지역의 특수성을 바탕으로 작품을 이해하면 ㉠과 ㉢처럼 작품에 지명이 인용되어 있어 향토색이 나타나 있다고 볼 수 있다.
② 정선의 옛 이름이 무릉도원이었지만 무릉도원이라는 이상향과는 다르게 산만 많다는 내용으로 정선의 지역적 특색이 드러나 있다.
③ 좁고 험한 계류가 많아 나룻배가 주요 교통수단이라서 강을 건너기 위해서는 ㉣에 의지할 수밖에 없는데, 물이 불어 강을 건널 수 없자 ㉣을 애타게 부르고 있는 것이다.
⑤ 〈보기〉에서 땅이 척박해 농사를 지으며 정착해 살기에 어려움이 많았다고 했으므로, 정선 사람들은 농사짓기가 쉽지 않아 궁핍한 생활을 했을 것임을 짐작할 수 있다.

3 고려 시대 민중들의 삶의 애환을 다룬 대표적인 고려 가요인 〈청산별곡〉은 민요적 성격을 띠고 분절체이며 후렴구가 반복된다는 점에서 〈정선 아리랑〉과 유사한 점이 많다. 두 작품은 모두 노래로 흥겹게 부르기에 좋으며 기억하기 쉬워 구비 전승되기에 적합하다. 하지만 두 작품 모두 각 연의 내용이 연관성이 긴밀하지 않고 대부분 독립된 내용으로 이루어져 있다.

4 '아우라지'는 '두 갈래 이상의 물이 한데 모이는 물목'이라는 뜻으로 정선에 있는 나루의 이름이며, 뒷부분의 '뱃사공아 배 좀 건너주게'라는 내용과 어울려 깊은 산골의 쓸쓸한 풍경을 더해 주고 있다.

187 진도 아리랑 _ 작자 미상 280쪽

키포인트 체크 진도, 이별, 탄식

1 ① 2 ③ 3 ② 4 험난한 인생을 '문경 새재'로 표현하여 화자의 인생이 힘든 상황임을 드러내고 있다.

1 푸른 하늘에 떠 있는 잔별만큼이나 '우리네 가슴에는 눈물도 많다'라고 하며 어렵고 힘든 삶에 대해 탄식하고 있다.

오답 뜯어보기 ② '날 두고 가시는 임 가고 싶어 가느냐'라는 것은 임에 대한 원망이 아니라 임도 어쩔 수 없이 떠나는 것임을 나타낸 것이다.
③ 어렵고 힘든 인생살이를 토로하고 있을 뿐, 극복 의지를 표면에 드러내고 있지는 않다.
④ 임에 대한 사랑이 구체적으로 드러난 부분은 없다.
⑤ '문경 새재'라는 지명이 나오기는 하지만 이는 인생의 험난함을 강조하기 위한 표현일 뿐, 고향에 대한 그리움과는 거리가 멀다.

2 주된 내용을 담은 부분에서는 삶의 탄식과 비애를 노래하고 있고, 후렴구는 각 연을 마무리하는 의미가 아니라 각 연마다 반복적으로 나타나 전체 분위기를 통일하는 역할을 한다.

오답 뜯어보기 ① 이 작품 역시 다른 아리랑과 마찬가지로 주된 내용을 담은 부분과 의미 없는 후렴구로 구성되어 있다.
②, ⑤ 이 작품은 선후창 형식의 돌림 노래이며 후렴구가 각 연마다 반복적으로 나타나 전체 분위기를 통일하고 안정감을 준다.
④ 후렴구는 모음 'ㅏ', 'ㅡ' 등과 유음 'ㄹ, ㅇ'을 사용해 매끄러운 느낌을 주며 작품에 리듬감을 더해 주고 있다.

3 이 작품에서는 시름과 고뇌로 인한 한스러운 삶을 하늘에 흩뿌려진 '잔별'의 이미지와 결합하고 있다. 즉, 시각적 이미지를 통해 한의 정서를 형상화하고 있는데 〈보기〉의 '별 밭'이 이와 유사한 기능을 하고 있다.
오답 뜯어보기 ① 이 작품에서 '문경 새재'는 삶의 험난함을 상징하고, 〈보기〉의 '눈깔들'은 어머니의 한을 환기한다.
③ 이 작품의 '눈물'은 반짝이는 이미지이지만, 감정을 절제하는 효과를 거두고 있다고 보기는 어렵다.
④ 〈보기〉가 서사적인 내용을 바탕으로 시적 대상의 변화에 따라 시상을 전개하고 있으나 두 작품 모두 운문체이다.
⑤ 〈보기〉는 구전 문학이 아닌 기록 문학으로, 이 작품에만 해당되는 설명이다.

지식+

- 박재삼, 〈추억에서〉
- 갈래: 자유시, 서정시
- 성격: 회고적, 애상적, 향토적
- 주제: 한스러운 삶을 살다 간 어머니에 대한 회상
- 감상: 가난했던 어린 시절을 회상하며 힘겨운 삶을 살았던 어머니의 한(恨)과 슬픔을 향토적인 시어와 감각적 이미지를 사용해 그려 낸 작품이다.

4 '문경 새재는 ~ 눈물이로다'에서 굽이굽이 이어진 '문경 새재'처럼 인생의 여정이 험난함을 노래하고 있다.

188 사할린 본조 아리랑 _ 작자 미상(정성애) 282쪽

키포인트 체크 해외 동포, 사할린, 한탄

1 ⑤ **2** ④ **3** ④ **4** 타향에서 남편이 죽음을 맞이함.

1 이 작품에는 고향에 대한 그리움이나 남편의 죽음에 대한 슬픔 등이 제시되어 있을 뿐, 사할린으로 강제 징용 온 후 일제의 탄압에 대해서는 구체적으로 서술되어 있지 않다.
오답 뜯어보기 ① 화자는 일본 놈들이 무서워 '우리 님'을 따라서, 여기 사할린에 왔음을 밝히고 있다.
② 3연에서 화자는 조선(고향)에 대한 그리움을 드러내고 있다.
③ 이 작품은 〈신아리랑〉의 후렴구와 유사한 후렴구를 가지고 있다. 따라서 아리랑의 형식을 계승하여 자신의 처지를 노래하고 있다는 설명은 적절하다.
④ 3연에서는 조선과 여기(사할린)를 대조적으로 제시하면서 민족적 아픔을 드러내고 있다.

2 〈보기〉에서는 징용 간 일본에서 고향 집과 서로 편지를 주고받았음이 드러나 있다. 또한 어머니한테 쌀가루가 왔다는 것으로 볼 때 〈사할린 본조 아리랑〉과는 다른 상황임을 알 수 있다.
오답 뜯어보기 ① 이 작품과 〈보기〉 모두 타향에서의 고달픈 삶이 드러나 있으나, 이 작품의 경우 그 모습이 구체적으로 드러나 있지는 않다.
② 이 작품과 〈보기〉 모두 고향에 대한 그리움이 시각적으로 묘사된 부분은 찾아볼 수 없다.
③ 이 작품과 〈보기〉 모두 징용의 이유가 배고픔이라고 보기 어렵다. 특히 〈보기〉는 징용 와 보니 배가 고파서 못 살겠다고 이야기하고 있다.
⑤ 〈보기〉에서는 '어머니 보고 싶어요'라고 하면서 고향에 대한 그리움을 직설적으로 표현하고 있다. 하지만 이 작품에서는 그런 인물이 등장하지 않는다.

지식+

- 작자 미상, 〈일본 아리랑〉
- 갈래: 민요
- 성격: 애상적, 한탄적
- 주제: 일제 강점기에 징용된 노동자들의 고달픈 삶과 고향에 대한 그리움
- 감상: 이 작품은 일제 강점기에 일본 탄광으로 징용당한 조선인 광부들이 부른 아리랑으로 전해진다.

3 이 작품은 아리랑의 형식적인 특성을 그대로 이어받고 있어 따라 부르기 편한 구조를 가진다. 즉, 3음보와 2줄 형식의 사설이 대구를 이루면서 반복된다. 여기서의 사설은 자신의 상황에 따라 언제든지 다르게 부를 수 있다.

4 ㉠은 우리 영감님이 화자만 혼자 두고 자기만 갔다고 제시하고 있다. 노래의 맥락을 통해 볼 때 여기서는 남편이 죽은 것으로 볼 수 있다.

4 | 한시

193 요양의 달 _ 허균 286쪽

키포인트 체크 사신, 고향, 귀향

1 ③ **2** ④ **3** ⑤ **4** 나그네

1 이 작품에는 시각적 심상이 나타날 뿐 색채 대비는 드러나지 않는다.
오답 뜯어보기 ① 이국에서 본 풍경을 제시하여 화자가 고국을 떠나온 처지임을 드러내고 있다.
② 화자가 바라본 대상은 이국의 보름달이고 떠올린 대상은 고향의 조그만 누각이다.
④ '아득하다'라는 구절을 반복하여 고향에 대한 그리움을 강조하고 있다.
⑤ 앞부분에는 이국의 풍경을 제시하고, 뒷부분에는 고향에 갈 수 없는 안타까운 정서를 나타내고 있다.

2 고국을 떠나온 화자는 ㉠을 보며 고향을 떠올리고 있다. 따라서 '보름달'은 고향을 떠올리게 하는 매개체이다. 반면 〈보기〉의 '울고 가'는 '외기러기'는 어버이를 그리워하는 화자의 외롭고 슬픈 감정이 이입된 자연물이다.

3 화자는 깊어 가는 가을을 느끼며 자신이 나그네 신세임을 절감한다. 이로 볼 때 '깊은 가을'이라는 시간적 배경은 화자의 외로운 감정을 고조하여 시적 분위기를 조성하는 역할을 한다고 할 수 있다.

4 이 작품에서 화자는 낯선 이국땅에서 고향에 돌아가기 어려운 자신의 처지를 '나그네'라고 표현했다.

194 보리타작 _ 정약용 288쪽

키포인트 체크 양반, 보리타작, 성찰(반성)

1 ③ 2 ⑤ 3 ④ 4 낙원

1 이 작품에는 자연물에 인격을 부여하는 의인법은 사용되지 않았다.
오답 뜯어보기 ① '젖빛처럼 뿌옇고', '햇볕 받아 번쩍이네'에서 시각적 심상을, '옹헤야 소리 내며 발맞추어 두드리니', '주고받는 노랫가락 점점 높아지는데'에서 청각적 심상을 사용하여 보리타작하는 농민들의 모습을 생동감 있게 묘사하고 있다.
② 1~8구에서는 농민들이 보리타작하는 모습을 보여 주고, 9~12구에서는 노동의 기쁨과 화자의 깨달음을 드러내고 있다.
④ '막걸리', '보리밥', '도리깨' 등 농민의 실생활과 관련된 시어를 사용하고 있다.
⑤ '큰 사발에 보리밥, 높기가 한 자로세'에서 과장법을 사용하여 농민들의 건강한 삶을 표현하고 있다.

2 11~12구는 다른 이들이 벼슬길을 좇는 태도를 비판하는 것이 아니라, 화자가 관직에 몸담았던 자신의 삶에 대해 반성하고 있는 구절이다. 진정한 가치를 지니는 삶이란 농민들의 삶처럼 건강한 노동 속에서 보람과 기쁨을 느끼는 삶임을 드러내고 있는 것이다.

3 이 작품의 '벼슬길'과 〈보기〉의 '녀나믄 일'은 모두 세속적인 욕망을 뜻하는 것으로, 화자가 이루고자 하는 목표와는 관련이 없다.
오답 뜯어보기 ① 이 작품의 '보리밥'은 자신의 삶에 만족하며 농사일을 하는 농부들의 모습을 나타내기 위해 사용한 소재이고, 〈보기〉의 '보리밥'은 소박한 삶에 만족하는 화자의 태도를 드러내는 소재이다.
② 이 작품의 '마당'은 농부들이 보리타작하는 노동의 공간이고, 〈보기〉의 '뫼ᄀ'는 화자가 여유 있게 즐기는 풍류의 공간으로 볼 수 있다.
③ 이 작품의 '노랫가락'은 농부들이 일하면서 부르는 노래로 흥겨움이 느껴지며, 〈보기〉의 '노니노라'에서는 여유 있게 자연을 즐기는 삶의 모습이 느껴진다.
⑤ 이 작품의 '헤매리오'와 〈보기〉의 '부롤 줄이 이시랴'는 세속적 욕망을 경계하는 화자의 생각을 설의적 표현으로 나타낸 것이다.

4 이 작품에서 '낙원'은 세속적 욕망(벼슬길)에서 벗어나 현실 가운데 진정한 즐거움이 있는 공간을 가리킨다.

195 유배지에서 처의 죽음을 슬퍼하며 _ 김정희 290쪽

키포인트 체크 유배, 죽음, 애통

1 ① 2 ① 3 ② 4 아내를 잃은 화자의 슬픔이 매우 크다는 것을 강조한다.

1 이 작품은 다시 태어났을 때의 상황을 가정하여 아내를 잃은 화자의 슬픈 처지를 강조하고 있다.
오답 뜯어보기 ② '태어날까?'에 의문형 문장이 쓰이기는 했지만 설의적 표현으로 볼 수 없으며, 화자의 현실 극복 의지와도 관련 없다.
③ 계절감을 나타내는 소재나 화자의 심리 변화는 나타나지 않는다.
④ 내세라는 미래의 상황이 언급되어 있지만 과거와 현재를 대비하지는 않았다.
⑤ 역설적 표현을 통해 아내를 잃은 화자의 괴로움을 극대화하여 표현하고 있을 뿐 반어적 표현을 통한 부정적 현실 인식은 나타나지 않는다.

2 '기'에는 화자의 소망을 호소하는 대상이 제시되었지만, 화자의 소망이 실현되지 않은 상황은 나타나 있지 않다.
오답 뜯어보기 ② '승'에는 내세에 부부의 처지가 바뀌어 태어나길 바라는 화자의 소망이 구체적으로 나타나 있다.
③ '전'에서는 내세에서 화자와 아내의 처지가 지금의 화자와 아내의 처지와 반대되는 경우를 가정하고 있다. 즉, 자신이 아내가 머무는 곳에 있고 아내가 유배지에 있는 상황을 가정한 것이다.
④ '결'에서는 아내를 잃은 화자의 심정을 죽은 아내가 알았으면 하는 화자의 소망이 드러나고 있다.
⑤ '전'과 '결'에서는 화자와 아내의 거리가 '천 리'나 떨어져 있어서 부고를 나중에 알게 되었음을 나타내고 있다.

3 '월하노인'은 부부의 인연을 맺어 준다는 전설상의 늙은이로(ㄱ), 화자는 월하노인에게 내세에 다시 태어난다면 자신과 아내의 처지를 바꾸어 달라고 하며 아내를 잃은 슬픔을 하소연하고 있다.(ㄷ)
오답 뜯어보기 ㄴ. 월하노인이 화자의 마음을 아내에게 전달하는 부분은 나타나지 않는다.
ㄹ. 화자는 자신과 아내의 처지를 바꿔 달라고 하고 있을 뿐 자신의 억울함을 호소하고 있지는 않다.

4 ㉡에서는 내세에서 아내가 자신의 처지가 되어 멀리 있는 자신의 부고를 들으면 현재 자신의 슬픔을 알 수 있을 것이라고 말하고 있다. 이를 통해 멀리서 아내의 죽음을 뒤늦게 전해 들은 슬픔을 강조하여 드러내고 있다.

196 자술 _ 이옥봉 292쪽

키포인트 체크 임, 꿈속, 그리워함

1 ② 2 ⑤ 3 ① 4 화자의 간절한 소망(임과의 재회)이 가상으로 실현되는 기능을 한다.

1 이 작품은 임에게 말을 직접 건네는 듯한 표현을 통해 시적 화자의 애절함과 임에 대한 그리움을 효과적으로 전달하고 있다.
오답 뜯어보기 ① 가정법을 활용하고 있으나 임에 대한 믿음은 나타나지 않는다.
③ 슬픔의 정서가 드러나 있지만 영탄적 어조는 나타나 있지 않다.
④ 대립적인 시어는 나타나 있지 않다.
⑤ 임의 안부를 묻고 있을 뿐 스스로 묻고 대답한 것은 아니다.

2 ㉠ '달'은 임의 안부를 묻는 여인의 창에 비치어 임에 대한 그리움을 심화하는 역할을 하며, ㉡ '너'는 밤중에 높이 떠서 만물을 비추어 모든 것을 보면서도 말하지 않는 품성을 지녀 화자가 벗으로 삼고자 함으로써 화자가 지향하는 가치관을 드러내고 있다.

오답 뜯어보기 ① ㉡은 달을 의인화하여 나타내고 있으나 ㉠은 의인화된 소재가 아니다.

② ㉠은 그리움의 정서를 심화하는 대상이고, ㉡은 화자가 본보기로 여기며 벗으로 삼고자 하는 대상일 뿐 화자와 동일시된 소재라고 볼 수 없다.

③ ㉠과 ㉡은 둘 다 '달'이라는 자연적 존재에 해당한다.

④ 이 작품에서는 ㉠을 통해 화자의 그리움을 심화하고 있을 뿐 이를 통해 인생의 무상함을 드러내는 것은 아니다. 또한 ㉡은 광명과 과묵함이라는 화자가 지향하는 가치를 보여 줄 뿐 자연의 영원함과는 거리가 멀다.

3 [A]에서는 가정적 상황을 설정한 뒤 과장법을 통해 임에 대한 화자의 그리움을 부각하고 있다. ①도 이와 마찬가지로 상황을 가정한 뒤 과장법을 통해 자신의 슬픔과 임에 대한 그리움을 부각하고 있다.

4 이 작품에서 화자는 꿈속이라는 가정적 상황을 설정하여 밤마다 임을 만나러 간다고 하며 임에 대한 간절한 그리움을 드러내고 있다. 〈보기〉에서도 화자는 꿈속에서 그리운 임을 만나고 있으므로 '꿈'은 화자의 간절한 현실적 소망이 가상으로 실현되는 기능을 하고 있다고 볼 수 있다.

197 화왕가 _ 이익 　　294쪽

키포인트 체크 화왕계, 설총, 예찬

1 ④ **2** ④ **3** ② **4** 설총의 일화와 꽃의 의인화를 통해 재미를 느끼게 하면서도, 당시의 임금과 신하들에게 전하고자 한 교훈을 효과적으로 담아냈다.

1 17~18구에서 화자는 '훌륭하도다. 당시 설총 선생이시여.'라고 하며, 설총의 〈화왕계〉 덕분에 나라가 평안을 찾았다고 말한다. 이를 통해 설총에 대한 예찬적 태도를 알 수 있다.

오답 뜯어보기 ① 이 작품에 계절의 변화는 나타나지 않는다.

② 이 작품에는 후렴구가 드러나 있지 않다.

③ 이 작품은 한자를 이용해서 지어진 한시이다.

⑤ 이 작품에 대상을 원망하는 부분은 나타나 있지 않다.

2 ㉣인 '13~16구'에서는 화왕과 관련된 이야기를 들은 임금(신문왕)이 실제로 신라 땅에 선정을 베푸는 모습이 나타나지만, 화왕이 선정을 베풀었다는 내용은 나타나지 않는다.

오답 뜯어보기 ① 전각, 즉 궁궐에서 임금을 위해 〈화왕가〉를 노래하는 신하의 모습이 드러나 있다.

② 장미꽃의 아름다움을 '진홍색 연붉은색'이라는 시각적 심상으로 나타냈다.

③ '머리 센 백두옹', 즉 할미꽃이 잡초에 뒤덮여 버려서 드러나지 않음을 안타까워하고 있다.

⑤ 화자는 '보물 패리 소리', 즉 설총이 왕에게 바친 〈화왕계〉 덕분에 온갖 풍파가 멎었다고 말하고 있다.

3 ⓑ는 〈화왕가〉의 화자인 작가 이익의 마음으로, 설화 속 상황에 개입하여 화왕이 장미꽃의 간언에 넘어갈까 봐 걱정하는 표현이다.

오답 뜯어보기 ① '교태'는 간신을 상징하는 장미꽃의 행동을 나타낸 것이다.

③ '백두옹'은 간신을 상징하는 장미꽃과 대조되어 충신을 상징하는 '할미꽃'을 의미한다.

④ '난손과 두약'은 귀한 풀을 의미하는 것으로 여기서는 훌륭한 인재를 가리킨다.

⑤ '보물 패리 소리'는 설총이 왕에게 바친 〈화왕계〉의 충언을 의미한다.

4 〈보기〉는 문학의 교훈성을 강조하는 글로, 문학을 통해 교훈을 재미있게 전달하는 것을 문학의 기능으로 보고 있다. 이를 참고할 때 이 작품은 설총의 일화와 꽃의 의인화를 통해 재미를 주면서 작가의 의도를 효과적으로 전달하고 있다고 볼 수 있다.

198 사유악부 _ 김려 　　296쪽

키포인트 체크 유배지, 연희, 그리움

1 ③ **2** ⑤ **3** ③ **4** 조홍감 **5** 화자가 느끼는 그리움의 정서를 강조하고, 작품 전체에 통일성을 부여하기 위해서이다.

1 화자는 이전 유배지인 부령에서 있었던 일을 회상하며 그곳에서 만났던 '연희'를 그리워하고 있다.

오답 뜯어보기 ① 모순되거나 이치에 맞지 않는 표현을 통해 진리나 이치를 전달하는 역설법이 쓰인 부분은 찾을 수 없다.

② 명령적 어조가 아니라 담담한 독백체 어조가 드러나 있다.

④ 의문문이 나오기는 하지만 설의적 표현이 쓰인 부분은 찾을 수 없다.

⑤ '앵두'처럼 계절감이 드러나는 소재가 사용되었지만 이를 통해 자연 순환의 원리를 밝힌 것은 아니다.

2 11~12구에서 열매가 맺힐 미래의 상황을 언급하고는 있지만, 이를 통해 그리움의 정서가 드러날 뿐 화자 자신의 불우한 삶이 지속될 것임을 암시하고 있지는 않다.

오답 뜯어보기 ① 생각하는 곳이 북쪽 바닷가임을 밝히며 이를 통해 그곳에 대한 그리움을 드러내고 있다.

② '앵두'를 '수정'에 빗대어 앵두에 대한 긍정적 인식을 드러내고 있다.

③ 연희가 말한 "앵두가 ~ 붉나요?"를 직접 인용하여 전달하고 있다.

④ 화자가 '변방에서 귀양 살면서' 삼 년 동안 앵두 열매로 배를 채웠다는 것을 통해 가난했던 유배 생활을 짐작할 수 있다.

3 화자는 북쪽 바닷가에서 지낼 때 함께했던 연희가 '앵두나무 알맹이'를 손수 따고, 앵두가 붉은지 자신의 입술이 붉은지 묻던 모습을 떠올리고 있다. 따라서 '앵두나무 알맹이'는 연희의 사랑스러운 모습을 드러내는 소재이며, 나아가 화자와 연희의 사랑을 상징한다고 볼 수도 있다.

4 화자가 현재 보고 있는 ㉡은 맥락상 '앵두나무 꽃'으로, 그와 관련된 연희와의 사건을 떠올리게 한다는 점에서 과거 회상의 매개체라고 할 수 있다. 〈보기〉에서 화자는 '조홍감'을 보며 돌아가신 어머니를 떠올리고 있으므로 '조홍감'도 과거 회상의 매개체라고 할 수 있다.

5 이 작품의 전체 290편은 매 편을 '그대 무엇을 생각하나요? 생각하는 것 저 북쪽 바닷가.'로 시작하고 있다. 이 구절은 내용상 '북쪽 바닷가'에 대한 화자의 그리움을 드러내는 기능을 하는데, 이것이 매 편마다 반복됨으로써 작품 전체에 통일감을 부여하는 기능을 한다.

199 송파에서 시를 주고받으며 _ 정약용 298쪽

키포인트 체크 시 창작, 형식, 내용

1 ③ **2** ⑤ **3** ③ **4** 중국 한시의 형식에 맞추기보다는 조선 사람의 정서를 자유롭게 표현한 시(조선의 현실이 잘 드러나는 소재나 표현을 사용한 시)

1 이 작품의 화자는 1구에서 '늙은이의 한 가지 통쾌한 일은'이라고 하며 늙어 가는 인생에 긍정적인 의미를 부여하고, 시를 쓰고 싶은 대로 마음껏 쓰면서 이를 비판하는 타인의 시선에도 초연한 삶의 태도를 보여 준다.

오답 뜯어보기 ② 8구 '짓노라'에서 단호한 어조로 자신의 의지를 표현하고 있다.
④ 10구의 '누구이겠나'와 12구의 '어찌 알 수 있으랴?'에서 문장의 의미를 강조하기 위한 설의적 표현이 사용되었다.
⑤ 9구에서 '당신'에게 '따르라'라고 하는 명령형 어조가 사용되었다.

2 이 작품과 〈보기〉 모두 문학 작품을 창작할 때 관습에 따르는 것보다는 주체성이 중요하다는 관점을 드러내고 있다.

오답 뜯어보기 ① 이 작품은 문학 작품의 교훈이 아니라 창작할 때의 주체성을 강조하고 있다.
② 〈보기〉는 흥미가 아니라 우리나라 문학을 우리말로 표현하는 것을 강조하고 있다.
③ 이 작품과 〈보기〉 모두 우리나라 문학을 중국 문학보다 우위에 두고 있다.
④ 이 작품은 중국의 한시 창작법에 얽매이지 않고 우리의 시를 쓰는 것이 중요함을 강조하고 있을 뿐 서민들의 일상적인 모습을 표현해야 한다고 하지는 않았다. 〈보기〉에서는 서민들의 일상적인 노래도 문학이 될 수 있음을 말하고 있다.

지식+

- 김만중, 〈서포만필〉
- 갈래: 중수필, 문학 비평문(평론)
- 성격: 비판적, 비평적, 주관적
- 주제: 진정한 국문 문학의 가치
- 감상: 송강 정철의 가사를 우리나라의 진정한 문학으로 극찬하면서 국문 문학의 당위성을 논한 시화(詩話; 한문학에서 작품에 대한 비평, 해설, 고증 등을 기록한 것)이다. 내용 전달에 치중하는 한문학으로는 우리 고유의 정서와 우리말의 가락을 표현할 수 없으므로 한글 문학이 진정한 문학이라고 주장하고 있다. 이로써 한문학만을 문학으로 인정하던 당시의 지배적인 가치관에서 벗어나 국문 문학의 가치를 인식함으로써 자주적인 문화 의식을 드러냈다.

3 이 작품의 화자는 시 창작에서 '흥'과 '뜻'을 중요하게 여기고, '압운', '퇴고', '구구한 격과 법'은 꼭 따르지 않아도 될 것으로 보고 있다.

4 '조선의 시'는 비록 중국에서 전래된 한시의 형식이지만 그 격식에 매이지 않고 소재나 표현이 자기 시대의 요구에 합당한 시를 의미한다.

200 절명시 _ 황현 300쪽

키포인트 체크 나라, 자결, 괴로움

1 ⑤ **2** ④ **3** ④ **4** ⑤ **5** 무궁화 세계, 우리나라

1 '머리털 다 세었는데'에서 화자가 나이 들었음을 알 수 있으나 젊은 날을 회상하거나 과거로 돌아가기를 바라고 있지는 않다.

오답 뜯어보기 ① 〈제1수〉의 '오늘', 〈제3수〉의 '무궁화 세계는 이미 사라지고 말았구나'라는 구절을 통해 국권 피탈이라는 역사적 사건과 밀접한 관련이 있음을 알 수 있다.
② 〈제3수〉에 '글 아는 사람'의 역할과 책임에 대해 고뇌하는 화자의 모습이 나타나 있다.
③ 망국에 대한 분함과 선비로서의 역할에 대한 고뇌, 나라를 위하는 마음 등은 모두 유교적인 충(忠) 사상과 밀접한 관련이 있다.
④ 〈제2수〉에서 망국의 상황에 대해 걱정하고 슬퍼하는 화자의 모습이 나타나 있다.

2 '책 덮고 역사를 생각하'는 것은 역사 속에서 글 아는 선비의 역할에 대해 성찰하는 것을 의미하며, 우리 민족의 화려했던 역사를 회상하는 것과는 관계가 없다.

오답 뜯어보기 ① 꺼질 듯이 '바람에 흔들리는 촛불'은 일제에게 국권을 피탈당해 위기에 처한 우리나라의 상황을 비유한 것이다.
② 나라가 망했기 때문에 임금이 신하에게 내리는 조칙이 다시 없을 것이라고 한 것이다.
③ 망국의 슬픔을 '강산은 찡그리네'라고 표현함으로써 화자의 슬픈 감정을 이입하고 있다.
⑤ '부끄럽기만 하네'에는 진동처럼 적극적으로 항거하지 못하고 자결을 선택한 화자의 부끄러운 내면 심리가 담겨 있다.

3 화자는 망국의 상황에 탄식하며 지식인의 역할에 대해 고뇌하고 있다. 〈보기〉에서는 부끄러움 없이 살고자 하는 화자의 성찰적(반성하고 살피는) 태도가 드러나므로, 이와 가장 관계 깊은 구절은 글 아는 선비의 역할과 책임에 대해 고뇌하는 화자의 모습이 나타나 있는 ㉣이다.

지식+

- 윤동주, 〈서시〉
- 갈래: 자유시, 서정시
- 성격: 성찰적, 고백적, 의지적, 상징적
- 주제: 순수한 삶에 대한 간절한 소망과 의지
- 감상: 이 작품은 윤동주의 유고 시집 《하늘과 바람과 별과 시》의 서두에 붙여진 시로, 〈서시(序詩)〉라는 제목에서 알 수 있듯이 시집 전체의 내용을 안내해 주는 역할을 한다. 이 작품은 현실의 어둠과 괴로움 속에서 자기의 양심을 외롭게 지키며 맑고 아름다운 삶을 살고자 했던 한 젊은 지식인의 모습을 간결한 표현과 상징어들을 통해 보여 주고 있다.

4 나라가 망했을 때 적극적으로 나라를 다시 세우기 위한 행동을 해야 그것이 진정한 충(진동의 충)인데, 화자는 망국의 슬픔으로 죽음을 선택했으므로 진정한 충이 아닌 인(윤곡의 인)이라고 한 것이다.

5 예로부터 우리나라는 '근역(槿域; 무궁화가 많은 땅)'이라고 불렸는데, 이 작품에서도 '무궁화 세계'는 우리나라를 대유적으로 표현한 말로 쓰였다.

고전 시가

고전 산문

현대 시

현대 소설

수필·극

별처럼 빛날 나의 수능 1교시

해법문학 시리즈

내신&수능의 출제(예상) 작품과 국어 공부의 비법을 담은 국어 영역 필수템

문학 종합서 | **해법문학**

수능 문학 영역 주요 작품 875편을 심도 있게 분석하여 수록

[고전시가/고전산문/현대시/현대소설/수필극]

문학 문제편 | **해법문학Q**

고전문학, 현대문학 마스터를 위해 필수 문학 작품 311편을 시대순으로 수록

[고전문학/현대문학]